फ़तवे, उलेमा और उनकी दुनिया

अरुण शौरी

अनुवाद

शमशेर

वाणी प्रकाशन

यह पुस्तक 'The World of Fatwas or The Shariah in Action' का हिन्दी अनुवाद है

वाणी प्रकाशन

4695, 21-ए, दरियागंज, नयी दिल्ली 110 002

फ़ोन : +91 11 23273167 फ़ैक्स : +91 11 23275710

शाखाएँ

अशोक राजपथ, पटना 800 004, बिहार

कॉफ़ी हाउस कैम्पस, महात्मा गांधी मार्ग, इलाहाबाद 211 001, उत्तर प्रदेश

महात्मा गांधी अन्तरराष्ट्रीय हिन्दी विश्वविद्यालय, वर्धा 442 001, महाराष्ट्र

सुल्तानिया रोड, मोतिया पार्क, भोपाल 462 001, मध्य प्रदेश

www.vaniprakashan.com
marketing@vaniprakashan.in
sales@vaniprakashan.in

FATWE, ULEMA AUR UNKI DUNIYA
by Arun Shourie
Translated by Shamsher

ISBN : 978-93-5229-779-5
Criticism

पेपरबैक प्रथम संस्करण 2021

प्रथम आवरण : मदरसा में शिक्षा ग्रहण करती तीन महिलाएँ।
फ़ोटो : शरद सक्सेना, **सौजन्य** : इंडिया टुडे।

अन्तिम आवरण : जामा मस्जिद, दिल्ली, में सुबह की नमाज़ का दृश्य।
फ़ोटो : प्रशांत पंजियार, **सौजन्य** : इंडिया टुडे अंतस्थ : "मुहम्मद अल्लाह के पैगम्बर हैं। जो उसके मानने वाले हैं वे अविश्वासियों के प्रति दृढ़ और अनम्य होते हैं, किन्तु एक-दूसरे के प्रति दया से भरे होते हैं।" (क़ुरान, 48.29)

थॉमसन प्रेस (इंडिया) लि. में मुद्रित

वाणी प्रकाशन का लोगो मक़बूल फ़िदा हुसेन की कूची से

एक मुसलमान का किसी भारत जैसे ग़ैर-मुस्लिम देश के प्रति क्या रुख़ होना चाहिए? काफ़िरों के प्रति उसका व्यवहार कैसा होना चाहिए? क्या उसे, जो कुछ ग़ैर-मुस्लिम करते हैं उससे उल्ट करना चाहिए? क्या उसे वही करना चाहिए जिससे वे हतोत्साहित हों? क्या जिहाद को काफ़िरों के ख़िलाफ़ कयामत तक चलने वाला सिलसिला बताया गया है? क्या मुसलमान को विज्ञान की उन नयी खोजों को स्वीकार कर लेना चाहिए जो क़ुरान और हदीस की मान्यताओं के विरुद्ध जाती हैं और पुरानी खोजों का भी खण्डन करती हैं—जैसे कि पृथ्वी गोल है, यह सूरज के इर्दगिर्द चक्कर काटती है। अथवा सूरज पृथ्वी के इर्दगिर्द। पत्नी के मुक़ाबले पति को क्या अधिकार प्राप्त है? मैं महिलाओं के रूप में अपने पीछे पुरुषों के लिए सबसे बड़ा कष्ट क्यों छोड़े जा रहा हूँ? जहन्नुम में औरतों की तादाद ज़्यादा क्यों है? नहाना कब चाहिए? कुत्ते का जिस्म और थूक नापाक क्यों है? और बिल्ली का क्यों नहीं? और कौए का मांस? क्या गर्भ-निरोध की अनुमति होनी चाहिए?

कहा जाता है कि इस्लाम की संहिता मुकम्मिल है, और इसे बताने और लागू करने का काम फ़तवों के माध्यम से होता है। इस तरह से फ़तवों की पुस्तकें क़ानून की रिपोर्टों के समकक्ष होती हैं और ये शरियत का सक्रिय रूप होती हैं। ये मुसलमान समुदाय के उन उच्चतम और सर्वाधिक प्रभावशाली उलेमा द्वारा रचित कृतियाँ हैं जो उसे रूप एवं दिशा प्रदान करते हैं।

लेकिन विद्वान इनकी पड़ताल करने से कन्नी काटते रहे हैं। अरुण शौरी ने इस पुस्तक में भारत में पिछले सौ सालों के दौरान जारी किये गये फ़तवों का अनूठा सम्यक् और सप्रमाण विश्लेषण प्रस्तुत किया है। उन्होंने इस प्रक्रिया में इस समुदाय के अलमबरदारों की मानसिकता को उजागर किया है, उन्होंने इन उलेमा की बन्द, मध्ययुगीन, आदिमकालीन दुनिया को, उनके काम करने के तौर-तरीक़ों को, उनकी असीम ताक़त को और उस ताक़त की जड़ों को भी अनावृत किया है।

अरुण शौरी ने यह भी आकलन किया है कि इनके तौर-तरीक़ों, इनकी ताक़त और इनके भूमण्डलीय दृष्टिकोण के हमारे देश के लिए क्या गम्भीर परिणाम हो सकते हैं, उन्होंने यह भी रेखांकित किया है कि इनके प्रभाव को कम करने के लिए क्या किया जाना चाहिए।

यह पुस्तक हमारे समय को समझने और हमारे देश को मज़बूत बनाने के लिए अत्यन्त महत्त्वपूर्ण है।

अनुक्रम

फ़तवे, उलेमा और उनकी दुनिया

भूमिका

किसी फ़रमान या फ़ैसले को फ़तवा कहते हैं। इसकी प्रक्रिया यह रहती है कि कोई भी मुसलमान अपना कोई वाद-विषय किसी मज़हबी हाकिम के सामने पेश करता है तो वह हाकिम उस मामले पर अपना फ़ैसला सुनाता है। जो हाकिम फ़तवा जारी कर सकते हैं वे काफी सम्मान प्राप्त होते हैं। वे व्यक्ति भी हो सकते हैं और संस्थाएँ भी। देवबंद में दारुल-उलूम जैसी संस्था इसी उद्देश्य के लिए स्थापित किया गया एक विशेष विभाग है। अलबत्ता कोई हाकिम यदि चाहे, तो वह अपने आप भी किसी मुद्दे को उठा सकता है।

फ़तवे संचित होते रहते हैं। समय-समय पर उन्हें संकलित किया जाता है। ये संकलन मुस्लिम उम्मत के लिए साहित्य भी बन जाते हैं और उच्चतम न्यायालय की रिपोर्टों का इस्लामी संस्करण भी। इन्हें मोमिनों द्वारा पढ़ा जाता है और उन्हें पढ़कर सुनाया भी जाता है। मुस्लिम उम्मत के आचरण और उससे भी अधिक उसकी मनोवृत्ति को इन फ़तवों के अनुसार ढाला जाता है—कुछ मामलों में प्रत्यक्ष रूप से और उससे भी अधिक मामलों में परोक्ष रूप से। जब किसी आम मुसलमान को आचरण के बारे में कोई शंका पैदा होती है या वह जब किसी और व्यक्ति के साथ किसी विवाद में उलझ जाता है, तो वह स्थानीय मौलवी के पास जाता है। स्थानीय मौलवी उस मामले पर किसी मज़हबी हाकिम द्वारा अपने फ़तवे में दिए गए फ़रमान का सहारा लेता है। इस प्रकार किसी मोमिन को, ज़िंदगी, ईमान या कानून के बारे में जो उलझनें पेश आती हैं, उनका हल इन फ़तवों में ढूंढा जाता है—यह बात दारुल उलूम, देवबंद द्वारा जारी किए गए फ़तवों के संकलन के 12 खंडों में स्पष्ट की गई है। इस संकलन में यह कहा गया है कि आदमी की ज़िंदगी का ऐसा कोई सवाल नहीं जिसका जवाब मुफ़्ती, किताबुल्लाह, सुन्नते पैग़ंबरी और शरीअत की किताबों में न ढूँढ़ सके। इसमें आगे कहा गया है कि फ़तवों ने आम मुसलमान को कुरआन शरीफ़, सुन्नत और शरीअत की विभिन्न शाखाओं के विधिवेत्ताओं के फ़ैसलों के

बारे में 'पूछताछ करने की परेशानियों' से बचा लिया है। इस संकलन में यह भी कहा गया है कि फ़तवे जारी करना एक कला है। इन फ़तवों में से ही दिन प्रति दिन की समस्याओं के समाधान ढूँढ़े जाते हैं। किसी और स्रोत से हमें ऐसी उलझनों का जवाब नहीं मिल सकता—ऐसा इस संकलन में साफ़ कहा गया है। जितनी बड़ी संख्या में और जितने किस्म के मामलों को फ़तवों के ज़रिए सुलझाया जाता है उनके बारे में जब हम आगे चल कर विचार करेंगे तो उससे यह ज़ाहिर हो जाएगा कि निस्संदेह, फ़तवे जारी करने वाले मुफ्ती का ज्ञान कितना विशाल और व्यापक होना चाहिए क्योंकि उसे अनेक प्रकार के मामलों पर फैसले सुनाने पड़ सकते हैं, जो व्यक्तिगत स्वास्थ्य-सफाई से लेकर वैवाहिक संबंधों और उत्तराधिकार सम्बन्धी बारीक कानूनी नुक्तों तक, और क्या ज़मीन सूरज के इर्द-गिर्द घूमती है या सूरज ज़मीन के इर्द-गिर्द घूमता है, इस सवाल से लेकर, भारत जैसे देश में एक मुसलमान को किस तरह से रहना चाहिए और उसके प्रति उसकी कितनी राजभक्ति होनी चाहिए, इस मुद्दे तक से संबंधित हो सकते हैं। हमारे नगरों के मुस्लिम इलाकों, किताबों की दुकानों में, मिसाल के तौर पर दिल्ली में जामा मस्जिद के इर्द-गिर्द की दुकानों में—शेल्फ के शेल्फ़ फ़तवों के संकलनों से भरे रहते हैं। उन्हें उतनी ही अधिक सावधानी से एक दूसरे के साथ सँभाल कर रखा जाता है जितनी सावधानी मुकद्दस अदब के मामले में बरती जाती है। पृष्ठों का न्यास बहुत सुंदर होता है। उनकी खुशनवीसी (सुलेख) आमतौर पर एक कला का नमूना होती है। एक-एक खंड को खूबसूरत जिल्द में बाँध कर उस पर सुनहरी अक्षरों में उभरी हुई छपाई की जाती है।

एक शब्द में कहा जाए तो फ़तवे शरीअत का व्यवाहारिक रूप हैं। हमें, हमेशा यह बताया जाता है कि शरीअत मुकद्दस है। इसमें कोई परिवर्तन नहीं किया जा सकता। यह इस्लाम का सारतत्व है। इसमें परिवर्तन करने का अर्थ होगा इस्लाम पर हमला करना। इसलिए कोई भी व्यक्ति यह अपेक्षा कर सकता है कि इन फ़तवों पर कई अध्ययन हुए होंगे। जो लोग मुसलमानों के लिए अलग स्वीय कानून बनाए रखने को अपनी शाश्वत प्रतिबद्धता मानते हैं, कम से कम उन से तो यह अपेक्षा की जा सकती है कि उन्होंने इन ग्रंथों का अध्ययन करने के लिए कुछ समय ज़रूर दिया होगा। जब वे किसी चीज़ को जारी रखने की माँग कर रहे हैं, तो निश्चय ही उनमें यह पता लगाने की कुछ तो जिज्ञासा अवश्य रही होगी कि वे किस चीज़ को जारी रखने का आग्रह कर रहे हैं।

दूसरा मुद्दा उलमा से संबंधित है। यद्यपि इस्लाम में कोई पुरोहित वर्ग नहीं होता, किंतु उलमा का मुस्लिम समाज पर एक निश्चित प्रभाव रहता है। फ़तवों के लिए लोग उन्हीं के पास जाते हैं। ये फ़तवे उलमा की मनोवृत्ति को प्रकट करते हैं। ये उस मनोवृत्ति को प्रकट करते हैं, जो कि उलमा मुस्लिम समुदाय में पैदा करना चाहते हैं, और उसे संजोए रखना चाहते हैं। फ़तवे जारी किए जाने की प्रक्रिया इस

प्रकार रहती है : एक आम आदमी किसी मामले पर फ़ैसले के लिए किसी मज़हबी हाकिम से अनुरोध करता है और वह हाकिम उस प्रश्नकर्ता द्वारा किए गए प्रश्न पर अपना फ़ैसला सुनाता है। इस प्रकार विभिन्न प्रश्नकर्ताओं द्वारा किए गए प्रश्नों और उन पर सुनाए गए फैसलों को सिलसिलेवार देते हुए उन्हें विभिन्न किताबों के रूप में संकलित किया जाता है और इन किताबों को सुव्यवस्थित ढंग से रखा जाता है। ये किताबें एक ऐसा पारदर्शी माध्यम हैं, जिनमें से इस उम्मत के विचारों और उन सरोकारों और पूर्वधारणाओं की झलक मिलती है जिन्हें इस उम्मत ने अपनी प्रकृति का अंग बना रखा है।

इन सब कारणों से यह अपेक्षा की जाती है कि फ़तवों का भरपूर अध्ययन किया जाए। किंतु यदि कोई अध्ययन करना चाहे तो उसे हमारे बुद्धिजीवियों की मदद के बिना ही करना होगा। फ़तवों पर अंग्रेजी या उर्दू में कोई भी अध्ययन प्रस्तुत नहीं किया गया। यह इस बात का एक और प्रमाण है कि हमारे बुद्धिजीवियों ने हमोर देश से खुद को अलहदा कर लिया है। जितने महीने मैंने इस विषय पर काम किया मुझे इस पर केवल दो ही निबंध देखने को मिले। इन बेचारे हलके फुलके निबन्धों को अध्ययन तो कहा ही नहीं जा सकता था। उनमें सारवान सामग्री का अत्यंत अभाव था। वास्तव में उनसे भीरुता अधिक छलकती थी।

इस ओर ध्यान न दिया जाने का कारण यह नहीं है कि कुछ जाँच-पड़ताल करने के बाद ही हमारे बुद्धिजीवियों ने यह निष्कर्ष निकाल लिया कि फ़तवे इतने महत्वपूर्ण नहीं हैं कि इनका अध्ययन किया जाए। इसके पीछे जो कारण हैं, वे ऐसे हैं, जिनका हम आदर नहीं कर सकते।

पहला कारण तो यह है कि इस महत्वपूर्ण सामग्री के लिए भी हमारे विद्वानों ने उसी प्रकार समय नहीं निकाला, जिस प्रकार उन्होंने, एक देश के रूप में हमारे अस्तित्व के लिए ज़रूरी चीज़ों के लिए नहीं निकाला। भारत में अधिकतर बौद्धिक कार्य पश्चिम में किए जा रहे बौद्धिक कार्य पर पाद-टिप्पणियाँ लिखने का ही किया गया है। मार्क्सवादी बुद्धिजीवियों के मामले में तो यह बात अन्य बुद्धिजीवियों की अपेक्षा और भी अधिक देखने में आई है। और जब हमारे बुद्धिजीवी ये पाद-टिप्पणियाँ नहीं लिख रहे होते, तब वे पश्चिमी दायरों में प्रचलित तात्कालिक फैशन का अनुकरण करने में व्यस्त रहते हैं; और जैसा कि इस संदर्भ में एक मुहावरे का इस्तेमाल किया जाता है, वे उस विचार या 'धारणा' को जो पश्चिम में प्रचलित फैशन बन चुकी है, भारतीय सामग्री पर 'लागू' करने में व्यस्त रहते हैं। एक शब्द में यदि कहें तो हमारा बौद्धिक कार्य अमौलिक या नकली होता है। इसलिए भारत में फ़तवों पर यदि कोई ठोस अध्ययन नहीं हो पाया है, तो उसका पहला कारण यह है कि उनकी ओर अभी पश्चिम की निगाह नहीं गई।

इसका दूसरा कारण यह है कि फ़तवों का विश्लेषण करने पर उस चीज़ का

पर्दाफ़ाश हो जाएगा जिसे न तो धर्मनिरपेक्ष और न उदार मुसलमान सामने आने देना चाहेगा। उदार मुसलमान के भीतर यह धारणा काम कर रही होती है कि शरीअत के बारे में सच को सामने लाने से और उन लोगों के बारे में जो इस उम्मत का सार्वजनिक चेहरा है, खुलेआम तथ्यों को उजागर करने से 'इस्लाम के दुश्मनों को मदद मिलेगी।' धर्मनिरपेक्ष मुसलमान तो और भी नहीं चाहता कि ऐसे तथ्य जनता के सामने आएँ। उसने उन्हीं दृष्टिकोणों को अपना कर ही अपने धर्मनिरपेक्ष होने की साख़ कायम की हुई होती है, जिनकी वकालत उलमा और कट्टरवादी मुस्लिम राजनीतिज्ञों ने की होती है। उलमा और उनके द्वारा निर्धारित कानून और मानदंडों से संबंधित तथ्य यदि आम लोगों की जानकारी में आ जाएँ, तो धर्मनिरपेक्ष मुसलमान ने जिस चीज़ को अपनी धर्मनिरपेक्षता का प्रमाण बनाया है, वही उससे छिन जाएगी।

तीसरा कारण साफ़तौर पर भय से जुड़ा है। उलमा और उनके फ़तवों से संबंधित सत्य को प्रकाश में लाने का अर्थ होगा उलमा के विकट कोप का भाजन बनना। स्वाभाविक है कि धर्मनिरपेक्ष मुसलमान यह नहीं चाहेगा कि उसके साथ ऐसा हो। इसके ठीक उलट उसे हमेशा यह चिंता लगी रहती है, कि वह उलमा की निगाहों में अच्छा बना रहे। अपनी साख बनाए रखने के लिए उलमा के प्रमाण पत्र उसके लिए बहुत मूल्यवान होते हैं। उनकी सभाओं में आमंत्रित किए जाने से दूसरे धर्म निरपेक्षों की तुलना में उसकी स्थिति बेहतर बनी रहती है। और उदार मुसलमान इसलिए उलमा से नहीं उलझना चाहता, क्योंकि उन्हें फ़तवे जारी करने का अधिकार प्राप्त होता है। फिर भी यह विषय ऐसा है, जिसका महत्व अपने आप में ही स्पष्ट है। आज भारत में शरीअत एक महत्वपूर्ण सार्वजनिक मुद्दा बना हुआ है और फ़तवे उसका व्यावहारिक रूप हैं। एक औसत मुसलमान पर जितना असर उलमा रखते हैं, उतना और कोई समूह नहीं। और उलमा की मनोवृत्ति का पता जितना उनके फ़तवों के संकलनों से लग पाता है उतना किसी और चीज़ से नहीं।

इसी विचार से यह अध्ययन प्रस्तुत किया गया है।

मैंने विश्लेषण के लिए फ़तवों के पाँच संकलनों को चुना है, जो इस प्रकार हैं—

* फ़तवा-ए-रिज़विया, खंड 1 से 12
* किफ़ायत-उल-मुफ़्ती, मुफ़्ती किफ़ायतुल्लाह के फ़तवे, खंड 1 से 9
* फ़तवा-ए-उलमा, दारुल उलूम, देवबंद, खंड 1 से 12
* फ़तवा-ए-अहले-हदीस, खंड 1 से 4
* फ़तवा-ए-रहीमियत, खंड 1 से 3

अब कुछ शब्द इन संकलनों के बारे में।

अधिकतर भारतीय मुसलमान सुन्नी हैं। कुछ लोग तो यह कहते हैं कि 85 से 90 प्रतिशत मुसलमान सुन्नी हैं। अधिकतर भारतीय सुन्नी बरेलवी हैं। कुछ लोगों

का कहना है कि इनमें से दो-तिहाई, ख़ासतौर पर वे जो गाँवों में रहते हैं, बरेलवी हैं। फ़तवा-ए-रिज़विया बरेलवियों का सबसे महत्वपूर्ण फ़तवा-संकलन है। इसमें वे फ़तवे संकलित हैं, जो कि बरेलवियों में से सबसे अधिक प्रभावशाली शख़सीयत, मौलाना अहमद रज़ा ख़ान द्वारा जारी किए गए हैं। उन्होंने प्रचुर संख्या में फ़तवे जारी किए। वे शास्त्रार्थ महारथी थे और प्रायः गाली-गलौच पर उतर आया करते थे। वे उद्भट प्रचारक भी थे। एक शब्द में कहें, तो वे ज़बरदस्त अखाड़ेबाज़ थे। उनके साथ लोहा लेने का साहस बहुत कम लोग जुटा पाते थे। यहाँ तक कि उनके सामने खड़ा होने तक का साहस जुटा पाने वाले लोग भी बहुत कम थे। उनका जीवनकाल 1856 से 1921 तक था। असंख्य लोगों पर उनका जादुई प्रभाव कायम हो गया था।

जिन प्रथाओं की उन्होंने इजाज़त दी, या यों कहिए कि जो प्रथाएँ उन्होंने निर्धारित कीं, उनमें से कुछ ऐसी भी थीं, जिन्हें अन्य मुफ़्तियों ने काफ़िरों और मुशरिकों के निशान कह कर उनकी निन्दा की थी—जैसे पीरों और संतों के उर्स या पुण्यतिथियाँ मनाना। किंतु इसके साथ ही, वे ऐसे किसी व्यक्ति की भी ज़ोरदार भर्त्सना करते थे जो काफ़िरों का साथ देता था—चाहे वह साथ पक्के इस्लामी उद्देश्यों की पूर्ति के लिए भी क्यों न दिया गया हो। उदाहरण के लिए वे उन लोगों पर गालियाँ बरसाते थे, और उनसे सख़्त नफ़रत करते थे, जिन्होंने गाँधीजी के नेतृत्व में काम करना मंजूर कर लिया था, फिर चाहे उसका उद्देश्य सबसे बड़ी इस्लामी संस्थाओं 'ख़िलाफत' की पुनः प्रतिष्ठा भी क्यों न रहा हो। ऐसे लोगों को उन्होंने यह कह कर फटकारा, कि तुमने एक काफ़िर के नीचे काम करना मंजूर कर लिया है—तुमने मुसलमानों को एक काफ़िर का गुलाम बना दिया है। मैंने अगस्त 1994 में प्रकाशित उनके फ़तवों के संकलन के 12 खंडों का प्रयोग किया है।

मुफ़्ती किफ़ायतुल्लाह दिल्ली के मुफ़्ती थे। उन्हें प्रायः मुफ्ती-ए-आज़म कह कर पुकारा जाता था। हदीस साहित्य पर उनका अधिकार बेजोड़ माना जाता था। उनका जन्म 1872 में हुआ और मृत्यु 1952 में। वे तब्लीग़, अथवा प्रचार कार्य के प्रति समर्पित थे। उन्होंने जमायत-उल-उलमा-ए-हिंद की स्थापना की और 1919 से 1942 तक इसके प्रधान रहे। उन्होंने ख़िलाफत और सविनय अवज्ञा आंदोलनों में ज़ोश-ख़रोश के साथ हिस्सा लिया और सविनय अवज्ञा आंदोलन के दौरान वे दो बार जेल भी गए। 1930 में वे कांग्रेस कार्यकारिणी समिति के सदस्य बने। जैसे ही पाकिस्तान की मांग ने ज़ोर पकड़ा, तो मुस्लिम उलमा में उसके प्रमुख विरोधियों में से वे भी एक थे। यों कहिए कि उलमा में से वे एक राष्ट्रवादी थे। उसके अलावा, यह कहे बिना नहीं रहा जा सकता, कि वे एक कुशाग्र बुद्धि और समझदार व्यक्ति थे। उन्होंने जो नियम निर्धारित किए उन्हें पढ़कर सुखद अनुभव होता है। वे स्याह या सफ़ेद उत्तर नहीं देते। वे दो विरोधी स्थितियों में से अपना रास्ता निकाल ले

जाते हैं। प्रायः उनकी हिदायत दूरदर्शितापूर्ण होती है। किफ़ायत-उल-मुफ़्ती, मुफ़्ती किफ़ायतुल्लाह के फ़तवे, उनके फ़तवों का संकलन है, जोकि नौ खंडों में है। मैंने 1982 से 1987 के बीच प्रकाशित इन सभी खंडों का प्रयोग किया है।

दारुल उलूम के बारे में अलबत्ता लोग अच्छी तरह से जानते हैं। इसकी स्थापना 1866 में हुई थी। इसे आमतौर पर भारत का अल अज़हर (मिस्र का एक प्राचीन विश्वविद्यालय) कहा जाता है। प्रारंभ से ही यह कट्टर पश्चिम-विरोधी और आधुनिकता विरोधी रहा है। इसलिए इसके साथ जुड़े हुए बहुत से व्यक्ति ब्रिटिश लोगों की जड़ें उखाड़ने का प्रयास करते रहे। वह विरोध उसकी परम्परानिष्ठा का एक पहलू था। इस परम्परानिष्ठा को दारुल-उलूम के एक प्रमाण चिह्न के रूप में सराहते हुए भारत सरकार के एक प्रकाशन सेंटर्ज़ आफ़ इस्लामिक लर्निंग इन इंडिया ने कहा है :

दारुल उलूम के मुख्य उद्देश्यों में से एक था भारतीय मुसलमानों को इस्लामी ज्ञान के मूल स्रोत सीधे उपलब्ध कराना और ऐसे विद्वान तैयार करना जो मुस्लिम जनता के बीच मिशनरी जोश के साथ कदीमी इस्लाम के प्रति सच्ची धार्मिक जागरूकता पैदा करने के लिए काम कर सकें और भारत में प्रचलित इस्लाम को बिद्‌आत (धर्म की नई बहसें) और परम्परा विरुद्ध व्यवहारों, प्रथाओं और विश्वासों से मुक्ति दिला सकें जो उसमें घर कर गए हैं, और प्राचीन धर्म की शिक्षा दे सकें।

दारुल उलूम ने बहुत हद तक इस लक्ष्य को प्राप्त कर लिया है। वह निस्संदेह भारत में कदीमी इस्लाम का सबसे बड़ा स्रोत रहा है। उसने एक तरफ़ मज़हबी बिद्‌आत के खिलाफ़ लड़ाई लड़ी है और दूसरी तरफ़ पश्चिमी या स्थानीय प्रभावों के अंतर्गत सांस्कृतिक और धार्मिक परित्याग के खिलाफ। यह अपने स्नातकों में प्राचीन इस्लामी विचारधारा पैदा करने में सफल रहा है, जो कि इसका आदर्श वाक्य रहा है। वस्तुतः देवबंद ने अपने आपको धार्मिक विचारधारा की एक शाखा के रूप में स्थापित कर लिया है। यहाँ के स्नातकों द्वारा देश भर में इसकी प्रणाली के अनुसार बहुत बड़ी संख्या में मज़हबी मदरसों की स्थापना की गई और इस प्रकार वे मुस्लिम जनता के काफी बड़े हिस्सों में प्राचीन धार्मिक शिक्षा का प्रचार कर पाए। इनमें से कुछ स्कूल और कालिज तो विद्या के प्रसिद्ध केन्द्र बन चुके हैं।

इस्लाम में परम्परानिष्ठा की पुनः स्थापना, उसे बिद्‌आत से, जो कि धर्म-विरोधी 'नई बातों' के लिए एक निन्दात्मक शब्द है—और 'धर्मत्याग' से मुक्त कराने के लिए, जो कि उपर्युक्त अध्ययन के अनुसार 'पश्चिमी या स्थानीय प्रभावों के अंतर्गत' मुसलमानों में घर कर गए थे, यह प्रशंसा हमारी धर्मनिरपेक्ष सरकार के एक प्रकाशन द्वारा की गई है! किंतु इस समय मैं केवल दारुल उलूम के फ़तवों की ही चर्चा करूंगा।

जनसामान्य सभी किस्म के मामलों पर फ़ैसलों के लिए प्रारंभ से ही दारुल उलूम के पास जाने लगे। जल्दी ही यह मांग इतनी बढ़ गई कि इससे तदर्थ आधार पर निपटना मुश्किल हो गया। 1892 में फ़तवे जारी करने के लिए एक अलग विभाग

की स्थापना कर दी गई। अब तक कई लाख मामले इस संस्था के फ़तवों के ज़रिए सुलझाए जा चुके हैं। फ़तवा जारी कर दिया जाता था, और वहीं पर मामला ख़त्म हो जाता था। फ़तवे की कोई नकल या कोई रिकार्ड नहीं रखा जाता था। आगे चलकर फ़तवों की नकलें रखी जाने लगीं। कई दशकों तक उसी तारीख़ को ही ये नकलें रिकार्ड में भेज दी जातीं, जिस तारीख को फ़तवा जारी किया गया था। स्वतंत्रता प्राप्ति के तुरंत पश्चात् मौलाना आज़ाद ने, जो कि उस समय देश के शिक्षा मंत्री थे और पंडित नेहरू की सरकार के सबसे अधिक महत्वपूर्ण व्यक्तियों में से थे, दारुल उलूम का दौरा किया और उन्होंने संस्था द्वारा किए गए कार्य की सराहना की। उन्होंने कहा कि यह एक महान धार्मिक सेवा का कार्य है, जिसके जरिए लोगों की कठिनाइयों को दूर किया जा रहा है। उन्होंने आग्रह किया कि फ़तवों का संकलन प्रकाशित किया जाए। विषय के आधार पर फ़तवों को समूहबद्ध करने, पुनरावृत्तियों को छांटने, और ऐसे फ़तवों का चयन करने में, जिनके ज़रिए कानून के अधिक सामान्य सिद्धांत निर्धारित किए गए थे, बहुत वर्ष लग गए और इस प्रयास में काफ़ी मेहनत भी की गई। 1962 में दारुल उलूम ने विषयों के अनुसार फ़तवों को संकलित करके उन्हें 12 खंडों में प्रकाशित किया। इन खंडों का कई बार पुनः मुद्रण हुआ है। मैंने 1981 और 1985 के बीच प्रकाशित संस्करणों का प्रयोग किया है।

अहले हदीस एक प्रभावशाली सुधार आंदोलन रहा है, बल्कि यों कहना चाहिए कि एक आत्म-धर्माभिमानी-आंदोलन रहा है, हालाँकि यह अभिव्यक्ति उन लगभग सभी अन्य समूहों के संदर्भ में भी सटीक बैठती है जिन्हें मौलाना अहमद रज़ा खान की बनिस्बत, खुद के सही होने के बारे में अधिक दृढ़विश्वास था। अहले हदीस आम जनता तक तो अपनी ज़्यादा पैठ नहीं बना पाए, लेकिन उनका प्रभाव उन लोगों की अपेक्षा कहीं अधिक जनसंख्या पर था, जो अपने को उनका अनुयायी बताते थे। और उसके कई कारण थे : 'अभिजात वर्ग' में उनके अनुयायियों की काफ़ी बड़ी संख्या थी। कचहरियों, जैसे कि भोपाल की कचहरी पर उनका काफी प्रभाव था। इससे भी अधिक महत्वपूर्ण बात यह कि एक अर्थ में उनका प्रादुर्भाव मानदंड निर्धारित करने के लिए हुआ। ऐसा उनके मूल रवैये के कारण हुआ : उन्होंने यह शिक्षा दी कि किसी ख़ास कानून पद्धति के फ़ैसलों का अनुपालन करने की बजाय, व्यक्ति को सुन्नते पैग़म्बरी अर्थात हज़रत पैग़म्बर ने जो कुछ कहा और जिन-जिन बातों पर खुद अमल किया उनके मुताबिक अपने जीवन को ढालना चाहिए। क्योंकि हज़रत पैग़ंबर के क़ौल और कार्य हदीस में निर्दिष्ट हैं इसलिए उन्होंने खुद को अहले-हदीस घोषित किया। वे मुहम्मदी और वहाबी नाम से भी जाने जाने लगे। उन्होंने घोषणा की थी कि शीघ्र ही सृष्टि का अंत होने वाला है, विशेषकर 1884 के बाद किसी भी समय, क्योंकि इस्लामी युग की चौदहवीं शताब्दी उस वर्ष आरंभ हो चुकी थी और हज़रत पैग़म्बर ने यह घोषणा की थी कि इस शताब्दी में सृष्टि

का अंत हो जाएगा। इससे उनके मिशन का महत्व और भी बढ़ गया। उनका यह मानना था कि हदीस को अंगीकार करके ही मुसलमानों को एक दूसरे के नजदीक लाया जा सकता है, क्योंकि विभिन्न कानून पद्धतियों के बीच जो अदावत पैदा हो गई थी, उसके निराकरण का केवल यही एक तरीका था। उन्होंने नमाज़ पढ़ने के नए तरीके भी शुरू किए। इनमें से कुछ तो ऐसे हैं, जो कि देखने वालों को बिल्कुल सतही प्रतीत होंगे जैसे—नमाज़ पढ़ते समय, नमाज़िए को एक घुटना टेकना चाहिए या दोनों, उसे 'आमीन' शब्द का उच्चारण इस प्रकार करना चाहिए कि वह सुनाई दे सके, या फिर धीमे से। किन्तु जैसा कि आगे चल कर हम देखेंगे, यही वे बातें हैं, जिनको लेकर अलग-अलग संप्रदायों में सिर फूटने की नौबत आ जाती थी। इसके अलावा, उन्होंने जिन और बदलावों का फ़रमान दिया वे केवल रस्मी ही नहीं थे। उदाहरण के लिए उन्होंने यह शिक्षा दी कि पीरों के उर्स आदि मनाने से कोई लाभ नहीं है और न ही मृतकों के लिए नमाज़ पढ़ने का कोई फ़ायदा है। इसलिए जिन मस्जिदों में अन्य मुसलमान नमाज पढ़ते थे उनमें अहले हदीस को नमाज़ पढ़ने से रोकने के लिए कई अभियान चलाए गए।

उन्होंने सभी समन्वयवादी प्रथाओं की घोर निंदा की और उन सब को इल्हाम (इस्लाम के विरुद्ध) और बहुदेववाद की निशानियाँ कहकर उनकी भर्त्सना की। उन्होंने 'औलियाओं' आदि के उर्स मनाने की प्रथा को बढ़ावा देने के लिए 'बरेलवियों' की भी भर्त्सना की। अपने फतवों को कुरान और सुन्नते पैगंबरी पर आधारित न करके विधिवेत्ताओं की समझ पर आधारित करने के लिए देवबंदियों को भी उन्होंने जम कर कोसा। जैसा कि सभी विशुद्धिवादी समूहों के साथ होता है, यद्यपि अहले हदीस अन्य संप्रदायों को तो प्रभावित करने में सफल रहे किन्तु उनके भीतर से ही एक ऐसा उप संप्रदाय उभर कर सामने आया जिसका यह कहना था कि वे पूरी तरह से विशुद्ध नहीं थे। अहले हदीस ने यह कहा था कि हज़रत पैग़म्बर की कथनी और करनी के अनुसार अपने जीवन को ढालने की बजाय, विविध कानून पद्धतियों के फ़ैसलों पर अमल करके अन्य संप्रदाय सही रास्ते से भटक गए थे। उनके भीतर से अहले-कुरआन का प्रादुर्भाव हुआ जिन्होंने यह घोषणा की कि अहले हदीस ने, हदीस पर ही पूरा ज़ोर देकर ठीक वैसी ही ज़बरदस्त गलती की थी। फिर कुरान का क्या होगा? उन्होंने पूछा। हज़रत पैग़ंबर नहीं, बल्कि खुदा हमारे रहनुमा होने चाहिए उन्हीं का क़ौल निर्णायक होना चाहिए। अहले हदीस मुसलमानों को आपस में मिलाने चले थे। किन्तु वे एक और संप्रदाय बन कर रह गए, बल्कि एक ऐसा संप्रदाय जिसकी बदौलत काफी विवाद खड़े हो गए। फ़तवा-ए-अहले हदीस के चार खंड 1981 से 1989 के बीच प्रकाशित हुए।

जैसाकि सब जानते हैं पश्चिमी भारत में कई इस्लामी संस्थाओं की स्थापना हुई। ख़ासतौर पर गुजरात में रांदेड़ ऐसी संस्थाओं का एक महत्वपूर्ण केंद्र बन गया।

क्योंकि इन इलाकों से कई भारतीय पूर्वी और दक्षिणी अफ्रीका में जा कर बस गए, इसलिए रांदेड़ जैसे स्थानों से गई संस्था और धार्मिक कार्यकर्ताओं का इन देशों के भारतीय मुसलमानों पर प्रभाव पड़ने लगा। फ़तवा-ए-रहीमियत रांदेड़ के मुफ़्ती सईद अब्दुर्रहीम क़ादरी के फ़तवों का संकलन है, जो कि तीन खंडों में है। जिन खंडों का इस पुस्तक के लेखन के लिए प्रयोग किया गया है, उनमें से केवल इसी संकलन के खंड ही अंग्रेजी भाषा में उपलब्ध हैं। इनकी कई विद्वानों ने सराहना की है। उदाहरण के लिए इन खंडों पर टिप्पणी करते हुए भारत में आज के सबसे बड़े इस्लामी शास्त्रार्थ महारथी मौलाना अबुल हसन अली नदवी, रेक्टर, नदवात-अल-उलमा लखनऊ और अध्यक्ष, अखिल भारतीय मुस्लिम स्वीय कानून बोर्ड ने लिखा है :

हमारे देश में फ़िक्ह और फ़तवों पर पुस्तकें काफ़ी छपने लगी हैं और यह स्वाभाविक भी है क्योंकि फ़तवे और न्याय शास्त्र संबंधी प्रश्न मुसलमानों की रोज़मर्रा की आवश्यकता बन चुके हैं, क्योंकि समय-समय पर नई समस्याएँ पैदा होती रहती हैं, जिनके लिए तुरंत धार्मिक मार्गदर्शन की जरूरत पड़ती है। किंतु इसके लिए फ़िक़्ह में गहरी दक्षता हासिल होनी चाहिए, उसके उपादानों का गहन एवं व्यापक ज्ञान होना चाहिए और फ़िफ़्ह के सिद्धांतों के प्रति बहुत गहरा रुझान होना चाहिए। इन सब बातों के अलावा धर्मनिष्ठा तथा विवेक, खुदा का डर, जिम्मेदारी की भावना और अपने पूर्ववर्तियों द्वारा कायम की गई मिसालों पर चलना भी जरूरी है। जो लोग इस रास्ते की दुशवारियों को जानते हैं और हनीफ़ी फ़िक़्ह की पुख़्ता समझ रखते हैं, सिर्फ़ वही फ़तवा-ए-रहीमिय्याब के सैद्धांतिक और व्यावहारिक मूल्य को समझ सकते हैं, और इस बात की साक्षी दे सकते हैं कि अल्लाहताला ने विद्वान लेखक को वे सब क्षमताएँ बख़्शी हैं, जो कि इस नाज़ुक कर्तव्य के निर्वाह के लिए इस युग में परम आवश्यक हैं। अल्लाहताला मुफ़्ती साहब को इसका भरपूर फल दें और उन्हें सेहत और ताकत बख़्शें कि वे इस लाभकारी शृंखला को पूरा कर सकें।

इस संकलन के जिन तीन खंडों का मैंने प्रयोग किया है, वे 1975 और 1982 के बीच प्रकाशित किए गए थे।

अपने आप में प्राथमिक सामग्री की यह मात्रा बहुत बड़ी थी और चालीस खंडों में पृष्ठों की संख्या 18,000 से भी अधिक थी। 'यशपाल बंधु, श्री सीताराम गोयल और अन्य दो मित्रों की सहायता के बिना जो कि मुसलमान हैं, इतनी अधिक सामग्री को पढ़ पाना मेरे लिए संभव नहीं था। इन दो मुसलमान मित्रों के अनुरोध पर मैं उनके नामों को गुप्त रखना चाहूँगा, क्योंकि उन जैसे विद्वानों को भी कुछ ऐसी आकांक्षाओं के अन्तर्गत जीवन व्यतीत करना पड़ता है, कि वे अपना नाम उद्‌घाटित करने तक से कतराते हैं। ये चारों सज्जन मेरे इस प्रयास में मेरे नेत्र बन कर काम आए। उन्होंने अपना काम रोक कर इन खंडों के अध्ययन में मेरा मार्गदर्शन किया, जिसके लिए उन्हें व्यक्तिगत स्तर पर अनेक असुविधाएँ उठानी पड़ीं। मैं उनके

प्रति अत्यन्त आभारी हूँ। इसके अलावा श्री सीताराम गोयल ने बहुत बारीकी से पांडुलिपि का अध्ययन भी किया। इसलिए उनके प्रति तो मैं और भी अधिक कृतज्ञता ज्ञापित करना चाहूँगा।

परंपरा की तारतम्यता को बनाए रखने के लिए, मैंने इस सामग्री के अलावा सुन्नी कानून से संबंधित, तीन सबसे अधिक इस्तेमाल किए जाने वाले ग्रंथों का भी सहारा लिया है और वे हैं–फ़तवा-ए-आलमगीरी, जो फ़तवों का वह संकलन है, जो शहनशाह औरंगजेब के आदेश पर तैयार किया गया था, हिदायात शेख़ बुरहनुद्दीन अली (मृत्यु सन् 1198) और इमाम फ़ख़रुद्दीन हसन बिन मन्सूर-अल उज़जर्दी अल फ़रग़नी (मृत्यू सन् 1196) के फ़तवा-ए-काज़ी ख़ान। जिस तरह से परंपरा संकीर्णता की ज़ंजीरों में जकड़ी रही है, उसका आभास महिलाओं और तलाक से संबंधित अध्याय में मिल जाएगा, जिसमें मैंने अपनी बात को स्पष्ट करने के लिए न केवल फ़तवों के उपर्युक्त खंडों से हवाला दिया है बल्कि 12वीं शताब्दी के फ़तवा-ए-काज़ी ख़ान से भी। 'शर्तबन्द तलाक' जैसी नितांत अनुचित तथा असमर्थनीय प्रथा, पुरुषों को मिले अल्लाह के वरदान के रूप में बारहवीं शताब्दी के फ़तवा-ए-काज़ी ख़ान से लेकर फ़तवों के उन खंडों तक, जिन पर हम मुख्यतः विचार करेंगे, और यहाँ तक कि आधुनिक भारत के हमारे न्यायालयों के फ़ैसलों में बाकायदा बनी हुई है। उसमें न तो कोई परिवर्तन हुआ है और न ही उसे किसी ने चुनौती दी है।

एक और अंतिम बात। मैंने मुख्यतः यह सिद्ध करने की कोशिश की है, कि फ़तवों में हम जो कुछ भी पढ़ते हैं, उनमें से अधिकतर बातें हमें अजीब लगती हैं। किन्तु उन बातों में ठीक वही कुछ परिलक्षित होता है जो कुरआन और हदीस में निर्दिष्ट है। कुरआन और पैग़म्बर साहिब ने जो कुछ निर्धारित किया, उसी को वे लागू कर रहे हैं, इस बात से उलमा को बल मिलता है। अंततः वे हमेशा कुरआन और हदीस का हवाला दे सकते हैं और उन मूल लिखित प्रमाणों के बारे में किसी भी मुसलमान के पास कुछ कहने को नहीं रह जाता और वे निरुत्तर रह जाते हैं। इसलिए फ़तवों में जो कुछ कहा गया है, उसका उल्लेख करने के बाद मैंने ऐसे कुछ विषयों को लिया है जिनकी पुनरावृत्ति सबसे अधिक हुई है, और यह दिखाने की कोशिश की है कि उन विषयों पर कुरान और हदीस में क्या कुछ कहा गया है।

संभव है कि फ़तवों और मूल स्रोतों में जो कुछ कहा गया है, उससे पाठक शर्मिन्दा हो उठें या उन्हें गुस्सा आ जाए। किंतु उन्हें यह याद रखना चाहिए कि वस्तुतः ग्रंथों में वही कुछ ही कहा गया है। मैंने फ़तवों के जिन संकलनों का प्रयोग किया है, वे संकलन और अलबत्ता कुरआन और हदीस के संकलन देशभर में पुस्तकों की दुकानों पर मिल जाते हैं। वे मुस्लिम समुदाय का उच्च्व साहित्य माने जाते हैं। वे ऐसे ग्रंथ हैं, जिनका पाठ छात्रगण 'इस्लामी इल्मी मरकज़ों' में करते हैं और जिन्हें वे कंठस्थ करते हैं और जिनके बारे में हमें यह बताया जाता है कि वे भारत के

गौरव ग्रंथों में से हैं। पाठक जो कुछ पढ़ने जा रहा है, उससे शर्मिंदा या क्रोधित होने की बजाए उसे खुद से यह पूछना चाहिए :

उसने इस सामग्री का कभी विरोध क्यों नहीं किया? इसे पढ़कर वह शर्मिंदा क्यों होता है? क्या इसलिए क्योंकि सामाजिक हल्कों में उसने इस्लाम की जो छवि बना रखी थी, उसे आघात पहुँचा है? या फिर इसलिए कि इससे उसकी यह धारणा खंडित हो जाती है कि इस्लाम एक सहिष्णु धर्म है, जिस पर उसकी धर्मनिरपेक्षता अब तक टिकी हुई थी?

इससे भी अधिक उपयुक्त यह होगा, कि आगामी पृष्ठों में जो कुछ दिया गया है, उसे पढ़कर उसे जो कुछ महसूस हो सकता है, उसका एक तरह से पूर्वानुमान लगाते हुए, उसे यह पूछना चाहिए कि :

यदि यह सब सामग्री मुक्त रूप से उपलब्ध है, यदि उसका उस भाषा में व्यापक प्रचलन है, जिसे अधिक सरलता से प्रभावित होने वाली जनता पढ़ और समझ सकती है, और यदि 'यह' 'वह' सामग्री है, जिसे पढ़ने और जिसके अनुसार जनता से अपना जीवन व्यतीत करने का निरंतर आग्रह किया जाता है, और यदि यही सामग्री 'इस्लामी इल्मी मरकज़ों' में पढ़ाई और आत्मसात कराई जाती है, और यदि यही सामग्री उन लोगों का मुख्य आधार है, जो इस्लामी समुदाय के विचारों और प्रतिक्रियाओं को नियंत्रित करते हैं, यदि वस्तुतः यही वह साधन है, जिसके द्वारा वे इस समुदाय को नियंत्रित और निर्देशित करते हैं, यदि यह इस समुदाय का उच्च साहित्य मानी जाती है, यदि यही वह सामग्री है जो कि इस्लामी समुदाय के विद्वज्जन का मानसिक आहार बनती है और यदि वह उन लोगों की सर्वाधिक प्रामाणिक प्रस्तुति है जो कि मुस्लिम समुदाय की अत्यंत सम्मानित और अत्यंत प्रभावशाली शख़्सियतें माने जाते हैं, और यदि ये वे मानदंड और फ़रमान हैं, जिनके अनुसार इस समुदाय को अपना जीवन ढालना होता है, तो यह सामग्री अंग्रेजी में भी क्यों नहीं उपलब्ध होनी चाहिए और इसकी छानबीन क्यों नहीं की जानी चाहिए?

इसलिए मैं यह आशा करता हूँ, कि जो लोग इस सामग्री का सामना करके गुस्सा या शर्मिंदगी महसूस करते हैं वे आम बात करने, अर्थात् उसके प्रयोजनों पर पर्दा डालने पर अपनी ऊर्जा को नष्ट करने की बजाए, मूल सामग्री में दिलचस्पी लेने लगेंगे और उसे पढ़कर उसका विश्लेषण करेंगे और अपने जाँच परिणामों को प्रसारित करेंगे। ऐसा करके वे कुछ उपयोगी, बल्कि कुछ बड़ा योगदान कर पाएंगे—वे मुसलमानों को उलमा से मुक्ति दिलाने में मदद कर पाएँगे। तब यह प्रारंभिक अध्ययन कुछ और आगे बढ़ पाएगा।

उनका दबदबा

उनके तौर-तरीके और उनकी ताकत

अली बंधुओं—मौलाना मुहम्मद अली और मौलाना शौकत अली—का कांग्रेस से कुछ लेना-देना नहीं था। 1919 में उन्होंने पहली बार प्रतिनिधियों के रूप में कांग्रेस अधिवेशन में भाग लिया। उन्हें अभी-अभी जेल से रिहा किया गया था और वे सीधे वहीं से सत्र में आए थे।

कई मुसलमान नेताओं के आग्रह पर गाँधीजी ने ख़िलाफ़त का सवाल उठाया था। तब तक ख़िलाफ़त एक दिवालिया और बदनाम संस्था थी। किंतु गाँधीजी इस निष्कर्ष पर पहुँचे थे कि क्योंकि भारत के मुसलमान इसके बारे में इतनी शिद्दत से सोचते थे, कि सभी भारतीयों को—विशेषकर हिन्दुओं और उससे भी बढ़कर स्वयं उनको व्यक्तिगत रूप से—उसे अपना मुद्दा बनाना चाहिए। उन्होंने इस बात पर बल दिया कि मुसलमानों या मुसलमान नेताओं से कोई अपेक्षा नहीं की जानी चाहिए और इस मुद्दे के प्रति हमारा समर्थन एकपक्षीय होना चाहिए और उसके बारे में कोई शर्त नहीं रखी जानी चाहिए। बहुत से लोग यह महसूस करते थे कि इसके बदले में सद्भावना के रूप में मुसलमान नेताओं को चाहिए कि वे कम से कम मुसलमानों द्वारा की जाने वाली गौ-हत्या को बंद करा दें। किन्तु गाँधीजी अड़े हुए थे। उनका कहना था कि कोई सौदेबाज़ी नहीं होनी चाहिए। यदि ख़िलाफ़त मुद्दे पर हमारे समर्थन के परिणामस्वरूप मुसलमानों का दिल पिघल गया और उन्होंने अपने आप गौ-हत्या बंद करने का निर्णय किया तो वही सबसे अच्छी बात होगी। लेकिन ख़िलाफ़त को समर्थन देने के लिए हमें अपनी ओर से कोई शर्त नहीं रखनी चाहिए। कुछ और लोगों का कहना था कि ब्रिटिश लोगों के इशारे पर मुसलमानों ने जो अलग निर्वाचक समूह की मांग की थी उसको वे छोड़ दें। इस पर भी गाँधीजी रज़ामंद नहीं हुए : अलबत्ता वे ब्रिटिश शासकों के दो समुदायों के बीच फूट पैदा करने के इरादे को भाँप गए। वे इस बात को भी भाँप गए कि अलग निर्वाचक समूह की यह चाल, एक ऐसा जहरीला बीज बोने जा रही थी जिसकी बदौलत दोनों समुदायों के बीच

हमेशा के लिए दरार पैदा हो जाती। किंतु उनके पास इसका यह जवाब था कि हर व्यक्ति को वह मुद्दा उठाना चाहिए, जो मुसलमानों को अज़ीज़ है, और इस तरह से उन्हें ब्रिटिश शासकों के इरादों से छुटकारा दिलाना चाहिए। न केवल लाला लाजपत राय, स्वामी श्रद्धानंद, पंडित मदन मोहन मालवीय, बल्कि युवा जवाहरलाल का भी यह ख़याल था कि मुहम्मद अली "हिंदुओं को केवल मोहरों के तौर पर इस्तेमाल करना चाहते थे"[1]—यह वाक्य अंगोरा अंगोरा शिष्ट मंडल के संदर्भ में इस्तेमाल किया गया था। किन्तु गाँधीजी फिर भी नहीं माने : उनका कहना था; विश्वास न करने की बजाए, मैं हज़ार बार धोखा खाना ज़्यादा बेहतर समझता हूँ।

इसके बाद अगले दो वर्षों में अली बंधुओं ने भारत के अलग अलग इलाकों का दौरा किया और गाँधीजी के साथ मिल कर सभाओं को संबोधित किया। उनका नाम घर-घर में जाना जाने लगा। गाँधीजी बार-बार ये शब्द दोहराते, "मैं तो शौकत की जेब में हूँ।" और शौकत अली बार-बार ये शब्द दोहराते, "सरकार (अर्थात गाँधीजी) मुझे जहाँ कहीं जाने को कहेंगे, मैं जाऊँगा।"

1923 में मौलाना मुहम्मद अली को कांग्रेस का अध्यक्ष चुना गया। काकीनाड़ा में अपने अध्यक्षीय भाषण में उन्होंने बहुत सी बातें कहीं। भारतीय परिदृश्य में गाँधीजी के आगमन के बारे में उनका कहना था : बहुत से लोगों ने महात्माजी की शिक्षाओं और बाद में उनके द्वारा झेले गए कष्टों की तुलना जीसस की शिक्षाओं और कष्टों से की है। खुदा उनकी रूह को सुकून दे...। जब जीसस ने अपनी धर्म-सेवा के आरंभ में विश्व के बारे में चिंतन किया तो उन्हें उसमें सुधार लाने के वास्ते इस उद्देश्य के लिए इस्तेमाल किए जाने वाले साधनों को चुनने की ज़रूरत पड़ी। दुःखभोग और त्याग द्वारा अति महान् बनने और ताकत पर हृदय की पवित्रता द्वारा विजय प्राप्त करने की भावना एबल और केन के समय जितनी पुरानी है, जो कि मानव जाति के प्रथम वंशज थे....

महात्मा गाँधी के साथ भी ऐसा ही कुछ ख़ास हुआ। किंतु एक ईसाई सरकार के हिस्से में यह आया था, कि वह हमारे समय के सबसे ज़्यादा ईसा मसीह-तुल्य व्यक्ति को महा अपराधी घोषित करे (शेम, शेम) और उस शख़्स को जो लोक-कार्यों में जुटा है और जो बिल्कुल शांति के मसीहा (ईसा मसीह) के समान है उसे सार्वजनिक शांति को भंग करने का अपराधी ठहराकर दंडित करे। महात्मा के आगमन से ठीक पहले भारत की राजनीतिक स्थिति ठीक वैसे थी जैसी कि जीसस के आगमन से पूर्व जूडा की थी। दुःखभोग द्वारा आत्मशुद्धि, सरकार की जिम्मेदारियों के लिए नैतिक तैयारी, 'स्वराज' की पूर्व शर्त के रूप में आत्म-अनुशासन—यही महात्मा का धर्म और ईमान था और हम में से जिन व्यक्तियों को ज़िंदगी में वह शानदार वर्ष देखने का सौभाग्य प्राप्त हुआ है, जिसकी महानतम घटना अहमदाबाद का कांग्रेस अधिवेशन था, उन्होंने देखा होगा कि मानव जाति के कितने बड़े जन समूह के विचारों, भावनाओं

और व्यवहार में, वे कितना असाधारण परिवर्तन कितनी जल्दी ला पाए।

अपने भाषण को चरम बिन्दु पर पहुँचाते हुए मौलाना मुहम्मद अली ने अपने भाषण का समापन इन शब्दों से किया :

1921 में हमने एक वर्ष का समय खुद को और सरकार को दिया। किंतु करारनामे के अनुसार हमारी तरफ़ से जो कुछ किया जाना चाहिए था, उसे पूरा नहीं किया जा सका और हम अपने अधूरे काम की कीमत के तौर पर स्वराज्य की माँग नहीं कर सके। आइए लौट कर नागपुर चलें और अपने खालिक (विधाता) पर भरोसा रखते हुए उससे यह दुआ करें कि वह हमें हिम्मत, हौसला, दृढ़ता और समझदारी दे कि हमारे महान नेता ने जिस महान कार्य की रूपरेखा हमारे लिए तैयार की थी उसे हम फिर से शुरू कर सकें। अगर हमने खुद को उनके अयोग्य सिद्ध नहीं किया, तो हम अपनी खोई हुई आज़ादी को फिर से हासिल कर सकेंगे। यह दुआ कामियाबी हासिल करने के लिए नहीं, बल्कि जीत हासिल कर चुकने की घोषणा करने के लिए होगी। तब हम अपना बहुत पुराना नारा बुलंद करेंगे :

महात्मा गाँधी की जय!

उस समय गाँधीजी यरवदा जेल में थे। एक ही महीने में उनका स्वास्थ्य पूरी तरह से जवाब दे गया था। 12 जनवरी 1924, उनका दर्द इतना बढ़ गया और उनकी हालत इतनी खतरनाक हो गई कि सिविल सर्जन, कर्नल सेसिल मेड्डक उन्हें तुरंत आपरेशन के लिए ससून अस्पताल ले गए। जिस समय क्लोरोफार्म दिया जा रहा था, उस समय बिजली चली गई। आपरेशन घासलेट के लैम्पों की सहायता से किया गया।

स्वास्थ्य लाभ बहुत धीरे-धीरे हो पाया। देश के कोने-कोने से नेताओं ने आकर श्रद्धा प्रकट की, अपनी स्थिति स्पष्ट की और भविष्य के लिए आश्वासन दिए।

महादेव देसाई 27 जनवरी 1924 को पंडित मोतीलाल नेहरू की मुलाकात के वृत्तान्त को बीच में रोकते हुए लिखते हैं, "तब तक शौकत अली की सेना वहाँ आ पहुँची।" "थोड़ी इधर-उधर की बातचीत के बाद शौकत अली ने अपनी गतिविधियों के बारे में बताया। जब वे रवाना होने को थे, तो उस समय जिस तरह से उन्होंने बापू के पांवों को उघार कर उन्हें चूमा, वह दृश्य हृदय को छूने वाला था।"[2]

कुछेक दिन बाद हकीम अजमल खान, मुहम्मद अली और शौकत अली एक साथ वहाँ आए। महादेव देसाई लिखते हैं :

"हकीमजी, मुहम्मद अली और शौकत अली के साथ हुई मुलाकात भी उतनी ही हृदयस्पर्शी थी, जितनी कि अकेले शौकत अली के साथ हुई मुलाकात। मुहम्मद अली ने भी बापू के पांवों को चूमा, लेकिन उन्हें बिना उघारे। स्वयं बापू ने पहल करते हुए, पहले हाथ जोड़ कर और फिर हकीमजी से हाथ मिलाकर उनका अभिवादन

किया। हकीमजी ने बापू से पूछा, 'आपको बहुत कष्ट झेलना पड़ा होगा?' 'हाँ, यह एक यातना ही थी।' 'आपको यह बीमारी कैसे हुई?' 'मैंने ज़रूर कोई अपराध किया होगा' बाद में जवाब दिया, 'भगवान् मुझे उसी का फल दे रहे हैं।' मुहम्मद अली चुपचाप बैठे हुए थे। उनके गालों पर अश्रुधारा प्रवाहित हो रही थी...।"[3]

अखिल भारतीय कांग्रेस कमेटी की जून 1924 में अहमदाबाद में बैठक हुई। उसकी कार्यवाही से गाँधीजी को इतना दुःख पहुँचा, कि उनके आँसू निकल आए। उन्होंने देखा कि पिछले दो वर्षों के दौरान कितनी ज़्यादा गिरावट आ चुकी थी। वे उठ कर चले जाना चाहते थे। किन्तु वे ऐसा नहीं कर पाए। मौलाना आज़ाद ने आग्रह किया कि वे अपना वह संदेश दें, जिसका उन्होंने वादा किया था। गाँधीजी ने उस शाम 'यंग इंडिया' में अपने लेख 'डिफ़ीटिड एंड हम्बल्ड' में लिखा, "मैंने उनकी बात मानते हुए हिन्दुस्तानी में अपने संक्षिप्त से भाषण में अपना दिल खोल कर रख दिया ताकि वे उसमें से रिसते हुए खून को देख सकें। मुझे बहुत मुश्किल से रोना आता है। जब आँसू बहाने का मौका होता है तब भी उन्हें दबा लेता हूँ किंतु इस बार धीरज बनाए रखने के अपने सभी प्रयासों के बावजूद, मैं एकदम रो पड़ा। वहाँ बैठे लोगों पर इसका साफ़ असर दिखाई दे रहा था। मैं जिन जिन अवस्थाओं में से गुज़रा था उनके बारे में मैंने उनको अवगत कराया, और उन्हें बताया, कि मेरी तेज़ रफ्तार में जो आदमी बाधा बना वह था शौकत अली..." महादेव देसाई लिखते हैं कि यद्यपि गाँधीजी ने केवल एक ऐसे सदस्य का नाम लिया, जिसका भाषण छुरे की तरह उनके दिल को चीर गया था किंतु, "वे अकेले ऐसे व्यक्ति नहीं थे, बल्कि पूरी अखिल भारतीय कांग्रेस कमेटी का किरदार ऐसा ही रहा था और मानो ख़ास तौर पर पूरी कमेटी की तरफ से गाँधीजी से क्षमा याचना करने के लिए, कांग्रेस अध्यक्ष मौलाना मुहम्मद अली गाँधीजी के हृदय विदारक बयान के अंत में फिर से खड़े हुए और अश्रु-पूरित नेत्रों से गाँधीजी के चरणों पर गिर पड़े।"[5]

कुछ सप्ताह बाद गाँधीजी दिल्ली रवाना हो जाते हैं। अपनी रिहाई के बाद वे पहली बार किसी दौरे पर जा रहे हैं। दिल्ली का प्लेटफार्म लोगों से खचाखच भरा है। गाँधीजी और उनके साथ आए लोगों को भीड़ में से निकल कर जाने में काफी समय लग जाता है। वातावरण तनाव भरा है। हिन्दुओं और मुसलमानों में फिर से झगड़ा हो गया था। जुलाई में दिल्ली और नागपुर में साम्प्रदायिक दंगे हो चुके हैं।

वे तांगा लेकर शहर में मौलाना मुहम्मद अली के घर की ओर रवाना हो जाते हैं। महादेव देसाई लिखते हैं, "मौलाना को टांग पर फोड़ा निकला हुआ था।"

वह फूट पड़ा। किंतु उससे अभी उन्हें पूरी तरह से मुक्ति नहीं मिल पाई थी, कि दो नए फोड़े निकल आए, जो कि अभी तक तकलीफ़ दे रहे हैं। जब वे स्टेशन आए थे तो पूरा समय लंगड़ाते रहे थे। किंतु घर पहुँचते ही वे चरखा कातने बैठ गए। तकली कुछ ख़राब थी, और काता हुआ सूत बार-बार टूट जाता था। किंतु

मौलाना थे कि कातना बंद ही नहीं कर रहे थे। मैंने सोचा वे एक-आध घंटे में चरखा चलाना बंद कर देंगे। लेकिन वे अपने पूरे फुर्सत के समय के दौरान चरखा चलाते ही रहे। जब भाई देवदास ने तकली को ठीक कर दिया, तो उनका जोश और बढ़ गया। जितनी देर गाँधीजी मुसलमान बिरादरान से बातें करते रहे, उतनी देर वे चरखा चलाते ही रहे। रात होने से पहले-पहले उन्होंने ज़रूर 500 गज़ सूत कात लिया होगा।[6]

गाँधीजी दस दिन बाद अहमदाबाद लौट आते हैं। 9 सितम्बर को एक और हिन्दू-मुस्लिम दंगा छिड़ उठता है, लेकिन इस बार उत्तर-पश्चिम सीमा प्रांत के कोहाट इलाके में। गाँधीजी वापिस दिल्ली आ जाते हैं। वे इस बार भी मौलाना मुहम्मद अली के घर पर ठहरना पसंद करते हैं। हालिया दंगे, और दो समुदायों के बीच चल रही दुश्मनी से वे दुःखी हो उठते हैं और अपने आप को वे पूरी तरह से बेबस महसूस करने लगते हैं। अचानक, और ऐसे मामलों में जैसी कि उनकी आदत थी, बिना किसी से सलाह किए, वे यह घोषणा कर देते हैं कि वे हिंदू-मुस्लिम एकता के लिए 21 दिन का उपवास करेंगे। सब ओर संत्रास छा जाता है, ख़ासतौर पर इसलिए, क्योंकि गाँधीजी अपनी पिछली बीमारी के कारण अब भी कमज़ोर हैं। महादेव देसाई लिखते हैं :

पाठक इस बात से अवगत हैं कि मुझे पहले दिन ही यह ताकीद कर दी गई थी कि मैं उपवास की चर्चा कतई न करूँ। किंतु क्या मौलाना को इस प्रकार का आदेश दिया जा सकता है? इसलिए उन्हें कहा गया ‘‘इस तरह से रोओ मत। हौसला रखो।’’ बापू को उपवास से रोकने के लिए मौलाना के अनुनय-विनय में वह सारी नाराज़गी भी शामिल थी, जो कि प्रेम-जन्य होती है, और उसके साथ-साथ उनकी आँखों से आँसू भी छलक रहे थे। ‘‘यह क्या है बापू? इस किस्म की मुहब्बत है आपके दिल में हमारे लिए? आपने हमारे साथ धोखा किया है। हमारे साथ आपका यह समझौता हुआ था कि आप हर कदम हमारी सलाह से उठाएँगे। क्या वह समझौता काफूर हो गया है?’’

‘‘क्या कुछ ऐसी बातें नहीं हो सकतीं, जिनके लिए बुनियादी तौर पर मुझे खुद को जवाब देना पड़े?’’

‘‘लेकिन आपने तो अपने और हमारे बीच खुदा को गवाह ठहराया था। ’’

‘‘नहीं, हम दोनों खुदा के ग़ुलाम हैं। हम दोनों उसके पास गिरवी हैं। आज मैं सलाह मशविरा करूँगा तो सिर्फ़ उस (खुदा) से। यह बात (खुदा के इशारे पर उपवास करना) कुछ है ही ऐसी, कि जिसके लिए दूसरों से सलाह लेना मना है। यह मेरी हड्डियों में है। मेरे सारे जीवन का निर्माण इसी के आधार पर हुआ है। मैंने पहले भी जितने उपवास किए हैं, उनके लिए भी मैंने किसी से पहले सलाह नहीं ली थी।’’

‘‘लेकिन यह जो अचानक कदम उठाया गया है, कहीं ऐसा न हो कि यह

उतावली में उठाया गया कदम साबित हो। आप तो इस बात को हँसी में उड़ा रहे हैं। आपको तो कोई चिंता नहीं है, लेकिन आपने यह भी सोचा है, कि हम पर क्या गुज़रेगी?"

"आपके साथ सब कुछ सही-सलामत होगा। और फिर आप यह क्यों मान लेते हैं, कि मैं मर ही जाऊँगा?"

"और आपने यह कैसे पक्का मान लिया है कि आप ज़िंदा रहेंगे? सेहत के साथ ऐसा खिलवाड़ करना और उस पर यह मान लेना कि उससे कुछ नहीं होने जा रहा है!"

"अब मान भी लो! मुझ पर विश्वास रखो। अपने को शान्त करो। तुम्हें कमज़ोर होकर आँसू नहीं बहाने चाहिए। इसके बारे में कल फिर बात करूँगा..."[7]

किन्तु जैसे-जैसे कई महीने गुज़रते चले जाते हैं, गाँधीजी एक के बाद दूसरी जनसभा में यह कहते सुने जाते हैं, कि उन्हें इस बात का बहुत अफ़सोस है कि अली बंधु, उनके साथ मंच पर नहीं हैं। वे उनसे प्राप्त एक के बाद दूसरा तार पढ़ कर सुनाते रहते हैं—मौलाना शौकत अली किसी और काम में मसरूफ हैं, मौलाना मुहम्मद अली नई प्रिंटिंग प्रेस में मसरूफ हैं...।

और जल्दी ही, वही मौलाना मुहम्मद अली, जो गाँधीजी के पांव चूमा करते थे, जो उनके कदमों पर गिर जाया करते थे, जो तर-बतर आँसू बहाया करते थे, जिन्होंने उन्हें 'हमारे युग का सर्वाधिक ईसा मसीह तुल्य व्यक्ति' कहा था, अलीगढ़ और फिर अजमेर में, यह घोषणा करते हैं :

गाँधी का अख़लाक चाहे कितना भी पाक क्यों न हो, किंतु वह मुझे मज़हब के नज़रिए से, किसी भी मुसलमान से कमतर दिखाई देंगे, चाहे फिर वह मुसलमान बेअख़लाक भी क्यों न हो।

डॉ. अम्बेडकर, जिनका यह मानना था कि मुसलमानों का ग़ैर-मुसलमानों के साथ निभाव नहीं हो सकता, अपनी घोषणा की पुष्टि में, रुख़ के इस एकदम बदलाव के बारे में चटख़ारे लेकर इस घटना का वर्णन 'दि स्टेटमेंट क्रियेटिड ए ग्रेट स्टर' (बयान ने ज़बरदस्त उथल पुथल पैदा कर दी) में इस प्रकार करते हैं :

बहुत से लोगों ने इस बात पर विश्वास नहीं किया कि श्री मुहम्मद अली, जो महात्मा गाँधी के प्रति अगाध श्रद्धा की घोषणा किया करते थे, उनके ख़िलाफ़ ऐसे धृष्ट और अनादर पूर्ण भाव भी रख सकते थे। जब श्री मुहम्मद अली लखनऊ के अमीनाबाद पार्क में आयोजित एक सभा में बोल रहे थे, तो उनसे पूछा गया कि क्या वे गाँधीजी के बारे में वैसे जज़्बात रखते हैं, जैसे कि सुनने में आए हैं। इस पर श्री मुहम्मद अली ने बिना किसी हिचक या पश्चाताप के जवाब दिया : "हाँ मेरे मज़हब और अकीदा के मुताबिक, मैं एक बदकार और गिरे हुए मुसलमान को भी गाँधी से बेहतर मानता हूँ।"[8]

रुख़ के इस एकदम बदलाव के पीछे क्या कारण था? क्या मौलाना मुहम्मद अली के श्रद्धामय हाव-भाव सब ढोंग थे? क्या वे सब आँसू बनावटी थे? क्या अली बंधु इस नतीजे पर पहुँच गए थे कि 'उस बुड्ढे' से, जो कि अब वे गाँधीजी को कह कर पुकारा करते थे, जितना 'फायदा' उठाया जा सकता था, वह उठा लिया गया था, और अब वह उनके लिए या इस्लाम के लिए किसी काम का नहीं रह गया था?

जब विवाद बढ़ने लगा, मौलाना ने अपने बयान का कारण अपनी ओर से इस प्रकार स्पष्ट किया : स्वामी श्रद्धानंद को भेजे गए पत्र में उन्होंने लिखा :

हकीकत वही है, जो मैंने आपको ज़बानी तौर पर बयान की थी। उसके बावजूद कुछ मुसलमान दोस्त लगातार मुझ पर यह इलज़ाम लगाते रहे हैं, कि मैं हिंदुओं और गाँधीजी का इबादतगुज़र हूँ। इन शरीफ आदमियों का असली मकसद मुझे मुसलमान अवाम, ख़िलाफ़त कमेटी और काँग्रेस से अलग करना था। इसके लिए वे मुझे इस तरह से पेश कर रहे थे, कि जैसे मैं अपने मज़हबी असूलों में महात्मा गाँधी का पेरौ बन चुका हूँ। इसलिए मैंने कई मौकों पर साफ़ एलान किया, कि मज़हब के मामले में, मेरा अकीदा वही है जो किसी सच्चे मुसलमान का होता है, और इस तरह से मैं पैग़म्बर मुहम्मद साहिब (अल्लाह उन्हें सुकून बख़्शे) का पैरौ हूँ, न कि गाँधीजी का। इसके अलावा, क्योंकि मैं इस्लाम को खुदा की सबसे बड़ी नेमत समझता हूँ, इसलिए महात्माजी के लिए मेरे दिल में जो प्यार है उससे आमादा होकर मैंने खुदा से दुआ की कि वह इस्लाम की सच्ची रौशनी से उनकी रूह को रौशन कर दे। लेकिन मैं पुरज़ोर तरीके से यह एलान करता हूं कि आज न तो इस्लाम, न हिन्दू, यहूदी, नसरानी और न पारसी मज़हब के नुमायंदे गाँधीजी जैसे ऊँचे किर्दार और अख़लाकी मयार वाली कोई शख़्सियत पेश कर सकते हैं। यही वजह है कि मैं उनके लिए इतना ज़्यादा एहतराम और प्यार रखता हूँ। मैं अपनी माँ का भी गहरा एहतराम करता हूँ, और अगर सब हालात में सब्र और शुक्र और अहसानमंदी इस्लाम के सही मायने हैं तो मेरा यह दावा है, कि कोई भी शख़्स, चाहे वह मज़हब का कितना भी माहिर क्यों न हो, मज़हब को मेरी माँ से बेहतर नहीं समझता। उसी तरह मैं मौलवी अब्दुल बरी को अपना मज़हबी रहनुमा मानता हूँ। उनकी प्यार भरी मेहरबानी ने मुझे उनका गुलाम बना दिया है। मैं उनकी सदकदिली की गहरी सराहना करता हूँ। लेकिन इन सब बातों के बावजूद मैं यह कहने की जुर्रत करता हूँ कि मैंने अब तक ऐसा कोई शख़्स नहीं पाया जो असल अख़लाक में महात्मा गाँधी से ऊँचे मुकाम का हकदार हो।

लेकिन अकीदा और असल अख़लाक में बहुत बड़ा फ़र्क होता है। इस्लाम का पैरौ होने के नाते मैं इस्लाम मज़हब को किसी भी और ऐसे मज़हब से अजीमतर मानने के लिए पाबंद हूँ जिसे ग़ैर इस्लामी मज़हब के पैरौ तस्लीम करते हैं। और

इस लिहाज़ से बदकार और गिरे हुए मुसलमान का मज़हब, किसी भी ग़ैर-मुस्लिम के मज़हब से ऊँचे मुकाम का हकदार है, फिर चाहे ऐसा शख़्स खुद महात्मा गाँधी भी क्यों न हो।[9]

'तेज' अख़बार को लिखे गए एक पत्र में उन्होंने यह बात और भी तीखे ढंग से कही, "अपने मज़हब को हर ग़ैर मुस्लिम के मज़हब से अजीमतर समझना एक मुसलमान का फ़र्ज़ है।" मौलाना ने लिखा :

स्वामीजी महाराज के ख़त में एक ऐसा फ़िकरा था, जिससे किसी को ऐसा लग सकता है कि मैं निज़ात के लिए सही अमल को ज़रूरी नहीं समझता। मैं ऐसा हरगिज़ नहीं मानता हूँ, और न कोई और मुसलमान ऐसा मानता है। निजात हासिल करने की ज़रूरी शर्तें हैं, अक़ीदा, अमल की पाकीज़गी, दूसरों को भलाई करने के लिए आमादा करना और बुराई के खिलाफ़ उन्हें ख़बरदार करना और अपने ऐमाल के सभी नतीजों को तसलीम करना। मेरा यह मानना है कि एक ग़ैर मुसलमान भी अपने अच्छे ऐमाल के लिए इनाम का उसी तरह से पूरा हक़दार है, जैसे एक मुसलमान अपने बुरे ऐमाल के लिए सज़ा पाने का।[10]

लेकिन असली मुद्दा यह नहीं था कि निज़ात के लिए कौन-सी ज़रूरी शर्तें होती हैं, बल्कि यह कि अकीदा और तर्ज़े-अमल में क्या फ़र्क होता है। इसलिए जहाँ तक असल अख़लाक का ताल्लुक है, मैं जितने मुसलमानों को जानता हूँ उन सब में मैं महात्माजी को सबसे ऊँचा मुकाम देता हूँ। लेकिन अपने मज़हब को हर ग़ैर मुस्लिम के मज़हब से अज़ीमतर समझना एक मुसलमान का फ़र्ज़ है। ऐसा कह कर मैंने अपने खिलाफ़ लगाए गए इस इलज़ाम को गलत साबित किया है कि मैं गाँधीजी का इबादत गुज़ार हूँ। और यही मेरा मकसद था न कि अपने हिंदू बिरादरान के जज़्बात को ठेस पहुँचाना या महात्मा गाँधी को गालियाँ देना। अगर किसी के पास शिकायत करने की वजह है, तो वे हैं मेरे हम-मज़हब लोग जिनमें से किससी को भी मैंने अख़लाक की ऊँचाई के लिहाज़ से महात्मा गाँधी की बराबरी करने लायक नहीं समझा।[11]

अलबत्ता गाँधीजी की प्रतिक्रिया अपने ही किस्म की थी। पटना के एक संवाददाता ने जब उनके विचार जानने चाहे, तो उसे उन्होंने लिखा :

प्रिय मित्र,

इस बीच सारा समय मैं आपके पत्र को अपने पास रखे रहा। मौलाना मुहम्मद अली के बयान में मुझे ऐसा कुछ दिखाई नहीं देता जिस पर मुझे आपत्ति हो। क्या कोई ऐसा व्यक्ति जिसका कद सात फुट है, किसी दूसरे ऐसे व्यक्ति के बारे में, जिसका कद पाँच फुट है, यह नहीं कह सकता, कि वह उस दूसरे व्यक्ति से कद में ऊँचा है फिर चाहे वह दूसरा व्यक्ति पहले व्यक्ति की अपेक्षा और हर दृष्टि से श्रेष्ठतर भी क्यों न हो। यदि मौलाना ऐसे धर्म में विश्वास रखते हैं, जो उनकी राय

में सब धर्मों से अच्छा है, तो क्या वे ईमानदारी से यह नहीं कह सकते कि वे तथाकथित रूप से विश्व के महानतम व्यक्ति से श्रेष्ठतर हैं? मैं समझता हूँ कि मौलाना ने जो फ़र्क बताया है, वह जायज़ है।

आपका

एम.के. गाँधी[12]

कोहाट की घटना ने भी एक बदसूरत मोड़ ले लिया। आबादी का बहुत बड़ा हिस्सा मुसलमानों का था। हिन्दुओं और सिक्खों पर आक्रमण करके उन्हें वहाँ से खदेड़ दिया गया। उन्हें मारा पीटा गया, उनकी हत्याएँ की गईं और उन्हें धर्मपरिवर्तन के लिए मजबूर किया गया।

लेकिन उस समय सबको हैरानी हुई जब दिसम्बर 1924 में बंबई में हुए मुस्लिम लीग के इजलास में (बाकी सब मंचों को छोड़ कर) मौलाना मुहम्मद अली ने जो हाल तक कांग्रेस के अध्यक्ष थे, पेश किए गए एक प्रस्ताव में, जो कि पहले से ही पक्षपात पूर्ण था, और नमक मिर्च मिला दी थी। प्रस्ताव में कहा गया था कि, "कोहाट में हिन्दुओं को जो तकलीफ़ें उठानीं पड़ीं वे बेवजह नहीं थीं बल्कि इसके उलट जो हकीकत सामने आई है, उससे यह साफ़ ज़ाहिर होता है कि मुसलमानों के मज़हबी जज़्बात को बुरी तरह से भड़काया गया था और दंगा फ़साद की शुरुआत हिन्दुओं ने की थी। इसके अलावा, अगरचे उन्हें बहुत ज़्यादा तकलीफ़ात उठानी पड़ीं और वे हम सब मुसलमानों की हमदर्दी के मुस्तहिक हैं, लेकिन तकलीफ़ सिर्फ़ उन्हें ही नहीं उठानी पड़ी..."[13]

महादेव देसाई ने अपनी डायरी में लिखा : मुस्लिम लीग के इजलास में कोहाट पर मौलाना मुहम्मद अली के प्रस्ताव ने मित्रमंडली में बहुत बड़ी उथल-पुथल पैदा कर दी। बापू की शिकायत थी, "इससे बढ़कर आँखें खोलने वाली बात कोई और नहीं हो सकती।"[14]

गाँधीजी भी बम्बई में थे। उन्होंने मुहम्मद अली को लिखा :

प्रिय मित्र तथा बन्धु,

कोई भी काम जल्दबाज़ी में मत किया कीजिए। ज़फ़र अली ख़ान का प्रस्ताव आपके प्रस्ताव से निश्चय ही बेहतर है। आपका अभिप्राय सही था, लेकिन आपने जो उसे अमली जामा पहनाया, वही सही नहीं था। आपके प्रस्ताव को पढ़कर ऐसा लगता है मानो हिंदुओं के साथ जो कुछ हुआ, उसी के वे पात्र थे। आपने तथ्यों के रूप में यह उल्लेख किया है कि भड़काने वाले हिंदू थे, और हिंसा की शुरुआत भी उन्होंने ही की। आपने कहा है कि हिंदुओं को बहुत बड़ा कष्ट पहुँचा, (किंतु) कष्ट झेलने वाले केवल हिंदू ही नहीं थे, जिसका यह अर्थ निकलता है कि दोनों को बराबर कष्ट झेलना पड़ा, और यदि बराबर नहीं, तो इतना अधिक भी नहीं,

कि उसका कोई विशेष उल्लेख करना ज़रूरी हो। प्रस्ताव में मुख्य तथ्यों के बारे में सुनिश्चित जाँच परिणामों का उल्लेख किए जाने के बाद जनता से यह अपेक्षा की गई है कि वह सरकार द्वारा लगाए गए आरोपों के ब्यौरों के मामले में अपने विवेक को ताक पर रख दे। क्या इससे यह निष्कर्ष नहीं निकाला जा सकता कि जब मुख्य तथ्यों के बारे में सरकार का विवरण सही है, तो ब्यौरों के बारे में भी उसके जाँच परिणाम सही होंगे? आप लीग से मुसलमानों को यह कहलवाते हैं कि वे हिंदुओं को कोहाट में बुलाएँ और मुसलमानों के साथ अपने मतभेदों को सम्मान और सौहार्दपूर्वक सुलझाएँ। इसका यह अर्थ हुआ कि मुख्य अपराधी हिंदू हैं। किंतु यदि यही आपकी राय है, तो फिर आयोग की क्या ज़रूरत है। इसके बाद आप सीधे ही हिंदुओं को बुलवा कर उनसे यह कहते हैं कि वे मुसलमानों को न भड़काएँ और मुसलमानों से यह कि वे हिंसा पर उतारू न हों। इसका यह अर्थ हुआ कि हिन्दुओं ने मुसलमानों को असाधारण रूप से भड़काया था। हकीकत यह है कि घटिया नज़्मों में जिस प्रकार की भाषा का प्रयोग किया जा रहा है, वह पंजाब में एक आम बात हो गई है। आप यह कहेंगे कि कोहाट के लिए यह भाषा अक्षम्य है। आख़िर में आपके द्वारा की गई सरकार की निंदा और उसमें जो भाषा इस्तेमाल की गई है, उसमें कोई दम नहीं है, और आप उसमें निंदा का कोई कारण भी स्पष्ट नहीं कर पाए हैं।

ज़फ़र अली ख़ान का प्रस्ताव आपके प्रस्ताव से कहीं ज़्यादा बेहतर है, और कहीं कम आघात पहुँचाने वाला। आपने मंदिरों के विध्वंस का उल्लेख करके बहुत बड़ी गलती की है। काश कि आप इस विषय में चुप रहते। मैंने उस प्रस्ताव को बार-बार पढ़ा है, और जितना ज़्यादा मैं उसे पढ़ता हूँ, उतनी ज़्यादा मुझे उससे नफ़रत होती चली जाती है। फिर भी यदि आप यह महसूस नहीं करते हैं कि यह ग़लत है तो उस पर डटे रहिए। मैं पहले आपके दिल को मुतासिर करना चाहता हूँ, और उसके बाद आपके दिमाग को। जब तक मेरा आप पर विश्वास बना हुआ है, मैं आपका साथ नहीं छोड़ूँगा। यह प्रस्ताव इस बात को ज़ाहिर करता है कि आपका मन किस प्रकार काम करता है। आपकी भाषा चाहे कितनी रूखी हो, यह आपकी आस्था को व्यक्त करती है। इसलिए मुझे अभी और ज़्यादा कोशिश करके यह देखना चाहिए कि क्या मैं आपके विचारों को बेहतर दिशा दे पाता हूँ या नहीं। ऐसे मामलों में आपको हिंदुओं की राय से बेखबर नहीं होना चाहिए। आपको यह हरगिज़ नहीं कहना चाहिए था कि हिन्दुओं ने इस बात से इन्कार किया है, कि उन्होंने कोई भड़काने की कार्रवाई की थी, या हिंसा की शुरुआत उन्होंने की थी। उनके ऐसा मानने में ग़लती भी हो सकती है, लेकिन यह देखते हुए कि वे ऐसा मानते हैं, आपको वैसा कुछ नहीं कहना चाहिए था, जो कुछ आपने कहा है। यदि आपके यहाँ वैसा प्रस्ताव

पेश नहीं किया जा सकता था, जैसा कि कांग्रेस का था, तो लीग को विभाजित किए बिना आप उसका विरोध कर सकते थे, और उसके ख़िलाफ़ वोट डाल सकते थे। गहरी सहानुभूति और प्यार के साथ,

आपका
एम. के. गाँधी

श्री महादेव लिखते हैं : पहले तो बापू मुझे इस पत्र की नकल तैयार नहीं करने दे रहे थे, किंतु बाद में वे इसके लिए सहमत हो गए। जब मैंने शौकत अली की बेशर्मी की चर्चा की, तो बापू बोले, 'वर्ष के अंत तक असली बात सामने आ जाएगी।' 'बल्कि दो या तीन महीने के बाद ही, बापू।' मैंने कहा, 'तब तो और भी अच्छा', बापू ने जवाब में कहा।[15]

वह असली बात जल्द ही सामने आ गई। मौलाना शौकत अली गाँधीजी के साथ रावलपिंडी गए, कोहाट के शरणार्थियों से मिलने के लिए। दोनों ने दंगों के बारे में जो कुछ जाना था, उस पर दोनों ने अलग-अलग बयान जारी किए।[16] जो कुछ सामने आया, वह और भी बदतर था। उस घटनाक्रम का उल्लेख महादेव देसाई ने इस प्रकार किया है :

दोनों 3 तारीख़ को दिल्ली से रवाना हुए। पिछली रात 10.30 बजे तक हकीमजी के घर पर केवल कोहाट पर ही चर्चा होती रही थी। डॉ. अंसारी और हकीमजी (अजमल ख़ान) का यह विचार था कि बेहतर होगा यदि अलग-अलग जाँच रिपोर्टों को अप्रकाशित ही रखा जाए। किंतु मोतीलाल जी नेहरू ने इसका कड़ा विरोध किया। 'यह असंभव है। निश्चय ही जनता यह अपेक्षा करेगी कि जाँच समिति के जाँच परिणाम प्रकाशित किए जाएँ, और जनता की तसल्ली कराना हमारे लिए लाज़िमी है।' आख़िरकार रिपोर्टों को प्रकाशित करने का निश्चय किया गया, किंतु कुछ परिवर्तनों के साथ। ये परिवर्तन करने के लिए 3 तारीख़ की सुबह शौकत अली हमारे साथ रेलगाड़ी में सवाई माधोपुर तक गए। पहले बापू ने शौकत अली की रिपोर्ट में संशोधन किए। उन्होंने उनके हर नज़रिए को जैसे का तैसा बनाए रखा, केवल अनावश्यक पुनरावृत्तियों को काट दिया। शौकत अली ने की गई काट-छाँट को स्वीकार कर लिया। उनका अन्तिम वाक्य बेढंगा-सा था। बापू ने उसे ठीक करके दोबारा लिख दिया। उसके बाद बापू ने अपनी रिपोर्ट में संशोधन करने शुरू किए। शौकत अली ने काफ़ी ज़ोर दे कर बापू से कहा था कि वे (जनरल) डायर के साथ की गई तुलना वाले अंश को और उसके अलावा उस पैराग्राफ़ को जिसमें बापू द्वारा मुसलमानों को दोषी ठहराने का कारण बताया गया था, तथा उस वाक्य को निकाल दें, जिसमें यह कहा गया था कि "कुल मिला कर नुकसान मुसलमानों को नहीं, बल्कि हिंदुओं को उठाना पड़ा था।" बापू ने इन सब अंशों को रिपोर्ट में से काट दिया। मैंने इस सारी काट-छाँट

के प्रति विरोध प्रकट किया—यद्यपि तीखे ढंग से नहीं, और कहा कि जो मन मात्र तथ्यों के उल्लेख को भी बर्दाश्त नहीं कर सकता वह अपने आप में कलुषित है। "लेकिन और किया भी क्या जा सकता है?" बापू ने जवाब दिया, "वही एक तरीका है रवैये को बदलने का। इसके अलावा उन्होंने भी तो बहुत कुछ मान लिया है।"[17]

अगले कुछ महीनों में तो और भी स्पष्ट हो गया कि—'बुड्ढा' अब उनके और किसी काम का नहीं रहा।

जो कुछ हो चुका था, उससे गाँधीजी भी अच्छी तरह से अवगत थे, लेकिन वे अपनी बात पर अटल रहे कि भले ही वे हज़ार बार धोखा खा जाएँ, लेकिन वे दूसरों पर भरोसा करना नहीं छोड़ेंगे। वे यही सीख देते रहे कि जब हमारे साथी हमें छोड़कर चले जाते हैं, तो हमें उनके ख़िलाफ़ अपने मन में कोई बुरी भावना नहीं पालनी चाहिए। बल्कि हमें उनका एहसानमंद होना चाहिए कि उन्होंने इतनी देर तक हमारा साथ निभाया।

यह कौन-सी नैतिकता हुई, जो दूसरों को 'इस्तेमाल करने' यहाँ तक कि महात्मा गाँधी जैसे व्यक्ति को 'इस्तेमाल' करने को उचित ठहराती है?

क्या ऐसी बात है कि एक मुसलमान, चाहे उसका चरित्र कितना भी गिरा हुआ क्यों न हो 'धार्मिक दृष्टि से' एक ग़ैर मुस्लिम व्यक्ति से बेहतर होता है, फिर चाहे वह व्यक्ति गाँधीजी के जैसे चरित्र वाला भी क्यों न हो? "किसी व्यक्ति को इस्तेमाल करना" या मोमिनों और काफ़िरों का वह तुलनात्मक आकलन कहाँ तक 'मज़हबी' उसूलों के मुताबिक है। जब शौकत अली ने उस रिपोर्ट पर दस्तख़त करने से इन्कार कर दिया, जिसमें कोहाट के मुसलमानों को (दंगों के लिए) ज़िम्मेदार ठहराया गया था। तो क्या वे केवल पक्षपात से काम ले रहे थे और यह पक्षपात एक आम-सी बात थी? या फिर वे किसी उच्चतर धमदिश या मज़हबी फ़रमान का पालन कर रहे थे?

जैसे-जैसे हम आगे बढ़ेंगे, इन सवालों के जवाब स्पष्ट होते चले जाएँगे।

"होशियारी और एहतियात के साथ"

"अल-सलाम आलिकम मेरे मालिक। आपका खत मुझे अभी-अभी मौसूल हुआ है। हम्द-ए-अल्लाह। यहाँ सब ख़ैरियत है," इकबाल ने अपने मित्र, इतिहासकार अकबर शाह नजीबाबादी को 12 अप्रैल, 1925 को लिखा।

आपने सही फ़रमाया है कि सर सय्यद अहमद ख़ान की तहरीक की वजह से मौलवियों का असर काफ़ी कम हो गया था, लेकिन ख़िलाफ़त कमेटी ने हिंदुस्तानी मुसलमानों में मौलवियों का वकार फिर से कायम कर दिया है क्योंकि कमेटी को उनके स्यासी फ़तवों की ज़रूरत थी। यह एक ज़बरदस्त ग़लती थी। जिसको अभी

तक किसी ने महसूस नहीं किया है।

इसके आगे वे लिखते हैं :

हाल ही में मुझे भी इस ग़लती का खम्याज़ा उठाना पड़ा। कुछ दिन पहले मैंने 'इज्तिहाद' मौज़ू पर अंग्रेज़ी में एक मज़मून लिखा था। उसे यहाँ एक कांफ्रेंस में पढ़ा गया था। अल्लाह ने चाहा तो इसे शाय भी किया जाएगा। लेकिन कुछ लोगों ने मुझे काफ़िर करार दिया है। बहरहाल जब आप लाहौर तशरीफ़ लाएँगे तो इस बारे में मैं आपसे तफ़सील से चर्चा करूँगा। हिंदुस्तान में ख़ासतौर पर आज कल हमें होशियारी और एहतियात से काम लेना होगा।[18]

जैसा कि सब जानते हैं, इज्तिहाद का अर्थ है मूल ग्रंथों की व्याख्या करने का अधिकार। यह उन उपायों में से एक है, जिनके ज़रिए मुस्लिम समाज ने बंधन को ढीला करने की कोशिश की है। किंतु पैग़म्बर साहिब की मृत्यु के मात्र दो सौ साल बाद ही उलमा ने यह फ़रमान जारी किया कि "इज्तिहाद के दरवाज़े बंद हो चुके हैं।" उन्होंने कहा, कि ऐसा इसलिए किया जा रहा है क्योंकि ऐसे कोई पाक मुसलमान नहीं बचे रह गए हैं जो विश्वसनीय व्याख्या प्रस्तुत कर सकें। उन्होंने यह फ़रमान जारी किया कि आगे से यह कायदा रहेगा, कि मूल ग्रन्थों का अक्षरशः पालन किया जाएगा। जैसा कि हमें इकबाल के 'भाषणों' से पता चलता है, जिन पर हम शीघ्र ही विचार करेंगे, वे यह मानते थे कि इस प्रकार के निषेध का बिल्कुल कोई आधार नहीं है और उनकी यह राय थी कि इस्लामी समाज में जो बाद में बेतुकापन पैदा हो गया था, उसके पीछे यही कारण था। किंतु जैसा कि उन्होंने लिखा है, इस दृष्टिकोण के कारण उन्हें काफ़िर करार दे दिया गया। हालांकि वे दुनिया को दृढ़ता का सबक देते रहे, लेकिन उन्होंने खुद होशियारी और एहतियात से काम लेना बेहतर समझा। उनका पर्चा शाय नहीं किया गया।

तीन वर्ष पश्चात् मद्रास की मुस्लिम एसोसिएशन ने इस्लामी विचारधारा के आधुनिकीकरण पर भाषण देने के लिए उन्हें आमंत्रित किया। उन्होंने विषय को छह भाषणों में क्रमबद्ध किया, जो कि उन्होंने 1929 के दौरान मद्रास, मैसूर, हैदराबाद में दिए। बाद में उन्होंने इस शृंखला में सातवां भाषण भी जोड़ दिया। इन भाषणों का संकलन 1934 में आक्सफोर्ड यूनिवर्सिटी प्रेस द्वारा प्रकाशित किया गया।

एक स्थान पर 'दि रीकंस्ट्रक्शन आफ़ रिलीजस थाट इन इस्लाम' (इस्लाम में धार्मिक विचारधारा का पुनर्निर्माण) में तक्लीद के बंधन को तोड़ने और अतीत के फ़ैसलों और अकीदों के अंधानुकरण से मुक्ति पाने की ज़बरदस्त दलील पेश की गई थी। उन्होंने मुसलमानों को यह उपदेश दिया कि 'जीवन के प्रति एक गतिशील दृष्टिकोण' को कुरान का अंग माना जाए और वे खुद ऐसे दृष्टिकोण को ही, न कि 'अतीत के प्रति झूठी श्रद्धा' को अपनाकर चलें।

उनकी यह खोज थी कि मुस्लिम समाज तब से निर्जीव पड़ गया था, जब

सब से कुशाग्रबुद्धि लोगों ने सूफ़ी मत को अपना लिया था, और "मुस्लिम राज्य ...साधारण बुद्धि वाले लोगों के हाथों में चला गया और क्योंकि इस्लाम की अविचारशील आम जनता का मार्गदर्शन करने के लिए कोई उच्च योग्यता वाले व्यक्ति नहीं रह गए थे, इसलिए विचार पद्धतियों का केवल अंधानुकरण करने में ही अपनी सुरक्षा समझी।"

उन्होंने कहा कि रूढ़िवादी लोगों द्वारा इन मामलों को व्यवस्थित करने के लिए जो प्रयास किए गए उसका ख़ास कारण था। "व्यवस्था कुछ हद तक ह्रास की ताकतों को बेअसर कर देती है।" किंतु इस प्रक्रिया में रूढ़िवादी सोच रखने वाले लोगों ने सृजनात्मकता और पहलकदमी का दम घोंट कर रख दिया था, और इस प्रकार वे जिस गतिहीनता से बचना चाहते थे, वही गतिहीनता उन्होंने खुद पैदा कर दी। इकबाल ने लिखा "...उन्होंने नहीं देखा और हमारे मौजूदा ज़माने के उलमा भी यह नहीं देख रहे हैं कि लोगों का आख़िरी नसीब उतना व्यवस्था पर निर्भर नहीं करता, जितना कि अलग-अलग व्यक्तियों की योग्यता और शक्ति पर। ज़रूरत से ज़्यादा व्यवस्थित समाज में व्यक्ति के अस्तित्त्व को ही कुचल कर रख दिया जाता है। वह सामाजिक विचारधारा की पूरी संपत्ति तो हासिल कर लेता है लेकिन वह अपनी रूह को खो बैठता है। इसलिए अतीत का इतिहास और उसका कृत्रिम पुनरुत्थान किसी जाति के ह्रास का उपचार नहीं। जैसा कि एक आधुनिक इतिहासकार ने क्या खूब कहा है—इतिहास का फैसला यह है कि घिसे-पिटे विचार उस जाति के बीच कभी भी शक्तिसंपन्न नहीं हो सकते, जिस जाति के हाथों उनकी ऐसी दशा हुई है।"

इकबाल ने कहा, कि "यह मानना गलत होगा कि कुरआन मानव की वैचारिक और वैधानिक गतिविधि के लिए कोई गुंजायश नहीं छोड़ता। बल्कि उसमें प्रतिपादित सिद्धांतों की गहन व्यापकता वस्तुतः मानव विचारों को जागृत करती है।" इस्लामी विधिवेत्ताओं ने कानून की जिन विचार पद्धतियों की नींव डाली, उनके फ़ैसले तथा बाद के टीकाकारों के फैसले "आख़िर व्यक्तिगत व्याख्याएँ ही तो हैं। इसलिए उनके बारे में यह दावा नहीं किया जा सकता कि वे व्याख्याएँ और फ़ैसले अन्तिम हैं"—हालांकि इस्लामी कट्टरवाद का भारत में आज जैसा प्रचार हो रहा है उसके अनुसार वे अपरिवर्तनीय हैं। इकबाल ने यह सवाल उठाया, "क्या हमारी विचार पद्धतियों के संस्थापकों ने कभी यह दावा किया था कि उनके द्वारा प्रस्तुत किए गए तर्क और व्याख्याएँ अंतिम हैं?" इसका जवाब देते हुए वे कहते हैं, "हरगिज़ नहीं।" इसलिए उन्होंने यह घोषणा कर दी कि वे 'मुकम्मिल इज्तिहाद'—अर्थात् अपने आप पूरी व्याख्या करने के अधिकार—के हक़ में हैं। उन्होंने कहा, "कुरआन हमें यह शिक्षा देता है कि जीवन उत्तरोत्तर सृजन की प्रक्रिया है। उसके लिए ज़रूरी है कि हर पीढ़ी को यह इजाज़त होनी चाहिए कि वह अपने से पहले की पीढ़ियों के फ़ैसलों से मार्गदर्शन प्राप्त करते हुए, किंतु उनसे बाधित न होकर अपनी समस्याओं का हल ढूँढ़ सके।

उन्होंने इस बात पर दुःख प्रकट किया कि, "भारत के मुसलमानों की घोर रूढ़िवादिता के मद्देनज़र भारतीय न्यायाधीशों के पास और कोई चारा नहीं सिवाय इसके कि वे तथाकथित मानक फ़ैसलों का ही अनुसरण करते चले जाएँ।" इसका जो नतीज़ा निकला उसके बारे में उनका कहना था, "उसका यह परिणाम है कि जबकि लोग गतिमान होकर आगे की ओर बढ़ रहे हैं, कानून जहाँ का तहाँ स्थिर बना हुआ है।"

अपनी बात को स्पष्ट करने के लिए उन्होंने, अबू हनीफ़ा के साथ जो कुछ बीता, उसकी ओर ध्यान दिलाया। यह उदाहरण बहुत प्रभावकारी है, क्योंकि भारतीय मुसलमानों में से अधिकतर संख्या सुन्नियों की है और सुन्नियों में से भी अधिकतर संख्या हनीफ़ा अनुयायियों की है—अर्थात् उनका यह दावा है कि वे अपने मामले अबू हनीफ़ा द्वारा संस्थापित कानून पद्धति के अनुसार तय करते हैं। अबू हनीफ़ा अपने नए-नए विचारों एवं प्रयोगों के लिए माने हुए थे, जबकि अन्य विधिवेत्ताओं में यह प्रवृत्ति पाई जाती थी कि वे निश्चित मामलों में दिए गए निर्णयों को शाश्वत मान लेते थे। अबू हनीफ़ा इस प्रवृत्ति के खिलाफ़ थे। इकबाल ने इस ओर ध्यान दिलाया कि आधुनिक हनीफ़ी विधिवेत्ताओं में ठीक यही प्रवृत्ति पाई जाती है। उन्होंने अबू हनीफ़ा और उनके ठीक बाद के अनुयायियों की व्याख्याओं और निर्णयों को, जो कि उन्होंने विशिष्ट स्थितियों और परिस्थितियों में दिए थे, 'शाश्वत' मान लिया।

जैसा कि ऊपर उल्लेख किया गया है, पैग़म्बर साहिब के इंतकाल के बाद कुछेक पीढ़ियों के भीतर ही 'इज्तिहाद के दरवाज़े' बंद कर दिए गए। अर्थात् मूल आदेशों की व्याख्या करने का अधिकार समाप्त कर दिया गया, इस आधार पर कि ऐसे कोई मुसलमान नहीं रह गए थे जो उस अधिकार का प्रयोग करने की पाकीज़गी रखते हों।

मुस्लिम समाज जिस कदर इस निर्णय की जकड़ में आता चला गया इकबाल ने उसका वर्णन किया है और उसके ख़िलाफ़ उन्होंने ज़बरदस्त आवाज़ भी बुलंद की। उन्होंने लिखा, "इज्तिहाद का दरवाज़ा बंद किए जाने की बात कोरी कल्पना है। इस कल्पना को कुछ बल तो उस समय मिला, जब इस्लाम में कानूनी विचारधारा ने एक निश्चित रूप ले लिया, और यह पूरी तरह से बलवती उस बौद्धिक काहिली के कारण हुई, ख़ासतौर पर आध्यात्मिक ह्रास की कालावधि में, जो महान चिंतकों को बुत बना देती है। यदि बाद के कुछ विद्वानों ने इस कल्पना की परिपुष्टि की है, तो भी आधुनिक इस्लाम बौद्धिक स्वतंत्रता के इस स्वैच्छिक त्याग के लिए बाध्य नहीं है।"

लेकिन यह याद रखिए कि "भारत में, ख़ासतौर पर इन दिनों आदमी को होशियारी और एहतियात से काम लेना चाहिए।" और इस प्रकार हम देखते हैं कि उन्हीं भाषणों में, जिनमें इकबाल ने 'कुरान के गतिशील नज़रिए' की सराहना की थी, उन्होंने ख़बरदार किया, "लेकिन हमें यह नहीं भूलना चाहिए कि जीवन मात्र

परिवर्तन ही नहीं है। इसमें संरक्षण के तत्त्व भी निहित हैं" और इसलिए, "सामाजिक परिवर्तन के किसी भी नज़रिए में रूढ़िवाद की ताकतों के मूल्य और उनकी सक्रियता को नज़रअंदाज़ नहीं किया जा सकता।"

"कुरआन की इस सारभूत शिक्षा से जो हमें सहज अंतर्दृष्टि प्राप्त होती है उसी का इस्तेमाल आधुनिक बुद्धिवाद को हमारे वर्तमान नियमों के सन्दर्भ में करना चाहिए," उन्होंने लिखा, "कोई भी जाति अपने अतीत को पूरी तरह से अस्वीकार नहीं कर सकती, क्योंकि उनके अतीत की बदौलत ही उनकी व्यक्तिगत पहचान बन पाती है।" उन्होंने कहा, कि इस्लाम में नियमों को सुधारने का काम और भी नाजुक है, क्योंकि उनकी प्रकृति अप्रादेशिक है, और वह इसलिए क्योंकि 'परस्पर प्रतिरोधी जातियों' ने इसे अपनाया है। इसलिए उन्होंने फटकार भरे शब्दों में, जो कि जल्द ही हमारे सामने आने वाले हैं, घोषणा की, "ऐसे समाज के विकास में, खाने-पीने, पवित्रता या अपवित्रता से संबंधित, सामाजिक रूप से अहानिकर नियमों में भी एक कालावधि तक अपरिवर्तनशीलता बनी रहती है, क्योंकि वह ऐसे समाज को एक ख़ास किस्म का अंतर्मुखत्व प्रदान करती है और उस बाहरी और भीतरी एकसमानता को और सुदृढ़ बनाती है, जो कि विषमजातीयता की उन ताकतों का मुकाबला करती है जो कि मिले-जुले समाज में हमेशा छिपी रहती हैं..."

एक ओर उन्होंने तुर्की में हुए परिवर्तनों की सराहना की। उन्होंने लिखा, "केवल यही एक देश है, जो अपनी धर्मांधता की निद्रा को तोड़ पाया है और आत्मबोध को प्राप्त कर पाया है।" एक ओर उन्होंने मुस्लिम देशों पर यह इलज़ाम लगाया कि वे, "यंत्रवत् अपने पुराने मूल्यों को दोहराते चले जा रहे हैं।" किंतु दूसरी ओर उसी पृष्ठ पर वे, 'इस्लाम की दुनिया में उदारवाद की तीव्रगति पर नियंत्रण' रखने के लिए 'स्वस्थ रूढ़िवादी आलोचना' की वकालत करते हैं।

उन्होंने लिखा, "हम इस्लाम में उदारवादी आन्दोलन का हार्दिक स्वागत करते हैं।" और उसके फ़ौरन बाद वे कहते हैं :

लेकिन यह मानना पड़ेगा कि इस्लाम में उदारवादी विचारों का आविर्भाव इस्लाम के इतिहास में एक अत्यंत नाजुक घटना है। उदारवाद में विघटन की ताकत के रूप में काम करने की प्रवृत्ति रहती है और आधुनिक इस्लाम में जातिगत विचार जितना अभूतपूर्व रूप से ज़ोर पकड़ता दिखाई दे रहा है उससे मुस्लिम लोगों का वह व्यापक मानवीय दृष्टिकोण अंततः विलीन हो सकता है जो कि उन्हें अपने धर्म से प्राप्त हुआ है। इसके अलावा हमारे धार्मिक और राजनीतिक सुधारकों के जवानी के जोश पर किसी प्रकार के नियंत्रण के अभाव में उनका उदारवाद का उत्साह सुधार की उचित सीमाओं का अतिक्रमण कर सकता है। आज हम एक ऐसे दौर में से गुज़र रहे हैं, जो कि यूरोप में प्रोटेस्टेंट क्रांति के दौर से मिलता-जुलता है और लूथर के आंदोलन के उदय और परिणाम से जो हमें सबक मिलता है उसे हमें कदापि

नहीं भुलाना चाहिए। इतिहास का ध्यानपूर्वक अध्ययन करने से यह पता चलता है कि सुधारांदोलन मूलभूत रूप से एक राजनीतिक आंदोलन था और यूरोप में उसका कुल मिलाकर यह परिणाम देखने को मिला कि ईसाइयत के सार्वभौम आचार-नियमों का स्थान धीरे-धीरे राष्ट्रीय आचार नियम प्रणालियाँ लेने लगीं। इस प्रवृत्ति के परिणाम हमने खुद अपनी आँखों से यूरोपीय महायुद्ध में देखे हैं। इसकी बदौलत आचार नियमों की दो परस्पर विरोधी प्रणालियों का व्यावहारिक समन्वय हो पाना तो दूर, यूरोप की स्थिति और भी अधिक असहनीय हो गई है। आज इस्लाम की दुनिया के रहनुमाओं का यह फ़र्ज़ बनता है कि यूरोप के साथ जो कुछ बीता है, उसके सही मायने को समझें और उसके बाद आत्म नियंत्रण और स्पष्ट अंतर्दृष्टि के साथ एक सामाजिक नीति के तौर पर इस्लाम के अन्तिम लक्ष्यों की ओर बढ़ें।

तो फिर इन भाषणों का अंतिम संदेश क्या है? प्रो. मुजीब अपनी सामान्य तीक्ष्णता के साथ इन भाषणों का सारांश इन शब्दों में प्रस्तुत करते हैं : "(इन भाषणों में) मुलसमानों को इस्लाम के आदर्शों के अनुसार अपने जीवन का पुनर्निर्माण करने के लिए दी गई चुनौती अंततः संकोच के साथ किंतु औपचारिक रूप से यह स्वीकार कर लेती है कि कहीं न कहीं कुछ परिवर्तन तो किया जाना चाहिए किंतु उसके लिए साहस की बजाए एहतियात ज़्यादा जरूरी है..."[19]

क्या इस द्वैधवृत्ति का कारण सावधानी थी—अर्थात 'होशियारी और एहतियात' जिसका ज़िक्र इकबाल ने अकबर शाह को लिखे अपने पत्र में किया था? या फिर जो कुछ उन्होंने कहा, उसमें उनका दृढ़विश्वास था?

इसका एक कारगर संकेत हमें इस बात से मिलता है कि ये भाषण अंग्रेज़ी में दिए गए थे—जो कि एक ऐसी भाषा थी, जिसके माध्यम से व्यापक मुस्लिम जनसमूह पर या पढ़े-लिखे मुसलमानों पर भी उनका कम प्रभाव पड़ने की संभावना थी। लेकिन इसके साथ ही यह एक ऐसी भाषा भी थी जिसके माध्यम से उन भाषणों द्वारा उलमा का गुस्सा भड़क उठने की भी कम संभावना थी। इनका उर्दू अनुवाद इकबाल साहब के जीवनकाल के दौरान प्रकाशित नहीं किया गया।

ये भाषण बाद में, उर्दू भाषा में 1958 में प्रकाशित किए गए। तब तक शायर साहब का इंतकाल हुए पूरे बीस वर्ष बीत चुके थे।

और आज तक उलमा चिल्ला रहे हैं कि कितना बेहतर होता अगर इन तकरीरों को शाय ही न किया जाता।[20]

एक तौबानामा

जोसेफ़ हेल एक जर्मन प्राच्यवेत्ता थे। उन्होंने अरबों और इस्लाम पर जर्मन भाषा में एक पुस्तक लिखी थी। उसका अंग्रेजी अनुवाद 'दि अरब सिविलाइज़ेशन' शीर्षक

से इंग्लैंड की कैम्ब्रिज स्थित एक विख्यात कंपनी हेफ़र एंड संस द्वारा 1926 में प्रकाशित किया गया। अंग्रेजी अनुवाद सलाउद्दीन खुदाबख़्श द्वारा किया गया, जो कि ख़ान बहादुर खुदाबख़्श के पुत्र थे। ख़ान बहादुर खुदाबख़्श एक पुस्तक प्रेमी थे और उन्होंने पटना में प्रसिद्ध पुस्तकालय की स्थापना की थी, जो कि आज भी उन्हीं के नाम से जाना जाता है। उक्त पुस्तक का उर्दू अनुवाद नज़ीर नियाज़ी द्वारा किया गया था, जो जामिया मिलिया द्वारा 1927 में प्रकाशित किया गया।

(पूरा प्रसंग सिलसिलेवार शाइस्ता ख़ान की पुस्तक अकाबिर के तौबानामे (बड़े लोगों के पश्चाताप) में दिया गया है। इस पुस्तक में कटु आलोचनाओं के मूलपाठ और उनके जवाब दिए गए हैं। निम्नलिखित वर्णन में केवल शाइस्ता ख़ान के आमुख रूप में लिखे गए निबन्ध का सारांश दिया गया है। पुस्तक को मक्तबा जामिया द्वारा कम्पोज़ करके 1993 में छापा गया, क्योंकि 1992-1993 के दौरान अधिकतर समय जामिया मिलिया में मुशीरुल हसन के मामले को लेकर हड़तालों और प्रदर्शनों के कारण खलबली मची रही। इन सब हालात के चलते अकाबिर के तौबानामे का आज तक विमोचन नहीं हो पाया!)

इस पुस्तक में अरब सभ्यता के वर्णन के अलावा, कुछ बातों को लेकर उसमें अरब सभ्यता की आलोचना भी की गई थी। अनुवादक ने कुछ विषयों पर हेल के वर्णन में 'संशोधन' करते हुए बहुत-सी पाद टिप्पणियाँ भी जोड़ी थीं। या उसे अधिक स्पष्ट रूप से कहें, तो उन विषयों पर इस्लामी व्याख्या प्रस्तुत की गई थी।

इस पुस्तक को लेकर झगड़ा शुरू हो गया। पहले पादटिप्पणियों के बारे में आपत्तियाँ उठाई गईं। यह आरोप लगाया गया कि उन पाद-टिप्पणियों में आलोचनाओं का जो इस्लामी खंडन प्रस्तुत किया गया है, वह प्रभावशाली नहीं है। उसके तुरंत पश्चात् यह एतराज़ उठाया गया कि पुस्तक प्रकाशित ही क्यों की गई थी, ख़ासतौर पर जामिया मिलिया जैसी शैक्षिक संस्था द्वारा। 'मआरिफ़' रिसाले के संपादक ने मई 1929 के अंक में प्रकाशित 17 पृष्ठ की समीक्षा में यह आरोप लगाया कि पाद-टिप्पणियों में पर्याप्त खुलासा नहीं किया गया है। संपादक का कहना था कि पुस्तक में कुछ गलतियाँ भी पाई गई हैं। इसमें यह ग़लत कहा गया है कि इज्तिमाई (सामूहिक) नमाज़ की शुरुआत मक्का में न हो कर मदीना में हुई थी; इसमें ज़कात के हुक्म, मिम्बर की शुरुआत के बारे में भी ग़लतबयानी की गई है। यह कहना भी ग़लत है कि ऐश इशरत की ज़िंदगी की शुरुआत उस्मान के समय से हुई।

लेकिन ये कोई ऐसे मामले नहीं थे, जिनसे धरती हिल जाती। ये ऐसे मामले थे, जिन्हें सबूतों के आधार पर आसानी से सुलझाया जा सकता था। लेकिन दरअसल जैसा कि हमेशा होता है—या दरहकीकत उसके हालात पैदा कर दिए जाते हैं, ये विवरण ईमान के प्रति वफ़ादारी का सवाल बन गए। यह समीक्षा अनुवादक को हिला देने के लिए काफ़ी थी। उसने एक विस्तृत जवाब लिखकर जामिया रिसाले

को भेज दिया, जो उसके जून 1929 के अंक में छापा गया। उसने खुद को पुस्तक से दूर हटा लिया। उसने लिखा कि यह पुस्तक एक सीधा-सादा-सा वर्णन है न कि कोई गहरी छानबीन। फिर भी, उसने कहा, विद्वता को पूर्वी और पश्चिमी विद्वता में नहीं बाँटा जा सकता। जो कोई, जहाँ भी, जो कुछ कहता है, विद्वान को उसका लाभ उठाना चाहिए। नियाज़ी ने आलोचना के एक-एक मुद्दे का अलग-अलग से जवाब भी दिया।

एक और कहीं ज़्यादा विकट व्यक्ति बचाव की लड़ाई पर उतर आए। वे थे मौलाना अब्दुल मजीद दरियाबादी जो उर्दू के मशहूर रिसालों, 'सर्च' और 'सिद्क़' के संपादक थे। ये दोनों तत्कालीन रिसाले धर्म और समाज सुधार के प्रति समर्पित थे।

उन्होंने कहा कि उन्होंने किताब तो नहीं पढ़ी है, लेकिन इतना साफ है कि ऐसी किताब को प्रकाशित करके, जामिया ने न तो मिल्लत की और न इस्लाम की खिदमत की है। इस बयान को वे लोग अच्छी तरह से समझ सकते हैं, जो 60 वर्ष बाद रुश्दी या मुशीरुल हसन या आबिद रज़ा बेदार के खिलाफ़ उमड़े आक्रोश से परिचित हैं। रुश्दी की पुस्तक को पढ़े बिना उस पर रोक लगाने की मांग को उचित सिद्ध करने के लिए शहाबुद्दीन ने यह तर्क दिया था, "यह जानने के लिए कि यह गंदगी है, मुझे उसमें से होकर गुज़रने की जरूरत नहीं है।"

इसके बाद एक फ़तवा जारी करने वाले एक धर्म शिक्षालय ने अखाड़े में प्रवेश किया और वह धर्म शिक्षालय था—अमारात-ए-शरीयत। यह वह संस्था थी, जो तीन वर्ष पहले, खुदाबख़्श लायब्रेरी के निदेशक आबिद रज़ा बेदार को काफ़िर करार देने का फ़तवा जारी करने के लिए ख़बरों में थी। इसके रिसाले 'अमारात' में मौलवी महमूद शेर ने पुस्तक और उसके अनुवादक की जमकर कटु आलोचना की। इस आलोचना की शुरुआत विवरणों को लेकर हुई। उन्होंने पुस्तक के अनुवाद को प्रकाशित करने के लिए जामिया मिलिया के निर्णय को पहले ही अनुचित ठहरा दिया था। अब उन्होंने ईमान का सवाल खड़ा कर दिया : उसने इस्लाम के एक दुश्मन की किताब को उर्दू का जामा उढ़ा कर अपने सिर मुसीबत क्यों ले ली है? मौलवी ने सवाल किया। और फिर घोषणा की—हम जामिया जैसे इदारे से यह उम्मीद नहीं करते थे कि वह ऐसी किताब शाय करता जिससे किसी के ज़ज़्बात को ठेस पहुँच सकती थी। यही वह रट है जो बार-बार लगाई जाती है, जैसा कि हमें आगे भी देखने को मिलेगा। मौलवी महमूद शेर ने आगे कहा—इस इदारे से हमें बहुत-सी उम्मीदें थीं। सबसे बड़ी अफ़सोसनाक बात यह है कि यह किताब डॉ. ज़ाकिर हुसैन साहब जैसे काबिल और पुरजोश शख़्स के मश्विरे से शाय की गई। इस तरह से पहले एक किताब को, उसके बाद उसके अनुवादक को, फिर उस संस्था को जिसने उस किताब को प्रकाशित करके विश्वासघात किया और अंततः उस शख़्स को जो उसको

चला रहा था, अलग-अलग से निशाना बनाया गया। याद रहे कि जामिया शुरू से ही कट्टरवादियों के गुस्से का शिकार बना रहा था। उसकी स्थापना उन नागरिकों को प्रशिक्षण देने के विशिष्ट और घोषित उद्देश्य से की गई थी, जो सच्चा मुसलमान होने के साथ-साथ राष्ट्र के निमित्त खुद को समर्पित करने का इरादा रखते थे। अलीगढ़ पहले ही कट्टरवादियों के हाथों चला गया था : जामिया की स्थापना अलीगढ़ की विचारधारा का मुकाबला करने के उद्देश्य से की गई थी इसलिए इसे ख़ासतौर पर निशाना बनाया जा रहा था। डॉ. ज़ाकिर हुसैन विशेष रूप से छात्रों के विचारों को उदार बनाने और संस्था को सहिष्णु स्वरूप प्रदान करने के प्रयासों के लिए माने हुए थे। इस प्रकार उन्हें निशाना बनाना निरुद्देश्य नहीं था। लेकिन अब हम इस विषय पर चर्चा को और आगे बढ़ाते हैं।

मौलवी ने लिखा कि उन्होंने अरब की सभ्यता पर बहुत-सी किताबें पढ़ी हैं, लेकिन इस किताब में अरब के प्रति हमदर्दी का पूर्णतः अभाव है—यह एक और ऐसी बात है जिसकी रट बार-बार लगाई जाती है। ऐसे मामलों में विशिष्ट विवरणों को सामने न ला कर लेखक के इरादों पर सवालिया निशान लगाए जाते हैं। मौलवी का कहना था कि यह किताब इस लायक ही नहीं कि उस पर कोई ध्यान दिया जाए या उसका कोई जवाब दिया जाए—हालाँकि उनका ध्यान उस किताब पर पूरी तरह से केन्द्रित था! इसके बाद उन्हीं मौलवी साहब ने, जिनका यह कहना था, कि यह किताब इस लायक ही नहीं, कि इसका कोई जवाब दिया जाए, यह लिखा कि डॉ. आबिद हुसैन और डॉ. हुसैन, दोनों ही जर्मन भाषा जानते हैं। उन्हें चाहिए था, कि वे जर्मन भाषा में जवाब लिख कर भेजते। दूसरे शब्दों में, दुश्मन को अनुवाद के माध्यम से हिंदुस्तान में आकर इस्लाम पर हमला करने का मौका देने की बजाए, उसका मुकाबला उसी की धरती पर किया जाना चाहिए था। मौलवी साहब ने अपनी बात इन शब्दों में समाप्त की : वे—डॉ. ज़ाकिर हुसैन—इस किताब की इशाअत (प्रकाशन) को रद्द कर देंगे।

इस प्रकार इलज़ाम, डॉ. ज़ाकिर हुसैन को निशाना बनाने के लिए ही लगाया गया था। और उन्हें जो कुछ करना चाहिए था उसका भी स्पष्ट उल्लेख कर दिया गया था। वे खंडन का मज़मून तैयार करेंगे, उसे जर्मन भाषा में भिजवाने की व्यवस्था करेंगे, और पुस्तक की जितनी भी प्रतियों का वितरण हो चुका था, उन सबको वे वापिस मँगाएँगे।

शाइस्ता ख़ान लिखते हैं, अक्तूबर 1929 के आते-आते मौलाना अब्दुल मजीद दरियाबादी ने किताब के ख़िलाफ़ जंग का एलान कर दिया। किसी एक मुद्दे को लेकर सभी ताकतों को उसके खिलाफ इकट्ठा करने का यह सब से अच्छा तरीका है। इसकी वजह से उन लोगों को, जिन्हें निशाना बनाया जाता है, उस मामले पर कुछ करने के लिए मजबूर होना पड़ता है। इस पर वे जो रियायतें करते हैं, वे

कट्टरवादियों की जीत की घोषणा और भविष्य में सबके लिए चेतावनी बन जाती हैं।

रियासत अली नदवी ने जो इलज़ाम लगाए थे, दरियाबादी ने उन्हें फिर से दोहराया और अपनी ओर से कुछ और इलज़ाम भी जोड़ दिए–मुसन्निफ़ (लेखक) ने जो यह कहा है कि ऐश इशरत की ज़िंदगी की शुरुआत, उमर की ख़िलाफ़त (प्रतिनिधित्व) के दौरान ही हो चुकी थी और उस्मान के वक्त के दौरान उसकी बढ़ोतरी हुई...उन्होंने यह भी ग़लत कहा है कि उस्मान ने अपने कुनबे की तरफ़दारी की थी...

अब तक जामिया हतोत्साहित हो चुका था। उसने उक्त विषय पर चार पृष्ठों का संपादकीय प्रकाशित किया। अन्यत्र लिखी गई पुस्तक के परिणामों से पाठकों को अवगत कराने के उद्देश्य से, अकादमी ने यह स्पष्ट किया कि उसने प्राच्यवेत्ताओं की पुस्तकों का अनुवाद प्रकाशित करने का निर्णय लिया था। उसने यह तय किया था कि जहाँ कहीं इन विद्वानों की ग़लतियाँ होंगी, उन्हें नज़रअंदाज़ कर दिया जाएगा, क्योंकि वे शरीफ़ आदमी भी आख़िर इंसान ही तो हैं, और उनसे भी गलती हो सकती है। इन विद्वानों के लिए विदेशी संस्कृतियों और भाषाओं को पूरी तरह से समझ पाना मुश्किल होता है। इसके बाद संपादकीय में यह स्पष्ट किया गया कि दरअसल इन पुस्तकों में गलतियों का ठीक-ठीक पता लगा कर और उन्हें सुधार कर उर्दूभाषी लोगों की सेवा की जा सकती है–मानो यह कहना उद्देश्य हो कि पुस्तक के अनुवाद को प्रकाशित करके उनकी गलतियों को उर्दू पाठकों की जानकारी में लाना ही अकादमी का उद्देश्य हो। संपादकीय में यह स्वीकार किया गया कि मआरिफ़ (पत्रिका) ने जो कुछ मुद्दे उठाए थे उनमें सच्चाई थी। और आगे कहा गया–आलोचना के लेखक धन्यवाद के अधिकारी हैं।

ख़ास उदारवादी संपादकीय था यह! इससे उम्मीद बन चली थी कि आलोचकों को श्रेय देने और समझौते का हाथ बढ़ाने पर आग ठंडी हो जाएगी।

दरियाबादी भीरुता को भाँप गए थे। शाइस्ता ख़ान लिखते हैं, कि दरियाबादी ने किताब के खिलाफ़ एक आंदोलन-सा छेड़ दिया।

रिसाले पर अपने हमले को तेज़ करने के अलावा उन्होंने कुछ गणमान्य व्यक्तियों को पत्र लिख कर उनकी राय भी छापनी शुरू कर दी।

एक महाशय ने मूल लेखक को 'नापाक जर्मन बकवादी' करार दे दिया। एक दूसरे सज्जन ने लिखा, मैंने जर्मन भाषा में किताब को देखा था और उसे कतई इस काबिल नहीं समझा था कि उसका उर्दू में तरजुमा किया जाए।

मुशीर हसन किदवाई ने, जो कि एक वकील थे, लिखा, मैंने किताब के कुछ पृष्ठ देखे थे। उसके बाद उसे आगे पढ़ने के लिए खुद को तैयार नहीं कर सका। इससे आगे अपना पूरा गुस्सा निकालते हुए उन्होंने लिखा, जो शिक्षा संस्था अनुवादक

जैसे ग्रेजुएट पैदा करती है, उसकी नीवों को खोद कर, उस पर हल चला कर, उसे खेतों में बदल दिया जाना चाहिए।

गुलाम मिक नैरंग ने, जो आगे चलकर केंद्रीय विधान मंडल में मुस्लिम लीग के उपनेता बने, यह लिखा कि किताब को आग के हवाले कर दिया जाना चाहिए।

हकीम मुहम्मद जमील ख़ान ने घोषणा की : मैंने यह किताब अब तक नहीं पढ़ी है और न ही इसे पढ़ सकता हूँ। मैं हैरान हूँ कि जामिया ने ऐसी नापाक चीज़ को शाय ही कैसे किया। हकीम मुहम्मद ज़मील ख़ान की यह टिप्पणी निश्चय ही बहुत प्रहारक सिद्ध हुई होगी क्योंकि वे हकीम अजमल ख़ान के, जो कि जामिया मिलिया के संस्थापकों और मुख्य संरक्षकों में से एक थे, पुत्र थे—इकलौते पुत्र।

एक और शरीफ़ आदमी ने अपनी वेदना इन शब्दों में व्यक्त की—अफ़सोस कि इस तरह का मादा फ़ासिक (भ्रष्ट सामग्री) उर्दू में शाय किया जा रहा है, और वह भी जामिया जैसे तालीमी इदारे के ज़रिए।

'ख़िलाफ़त' के संपादक ने दरियाबादी को लिखा, "आपने जो कुछ लिखा है उसे पढ़कर हर मुसलमान का सिर शर्म से झुक जाता है।"

अल अमीर अहमद अलवी ककोरवी ने लिखा, जामिया की इस्लामी उपलब्धियाँ आपकी समीक्षा के माध्यम से जानने में आई हैं, और मुझे उदास कर गई हैं, मुझे डर है कि इस किताब से मुसलमानों को बहुत बड़ा नुकसान पहुँचेगा।

कशफ़ के संपादक ने घोषणा की, ऐसी तिरस्कार योग्य पुस्तक प्रकाशित करना 'जामियत' (मुसलमान समुदाय) से बाहर जाना है।

'अल जामियत' के संपादक ने लिखा, इतनी दिल जलने वाली झूठी पुस्तक का उर्दू में अनुवाद करके, अनुवादक ने न तो इतिहास और न इस्लाम की सेवा की है। इससे आगे उन्होंने कहा, अफ़सोस कि इसके बावजूद जामिया इस पुस्तक का बचाव कर रहा है।

'कांग्रेस' के संपादक महोदय ने अपना घोर आक्रोश इस प्रकार व्यक्त किया, शुरू से लेकर आख़िर तक यह काबिलेएतराज़ किताब जहालत और गुनाह का मुजस्समा है।

डॉ. ज़ाकिर हुसैन के एक सम्बन्धी ने लिखा : आपका मुद्दा एक ऐसा तीर है जो मेरे दिल को पार कर गया है। डॉ. जाकिर हुसैन ख़ान मेरे रिश्तेदार हैं और इसी जगह के बाशिंदे हैं। अल्लाह से मेरी दुआ है कि वह आपकी मुहिम और तन्ज़ीम (संगठन) को तरक्की बख़्शें, ताकि दूसरे लोगों को सही रास्ते पर लाया जा सके।

'मदीना' के संपादक ने लिखा : आपने खुद को पैग़म्बर साहिब के प्यार के काबिल साबित कर दिया है। आपकी समीक्षा पढ़ने के बाद मैं 'मदीना' में आपको दाद दूँगा।

इस शृंखला में अंतिम पत्र मौलाना आज़ाद का था, और जैसा कि हम देखेंगे,

जल्द ही उनके साथ भी ऐसा सलूक किया जाने वाला था। उन्होंने लिखा : यह किताब मेरी आँखों से नहीं गुज़री है। लेकिन जो उद्धरण आपने दिए हैं, उनसे यह पता चलता है, कि लेखक इस्लाम के इतिहास को नहीं जानता। लेकिन इसके बाद मौलाना लिखते हैं : मुझे समझ नहीं आता कि आपने इसे—किताब और अनुवाद—को जामिया की कार्रवाई के रूप में क्यों देखा। अगर जामिया के किसी प्रोफ़ेसर ने तरजुमे के लिए किसी गलत किताब को चुना, या वह उसकी व्याख्या सही तरह से प्रस्तुत नहीं कर पाया, तो वह उसकी ज़ाती कमी है। आपको उसे अनुवादक के रूप में संबोधित करना चाहिए था। मैंनेजमेंट को बीच में लाने का सवाल ही नहीं उठता।

इस समय तक इस अभियान के कारण जामिया में आतंक फैल चुका था। मौलाना मुहम्मद अली से, जिनका उल्लेख ऊपर किया जा चुका है, सलाह मांगी गई। उनकी सलाह पर अनुवादक ने 'सच' रिसाले को एक लंबा पत्र भेजा।

उसने खुद को और उससे भी ज़्यादा जामिया की मैनेजमेंट को पुस्तक की विषयवस्तु से अलग कर लिया। उसने कहा कि न तो वह खुद और न मैनेजमेंट 'पैग़म्बर साहिब के बारे में पुस्तक में व्यक्त कुछ बे-बुनियादी विचारों' के लिए जिम्मेदार हैं और न ही मैनेजमेंट ऐसे विचारों को प्रोत्साहन देना चाहते थे। नियाजी ने लिखा कि स्वयं उसकी जिम्मेदारी केवल अनुवाद तक सीमित थी और अनुवादक होने के नाते, वह केवल इतना ही कर सकता था कि पाद-टिप्पणियों में लेखक की ओर से जो ग़लतियाँ रह गई थीं, उन्हें वह सुधारता। और यही कुछ उसने किया भी है। उसने आगे कहा, मैं भी पुस्तक के उन हिस्सों को आपत्तिजनक मानता हूँ, जिन पर आपने आपत्ति की है। जब मौलाना मुहम्मद अली ने आपके पत्र और पुस्तक पर किए गए अन्य लेखन का मुझसे उल्लेख किया, तो यही बात मैंने उन्हें स्पष्ट कर दी।

नियाज़ी ने शिकायत की कि ऐसी परिस्थितियों में यह धारणा फैलाना कि जामिया की मैनेजमेंट या अनुवाद को पैग़म्बर साहिब की प्रतिष्ठा का कोई ख़याल नहीं, खेदजनक बात है। मौलाना मुहम्मद अली ने मुझे विश्वास दिलाया है कि मुझे आपकी ईमानदारी पर भरोसा करना चाहिए और मुझे यह उम्मीद है कि आप मेरे ईमान और अकाइद के बारे में गलत राय नहीं बनाएँगे। नियाज़ी ने आख़िर में यह निवेदन किया कि संपादक महोदय अपने रिसाले में यह स्पष्टीकरण प्रकाशित कर दें कि अनुवादक ने डॉ. हेल द्वारा दिए गए ग़लत विवरणों को स्वीकार नहीं किया है और मुसलमानों के जज़्बात को ठेस पहुँचाना भी उनका इरादा नहीं था।

अभियानकारियों ने अनुवादक को वही स्थान दिया, जो वे उसे देना चाहते थे। उन्होंने अब अपने घातक ख़ंजर को आख़िरी मरोड़ दिया। उनका असली मकसद अनुवादक से घुटने टिकवाना नहीं था।

'सच' के संपादक महोदय ने टिप्पणी की, कि इससे ज़्यादा अजीब माफ़ीनामा

नहीं हो सकता। बजाए इसके कि वे खुद माफ़ी माँगते, वे हमसे यह उम्मीद करते हैं कि हम उन्हें बेकसूर करार दे दें। बेचारे अनुवादक ने यह उल्लेख करके कि वह मौलाना मुहम्मद अली की सलाह से पत्र लिख रहा है, अपने पत्र को पुख़्ता बनाने की कोशिश की थी। लेकिन रिसाले ने इस बात को घुमाव देते हुए यों पेश किया : ज़ाहिर है कि उसने (अनुवादक ने) यह ख़त खुद नहीं लिखा है, बल्कि मौलाना मुहम्मद अली के कहने पर लिखा है।

अनुवादक के प्रकथन को अस्वीकार करते हुए रिसाले ने लिखा कि उसके इरादों को तो सिर्फ़ अल्लाह ही जानता है। हम तो सिर्फ़ उसके लफ़्ज़ों और उनके नतीजों के मुताबिक ही जायज़ा लेंगे। लेकिन अब उसका इरादा भी साफ़ ज़ाहिर होने लगा है...उसने हमें और हमारे पढ़नेवालों को बुद्धू समझ लिया है। हमारा सरोकार इस बात से है कि एक ज़लील आदमी पैग़म्बर को ख़्वामख़्वाह बदनाम कर रहा है और एक दूसरा आदमी उन बातों को शाय कर रहा है—जबकि ऐसा करने की कोई वजह नहीं थी—बराएनाम दुरुस्तियाँ करने के बाद। हम दूसरे आदमी को भी बराबर का गुनहगार मानते हैं।

रिसाले में आगे यह लिखा था : आज वह यह कह रहा है कि हेल ने कुछ बेबुनियाद बातें कही हैं। लेकिन इससे पहले उसने यह कहा था : ''हमारी जुबान में ऐसी कोई किताब नहीं जिसमें अरबी तहज़ीब का इतनी तफ़सील में बयान किया गया हो। प्रो. हेल की यह किताब न सिर्फ़ आमतौर पर महसूस की जा रही इस कमी को पूरा करेगी, बल्कि इस्लाम की तवारीख (इतिहास) के तालिब इल्मों को रास्ता दिखाने का भी काम करेगी।''

इसके बाद रिसाले ने सवाल उठाया : क्या इस किस्म की ज़रूरतें बेबुनियाद बातों के ज़रिए पूरी होती हैं?

जामिया के संचालकों ने यह महसूस किया की मामले को अनुवादक के स्तर पर शांत नहीं किया जा सकता। नवम्बर 1929 में जामिया रिसाले ने खुद ही अपनी ओर से यह सूचना प्रकाशित की :

पिछले महीने कई राष्ट्रीय समाचारपत्रों और पत्रिकाओं में 'दि अरब सिविलाइज़ेशन' के प्रकाशन पर आपत्ति उठाई गई थी। हमने मौलाना मुहम्मद अली, मौलाना आज़ाद और अल्लामा इकबाल से परामर्श किया था। तीनों ने यह राय ज़ाहिर की है कि अनुवादक ने लेखक की ग़लतफ़हमियों और ग़लतियों को सुधारने के लिए जो पाद-टिप्पणियाँ दी हैं वे न तो पर्याप्त रूप से सुबोध हैं और न ही सुप्रभावित। उनके बारे में गहरी समीक्षा की आवश्यकता है। जामिया के कुलपति इस समय हैदराबाद में हैं। उनसे इस मामले पर ग़ौर करने का अनुरोध किया गया है। उन्होंने कहा है कि वे जल्दी लौटकर जामिया के शुभचिंतकों की आशंकाओं को दूर करने का प्रयास करेंगे।

संकट में घिरी हुई मैनेजमेंट ने इससे भी ज़्यादा कुछ करने का आश्वासन दिया। उसने वादा किया कि जो कार्रवाई की जाएगी, उसे इस रिसाले से भी पहले अन्य समाचार पत्रों में प्रकाशित किया जाएगा।

आलोचकों को अब विजय हासिल होने ही वाली थी। जल्द ही वह उन्हें पूरी तरह से हासिल हो गई।

कुलपति डॉ. ज़ाकिर हुसैन ने 13 दिसम्बर 1929 को 'सच' के संपादक को पत्र लिखा, जिसमें कहा गया था, जामिया मिलिया ने जब इस किताब को शाय किया तो उसने नेक इरादों के साथ ऐसा किया था, यह मानते हुए कि इस काम के ज़रिए वह इस्लाम और इल्म की ख़िदमत कर सकेगा। इस बारे में कुछ ज़िम्मेदार आदमियों से भी सलाह ली गई थी। लेकिन अब यह शिकायत आई है कि इस किताब के कुछ हिस्सों की बदौलत मज़हब और इल्म के मामले में आम मुसलमानों के गुमराह होने की संभावना है।

डॉक्टर साहब ने अपने ख़ास विनम्र अंदाज़ में लिखा कि जामिया मिलिया के लोग यह नहीं सोचते कि वे ख़ुद या वे लोग जिनसे सलाह ली गई है, ग़लती नहीं कर सकते। वे किसी को भी बुलाए जाने पर अपनी कार्रवाइयों पर पुनर्विचार करने के लिए तैयार हैं। इसलिए मौलाना आज़ाद, मौलाना मुहम्मद अली और डॉ. मुहम्मद इकबाल से इस मामले में सलाह कर ली गई है।

अब आता है इस पत्र का व्यावहारिक हिस्सा, जिन शर्तों पर जामिया को रजामंद होना पड़ा था, उन्होंने इस 'आत्म-आलोचना' को आगे चलकर विश्वसनीयता प्रदान की, जो कि संगठन को चीनी कम्युनिस्ट पार्टी के 'संशोधन अभियान' के दौरान लिखनी पड़ी थी।

डॉ. ज़ाकिर हुसैन ने लिखा : अनुवादक से यह अनुरोध किया जाता है कि वह इन ऊँची शख़्सियतों और इल्म की दुनिया के और लोगों (यह संकेत स्पष्ट रूप से उलमा की ओर था) से सलाह करके उनकी हिदायत के अनुसार इस किताब के आपत्तिजनक हिस्सों पर एक मुफ़स्सल (सविस्तार) मज़मून लिखे।

यहाँ दो बातें ध्यान देने योग्य हैं : (i) अनुवादक—जामिया जिस कार्रवाई के लिए सहमत होने जा रहा था, उसके मद्देनज़र अनुवादक के लिए 'उल्लंघन कर्ता' शब्द का प्रयोग अधिक उपयुक्त होगा—को ख़ुद मज़मून लिखना चाहिए; (ii) उसे यह मज़मून उन लोगों की सलाह से लिखना चाहिए, जिन्होंने किताब के ख़िलाफ़ अपना मत प्रकट किया था और उसे उन लोगों द्वारा दी गई हिदायत के अनुसार लिखना चाहिए।

इतना ही नहीं, डॉ. ज़ाकिर हुसैन ने लिखा कि इस मज़मून को किताब की शक्ल में शाय करके उन सब लोगों को बाँटा जाएगा जो पहले से पुस्तक खरीद चुके हैं। और इसका जर्मन अनुवाद डॉ. हेल को उपलब्ध कराया जाएगा।

लेकिन बात अभी यहाँ पर भी ख़त्म नहीं हुई थी। शेख-उल-ज़ामिया, डॉ. ज़ाकिर हुसैन ने विश्वास दिलाया कि भविष्य में भी ज़ामिया मिलिया जब कभी इस्लामी तहज़ीब के बारे में कोई किताब शाय करेगा, वह उन ऊँची शख़्सियतों और इल्म की दुनिया के अन्य लोगों से उसके बारे में सलाह लेगा।

सच के संपादक, जिन्होंने इस अभियान का नेतृत्व किया था, कृपा की साक्षात् मूर्ति बन गए। उन्होंने जवाब में लिखा, डॉ. ज़ाकिर हुसैन एक खुदातर्स और सादादिल इंसान हैं। लेकिन एक सच्चे मुसलमान की तरह दयानतदारी से अपनी ग़लतियाँ कबूल करने की बजाए ऐसा लगता है, कि उनके बयान का मसौदा किसी सरकारी दफ़्तर के आदमियों ने तैयार किया है। लेकिन कम से कम यह तो कबूल कर लिया गया है कि ग़लती हुई है। इसका फ़ायदा यह हुआ है कि एक मज़मून लिख कर बाँटा जाएगा और आइंदा भी किताबों को शाय करने से पहले मश्विरा किया जाएगा।[21]

अभियान की प्रगति पर ध्यान दीजिए : तथ्यों के बारे में कुछेक ब्यौरों को तेज़ी से उछाल कर उन्हें ईमान, पैग़म्बर साहिब के प्रति वफ़ादारी का मसला बना दिया जाता है।

समवेत स्वर में विरोध भड़काने का तरीका भी ध्यान देने योग्य है। ध्यान देने योग्य यह बात भी है कि जिन लोगों ने विरोध के सुर में सुर मिलाया उन्होंने पुस्तक को पढ़े बिना और एक भले आदमी ने तो अभियान के नेता द्वारा लिखी गई पुस्तक की 'समीक्षा' को भी पढ़े बिना ऐसा किया।

ध्यान देने योग्य उर्दू समाचार पत्रों और पत्रिकाओं की भूमिका भी है।

और गणमान्य व्यक्तियों की भूमिका भी।

और उदारवादियों की यह पूर्वधारणा भी ध्यान देने योग्य है कि झुक जाने से वे अपनी जान बचा लेंगे और इस प्रकार वे अपने 'मुख्य कार्य' को जारी रख पाएँगे।

लेकिन देखिए तो कैसी-कैसी शर्तों पर उन्हें अपने पछतावे के अन्त में सहमत होना पड़ता है।

जिन प्रहारों की शुरुआत उलमा ने तब की थी, वे आज तक जारी हैं, और उनमें उपर्युक्त सभी बातों को बार-बार दोहराया जाता है।

रुश्दी की पुस्तक को पढ़े बिना ही उस पर प्रतिबंध लगाने का शोर। एक अवस्था पर रुश्दी का यह उम्मीद करना कि 'पुनः इस्लाम धर्म अपनाने' से वे अपने ख़िलाफ़ छेड़े गए अभियान को शमित कर पाएँगे।

मुशीरुल हसन और आबिद रज़ा बेदार ने जो कुछ कहा था, उसे तोड़-मरोड़ कर पेश करना।

उनके ख़िलाफ़ छेड़े गए अभियानों में उर्दू प्रेस की ज़हर भरी भूमिका।

मुशीरुल हसन के मामले में छानबीन करने के लिए नियुक्त की गई समिति

की अनेकार्थक रिपोर्ट... ।[22]

"लेकिन आपने यह कैसे सोच लिया कि मेरा मतलब..."

मौलाना आज़ाद की विद्वता के कारण सभी उनका सम्मान करते थे। उनके भाषणों से श्रोता झूम-झूम जाते थे और उनके लेखों से पाठकों के मन में जोश भर जाता था। उनकी प्रमुख राष्ट्रवादी मुसलमान नेताओं में गिनती की जाती थी : ब्रिटिश शासन ने एक-एक करके उनके सभी रिसालों को बंद कर दिया था। उन्होंने नौ वर्ष शासन की जेलों में बिताए थे। वे कांग्रेस के अध्यक्ष बने और क्रिप्स मिशन के साथ महत्त्वपूर्ण बातचीत के दौरान उन्होंने अपनी पार्टी का प्रतिनिधित्व भी किया।

बहुत से लोग यह मानते हैं कि हालिया समय के दौरान कुरआन के अध्ययन में जितना योगदान मौलाना आज़ाद की विद्वता का रहा उतना अन्य कम विद्वानों का रहा। तुर्जुमान-अल-कुरान उनकी मुख्य कृति है। उसने एक गौरव ग्रंथ का स्थान प्राप्त कर लिया है।

उनकी प्रस्तुति तथा व्याख्या में सामयिकता पाई जाती है। जिस बाह्याचार पर इस्लाम, विशेषकर उलमा अधिक बल देते हैं, मौलाना आज़ाद द्वारा प्रस्तुत की गई व्याख्या उससे बहुत कुछ अधिक अपने में समेटे हुए है। बल्कि सही कहा जाए तो बाह्याचार को उसमें बहुत कम महत्त्व मिल पाया है। उसकी बजाए 'सार तत्त्व' पर उसमें अधिक बल दिया गया है। इसके अलावा जबकि इस्लाम और विशेषकर उलमा का हमेशा मोमिनों और ग़ैर-मोमिनों के बीच सूक्ष्मतम अंतर के प्रति आग्रह रहा है और दरअसल जबकि उनका हमेशा यह आग्रह रहा है कि मोमिनों और गैर मोमिनों के बीच निरंतर और शाश्वत युद्ध-स्थिति बनी रहे, मौलाना आज़ाद हमेशा यह कहते रहे कि कुरआन का सारभूत संदेश सहिष्णुता है। उन्होंने हमेशा मोमिनों और ग़ैर मोमिनों के बीच के मानवीय तत्त्व पर, जो दोनों में समान रूप से पाया जाता है, बल दिया।

उन्होंने लिखा, "कुरआन यह बताता है कि किसी भी मज़हब की तालीम के दो पहलू होते हैं। एक का ताल्लुक रूह से होता है, और दूसरे का बाहरी इज़हार से। पहले की अहमियत सबसे ज़्यादा है और दूसरे की उससे कम। पहला दीन कहलाता है और दूसरा शराय या मिनूहाज और नुस्क। शराए और मिनूहाज का अर्थ है रास्ता; और नुस्क तो सिर्फ़ इबादत का एक तरीका है।"

इससे आगे मौलाना लिखते हैं, "कुरआन यह कहता है कि एक मज़हब और दूसरे मज़हब के बीच जो फ़र्क आया है, वह फ़र्क दीन को लेकर पैदा नहीं हुआ है जो कि एक बुनियादी व्यवस्था है। यह फ़र्क आया है उसको अंजाम देने के तरीके में, यानि शराए और मिनूहाज में। यह फ़र्क रूह में नहीं बल्कि उसकी बाहरी सूरत में है।" इससे आगे मौलाना लिखते हैं : "यह फ़र्क आना कुदरती भी था। मज़हब का असली मकसद नवए इंसान (मानव जाति) की तरक्की और खुशहाली है। लेकिन

हर देश और हर ज़माने में इन्सान के हालात एक जैसे नहीं रहे। हर ज़माने और हर देश में ज़हनी और समाजी रुझान बदलते रहे हैं, जिनकी वजह से शराए और मिनूहाज में भी बदलाव लाने की जरूरत पड़ती रही है। इसी वजह से एक और दूसरे शराय के बीच फ़र्क देखने में आता है।''

इसकी पुष्टि में मौलाना ने कुरआन की उस आयत (22.67) की ओर ध्यान दिलाया जिसमें यह कहा गया है :

हर गरोह के लिए हमने इबादत की एक रीति कायम कर दी है, जिस पर वे अमल करते हैं। इसलिए (हे मुहम्मद) उन्हें इस मामले में आपसे नहीं झगड़ना चाहिए। आप उन्हें रब (मूल व्यवस्था) की ओर बुलावा दो, क्योंकि आप सही रास्ते पर हैं।

अपनी बात को स्पष्ट करने के लिए मौलाना आज़ाद ने एक प्रभावकारी घटना का उल्लेख किया। ''जब पैग़म्बर साहिब ने जेरूसलम की तरफ मुँह करके इबादत करने के अपने दस्तूर को छोड़ कर मक्का में काबा की तरफ मुँह करके इबादत करना शुरू किया तो यह बदलाव यहूदियों और ईसाइयों पर नागवार गुज़रा। बाहरी तौर-तरीके को इतनी अहमियत दी गई! उनके नज़दीक तकल्लुफ़ सही और ग़लत, सच और झूठ का मय्यार था! कुरआन का नज़रिया इस मामले में बिल्कुल अलग था। उसने बाहरी तौर-तरीके को किसी भी लिहाज़ से भीतरी सच का मय्यार या मज़हब की बुनियाद नहीं माना। हर मज़हब को अपने माहौल के मुताबिक, अपनी रस्में विकसित करनी पड़ती हैं।'' इस प्रकार वे अपने असली मुद्दे पर लौटते हुए बोले, ''इसलिए जो बात ज़रूरी है, वह है ख़ुदा की जानिब वक़्फ़ और नेक ज़िंदगी। इसलिए जो आदमी अपनी ज़िन्दगी में सच का दामन थामना चाहता है उसे उस लाज़मी जुज़्व (सारतत्त्व) को ही सबसे ज्यादा अहमियत देनी ही होगी और उसी को सब चीज़ों का मय्यार या वह कसौटी बनाना होगा, जिसके ज़रिए उसे सही और ग़लत या सच और झूठ के बीच का फ़र्क करना चाहिए।'' उन्होंने आगे कहा, देखिए कुरआन इस बारे में क्या कहता है :

हर एक की (इबादत की) एक अपनी दिशा है। इसलिए बहतर होगा कि नेक कामों में ही एक का दूसरे के साथ मुकाबला हो। जहाँ कहीं भी तुम होगे, अल्लाह तुम सबको इकट्ठा करेगा, क्योंकि सब कुछ अल्लाह की शक्ति के अधीन है।

और सच्चा मज़हब क्या होता है, इसका खुलासा भी खुद कुरआन (2.177) में किया गया है—मौलाना ने कहा :

नेकी और वफ़ादारी इस बात में नहीं कि तुम (इबादत के लिए) पूर्व दिशा की ओर मुँह करते हो, या पश्चिम दिशा की ओर, बल्कि नेकी और वफादारी यह है, कि आदमी अल्लाह पर, हमेशा रहने वाले 'आख़िरत' के दिन पर, फ़रिश्तों पर, ग्रंथों पर और नबियों पर ईमान लाए और अल्लाह के लिए अपनी उल्फ़त के नाम

पर नातेदारों, अनाथों, मुहताजों, मुसाफ़िरों और माँगने वालों में अपनी धन-दौलत बांटे और गुलामों को छुड़ाने पर उसे ख़र्च करे। अपनी नमाज़ में बाकायदगी बरते और ग़रीब लोगों को 'ज़कात' दे। जब कोई वचन दे तो उसे पूरी तरह से निभाए। तंगी और शारीरिक कष्टों और संकट की घड़ियों में धैर्य से काम ले। यही लोग हैं, जो अपने ईमान के सच्चे और सही मायनों में नेक और वफ़ादार होते हैं।

मौलाना ने ध्यान दिलाया कि माइदा अध्याय (कुरआन का सूरा-5) में अलग-अलग मज़हबी और समाजी व्यवस्थाओं का हवाला दिया गया है। मूसा, ईसा और इस्लाम के नबी का बारी बारी हवाला देने के बाद, कुरआन में यह कहा गया है :

हमने तुममें से हर एक के लिए एक धर्मविधान और एक कर्मपथ निश्चित किया है। और यदि अल्लाह चाहता तो तुम सबको एक गरोह बना देता। परंतु उसने ऐसा नहीं किया ताकि जो कुछ उसने तुम्हें दिया है उसके आधार पर तुम्हारी आज़मायश कर सके। तो भलाई के कामों में एक-दूसरे से आगे बढ़ने की कोशिश करो।

"ऊपर दिए गए पैरा को ध्यान से पढ़ो और उसके हर लफ़्ज पर चिंतन करो," मौलाना ने सावधान करते हुए कहा। "जब कुरआन की आमद हुई, तो उस वक्त के मज़हबों के पैरों (अनुयायियों) ने मज़हब के बाहरी तौर-तरीकों को ही मज़हब समझ लिया और मज़हब के लिए सारा जोश रस्म पर ही खर्च किया जाने लगा। हर गरोह दूसरे गरोह को रस्म की बिना पर निजात से महरूम रखने लगा। लेकिन कुरआन ने कहा कि रस्म अपने आप में मज़हब नहीं होती और न ही वह सच की कसौटी होती है। यह तो मज़हब का महज़ एक बाहरी पहलू होता है। लेकिन रूह उससे कहीं अज़ीमतर चीज़ होती है और सिर्फ़ वही 'दीन' या मज़हब होती है।" मौलाना ने आगे कहा, "दरअसल दीन नेक ज़िंदगी के ज़रिए अल्लाह के प्रति समर्पण है और वह किसी जाति के किसी एक गरोह की बपौती नहीं। बल्कि इसके बरअक्स यह पूरी मानव जाति की एक साझी विरासत है और इसमें कोई तब्दीली नहीं होती। ऐमाल और रस्में तो इससे दूसरे दर्जे पर आती हैं। उनमें बदलाव आता रहा है और वक्त-ब-वक्त आगे भी आ सकता है और वक्त और हालात की अपेक्षाओं के अंतर्गत एक से दूसरे देश में रस्में अलग-अलग भी हो सकती हैं। किसी को एक और दूसरे मज़हब के बीच जो भी फर्क दिखाई देते हैं वे ख़ास तौरपर ज़िन्दगी के इसी दायरे से ताल्लुक रखते हैं।"

ज़रा इस जुमले पर ग़ौर कीजिए : "हमने तुम (तुम्हारे गरोह) में से हर एक के लिए एक धर्मविधान (शराए) और एक खुला कर्मपथ (मिनूहज) निश्चित किया है।" गौर कीजिए, कि यहाँ इस्तेमाल किया गया लफ़्ज़ 'दीन' नहीं है, जो कि सबके लिए एक होना चाहिए। उसमें फ़र्क की कोई गुंजायश नहीं होती। लेकिन शरीअत और मिनूहाज ऐसी चीज़ें हैं, जो सबके लिए एक जैसी नहीं हो सकती थीं। इसलिए

यह लाज़िमी था कि वे अलग-अलग देशों और अलग-अलग ज़माने में अलग होतीं। इस किस्म के फ़र्क दरअसल मज़हब के बुनियादी फ़र्क नहीं हैं। ये वे फ़र्क हैं जो मज़हब की सहायक चीज़ों में पाए जाते हैं।

मौलाना ने बल देकर कहा, "जब कभी कुरआन यह कहता है, 'यदि अल्लाह चाहता तो तुम सबको एक गरोह बना देता' तो उसका मकसद इसी सच पर ज़ोर देना है। इस कथन में उन भिन्नताओं को स्वीकार किया गया है, जो कि अलग अलग देशों में रहने वाले लोगों की प्रकृति में पायी जाती हैं, जिसकी वजह से उनके तौर-तरीकों, रिवाजों और ज़िंदगी के ढंग में भी फ़र्क आ जाता है। लेकिन इस किस्म के फ़र्क आदमी की फ़ितरत में पाए जाते हैं और उन्हें सत्य और असत्य को परखने की कसौटी नहीं बनाया जाना चाहिए, और ये आपसी नापसंदगियों और दुश्मनियों का कारण नहीं बनने चाहिए। हाँ, मज़हब की बुनियाद यानि अल्लाह के प्रति समर्पण और नेक ज़िंदगी में कोई बाधा नहीं पड़नी चाहिए। यही वजह है कि कुरआन बुर्दबारी (सहिष्णुता) पर इतना ज़ोर देता है..." नेक ज़िंदगी बसर कर अल्लाह के प्रति समर्पण करना ही दीन है। यही सार तत्त्व है जिसका न तो उल्लंघन किया जाना चाहिए और न जिसे बदला जाना चाहिए। शराए, यानि धर्मविधान और मिनूहाज यानि वह सही सही कर्मपथ, जिस पर आदमी को चलना होता है, समय, स्थान और परिस्थितियों पर निर्भर करता है। उसमें समय और परिस्थितियों के साथ-साथ बदलाव आ सकता है। मौलाना आज़ाद के तर्जुमान-अल-कुरआन का यही प्रमुख विषय था।

एक शब्द में कहें तो सीरत-अल-मुस्तकीम अथवा सीधा कर्मपथ, जैसा कि उसका कुरआन की प्रारंभिक सूरा—सूरा-अल-फ़ातिहा में नामकरण किया गया है, का अर्थ है, "ईमान लाओ और नेक कर्म करो।"

मौलाना आज़ाद की मूल कृति दो खंडों में प्रकाशित की गई। पहला खंड 1930 में प्रकाशित हुआ और दूसरा 1936 में। मौलाना आज़ाद ने लंबे समय तक जेल और जेल से बाहर इस कृति पर कड़ा परिश्रम किया था। विशेषकर जैसा कि डॉ. सय्यद मुहम्मद ने उसके अंग्रेजी रूपांतर की भूमिका में कहा है, "मैं यह जानता हूँ कि मौलाना आज़ाद ने कुरआन के प्रारंभिक अध्याय (सात आयतों वाली सूरा-अल-फ़ातिहा) की व्याख्या करते समय उसको बहुत अधिक महत्व प्रदान किया था। उसमें उन्होंने कुरआन की पूरी विचारधारा का सर्वेक्षण किया था। दरअसल वे अपनी उपलब्धि को इस्लामी विचारधारा के क्षेत्र में एक युगांतरकारी घटना मानते थे।

सूरा-अल-फ़ातिहा की इसी व्याख्या को उलमा ने उनके ख़िलाफ़ प्रचार का विषय बनाया।[23]

जिस समय तर्जुमान-अल-कुरआन का पहला खंड प्रकाशित हुआ तब से दस वर्ष बाद तक मौलाना और उनके द्वारा की गई कुरआन की व्याख्या पर उलमा द्वारा

हमला किया जाता रहा, क्योंकि मौलाना द्वारा दीन के सार्वभौमिक एकत्व की जो वकालत की गई थी, वह उलमा की दृष्टि में मुस्लिम धर्म के विरुद्ध थी। इस व्याख्या की उन लोगों ने भी आलोचना की जो मौलाना की राजनीति के खिलाफ़ थे। उन्हें इस पुस्तक के ज़रिए मौलाना को मुसलमानों की निगाहों से गिराए जाने का अच्छा मौका मिल गया था। इस प्रस्ताव में व्याख्यायित दीन का सार्वभौमिक एकत्व एक ऐसा हथियार था जिसके ज़रिए इस लक्ष्य की पूर्ति की जा सकती थी।

मौलाना पर यह इलज़ाम लगाया गया कि वे एक और ब्रह्म समाज की शुरुआत करना चाहते हैं जो अपने आप में सार्वभौमिकता की भ्रांतियों को पाले हुए था। गुलाम अहमद परवेज़ ने जो आगे चलकर पाकिस्तान के महत्त्वपूर्ण धार्मिक दार्शनिक बने, यह चेतावनी दी, कि ऐसा देखा गया है कि जो भी व्यक्ति एक सार्वभौम प्रणाली की स्थापना करने लगता है, वह अंततः एक अलग संप्रदाय बना लेता है। परवेज़ साहब ने मौलाना को उन्हीं के शब्द याद दिलाए कि, "कोई भी व्यक्ति तब तक इस्लाम के दायरे में दाखिल नहीं हो सकता जब तक कि वह उस हद तक अल्लाह के पैग़म्बर के प्रति फ़रमाबरदार नहीं हो जाता जिस हद तक वह अल्लाह के एकत्व को स्वीकार करता है।"

परवेज़ ने टिप्पणी करते हुए कहा कि ईमान सम्बन्धी इस स्वीकारोक्ति में अल्लाह के पैग़म्बर के प्रति फरमाबरदारी और उनके आख़िरी पैग़म्बर होने के तथ्य में विश्वास रखना ईमान का उसी तरह से अभिन्न अंग माना गया था, जिस तरह अल्लाह की वहादत (एकत्व) में विश्वास रखना। परवेज़ ने सवाल उठाया कि मौलाना जो कुछ 1912 में लिखा करते थे, उसमें और जो कुछ उन्होंने व्याख्या में लिखा है, उसमें, कोई फ़र्क है? और मौलाना अब दोनों में से किस पर विश्वास करते हैं? मौलाना जिस धारणा को लेकर चले हैं, उसके दो निष्कर्ष निकाले जा सकते हैं :

* उस इस्लाम पर ईमान लाना ज़रूरी नहीं है जो आम जुबान में दीन-ए-मुहम्मदी जाना जाता है।
* जो कोई भी अल्लाह को मानता है और नेक काम करता है उसे निजात हासिल होगी, चाहे वह मुहम्मद साहिब को पैग़म्बर क़बूल करता है या नहीं और शरीअत के मुताबिक ज़िंदगी बसर करता है या नहीं।

परवेज़ ने इलजाम लगाया, इन व्यवहारगत निष्कर्षों का इस्लाम के साथ तालमेल कैसे बैठाया जा सकता है?

हाफ़िज मुहम्मद इब्रहीम सियालकोटी ने तो और भी तीखा प्रहार किया। उन्होंने लिखा, मौलाना की किताब में ऐसी बहुत-सी सामग्री है जिसे आधार बनाकर सभी लोग जिनमें कादियानी और ग़ैर मुसलमान भी शामिल हैं, अपने को न्यायसंगत ठहराए जाने का दावा कर सकते हैं। इस मामले की हकीकत यह है कि मौलाना एक इस्लामी ब्रह्म समाज क़ायम करना चाहते हैं—इब्रहीम सियालकोटी ने इलज़ाम लगाया। जैसे

राजा राम मोहन राय ने हिंदुत्व के दायरे में रहते हुए सुधारों की योजना प्रस्तुत की थी, उसी तरह से मौलाना इस्लाम के दायरे में रहते हुए उसी प्रकार के सुधार लाना चाहते हैं। आप पूछेंगे इससे कौन-सी आफ़त आ गई? इन दोनों स्थितियों में जो अंतर है वह इतना बड़ा है जो कि ज़मीन और आसमान में है, सियालकोटी साहब ने फ़रमाया। राजा राम मोहन राय एक भ्रष्ट समाज को सुधारने की कोशिश कर रहे थे। वे उसे जहालत से बाहर निकालने की कोशिश कर रहे थे, और वह जहालत थी उस समाज की बुतपरस्ती आदि...। सियालकोटी ने कहा, कि उन सुधारों की वकालत करने में राजा कुरआन से प्रभावित थे। लेकिन मौलाना यह काम दीन के कामिल हो चुकने के बाद करना चाह रहे हैं। वे यह काम कुरआन का इलहाम हो चुकने और उसके मायने पक्के हो चुकने के बाद करना चाह रहे हैं। सियालकोटी ने सवाल उठाया, कि अगर मौलाना यह दावा करते हैं कि वे सुधार नहीं ला रहे हैं, तो यह कैसे हो सकता है कि वे जिस बात की वकालत कर रहे हैं वह बात 1350 सालों में, रफ़ीकों में से किसी को, या रफ़ीकों के रफ़ीक़ों में से किसी को क्यों नहीं सूझी। किसी इमाम, किसी मुज्तहिद, किसी मुहद्दिस, किसी फ़कीह को क्यों नहीं सूझी। जो कुछ वे कह रहे हैं, यदि वह प्रकट था, तो वह सब मुसलमानों की जानकारी में होता। यदि वह बहुत सूक्ष्म था, सियालकोटी ने ताना कसते हुए कहा, तो वह इस्लाम की अज़ीम हस्तियों पर एक लांछन है, कि उनमें से किसी एक के पास भी ऐसी अंतर्दृष्टि नहीं थी, कि वे इसे पहचान पाते।

सियालकोटी साहब ने घोषणा की, कि मौलाना का सिर्फ़ शरीअत के शाब्दिक अर्थों पर ध्यान गया है, लेकिन वे उसकी आत्मा तक नहीं पहुँच पाए हैं। शरीअत में सुधार या परिवर्तन केवल अल्लाह द्वारा ही लाया जा सकता है, और वह काम केवल पैग़म्बर के लिए ही आरक्षित है। यह काम आम लोगों द्वारा आत्मपरक राय के आधार पर नहीं किया जा सकता।

सियालकोटी साहब ने यह स्वीकार किया कि यह कहना सही है कि "ईमान लाओ और नेक ज़िंदगी बसर करो।" इसके बाद उन्होंने कहा, लेकिन याद रखो कि ईमान का वही रूप और सिर्फ़ वही काम अनुमत्य हैं जिनका इलहाम अल्लाह के पैग़म्बर के माध्यम से हुआ है। केवल वही ईमान और काम श्रेयस्कर हैं।

हालाँकि मौलाना साहब इस बात को काफ़ी महत्त्व देते थे, कि इस्लाम पहले के पैग़म्बरों को भी स्वीकार करता है और आज भी इस्लाम के समर्थक यह सिद्ध करने के लिए कि इस्लाम एक सहिष्णु मज़हब है इसी तथ्य की ओर ध्यान दिलाते हैं, लेकिन इन आलोचकों ने इस तथ्य को पृष्ठभूमि में डाल दिया। उनका यह कहना था कि लोग उस समय तक पहले के पैग़म्बरों के अनुयायी हो सकते थे, जब तक कि अल्लाह ने आख़िरी पैग़म्बर 'मुहम्मद' को नहीं भेजा था। मुहम्मद साहिब की आमद के बाद अल्लाह ने उनके ज़रिए अपना पैग़ाम पूरा कर दिया। ऐसा हो चुकने

के बाद पहले के पैग़म्बरों का अनुसरण करने की इजाज़त नहीं है।

सियालकोटी ने आज़ाद पर रद्दा कसते हुए कहा, मौलाना साहब के प्रति उचित आदर भाव रखते हुए हम मौलाना साहब से यह जानना चाहेंगे कि क्या यदि यहूदी, या ईसाई, या ब्रह्म समाजी और आर्य या गाँधीजी और उनके अनुयायी कुरआन से दूर रह कर नेक बनने की कोशिश करें, तो क्या अल्लाह उनके नेक कामों को कबूल कर लेंगे और उनके इन कामों के लिए उन्हें श्रेय देंगे? क्या अल्लाह के वादे के मुताबिक वे निजात के हकदार होंगे? हम जल्दी ही यह जान जाएँगे कि यह आपत्ति इस्लाम में दीन के सार्वभौम एकत्व का अर्थ समझाने के मौलाना के प्रयास के लिए कितनी विध्वंसकारी और निर्णायक सिद्ध हुई। आलोचकों का कहना था, कि यदि वे कुरआन के अनुसार ज़िंदगी बसर किए बिना ही निजात हासिल कर सकते हैं, तो दावत-ए-कुरआन का दरवाज़ा बंद हो जाएगा।

उन्होंने उस पूरी मेहनत और कोशिश का मज़ाक उड़ाया, जो कि मौलाना ने इतने बरसों तक की थी। सियालकोटी ने कहा, उन्होंने कुरआन का हिंदी भाषा (अर्थात् उर्दू) में अनुवाद किया और इस तरह से उन्होंने हिंदी में भी दस्तंदाज़ी की है। लेकिन उससे हासिल क्या हुआ? जब अलग-अलग मज़हबों के अनुयायियों को अपने-अपने समय के पैग़म्बरों का अनुसरण करने की इजाज़त थी, और अब जब कि उन समयों की शरीअतों के बारे में कुछ भी मालूम नहीं है, ऐसे में उनसे यह कहा जा रहा है कि वे उन शरीअतों का पता लगा कर उनका अनुसरण करें। इसके बावजूद कि वे शरीअतें अधूरी थीं (इसी वजह से उन्हें पूरा करने के लिए पैग़म्बर साहिब को भेजा गया), इसके बावजूद कि उन शरीअतों के कुछ फ़रमानों को मन्सूख कर दिया गया है, उन्हें ऐसा करने को कहा जा रहा है। मौलाना ने उन्हें आश्वासन दिया है कि अगर वे अपने पैग़म्बरों का अनुसरण करें, तो वे निजात हासिल कर सकते हैं। आलोचकों ने सवाल उठाया कि ऐसी इजाज़त के बाद कुरआन का अनुसरण क्यों किया जाए? ज़रूरत इस बात की थी, उन्होंने कहा, कि अपने 'तर्जुमान' के ज़रिए मौलाना को लोगों के दिलों में यह विश्वास बैठा देना चाहिए था कि मुहम्मद का मार्ग अपनाए बिना सिरात-अल-मुस्तकीम हासिल करना मुमकिन नहीं है। लेकिन मौलाना की कोशिशों का नतीजा इसके ठीक उलट रहा है : अब ख़ासतौर पर पैग़म्बर साहिब से जुड़ने की ज़रूरत नहीं रह गई है।

क्या कमाल है! सियालकोटी साहब ने दुहाई दी। वह शख़्स जो यह कहता है कि पैग़म्बर का रास्ता ही कुरआन का रास्ता है, वही कुरआन का अनुयायी नहीं है, और जो यह कहता है कि वेदों, तोर : और बाइबल का सार कुरआन का सार है, वह कुरआन का अनुयायी है।

यह क़ायदा हमारी कमज़ोर समझ से बाहर है, सियालकोटी साहब ने व्यंग्य किया। यह समझ मौलाना साहब को ही मुबारक हो।

इस प्रकार की अन्य भी कई आलोचनाएँ मौलाना साहब की कृति के बारे में की गईं।

जैसा कि सभी जानते हैं, मौलाना आज़ाद आसानी से हार मानने वाले नहीं थे। वे एक विद्वान के रूप में अपनी योग्यता और प्रतिष्ठा के बारे में पूरी तरह से कायल थे। जो लोग उनकी कृति के ख़िलाफ़ अभियान चला रहे थे उन पर वह रहम या बल्कि उनकी अवहेलना कर सकते थे। उसके बावजूद उन्होंने अपनी ओर से अपने दृष्टिकोण का खुलासा किया, या खुलासा करने के लिए रजामंद हो गए। लेकिन उन्होंने जो स्पष्टीकरण दिए, वे उनके पूरे पक्ष का स्पष्टीकरण प्रस्तुत करते हैं। वह स्पष्टीकरण इतना विशद है कि पचास वर्ष बाद उस विवाद का सर्वेक्षण करते हुए सिरात अल-मुस्तकीम के संपादक ने उन पत्रों की नकल पुनः उद्धृत करना ज़रूरी समझा, जो कि मौलाना ने उस समय लिखे थे।

संपादक महोदय लिखते हैं, कि ऐसा इसलिए किया जा रहा है क्योंकि तर्जुमान-अल-कुरआन के पाठक यह नहीं मानेंगे, कि उक्त ग्रंथ के लेखक ने ये पत्र भी लिखे थे।

मौलाना का अब यह कहना था कि जब उन्होंने यह कहा था कि कुरआन और इस्लाम का सार है : "ईमान लाओ और नेक काम करो" तो उनका अभिप्राय ठीक उन्हीं बातों से था, जिनके बारे में आलोचक यह इलज़ाम लगा रहे थे, कि उन्होंने उपेक्षित कर दी हैं। जब एक मुलसमान ईमान की बात करता है, मौलाना ने कहा, तो उसका अभिप्राय केवल तौहीद (एकेश्वरवाद) या सिर्फ़ अल्लाह पर ही ईमान लाने से नहीं होता। वह उस लफ़्ज में अल्लाह के पैग़म्बर पर ईमान लाने को भी शामिल कर लेता है। अल्लाह के पैग़म्बर पर ईमान लाए बिना, अल्लाह पर ईमान लाना, कुरआन पर ईमान लाना नहीं कहलाता। अब मौलाना यह कह रहे थे कि, उसका मतलब सिर्फ़ अल्लाह, या सिर्फ़ अल्लाह और उसके पैग़म्बर पर ही ईमान लाना नहीं बल्कि कुरआन में बताए गए सभी पैग़म्बरों, फ़रिश्तों, किताब; आख़िरत पर ईमान लाना भी है। अर्थात् अब मौलाना यह कह रहे थे, कि जब मैंने 'ईमान लाओ' लफ़्ज़ का इस्तेमाल किया था, तो मेरा अभिप्राय ईमान के उन सभी अनासिर (तत्त्वों) से था, जो कुरआन में और पैग़म्बर साहिब द्वारा बताए गए हैं। उन्होंने बल देकर कहा था कि उनके द्वारा की गई कुरआन की व्याख्या में यह उल्लेख किया गया है कि उक्त तत्त्वों की पूरी श्रृंखला में किसी एक कड़ी पर ईमान न लाना पूरी श्रृंखला पर ईमान न लाना है। ख़ासतौर पर पैग़म्बर साहिब पर ईमान न लाना तो कुफ़्र है। कोई भी शख़्स जो इन अनासिर (तत्त्वों) में से किसी एक पर भी ईमान तर्क कर (छोड़) देता है तो वह अपने लिए निजात के दरवाज़े बंद कर लेता है। उसी तरह से जब मैं अमल की बात करता हूँ या नेक ज़िन्दगी बसर करने की बात करता हूँ, तो इसके सिवाय मेरा और क्या मतलब हो सकता है, कि सिर्फ़ वही ऐमाल किए

जाएं, जिन्हें कुरआन द्वारा ऐमाल सलाह कहा गया है।

जबकि पाठक ने यह सोचा होगा कि मौलाना ने एक नया, मानवतावादी मार्ग प्रशस्त किया था, दूसरी तरफ मौलाना ने अब यह घोषणा कर दी थी, कि उन्होंने केवल वही कुछ कहा था, जो कि सभी मुसलमानों का 1300 वर्षों से एकमत विश्वास रहा था।

जबकि पाठक ने यह सोचा होगा कि मौलाना दीन और शरीअत के बीच सूक्ष्म भेद कर रहे थे, और उसके द्वारा मुस्लिम समाज को मुक्त करने का रास्ता खोल रहे थे, दूसरी तरफ़ वे यह कह रहे थे कि इस प्रकार का भेद केवल अतीत पर, इलहाम (प्रकाशना) से पहले के समयों पर लागू होता था। जहाँ तक मुस्तकबिल (भविष्य) का प्रश्न था, इलहाम के साथ, पैग़ाम पूरा हो चुकने के बाद और इस पूरे हो चुके पैग़ाम में शरीअत और मिनूहाज भी शामिल थी—अब कोई तबदीली मुमकिन नहीं थी। शरीअत और मिनूहाज सबसे ऊपर हैं, वे अन्य सभी शरीअतों को हटाकर उनका स्थान ले चुके हैं—मौलाना ने घोषणा की।

जबकि पाठक ने यह सोचा होगा कि जब मौलाना साहब ने इस बात पर बल नहीं दिया कि मुहम्मद अंतिम पैग़म्बर थे, तो वे दीन के सार्वभोम एकत्व के लिए रास्ता खोलने की कोशिश कर रहे थे। लेकिन अब उन्होंने यह स्पष्टीकरण दिया कि अगर उन्होंने ऐसा नहीं किया, तो उसका एकमात्र कारण यह था कि वे ईमान के सभी अनासिर का उल्लेख नहीं करने जा रहे थे, बल्कि वे केवल सूरा-अल-फ़ातिहा की सात आयतों की व्याख्या कर रहे थे।

'बहरहाल' उन्होंने लिखा, ''आपके सवाल का जवाब यह है कि ईमान लाने के लिए आदमी को अल्लाह, अल्लाह के पैग़म्बरों, आख़िरत, रोज़-ए-क़ियामत, कुरआन और कुरआन के उलमा पर ईमान लाना चाहिए। और नेक ऐमाल का मतलब है वे ऐमाल जिन्हें कुरआन शरीफ़ ने नेक करार दिया है।''

इसके अलावा उन्होंने अब यह भी घोषणा की, ''क़ुरआन में यह कहा गया है कि पिछले सभी पैग़म्बरों की तालीम भी वही है (जो कुरआन में दी गई है)। अगर कोई यहूदी हज़रत मूसा की सही तालीम पर अमल करना चाहता है, तो उसे वही रास्ता अख़्तियार करना पड़ेगा जो कि कुरआन ने दिखाया है। ''इसके सिवाय कोई रास्ता मुमकिन नहीं है,'' मौलाना आज़ाद ने घोषणा की। उन्होंने अब यह दावा किया, ''यह एक असलियत है जिसे तर्जुमान-अल-कुरआन में जगह-जगह वाज़ह (स्पष्ट) किया गया है।''[24]

यह हमला कितना कारगर साबित हुआ।

मौलाना द्वारा की गई कुरआन की व्याख्या में दीन के सार्वभौम एकत्व का बाकी क्या कुछ बचा रह जाता है? जब 'ईमान' का मतलब है कुरआन में निर्दिष्ट ईमान के सभी अनासिर (तत्त्व)—जिनमें कुरान के आलिमों, अर्थात् उलमा पर भी

ईमान लाना शामिल है—जब 'नेक ज़िंदगी बसर करने' का मतलब है वे सब काम, और सिर्फ़ वही काम जिन्हें कुरआन द्वारा नेक बताया गया है, जब कोई किसी दूसरे पैग़म्बर का अनुसरण केवल उस सूरत में करता है जब वह कुरआन द्वारा निर्दिष्ट सिरात-अल-मुस्तकीम पर चलता है, तो उस उदारमना सहिष्णुता में से क्या कुछ बचा रह जाता है, दीन के उस सार्वभौम एकत्व में से क्या कुछ बचा रह जाता है, जिसके बारे में मौलाना की मूल व्याख्या को पढ़ कर हमें ऐसा विश्वास हुआ था, कि वही कुरआन का सार है, और वही वह विवेक है जिसे मौलाना ने अपना विशिष्ट, युगांतरकारी योगदान माना था?

आवश्यक और अनावश्यक के बीच भेद बता कर कानून और रीति रिवाज के लिए मौलाना साहब जो द्वार खोलना चाह रहे थे, उसका क्या हुआ?

वह वर्ग जो कभी

इन सुधारकों को किनके सामने झुकने पर मजबूर होना पड़ा? और क्यों?

जो लोग इस्लाम को स्वाभाविक रूप से लोकतांत्रिक बताते हैं वे कहते हैं कि इस्लाम में कोई पुरोहितवर्ग नहीं है। किसी मस्जिद का मुल्ला या इमाम केवल एक रस्म करवाने वाला व्यक्ति होता है। उससे अधिक उसे कोई अधिकार प्राप्त नहीं होता। 'उलमा' शब्द जो हमें प्रायः सुनने में आता है और जो हम पर रौब ग़ालिब कर जाता है, 'आलिम' शब्द का बहुवचन है। इस शब्द का अर्थ है—विद्वान। परिभाषा के अनुसार कोई भी व्यक्ति अपेक्षित विद्वता प्राप्त कर सकता है। किंतु व्यावहारिक स्थिति क्या है?

सूफ़ी मुक्त भाव रखने वाले मनीषी थे। हमारे योगियों की तरह वे भी 'दर्शन' पर बल दिया करते थे। उनके यहाँ नियमों और रस्मों की कोई गुंजाइश नहीं थी और समकालीन उलमा जैसे मध्यस्थों के लिए तो हरगिज़ नहीं। तो उनके साथ क्या हुआ? उन्हें विधर्मी और विघटनकर्ता करार दे दिया गया, इस हद तक कि वे ऐसे वाक्य बोलने लगे, जिनमें कुछ शब्द लुप्त होते थे और वे हर समय गोपनशील बने रहते थे। शाह वली उल्लाह हद दर्जे के कट्टरवादी थे और इस्लाम पर अमल करने के लिहाज़ से हद दर्जे के अधिकारवादी। किंतु इस्लामी समाज पर जो जड़ता छाती चली जा रही थी, उसे देखते हुए उन्होंने यह तजवीज़ रखी कि 'इज्तिहाद के दरवाज़े' फिर से खोल दिए जाएं और 'कुरआन के इलहामों और पैग़म्बर साहिब के ऐमाल और हदीस' की पुनः व्याख्या की जाए। यह देखते हुए कि अठारहवीं सदी में भारत में अरबी समझने वाले बहुत कम लोग थे, उन्होंने कुरआन का फ़ारसी में अनुवाद किया। तो फिर क्या हुआ? प्रो. मुजीब 'दि इंडियन मुस्लिम्स' में लिखते हैं, ''इस विश्वास से कि इस मुकद्दस किताब का फ़ारसी अनुवाद इसमें निहित ज्ञान के प्रचार

में काफ़ी सहायक सिद्ध होगा, उन्होंने इस काम को सरंजाम दिया। लेकिन उसके प्रकाशन से उन्हें बदनामी का सामना करना पड़ा। रूढ़िवादी उलमा ने उन पर अपनी ओर से नई बातें जोड़ने का इलज़ाम लगाया। ज़बरदस्त मुख़ालफ़त खड़ी की गई और एक बार कुछ लोग इस हद तक पहुँच गए कि उन्होंने वली उल्लाह साहब को पिटवाने के लिए कुछ गुंडे भेज दिए..." सर सय्यद अहमद ख़ान भारत में ब्रिटिश शासन के सबसे प्रबल समर्थक थे। वे द्वि-राष्ट्र मत के प्रतिपादक भी थे। तीस और चालीस के दशक में आगे चल कर जिनहा ने जो घोषणा की थी उसकी पूर्व रूपरेखा हमें हू-ब-हू सर सय्यद अहमद ख़ान के शब्दों और प्रस्तावों में मिलती है। लेकिन उनका एक दूसरा पहलू भी था : उन्होंने पूर्वोदाहरणों के अंधानुकरण के ख़िलाफ़ ज़ोरदार आवाज़ उठाई थी। उन्होंने इस्लामी धर्म सिद्धांतों की पुनः व्याख्या तथा पुनः प्रतिपादन करने पर बल दिया। लेकिन उसका नतीजा क्या निकला? उलमा ने उन्हें गालियाँ दीं और उनकी निंदा की। उन्हें मार डालने तक की धमकी दी गई। मक्का के उलमा से जारी कराए गए एक फ़तवे में उन्हें कुफ़्र बरपा करने का मुजरिम करार दिया गया। इकबाल से लेकर मौलाना आज़ाद और डॉ. ज़ाकिर हुसैन तक को समझौता करने पर मजबूर होना पड़ा। सिर्फ इतना ही नहीं हुआ कि सर सय्यद अहमद ख़ान जो सुधार करने के लिए ज़ोर डाल रहे थे, वह उनके साथ की गई गाली गलौच के कारण मन्सूख़ कर दिया गया हो। उनका जो हश्र हुआ और जिस तरह से उन्हें झुकना पड़ा, वह दूसरे लोगों के लिए चेतावनी और भय का कारण बन गया।

संक्षेप में, ऐसे काम करने वालों को डराया-धमकाया जाता है, और वे डर भी जाते हैं।

इसके अलावा एक दूसरा तरीका भी इस्तेमाल किया जाता रहा है। पाकिस्तान के आधुनिकतावादी श्री फ़ज़लुर रहमान अपनी पुस्तक 'इस्लाम एंड माडर्निटी' में लिखते हैं, "दरअसल अट्ठारहवीं शताब्दी के सभी महान मुस्लिम चिंतकों में, जिनमें दिल्ली के शाह वली अल्लाह भी शामिल हैं, क्रांतिकारी बयानों की कमी नहीं रही। किंतु रूढ़िवाद ने झटकों को सहने की एक ज़बरदस्त क्षमता पैदा कर दी है : इन सभी चिंतकों को रूढ़िवादी दायरों में इस्लाम के प्रतिनिधियों के रूप में अत्यधिक सम्मान की दृष्टि से देखा जाता था। किंतु उनके ऐसे सब बयानों को जिनमें उग्र सुधारवादी स्वर होता था हमेशा शाबदः (एक अनोखी बात) कह कर टाल दिया जाता था और वह बयान ख़ामोशी से दफ़्न हो जाता था।"[25]

लेकिन यह केवल उलमा की चाल ही नहीं बल्कि उनकी असली ताकत होती है जिसके ज़रिए वे हर सुधारवादी आवेग को दबाने में कामयाब हो जाते हैं। इस प्रथा की शुरुआत पैग़म्बर साहिब के अपने जीवन काल में ही हो गई थी : जिस समय से उन्होंने मदीना पर अपना नियंत्रण स्थापित किया तभी से इस्लाम का राज्य के साथ अविच्छेद्य संबंध जुड़ गया। आगे चलकर 'दूर दूर तक के राज्यों पर' इस्लाम

के नाम पर कब्ज़ा कर लिया गया। शासकों को—जो कि प्रायः लम्पट और प्रजापीड़क होते थे—अपने शासकत्व को उचित ठहराने के लिए उलमा की ज़रूरत पड़ती थी। अलबत्ता प्रायः दोनों के बीच मनमुटाव हो जाया करता था। अलाउद्दीन ख़िलजी द्वारा इस बारे में कही गई बात का आमतौर पर हवाला दिया जाता है—"मैं नहीं जानता कि शरीअत ऐसे फ़रमानों की इजाज़त देती है या नहीं। मैं वही फ़रमान देता हूँ जिन्हें मैं अपने मुल्क के लिए फ़ायदेमंद समझता हूँ और जो मुझे मौजूदा हालात में मुनासिब मालूम होते हैं। मैं नहीं जानता कि अल्लाह रोज़-ए-कयामत मेरे साथ क्या सलूक करेंगे।" और सांयोगिक बादशाह—मुहम्मद तुग़लक—तो उलमा पर बरस ही पड़े। किंतु इस प्रकार के कथनों और कार्रवाइयों का उद्देश्य उलमा को उनकी औकात में रखना था, ताकि एक प्रतिस्पर्द्धी अधिकार केंद्र विकसित न हो पाए। लेकिन राज्य के प्रतिनिधियों, मित्रों और शासकों के फ़रमानों की युक्तिसंगत व्याख्या प्रस्तुत करने वालों के रूप में उनकी भूमिका काफ़ी महत्त्वपूर्ण बनी रही और उस भूमिका के कारण वे शक्तिशाली बनते चले गए। उदाहरण के तौर पर, कानून को लागू करने में उन्होंने अपना अधिकार कायम कर लिया : वे गवाही का जायज़ा लेते, यह तय करते कि कानून का कौन-सा नियम लागू होगा, यह भी तय करते कि आरोपी दोषी है या नहीं और यह फ़ैसला देते कि दोषी को क्या सज़ा दी जानी है। व्यक्तियों के दैनिक जीवन पर ऐसा अधिकार होने के कारण स्वाभाविक रूप से उनका मुस्लिम समुदाय पर अधिकार कायम हो गया। यह अधिकार उस अधिकार से अलग किस्म का था, जो कि केवल कचहरियों में चलता है। गाँव-गाँव में उनका अधिकार चलने लगा, जो कि उस अधिकार से अलग होता है जो कि केवल राजधानी में चलता है। धार्मिक अनुष्ठान वही करते : वे स्वयं या उनके द्वारा प्रशिक्षित किए गए व्यक्ति विधिवत् रूप से विवाह संपादित कराते। तलाकों को प्रमाणीकृत भी वही करते थे। फ़तवों का हवाला देना, उनकी व्याख्या करना, फ़तवे जारी कराना और करना भी उन्हीं के हाथों में था, और आज भी उन्हीं के हाथों में है। संक्षेप में कहें तो एक आम मुसलमान की रोज़मर्रा की जिंदगी के बारे में निर्णायक हुक्म देना उन्हीं के हाथों में था और आज भी है। इस पूर्वधारणा के कारण—और हर मुसलमान को बार-बार यह बताया जाता है—कि इस्लाम का संबंध केवल रूह से जुड़े मामलों से ही नहीं, बल्कि जीवन की हर गतिविधि से है, उनकी समुदाय पर पकड़ और भी मज़बूत होती चली गई है। हर सर्वसत्तात्मक विचारधारा—उदाहरण के तौर पर चाहे वह नाज़ीवाद हो या फिर मार्क्सवाद-लेनिनवाद—का यही दावा होता है कि पूरे जीवन को विनियमित करने का अधिकार उसको प्राप्त है। जिस तरह से नाज़ी और साम्यवादी समाजों में, इसी पूर्वधारणा के कारण समाज का पूरा नियंत्रण पार्टी के हाथों चला गया, उसी प्रकार उलमा ने मुसलमानों पर जो दुष्टतापूर्ण अधिकार जमा लिया है उसका सैद्धांतिक आधार यही पूर्वधारणा ही है।

इस सर्वसत्तात्मक पूर्वधारणा और इस्लाम के राज्यधर्म बन जाने के कारण, उलमा के प्रभुत्व के लिए पूरा वातावरण तैयार हो गया। दो अन्य बातों ने उलमा की सत्ता को घातक धार दे दी। वह राज्य, जिसका कि इस्लाम राज्यधर्म बना, और जिसमें उलमा को व्यापक अधिकार प्राप्त हो गए, और वे उन अधिकारों के बल पर अपना हुक्म चलाते रहे, मध्ययुगीन राज्य था और वह वैसा ही बना रहा। आठवीं सदी का अरब केवल आदर्श ही नहीं बल्कि एक सांचा भी बन गया। जो भी व्यक्ति उलमा की उपेक्षा करने का साहस करता उसे उलमा के इशारे पर राज्य के उग्र प्रकोप का भाजन बनना पड़ता। इसके अलावा अरब से लेकर अफ़ग़ानिस्तान तक मध्ययुगीन कबायली समाजों की परंपरा थी, और साथ ही परम्परा थी परा-राजकीय आतंकवाद के ज़रिए दबाव डालने की। आज भी, जो भी मुसलमान उलमा के ख़िलाफ आवाज़ उठाता है वह इस घातक शक्ति को भुलाने का साहस नहीं कर सकता।

इसके अलावा एक तंत्र व्यवस्था भी सक्रिय है। उलमा का मस्जिदों, मदरसों और मक्तबों पर भी पूरा नियंत्रण है।

उनका प्रत्येक शिक्षणालय पर भी नियंत्रण है। केवल इतना ही नहीं कि इन शिक्षणालयों के ज़रिए उन व्यक्तियों की मानसिकता को नियंत्रित करते हैं, जो आगे चलकर विभिन्न भौगोलिक क्षेत्रों में मुसलमान समुदाय को नियंत्रित करेंगे। शिक्षणालयों में पाठ्यक्रमों के सहभागियों के बीच जो संपर्क, जो बंधन जुड़ते हैं और जो 'भूतपूर्व-छात्र तंत्र' गठित होते हैं उनसे उलमा को पूरी उम्मत को उत्तेजित करने की अद्वितीय क्षमता प्राप्त होती है। इसके अलावा उलमा प्रत्यक्ष अथवा परोक्ष रूप से हर ऐसे संगठन को नियंत्रित करते हैं जिसको इस्लाम के नाम पर बोलने के लिए इस्तेमाल किया जाता है, जैसे कि जमायत-ए-इस्लामी, मजलिस-ए-मुशवरात, तामीर-ए-मिल्लत, आल इंडिया शिया कांफ्रेंस आदि। जो मुसलमान एक नए, उदार दृष्टिकोण का आग्रह करने लगता है, उसके पास इस तंत्र के मुकाबले में नगण्य वसीले होते हैं। वस्तुतः जिन संगठनों की स्थापना मूल रूप से एक बिल्कुल अलग परिप्रेक्ष्य प्रदान करने के उद्देश्य से की गई थी, वे भी उन तत्त्वों के हाथों चले गए हैं जो उलमा से आतंकित हैं। अलीगढ़ मुस्लिम यूनिवर्सिटी की स्थापना इस उद्देश्य से की गई थी कि वह अपने छात्रों को आधुनिक शिक्षा और आधुनिक परिप्रेक्ष्य प्रदान करेगी। किन्तु वह बहुत पहले से ही, बल्कि सर सय्यद के समय से ही प्रतिक्रियावादी हाथों की कठपुतली बन गई। जब उनके ख़िलाफ़ फ़तवा जारी किया गया, तो पहले तो उन्होंने उसे हँसी में उड़ा दिया। किंतु उसके फ़ौरन बाद संस्था को चलाए रखने के लिए उन्हें रूढ़िवादियों के साथ समझौता करने के लिए रज़ामंद होना पड़ा। अन्य नवीनता-प्रवर्तकों की तो बात ही क्या, खुद उनके द्वारा की गई ग्रंथों की व्याख्या को कक्षाओं तक नहीं पहुँचने दिया जाता था : धार्मिक अध्ययन का काम परम्परावादियों को सौंप दिया जाता था; उन व्यक्तियों को, जिनकी धारणाओं और परिप्रेक्ष्यों को वे मुस्लिम समाज की

गतिहीनता के लिए ज़िम्मेदार मानते थे। उसी प्रकार जामिया मिलिया इस्लामिया की स्थापना भी छात्रों को राष्ट्रवादी परिप्रेक्ष्य प्रदान करने के लिए की गई थी। फिर भी उसके पदाधिकारियों को हमेशा इस बात के लिए चौकन्ना रहना पड़ता है कि कहीं कोई उन पर यह इलज़ाम न धर दे कि वे पूरी तरह से इस्लामियत पर नहीं चल रहे हैं।

इसके बाद आती है उर्दू प्रेस। जैसा कि हम डॉ. ज़ाकिर हुसैन और मौलाना आज़ाद के ख़िलाफ़ छेड़े गए अभियानों की समीक्षा करते समय देख चुके हैं, उर्दू प्रेस उलमा के सबसे अधिक ताकतवर सहायकों में से एक रही है, बल्कि कई दृष्टियों से उनका हथियार रही है। 1992 में दिल्ली में जामिया मिलिया के समकुलपति मुशीरुल हसन और पटना के खुदाबख़्श पुस्तकालय के निदेशक आबिद रज़ा बेदार के ख़िलाफ़ जो अभियान चलाए गए उनमें भी हमने उर्दू प्रेस को वही भूमिका निभाते देखा और उसमें वैसी ही प्रभविष्णुता थी। स्वर में तीखापन, तथ्यों को पूरी तरह से तोड़ना मरोड़ना, चरम असुरक्षा की भावना को भड़काना और हर बात को इस्लाम पर किए गए हमले के तौर पर पेश करना—ये सब उसके प्रमाण चिह्न हैं और इनका हमेशा ही उस विश्वव्यापी दृष्टिकोण को मज़बूत बनाने के लिए इस्तेमाल किया जाता है जिन्हें उलमा मुस्लिम समुदाय में बनाए रखना चाहते हैं।

इसके अलावा संरक्षण का भी अपना प्रभाव होता है। साउदी अरब, या ईरान, या ईराक या अन्य 'इस्लामी' स्रोतों से प्राप्त धनराशि उलमा, और उन तत्त्वों तथा संगठनों को जाती है जो उलमा द्वारा नियंत्रित होते हैं या उनके प्रति आभारी होते हैं। यह धनराशि कभी भी उदारवादियों तक तो पहुंचती ही नहीं। भारतीय शासन का हाल तो और भी ख़राब है। क्योंकि इस्लामी समुदाय उलमा और उन लोगों के नियंत्रण में है जो उन्हीं की भाषा बोलते हैं, इसलिए शासन उनके सामने घुटने टेक देता है। ज्यों ज्यों शासन कमज़ोर पड़ता चला गया है उलमा के लिए अपने अभियान चलाना उत्तरोत्तर आसान होता चला गया है। और यह प्रमाणित करके कि राज्य उनके सामने झुकता है—जैसे कि शाहबानो मामले में—और उसमें उलमा के रास्ते की रुकावट बनने का साहस नहीं है, समुदाय पर उनकी पकड़ और भी मज़बूत होती चली गई है। उनकी ढिठाई तो देखिए। उन्होंने समानांतर न्यायालय—शरीअत न्यायालय स्थापित करने के लिए जो कि देश की कानून प्रणाली के दायरे से बाहर हैं, हाल में एक अभियान चलाया है।

ऐसी स्थापना की सत्ता समूह विशेष के बाकियों से दूर बने रहने पर टिकी होती है, उसके अनुयायियों के बाकियों से अलग बने रहने पर टिकी होती है। और दूसरे, इस सत्ता का बना रहना इस बात पर निर्भर करता है, कि वह समूह या वे अनुयायी चिंता, या भय की अवस्था में—विशेषकर इस भय की अवस्था में रहें, कि उन्हें आसपास के लोग फ़ौरन हड़प कर जाएँगे।

भारत में लोगों का जीवन और दृष्टिकोण समन्वयवादी रहा है। वे सबको अपने में समा लेते हैं। और इस्लाम के भीतर और इस्लामी शासन काल में भी राज्य में इसी विचारधारा के प्रतिपादक और बढ़ावा देने वाले लोग रहे हैं—जैसे अकबर और दारा शिकोह से लेकर उन लोगों तक जिन पर हमने हमला होते देखा, जैसे मौलाना आज़ाद और ज़ाकिर हुसैन। लेकिन जो विचारधारा हावी बनी रही, वह दूसरी थी। वह अलगाववाद की विचारधारा थी।

समस्या किन्हीं ख़ास मुद्दों की नहीं है, जो कि समय-समय पर खड़े हो जाते हैं—उदाहरण के तौर पर यह मुद्दा कि क्या उस समृद्ध वकील द्वारा उस 75 वर्षीया औरत को जो कि 43 वर्ष तक उसकी ब्याहता पत्नी रही, और जिसने उसके चार बच्चों को जन्म दिया है, घर से बाहर निकाल दिए जाने पर 125 रु. माहवार दिए जाने चाहिए या नहीं। उसी प्रकार तीन बार तलाक कहने की प्रथा संबंधी भी कोई समस्या नहीं। समस्या यह है कि मुस्लिम समुदाय उलमा का दास बना रहता है। समस्या यह है कि उलमा को एक अलगाव की विचारधारा की ज़रूरत होती है और वे उस पर ज़ोर देते हैं, और यह कि इस विचारधारा पर सख़्ती से अमल कराने के उनके पास साधन मौजूद हैं।

एक वर्ग के रूप में राजनीतिज्ञ धर्मविज्ञानियों की तुलना में कम रूढ़िवादी होते हैं। इस्लामी शिक्षणालयों, जैसे देवबंद, सहारनपुर या लखनऊ स्थित शिक्षणालयों के स्नातकों की तुलना में आज की दुनिया के साथ उनका तालमेल भी बहतर होता है, क्योंकि इन शिक्षणालयों के स्नातकों के विचार वहाँ के पुरातन पाठ्यक्रम के दायरे में बंधे होते हैं। किंतु इन बातों के बावजूद राजनीतिज्ञ —चाहे वे 'राष्ट्रवादी' राजनीतिज्ञ हों या वे राजनीतिज्ञ जो खुद को पहले मुसलमान घोषित करते हैं—उसी अलगाव की विचारधारा को पुष्ट करते चले आए हैं जो कि उलमा का स्थायी ख़जाना रही है। 'राष्ट्रवादी' राजनीतिज्ञ अपने बीच के सुधारवादी तत्त्वों के माध्यम से नहीं, बल्कि अली मियां, इमाम बुख़ारी और शाहबुद्दीन आदि जैसे लोगों के ज़रिए मुसलमानों का मन जीतने की कोशिश करते रहे हैं। हर मुद्दे पर—चाहे वह शाहबानो का मामला हो, बंगलादेश से घुसपैठ का या फिर वक्फ़ अधिनियम को बदलने का—अंततः उन्होंने इसी प्रणाली को अपनाया है, जिसे अलगाव की विचारधारा वाले उलमा ने अपनाया है।

मुस्लिम राजनीतिज्ञों का योगदान तो और भी अधिक प्रत्यक्ष रहा है। सर सय्यद अहमद के समय से, मौलाना आजाद और शाह बानो मामले में आरिफ़ मुहम्मद ख़ान को छोड़कर, ये राजनीतिज्ञ उसी अलगाव की विचारधारा पर ही निर्भर रहे हैं। उन्होंने हमेशा बाह्याचार को ही इस्लाम का सारतत्त्व माना है। उन्होंने हमेशा ग़रीब और साधारण तथा अनजान मुसलमानों को इस डरावे में रखा है कि इस्लाम और इसलिए स्वयं उनका अस्तित्त्व ख़तरे में है। यदि हम रख-रखाव पर उच्चतम न्यायालय और

तलाक के मामले पर उच्च न्यायालय को चुपचाप स्वीकार कर लें, तो उसके बाद शरीअत की बारी आने वाली है, अगर शरीअत चली गई तो समझ लो इस्लाम चला गया—यही कुछ वे भी रटते रहे हैं, बल्कि उलमा से भी ज़्यादा ऊँची आवाज़ में। उनके अभियान और उनकी वाग्मिता और ख़ास तौर पर उनकी विजयों ने एक साथ मिल कर एक ओर उलमा को मज़बूत बनाया है, और दूसरी ओर राजीनतिक नेतृत्व के भीतर अत्यंत प्रतिक्रियावादी तत्त्वों को : क्योंकि इन अभियानों में जो भी मुद्दा उठाया जाता रहा है, वह हमेशा 'धार्मिक' ही रहा है; अभियान के दौरान प्रायः उलमा को सबसे अधिक महत्त्वपूर्ण भूमिका दी जाती रही है—ख़िलाफ़त आंदोलन से लेकर शाह बानो फैसले को पलटने के अभियान तक। जिन तंत्रों का आश्रय लिया गया है, और अभियान के परिणामस्वरूप जिनकी पहुँच और ताकत और भी बढ़ती चली गई है, वे ऐसे तंत्र हैं, जिन पर उलमा का नियंत्रण है।

इसी कारण समस्या पैदा होती है। जैसा कि आसफ़ फ़ैज़ी ने लिखा है इकबाल और अब्दुर्रहीम और अन्य लोगों ने भारत में संकीर्णता के विरुद्ध बग़ावत की है, "फिर भी किसी में उलमा के ग़ुस्से का सामना कर पाने की ज़ुर्रत नहीं है।"[26]

उदारवादियों का योगदान

वह उदारवादी जो हिंदू है, मंडन का इतना आदी होता है, उसने नकली धर्मनिरपेक्षता को इतना आत्मसात किया होता है, वह ग्रंथों के बारे में—चाहे वे इस्लाम के हों, हिंदू धर्म के, हमारे कानून या फिर हमारे संविधान संबंधी ग्रंथ—इतना मासूम होता है और उसने दोहरे मानदंडों को इस हद तक आत्मसात किया होता है, कि वह सभी इस्लामी मामलों पर अपनी चुप्पी को, बल्कि कट्टरवादियों की नीति पर चलने को धर्मनिरपेक्षता का प्रमाण मान बैठता है। अंग्रेजी प्रेस के 'धर्मनिरपेक्षवादी' इसकी जीती जागती मिसाल हैं। वे अली मियां का 'नरमपंथी और सबों द्वारा सम्मानित मुस्लिम नेता' के रूप में ज़िक्र करेंगे और वह भी उनके द्वारा लिखी हुई किसी भी चीज़ को पढ़े बिना ही। वे सभी मुफ़्तियों और मौलवियों का 'मुस्लिम धर्मतत्त्वज्ञ' के रूप में ज़िक्र करेंगे। अखिल भारतीय मुस्लिम स्वीय विधि बोर्ड या अखिल भारतीय मिल्ली परिषद जैसे संगठन क्या कर रहे हैं, वे उससे अपनी आंखें बंद कर लेंगे और यदि राज्य की कोई एजेंसी उनके इन संगठनों के कार्यकलापों का पर्दाफ़ाश करने के लिए कोई कदम उठाती है तो वे चीखने-चिल्लाने लग जाएँगे। सबसे बुरी बात यह है कि वे सहज भाव से भिन्न मुद्दों पर वैसा कुछ कहने लगेंगे, जो कि उलमा कह रहे होते हैं और जो व्यक्ति उलमा के पक्ष का विरोध करता है, उसे वे 'साम्प्रदायिक' 'फ़ासिस्ट' और 'बदलेबाज़' कहने लग जाते हैं।

ऐसी चीख़ पुकार केवल बहस के माहौल को विषाक्त ही नहीं बनाती, बल्कि

शासकगण भी उसकी रौ में बह जाते हैं। इस प्रकार लोकनीति का झुकाव उलमा की तरफ हो जाता है। इस प्रकार उलमा को दुगनी शक्ति हासिल हो जाती है।

मुस्लिम उदारवादी भी हिंदू उदारवादी की तरह परंपरागत धर्म-वैधानिक मामलों में मासूम होता है। इसके परिणामस्वरूप जब उलमा या कुछ राजनीतिज्ञ चिल्लाने लगते हैं, "लेकिन वह तो शरीअत के ख़िलाफ़ है"—और ऐसा हर मोड़ पर होता रहता है—तो उदारवादी इसका जवाब देने के लिए सन्नद्ध नहीं होता। इसके ठीक उलट, उसने एक बात को लेकर उलमा को हमेशा सही ठहराया है, और वह यह कि ग्रंथ इतने रहस्यमय और इतने जटिल हैं कि उसके अर्थ उसकी समझ में कभी नहीं आ सकते। लेकिन यह बात तो पूरा पादरी वर्ग हमेशा से कहता चला आया है—हाँ यदि कोई लातीनी भाषा जानता है तो अलग बात है। और इस्लाम के मामले में भी और धर्मों की तरह से इस बात के पीछे कोई सच्चाई नहीं होती। जहाँ तक कुरआन की आयतों और हदीस का सवाल है उनमें सांसारिक और रोज़मर्रा के मामलों पर ही विचार प्रकट किए गए हैं, जिनके लिए साधारण और रोज़मर्रा के शब्दों और अभिव्यक्तियों का प्रयोग किया गया है और प्रायः वे शब्द इतने सहज और अभिव्यक्तियाँ इतनी सुव्यक्त होती हैं, कि कई जगहों पर वे आधुनिक मानदंडों के अनुसार बहुत ही अपरिष्कृत लगती हैं। उलमा द्वारा आयतों और हदीस के अर्थ बहुत ही गहन और समझने में मुश्किल इसलिए बनाए जाते हैं, ताकि उससे मूल पाठ को पढ़ने का कष्ट न उठाने का औचित्य बताया जा सके। और फिर ऐसा करके उस परेशानी से भी बचा जा सकता है जो कि लोगों द्वारा मूल पाठ पढ़ने और सब असलियत जान लेने पर पैदा की जा सकती है।

इसका परिणाम वही होता है जो अपरिहार्य है। मुस्लिम उदारवादी को जिन लोगों की बदौलत इस्लाम में कोई स्थान नहीं मिल पाता, वह उन्हीं का समर्थन और बचाव करने लगता है। प्रत्येक आधुनिकतावादी पिछले एक सौ वर्षों से यही कहता चला आया है कि "इज्तिहाद के दरवाज़े फिर से खोल दिए जाने चाहिए।" यही बात हमने इकबाल के मामले में भी देखी। लेकिन ऐसी दलील पेश ही क्यों की जाए? जब यह कहा जाता है कि इस्लाम में कोई पुरोहित वर्ग नहीं है, तो फिर ऐसी बात कहने का कोई मतलब ही नहीं रह जाता। इस्लाम में कोई पोप तो है नहीं, जिससे इजाज़त लेने के लिए वेटिकन-2 से पूछताछ करनी पड़ेगी। सीधा-सा तरीका यह है कि ग्रंथों के मूलपाठ को पढ़िए, उसकी नई व्याख्या कीजिए और फिर उसका प्रचार-प्रसार कीजिए। किंतु उदारवादी शुरुआत करने तक का आत्मविश्वास नहीं जुटा पाता। वह चाहता है, वह अपील भी करता है और यह आशा भी, कि 'इज्तिहाद के दरवाज़े खुलने' से जिन लोगों की दुकानें बंद हो जाएँगी, वही लोग उन दरवाज़ों को खोलेंगे।

वह उन लोगों से 'संवाद' के लिए अपील करता है। 1993 में तीन बार 'तलाक'

कहने के मुद्दे पर मुस्लिम बुद्धिजीवी अधिवेशन द्वारा जो प्रस्ताव पारित किया गया उससे यह पता चलता है कि पुरानी आदत कितना गहरा घर किए हुए है और कितनी असार और तुच्छ है वह। तीन बार 'तलाक' कहने के मामले को एक बड़ी समस्या के आसार के रूप में देखने और प्रस्तुत करने की बजाए बुद्धिजीवियों ने मुद्दे को उसके संकीर्णतम रूप में प्रस्तुत किया। उन्होंने प्रस्ताव में कहा, "वर्तमान विवाद का मुद्दा यह नहीं है कि मुस्लिम स्वीय विधि में कोई सुधार लाया जाए या शरीअत की कोई नई व्याख्या प्रस्तुत की जाए।" उन्होंने कहा, विवाद इस्लामी विधिशास्त्र के विभिन्न मतों के बीच का है। क्योंकि व्यवहार कुरआन में की गई व्यवस्थाओं के विपरीत है, इसलिए "असली मुद्दा कुरआन और हदीस की प्रामाणिकता की पुनरावृत्ति का है।" तदनुसार बुद्धिजीवी अधिवेशन ने मुस्लिम स्वीय विधि बोर्ड से यह अपील की कि वह "भारत में इस्लामी विधिवेत्ताओं, मुस्लिम उलमा और बुद्धिजीवियों का एक प्रतिनिधि सम्मेलन आयोजित करके, ज़मीनी सामाजिक वास्तविकताओं को ध्यान में रखते हुए इस मुद्दे पर एक प्रामाणिक व्याख्या प्रस्तुत करे।"

इसलिए उद्देश्य है कुरआन की प्रामाणिक व्याख्या करना। यह व्याख्या मुस्लिम स्वीय विधि बोर्ड द्वारा प्रस्तुत की जानी है। इसे इस काम में मदद करने के लिए मुस्लिम स्वीय विधि बोर्ड द्वारा बैठक आयोजित की जानी है।

उस प्रस्ताव को पारित करके विधिवत रूप से बोर्ड को भेजने के बाद कई महीने बीतते चले गए। बोर्ड को कई स्मरणपत्र भी भेजे गए। मुस्लिम स्वीय विधि बोर्ड ने जवाब देने की मेहरबानी नहीं की। बुद्धिजीवी इंतज़ार करते रहे।

यह तो ऐसा हुआ कि मानो मार्टिन लूथर ने पोप से अपील की हो कि वे उसी धर्म-सिद्धांत की जांच करने के लिए सम्मेलन आयोजित करें, जिसके अंतर्गत रोम को, या विशेष रूप से पोप को उनका अधिकार सौंपा गया था।

किंतु उलमा को वार्तालाप में शामिल होना ही क्यों चाहिए? उस स्थिति में वे आधुनिकीकरण के समर्थक उदारवादियों को अपने बराबर का दर्जा दे रहे होते। तब उलमा होते बचाव पक्ष के वकील और उदारवादी मुकदमा करने वाले वकील की भूमिका निभा रहे होते। इसलिए उलमा ऐसे प्रस्तावों की अवज्ञा कर देते हैं और यह रवैया अख़्तियार कर लेते हैं, "तुम्हारे मन में जो बात है, वह कह दो और तब हम तुम्हें बताएँगे कि वह सही है या ग़लत"—और उस हालत में वे दो में से एक वकील न होकर न्यायाधीश बन जाते हैं। हमेशा उनकी यही प्रतिक्रिया होती है, जिसमें कोई परिवर्तन नहीं होता। किंतु उदारवादी में इतना साहस नहीं होता कि वह उलमा को बीच में न लाकर स्वयं सुधारों का निरूपण करके, उनका प्रचार प्रसार करे। उसके पास यह सब करने के लिए साधन भी तो नहीं होते। एक बार उसकी अवज्ञा हो जाने के बाद, उसकी प्रतिक्रिया यह होती है, कि वह फिर से वार्तालाप की दरख़ास्त करता है।

इसके अलावा उदारवादी मुसलमान मुस्लिम समाज से उतना ही दूर है, जितना कि ग्रंथों से। वस्तुतः उलमा और ग्रंथों से वह केवल दूर ही नहीं बल्कि उनके संदर्भ में वह रक्षात्मक रवैया अपनाकर चलता है। यह ज़ाहिर करना तो दूर कि उसने जो रास्ता अपनाया है—नई शिक्षा और नए कौशल प्राप्त करने और किए गए दावों में सफलता हासिल करने का रास्ता—वही रास्ता सही है, वह उल्टा उन दावों में सफलता हासिल करने पर ख़ुद को दोषी महसूस करने लगता है, ठीक उस आदमी की तरह, जो किसी गंदे इलाके से भाग निकलता है, लेकिन वह अपने भाग निकलने पर ख़ुश न होकर इस एहसास के बोझ तले दबा होता है, कि उसका परिवार अभी भी उसी गंदे इलाके में तबाह हो रहा है।

कटा-कटा सा, रक्षात्मक रवैया अपनाए हुए, उदारवादी, जिसके पास न तो साधन होते हैं और न संगठन, आसानी से कट्टरवादियों के धमकी भरे हो-हल्ले से डर जाता है। वह इस्लामी मुद्दों पर कभी नहीं बोलता। वह इसके लिए सन्नद्ध ही नहीं होता। उनके लिए वह कोई सरोकार भी महसूस नहीं करता और एक धर्मनिरपेक्ष, आधुनिक व्यक्ति को ऐसा दिखना भी नहीं चाहिए कि वह ऐसे मुद्दों पर कुछ कर रहा है। जब कभी वह किसी बिरले मौके पर बोलता भी है, तो वह पूरा सच नहीं बोलता। कट्टरवादी फटकार लगाते हैं, "तलाक, तलाक तलाक, कहने की ताकत से मुस्लिम औरतों पर जो आतंक छा जाता है, उसे ज़ाहिर करना इस्लाम के दुश्मनों की मदद करना है!" और वह दब जाता है। जब एक के बाद दूसरा मुस्लिम देश इस्लामी स्वीय विधि का आधुनिकीकरण कर रहा था, तो यहां के उलमा ने फटकार लगाई, "वे ऐसा कर सकते हैं क्योंकि वे इस्लामी देश हैं। यहाँ ऐसा करने की इजाज़त नहीं, क्योंकि यह मुस्लिम देश नहीं है!" और उदारवादी ने यह सुनकर आत्म समर्पण कर दिया। जैसे ही कुछ इस्लामी देश पिछले पाँच वर्षों के दौरान कट्टरपंथियों के हाथों में पड़कर फिर से पुराने और अन्यायपूर्ण कानून की तरफ लौटने लगे, तो कट्टरवादी यह दावा करने लगे, "जब इस्लामी देश दोबारा शरीअत को लागू कर रहे हैं, तो यहाँ शरीअत को कैसे कमज़ोर पड़ने दिया जा सकता है?" और उदारवादी ने उनकी इस बात को सुनकर फिर आत्म समर्पण कर दिया।

हमेशा ही 'चित भी मेरी और पट भी मेरी' वाली कहावत को सार्थक करता हुआ इलज़ाम लगा कर कट्टरवादी, इस्लाम की किसी बुनियादी आलोचना की संभावना को पहले से ही समाप्त कर देते रहे हैं : यदि आलोचना किसी मुसलमान ने की, तो उन्होंने उसे यह कह कर ख़ारिज कर दिया, "लेकिन वह तो मुर्तद (विधर्मी) है; उसकी बात पर ध्यान ही नहीं दिया जाना चाहिए।" यदि आलोचना किसी ग़ैर-मुस्लिम द्वारा की गई तो उसकी उन्होंने कोई सुनवाई ही नहीं की, यह कह कर कि, "लेकिन वह तो काफ़िर है। फिर उसकी बात क्यों सुनी जाए?"

अलबत्ता उदारवादी ऐसी पैंतरेबाज़ी में शामिल नहीं होता। लेकिन उलमा के

प्रति उसका रक्षात्मक रवैया उसे ऐसी स्थिति में ला खड़ा करता है, जिसके परिणाम वही होते हैं जो कि पैंतरेबाज़ी के होते हैं। वह ग्रंथों की पड़ताल ख़ुद नहीं करता, वह उलमा द्वारा कही गई बातों का भी ख़ुद सामना नहीं करता। जब कोई दूसरा ऐसा करता है, तो उदारवादी कहता है, "ख़ुदा के लिए, क्या आपको दिखाई नहीं देता कि आप हमारे काम को और भी मुश्किल किए दे रहे हैं?" और तब कट्टरवादी यह कहते हैं, "आप वही कुछ कह रहे हैं जो कि इस्लाम का वह दुश्मन कह रहा है।" जिस व्यक्ति का रवैया रक्षात्मक नहीं है वह कट्टरवादियों को वह सब कुछ न कहने देगा, जो वे कहना चाहते हैं, लेकिन वह मुस्लिम समुदाय से, उठाए गए मुद्दों के सार का जायज़ा लेने का आग्रह ज़रूर करेगा फिर चाहे वे मुद्दे किसी के द्वारा भी क्यों न उठाए गए हों।

उदारवादी ने जिस 'वफ़ादारी' को अपने स्वभाव का हिस्सा बना लिया है वह भी उतनी ही विनाशकारी है। वह पूरा सच नहीं बोलता है—न तो ग्रंथों के बारे में और न मुस्लिम समाज और उसके नियंत्रकों के बारे में। इसके पीछे पूर्वधारणा यह होती है कि ऐसा करने से, "इस्लाम के दुश्मनों का ही फ़ायदा होगा।" यह पूर्वधारणा उलमा द्वारा ज़बरदस्ती समुदाय के मन में बैठा दी गई है, क्योंकि अपने आप में यह पूर्वधारणा ही उनकी सत्ता को किसी प्रकार की चुनौती की संभावनाओं से बचाए रखने के लिए काफ़ी है और उन ग्रंथों की पड़ताल की संभावनाओं को समाप्त करने के लिए भी काफ़ी है जिन पर उनकी सत्ता का दारोमदार है। यह पूर्वधारणा दूसरे पक्ष की ओर से की जाने वाली पूछताछ की संभावना को भी समाप्त करने के लिए काफ़ी है। उदाहरण के लिए ऐसा भी हो सकता था कि सुधारक मुस्लिम समाज के पिछड़ेपन पर निगाह डालते और उसका कारण वे उसके मूल—अर्थात् ग्रंथों, मानसिकता और सामाजिक रीतिरिवाज—में ढूंढ़ निकालते। लेकिन ग्रंथों और सामाजिक रीतिरिवाज के बारे में बात करना, "इस्लाम के दुश्मनों के लिए फ़ायदेमंद" हो, तो सुधार का वह दरवाज़ा भी बंद हो जाता है और उलमा की सत्ता उसी तरह से बरकरार रहती है।

मुस्लिम उदारवादी की इसी बुज़दिली के कारण हमेशा से भारतीय मुसलमान, और उन्हीं की वजह से सभी भारतीय कष्ट झेलते आए हैं। एक क्षण के लिए ऐसा लगा था कि अयोध्या घटना के कारण कुछ परिवर्तन आएगा। एक तरफ़ मुस्लिम समुदाय को शहाबुद्दीन, इमाम बुख़ारी और अन्य लोगों की राजनीति की कीमत मालूम हो गई : वह अब अपने भीतर की उदारवादी आवाज़ों को सुनने के लिए ज़्यादा तत्पर दिखाई देने लगा। दूसरी तरफ मुस्लिम उदारवादी को इस घटना ने यह याद दिला दिया कि उसके लिए केवल उदारवादी होना ही काफ़ी नहीं है। यदि समुदाय दकियानूसी नेताओं के पीछे चलता रहा, तो उसकी ऐसी प्रतिक्रिया होगी कि मुस्लिम उदारवादी सहित सभी उसकी चपेट में आ जाएँगे।

इसलिए कई मुस्लिम उदारवादी यह तय करने के लिए आगे आने लगे कि उन मुद्दों पर क्या किया जाए, जो दकियानूसी नेताओं के लिए ही सुरक्षित थे। जैसा कि हमने देखा, तीन बार तलाक कहने के मुद्दे पर, न्यायमूर्ति-तिलहरी द्वारा निर्णय दिए जाने से कई महीने पहले मुस्लिम बुद्धिजीवी अधिवेशन ने एक प्रस्ताव पारित किया था, जिसमें इस प्रथा की इसलिए निंदा की गई थी, क्योंकि यह कुरआन और हदीस के ख़िलाफ़ थी। इसमें उस अत्यंत कठिनाई और निष्ठुरता की ओर ध्यान दिलाया गया था जिसका शिकार इस प्रथा के कारण मुस्लिम औरतों को होना पड़ता है। इस प्रकार एक मौके की गुंजायश निकल पाई थी।

किंतु वह क्षण आया और चला भी गया। जल्दी ही अली मियां, अखिल भारतीय मिल्ली परिषद् और बाकी लोगों के हाथों में बागडोर चली गई और मुस्लिम उदारवादी एक बार फिर अपने घोंसले में सिमट गया।

इनमें से हर तत्व उलमा की शक्ति को बढ़ाता है। लेकिन जैसा कि हम देखेंगे, इसका मुख्य कारण कुछ अलग है।

और वह है स्वयं इस्लाम की विचारधारा, जो कि सर्वसत्तावादी है, सहस्राब्दवादी है।

यह पूरे जीवन को नियमित करने का दावा करती है। इसलिए इससे उनका फ़ायदा होता है जो जीवन के हर पहलू को नियंत्रित करने के इस दावे को बल प्रदान करने के लिए ख़ुद को तैयार कर लेते हैं।

दूसरा, उसका यह दावा है कि जिस क्षण इस्लाम छा जाएगा, उसी क्षण से इस्लामी सहस्राब्दि की शुरुआत हो जाएगी। इसका यह अर्थ है कि जो इस विचारधारा के समक्ष आत्मासमर्पण नहीं करता, वह उस सहस्राब्दि की शुरुआत में बाधक बन रहा है, वह अल्लाह के रास्ते में रुकावट बन रहा है—ठीक उसी तरह से जैसे वह व्यक्ति, जिसने साम्यवाद के समक्ष आत्म समर्पण नहीं किया वह उस सहस्राब्दि में बाधा उपस्थित कर रहा था और वह इतिहास के मार्ग में रुकावट पैदा कर रहा था। इसलिए सभी साधनों की तो अनुमति ही नहीं और न ही उनका औचित्य है। जो भी साधन व्यक्ति को क्षति से बचा सकते हैं, उनके बारे में फ़रमान दे दिया गया है और यह फ़रमान उसी ने दिया है, जिसने कर्मपथ के बारे में फ़रमान दिया है, अर्थात् यह फ़रमान स्वयं अल्लाह ने ही दिया है। मुसलमानों के लिए इस फ़रमान का अभिप्राय यह है कि यह स्वयं कर्मपथ संबंधी फ़रमान का आवश्यक तत्व है।

यही मानसिकता उलमा को शक्ति प्रदान करती है और उलमा यह सुनिश्चित करते हैं कि यह मानसिकता बराबर बनी रहे।

सुधारकों पर उनके हावी होने का कारण यह है, कि जो कुछ वे कहते हैं और जिस मानसिकता को वे हमेशा बनाए रखना चाहते हैं, वे वही बातें हैं और वही मानसिकता है जो कि इस्लाम के मूल स्रोत-कुरआन और सुन्नते पैग़ंबरी—निर्धारित

करते हैं।

उदारवादी इसलिए परास्त नहीं होता, कि वह ग्रंथों से अनभिज्ञ होता है बल्कि इसलिए कि उलमा ग्रंथों के प्रति वफ़ादार होते हैं।

उलमा की मानसिकता क्या है?

वे किस मानसिकता को मुस्लिम समुदाय के मन में बैठाना और हमेशा बनाए रखना चाहते हैं?

संदर्भ

1. महादेव देसाई, डे टु डे विद् गाँधी खंड 4, 28 जनवरी से 8 नवम्बर 1924, सर्वसेवा संघ प्रकाशन, वाराणसी, 1969, पृ. 22
2. वही, खंड 3, अक्तूबर 1920 जनवरी 1924, 1968, पृष्ठ 315-16
3. वही, खंड 4 पृ. 21
4. महात्मा गाँधी 'कलेक्टिड वर्क्स' खंड 24, पृ. 334-40
5. महादेव एच देसाई, डे टु डे विद् गाँधी, खंड 4, पृ. 96
6. वही, पृ. 141
7. वही, पृ. 192-93
8. बी आर अम्बेडकर, थाट्स आन पाकिस्तान, थैकर एंड कंपनी बम्बई, 1941 पृ. 302
9. महात्मा गाँधी 'कलेक्टिड वर्क्स' खंड 23, परिशिष्ट 13, पृ. 567-69
10. इस विषय पर देखें अध्याय 4 में उद्धृत फ़तवे और अध्याय 10 में उद्धृत कुरान की आयतें और हदीस
11. महात्मा गाँधी 'कलेक्टिड वर्क्स' खंड 22, परिशिष्ट 13, पृ. 569
12. वही, खंड 24, पृ. 214
13. मौलवी ज़फ़र अली के प्रस्ताव और उसमें मौलाना मुहम्मद द्वारा लाए गए सुधार के बारे में देखिए सय्यद शरीफुद्दीन पीरज़ादा, फ़ाउंडेशंस आफ़ पाकिस्तान, आल इंडिया मुस्लिम लीग डाक्यूमेंट्स, 1906-1947, नेशनल पब्लिशिंग हाउस कराची, 1970, खंड 1 पृ. 28-29
14. महादेव देसाई डे टु डे विद् गांधी, खंड 5, 1970 पृ. 110
15. वही, खंड 5, 1970, पृ. 111-112
16. वही, खंड 6, 1970, पृ. 49
17. वही, खंड 6, पृ. 49
18. कलीयात-ए-मकातिब-ए-इक़बाल, सय्यद मुज़फ़्फ़र हुसैन बर्नी द्वारा संपादित, उर्दू अकादमी, दिल्ली, 1991, खंड-2, पृ. 584-85
19. एम. मुजीब, दि इंडियन मुस्लिम्स, जार्ज एलन एंड उनविन, लंदन, 1969, पृ. 456
20. उदाहरण के लिए देखें, मौलाना अबुल हसन अली नदवी लिखित नक्श-ए-इकबाल, मजलिस-ए-तहकीकात, लखनऊ, पृ. 39-40
21. जैसा कि पहले उल्लेख किया गया है पूरा मूलपाठ अकाबिर के तौबानामे में उपलब्ध है। ऊपर दिया गया विवरण लेखक तथा संकलनकर्ता शाइस्ता ख़ान द्वारा आमुख रूप में लिखे गए निबंध

का मात्र सारांश है।

22. मुशीरुल हसन और ए. आर. बेदार से जुड़े प्रसंगों के कुछ ब्यौरे मेरी पुस्तक इंडियन कंट्रोवर्सीज़, एस्सेज़ आन रिलीजन इन पॉलिटिक्स, ए. एस. ए. पब्लिकेशन्स, नई दिल्ली, 1993, पृ. 363-86 और 387-97

23. घटनाक्रम तथा पुष्टि के लिए मूलपाठ कुमारस्तान ख़ान के ग्रंथ सीरत-अल मुस्तकीम में दिए गए हैं। प्रकाशक : खुदाबख़्श ओरियंटल पब्लिक लायब्रेरी, पटना, 1992, आगे दिया गया विवरण उक्त मूलपाठ पर आधारित है।

24. पूर्वोक्त उद्धरणों के लिए देखें मौलाना आज़ाद द्वारा गुलाम रसूल मेहर को लिखा गया दिनांक, 15 जनवरी 1936 का, और हकीम सादुल्लाह गयावी को लिखा गया दिनांक 14 मई 1936 का पत्र। इन पत्रों को कुमारस्तान ख़ान की सूचनापूर्ण पुस्तक सीरत-अल-मुस्तकीम में उद्धृत किया गया है।

25. फ़ज़्लुर रहमान, इस्लाम एंड माडर्निटी, ट्रांसफ़र्मेशन आफ़ एन इंटेलेक्चुअल ट्रेडीशन, यूनिवर्सिटी आफ़ शिकागो 1984, पृ. 30

26. ए.ए.ए., फ़ैज़ी, ए माडर्न एप्रोच टु इस्लाम, आक्सफोर्ड यूनिवर्सिटी प्रेस, दिल्ली, 1981 पुनःमुद्रण, पृ. 130

जीवन का सब कुछ

"यदि सुपारी का छोटा सा टुकड़ा भी किसी औरत के अंदर चला जाए तो क्या उसे नहाना पड़ता है?" "यदि पुरुष के लिंग का केवल अग्रभाग भी शर्मगाह (भग) में प्रवेश कर जाए, तो क्या औरत के लिए नहाना ज़रूरी है? चाहे वीर्य निष्कासित न हो, तब भी?" "यदि औरत और मर्द दोनों ने संभोग के दौरान कपड़े पहन रखे हों, तो क्या नहाना ज़रूरी है?" "शरीअत के मुताबिक इस बारे में क्या हुक्म है : क्या व्यक्ति को संभोग के फ़ौरन बाद उस सूरत में भी नहाना चाहिए जबकि नहाने से बीमार पड़ जाने का अन्देशा हो?" "यदि जाग्रत अवस्था में किसी व्यक्ति का वीर्य निष्कासित हो जाए, तो क्या उसे नहाना चाहिए?" "यदि पुरुष का एक-चौथाई या एक-तिहाई लिंग औरत की शर्मगाह में प्रवेश कर जाए और 'वीर्य की धार' शर्मगाह में दाखिल हो जाए, तो क्या औरत के लिए नहाना ज़रूरी है?" "पिछले कुछ दिनों से मैं अच्छी तरह से सो नहीं पाया और मेरी यह भी आदत बन चुकी है कि मैं रात्रि स्खलन को रोक लेता हूँ। कभी-कभी तो एक बूँद भी नहीं निकलती और कभी-कभी मुझे यह शक हो जाता है, कि उत्तेजना होने पर, वीर्य की बूँद कूद कर निकल पड़ी है और कभी-कभी यह सोचता हूँ कि यह उत्तेजना की वजह से कूद कर नहीं निकली है। कभी-कभी बूँद चवन्नी जितनी बड़ी होती है और कभी-कभी थोड़ी उससे भी बड़ी और कभी-कभी उससे थोड़ी छोटी। कभी-कभी ऐसा भी होता है कि वीर्य निष्कासन को रोकने के बाद, चाहे उत्तेजना न भी हो, तो भी एक या दो बूँदें निकल आती हैं। क्या ऐसी दशा में नहाना ज़रूरी है?" "जब किसी व्यक्ति ने अपने लिंग पर मोटा कपड़ा बांधकर संभोग किया हो, तो तब नहाना क्यों ज़रूरी होता है? और सुन्नत के मुताबिक ऐसा करना जायज़ है या नहीं?"

"यदि उत्तेजना होने पर औरत आदमियों की तरह स्खलित हो जाए, तो क्या नहाना ज़रूरी है?" "यदि संभोग के बिना ही औरत स्खलित हो जाए तो क्या नहाना ज़रूरी है?" "अगर आदमी जानबूझ कर औरत की शर्मगाह में अपनी उंगली डाल दे, तो क्या तब औरत के लिए नहाना अपेक्षित है?" "यदि कोई दवाई डालने के लिए या किसी तकलीफ का मुआयना करने के लिए, या अन्यथा कोई औरत दूसरी औरत की शर्मगाह में अपनी उंगली डाले तो क्या इस दूसरी औरत के लिए नहाना

ज़रूरी है?" "अगर कोई नाबालिग़ लड़का किसी बालिग़ औरत के साथ संभोग करे, या कोई बालिग़ आदमी नाबालिग लड़की के साथ संभोग करे, तो उनमें से किसके लिए नहाना अपेक्षित है?" "एक आदमी का वीर्य पतला है; वह पेशाब करता है और उसके बाद नहा लेता है, और तब बचा हुआ वीर्य निकल आता है तो क्या नहाना अपेक्षित है?"

"एक नाबालिग़ लड़की का बलात्कार हो जाता है; क्या उसके लिए नहाना ज़रूरी है?" "एक आदमी ने अपनी बीवी के साथ संभोग किया। सुबह औरत को माहवारी आ गई; क्या उसके लिए नहाना ज़रूरी है?" "क्या लौंडेबाज़ी, परस्त्री गमन या वेश्या गमन के बाद नहाना अपेक्षित या उचित है?" "यदि किसी व्यक्ति ने रात को अनेक बार संभोग किया हो, तो क्या उसके लिए सुबह उठकर सिर्फ़ एक बार नहाना काफ़ी होगा?" "अगर कोई औरत दवाई डालने के लिए अपनी शर्मगाह में दो या तीन बार उंगली डाले तो क्या उसके लिए नहाना ज़रूरी है?" "अगर वह उत्तेजित हुए बिना शर्मगाह में उंगली डाल ले, तो क्या नहाना अपेक्षित है? और अगर उसने रोज़ा रखे हुए ऐसा किया हो, तो क्या रोज़ा पर उसका कोई असर पड़ेगा?"

"जागने पर एक आदमी देखता है कि उसके लिंग के अग्रभाग पर कुछ गीलापन है। उसे यकीन है कि उसका स्खलन नहीं हुआ है, या उसे याद नहीं कि स्खलन हुआ है और उसे यह भी याद नहीं कि यह वीर्य-निष्कासन से पहले का द्रव है, या वीर्य ही है और कपड़ों या जिस्म पर वीर्य का कोई असर भी नहीं है। क्या उस आदमी को नहाना चाहिए?" "ज़ैद ने स्वप्न में किसी औरत के साथ संभोग किया। लेकिन स्खलन होने से पहले उसकी नींद खुल गई। जब वह पेशाब करने के लिए उठा, तो कुछ सफ़ेद बूंदें निकल पड़ीं। क्या नहाना अपेक्षित है?" "उमर को शीघ्र वीर्य पात की तकलीफ़ है। यदि वह अपने विचारों में किसी औरत को लाता है, या स्वप्न में या जागते हुए उसकी कल्पना करता है, तो उसके लिंग में हरकत हो उठती है और कुछ सफ़ेद बूंदें उसके लिंग से झर पड़ती हैं और कभी-कभी ऐसा होता है कि कोई स्वप्न देखे बिना या कोई कल्पना किए बिना ही पतली सी बूँदें निकल पड़ती हैं। इन सब स्थितियों में क्या नहाना लाजिमी है?"...

आप यह सोच रहे होंगे कि ये कोई ऐसी बातें नहीं हैं जिनके लिए फ़तवों की ज़रूरत पड़े। किंतु ये सचमुच ऐसे मामले हैं जिन पर दारुल उलूम, देवबंद के उलमा को फ़तवे देने के लिए कहा गया और उन्होंने पूरी निष्ठा के साथ फ़तवे दिए भी।[1]

इतना ही नहीं, फ़तवों के संकलनों में पृष्ठों पर पृष्ठ इससे भी अधिक अजीबो-ग़रीब विषयों पर ख़र्च किए गए हैं—जैसे, एक मोमिन को उस पशु का क्या करना चाहिए, जिसे संभोग के लिए इस्तेमाल किया गया है? "उस पशु के बारे में क्या हुक्म है, जिसके साथ किसी आदमी ने संभोग किया हो—पशु और आदमी के

लिए क्या-क्या हुक्म है?" एक आदमी पूछता है। उचित विचार-विमर्श के बाद 'इस्लामी तालीम के इस अज़ीम मरकज़' के उलमा फ़तवा जारी करते हैं। जिन अन्य मुद्दों पर फ़तवे जारी किए गए हैं, वे धरती को हिला देने वाले हैं।

"वह गाभिन बकरी, जिसे संभोग के लिए इस्तेमाल किया गया है, हलाल है या हराम? क्या उसके बच्चे जनने तक इंतज़ार करनी चाहिए या इंतज़ार किए बिना उसे मार कर दफ़्न कर देना चाहिए?" "ज़ैद ने एक बकरी के साथ संभोग किया है। उस बकरी के बारे में कानून में क्या व्यवस्था है? क्या हम उसका मांस खा सकते हैं और दूध पी सकते हैं? और उसके लिए क्या कानून है जिसने उस बकरी के साथ संभोग किया है?" "एक नाबालिग़ बच्चे या एक बकरी के साथ संभोग करने की क्या सज़ा है?" "ज़ैद ने किसी ऐसे पशु के साथ संभोग करने का निश्चय किया जो कि हलाल है, जैसे कि गाय या बकरी। वह पशु के पास गया और उसने उसकी योनि में अपना लिंग घुसा दिया। लेकिन उसका स्खलन नहीं हुआ। क्या ज़ैद या अन्य मुसलमानों को उस पशु के मांस या दूध को हलाल मानना चाहिए? क्या ज़ैद को अपने अपराध के लिए प्रायश्चित करना होगा?" "ज़ैद ने एक गाय के साथ संभोग किया और उसके बाद उसे बेच दिया। वह पैसा कैसे ख़र्च किया जाना चाहिए? क्या उसे सदका (ख़ैरात) के लिए इस्तेमाल किया जाना चाहिए? और ज़ैद के लिए क्या सज़ा है?" "जो आदमी घोड़ी के साथ संभोग करता है, उसके लिए क्या सज़ा है? उस घोड़ी का क्या किया जाना चाहिए?" इनमें से प्रत्येक मामले पर फ़तवा जारी किया गया।

और जवाब हमेशा ऐसे नहीं होते जिनका पूर्वानुमान लगाया जा सके। बहुत मामूली फ़र्क होने पर फ़तवे अलग-अलग हो सकते हैं। विद्वान माने जाने वाले इन लोगों का फैसला यह होता है कि जिस मोमिन ने किसी पशु के साथ संभोग किया है उसके लिए सिर्फ़ तोबाह कर लेना ही काफ़ी है। लेकिन जहाँ तक पशु का संबंध है, आम मामलों में उसे मार कर जला देना लाज़िमी है। आम मामलों में उसका मांस भी हरगिज़ नहीं खाया जाना चाहिए। लेकिन उदाहरण के तौर पर "यदि (पशु की योनि में) स्खलन न हुआ हो तो उसका मांस और दूध निस्संदेह हलाल होते हैं"—यह फ़ैसला दिया है दारुल उलूम, देवबंद के उलमा ने। "लेकिन अगर स्खलन हुआ हो, तो पशु को मारकर उसके गोश्त को दफ़्ना देना ही बहतर है। किसी को भी वह गोश्त नहीं खाना चाहिए, हालाँकि उसे खाना हराम नहीं होता।" और भी ऐसे कई फ़ैसले दिए उलमा ने।[2]

जिज्ञासु प्रश्नकर्ता पूछता है; निम्नलिखित मामलों पर उलमा साहिबान का क्या हुक्म है : "एक आदमी ने अपने मकान में आधुनिक किस्म का पाख़ाना (जिसमें फ्लश लगा है) इस तरह से बनवाया है कि जब उसमें कोई हाजत मिटाने के लिए बैठता है तो उसकी पीठ किबला की तरफ़ हो जाती है। उसका किरायेदार कहता

है कि यह तरीका ग़लत है और इसलिए बैठने की दिशा बदल दी जानी चाहिए। इसलिए दरख़ास्त है कि अगर कानूनी तौर पर यह नाजायज़ है तो मेहरबानी करके यह बताएं कि क्या इसके लिए कोई गुंजायश है? अगर आप हमें इसका जवाब देंगे तो अल्लाह आपको इसका इनाम देगा।" मौलाना मुफ़्ती हाफ़िज़ कारी, जोकि उनका पूरा ख़िताब है, मामले पर चिंतन करने के बाद में ख़ास फ़तवा जारी करते हैं : "किरायेदार का कहना सही है; पाख़ाने की दिशा बदल दी जानी चाहिए।" यह बात नहीं कि मोमिन इस किस्म के मामले को मज़हबी हाकिम के पास ले जाना ज़रूरी समझते हैं। बात असल में यह है कि हाकिम इस मामले को पूरी तरह से मज़हबी सवाल समझता है। मुफ़्ती इस मामले को सुलझाने के लिए इस्लाम के आलातरीन हाकिमों से परामर्श करना और उनसे प्रार्थना करना ज़रूरी समझता है। "सल्लालाहो अलैहे व सल्लम (परम पावन पैग़ंबर (साहिब) का यह हुक्म है : जब तुम पाख़ाने में जाते हो (और हाजत मिटाने के लिए बैठते हो), तो किबला की तरफ़ न तो तुम्हारा मुँह होना चाहिए और न पीठ। (बुख़ारी और मुस्लिम)। इसलिए प्रतिष्ठित विधिवेत्ताओं ने यह घोषणा की है, कि पेशाब या पाख़ाना करते हुए; चाहे घर या इमारत से बाहर हो या अंदर, किबला की तरफ़ मुंह या पीठ करके बैठना मक्रूह-ए-तहरीमी (घृणित और वर्जित) है (नूरुल-एज़ाब पृष्ठ 30, अल-दर-ए-मुख़्तर मआस शमी, खंड 1 पृष्ठ 316)। इसलिए पूछे गए मामले में, जब तक पाख़ाना की दिशा सही नहीं कर दी जाती, तब तक उसमें हाजत मिटाते वक्त थोड़ा टेढ़ा होकर बैठना चाहिए। ख़त्मशुद।"[3]

मौलाना अहमद रज़ा ख़ान ने भी इसी मामले पर फ़तवा दिया है। 'न तो मुँह और न पीठ' करके बैठने की बात को दोहराने के अलावा, इसमें मुसलमानों को दंडित करने से संबंधित एक पूर्व शर्त का भी उल्लेख है जो एक बहुत अधिक महत्वपूर्ण संदर्भ में आगे चलकर हमारे सामने आएगी। घबराया हुआ प्रश्नकर्ता पूछता है, "जब उलमा के उपदेशों के बावजूद, पड़ोस के लोग मस्जिद के उन पेशाबख़ानों को जिनका मुँह पूर्व या पश्चिम दिशा की ओर है, बदलने का कोई प्रयास नहीं करते, तो ऐसे मामले में क्या हुक्म है? जो उन पेशाबख़ानों में पेशाब करता है, उसकी इमामत (नमाज़ पढ़ाना) सही है?" फ़तवा-ए-रिज़विया में घोषणा की गई है : "पेशाब करते हुए न तो मुँह और न पीठ किबला की तरफ़ होनी चाहिए। जो ऐसा करते हैं, वे ग़लत काम करते हैं। मस्जिद के प्रबंधकों, या पड़ोस के लोगों के लिए मुनासिब है कि वे उनकी दिशा को उत्तर या दक्षिण की ओर बदल दें और जब तक ऐसा न किया जाए, तब तक पेशाब करने वालों के लिए यह ज़रूरी है कि वे दिशा बदलकर बैठें।" लेकिन क्योंकि इस मामले का संबंध मोमिनों से है मौलाना अहमद रज़ा ख़ान कुछ रियायत दे देते हैं। और जैसा कि हम देखेंगे, यह रियायत हर मुसलमान के लिए उस सूरत में बरतना ज़रूरी है, जबकि किसी साथी मुसलमान का आचरण

विचाराधीन हो : "ऐसा भी हो सकता है, कि जो लोग जानते हैं वे पहले से ही ऐसा कर रहे हों। अर्थात् मस्जिद के पेशाबख़ानों में पेशाब करते हुए वे पहले से ही अपेक्षित कोण पर बैठ रहे हों। मुसलमानों के बारे में अनुकूल पूर्व-धारणा रखनी चाहिए। केवल इसी कारण से उनकी इमामत को नाजायज़ नहीं कहा जा सकता।"[4]

क्या कोई माँ फर्श पर अख़बार बिछा कर बच्चे को पाखाना करा सकती है, ताकि फ़र्श गंदा न हो और पाख़ाना को आसानी से फैंका भी जा सके। आप यह सोचेंगे कि यह कोई मज़हबी सवाल नहीं है। लेकिन ऐसा इसलिए है क्योंकि अभी हमने इस्लाम के बुनियादी दावे को समझा नहीं है, और न ही हम उलमा को जान पाए हैं। इस प्रश्न पर मुफ़्ती सयीद अब्दुर्रहीम कादरी द्वारा विधिवत रूप से विचार किया जाता है और शरीअत में आलातरीन हाकिमों में से एक, शमी का हवाला देते हुए उस पर फ़ैसला देते हैं।[5]

क्या कोई अपनी एक टाँग दूसरे घुटने पर रखकर सो सकता है। यह एक और ऐसा सवाल है जो बिल्कुल महत्वपूर्ण नहीं लगता। ऐसा तो हरगिज़ नहीं जिसे कोई मज़हबी समझ बैठे। लेकिन रांदेड़ में इस पर मज़हबी हाकिमों से मार्गदर्शन माँगा जाता है। मुफ़्ती सयीद अब्दुर्रहीम इस मामले में कुछ ढील बरतने का आग्रह करते हैं, इसलिए कि अब आदमी लोग जो पोशाक पहनते हैं उससे 'अनदेखे' अंग के उघड़ने की संभावना कम है लेकिन ऐसे मामलों में भी सहज बुद्धि पर्याप्त नहीं समझी जाती। इसलिए मुफ़्ती यह उल्लेख करने के लिए मज़बूर हैं कि रफ़ीकों ने पैग़ंबर साहिब को मस्जिद में एक टाँग को दूसरी टाँग पर टिकाए हुए देखा था।[6]

जघन-बालों को कितने-कितने समय के बाद साफ़ किया जाना चाहिए, क्या इस सवाल को मज़हबी माना जा सकता है? लेकिन यह निश्चित रूप से मज़हबी है—मोमिनों की निगाह में भी और उलमा की निगाह में भी। "कितने दिनों के बाद जघन बालों को साफ किया जाना चाहिए? सुन्नत में क्या तरीका बताया गया है, और कौन सा तरीका बहतर है?" एक प्रश्नकर्ता पूछता है। ज़रा इस बात पर ध्यान दीजिए कि वह यह समझता है कि उसे ऐसे मामले पर भी किसी मज़हबी हाकिम से फ़रमान हासिल करना चाहिए। मोमिन ने यह धारणा बना ली है कि इस सवाल पर भी उसे अपने आचरण को पैग़ंबर साहिब के व्यवहार के मुताबिक ढालना चाहिए। मुफ़्ती इस सवाल को शरीअत का मामला मानकर और जो अंतराल वह निर्धारित कर रहा है उन्हें प्रामाणिक सिद्ध करने के लिए पैग़ंबर के व्यवहार का हवाला देकर वह प्रश्नकर्ता की दोनों पूर्व धारणाओं को पुख़्ता करता है। मुफ़्ती साहब फ़रमाते हैं, "सबसे अच्छा तो यह है कि, हर हफ़्ते ख़ासतौर पर जुम्मे के दिन सफ़ाई की जाए, यानि नाखुन उतारे जाने चाहिए मूछों के बालों को कुतरा जाना चाहिए और बग़लों और जघन बालों को साफ़ करके नहाया जाना चाहिए। अगर बग़लों और जघन बालों को हर हफ़्ते साफ नहीं किया जा सकता तो कम से कम पंद्रह या बीस

दिन बाद उन्हें साफ़ कर लिया जाना चाहिए। ज़्यादा से ज़्यादा वक़्फ़ा चालीस दिन का होना चाहिए। अगर कोई व्यक्ति चालीस दिन के बाद भी सफ़ाई नहीं करता तो वह बहुत बड़ा अपराधी होगा।" (शमी, खंड 5 पृ. 358)। "एक परंपरा में यह उल्लेख भी मिलता है कि सल्लालाहो अलैहे व सल्लम हर जुम्मे के दिन अपने नाख़ुन काटते थे और अपनी मूछें कुतरते थे, अपने जघन बालों को हर बीस दिन के बाद और अपनी बग़लों के बालों को हर चालीस दिन के बाद साफ़ किया करते थे। (अल-तालिक-अल-सबीह, खंड 4 पृ. 405) ख़त्मशुद"।[7]

लेकिन जहाँ एक तरफ़ सामान्य सिद्धांत है वहाँ दूसरी तरफ ख़ास मौके भी होते हैं, जिन पर विचार किया जाना होता है। इसलिए पूर्वोल्लिखित मामलों से जुड़ा हुआ एक प्रश्न है : ज़िल हज के आधे चाँद को देखने और पशु बलि के बीच की अवधि के दौरान क्या किया जाए? क्या इस अवधि के दौरान भी नाखुन काटे जा सकते हैं और बाल कुतरे जा सकते हैं? यदि नहीं तो क्यों नहीं? सबसे पहले तो एक ख़ास बात पर ध्यान दीजिए जो हमें बार-बार देखने को मिलेगी : एक सवाल दूसरे सवाल को जन्म देता है और उनमें से सभी मज़हबी सवाल बने रहते हैं। उनके वर्गों और उपवर्गों का अंत नहीं होता। उस कारण की ओर भी ध्यान दीजिए जो कि मुफ़्ती अपने फ़रमान के लिए प्रस्तुत करता है : वह उस मानसिकता, उस तर्क और समझ की दुनिया की पहली झलक पेश करता है, जो हमें शुरू से अंत तक देखने को मिलेगी। मुफ़्ती फ़रमाते हैं, "जो आदमी ज़िल हज का आधा चाँद देखने के बाद बलि चढ़ाने जा रहा है, वह पशु की बलि चढ़ाने तक अगर अपने जिस्म के बाल और अपने नाख़ुन काटने से बाज़ रहे, तो यह उसके लिए सराहनीय बात होगी, क्योंकि वह अपने जीवन के एवज़ में पशु की बलि चढ़ा रहा होता है। पशु बलि का हर भाग उस आदमी के शरीर के हर भाग के एवज़ में होता है, जो बलि चढ़ा रहा होता है। सल्लालाहो अलैहे व सल्लम। फूह! ने यह हुक्म दिया है कि अल्लाह का करम होने के वक्त उसके जिस्म का कोई भी हिस्सा ग़ायब नहीं होना चाहिए। लेकिन अगर चालीस से ज़्यादा दिन हो चुके हों, तो आदमी को कराहत (घृणा) से बचने के लिए अनचाहे बालों और नाखुनों को काटने में सुस्ती नहीं बरतनी चाहिए।"[8]

क्या व्यभिचारिणी को ज़हर दिया जा सकता है? क्या कोई व्यक्ति दूसरों के सामने नाक साफ़ कर सकता है? आदमी की दाढ़ी कितनी लंबी होनी चाहिए? क्या उस मुर्गे को ख़ाया जा सकता है, जो कि किसी मुसलमान द्वारा मारा गया था, लेकिन जिसकी अंतड़ियाँ निकाल ली गई थीं और उसके बाद जिसे उबलते हुए पानी में डाल दिया गया था ताकि उसके पंखों को साफ़ किया जा सके? वे हल्दी की गाँठें जिन्हें पहले डंगरों (गाय-बैल) के पेशाब या गोबर में उबाला जाता है और उसके बाद जिन्हें मिट्टी से सुखाया जाता है, साफ़ होती हैं या नहीं? क्या उस मुर्गी को खाया जा सकता है जिसे एक बिल्ली के मुंह से निकाल कर बचा लिया गया है?

मुर्गी को बिल्ली के मुँह से निकाल लेने के फ़ौरन बाद हलाल कर दिया गया। उसमें से ख़ून तो निकला लेकिन उसमें कोई हरकत महसूस नहीं की गई। ये और ऐसे अनेक प्रश्न इन मज़हबी हाकिमों से किए जाते हैं और वे उन्हें शरीअत से जुड़े मामलों की तरह सुलझाते हैं। वे ऐसे मामलों को भी, शरीअत के आलातरीन हाकिमों के फ़रमानों से जानकारी हासिल करके सुलझाने के लिए मजबूर होते हैं।[9]

कई बार फ़रमान मात्रागत भेद के कारण और कई बार गुणात्मक भेद के कारण बदल जाते हैं। एक प्रश्नकर्ता बताता है, "एक बिल्ली ने एक मुर्गी पर झपटकर उसकी गर्दन तोड़ दी। लेकिन मुर्गी ज़िंदा है और छटपटा रही है। क्या उसे ज़िबह करके खाने के लिए पकाना मुनासिब है?" फ़रमान इस बात पर निर्भर करता है कि मुर्गी के सिर या उसकी गर्दन को किस हद तक मरोड़ा गया। बिल्ली ने गर्दन को धड़ से पूरी तरह से अलग कर दिया या नहीं? मुफ़्ती साहब फ़रमाते हैं : "पूछे गए मामले में अगर मुर्गी ज़िंदा है और उसकी गर्दन का इतना हिस्सा धड़ के साथ जुड़ा रह गया है कि उसे ज़िबह किया जा सके, तो उसका कत्ल करके उसे पकाकर खाना मुनासिब है। लेकिन मरोड़े हुए सिर को खाना मुनासिब नहीं है। लेकिन अगर सिर समेत पूरी गर्दन टूट गई है और ज़िबह करने के लिए गर्दन का ज़रा सा भी हिस्सा धड़ के साथ जुड़ा नही रह गया, तो उसे ज़िबह करने की कोई गुंजायश नहीं रह जाती और उसे खाना हराम है। (शमी)[10]

जहाँ पहले के हाकिमों ने साफ़ तौर पर किसी मामले को न सुलझाया हो तो उलमा शरीअत के उसी प्राचीन सिद्धांत का प्रयोग करते हुए उसे सुलझाते हैं और वह सिद्धांत है कयास अर्थात् सादृश्य के आधार पर तर्क प्रस्तुत करना।

देखिए, फ़तवा-ए-रहीमियत किस तरह उस मुर्गी के बारे में किए गए सवाल को सुलझाता है जिसे बिल्ली के मुँह से बचा लिया गया था। इस बारे में फ़रमान यह है कि मुर्गी को खाया जा सकता है; और उसकी वजह यह है कि दर्रुलमुख़्तार (खंड 5 पृ. 262) में यह कहा गया है कि 'एक बीमार बकरी को ज़िबह किया गया। अगर उसमें हरकत हुई और उसमें से ख़ून निकला तो वह (खाने के लिए) हलाल है, वरना नहीं।'[11]

ज़रा ध्यान दीजिए कि मुफ़्ती ने आदमी के हाथ लगी मुर्गी के बारे में किन्हीं रोग-विषयक संकेतों का उल्लेख नहीं किया, जिनका कि उस आदमी को ख़याल रखना चाहिए और न ही उस आधार पर मामलों को सुलझाना उचित समझा है बल्कि उसकी बजाए उसने शरीअत की किताब-दर्रुल-मुख़्तार में उसका जवाब ढूंढना उचित समझा है। उक्त किताब सत्तरहवीं शताब्दी में लिखी गई थी। क्योंकि सत्ता के उस महान स्रोत के पास भी मुर्गी के बारे में कोई सीधा फ़रमान नहीं था, ख़ास तौर पर किसी बिल्ली के मुँह से बचा ली गई मुर्गी के बारे में, तो उस हाल में दृष्टांत की ज़रूरत पड़ी। वह दृष्टांत एक बीमार बकरी के मामले में मिल गया। उसी के आधार पर

इस सवाल का हल ढूंढ़ा जा सका।

शादी और तलाक़ तो शरीअत का मानो तानाबाना ही हैं और उनके बारे में दिए गए फ़तवों पर हम आगे चलकर कुछ विस्तारपूर्वक चर्चा करेंगे। यहाँ केवल हम इतना कहना चाहेंगे कि थोड़े-थोड़े अंतर और रद्दबदल के साथ ऐसे मामलों की संख्या की कोई सीमा नहीं रह जाती, जिन पर फ़तवे दिए जाते हैं। उनके वर्ग और उपवर्ग भी कभी समाप्त नहीं होते।

प्रायः जवाबों के बारे में पूर्वानुमान लगाया जा सकता है, लेकिन हमेशा नहीं। एक प्रश्नकर्ता पूछता है, ''अगर कोई मुसलमान, आर्यसमाज मंदिर में किसी गैर मुस्लिम औरत से शादी कर लेता है, और कोई उस शादी में शरीक होता है, तो उस बारे में क्या फ़रमान है?'' मुफ़्ती साहब फ़ैसला सुनाते हैं, ''किसी ग़ैर मुस्लिम औरत (काफ़िर और मुशरिक) से शादी करना हराम है और एक संगीन गुनाह है।'' 'कुरआन-ए-पाक' में कहा गया है, ''तब तक बुतपरस्त औरतों से शादी मत करो, जब तक वे इस्लाम पर ईमान नहीं लाती हैं (2.222)। इसलिए ऐसी शादी में शिरकत करने की भी इजाज़त नहीं है। अगर कोई इसे हलाल का काम समझकर ऐसी शादी कर लेता है तो वह कुफ़्र है। ऐसे आदमी के लिए खुले तौर पर और सरेआम अपने ईमान की तजदीद करना (फिर से ईमान लाना) ज़रूरी है।'' यह एक ऐसा जवाब है, जिसका पूर्वानुमान आसानी से लगाया जा सकता है।

लेकिन हमेशा जवाबों का पूर्वानुमान लगाना संभव नहीं होता। याद कीजिए नाख़ुनों और बालों को काटने के बारे में फ़तवा-ए-रहीमियत की कड़ी सज़ा। हाकिम से यह अपेक्षा की जाती है कि वह उन मामलों में भी उतनी ही कड़ाई बरते, जिनसे दूसरों के अधिकारों का कहीं अधिक प्रत्यक्ष रूप से अतिक्रमण होता है, जिनसे दूसरों को ज़्यादा आघात पहुंचने की संभावना हो सकती है। लेकिन ऐसी अपेक्षा हम इसलिए करते हैं, क्योंकि अभी हम न तो शरीअत और न उलमा के बारे में अच्छी तरह से जान पाए हैं। क्या कोई व्यक्ति अपनी पत्नी की सौतेली माँ से शादी करके दोनों को एक ही घर में रख सकता है? एक प्रश्नकर्ता पूछता है। फ़तवा-ए-रहीमियत का फ़रमान है कि हाँ, आदमी को अपनी सौतेली सास से शादी करने और दोनों को एक घर में और एक ही समय पर एक साथ रखने की अनुमति है। अगर कोई आदमी अपनी बावी की बहन यानि अपनी साली के साथ व्यभिचार करता है तो क्या उसकी बीवी उसके लिए हराम हो जाएगी? एक प्रश्नकर्ता पूछता है। फ़तवा-ए-रहीमियत का फ़रमान है, ''पूछे गए मामले में उसकी बीवी हमेशा के लिए हराम नहीं हो जाएगी, लेकिन कुछ विधिवेत्ताओं ने यह फ़रमान दिया है, कि जब तक उसकी साली को एक बार माहवारी न आ जाए तब तक उसे अपनी बीवी के साथ कोई शारीरिक संबंध नहीं रखना चाहिए।''[12]

अगर कोई कुत्ता कूएँ में गिर जाए, तो कूएँ के पानी के बारे में क्या हुक्म

है? अगर कोई आदमी कूएँ में मर जाए तो...? अगर जूता कूएँ में गिर जाए तो? अगर कौए की बीट कूएँ में गिर जाए तो...? किसी कुत्ते का जूठा पाक है या नहीं? अगर कोई कुत्ता घी, दूध, गन्ने के रस से भरे मटके में मुँह डाल ले, तो ऐसी चीज पाक रह जाती है या नहीं? अगर मुँह डालने वाला जानवर कुत्ता न होकर बिल्ली हो तो? अगर वह चूहा हो तो? इनमें से हर मामले और उप मामलों पर अलग से विचार किया गया है, और अलग से फ़तवा दिया गया है।

अगर उस बेलने को जिसके ज़रिए गन्ने का रस निकाला जाता है, कुत्ता चाट जाए, तो उसके बारे में क्या हुक्म है? किसी बिल्ली का जूठा पाक होता है या नहीं? बिल्ली का जूठा कुत्ते के जूठे से किस तरह और क्यों अलग है? किसी गाय या ऊंट का पेशाब पाक होता है या नहीं? उस पशु के पेशाब के बारे में क्या हुक्म है, जो हलाल है? जिस पशु का झटका किया गया है उसकी खाल पाक होती है या नहीं? किसी हुक्के का पानी पाक होता है या नहीं? मरी हुई घोड़ी की खाल से ड्रम बनाना जायज़ है या नहीं? एक मुसलमान दूसरे मुसलमान द्वारा इस्तेमाल किए गए हुक्के को पी सकता है या नहीं? जो जानवर हराम है, क्या उसकी चर्बी इस्तेमाल की जा सकती है? जिस चम्मच को कुत्ता चाट गया हो, उसे पाक किस तरह से किया जा सकता है? क्या खड़े होकर पेशाब करने की इजाज़त है? क्या पाख़ाना करने के बाद टायलट पेपर का इस्तेमाल किया जा सकता है? दाँत खुर्चनी के इस्तेमाल पर कई फ़तवे दिए गए हैं।[13]

इसी प्रकार के विषयों पर फ़तवा-ए-रिज़विया में काफी संजीदगी से विचार किया गया है। क्या किसी औरत को नहाते वक्त अपनी चोटी खोलनी चाहिए? अगर कोई चीज़ दाँतों में फँस जाए तो उसके बारे में क्या हुक्म है? आदमी को अपने मुँह और अपनी नाक को कितना धोना चाहिए? अगर कोई आदमी अपने जिस्म की बाईस से कम जगहों को धोता है, तो क्या उसके द्वारा की गई नमाज़ जायज़ मानी जाएगी? अगर स्खलन वीर्य का न होकर पेशाब का हो, तो उस स्थिति में क्या करना चाहिए? क्या नालियों से बहता हुआ पानी पाक होता है? क्या क'ख+ग परिमाण की टंकी का पानी पेशाब से प्रदूषित हो जाता है? अगर कोई व्यक्ति जुराबें पहने, या पट्टियाँ बाँधे, अपने पाँवों को पानी में डाल देता है, तो क्या पानी पाक रह जाता है? क्या मछली खाने से आदमी की मास खाने की कसम पूरी हो जाती है? ज़ैद ने पानी पीने की कसम खा रखी थी, लेकिन जो पानी उसने पीया, उसमें जाफ़रान मिला हुआ था। अब वह क्या करे? जिस ख़च्चर की माँ घोड़ी हो, क्या उसका मांस खाना हराम है, या सिर्फ़ घृणास्पद है? जिस पशु-शावक का बाप और माँ हराम हो, क्या उसका मांस खाया जा सकता है? क्या कोई व्यक्ति उस समय, जब उसकी पत्नी को माहवारी आ रही हो, उसकी गोद में सिर रखकर तवल्ला (प्रेम) कर सकता है? इनमें से प्रत्येक और इनसे मिलते-जुलते अनेक विषय अलग-अलग

फ़तवों को जन्म देते हैं।

लेकिन सिर्फ़ रोज़मर्रा के विषयों पर ही मोमिन फ़तवों के लिए उलमा के पास नहीं जाते और न उलमा सिर्फ़ इन्हीं विषयों पर फ़तवे जारी करते हैं। पिछले पैराग्राफों में जिन विषयों का उल्लेख किया गया है, उनके अलावा कुछ गूढ़ प्रश्नों पर भी फ़तवा-ए-रिज़विया जैसे संकलन में फ़तवे दिए गए हैं। क्या शैतान–जिसका वजूद फ़तवों में भी हमेशा उसी तरह से बना रहता है, जिस तरह से कुरआन और हदीस में–पैग़ंबर साहिब की शक्ल अख़्तियार कर सकता है? मुर्दे किस हालत में खड़े होंगे। ख़ास तौर पर क्या वे कपड़े पहनें होंगे, या वे विवस्त्र होंगे ? कयामत के दिन में अभी कितना वक्त बाकी रह गया है? जो सूरज कयामत के दिन निकलेगा और जिसका नैज़ा (शक्ति) डेढ़ गुना होगा, क्या वह वही सूरज होगा जो कि आमतौर पर चढ़ता और डूबता है, या कोई और सूरज होगा ? क्या मुन्कर और नकीर फ़रिश्ते मौजूद होंगे ? शाहिद (साक्षी) से कब्र में क्या पूछताछ की जाएगी ? क्या कयामत के दिन भी हर कोई विवस्त्र दशा में खड़ा होगा, या हर किसी पर कफ़्न लिपटा होगा ? क्या आदमियों की रूहें फ़रिश्तों के अधिकार में रहेंगी और पशुओं की रूहें अल्लाह के अधिकार में ? इसी प्रकार जन्नत का भूगोल, उसका मौसम-विज्ञान और जो वरदान मोमिन को जन्नत में मिलने वाले हैं–ये सब ऐसे विषय हैं, जिनका गंभीरता से प्रतिपादन किया गया है।

कुश्ती या कबड्डी देखने की अनुमति है या नहीं? इस विषय पर मुफ़्ती किफ़ायतुल्लाह अपने ज्ञान का भंडार उंडेल देते हैं। जैसी कि उनकी आदत है, वे सशर्त फ़ैसला देते हैं : इस तरह की कुश्ती देखना जिसमें गुप्त अंग दिखाई दे रहे हों, नाजायज़ है। यह तय करने के लिए कि क्या कोई व्यक्ति दलाल, या दस्तावेज़ लेखक के तौर पर काम कर सकता है, वे ऐसा फैसला देते हैं, जिसमें, स्वाभाविक रूप से, एक शर्त जोड़ दी गई है : कोई व्यक्ति दस्तावेज़ लिखने का काम कर सकता है, लेकिन ऐसे लेनदेनों से संबंधित दस्तावेज़ नहीं, जिनमें ब्याज के भुगतान और प्राप्ति निहित हों। जहाँ तक दलाल के तौर पर काम करने का सम्बन्ध है, कोई व्यक्ति जायदाद के दलाल के तौर पर काम कर सकता है, लेकिन शेयरों के दलाल के तौर पर नहीं। यह तय करने के लिए कि क्या कोई मोमिन पगड़ी दे सकता है, क्या वह किसी घोड़े का किसी गधी के साथ संग करा सकता है, क्या वह पालतू कुत्ता रख सकता है–हमेशा की तरह मुफ़्ती किफ़ायतुल्लाह का जवाब सीधा 'हां' या 'न' में नहीं है। कोई व्यक्ति खेतों में फ़सलों या भंडार धानियों में अनाज की रक्षा के लिए कुत्ता रख सकता है, लेकिन पालतू पशु के तौर पर कुत्ता नहीं रखा जाना चाहिए। कुत्ते की सिर्फ़ लार ही नापाक होती है या उसका जिस्म भी, यह तय करने के लिए, और यह तय करने के लिए भी कि कुत्ते के बरअक्स बिल्ली की लार पाक होती है या नहीं, भरपूर विद्वता को काम में लाया गया है।

हम भारत में अल-अज़हर के उलमा को उन परिस्थितियों का विश्लेषण करने के लिए, जिनमें स्नान करना ज़रूरी होता है, अपना समय और ऊर्जा ख़र्च करते हुए पहले ही देख चुके हैं। किसी तालाब में नहाते हुए किसी आदमी को लैंगिक उत्तेजना हो उठे या किसी औरत की माहवारी, या बच्चा पैदा होने के बाद का खून तालाब के पानी में चला जाए, तो क्या उसका पानी पाक रह जाता है; अगर कोई कुत्ता या कोई सूअर तालाब में गिर पड़े, तो क्या उसका पानी पाक रह जाता है; या इनमें से कोई एक मर जाए, तो पानी पाक रह जाता है; क्या मछली की बीट से पानी नापाक हो जाता है; अगर किसी मस्जिद के वुज़ू तालाब में कोई छिपकली गिर कर मर जाए, तो क्या उसका पानी पाक रह जाता है; इस्तिंजा अर्थात् पाख़ाना करके ख़ुद को धोने के बाद अगर पानी बचा रह जाए, तो क्या उस पानी से वुज़ू करना पाक है; अगर कोई पक्षी वुज़ू तालाब में गिर कर मर जाए और फूल जाए, तो क्या पानी पाक रह जाता है; जो पक्षी ख़ुद हराम है, अगर उसकी बीट पानी में गिर जाए तो क्या पानी पाक रह जाता है; जिस कूएँ का भंगी लोग नियमित इस्तेमाल करते हैं, या जिस कूएँ से मुशरिक पानी लेते हैं क्या उस कूएँ का पानी मुसलमानों द्वारा इस्तेमाल किया जा सकता है, और अगर मुसलमान ऐसे कूएँ का इस्तेमाल कर सकते हैं, तो कुरआन में मुशरिकों को जो नजिस (अपवित्र) कहा गया है, उसका क्या महत्त्व रह जाता है; क्या उस खाने को खाया जा सकता है, जो किसी ऐसे कूएँ के पानी से पकाया गया हो, जिसमें फ़ौरन बाद मरा हुआ मुर्गा पाया गया हो; क्या उस कूएँ का पानी पीया जा सकता है जिसमें साँप गिर गया हो, जिसमें नापाक भंगी गिर गया हो, जिसमें मेंढक गिर कर मर गया हो और फूल गया हो, और जिसमें से बदबू तो आ रही हो, लेकिन मेंढक अभी फटा न हो, जिसमें कोई कुत्ता गिर कर मर गया हो, लेकिन जिसका पता उसके गिरने के डेढ़ महीने बाद चला हो, क्या उस कूएँ का पानी पीया जा सकता है, जिसमें किसी उकाब या किसी कौवे की बीट गिर गई हो, या जिसमें बच्चों द्वारा इस्तेमाल की जाने वाली कपड़े की गेंद गिर गई हो, या जिसमें एक या दो दिन का, लेकिन मरा पैदा हुआ मुर्गी का बच्चा गिर गया हो, या जिसमें से कोई मेंढक निकलता हुआ देखा जाए, जिसके बारे में हम यह न जानते हों, कि वह धरती पर रहने वाला मेंढक है या पानी में रहने वाला, और न ही यह जानते हों कि वह 'दमे सय्याल' है या नहीं, या जिसमें कोई बकरी या कुत्ता गिर गया हो और उसने पेशाब कर दिया हो, या जिसमें कोई कछुआ मर गया हो, या जिसमें कोई सूअर गिर गया हो और उसे कूएँ में ही भालों आदि से मार दिया गया हो?

ऐसे-ऐसे सवालों का जवाब देने के लिए पूरी विद्वता खर्च कर दी जाती है। उलमा यह भी तय करते हैं कि क्या किसी ऐसे कूएँ से पानी लिया जा सकता है, जहाँ से हिंदू भी पानी लेते हैं, या जिस कूएँ में काफ़िर गिर कर मर गया हो, या

जिसमें किसी हिंदू ने डुबकी लगाई हो, या जिसमें बकरी की मेंगनियाँ पाई गई हों—अगर वे साबुत हों तो और अगर वे टुकड़े-टुकड़े हो गई हों तो—या जिस कूएँ में अपनी माहवारी के दिनों कोई औरत गिर गई हो, या जिसमें कोई जूता या कोई पक्षी गिर गया हो, जिसे निकाला न जा सके, या जिसमें कोई घोड़ा गिर गया हो...। ऐसे मामलों में जहाँ आवश्यक या संभव हो, उलमा यह निर्धारित करने के लिए भी पूरी मेहनत लगा देते हैं कि कूएँ या तालाब को दोबारा पाक कैसे किया जा सकता है।

उलमा, विशेषज्ञों के ग्रंथों से पता लगा कर इस बारे में अपने फ़ैसले देते हैं कि अल्लाह द्वारा काफ़िरों को नजिस (अपवित्र) करार दिए जाने के परिणामस्वरूप, क्या कोई मोमिन उनके द्वारा पकाया गया खाना खा सकता है, कबूतर की बीट नजिस है या नहीं; वह कपड़ा, जिस पर से वीर्य की बूँदों को धो तो दिया गया है, लेकिन जिस पर उसके दाग़ अभी बाकी हैं, पाक है या नहीं; बाल की जड़ पाक होती है या नहीं। क्या वह पानी या दूध, जिसमें किसी कौवे या मुर्गी ने अपनी चोंच डाल दी हो या जिसमें इन दोनों में से किसी का पेशाब गिर गया हो, पाक है या नहीं। एक प्रश्नकर्ता पूछता है, "उस पानी का जिसमें चूहे की मेंगनी गिर जाए, क्या हुक्म है?" वह शोरबा, जिसमें कुत्ते ने मुँह डाल दिया हो, या शहद की वह बोतल जिसमें चूहा गिर गया हो, गुलकंद का वह मरतबान जिसमें चूहे मर गए हों या वह घी जिसमें कुत्ते ने मुँह डाल दिया हो, पाक कैसे किया जा सकता है—इन सवालों का जवाब देने के लिए बरसों की विद्वता को काम में लाया जाता है।

इस्लामी तालीम के इस मशहूर इदारे के उलमा बहस करके यह तय करने पर अपना काफ़ी समय और ऊर्जा ख़र्च कर देते हैं, कि उत्तेजना की अवस्था में जो कपड़े गर्मियों में पसीने से ख़राब हो गए हैं, वे पाक हैं या नहीं; किसी कुत्ते के बाल पाक होते हैं या नहीं; जिन बरतनों से ईसाइयों ने सूअर का माँस खाया है, उन्हें धोकर पाक किया जा सकता है या नहीं, संभोग के समय औरत की योनि से हुआ स्राव नजिस (अपवित्र) है या नहीं; पानी से मुशरिकों को पाक किया जा सकता है या नहीं; उस कुत्ते की खाल जिसे बिस्मिल्लाह कह कर ज़िबह किया गया है, पाक है कि नहीं, क्या वह पानी पाक है, जिसमें किसी मोमिन ने अपना वह हाथ डाल दिया है, जिससे उसने पाख़ाना करने के बाद ख़ुद को साफ़ करने के लिए इस्तेमाल किए गए मिट्टी के ढेलों को छूआ था। वे यह तय करते हैं कि "जब नाड़ी, अर्थात वीर्य से पहले निकलने वाले द्रव के बारे में संदेह हो," तो उस स्थिति में क्या हुक्म है। वे यह निर्धारित करते हैं कि निम्नलिखित दशाओं में क्या किया जाना चाहिए, "अत्यधिक भोगासक्ति के कारण, थोड़ी सी उत्तेजना होने पर भी ज़ैद को नाड़ी बहने की शिकायत हो जाती है। रात को वह अपने कपड़े बदल लेता है। लेकिन उसका यह शक बना रहता है कि नाड़ी जाँघ या पांवों से छू गई होगी। ऐसी दशा में नमाज़ पूरे जिस्म को धोने के बाद पढ़ी जानी चाहिए, या सिर्फ़ कपड़े बदलकर

नमाज़ पढ़ी जा सकती है?"[14]

उन महिलाओं के बारे में, जिनको माहवारी आ रही होती है शरीअत निर्धारित करने के लिए सभी विशेषज्ञ बहुत सा समय, ऊर्जा और विद्वता ख़र्च करते हैं।

जिस औरत को माहवारी आ रही होती है, उसे कुरआन को छूने की इजाज़त नहीं होती। इस संबंध में एक प्रश्नकर्ता जनाब मुफ़्ती किफ़ायतुल्लाह से पूछता है, क्या ऐसी औरत उस किताब को छू सकती है, जिसमें कुरआन की 10-12 आयतें दी गई हों? मुफ़्ती साहब उस पर गहन विचार करने के बाद यह फ़ैसला देते हैं : वह किताब को अपने हाथ में ले सकती है लेकिन उसे उन पृष्ठों को हरगिज़ नहीं छूना चाहिए जिन पर कुरआन की आयतें उद्धृत की गई हैं।

उसके बाद उन्हें इस प्रश्न को सुलझाना है : एक औरत को महीने के आख़िरी हफ़्ते में माहवारी आया करती थी; महीने के दूसरे हफ़्ते में उसकी शादी हो गई, लेकिन जब उसका पति सुहागरात को उसके साथ संभोग करने लगा, तो उसी समय उसे माहवारी आ गई। लेकिन उसके पति को इस बारे में पता नहीं चल पाया और उसने दूसरी बार उसके साथ संभोग किया; ऐसी हालत में उन दोनों में से किसी ने कोई गुनाह किया है? यदि हाँ तो उसका प्रायश्चित क्या है?

मुफ़्ती-ए-आज़म को आगे चलकर अपनी विद्वता का प्रयोग और भी अधिक जटिल समस्या को सुलझाने के लिए करना पड़ा। जैसा कि सभी लोग जानते हैं, जिस तारीख़ को किसी औरत की माहवारी शुरू होती है, ओर जिस तारीख़ को बंद होती है उन दोनों तारीख़ों को काफ़ी महत्त्व दिया जाता है—जैसा कि हम 'तलाक' संबंधी फ़तवों पर विचार करते हुए देखेंगे। शरीअत के नुक्तों का दारोमदार भी इस बात पर है, कि क्या फैसला इन तारीख़ों के भीतर, या उनसे इतर तारीख़ों को दिया गया। इसलिए निम्नलिखित समस्या पर प्रश्नकर्ता की फ़तवा हासिल करने की चिंता समझ में आती है : एक औरत को 36 दिन के लिए माहवारी आती रही, और फिर तीन दिन के लिए बंद रही। फिर एक दिन उसे खून आया और उसके बाद 3 दिन तक बंद रहा। उसके बाद 10 दिन तक उसे खून आता रहा और फिर 1 दिन के लिए बंद हो गया। फिर 1 दिन के लिए खून आया और फिर 9 दिन तक बंद रहा। उसके बाद 9 दिन तक खून आता रहा, लेकिन उसके बाद खून आना बिल्कुल बंद हो गया है। पहले उसके 8 दिन तक खून आता रहता था, लेकिन उसे वे तारीखें याद नहीं हैं। अगर ख़ुदा न ख़्वास्ता, उसकी माहवारी इस तरह से अनियमित चलती रही, तो उसके पाक रहने के दिनों की गिनती किस तरह की जाएगी?[15]

मौलाना अहमद रज़ा ख़ान भी इस प्रकार के मुद्दों को सुलझाने के लिए अपने दिमाग़ और ज्ञान का इस्तेमाल करते हैं। एक प्रश्नकर्ता पूछता है, "उलमा-ए-दीन को इस मामले में क्या कहना है—एक औरत को पहले सफेद पानी आता है और फिर उसके बाद 8 दिन तक माहवारी आती रहती है। क्या उसके नहाने से पहले

उसके साथ संभोग करना जायज़ है?" मौलाना ऐसा जवाब देते हैं जो तीन प्रकार की स्थितियों पर निर्भर करता है : उसके मासिक धर्मचक्र की अवधि, क्या यह अवधि असामान्य है; क्या उसके नहाने के लिए पानी आदि उपलब्ध है; क्या उसे नहाने में कोई दिक्कत, जैसे कि कोई तकलीफ़ तो दरपेश नहीं; वह औरत मुसलमान है, ईसाई या यहूदी?

अगला फ़रमान भी एक गूढ़ भिन्नता पर निर्भर करता है। मौलाना से पूछा जाता है कि जब किसी की बीवी को माहवारी आ रही हो, तो क्या वह स्खलन के लिए अपनी बीवी की जंघाओं या पेट को इस्तेमाल कर सकता है; क्या ऐसा करना जायज़ होगा? मौलाना साहब इस पर फ़ैसला सुनाते हैं कि पेट का इस्तेमाल करना जायज़ है लेकिन जंघाओं का नहीं।

मौलाना फ़रमाते हैं कि इस मामले में असूल यह है कि नाभि से ऊपर का हर अंग इस्तेमाल किया जा सकता है, लेकिन नाभि से नीचे का कोई अंग नहीं। 5 पृष्ठ के बाद इसी सवाल को दोहराया जाता है, लेकिन उसके साथ एक जरूरी बात जोड़ दी जाती है; जब बीवी को माहवारी आ रही हो, तो अगर उसका पति स्खलित होने के लिए अपने लिंग को उसकी जंघाओं या पेट पर रगड़े, तो क्या यह उसके लिए मुनासिब होगा? आगे प्रश्नकर्ता लिखता है कि पति बहुत ज़्यादा कामुक व्यक्ति है, और इस बात का डर है कि कहीं वह किसी और औरत के पास न चला जाए। मौलाना अपने पिछले जवाब को दोहरा देते हैं।

इसके बाद मौलाना एक और समस्या को सुलझाते हैं। एक प्रश्नकर्ता पूछता है; उलमा-ए-दीन को इस मामले में क्या कहना है : एक मासिक-धर्मचक्र 40 दिनों का है। अगर माहवारी 8 दिन के लिए रुक जाती है और नमाज़, रोज़ा तथा संभोग के बाद फिर से खून आना शुरू हो जाए, तो उस मामले में क्या हुक्म है?

एक प्रश्नकर्ता पूछता है : "निम्नलिखित मामले पर उलमा-ए-दीन क्या फ़रमाना चाहेंगे; क्या किसी ऐसी औरत के हाथ का बना खाना खाया जा सकता है, जिसको माहवारी आ रही हो? क्या हम उसके साथ मिल बैठकर खाना खा सकते हैं? अगर इस अवधि के दौरान उसकी मौत हो जाए, तो ऐसी स्थिति में क्या हुक्म है?"

अगला प्रश्नकर्ता पूछता है : "उलमा-ए-दीन का निम्नलिखित मामले में क्या फ़रमान है : एक औरत ने एक बेटे को जन्म दिया और आठ दिन के भीतर उसे खून आना बंद हो गया। क्या वह रोज़ा रख सकती है और नमाज़ पढ़ सकती है; क्या वह चाँदी और काँच की चूड़ियाँ पहन सकती है; उसने जिस घर और बिस्तर को इस्तेमाल किया है, क्या वे पाक रह जाते हैं, या उनसे 40 दिनों के लिए दूर रहा जाए?"

बच्चे को जन्म देने के बाद औरत कितने दिनों तक नापाक बनी रहती है? निकाह के वक्त लड़की से पाँच बार कलमा पढ़ाए जाते हैं। अगर उसे माहवारी

आ रही हो, तो क्या वह कलमा पढ़ सकती है? रात्रि स्खलन के कारण उमर नापाक हालत में है। वह ज़ैद से मिलता, जो उसे सलाम कहता है। उसे सलाम का जवाब देना चाहिए या नहीं? क्या वह मुँह से कुछ भी बोले बिना मन ही मन ख़ुदा से भली-सी दुआ कर सकता है?

प्रश्नकर्ता ये और अन्य प्रश्न धार्मिक प्रश्नों के रूप में पूछते हैं। वे इनका जवाब मज़हबी हाकिम से तलाशते हैं। मज़हबी हाकिम मौलाना अहमद रज़ा ख़ान इन्हें मज़हबी सवाल मानकर जहाँ कहीं संभव होता है, अपने उत्तरों को अन्य मज़हबी विशेषज्ञों के उद्धरणों से पुष्ट करते हैं।[16]

यदि कोई व्यक्ति ऐसी हालत में अपनी पत्नी से संभोग करता है जब वह रजस्वला होती है या नम हालत में होती है तो उसका क्या प्रायश्चित है? मौलाना फ़रमान देते हैं—एक दीनार, जब उसने संभोग माहवारी की शुरुआत में किया हो। और यदि संभोग माहवारी के अंत में किया गया हो तो—आधा दीनार। अगर वह नहाई हो तो..., और अगर वह न नहाई हो तो...विशेषज्ञों के उद्धरणों सहित, फ़रमान, बहुत नज़दीक-नज़दीक की गई ख़ुशनवीसी में क्वार्टो आकार के ढाई पृष्ठों में आ पाता है।

इस प्रकार का फ़रमान पाकर—जोकि कोई भी व्यक्ति आधा दीनार अदा करके हासिल कर सकता है—प्रश्नकर्ता आगे पूछता है, "मैंने एक हदीस पढ़ा था जिसमें यह कहा गया है कि पैग़ंबर साहिब ने यह फ़रमाया है, कि अगर कोई व्यक्ति माहवारी के दौरान अपनी पत्नी से संभोग करता है, तो उसे आधा दीनार ख़ैरात में देना चाहिए (मिश्कात)। इससे यह साबित होता है कि अगर कोई आदमी अपनी पत्नी की माहवारी के दौरान उससे संभोग करना चाहे तो वह आधा दीनार ख़ैरात में देकर ऐसा कर सकता है। कृपया इस मुद्दे को स्पष्ट कर मुझे कृतार्थ करें।"

मुफ़्ती समीद अब्दुर्रहीम कादरी इस प्रकार की व्याख्या को खूब आड़े हाथों लेते हैं। वे फ़तवा-ए-रहीमियत में घोषणा करते हैं :

हदीस से आपका यह अर्थ लगाना कि आधा दीनार ख़ैरात में देकर कोई व्यक्ति माहवारी के दौरान अपनी बीवी के साथ संभोग कर सकता है, बिल्कुल ग़लत है। आधे दीनार का भुगतान फ़ीस नहीं बल्कि दंड है और उसका उद्देश्य है आदमी को ख़ुदा के कहर से बचाना। फ़िक्ह की किताबों में यह लिखा है कि उस आदमी के लिए कफ़्फ़ारा (प्रायश्चित) बाध्यकारी है, जो अपनी बीवी के साथ रमज़ान के महीने में रोज़े की हालत में संभोग करता है। इसका मतलब यह नहीं कि अगर कोई आदमी रोज़े की हालत में संभोग करना चाहे तो वह कफ़्फ़ारा करके ऐसा कर सकता है। यह बात सब जानते हैं कि माहवारी के दौरान संभोग करना हराम है, यह एक गंदा, नापाक काम है, घोर पाप है। कुरआन से यह साबित किया जा सकता है, कि ऐसा करना हराम है : "(ओ मुहम्मद) वे तुमसे माहवारी के बारे में पूछते हैं। उनको बता

दो : यह एक बीमारी है, इसलिए औरतों को ऐसे समयों पर अकेला छोड़ दो और जब तक वे पाक नहीं हो जातीं, उनके नज़दीक मत जाओ।" (सूरा-2 बकरा 222) हदीस में इसके लिए सख़्त मना किया गया है। मिश्कात-ए-पाक में यह कहा गया है कि पैग़ंबर साहिब ने फ़रमाया था : जो शख़्स माहवारी के दौरान औरत के पास या उसकी गुदा के पास जाता है या किसी हातिफ़ (आप्त पुरुष) के पास जाता है वह मज़हबे मुहम्मद की तरदीद (खंडन) करता है। (पृ. 56)

फ़िक्ह की किताबों ने इसे साफ़ तौर पर हराम करार दिया है। माला बुद मिन्हो के निम्नलिखित शब्दों को पढ़ो : "माहवारी और बच्चे पैदा होने के बाद के दिनों संभोग करना हराम है।" (पृ. 17)। सिर्फ़ इतना ही नहीं। माहवारी के दिनों बीवी के जिस्म के घुटने से नाभि तक के हिस्सों को छूना या देखना भी जायज़ नहीं है और विधिवेत्ताओं ने साफ़ कहा है कि "यह समझकर कि (माहवारी के दिनों) संभोग करना हलाल है, एक कुफ्र है।" (फ़तह-उल कादिर खंड 1 पृ. 15) अगर कोई बदकिस्मत इंसान यह बड़ा गुनाह करता है तो उसके लिए यह लाज़िमी है कि वह कफ़्फ़ारा (प्रायश्चित) करे और अल्लाह के सामने हलीमी और सदक दिली के साथ यह कसम उठाए कि वह यह काम दोबारा नहीं करेगा। इन सब बातों के अलावा वह अपनी तौफ़ीक के मुताबिक ख़ैरात दे, क्योंकि शरीअत को तोड़ने और बड़ा गुनाह करने से ख़ुदाई कहर भड़क उठता है लेकिन ख़ैरात देने से वह टल जाता है। एक हदीस में कहा गया है : अगर यह (संभोग) तब किया जाता है, जब ख़ून लाल होता है (अर्थात् शुरू में) तो संबंधित व्यक्ति को एक दीनार ख़ैरात में देना चाहिए और अगर यह तब किया जाता है जब ख़ून पीला पड़ चुका होता है तो उसे आधा दीनार ख़ैरात में देना चाहिए।[17] (तिरमीज़ी खंड 1 पृ. 20)।

ध्यान दीजिए किस प्रकार इस सवाल को एक मज़हबी सवाल का रूप देकर कुरआन, हदीस और शरीअत के विशेषज्ञों के उद्धरणों का हवाला देकर उसे सुलझाया जाता है।

दारुल उलूम के उलमा भी नीचे दिए गए जैसे मामलों पर फ़ैसले देने के लिए गंभीरतापूर्वक विचार करते हैं : जब किसी की बीवी को माहवारी आ रही हो, तो क्या उसके साथ संभोग करने की अनुमति है। क्या ऐसे मामलों में कफ़्फ़ारा लाज़िमी है; अगर इस बात का शक हो कि माहवारी ख़त्म हो गई है या नहीं, तो आदमी को कितने दिन तक इंतज़ार करना चाहिए; निम्नलिखित मामले में दिनों की गिनती किस तरह की जाए—40 दिन तक ख़ून आता रहा, फिर एक हफ़्ते के लिए बंद हो गया। उसके बाद वह फिर से आना शुरू हो गया; अगर औरत को 3 महीने तक ख़ून आता रहे, तो माहवारी के दिनों की गिनती किस तरह की जानी चाहिए; क्या उस सूरत में जब कि बीवी की माहवारी ख़त्म हो चुकी हो, लेकिन उसके नहाने से पहले अगर उसका पति उसके साथ संभोग करे, तो क्या उसके लिए कफ़्फ़ारा

लाज़िमी है; जब कोई औरत माहवारी में हो, तो क्या वह तस्बीह पढ़ सकती है?[18]

और अहले हदीस के उलमा भी ऐसा ही करते हैं।

प्रत्येक संकलन में कई फ़तवे इस्तिंजा से जुड़ी समस्याओं पर दिए गए हैं। इस बात पर उलमा ने ज़ोर दिया है कि ख़ुद को पत्थरों या मिट्टी के ढेलों (जो कि विषम संख्या में होने चाहिए) से साफ़ करने के बाद पानी का इस्तेमाल करना एक मज़हबी मामला है। इस मामले पर उतनी ही सरगर्मी से जितनी कि किन्हीं अन्य मामलों में दिखाई जाती है, आलातरीन हाकिमों और विशेषज्ञों का हवाला दिया जाता है, जिनमें सुन्नते पैग़ंबरी भी शामिल है। मामलों को हमेशा की तरह वर्गों और उपवर्गों में बाँट दिया जाता है; क्या मिट्टी और पानी का इस्तेमाल एक साथ किया जाना चाहिए, या एक के बाद दूसरे का; या अगर एक के बाद दूसरे का इस्तेमाल किया जाना हो तो पहले किसका इस्तेमाल किया जाना चाहिए और बाद में किसका; अगर पत्थर उपलब्ध न हो तो क्या उनके स्थान पर सूखी हड्डियों का इस्तेमाल किया जा सकता है; छोटे इस्तिंजा और बड़े इस्तिंजा के बीच का फ़र्क भी बताया गया है। क्या औरतों के लिए भी इस्तिंजा के बारे में वही हुक्म है, जो कि आदमियों के बारे में? जिन ढेलों से, पाख़ाना करने के बाद ख़ुद को साफ़ किया गया है क्या उन्हीं ढेलों को पेशाब करने के बाद खुद को साफ़ करने के लिए भी इस्तेमाल किया जा सकता है?...

इस्लामी विधिशास्त्र की शाखाओं में मतभेद हैं और जैसा कि हम देखेंगे, ऐसे मामलों में भी विवाद उग्र रूप धारण कर लेते हैं। अहले हदीस से पूछा जाता है : ''काग़ज़ से पाख़ाना साफ़ करने के बारे में क्या हुक्म है? क्या वह पानी इस्तेमाल करने के बराबर है? क्या इस तरह से ख़ुद को साफ़ करने के बाद नमाज़ पढ़ी जा सकती है?'' अहले हदीस इस मामले पर विचार करके फ़ैसला सुनाते हैं : ''काग़ज़ से पाख़ाना साफ़ करने की इजाज़त है। इसके अलावा भी हर ठोस और सूखी चीज़ इस्तेमाल की जा सकती है। पत्थर, लकड़ी, कपड़े या मिट्टी से ख़ुद को साफ़ करने की इज़ाज़त है। लेकिन हड्डी, गाय के गोबर और पशुओं की बीट और मेमनियों से साफ़ करने की इजाज़त नहीं है।''[19]

बरेलवी इस व्यवस्था को घृणा की निगाह से देखते हैं। प्रश्नकर्ता पूछता है, क्या कोई व्यक्ति इस्तिंजा के लिए काग़ज़ का इस्तेमाल कर सकता है, ख़ासतौर पर जब किसी को रेलगाड़ी में हाजत मिटानी हो, जहाँ पत्थर या मिट्टी के ढेले मिल पाने की संभावना नहीं होती? मौलाना अहमद रज़ा ख़ान कड़क कर जवाब देते हैं : ''काग़ज़ से इस्तिंजा करना काबले नफ़रत है और मना है। ऐसा तो ईसाई करते हैं। काग़ज़ की इज़्ज़त करने का फ़रमान है, चाहे वह कोरा भी क्यों न हो। और अगर उस पर कुछ लिखा हो तो वह बहुत ज़्यादा काबले-एहतराम है—ऐसा दरुल मुख़्तर में कहा गया है। जहाँ तक रेलगाड़ी के बहाने का सवाल है, ऐसा सिर्फ़ ज़ैद

के साथ ही क्यों होता है, दूसरे मुसलमानों के साथ क्यों नहीं? क्या वे अपने साथ ढेले या पुराना कपड़ा नहीं रख सकते?" इसके बाद मौलाना हिकरत के साथ कहते हैं, "अगर केवल ईसाइयों की पद्धति ही स्वीकार्य है, तो यह दिल की बीमारी है। उसके लिए दवा लेने की ज़रूरत है।"[20]

सवाल एक बार फिर से उठाया जाता है और मौलाना वैसा ही खरा-खरा-सा जवाब देते हैं। अंग्रेजी किस्म के ब्लाटिंग पेपर के साथ इस्तिंजा करने के बारे में क्या हुक्म है—एक प्रश्नकर्ता पूछता है। "काग़ज़ के साथ इंस्तिजा करना एक ईसाई पद्धति है और शरीअत इसकी इजाज़त नहीं देती।" जब काग़ज़ ऐसा हो कि उस पर लिखा जा सके या वह कीमती हो, और अगर वह कीमती न भी हो, तो भी उसे इस्तिंजा के लिए इस्तेमाल करना मना है, क्योंकि वह काबले एहतराम है—यह था मौलाना साहब का फ़रमान। इसके अलावा उन्होंने एक दूसरा कारण भी दिया : वे फ़रमाते हैं, "जब तक कि कोई ऐसी स्थिति पैदा न हो जाए, कि आपके पास कोई दूसरा विकल्प ही न हो, सामान्यतः आदमी के लिए ईसाई पद्धतियों से ख़ुद को बचाकर रखना बहुत ज़रूरी है...।"[21]

जैसा कि पूर्वोल्लिखित प्रश्नों के संदर्भ में हम देख चुके हैं, आमतौर पर फ़ैसला मात्रागत मानदंडों पर निर्भर रहता है। एक चिंतित प्रश्नकर्ता पूछता है, "पेशाब करने के बाद कलुख लिया गया, लेकिन पानी का इस्तेमाल नहीं किया गया। उसके बाद नमाज़ पढ़ी गई। नमाज़ के दौरान आदमी को याद आया कि पानी का इस्तेमाल किया ही नहीं गया। ऐसे हालात में नमाज़ प्रभावोत्पादक होगी या नहीं?" "अगर पेशाब एक रुपए से ज़्यादा सतह पर नहीं फैला, तो सफ़ाई करने के लिए ढेला काफ़ी है," यह फ़ैसला दिया गया फ़तवा-ए-रिज़विया में। "लेकिन अगर पेशाब एक रुपए से ज़्यादा सतह पर फैल गया था, तो ढेले से सफ़ाई नहीं की जा सकती। पानी से धोना ज़रूरी है। अगर नमाज़ के दौरान यह याद आ जाए कि पानी का इस्तेमाल नहीं किया गया, तो फौरन खड़े होकर इस्तिंजा किया जाना चाहिए। और यह भी वाजिब होगा कि बुज़ू दोबारा किया जाए और नमाज़ भी दोबारा पढ़ी जाए। अगर किसी को नमाज़ के बाद याद आता है तो उसे पहले इस्तिंजा करना चाहिए और उसके बाद नमाज़ दोबारा पढ़नी चाहिए।"[22]

कुछ फ़ैसलों में ऐसे व्यवहार निर्धारित किए जाते हैं, या ऐसे व्यवहारों को प्रोत्साहन दिया जाता है जो साफतौर पर अस्वास्थ्यकर होते हैं। "दोबारा इस्तिंजा करने के लिए उसी ढेले का इस्तेमाल करना क्या सही है," एक प्रश्नकर्ता पूछता है। इस मामले को सुलझाने के लिए भी देवबंद के उलमा किसी आदरणीय विशेषज्ञ हाकिम का सहारा लेते हैं, और तब वे फ़रमाते हैं : "कश्फ़-अल-दर-अल-मुख़्तर के अनुसार, ऐसा करना घृणास्पद है (हालाँकि ऐसा करना मना नहीं है)। लेकिन यदि यात्रा आदि पर होने के कारण ऐसा करना ज़रूरी हो तो उसे सुखाने और उसकी

सतह को रगड़ने के बाद उसे (मिट्टी के ढेले को) दूसरी, तीसरी या उससे भी अधिक बार इस्तेमाल किया जा सकता है।''[23] उसी प्रकार इस्तिंजा के हिस्से के तौर पर ख़ुद को साफ़ करने के लिए इस्तेमाल किए जा सकने वाले ठोस पदार्थों का नाम लेते हुए फ़तवा-ए-रिज़विया ने मिट्टी और दीवारों की भी उनमें गिनती की है।''[24]

ऐसे अनेक अन्य उदाहरण भी दिए जा सकते हैं। लेकिन कुछेक प्राथमिक बातों को सिद्ध करने के लिए तो अब तक दिए गए उदाहरण काफ़ी होंगे।

कुछ प्राथमिक बातें

फ़तवों के बारे में हमारी सोच ऐसी बन चुकी है कि मानो वे किसी को फाँसी पर चढ़ाने या किसी का बहिष्कार करने के लिए दिए गए फ़ैसले हों। फ़तवों की इन पुस्तकों में जितने अधिक विविधतापूर्ण विषयों पर विचार किया गया है, उनसे फ़तवों का सापेक्ष महत्त्व प्रकट हो जाता है। वे केवल सार्वजनिक क्षेत्र से जुड़े मामलों के बारे में आदेश या फ़ैसले नहीं बल्कि उनका उद्देश्य एकदम निजी क्षेत्रों को नियमित करना भी है।

दूसरा, खुद सवालों से ही यह मालूम हो जाता है कि मोमिनों ने निश्चित रूप से यह धारणा मन में बैठा ली है, कि ऐसे मामले भी मज़हबी मामले हैं, और इनके जवबा भी मज़हबी हाकिमों से हासिल किए जाने चाहिए। यह एक महत्त्वपूर्ण बात है। क्योंकि जब मोमिनों ने इस तथ्य को स्वीकार कर लिया है, कि ऐसे मामलों पर भी, जो एकदम निजी कहे जा सकते हैं, उन्हें मज़हबी हाकिमों का कहा मानना चाहिए तो उनकी सोच पूरी तरह से इस किस्म की बन गई है कि वे सार्वजनिक क्षेत्र के मामलों पर भी उन हाकिमों के फ़ैसलों का ही पालन करते हैं।

तीसरा, जहाँ तक मज़हबी हाकिमों का संबंध है, उनके लिए ये सवाल बेशक मज़हबी सवाल ही हैं, क्योंकि वे हमेशा इस बात पर बल देते रहे हैं कि इस्लाम में सभी सवाल मज़हबी सवाल ही हैं। वे इस बात पर ज़ोर देते हैं, कि इस्लाम एक लासानी मज़हब है। इसने हमें एक संपूर्ण संहिता दी है, एक ऐसी संहिता, जो हमारे जीवन के हर पहलू को नियमित करती है। जैसा कि हम देखेंगे, यह दावा उनकी शक्ति का मुख्य स्तंभ है और उनका इस बात पर सबसे ज़्यादा बल रहता है कि मोमिन और अन्य सत्ताएँ—जैसे भारत में, राज्य—उनके इस दावे को मन में बैठा लें।

आख़िर में, अन्य लोगों को ऐसे सवालों की चर्चा करते हुए भले ही थोड़ी सी हिचकिचाहट हो, और मज़हबी किताबों में ऐसे सवालों को देखकर कुछ हैरानी भी, लेकिन उलमा को ऐसे सवालों पर चर्चा करने और उनके बारे में कानून निर्धारित करने में—ठीक अन्य मामलों की तरह—कोई शंका महसूस नहीं होती। वे इसे अपने कामों में से एक मानते हैं। इस बारे में मौलाना मुफ़्ती अब्दुर्रहीम कादरी ने आख़िरी

बात कह दी है।

ऐसा जानने में आया है कि मौलवी साहब ने 'हज़रत शेख़-अल-इस्लाम मौलाना मौलवी' के छद्म नाम से दो पैम्फलेट प्रकाशित किए थे जिनमें उन्होंने हनफ़ियों पर इस बात के लिए लताड़ मारी थी कि उन्होंने यह निर्णय दिया था कि किसी पशु के साथ संभोग करने से रोज़ा ख़राब नहीं होता चाहे संभोग के दौरान वीर्य स्खलन भी क्यों न हो जाए। उन्होंने हनफ़ियों के महान् विशेषज्ञों—शमी और दरुल मुख़्तर—का नाम लेते हुए कहा कि इन हाकिमों ने यह फ़ैसला दिया था। उन्होंने मज़हबी किताबों को ऐसे विषयों पर की गई चर्चाओं से भरने के लिए विद्वान उलमा को भी फटकारा। मौलवी के लेखों को मुफ़्ती अब्दुर्रहीम के पास उनकी राय के लिए भेजा गया। मुफ़्ती ने इस बारे में जो व्याख्या प्रस्तुत की, उस पर फ़तवा-ए-रहीमियत के दस पृष्ठ ख़र्च किए गए हैं। प्रश्न के सार तत्व पर दिया गया निर्णय इस प्रकार था : क्या वीर्य स्खलन पशु की योनि में लिंग प्रविष्ट करने पर हुआ?—यदि हाँ तो उस हालत में रोज़ा अमान्य हो जाएगा। अगर वीर्य स्खलन संबंधित व्यक्ति द्वारा अपने हाथों से पशु की योनि को छूने या उसे चूमने से ही और अपने लिंग का प्रयोग किए बिना ही हो गया था, तो उस हालत में रोज़ा ख़राब नहीं होगा। इस बारीक अंतर को पुख़्ता करने के लिए मुफ़्ती साहब विशेषज्ञों का हवाला देते हुए यह तर्क प्रस्तुत करते हैं, कि जिस मौलवी ने हनफ़ी विधिवेत्ताओं के ख़िलाफ़ इलज़ाम लगाया था, उसने उक्त मामले पर उनके फ़रमानों को ग़लत ढंग से पेश किया है।

इसके बाद वे इस इलज़ाम पर टिप्पणी करते हैं कि, हनफ़ी विधिवेत्ताओं ने मज़हबी किताबों को ऐसे मामलों पर हुई चर्चाओं से भर दिया है। वे कहते हैं कि ऐसी घटनाएँ तो घटती ही रहती हैं; इसलिए उनके बारे में शरीअत तय करना ज़रूरी है। वे इस तथ्य की ओर ध्यान दिलाते हैं कि पैग़ंबर साहिब और उनके रफ़ीक ऐसे मामलों पर चर्चा करने से कतराते नहीं थे, बल्कि उन पर एकदम सीधे और बेबाक ढंग से चर्चा करते थे। मुफ़्ती साहब फ़रमाते हैं कि ऐसे मामलों को उठाकर और उनके बारे में शरीअत के नियम निर्दिष्ट करके उलमा असली सेवा कर रहे हैं। दूसरी तरफ़, जिस मौलवी ने हनफ़ी उलमा के ख़िलाफ़ ऐसे इलज़ाम लगाए हैं, वह अपनी नकली शर्म की आड़ में यहूदियों और मदीना के मुशरिकों की नकल कर रहा है। इस समय यही व्याख्या हमारे लिए हितकर है। मुफ़्ती लिखते हैं :

जैसे हकीमों और डाक्टरों को बीमारी का इलाज करने के लिए बिना शर्माए और संकोच किए इंसानों और जानवरों (नर और मादा दोनों) के गुप्तांगों की जाँच करनी पड़ती है, उसी तरह से रूहानी हकीमों (इस्लाम के पैग़ंबर और उनके उत्तराधिकारियों—मज़हबी डाक्टरों, विधिवेत्ताओं और अहले हदीस)—ने भी वक्फ़ (ईशार्पण), सामाजिक कार्यों और तहारत (रस्मी सफ़ाई), जैसे सफ़ाई और गंदगी, पेशाब, मल, पानी, धूल, माहवारी, निफ़स (प्रसव), नहाने और तयम्मुमर (उठने-बैठने)

से संबंधित सभी निर्देशों और मसायल (समस्याओं) का सविस्तार वर्णन और स्पष्टीकरण किया है। वास्तव में इनमें भी कुछ ऐसी समस्याएँ हैं, जिनका बेबाक उल्लेख हया और शर्म के खिलाफ़ दिखाई देता है, लेकिन अगर कोई झूठी शर्म बनाए रखे, तो ऐसी समस्याओं को जानने का और कौन सा रास्ता रह जाता है? इन समस्याओं की जाँच करते समय झूठे शर्म की कोई गुंजायश नहीं है। ऐसे मामलों में एक बाप को भी अपनी बेटी से जानकारी लेने में कोई हिचकिचाहट नहीं हुई। हज़रत उमर को एक औरत के बारे में यह महसूस हुआ कि वह अपने पति की जो कि जिहाद पर कहीं बाहर गया हुआ था लंबी जुदाई के कारण काफ़ी बेचैन थी। इसलिए उन्होंने अपनी बेटी हज़रत हफ़्सा से पूछा कि कोई बीवी अपने पति से कितने समय तक अलग रह सकती है? उन्होंने जवाब दिया कि वह चार महीने से ज़्यादा समय के लिए अलग नहीं रह सकती। इस पर ख़लीफ़ा उमर ने फ़ौरन यह हुक्म जारी कर दिया कि किसी भी सिपाही को चार महीने से ज़्यादा समय के लिए घर से बाहर नहीं रहना चाहिए। (अल-फारूक खंड 2 पृ. 96)

कुरआन-ए-पाक में यह कहा गया है, "जिस औरत के घर में वह था, उसने उसके साथ उसे बदकाम करने को कहा। उस औरत ने दरवाज़ों की सांकल लगा दी और बोली, आओ! वह बोला मैं अल्लाह की पनाह लूँगा!" (12. 22)

कुरआन-ए-पाक में यह भी कहा गया है, "क्या तुम स्त्रियों को छोड़कर पुरुषों के पास कामेच्छा से जाते हो?" (27 : 55)

और इसके अलावा यह भी कहा गया है, "और वे तुमसे (ओ मुहम्मद) स्त्रियों की माहवारी के बारे में पूछते हैं। कहो : यह नापाकी है, तो स्त्रियों से माहवारी के दिनों में अलग रहो और जब तक वे पाक-साफ़ न हो जाएँ (संभोग के लिए) उनके पास न जाओ। तो जब वे अच्छी तरह से पाक हो जाएँ, तो जिस तरह अल्लाह ने तुम्हें हुक्म दिया है उनके पास जाओ। निस्संदेह अल्लाह 'तौबा' करने वालों से प्रेम करता है और पाक़ साफ़ रहने वालों से प्रेम करता है। तुम्हारी स्त्रियाँ तुम्हारे लिए खेती समान हैं। तो अपनी खेती में जिस तरह से चाहो, जाओ।" (2.223)

इन आयतों के इलहाम के मौकों का वर्णन और भी बेबाक ढंग से किया गया है। जहाँ तक उपर्युक्त आयत का संबंध है, हज़रत अब्द अल्लाह इब्न अब्बास ने इसके बारे में यों बयान किया है :

हज़रत इब्न अब्बास बयान करते हैं कि मदीना के लोग जो अन्सर ख़िताब से जाने जाने लगे थे, पहले मशरूक थे। यहूदी उनके पड़ोसी थे। क्योंकि यहूदियों के पास एक खुदाई किताब (तोरः) थी, इसलिए ये मशरूक यह समझते थे, कि यहूदियों का इल्म उनके इल्म से ज़्यादा है। इसलिए वे यहूदियों के रीति-रिवाजों और-और तौर-तरीकों को अपना लिया करते थे। संभोग के लिए यहूदी हमेशा, आगे की

अंग-स्थिति ही अपनाते थे, जिसके अंतर्गत महिला जोड़ीदार को पीठ के बल लेटना होता था, क्योंकि वे ऐसा मानते थे, कि यह स्थिति नारी सुलभ शील की रक्षा के लिए अधिक उपयुक्त है। अंसर भी इसी स्थिति को अपनाते थे। इसके विपरीत कुरैश अलग-अलग स्थितियों में संभोग का आनंद लिया करते थे, जिसमें अग्रस्थिति, पश्च स्थिति, पार्श्व स्थितियाँ और उकड़ूँ स्थिति शामिल थी। जब मुजाहिर (प्रवासी) मदीना आए, तो उनमें से एक ने अंसर महिला से विवाह कर लिया और उसने अपने अंदाज़ और रिवाज के मुताबिक (विभिन्न स्थितियों का इस्तेमाल करते हुए) संभोग करने की कोशिश की। लेकिन औरत को यह अंदाज़ पसंद नहीं आया और उसने कहा कि संभोग केवल उत्तान (पीठ के वल) स्थिति में ही किया जाता है। उसने आदमी को कोई दूसरी स्थिति अपनाने की इजाज़त नहीं दी। जब यह विवाद लंबे समय तक चलता रहा, तो यह बात पैग़ंबर-ए-पाक की जानकारी में लाई गई। तब ख़ुदा ने पूर्वोक्त आयत का इलहाम किया, "तुम्हारी स्त्रियाँ तुम्हारे लिए खेती समान हैं। तो अपनी खेती में जिस तरह से चाहो, जाओ।" (2.223)

अर्थात् तुम जिस स्थिति में भी चाहो संभोग कर सकते हो, लेकिन लिंग प्रवेश उसी स्थान में ही होना चाहिए जहाँ से बच्चा पैदा होता है। (अबूद खंड 1 पृ.301)

हदीस में कहा गया गया है कि हज़रत उम्म-ए-सलीम पैग़ंबर-ए-पाक के पास आईं और बोलीं, "ऐ अल्लाह के पैग़ंबर। अल्लाह सच कहने से शर्माते नहीं। अगर नारी को रात्रि-स्खलन हो जाए तो क्या उसके लिए नहाना जरूरी है?" इस पर उन्होंने कहा, "हाँ अगर उसके कपड़ों पर पानी (शुक्र) के धब्बे लग जाएँ।" उम्म-ए-सलीम ने शर्मा कर अपने चेहरे को ढक लिया और पूछा, "ऐ अल्लाह के पैग़ंबर! क्या औरत को भी रात्रि-स्खलन (शुक्र का स्खलन) होता है?" इस पर उन्होंने कहा, "हाँ, तुम्हारे हाथ ख़ाक! अगर ऐसा नहीं होता तो बच्चे की शक्ल माँ से कैसे मिल सकती थी? आदमी का पानी (वीर्य) गाढ़ा और सफ़ेद होता है जबकि औरत का पानी (शुक्र) पतला और पीला; इन दोनों में से जो भी पानी पहले स्त्रवित होता है, या जो भी अधिक प्रबल होता है, बच्चा उसी की शक्ल होता है, जिसका वह पानी (वीर्य/शुक्र) होता है।" (मिश्कात, खंड 1 पृ. 48 मातहत-ए-मुज्तहिद)

हज़रत आयशा लिखती हैं :

रफ़ाअत की पत्नी पैग़ंबरे-पाक के पास आई और उन्हें यह बताया कि रफ़ाअत ने तीन बार तलाक (तलाक-ए-बाइन) कह दिया है जिसे वापिस नहीं लिया जा सकता। उसके बाद उसने अब्दुल-रहमान से निकाह किया लेकिन उसका लिंग कपड़े के फुँदने के समान था (अर्थात् वह नपुंसक था)। इस पर पैग़ंबर साहिब बोले, "शायद तुम दोबारा रफ़ाअत से शादी करना चाहती हो।" (अपने मन ही मन वह "हाँ" कहना चाहती थी)। पैग़ंबर साहिब ने उसके इरादे को भाँपते हुए कहा, "नहीं, जब तक

कि वह (दूसरा पति) तुम्हें नहीं भोग लेता और तुम उसे नहीं भोग लेती।" (यह प्रक्रिया हलालः कहलाती है, जिसके अंतर्गत, अपने दूसरे पति द्वारा तलाक दिए जाने के बाद किसी औरत का अपने पहले तलाकशुदा पति के साथ फिर से शादी करना तब तक उचित नहीं माना जाता, जब तक कि दूसरे पति का उसके साथ सहवास न हो जाए।)

पैग़ंबर-ए-पाक ने जाबिर से पूछा (जब वह सफ़र से वापिस लौटा) : "तुमने दोशीज़ः (कुमारी) से शादी की थी या ग़ैर-दोशीज़ः से?" जाबिर बोला, "एक बेवा से।" इस पर पैग़ंबर साहिब बोले, "तुमने किसी दोशीजः से शादी क्यों नहीं की। वह तुम्हारा मन बहलाव करती, तुम से लाड़-दुलार करती और तुम भी उसे चुमकारते-पुचकारते।" उसके बाद मदीना पहुँचकर पैग़ंबर-ए-पाक़ बोले, "हम यहाँ इशा (रात की नमाज़) तक इंतज़ार कर लेते हैं ताकि औरतें अपने सिर के बालों को धो लें और अपने जघन बालों को साफ़ कर लें।" (बुख़ारी, खंड 2 पृ. 789 से संक्षेपित)

हालाँकि बहुत सी और हदीसें भी यहाँ उद्धृत की जा सकती थीं, लेकिन केवल सात हदीसों का यहाँ उल्लेख किया गया है क्योंकि पैग़ंबर-ए-पाक और उनके मुहतरिम रफ़ीक उस झूठे किस्म की हया से नावाकिफ़ और अनजान थे जो समरोदी साहब (वह मौलवी जिन्होंने वे पैम्फलेट लिखे थे) की ख़ासियत मालूम होती है। जब मज़हब के ज़्यादातर हिस्से का ताल्लुक औरतों से है, तो सिर्फ़ वही तंगदिल और नज़दीकबीन (अदूरदर्शी) आदमी ही झूठी शर्म का स्वांग रच सकता है जो मज़हबी तालीम को अधूरा रखना चाहता है और हकीकतों को दबाना चाहता है। जब ख़ुदा ने ख़ुद कहा है कि वह सच कहते नहीं शर्माता, तो उसके नेक गुलाम भी सच कहने में शर्म या ख़ता महसूस नहीं करते। लेकिन समरोदी साहब का सच से कोई वास्ता नहीं। उनके लिए तो सच सिर्फ़ यह है कि वे हनीफ़ी रसूमात पर खूब कीचड़ उछालें और आला कानूनदानों (विधिवेत्ताओं) की तानाकशी करके, उन पर फबतियाँ कसकर और उनका मज़ाक उड़ाकर उनकी बेइज़ती करने में कोई कसर न उठा रखें। बहुत सरोकार और चिंता के साथ वे कहते हैं :

"ऐ मेरे बिरादरान-ए-मज़हब! अपनी ग़फ़लत की नींद से जागो। तुम कब तक सोए रहोगे? हमारी मज़हबी किताबों में कैसी चौंकाने वाली चीज़ें लिखी हैं। हमारे उलमा ने हमें यह समझाकर कि हमारा उसूले कानून (विधिशास्त्र) कुरआन और हदीस का ख़ुलासा (सार) है, हमें थपकी देकर सुला दिया है।"

इसके बाद वे लिखते हैं, "क्या ऐसी किताबों को मज़हबी किताबें कहा जा सकता है जिनमें मुसनिफ़ (लेखक) ऐसी अजीब और फ़हश (अश्लील) चीज़ें लिखकर शहवानी (ऐंद्रिय) मज़े लेता है?"

एक और जगह पर वे कहते हैं :

"यह बात काबिल-ए-ग़ौर है। गैरत (मज़हब की ख़िदमत करने की ग़ैरत) को अपने नज़दीक आने दो और अपनी ज़हानत (बुद्धिमत्ता) और समझदारी का इस्तेमाल करो। दूसरे लोगों ने ऐसी चीज़ों पर एतराज़ उठाया है और उनकी मज़म्मत (निंदा) की है।"

और एक जगह और कहा है :

"क्या मज़हब-ए-इस्लाम ऐसा है कि ऐसी-ऐसी चीज़ें किताबों में लिखी जाती हैं? ऐसी चीज़ें तो आर्यसमाज की किताबों में होनी चाहिए, न कि हमारी किताबों में। हरगिज़ नहीं।" और उसके बाद लिखते हैं : "मैंने कुछ मसलों का जिक्र सिर्फ़ नमूने के तौर पर ही किया है, क्योंकि मेरा दिल बेचैन हो उठता है और दूसरे मसलों का ज़िक्र करने में मेरी कलम काँपने लगती है

मैं हूँ आपका ख़ैरख़्वाह
अब्द-अल-जलील समरोदी
मोरख़ा 21.8.20"

एक और जगह हनीफ़ी मज़हब के ख़िलाफ़ वे व्यंग्यपूर्वक लिखते हैं :

"जिस मज़हब में ऐसी ख़ुशगवार ख़ासियतें हों वह भला दुनिया में हरदिल अज़ीज़ (लोकप्रिय) क्यों नहीं होगा? ख़ुदाई पैग़ाम और हदीस-ए-पैग़ंबरी में भला ऐसी चीज़ें कहाँ मिलेंगी?"

समरोदी साहब की तानाकशी का उद्देश्य केवल माननीय विधिवेत्ताओं को बदनाम करना और अनजान लोगों को भड़काना है। वरना कुरआन की आयतों और हदीस-ए-पाक के उपर्युक्त उद्धरण से यह बिल्कुल स्पष्ट है कि न तो ख़ालिक अकबर अल्लाह, न ही पैग़ंबर-ए-पाक, न उनके मुहतरिम रफ़ीक, मज़हबी बातें सिखाने में इस प्रकार की कोई झूठी शर्म और हया महसूस करते हैं।

समरोदी साहब एमाम-ए-मुजत्तहिदीन (परिश्रमी इमामों) के आदेशों के अनुसार नहीं चलते, बल्कि वे यहूदियों और मदीना के मुशरिकों का अनुकरण करने के लिए मशहूर हैं। नीचे दी गई दो हदीसों से यह ज़ाहिर हो जाएगा कि वे दोनों में से किसका अनुसरण करते हैं, हालाँकि वे ग़ैर-मुकल्लिद (चार इमामों को न मानने वाले) हैं।

(1) एक मुशरिक ने हज़रत सलमान फ़ारसी से व्यंग्य में कहा : "आपके रफ़ीक (पैग़ंबर-ए-पाक) आप लोगों को हाजत मिटाने (पेशाब और पाख़ाना करने) के तरीके सिखाते हैं?" इस पर सलमान ने जवाब दिया : "वे हमसे एक पिता की तरह से स्नेह करते हैं। उन्होंने हमें सिखाया है कि अपनी हाजत मिटाते वक्त हमें क़िबला की तरफ़ मुँह करके नहीं बैठना चाहिए और ख़ुद को साफ़ करने के लिए हमें दाएँ हाथ का इस्तेमाल नहीं करना चाहिए और तीन से कम ढेलों का इस्तेमाल नहीं करना चाहिए; हमें तीन ढेलों का इस्तेमाल करना चाहिए, लेकिन गोबर और हड्डियों का

हरगिज़ नही।" (वर्णनकर्ता-मुस्लिम)

(2) पैग़ंबर-ए-पाक ने (अपने रफ़ीकों) से कहा : मेरा तुम्हारे साथ वही संबंध है जो एक पिता का अपनी संतान से होता है। मैं तुम लोगों को यह शिक्षा देता हूँ, कि जब तुम हाजत मिटाने के लिए जाओ तो तुम्हें किब्ला की तरफ़ मुँह या पीठ करके नहीं बैठना चाहिए। ख़ुद को साफ़ करने के लिए तीन ढेलों का इस्तेमाल करो और ख़ुद को साफ़ करने के लिए सूखे गोबर या हड्डी और दाएँ हाथ का इस्तेमाल मत करो। (मिश्कात पृ. 42)

धर्मतत्वज्ञ और विधिवेत्ता पैग़ंबर-ए-पाक, पैग़ंबरों, सच्चे धार्मिक नेताओं के असली वारिस हैं। उन्होंने इस्लाम के अनुयायियों के हित के लिए उन सभी समस्याओं को कुरआन, पैग़ंबर साहिब की उक्तियों और उनके रफ़ीकों के व्यवहार की दृष्टि से संकलित किया है, जो कि कयामत के दिन तक बनी रहेंगी, ताकि उन्हें, पेश आने वाली किसी भी समस्या का हल ढूँढ़ने में कोई मुश्किल न हो। हमें उनका आभारी होना चाहिए न कि इन ज्ञानी और विद्वान पुरुषों का मज़ाक उड़ाना चाहिए या उन्हें महत्त्वहीन मानना चाहिए या ढिठाईपूर्वक उनकी इज़्ज़त पर कीचड़ उछालनी चाहिए...[28]

पाठक स्वयं इसका अंदाज़ा लगा लेगा कि यह स्पष्टीकरण कितना पर्याप्त है। लेकिन हमारे लिए दो बातें महत्त्वपूर्ण हैं : जैसा कि प्रतिवाद से ज़ाहिर है, उलमा का यह सोचा-समझा विचार है कि ऐसे सवालों पर राय देना उनका महत्त्वपूर्ण कार्य है, जिसको उन्हें मज़हबी हाकिम होने के नाते अंजाम देना है और अपने कामों के बारे में यह नज़रिया बनाने में उनके सामने ऐसे मामलों में एक अंतिम प्रमाण रहता है और वह प्रमाण है स्वयं पैग़ंबर साहिब का व्यवहार। इसके कई परिणाम, जैसे-जैसे हम आगे बढ़ेंगे, स्पष्ट होते चले जाएँगे। फिलहाल हमें केवल एक सिद्धांत की ओर ध्यान देना चाहिए जो कि अनिवार्य रूप से इस पूर्वधारणा का परिणाम है कि इन मामलों पर कानून (शरीअत) निर्धारित करना भी एक मज़हबी कार्य है, और इसलिए मज़हबी हाकिमों का कर्त्तव्य भी, और ये हाकिम इस मामले में उलमा हैं। ऐसा नज़रिया निश्चित रूप से उस दिशा को निर्धारित करता है जिसकी ओर इन हाकिमों का प्रशिक्षण और विद्वता प्रवृत्त होने जा रही है। सदियों तक इस्लाम के अधिक से अधिक सर्वश्रेष्ठ मनीषी ऐसे सवालों में, ऐसे बाह्याचारों में, ऐसी मामूली बातों में उलझे रहे हैं। हालाँकि इस्लाम का मूलभूत सिद्धांत ही ऐसा है, कि उसमें आंतरिक तलाश की ज़्यादा गुंजायश नहीं थी। लेकिन उलमा के बाह्याचारों में उलझकर रह जाने के कारण यह आंतरिक तलाश से और भी अधिक दूर हटता चला गया।

लेकिन इसका मुख्य परिणाम कुछ और ही निकला है। उलमा ऐसे मामलों पर अपना इतना अधिक समय खर्च करते हैं, लेकिन वह फलदायक सिद्ध नहीं होता। उलमा या बल्कि ख़ुद इस्लाम का यह दावा कि वह पूरे जीवन की सभी गतिविधियों

को नियमित करेगा, इस धर्म का मूल भाव है। दावा यह है : इस्लाम, अर्थात् व्यावहारिक रूप में उलमा पूरे जीवन को नियमित करेंगे; मोमिन के जीवन का ऐसा कोई पहलू नहीं जो कि इस विचारधारा के अधिकार क्षेत्र से बाहर हो। दूसरे शब्दों में इस्लाम या उलमा के मुकाबले मोमिन की स्वायत्ता की कोई गुंजायश नहीं है। यही दावा और इसका ज़बरदस्ती लागू किया जाना इस्लाम को एक सर्वसत्तावादी विचारधारा बना देता है। जब इस्लाम के अनुयायी, विचारधारा के इस दावे को अपना लेते हैं, तो जिन लोगों के पास इस दावे को ज़बरदस्ती लागू करने की ज़िम्मेदारी होती है, या जो ऐसी ज़िम्मेदारी को हथिया लेते हैं, उनकी उम्मत पर पकड़ मज़बूत हो जाती है। अगर अनुयायी, प्रवर्तकों—मार्क्सवाद और लेनिनवाद में पार्टी और इस्लाम में उलमा—के आदेशों के अनुसार ऐसे निजी मामलों में भी नियंत्रित होने के लिए आत्मसमर्पण कर सकते हैं, तो सार्वजनिक मुद्दों पर तो वे उस सत्ता के निर्देशों का पालन करने के लिए और भी आसानी से तैयार हो सकते हैं।

संदर्भ

1. देखें दारुल उलूम, देवबंद के फ़तवे, खंड 1 पृ. 162-71
2. इन मामलों और दूसरे मामलों पर फ़तवों के लिए देखें फ़तवा-ए-दारुल उलूम, देवबंद, खंड 12 पृ. 221-74
3. फ़तवा-ए-रहीमियत खंड-3, पृ. 10-11
4. फ़तवा-ए-रिज़विया खंड-2, पृ. 154
5. फ़तवा-ए-रहीमियत खंड-3, पृ. 12
6. वही, खंड 1 पृ. 85
7. वही, खंड-3, पृ. 184
8. वही, खंड-2, पृ. 73
9. इस पैराग्राफ में दिए गए उदाहरणों के लिए देखें फ़तवा-ए-रहीमियत खंड-2, पृ. 80-81 खंड-3, पृ. 185
10. फ़तवा-ए-रहीमियत खंड-2, पृ. 80
11. वही, खंड-3, पृ. 201
12. इससे पहले के तीन फ़रमानों के लिए देखें फ़तवा-ए-रहीमियत खंड-2, पृ. 86-87
13. पिछले दो पैराग्राफ़ों में उल्लिखित विषयों पर दिए गए फ़तवों के बारे में देखें फ़तवा-ए-अहले हदीस खंड-1
14. इन मामलों, और इनसे जुड़े अन्य मामलों पर दारुल-उलूम के फ़तवों के लिए देखें फ़तवा-ए-दारुल उलूम, खंड-1, पृ. 173-361
15. इन प्रश्नों और इनसे जुड़े अन्य प्रश्नों पर देखें, मुफ़्ती किफ़ायततुल्लाह के फ़तवे खंड 2 पृ. 282-86
16. पूर्वोल्लिखित मामलों के बारे में देखें फ़तवा-ए-रिज़विया खंड-2 पृ. 34-41

17. फ़तवा-ए-रहीमियत खंड 1 पृ. 52-53
18. फ़तवा-ए-दारुल उलूम, देवबंद खंड 1 पृ. 278-84
19. फ़तवा-ए-अहले हदीस खंड 1 पृ. 45
20. फ़तवा-ए-रिज़विया खंड 2 पृ. 153
21. वही, खंड-2 पृ. 156
22. वही, खंड-2 पृ. 153-54
23. फ़तवा-ए-दारुल उलूम, देवबंद खंड 1 पृ. 376
24. फ़तवा-ए-रिज़विया, उदाहरण के लिए खंड-2 पृ. 143, 156
25. फ़तवा-ए-रहीमियत खंड-2 पृ. 19-23

मोमिन और काफ़िर

पहचान, विशिष्टता से आग्रहशीलता और फिर आक्रामकता

इस्लाम की शुरुआत के दिनों से, बल्कि मदीना में पैग़ंबर साहिब के कयाम के वर्षों से ही इस्लाम का मूलभूत लक्ष्य आंतरिक तलाश नहीं रहा, जैसा कि उदाहरण के लिए हम बुद्ध की शिक्षा में पाते हैं। उसका मूल लक्ष्य रहा है राज्य की स्थापना, उसका दृढ़ीकरण और विस्तार। धर्म केवल उसका एक ज़रिया रहा है। यह एक ऐसी विचारधारा है, जिसका उद्देश्य है एक समूह को निश्चित रूप प्रदान करना और उसे एकसूत्र में बाँधना। यह एक ऐसी विचारधारा है जो दूसरों पर विजय प्राप्त करने, उनका धर्मपरिवर्तन करने और उनका दमन करने में विश्वास रखती है।

इसके अलावा, इलहामों और उनसे उद्‌भूत सिद्धांतों के बारे में एक चिंता साफ़तौर पर दिखाई देती रही है। इसलिए शुरू के दिनों से ही इलहामों और सिद्धांतों की पड़ताल पर सख़्त प्रतिबंध लगा दिया गया था—चाहे वह फिर ब्रह्मांड विज्ञान और ब्रह्म विज्ञान से संबंधित सिद्धांत हो या फिर किसी अन्य विषय जैसे विवाह और तलाक से संबंधित सिद्धांत—जिनका मूलस्रोत भी इलहामों में ही मिलता है। इस निषेध से साफ़तौर पर दो आशंकाएँ परिलक्षित होती हैं। पहली आशंका यह थी कि ये सिद्धांत छानबीन की ताब नहीं ला सकेंगे। क्योंकि इन इलहामों में हमें सातवीं सदी के अरब के ज्ञान की स्थिति जानने को मिलती है, इसलिए हमें इनके प्रकटीकरण के समय का अंदाज़ा सही-सही हो जाता है। लेकिन इन्हें शाश्वत इलहामों के रूप में पेश किया गया है, क्योंकि उन्हें इसी रूप में ही पेश किया जाता था। वैज्ञानिक ज्ञान की बढ़ोतरी के साथ-साथ स्वाभाविक रूप से यह चिंता गहराती चली गई। लेकिन केवल वैज्ञानिक ज्ञान की प्रगति ही इस चिंता के गहराने का कारण नहीं बनी। जैसा कि हमने अभी-अभी देखा, इस्लाम का दावा यह रहा है, कि वह व्यक्ति के संपूर्ण जीवन और उसके सभी संबंधों की पूरी रूपरेखा प्रस्तुत करता है। इसका यह परिणाम हुआ है कि प्रत्येक क्षेत्र में हुई प्रगति से, जैसे कि शासन के

उत्तरोत्तर लोकतंत्रीकरण, कानूनों के उत्तरोत्तर मानवीयकरण, कमज़ोर वर्ग, महिलाओं और अल्पसंख्यकों के प्रति विकसित हो रही अधिक समतावादी और मानवोचित दृष्टि—इन सब बातों से इस्लाम की चिंता बढ़ती ही चली गई है क्योंकि इनके कारण इलहाम और सिद्धांत के कुछ हिस्से पर सवालिया निशान लग गए हैं। इस्लाम के दावे ही—जैसे कि यह दावा कि इस्लाम संपूर्ण-जीवन की रूपरेखा प्रस्तुत करता है, या यह दावा कि यह रूपरेखा एक अखंड समष्टि है, जिसका एक तार भी बदला नहीं जा सकता—इस्लाम पर उल्टे पड़ गए हैं।

इससे बढ़कर एक और बुनियादी अंदेशा पैदा हो गया है। इलहाम—और उनसे उद्भूत सिद्धांत तथा रूपरेखा संबंधी धारणा—स्वयं पैग़ंबर साहिब के साथ जुड़े हुए थे; चुनाचे जब किसी ख़ास क्षेत्र में ज्ञान की प्रगति हुई या जब साक्ष्य और तलाक संबंधी नए कानून सामने आए जो कि स्पष्ट रूप से अधिक तर्कपूर्ण और अधिक न्यायसंगत थे, तो उन्होंने केवल ब्रह्मांड ज्ञान संबंधी सिद्धांत और कानून को ही चुनौती नहीं दी, बल्कि उन्होंने स्वयं पैग़ंबर साहिब की सत्ता को ही चुनौती दे डाली। उन्होंने कहा होगा—जैसा कि उन्होंने खजूरों की घटना के संबंध में कहा था—दुनियावी कार्यों में मेरा ज्ञान एक आम आदमी के ज्ञान के समान ही है और केवल दीन से जुड़े मामलों के बारे में ही मेरी कथनी को अंतिम माना जाए। लेकिन साफ़ ज़ाहिर है कि उनके राज्य और उनकी विरासत के उत्तराधिकारी इस भेद को आगे तक कायम नहीं रख पाए। एक बात तो यह है कि तलाक, निर्वाह व्यय और धनसंपत्ति...और स्वयं राज्य भी मात्र 'दुनियावी मामले' थे। दूसरी बात यह कि एक बार इस क्षेत्र में उनकी कथनी को चुनौती देने की आदत लोगों में पैदा हो जाती—और यह क्षेत्र इतना बड़ा था, कि इसके अंतर्गत सभी 'दुनियावी कार्यव्यापार' आ जाते थे—तो फिर पैग़ंबर साहिब ने दुनियावी मामलों को छोड़कर अन्य मामलों के बारे में जो कुछ कहा था उनकी पड़ताल करने से भी लोगों को कौन रोक सकता था? तब फिर मज़हब की क्या हालत रह जाती।

इस चिंता का केवल एक ही तरीके से मुकाबला किया जा सकता था—और वह तरीका यह था कि किसी भी चीज़ की पड़ताल न करने दी जाती। तदनुसार यही प्रतिबंध इस मज़हब का प्रमाण चिह्न बनकर रह गया है।

इस्लाम की तलाश आंतरिक नहीं रही है, और हर किस्म के अंदेशे भी बने रहे। इन सब बातों का एक ही अपेक्षित परिणाम निकला—पूरा बल बाह्याचार पर दिया जाने लगा; जैसे कि क्या पोशाक पहनी जाए। इस मामले में भी, कई तत्त्वों के एक साथ मिल जाने से, उस बल ने एक ख़ास किस्म की जड़ता का रूप धारण कर लिया। सैद्धांतिक क्षेत्र में इज़रायलियत का आरोप लगाया गया था। वह आरोप यह था कि ये इलहाम यहूदी और ईसाई अनुश्रुतियों का ही उफान थे।[1] तदनुसार स्वयं पैग़ंबर साहिब के दिनों से ही यह सुनिश्चित करने की कोशिश रही है कि वे

इलहाम अलग हैं, यह दिखाने की कोशिश रही है कि वे अलग हैं और यह बल देने की कोशिश रही है कि वे अलग हैं। व्यक्तियों और गतिविधियों के मामलों में भी वही चिंता उभरकर सामने आई, और वह भी शुरू के ही दिनों से। इस्लाम का प्रादुर्भाव देर से हुआ था। लोग पहले से ही किसी-न-किसी धर्म में विश्वास रखते थे। पैग़ंबर साहिब के समय मक्का और मदीना में और हर ऐसे देश में, जिसे इस्लाम ने बाद में फ़तह किया, लोग किसी-न-किसी उम्मत से पहले से जुड़े हुए थे, और वस्तुतः अपनी-अपनी उम्मत में उनकी जड़ें काफी गहराई पकड़ चुकी थीं। इसलिए इस्लाम के अनुयायियों को अलग ढंग का बनाने की चिंता या बल्कि मजबूरी हमेशा से रही है। मदीना में जैसे ही पैग़ंबर साहिब की ताकत मज़बूत हो गई, उन्होंने यह सुनिश्चित करना शुरू कर दिया कि मोमिन कुछ ऐसा करें, जो कि अलग हो। इसलिए किब्ला जेरूसेलम से काबा लाया गया। त्योहारों और छुट्टियों में भी परिवर्तन लाया गया।

आंतरिक तलाश के अभाव और सिद्धांतों संबंधी अंदेशों के कारण बाह्याचारों पर अधिक ध्यान केंद्रित किया जाने लगा। सिद्धांत और उम्मत को मूल सामूहिक संघ से अलग करने की आवश्यकता ने इस प्रवृत्ति को और आगे बढ़ाया। केवल बाह्याचारों पर ही नहीं, बल्कि उन बाह्याचारों पर बल दिया जाने लगा, जिनकी बदौलत उम्मत दूसरों से अलग हो पाती।

बाह्याचारों का निर्धारण और उन बाह्याचारों के प्रति आग्रह जो मोमिनों को दूसरों से अलग करते हैं—ये दोनों प्रवृत्तियां सदियों से चली आ रही हैं और यही फ़तवों का प्रमाण चिह्न हैं।

किंतु यह क्रम यहीं समाप्त नहीं हो जाता। यह दो कदम और आगे बढ़ता है : बाह्याचारों से उन बाह्याचारों की ओर बढ़ना जो उम्मत को मूल संघ से अलग करते हैं; उसके बाद इन विशेष बाह्याचारों का आक्रामक ढंग से प्रदर्शन और उसके बाद आक्रामक व्यवहार को एक ऐसा बाह्याचार बनाना, जो उम्मत को बाकी सबसे अलग कर दे। यह अंतिम विशेषता उम्मत की छवि का प्रमाण चिह्न है, और फ़तवे इस बात पर बल देते हैं कि यह छवि सबके—मोमिनों और ख़ासतौर पर काफ़िरों के दिलों पर अंकित हो जाए।

पहला कदम—बाह्याचारों का निर्धारण—उन कार्यकलापों पर विचार करने से स्पष्ट हो जाएगा जो आंतरिक तलाश के सबसे निकट हैं : उपवास या रोज़ा, नमाज़ से पहले का वुज़ू और स्वयं नमाज़। दूसरा कदम—किसी चीज़ को ऐसे अंदाज़ में करना जो दूसरों के अंदाज़ से बिल्कुल उलट हो—उन फ़तवों से स्पष्ट हो जाएगा, जो यह तय करते हैं कि मुसलमान की पोशाक कैसी होनी चाहिए। तीसरा कदम—आक्रामक व्यवहार को उम्मत का प्रमाण चिह्न बनाना—उलमा द्वारा गौ-हत्या पर बल दिए जाने के बारे में विचार करने से स्पष्ट हो जाएगा।

बाह्याचार

जब हम उदाहरण के तौर पर उपवास के बारे में बुद्ध के प्रवचनों या गाँधीजी द्वारा प्रकट किए गए विचारों का अध्ययन करते हैं, तो हम यह पाते हैं कि उनमें अंतर्मन में झाकने और आत्मशुद्धि की बात कही जाती है। लेकिन जहाँ तक फ़तवों का सवाल है, शुद्ध धार्मिक विषयों पर विचार करते समय भी केवल उस आडंबर के बारे में फ़रमान दिए जाते हैं, जिनका पालन मोमिन को करना चाहिए। वे उन आदेशों के से होते हैं, जो कि एक ड्रिल सार्जेंट कैडिटों को परेड के लिए देता है।

जरा उपवास पर ही विचार कीजिए। गाँधीजी के लिए उपवास का प्रयोजन है अपनी इंद्रियों को शांत करना। यह अंतर्मन में झाँकने और मन को शांत करने का अवसर होता है, ताकि वह नीरव, निःशब्द ध्वनि को अच्छी तरह से सुन सके। उसी तरह से मौनव्रत के दिन बोलने से परहेज़ करने का उद्देश्य भी वही होता है। लेकिन फ़तवों में, रमज़ान-ए-पाक के महीने के दौरान भी रोज़ा रखना एक निर्मूल उम्मत के साथ ख़ुद को जोड़ने का एक साधन होता है। यों कहिए कि यह अनुशासन का एक और साधन है। पूरी चर्चा भी भोजन न करने संबंधी बाह्याचारों के बारे में ही होती है। जिस व्यक्ति ने ध्यान संबंधी बौद्ध ग्रंथों या उपवास के संबंध में गाँधीजी के लेखों का अध्ययन किया है वह उन विषयों को देखकर ज़रूर चौंकेगा जिन पर रोज़ा रखने से संबंधित फ़तवों पर विचार किया जाता है, या जिन बातों को ये हाकिम बल देने योग्य समझते हैं, या जो बातें प्रश्नकर्ताओं के दिमाग़ पर हावी रहती हैं।

फ़तवा-ए-दारुल उलूम के खंड 6 के पूरे तेतालीस पृष्ठ ऐसी बातों पर विचार करने में खर्च कर दिए गए हैं, रोज़ा किन चीज़ों से टूटता है, किन से नहीं, वे कौन सी चीज़ें हैं जिनसे रोज़ा टूटने पर दोबारा रोज़ा रखना लाज़िमी हो जाता है, लेकिन उसके लिए कोई सज़ा नहीं होती, और वे कौन सी चीज़ें हैं जिनसे रोज़ा टूटने पर दोबारा रोज़ा रखना और दंड भुगत कर पश्चाताप करना ज़रूरी होता है।

दातुन करने से रोज़ा टूट जाता है? या टूथ पेस्ट करने से? क्या सिर में तेल डालने से रोज़ा टूट जाता है क्योंकि उसमें से कुछ आदमी की खोपड़ी के पोरों में ज़रूर दाख़िल हो जाएगा! क्या मुँह में पान रखकर सो जाने से रोज़ा टूटता है? क्या नाक में नसवार डालने से रोज़ा टूटता है? यह महत्त्वपूर्ण सवाल कई बार किया जाता है। क्या नकसीर आने से, या तिलक लगाने से या किसी और के द्वारा तिलक लगाए जाने से रोज़ा टूटता है? और आँखों में दवाई डालने से?—क्योंकि साफ़ तौर पर कुछ-न-कुछ तो शरीर के अंदर जाता ही है, क्या टीका लगाने से? रेत या धूल उड़कर आदमी के मुँह में चली जाती है और वह उसे थूक देता है, क्या तब भी रोज़ा टूटता है? क्या मसूड़ों में से खून के रिसने से रोज़ा टूटता है? आदमी के होंठों पर जो

लार बनती है, उसे निगलने के बारे में क्या हुक्म है? रोज़ा के दौरान जब कोई तालाब में होता है, तो उस वक्त अगर उसकी हवा खारिज हो, तो क्या रोज़ा टूटता है? अगर कोई अपने बवासीर पर मरहम लगाता है, तो क्या उससे रोज़ा टूटता है? अगर कोई अपनी आँखों में सुरमा डाल ले तो? क्या चूमने पुचकारने से रोज़ा टूटता है? उलमा इनमें से प्रत्येक स्थिति पर गंभीरतापूर्वक विचार करते हैं कि इनमें से किसी बात से रोज़ा नहीं टूटता।

संभोग करने के बाद स्नान करने का जो आदेश है, यदि वह स्नान दिन निकलने के बाद किया जाए तो क्या रोज़ा टूटता है? यदि मसूड़ों से निकलने वाला खून निगल लिया जाए तो? अगर पान से मिली लार निगल ली जाए, तो क्या रोज़ा टूटता है? हुक्का पीने पर? नासिकाओं में दवाई डालने पर? शर्मगाह में लिंग के प्रवेश पर? मासिकधर्म आने पर? चूमने पुचकारने से वीर्य का स्खलन होने पर? कानों में तेल डालने पर? नसवार लेने पर? खाना खाकर संभोग करने से? अपनी पत्नी के नज़दीक लेटने पर ही वीर्य का स्खलन होने पर? सोते हुए वीर्य निकल जाने पर? अगर पत्नी के पास बैठने मात्र से ही यदि वीर्य-स्खलन हो जाए तो उस स्थिति में क्या हुक्म है? जब कोई व्यक्ति 29वें दिन चाँद को न देख पाए, लेकिन बाद में उसे पता चले कि चाँद निकला था तो क्या रोज़ा टूट जाएगा? अगर कोई ऐसे आदमी के नजदीक अगरबत्ती आदि जला दे, जो रोज़ा रखे हुए है, तो? अगर औरत को माहवारी आनी शुरू हो जाए तो? और इस प्रकार के अनेकों अन्य प्रश्न भी उठाए जाते हैं।

क्या संभोग करने से रोज़ा टूटता है, चाहे वीर्य स्खलन न भी हुआ हो? क्या बहुत ज़्यादा प्यास लगने पर पानी पीने से? क्या अंतिम दिन चाँद देखकर खाना खाने पर रोज़ा टूटता है? अगर यह सोचकर कोई रोज़ा तोड़ दे कि सूरज डूब गया है, और सूरज फिर से दिखाई दे जाए? जब किसी ऐसी औरत के साथ, जिसने रोज़ा रखा हुआ हो उसका पति, जिसने रोज़ा नहीं रखा है, यदि संभोग कर ले, तो क्या उस औरत का रोज़ा टूट जाता है? अगर कोई किसी वेश्या से संभोग कर ले तो क्या रोज़ा टूटता है? अगर कोई सुबह के वक्त दूध पी ले, तो उसके बारे में क्या हुक्म है? अगर कोई अनजाने में, रमज़ान के दिनों अपनी पत्नी के साथ संभोग कर ले, या हस्तमैथुन कर ले तो? क्या कच्चा मांस और चावल खाने से रोज़ा टूटता है? रमज़ान के दिनों अगर कोई आदमी अपनी पत्नी से संभोग करे, तो वह कैसा माना जाएगा? रात के कितने बजे तक आदमी, संभोग कर सकता है? अगर कोई जागने पर अपनी पत्नी के साथ संभोग कर ले और उसके बाद उसे यह पता चले कि सुबह हो गई है, तो उस स्थिति में क्या हुक्म है? जिसके लिए सज़ा का हुक्म सुनाया गया हो, क्या वह पैसा देकर प्रायश्चित कर सकता है? अगर घर में आग लग जाने पर रोज़ा टूट जाए, तो उस स्थिति में क्या हुक्म है? अगर कोई अनजाने में अज़ान के बाद खाना खा ले तो? और ऐसे ही अनेक अन्य सवाल भी उठाए

जाते हैं।[2]

उलमा अध्ययन करने के बाद क्या राय बनाएँगे, इस बारे में हमेशा पहले से जान पाना आसान नहीं होता, क्योंकि जैसा कि हमने पहले देखा, फ़ैसले थोड़े-थोड़े फ़र्कों पर निर्भर करते हैं। इस प्रकार, उदाहरण के तौर पर वीर्य स्खलन के परिणाम इस बात पर निर्भर करते हैं कि ऐसा स्वेच्छा से हुआ या अनजाने में। अगर स्वेच्छा से हुआ है, तो उसके भी कई उपविभाजन हैं : हस्तमैथुन करने पर रोज़ा अमान्य हो जाता है किंतु उसके लिए कोई सज़ा नहीं है। किंतु संभोग करने पर पश्चाताप भी करना पड़ता है। जब कोई ऐसा आदमी, जिसने रोज़ा नहीं रखा है, अपनी पत्नी के साथ जिसने रोज़ा रखा हुआ है, संभोग करता है, तो पत्नी के लिए पश्चाताप का हुक्म है। रमज़ान के महीने में दिन में संभोग करना एक 'बहुत बड़ा गुनाह' माना जाता है। इससे रोज़ा तो अमान्य होता ही है, उसके साथ सज़ा की भी व्यवस्था है, किंतु रात के समय संभोग को 'जायज़' करार दिया गया है, यद्यपि संभोग के बाद के स्नान को अगली सुबह तक स्थगित किया जा सकता है—और इस प्रकार के और अनेक प्रश्न भी उठाए जाते हैं।[3]

फ़तवा-ए-रहीमियत में भी इस प्रकार के सवालों पर गंभीरतापूर्वक विचार किया गया है, और इसमें भी फ़ैसले बहुत बारीक-बारीक भेदों पर निर्भर करते हैं। चुनाचे कानों में डाली गई दबाई या तेल या सिर में मसला गया तेल रोज़े को निष्फल कर देता है, क्योंकि ऐसे मामलों में कथित रूप से दवाई या तेल दिमाग़ तक पहुँचकर उस पर असर डालता है। दूसरी ओर आँखों में डाली गई दवा या काज़ल के बारे में यह घोषित किया गया है, कि वे रोज़े को खराब नहीं करते, क्योंकि कथित रूप से आँखों और दिमाग़ के बीच और आँखों और पेट के बीच दवा या काजल के गुज़रने का कोई रास्ता नहीं होता।[4]

दाँतों से निकला खून रोज़ा को अमान्य बना देता है या नहीं, यह इस बात पर निर्भर करता है कि खून का स्वाद ज़्यादा है या लार का (यदि खून का स्वाद ज़्यादा है तो रोज़ा अमान्य हो जाएगा, यदि लार का स्वाद ज़्यादा है, तो रोज़ा मान्य होगा)।[5]

किसी पशु की योनि में लिंग के प्रवेश, और उसके साथ संभोग करने से यदि वीर्य स्खलन होता है तो ऐसा करने से रोज़ा ख़राब हो जाएगा और ऐसी स्थिति में नहाना भी पड़ेगा और रोज़ा भी दोबारा रखना पड़ेगा। लेकिन जैसा कि हमने देखा कि यदि वीर्य स्खलन व्यक्ति द्वारा अपने 'लिंग का इस्तेमाल किए बग़ैर' और केवल 'पशु की योनि को हाथ से छूने, या उसे चूमने' मात्र से हुआ हो तो रोज़ा ख़राब हुआ नहीं माना जाता—यद्यपि ऐसा करने पर नहाने की सिफ़ारिश ज़रूर की गई है। ये फैसले स्वास्थ्य सफाई या चिकित्सा ज्ञान पर आधारित न होकर 18वीं-19वीं शताब्दी के एक ग्रंथ शमी और 17वीं शताब्दी के ग्रंथ दारुल मुख़्तर पर आधारित हैं।[6]

इसके बाद आप ज़रा वुज़ू पर ध्यान दीजिए। यह नमाज़ से पहले हाथ मुँह आदि धोने की धर्मविधि है। यदि बुद्ध इस पर व्याख्यान देते या गाँधीजी इस पर लिखते होते, तो वे पहले से यह मानकर चलते कि उपासक ने अपने आपको साफ़ सुथरा रखा होगा। वे इस बात पर बल देते कि धर्मविधि के तौर पर हाथ मुँह आदि धोना प्रतीकात्मक है। वे कहते कि उपासना स्थल में प्रविष्ट होते समय यदि आप अपने हाथों को धोते हैं तो उसके साथ ही आपके वे सारे अस्वस्थ विचार भी धुल जाने चाहिए जो आप अपने मन में लिए फिरते रहे हैं। उसी प्रकार यदि आप मंदिर के द्वार पर लटकी घंटी बजाते हैं, या वहाँ रखा घड़ियाल बजाते हैं, तो उसका उद्देश्य देवता को जगाना नहीं होता बल्कि उपासक के मन को टहोका देकर उसे उन चिंताओं और बकबक से मुक्त करना होता है, जिसमें वह उपासना स्थल से बाहर उलझा हुआ होता है, ताकि वह उनसे रिक्त होकर कुछ ग्रहण कर सके।

अब ज़रा इसकी तुलना उन अनेक प्रकार के पूर्वाग्रहों से कीजिए, जो वुज़ू के बारे में प्रश्नकर्ताओं और फ़तवे देने वाले उलमा के दिमाग़ों को घेरे रहते हैं।

नीचे कई ऐसे प्रश्न दिए गए हैं जिन पर दारुल उलूम, जिसे प्रायः भारत का अल अज़हर[7] कहा जाता है, के उलमा अपना समय और विद्वता खर्च करते हैं।

यदि (पेशाब की) बूँद बाहर नहीं निकलती और (लिंग के) 'दहन' (छिद्र) में अटकी रह जाती है, लेकिन उसे देखा जा सकता है, तो वुज़ू टूट जाता है या नहीं? (जब तक बूँद 'दहन' तक न पहुँच जाए, तब तक वुज़ू बरकरार रहता है) अगर घुटना या जाँघ उघड़ जाए तो क्या वुज़ू बना रहता है? (हाँ) अगर किसी ने लिंग के 'दहन' पर रूई लगा दी हो और उस वजह से पेशाब की बूँद बाहर न आ पाए, तो क्या वुजू टूट जाता है? (जब तक नमी रूई की बाहरी सतह तक न पहुँच जाए तब तक वुज़ू बरकरार रहता है) अगर वुज़ू करने के बाद, बीच में कपड़ा रखे बग़ैर किसी औरत को छू लिया जाए तो क्या वुज़ू कायम रहता है? (अगर छूए गए अंग हाथ या पाँव हों तो वुज़ू नहीं टूटता, लेकिन अगर गुप्तांग को छू लिया जाए तो वुज़ू टूट जाता है।) अगर वुज़ू के बाद कोई किसी औरत को देखकर उत्तेजित हो जाए, तो क्या हुक्म है? (यदि देखने से लिंग में उत्तेजना आ जाए किंतु उसके बाहरी हिस्से तक नाड़ी (वीर्य से पहले निकलने वाला द्रव) स्राव न हो तो वुज़ू नहीं टूटता।) क्या थूक निकलने से वुज़ू टूट जाता है? (नहीं) अगर कोई आदमी किसी नाबालिग के साथ ग़लत काम करे तो क्या वुज़ू टूट जाता है? (अगर लिंग प्रविष्ट करने पर नाड़ी या वीर्य का स्राव न हो तो वुज़ू नहीं टूटता)। अगर वुज़ू या नमाज़ के दौरान कोई व्यक्ति अपनी हवा ख़ारिज न होने दे, तो क्या नमाज़ और वुज़ू कायम रहते हैं? (हाँ।) अगर कोई अपनी हवा खारिज तो करता है लेकिन न तो आवाज होती है, और न बदबू आती है तो क्या वुज़ू टूट जाता है? (अगर हवा खारिज हो, तो वुजू टूट जाता है चाहे आवाज़ या बदबू आए या नहीं। ऐसा होने पर वुज़ू दोबारा

किया जाना चाहिए।) अगर कोई इत्तफ़ाक से दूसरे आदमी के गुप्तांग को देख ले, तो क्या वुज़ू अमान्य हो जाता है? (नहीं)[7] और ऐसे-ऐसे अनेकों और प्रश्न भी किए जाते हैं।

फ़तवा-ए-रिज़विया में भी, अन्य बातों के साथ-साथ, इस बारे में विश्लेषण किया जाता है कि क्या उस सूरत में वुज़ू अमान्य हो जाता है, और उसे दोबारा किया जाना चाहिए जब : हाथों पर कुछ मेंहदी रह जाए, या आँखों के किसी कोने में सुरमा रह जाए, या नाखूनों पर पालिश रह जाए, या लार में खून आ जाए, या किसी की नाक बहने लगे, या खखार आ जाए...। फ़तवे में यह भी निर्धारित किया गया है कि दाढ़ी कितनी धोई जानी चाहिए।[8]

ऐसे सब मामलों पर फैसले देने के लिए कुरआन की आयतों, हदीस और इस्लामी न्यायशास्त्र के सिद्धांतों जैसे कियास (दृष्टांत के आधार पर विवेचन) आदि तक का इस्तेमाल किया जाता है और निर्णय इस बात पर निर्भर करता है कि ये सब ग्रंथ विभिन्न मुद्दों पर क्या कहते हैं और न्यायशास्त्र के इन सिद्धांतों के आधार पर उन मुद्दों पर क्या कहा जा सकता है। अगर हवा से धोती, लुँगी, या अंदर के कपड़े के उड़ने से जंघा उघड़ जाए तो क्या वुज़ू अमान्य हो जाता है? इस पर अहल-ए-हदीस के उलमा का यह फ़ैसला है कि वुज़ू बरकरार रहता है, क्योंकि साहिब-अल-बुखारी में दी गई हदीस में यह कहा गया है कि एक बार नितंबों के उघड़ जाने पर भी वुज़ू टूटा करार नहीं दिया गया। इसलिए जब नितंबों के उघड़ जाने पर भी वुज़ू अमान्य नहीं होगा...।[9] और हमेशा की तरह हर सवाल कई वर्गों और उपवर्गों में बँटता चला जाता है। अगर नमाज़ के दौरान आपकी हवा ख़ारिज होती है और आप उदर-वायु से पीड़ित हैं तो अल्लाह इस गुनाह के लिए आपको माफ कर देंगे और नमाज़ पढ़ ली गई मानी जाएगी; लेकिन अगली नमाज़ के लिए आपको दोबारा वुज़ू करना चाहिए...।[10] अब सवाल यह पैदा होता है कि किसी व्यक्ति के बारे में यह कैसे पता चला पाएगा कि वह उदर-वायु के पुराने रोग से पीड़ित है?

वुज़ू संबंधी विश्लेषण हो जाने के बाद वास्तविक प्रार्थना अर्थात् नमाज़ पर सैकड़ों पृष्ठ खर्च किए गए हैं। लेकिन यहाँ भी बाह्याचार पर ही ज़्यादा ध्यान केंद्रित किया गया है : इमाम और दूसरे लोगों के बीच कितना फ़ासला होना चाहिए; कतारें किस तरह से बनाई जानी चाहिए, जूते किस तरह से रखे जाने चाहिए, नमाज़ के दौरान अलग-अलग हरकतों और घुटने टेकने का क्या क्रम होना चाहिए, नमाज़ के वाक्यांशों का उच्चारण किस प्रकार किया जाना चाहिए, और किस भाषा में...। निस्संदेह इस मामले में भी कई जाने पहचाने सवाल पांडित्यपूर्ण पड़ताल के लिए उठाए जाते हैं।

इबादतगुज़ारों को कौन नमाज़ पढ़ा सकता है, अर्थात् कौन इमाम हो सकता

है? बुनियादी स्थिति तो सीधी सी है—कोई भी सच्चा मुसलमान इमाम हो सकता है। इस्लाम को लोकतांत्रिक सिद्ध करने के लिए और यह सिद्ध करने के लिए कि इस्लाम में कोई पुरोहित वर्ग नहीं है, यह बात प्रायः दोहराई जाती है।

लेकिन स्वाभाविक रूप से विधिवेत्ताओं के हाथ में पड़कर मामला ऐसा हो जाता है जिसके लिए जटिल विश्लेषण, ग्रंथों से प्रमाण ढूँढने और चिंतन-मनन की ज़रूरत होती है। पहले-पहल तो, यह कहना बहुत सरल लगता है कि कोई भी सच्चा मुसलमान नमाज़ करा सकता है। लेकिन फ़ैसला यह करना होता है कि 'सच्चा मुसलमान' कौन है।

क्या वह आदमी जो कर्ज़ या ब्याज संबंधी दस्तावेज़ लिखता है, इमाम हो सकता है? क्या एक औरत इमाम हो सकती है? क्या वह आदमी इमाम हो सकता है, जो किसी शिया से प्यार करता है? क्या देवबंदी, क्या शफ़ियाई, क्या बरेलवी इमाम हो सकते हैं? क्या वह आदमी जो अपनी माँ या अपने पिता को पीटता है, इमाम हो सकता है? क्या वह इमाम हो सकता है जिसने अपनी बहन की शादी के लिए धन लिया हो? क्या वह आदमी इमाम बन सकता है जिसने अपने उस साले की मदद की हो, जो किसी लड़की को अगवा कर ले गया हो? इन मानदंडों के बारे में अहल-ए-हदीस के उलमा ने अपने फ़ैसले दिए हैं।[11]

क्या कोई व्यभिचारी नमाज़ करा सकता है, या जो लौंडेबाज़ी करने का अपराधी हो? या वह आदमी जिसकी बीवी पर्दा न करती हो? या दाड़ी रखने वाला वह आदमी नमाज़ करा सकता है, जो यह दावा करता है कि वह दूसरे आदमी से इसलिए बहतर है, क्योंकि दूसरे आदमी की दाढ़ी नहीं है? इन और अन्य ऐसे मानदंडों के बारे में मुफ़्ती किफ़ायतुल्लाह द्वारा फ़ैसले दिए गए हैं। उनके जवाब हमेशा की तरह खूब सधे हुए हैं। अगर पति के कहने पर भी कोई पत्नी पर्दा नहीं करती, तो फिर इसमें पति का कोई कसूर नहीं है। इसलिए उसे इमाम के रूप में स्वीकार किया जा सकता है। इसी प्रकार दाढ़ी वाले आदमी के दावे के बारे में किफ़ायतुल्लाह फ़रमाते हैं कि उसका यह कहना 'मैं आपसे बहतर हूँ क्योंकि मेरी दाढ़ी है' यह साबित नहीं करता कि वह घमंडी है। वह केवल एक असलियत बयान कर रहा है। इसलिए वह इमाम बन सकता है।[12]

क्या वह आदमी जो दूसरे को 'हरामजादा' कहता है, नमाज़ करा सकता है? वह जो व्यभिचारी है और बीड़ी पीता है? वह जो शतरंज खेलता है? वह जिसे बवासीर है? वह जो बेहोश हो जाता है? वह जो मद्य परोसता है या जिसकी बीवी पर्दा नहीं करती? वह जो लंबे बाल रखता है? वह जो धर्मत्यागी औरत के यहाँ खाना खाता है? वह जो टख़नों से नीचे तक पायजामा पहनता है? पायजामे वाला सवाल दो बार उठाया गया है। क्या वह आदमी नमाज़ करा सकता है जो सिर्फ़ पानी से इस्तिंजा करता है? इस सवाल को लेकर तीन बार फैसले दिए गए हैं। क्या वह आदमी जो

बालों को रंगने के लिए काले ख़िज़ाब का इस्तेमाल करता है नमाज़ करा सकता है? क्या वह जो ऐसा पायजामा पहनता है जिसकी चौड़ाई छह गिरह होती है? वह जो अपनी फ़ोटो खिचवाता है? वह जो किसी लड़की की शादी कादियानी से कर देता है? वह जो नए-नए सोच विचार और तरीकों तथा शिर्क (बहुदेववाद) का समर्थन करता है? वह जो धोती पहनता है? वह जो टोपी पहनता है? वह जो किसी हिंदू के जनाज़े में शरीक होता है? वह जो अपने जघन बालों को नहीं काटता है? वह जो अपने सफ़ेद बालों को बीनता है? वह जो नकली दाँत लगाता है? वह जो अपनी दाढ़ी कुतरता है? यह एक ऐसा मामला है जिसने सभी विधिवेत्ताओं का ध्यान अपनी ओर खींचा है और इस संकलन में उसका तीन बार जवाब देना ज़रूरी समझा गया है। वह जो हिंदू संस्कृति के तौर-तरीके अपना लेता है? वह जो मछली खाता है? वह जो शियाओं में दिलचस्पी लेता है और उनके साथ संबंध बनाए रखता है? वह जिसकी बीवी साड़ी पहनती है? वह जो ताश खेलता है? वह जो (धार्मिक मामलों में) नए-नए विचार और तरीके अपनाता है? वह जो अपनी औरतों को शादियों में ढोलक बजाने और गाने से नहीं रोकता? ...ये ऐसे सवाल हैं, जिन पर देवबंद के उलमा ने 200 से भी अधिक पृष्ठ ख़र्च कर दिए हैं।[13]

उनके फ़ैसले ख़ुद ही रूढ़िवाद का नमूना हैं। वे फ़रमाते हैं कि नमाज़ के समय के अलावा भी टख़नों से नीचे तक का पायजामा पहनना हराम और निषिद्ध है और उक्त इमाम को ऐसा नहीं करना चाहिए। इस तरह का पायजामा पहनना एक ऐसा आधार है, जो किसी व्यक्ति को इमाम बनने के अयोग्य करार देने के लिए काफ़ी है। ऐसे व्यक्ति के नेतृत्व में नमाज़ पढ़ना घृणास्पद है। ऐसे व्यक्ति को अपनी आदत बदलने के लिए रज़ामंद किया जाना चाहिए, या फिर उस आदमी को बदल दिया जाना चाहिए। लेकिन अगर फिर भी कोई व्यक्ति उसके नेतृत्व में नमाज़ियों की जमायत में नमाज़ पढ़ता है, तो उसे जमायत में ही नमाज़ पढ़ने जितना फ़ायदा होगा...। उसी प्रकार उनका यह भी फ़रमान है कि जो हिंदू रीति रिवाज अपना लेता है वह फ़ासिक (दुराचारी), हरामकार और सख़्त गुनहगार है। उनका यह निर्णय है जो ऐसे तौर-तरीकों का समर्थन करता है, वह भी फ़ासिक है और ऐसा व्यक्ति इमाम बनने के योग्य नहीं है। उलमा फ़रमाते हैं कि इमाम अबू हनीफ़ा के मुताबिक शतरंज खेलना घृणास्पद है और जो आदमी शतरंज खेलने का आदी हो, वह इमाम बनने के योग्य नहीं है...इसके सिवाय उनका कोई और फ़ैसला हो ही कैसे सकता था? क्या पैग़ंबर साहिब ने नहीं कहा था, "जो आदमी शतरंज खेलता है वह एक ऐसे आदमी की तरह है जिसने अपने हाथ सूअर के मांस और खून से रंग लिए हों...![14]

इस प्रकार ये जवाब ख़ुद ही रूढ़िवाद का नमूना हैं। लेकिन ये जवाब इतने रूढ़िवादी भी नहीं हैं, क्योंकि जैसा कि हम आगे चलकर देखेंगे, फ़तवा-ए-रिज़विया में यह निर्णय दिया गया है कि किसी देवबंदी के नेतृत्व में या किसी ऐसे व्यक्ति

के नेतृत्व में भी, जिसने देवबंदियों द्वारा चलाए जा रहे मदरसों में तालीम ली हो, नमाज़ पढ़ना घृणास्पद, निषिद्ध और निष्फल है।

यह कोई सांयोगिक बात नहीं कि उलमा ऐसे सवालों को सुलझाने में इतनी विद्वता और इतना समय खर्च करते हैं। ज़रा याद कीजिए कि निर्धारित मानदंड के अनुसार कोई भी सच्चा और पाक मुसलमान इमाम बन सकता है। लेकिन इस्लाम के इस बुनियादी दावे के बावजूद, उलमा की निगाह में इस्लाम की ख़ासियत यह है कि उसके द्वारा एक संपूर्ण संहिता मुहैया की गई है, एक ऐसी संहिता जिसकी परिधि में जीवन का हर पहलू आता है। ऐसे में यह स्वाभाविक है कि यह सुनिश्चित कर लिया जाए कि जो व्यक्ति नमाज़ कराने के लिए चुना जाना है, वह इस संहिता का अक्षरशः पालन करता हो।

क्या वह टोपी पहने हुए नमाज़ करा सकता है? क्या वह नमाज़ियों से एक फुट ऊँचा खड़ा होकर नमाज़ करा सकता है? क्या वह आस्तीनें चढ़ाकर नमाज़ करा सकता है?... ये विषय अंतहीन हैं और ज़रा-ज़रा फ़र्क होने पर अलग-अलग बातों पर बल दिया गया है। अहल-ए-हदीस के उलमा का यह मानना है कि जिस आदमी ने अपनी कमीज़ की आस्तीनें ऊपर चढ़ा रखी हों, वह नमाज़ करा सकता है बशर्ते कि कमीज़ से उसके कंधे ढके हों। आमतौर पर नरमपंथी किफ़ायतुल्लाह ने इस मामले में काफ़ी कड़ा रुख अख़्तियार किया है। उनका यह निर्णय है कि आधी आस्तीनों वाली कमीज़ पहने ख़ुत्बा (धर्मोपदेश) या नमाज़ पढ़ना घृणास्पद और विवादास्पद है क्योंकि मुसलमानों के लिए यह नमाज़ की पोशाक नहीं है।...[15]

नमाज़ियों की संख्या के संदर्भ में भी इसी प्रकार के मामले उठाए जाते हैं। अगर इमाम और नमाज़ियों के बीच कोई कुत्ता गुज़र जाए तो?...इनमें ऐसे मामले भी शामिल हैं जो हर संदर्भ में उठाए जाते हैं। अगर नमाज़ के दौरान वीर्य स्खलन हो जाए तो? अगर नमाज़ के दौरान किसी को यह याद आ जाए कि पेशाब करने के बाद कुलूख (ढेला) का तो इस्तेमाल किया गया था, लेकिन पानी का नहीं, तो वह क्या करे? अगर पाख़ाना या पेशाब करने के बाद ख़ुद को साफ़ करते हुए पेशाब की एक या दो बूँदें ख़ुद पर या कपड़ों पर गिर जाएं तो क्या उन कपड़ों के साथ नमाज़ पढ़ी जा सकती है?...और हमेशा की तरह फ़ैसले मात्राओं या मामलों के अलग-अलग प्रकारों पर निर्भर करते हैं...विधिवेत्ता दो स्थितियों के बीच फर्क करता है, जिनमें पाख़ाना करने के बाद ख़ुद को साफ करने के लिए इस्तेमाल किया गया पानी किसी के कपड़ों पर गिरा हो सकता है : (1) वह स्थिति जब पानी सफ़ाई करने के दौरान या उसके फ़ौरन बाद गिरा हो और (2) वह स्थिति जब लोटे या हाथ से गिरा पानी पहली स्थिति के पानी के साथ न मिला हो। ऐसी दूसरी स्थिति में पानी पाक माना जाता है और कोई उपचारी उपाय करने की आवश्यकता नहीं होती। पहली स्थिति में सुधारात्मक उपाय पानी की मात्रा पर निर्भर करता है। अगर

कपड़े का गीला हुआ भाग एक दिर्हम (चवन्नी) से बड़ा हो, तो उस हालत में नहाने की ज़रूरत तो नहीं है लेकिन नहा लेना बहतर होता है। लेकिन अगर गीली हुई सतह उससे बड़ी हो, तो आदमी को ज़रूर नहाना चाहिए...। उसी प्रकार विधिवेत्ताओं का यह आदेश है कि जो कुत्ता नमाज़ियों के समाने से गुज़रता है, अगर वह लाल-भूरा है, तो नमाज़ नहीं टूटती लेकिन अगर वह काला हो, तो नमाज़ टूट जाती है। उसी तरह से अगर नमाजियों के सामने से गधा या औरत गुज़र जाए, तो भी नमाज़ टूटती है...[16]

कहाँ एक तरफ़ ध्यान के बारे में बुद्ध के व्याख्यान, और प्रार्थना तथा उपवास के बारे में गाँधीजी के लेख और कहाँ इस प्रकार के मानसिक पूर्वाग्रह...और ज़रा आदान-प्रदान के दोनों पहलुओं पर भी ध्यान दीजिए : जनसाधारण ने इस सिद्धांत को अपना लिया है कि नमाज़ तक के मामले में इस प्रकार के सवाल ज़रूरी हैं, और यही कारण है कि वे इन मामलों पर उलमा से पूछताछ करते रहते हैं। दूसरी तरफ उलमा इन सवालों का इतना महत्त्वपूर्ण मानते हैं कि उन पर इतनी अधिक विद्वता और समय ख़र्च कर देते हैं।

अल्लाह की शान में पशुबलि

बलि पर दिए गए फ़तवे भी इसी प्रकार के हैं। हाँ इतना ज़रूर है कि उन्हें पढ़कर और वह भी धार्मिक ग्रंथों में, हममें से अधिकतर को वीभत्स अनुभूति होगी। ऐसे फ़तवों में इस बारे में पूरे ब्यौरे दिए गए हैं, कि इन जीवित प्राणियों को ज़िबह किस तरह से किया जाना चाहिए।

बुद्ध के व्याख्यानों से लेकर गाँधीजी के अनासक्ति योग तक में हमें यह बताया गया है, कि हमारे अहं, हमारी अधम मूल प्रवृत्तियों और कर्मफल के पीछे हमारी भटकन में हमें क्या-क्या बलिदान करना चाहिए। लेकिन इस मामले में स्थिति बिल्कुल उल्टी है : यहाँ बलि से अभिप्राय है जीवित पशुओं की हत्या करना।

और इस मामले में भी फ़तवों का पूरा सरोकार बाह्याचारों से ही है : उनका सरोकार इस बात से है कि बेचारे पशुओं को ज़िबह करने के लिए कौन-कौन से तरीके अपनाए जाने चाहिए।

फ़तवों में इस बात को बार-बार दोहराया गया है कि बलि पशु की दिशा हमेशा काबा की ओर होनी चाहिए। क्या इसका यह अर्थ है कि उसकी आँखें, नाक, माथा उस दिशा में होने चाहिए, या और कुछ? उलमा इसका वर्णन विस्तारपूर्वक करते हैं : बलि पशु का सिर दक्षिण की ओर होना चाहिए। वह अपनी बाईं करवट लेटा होना चाहिए। उसकी पीठ पूर्व दिशा की ओर होनी चाहिए...जो आदमी उसे ज़िबह करता है, उसका मुँह किब्ला की तरफ़ होना चाहिए।

मोमिनों का सरोकार भी केवल इन व्यावहारिक ब्यौरों से है। क्या पशु को ज़िबह करने के लिए दरांती का इस्तेमाल किया जा सकता है? (उलमा में इस बारे में मतभेद हैं। शमी का कहना है 'हाँ'। अहमद रज़ा ख़ान कहते हैं 'नहीं', क्योंकि दरांती का इस्तेमाल करना एक कुंद चाकू का इस्तेमाल करने के समान है; लेकिन उसके बाद वे नरम पड़ जाते हैं, वे कहते हैं, अगर जरूरत पड़े तो फिर दरांती का भी इस्तेमाल किया जा सकता है)। पशु की कौन सी टाँग उसकी गर्दन के नज़दीक रखी जानी चाहिए? अगर घंडी का कोई भी हिस्सा सिर से न जुड़ा हो, तो भी पशु को ज़िबह किया जा सकता है? फ़तवे में यह कहा गया है, कि घंडी की ख़याल मत करो, जो चार धमनियां गर्दन को सिर से जोड़ती हैं, अगर उनमें से तीन कट जाएं तो उसे हलाल माना जाता है। अगर घंडी से नीचे सिर्फ एक या दो धमनियां कटें, तो वह हलाल नहीं होता, अगर घंडी से ऊपर तीन या चार धमनियाँ कटें...।

अगर कुंद चाकू इस्तेमाल किया जाए और तीन धमनियाँ कटने से पहले ही पशु मर जाए, तो क्या वह हलाल है? (इस मामले में भी उलमा के बीच मतभेद है।)

अगर याजक का हाथ कमज़ोर हो, तो क्या कोई दूसरा व्यक्ति उसके साथ चाकू को पकड़ सकता है? अगर हाँ, तो क्या उन दोनों को तकबीर (अल्लाहो अकबर) का उच्चारण करना चाहिए, (बरेलवियों और देवबंदियों के बीच इस मामले को लेकर घोर मतभेद है।)

क्या किसी शिया, देवबंदी या अहल-ए-हदीस द्वारा बलि चढ़ाया गया पशु नापाक होता है? क्या किसी देवबंदी द्वारा भेजा गया गोश्त नापाक होता है, चाहे उसे कोई मुसलमान भी लेकर क्यों न आया हो? फ़तवा-ए-रिज़विया में इन दोनों सवालों के जवाब में सुस्पष्ट हाँ...कहा गया है...।[17]

अगर कोई बलि छूट गई हो तो क्या उसे चालू वर्ष की बलि के साथ शामिल करना सही है? अगर कोई दिवंगत व्यक्तियों के लिए बलि चढ़ा रहा हो, तो क्या हर दिवंगत व्यक्ति के लिए अलग-अलग हिस्से रखना ज़रूरी है, या सभी हिस्सों को एक साथ रखा जा सकता है? (हर दिवंगत व्यक्ति के लिए अलग हिस्सा रखना ज़रूरी है। एक हिस्सा एक से अधिक दिवंगत व्यक्तियों के लिए पर्याप्त नहीं होता...। अगर सामर्थ्य हो तो दिवंगत व्यक्तियों की तरफ़ से कुर्बानी ज़रूर दी जानी चाहिए क्योंकि यह एक श्रेयस्कर कार्य है, जिससे दिवंगतों को बहुत फ़ायदा पहुँचता है) किसी बाँझ बकरी की कुर्बानी देना अनुमत्य है या नहीं? (यह अनुमत्य है, निषिद्ध नहीं है...। बलिपशु का बाँझपन कोई दोष नहीं है, ठीक उसी तरह से जैसे बधियाकरण या सहवास की अक्षमता किसी पशु को कुर्बानी के नाकाबिल नहीं बना देता। बाँझ पशु प्रायः काफ़ी मांसदार और चर्बीदार होता है और साथ ही बहुत ज़ायकेदार भी) बलि पशु के दूध और बालों का इस्तेमाल करना संभव है या नहीं? उसकी खाल

के बारे में क्या फ़रमान है? क्या किसी के लिए अपने नाबालिग बच्चों की तरफ से बलि चढ़ाना लाज़िमी है? अपनी पत्नी की तरफ़ से? अल हज्ज के आधे चाँद को देखने और पशु को ज़िबह करने के बीच की अवधि के दौरान नाख़ुन और बाल क्यों नहीं काटे जाने चाहिए?

जिस पशु की दुम काट दी गई हो, क्या उसे बलि चढ़ाया जा सकता है? (अगर एक-तिहाई से ज़्यादा दुम काट दी गई हो तो नहीं। लेकिन एक विशेषज्ञ के अनुसार, अगर पशु की दुम आधी से ज़रा ज़्यादा बकाया हो, तो उसकी बलि दी जा सकती है।) अगर किसी पशु के जिस्म पर कोई रसोली हो, तो क्या उसकी बलि दी जा सकती है? (हाँ।) अगर सींग का खोल उतर गया हो तो? (हाँ, लेकिन अगर सींग उखड़ गया हो, तो उस स्थिति में नहीं।) जिस पशु के कान न हों, उसकी बलि दी जा सकती है? या जिस बकरे का बधियाकरण कर दिया गया हो? या जिस पशु को संभोग के लिए इस्तेमाल किया गया हो? जो पशु निर्धारित आयु का तो हो चुका है, लेकिन जिसके दाँत पूरे न निकले हों?...[18]

आदेश इतने नैदानिक हैं, कि उनसे क्रूरता को बढ़ावा मिलता है। "अगर ज़िबह किए हुए जानवर की कोख से कोई ज़िंदा बच्चा या बछड़ा निकल आए तो उस स्थिति में क्या नियम है?" एक प्रश्नकर्ता पूछता है। फ़तवा-ए-रहीमियत में यह कहा गया है : "अगर बच्चा ज़िंदा हो तो उसे भी बलि चढ़ा दिया जाना चाहिए, अगर मरा हुआ हो, तो उसे बलि के लिए इस्तेमाल नहीं किया जा सकता"—और इसका लिखित प्रमाण शमी में मिलता है![19] क्या उस गाय की बलि चढ़ाना उचित है जिसका बछड़ा दूध के लिए अभी उस पर निर्भर हो? एक प्रश्नकर्ता पूछता है और उसके बाद यह बताता है कि वह बछड़ा अभी 4-5 महीने का है। मुफ़्ती किफ़ायतुल्लाह अपना निर्णय देते हैं : ऐसी गाय की बलि देने में कोई आपत्ति नहीं। वे आगे कहते हैं, कि अगर बछड़ा इतना छोटा है कि वह कुछ और नहीं खा सकता तो उसे भी ज़िबह कर दो। लेकिन वह बछड़े की बलि नहीं होगी—वे ख़बरदार करते हैं। उसके गोश्त को वैसे ही खा लेना उचित होगा। लेकिन अगर वह इतना छोटा नहीं है तो उस हालत में उसे ज़िबह करना ज़रूरी नहीं। जब वह इतना छोटा है और गाय की बलि चढ़ा दी जाती है, और बछड़े की नहीं चढ़ाई जाती, तो बलि तो पूरी हो जाएगी, लेकिन गाय की बलि चढ़ा देना और बछड़े का वध न करना वांछनीय नहीं है...[20]

वे बाह्याचार जो आदमी को दूसरों से अलग करते हैं

बाह्याचारों को स्थिर करना पहला कदम है। इसके बाद उलमा इस बात पर ज़ोर देते हैं कि मोमिन उन बाह्याचारों का कड़ाई से पालन करें, जो उन्हें काफ़िरों से अलग करते हैं—अर्थात् उन्हें विशिष्टता प्रदान करते हैं। वे हर काम इस अंदाज़ से करें,

जो काफ़िरों के अंदाज़ से उल्टा हो और वह उल्टा दिखाई भी दे और वे उन विभेदक बाह्याचारों का प्रदर्शन भी करें जिन्हें आज जोरदार राजनीतिक बयान कहा जा सकता है, पोशाक जैसी एक अहानिकर चीज़ उनका एक माध्यम बन जाती है।

शरीअत में ऐसे कपड़े पहनना हराम है जो काफ़िरों और मुसलमानों के बीच के फ़र्क को मिटा देते हैं—यह बात फ़तवा-ए-रिजविया में कही गई है। इसमें यह घोषणा की गई है कि सच्चा मज़हब यह कहता है कि ऐसी पोशाक पहनना जिसका रूपाकार फ़िरंगियों की पोशाक से मिलता-जुलता हो, कुफ्र है। लिखित प्रमाणों को उद्धृत करते हुए यह ताकीद की गई है कि किसी का यह कहना भी, कि उसने जो पोशाक पहन रखी है, उसका संबंध काफ़िरों से है, हालाँकि ज़ाहिराना तौर पर यह बात सही न भी हो, तो भी ऐसा कुछ कहना भी कुफ्र है। इस प्रकार यह फ़तवा यह घोषित करता है कि वह औरत जो यह कहती है कि उसने जो रस्सी अपनी कमर के इर्द-गिर्द बांध रखी है, वह ज़ुन्नार (यज्ञोपवीत) है, काफ़िर बन जाती है। फ़तवा-ए-रिज़विया में आगे कहा गया है, कि इसी कारण से अंग्रेजी किस्म के कपड़े घृणास्पद हैं। वे हराम, सख़्त हराम, अज़हद हराम हैं और जो आदमी ऐसे कपड़ों को पहने हुए नमाज़ पढ़ता है, वह गुनहगार है, एक ऐसा गुनहगार जो सज़ा का मुस्तहिक (पात्र) है। एक मुसलमान को ऐसे कपड़े सीने की भी मनाही है, जो दूसरी कौम से जुड़े हों—जैसे पैंट, अंग्रेजी टोपी, जैकेट आदि।[21]

मुफ़्ती किफ़ायतुल्लाह जैसे अधिक सतर्क मुफ़्ती भी मोमिनों को दूसरों से अलग करने के लिए कपड़ों पर ज़्यादा बल देते हैं। उनका कहना है कि सही बात यह है कि शरीअत मोमिनों द्वारा पहनी जाने वाली पोशाक का कोई ख़ास डिज़ाइन या आकार निर्धारित नहीं करती। हाँ यह बात ज़रूर है कि आदमियों को कुछ चीज़ें पहनने से मना किया गया है जैसे रेशमी वस्त्र, या ज़रीदार कपड़े। इसके अलावा ऐसी पोशाक पहनने से भी मना किया गया है, जिसे काफ़िर कौम या औरतें पहनती हैं। उनका कहना है कि आदमी का इस्लाम उसकी आस्थाओं और कार्यों पर निर्भर करता है। हालाँकि पोशाक का इस्लाम की बुनियादी बातों पर कोई असर नहीं पड़ता, लेकिन वे इस बात पर ज़ोर देते हैं कि मुसलमानों के लिए इस्लामी रूप-आकार बनाए रखना ज़रूरी है। हर कौम के अपने पहचान चिह्न होते हैं, जिनसे वह अलग से पहचानी जाती है। इसी प्रकार दाढ़ी और पोशाक मुसलमानों के इस्लामी प्रमाण चिह्न हैं। जो इन सांस्कृतिक चिह्नों को मिटा देता है वह इस्लाम को तो नहीं मिटा पाता लेकिन वह इस्लामी विशिष्टता को ज़रूर मिटा देता है—ऐसा मानना है मुफ़्ती साहिब का।

इस सामान्य अवस्था से एक कसौटी उभर कर सामने आती है : अगर कोई पोशाक या कोई चीज़ सामान्यतः किसी और कौम से जुड़ी हुई है, तो मुसलमानों को उससे दूर रहना चाहिए। जब किसी कौम या किसी क्षेत्र में कोई रीति या कोई वस्तु इस प्रकार सामान्य प्रयोग में आने लगती है, कि उसे किसी ख़ास गैर मुस्लिम

समूह से नहीं जोड़ा जाता, तो उस सूरत में मुसलमान भी उसका प्रयोग कर सकता है। इसी कसौटी के आधार पर किफ़ायतुल्लाह फैसला देते हैं कि क्या मुसलमानों को कुछ ख़ास चीज़ें पहननी चाहिए कि नहीं। सूट और 'अंग्रेजी बालों' के बारे में उनका कहना है, कि अब तक वे भारत में घृणास्पद और निंदनीय हैं, क्योंकि वे काफ़िरों की पोशाक और केश-शैली से मिलते-जुलते हैं। वे फ़रमाते हैं कि चाहे वह हैट हो या अंग्रेज़ी बाल, दोनों से ही आदमी की कौम के बारे में शक पैदा हो जाता है। लेकिन साफ़-साफ़ हुक्म तभी दिया जा सकता है जब किसी ख़ास पहरावे आदि के कारण उसे धारण करने वाले व्यक्ति की कौम के बारे में शक होने लगे—उदाहरण के लिए, जब किसी हैट पहने हुए व्यक्ति को ईसाई समझ लिया जाए। जब दूसरे लोग भी एक जैसी चीज़ें पहनने या इस्तेमाल करने लग जाएँ—जैसे बूट, कोट, पैंट आदि—"तो शक कमज़ोर पड़ जाता है और घृणास्पदता कम हो जाती है।" क्योंकि तब इस बात का अंदेशा कम हो जाता है कि उस चीज़ को इस्तेमाल करने वाला व्यक्ति किसी ग़ैर मुसलमान कौम का समझ लिया जाएगा। इसी कारण से, उदाहरण के तौर पर मुसलमान को धोती नहीं पहननी चाहिए क्योंकि उस धोती को वह धोती समझ लिया जाएगा, जिसे ग़ैर-मुस्लिम पहनते हैं। उसी प्रकार, जहाँ केवल ग़ैर मुस्लिम औरतें ही साड़ी पहनती हों, वहां मुस्लिम औरतों के लिए साड़ी पहनना घृणास्पद है। लेकिन जहाँ मुस्लिम औरतों के लिए साड़ी पहनना रिवाज बन गया हो, वहाँ मुस्लिम औरतों का साड़ी पहनना जायज़ है।[22]

फ़तवों की जिल्दें की जिल्दें इस आशय के बयानों से भरी पड़ी हैं। सामान्य स्थिति के बारे में जो मुझे सबसे ज़्यादा सटीक बयान दिखाई दिया, वह मौलाना मौदूदी की पुस्तक 'लिबास का मसला'[23] में दिया गया है। जिन तर्कों और जिस शैली का उन्होंने इस्तेमाल किया है, वे दोनों ही याद रखने लायक हैं। मोमिनों की पहचान को तर्कों के ज़रिए उतना ही अलग बनाए रखने की कोशिश की गई है, जितना कि शैली की तीखी व्यंग्यात्मकता और धमकी भरे शब्दाडम्बर द्वारा।

वे लिखते हैं, अगर पोशाक को संस्कृति से अलग कर दिया जाए; तो उसका प्रयोजन केवल शरीर के विशिष्ट अंगों को ढकना और व्यक्ति को मौसम से बचाना मात्र रह जाता है। अगर उसका प्रयोजन केवल इतना ही होता तो सब जातियों के लिए एक ही पोशाक होती क्योंकि जिस्म का ढाँचा हर कहीं एक जैसा ही होता है। हाँ केवल जलवायु संबंधी आवश्यकताओं के अनुसार उसमें थोड़ा बहुत अंतर होता। लेकिन हम यह देखते हैं कि यह हर कहीं अलग-अलग होती है। जैसे-जैसे संस्कृति, इतिहास, कानून और रीति-रिवाज विकसित हुए, वैसे-वैसे पोशाक में भी बदलाव आया।

मौदूदी कहते हैं कि पोशाक हर कौम की कौमी जुबान होती है जिसके माध्यम से उसकी कौमियत व्यक्त होती है और दुनिया उसका परिचय प्राप्त कर पाती है।

भौगोलिक तत्त्वों के अलावा जो अन्य तत्त्व लोगों द्वारा पहनी जानेवाली पोशाक को प्रभावित करते हैं, वे हैं, कौम की संस्कृति और धर्म, उसके सामाजिक रीति-रिवाज, उसकी आर्थिक दशा, उसकी नैतिकताएँ और प्रथाएँ और उस पर पड़ने वाले बाहरी प्रभाव। इन सब तत्त्वों में बदलाव आता रहता है। ये तत्त्व जितना पोशाक को प्रभावित करते हैं, उतना ही जीवन के अन्य पहलुओं को भी। इन प्रभावों के फलस्वरूप पोशाक भी अपने आप विकसित होती चली जाती है। इसको बदलने के लिए किसी प्रयास की आवश्यकता नहीं पड़ती।

इन तत्त्वों के प्रभाव को कोई भी कौम आत्मसात करती चली जाती है और उन्हें अपने स्वभाव के अनुसार रूपांतरित करती है। वे आगे कहते हैं, जैसे-जैसे पेड़ बढ़ता है, उसमें बदलाव आता चला जाता है। वह धरती और वायु से पोषण प्राप्त करता है लेकिन उन्हें जज़्ब करके वह उन्हें अपनी प्रकृति के अनुरूप रूपांतरित कर लेता है। पेड़ में उसका इमलीपन बाकायदा बना रहता है।

वे उन लोगों को आड़े हाथों लेते हैं जो मुसलमानों से यह आग्रह करते हैं कि वे अपनी ख़ास पारंपरिक पोशाक को छोड़कर पश्चिमी पोशाक अपना लें। वे कहते हैं, ऐसे लोग मुसलमानों को गुमराह करके उनकी पहचान को मिटाना चाहते हैं। जहाँ तक तरक्की का सवाल है, वे लोग तनज़ली (अवनति) को तरक्की समझ बैठे हैं।

जो पोशाक को बदलने की वकालत करते हैं, वे यह कहते हैं कि जो पोशाक सिजदा करने वाली कौम से जुड़ी है, उसका त्याग करने से परिवर्तन और सुधार आएगा। ऐसा करने से यह कौम उस कौम की तरह तरक्की करेगी जिसकी पोशाक को वह अपनाएगी। मौलाना का कहना है, इस सवाल को देखने का यह बहुत तंग नज़रिया है, जिसमें सोच का अभाव है। अगर सिर्फ़ पोशाक बदल दी गई और जीवन शैली नहीं बदली गई तो बहुत बड़ी विसंगति पैदा होने का अंदेशा है।

मौदूदी साहिब फ़रमाते हैं, इससे भी ज़्यादा ज़रूरी बात यह है कि पोशाक भी किसी कौम की संस्कृति का हिस्सा होती है, उसकी भाषा और लिपि की तरह। यदि इनका त्याग कर दिया जाए तो कौम का अपना अस्तित्व नहीं रहता और वह जन सामान्य का हिस्सा बनकर रह जाती है। दरअसल किसी कौम के लिए अपनी पोशाक को छोड़कर दूसरी कौम की पोशाक को अपनाना एक हीनग्रंथि की निशानी है। इसका मतलब है ऐसी कौम अपने को अधम, दीन-हीन और पिछड़ी हुई समझती है। वह यह मानती है कि उसके पास ऐसा कुछ नहीं जिस पर वह गर्व कर सके। उसके पूर्वज इतने सक्षम नहीं थे, कि वे अपने पीछे ऐसा कुछ छोड़कर जाते जिसे उनकी आने वाली पीढ़ियाँ बिना शर्मिंदा हुए संजोकर रख सकतीं। इससे यह पता चलता है कि उस कौम का स्वभाव इतना गिर चुका है और उसका सामाजिक चिंतन इतना नकली है, और उसमें रचनात्मक सोच का इतना अभाव है कि वह अपने लिए

एक बहतर जीवन का निर्माण नहीं कर सकती। वह अपने को सुसंस्कृत दिखाने के लिए सब कुछ दूसरों से उधार लेती है और बिना कोई शर्म महसूस किए वह दुनिया को यह बताती है कि संस्कृति, सभ्यता, शिष्टाचार, सौंदर्य, आभा—जो कुछ भी उत्तम है, वह केवल दूसरों के जीवन में है और जो कुछ दूसरों के पास है वह सारी प्रगति का मानदंड है और हमने अपनी कौमी ज़िंदगी के तमाम हज़ारों साल जंगली हालत में बिताए हैं। हम कुछ भी ऐसा पैदा नहीं कर पाए जो सार्थक और सम्मान के योग्य होता।

मौदूदी साहिब आगे कहते हैं, यह ज़ाहिर है कि जिस कौम के पास कोई आत्मसम्मान जैसी चीज़ है वह इस तरह से दूसरों के तौर-तरीकों को स्वीकार नहीं करेगी। इतिहास इस बात का गवाह है, और हम अपने युग में अपनी आँखों से देख भी रहे हैं कि कोई कौम केवल दो परिस्थितियों में ही इन घटिया तौर-तरीकों को स्वीकार करती है। या तो जब वह सभी मोर्चों पर दूसरी कौमों से पराजित और परास्त हो जाती है और उस पराजय को स्वीकार करते हुए अपने हथियार डाल देती है, जैसा कि हिन्दुस्तान, तुर्की और ईरान आदि देशों में हुआ। या जब सहारा देने के लिए उसकी कोई संस्कृति या सभ्यता न रही हो, या उसके पास अपनी ख़ास रचनात्मक शक्ति न हो या जिसकी विश्व में स्थिति जापान की तरह एक कल के नवाब की सी हो।

मौदूदी साहब फ़रमाते हैं, अगर कोई चीज दूसरी कौम से लेने लायक है, तो वह है ज्ञान, जो उस कौम ने प्राप्त किया है और वह लाभ जो उस कौम को अपने ज्ञान से प्राप्त हुआ है; वे व्यावहारिक तौर-तरीके, जिनके ज़रिए उस कौम ने दुनिया में कामियाबी हासिल की है। अगर उसके इतिहास में, उसके संगठन के तरीकों में, और उसके रीति रिवाजों में कोई उपयोगी सबक है, तो उसकी पूरी जाँच करके उसे ज़रूर अपनाया जाना चाहिए। ऐसी चीज़ें मानवजाति की साझी विरासत होती हैं। उनका सम्मान न करना और राष्ट्रीय दंभवश उस विरासत में साझीदार न होना सरासर अज्ञानता है।

इसके बाद वे कहते हैं : लेकिन इन चीज़ों के अलावा किसी दूसरी कौम से उसकी पोशाक, उसके रहन-सहन के तरीकों, और उसके खानपान को अपनाना और इन चीज़ों को प्रगति का साधन मानना, समझ की कमी का आसार है, और कुछ नहीं। क्या कोई ज़हीन आदमी एक क्षण के लिए भी यह कल्पना कर सकता है कि योरूप ने पैंट कोट और टाई, या छुरी कांटे से खाना खाने, के कारण तरक्की की है, या उसकी प्रसाधन सामग्री—पाउडर सुर्खी आदि उसे तरक्की के आसमान तक ले गई है। अगर ऐसा नहीं है—और ज़ाहिर है कि ऐसा नहीं है—तो आख़िर तरक्की के बारे में सलाह देने वाले लोग, सबसे पहले इन चीज़ों की तरफ़ क्यों लपकते हैं? मौदूदी साहिब पूछते हैं, वे यह क्यों नहीं देखते कि योरूप के जीवन में जो

चमक-दमक हम देखते हैं वह सदियों की सख़्त मेहनत का उरुज (पराकाष्ठा) है। कोई भी कौम जो इतनी कड़ी मेहनत कर सकती है ऐसी ही ऊँचाईयों को छू सकती है।

मौदूदी साहब अंत में कहते हैं इन दलीलों से ज़ाहिर है कि किसी कौम के लिए किसी दूसरी कौम की पोशाक और तहज़ीब (संस्कृति) को अपनाना उसकी फ़ितरत के खिलाफ़ है, सलाहीयत (तर्क) के खिलाफ़ है। किसी भी लिहाज़ से अक्ल (विवेक) इसकी इजाज़त नहीं देती। आम हालत में कोई भी कौम उन तौर-तरीकों को त्यागने की बात ही नहीं सोच सकती जिन पर उसने सदियों से अमल किया है। सिर्फ़ ग़ैर मामूली हालात में वह ऐसी चीज़ों के बारे में सोच सकती है—जैसे कि कुछ औरतें, जब वे हामला होती हैं, तो मिट्टी खाना शुरू कर देती हैं, या जब आँख में कोई ख़राबी पैदा हो जाती है, तो चीज़ें टेढ़ी-टेढ़ी दिखाई देने लगती हैं।

इसके बाद मौदूदी साहिब शरीअत की दृष्टि से इस प्रश्न पर विचार करते हैं।

वे कहते हैं, इस्लाम कुदरत का कानून है। हर मामले में यह ऐसा नियम अपनाता है जो बुद्धिमत्ता और कुदरत के अनुकूल होता है। एक बार अगर आप अपने रंगीन चश्मे को उतार कर चीज़ों को असली रोशनी में देखेंगे, तो आप उन्हीं नतीजों पर पहुँचेंगे, जिन पर इस्लाम पहुँचा है। मौदूदी साहिब फरमाते हैं, इस्लाम कोई ख़ास पोशाक या जीवन का ख़ास तौर-तरीका निर्धारित नहीं करता। इस प्रकार वे भी अपनी बात उसी स्वीकारोक्ति से शुरू करते हैं जो कि हमें 'मुफ़्ती किफ़ायतुल्लाह के फ़तवे' में देखने को मिली। उसी उदार शुरुआती कथन के बाद वे भी चीज़ों को अलग ढंग से करने के उसी नतीजे पर पहुँचते हैं, और वह भी उसी रास्ते से जिस रास्ते से और जिस नतीजे पर मुफ़्ती-ए-आज़म किफ़ायतुल्लाह पहुँचते हैं। इस्लाम कोई ख़ास पोशाक या जीवन का खास तौर तरीका निर्धारित नहीं करता। इसके बरअक्स वह ऐसे तौर तरीके अपनाता है, जिन्हें वह खोजकर मालूम करता है। लेकिन वह कुछ सिद्धांत निर्धारित करता है और यह अपेक्षा करता है कि हर कौम उन्हीं सिद्धांतों के अनुसार अपने-अपने जीवन के तौर-तरीके बदले। यहाँ हमें द्वार कुछ खुलता हुआ नज़र आता है।

इनमें से सबसे पहले आती हैं वे सीमाएँ जो कि घुटनों और नाभि के बीच के हिस्से के लिए निर्धारित की गई हैं। कौम चाहे कोई भी हो, यह ज़रूरी है, कि यह हिस्सा ढका रहना चाहिए। और सभी औरतों को चाहे वे कहीं भी रहती हों, चेहरे और हाथों को छोड़कर अपने जिस्म के सभी हिस्सों को ढक कर रखना चाहिए। दूसरा आदमियों को रेशमी कपड़े और सोने चाँदी के ज़ेवर पहनना छोड़ देना चाहिए। और आदमियों और औरतों, दोनों को ऐसे कपड़ों से बाज़ रहना चाहिए जिनसे घमंड, गुस्ताख़ी, अनावश्यक दिखावा, फ़ुज़ूल ख़र्ची प्रकट होती है—ऐसी चीज़ें जिनका फ़ैलाव

ज़मीन तक हो और जिन्हें पहनकर आदमी दूसरों की तुलना में ख़ुद को अज़ीमतर ज़ाहिर करना चाहता है। इस्लाम की निगाह में ये सब चीज़ें घृणास्पद हैं। इसके बाद जो भी आपके देश की पोशाक है, वह इस्लाम को स्वीकार्य है।

इसके बाद मौदूदी साहब मोमिनों को यह याद दिलाते हैं, कि तीसरे सिद्धांत की ये अपेक्षाएं हैं कि शिर्क (बहुदेववाद) और बुतपरस्ती ने जिन चीज़ों को अपना प्रतीक बनाया है उन्हें अपनी पोशाक से निकाल दो—जैसे यज्ञोपवीत, क्रास, तस्वीरें या और ऐसी चीज़ें जो ग़ैर मुसलमानों में प्रचलित हैं।

इसके अलावा मौदूदी साहिब ज़ोर देते हुए कहते हैं, कि इस्लाम यह अपेक्षा करता है कि मुसलमानों की पोशाक में ऐसा कुछ ज़रूर होना चाहिए, जिससे वे अलग से पहचाने जा सकें—ऐसा कुछ जो उन्हें ग़ैर-मुसलमानों में खो-जाने से बचाकर रखे—ऐसा कुछ जिससे मुसलमान अपने आदमी को पहचान सकें, ताकि उनके बीच का सामाजिक जीवन सशक्त बन सके।

मौदूदी साहब फरमाते हैं, कि इस्लाम ने अपनी ओर से यह निश्चित नहीं किया कि यह ख़ास चीज़ क्या होनी चाहिए। इस बारे में वे एक प्रासंगिक उदाहरण देते हैं। पैग़ंबर साहिब के समय सभी लोग अरबी पोशाक पहनते थे। मोमिनों की अलग पहचान के लिए उन्होंने यह निर्धारित किया कि वे अभाभा (पगड़ी) और टोपी पहनें, क्योंकि अरबी लोग उस समय या तो अभाभा पहनते थे या टोपी। लेकिन जब सारा अरब मुसलमान बन गया तो इसकी कोई ज़रूरत नहीं रह गई थी—क्योंकि तब तक अरबी पोशाक ही मुस्लिम पोशाक बन चुकी थी। तुर्की और ईरान जैसे देशों में भी जिन्हें इस्लाम ने फ़तह किया था, यही क्रम दोहराया गया। मौदूदी साहब सलाह देते हैं, कि इसलिए जिस देश में अधिकतर लोग ग़ैर मुस्लिम हों, वहाँ हर मुसलमान को कुछ ऐसी निशानी अपनी पोशाक में शामिल कर लेनी चाहिए, जो उनकी दूसरों से अलग पहचान करा सके।

इसके बाद वे अपनी दलीलों को और विस्तार देते हुए और दोहराते हुए कहते हैं, कि जो लोग दूसरों के तौर-तरीकों को अपनाते हैं, वे चमगादड़ होते हैं। वे पैग़ंबर साहिब का ज़िक्र करते हुए कहते हैं कि उन्होंने कहा था, कि एक मुसलमान में ऐसा कुछ होना चाहिए कि दूसरा मुसलमान उसे आसानी से पहचान सके और उसके साथ मुसलमान जैसा व्यवहार कर सके। मौदूदी साहिब ज़ोर देकर कहते हैं कि पैग़ंबर साहिब ने यह भी फ़रमाया था कि वे—पैग़ंबर साहिब—उस मुसलमान के लिए ज़िम्मेदार नहीं होंगे, जो ग़ैर-मुसलमानों के साथ एकरूप हो जाता है : अर्थात् यदि किसी मुठभेड़ में मुसलमान उसे ग़ैर मुसलमान समझ कर मार डालते हैं, तो उसकी हत्या के लिए वह खुद ही ज़िम्मेदार होगा। और मौदूदी साहिब हदीस को उद्धृत करते हुए कहते हैं, और जैसा कि हम जल्दी ही देखेंगे कि यह हदीस उलमा द्वारा प्रायः उद्धृत की जाती है—पैग़ंबर साहिब ने कहा था, जो दूसरी कौम की तरह रहता है, वह उसी

कौम का माना जाएगा और उसी के अनुसार उसके साथ व्यवहार किया जाएगा।

यह है सामान्य परिप्रेक्ष्य। यह एक ऐसा विशिष्ट स्वर है जो पोशाक जैसी चीज़ पर सभी फ़तवों में सुनाई पड़ता है। और इसी के आधार पर अनेक विशिष्ट आदेश दिए गए हैं, हालाँकि उलमा इस सामान्य कथन को स्वीकार करते हैं कि शरीअत कोई ख़ास पोशाक निर्धारित नहीं करती।

एक मुसलमान को पत्थरों या मिट्टी के ढेलों की बजाए टायलट पेपर का इस्तेमाल क्यों नहीं करना चाहिए और उसे खड़े हुए पेशाब क्यों नहीं करना चाहिए—ऐसी निषेधाज्ञाओं के कारणों में से एक कारण यह भी है, कि वे ईसाइयों की गंदी 'आदतें' हैं।[24] उलमा हमें बताते हैं कि पैग़ंबर साहिब के समय या उनके देश में अंगरखा नहीं पहना जाता था। लेकिन अब यह भारत में पहना जाता है। क्योंकि काफ़िर 'उल्टे पर्दे' वाला अंगरखा पहनते हैं अर्थात् उसके बटन दाईं तरफ़ टंके होते हैं और चाक बाईं तरफ होते हैं, इसलिए मुसलमानों के लिए यह सही होगा कि वे 'सीध‍ा पर्दे' वाला अंगरखा पहनें, अर्थात् जिसके बटन बाईं तरफ टंके हों और चाक दाईं तरफ हों। उनका यह फ़रमान है 'सीधा पर्दा' छोड़कर 'उल्टा पर्दा' पहनना मुसलमानों के लिए हराम है।[25] वह हैट पहनना जिसे ईसाई पहनते हैं, कुफ़्र है।[26] पैंट पहनना घृणास्पद है।[27]

सामान्य तौर पर फ़तवा-ए-रिज़विया में मोमिनों को यह बताया गया है कि धोती हिंदुओं की निशानी है। इसलिए इसे पहनना मना है। अगर कोई मुसलमान काफ़िरों जैसा दिखने के इरादे से धोती पहनता है तो वह कुफ़्र का अपराधी है। अर्थात् वह स्वतः इस्लाम से बाहर हो जाएगा और उसकी बीवी स्वतः उसके साथ हुए निकाह से मुक्त हो जाएगी। उसे पहले की स्थिति में आने के लिए इस्लाम धर्म ग्रहण करना पड़ेगा और निकाह भी दोबारा कराना पड़ेगा। अगर उसके धोती पहनने के पीछे काफ़िर जैसा दिखने का इरादा नहीं है, तो भी वह उन जैसा दिखाई ज़रूर देगा। इस प्रकार सामान्य स्थिति यह है कि जब कोई चिह्न या पोशाक किसी ग़ैर मुस्लिम समूह की द्योतक हो, तो एक मुसलमान के लिए उसे धारण करना कुफ़्र है। जब कोई चिह्न या पोशाक किसी ग़ैर-मुस्लिम धार्मिक समूह से जुड़ी हो, तो वह घृणास्पद होती है और मुसलमानों के लिए उससे दूर रहना लाज़िमी है। चिह्नों के अंतर्गत तिलक, ज़ुन्नार (यज्ञोपवीत) और चोटी आते हैं, और पोशाक के अंतर्गत पैंट, अंग्रेज़ी टोपी या हैट, जैकेट और उल्टा पर्दा। मुसलमान के लिए ऐसे कपड़े सीना भी हराम है। इस विषय का सार यह है कि मुसलमान को ग़ैर मुसलमानों से साफ़तौर पर अलग दिखाई देना चाहिए।

फ़तवा-ए-रिज़विया में कहा गया है कि शरीअत की दृष्टि से धोती में कोई ख़राबी नहीं है। फ़तवे में आगे यह स्वीकार किया गया है कि दरअसल ग्रामीण इलाकों में यह हिंदुओं और मुसलमानों, दोनों की पोशाक है, लेकिन इसे पहनना इसलिए

मना है क्योंकि इसके पहनने से मुसलमान भी काफ़िर जैसा दिखाई देने लग जाता है। शहरों में मुसलमान पहले से ही धोती नहीं पहन रहे, लेकिन उनके धोती न पहनने का कारण यह नहीं है कि वे इसे काफ़िरों की पोशाक मानते हैं, बल्कि इसलिए कि वे इसे शिष्टाचार के विरुद्ध मानते हैं। असली बात यही है और फ़तवा-ए-रिज़विया इस निषेधाज्ञा की पुष्टि में विशेषज्ञों को उद्धृत करते हुए कहते हैं कि यदि किसी इलाके के मुसलमान इसे काफ़िरों की पोशाक मानते हैं तो इससे दूर ही रहना चाहिए। खासतौर पर लांगवाली धोती या साड़ी तो कभी नहीं पहननी चाहिए, क्योंकि पीछे की तरफ़ लांग खोंसना काफ़िरों का अंदाज़ है और इस अंदाज़ में बँधी हुई धोती या साड़ी के साथ नमाज़ पढ़ना घृणास्पद है।[28]

हमेशा की तरह, अलग-अलग चीज़ों के मामले में, थोड़े-थोड़े अंतर के साथ बल दिया गया है, लेकिन यह अंतर थोड़ा-थोड़ा सा ही है। फ़तवों की किताबों में तिलक के बारे में तो लगभग वहम सा प्रकट किया गया है। मुफ़्ती किफ़ायतुल्लाह का इसके प्रति सामान्य रुख यह है कि वे इसे कुफ़्र की निशानी मानते हैं, लेकिन वे कुछ नरम पड़ते हुए अपने निष्कर्ष को इरादे और परिस्थिति के साथ जोड़ देते हैं। हिंदू और मुसलमान एक जुलूस में एक साथ हैं; आंदोलन के समर्थकगण भाग लेने वालों को चंदन का टीका लगा देते हैं जिनमें मुसलमान भी शामिल हैं : क्या ऐसी स्थिति में मुसलमान कुफ़्र के अपराधी माने जाएँगे? यह सवाल उनसे किया जाता है। क्या उनका अपनी बीवियों के साथ निकाह टूट जाएगा? किफ़ायतुल्लाह इस पर यह फ़ैसला देते हैं कि किसी भी परिस्थिति में व्यक्ति को संयम की भौतिक, नैतिक, कानूनी और धार्मिक सीमाएँ पार नहीं करनी चाहिए। एकता बहुत अच्छी चीज़ है और इसके फल यकीनन मीठे होते हैं। जैसा कि हम आगे चलकर देखेंगे, कि वही मुफ़्ती साहिब जिन्होंने हिंदुओं के साथ मिलकर संयुक्त कार्रवाई के हक में लंबी और ज़ोरदार दलीलें दी थीं, इस मामले में यह कहते हैं कि अपने रूप-आकार, अपनी नैतिक भावना, अपने कौमी स्वरूप, अपने मज़हबी वकार (गरिमा) को त्याग कर यह मान लेना कि ऐसा करना 'एकता' को दर्शाता है, संयम की सीमाओं को पार करना है। वे कहते हैं, माथे पर चंदन लगाना और टीका आदि चिह्न हिंदुओं के ख़ास कौमी और मज़हबी लक्षण हैं। इसलिए उपर्युक्त मामले में वे अपना फ़ैसला देते हुए कहते हैं कि मुसलमानों के लिए यह लाज़िमी था, कि वे चंदन लगवाने से मना कर देते। लेकिन कुछ ख़ास मामलों में उल्लंघनकर्ताओं के बारे में हमेशा की तरह नरमी बरतते हुए वे कहते हैं; लेकिन क्योंकि हम यह नहीं जानते कि उन मुसलमानों ने अपनी मर्ज़ी और मंज़ूरी से वह चंदन लगवाया था, इसलिए यह फ़ैसला नहीं दिया जा सकता कि जिन लोगों को चंदन लगाया गया था, वे धर्म त्यागी या काफ़िर हैं, या उनका निकाह अमान्य हो गया है। लेकिन निष्कर्ष रूप में वे आगे कहते हैं कि उन्हें तौबा कर लेनी चाहिए और भविष्य में ऐसा नहीं होने देना चाहिए।[29]

यथापेक्षित रूप से, बरेलवी ऐसे मामलों में ज़्यादा सख़्त हैं। जैसा कि हम उन विवादों की चर्चा करते समय देखेंगे, जो ख़िलाफ़त आंदोलन को लेकर उलमा के बीच पैदा हुए थे, बरेलवियों ने, अन्य कारणों के अलावा, इस आधार पर मुफ़्ती किफ़ायतुल्लाह और फ़िरंगी महल के मौलाना अब्दुल बरी और सामान्य रूप से देवबंदियों पर यह तानाकशी की, कि ऐसे अभियान में मुसलमानों को शामिल करके, जिनमें उन्हें एक काफ़िर, अर्थात् महात्मा गाँधी की 'जय' बोलने जैसा काम करना पड़ा, और ऐसे जुलूसों में शिरकत कराकर, जिनमें गीता और रामायण के प्रति भी उतना ही सम्मान प्रकट किया गया, जितना कि कुरआन के प्रति, और जिनमें काफ़िरों ने उनके माथों पर चंदन और तिलक लगाया, उलमा ने (हालाँकि अहदम रज़ा ख़ान उनके लिए कभी भी इस प्रकार के सम्मानजनक शब्द का प्रयोग कभी नहीं करते थे), जानबूझकर मुसलमानों को कुफ़्र में फँसा दिया था। फ़तवा-ए-रिज़विया में यह कहा गया है कि तिलक लगाना, महादेव की पूजा करने का एक अनुष्ठान है और इसलिए यह कुफ़्र है। इसके लिए आगे इसमें ज़ोर देकर यह कहा गया है कि कुफ़्र को एक सैकेंड के लिए भी चुपचाप स्वीकार करना उतना बड़ा कुफ़्र है जितना कि एक सौ साल के लिए स्वीकार करना। तिलक मिटा देने से बरपा हो चुका कुफ़्र नहीं मिट जाता। आपको फिर से इस्लाम ग्रहण करना ही पड़ेगा, आपको निकाह भी दोबारा कराना पड़ेगा। इसका कारण यह है, कि महादेव के सामने एक बार सिर झुका लेने के बाद जब कोई व्यक्ति अपने सिर को उठाता है, तो उसकी स्थिति उस व्यक्ति की सी होती है, जो दिन भर महादेव के सामने दंडवत पड़ा रहता है।[30]

जिस तरह से चंदन, तिलक, ज़ुन्नार (यज्ञोपवीत) और क्रास आदि के बारे में—जो कि काफ़िरों के साथ जुड़ी वस्तुएँ हैं—एक वहम (संविभ्रम) बना हुआ है उसी तरह से दाढ़ी के बारे में उतनी ही ज़्यादा सनक सी देखने को मिलती है।

फ़तवा-ए-रहीमियत में कहा गया है, कि दाढ़ी की जितनी लंबाई पहले थी, उससे कम लंबाई तक दाढ़ी, कुतरना मना है, हराम है। दाढ़ी को पूरी तरह से मूंड डालना घृणास्पद है। जो ऐसा करता है वह फ़ासिक (पापी) है। उसके लिए नमाज़ कराना लगभग मना है। उसकी गवाही नामंज़ूर की जा सकती है। ऐसे आदमी द्वारा दी गई अज़ान (नमाज़ के लिए दिया गया बुलावा) और इकामत (नमाज़ के लिए तकबीर) घृणास्पद है। इसके अलावा फ़तवा-ए-रहीमियत में ऐसे व्यक्ति के बारे में, विशेषज्ञों के उद्धरण देते हुए, यह भी कहा गया है कि क्योंकि ऐसे व्यक्ति की पथभ्रष्टता और अनैतिकता साफ़ ज़ाहिर होती है, इसलिए ऐसे व्यक्ति को अज़ान और इकामत देने के लिए नियुक्त करना घृणास्पद और वर्जित है। विशेषज्ञों के उद्धरण देते हुए यह भी कहा गया है कि एक आदमी के लिए दूसरे आदमी की दाढ़ी काटना भी हराम है।[31]

मुफ़्ती किफ़ायतुल्लाह ने भी इतना ही बल देकर यह बात कही है। वे फरमाते

हैं—दाढ़ी काटना हराम है। जो इसे काटता है, वह उस आदमी की तरह फ़ासिक है, जो नमाज़ नहीं पढ़ता। वे अपनी दाढ़ी मूंडने वाले आदमी को उस आदमी की कतार में रखते हैं जो सिनेमा जाता है और फ़िल्मों में रस लेता है। ऐसे आदमी की बराबरी उस आदमी से भी की गई है जो अपनी फ़ोटो खिंचवाता है। मुफ़्ती साहब आगे फ़रमाते हैं कि ऐसा व्यक्ति इमाम बनने लायक नहीं होता।[32]

देवबंद के उलमा भी यही फ़ैसला देते हैं : वे फरमाते हैं कि दाढ़ी कुतरना या मूंडना हराम है। दाढ़ी कुतरना या मूंडना तो क्या, जो आदमी दाढ़ी के खिलाफ़ बोलता भी है उसकी इमामत घृणास्पद होती है, क्योंकि वह गुनहगार है।[33]

फ़तवा-ए-रिज़विया इस आशय के फ़तवों से भरा पड़ा है। उसमें कहा गया है कि अपनी दाढ़ी मूंडना हराम है। कोई अगर यह कहता है, कि ऐसा करना मेरे अधिकार के भीतर है तो वह गुनाह का इसरार करता है, हालाँकि असल में कहा जाए तो ऐसा करना कुफ़्र नहीं है। लेकिन दाढ़ी का मज़ाक उड़ाना कुफ़्र है। यह कहना कि "जो दाढ़ी मूंडते हैं वे दाढ़ी रखने वालों से बहतर होते हैं" कुफ़्र है। जो लोग इस प्रकार की निंदा करने के अपराधी हैं, वे इस्लाम से बाहर हो जाते हैं और उनके साथ उनकी बीवियों का निकाह टूट जाता है। पूर्व-स्थिति को बहाल करने के लिए, अपराधियों को एक बार फिर इस्लाम ग्रहण करना पड़ेगा, और निकाह भी दोबारा करना पड़ेगा।[34]

ऐसे अनेक उदाहरण दिए जा सकते हैं—क्योंकि यह सुनिश्चित करना कि मुसलमान दाढ़ी जरूर रखें, उलमा का मुख्य पूर्वग्रह है। ऐसे अनेक उदाहरण प्रस्तुत करने की बजाए हमें इस प्रकार के आग्रह के कारण पर विचार करना चाहिए, हालाँकि ऐसा करने से उस बात का पहले ज़िक्र हो जाएगा, जो कि अगले अध्याय का विषय है। फिर भी हम यह देखेंगे कि इस आग्रह के पीछे क्या आधार है। फ़तवा-ए-रिज़विया में इन दोनों सवालों के जवाब मिल जाते हैं।

फ़तवा-ए-रिज़विया में यह याद दिलाया गया है कि साहत-अल-बुख़ारी से हमें यह जानने को मिलता है कि पैग़ंबर साहिब ने कहा था, "मूछें साफ़ करके दाढ़ी बढ़ाओ।" साहत मुस्लिम और जामा-ए-तिरमिज़ी से हमें जानने को मिलता है कि पैग़ंबर साहिब ने कहा था कि, "मूछों को बहुत छोटा कर लो और दाढ़ी को ऐसे ही रहने दो।" इमाम जाफ़र में यह उल्लेख है, "मूछों को बहुत छोटा कर लो और दाढ़ी को उगने दो। अपनी शक्ल को यहूदियों की शक्ल जैसा मत बनाओ।" पैग़ंबर साहिब कहते हैं, "दाढ़ी को पूरा उगने दो और मूछों को कुतरते रहो। जो कुछ यहूदी और ईसाई करते हैं, उसका उलटा करो।" उन्होंने हमें कहा है कि मूछों को काट कर बहुत छोटा कर लो और लंबी दाढ़ी रखो और उसे फैलाकर रखो। मुशरिकों के ख़िलाफ़ करो।[35]

इस प्रकार इन फ़रमानों का कारण यह है कि क्योंकि ग़ैर-मुस्लिम मूछें रखते

हैं/थे, और दाढ़ी को मूंड देते हैं/थे, मुसलमानों को हरहालत में दाढ़ी रखनी चाहिए और मूछें मूंड देनी चाहिए। यह ठीक वही कारण है जो हम पोशाक और शक्ल-सूरत पर दिए गए सभी फ़रमानों में देखते रहे हैं। यह एक ऐसा पूर्वग्रह, ऐसा रवैया है, जिससे धर्म-निरपेक्षवादी, और अयथार्थवादी भले लोग अपनी आँखें फेर लेते हैं किंतु यह एक बुनियादी पूर्वग्रह, एक रवैया है जो पूरे नज़रिए को तय करता है : और वह नज़रिया है : 'पहचान' की सनक और इस पहचान को 'अनन्य' बनाने का आग्रह। ऐसे में यह रट लगाए रखना, "हम सब एक हैं" और यह सोचना कि यह रट हम सबको एक कर देगी, मूर्ख बनना है।

दूसरी बात ध्यान देने योग्य यह है कि इस रवैये के लिए और दाढ़ी पर दिए गए विशिष्ट फ़रमानों के पीछे सर्वोच्च आदेश किसका है? स्वयं पैग़ंबर साहिब का। फ़तवा-ए-रिज़विया में यह उल्लेख मिलता है कि नसाई में पैग़ंबर साहिब को अपने एक रफ़ीक को यह कहते हुए बताया गया है, "उम्मीद है कि तुम मेरे बाद लंबे अर्से तक ज़िंदा रहोगे। तो लोगों को सूचित कर देना कि जो अपनी दाढ़ी को बाँधता है या जो अपनी गर्दन में कमान का चिल्ला लटकाता है या जो जानवरों के गोबर या हड्डियों से इस्तिंजा करता है—बिला शक पैग़ंबर उनसे ख़फ़ा होगा।" एक और हदीस का हवाला देते हुए फ़तवा-ए-रिज़विया में उल्लेख किया गया है कि दो मूछों वाले आदमी पैग़ंबर साहिब को दिखाई दे गए। उन्हें देखकर पैग़ंबर साहिब ख़फ़ा हो गए और उन्होंने उन दोनों से पूछा, "तुम्हें मूछें रखने को किसने कहा?" उन्होंने जवाब दिया, "हमारे शहनशाह ने।" इस पर पैग़ंबर साहिब बोले, "लेकिन मेरे अल्लाह ने मुझे मूछें काटने और दाढ़ी रखने को कहा है।" इसके बाद फ़तवा-ए-रिज़विया में ताकीद की गई है कि मुसलमानों को यह हदीस याद रखनी चाहिए, कि पैग़ंबर साहिब उन मूछों वाले आदमियों को देखकर ख़फ़ा हुए थे। इसके बाद यह चेतावनी भी दी गई है कि जो मुसलमान पैग़ंबर साहिब के हुक्म के ख़िलाफ़ अपनी शक्ल सूरत बनाकर रखते हैं वे अल्लाह और पैग़ंबर साहिब, दोनों को नाराज़ कर लेंगे। इसके अलावा फ़तवे में मोमिनों को यह याद दिलाया गया है, कि पैग़ंबर साहिब ने यह भी कहा था कि कियामत के दिन आदमी उसी हालत में जाग खड़ा होगा, जिस हालत में उसकी मौत हुई थी। इसलिए याद रखो कि जब अल्लाह और पैग़ंबर साहिब तुम्हें ईसाइयों की सी शक्ल में देखेंगे, तो वे कितने ख़फ़ा होंगे। और याद रखो अगर कियामत के दिन पैग़ंबर साहिब तुम्हें देखकर ख़फ़ा हो गए तो तुम्हारी मदद करने वाला कोई नहीं रहेगा...[35]

यहाँ एक बात का ज़िक्र करना ज़रूरी हो गया है, जिस पर विस्तृत चर्चा आगे चलकर की जाएगी। जब कोई आदेश स्वयं पैग़ंबर साहिब ने दिया हो, उसे कौन सी सत्ता नकार पाएगी? दूसरा, जब स्वयं पैग़ंबर साहिब ने यह कहा हो कि मुसलमानों को कोई चीज इसलिए करनी चाहिए, क्योंकि वह उससे उलट है, जो ग़ैर

मुसलमान—यहूदी, ईसाई, मुशरिक—करते हैं, और इस ख़ास मामले में उन्हें (मुसलमानों को) इसलिए दाढ़ी रखनी चाहिए और मूछें काटनी चाहिए, क्योंकि ग़ैर मुस्लिम मूछें रखते हैं और दाढ़ी काटते हैं, तो फिर यही कारण उलमा के लिए भी उस समय मार्गदर्शक सिद्धांत क्यों नहीं बनेगा, जब वे यह निर्धारित करते हैं, कि मुसलमानों को क्या करना चाहिए और क्या नहीं? तो फिर हमारे धर्म-निरपेक्षवादी बार-बार जो घिसीपिटी बातें दोहराते रहते हैं, वे ऐसी स्थिति में कैसे मान्य हो सकती हैं?

खिलाफ़त आंदोलन के भाई-भाई वाले दिनों में कुछ मुसलमानों ने जब गाँधी टोपी पहननी शुरू की थी, तो उस समय उलमा की तरफ़ से जो भर्त्सना की बौछार हुई वह कोई हैरानी की बात नहीं थी। इस पर मौलाना अहदम रज़ा ख़ान ने ऐसे मुसलमानों पर यह इलज़ाम लगाया था कि उन्होंने इस्लाम की निशानी तुर्की टोपी को 'जलाकर' एक काफ़िर का शिरोवस्त्र धारण कर लिया है। हमेशा की तरह उनका दोषारोपण भरपूर आवेश लिए हुए था। उन्होंने अपना प्रकोप ऐसे व्यक्त किया : "ऐसे तुर्की टोपियों का जलाया जाना सिर्फ़ माली नुक्सान ही था, तो भी वह हराम है। और चाहे गाँधी टोपी पहनना सिर्फ़ मुशरिकों की तरफ़ झुकाव को ही ज़ाहिर करता हो, तो भी वह और सख़्त हराम है।" लेकिन दरअसल हालत और भी खराब है—उन्होंने अपना रोष प्रकट करते हुए कहा, "जो लोग यह जानते हुए तुर्की टोपी पहनते थे कि यह इस्लाम की निशानी है, उन्हीं लोगों ने तुर्की टोपियों को जलाकर, गाँधी टोपी को अपना प्रमाण चिह्न बना लिया है। ऐसा करके उन्होंने इस्लाम की निशानी को नापाक बना दिया है और काफ़िर का मुरीद बनना मंज़ूर कर लिया है..."[37]

मुफ़्ती किफ़ायतुल्लाह उनमें से थे जिन्होंने ख़िलाफ़त मुद्दे पर मुसलमानों को गाँधीजी का साथ देने के लिए प्रेरित किया था। उनको गाँधी टोपी के मामले में बार-बार अपनी स्थिति स्पष्ट करनी पड़ी। उन्होंने जो स्पष्टीकरण दिए और जिन शब्दों में कुछ मुसलमानों द्वारा गाँधी टोपी पहनने के बारे में उन्हें जो सफ़ाई देनी पड़ी, पूरी स्थिति को प्रकट करते हैं। वे एक सामान्य समस्या की ओर इंगित करते हैं। हम देखेंगे कि इसी किस्म के शब्दों और वाक्य विन्यास का प्रयोग मुफ़्ती और देवबंद के उलमा जैसे अन्य लोगों ने भारत को ब्रिटिश राज्य से मुक्त करने के संघर्ष में गाँधीजी और अन्य काफ़िरों का साथ देने के लिए इस्तेमाल किए थे। मुफ़्ती ने राय व्यक्त करते हुए कहा, गाँधी टोपी वस्तुतः एक मुस्लिम टोपी है जो कि लंबे समय से संयुक्त प्रांत में पहनी जाती रही है। फ़र्क सिर्फ़ इतना है कि अब यह खद्दर की बनाई जाने लगी है, और वह भी इसलिए कि यह सस्ती पड़े। जिससे कि इसे पहनने में किसी को मुश्किल पेश न आए। लगाए गए आरोपों, और टोपी के ख़िलाफ़ किए गए फ़तवों से व्यथित होकर मुफ़्ती ने पलट कर यह घोषणा की कि जो लोग यह कह रहे हैं, कि इसे पहनना शरीअत के ख़िलाफ़ है, वे ख़ुद सख़्त गुनहगार हैं।[38]

आग्रह से आक्रामकता की ओर

जिस चीज़ की शुरुआत बाह्याचारों के निर्धारण से हुई उसने आगे चलकर ऐसे बाह्याचारों के प्रति आग्रह का रूप धारण कर लिया जो ज़ाहिराना तौर पर उसके ठीक उलट था, जो काफ़िर करते थे। उससे अगला कदम स्वाभाविक रूप से ज़्यादा आक्रामक था। उलमा आगे यह आग्रह करने लगे, कि मुसलमानों को वह कुछ करने का अधिकार है, बल्कि यह उनका कर्तव्य है कि वे ऐसा कुछ करें, जिससे काफ़िरों को नीचा दिखाया जा सके, ऐसा कुछ जिससे काफ़िर अस्त व्यस्त हो जाएँ।

जैसे मुसलमानों को काफ़िरों से उलट अंदाज-ए-अमल अपनाकर अपनी पहचान बनानी थी, उसी तरह काफिरों को ऐसा कुछ करना पड़ा जो उन्हें, ख़ास तौर पर उनके पवित्र स्थानों को मुसलमानों के रहम पर निर्भर कर देता। उन्हें ऐसा कुछ करना पड़ा जो उनकी कमतरी का द्योतक हो सकता था, ठीक उसी तरह से जैसे नाज़ियों द्वारा यहूदियों को डेविड का सितारा पहनने को कहा गया था। उलमा मुसलमान शासकों से निरंतर यह आग्रह करने लगे कि इस आशय के नियम बनाए जाएँ और उन्हें ज़बरदस्ती लागू किया जाए। उदाहरण के तौर पर सईद अली हमदनी ने यह आग्रह किया कि निम्नलिखित प्रतिज्ञापत्र हिंदुओं के लिए लागू किया जाए :

* वे (हिंदू) नए मूर्ति मंदिरों का निर्माण नहीं करेंगे।
* जो वर्तमान मंदिर मरम्मत न कराने के कारण टूट-फूट गया हो, उसका वे पुनर्निर्माण नहीं करेंगे।
* मुसलमान यात्रियों को मंदिरों में ठहरने से मना नहीं किया जाएगा।
* मुसलमान यात्रियों को ज़िम्मियों (मुस्लिम राज्यों में ग़ैर मुस्लिम नागरिक) द्वारा अपने घरों में तीन दिन के लिए आतिथ्य प्रदान किया जाएगा।
* जिम्मी न तो जासूसी का काम करेंगे और न जासूसों को अपने घरों में शरण देंगे।
* अगर ज़िम्मी का कोई रिश्तेदार इस्लाम की तरफ़ झुकाव रखता हो तो उसे ऐसा झुकाव रखने से रोका न जाए।
* ज़िम्मी मुसलमानों का आदर करेंगे।
* जो मुसलमान ज़िम्मियों की बैठकों में भाग लेना चाहेंगे उनका वे शिष्टतापूर्वक स्वागत करेंगे।
* ज़िम्मी मुसलमानों जैसी पोशाक नहीं पहनेंगे।
* वे मुसलमानों के नाम नहीं लेंगे।
* वे काठी और लगाम के साथ घोड़ों की सवारी नहीं करेंगे।
* वे अपने पास तलवारें और तीर-कमान नहीं रखेंगे।
* वे मुद्रिकाएं नहीं पहनेंगे।

* वे खुलेआम नशीली शराब न तो बेचेंगे और न पिएंगे।
* वे अपनी पारंपरिक पोशाक पहनना नहीं छोड़ेंगे, जो कि उनकी अज्ञानता की निशानी है, ताकि उनकी मुसलमानों से अलग पहचान हो सके।
* वे मुसलमानों के बीच खुलेआम अपने पारंपरिक रीतिरिवाजों का पालन नहीं करेंगे।
* वे मुसलमानों के पड़ोस में अपने मकान नहीं बनवाएँगे।
* वे मुस्लिम कब्रिस्तानों के नज़दीक से न तो मुर्दे को ले जाएँगे और न वे उसके नज़दीक उसे दफ़नाएँगे।
* वे ऊँची आवाज में अपने मरे हुए आदमी का मातम नहीं करेंगे।
* वे मुस्लिम गुलाम नहीं ख़रीदेंगे।

इस 'प्रतिज्ञापत्र' को पुनः उद्धृत करते हुए एस.ए.ए. रिजवी लिखते हैं : ऐसे प्रतिज्ञापत्र के प्रति आग्रह करके सईद अली एक आलिम की तरह पेश आ रहे थे, न कि एक सूफ़ी की तरह। सुलतान कुतबुद्दीन ने फ़ारसी पोशाक अपनाई और अपनी एक बीवी को जिससे उन्होंने ग़ैर कानूनी तौर पर शादी की थी, तलाक दे दिया। कभी-कभी वे सईद के नेतृत्व में कराई गई नमाज़ में भी भाग लेते थे। यह नमाज़ एक ऐसे चबूतरे पर की जाती थी, जो एक काली मंदिर के स्थल पर बना था, जिसे तुड़वाने में खुद सईद हमदनी ने मदद की थी। मंदिर प्रतिज्ञापत्र का उल्लंघन किए जाने के कारण गिराया गया था। संभवतः ब्राह्मणों ने सईद अली के अनुयायियों को मंदिर में ठहरने की इजाज़त नहीं दी थी और इस उल्लंघन को मंदिर गिराने का बहाना बना दिया गया था, जिसे बाद में कश्मीर में पूर्वोदाहरण बना दिया गया, जिसे सईद ने कायम किया था।[39]

सचमुच कितने बड़े आलिम थे हमदनी साहिब! वे (सन् 1314-85) एक प्रसिद्ध सूफ़ी थे और कश्मीरी मुसलमान उन्हें अपना संरक्षक संत मानते थे। श्रीनगर में उनकी प्रसिद्ध दरगाह उस जगह पर बनी हुई है, जहाँ पहले कभी काली मंदिर हुआ करता था, जिसे तुड़वाने में उन्होंने खुद मदद की थी।

जैसे ही मुसलमान आक्रांताओं ने देखा कि हिंदू गाय के प्रति अगाध श्रद्धा रखते हैं, उन्होंने ख़ासतौर पर गायों का कत्ल-ए-आम करने की ठान ली। जले पर नमक छिड़कने के लिए, जब कभी वे किसी मंदिर को नष्ट करते, तो हर ऐसे स्थान पर जहाँ मूर्ति-स्थापित होती थी, वे गायों की हत्या करते थे, मूर्ति को तोड़कर उसके छोटे-छोटे टुकड़े कर देते थे और उन टुकड़ों को किसी जामा मस्जिद की सीढ़ियों के नीचे दफ़्न कर देते थे, ताकि जब मोमिन नमाज़ के लिए आएँ तो उन पर पांव रखते हुए आएँ। उन मूर्तियों के टुकड़ों और गायों के मांस को बोरों में भरवाकर मक्का भिजवा दिया जाता था। वहाँ उन्हें गलियों में बिखेर दिया जाता था ताकि हज्ज पर गए हुए मोमिनों के उन पर पांव पड़ सकें।

'अल्बरूनी का भारत' में हमें यह पढ़ने को मिलता है :

...जब मुहम्मद इब्न अलकासिम इब्न अल्मूनबी ने मुल्तान को फतह किया तो उसने पूछा कि यह नगर इतना समृद्ध कैसे हो पाया है। यहाँ कितने ख़ज़ाने जमा हैं। तब उसको पता चला कि इसकी वजह एक मूर्ति थी। सभी जगहों से श्रद्धालु उसके दर्शनों के लिए वहाँ आते थे और श्रद्धावश उस पर भेंट चढ़ाते थे। उसे सबसे अच्छी तरकीब यह सूझी कि उसने मूर्ति को तो वहीं रहने दिया, जहाँ वह थी, लेकिन मूर्ति का मज़ाक उड़ाने के लिए उसने गाय का मांस मूर्ति की गर्दन में लटका दिया। उसी जगह एक मस्जिद बनवाई गई। जब करामातियों ने मुल्तान पर कब्ज़ा किया तो ग़ाजिब जलम इब्न शाइबान ने मूर्ति को तोड़कर उसके टुकड़े-टुकड़े कर दिए और मंदिर के पुजारियों की हत्या कर दी।

प्रशंसित मुस्लिम इतिहासकार फ़रिश्ता से हमें जानने को मिलता है : वहाँ से बादशाह ('सौम्य' फ़िरोज़शाह तुग़लुक जिनका आज तक दिल्ली में सम्मान किया जाता है) नगरकोट के पहाड़ों की तरफ़ कूच कर गए, जहाँ वे ओलों और बर्फ़ के तूफ़ान में घिर गए। नगरकोट के राजा का कुछ नुक्सान हुआ और उसके बाद उसने हार मान ली। लेकिन उसका राज्य उसे लौटा दिया गया। दिवंगत बादशाह के सम्मान में नगरकोट का नाम बदलकर मुहम्मदाबाद रख दिया गया...कुछ इतिहासकार कहते हैं कि फ़िरोज़ ने इस मौके पर नगरकोट की मूर्तियों को तोड़ा और उनके टुकड़ों को गाय के मांस के टुकड़ों के साथ मिलाकर थैलों में भरवा दिया और उन थैलों को ब्राह्मणों की गर्दनों में बँधवा दिया। उसके बाद इन ब्राह्मणों को छावनी में घुमाया गया। यह भी कहा जाता है कि उसने नौशाबा की मूर्ति मक्का की सड़क पर फिकवाने के लिए वहाँ भेज दी थी, ताकि हाजियों के पांव उस पर पड़ सकें। उसने 1,00,000 टंके भी इबादतगाह (अर्थात् काबा) के नौकरों और हाजियों के बीच बँटवाने के लिए भेजे थे।

मुंतख़ाब-उल-तवारीख़ से हमें पता चलता है कि :

नगरकोट के मंदिर पर, जो शहर के बाहर स्थित है, शुरू में ही कब्ज़ा कर लिया गया था—इस मौके पर बहुत से पहाड़ निवासी कौंधती हुई तलवारों की ख़ुराक बन गए। और जो सुनहरी छतरी मंदिर के गुम्बद पर बनी थी, उसे उन्होंने तीरों से छलनी कर दिया...और काली गायें जिनकी संख्या 200 थी, जिनके प्रति उनकी (हिंदुओं की) असीम श्रद्धा थी, और जिनकी वे वस्तुतः पूजा किया करते थे और जिन्हें उन्होंने मंदिर को, जिसे वे शरणस्थल मानते थे, भेंट कर दिया था, और वे वहाँ पर खुले घूमती थीं, उन्हें मुसलमानों द्वारा मार दिया गया। ऐसे में जबकि तीर और गोलियाँ लगातार वर्षा की तरह बरस रही थीं, उन्हें (मुसलमानों) ने अपने जोश में और बुतपरस्ती के ख़िलाफ़ अत्यधिक घृणा के कारण अपने जूतों को खून से भर कर, उन्हें मंदिर के दरवाज़ों और दीवारों पर फेंका...हुसैन कुली ख़ान की फ़ौज

को बहुत सी कठिनाइयों में से गुज़रना पड़ा। इन कारणों से उसने उनके साथ सुलहनामा कर लिया...और सब कुछ सही कर लेने के बाद उसने राजा जयचंद के द्वार पर एक ऊँची मस्जिद का गुम्बद बनवाया।

मआसिर-ए-आलमगीरी से हमें यह जानने को मिलता है कि करिश्मात से भरे रमज़ान के महीने में, शहनशाह ने, जो कि न्याय का प्रवर्तक है और अनिष्ट का निवारक है, जो पैग़ंबर के ईमान का पुनरुद्धारक है, मथुरा में स्थित मंदिर को गिराने का आदेश दिया...। ईमान-ए-इस्लाम के खुदा की तारीफ़, कि कुफ़्र और विद्रोह के ध्वंसक के सौभाग्यशाली शासनकाल में, ऐसा अद्भुत और असंभव दिखाई देने वाला कार्य सफलतापूर्वक संपन्न हुआ...। छोटी बड़ी सब मूर्तियाँ और हीरे-जवाहरात जो कि मंदिर में जड़े हुए थे, आगरा लाए गए और उन्हें बेग़म साहिबा की मस्जिद की सीढ़ियों तले दफ़्न कर दिया गया, ताकि लगातार उन पर पांव पड़ते रहें। मथुरा का नाम बदलकर इस्लामाबाद रख दिया गया...

औरंगज़ेब के 'अख़बारात' में हमें यह पढ़ने को मिलता है :

शहनशाह ने मुहम्मद खलील और फ़ावड़ा चलाने वालों के दारोग़ा ख़िदमत राय को बुलवाकर उन्हें छावनी का मंदिर गिराने और मंदिर में गायों की हत्या करने का आदेश दिया...इस काम को सरंजाम दिया गया।[40]

कुरआन की ये अपेक्षाएँ नहीं हैं कि गायों की हत्या की जाए। इसमें यह भी नहीं कहा गया है कि गाय की हत्या करने वाले ज़ाहिद (भक्त) से अल्लाह ख़ास तौर पर ख़ुश होता है।[41]

केवल एक बार थोड़ी देर के लिए कम-से-कम दो या तीन उलमा इस प्रथा के ख़िलाफ़ बोले थे। और यह क्षण ख़िलाफ़त आंदोलन के दौरान आया था, जिसका उल्लेख गाँधीजी को लिखे गए फिरंगी महल के मौलाना अब्दुल बरी के पत्र में मिलता है। उन्होंने लिखा था :

हिंदुओं और मुसलमानों के बीच एकता को बढ़ावा देने के लिए निश्चित किए गए ख़िलाफ़त प्रार्थना दिवस की सफलता के लिए मैं आपका धन्यवाद करता हूँ। इस बारे में जो आपने रुख अख़्तियार किया है, उसने मुसलमानों के दिलों पर, ख़ास तौर पर उन मुसलमानों के दिलों पर जो धार्मिक प्रवृत्ति रखते हैं, गहरा असर किया है। कुछ उलमा ने ख़ास तौर पर मुझे पत्र लिखकर यह कहा है कि मैं उनका बधाई संदेश आप तक पहुँचा दूँ। उनमें से एक हैं फुलवाड़ी के मौलाना सुलेमान साहिब। उन्होंने मुझे यह लिख भेजा है कि उन्होंने भविष्य में गौहत्या न करने का निश्चय किया है और यह कहा है कि वे दूसरों को भी गौहत्या करने से रोकेंगे। अगर आप जैसे लोग एकता के लिए काम करते रहे, तो देश जल्दी तरक्की करने लगेगा और कलह के कारण समाप्त हो जाएँगे।

कई व्यक्ति गाँधीजी को लिखते रहे थे, कि अगर हिंदुओं को ख़िलाफ़त के

लिए लड़ना है—जो कि मुसलमानों का प्रिय आंदोलन है—तो मुसलमानों को भी ऐसा कुछ करना चाहिए, जिससे यह ज़ाहिर हो, कि वे भी हिंदुओं की भावनाओं की कद्र करते हैं। उन्हें गौहत्या छोड़ देनी चाहिए। गाँधीजी ने इन सुझावों का संकेत ज़रूर किया लेकिन उन्हें दृढ़तापूर्वक नामंज़ूर कर दिया। उन्होंने लिखा "प्रतिफल की उम्मीद लेकर मदद करने में कोई जोश या तुक नहीं रह जाती।" मौलाना अब्दुल बरी के पत्र को प्रकाशित करते हुए गाँधीजी ने लिखा, "हमारे मुसलमान भाइयों ने ख़िलाफ़त के मुद्दे पर हमारी मदद नहीं माँगी है। लेकिन अगर हम उनकी दोस्ती चाहते हैं और उन्हें अपने भाई समझते हैं, तो उनकी मदद करना हमारा कर्तव्य बनता है। अगर उसके परिणामस्वरूप वे गौहत्या बंद कर देते हैं, तो और बात है। वह कोई हैरानी की बात नहीं होगी। लेकिन हम उन्हें इस शर्त पर मदद की पेशकश नहीं कर सकते, कि वे गौहत्या बंद कर दें। कर्तव्य, पुरस्कार की अपेक्षा नहीं करता। लेकिन जो लोग गौरक्षा के लिए उत्सुक हैं उनका यह स्पष्ट कर्तव्य बनता है कि वे ख़िलाफ़त के मुद्दे पर मुसलमानों की मदद करें..."

कुछ दिन बाद दिल्ली में एक बैठक हुई जिसमें लोग खचाखच भरे हुए थे। गाँधीजी अध्यक्षता कर रहे थे। अपने भाषण के आरंभ में ही उन्होंने मुद्दे को उठाया। वे बोले :

कल जो प्रस्ताव पारित किया गया, जिसमें सामान्य रूप से हिंदुओं और विशेष रूप से मेरा धन्यवाद किया गया है, उसके लिए मैं आभारी हूँ। मैं यह भी कहना चाहूँगा कि हिंदुओं या अन्य लोगों ने ख़िलाफ़त के संबंध में जो मदद की है, वह उनका कर्तव्य था, उससे ज्यादा कुछ नहीं। कर्तव्य एक प्रकार का ऋण होता है। उस ऋण को चुकाने का कोई प्रतिफल नहीं हो सकता। श्री आसिफ़ अली ने इस बैठक के जो नोटिस भेजे हैं उनमें गौरक्षा के विषय का उल्लेख किया गया है। मेरी विनम्र राय यह है कि इस अवसर पर हिंदू गौरक्षा का मुद्दा न उठाएँ। अगर हम एक कौम हैं, अगर हम एक दूसरे को भाई समझते हैं, तो भारत में पैदा हुए हिंदुओं, पारसियों, ईसाइयों और यहूदियों का यह साफ़ कर्तव्य बनता है कि वे अपने हमवतन मुसलमानों की, उनके कष्ट के समय मदद करें। जो मदद प्रतिफल की माँग करती है, वह भाड़े की मदद होती है और वह भाईचारे का प्रतीक कभी नहीं बन सकती। जैसे मिलावट वाला सीमेंट ईंटों को एक साथ जोड़े नहीं रख सकता उसी तरह भाड़े की मदद भाईचारे की कमी को पूरा नहीं कर सकती। हिंदुओं की उदात्त परंपराओं का यह तकाज़ा है कि वे अपने मुसलमान भाइयों की मदद करें। यदि मुसलमान अपनी मर्यादा में बँधकर यह महसूस करते हैं, कि हिंदुओं की भावनाओं को ठेस नहीं पहुँचनी चाहिए, तो चाहे हम ख़िलाफ़त के मामले में उनकी मदद करें या नहीं, वे गौहत्या रोक सकते हैं। इसलिए यद्यपि गौ के प्रति मेरी श्रद्धा किसी से कम नहीं है फिर भी मैं ख़िलाफ़त में अपनी मदद के साथ कोई शर्त नहीं जोड़ना चाहूँगा।

इसके विपरीत मैं यह महसूस करता हूँ कि बिना शर्त मदद देने में गौओं की अधिक रक्षा निहित है। हमारे बीच स्नेह और भ्रातृ-सुलभ प्रेम तभी विकसित हो सकता है और गौरक्षा का मार्ग तभी साफ़ हो सकता है जब हम बिना कोई शर्त रखे एक-दूसरे की सेवा करें। इसलिए मैं आशा करता हूँ, कि सभी हिंदू बिना किसी शर्त का आग्रह किए ख़िलाफ़त आंदोलन को अपना आंदोलन समझेंगे...

बैठक के अंत में मौलाना अब्दुल बरी अध्यक्ष महोदय के प्रति धन्यवाद ज्ञापन के लिए खड़े हुए। वे बोले :

महात्मा गाँधी गौरक्षा के विषय को विचाराधीन मामले से बाहर रखने के बारे में भले ही जो चाहें, कहें। यह उनके लिए और हमारे हिंदू भाइयों के लिए श्रेय की बात है। लेकिन अगर मुसलमान अपने हिंदू भाइयों द्वारा दी गई मदद को भूलते हैं, तो वे अपनी उदात्त परंपराओं को भुला देंगे। मेरा यह कहना है कि ख़िलाफ़त के मुद्दे में वे हमारी मदद करें या नहीं, हम और वे एक हैं। इसलिए हमारे लिए यह ज़रूरी है कि हम गौहत्या बंद कर दें। मौलवी के तौर पर मैं यह कहता हूँ, कि अपनी मर्ज़ी से गौहत्या से बाज़ आने पर हम अपने ईमान की ख़िलावर्ज़ी नहीं करेंगे। ख़िलाफ़त के मुद्दे पर हिंदुओं द्वारा दिखाई गई उदारता से हमारे बीच जितनी भाईचारे की असली भावना पैदा हुई है उतनी अन्य किसी बात से नहीं। मैं यह दुआ करता हूँ कि अल्लाहताला दो गरोहों के बीच इस दोस्ती को हमेशा बनाए रखें।

अपने पाठकों को बैठक की कार्यवाही के बारे में अवगत कराते समय गाँधीजी यह महसूस कर रहे थे कि उनकी कही हुई बात सही साबित हुई है। उन्होंने लिखा, ''मौलाना अब्दुल बरी शाह ने हमें यह ज़ाहिर कर दिया है कि यह (निस्वार्थ सहायता, और मुसलमानों के प्रिय आंदोलन में हमारे द्वारा कर्तव्य निर्वाह), गौहत्या न हो इसे सुनिश्चित करने के लिए बड़ी बड़ी राशियाँ खर्च करने और इस उद्देश्य के लिए मुसलमानों से लड़ाई मोल लेने के मुकाबले बहुत ही सरल और आसान तरीका है।''[42]

उस समय मौलाना अब्दुल बरी द्वारा व्यक्त किए गए विचारों से उस तथ्य का पता चलता है जिससे कुरआन और हदीस का हर पाठक अवगत है—कि गौओं की हत्या करना लाज़िमी नहीं है। लेकिन वह एक क्षणिक पल था और उस पल भी मौलाना अब्दुल बरी जैसे व्यक्तियों की आवाजें अल्प संख्या में थीं। वह पल बीत गया। अब्दुल बरी जैसे व्यक्तियों की आवाज़ों को जल्दी भुला दिया गया।

लेकिन इसका उलटा नज़रिया, वह नज़रिया जिसने उन प्रवृत्तियों को बनाए रखा जो मुस्लिम आक्रांताओं के आचरण में पाई जाती थीं, वह नज़रिया जो हावी बना रहा और जैसा कि हम देखेंगे, आज भी हावी बना हुआ है, फ़तवा-ए-रिज़विया जैसे ग्रंथों में दर्जनों बार दोहराया गया है।

फ़तवा-ए-रिज़विया में कहा गया है कि गौओं की बलि चढ़ाना निश्चित रूप से शरीअत की अपेक्षाओं के अनुरूप है। इसमें कुरआन से एक आयत उद्धृत की

गई है, जिसमें गौओं के बारे में हालाँकि एक शब्द भी नहीं है, लेकिन उसके बावजूद, फ़तवे में यह दावा किया गया है, कि इस आयत में यह कहा गया है कि "हमने गौओं और ऊँट की बलि को दीन-ए-अल्लाह के प्रमाण चिह्नों में एक, नियत किया है।" और फ़तवे में आगे कहा गया है, कि यह बात अब्दुल बरी को मालूम है। इसके बाद कई उलमा को उद्धृत करते हुए यह साबित करने की कोशिश की गई है कि गौओं की हत्या करना इस्लाम की बहुत ज़रूरी और लंबे समय से चली आ रही प्रथा है। यदि हिंदू 'सांप्रदायिक आधार' पर गौओं की हत्या पर एतराज़ उठाते हैं—ज़रा ध्यान दीजिए, कि हिंदुओं का आधार सांप्रदायिक है और मुसलमानों का आधार अल्लाह का आध्यात्मिक आज्ञापालन—तो मुसलमानों के लिए गौओं की हत्या से बाज़ रहना ठीक बात नहीं है। इसके बाद फ़तवे में यह फ़रमान दिया गया है, कि वस्तुतः मुसलमानों को हर मौके पर इस प्रथा को बनाए रखना चाहिए जो कि इस्लाम में इतने लंबे समय से चली आई है। अगर वे इसे रोक देंगे, तो वे गुनहगार होंगे।

फ़तवे में इस बात को बार-बार दोहराया गया है और बार-बार ज़ोर देकर कहा गया है कि अगर हिंदू अपने मजहबी नज़रिए की वजह से गौ-हत्या को बंद करने के लिए कहते हैं, तो मुसलमानों के लिए गौहत्या को बंद करना ठीक नहीं होगा। और अगर हिंदू अपने झूठे ईमान की दुहाई देकर इसे बंद कराना चाहते हैं तो मुसलमानों को हरगिज़ इसे बंद नहीं करना चाहिए। फ़तवे में यह चेतावनी दी गई है कि जो मुसलमान वैसा कुछ करने के लिए रज़ामंद हो जाते हैं, जैसा कि हिंदू कहते हैं, तो उनका इस्लाम झूठा है। अगर आप उनकी कही हुई बात मान लेंगे, तो आप उनके झूठे मज़हब को मज़बूत बनाएँगे और शरीअत में ऐसा करने की इजाजत नहीं है।

इसके बाद फ़तवे में ऐसे फ़तवे उद्धृत किए गए हैं, जो कि पहले अब्दुल बरी के पूर्वजों और ख़ुद अब्दुल बरी द्वारा जारी किए गए थे : कि यदि कोई हमें गाय की बलि देने से रोकता है, तो उसकी बलि देना अनिवार्य हो जाता है क्योंकि हम दबाव में आकर अपना मज़हबी काम नहीं छोड़ सकते।

फ़तवा आगे यह घोषित करता है कि जो लोग मुशरिकों को ख़ुश करने के लिए इससे उल्टी बात कहते हैं वे इस्लाम को कमज़ोर बनाते हैं। वे बहुत बड़े गुनहगार हैं, वे मुफ़्सिद (इस्लाम के दुश्मन) हैं, वे अम्र-बिल-हराम (मुसलमानों के रूप में डाकू) हैं, वे शैतान के भाई हैं, इब्लीस (शैतान) के कारिन्दे हैं, सच के दुश्मन और मुनाफ़िकों (ढोंगियों) के वारिस हैं। कुरआन की आयत उद्धृत करते हुए फ़तवे में यह घोषित किया गया है कि ऐसे आदमी हमेशा हमेशा के लिए जहन्नमनशीं होंगे।

इतना कुछ कहा गया अब्दुल बरी जैसे व्यक्तियों के लिए जिन्होंने इस बात की वकालत की थी कि मुसलमान गौहत्या करना छोड़ दें। उनके प्रभाव में आकर

गौहत्या छोड़ने वाले के लिए फ़तवे में यह घोषित किया गया है, कि वह भी अल्लाह का दुश्मन है, शैतान का कारिन्दा है, अनिवार्य कर्म से मुंह मोड़ने वाला है और वह दोज़ख की आग के लायक है।[43]

थोड़ा आगे चलकर फ़तवे में यह घोषित किया गया है कि गौओं की बलि चढ़ाना जारी रखना और हिंदुओं की बैठकों में शामिल होने पर ममानत (निषेध) दोनों ही मज़हब की ज़रूरतें हैं। वह जो गौहत्या को जारी रखने को हराम कहता है, जैसा कि मौलाना अब्दुल बरी ने किया और जो हिंदुओं की बैठकों में शामिल होने को हलाल कहता है, जैसा कि मुफ़्ती किफ़ायतुल्लाह ने किया, वे दोनों ही अल्लाह और पैग़ंबर को बदनाम करते हैं। कुरआन-ए-पाक के फ़रमान के मुताबिक उनकी कयामगाह (निवास-स्थान) जहन्नम है और उस पर कुफ़्र का फ़रमान चस्पां करना लाज़िमी है।[44]

और एक बार फिर दारुल मुख़्तार को लिखित प्रमाण के तौर पर उद्धृत करते हुए फ़तवाए-रिज़विया में यह घोषित किया गया है कि हिंदुओं के लिए गौओं की बलि को रोकना हराम है। और वह आदमी जो ऐसा कुछ करता है जो हराम है, वह ख़ुद को जहन्नम की यंत्रणा का भागी बना लेता है। जो फ़िक्ह में कुफ़्र का अपराधी है, वह इस्लाम से बाहर हो जाता है और उसकी बीबियां उसके लिए हराम हो जाती हैं। अगर वह पूर्व-स्थिति में लौटना चाहता है, तो उसके लिए इस्लाम को फिर से ग्रहण करना और निकाह की रस्म फिर से अदा करना लाज़िमी है।[45]

और एक बार फिर फ़तवे में कहा गया है कि गौओं की बलि चढ़ाना जायज़ है। हिंदुओं का ख़याल करते हुए इस अनुष्ठान को बंद करना हराम है। हिंदुओं के साथ इत्तिहाद (एकता) हराम है। और जो लोग ऐसे इत्तिहाद की वकालत कर रहे हैं (इसी इत्तिहाद के नाम पर, बल्कि उससे भी बढ़कर, हिंदुओं के प्रति कृतज्ञता की अभिव्यक्ति के लिए अब्दुल बरी आदि इस बात की वकालत कर रहे थे कि मुसलमान गौहत्या छोड़ दें), वे "अपनी ही स्वीकारोक्ति के अनुसार कुरआन और हदीस पर आधारित अपनी पूरी ज़िंदगी बुतपरस्ती पर कुर्बान कर रहे हैं।"[46]

फ़तवों के इस और अन्य संकलनों से उक्त विषय पर अनेक उदाहरण दिए जा सकते हैं।[47] उदाहरण की सूची लंबी करते जाने की बजाए किसी एक फ़तवे पर कुछ सविस्तार चर्चा करना बहतर होगा।

फ़तवा-ए-रिज़विया के क्वार्टो आकार के खंड 8 में घन घनी छपाई वाले 443 से 457 तक के पृष्ठ केवल इस आशय के उपदेशों से भरे पड़े हैं कि मुसलमानों को गौ-हत्या जारी रखनी चाहिए। उन पर विचार करने से इन उलमा के पूर्वाग्रहों और उनकी तर्क प्रणाली की और उससे भी बढ़कर उस दुराग्रह, धृष्टता और ख़ास किस्म की विद्वेष भावना की झलक मिल जाएगी, जो उन पूर्वाग्रहों और तर्क प्रणाली के पीछे काम कर रही है।

हमें एक और बात भी देखने को मिलेगी कि किस प्रकार उलमा एक स्थिति से दूसरी स्थिति की ओर बढ़ते हैं। ज़रा याद कीजिए कि पोशाक संबंधी फ़तवों की शुरुआत हमेशा इस स्वीकारोक्ति से होती है, कि असल बात कही जाए तो शरीअत के अंतर्गत कोई ख़ास शर्त निर्धारित नहीं की गई है। लेकिन कुछेक पैराग्राफ़ों में ही दरजा-ब-दरजा सधे हुए अंदाज़ में उलमा मुसलमानों से यह आग्रह कर रहे होते हैं कि वे एक ख़ास किस्म की पोशाक पहनें। गौ-हत्या के बारे में भी वही स्थिति है। कुरआन इसे कोई ख़ास महत्व नहीं देता। जैसा कि हमने देखा, हदीस भी इस बारे में अस्पष्ट हैं। यहाँ तक कि धुरंधर मौलाना अहमद रज़ा ख़ान को भी यह स्वीकार करना पड़ा है कि 'अभी तक' उनकी निगाह में ऐसी कोई विश्वसनीय हदीस नहीं आई है, जिसमें यह ज़िक्र मिलता हो कि ख़ुद पैग़ंबर साहिब ने बलि चढ़ाई गई गौ का मांस खाया था। जैसा कि हमने देखा मौलाना फिर भी ढिठाई से यह तर्क देते हैं, "ऐसी हज़ारों दुनियावी नेमतें हैं, जिनमें स्वयं पैग़ंबर साहिब शामिल नहीं हुए।" और निष्कर्ष रूप में वे यह कहते हैं कि इस बारे में हदीस का न मिल पाना कोई ऐसा कारण प्रस्तुत नहीं करता कि मुसलमान गाय का मांस न खाएँ। यही बात उलटे संदर्भ में भी लागू होती है। बीसियों ऐसी चीज़ें हैं, जिन्हें पैग़ंबर साहिब ने अपने हुक्म से लाज़िमी करार दिया था। लेकिन जिनका मुसलमान पालन नहीं करते—उदाहरण के लिए सूद लेना या देना। तो जिन चीज़ों के लिए आदेश दिया गया है, यदि उन पर ही अमल नहीं किया जाता, तो फिर उन चीज़ों को करने के बारे में उलमा क्यों आग्रह करते हैं, जिनके बारे में अल्लाह या पैग़ंबर साहिब ने कुछ कहा ही नहीं।

जहाँ तक धर्म वैधानिक हाकिमों का संबंध है, उनकी यह स्थिति है। अब ज़रा तर्कों (कुतर्कों?) के उस क्रम की ओर ध्यान दीजिए जिसके द्वारा गौओं की हत्या को हर मुसलमान के लिए एक लाज़िमी मज़हबी फ़र्ज़ करार दे दिया गया है।

फ़तवा-ए-रिज़विया में कहा गया है कि शरीअत के फ़रमान ऐसे हैं जो किसी समय या स्थान विशेष के लिए उपयुक्त, सामयिक और लाभप्रद होते हैं। उदाहरण के लिए पैग़ंबर साहिब के समय, औरतें पाँचों नमाज़ों के लिए मस्जिद में आया करती थीं और उन्हें कोई पर्दा नहीं करना पड़ता था। लेकिन बाद में ख़लीफ़ों ने यह फ़रमान जारी किया कि औरतों को पर्दा करना चाहिए और उन्होंने जवान औरतों का मस्जिद जाना भी बंद करा दिया। पैग़ंबर साहिब ने कहा था "जब तुम्हारी औरत मस्जिद जाने की इजाज़त माँगती है, तो उसे मत रोको...।" उन्होंने यह भी कहा था, "अल्लाह की औरतों को अल्लाह की मस्जिद में जाने से मत रोको।" यह फ़तवे में कहा गया है। लेकिन बाद के हाकिमों ने इसके उलट फ़रमान जारी किए। लेकिन फिर भी ख़लीफ़ों और उलमा के फ़रमान हदीस के विरुद्ध नहीं माने जाते। बल्कि उन्हें शरीअत के अनुकूल करार दिया गया है। कई लिखित प्रमाणों को उद्धृत करते हुए फ़तवे में यह दिखाया गया है कि उसी तरह धीरे-धीरे शरीअत और 'अक्लमंद रहनुमाओं'

से पर्दा के बारे में फ़रमान आने लगे, और पर्दा करना लाज़िमी करार दे दिया गया, हालाँकि पहले पर्दा लाज़िमी नहीं था। इसमें यह बताया गया है कि हमारी शरीअत में ऐसे सैकड़ों फ़रमान हैं।

फ़तवा में यह स्पष्ट किया गया है कि शरीअत में दो किस्म के औचित्य और भर्त्सनाएँ हैं। पहले ऐसे काम हैं, जिनसे व्यक्तिगत (आंतरिक?) संवेदनाओं की संतुष्टि होती है। उदाहरण के लिए अल्लाह की नमाज़ की सिफ़ारिश और बुतपरस्ती के लिए निषेध। उसके बाद ऐसे काम आते हैं जिन्हें उनके बाहरी प्रभाव के अनुसार आंका जाता है : उदाहरण के लिए अरबी के प्रयोग के बारे में सिफ़ारिश और अफ़ीम और भांग के बारे में निषेध। इसमें हमें एक ऐसा उदाहरण मिलता है, जैसा कि एक हम पहले भी देख चुके हैं : पैग़ंबर साहिब के समय और उनके देश में अंगरखा नहीं पहना जाता था। लेकिन अब यह भारत में पहना जाने लगा है। क्योंकि काफ़िर उलटे पर्दे वाला अंगरखा पहनते हैं, इसलिए मुसलमानों के लिए सीधे पर्दे वाला अंगरखा पहनना ठीक है। सीधे पर्दे को छोड़कर उलटे पर्दे वाला अंगरखा पहनना मुसलमानों के लिए हराम है।

फ़तवे में आगे कहा गया है कि चीज़ों का जो बाहरी प्रभाव पड़ता है उसे देखते हुए शरीअत के हाकिम ऐसी चीज़ों को लागू करते हैं जिनसे इस्लाम की शान में इज़ाफा होता है और उन चीज़ों की भर्त्सना करते हैं, जिनसे काफ़िरों का सम्मान बढ़ता है।

गाय का मांस खाने की सिफ़ारिश नहीं की गई, क्योंकि यह व्यक्तिगत कारणों से लाभदायक है और इसे न खाना गुनाह भी नहीं है। और शरीअत किसी ख़ास चीज़ के खाने को लाज़िमी करार नहीं देती और उसे न खाने को गुनाह भी करार नहीं देती। फ़तवे में दिए गए निर्णय के अनुसार, इन बातों को ध्यान में रखते हुए, यह साबित होता है कि गौहत्या को जारी रखना, व्यक्तिगत कारणों से ज़रूरी नहीं है। लेकिन—और यहाँ पर बात को मोड़ दिया गया है—हमारे मज़हबी फ़रमान केवल इस मानदंड पर निर्भर नहीं होते। इसके उलट, जिन कामों की, उनके बाहरी प्रभाव के कारण सिफ़ारिश की जाती है, वे अत्यंत आवश्यक होते हैं। मजबूरियों के सामने हार मानकर ऐसी चीज़ों से परहेज करना जो किसी भी तरह से हम मुसलमानों के लिए नुक्सानदेह नहीं हैं एक ऐसी बात है जिससे हमारी मज़हबी गिरावट होती है। फ़तवे में आगे कहा गया है, हमारी शरीअत यकीनन हमारी गिरावट नहीं चाहती और न ही यह अपेक्षा की जाती है कि हमारे वर्तमान शासक एक पक्ष का सम्मान करें और दूसरे का अपमान।

फ़तवे में आगे कहा गया है—आख़िर उस प्रथा को रोकने के कोई कारण होने चाहिए जिनसे हज़ारों मुसलमानों का फ़ायदा होता है। हिंदुओं की ज़िद को पूरा करने के सिवाय ऐसा करने का कोई और कारण नहीं है। ऐसा करने का मतलब है हमें

उस ख़ुराक से महरूम करना जो हमारे मिज़ाज को पसंद है, और उस गोश्त से महरूम करना जिसे अल्लाह ने सबसे अच्छी ख़ुराक कहा है—यहाँ भी और आख़िरत (परलोक) में भी।

इसके अलावा सब लोग बकरी के गोश्त का ख़र्चा नहीं उठा सकते। ग़रीब लोग गाय के मांस के बिना गुज़ारा नहीं कर सकते। और चिकित्सा की पुस्तकों में इस बात का प्रमाण मिलता है कि हमारे जिस्म के लिए, हमारे जिस्म की ताकत को बढ़ाने के लिए गोश्त के बहुत से फ़ायदे हैं। ये फ़ायदे गोश्त को छोड़कर किन्हीं दूसरी खाने की चीज़ों से हासिल नहीं किए जा सकते। और फिर हज़ारों ऐसे फायदे हैं, जो गौओं की खाल से उठाए जा सकते हैं, और ये फ़ायदे, हमारे साथ मिलकर हिन्दू भी उठाते हैं।

इसके अलावा दीन में और कुरआन में गौ-हत्या को ख़ास तौर पर जायज़ ठहराया गया है। अल्लाह कहता है मैंने तुम्हारे लिए ऊँट और गौएं बनाई हैं। यह बात साफ़ है कि इस मुल्क में कुर्बानी के लिए ऊँटों का इस्तेमाल नहीं किया जा सकता। और अगर हम गाय का मांस खाना छोड़कर ऊँट का मांस खाना शुरू कर दें, तो ऊँट के मांस के दाम एकदम बढ़ जाएंगे। गरीब लोग उसे नहीं खा सकेंगे। विकल्प रूप में बकरी का मांस केवल कुछेक लोगों को ही उपलब्ध है।

हमारी शरीअत में गौहत्या को जायज़ करार दिया गया है। कुरआन से एक आयत उद्धृत करते हुए (जिसमें गाय के बारे में एक शब्द भी नहीं है), फ़तवे में उसके आशय का अनुवाद इस प्रकार दिया गया है : "बेशक, अल्लाह तुम्हें हुक्म देता है : गाय की हत्या करो।"

फ़तवे में आगे कहा गया है, इसके अलावा हिंदुओं के मूल धर्म में गौहत्या करने पर कोई बंदिश नहीं लगाई गई है। उन्होंने ख़्वाहमख्वाह उसका सम्मान करना अपने सिर मढ़ लिया है। हिंदुओं के ग्रंथों में तो बल्कि इस बात के प्रमाण मिलते हैं कि हिंदू रहनुमाओं ने ख़ुद को गोमांस के स्वाद से वंचित नहीं रखा।

हिंदुओं को इस बात पर एतराज है कि इसमें हत्या जैसा काम करना पड़ता है। लेकिन हत्या जैसा काम तो बकरी और मछली आदि के मामले में भी करना पड़ता है। जब उनके अपने ही ग्रंथों से यह सिद्ध हो जाता है कि राम, लक्ष्मण और कृष्ण शिकार किया करते थे, तो उस हत्या का क्या इलाज है?

हिंदुओं में कई ऐसे मज़हबी फ़िर्के हैं जो हर प्रकार की हत्या को निन्दनीय मानते हैं—इस हद तक कि उनमें से कुछ लोग अपने मुँह पर कपड़ा बाँधे रहते हैं, इसलिए कि कहीं कोई मक्खी या कोई कीड़ा न मर जाए। और दूसरे कुछ लोग ऐसे हैं जो मज़े से मुर्ग़ा, बकरी और मछली खाते हैं। जब उनकी अपनी हालत ही ऐसी है, तो उनके धार्मिक मानदंडों को पूरा करने के लिए ऐसा फ़तवा कैसे जारी किया जा सकता है जिसमें गौहत्या के बारे में मना किया गया है।

और जब कोई गाय मरती है तो वे उसकी खाल आदि को इस्तेमाल करते हैं। और वे हर तरह से बैल का सही और ग़लत इस्तेमाल करते हैं। वे उसे मारते हैं और उससे काम लेते-लेते उसे थका देते हैं। इस तरह, वे उसका तो सम्मान नहीं करते। तब वे ख़ुशी-ख़ुशी मुसलमानों को बैलों की हत्या करने की इज़ाज़त क्यों नहीं दे देते?

"यह—गौहत्या बंद करने की माँग—सिर्फ़ उनकी एक ज़िद्द है।"

जहाँ तक गौहत्या से पैदा होने वाली अशांति का सवाल है—जहाँ गौहत्या कानूनन मना है वहाँ अशांति की ज़िम्मेदारी मुसलमानों पर होगी और उससे इस्लाम की बदनामी होगी; इसलिए ऐसी जगहों पर मुसलमानों को गौहत्या नहीं करनी चाहिए। लेकिन जहाँ पर ऐसा करना मना नहीं है, वहाँ अशांति का कारण ख़ुद हिंदू बनते हैं। चाहे जब ममानत न भी हो, तो भी वे यह चाहेंगे कि हम अपनी धार्मिक प्रथाएँ छोड़ दें। उस हालत में उन्हें सज़ा दी जाएगी। क्योंकि अगर शरीअत कोई काम करने से इसलिए मना कर दे, क्योंकि उससे हिंदू अशांति फैला सकते हैं, तो वे हमसे जो भी धार्मिक अनुष्ठान छुड़ाना चाहेंगे, उससे हमें रोकने के लिए उन्हें आसान रास्ता मिल जाएगा—वे सिर्फ़ अशांति फैला देंगे। ऐसा अमल करने पर इस्लाम बदनाम हो जाएगा, उसमें गिरावट आ जाएगी।

फ़तवे में एक के बाद दूसरे पैराग्राफ और पृष्ठ में इन दलीलों, उद्धरणों और आग्रहों को दोहराया गया है। हमारी मुकद्दस किताब और हमारे हकीकी पैग़ंबर के फ़रमानों से यह पूरी तरह से सिद्ध हो जाता है कि हमें गौहत्या करने की इजाज़त है। इन आयतों से यह साफ़ हो जाता है कि अल्लाह ने ऊँट, गाय, बकरी—सबकी कुर्बानी देने का हुक्म दिया है...। और इस प्रकार की और दलीलें भी दी गई हैं।

फ़तवे में उन लोगों की घोर भर्त्सना की गई है जो यह कहते हैं कि गौहत्या छोड़ देनी चाहिए। वे गुनाह कबीरा (महापाप) के अपराधी हैं। फ़तवे में अब्दुल वहाब और उनके उस्ताद अब्दुल हई, और फिरंगी महल के अन्य उलमा द्वारा जारी किए गए फ़तवों को उद्धृत करते हुए यह कहा गया है कि ये वे फ़तवे हैं जिन्हें अब्दुल हई के संकलनों में शामिल किया गया है, जिनमें स्वयं उन्होंने फ़रमाया है कि हिंदुओं का ख़याल करते हुए गौहत्या बंद करना नाजायज़ और उसे जारी रखना जायज़ है।

फ़तवे में यह घोषित किया गया है कि गौहत्या करना इस्लाम की शान है और हिंदुओं के साथ जो एकता कायम की जा रही है वह हराम है, कतई हराम।

आगे फ़तवे में यह घोषित किया गया है कि गौहत्या एक मुसलमान का मज़हबी हक है और ऐसा हक है जिससे विशेष रूप से इस्लाम की शान में इज़ाफ़ा होता है। मुशरिकों की वजह से इसे (गौहत्या को) बंद करना मुशरिकों की शान को बढ़ाना है, जबकि गौओं की बलि चढ़ाने से इस्लाम की शान बढ़ती है।

इस विषय को बार-बार दोहराया गया है।

और कुरआन यह कहता है कि तुम्हें अल्लाह और पैग़ंबर साहिब को खुश करना चाहिए—मुशरिकों की बनिस्बत उनका तुम पर ज़्यादा हक बनता है कि तुम उनको संतुष्ट करो...हिंदुओं के साथ इत्तिहाद हराम है, और उसकी वजह से गौहत्या बंद करना भी हराम है...[48]

फ़तवे का इतना संक्षेप भी यह ज़ाहिर करने के लिए काफी है, कि किस तरह से सिलसिलेवार उलमा द्वारा उस चीज़ को, जिसके बारे में सिर्फ़ इजाज़त भर दी गई थी एक धार्मिक कर्त्तव्य का रूप दे दिया जाता है। साथ ही यह भी ज़ाहिर हो जाता है कि दरजा-ब-दरजा किन तर्कों के ज़रिए एक ऐसी चीज़ जो किसी दूसरे को सबसे ज़्यादा चोट पहुँचाती है, एक सिद्धांत का विषय, एक धार्मिक अधिकार, एक अल्लाह और पैग़ंबर साहिब का फ़रमान हुआ फ़र्ज़ बन जाती है। उसे छोड़ना इस्लाम की लंबे समय से चली आ रही प्रथा को छोड़ना होगा। अगर हम इस मामले पर हार मान गए तो वे हमें किसी भी चीज़ के लिए मजबूर करने लगेंगे। इस का मतलब होगा मुशरिकों के झूठे मज़हब को मज़बूत बनाना, दबाव में आकर अपना मज़हबी काम छोड़ देना। इसका मतलब होगा ऐसा काम करना जिसे करने से हमें मना किया गया है—अर्थात् काफ़िरों को सम्मान देना। इसका मतलब होगा इस्लाम को बदनाम करना। दूसरी ओर गौओं की हत्या करना एक ऐसा काम है जो ख़ास तौर पर इस्लाम की शान में इज़ाफ़ा करता है।

और ज़रा ध्यान दीजिए कि किस प्रकार ये विद्वज्जन (उलमा) कुरआन और हदीस का इस्तेमाल करते हैं। इस बारे में हम फिर चर्चा करेंगे।

आज तक

ख़िलाफ़त के दिनों इस मुद्दे पर दो समुदायों के बीच जो एकता देखने में आई थी उसका वही हाल हुआ, जो मौलाना मुहम्मद अली द्वारा तार-तार बहाए गए आँसुओं का।

फ्रांसिस राबिन्सन की महत्त्वपूर्ण पुस्तक 'सेपरेटिज्म एमंग इंडियन मुस्लिम्स' में लेखक ने मौलाना अब्दुल बरी द्वारा गाय आदि के बारे में किए गए पुरज़ोर एलान का जो कारण बताया है वह इतना इज्ज़त के लायक नहीं है, जितना पहले समझा गया था। पुस्तक में यह हवाला दिया गया है कि पूरे भारत के लिए शेख़-उल-इस्लाम (इस्लाम प्रमुख) के बारे में बातचीत हुई थी। मौलाना अब्दुल बरी की इस पद पर निगाह थी और उन्होंने गाँधीजी को एक सौदे की पेशकश की थी। गृह विभाग के रिकार्डों को उद्धृत करते हुए राबिन्सन लिखते हैं कि 1919 के शुरू में, "जबकि महात्मा का राउलेट सत्याग्रह पूरे ज़ोरों पर था, तो बताया जाता है कि अब्दुल बरी ने उलमा और मुसलमानों का एक सम्मेलन बुलाने की व्यवस्था की थी, जिसमें बरी

साहिब को शेख-उल-इस्लाम चुना जाना था और ख़िलाफ़त संबंधी मुसलमानों की माँगें तय की जानी थीं। गाँधीजी और हिंदुओं को इन माँगों का समर्थन करना था और बदले में अब्दुल बरी को अपने नए-नए हासिल किए गए पद का इस्तेमाल गौहत्या बंद करने के लिए करना था। लेकिन इस सौदे का कुछ भी परिणाम नहीं निकला।"

ख़िलाफ़त आंदोलन के कारण उलमा, उनकी उत्तरोत्तर बढ़ती जा रही आक्रामक भूमिका और "ज़ोर ज़बरदस्ती से निरंतर चल रहे धर्म परिवर्तन को बढ़ावा मिला, जिसके परिणाम स्वरूप हिंदू मुस्लिम एकता के भूतपूर्व अग्रदूत अब्दुल बरी एक बार फिर आगे आए। अब वे एक कट्टरपंथी की भाषा बोलने लगे। उन्होंने मुसलमानों को हिंदुओं की भावनाओं का ख़याल किए बिना गौओं की बलि चढ़ाने के लिए उकसाया..."[49]

सिर्फ़ एक बात और यहाँ कहना ज़रूरी होगा। और वह यह है : वही रवैया, वही पूर्वग्रह, वही विद्वेष और वही शब्द आज तक देखने सुनने को मिलते हैं। मौलाना अबुल हसन अली नदवी जिन्हें लोग आम तौर से अली मियाँ नाम से जानते हैं, आज सबसे अधिक प्रभावशाली मुस्लिम नेता और आलिम हैं। लखनऊ स्थित नदवातुल उलमा के प्रमुख अखिल भारतीय मुस्लिम स्वीय विधि बोर्ड के अध्यक्ष, साउदी अरब के बादशाह की संस्था राबिता-ए-आलम-ए-इस्लामी के संस्थापक सदस्यों में से एक, अली मियाँ को हमारी प्रेस द्वारा सर्वसम्मानित विद्वान और नरमपंथी मुस्लिम नेता बताया जाता है। 3 अप्रैल 1986 को जद्दाह में भारतीय और पाकिस्तानी हाजियों को संबोधित करते हुए उन्होंने गौहत्या के विषय पर जो कुछ कहा, वह इस प्रकार है :

मुजद्दित अलफ़ सानी-2 ने कहा था कि भारत में गौहत्या एक महान इस्लामी प्रथा है। यह उनकी दूरअंदेशी थी कि उन्होंने भारत में गौ-हत्या को एक महान इस्लामी प्रथा बताया। दूसरी जगहों पर भले ही यह महान प्रथा न हो। लेकिन भारत में यह यकीनन एक महान इस्लामी प्रथा है क्योंकि भारत में गाय को पूजा जाता है। अगर मुसलमान यहाँ गौ-हत्या छोड़ दें, तो यह ख़तरा है कि आने वाले समय में भावी पीढ़ियों को गाय की पारसाई (पवित्रता) के बारे में यकीन हो जाएगा।[50]

फ़तवों के वही शब्द और वही विद्वेष। लेकिन जब कभी फ़तवों का उल्लेख किया जाता है तो जवाब यह होता है : "लेकिन उन्हें पढ़ता कौन है?"

किसी एक ऐसी चीज़ को करने की जिद्द के बल पर, जिससे दूसरों की भावनाओं को ठेस पहुँचती है, अपनी पहचान बनाने के इस विद्वेषपूर्ण तरीके और बुनियादी रवैये ने 'उम्मत के रहनुमाओं' को, उनकी शरीअत की किताबों में जो कुछ लिखा है उसे तोड़ने मरोड़ने पर मज़बूर कर दिया है। अपने इसी दुराग्रह के कारण वे संविधान और कानूनों में की गई व्यवस्थाओं को भी उपेक्षित कर डालते हैं। उनके उद्देश्य

की पूर्ति के लिए यदि 'मज़हबी' दलीलें प्रभावी हो सकती हैं तो वे उनकी दुहाई देने लगते हैं और यदि 'धर्म निरपेक्ष' दलीलों की ज़रूरत पड़ती है तो वे वैसी दलीलें जुटाने लगते हैं। वे अपनी इन सब दलीलों पर इस कदर डटे रहते हैं, कि जो व्यक्ति फ़तवों और उनके पीछे छिपे पूर्वाग्रहों से भलीभाँति परिचित नहीं है, वह उनकी दृढ़ता पर चकित हो उठता है।

'हिदायात' में कहा गया है :

बालिग़ हो चुके हर आज़ाद मुसलमान का यह फ़र्ज है कि 'ईदुल अज़हा' पर कुर्बानी दे, बशर्ते कि उसके पास निसाब (पर्याप्त पूँजी) हो और वह मुसाफ़िर न हो। एक परंपरा के अनुसार, अबू हनीफ़ा मुहम्मद ज़फर, और हसन और उसी प्रकार अबू यूसुफ़ की यही राय है। अश् शफ़ीअ के अनुसार कुर्बानी कोई अनिवार्य कर्तव्य नहीं है बल्कि केवल एक प्रशंसनीय कार्य है। अत-तहावी में उल्लेख मिलता है कि अबू हनीफ़ा की राय में यह अनिवार्य है, जबकि उनके अनुयायी यह मानते हैं कि यह अत्यंत सराहनीय कार्य है। कुर्बानी देना किसी आदमी के लिए खुद की खातिर और अपने शीर ख्वार बच्चे (शिशु) की ख़ातिर अनिवार्य है। यह राय एक परंपरा के अंतर्गत अबू हनीफ़ा की है। दूसरी परंपरा के अंतर्गत उन्होंने कहा है कि अपने बच्चे की ख़ातिर उसके लिए कुर्बानी देना अनिवार्य नहीं है...

इस बात को लेकर कि शरीअत के मुताबिक कुर्बानी देना अनिवार्य है या नहीं, साफ़ मतभेद है। चलो यह मान भी लिया जाए, कि किसी पशु की हत्या की ही जानी है, तो भी वह पशु बकरी हो, या ऊँट, या गाय, यह विकल्प मोमिन पर छोड़ दिया गया है। हिदायात में जो आगे कहा गया है, उससे यह ज़ाहिर हो जाता है कि इस बारे में विकल्प उपलब्ध है :

एक व्यक्ति की ख़ातिर दी जाने वाली कुर्बानी का पशु बकरी है और सात व्यक्तियों की ख़ातिर दी जाने वाली कुर्बानी का पशु गाय या ऊँट है। अगर सात से कम जितने भी व्यक्तियों के लिए गाय की कुर्बानी दी जाती है, तो वह शरीअत के मुताबिक जायज़ है लेकिन अगर आठ आदमियों की ख़ातिर एक गाय की कुर्बानी दी जाती है, तो वह शरीअत के मुताबिक जायज़ नहीं है। यदि सात लोगों की जमायत में किसी भी एक आदमी का योगदान सातवें हिस्से से कम है, तो उनमें से किसी एक के भी हक में वह कुर्बानी माकूल नहीं होगी। अगर दो आदमी एक ऊँट के मुश्तरका तौर पर बराबर-बराबर के मालिक हों, और उनके द्वारा अपनी ख़ातिर उस ऊँट की कुर्बानी दी जाए तो वह शरीअत के मुताबिक जायज़ है। और उस हालत में उन्हें वज़न के मुताबिक मांस को बाँट लेना चाहिए, क्योंकि मांस का वज़न किया जा सकता है। लेकिन अगर इसके उलट अगर वे उसे अंदाज़े के मुताबिक बाँटते हैं, तो ऐसा करना जायज़ नहीं है, जब तक कि वे मांस के दोनों हिस्सों में सिर, गर्दन और जोड़ों के भाग शामिल न करें। अगर कोई आदमी अपनी ख़ातिर कुर्बानी

देने के लिए एक गाय ख़रीदता है और बाद में वह छह और आदमियों को भी कुर्बानी में शामिल कर लेता है, तो वह जायज़ है। लेकिन सबसे अच्छा यह होगा कि वह गाय को ख़रीदने के समय ही दूसरों को अपने साथ शामिल कर ले ताकि वह कुर्बानी सब अनुष्ठान कर्ताओं के लिए वैध हो सके, अन्यथा ऐसे मामलों में अलग-अलग लोगों की अलग-अलग राय है। अबू हनीफ़ा के हवाले से यह कहा गया है कि पशु को ख़रीद लेने के बाद किसी कुर्बानी में दूसरों को शामिल करना घृणास्पद है, क्योंकि पशु की ख़रीद परस्तिश (भक्ति) की भावना से की गई थी, इसलिए उसकी बिक्री करना घृणास्पद है...

इधर हमारे संविधान के अनुच्छेद 48 के अंतर्गत राज्य को यह निदेश किया गया है कि, "राज्य...गौओं और बछड़ों और अन्य दूध देने वाले और भारवाही मवेशियों की नस्लों को सुधारने और उनकी हत्या को रोकने के लिए कदम उठाएगा।"

एक तरफ़ हमारे पास मुस्लिम शरीअत की पुस्तकें हैं। अगर यह मान लिया जाए कि उनके अनुसार किसी मुसलमान के लिए पशुओं का वध करना अनिवार्य है, तो भी उसे साफ तौर पर यह विकल्प प्राप्त है कि वह अल्लाह को संतुष्ट करने के लिए बकरी या गाय, या ऊँट में से किसी एक का वध कर सकता है। दूसरी तरफ हमारा संविधान है। एक किस्म के पशुओं—गौओं और बछड़ों और अन्य दूध देने वाले और भारवाही मवेशियों—के बारे में यह निदेश दिया गया है कि राज्य अन्य बातों के साथ-साथ उनके वध को रोके। दोनों में तालमेल बैठाने में कोई कठिनाई नहीं है : मुसलमानों को यह छूट है कि वे अनुच्छेद 48 में उल्लिखित मवेशियों को छोड़कर अन्य पशुओं का वध कर सकते हैं। इससे, उनकी शरीअत की पुस्तकों में जो कुछ लिखा है उसका तो निर्वाह हो जाएगा, लेकिन उनका जो अपनी पहचान बनाने का ख़ास तरीका है—अर्थात् वह कुछ करना जिससे काफ़िरों को नीचा दिखाया जा सके और उन्हें परेशान किया जा सके, उसमें कमी रह जाएगी। इसलिए उनके रहनुमा इस बात पर ज़िद्द पकड़े रहे हैं कि उन्हें हर हालत में गाय का ही वध करना है।

1956 में बिहार राज्य ने पशुओं का संरक्षण तथा सुधार अधिनियम बनाया। इस अधिनियम के अंतर्गत गौहत्या पर प्रतिबंध लगा दिया गया। मुसलमानों की तरफ़ से अधिनियम के विरुद्ध याचिकाएँ दायर की गईं। उनमें यह दलील दी गई कि अनुच्छेद 25 के अंतर्गत हमें अपने मज़हब को अपनाने, उस पर अमल करने और उसका प्रचार करने की जो स्वतंत्रता दी गई है, इस अधिनियम से वह स्वतंत्रता भंग होती है। अंततः उच्चतम न्यायालय के संविधान न्यायपीठ को मामले पर विचार करना पड़ा। न्यायपीठ ने वही कुछ कहा जो कि हिदायात जैसे ग्रंथों में कहा गया है—गौहत्या ही एकमात्र ऐसा विकल्प नहीं है जिसका आदेश मुसलमानों को दिया गया हो; उसे उपलब्ध कई उपायों में से यह एक है। इसलिए न्यायपीठ ने यह निष्कर्ष निकाला

कि गौहत्या इस्लाम की प्रथा के लिए अनिवार्य नहीं है। इसलिए उच्चतम न्यायालय ने यह निर्णय दिया कि गौहत्या पर प्रतिबंध लगाने से संविधान का अनुच्छेद 25 भंग नहीं होता।

क्योंकि यह सिद्ध नहीं किया जा सका कि गाय के वध से ही मुसलमानों की धार्मिक अपेक्षाएँ पूरी की जा सकेंगी, इसलिए आवेदकों ने 'आर्थिक' पहलू की दलील पर ज़ोर देना शुरू कर दिया। यह तर्क दिया गया कि जिस व्यक्ति के परिवार में सात सदस्य हैं, उसे दूसरे विकल्प के रूप में सात बकरियों की कुर्बानी देनी पड़ेगी और हो सकता है उतनी बकरियों का ख़र्चा उठा पाना उसके सामर्थ्य से बाहर हो। इसलिए गाय की कुर्बानी देने में कोई 'धार्मिक मजबूरी' भले ही न हो, लेकिन 'आर्थिक मजबूरी' ज़रूर होगी। उच्चतम न्यायालय ने यह कह कर इस दलील को ख़ारिज कर दिया कि कुछ मुसलमान शासकों ने ख़ुद गौहत्या पर प्रतिबंध लगा दिया था और यदि इस्लाम के अंतर्गत गौओं की कुर्बानी लाज़िमी होती तो उन्होंने ऐसा न किया होता। इसलिए न्यायालय ने यह फैसला दिया कि गौहत्या पर पूर्ण प्रतिबंध लगा देने से संविधान का अनुच्छेद 25 भंग नहीं होता।[51]

उच्चतम न्यायालय द्वारा इस मामले पर फ़ैसला दे दिए जाने के बाद और उसके अलावा अनुच्छेद 48 के अंतर्गत राज्य को निदेश होने के कारण, मामला तय हो जाना चाहिए था। लेकिन ऐसा नहीं हुआ।

1950 से पश्चिम बंगाल पशु वध नियंत्रण अधिनियम लागू था। अधिनियम की प्रस्तावना में कहा गया था कि कुछ पशुओं के वध की रोकथाम करने के लिए उक्त अधिनियम बनाया जा रहा है क्योंकि दूध की सप्लाई को बढ़ाने और कृषि सुधार के लिए आवश्यक पशु शक्ति के अपव्यय को रोकने के लिए ऐसा करना लाभकर है। अधिनियम की धारा 2 और उसकी अनुसूची में यह विशेष उल्लेख किया गया था कि उसकी व्यवस्थाएँ साँड़ों, बैलों, गौओं, बछड़ों और खसी किए गए भैंसों पर लागू होंगी। धारा 4 में यह व्यवस्था की गई थी कि किसी भी अन्य ऐसे नियम में जो लागू हो, या किसी भी प्रथा में कोई विपरीत व्यवस्था होने के बावजूद कोई भी व्यक्ति अनुसूची में दर्ज किसी भी पशु का तब तक वध नहीं करेगा जब तक कि वह अधिनियम की संबद्ध धाराओं के अंतर्गत उस पशु के बारे में सक्षम प्राधिकारी से इस आशय का प्रमाणपत्र प्राप्त न कर ले कि पशु की आयु 14 वर्ष से अधिक है और वह प्रजनन के अयोग्य है या आयु, चोट, विकृति या किसी असाध्य रोग के कारण स्थायी तौर पर काम करने या प्रजनन के लिए अक्षम हो गया है। उदाहरण के लिए गौओं के मामले में इन व्यवस्थाओं के अंतर्गत यह लाज़िम था कि जो गौएँ अधिनियम की व्यवस्थाओं के अनुसार वध योग्य नहीं थीं, उनका वध हरगिज़ न किया जाएगा। अधिनियम की धारा 12 के अंतर्गत राज्य सरकार को यह अनुमति दी गई थी कि वह किसी धार्मिक, चिकित्सकीय या अनुसंधानिक प्रयोजन के लिए

किसी भी पशु की हत्या के बारे में अधिनियम की व्यवस्थाओं से छूट दे सकती थी।

मुसलमानों के नाम पर सक्रिय होकर उनके रहनुमाओं ने राज्य सरकार पर दबाव डाला, और यदि आप चाहें तो यह कह सकते हैं, उसे इस बात के लिए रज़ामंद कर लिया कि बकर ईद पर गौओं को अधिनियम से छूट देते हुए उनके वध की अनुमति दी जाए।

हिंदुओं ने छूट के ख़िलाफ़ कलकत्ता उच्च-न्यायालय में अपील दायर की। पहले तो उनकी अधिकारिता के बारे में सवाल उठाया गया। यह दलील दी गई कि यह मामला राज्य, जिसने छूट दी है और मुसलमानों, जिन्हें छूट दी गई है, के बीच का है। ये अन्य लोग बीच में कहाँ से आ गए? उच्च-न्यायालय का यह निर्णय था कि आवेदकों को हिंदू समुदाय की ओर से जिसे, राज्य सरकार द्वारा छूट दिए जाने के कारण कष्ट पहुँचा है, न्यायालय के पास आने का पूरा अधिकार है। इसके अलावा जिस दलील को उच्चतम न्यायालय की संविधान न्यायपीठ ने स्पष्ट रूप से ख़ारिज कर दिया था उसी दलील पर मुसलमानों की तरफ़ से फिर से ज़ोर दिया गया। और वह दलील यह थी कि, गौहत्या उनकी मज़हबी ज़रूरत है और क्योंकि अनुच्छेद 25 के अंतर्गत उन्हें धार्मिक स्वतंत्रता प्रदान की गई है इसलिए बकर ईद पर उन्हें गौओं का वध करने का अधिकार है। उच्च-न्यायालय ने आपत्तियों को ख़ारिज कर दिया और हिंदुओं द्वारा दायर की गई अपील का, उच्चतम न्यायालय द्वारा कुरैशी मामले में उल्लिखित सिद्धांतों के आधार पर समर्थन किया। न्यायालय ने इस बात को दोहराया कि अधिनियम में स्वस्थ पशुओं के वध पर पूरी बंदिश लगाई गई है। अधिनियम का उद्देश्य भी यही है—न्यायालय ने कहा। इसलिए धारा 12 का जिसके अंतर्गत छूट की अनुमति दी गई है, सही-सही अर्थ लगाने की ज़रूरत है : छूट तभी दी जा सकती है, जब अधिनियम में उल्लिखित प्रयोजनों अर्थात् धार्मिक, चिकित्सकीय और अनुसंधानिक प्रयोजनों के लिए, छूट देना ज़रूरी हो। क्योंकि गौओं की कुर्बानी देना इस्लामी प्रथा के लिए अनिवार्य नहीं है, इसलिए छूट अतर्कसंगत है। न्यायालय द्वारा इस बारे में निर्णय अगस्त 1982 में दिया गया।

इसके बाद मामला उच्चतम न्यायालय में लाया गया। वही दलील यहाँ भी दोहराई गई। इसलिए उच्चतम न्यायालय को अपना पहले का फैसला फिर से दोहराना पड़ा। अनुच्छेद 25 केवल उन प्रथाओं की रक्षा करता है जो किसी धार्मिक प्रथा के लिए अनिवार्य हैं। गौहत्या मुसलमानों को उपलब्ध विकल्पों में से एक है और इसलिए यह कोई अनिवार्य अनुष्ठान नहीं है। किसी कानून के मूल प्रयोजन से दी जाने वाली छूट का एकदम सही अर्थ लगाना जरूरी होता है। क्योंकि 1950 का अधिनियम बनाने का उद्देश्य ही स्वस्थ पशुओं के वध को रोकना था, इसलिए धारा 12 के अंतर्गत छूट तभी दी जा सकती है, जब यह साबित किया जा सके कि उनका वध धार्मिक, चिकित्सकीय या अनुसंधानिक प्रयोजनों के लिए अत्यंत आवश्यक है।

क्योंकि स्वस्थ गौओं के वध के मामले में यह साबित नहीं किया जा सकता, इसलिए छूट की माँग को ख़ारिज करने के बारे में कलकत्ता उच्च-न्यायालय का फैसला सही था—यह निर्णय उच्चतम न्यायालय ने दिया। उच्चतम न्यायालय का फ़ैसला पहले भी यही था। इसलिए यह साफ़ ज़ाहिर था कि उक्त मामले में अब की बार उच्चतम न्यायालय क्या फ़ैसला देने जा रहा है। इसलिए एक नई और बेतुकी दलील पेश की गई। इसमें यह आग्रह किया गया कि जबकि संविधान के अनुच्छेद 25 के अंतर्गत केवल ऐसी प्रथाओं को रक्षा प्रदान की गई है जो कि धर्म के लिए अनिवार्य हैं; अधिनियम की धारा 12 का अभिप्राय निश्चित रूप से किन्हीं भी धार्मिक प्रथाओं के लिए छूट प्रदान करना है। लेकिन उच्च-न्यायालय ने इस तर्क को भी सरसरी तौर पर ख़ारिज कर दिया।[51]

इस प्रकार मूल उद्देश्य है किसी-न-किसी तरह से गौहत्या को जारी रखना—यह तर्क देकर कि ऐसा करना इस्लाम की एक अनिवार्य अपेक्षा है; अगर वह तर्क नहीं टिक पाता, तो फिर यह तर्क देकर, कि यह बहरहाल इस्लाम की प्रथाओं में से एक तो है ही और अगर वह तर्क भी नहीं टिक पाता तो फिर यह तर्क देकर कि गौओं का वध करने की आर्थिक मजबूरी है...

एक सामान्य प्रेक्षक को यह ढिठाई और जिद्द समझ में नहीं आएगी। लेकिन ऐसा इसलिए, क्योंकि वह फ़तवों और उनके पीछे काम कर रहे मनोविज्ञान से अनभिज्ञ होता है। मुद्दा यह कि कोई ऐसी चीज़ करना ज़रूरी है, जिससे काफ़िरों को नीचा दिखाया जा सके और उन्हें परेशान किया जा सके, क्योंकि जैसा कि फ़तवों में कहा गया है, ऐसा करने में ही इस्लाम की शान है।

कम-से-कम यहाँ तक आते-आते मामला ख़त्म हो जाना चाहिए था। लेकिन सवाल यह पैदा होता है कि उनकी पहचान कैसे बन पाती और काफ़िरों को नीचा कैसे दिखाया जा सकता था?

चुनाचे बकर ईद को तो आना ही था और बंगाल के मुसलमानों ने गौओं को ज़िबह करने की ज़िद्द पकड़ ली।

जैसा कि फ़तवा-ए-रिज़विया में कहा गया है कि मुशरिकों की वजह से गौहत्या बंद करना मुशरिकों की शान बढ़ाना है, और गौओं की हत्या करना—ख़ासतौर पर जब ऐसा करने से मुशरिकों की भावनाओं को चोट पहुँचती हो—इस्लाम की शान में इज़ाफ़ा करना है।

पहचान कायम करने का यह बुनियादी और आधारभूत नियम है। और फिर भी जब तक आप यह स्वीकार नहीं कर लेते कि इस्लाम शांति, सहिष्णुता और भाईचारे का धर्म है, आप, उग्र हिंदुत्ववादी कहलाएँगे।

कुरआन का भी इस्तेमाल किया जाता है

ज़रा याद कीजिए कि यात्रा कहाँ से आरंभ हुई थी : अलग दिखने की इच्छा से। और ज़रा देखिए कि यह समाप्त कहाँ हुई है : उस काम को करने पर जिससे दूसरे पराभूत और परेशान हो जाएँ। जैसा कि हमने देखा है, इस बीच हर दलील काम में लाई गई है।

यहाँ तक कि कुरआन शरीफ़ को भी—जिसके नाम से यह सब कुछ किया जाता है—नहीं छोड़ा गया है।

अध्याय-10 में हम उन महत्त्वपूर्ण आदतों पर विस्तार से विचार करेंगे जिनका संबंध अल्लाह की शान में पशुओं की कुर्बानी देने से है—अर्थात् सूरा 22 की आयत संख्या 34 से 37। आयत 34 में अल्लाह यह घोषणा करता है कि उसने हर कौम के लिए एक पाक रस्म तय की है, ताकि सभी लोग अल्लाह की शान में उसका नाम लेकर पशु की कुर्बानी दे सकें। आयत संख्या 35 में अल्लाह मोमिनों से ख़ैरात में मांस देने को कहता है। आयत संख्या 37 में अल्लाह यह कहता है कि उस तक, कुर्बान किए गए पशु का मांस और खून नहीं, बल्कि ज़ाहिद (भक्त) की धर्मनिष्ठा पहुँचती है। इन तीनों में से किसी भी आयत में किसी ख़ास पशु का नाम नहीं लिया गया, जिसकी कुर्बानी चढ़ाई जानी चाहिए। सिर्फ़ एक आयत में एक ख़ास जानवर का नाम लिया गया है और वह है सूरा 22 की आयत संख्या 36। यूसुफ़ अली द्वारा प्रस्तुत की गई इस आयत की व्याख्या इस प्रकार है :

और (कुर्बानी के) ऊँटों को हमने तुम्हारे लिए अल्लाह की (भक्ति की) निशानियाँ ठहराया है। तुम्हारे लिए उनमें भलाई है। तो उन पर अल्लाह का नाम लो—उन्हें एक पंक्ति में खड़ा करके। तो जब (कुर्बानी के बाद) उनके पहलू (भूमि से) आ लगें तो उनमें से स्वयं भी ख़ाओ और उनको भी खिलाओ जो संतोष से जीवन व्यतीत करते हैं (जो माँगने से बचते हों) और माँगने वालों को भी। **इस तरह हमने उन (पशुओं) को तुम्हारे लिए काम पर लगा दिया है, ताकि तुम कृतज्ञ अनुभव कर सको।**

ज़रा रेखांकित शब्दों की ओर ध्यान दीजिए। यहाँ 'पशुओं' का उल्लेख किया गया है।

मौलाना आजाद के तर्जुमान-अल-कुरआन में इस आयत की व्याख्या इस प्रकार की गई है :

अल्लाह के प्रति भक्ति की निशानी के रूप में हमने तुम्हें ऊँटों की (कुर्बानी देकर) भेंट चढ़ाने की अनुमति दी है। ये निशानियाँ तुम्हारे लिए शुभ सूचक हैं। इसलिए जब कभी तुम (उनकी कुर्बानी के रूप में) भेंट चढ़ाओ तो उन्हें एक पंक्ति में खड़ा करके उन पर अल्लाह का नाम लो, और जब वे पहलू के बल (जमीन पर) गिर जाएँ तो उनका भोजन के रूप में इस्तेमाल करो (स्वयं अपने लिए और) उसके लिए

भी जो संतुष्ट है (और माँगता नहीं है) और माँगने वाले के लिए भी। **इस प्रकार हमने उन्हें (मवेशियों को) तुम्हारी कार्यपूर्ति पर लगा दिया है ताकि तुम एसानमंद हो सको।**

ज़रा रेखांकित शब्दों पर ध्यान दीजिए। यूसुफ़ अली की व्याख्या में जिसे पशु कहा गया वह उपर्युक्त व्याख्या में 'मवेशी' बन गया है। जिस देश में गौहत्या ऐसे तनाव का कारण बन गई हो, यूसुफ़ अली की व्याख्या में साफ़ तौर पर बचाव की गुंजायश है : अल्लाह यह नहीं कह रहा कि मोमिनों को ख़ास तौर पर मवेशियों की ही कुर्बानी देनी चाहिए। लेकिन जो व्याख्या मौलाना आज़ाद द्वारा की गई बताई जाती है उस का यह अर्थ है कि अल्लाह का अभिप्राय यकीनन मवेशी से ही है। इसलिए अर्थ में यह अंतर महत्त्वपूर्ण है।[53]

मौलाना अहदम रज़ा ख़ान तो पूरा अर्थ ही बदल देते हैं। फ़तवा-ए-रिज़विया में यह बताया गया है कि कुरआन कहता है : "हमने गाय और ऊँट की कुर्बानी को दीन-ए-अल्लाह की निशानियों में से एक निशानी ठहराया है।" और एक क्षण बाद यही व्याख्या यह रूप धारण कर लेती है, "बेशक, अल्लाह तुम्हें यह हुक्म देता है : गाय का वध करो!" इस व्याख्या को, जिसमें मौलाना अहमद रज़ा ख़ान अल्लाह के फ़रमान में इतनी आज़ादी से अपने शब्द जोड़ देते हैं, ज़रा अपनी यादाश्त में रख लीजिए और जब हम अध्याय 12 पर पहुँचेंगे, तो इसकी याद फिर से ताज़ा कर लीजिए। वहाँ आप देखेंगे, कि मौलाना उस प्रश्नकर्ता पर किस प्रकार बरसते हैं जो ऐसे वाक्य गठन का सुझाव देता है जिससे कुरआन के इस दावे का कि सूर्य धरती के इर्द-गिर्द घूमता है तालमेल, अब तक प्राप्त हुए ताज़ा ज्ञान से बैठाया जा सकता है।

निश्चित रूप से यह एक प्रकार का प्रतिशोध है। काफ़िरों को नीचा दिखाने की भावना इलहाम का अतिक्रमण कर गई—वह इलहाम जिसके नाम पर काफ़िरों का दमन किया जाना है!

संदर्भ

1. देखें, जी, एच. ए. ज्युनबोल, दि आर्थेंटिसिटी आफ दि ट्रेडीशन लिट्रेचर, ख़यात्स, बेरूत, 1966
2. उपर्युक्त मामलों के बारे में देखें फ़तवा-ए-दारुल उलूम, देवबंद खंड-6 पृ. 403-46
3. वही, पृष्ठ 155, 156, 161, 171
4. फ़तवा-ए-रहीमियत खंड 2, पृ. 14-15
5. वही, खंड 3, पृ. 96
6. वही, खंड-2 पृष्ठ 16-26
7. फ़तवा दर अल-उहुम, देवबंद खंड 1, पृ. 135-150

8. फ़तवा-ए-रिज़विया खंड 1 पृष्ठ (?)
9. फ़तवा-ए-अहल-ए-हदीस खंड 1 पृ. 74 (इबादत मुज़ार : नमाज़ पढ़ने वाले)
10. वही, खंड 1 पृ. 74
11. वही, खंड 2 पृष्ठ 149, 223
12. मुफ़्ती किफ़ायतुल्लाह के फ़तवे खंड 3 पृष्ठ 37-112
13. फ़तवा-ए-दारुल-उलूम, देवबंद खंड (?) पृष्ठ 99-333
14. इन तीन उदाहरणों के लिए देखें फ़तवा-ए-दारुल उलूम देवबंद, खंड 3 में क्रमशः पृ. 117 और 263, 240 और 120 पर। शतरंज के बारे में हदीस के लिए देखें साहिब मुस्लिम खंड 4 पृ. 1222, हदीस 5612
15. फ़तवा-ए-अहले हदीस खंड 1, पृ. 197 की मुफ़्ती किफ़ायतुल्लाह के फ़तवे खंड 3, पृ. 71 से तुलना कीजिए
16. इस किस्म के अनेक उदाहरण दिए जा सकते हैं। जो तीन उदाहरण दिए गए हैं उनके लिए देखें फ़तवा-ए-अहल-ए-हदीस खंड 3 पृ. 75, फ़तवा-ए-रिज़विया, खंड 2 पृ. 153-154 और मुफ़्ती किफ़ायतुल्लाह के फ़तवे खंड 2 पृ. 281-82
17. पूर्वोक्त उदाहरणों के लिए देखें फ़तवा-ए-रिज़विया खंड 8 पृ. 316-32
18. पूर्वोक्त उदाहरणों के लिए देखें फ़तवा-ए-रहीमियत खंड 2, पृ. 66-75 खंड-3 पृ. 162-69
19. फ़तवा-ए-रहीमियत, खंड 2 पृ. 69
20. मुफ्ती किकायतुल्लाह के फ़तवे, खंड 8 पृ. 203-204
21. फ़तवा-ए-रिज़विया खंड 3 पृ. 422-23 खंड 9 पुस्तक 2 पृ. 90-91
22. मुफ़्ती किफ़ायतुल्लाह के फ़तवे, खंड 9, पृ. 153, 154, 158-61
23. फ़तवा-ए-रिज़विया, खंड 2 पृ. 146-153, 156
24. वही, खंड 8 पृ. 444
25. वही, खंड 9, पुस्तक 2, पृ. 178
26. वही, खंड 3, पृ. 419
27. फ़तवा-ए-रिज़विया खंड 9, पुस्तक 1 पृ. 90-2 और खंड-3 पृ. 424
28. मुफ़्ती किफ़ायतुल्लाह के फ़तवे खंड 9, पृ. 319
29. फ़तवा-ए-रिज़विया खंड 6, पृ. 150-151 इसके लिए पृ. 50 पर दिया गया उदाहरण भी देखें
30. फ़तवा-ए-रहीमियत खंड 2, पृ. 195, खंड 3, पृ. 14-15
31. मुफ़्ती किफ़ायतुल्लाह के फ़तवे खंड 9, पृ. 95, 264-65, 329-330 यह उनका सामान्य रुख है। लेकिन एक स्थिति में वे थोड़े नरम पड़ जाते हैं। वे फरमाते हैं कि जो आदमी दाढ़ी मूंडता है, उसकी इमामत घृणास्पद है। लेकिन व्यावहारिकता से काम लेते हुए, जो कि उनकी खासियत है, वे आगे कहते हैं, कि यदि नमाज़ियों में सभी ऐसे हों, जो अपनी दाढ़ी मूड़ते हैं तो ऐसा व्यक्ति इमाम बन सकता है, खंड 3, पृ. 62, 64, ख़ासतौर पर बालों और दाढ़ियों से संबंधित फ़तवों के लिए देखें खंड 9, पृ. 161-173
32. फ़तवा-ए-दारुल उलूम, देवबंद खंड पृ. 289-290।
33. फ़तवा-ए-रिज़विया खंड 6, पृ. 168, 182, खंड 9 पुस्तक 1 पृ. 30, 218
34. वही, खंड 9, पुस्तक 1 पृ. 127
35. वही खंड 1 पुस्तक 6 पृ. 128
36. वही, खंड 6 पृ. 11
37. मुफ़्ती किफ़ायतुल्लाह के फ़तवे, खंड 9, पृ. 149-50, 158, 160, 269

38. पूर्वोक्त संदर्भ के लिए देखें एस.ए.ए. रिज़वी की पुस्तक, ए हिस्ट्री ऑफ सूफ़ीइज़्म इन इंडिया, मुंशीराम मनोहरलाल दिल्ली, 1978, खंड 1 पृ. 295-96

39. इन और सैकड़ों अन्य ऐसी घटनाओं के संबंध में इस्लामी इतिहासकारों के विस्तृत उद्धरणों के लिए देखें, सीताराम गोयल की पुस्तक, हिंदू टेम्पल्स : व्हाट हैपंड टु देम, दि इस्लामिक एवीडेंस, वॉयस आफ़ इंडिया, नई दिल्ली, 1993

40. मौलाना अहमद रज़ा ख़ान जैसे गौ-हत्या के प्रबल समर्थक को भी ऐसा हदीस ढूँढने में बहुत दिक्कत पेश आ रही है, जो उनके इस आशय के उपदेशों की पुष्टि कर सके। वे कहते हैं कि पुरानी शरीअत के मुताबिक गाय की बलि चढ़ाने की अनुमति है और कुरआन में यह उल्लेख भी मिलता है कि अब्राहाम के महमानों को भूना हुआ बछड़ा परोसा गया था। वे एक ऐसी हदीस का भी ज़िक्र करते हैं, जिसमें यह उल्लेख मिलता है कि पैग़ंबर साहिब ने अपनी बीवियों के लिए एक गाय की बलि दी थी और यह फ़रमाया था कि इस गाय का मांस खा लिया जाए। इसके बाद अहमद रज़ा ख़ान साहिब कहते हैं, लेकिन फ़िलहाल हमारी निगाह में ऐसी काबिल-ए-एतबार हदीस नहीं है, जिससे यह साबित हो सके कि उन्होंने—ख़ुद पैग़ंबर साहिब ने—उस गाय के मांस को खाया था या नहीं। लेकिन इससे आगे वे ज़ोर देकर कहते हैं कि ऐसी हज़ारों दुनियावी नेमतें थीं, जिनमें पैग़ंबर साहिब खुद शामिल नहीं हुए। इसलिए निष्कर्ष रूप में वे कहते हैं, गोमांस के बारे में उद्धृत हदीस सही नहीं है। इन सब उल्लेखों के बारे में देखें, फ़तवा-ए-रिज़विया, खंड 8, पृ. 369-70, 451

41. पूर्वोक्त प्रसंगों के लिए देखें कलेक्टेड वर्क्स आफ महात्मा गाँधी, पब्लिकेशन डिवीज़न, नवजीवन प्रेस, अहमदाबाद, 1965 खंड 16, पृ.-305-306, 319-(3) 20, 323-324

42. फ़तवा-ए-रिज़विया खंड 6 पृ. 18-19

43. वही, खंड 6, पृ. 101

44. वही, खंड 6, पृ. 149-150

45. वही, खंड 6, पृ. 169

46. उदाहरण के तौर पर फ़तवा-ए-रिज़विया खंड 9, पुस्तक 2, पृ. 271

47. पूर्वोक्त प्रसंगों के लिए देखें फ़तवा-ए-रिज़विया खंड 8, पृ. 443-459

48. फ्रांसिस राबिन्सन की कृति, सेपरेटिज़्म एमंग मुस्लिम्स दि पालिटिक्स आफ़ दि युनाइटि प्राविन्सिज़ मुस्लिम्स, 1860-1923, कैम्ब्रिज साउथ एशियन स्टडीज़, विकास, 1975 पृ. 329-339

49. मौलवी अबुल हसन अलीनदवी, ज़िम्मेदारियां और अहल-ए-वतन के हकूक, मजलिस तहकीकात-ओ-नाशिरात इस्लाम, लखनऊ 1986

50. इन सब प्रसंगों के बारे में देखें मुहम्मद हनीफ़ कुरैशी बनाम बिहार राज्य, ए आई आर 1958, उच्चतम न्यायालय 731

51. स्टेआफ वेस्ट बंगाल आदि, आशुतोष लाहिड़ी तथा अन्य, जे टी 1994 (7) उच्चतम न्यायालय, 697

52. मैंने "जो व्याख्या मौलाना आज़ाद द्वारा की गई बताई जाती है" इसलिए कहा है क्योंकि तर्जुमान-अल-कुरआन के उर्दू भाषांतर में 'मवेशी' शब्द का इस्तेमाल नहीं किया गया है। मौलाना अबुल कलाम आज़ाद, तर्जुमान-अल-कुरआन, साहित्य अकादमी, नई दिल्ली, चौथा पुनःमुद्रण, 1989, खंड 4 पृ. 820 और मौलाना अबुल कलाम आजाद, तर्जुमान-अल-कुरआन, सय्यद अब्दुल लतीफ़ (अनु.) सय्यद अबुल लतीफ़ ट्रस्ट फार कुरानिक एंड अदर कल्चरल स्टडीज़, हैदराबाद, खंड 3, 1978 पृ. 466-67 की तुलना करें।

53. फ़तवा-ए-रिज़विया खंड 6 पृ. 18

सबसे बदतर रचना

फ़तवा-ए-रिज़विया में कहा गया है, 'काफ़िर' शब्द का प्रयोग गाली के तौर पर भी किया जाता है। लेकिन शरीअत में यह एक कानूनी शब्द है। शरीअत के मुताबिक जो मुसलमान नहीं है, वह काफ़िर है।[1]

स्पष्टवादिता मौलाना अहदम रज़ा ख़ान की ख़ासियत है। लेकिन उनके कथन में शब्दातिरेक है। गाली के तौर पर इस्तेमाल किए जाने वाले इस शब्द का इसके कानूनी अर्थ से भेद करते समय मौलाना एक फ़ालतू का अंतर कर जाते हैं : जैसा कि हम देखेंगे, कि कानून में काफ़िर को जो दर्जा दिया गया है, उसमें एक, दूसरे इन्सान की जो दुर्गति की गई है वह गाली देने से कम नहीं है। अर्थात् काफ़िर शब्द में गाली के सिवाय किसी दूसरे अर्थ की कोई गुंजायश ही नहीं है।

लेकिन पहले शरीअत में दी गई इसकी परिभाषा पर विचार कर लिया जाए।

हिंदू निस्संदेह 'कतई काफ़िर' हैं। और उलमा ने यह घोषित किया है कि जो उन्हें काफ़िर नहीं मानता वह ख़ुद काफ़िर है। वे यकीनन बुतपरस्त और मुशरिक हैं—फ़तवों में ऐसा कहा गया है। वे यकीनन पूजा के समय बुतों (मूर्तियों) के सामने सिर झुकाते हैं। लेकिन मान लीजिए कि उनमें से कोई ऐसा नहीं भी करता, तो भी कुफ़्र संबंधी आदेश उस पर भी लागू होता है, जो बुतों की इज्ज़त करता है। बुतों को मध्यस्थ मानना, उनसे मध्यस्थता की अपेक्षा करना भी कुफ़्र है। इसलिए हिंदुओं के काफ़िर होने में कोई शक नहीं है।[2]

प्रश्नकर्ता पूछता है, "क्या ईसाई काफ़िर होते हैं?" फ़तवों का यह जवाब है कि शरीअत के मुताबिक हर ग़ैर मुस्लिम काफ़िर है, चाहे फिर वह यहूदी हो, ईसाई, या फिर उन तीन दानिशमंदों को मानने वाला जो पूर्व से शिशु ईसा के लिए तोहफ़े लाए थे, या फिर मुशरिक। और फ़तवों में यह भी घोषित किया गया है कि जो आदमी यह नहीं जानता कि अहले किताब (यहूदी ईसाई आदि जिनके पैग़ंबरों पर आसमानी किताब उतरी थी) काफ़िर हैं, वह ख़ुद काफ़िर है। क्योंकि अल्लाह ने कहा है कि इसमें कोई शक नहीं कि जो काफ़िर हैं, चाहे वे किताबिये हों या मुशरिक, वे दोज़ख की आग में रहते हैं और हमेशा वहीं रहते रहेंगे। इसके अलावा, इसमें भी कोई शक नहीं कि जो पैग़ंबर—यानि मरियम के बेटे को ख़ुदा मानते हैं,

वे भी काफ़िर हैं। यहूदी और ईसाई काफ़िर हैं और वे तब तक काफ़िर रहेंगे जब तक वे अल्लाह और पैग़ंबर साहिब पर ईमान नहीं लाते।[3]

काफ़िरों का ज़िम्मियों (इस्लामी राज्य में ग़ैर मुस्लिम नागरिक) से भेद करना ज़रूरी है। ज़िम्मी भी काफ़िर ही होते हैं क्योंकि वे ग़ैर मुस्लिम होते हैं, लेकिन वे, वे लोग होते हैं जिन्होंने इस्लामी ताकत के सामने, ख़ासतौर पर इस्लामी राज्य को आत्म-समर्पण कर दिया होता है और जो रैयत का दर्जा स्वीकार कर लेने पर जज़िया अदा करते हैं और 'पूरी फ़रमाबरदारी' में रहते हैं। उसके एवज में उन्हें कुछ न्यूनतम अधिकार दिए जाते हैं। ये अधिकार अलबत्ता कम-से-कम होते हैं और एक दृष्टि से हमेशा के लिए—अर्थात् जब तक कि इस्लामी सत्ता बनी रहती है—उनकी गुलामी को संहिताबद्ध कर देते हैं। और उनकी वास्तविक स्थिति उससे भी कहीं बदतर होती है, जो कि बराएनाम अधिकार मिलने पर होती है।[4] लेकिन ये अधिकार, यों कहिए इस्लामी सत्ता और इस्लामी राज्य की कृपा का प्रसाद होते हैं। और ये अधिकार सामान्य अर्थों में भी उन्हें केवल इसलिए प्रदान किए जाते हैं क्योंकि उन्होंने इस्लामी आधिपत्य स्वीकार कर लिया होता है और उसे आत्मसमर्पण कर दिया होता है। इस दृष्टि से काफ़िरों को ये न्यूनतम और बराएनाम अधिकार भी प्राप्त नहीं होते। मुसलमानों और उनके बीच कोई प्रतिज्ञा-पत्र नहीं होता।[5]

अल्लाह की मर्ज़ी से

काफ़िर जैसे हैं, वैसे वे दैवयोग से नहीं होते। वे ख़ुद अल्लाह की मर्ज़ी और हुक्म से ऐसे होते हैं। कुरआन में ख़ुद अल्लाह अपने बारे में बोलते हुए कहता है, "अगर ख़ुदा चाहे, तो वह यकीनन उन सबको अपनी रहनुमाई में ला सकता है।" (6.356) अल्लाह अपने पैग़ंबर से कहता है, "अगर तुम उनकी रहनुमाई के लिए चिंतित हो, तो यह जान लो कि ख़ुदा रहनुमाई नहीं करता जिसे वह पदभ्रष्ट कर देता है; और न ही ऐसे लोगों को कोई मददगार मिल सकता है।" (16.38-39) अल्लाह यह सलाह देता है कि उन पर अपना दम जाय मत करो : "इस वक्त उनमें से ज़्यादातर हमारे द्वारा सुनाई गई सज़ा भुगत रहे हैं। इसलिए वे ईमान नहीं लाएँगे। हमने उनकी गरदनों में ज़ंजीरें डाल दी हैं जो उनकी ठोड़ियों से लगी हुई हैं जिससे उनके सिर ऊपर को उलट गए हैं। और हमने एक दीवार उनके आगे खड़ी कर दी है और एक दीवार पीछे और उन्हें एक पर्दे से ढक दिया है, ताकि उन्हें कुछ दिखाई न दे सके। चाहे तुम उन्हें सचेत करो या न करो उनके लिए दोनों ही बातें बराबर हैं। वे ईमान नहीं लाएँगे।" (36.6-9)

बल्कि अल्लाह पैग़ंबर से कहता है, उन्हें अपनी यातना झेलने दो। उनके लिए तुम्हारा शोक करना व्यर्थ है, "और (हे नबी) तुम्हारे 'रब' की ओर से तुम पर जो

कुछ उतारा गया है वह अवश्य ही इनमें से बहुतों की सरकशी और कुफ़्र को और अधिक बढ़ा देने वाला है।" (5.68)

अल्लाह हर चीज़ का ख़ालिक (स्रष्टा) है। हर व्यक्ति के कर्म, भाग्य, दुर्भाग्य सब उसी के बनाए हुए हैं। इन्सान का ख़ालिक भी वही है। वही उसके विकास, उसके भाग्य और उन चीज़ों को तय करता है जो उसकी मदद करती हैं और उन चीज़ों को भी जो उसके लिए बाधा बनती हैं। (56.57-75) वह हर कर्म का विधाता है, चाहे वह कैसा भी हो : "अल्लाह ही ने तुम्हें पैदा किया है और जो कुछ तुमने बनाया है, उसे भी" (37.96) "और रब पर ही सब चीज़ों का अंत है, वही हँसाता है, वही रुलाता है, वही मारता है, वही ज़िंदा रखता है..."(53.43-45) उसी ने आत्मा को रचा और "उसमें संतुलन पैदा किया" और "उसमें दुराचार और धर्मनिष्ठा का संचार किया।" (91.7-8)

"उसकी जानकारी के बिना एक पत्ती भी नहीं गिरती" ऐसा हमें बताया जाता है। "पृथ्वी के अँधेरे गर्भ में कोई बीज, कोई हरा या सूखा अंकुर नहीं जो सुस्पष्ट किताब में अंकित न हो।" (6.59) हमें यह बताया जाता है कि "बिना उसकी (अल्लाह की) जानकारी के न कोई स्त्री गर्भवती होती है और न बच्चा जनती है।" (35. 11) आगे यह भी बताया गया है कि "वह तुम्हें भली-भांति जानता है (उस समय से) जबकि उसने तुम्हें धरती से पैदा किया और जब कि तुम भ्रूण अवस्था में अपनी माँओं के पेट में थे।" (53.32) अल्लाह यह जानता है कि उसके "किस आदमी की रूह उसे यह बताती है कि अल्लाह उसके गले की नाड़ी से भी ज़्यादा उसके नज़दीक है।" (1.16) इसलिए हर चीज़ के बारे में उसी का हुक्म चलता है। वह यह जानता है कि क्या घट रहा है और यह भी कि क्या घटने जा रहा है। वह सर्वशक्तिमान है। वह जो चाहता है, वही कुछ घटता है और (जिसे वह नहीं चाहता उसे) घटने से रोक भी सकता है।

ख़ास तौर पर अल्लाह ख़ुद यह तय और सुनिश्चित करता है कि कुछ लोग ईमान नहीं लाएंगे और वे गुनाह करेंगे। "तुम देखते नहीं" अल्लाह पूछता है, "हम काफ़िरों के पास शैतानों को भेजते हैं ताकि वे उन्हें गुनाह करने के लिए उकसाएं?" (19.86) अल्लाह के इसी फ़ैसले की वजह से, ग़लतियाँ, चूकें और गुनाह होते हैं। हमें बार-बार यह बताया जाता है, "जिन लोगों के ख़िलाफ़ रब का फ़रमान होता है, वे ईमान हरगिज़ नहीं लाएँगे चाहे उनके सामने हर एक निशानी भी क्यों न आ जाए, जब तक कि वे दुःख देने वाली यातना को न देखें..." (10.96-99) उनका कुफ़्र इसलिए बरकरार रहता है और वे इसलिए उसकी वजह से कष्ट झेलते रहते हैं, क्योंकि अल्लाह की ऐसी मर्ज़ी होती है। पिछली आयत को जारी रखते हुए, "और यदि तेरा रब चाहता तो धरती पर जितने लोग हैं सबके सब एक साथ ईमान लाते। फिर क्या तू लोगों को विवश करेगा कि वे ईमान वाले हो जाएँ? कोई भी व्यक्ति

अल्लाह की इजाज़त के बिना ईमान नहीं ला सकता और जो लोग समझ से काम नहीं लेते, वह उन पर अपना गुस्सा बरपा करेगा।"

जब सच्चे ईमान से परिचय कराए जाने के बावजूद काफ़िर उसे ग्रहण करने से इन्कार कर देते हैं, तो ऐसा इसलिए होता है क्योंकि ख़ुद अल्लाह का ऐसा फ़रमान और मर्ज़ी होती है। जब ऐसी बुनियादी चीज़—उनका कुफ़्र—ख़ुद अल्लाह ने उनमें पैदा कर दी है और इस तरह से पैदा कर दी है कि उस स्थिति में कोई बदलाव भी नहीं लाया जा सकता, तो काफ़िरों के अन्य लक्षण—जो उसकी मूल विकृति से जुड़े होते हैं—अल्लाह द्वारा ही पैदा किए जाते हैं। इसलिए ये लक्षण भी उनमें अंतर्निहित होते हैं। इस प्रकार उनके शरीरों से लेकर उनकी आस्थाएँ और आत्माएँ तक उसी विकृति से प्रभावित होती हैं। इसलिए इन सब बातों के परिणामों का पूर्वानुमान सहज ही लगाया जा सकता है।

फ़तवों में कहा गया है कि किसी मुसलमान द्वारा किए गए गुनाह की सज़ा स्थायी नहीं होती, लेकिन किसी काफ़िर की यातना स्थायी होती है।[6]

मोमिनों की रूहें जहाँ चाहें जा सकती हैं—वे अपने घर भी लौटकर जा सकती हैं और कहीं और भी। और यह सिद्ध हो चुका है—फ़तवों में कहा गया है—कि वे अपने परिचितों की सहायता करने के लिए लौट सकती हैं, लेकिन काफ़िरों की रूहें क़ैद रहती हैं।[7]

उनके द्वारा की गई भलाई किसी काम की नहीं होती

जैसा कि हमें बताया गया है, अल्लाह ने खुद ही काफ़िरों में बुराइयाँ पैदा की हैं और उसने ख़ुद ही उन्हें पथभ्रष्ट किया है, इसलिए यह संभव नहीं, बल्कि इस बात की कल्पना ही नहीं की जा सकती कि वे कोई अच्छा काम करेंगे। अगर वे थोड़ा बहुत कोई अच्छा काम करते भी हैं तो आखिरत में वह किसी काम नहीं आएगा, क्योंकि अल्लाह उसे स्वीकार ही नहीं करेगा। कियामत के दिन की सभी नेमतें मुसलमानों के लिए हैं और काफ़िर उनसे पूरी तरह बहिष्कृत हैं—यह बात एक प्रश्न पूछने पर फ़तवा-ए-रिज़विया में कही गई है। प्रश्नकर्ता कुरआन से कई आयतें उद्धृत करते हुए मौलाना से उनके अर्थ बताने को कहता है। अल्लाह यह कहता है कि इसमें कोई शक नहीं है कि जो कोई मुसलमान, यहूदी, सेबियन और ईसाई है, और इनमें से जो भी अल्लाह और कियामत के दिन में विश्वास रखता है, और अच्छे काम भी करता है, कियामत के दिन ऐसे व्यक्तियों को डरने की कोई ज़रूरत नहीं है और उनके दिल भी उदास नहीं होंगे। अल्लाह पैग़ंबर से कहता है, ऐ अज़ीज़ इन यहूदियों और ईसाइयों से कह दो कि तुम अहले किताब जब तक तोर : और बाइबल को इसी मूलरूप में नहीं रखते जिस रूप में वे तुम पर तुम्हारे रब से अवतरित

हुई थीं, तब तक तुम पथभ्रष्ट रहोगे। ऐ अज़ीज़ इसमें कोई शक नहीं कि इनमें से बहुतसों की अवज्ञा और कुफ्र कुरआन से बढ़ जाएगा। इसलिए इन काफ़िरों के लिए शोक मत मनाओ। अल्लाह कहता है, जो पैग़ंबर पर ईमान लाएँगे और उस रोशनी के रास्ते पर चलने में उसकी मदद करेंगे, जो उसके साथ अवतरित हुई थी, वे फ़ायदे में रहेंगे। अल्लाह पैग़ंबर से कहता है, तुम कहो, ऐ लोगो, मुझे तुम्हारे पास अल्लाह ने भेजा है, क्योंकि धरती और आकाश पर उसी की प्रभुसत्ता है। इसलिए किसी और की पूजा नहीं की जानी है। ज़िंदगी और मौत देने वाला वही है। इसलिए अल्लाह और उसके हुक्म पर ईमान लाना है। उसका अनुकरण करो, ताकि तुम्हें मार्गदर्शन प्राप्त हो सके। अल्लाह घोषित करता है कि, इसमें कोई शक नहीं कि जो अल्लाह और उसके पैग़ंबरों को नकारते हैं और अल्लाह और उसके पैग़ंबरों के बीच भेद पैदा करना चाहते हैं और यह कहते हैं कि हम, उनमें से कुछ पर ईमान लाएँगे और सभी पर ईमान लाने और सभी को नकारने के बीच कोई रास्ता ढूँढ़ना चाहते हैं, वे कतई काफ़िर हैं। और हमने काफ़िरों के लिए यातना और जिल्लत का विधान किया है। जो अल्लाह और सभी पैग़ंबरों पर ईमान लाता है और कुछ पर ईमान लाकर बाकियों को नकारता नहीं है उसे अल्लाह जल्द फ़ायदा पहुँचाएगा। अल्लाह क्षमा करने वाला और दयालु है। अल्लाह आगे यह घोषित करता है कि अल्लाह के इस्लाम के विरुद्ध यहूदियों और ईसाइयों ने बग़ावत की थी और जो अल्लाह की आयतों को नकारता है, उसे यह जान लेना चाहिए कि अल्लाह उससे जल्द ही जवाब तलबी करेगा। अल्लाह पैग़ंबर से कहता है, अगर वे तुम से विवाद करते हैं, तो उनसे कह दो, मैं और मेरे अनुयायी सभी अल्लाह पर ईमान लाते हैं। और यह ूदियों, ईसाइयों और मुशरिकों से कह दो—अगर तुम मुसलमान बन जाते हो और ईमान लाते हो, तो तुम्हें रास्ता मिल जाएगा; और अगर वे पीठ मोड़ लेते हैं, तो तुम्हें सिर्फ़ इतना पैग़ाम देना है कि अल्लाह मोमिनों को देख रहा है। अल्लाह घोषित करता है कि जो इस्लाम के अलावा किसी और ईमान की चाहना करता है, उसके ईमान को कबूल नहीं किया जाएगा और वह कियामत के दिन नुकसान में रहेगा। यहूदी और ईसाई मुहम्मद को उसी तरह से मानते हैं, जैसे कि अपने बेटों को। अल्लाह उनकी बेवफ़ाई की तरफ़ ध्यान दिलाते हुए कहता है उनमें एक फ़िर्का जान-बूझकर सच को छिपाता है, और वह इस तरह कि वे मुहम्मद को पैग़ंबरों में से आख़िरी पैग़ंबर मानते हैं, लेकिन फिर भी वे सत्य को नकारते हैं। जो उस पैग़ंबर पर ईमान नहीं लाते, जिसे उन्होंने मान्यता दी है, वे अपनी जिन्दगियों को घाटे में रखते हैं। इससे पहले वे इस पैग़ंबर के ज़रिए काफ़िरों पर फ़तह हासिल करना चाहते हैं, और जब तस्लीम-शुदा पैग़ंबर आ गया, तो उन्होंने उसे नकार दिया। काफ़िरों पर अल्लाह का कहर बरसे...और इस प्रकार की कई अन्य बातें कही गई हैं।

इन सब आयतों को उद्धृत करते हुए फ़तवा-ए-रिज़विया में यह कहा गया

है कि इन आयतों का सार यह है कि काफ़िर भी कुछ-न-कुछ अच्छा काम करता है—उदाहरण के लिए अगर वह सब्र रखता है, तो उसका फल सिर्फ़ इस दुनिया में ही मिल पाता है। लेकिन आख़िरत (परलोक) में उसके लिए उसे कोई फल नहीं मिलेगा। फ़तवे में कहा गया है कि जन्नत की ख़ुराक काफ़िरों के लिए हराम है। पारसा रोज़ी और शान केवल मुसलमानों तक ही सीमित है। अल्लाह काफ़िरों की चीज़ों को नष्ट और चूर-चूर कर देता है—तब ऐसा कुछ होता है, जैसा तब होता है जब खिड़की के रास्ते रोशनी आती है। आप कणिकाओं को देख तो पाते हैं, लेकिन अगर आप उन्हें पकड़ने की कोशिश करते हैं, तो आपके हाथ कुछ नहीं लगता। इसी प्रकार काफ़िर चाहे जो कुछ भी अच्छा कर लें—वह सब उस राख़ की तरह है, जिसे आँधी उड़ा ले जाती है और उसके बाद कणिकाएँ तक भी दिखाई नहीं देतीं।[8]

काफ़िरों के प्रति रवैया

जब ख़ुद अल्लाह ने ही मोमिनों और काफ़िरों के बीच ऐसा विभाजन पैदा कर दिया हो और काफ़िरों में ख़ुद अल्लाह ने ही जब ऐसी बुराई भर दी हो तो मुसलमानों को काफ़िरों के साथ किस कदर पेश आना चाहिए? यह सवाल है जो फ़तवों की किताबों में बार-बार सामने आता है।

मुसलमानों की ओर से बुनियादी रिश्ता, स्वाभाविक रूप से निरंतर दुश्मनी का ही होगा। मोमिन को हमेशा सतर्क रहना होगा। लेकिन किसी ख़ास समय और परिस्थिति में क्या किया जाना चाहिए, इस बारे में फ़तवों का कहना है कि इस बात का जायजा समय और परिस्थिति के अनुसार लगाया जाना चाहिए। इस बारे में दो मानदंड हैं : उनके प्रति किस प्रकार का रवैया और उनके साथ किस प्रकार का संबंध मुझे मेरे ईमान में मजबूत बनाएगा; और दूसरा इस्लाम की सामूहिक शक्ति और स्थिति को किस चीज़ से बढ़ावा मिलेगा?

जवाब के दोनों पहलुओं—एक तरफ़ काफ़िरों की तरफ़ निरंतर शत्रुता और अविरल सतर्कता और दूसरी तरफ रणनीतिक समन्वय—के बीज स्वयं कुरआन में मिल जाते हैं।

अल्लाह ने बार-बार काफ़िरों के मूल स्वभाव की रूपरेखा प्रस्तुत की है और उतनी ही बार उसने वह बुनियादी रवैया नियत किया है जोकि हर मुसलमान को काफ़िरों के प्रति रखना चाहिए। "मोमिनों को, मोमिनों की बजाए काफ़िरों को मित्र या सहायक नहीं समझना चाहिए," अल्लाह चेतावनी देता है। "अगर वे ऐसा करेंगे, तो उन्हें अल्लाह से किसी चीज़ में मदद नहीं मिलेगी..." (3.28) और फिर आगे कहा है, "ए ईमान लाने वालो! अपनों के सिवा दूसरों को अपना भेदी मत बनाओ।

ये तुम्हें भ्रष्ट करने में कुछ भी उठा नहीं रखेंगे। वे तुम्हें सिर्फ़ बरबाद ही करना चाहते हैं। इनका घोर द्वेष तो इनके मुँह से व्यक्त हो चुका है और जो कुछ इनके दिलों में छिपा है वह उससे भी बुरा है। यदि तुम बुद्धि से काम लो तो हमने तुम्हारे लिए निशानियाँ भी खोल कर बयान कर दी हैं। यह तुम्हीं हो जो उनसे प्रेम करते हो और वे तुमसे प्रेम नहीं करते। जबकि तुम समूची किताब पर ईमान रखते हो और जब वे तुमसे मिलते हैं तो कहते हैं कि हम तो ईमान लाए हुए हैं और जब वे अकेले में होते हैं तो तुम पर क्रोध के मारे उँगलियाँ तानते हैं। कह दो 'तुम अपने क्रोध में मरे रहो!' निस्संदेह अल्लाह दिलों के भेदों को अच्छी तरह जानता है। अगर तुम्हारा कोई भला होता है, तो उन्हें बुरा लगता है, और जब तुम्हारा दुर्भाग्य हावी हो जाता है तो वे ख़ुशी मनाते हैं। लेकिन यदि स्थितप्रज्ञ बने रहो और सही काम करते रहो तो उनकी कोई भी चालाकी तुम्हें क्षति नहीं पहुँचा सकती है। वे जो कुछ कर रहे हैं, अल्लाह उसे अपने घेरे में लिए हुए है।" (कुरआन 3.118-20)

यह है काफ़िरों के मूल स्वभाव का जायज़ा जो अल्लाह ने ख़ुद उनके बारे में लगाया है, और यह है बुनियादी रवैया जिसका फ़रमान ख़ुद अल्लाह ने मोमिनों को काफ़िरों के प्रति अपनाने के लिए दिया है। लेकिन किसी स्थान और समय विशेष पर ठीक-ठीक क्या किया जाना चाहिए यह इस बात पर निर्भर करता है कि उस स्थान और समय विशेष पर दीन को क्या मदद मिलेगी। जैसे-जैसे स्थिति बदलती है वैसे-वैसे अल्लाह की सलाह भी बदलती है।

मक्का की सूराओं में अल्लाह पैग़ंबर से कहता है, अपने ईमान पर कायम रहो, लेकिन इस बात का ख़याल रखो कि काफ़िर तुम्हारे ईमान में अतिक्रमण न करें, और उन्हें अपने हाल पर छोड़ दो। (उदाहरण के लिए, कुरआन, सूरा 109) वह इंतज़ार करने की सलाह देता है "अँधेरी से अँधेरी रात में से दमकते हुए सितारे की रोशनी अँधेरे को बेधती हुई आती है। इलहाम में इतनी ताकत होती है...इसलिए उसके फैसले के लिए सब्र के साथ इंतज़ार करो" (कुरआन, सूरा 86)। जैसे ही परिस्थिति और समय बदलता है अल्लाह ख़ुद पैग़ंबर को यह विश्वास दिलाता है कि उसने ख़ुद ही काफ़िरों से सच्चे ईमान को अपनाने से इंकार करवाया है : "...सचमुच अल्लाह जिसे चाहता है गुमराह करता है और जिसे चाहता है, सही राह दिखाता है" और इसलिए अल्लाह पैग़ंबर से कहता है, "उनके लिए आहें भरने पर ही अपनी रूह को मत गँवाओ; अल्लाह उनकी करनी को जानता है।" (कुरआन 35.9) "उन्होंने अल्लाह पर जो झूठ गढ़ा है, उसके लिए उन्हें अपने हाल पर छोड़ दो।" (कुरआन 6.139) लेकिन पैग़ंबर साहिब की सत्ता मज़बूत हो जाने के बाद अल्लाह यह घोषित करता है, "वे तुम से जल्दी ही वह दंड देने की माँग कर रहे हैं, जिसका हुक्म अल्लाह ने दिया है।" (कुरआन 22.45-46)। अल्लाह आगे यह आदेश देता है कि जब वे अपने कुफ़्र पर अड़ जाते हैं, और वे अड़ेंगे ही, क्योंकि

ख़ुदा का ऐसा फ़रमान है, "तो वे तुम्हें जहाँ कहीं दिखाई दें, उन्हें मार डालो, और जिस जगह से उन्होंने तुम्हें निकाला है, तुम उन्हें वहाँ से निकाल दो।" (कुरआन 2.186) उनसे लड़ाई करो और उन्हें अपनी निष्ठुरता से परिचित होने दो (कुरआन 9.125) यह सुनिश्चित कर लो कि "वे जहाँ कहीं भी तुम्हें मिलें, उन सबका वध कर दिया। जाए।" (कुरआन 23.60-4-64) अल्लाह पैग़ंबर और मोमिनों से कहता है, "जब काफ़िरों से तुम्हारी मुठभेड़ हो, तो उनकी गरदनें उड़ा दो और तब तक ऐसा करते रहो जब तक, उनमें से बहुत-सों का वध न हो जाए और बाकियों को जल्दी से बंधनों में जकड़ दो..." (कुरआन 47.4-5)

इन सामान्य सिद्धांतों के अंतर्गत जो पहली और न्यूनतम अपेक्षा मोमिन से की जाती है, वह यह है कि उसे काफ़िरों के साथ दोस्ती, आत्मीयता और विश्वास का नाता जोड़ने से गुरेज़ करना चाहिए। इस बात को फ़तवों द्वारा ऊपर दी गई आयतों जैसे 3.28, 118-20 के बल पर बार-बार दोहराया जाता है। जैसा कि हम देखेंगे, कि कभी-कभी उदाहरण के लिए इस बात को लेकर तीखे मतभेद पैदा हो जाते हैं, कि क्या काफ़िरों के साथ मिलकर काम करने से—फिर चाहे मोमिनों और काफ़िरों के उद्देश्य अलग अलग भी क्यों न हों—अल्लाह के हुक्म का उल्लंघन नहीं होता और क्या उससे चाहे या अनचाहे में मोमिनों का काफ़िरों के साथ मित्रता, आत्मीयता और विश्वास का नाता नहीं जुड़ जाता?

दूसरा नियम है : काफ़िरों के साथ उतना ही कम-से-कम लेन-देन रखो जितना कि ज़रूरी हो। ऐसा कोई भी रिश्ता उनके साथ मत रखो जो ज़रूरत पर आधारित न हो। यह सही है कि यहूदी और ईसाई अहल-ए-किताब हैं—मुफ़्ती किफ़ायतुल्लाह फ़रमाते हैं यदि कोई संयोगवश उनके साथ भोजन कर ले तो कोई हर्ज नहीं। लेकिन ज़रूरत से ज़्यादा उनके साथ रिश्ता रखना और उनके साथ खाने-पीने का रिश्ता जोड़ना सही नहीं है, क्योंकि उससे दीन को ठेस पहुँचती है।[9] वक्त की माँग को ध्यान में रखकर बात को ज़रा आगे ले जाते हुए जनाब किफ़ायतुल्लाह फरमाते हैं, कुरआन यह नहीं कहता कि काफ़िरों के साथ कोई रिश्ता मत रखो। लेकिन उनसे इस हद तक मत जुड़ो कि उससे इस्लाम को कोई नुक्सान पहुँचे। एक दफ़ा ख़ुद पैग़ंबर साहिब ने पूछताछ की थी कि जिस बकरी की कुर्बानी दी गई थी, उसका मांस भेंट स्वरूप यहूदी पड़ोसी को भेज दिया गया है या नहीं। वे दारुल हर्ब में रहने वाले काफ़िरों से ख़रीद फ़रोख़्त किया करते थे...किफ़ायतुल्लाह कहते हैं, इस मामले का सार यह है, कि जहाँ तक काफ़िरों के मज़हब को पसंद करने का सवाल है, उनके साथ उस लिहाज़ से दोस्ती और प्यार रखना हराम है। उनके साथ सिर्फ़ ऐसा मेलजोल और ऐसे वाणिज्यिक संबंध रखना जायज़ है जो कि पड़ोसी की तरह रहने और सामाजिक तथा सांस्कृतिक आवश्यकताएँ पूरी करने के लिए ज़रूरी हैं...[10] ये फ़रमान हमें कुछ सख़्त लग सकते हैं, लेकिन कुल मिलाकर सब फ़रमानों में से

ये सबसे ज़्यादा नरम हैं।

कुरआन की आयतें और हदीस को उद्धृत करते हुए फ़तवा-ए-रिज़विया में घोषित किया गया है : मुशरिक बुरे होते हैं। काफ़िर की कौम चाहे कितनी नेक हो, उसका परिवार भी चाहे कितना नेक हो, वह किसी गुलाम मुसलमान से भी बहतर नहीं होता। मुसलमानों और काफ़िरों का नसब (कुल) बिल्कुल अलग-अलग है—फ़तवे में कहा गया है—इन दोनों के बीच कोई रिश्ता बचा नहीं रह गया है। आगे इसमें घोषणा की गई है—निस्संदेह सभी काफ़िर—चाहे वे किताबिए हों या मुशरिक—दोज़ख की आग में निवास करते हैं और वे हमेशा वहीं हरेंगे। वे सारी सृष्टि से बदतर हैं। जो ईमान—यानि इस्लाम—पर ईमान लाता है और अच्छे कर्म करता है, वह पूरी दुनिया से बहतर है।[11]

काफ़िर अल्लाह के दुश्मन होते हैं और अल्लाह के दुश्मनों के साथ दोस्ती करना, अल्लाह के ग़ुस्से को दावत देना है—फ़तवा-ए-रिज़विया में घोषित किया गया है। इसमें अल्लाह की इस चेतावनी को याद दिलाया गया है : अल्लाह उस गरोह की हर कौम के दोस्तों को जगाएगा। इसके बाद पैग़ंबर साहिब की एक और चेतावनी को याद दिलाया गया है : बुरे साथियों से ख़बरदार रहो, क्योंकि तुम्हारी गिनती उनके साथ कर ली जाएगी। इसलिए फ़तवे में आगे घोषित किया गया है : उनके साथ मत बैठो। उन्हें अपने नज़दीक मत बैठने दो। उनका पहले अभिवादन मत करो। उनके साथ पानी मत पीओ और न ही उनके साथ खाना खाओ और उनके बीच शादी तो करो ही नहीं, क्योंकि बुरे के साथ सोहबत रखना एक घातक ज़हर है। उनके साथ दोस्ती करने का मतलब है अल्लाह के दुश्मनों के साथ दोस्ती करना। फ़तवे में कुरआन की एक भर्त्सना की याद दिलाई गई है। तुम मोमिनों में उन लोगों को नहीं पाओगे जो अल्लाह और रसूल के दुश्मनों के साथ दोस्ती रखते हैं, फिर चाहे वे उनके भाई ही क्यों न हों...[12]

लेकिन काफ़िरों के साथ दोस्ती करने या उनके साथ संसर्ग रखने से गुरेज़ करना ही काफ़ी नहीं। उलमा ने यह घोषित किया है कि अल्लाह और पैग़ंबर के दुश्मनों से दुश्मनी रखना हर मुसलमान का लाज़िमी फ़र्ज़ है।[13] फ़तवा-ए-रिज़विया में काफ़िरों पर दिए गए फ़तवों को एक साथ 'नफरत के अहकाम (आदेश)' शीर्षक के अंतर्गत रखा गया है। जिस किसी की निगाह में इस्लाम और कुफ़्र के बीच का संघर्ष "मात्र पुरोहितों के बीच का झगड़ा" है, वह ख़ुद काफ़िर है। वह इस्लाम से बाहर हो जाता है और उसकी बीवियों का उसके साथ निकाह भी टूट जाता है—ऐसा फ़तवों में घोषित किया गया है।[14]

फ़तवों में यह भी कहा गया है कि काफ़िर के साथ वाग्जाल से काम नहीं लिया जाना चाहिए और न ही उसके साथ मृदुभाषिता का व्यवहार रखा जाना चाहिए। काफ़िर को काफ़िर ही कहा जाएगा क्योंकि अल्लाह का यह फ़रमान है कि काफ़िर

को काफ़िर ही कहा जाए। जो मोमिन ऐसा नहीं करता, अर्थात् काफ़िर को काफ़िर नहीं कहता उसे यह समझा दिया जाना चाहिए, और अगर फिर भी वह ऐसा नहीं करता तो उसके साथ सब संबंध तोड़ लिए जाने चाहिए। एक थोड़ा सा फ़र्क यह है कि यदि किसी अवसरगत कारण से—और जब वह अवसरगत कारण दीन की जरूरतों की बदौलत हो और जब वह दीन की ज़रूरतों तक ही सीमित न हो—तो यदि कोई व्यक्ति किन्हीं ऐसे व्यक्तियों को काफ़िर कहने से कतराता है, जिन्हें वह जानता है कि वे काफ़िर हैं, तो उस परिस्थिति में वह गुनहगार तो है, लेकिन वह ख़ुद काफ़िर नहीं है। लेकिन यदि वह वास्तव में यह सोचता है कि काफ़िर को काफ़िर कहना ग़लत और सभ्य शिष्टाचार के विरुद्ध है, तो तब वह कुरआन-ए-पाक को कलंकित करता है और कुरआन को कलंकित करना कुफ्र है।[15]

आदर सूचक एक भी शब्द नहीं

तीसरा नियम कोई आश्चर्य पैदा करने वाला नहीं है : किसी काफ़िर को कोई सम्मानपूर्ण पद मत दो। एक सीधा सादा सा प्रश्न—क्या किसी काफ़िर को किसी मस्जिद की देखभाल करने वाले प्रभारी का पद दिया जा सकता है?—ग़ोलियां चलने का कारण बन सकता है।

फ़तवे में घोषित किया गया है कि अल्लाह का यह फ़रमान है कि हमें काफ़िरों को मुन्शी भी नहीं बनाना चाहिए। जब अल्लाह ने कहा है कि हमें उनको मुन्शी भी नहीं बनाना चाहिए और जब इतना कुछ करना भी कुरआन का उल्लंघन करना है तो उन्हें (काफ़िरों को) मस्जिद का प्रभारी बनाना तो निश्चित रूप से कतई हराम है...फ़तवे में मोमिनों को याद दिलाया गया है, कि कुरआन गवाह है कि मुसलमानों के किसी भी काम में ग़ैर मुस्लिम, मुसलमानों का शुभचिंतक नहीं होगा। अल्लाह कहता है, ऐ मोमिनो किसी भी काफ़िर को अपना राज़दार मत बनाओ, वे तुम्हें नुक्सान पहुँचाने में कोई कसर उठा नहीं रखेंगे; तुम्हें तकलीफ में डालना उनकी दिली ख़्वाहिश है; दुश्मनी उनके चेहरों से साफ़ छलकती है और जो कुछ उनके दिलों में छिपा है, वह तो उससे भी बढ़कर है। अगर तुम में समझ है तो हमने तुम्हारे लिए साफ़ तौर पर निशानियाँ निर्धारित कर दी हैं...फ़तवे में याद दिलाया गया है, कि दर-उल-मुख़्तर में यह घोषित किया गया है कि किसी काफ़िर को तहसील-ए-उशर (दशांश वसूल करने वाला) नियुक्त करना भी सख़्त ग़लत है, क्योंकि कुरआन में कहा गया है कि किसी भी काफ़िर को किसी मोमिन पर प्रभुत्व प्राप्त करने की इजाज़त नहीं दी जा सकती। व्यापारियों से उशर वसूल करने और मार्गों की सुरक्षा व्यवस्था के लिए किसी आदमी को नियुक्त किया जाता है, जैसे चुंगी का मुहर्रर और रास्ते की चौकी पर सिपाही। जब ऐसे अदना कार्यों पर भी उन्हें नियुक्त करना बुनियादी तौर पर सही

नहीं है तो फिर उन्हें ऐसे महत्त्वपूर्ण धार्मिक कार्यों को करने के लिए कैसे नियुक्त किया जा सकता है—फ़तवे में जवाब में यह सवाल उठाया गया है।

दर-उल-मुख़्तार, शमी तथा अन्य लिखित प्रमाणों को उद्धृत करते हुए फ़तवे में यह घोषित किया गया है कि काफ़िर को मुहर्रर नियुक्त करना भी उसे सम्मानजनक पद पर नियुक्त करना है, और किसी काफ़िर का सम्मान करना हराम है।[16]

यदि यह मानदंड है तो हम कल्पना कर सकते हैं कि उस समय कितने उग्र मतभेद खड़े हो गए होंगे जब फ़िरंगी महल के मौलाना अब्दुल बरी और मुफ़्ती किफ़ायतुल्लाह जैसे व्यक्ति 1918 में मुसलमानों के काफ़िरों के साथ मिलकर अभियान चलाने के लिए सहमत हुए होंगे। हालाँकि ये अभियान इस्लामी संस्था ख़िलाफ़त के ही हक में चलाए गए थे, फिर भी कई उलमा ने इन अभियानों की घोर निंदा की थी। उनका यह कहना था कि काफ़िरों के साथ मिलने पर मुसलमानों को चाहे अनचाहे, एक काफ़िर, महात्मा गाँधी को सम्मानजनक दर्जा देना पड़ेगा, उन्हें गाँधीजी को अपना नेता मानकर उनके साथ काम करना पड़ेगा। यह अकेला प्रसंग इतना शिक्षाप्रद है, कि हम इस पर जल्दी ही फिर से विचार करेंगे।

किसी काफ़िर को सम्मानजनक पद देना तो दूर, फ़तवों में काफ़िरों के लिए सम्मानपूर्ण शब्दों के प्रयोग के लिए भी मना किया गया है। यहाँ तक कि अभिवादन की चेष्टाओं के लिए भी मना किया गया है, जो कि उस स्थान के रिवाज के मुताबिक दूसरे व्यक्ति के प्रति सम्मान प्रकट करने के बराबर है।

फ़तवा-ए-रहीमियत में चेतावनी दी गई है, कि एक मुसलमान को इस किस्म की बात कहने से गुरेज करना चाहिए कि ग़ैर मुसलमान मुसलमानों से बहतर होते हैं, क्योंकि ऐसे शब्दों में कुफ़्र का अंदेशा रहता है। और इस बारे में फ़तवे में ईश निंदा पर सिरात-ए-जख़ीरा की टिप्पणियाँ उद्धृत की गई हैं। उदाहरण के लिए यदि कोई व्यक्ति यह कहता है कि, "यहूदी मुसलमानों से बहतर होते हैं क्योंकि वे पूरी तरह से अपने बच्चों के अध्यापक के अधिकारों का निर्वाह करते हैं" तो वह व्यक्ति इन शब्दों को मुंह से निकालने पर काफ़िर बन जाता है। मुफ़्ती किफ़ायतुल्लाह हमेशा की तरह सारगर्भित बात कहते हैं। वे फ़रमाते हैं, "एक काफ़िर किसी भी हालत में मुसलमान से बहतर नहीं हो सकता। एक मुसलमान हर हालत में काफ़िरों से बहतर होता है।"[18]

अलबत्ता मौलाना अहमद रज़ा ख़ान की टिप्पणी अन्य मामलों की तरह इस मामले में भी साफ़ है। फ़तवा-ए-रिज़्विया में यह घोषित किया गया है कि काफ़िर के किसी भी कार्य की सराहना करना कुफ़्र है। दरुल मुख़्तर को उद्धृत करते हुए फ़तवे में कहा गया है कि काफ़िर का आदर करना कुफ़्र है। जो इस प्रकार के आदर सूचक शब्द मुंह से निकालते हैं वे इस्लाम से बाहर हो जाते हैं, और उनकी बीवियों का निकाह भी टूट जाता है; पूर्व स्थिति में लौटने के लिए उन्हें दोबारा इस्लाम धर्म

को ग्रहण करना पड़ेगा और निकाह की रस्म भी दोबारा अदा करनी पड़ेगी। फ़तवे में आगे घोषित किया गया है कि कविता में भी काफ़िर को बुरा और मोमिन को भला न कहना कतई कुफ़्र है।[19]

शरीअत में ऐसी स्थिति के चलते, मौलाना मुहम्मद अली के अचानक मत बदल पर, जिसका ज़िक्र शुरू के अध्याय में किया गया है, केवल वही लोग हैरान हुए होंगे, जिन्हें ऐसे फ़तवों की जानकारी नहीं थी या जिन्होंने इस्लाम की पूर्वधारणाओं से जानबूझकर आँखें बंद कर ली थीं।

उनकी मौत पर भी नहीं

आदमी की मृत्यु हो जाने पर भी नियम में कोई ढील नहीं बरती जानी चाहिए। एक प्रश्नकर्ता पूछता है—जब हमारा नेता या शासक जो कि मुसलनाम नहीं है, मरता है तो क्या हम उसकी रूह की भलाई के लिए कलिमा-ए-इलाही पढ़ सकते हैं? क्या हम कम-से-कम उसके गुनाहों के लिए माफ़ी माँग सकते हैं या नहीं? इस पर नरमपंथी मुफ़्ती किफ़ायतुल्लाह का भी यह फ़रमान है, कि काफ़िर की भलाई के लिए प्रार्थना करना या उसके लिए माफ़ी माँगना जायज़ नहीं है।[20] लोकमान्य तिलक की मृत्यु पर ख़िलाफ़त समिति के सदस्य शोक प्रकट करते हुए एक पोस्टर छापते हैं। दसवें दिन कुछ मस्जिदों में सभाएँ होती हैं जिनमें दिवंगत नेता के लिए प्रार्थनाएँ की जाती हैं। जिन लोगों ने पोस्टर छापा और जिन लोगों ने प्रार्थना सभाओं का आयोजन किया और उनमें भाग लिया, उनके बारे में क्या हुक्म है?—यह सवाल एक प्रश्नकर्ता ने मौलाना अहमद रज़ा से किया। इस पर उन्होंने घोषणा की, ऐसी प्रार्थना सभाओं में शामिल होना हराम है। जो उनमें शामिल होता है, वह भर्त्सना का पात्र है। वह नमाज़ नहीं करवा सकता। ईमान के दुश्मनों से ख़बरदार रहना फ़र्ज़ है। एक मुशरिक के लिए दुआ करना और उसके लिए जनाज़ा नमाज़ और फ़ातिहा पढ़ना कतई कुफ़्र है। यह कुरआन की ख़िलाफ़वर्ज़ी है।

इन सब बातों से बढ़कर, मौलाना निष्ठुरता की चरमसीमा तक पहुँचते हुए अपना प्रकोप यों व्यक्त करते हैं : इन लोगों ने एक मुशरिक के लिए मस्जिद में अपने सिरों को उघाड़ा और अल्लाह की नमाज़गाह को एक मातम-स्थल में बदल दिया। आगे वे घोषित करते हैं, जिन मुसलमानों ने ऐसा किया वे मुशरिकों की गाड़ी के बैल बन गए हैं। वे फ़रमाते हैं ऐसा तो होना ही था क्योंकि जब उन्होंने इस्लाम छोड़ा (अहमद रज़ा ख़ान की निगाह में देवबंदी, अहले हदीस आदि, सभी काफ़िर बन चुके थे), तो स्वाभाविक है कि इन्सानियत भी उन्हें छोड़ जाती। मौलाना इन मुसलमानों के बारे में कहते हैं, जो चाहे बैल बन सकता है और जो चाहे गधा बन सकता है...। वे घोषित करते हैं, जिसने एक ग़ैर मुस्लिम का सम्मान किया है, वह इस्लाम को नष्ट करने में सहायक

हुआ है...। हमने जो आयतें पहले उद्धृत की हैं, उस किस्म की आयतों की याद दिलाते हुए, वे इस बात को दोहराते हैं कि काफ़िरों और मुशरिकों के साथ एकता और सहयोग करना कतई हराम है। और निष्कर्ष रूप में वे कहते हैं, उसके अनुसार जिन लोगों ने पोस्टर छापे हैं, वे धर्मत्यागी हो चुके हैं। वे इस्लाम से बाहर हो चुके हैं और उनके साथ उनकी बीवियों का उनसे निकाह भी टूट गया है।[21] और यह सब कुछ सिर्फ़ इसलिए कि उन्होंने एक काफ़िर की रूह की शांति के लिए दुआ की है, क्योंकि उन्होंने उसे सम्मान प्रदान किया है, चाहे उसके मरने पर ही सही और वह आदमी लोकमान्य भी क्यों न रहा हो।

महात्मा गाँधी हिंदू-मुस्लिम एकता के लिए 21 दिन का उपवास करते हैं। वे मृत्यु के कगार तक पहुँच जाते हैं। एक प्रश्नकर्ता कहता है, उनका उपवास समाप्त होने पर देश भर में हिंदुओं ने उसकी समाप्ति और सफलता का जशन मनाने के लिए सभाएँ आयोजित कीं। प्रश्नकर्ता बताता है मुसलमानों ने उन सभाओं में भाग नहीं लिया, लेकिन एक मस्जिद के पेश इमाम ने ऐसी सभाओं में भाग लिया और बल्कि उनकी अध्यक्षता भी की। क्या पेश इमाम का यह व्यवहार कुफ़्र और शिर्क (बहुदेववाद) का समर्थन नहीं करता? प्रश्नकर्ता पूछता है। इस बात को याद रखिए कि जिस व्यक्ति ने वह यातना झेली है कोई कम नहीं, बल्कि स्वयं महात्मा गाँधी हैं और इस बात को भी याद रखिए कि उपवास का उद्देश्य हिंदुओं और मुसलमानों के बीच एकता को बढ़ावा देना था। साथ ही यह भी याद रखिए कि यह उपवास उन्होंने मौलाना मुहम्मद अली के घर पर रखा था। उन तार-तार आँसुओं को भी याद कीजिए जो कि मौलाना ने बहाए थे। और इस बात को भी याद रखिए कि यह सवाल मुफ़्ती किफ़ायतुल्लाह से पूछा जा रहा है, जो कि उलमा में न केवल नरमपंथी माने जाते थे, बल्कि तीन दशकों से हिंदुओं के साथ संयुक्त कार्रवाई के समर्थक रहे हैं और आगे भी रहने वाले हैं और वह भी ख़ास तौर पर महात्मा गाँधी के नेतृत्व में। ऐसे आदमी की भी इस प्रकार की प्रतिक्रिया हो सकती है? वे पेश इमाम को तो छोड़ देते हैं, लेकिन जिस आधार पर वे उसे छोड़ते हैं, वही आधार असली मुद्दे को सामने ला देता है। किफ़ायतुल्लाह यह नहीं कहते कि गाँधीजी के लिए दुआ करना सही है, या अनुमत्य है, क्यांकि वे नेकदिल इंसान हैं और उनमें सेवा की भावना है, या क्योंकि वे एक ऐसे आंदोलन का नेतृत्व कर रहे हैं, जो कि देश के हित में है, या क्योंकि गाँधीजी ने हिंदू-मुस्लिम एकता के लिए ख़ुद को कड़ी यंत्रणा में से गुज़ारा है। किफ़ायतुल्लाह यह फ़रमाते हैं कि किसी ग़ैर-मुस्लिम की लंबी आयु के लिए इस इरादे से दुआ करना जायज़ है, कि संभवतः अल्लाह उसे सही राह दिखाए और उस ग़ैर मुस्लिम की बकाया ज़िंदगी इस्लामी ज्ञान से प्रकाशित हो उठे। इसलिए किफ़ायतुल्लाह साहब यह फ़ैसला देते हैं कि प्रार्थना सभा में भाग लेने और उसकी अध्यक्षता करने के लिए जो लोग पेश इमाम पर तानाकशी करते हैं, वे ठीक

नहीं करते।[22]

मौलाना अहमद रज़ा ख़ान हमेशा ज़्यादा स्पष्टवादी रहे हैं। सामान्यतः काफ़िरों के बारे में और विशेष रूप से उन लोगों के बारे में जिन्हें वे काफ़िरों में भी निम्नवर्ग के काफ़िर घोषित करते हैं, अर्थात् देवबंद के मौलानाओं के बारे में बात करते हुए वे मोमिनों को फटकारते हैं : याद करो पैग़ंबर साहिब की उस हदीस को जिसमें उन्होंने मोमिनों को चेतावनी दी थी कि यदि काफ़िर बीमार हैं, तो उनके पास मत जाओ। अगर उनकी मौत हो जाए, तो उनके जनाज़े में शामिल मत होओ। मौलाना पैग़ंबर साहब की एक के बाद दूसरी हदीस को उद्धृत करते हैं : उन से दूर रहो, उन्हें खुद से दूर रखो ताकि कहीं वे तुम्हें पथभ्रष्ट न कर दें, कहीं वे तुम्हें घबराहट में न डाल दें; अगर वे बीमार पड़ते हैं, तो उनका हालचाल पूछने के लिए उनके पास मत जाओ और अगर उनकी मृत्यु हो जाती है, तो उनके जनाज़े में शामिल मत होओ। जब तुम उनसे मिलो तो उनका अभिवादन मत करो। उनके नज़दीक मत बैठो, उनके साथ पानी मत पीओ, उनके साथ आपस में शादियाँ मत करो। उनकी मौत हो जाने पर नमाज़ मत पढ़ो। जब किसी बदमज़हब (काफ़िर) से मिलो, तो उसके साथ कड़वा और रूख़ा व्यवहार करो। अल्लाह हर बदमज़हब को अपना दुश्मन समझता है। जो किसी बदमज़हब का सम्मान करता है वह इस्लाम को नष्ट करने में मदद करता है। उनमें से कोई सिरात (मार्ग) के पुल को पार नहीं कर पाएगा। वह बल्कि टुकड़े-टुकड़े हो जाएगा और दोज़ख़ की आग में मक्खियों और मकड़ियों की तरह से गिर पड़ेगा...। मौलाना बताते हैं कि इस आशय के और भी हदीस हैं। जैसा कि हम देखेंगे उनका ख़ास ग़ुस्सा हमेशा देवबंदियों और वहाबियों आदि के लिए सुरक्षित रहता था। लेकिन मौलाना जो कोई हदीस उद्धृत करते हैं वह सामान्यतः काफ़िरों पर लागू होती है और मौलाना यह बताने के लिए कि मोमिनों को काफ़िरों के प्रति क्या रवैया अपनाना चाहिए हदीसों का हवाला देने से हिचकिचाते नहीं हैं। देवबंदियों आदि के ख़िलाफ़ अहमद रज़ा ख़ान का ग़ुस्सा इसलिए नहीं था कि वे देवबंदी थे। वे उन्हें इन हदीसों का निशाना इसलिए नहीं बनाते थे क्योंकि वे देवबंदी थे, बल्कि इसलिए कि उनके हिसाब से देवबंदी आदि काफ़िर बन चुके थे।

अल्लाह, पैग़ंबर साहिब और उनकी माँ

हमें यह बात अजीब़ सी लगेगी कि लोकमान्य जैसे व्यक्ति के लिए दुआ नहीं की जा सकती और गाँधीजी जैसे व्यक्ति को, जो एक कठोर यातना में से गुज़रे हैं, धन्यवाद नहीं दिया जा सकता और न ही उनके लिए दुआ की जा सकती है। लेकिन हमें अजीब इसलिए लगता है क्योंकि हमने तथ्यों से आँखें कसकर बंद कर ली हैं। इन मामलों में उलमा ख़ुद पैग़ंबर साहिब के व्यवहार और फ़रमान का कड़ाई से पालन

कर रहे हैं। उनके हदीसों का पहले भी हवाला दिया गया है। एक प्रसिद्ध घटना ऐसी भी है जो उनकी माँ से संबंध रखती है।

जैसा कि सब जानते हैं, पैग़ंबर साहिब की माँ का उस समय देहांत हो गया था जब वे केवल छह वर्ष के थे। वे उन्हें मदीना ले गईं थीं। वहाँ एक महीना रहने के बाद वे अपने बच्चे के साथ मक्का लौट रही थीं। लेकिन बीच रास्ते अल अब्बा के स्थान पर वे बीमार पड़ गईं और उसके बाद जल्द ही उनका देहांत हो गया। उन्हें वहीं पर ही दफ़्ना दिया गया। क्योंकि अभी इलहाम आगे चल कर होना था इसलिए औपचारिक रूप से वे उस समय, जब उनका देहांत हुआ, एक काफ़िर थीं। जीवन में आगे चलकर जब पैग़ंबर साहिब अल होदैबिया से मदीना जा रहे थे तो वे अपनी माँ की कब्र पर गए, जो कि रास्ते में पड़ती थी। हदीस में उल्लेख मिलता है, "वे रो पड़े और उनके रोने से द्रवित होकर उनके आस-पास के लोगों की आँखों में भी आँसू आ गए।" पूछे जाने पर, कि क्या हुआ था कि वे रो पड़े थे, उन्होंने जवाब दिया, "मैंने रब से इजाज़त माँगी थी अपनी माँ के लिए माफ़ी के बारे में दुआ करने की। लेकिन मुझे उसकी इजाज़त नहीं मिली। तब फिर मैंने उनकी कब्र पर जाने की इजाज़त माँगी, तो वह इजाज़त मुझे मिल गई..."[23]

परंपराओं के संपादक और टिप्पणीकार पैग़ंबर साहिब द्वारा अपनी माँ के लिए माफ़ी माँगने पर अल्लाह द्वारा मना किए जाने के महत्त्व को स्पष्ट करते हैं। सुनन नसाइह शरीफ़ में हदीस का उल्लेख करते हुए वहीद-अल-ज़मान टिप्पणी करते हैं, "दुआ करने की इजाज़त इसलिए नहीं दी गई क्योंकि अल्लाह बुतपरस्तों को माफ़ करने वाले नहीं थे। इसलिए पैग़ंबर साहिब को उनके लिए दुआ क्यों करनी चाहिए?"[24] सहीह मुस्लिम में हदीस का उल्लेख करते हुए अब्दुल हमीद सिद्धीकी स्पष्ट करते हैं, "इसके कई कारण हैं। एक स्पष्ट कारण जो लगता है वह यह है कि हज़रत मुहम्मद साहिब (ख़ुदा उन्हें सुकून बख़्शे) की माँ सही मायनों में मोमिन नहीं थीं। वे विरामी अवधि (वह अवधि जिसमें पिछले पैग़ंबरों की शिक्षाएँ धुँधली पड़ चुकी थीं और किसी नए पैग़ंबर का निर्माण नहीं हुआ था) में रहती रही थीं। मज़हब में उनके दर्जे के बारे में सिर्फ़ ख़ुदा ही जानता है। इसलिए पैग़ंबर-ए-पाक (ख़ुदा उन्हें सुकून बख़्शे) को उनके लिए माफी माँगने से मना कर दिया गया क्योंकि मोमिन के तौर पर उनकी (पैग़ंबर साहिब की माँ की) स्थिति स्पष्ट नहीं थी। अगर पैग़ंबर-ए-पाक को ऐसा करने की इजाज़त दे दी जाती तो लोगों के मन में आशंका पैदा हो जाती, और वे ये मानने लगते कि ग़ैर-मुस्लिमों के लिए भी माफ़ी माँगी जा सकती है।"[25]

पैग़ंबर साहिब के चाचा और अभिभावक तथा हज़रत अली के पिता अबू तालिब का मामला भी ऐसा ही एक निर्णायक मामला है। चालीस वर्ष तक उन्होंने पैग़ंबर साहिब की सेवा और रक्षा की और उनके मित्र रहे। लेकिन उन्होंने मृत्युशय्या पर

पड़े हुए भी इस्लाम को नहीं अपनाया हालाँकि ख़ुद पैग़ंबर साहिब उनसे आग्रह करते रहे कि कम-से-कम अंतिम क्षण में तो इस्लाम कबूल कर लो। इस प्रकार वे ज़िंदगी भर और मरते दम तक काफ़िर रहे। सुनन नसाइह शरीफ़ में इस बात का वर्णन किया गया है कि उस क्षण और उसके बाद क्या हुआ :

सैयद बिन अल-मातिब ने अपने पिता को यह कहते सुना कि जब अबू तालिब मरणावस्था में थे तो वे (पिता) उन्हें मिलने गए। अबू जहल और अब्दुल्लाह बिन उमियाह भी वहाँ बैठे हुए थे। पैग़ंबर साहिब बोले, "ऐ चाचा जान कहो, 'अल्लह के सिवाय और कोई देवता नहीं है।' आपके यह बोलने पर मैं सर्वशक्तिमान अल्लाह के साथ आपके हक में मध्यस्थता करूँगा।" अबू जहल और अबू बिन उमियाह बोले, "ऐ अबू तालिब! क्या आप अब्द-अल-मत्तलब के मज़हब से नफ़रत करते हैं?" तब वे उनसे बातें करते रहे और अंत में अबू तालिब ने कहा, "मैं अब्द-अल-मत्तलब के मजहब में दृढ़विश्वास रखता हूँ।" इस पर पैगंबर साहिब बोले, "मैं आपके लिए तब तक दुआ करता रहूँगा जब तक मुझे मना नहीं कर दिया जाता।" निम्नलिखित इलहाम उसी समय हुआ, "पैग़ंबर और ईमान लाने वाले दूसरे लोग बुतपरस्तों के लिए दुआ नहीं करेंगे।" यह भी इलहाम हुआ, "तुम अपनी मर्ज़ी से जिस किसी को रास्ता नहीं दिखा सकते।"[26] नसाइह में इतनी ही प्रभावकारी एक और हदीस दी गई है।

अली बताते हैं, मैंने सुना कि एक आदमी ने अपने माता-पिता के लिए दुआ की, जो कि बुतपरस्त थे। मैंने उसे कहा, "हालाँकि वे बुतपरस्त थे, फिर भी तुम उनके लिए दुआ करते हो?" उसने जवाब दिया, "अब्राहाम ने भी तो अपने पिता के लिए दुआ की थी, हालाँकि उनके पिता भी बुतपरस्त थे।" इसलिए मैंने पैगंबर साहिब के पास जाकर उन्हें यह बात बताई। तब उन्हें इलहाम हुआ, "अब्राहाम ने अपने पिता के लिए जो दुआ की थी, उसका कारण यह था कि उन्होंने इसके लिए वचन दिया था। जब अब्राहाम ने सुना कि उनके पिता अल्लाह के दुश्मन थे, तो वे अपने पिता के विरुद्ध हो गए।"[27]

जब पैग़ंबर साहिब को भी दुआ करना मना हो और जब उन्हें अपनी माँ के लिए भी दुआ करना मना हो, और जब वे ऐसे आदमी के लिए भी दुआ करने से गुरेज़ करते हों, जिसने चालीस वर्ष तक उनकी सेवा और रक्षा की हो और उनके परम स्नेही अभिभावक रहे हों, तो उलमा जब उन लोगों को काफ़िर करार देते हैं जिन्होंने लोकमान्य की मृत्यु पर उनके लिए दुआ की थी, और उन लोगों को जिन्होंने गाँधीजी की भीषण उपवास यातना के बाद उनके सही सलामत जिंदा रहने के लिए प्रार्थना की थी या जिन्होंने उनके प्रति धन्यवाद प्रकट किया था, तो वे केवल शरीअत को लागू कर रहे होते हैं। और जब लोकमान्य और महात्मा गाँधी जैसे व्यक्ति भी दुआ के पात्र नहीं हैं, तो फिर एक आम काफ़िर की क्या बिसात?

एक सम्मानपूर्ण अभिवादन भी नहीं

एक प्रश्नकर्ता पूछता है : जब कोई काफ़िर अभिवादन करता है, तो उसका जवाब किन शब्दों में दिया जाना चाहिए और उनका अभिवादन कैसे किया जाना चाहिए? इसके जवाब में फ़तवा-ए-रिज़विया में यह घोषित किया गया है, कि जब तक ज़रूरी न हो किसी काफ़िर का पहले अभिवादन करना जायज़ नहीं है। इसमें आगे यह कहा गया है कि हिंदुस्तान में, प्रचलित शिष्टाचार के मुताबिक ज़रूरत होने पर भी शरीअत के मुताबिक अभिवादन करना अपेक्षित नहीं है—उदाहरण के लिए, इतना कहना भर काफ़ी है, 'लाला साहब' 'बाबू साहब' 'मुंशी साहब', या फिर अपनी तरफ़ से कोई शब्द बोले बिना अपने सिर पर अपना हाथ रखकर उसके बाद रस्मी शब्द बोलना काफ़ी है। अगर वह शब्दों का प्रयोग करते हुए सलाम करता है, तो इसके लिए उलमा का यह कहना है कि जवाब में मुसलमान को कहना चाहिए, 'वा अलाइक।' लेकिन फ़तवा-ए-रिज़विया में ख़बरदार किया गया है कि इस अभिव्यक्ति को केवल मुसलमानों से जुड़ा माना जा रहा है; इसलिए काफ़िर इसे अपने सलाम का जवाब नहीं मानेगा और वास्तव में वह इसे भेदभाव की निशानी समझेगा। ऐसी परिस्थिति में एक विरले किसम का लिहाज़ दिखाते हुए फ़तवा-ए-रिज़विया नरम पड़ जाता है और यह फ़रमान देता है, कोई भी शब्द जो तुम्हें उचित लगे इस्तेमाल कर लो; तुम 'सलाम' के जवाब में 'सलाम' कह सकते हो।[28]

ख़ास तौर पर उलमा बार-बार इस बात को दोहराते हैं, काफ़िरों के झूठे मज़हब या उनके मज़हबी जज़्बात का लिहाज़ करते हुए कुछ भी नहीं किया जाना चाहिए क्योंकि उससे उनका अपने झूठे मज़हब में विश्वास और भी दृढ़ होगा और इसलिए ऐसा काम इस्लाम पर एक चोट का कारण बनेगा।

फ़तवा-ए-रिज़विया में यह घोषित किया गया है कि कोई भी ऐसी बात कहना जिससे ग़ैर मुसलमानों की धार्मिक भावनाओं के प्रति आदर प्रकट हो या उनके देवताओं के प्रति सम्मान प्रकट हो, कतई कुफ्ऱ है।[29]

काफ़िरों को यह याद दिलाने से, कि उसकी किसी चीज़ को इसलिए ठुकराया जा रहा है क्योंकि वह काफ़िर है, यदि दीन को कोई मदद पहुँचती हो, उसकी 'शान' बढ़ती हो, अर्थात् उसका प्रभुत्व कायम होता हो और ऐसा करने से काफ़िर में इस्लाम को अपनाने का रुझान पैदा हो सकता हो, और जिन चीज़ों से काफ़िरों को नीचा दिखाया जा सकता हो और अस्त व्यस्त किया जा सकता हो, वैसी चीज़ें ज़रूर करनी चाहिए।

हम इस मानदंड को उलमा द्वारा गौहत्या पर दिए गए बल के मामले में लागू होते पहले ही देख चुके हैं। उनका तर्क यह था कि दूसरे देशों में यह मामला भले ही इतना महत्त्वपूर्ण न हो, लेकिन भारत में गौओं की हत्या करना एक 'महान इस्लामी

कार्य' है क्योंकि भारत में गाय की पूजा होती है। इसी मानदंड को हम तोहफ़ा स्वीकार करने जैसे अहानिकर मामले में भी लागू होते देखेंगे।

तोहफ़े को कब स्वीकार किया जाए और कब ठुकराया जाए

प्रश्नकर्ता बताता है : हिंदू अपने घरों से या अपनी आय में से बाज़ार से ख़रीदी गई पूड़ियाँ भेजता है; और फिर पूछता है क्या ये पूड़ियाँ स्वीकार की जानी चाहिए? फ़तवा-ए-रिज़विया में याद दिलाया गया है कि पैगंबर साहिब कुछ मौकों पर काफ़िरों से तोहफ़े कबूल कर लेते थे और कुछ मौकों पर लेने से इंकार कर देते थे। इस बारे में एक हदीस है : अल्लाह उन काफ़िर के प्रति अच्छे आचरण के लिए मना नहीं करता, जो तुम्हारे ईमान का विरोध नहीं करते। एक और मौके पर पैगंबर साहिब ने कहा : उनके तोहफ़ों को कबूल कर लो और उन्हें अपने घर आने दो। लेकिन इससे उलट दृष्टांत भी मिलते हैं। जब एक आदमी जो कि तब तक मुसलमान नहीं बना था तोहफ़ा देने आया तो पैग़ंबर साहिब ने कहा : मुझे काफ़िर द्वारा दी गई चीज़ें स्वीकार करने से रोक दिया गया है। एक और मौके पर उन्होंने कहा : मैं किसी मुशरिक से तोहफ़े कबूल नहीं करता। एक और मौके पर भी उन्होंने कहा : हम मुशरिकों से तोहफ़े क़बूल नहीं करते। इस प्रकार की अन्य कई मिसालें हैं।

मौलाना अहमद रज़ा ख़ान कहते हैं, ऐसे में क्या किया जाए, यह इस बात पर निर्भर करता है कि किसी विशेष समय और स्थिति में उसे स्वीकार करना समयोचित है, या अस्वीकार करना। यदि मोमिन यह महसूस करता है कि तोहफ़ा कबूल करने पर वह दूसरे व्यक्ति का इस्लाम की तरफ़ रुझान पैदा कर देगा तो तोहफ़ा स्वीकार कर लेना चाहिए। दूसरी तरफ़ अगर हालात ऐसे हों कि तोहफ़ा लेने से इंकार करने पर तोहफ़ा लाने वाले व्यक्ति को कष्ट पहुँचेगा और उसके कारण वह अपने झूठे मज़हब से इतनी घृणा करने लगेगा—अर्थात् यह महसूस करने पर, कि तुमने उसके शिर्क की वजह से उसके तोहफ़े को ठुकरा दिया है, उसके शिर्क से मुँह मोड़ लेने की संभावना हो—तो किसी भी हालत में तुम्हें उसका तोहफ़ा क़बूल नहीं करना चाहिए।

और व्यक्ति को अपने ईमान के प्रति निष्ठा पर तोहफ़े से पड़ने वाले प्रभाव का भी ध्यान रखना चाहिए। अगर ऐसा अंदेशा हो कि तोहफ़ा क़बूल करने पर उस व्यक्ति के प्रति किसी प्रकार का रुझान पैदा हो जाएगा या फिर स्वयं व्यक्ति अपने ईमान की अपेक्षाओं का पालन करने में ढीला पड़ जाएगा, तो फिर उस हालत में उस तोहफ़े को तुम आग समझो। फ़तवे में घोषित किया गया है, याद रखो कि तोहफ़े रुझान और स्नेह को बढ़ाने का ज़बरदस्त असर रखते हैं। मौलाना बल देकर कहते हैं, पैग़ंबर साहिब ने चेतावनी दी है कि तोहफ़ा आदमी को अंधा बहरा और दीवाना बना देता है; उन्होंने कहा है तोहफ़ा अकलमंद आदमी की आँख पर भी

पर्दा डाल देता है।[30]

बहरहाल आदमी को ऐसा तोहफ़ा कभी कबूल नहीं करना चाहिए जो कि काफ़िरों की झूठी आस्थाओं और धार्मिक प्रथाओं से जुड़ा हो। चुनाचे, उदाहरण के लिए, जैसा कि हम देखेंगे, मुफ़्ती किफ़ायतुल्लाह का यह फ़रमान है कि कभी-कभार ऐसा भोजन खा लेने की अनुमति है जिसे किसी काफ़िर ने पकाया और छुआ हो। लेकिन वे भी इस बात पर बल देते हैं, कि जिन तोहफ़ों का संबंध उनके धार्मिक त्योहारों से हो—जैसे वे मिठाइयाँ जो काफ़िर दीवाली पर भेंट करते हैं—वे नहीं लिए जाने चाहिए।[31] अलबत्ता मौलाना अहमद रज़ा ख़ान इस मामले को बहुत ज़्यादा ज़ोर देकर पेश करते हैं। कुछ हिंदू अपनी मूर्तियों पर पशुओं की बलि चढ़ाते हैं। अपना कसाई न होने पर वे किसी मुसलमान कसाई को इस काम के लिए बुला लेते हैं। मुसलमान कसाई, इस्लामी दुआ के लफ़्ज जैसे कि 'बिस्मिल्लाह' आदि बोलकर—जो कि बोलना लाज़िमी होता है—पशुओं की बलि चढ़ाता है; फ़तवे में यह घोषित किया गया है कि मुसलमानों के लिए इस बात की मदद करना घृणास्पद है और हालाँकि पशु का वध सही तरह से किए जाने पर उसका मांस हलाल हो जाता है, फिर भी बाद में जब वह मांस बाँटा जाता है तो मुसलमान को वह मांस हरगिज़ नहीं लेना चाहिए, क्योंकि ऐसा करना काफ़िर के मकसद-ए-बातिल (अर्थात् उनके मूर्ति पूजा के झूठे उद्देश्य) की पूर्ति करने में उनकी मदद करना है। ऐसे मांस को लेने का मतलब बलि के मांस को स्वीकार करना है। वह ऐसा मांस होता है जो बातिल बुतों (झूठी मूर्तियों) पर बलि चढ़ाया गया होता है। ऐसा मांस खाना हराम होता है। फ़तवा-ए-रिज़विया में इस बात को एक वैसम्य के ज़रिए समझाया गया है। ऐसी मिठाइयाँ या मांस लेना जो मूर्तियों पर चढ़ाया गया है, काफ़िरों के इरादे को पूरा करना है। ऐसा करने में ज़िल्लत भी होती है। फ़तवे में कहा गया है कि इसके बरअक्स किसी ऐसे पशु (उदाहरण के लिए किसी बैल) के मामले को लीजिए जिसे उन्होंने किसी मूर्ति के नाम पर मुक्त कर दिया हो। उस पशु का इस्तेमाल अल्लाह के नाम पर कुर्बानी करने के लिए किया जा सकता है और उसका मांस खाया भी जा सकता है। मौलाना कहते हैं, ऐसा इसलिए क्योंकि उसे खाना काफ़िरों की ख़िलाफ़त और उनकी ज़िल्लत करना है। ऐसा करने में कोई हर्ज नहीं। लेकिन शर्त यह है कि ऐसा करने से अशांति नहीं फैलनी चाहिए, क्योंकि ख़ुद को अशांति से बचाना लाज़िमी है।[32]

उनके कुफ़्र में कभी उनकी मदद न करो

अंतिम उदाहरण—उन तोहफ़ों से दूर रहना जिनका संबंध काफ़िरों के धार्मिक अनुष्ठानों और त्योहारों से होता है—हमें एक सामान्य नियम से परिचित कराता है : फ़तवों में बार-बार यह घोषणा की गई है कि काफ़िरों के किसी ऐसे अनुष्ठान या जुलूस

में जिसका उनके मज़हब-ए-बातिल से कोई संबंध हो, किसी मुसलमान को न तो उसमें कोई मदद करनी चाहिए, न भाग लेना चाहिए, यहाँ तक कि दर्शक के रूप उसे देखना भी नहीं चाहिए। इतना ही नहीं; उन व्यक्तियों को, जिन्होंने हिन्दुओं के किसी धार्मिक जुलूस को गुज़रते हुए सिर्फ़ देखा भर है, उलमा द्वारा पाप का भागी करार दिया गया है और कुछ मामलों में तो इस्लाम त्यागी करार दिया गया है। मुसलमानों को सायास, ख़ुद को ऐसे अवसरों, अनुष्ठानों और जुलूसों आदि से दूर रखना चाहिए। उनके प्रति उसे लाज़िमी तौर पर घृणा और जुगुप्सा महसूस करनी चाहिए।

क्या हिंहू-मुस्लिम एकता के हित में मुसलमानों के लिए हिंदुओं के त्योहारों में किसी भी तरह से—जैसे ख़र्चों में योगदान करके, या इंतज़ाम में मदद करके—शरीक होना अवांछनीय या हराम है?—यह सवाल मुफ़्ती किफ़ायतुल्लाह से पूछा जाता है। स्मरणीय है कि वे हिंदुओं के साथ संयुक्त राजनीतिक कार्रवाई के प्रस्तावक रहे हैं। यह बात भी याद रखने लायक है कि उनकी आवाज़ नरमपंथी आवाज़ मानी जाती है—उदाहरण के लिए जब आरती और नमाज़ के समय में टकराव संबंधी या जुलूसों को किस रास्ते से गुज़रना चाहिए—ऐसे सवाल सामने आते हैं तो वे यह सलाह देते हैं कि बातचीत द्वारा, एक-दूसरे की सुविधा का ख़याल रखते हुए मामला तय किया जाना चाहिए। लेकिन जहाँ तक किसी धार्मिक उत्सव में मदद करने का सवाल है, वे भी कट्टरवादी हैं। वे फ़रमाते हैं कि काफ़िरों और मुशरिकों के ऐसे धार्मिक सम्मेलनों में, जिनमें कुफ़्र और शिर्क का मुज़ाहिरा हो, जिनमें मूर्तियों की पूजा हो या उनका सम्मान किया जाए, भाग लेना हराम है। ऐसी सभाओं में सैर तमाशों के लिए, या उनके साथ एकता कायम करने के लिए भी, या उनकी रौनक बढ़ाने के लिए, या किसी ऐसे काम के लिए जाना जो कुफ़्र की परिभाषा में आता है, या ऐसी सभाओं के खर्चों में योगदान करना हराम है। जहाँ तक केवल इंतज़ाम में मदद करने या शांति को बढ़ावा देने के लिए मदद करने का सवाल है, ऐसा करने की अनुमति है—बशर्ते कि मदद ऐसे रूप में की जाए, कि मदद करने वाला कुफ़्र के सभी मुज़ाहिरों से काफ़ी दूरी पर रहे और बशर्ते कि सैर तमाशा या मज़ा लेना उसका मकसद न हो और बशर्ते कि संयुक्त व्यवस्थाओं में भाग लेने की कोई मजबूरी हो।[33]

थोड़ा आगे चलकर मुफ़्ती साहब दोबारा यह फ़रमाते हैं कि हिंदुओं के धार्मिक जुलूसों में शरीक होना, ख़ास तौर पर ऐसे जुलूस में जिसमें शिर्क और बुतपरस्ती का मुज़ाहिरा हो, शरीक होना हराम है। माथे पर टीका आदि के निशान लगाना—जैसा कि ऐसे जुलूसों में शुभ-चिंतक और आयोजक लगाते ही हैं—हमेशा हराम होता है। बल्कि ऐसा करने में कुफ़्र का अंदेशा बच रहता है। जो ऐसी चीज़ें करता है वह फ़ासिक (पापी) बन जाता है और उसे लाज़िमी तौर पर तौबा करनी चाहिए।[34]

मुफ़्ती से पूछा जाता है, अगर कोई कंदील (चिराग़) बेचने या दुकान लगाने

के लिए ग़ैर मुसलमानों के मेले में जाता है, तो उस स्थिति में क्या व्यवस्था है? काफ़िरों की ऐसी धार्मिक सभाओं में हिस्सा लेना जिनमें ऐसे अनुष्ठान किए जाते हैं जिनसे कुफ्र और शिर्क का मुज़ाहिरा होता है, ऐसी सभाओं की रौनक बढ़ाना और उन नेमतों को बढ़ाना है, जो काफ़िर माँगते हैं। इसलिए ऐसी सभाओं में भाग लेना भर्त्सना योग्य है। ऐसे मेलों में व्यापार के लिए भाग लेना कराहत तहरीमी (हराम की हद तक घृणास्पद) है।

मुफ़्ती साहब से पूछा जाता है, अगर कोई हिंदुओं के धार्मिक उत्सव पर सिर्फ़ सबील (प्याऊ) लगाता है या पान बाँटता है तो उस हालत में क्या हुकुम है? जिस समय मुफ़्ती से इस मामले पर राय माँगी गई थी, तब क्योंकि माहौल कुछ नरम पड़ चुका था, इसलिए मुफ़्ती थोड़ा सा कम सख़्त रुख़ अख़्तियार कर लेते हैं—लेकिन थोड़ा सा कम। वे फरमाते हैं, यदि ऐसा काम उनके उत्सव का सम्मान बढ़ाता है तो यह कुफ्र है। लेकिन यदि यह काम उनके धार्मिक कार्यों का सम्मान करने के लिए नहीं बल्कि शांति बनाए रखने के लिए, या उनके किए गए ऐसे काम के जवाब में किया जाता है, और यह उत्सव के स्थान को छोड़कर किसी और स्थान पर किया जाता है, तो ऐसा करना अभीष्ट है। लेकिन अगर यह काम उत्सव के स्थान पर ही किया जाता है, तो फिर चाहे यह शांति कायम रखने के लिए या आदान-प्रदान के तौर पर ही क्यों न किया गया हो, यह मकरूह (घृणास्पद) है। लेकिन जो (मुसलमान) ऐसा काम यह सोचकर करते हैं कि यह अच्छा काम है, और उनका आचरण यह बताता है कि वे ऐसी प्रथाओं की सराहना करते हैं, तो तब ऐसा काम करना कुफ्र है।[36]

बाह्याचार का निर्वाह करना लेकिन अपने दिल को काबू में रखना इस फ़र्क के बारे में, और बाह्याचार का निर्वाह भी तभी किया जाए, जब ऐसा करना जरूरी हो, इस दुनियादारी के बारे में, इस नरमपंथी और शिष्ट मुफ़्ती द्वारा भी बार-बार बल दिया गया है। एक प्रश्नकर्ता पूछता है, हिंदुओं के जगतगुरु हमारे नगर में आए। क्या उनका सम्मान करना सही था?

मुफ़्ती साहब फ़रमाते हैं : किसी हिंदू नेता के आने पर आदान-प्रदान की आवश्यकताओं के अनुसार उसका स्वागत करना और उसे माला पहनाना कुफ्र नहीं है, बशर्ते कि हिंदू भी मुस्लिम धार्मिक नेताओं के साथ उसी तरह से पेश आएँ। मुफ़्ती साहब ज़ोर देकर कहते हैं कि ऐसा करना शिर्क या कुफ्र का सम्मान करना नहीं है। बल्कि यह शिष्टता और नैतिकता का निर्वाह करना है।[37]

थोड़ा आगे चलकर वे एक नाज़ुक सीमा को छूते हुए मुद्दे पर बल देने लगते हैं। वे घोषित करते हैं तुम्हें दूसरे धर्मों के नेताओं को बदनाम करने से रोका है, लेकिन उसने तुम्हें यह हुक्म नहीं दिया कि तुम उनके प्रति सम्मान प्रकट करो। ख़ास तौर पर ऐसा सम्मान जो पूजा की हदों को छूने लगता है। ऐसा सम्मान किसी भी

तरह से जायज़ नहीं हो सकता। एक व्यवहारकुशल व्यक्ति होने के नाते मुफ़्ती साहब एक तरफ़ इस बात की इजाज़त देते हैं कि : ख़ास तौर पर जहाँ मुस्लिम और ग़ैर-मुस्लिम एक साथ रहते हैं या जहाँ ग़ैर-मुस्लिम की आबादी ज़्यादा है, ऐसी जगह पर मेलजोल से और शांति के साथ रहना और उनके व्यापार, कृषि, उद्योग और राजनीति में भाग लेना जायज़ है और कुछ परिस्थितियों में न्यायोचित भी है। और उसके बाद घुमा फिरा कर बात कहने के अपने ख़ास अंदाज़ में वे कुछ ऐसी सीमाओं का उल्लेख करते हैं, जिनका पालन हर हालत में किया जाना चाहिए और साथ ही वे एक चेतावनी भी दे डालते हैं। यह ज़रूरी है कि मुसलमान अपनी धार्मिक निषेधाज्ञाओं का पूरी तरह से पालन करें और उन्हें अपने धर्म का स्वरूप और उसकी मान मर्यादा बनाए रखनी चाहिए अन्यथा उनके लिए यह लाज़िमी हो जाएगा कि वे अपने धर्म की मान मर्यादा की रक्षा करें।[38] संक्षेप में मेल मिलाप और शांति बनाए रखना उस हद तक जायज़ है कि जिससे धर्म का स्वरूप और उसकी मान मर्यादा उनकी तसल्ली के मुताबिक बनी रह पाए।

यह है उलमा में नरमपंथी माने जाने वाले मुफ़्ती का एक नरमपंथी सूत्र।

मौलाना अहमद रज़ा खान, जैसी कि उनसे उम्मीद की जा सकती है, आदान-प्रदान की बात से संतुष्ट नहीं हैं। वे काफ़िरों की धार्मिक भावनाओं के लिए औपचारिक रूप से भी लिहाज़दारी दिखाना बर्दाश्त नहीं कर सकते। सक्रिय अलगाव और शत्रुतापूर्ण अवज्ञा—यही उनका मूल स्वर है।

फ़तवा-ए-रिज़विया में यह घोषित किया गया है कि जब कोई ऐसा जुलूस, जिसमें मूर्तियों को ले जाया जा रहा हो, उनके घर की तरफ़ आए या उसके पास से होकर गुज़रे, और वे लोग जुलूस वालों का धन्यवाद करने लगें, या वे जुलूसवालों को अपने माथे पर तिलक लगाने दें या अगर वे हिंदुओं के झूठे देवता की 'जय' बोलने में उनका साथ दें तो वे सब लोग, और वे भी जो ऐसे जुलूस में शामिल हुए हैं कुफ़्र के नज़दीक पहुँच चुके होते हैं। ख़ास तौर पर उन लोगों को जिन्होंने अपने माथे पर तिलक लगवाया था और उन लोगों को भी जिन्होंने हिंदुओं के साथ मिलकर जय बोली थी, इस फ़तवे में काफ़िर करार दिया गया है। उनकी बीवियों का उनसे निकाह टूट जाता है। जिन्होंने यह सब कुछ नहीं किया लेकिन जो जुलूस में शामिल हुए थे वे कुफ़्र के नज़दीक पहुँच चुके होते हैं।[39] फ़तवे में यह घोषित किया गया है कि काफ़िरों के पूजा स्थान शैतान का स्थान होते हैं। काफ़िरों की प्रार्थनाओं में शामिल होना या उनके पूजा स्थानों पर जाना कुफ़्र है। और कुफ़्र को महत्त्वहीन समझना भी कुफ़्र है। फ़तवे में आगे कहा गया है कि फ़ुकहा (धर्मशास्त्र के विद्वानों) द्वारा दशहरे में भाग लेने को कुफ़्र करार दिया गया है। इसमें आगे यह घोषित किया गया है कि मूर्तियों पर फूल चढ़ाना या शंख बजाना कुफ़्र है। काफ़िरों की 'जय' बोलना भी कुफ़्र है। दर-उल-मुख़्तार का हवाला देते हुए इसमें आगे यह

कहा गया है कि हिंदू का लिहाज़ करते हुए गौहत्या बंद करना हराम है। फ़तवे में यह चेतावनी भी दी गई है कि जो व्यक्ति ऐसा कुछ करता है जो हराम है वह नरक की यातना का भागी बनता है। और फ़िक्ह में जिसे कुफ्र माना गया है—उदाहरण के लिए ऊपर बताए गए काम करना : काफ़िरों के दशहरा जैसे उत्सवों में भाग लेना, मूर्तियों पर फूल चढ़ाना, शंख बजाना—ऐसा काम करने का अपराधी इस्लाम से बाहर हो जाता है। उसको इस्लाम दोबारा ग्रहण करना पड़ेगा और निकाह भी दोबारा कराना पड़ेगा।[41]

जिस जुलूस में रामायण जैसे ग्रंथों को सम्मानपूर्वक ले जाया जा रहा हो उस जुलूस में शामिल होना कुफ्र है और जो मुसलमान ऐसे जुलूस में शामिल होते हैं, वे कुफ्र के अपराधी होते हैं।[42] फ़तवे में आगे यह घोषित किया गया है कि गौहत्या को जारी रखना और हिंदुओं की सभा में शामिल होने की वर्जना धर्म की आवश्यकताएँ हैं। जो गौहत्या को हराम और हिन्दुओं की सभा में शामिल होने को हलाल करार देता है वह अल्लाह और पैग़ंबर साहिब दोनों को बदनाम करता है। और कुरआन के हुक्म के मुताबिक उसका ठिकाना जहन्नुम में है। फ़तवा-ए-रिज़्विया का यह फ़रमान है कि ऐसे आदमी को कुफ्र का अपराधी घोषित करना लाज़िमी है।[43] ज़रा इस ओर ध्यान दीजिए, कि मौलाना अहमद रज़ा ख़ान हिंदुओं के धर्म से जुड़ी किसी सभा, जुलूस, या अनुष्ठान में भाग लेने की वर्जना से भी और आगे की बात पहले ही कह चुके हैं। उदाहरण के लिए उनके अनुसार किसी राजनीतिक आंदोलन के हिस्से के तौर पर आयोजित किसी बैठक में शामिल होना भी वर्जित है, और वे आगे ज़ोर देकर कहते हैं कि यह वर्जना इस्लाम की ज़रूरतों में से एक है।

एक छूट जो कि किफ़ायतुल्लाह और अहमद रज़ा ख़ान देते हैं वह यह है कि कोई मुसलमान व्यापार के लिए किसी काफ़िर के मेले में जा सकता है। लेकिन जैसा कि हमने देखा है, ऐसा करते समय भी उसे यह चेतावनी दी गई है कि वह वे सब एहतियात बरते, जिनका ऊपर उल्लेख किया गया है, कुफ्र और शिर्क का मुज़ाहिरा ऐसी प्रमुख बातें हैं, जिनका हमेशा ध्यान रखा जाना चाहिए। एक मुसलमान को इस बात से सतर्क रहना चाहिए कि इनके लिए उसके दिल में कोई जगह न बन पाए। जहाँ तक संभव हो उसे अपना काम धंधा उन जगहों से दूर कायम करना चाहिए जहाँ इन चीज़ों का मुजाहिरा हो रहा हो।[44]

जिस तरह से किसी मुसलमान को काफ़िरों के धर्म से जुड़े किसी समारोह, जुलूस या अनुष्ठान से दूर रहना चाहिए उसी तरह से उनके मज़हब से जुड़ी किसी चीज़—याद कीजिए दीवाली के बाद बाँटी गई मिठाइयों के मामले को—या किसी चिह्न—जैसे कि भयावह तिलक—के मामले में भी किसी मुसलमान को कोई सहयोग नहीं देना चाहिए।

अहले हदीस से पूछा जाता है, क्या हम कोई चंदा आदि देकर किसी हिंदू

के धार्मिक कार्यकलाप में उसकी मदद कर सकते हैं, जैसे कि मंदिर के निर्माण के लिए चंदा देकर? प्रश्नकर्ता कहता है, वे (हिंदू) चंदा माँगते हैं और यह ख़तरा है कि यदि हम कुछ न दें तो वे हमारे साथ दुर्व्यवहार कर सकते हैं! फ़तवा-ए-अहले हदीस का इस बारे में फ़रमान है—हिंदुओं के धार्मिक कार्यकलाप शिर्किया या कुफ़रिया होते हैं। इसलिए चंदा आदि देकर उनके धार्मिक कार्यकलापों में मदद करना जायज़ नहीं है। मंदिर निर्माण में मदद करना बुतपरस्ती या कुफ़्र का समर्थन करना है। इसलिए ऐसा करना सख़्त मना है। जहाँ तक इसके परिणाम स्वरूप उनके द्वारा उपद्रव खड़ा किए जाने का सवाल है, इस बारे याद रखो कि अल्लाह ने कुरआन में क्या कहा है...ईमान प्यारा होता है और तुम मोमिन मुकम्मिल हो; इसलिए इन खतरों की वजह से हिम्मत मत हारो।[45]

उस मुसलमान के बारे में क्या हुक्म है जिसने किसी मंदिर के निर्माण में तो कोई सहायता नहीं की, लेकिन एक हिंदू का मकान बनवाने में सहायता की है, जिसमें अन्य चीजों के साथ-साथ एक मंदिर भी है? मुफ़्ती किफ़ायतुल्लाह फ़रमाते हैं कि अगर व्यक्ति ने अपनी इच्छा से मदद की है—अर्थात् कोई मजबूरी न होने के बावजूद उसने ऐसा किया है—और जो कुछ वहाँ किया जाने वाला था, वह उसे पसंद था तो इस्लाम के प्रति उसकी प्रतिबद्धता संदिग्ध है। उसे दोबारा इस्लाम धर्म ग्रहण करना पड़ेगा। चाहे उसे किसी मजबूरी वश भी ऐसा मकान बनवाने में मदद करनी पड़ी, तो भी यद्यपि ऐसा करने से वह काफ़िर नहीं बन जाता, लेकिन वह पाप से मुक्त भी नहीं है। इसलिए उसे तौबा ज़रूर करनी चाहिए।[46]

एक ऊंट मर जाता है। एक ऐसा व्यक्ति जो उससे बहुत प्यार करता था, उसका बुत बनवा लेता है। लोग उस पर भेंट चढ़ाने लगते हैं, और ऊंट मियाँ मीलू के नाम से मशहूर हो जाता है। एक मुसलमान उस बुत को तोड़कर मैदान साफ़ कर देता है। इस मामले के बारे में किफ़ायतुल्लाह से पूछा जाता है, कि उलमा का क्या हुक्म है? मुफ़्ती साहब इसके जवाब में फैसला देते हैं, पूजा के लिए कोई मूर्ति बनाना या वहाँ भेंट चढ़ाना—शरीअत और इस्लामी आदेशों का साफ़ उल्लंघन करना है। ये काम शिर्क और बुतपरस्ती के हैं। यदि ऐसी जगह पर इस्लामी शासन होता, तो बुत बनवाने वाले और बुत बनाने वाले, दोनों को सज़ा मिलती और जिसने उस बुत को तोड़ा था, उसे इनाम दिया जाता।[47]

इस प्रकार काफ़िरों के बातिन ईमान (झूठी आस्था) से जुड़े किसी कार्यकलाप में किसी मुसलमान को कोई मदद नहीं करनी चाहिए और न ही उसमें भाग लेना चाहिए—परोक्ष रूप से भी नहीं। बल्कि उससे सायास दूर रहना चाहिए। इन बातों से किसी भी मुसलमान के दिल में घृणा पैदा होनी चाहिए, जैसे कि इन बातों से पैग़बंर साहिब के मन में पैदा हुआ करती थी। इतना ही नहीं; किसी मुसलमान को किसी भी ऐसी चीज़ का समर्थन नहीं करना चाहिए, जो काफ़िरों के बातिन ईमान

को सच्चे ईमान-इस्लाम के बराबर ला खड़ा करे, चाहे प्रतीकात्मक रूप से हो या यहाँ तक कि औपचारिक रूप से भी।

जबकि हमारे नेता और उच्चतम न्यायालय यही रट लगाए रहते हैं कि 'सब धर्म बराबर हैं'—जबकि वे इस वैदिक संदेश की याद दिलाते रहते हैं—'सत्य एक होता है, केवल मनीषी ही इसे अलग-अलग नाम से पुकारते हैं;' जबकि वे अशोक के इस शिलालेख की याद दिलाते रहते हैं, 'जो केवल अपने धर्म के प्रति श्रद्धा रखता है और उसके प्रति भक्ति होने के कारण और दूसरे धर्मों की तुला में उसे ऊँचा बताने के लिए किसी दूसरे के धर्म की निन्दा करता है, वह निश्चित रूप से अपने धर्म को हानि पहुँचाता है।'[48] उलमा इनके ठीक विपरीत मूल्यों की घोषणा करते हैं। और उलमा के प्रति न्याय बरतते हुए कहना होगा, कि यही सही इस्लामी मूल्य हैं। इस प्रकार हम देखते हैं कि मौलाना अहमद रज़ा ख़ान उन व्यक्तियों पर पहाड़ की तरह टूट पड़ते हैं जो ऐसे जुलूसों का समर्थन करते हैं जिनमें गीता और कुरआन जैसे ग्रंथों को बराबर सम्मान दिया जाता है। वे यह घोषणा करते हैं कि वह मुसलमान जो यह कहता है, 'हिंदुओं को वेदों के अनुसार जीवन व्यतीत करना चाहिए और मुसलमानों को कुरआन के अनुसार', काफ़िर है। वे फ़रमाते हैं, मंदिर शैतान का घर होता है, मुसलमान का उसमें जाना वर्जित है; कुरआन-ए-पाक के बारे में यह कहना, कि वह वेद की तरह है, कुफ्ऱ है। यह कहना कि हिंदुओं को वेदानुसार जीवन व्यतीत करना चाहिए, लोगों को यह कहने के बराबर है कि वे कुफ्ऱ का पालन करें और लोगों को कुफ्ऱ का पालन करने को कहना कुफ्ऱ है...[49]

एक प्रश्नकर्ता दारुल उलूम, देवबंद के उलमा को बताता है : एक आदमी एक ऐसी सभा में धर्मोपदेश देता है जिसमें ग़ैर मुस्लिम, जैसे कि हिंदू मौजूद हैं। यह आदमी कहता है हिंदुओं और मुसलमानों के बीच कोई फ़र्क नहीं है और हम अपने मूर्खतापूर्ण सिद्धांतों के कारण मतभेद पैदा करते हैं। वह कहता है बुतख़ाना और काबा दोनों पत्थर के बने हैं और शंख बजाने और अज़ान देने में कोई फ़र्क नहीं है। वह हिंदुओं के धर्मग्रंथों और कुरआन-ए-पाक की तुलना करते हुए कहता है, कि दोनों में एक समान बातें कही गई हैं। यहाँ मैं इतना कहना चाहूंगा, कि ये सब वही बातें हैं, जो कि हमारे नेताओं के भाषणों, हमारे धर्म निरपेक्षवादियों के लेखों और हमारे न्यायालयों के निर्णयों में धर्मनिरपेक्षता के गुणगान का मुख्य विषय होती हैं। प्रश्नकर्ता देवबंद के उलमा से पूछता है कि शरीअत में ऐसे व्यक्ति के बारे में क्या व्यवस्था है?

उलमा इन अभिव्यक्तियों को कुफ्ऱ करार देते हैं। उनका यह फरमान है, जिस व्यक्ति के ऐसे विश्वास हैं और जो ऐसे विश्वासों की शिक्षा देता है वह मुसलमान नहीं, काफ़िर है, एक धर्म त्यागी है। वे अपनी बात को और ज़ोरदार शब्दों में दोहराते हुए कहते हैं, ऐसा व्यक्ति पापात्मा है, बातें बनाने वाला विधर्मी है बल्कि वह काफ़िर

और धर्म त्यागी है। मुसलमानों को उसकी काफ़िराना बातों को सुनने की बजाए उससे दूर रहना चाहिए।[50]

इसके बावजूद जब कभी हमारे न्यायालय और नेता सर्वधर्म समभाव की बात कहते हैं, तो वे हिंदुओं को ही संबोधित करते हुए ऐसा कहते हैं और उन्हें इन आदर्शों को निभाने का उपदेश देते हैं। वे ऐसे उद्धरण उलमा को संबोधित करते हुए नहीं देते जो कि इन आदर्शों की कट्टरता से और खुलेआम निंदा करते हैं। वे निर्भीक होकर यह घोषणा करते हैं कि इस प्रकार के समभाव का समर्थन करना, चाहे वह दिखावे के लिए हो, चाहे बराएनाम, या ज़बानी-जमा-ख़र्च के लिए ही क्यों न हो, इस्लाम से नाता तोड़ना है।

'वेद और कुरआन सभी पवित्र ग्रंथ हैं,' यह कहना तो दूर 'हिंदुओं को वेदों के अनुसार जीवन व्यतीत करना चाहिए और मुसलमानों को कुरआन के अनुसार', यह कहना तो दूर, उस जुलूस में भाग लेना तो दूर, जहाँ गीता और रामायण जैसे ग्रंथों को भी कुरआन की तरह समान आदर के साथ ले जाया जाता है, अर्थात् ऐसी बात करना या ऐसा काम करना तो दूर जो इस्लाम और दूसरे धर्मों को बराबरी का दर्जा देता हो, या जो पैग़ंबर साहिब और दूसरे पैग़ंबरों (हालाँकि उन्हें भी कुरआन में पैग़ंबर ही कहा गया है, जिन्हें अल्लाह ने पैग़ंबर साहिब से पहले भेजा था) को बराबरी का दर्जा देता हो, या जो कुरआन और अन्य पवित्र ग्रंथों को बराबरी का दर्जा देता हो, ऐसा काम करना या ऐसी बात कहना तो दूर जिसका इस प्रकार का आशय हो, जो मुसलमान कोई ऐसी बात भी कहता है जो एक आम मुसलमान—चाहे वह खुद भी क्यों न हों—और काफ़िर के बीच का फ़र्क मिटा देती है, वह कुफ़्र का अपराधी होता है, और इस प्रकार उसका इस्लाम से नाता टूट जाता है। यदि वह इस आशय के शब्द गुस्से या मज़ाक में भी कहता है तो भी वह इस्लाम से बाहर हो जाता है।

उलमा का यह फ़रमान है कि जो मुसलमान यह कहता है, "ठीक है, ठीक है मेरे लिए जहन्नम ही सही," जिस मुसलमान की कमर पर रस्सी बँधी है और वह पूछने पर यह कहता या कहती है, "यह ज़न्नार (यज्ञोपवीत) है," जो मुसलमान यह कहता है, "ठीक है, मेरा भी वही अंत होगा जो हिंदुओं का होगा"—इनमें से प्रत्येक व्यक्ति कुफ़्र का अपराधी है और वह इस्लाम से बाहर हो जाता है।

पिछले अध्याय में हमने देखा कि किस प्रकार उलमा इस बात पर ज़ोर देते हैं कि मुसलमानों को ऐसे ढंग से पोशाक पहननी चाहिए और सामन्यतः चीज़ों को ऐसे ढंग से करना चाहिए जो काफ़िरों के अंदाज़ से उलट हो। हमने यह भी देखा कि वे किस तरह से इस बारे में आग्रह करते हैं कि मुसलमानों को कुछ ख़ास चीज़ें—चाहे वे कितनी भी मामूली क्यों न हों—हरगिज़ नहीं करनी चाहिए—जैसे कि टायल पेपर का इस्तेमाल करना या खड़े हो कर पेशाब करना; इसलिए क्योंकि ईसाई और दूसरे

काफ़िर वही कुछ या वैसे ढंग से करते हैं। शुद्ध रूप से धार्मिक अनुष्ठानों से जुड़े मामलों में भी ऐसे नियमों के समानांतर नियम हैं।

किफ़ायतुल्लाह फरमाते हैं अज़ान के बाद घड़ियाल या घंटी बजा कर लोगों को नमाज़ के समय के बारे में सूचित करना बिदअत है। उसकी बजाए अलार्म घड़ी रखी जा सकती है। वे आगे फ़रमाते हैं ईद के बाद एक दूसरे का अभिवादन करना या हाथ मिलाना बिदअत है और अवांछनीय है। जानते हैं, ऐसा करना क्यों अवांछनीय है? क्योंकि यह कुछ वैसा है जैसा कि होली के दिन हिंदुओं का एक दूसरे को गले लगाना।

शारीरिक रूप से भी घृणास्पद

इस प्रकार धर्म से जुड़े मामलों में आदर्श वाक्य हैं : विजय प्राप्त करो दमन करो, धर्म परिवर्तन कराओ, घृणा करो और (काफ़िरों से) दूर रहो। सैद्धांतिक रूप से दिन प्रतिदिन के मामलों में मानदंड ज़्यादा अलग नहीं हो सकते, क्योंकि उलमा हमेशा मोमिन को याद दिलाते रहते हैं कि इस्लाम धार्मिक मामला और दिन प्रतिदिन के जीवन के मामलों में कोई फ़र्क नहीं करता। जहाँ तक व्यवहार का संबंध है क्योंकि मुसलमानों को ऐसे बहुसंख्यक लोगों के बीच रहना पड़ता है, जो ग़ैर मुस्लिम हैं, इसलिए उलमा को कुछ रियायतें बरतनी पड़ी हैं। यहाँ के आदर्श वाक्य हैं : जब तक एकदम ज़रूरी न हो काफ़िरों से बचकर रहो। जब बचना एकदम असंभव हो जाए, तो जो कुछ भी करना है वह कम-से-कम करो। यह स्थिति भी कुछ ज़्यादा बहतर नहीं है, फिर भी कुछ फ़र्क तो है। लेकिन जैसा कि हम देखेंगे, कि जो रियायतें दी गई हैं, और कितनी कंजूसी से दी गई हैं, वे भी अंततः इस प्रमुख नियम की पुष्टि करती हैं–कि मुसलमान को काफ़िरों से खुद को दूर रखना चाहिए।

जैसा कि हम जानते हैं, कुरआन ने काफ़िरों को नापाक घोषित किया है। इसलिए उसने मोमिनों को यह चेतावनी दी है कि वे उनसे दोस्ती न रखें और उनमें से किसी को अपना हमराज़ न बनाएँ। अल्लाह के इस फ़ैसले और इस हुक्म की आगे व्याख्या की गई है और बार-बार इस बात को फ़तवों में दोहराया गया है और उसे पूरे जोश के साथ लागू किया गया है।

काफ़िरों को ग़लीज़ और ग़ैर-भरोसे लायक बताया गया है। अधिकतर उलमा शुरुआत इस बात से करते हैं कि कुरआन में जो काफ़िरों को अपवित्र बताया गया उनकी उस अपवित्रता का संबंध उनकी आस्थाओं से है न कि उनके शरीर से। इसलिए उदाहरण के तौर पर उनके द्वारा तैयार किए गए या छुए गए भोजन के बारे में उलमा का यह फ़रमान है, कि जब तक कि भोजन पर किसी प्रकार की अशुद्धता प्रकट रूप में दिखाई न दे, सामान्यतः मुसलमान को वह भोजन स्वीकार

कर लेना चाहिए (गोश्त को छोड़कर जिसके बारे में हम जल्द ही आगे चलकर ज़िक्र करेंगे)। लेकिन यों कहिए, कि यह स्थिति केवल सिद्धांत रूप में ही है। यह कुछ कहने के बाद फ़तवा-ए-रिज़विया में आगे टिप्पणी की गई है, "लेकिन इसमें कोई शक नहीं कि हिंदू, बल्कि सामान्यतः सभी काफ़िर गंदे और नापाक रहते हैं। दरअसल बहुत सी चीज़ें जो कि नापाक होती हैं, वे उनकी निगाहों में पाक होती हैं। वास्तव में हिंदुओं की निगाह में कुछ गंदी और नापाक चीजें वे होती हैं जो पाक बनाती हैं।" फ़तवे में आगे घोषित किया गया है, "इसलिए जब तक किसी को कोई मुश्किल दरपेश न हो, उनसे (काफ़िरों से) खुद को बचा कर रखना सबसे बेहतर है...पाकीज़गी इसमें है कि आदमी ख़ुद को बचा कर रखे... ।" हिंदुओं को इस फ़तवे में ऐसे लोगों के रूप में चित्रित किया गया है जो कढ़ाइयों में मिठाइयाँ तैयार करते हैं। इन कढ़ाइयों को कुत्ते पूरी शाम चाटते रहते हैं जिन्हें वे हिन्दू अगली सुबह गंदे पानी से धोते हैं और फिर उन्हें अंगोछे से पोंछते हैं, जिसे उन्होंने साल भर से ओढ़ रखा होता है, और जिसमें किसी भी क्षण छटांक भर पेशाब तो समाया ही होता है...। इसमें आगे यह घोषित किया गया है कि सभी हिंदू पूरी तरह से ग़लीज़ बने रहते हैं। उनके द्वारा इस्तेमाल किया गया पानी और बरतन बेहद घिनौने होते हैं। इसलिए यह ज़रूरी है कि आदमी ख़ुद को उनसे बचाकर रखे। फ़तवा-ए-रिज़विया में आगे यह सवाल किया गया है कि जिन लोगों में गोबर को शुद्धिकारक माना जाता हो उन्हें पवित्रता से क्या लेना देना। इसलिए उन लोगों के साथ, जो ख़ुद को पवित्र नहीं रख पाते, खाने पीने से खुद को दूर रखना बहतर है।[54]

दूसरे काफ़िर भी, जैसे ईसाई, कुछ बहतर नहीं हैं। फ़तवा-ए-रिज़विया में बताया गया है—माहवारी के खून को छोड़कर कोई भी चीज़—जैसे शराब, पेशाब, पाख़ाना आदि ईसाई धर्म में वस्तुतः अपवित्र नहीं मानी जाती। इस फ़तवे के अनुसार ईसाई, ऐसी चीज़ों से ख़ुद को बचाकर रखने को हास्यास्पद समझते हैं और अपनी साख़्तः (बनाई हुइ) तहज़ीब—जो कि इस्लाम के बरअक्स है, जो अल्लाह की दी हुई है—के ख़िलाफ़ मानते हैं। इसलिए उनकी स्थिति तो ज़ाहिराना तौर पर गंदगी से भरपूर है...। फ़तवे में आगे कहा गया है, मुसलमान लोग अपने विवेक से जानते हैं कि पेशाब, पाख़ाना और ख़ून का स्पर्श करना अवांछनीय है, लेकिन ईसाई इस मामले को लेकर उन पर हँसते हैं। इसलिए शरीअत के मुताबिक किसी ऐसी गीली (जो सूखी न हो) चीज़ का इस्तेमाल करना पूरी तरह से घृणास्पद और अवांछनीय है जो कि उनके द्वारा छुई गई हो—जैसे कि ऐसा पान, जो कि पूरी तरह से मुसलमान द्वारा तैयार तो किया गया हो, लेकिन जो किसी ईसाई के हाथ से होकर गुज़रा हो। फ़तवे में आगे स्पष्ट किया गया है कि सफ़ाई के अलावा एक और बात भी है जिसकी वजह से ईसाइयों द्वारा छुई गई सूखी और ग़ैर सूखी दोनों प्रकार की वस्तुएँ घृणास्पद हो जाती हैं। शरीअत के मुताबिक जैसे ख़ुद को पाप से बचाना एक कर्तव्य है, उसी

प्रकार ख़ुद को लांछनों से बचाना भी एक कर्तव्य है। उसी प्रकार बिना किसी कारण के ख़ुद को तानों का निशाना बनने देना शरीअत में नाजायज़ करार दिया गया है। इसके अलावा मुसलमानों को किन्हीं ऐसी चीज़ों में खुद को उलझाने से भी मना किया गया है जो उनके लिए बदनामी और मुसीबत का बायस बन जाएँ। उनके लिए उतना ही बुरा है खुद के ख़िलाफ़ दूसरों के मन में नफ़रत पैदा कर लेना। अब आप पान जैसी चीज़ों को ही लीजिए जो कि ईसाइयों के हाथ से गुज़रे हैं। यदि कोई ऐसे पान को या उनके हाथ की छूई हुई मिठाई को स्वीकार कर लेता है तो उससे दूसरे मुसलमान उससे नफ़रत करने लगेंगे, उसे बदनाम करने लगेंगे। इससे मुसीबत खड़ी हो जाती है और मनमुटाव पैदा हो जाते हैं। इसलिए कोई भी मुसलमान ऐसा कुछ करने पर हर तरह से खुद को ऐसी चीज़ों में उलझा लेता है, जिनसे उसे शरीअत के हुक्म के अनुसार ख़ुद को बचाकर रखना चाहिए।[55]

मुफ़्ती किफ़ायतुल्लाह यह भी कहते हैं, जब कुरआन काफ़िरों के नापाक होने की बात करता है तो वह उनकी आस्थाओं के नापाक होने की बात करता है न कि उनके जिस्मों के नापाक होने की। आदमी का जिस्म अपने आप में पाक होता है। अलबत्ता कोई भी जिस्म उस हद तक नापाक होता है जिस हद तक कोई नापाकी उसके जिस्म पर प्रकट होती है—कोई गंदगी कोई घाव आदि। इसलिए मुफ़्ती साहब फ़रमाते हैं कि मुसलमानों को किसी ऐसे कूएँ का पानी इस्तेमाल करने की इजाज़त है, जिसे हिंदू इस्तेमाल करते हों। कोई मुसलमान दूसरे व्यक्ति की थाली में से खाना भी खा सकता है, बशर्ते कि उस व्यक्ति ने पहले हाथ आदि साफ़ कर लिए हों, फिर चाहे वह चमार या भंगी भी क्यों न हो। मुफ़्ती साहब आगे फरमाते हैं, तब्लीग़ (प्रचार) की दृष्टि से जो लोग अछूतों द्वारा परोसा गया भोजन खाते हैं वे सराहना के योग्य हैं।[56]

सामान्य सिद्धांत निर्धारित कर देने के बाद वे कहते हैं, अब सवाल यह पैदा होता है कि कोई मुसलमान ग़ैर-मुसलमान के साथ भोजन क्यों करता है? मुफ़्ती साहब इसके बारे में फ़रमाते हैं, अगर कोई ऐसी ज़रूरत पड़ गई है, जिसकी वजह से ग़ैर मुसलमान के साथ भोजन करना पड़ गया है, तो ऐसे व्यक्ति पर कोई इलज़ाम नहीं लगेगा। लेकिन अगर कोई ज़रूरत न रही हो, तो उस हालात में ग़ैर मुसलमानों के साथ खाने-पीने का इलज़ाम तो लगेगा, लेकिन ऐसा कुछ खाने का इलज़ाम नहीं लगेगा जो नापाक या निषिद्ध हो।[57] एक ग़ैर-मुसलमान की दृष्टि से यह बात थोड़ी सी दिलासा देने वाली है।

फ़तवा-ए-रिज़विया की स्थिति भी इस मामले में लगभग यही है। प्रश्नकर्ता पूछता है, किसी काफ़िर के साथ भोजन करने की इजाज़त है या नहीं? इसके जवाब में फ़तवे में घोषणा की गई है, "कभी कभी तो भोजन किया जा सकता है, लेकिन इसे आदत बना लेना घृणास्पद है।" इसकी पुष्टि में फ़तवे में नफ़ा-अल-मुफ़्ती वल

साइल से यह उद्धरण दिया गया है, "उसे (काफ़िर को) खुश करने के लिए (याद कीजिए मुफ़्ती किफ़ायतुल्लाह का यह कथन कि तब्लीग़ की दृष्टि से जो लोग अछूतों द्वारा परोसा गया भोजन खाते हैं, वे सराहना के योग्य हैं) उसके साथ एक दो बार भोजन करना तो जायज़ है, लेकिन हमेशा ऐसा करना घृणास्पद है। पैग़ंबर-ए-पाक ने भी एक बार एक काफ़िर के साथ भोजन किया था।"[58]

अलबत्ता जहाँ तक मांस का सवाल है, उसके मामले में बात बिल्कुल अलग है। सभी मज़हबी हाकिम इस बात पर ज़ोर देते हैं और बार-बार यह कहते हैं कि किसी भी मुसलमान को केवल उसी पशु का मांस ख़रीदना या ख़ाना चाहिए जिसका वध किसी मुसलमान द्वारा किया गया हो, या वह मांस ख़रीदना या खाना चाहिए जो पशु का वध किए जाने के समय से लेकर खरीदने के समय तक किसी मुसलमान की निगाह में रहा हो।[59]

इस प्रकार सामान्य सिद्धांत यह है : किसी ग़ैर-मुसलमान का जिस्म पाक होता है। इसलिए उसके साथ या उसके द्वारा छुआ गया या तैयार किया गया भोजन खाने की अनुमति है। लेकिन आदमी को ऐसा कभी कभार ही करना चाहिए और वह भी जब कोई ख़ास ज़रूरत आ पड़े। इसे कभी भी आदत नहीं बनाया जाना चाहिए।

इस चेतावनी के तीन कारण हैं। पहला, यद्यपि अल्लाह ने मूलभूत रूप से उनके (काफ़िरों के) शरीर को पाक बनाया है, फिर भी वे सफ़ाई के नियमों का पालन नहीं करते। वे गंदगी में धँसे रहते हैं। दूसरा, उनके साथ भोजन करने में आदमी ख़ुद पर उनका साथी होने का इलज़ाम ले लेगा। और तीसरा है वह सामान्य ख़तरा जिस पर काफ़िरों के संदर्भ में बार-बार जोर दिया जाता है—कि उनका सहचर होने से आदमी की आत्मा और मन में विकार पैदा हो जाते हैं।

मौलाना अहमद रज़ा ख़ान एक विद्वान लेखक द्वारा दिए गए इसके विपरीत तर्क की समीक्षा करते हुए कहते हैं—पैग़ंबर साहिब के कथन और उलमा के फ़रमानों के अनुसार काफ़िरों द्वारा तैयार किए गए भोजन को खाने की अनुमति है बशर्ते कि प्रकट रूप से भोजन में कोई नापाकी या प्रदूषण दिखाई न दे रहा हो। लेकिन मिसाल के तौर पर हिंदुओं से संबंधित जिस तरह के उदाहरण दिए गए हैं, वही मोमिन के मन में इतनी घृणा पैदा कर देंगे, कि वह ख़ुद ब ख़ुद ऐसा भोजन खाने से बाज़ आ जाएगा। और मौलाना साहब कहते हैं, कि उलमा का सिर्फ़ इतना कहना है कि काफ़िरों द्वारा तैयार किए गए भोजन को खाने की अनुमति है। लेकिन उनके फ़रमान का पालन करना अनिवार्य नहीं है। किसी अपवित्र वस्तु की पवित्रता के बारे में निर्णय लेने के लिए आदमी अपनी सहज बुद्धि का इस्तेमाल कर सकता है। अगर किसी धार्मिक प्रमुख द्वारा किसी चीज़ को पवित्र घोषित किया गया है, तो आदमी इस बात के लिए स्वतंत्र है कि वह उसे स्वीकार करे या न करे।

जिस विद्वान के तर्क की मौलाना साहब ने समीक्षा की है, उन्होंने जहाँ अपना

यह तर्क प्रस्तुत किया कि मुसलमानों को काफ़िरों द्वारा छुई गई या तैयार की गई चीज़ों को खाने की अनुमति है, बशर्ते कि नापाकी प्रकट रूप से दिखाई न दे रही हो, वहाँ साथ ही उन्होंने अलग-अलग किस्म की उन सात स्थितियों का भी उल्लेख किया है जिनमें पैग़ंबर साहिब और उलमा ने ऐसी चीज़ों को अनुमत्य करार दिया है। लेकिन काफ़िरों की जो तस्वीर उक्त विद्वान लेखक और मौलाना अहमद रज़ा ख़ान ने उन स्थितियों की चर्चा करते हुए पेश की है, मौजूदा संदर्भ में वह अपने आप में महत्त्वपूर्ण है।

मौलाना साहब बताते हैं, कि पहला उदाहरण कूएँ का है। काफ़िर, अनजान और मूर्ख बच्चे, जिन्हें पवित्रता की कोई समझ नहीं होती और लापरवाह नापाक औरतें—अर्थात् वे औरतें जिनको माहवारी आ रही होती है—और सब किस्म के लोग कूएँ से पानी लेते हैं। फिर भी, जब तक नापाकी ज़ाहिराना या तर्क अनुमानित न हो तब तक पानी को वुज़ू और पीने के लिए पाक माना जाता है।

दूसरा, तीसरा और चौथा उदाहरण उन स्थितियों से संबंध रखता है जबकि कोई जूता किसी कूएँ या तालाब में गिर जाए, या जब बच्चे अपने किसी अंग को पानी में डाल दें, या जब साबुन आदि बनाने के लिए किसी बरतन में रखे हुए तेल को चूहे, कीड़े-मकोड़े, छोटे-छोटे पशु या रेंगने वाले जंतु पी जाएँ या उनमें गिर जाएँ। भले ही जूते में गंदगी लगी हो और भले ही चूहे आदि भी गंदे क्यों न हों, लेकिन उलमा का यह फैसला है कि जब तक गंदगी साफ़ दिखाई न दे, सामान्यतः तेल और पानी साफ़ बने रहते हैं।

पाँचवें, छठे और सातवें मामले का सीधा संबंध काफ़िरों से है। एक मामला हिंदुओं और दूसरा काफ़िरों द्वारा तैयार किए गए भोजन और मिठाइयों का है। हमें यह बताया जाता है कि ये लोग न केवल इन चीजों को बनाने में लापरवाही बरतते हैं बल्कि ख़ुद भी गंदे, मैले और प्रदूषित होते हैं। ये लोग जो भी चीज़ बनाते हैं, उसमें गोबर आदि जैसी नापाक चीज़ की मिलावट होने का अंदेशा होता है। मौलाना साहब फ़रमाते हैं—हमें यह मालूम है कि गौओं और बैलों का गोबर और बछड़ियों का पेशाब उनके लिए शुद्ध और पवित्र होता है। इस पेशाब और गोबर से बढ़कर उनके लिए और कुछ भी अधिक पावन और शुद्ध नहीं होता। उलमा इन चीज़ों को खाना या पीना निषिद्ध करार देते हैं। फिर भी वे हमें मिठाइयाँ और भोजन खाने की इजाज़त देते हैं—अगर ये चीजे हिंदुओं द्वारा तैयार की गई हों तो भी कोई बात नहीं।

छठे मामले में, मौलाना साहब सारांश रूप में फ़रमाते हैं, ऐसा देखने में आया है कि बदतरीन काफ़िरों और मुशरिकों के भांडे-बरतन गंदे होते हैं। हम यह अच्छी तरह से जानते हैं ये बरतन गंदगी से मुक्त नहीं होते। वे अपने बरतनों से शराब पीते हैं और सूअर का मांस और अन्य वर्जित मांस खाते हैं। फिर भी इस्लामी शरीअत

यह कहती है कि उनके बरतन निषिद्ध नहीं हैं। जब तक उन पर गंदगी साफ़ दिखाई नहीं देती, तब तक वे पवित्र बने रहते हैं। यहाँ तक कि पैग़ंबर साहिब ने उनके इस्तेमाल की इजाज़त दी थी। जंग में ज़ब्त किए काफ़िरों के बरतन मुसलमानों द्वारा पैग़ंबर साहिब के सामने प्रायः इस्तेमाल किए जाते थे और उन्होंने उन्हें कभी उन बरतनों को इस्तेमाल करने से नहीं रोका।

अंतिम मामला उन व्यक्तियों से संबंधित है जो दुगने घृणास्पद होते हैं : वे काफ़िर जो पियक्कड़ होते हैं। वे कभी पाक नहीं होते। उनके कपड़े, ख़ास तौर पर उनकी पैंटें सब प्रकार की गंदगी और मैल से सनी होती हैं। उन्हें इस्तिंजा के बारे में कुछ भी मालूम नहीं होता। उनके कपड़े शराब और पेशाब से गीले होते हैं। फिर भी उलमा का यह मानना है कि अपने आप में ये कपड़े पाक होते हैं। मौलाना टिप्पणी रूप में कहते हैं, मुसलमान इन कपड़ों को धोए बग़ैर पहन लेते हैं और उनमें नमाज़ भी पढ़ते चले जाते हैं। जब तक गंदगी साफ़ ज़ाहिर न हो इस्लामी शरीअत की निगाहों में ऐसा करना बुरा नहीं है। पैग़ंबर साहिब के दिनों से यह मान लिया गया है कि जंग में ज़ब्त किए गए कपड़ों में नमाज़ पढ़ना अनुमत्य है। विद्वान लेखक महोदय आगे कहते हैं मुसलमान पहले से ऐसा करते चले आए हैं और उन्हें इन कपड़ों के पाक और साफ़ होने के बारे में कोई शक या शुब्हा नहीं हुआ।

संक्षेप में, लेखक महोदय फ़रमाते हैं, कि शक या सुबहा के आधार पर नापाकी के बारे में कोई फैसला देना सही नहीं होता। यदि गौएँ, बकरियाँ और दूसरे जानवर कूएँ में गिर जाएँ और ज़िन्दा बाहर निकल आएँ तो कूएँ की सफ़ाई और शुद्धता पर कोई असर नहीं पड़ता। माना कि इन जानवरों की टाँगें, जाँघें, पेशाब और गोबर से गंदी हुई होती हैं। फिर भी उलमा का यह मानना है कि जिस पानी में से वे होकर निकले होंगे उसकी मात्रा और बहाव को ध्यान में रखते हुए यह संभव है कि उनके जिस्म पर की गंदगी धुल गई हो। ऐसी परिस्थिति में कूएँ का पानी साफ़ और इस्तेमाल करने लायक माना जाएगा।

हिंदुओं और दूसरे काफ़िरों को जितना नीचा दिखाया गया है, उनकी जो तस्वीर पेश की गई है, उनकी जिस तरह से पशुओं और कीड़ों से बराबरी की गई है, यदि किसी और ग्रंथ में मुसलमानों को उस तरह से पेश किया जाता तो सब तरफ़ से भर्त्सना की चीख़-ओ-पुकार सुनाई देती। धर्म निरपेक्षवादियों से भी और मुसलमानों से भी।

यह तो हुई एक बात। दूसरी बात मौलाना द्वारा पेश किए गए तर्कों के सारांश और उनसे निकाले गए निष्कर्षों से सामने आती है। वे कहना यह चाहते हैं, कि उलमा ने केवल इतना किया है कि उन्होंने यह इज़ाज़त दे दी है कि कोई मुसलमान चाहे तो वह ये चीज़ें खा या पी सकता है। लेकिन उलमा के निर्णय का पालन करना अनिवार्य नहीं है। यह तय करने के लिए कि जिस चीज़ को खाने या पीने की इजाज़त

दी गई है वह पाक है या नहीं, आदमी अपनी सहज बुद्धि का इस्तेमाल कर सकता है। यह व्यक्तिविशेष पर निर्भर करता है कि जो चीज़ धार्मिक व्यक्ति द्वारा पाक घोषित की गई है उसे वह स्वीकार करे या न करे। इस मामले में कसौटी यह है कि किसी चीज़ के प्रति किसी व्यक्ति की अपनी मनोवैज्ञानिक प्रतिक्रिया कैसी है। यदि किसी चीज़ के नापाक होने की आशंका किसी के मन को ज़ोर से आक्रांत कर देती है तो इस ख़याल को पूरी तरह से नज़र-अंदाज नहीं कर दिया जाना चाहिए। यदि कोई व्यक्ति किसी चीज़ के पाक होने के बारे में मानसिक रूप से संतुष्ट न हो, तो उस चीज़ को नापाक मान लिया जाना चाहिए।[60]

इन दोनों चीज़ों को एक साथ मिलाकर केवल एक नतीजे पर पहुँचा जा सकता है : एक तरफ़ हिंदुओं आदि की यह तस्वीर पेश की गई है कि वे गंदगी में धँसे रहते हैं; और दूसरी तरफ़ किसी चीज़ के प्रति व्यक्ति की मनोवैज्ञानिक या मानसिक प्रतिक्रियाओं पर बल दिया गया है। दोनों को मिलाकर केवल एक ही अर्थ निकलता है कि यद्यपि सिद्धांत रूप में काफ़िरों का जिस्म पाक होता है लेकिन व्यवहार में सबसे अच्छी बात यह होगी कि व्यक्ति उनके द्वारा तैयार की गई या छुई गई वस्तुओं से ख़ुद को बचा कर रखे।

इसके बरअक्स किसी मुसलमान को ऐसे व्यक्ति के रूप में पेश नहीं किया गया जो हमेशा पाक रहता है, बल्कि उसे इसलिए पाक मान लिया गया है क्योंकि वह मुसलमान है। जब वह ज़िंदा होता है तो उसे पाक करार दिया जाता है और जब वह मर जाता है, तो उसकी लाश को पाक करार दिया जाता है। उलमा इस संबंध में पैग़ंबर साहिब की हदीस और उनके रफ़ीकों की उक्तियों को उद्धृत करते हैं। साहिब-अल-बुख़ारी में जब नापाकी की अवस्था में किसी व्यक्ति के पसीने के बारे में चर्चा छिड़ती है, तो यह घोषणा की जाती है कि मुसलमान हमेशा पाक होता है। साहिब-अल-बुख़ारी में ही बयान की गई एक और घटना में अबू हुटैरा कहते हैं, जब वे एक बार नापाक हालत में थे, तो उनका पैग़ंबर साहिब से अचानक सामना हो गया। वे (अबू हुटैरा) वहाँ से खिसक गए, स्नान किया और पैग़ंबर साहिब के दरबार में हाज़िर हो गए। पैग़ंबर साहिब ने उनसे पूछा, "अबू हुटैरा तुम कहाँ चले गए थे?" अबू हुटैरा ने उनको बताया कि वे नापाक हालत में थे। उन्होंने सोचा कि उस हालत में पैग़ंबर साहिब से मिलना घृणास्पद था। इसलिए वे नहाने चले गए थे। इस पर पैग़ंबर साहिब ने टिप्पणी की, "सुभान अल्लाह एक मुसलमान कभी ग़लीज़ नहीं होता।" पैग़ंबर साहिब के रफ़ीकों से जुड़ी इस आशय की घटनाएँ एक ऐसी सभा के प्रसंग में बयान की गई हैं जो कि एक मुसलमान की मृत्यु हो जाने पर एक लाश के आस-पास एकत्रित हुई थी। यह घटना उस व्यक्ति के बारे में है जो लाश को नहलाता है। इन व्यक्तियों को नहाने की ज़रूरत नहीं है, जबकि अली को पैग़ंबर साहिब द्वारा उस समय नहाने का आदेश दिया गया था जब वे

अपने पिता अबू तालिब को दफ़नाने के बाद लौटे थे। अली को नहाने का इसलिए हुक्म दिया गया था, क्योंकि अबू तालिब जीवनभर और मरते समय भी काफ़िर ही रहे।

जीवित मुसलमान के शरीर को पवित्र घोषित किए जाने के बाद एक ऐसे मुसलमान की लाश को भी, जो कि मर चुका है, पवित्रता के दायरे में ला दिया जाता है, हालाँकि ऐसा बताया जाता है कि कुछ बाद को न्यायशास्त्री—जिनमें अबू हनीफ़ा और मलिक शामिल हैं—इस पर आपत्ति करते हैं और मुसलमान की लाश को अपवित्र मानते हैं। कई विशेषज्ञों को इस आशय से उद्धृत किया जाता है कि किसी मुसलमान की लाश से उतारे गए बाल या अलग किए गए कोई और अंग भी पवित्र बने रहते हैं।[61]

वे भरोसे लायक नहीं हैं

फ़तवों में बार-बार यह घोषित किया गया है कि जिस तरह से काफ़िर मूलभूत रूप से जन्मजात गंदे होते हैं उसी प्रकार वे मूलभूत रूप से जन्मजात नाकाबिल-ए-एतबार भी होते हैं और वे कभी भी भरोसे लायक नहीं हो सकते। काफ़िर की जो परिभाषा दी गई है, उसके अनुसार वे एक मात्र सच्चे ईमान-इस्लाम के सिद्धांतों और मानदंडों का पालन नहीं करते। एक काफ़िर इन सिद्धांतों और मानदंडों को जानता हो—ऐसी संभावना ही नहीं है। इसलिए उसका मार्गदर्शन, उसकी सहायता और उसका फ़ैसला प्रवंचनापूर्ण हो सकता है। उस पर उसके अज्ञान का रंग चढ़ा हो सकता है। वह एक ऐसा फ़ैसला दे सकता है जिसमें किसी मुसलमान से 'क' कार्य करने को कहा गया हो और उसको यह मालूम भी न हो कि 'क' कार्य करना हराम है। उसके फ़ैसले पर विश्वासघात का भी रंग चढ़ा हो सकता है : क्योंकि जैसी कि स्वयं अल्लाह ने चेतावनी दी है, काफ़िर हमेशा इस ताक में रहते हैं कि वे मोमिन को भुलावे में डालकर उससे ऐसे काम कराएँ जिनसे वह कुफ़्र का भागी बन जाए।

यह बात पूरी तरह से समझ में आती है कि इन्हीं कारणों से किसी भी काफ़िर से धार्मिक उत्सव का इंतज़ाम करने को नहीं कहा जा सकता। दूसरे धर्म भी उसे अपने उत्सव की व्यवस्था सौंपने का समर्थन नहीं करेंगे। लेकिन क्योंकि इस्लाम का लक्ष्य पूरे जीवन को नियंत्रित करना है इसलिए, जैसा कि हमने देखा उसमें सांसारिक कामकाज भी धार्मिक कार्यकलाप बन जाते हैं। इसलिए यदि सांसारिक कामकाज में भी निर्णय लेने या मार्गदर्शन करने की ज़िम्मेदारी किसी काफ़िर को सौंप दी जाए तो उससे मोमिन के लिए यह ख़तरा पैदा हो जाता है कि वह जाने या अनजाने कुछ ऐसे काम कर बैठे जिससे इस्लामी शरीअत का उल्लंघन हो जाए और इस प्रकार वह पाप का भागी बन जाए।

उदाहरण के लिए बहुत से लोग ऐसा मानते हैं कि शराब पीना या न पीना एक 'धर्मनिरपेक्ष' निर्णय है क्योंकि इसका धर्म से कोई संबंध नहीं है। लेकिन ज़ाहिर है कि एक मुसलमान के लिए यह धर्मनिरपेक्ष निर्णय नहीं है। उसके लिए और ख़ास तौर पर उलमा के लिए यह एक धार्मिक मामला है। तो फिर ऐलोपैथिक दवाइयों के मामले में क्या किया जाए? फ़तवों में यह कहा गया है कि अधिकतर ऐलोपैथिक दवाइयों में शराब मिला होता है। इसलिए उन दवाइयों का सेवन करने का मतलब है शराब का सेवन करना जो कि गंभीर पाप है। इसलिए जब तक बहुत ज़्यादा ज़रूरी न हो अर्थात्-ऐलोपैथिक दवाइयाँ लेने के सिवा कोई और चारा ही न हो, तभी ऐसी दवाइयाँ ली जानी चाहिए। चाहे किसी ख़ास काफ़िर डाक्टर के बारे में यह मान भी लिया जाए कि वह सामान्य नियम का एक अपवाद है और व्यक्तिगत रूप से वह मन का इतना बुरा नहीं है कि वह अपने मुसलमान मरीज़ों को पाप का भागी बनाना चाहे, तो भी उसके मन में यह ख़याल नहीं आ सकता कि शराब का मामला इतना ज़्यादा महत्त्वपूर्ण है। इसलिए ऐसा हो सकता है कि वह ऐसी दवाइयाँ दे दे जिनका आधार शराब होता है, या जिनमें शराब इस्तेमाल होता है, हालाँकि ऐसी दवाइयाँ देना बेहद ज़रूरी न भी हो। मुफ़्ती किफ़ायतुल्लाह फ़रमाते हैं कि ऐसी स्थिति में यदि कोई मुस्लिम डाक्टर यह कहता है कि मरीज़ को तभी बचाया जा सकता है जब वह शराब पीए, तो फिर वह शराब पी सकता है, लेकिन किसी ग़ैर-मुस्लिम डाक्टर के कहने पर नहीं।[62] उसी आधार पर, उदाहरण के लिए जब पति ने पत्नी को छोड़ दिया हो तो विवाह किसी मुसलमान न्यायाधीश के पास जाकर ही रद्द कराया जा सकता है; यदि उसे किसी ग़ैर मुस्लिम न्यायाधीश के आदेश से रद्द किया गया हो तो उसके बाद उसे मुसलमानों की पंचायत द्वारा भी रद्द किया जाना चाहिए। तभी वह औरत आज़ाद हो पाएगी।[63] मुसलमानों से संबंधित मामलों में उलमा आमतौर पर उन पंचायत के निर्णयों को रद्द कर देते हैं, जिनमें कुछ सदस्य ग़ैर-मुस्लिम भी रहे हों। क्योंकि वे काफ़िरों को नाकाबिल-ए-एतबार समझते हैं, इसलिए उनका यह फ़रमान है कि किसी काफ़िर के साक्ष्य को किसी गिनती में ही न लिया जाए।[64]

जो बात दवाइयों जैसी चीज़ के लिए कही गई है वह निर्णयात्मक ढंग से अधिक महत्त्वपूर्ण मामलों जैसे संपत्ति, विरासत और विवाह के मुद्दों पर भी लागू होती है। काफ़िरों के स्वभाव और विद्वेष संबंधी धारणा का मूल स्रोत सदियों पहले स्वयं कुरआन में निहित होने के कारण उससे व्युत्पन्न पूर्वाग्रह और नियम ही हमेशा उलमा की माँगों और उनके द्वारा चलाए गए अभियानों का मूल आधार रहे हैं। वही आज उनके मंच का भी प्रबल मूल आधार बने हुए हैं।

क्योंकि पिछले कुछ वर्षों में कट्टरपंथियों के आत्मविश्वास को बल मिला है इसलिए उलमा ने 'शरीअत न्यायालयों' की स्थापना संबंधी अपने दृढ़ निश्चय की

घोषणा की है। ये न्यायालय, न्यायालयों की उस सामान्य प्रणाली से बाहर और समानांतर होंगे जो हमारे देश के कानून को नियंत्रित करती है। केवल वही लोग उलमा के वर्तमान अभियान पर हैरान होंगे जो फ़तवों से और उनके पीछे निहित उनके विश्व संबंधी दृष्टिकोण और मनोविज्ञान से परिचित नहीं होंगे, जो उस दृढ़ विश्वास से अनभिज्ञ हैं, जो उनमें निहित है—यह दृढ़ विश्वास कि काफ़िर इस योग्य नहीं होते कि उन पर भरोसा किया जाए। यह अभियान आकस्मिक नहीं है; यह अलगाववादी राजनीति का पुनर्रारम्भ है। लेकिन उससे भी ज़्यादा, यह फ़तवों के उस मनोविज्ञान का प्रतिबिंब है, उस मनोविज्ञान को व्यावहारिक रूप देने का प्रयास और उसे और मज़बूत बनाने का ज़रिया है जो कि सदियों से मुसलमान समुदाय के दिलों में ज़बदस्ती बैठाया जाता रहा है। इसी मनोविज्ञान के कारण न कि केवल व्युत्पत्ति की दृष्टि से उर्दू अंग्रेज़ी स्टैंडर्ड टवेंटियथ सेंच्युरी डिक्शनरी में 'हुनूद' शब्द के जो अंग्रेज़ी पर्याय दिए गए हैं उनके अर्थ हैं "हिंदू : गुलाम, चोर, विशेषण : काला" और 'हिंदुस्तानी' शब्द के अन्य अर्थों के साथ-साथ ये अर्थ भी दिए हुए हैं "बुनियादी उर्दू...संस्कृत लिपि के स्थान पर लिखी गई उर्दू का जारज रूप।"[65]

लेकिन एक धर्मनिरपेक्षवादी के लिए, इनमें से किसी भी बात को कबूल करना—यदि हास्यास्पद शब्द का प्रयोग करूँ तो—धर्म विरोधी होगा। इससे पहले कि हम और आगे बढ़ें, एक अंतिम बात और।

दोहरे मानदंड

क्योंकि काफ़िरों को स्वयं अल्लाह ने ही पथभ्रष्ट किया है, इसलिए उससे यह निष्कर्ष निकलता है कि मोमिनों और काफ़िरों के साथ किए गए व्यवहार में भी फ़र्क होना चाहिए। अल्लाह ख़ुद कुरआन में कहता है :

क्या वह व्यक्ति जिसके लिए उसका बुरा काम शोभायमान बना दिया गया हो और वह उसे अच्छा समझ रहा हो (कहीं ईमान वाले सत्कर्मी व्यक्ति के समान हो सकता है?) बात यह है कि अल्लाह जिसे चाहता है गुमराही में डाल देता है और जिसे चाहता है, सही मार्ग दिखाता है; तो (हे नबी!) इन पर अफसोस करते-करते तुम अपनी जान क्यों घोल रहे हो। निस्संदेह अल्लाह जानता है जो कुछ ये कर रहे हैं।

फ़तवों में भी जो दोहरे मानदंड अपनाए गए हैं उनके पीछे भी यही विश्वास काम कर रहा है।

धर्मपरिवर्तन और धर्मत्याग के प्रति रवैये में जो फ़र्क देखा जाता है उससे यह बात और भी स्पष्ट हो जाती है। उलमा पूरे जोश के साथ इस दोहरे मानदंड वाले रवैये की वकालत करते हैं। जब कोई व्यक्ति धर्म परिवर्तन करके इस्लाम को

अपना लेता है तो वह अपने मूल धर्म का त्याग कर रहा होता है; इसलिए उसके मूल धर्म की दृष्टि से, वह धर्मत्यागी हुआ। किंतु कोई मुसलमान मौलवी एक क्षण के लिए भी इस बात का समर्थन नहीं करेगा कि उस दूसरे धर्म के धर्माधिकारियों को उस धर्मत्यागी को सज़ा देने का अधिकार है। दूसरी तरफ़ अगर कोई मुसलमान वापस अपने मूल धर्म को अपना लेता है तो उलमा का यह आग्रह होता है कि ऐसे व्यक्ति को मृत्युदंड दिया जाए। लेकिन जिस मामले में राज्य इस्लामी शासन के अधीन नहीं होता और वे इस वजह से मृत्युदंड को लागू नहीं कर पाते, वहाँ वे इस बात पर बल देते हैं कि सभी मुसलमान उसके साथ सभी संबंध तोड़ लें।[66]

यही स्थिति दूसरे व्यक्ति की धार्मिक भावनाओं का लिहाज़ करते हुए कोई चीज़ करने या किसी चीज़ से गुरेज़ करने के मामले में भी पाई जाती है। अगर हम उर्दू अख़बारों को पढ़ें तो उनमें हर मोड़ पर यह लिखा होता है कि फलां कार्रवाई या बयान को वापिस लिया जाना चाहिए और माफी माँगी जानी चाहिए क्योंकि उस कार्रवाई या बयान से मुसलमानों के मज़हबी जज़्बात को ठेस पहुँची है। उसके बरअक्स जैसा कि हमने देखा है, फ़तवों में बार-बार यह कहा गया है कि काफ़िरों के मज़हबी जज़्बात का लिहाज़ करते हुए कोई चीज़ करना या किसी चीज़ से गुरेज़ करना—जैसे काफ़िरों के मज़हबी जज़्बात का लिहाज़ करते हुए, गौहत्या बंद करना कुफ़्र है। ऐसा करना काफ़िरों के कुफ़्र को बल प्रदान करना है, 'इस्लाम को मिटाने' में उनकी मदद करना है।

ठीक उसी प्रकार, उदाहरण के लिए किसी मंदिर के निर्माणार्थ, दान करके या मूर्ति बनवा कर या इमारती सामान देकर, किसी भी प्रकार की मदद करना कुफ़्र है—यह बात हम पहले जान चुके हैं। लेकिन अगर कोई हिंदू किसी मस्जिद के निर्माण के लिए धन, या इमारती सामान या ज़मीन देता है तो उससे इस किस्म की मदद ली जा सकती है। अलबत्ता कुछ चेतावनियाँ भी दी गई हैं, लेकिन वे दोहरे मानदंडों की बात की पुष्टि करती हैं। किसी हिंदू से मस्जिद के निर्माण के लिए अंशदान या इमारती सामग्री स्वीकार की जाए या नहीं इस सवाल को हमेशा इस सवाल से जोड़कर विचारा जाता रहा है कि किसी वेश्या द्वारा किए गए योगदान को स्वीकार किया जा सकता है या नहीं, इनमें से किसी एक के योगदान से बनवाई गई मस्जिद, मस्जिद होती है या नहीं। प्रायः फ़तवों में यह आग्रह किया जाता है कि जहाँ कहीं संभव हो हिंदुओं की सहायता के बिना ही काम चला लिया जाना चाहिए। यहाँ कारण व्यावहारिक हैं, न कि धार्मिक, जैसा कि हम मंदिर के निर्माण में सहायता करने पर लगाए गए निषेध के मामले में देखते हैं। जहाँ तक मंदिर के निर्माण में मुसलमानों द्वारा की जाने वाली सहायता का प्रश्न है, ऐसा करके वे कुफ़्र को बढ़ावा दे रहे होंगे। लेकिन जहाँ तक किसी हिंदू द्वारा की गई मदद की पेशकश को टालने का सवाल है—फिर चाहे ऐसी मदद की पेशकश स्वेच्छा से या भाईचारे की भावना से

ही क्यों न की जा रही हो—उस मामले में जो कारण दिया गया है, वह यह है कि लोग यह कह सकते हैं कि इन लोगों में भक्ति का इस कदर अभाव है कि वे एक मस्जिद के लिए भी अपने लोगों में से धन नहीं जुटा पाए; दूसरा, हिंदू से सहायता स्वीकार करने पर मिल्कियत संबंधी विवाद खड़े हो सकते हैं; तीसरा, जबकि मस्जिद अल्लाह की इबादत का मकाम है, लेकिन उसे बनाने के लिए जो धन दिया गया है हो सकता है वह ऐसे तरीकों से कमाया गया हो, या जो इमारती सामान दिया गया है वह ऐसे साधनों से प्राप्त किया गया हो जो हराम हों। उदाहरण के लिए यदि हिंदू से योगदान स्वीकार करना ज़रूरी समझा जाए, तो उस हालत में बहतर होगा, यदि हिंदू किसी मुसलमान को धन या इमारती सामान सौंप दे और वह मुसलमान मस्जिद के निर्माण के लिए उसे आगे दे दे।[67]

इससे भी ज़्यादा स्पष्ट उदाहरण है धार्मिक प्रथाओं में इस रवैये का जारी रखा जाना। अपनी मज़हबी रस्मों को निभाना किसी भी मुसलमान का अधिकार और कर्तव्य है। जहाँ राज्य इस्लामी राज्य है वहाँ मुसलमानों को इस काबिल बनाना कि वे ये रस्में निभा सकें या उन्हें ऐसा करने के लिए प्रवृत्त करना, उलमा की निगाह में राज्य का परम कर्तव्य है। जहाँ राज्य मुस्लिम राज्य नहीं है वहाँ वे मुसलमानों की किसी भी रस्म के निर्वाह में ज़रा सा भी कोई प्रतिबंध लगाया जाना बर्दाश्त नहीं कर सकते। उदाहरण के लिए 50 या 60 वर्ष पहले तक उलमा के बीच इस बात को लेकर ज़बरदस्त विवाद था कि मस्जिद में अज़ान, या नमाज़ या ख़ुत्बा (धर्मोपदेश) के लिए लाउडस्पीकर का इस्तेमाल किया जा सकता है या नहीं? इस बात को लेकर जो इतना ज़बरदस्त विवाद खड़ा हुआ और वह भी कुछ अर्सा पहले तक, वह इस बात को ज़ाहिर करता है कि लाउडस्पीकरों का इस्तेमाल करना कोई ऐसी प्रथा नहीं जो इस्लाम के अनुपालन के लिए ज़रूरी हो; ठीक उसी तरह से जैसे किसी भीड़ वाले नगर में किसी मज़हबी जुलूस का किसी ख़ास रास्ते से गुज़रना ज़रूरी नहीं है। लेकिन शांति के लिए—मन की और तन की—इनको व्यवस्थित करने के उद्देश्य से किए गए ज़रा से प्रयास की भी भर्त्सना किया जाना निश्चित है, यह कहकर कि इस प्रकार का प्रयास इस्लाम के अनुपालन में एक नाकाबिल-ए-बरदाश्त दख़लअंदाज़ी है। लेकिन वही उलमा इस बात को एकदम स्वाभाविक मानते हैं कि किसी इस्लामी राज्य में अन्य धर्मों के अनुयायियों को अपनी पृथाएँ निभाने की इजाज़त नहीं दी जानी चाहिए।

फ़तवा-ए-रिज़विया में यह घोषित किया गया है कि कोई भी इस्लामी शासक किसी भी हाल में काफ़िरों को अपनी मज़हबी रस्में निभाने की इजाज़त नहीं दे सकता। आगे फ़तवे में सवाल उठाया गया है कि क्या वह उन्हें कुफ़्र का अनुपालन करने की इजाज़त देकर ख़ुद काफ़िर बनना चाहेगा? क्या शासक उनके द्वारा ऐसी चीज़ें करने पर एतराज़ भी नहीं उठाएगा जो इस्लाम द्वारा निशिद्ध हैं? उसके यह कहने

का तो सवाल ही पैदा नहीं होता, "हाँ, बेशक तुम ऐसी चीज़ें कर लो।"[68]

फ़तवे में आगे बताया गया है कि इस आशय की कई हदीसों और शरीअत के आदेशों का उद्देश्य यह है कि अरब द्वीप में किसी ग़ैर-मुस्लिम को नहीं रहना चाहिए—या लंबे समय तक नहीं रहना चाहिए। अगर कोई व्यापार के लिए या किसी ख़ास काम से आता भी है, तो उसको निपटाने के बाद चला जाना चाहिए। ज़ाहिर है कि किसी भी व्यक्ति को एक वर्ष तक ठहरने की अनुमति नहीं दी जाएगी। इतना कुछ कह चुकने के बाद फ़तवे में दोबारा नूर-उल-मुख़्तार को उद्धृत किया गया है...[69]

इस प्रकार अरब द्वीप में किसी ग़ैर मुस्लिम को ठहरने की इजाज़त नहीं है। लेकिन अगर कोई बंगलादेशी ग़ैरकानूनी तौर पर भारत में दाख़िल हो जाता है और उसे चला जाने के लिए कहा जाता है, तो वह इस्लाम पर हमला है!

उसी प्रकार आज भी किसी भी इस्लामी राज्य में स्कूलों के अध्यापक ग़ैर-मुसलमान बच्चों को उनके धर्म की शिक्षा नहीं दे सकते। और यह उपर्युक्त सिद्धांत का व्यावहारिक रूप है, और वह यों कि हिंदू छात्रों को उपनिषदों या गीता का ज्ञान देना कुफ़्र को बढ़ावा देना होगा—बच्चों को एक ग़लत ईमान की राह दिखाना होगा—उन्हें पथभ्रष्ट करना होगा। लेकिन अगर इसके उलट स्थिति हो—अर्थात् उसी कारण से कोई ग़ैर मुस्लिम राज्य छात्रों को कुरआन की शिक्षा दिए जाने पर प्रतिबंध लगा दे, तो उसे असहिष्णुतापूर्ण कार्रवाई कह कर बड़े ज़ोर और जोश के साथ नामंज़ूर कर दिया जाता है।

किफ़ायतुल्लाह साहब फ़रमाते हैं कुरआन के शिक्षण और मज़हबी तालीम पर किसी प्रतिबंध को बर्दाश्त नहीं किया जा सकता। यह फ़रमान उन्होंने एक सवाल के जवाब में दिया है। सवाल का संबंध अध्यापकों से इस आशय का एक बांड भरवाने के प्रस्ताव से था कि वे सरकार की अनुमति के बिना कुरआन की या मज़हबी तालीम नहीं देंगे; अगर वे ऐसा करेंगे तो बांड ज़ब्त हो जाएगा। किफ़ायतुल्लाह साहब फ़रमान देते हैं कि किसी भी ग़ैर मुस्लिम राज्य को यह अधिकार नहीं कि वह मुसलमानों को मज़हबी तालीम लेने से रोक सके। मुफ़्ती साहब घोषणा करते हैं कि इस प्रकार के आदेश के कारण मज़हबी तालीम को रोकना ग़लत है। जो अध्यापक इस आदेश को स्वीकार कर लेता है और उसके ख़िलाफ़ ग़ुस्से का इजहार नहीं करता वह इमाम बनने या मुसलमानों की रहनुमाई करने के लायक नहीं है। मुफ़्ती साहब आगे फ़रमाते हैं, अपने कर्तव्य के निर्वाह के लिए इजाज़त माँगना सिद्धांत विरुद्ध है। अगर ऐसी चीज़ होने लगी, तो कल नमाज़ के लिए भी इजाज़त माँगनी पड़ेगी।[70]

इससे अगला कदम वही है, जो युक्ति के अनुसार होना चाहिए। कोई मुसलमान किसी ग़ैर मुसलमान के साथ ऐसा कुछ कर सकता है, जो कि वह किसी मुसलमान के साथ नहीं करता। यह बात रोज़मर्रा के व्यापारिक आदान-प्रदान पर भी लागू होती है। फ़तवा-ए-रिज़विया में घोषणा की गई है कि हिंदुस्तान के काफ़िर ज़िम्मी नहीं

हैं। ज़िम्मी वे क़ाफ़िर होते हैं जो इस्लाम की अधीनता स्वीकार करने के बाद इस्लामी राज्य में रहते हैं और जो जज़िया अदा करते हैं। असली काफ़िरों के साथ वाणिज्यिक संबंध जायज़ हैं। बल्कि आदान-प्रदान संबंधी वे संबंध जो मुसलमान या जिम्मियों के साथ स्थापित किए जाने पर नाजायज़ होते हैं वे काफ़िरों और ग़ैर ज़िम्मियों के साथ स्थापित किए जाने पर जायज़ होते हैं—लेकिन इन संबंधों के चलते वादा ख़िलाफ़ी हरगिज़ नहीं होनी चाहिए क्योंकि वह सभी हालात में कतई हराम होती है। क्योंकि हिंदुस्तान के काफ़िर ज़िम्मी नहीं हैं, इसलिए उनके साथ वाणिज्यिक संबंध रखने से मना करना तो दूर, फ़तवा-ए-रिज़विया द्वारा इन संबंधों को एक सुविधा बताया गया है[71]—अर्थात् ऐसी परिस्थिति व्यक्ति को ऐसा लेन-देन रखने की आज़ादी देती है, जिससे मुस्लिम समुदाय को फ़ायदा पहुँचता है।

इस बात को सभी लोग जानते हैं कि सूद लेना मुसलमानों के लिए सख़्त मना है। बीमा के लिए भी मना किया गया है—इसे एक तरह का जुआ माना गया है और बीमा कराने को अल्लाह में अकीदे (विश्वास) की कमी का सूचक माना गया है।

लेकिन मुफ़्ती किफ़ायतुल्लाह जैसे शुद्धिवादी का भी यह मानना है, कि भले ही एक मुसलमान दूसरे मुसलमान से सूद न ले लेकिन क्योंकि भारत दारुलहर्ब (वह देश जहाँ ग़ैर मुस्लिम हुकूमत हो) है, इसलिए मुसलमानों के लिए काफ़िरों से सूद लेना जायज़ है, हालाँकि कुछ उलमा यह महसूस करते हैं कि भारत दारुलहर्ब नहीं है इसलिए सूद लेते समय आदमी को 'सावधानी बरतनी' चाहिए। यद्यपि काफ़िरों से सूद लेना जायज़ है, फिर भी सूद का पैसा ग़रीबों और छात्रों में बाँट देना सबसे बहतर होगा। कुछ मौके ऐसे होते हैं जबकि एक अलग दृष्टिकोण अपनाते हुए सूद लेना जायज़ होता है। एक तो जब सूद ऐसे व्यक्तियों से लिया जा रहा हो, जो काफ़िर हों, दूसरा, जब राज्य इस्लामी शासन के अधीन न हो, एक और मौके के संदर्भ में दलील व्यावहारिक रूप धारण कर लेती है : क्योंकि जब किफ़ायतुल्लाह साहब ने यह फ़तवा जारी किया था, तब ब्रिटिश लोग सत्ता में थे, इसलिए वे एक और दलील जोड़ते हुए फ़रमाते हैं कि उदाहरण के लिए बैंकों या डाकघरों में सूद छोड़ देने से, सरकार को काफ़ी बड़ा फ़ायदा उठाने का मौका मिल जाएगा और उससे प्राप्त हुई राशि को सरकार मिशनरियों में बाँट देगी जो आगे उसका इस्तेमाल इस तरह से करेंगी, जिससे मुसलमानों और इस्लाम को नुक्सान पहुँचेगा।[72]

इस प्रकार मुफ़्ती साहब बीमा को जुआ कहकर उसकी निंदा करते हैं। लेकिन वे फ़रमाते हैं, कि क्योंकि भारत दारुलहर्ब है, इसलिए यदि बीमा कंपनी पर पूरी मिल्कियत हर्बी काफ़िरों—अर्थात् उन काफ़िरों की है जो दारुलहर्ब में रहते हैं—और यदि मुसलमान बीमा कराकर फ़ायदा उठा सकते हैं तो फिर उसके लिए अनुमति है। मुफ़्ती साहब अपनी बात को दोहराते हुए फ़रमाते हैं, दरअसल जीवन बीमा नाजायज़

है, लेकिन इस सिद्धांत के आधार पर कि क्योंकि यह देश दारुलहर्ब है, इसलिए हर्बी काफ़िर से फ़ायदा उठाना अनुमत्य है। मुफ़्ती साहब बार-बार इस बात को दोहराते हैं कि बीमा कराना एक जुआ है, लेकिन दारुलहर्ब में जुए के ज़रिए भी काफ़िरों से फ़ायदा उठाना अनुमत्य है। इसलिए यदि मुसलमानों को बीमा के ज़रिए काफ़िरों से कुछ फ़ायदा होता है, तो उसमें कोई आपत्ति नहीं। मुफ़्ती साहब आगे फ़रमाते हैं, न सिर्फ़ मुसलमान व्यक्ति रूप में बीमा करा सकते हैं, बल्कि यदि बीमा कंपनी बनाकर भी उन्हें कुछ फ़ायदा पहुँचता है—अर्थात् उन्हें काफ़िरों से कुछ धन की प्राप्ति होती है—तो वह भी जायज़ होगा। वे फरमाते हैं उसी तरह से कोई भी मुसलमान काफ़िरों की बीमा कंपनी से कमीशन भी ले सकता है।[73]

इसके बावजूद यदि धर्म निरपेक्षवादियों के प्रवचनों को सही मान लिया जाए तो इस्लाम की तरह कोई और ऐसा धर्म नहीं जिसने भेदभावों को समाप्त कर दिया हो, इस्लाम की तरह और कोई धर्म नहीं जो सबको समान दृष्टि से देखता हो।

संदर्भ

1. फ़तवा-ए-रिज़विया, खंड 6 पृ. 122
2. वही, कई स्थलों पर, उदाहरण के लिए खंड 9 पुस्तक 1, पृ. 139, 209, 216-17
3. वही, कई स्थलों पर, जैसे खंड 6 पृ. 55, 166, खंड 9, पुस्तक 2, पृ. 190
4. मूल स्रोतों से लिये गए प्रमाण, उदाहरण के तौर पर बैट यिओर की पुस्तक दि धिम्मी, ज्यूज़ एंड क्रिस्चियन्स अंडर इस्लाम, एसोसिएटिड यूनिवर्सिटी प्रेस, लंदन, 1985
5. उदाहरण के लिए देखें फ़तवा-ए-दारुल-उलूम, देवबंद खंड-12, पृ. 273-74, फ़तवा-ए-रिज़विया खंड 6 पृ. 529-30
6. फ़तवा-ए-रिज़विया खंड 11, पृ. 55
7. वही, खंड 12, पृ. 202
8. वही, खंड 6 पृ. 162-66 और देखें वही, खंड 9, पुस्तक 1, पृ. 65 जहाँ उसी बात को दोहराया गया है—कि किसी काफ़िर और मुशरिक का किया हुआ कोई भी अच्छा काम अल्लाह को कबूल नहीं होता।
9. वही, खंड-9 पृ. 327
10. मुफ़्ती किफ़ायतुल्लाह के फ़तवे खंड-9 पृ. 330-31
11. फ़तवा-ए-रिज़विया खंड 11, पृ. 155-60
12. वही, खंड 6, पृ. 187, खंड 9, पुस्तक 1, पृ. 13, 78, 140
13. वही, खंड-9 पुस्तक 1, पृ. 313-14 जैसा कि हम देखेंगे यहाँ मौलाना अहमद रज़ा ख़ान, अपने आचारिक जोश के साथ इस सामान्य तर्क को देवबंद के उलमा पर लागू करते हुए कहते हैं, कि वे सबसे बुरे काफ़िर हैं, इसलिए उनके साथ दुश्मनी लाज़िमी है।
14. वही, खंड 6 पृ. 80
15. वही, खंड 6 पृ. 138-39, खंड 9, पुस्तक 1, पृ. 313-14 जैसा कि हम देखेंगे, मौलाना अहमद

रज़ा ख़ान देवबंदियों और अहल-ए-हदीस के संदर्भ में इन बातों पर हद दर्जे का ज़ोर देते हैं।

16. वही, खंड 6 पृ. 529-30
17. फ़तवा-ए-रहीमियत, खंड 3 पृ. 8
18. मुफ़्ती किफ़ायतुल्लाह के फ़तवे, खंड 1, पृ. 41, मुफ़्ती किफ़ायतुल्लाह ने जिस नियम को बार-बार दोहराया, उसे उन्होंने ख़ुद किस तरह से निभाया, इसके लिए देखें, काफ़िर गाँधी और एक ग़ैर पेशेवर मुस्लिम और वह भी शिया मुस्लिम जिनहा के नेतृत्व के बीच चुनाव करने संबंधी चर्चा के नीचे दिया गया विवरण।
19. फ़तवा-ए-रिज़विया खंड 6, पृ. 126, 191, 194-95
20. मुफ़्ती किफ़ायतुल्लाह के फतवे, खंड 9 पृ. 341-42
21. फ़तवा-ए-रिज़विया, खंड 9, पुस्तक 2 पृ. 270-71
22. मुफ़्ती किफ़ायतुल्लाह के फ़तवे, खंड 9 पृ. 35-36 इस बात को पृ. 321-22 पर फिर से दोहराया गया है।
23. सुनन अबू दाऊद, अहमद हसन (अनुवाद), किताब भवन, नई दिल्ली 1993, खंड 2 पृ. 919, इसके अलावा सहीह मुस्लिम, अब्दुल हमीद सिद्दीकी (अनु.), किताब भवन 1978, खंड 2 पृ. 463; सुनन नसाइह शरीफ, अल्लामा वहीद-अल-ज़मान (अनु.), एतकाद पब्लिशिंग हाउस, सुईबालान, दिल्ली 1986, खंड 1 पृ. 658
24. सुनन नसाइह शरीफ़, खंड 1 पृ. 658
25. सहीह मुस्लिम, खंड 2 पृ. 463
26. सुनन नसाइह शरीफ़, खंड 1 पृ. 658-59 इसके अलावा देखें सुनन अबू दाऊद खंड 2 पृ. 914 अबू तालिब का देहांत हो गया; उनके बेटे हज़रत अली ने पैग़ंबर साहिब को उनके देहांत की ख़बर दी, "आपके बूढ़े और पथभ्रष्ट चाचा की मौत हो गई है।" पैग़ंबर साहिब इस पर बोले, "जाओ और अपने पिता को दफ़्ना दो। और उसके बाद जब तक तुम मेरे पास नहीं आते, तब तक कुछ मत करना।" चुनाचे अली गए और अपने पिता को दफ़्न कर दिया। उसके बाद वे पैग़ंबर साहिब के पास लौट आए। पैग़ंबर साहिब ने उन्हें नहाने का हुक्म दिया। जब अली नहा चुके तो पैग़ंबर साहिब ने उनके लिए दुआ की।
27. वही, खंड 1, पृ. 659
28. फ़तवा-ए-रिज़विया, खंड 9, पुस्तक 1, पृ. 65-66
29. वही, खंड 6 पृ. 125
30. वही, खंड 9, पुस्तक 1 पृ. 93-94
31. मुफ़्ती किफ़ायतुल्लाह के फ़तवे, खंड 9, पृ. 328
32. फ़तवा-ए-रिज़विया खंड 8 पृ. 337-38, 363
33. मुफ़्ती किफ़ायतुल्लाह के फ़तवे, खंड 9 पृ. 35 जिन ख़ास परिस्थितियों मैं सवाल उठाया गया था उनके मद्देनज़र मुफ़्ती साहब ने फ़ैसला दिया कि हिंदू संगठन और महाबीर दल के आंदोलनों और उनके परिणामों ने मजबूरी की कोई गुंजायश नहीं छोड़ी थी; इसलिए इंतज़ाम करने के लिए भी शरीक होना न्यायोचित नहीं रह गया था।
34. वही, खंड 9 पृ. 45
35. वही, खंड 9 पृ. 54-55
36. वही, खंड 9 पृ. 338-39
37. वही, खंड 9 पृ. 329-30
38. वही, खंड 9 पृ. 336

39. फ़तवा-ए-रिज़विया, खंड 6 पृ. 50
40. वही, खंड 6 पृ. 53
41. वही, खंड 6 पृ. 149
42. वही, खंड 9, पुस्तक 2 पृ. 316
43. वही, खंड 6 पृ. 101, 150
44. उदाहरण के लिए मुफ़्ती किफ़ायतुल्लाह के फ़तवे, खंड 9 पृ. 54-55, 338-39, जिनका उल्लेख ऊपर किया गया है, फ़तवा-ए-रिज़विया खंड 9 पुस्तक 1, पृ. 38
45. फ़तवा-ए-अहल-ए-हदीस, खंड 2, पृ. 39-40
46. मुफ़्ती किफ़ायतुल्लाह के फ़तवे, खंड 9, पृ. 20
47. वही, खंड 9 पृ. 237-38
48. उदाहरण के लिए अयोध्या प्रसंग पर उच्चतम न्यायालय का निर्णय, अयोध्य प्रसंग, वायस ऑफ इंडिया, नई दिल्ली 1995 पृ. 31-33 और पृ. 171-74 पर दी गई मेरी टिप्पणी। हमारे राजनीतिज्ञ जो आम तौर पर राग अलापते रहते हैं, उनके बारे में देखें पृ. 31-33, जहाँ न्यायालय द्वारा राष्ट्रपति डा. शंकर दयाल शर्मा का डॉ. ज़ाकिर हुसैन स्मारक भाषण उद्धृत किया गया है; उनके द्वारा अशोक के शिलालेख के उल्लेख के बारे में देखें ख़ुदा बख़्श ओरिएंटल पब्लिक लायब्रेरी द्वारा राष्ट्रीय संग्रहालय, नई दिल्ली में 24 दिसंबर 1993 को भारतीय धर्मों पर आयोजित संगोष्ठी में डा. शर्मा का उद्‌घाटन भाषण पृ. 3
49. उदाहरण के लिए फ़तवा-ए-रिज़विया, खंड 9 पुस्तक 2 पृ. 298-99; वे सवाल भी जिनके पूछे जाने पर यह फ़तवा दिया गया है, पढ़ने लायक हैं। एक हिंदू को कुर्सी पर बैठाया जाता है, जबकि मुसलमान ज़मीन पर बैठते हैं; मुसलमानों के बीच के किसी मामले पर विचार करने के लिए एक पंचायत का गठन किया जाता है, और एक हिंदू को उसका प्रमुख बना दिया जाता है; वह हमें उपदेश देता है कि हिंदू भाइयों की भावनाओं का ख़याल रखते हुए गौ मांस खाना बंद कर दो; वह एक मंदिर में जाता है, जहाँ पर वह यह कहता है, "हिंदुओं को वेदों के अनुसार जीवन व्यतीत करना चाहिए और मुसलमानों को कुरआन के अनुसार" ऐसे व्यक्ति के बारे में क्या शरीअत है? मौलाना अहमद रज़ा ख़ान अलबत्ता ऐसे हर कार्य और ऐसी हर अभिव्यक्ति के प्रति बहुत सख़्ती से पेश आते हैं।
50. फ़तवा-ए-दारुल उलूम, देवबंद, खंड 12, पृ. 370
51. उदाहरण के लिए फ़तवा-ए-दारुल उलूम, देवबंद खंड 12 पृ. 370, 434, 437, फ़तवा-ए-रिज़विया, खंड 6 पृ. 52-57, 72-73, 76, 80, 125-26, 149, 150-51, 191, खंड 9 पुस्तक 2 पृ. 298-99
52. मुफ़्ती किफ़ायतुल्लाह के फ़तवे, खंड 3, पृ. 10
53. वही, खंड 9, पृ. 21-23
54. फ़तवा-ए-रिज़विया, खंड 2 पृ. 135, 137, खंड 9 पुस्तक 1, पृ. 224, खंड 11, पृ. 155
55. वही, खंड 2, पृ. 126-27
56. उदाहरण के लिए मुफ़्ती किफ़ायतुल्लाह के फ़तवे, खंड 2 पृ. 99, 277-78, 286-91, खंड 9 पृ. 319-21, 331-32
57. वही, खंड 2, पृ. 287
58. फ़तवा-ए-रहीमियत, खंड 2, पृ. 191
59. उदाहरण के लिए मुफ़्ती किफ़ायतुल्लाह के फ़तवे, खंड 8, पृ. 259
60. फ़तवा-ए-रिज़विया, खंड 2, पृ. 93-97
61. इन्हीं विशेषज्ञों को उस समय भी उद्धृत किया जाता है, जब एक ऐसे कूएँ को पवित्र करार

दिया जाता है, जिसमें एक मुसलमान लड़की डूब गई थी और जिसकी लाश को डेढ़ घंटा बाद निकाला गया था। फ़तवे में इस बारे में कुछ नहीं कहा गया कि वह लाश किस हालत में थी। कूएँ में पानी की मात्रा काफ़ी ज़्यादा होने की बात का भी प्रसंगवश, फ़तवे के अंत में उल्लेख आया है। फ़तवे में कूएँ को इस आधार पर पवित्र घोषित किया गया है कि लड़की मुसलमान थी और एक मुसलमान, चाहे वह ज़िंदा हो या मुर्दा, पवित्र होता है : देखें फ़तवा-ए-अहले हदीस खंड 1 पृ. 14-18

62. मुफ़्ती किफ़ायतुल्लाह के फ़तवे, खंड 2, पृ. 211
63. वही, खंड 6 पृ. 134-35
64. उदाहरण के लिए एक पति अपनी तरफ़ से कह देता है–तलाक। एकमात्र गवाह एक ऐसी औरत है जो काफ़िर है। क्या ऐसे में तलाक हुआ मान लिया जाए?–एक प्रश्नकर्ता यह सवाल करता है। इसके जवाब में फ़तवे का यह फरमान है : "उसे (पति को) अपने दिल को टटोल कर देखना चाहिए, और यह पूछना चाहिए कि क्या उसने तलाक दिया था। क्योंकि अल्लाह ही जानता है कि दिल में क्या है।"–यह एक मानक जवाब है, क्योंकि हम दूसरी जगह भी यही देखते हैं कि हर चीज़ का दारोमदार तलाक कह चुकने के बाद दिए गए बयान पर रहता है। फ़तवे में आगे कहा गया है, "काफ़िर द्वारा कही गई बात बुनियादी तौर पर विश्वास योग्य ही नहीं होती।" फ़तवा-ए-रिज़विया, खंड 3 पृ. 62
65. स्टेंडर्ड ट्र्वेंटियथ सेंच्युरी डिक्शनरी, उर्दू इन्टू इंग्लिश, संकलन प्रो. बशीर अहमद कुरेशी, संशोधन तथा संवर्धन : डा. अब्दुल हक़, ऐजुकेशनल पब्लिशिंग हाउस, दिल्ली-1995 पृ. 678
66. धर्मत्यागी की हत्या कर दी जाए, इस फ़ैसले के बारे में देखें फ़तवा-ए-दारुल उलूम देवबंद, खंड 12, पृ. 438; भारत इस्लामी राज्य नहीं है, वरना धर्मत्यागी की हत्या कर दी जाती इस फ़ैसले के लिए देखें मुफ़्ती किफ़ायतुल्लाह के फ़तवे खंड 9 पृ. 359-61; मुसलमानों को उसके (धर्मत्यागी के) साथ कोई संबंध नहीं रखना चाहिए–इस फ़ैसले के बारे में देखें फ़तवा-ए-दारुल उलूम खंड 12 पृ. 342 और फ़तवा-ए-रिज़विया खंड 6 पृ. 487
67. इस विषय पर प्रायः फैसले दिए जाते हैं। इसके कई उदाहरण दिए जा सकते हैं। उदाहरण के लिए देखें फ़तवा-ए-अहले हदीस खंड 2 पृ. 37-40, 46-49, मुफ़्ती किफ़ायतुल्लाह के फ़तवे खंड 7 पृ. 72-81, फ़तवा-ए-रिज़विया खंड 6 पृ. 396, 460, 479
68. फ़तवा-ए-रिज़विया खंड 6 पृ. 4, जो बात राज्य पर लागू होती है वह घरों पर भी लागू होती है। एक हिंदू नौकर एक मुसलमान के घर मे काम कर रहा है। नौकर अपना पूजा-पाठ करता है और उस दौरान शंख भी फूँकता है। जो मुसलमान ऐसा करने की इजाज़त देता है क्या वह काफ़िर है? फ़तवा-ए-रिज़विया में इसके जवाब में कहा गया है : वह काफ़िर तो नहीं लेकिन गुनहगार ज़रूर है, क्योंकि काफ़िरों को दबाकर रखना मुसलमानों के लिए लाज़िमी है। हर व्यक्ति को अपनी क्षमता के अनुसार कर्तव्य का निर्वाह करना होता है। यदि मुसलमान नौकर को शंख फूँकने से मना नहीं कर सकता तो वह कम-से-कम नौकर को नौकरी से निकाल तो सकता है। आगे फ़तवे में भर्त्सनापूर्ण अंदाज में कहा गया है : ऐसे व्यक्ति को एक मुसलमान के घर रखना, जो वहाँ आकर अपनी बुतपरस्ती को जारी रखता है!!! लानत है उस आदमी पर, जो ऐसे शख़्स को अपने यहाँ पनाह देता है, जो शरीअत के मुताबिक पापी है : फ़तवा-ए-रिज़विया, खंड 9, पुस्तक 1 पृ. 169
69. फ़तवा-ए-रिज़विया, खंड 6 पृ. 5
70. मुफ़्ती किफ़ायतुल्लाह के फ़तवे, खंड 9, पृ. 316
71. फ़तवा-ए-रिज़विया, खंड 6, पृ. 5-6

72. मुफ़्ती किफ़ायतुल्लाह के फ़तवे, खंड 1, पृ. 21-22, खंड 8, पृ. 48-51, 54, 59-63, खंड 9, पृ. 328, इनमें से कुछ फैसलों पर अगले अध्याय में विचार किया गया है।

73. वही, खंड 8, पृ. 67, 69-72, जब एक प्रश्नकर्ता पूछता है—शरीअत के वे कौन से नियम हैं जिनके आधार पर आपने बीमा को उचित ठहराया है?—तो किफ़ायतुल्लाह साहब फ़ौरन अपनी बात से पलट जाते हैं और यह कहते हैं कि उन्होंने बीमा को उचित नहीं ठहराया। उन्होंने तो सिर्फ़ इतना कहा है कि जो उलमा भारत को दारुलहर्ब मानते हैं उनके पास बीमा को उचित ठहराने की गुंजायश है! अलबत्ता वे इस तथ्य को नज़रअंदाज़ कर जाते हैं कि उन्होंने ख़ुद ही भारत को दारुलहर्ब बताया है : देखें : मुफ़्ती किफ़ायतुल्लाह के फ़तवे, खंड 8, पृ. 72-73

ख़िलाफ़त, आज़ादी और उसके बाद

इस्लाम के प्रति, और मुसलमानों की ताकत को बढ़ाने के प्रति अत्यधिक प्रतिबद्धता तथा मोमिनों की जन्मजात श्रेष्ठता, काफ़िरों की जन्मजात नापाकी, उनकी जन्मजात अविश्वसनीयता और मोमिनों को धोखा देने के उनके एकमात्र और शाश्वत लक्ष्य से पैदा होने वाली उलझनें—ये सब बातें देश के पूरे स्वतंत्रता संग्राम के दौरान घोर विवादों का केंद्र बनी रहीं।

कई उलमा अंग्रेजों से ज़बरदस्त नफ़रत करते थे। वे अंग्रेजों को दूसरों का हक मारने वाली और ऐसी कौम मानते थे जिसने भारत में इस्लामी राज्य को समाप्त करके उसकी जगह अपना शासन कायम कर लिया था। इससे भी बुरी बात यह कि : अंग्रेजों को 'पश्चिमीकरण' और 'आधुनिकीकरण' के अग्रदूत के रूप में देखा जाता था जो मोमिनों को फुसलाकर इस्लामी तौर-तरीकों और रीति-रिवाजों से दूर ले जा रहे थे। इसलिए 19वीं शताब्दी में बहुत से उलमा लोगों को ब्रिटिश शासकों के खिलाफ़ भड़काने में सक्रिय थे।[1]

सर सय्यद और दूसरे लोग इस नीति को मुसलमानों के लिए विनाशकारी समझते थे। 1857 के विद्रोह के तीन वर्ष बाद सर सय्यद ने अपनी प्रसिद्ध 'पुस्तिका दि लायल मुहम्मेडन्स ऑफ इंडिया' (भारत के वफ़ादार मुसलमान) प्रकाशित की। उन्होंने इस पुस्तिका में यह सिद्ध करने की कोशिश की कि मुसलमानों ने दरअसल ब्रिटिश शासकों का साथ दिया था। उन्होंने लिखा, जब प्रमाणों की जाँच की जाएगी "तो तभी एक असलियत साफ़ तौर पर उभर कर सामने आएगी और पूरी दुनिया के समक्ष प्रकट हो जाएगी"—कि—"अगर हिंदुस्तान में लोगों के बीच दूसरे वर्गों से बढ़कर कोई एक ऐसा वर्ग था, जो अपने धर्म के सिद्धांतों के कारण, अपनी आदतों और अपने साहचर्य के कारण और अपनी आत्मीयता की प्रवृत्ति के कारण ईसाइयों के साथ दृढ़तापूर्वक जुड़ा था, उनकी आज़मायश और ख़तरे की घड़ी में भी, और सौहार्द तथा मैत्री के बंधनों के ज़रिए भी, तो वह मुसलमानों का वर्ग था और अकेले मुसलमानों का ही..." "वाकई मुझे मुसलमानों के अलावा और कोई ऐसा वर्ग दिखाई नहीं देता, जिसने सरकार के हितों के प्रति इतनी सच्ची और गंभीर निष्ठा दिखाई हो और उनके लिए इस कदर ख़ुशी-खुशी, अपनी प्रतिष्ठा और अपना रुतबा, अपनी ज़िंदगी और

अपनी जायदाद कुर्बान कर दी हो...'' ''...इस बात का श्रेय केवल मुसलमानों को ही जाता है कि वे उस भयानक तूफ़ान के बीच जिसने देश को तबाह कर दिया और जिसने सलतनत की जड़ें हिला कर रख दीं, सरकार के सच्चे और अडिग मित्र की तरह उसका साथ देते रहे और वे हमेशा दिल को हथेली पर लिए, आख़िरी दम तक मदद करने के लिए या उस कोशिश में, अपने घर और परिजनों, अपनी ज़िंदगी और उसके सुखों की परवाह किए बग़ैर, ख़ुशी-ख़ुशी मर मिटने के लिए हमेशा तैयार रहे...''

अलबत्ता उन्होंने यह स्वीकार किया कि कुछ बदमाश आम जुनून में शामिल हो गए थे। सर सय्यद ने साफ़ शब्दों में उनकी भर्त्सना की और यह घोषित किया कि वे न तो मुसलमानों के जज़्बात का प्रतिनिधित्व करते थे और न वे दरअसल धार्मिक वृत्ति के व्यक्ति थे :

लेकिन यह बात सबको मालूम हो कि मैं उन मुसलमानों की वकालत हरगिज़ नहीं कर रहा हूँ जिन्होंने कर्तव्य परायणता का व्यवहार नहीं किया और जो बग़ावत में शामिल हो गए। इसके बरअक्स मैं उनके आचरण को अत्यंत घृणास्पद मानता हूँ, जोकि बेहद आपराधिक किस्म का और पूर्णतः अक्षम्य था, क्योंकि उस महत्त्वपूर्ण संकट में उनका यह परम कर्तव्य था हमारे धर्म के नियमों द्वारा निर्दिष्ट कर्तव्य, कि वे हृदय से ख़ुद को ईसाइयों का अभिन्न अंग मानते हुए उनके पक्ष का समर्थन करते, क्योंकि हमारी तरह से उन्हें भी ख़ुदा ने इलहाम से नवाज़ा है, और वे भी पैग़ंबरों में अकीदा रखते हैं और पवित्र ग्रंथ बाइबल में दिए गए अल्लाह के फ़रमान को परम पावन मानते हैं, जिसके प्रति हम भी अकीदा रखते हैं। इसलिए यह ज़रूरी और जायज़ था, कि जहाँ ईसाइयों का खून बहा था वहाँ उसमें मुसलमानों का बहाया हुआ खून भी जा मिलता, और जो इस प्रकार का समर्पण भाव प्रकट करने से कतरा कर विद्रोहियों से जा मिले उन्होंने जान-बूझकर फ़रमानों की ख़िलाफ़वर्ज़ी की। इसके अलावा उन्होंने ख़ुद को नमकहराम साबित किया और उस वजह से सरकार के भीषण क्रोध का भाजन बने। यह बात हर ग्रामवासी पर ज़ाहिर है...

मौलवी होने के नाते जिन्होंने लोगों को भड़काया था, उनके बारे में उन्होंने लिखा कि वे बिल्कुल भी धर्मनिष्ठ व्यक्ति नहीं थे :

देश में जो आलोड़न हुआ उसके कारण, जो लोग समाज का कूड़ा कचरा थे, वे सतह पर आ गए। उनमें से न जाने कितने लोग थे, जो ख़ुद को मौलवी कहते थे, लेकिन वे दरअसल अज्ञानी, मूर्ख तथा दुष्ट थे। उनका उस उपाधि पर कोई हक नहीं बनता था जो उन्हें सिर्फ़ सौजन्यवश इसलिए दे दी गई थी, क्योंकि उनके कुछ पूर्वज मौलवी रहे होंगे। वे जो कुछ होने का दावा करते थे, सार्वजनिक समाचार पत्रों आदि में वस्तुतः उन्हें उसी रूप में पेश किया जाता था। ख़ुद को आलिम मौलवियों और पुण्यात्मा फ़कीरों की प्रतिष्ठा प्रदान करने के लिए, उन्होंने आडम्बरपूर्ण,

और बड़े-बड़े नाम धारण कर लिए। यह स्वाभाविक था कि शासकगण भुलावे में आकर यह मान लेते कि प्रतिष्ठित और प्रभावशाली लोग, विद्रोह को बढ़ावा देने वालों और नेताओं के रूप में उसमें शामिल थे। लेकिन हकीकत यह है कि इनमें से किसी भी व्यक्ति को आध्यात्मिक मार्गदर्शक के रूप में आदर नहीं दिया जाता था। इसके बरअक्स, उनकी कोई प्रतिष्ठा नहीं थी और सभी अच्छे मुसलमान उनसे दिली नफ़रत करते थे, क्योंकि उन्होंने इन असभ्य नकली मौलवियों के असली चरित्र को भाँप लिया था। जो दरअसल आलिम और पारसा मौलवी और दरवेश थे वे इस विद्रोह से अलग-थलग रहे और उन्होंने उससे लेश मात्र भी जुड़कर ख़ुद को दूषित नहीं किया। उन्होंने तो बल्कि इसे हद दर्जे का कुख्यात और आपराधिक विद्रोह कह कर इसकी भर्त्सना और निंदा की। केवल एक अपवाद को छोड़कर मुझे ऐसा नहीं दिखाई देता कि किसी आलिम और बाअसर मौलवी ने इस विद्रोह में भाग लिया हो। मुझे नहीं मालूम कि उन पर ऐसा क्या कुछ हावी हो गया कि जिसकी वज़ह से उन्होंने ऐसा काम किया। लेकिन यकीनन उनकी समझ में कोई फेर आ गया होगा; और हम जानते हैं कि इन्सान ख़ता का पुतला है।[2]

सर सय्यद ने जिस ऐंग्लो-ओरियेंटल कालिज की स्थापना की थी उसके घोषित उद्देश्यों में से एक था ब्रिटिश शासकों के प्रति वफ़ादारी। उन्होंने जिस इंडियन पेट्रियाटिक एसोसिएशन की स्थापना की थी उसका प्रमुख उद्देश्य था ब्रिटिश शासन की बुनियाद को मज़बूत बनाना। उन्होंने उदीयमान कांग्रेस का ज़ोरदार विरोध किया और मुसलमानों को उसके सत्रों में भाग लेने के वास्ते प्रोत्साहित करने के लिए न्यायाधीश बद्रुद्दीन जैसे व्यक्तियों पर उन्होंने व्यंग्य की खूब बौछार की। उन्होंने लोकतंत्रीकरण और ब्रिटिश शासन से आजादी की माँग का ज़ोरदार विरोध किया, क्योंकि उनका कहना था कि इन दोनों से मुसलमान हिंदुओं के समुद्र में डूब जाएँगे।

इस प्रकार दो दृष्टिकोण के बीच की विसंगति अंग्रेजों के चले जाने तक बनी रही। बल्कि उसके साथ एक विसंगति और जुड़ गई, और वह थी पाकिस्तान की माँग को लेकर अलग-अलग वर्गों के उलमा का अलग-अलग रवैया।

सभी इस बात पर सहमत थे कि जायज़ उद्देश्य केवल एक हो सकता है : एक मज़हब के तौर पर इस्लाम और एक समुदाय के तौर पर मुसलमानों के हितों को बढ़ावा देना। मतभेद इसलिए पैदा हुए क्योंकि इस बात को लेकर जो जायज़े लगाए जा रहे थे कि कौन सा रास्ता इस्लाम और मुसलमानों के हितों को साधने में सहायक सिद्ध होगा, वे अलग-अलग थे। कुछ का यह मानना था कि ब्रिटिश शासन के जारी रहने से, और दूसरों ने घोषणा की कि उन्हें निकाल बाहर करने से इस उद्देश्य की पूर्ति हो सकेगी। कुछ यह महसूस करते थे कि उपमहाद्वीप के एक हिस्से में एक पूर्णतः इस्लामी देश बना दिया जाए, और दूसरों का यह मानना था कि उपमहाद्वीप को संगठित रखकर पूरे क्षेत्र में इस्लाम के प्रभाव को बढ़ाया

जाए। इससे आगे और भी उप-विभाजन थे : कुछ लोग ऐसे थे जो इस बात को लेकर तो आपस में सहमत थे कि ब्रिटिश लोगों को निकाल बाहर किया जाए, लेकिन किस तरह से, इस बात को लेकर उनमें असहमति थी। कुछ का यह मानना था कि ऐसा करने के लिए मुसलमानों को अकेले संघर्ष करना चाहिए, जबकि दूसरों का यह कहना था कि इस उद्देश्य के लिए काफ़िरों का साथ हासिल करने के सिवाय और कोई चारा नहीं।

बहिस मुबाहिसों में काफ़ी गहमा-गहमी रहा करती थी। आज उन्हें जिस रूप में पेश किया जाता है, वह इस बात पर निर्भर करता है, कि किसी लेखक विशेष की दृष्टि में क्या कुछ उसके विषयानुकूल है।

पाकिस्तान के लेखक श्री आई.एच. कुरेशी ने उन उलमा पर अपने लेखन को केंद्रित किया है जिनके कार्यकलापों, उपदेशों और मज़हबी दलीलों से देश को विभाजित करने के आंदोलन को बल मिला था। मुशीरुल हसन जैसे भारतीय मुसलमान विद्वानों ने श्रमपूर्वक जमायत-उल-उलमा-ए-हिन्द आदि से जुड़े उन उलमा पर अपना ध्यान केंद्रित किया है जिन्होंने अखंड भारत के लिए आज़ादी की आम लड़ाई में हिस्सा लिया था। यह एक मोहक कहानी है। लेकिन उस पर विस्तृत चर्चा करने से ज़्यादा विषयांतर हो जाएगा। हमारे वर्तमान सरोकार के लिए इस चर्चा का महत्त्व दो दृष्टियों से है। पहली, क्योंकि उलमा के बीच बहस के मुद्दे 'मज़हबी' थे, इसलिए इस बहस से हमें यह पता लगाने में मदद मिलती है कि प्रत्येक पक्ष ने अपनी स्थिति को मज़बूत करने के लिए कौन सी 'मज़हबी' दलीलें जुटाई हैं। दूसरी बात ज़्यादा विशिष्ट है और इस अध्याय के विषय की दृष्टि से, हम उसी पर अपना ध्यान ज़्यादा केंद्रित करेंगे।

जिस बात का यहाँ ज़िक्र किया जा रहा है वह आकस्मिक परिस्थिति में खड़ी हो गई। अखंड भारत के लिए मुख्य स्वतंत्रता संग्राम का नेतृत्व महात्मा गाँधी अर्थात् एक काफ़िर कर रहे थे। वे ऐसे व्यक्ति थे जो कुफ्र से ओतप्रोत थे और उसके प्रति दृढ़ आस्था रखते थे। जब एक अलग इस्लामी राज्य पाकिस्तान के आंदोलन ने ज़ोर पकड़ा, तो उस समय आंदोलन का नेतृत्व मुहम्मद अली जिनहा कर रहे थे, जो कि एक शिया थे। मुफ़्ती किफ़ायतुल्लाह जैसे उलमा की निगाह में शिया यद्यपि पूरी तरह से गुमराह हो चुके थे, लेकिन फिर भी वे एक इस्लामी समूह थे। लेकिन मुश्किल यह थी कि श्री जिनहा शियाई मानदंडों का भी पालन नहीं कर रहे थे। बल्कि हकीकत यह है कि उलमा की निगाह में इस्लाम के जो अनिवार्य तत्त्व थे उनके प्रति वे खूब ज़ाहिराना तौर पर अवज्ञा प्रकट करते थे। दूसरी तरफ़ कई उलमा—जैसे कि सभी बरेलवियों—ने बार-बार यह घोषित किया था कि शिया अब मुसलमान नहीं रहे। यहाँ आकर नेता के रूप में दो व्यक्तियों के बीच चुनाव करने का सवाल पैदा हुआ, जिनमें से एक थे महात्मा गाँधी जो पूरी तरह से काफ़िर थे, और दूसरे थे जिनहा

जो बहुत से लोगों की दृष्टि में मुर्तद (धर्मत्यागी) थे। लेकिन कुछ लोग ऐसे भी थे जो उन्हें बराएनाम एक मुसलमान समझते थे।

मुफ़्तियों और मौलानाओं ने जो एक-दूसरे पर फ़तवे उछाले उनसे हमें उन सामान्य सिद्धांतों को स्पष्ट करने में मदद मिलती है जिन पर हम विचार कर रहे हैं। मुसलमानों का काफ़िरों के प्रति रवैया, जिन परिस्थितियों में और जिन उद्देश्यों के लिए वे काफ़िरों के साथ काम कर सकते हैं—इन सब प्रश्नों पर सविस्तार चर्चा की गई है। इस चर्चा से जो तस्वीर उभर कर सामने आती है वह आश्वस्त करने वाली नहीं है। उदाहरण के लिए जिन उलमा ने मुसलमानों को हिंदुओं का साथ देने का उपदेश दिया था, उन्होंने ऐसा इसलिए किया था, क्योंकि उसके पीछे ऐसे कारण थे जिनसे उन आशंकाओं की पुष्टि होती है जो पूर्वोक्त सामग्री का अध्ययन करने के बाद हमारे सामने आती हैं।

मुफ़्ती किफ़ायतुल्लाह

मुफ़्ती किफ़ायतुल्लाह उन लोगों में से थे जो हिंदुओं के साथ मिलकर अंग्रेजों को निकाल बाहर करने के प्रबल समर्थक थे। उन्होंने ख़िलाफ़त आंदोलन और कई अन्य अभियानों का भी समर्थन किया। दूसरी तरफ़ मौलाना अहमद रज़ा ख़ान हर ऐसे काम का विरोध कर रहे थे, जिसमें मोमिनों को चाहे अनचाहे काफ़िरों का साथ देना पड़ता, जिसमें उन्हें—एक क्षण के लिए भी और इस्लामी उद्देश्यों की पूर्ति के लिए भी—एक काफ़िर का नेतृत्व स्वीकार करना पड़े। उपर्युक्त दोनों मुफ़्तियों के कुछेक प्रतिनिधि फ़तवों में हमें दोनों तरफ़ की स्थितियों की झलक मिल पाएगी।

मुफ़्ती किफ़ायतुल्लाह से पूछा जाता है : यदि कोई गाँधी का अनुसरण करता है तो क्या वह काफ़िर है? इस पर मुफ़्ती साहब अपना फ़ैसला देते हैं : राजनीतिक आधार पर किसी मुसलमान को काफ़िर कहना बहुत ग़लत है। यदि कोई व्यक्ति किसी राजनीतिक कार्यक्रम में गाँधीजी के साथ है, लेकिन वह अपने मज़हब और अपने अकीदों को बरकरार रखता है तो उससे शरीअत की ख़िलाफ़वर्ज़ी नहीं होती। जो मुसलमान दूसरे मुसलमान पर काफ़िर होने का इलज़ाम लगाता है और यह कहता है तुम्हारा हश्र भी वही होगा जो कि गाँधी का—जैसा कि मौलाना अहमद रज़ा ख़ान किसी भी ऐसे मुसलमान के बारे में लगातार कहते रहे हैं जिसने काफ़िरों का केवल साथ दिया है—उसे ख़ुद अपने ईमान की फ़िक्र करनी चाहिए। लेकिन अगर कोई इस्लाम पर ईमान तो लाता है लेकिन सार्वजनिक रूप से उसकी पुष्टि नहीं करता तो वह मुसलमान ही नहीं है।[3]

आलोचक इस पर कहते हैं, लेकिन उनका (गाँधी का) कहना है कि वे राजनीति को अपनी 'भीतरी आवाज़' के मुताबिक चलाते हैं और उनकी यह 'आवाज़' इस्लामी

आवाज़ नहीं है। इस पर किफ़ायतुल्लाह स्पष्ट करते हैं, गाँधीजी उन लोगों को अपने रंग में रंगने की कोशिश कर सकते हैं जो उनके अपने धर्म के हैं। ग़ैर हिंदू उन विश्वासों से प्रभावित नहीं होते। इसके बाद मुफ़्ती साहब घोषित करते हैं; और न ही मुसलमानों द्वारा एक क्षण के लिए भी अहिंसा को एक धार्मिक आदेश या विश्वास के रूप में स्वीकार किया जाएगा और न ही उनके द्वारा उस रूप में उसका पालन किया जाएगा। इसे इन मजबूरी के हालात में फ़िलहाल एक आरज़ी नीति के तौर पर स्वीकार किया गया है और शरीअत में ऐसा करने के लिए कोई निषेध भी नहीं है। आगे किफ़ायतुल्लाह साहब स्पष्ट करते हैं कि जहाँ तक गाँधीजी के व्रत रखने का और मौन व्रत रखने का सवाल है, और उनके इस दावे का सवाल है कि वे खुद के संपर्क में हैं, ये सब उनके व्यक्तिगत व्यवहार हैं। मुसलमानों का उनके इन व्यवहारों से कोई संबंध नहीं है। कोई भी व्यक्ति किसी विदेशी ताकत को निकाल बाहर करने के उद्देश्य से किसी व्यक्ति या संगठन के साथ मिलकर कार्रवाई कर सकता है। कोई भी किसी ऐसे व्यक्ति या संगठन के साथ मिलकर कार्रवाई कर सकता है जो इस राजनीतिक उद्देश्य को प्राप्त करने की रणनीतियों से परिचित है, लेकिन उस उद्देश्य की राजनीतिक आवश्यकताओं की हद तक। किफ़ायतुल्लाह जो कि गाँधीजी के साथ और उनके नेतृत्व में काम करने के समर्थक थे, स्पष्ट करते हैं कि इसके अलावा व्यक्ति या संगठन का कोई महत्त्व नहीं है। कुरआन में किए गए निषेध के संदर्भ में वे स्पष्ट करते हैं कि हिंदुओं के साथ सहयोग करने का मतलब उन्हें अपना राज़दार बनाना नहीं है। यह ठीक उसी तरह से है जैसे कि एक मुहल्ले में रहने वाले हिंदू और मुसलमान चोरों को खदेड़ने के लिए आपस में मिल जाएँ। किफ़ायतुल्लाह साहब आगे लिखते हैं, जहाँ तक गाँधीजी की आध्यात्मिकता का संबंध है, इस्लाम के बाद और इस्लाम के अलावा, मुसलमानों के दृष्टिकोण से कोई और आध्यात्मिक या धार्मिक आंदोलन नहीं हो सकता और न ही मुसलमानों की अंतिम बहतरी के लिए कोई और आंदोलन हो सकता है। किफ़ायतुल्लाह साहब बार-बार ख़ुद पैग़ंबर साहिब की मिसाल देकर कहते हैं—कुछ मौकों पर उन्होंने काफ़िरों-यहूदियों की मदद ली और दूसरे मौकों पर उन्होंने उनकी मदद लेने से इंकार कर दिया और उन्हें खत्म कर दिया। फिर एक और मौके पर उन्होंने एक वर्ग के काफ़िरों को ख़त्म करने के लिए दूसरे वर्ग के काफ़िरों की मदद ली। इस प्रकार उनका निर्णय समय और परिस्थितियों के साथ-साथ बदलता रहा।[4]

यह एक बहुत ज़रूरी बात है : हमारा एकमात्र उद्देश्य है इस्लाम और मुसलमानों के हितों को बढ़ावा देना। किफ़ायतुल्लाह साहब आगे जो़र देकर कहते हैं : आज मुसलमानों को सबसे बड़ा ख़तरा विदेशी ताकत से है। दुर्भाग्यवश मुसलमान अपने बल पर कार्रवाई करके उस ताकत को नहीं खदेड़ सकते। इसलिए आरज़ी व्यावहारिकता के तौर पर मुसलमानों को हिंदुओं के साथ मिलकर कार्रवाई करनी चाहिए। अलबत्ता

ऐसे सहयोग का यह अर्थ नहीं और यह अर्थ होना भी नहीं चाहिए कि हम उन्हें अपना राज़दार बना लें, और न ही यह कि हम उनसे दोस्ती कर लें। किफ़ायतुल्लाह गाँधीजी को एक ऐसे नेता के रूप में देखते और पेश करते हैं जो यह जानता है कि मौजूदा हालात में कौन सी रणनीतयाँ अपनाई जाएँ। वे मानते हैं कि मज़हबी नज़रिए से गाँधीजी एक काफ़िर हैं और वे तब तक काफ़िर रहेंगे, जब तक वे इस्लाम को नहीं अपना लेते।

जिनहा और मुस्लिम लीग के प्रति उनकी आपत्तियों का आधार भी पूरी तरह से रणनीतिक ही था। वे बार-बार ज़ोर देकर कहते हैं, जिनहा और लीग मुसलमानों के हितों को बढ़ावा देने के सही साधन नहीं हैं। और वे अपने कथन की पुष्टि में परोक्ष रूप से जिनहा की निरंकुश प्रवृत्ति की ओर भी ध्यान दिलाते हैं। और उन्होंने पाकिस्तान की माँग पर आपत्ति इसलिए नहीं उठाई थी कि भारत एक है और इसका बटवारा नहीं किया जाना चाहिए। जैसा कि हम देखेंगे कि उनकी आपत्ति यह थी कि पाकिस्तान बना कर उसके समर्थक इस्लाम के प्रभाव को उपमहाद्वीप के एक कोने तक सीमित कर लेंगे और इस प्रकार वे पूरे उपमहाद्वीप में अपना आधिपत्य स्थापित करने के अवसरों को पहले से ही रोक देंगे।

वे घोषित करते हैं, हिंदुस्तान का स्वतंत्रता आंदोलन एक देशभक्तिपूर्ण आंदोलन है। हर देशभक्त हिंदुस्तानी के लिए यह लाज़िमी है कि वह इसमें हिस्सा ले।[5]

हिंदुस्तान में एक विदेशी (ब्रिटिश) सरकार हुकूमत करती है, किफ़ायतुल्लाह साहब लिखते हैं, इसने सामन्यतः हिंदुस्तानियों को और ख़ासतौर पर मुसलमानों को बेहद नुक्सान पहुँचाया है। जब इस विदेशी सरकार से आज़ादी हासिल करने के लिए इस देश के वासी संघर्ष करते हैं तो इस आंदोलन में शामिल होना मुसलमानों के लिए उतना ही लाजिमी फर्ज़ बनता है जितना कि ग़ैर मुसलमानों का। और जब तक हिंदुस्तान की पूरी आबादी आज़ादी के इस आंदोलन में शामिल नहीं होती तब तक कामियाबी मिलने वाली नहीं है। वे आगे लिखते हैं : एक मुसलमान कांग्रेस में रह कर भी पाक बना रह सकता है। जमायत-उल-उलमा-ए-हिन्द ने इस सिद्धांत पर काम किया है। लेकिन ऐसा करने के साथ-साथ, अपनी कौमी और मज़हबी ज़िंदगी के हित में मुसलमानों के लिए यह ज़रूरी है कि वे भीतरी संगठन और सामूहिक शक्ति को सुदृढ़ बनाने के लिए संघर्ष करें। इन कामों के लिए जमायत-उल-उलमा-ए-हिन्द उपलब्ध है।[6]

बार-बार प्रश्नकर्ता और आलोचक मुफ़्ती से कुरआन की उन आयतों के संदर्भ में सवाल करते रहे जिनमें मोमिनों को काफ़िरों से दोस्ती करने के लिए मना किया गया है, जिनमें उन्हें यह चेतावनी दी गई है कि काफ़िर और कुछ नहीं मोमिनों को सिर्फ़ नुक्सान ही पहुँचाना चाहता है। मुफ़्ती साहब ने उन्हें स्पष्ट किया कि आयत का तात्पर्य यह है कि इस दुनिया में सम्मान प्राप्त करने के उद्देश्य से काफ़िरों के

साथ दोस्ती करना ठीक नहीं है। लेकिन अगर उद्देश्य दीन की रक्षा करना हो और वह उद्देश्य काफ़िरों के साथ मिलकर कार्रवाई करने से पूरा हो सकता हो—जो कि उनके साथ दोस्ती करने या उनके प्रति स्नेह होने से बिल्कुल अलग बात है—तो इस प्रकार की संयुक्त कार्रवाई उक्त आयत में निहित निषेध के अंतर्गत नहीं आती। कई प्रकार के शब्दकौशल का इस्तेमाल करते हुए, जो कि उनकी निपुणता का द्योतक है, किफ़ायतुल्लाह साहब फ़रमाते हैं, कि अगर उस संयुक्त कार्रवाई से दुनियाबी फ़ायदा भी हासिल किया जा सके, तो वह और बात है।

नरमपंथी किफ़ायतुल्लाह साहब फ़रमाते हैं, जब मुसलमानों में अकेले दुश्मन का सामना करने और अपनी रक्षा करने की ताकत पैदा हो जाए, तो उस हालत में निस्संदेह काफ़िरों की मदद लेना जायज़ नहीं है। लेकिन ऐसे वक्त पर जब एक ग़ैर-मुस्लिम ताकत मुसलमानों को तबाह करने पर तुली है, तो शरीअत का यह हुक्म नहीं है कि तुम अपने को तबाह तो होने दो लेकिन काफ़िर के साथ संयुक्त कार्रवाई के ज़रिए ख़ुद को मत बचाओ।

किफ़ायतुल्लाह साहब आगे फ़रमाते हैं : मज़हब पूरी तरह से शरीअत की राजनीति है और शरीअत में परिवर्तन मज़हब के मुताबिक और उस हद तक किए जाएँगे जिस हद तक कुरआन और हदीस उनकी इजाज़त देते हैं...आज़ादी के लिए लड़ने के मकसद से ग़ैर मुसलमानों का साथ देने के बारे में शरीअत में कोई निषेध नहीं है।

इसके अलावा क्योंकि हिंदुस्तान मुसलमानों का भी देश है, इसलिए इस पर अंग्रेजों का कब्ज़ा रहना मुसलमानों के लिए भी ठीक नहीं है। इसलिए जब आज़ादी की लड़ाई शुरू की जाए तो मुसलमानों का भी यह लाज़िमी फ़र्ज़ बनता है कि वे भी उसमें शामिल हों। किफ़ायतुल्लाह साहब घोषित करते हैं : हिंदू तो अपने देश को आज़ाद कराने के लिए संघर्ष करते रहें और मुसलमान अपनी भूमि को एक विदेशी ताकत के कब्ज़े में रहनें दें, यह मुसलमानों के लिए शर्म और ज़िल्लत की बात है।

इस पर आलोचकों और प्रश्नकर्ताओं ने पूछा : अगर यह बात है तो भी मुसलमान मुस्लिम लीग के साथ मिलकर और उसके माध्यम से काम क्यों न करें? वे कांग्रेस में शामिल होने की बात तो दूर उसे सहयोग भी क्यों दें? इस पर किफ़ायतुल्लाह साहब स्पष्ट करते हैं, अगर मुस्लिम लीग का भी मकसद हिंदुस्तान को आज़ाद कराने के लिए जान और माल की कुर्बानी देना है तो यह मकसद बहुत सही और ठीक है, और अगर समझदार और दुरुस्त राय रखने वाले लोग इस नतीजे पर पहुँचते हैं कि अकेले मुस्लिम लीग आज़ादी हासिल कर सकती है तो बिना शक मुसलमानों के लिए यह लाज़िमी है कि वे लीग में शामिल हो जाएँ और कांग्रेस का साथ न दें। लेकिन तब मुसलमानों के सामने एक सवाल खड़ा होगा : अगर मुसलमान जो

संख्या, शिक्षा और संपत्ति की दृष्टि से कमज़ोर हैं और हिंदुओं के मुकाबले एक-चौथाई भर ताकत रखते हैं, अगर वे अकेले अंग्रेज़ों को निकाल सकते हैं तो 24 करोड़ हिंदू, जो कि मुसलमानों की तुलना में दुगुनी संख्या में हैं और शिक्षा और संपत्ति की दृष्टि से और भी अधिक शक्तिशाली हैं, तो वे ख़ुद से अंग्रेजों को देश से क्यों नहीं निकाल सकते?

इस प्रकार किफ़ायतुल्लाह यह निष्कर्ष निकालते हैं कि हिंदुओं के साथ सहयोग करना हमारी अपनी मंज़िल तक पहुँचने के लिए, हमारा अपना मकसद हासिल करने के लिए सही है। आज़ादी की लड़ाई में भाग लेकर, दूसरे समुदाय भी देश के प्रति अपने दायित्व को निभा रहे हैं।[7]

किफ़ायतुल्लाह साहब घोषित करते हैं : मुस्लिम मामलों में ग़ैर-मुसलमानों का नेतृत्व स्वीकार करना ठीक नहीं है। लेकिन राजनीतिक या आर्थिक मामलों में, किसी ज़रूरत की वजह से किसी ग़ैर-मुसलमान का नेतृत्व स्वीकार करना या ग़ैर मुसलमानों के साथ मिलकर काम करना मना नहीं है। वे कई प्रकार की ऐसी स्थितियों का उल्लेख करते हैं, जिनमें ऐसा करना अपरिहार्य हो जाता है जैसे : किसी नगर पालिका या परिषद् के अध्यक्ष के रूप में किसी ग़ैर-मुसलमान को स्वीकार करना, पुलिस या सशस्त्र सेना में किसी ग़ैर-मुसलमान अधिकारी का नेतृत्व स्वीकार करना, या किसी दुकान में किसी ग़ैर मुसलमान की साझेदारी, ब्रिटिश सरकार और उसके कानूनों की तामील करना, किसी ग़ैर मुसलमान डाक्टर या हकीम की सलाह पर अमल करना। इसी प्रकार, वे कहते हैं ब्रिटिश हुकूमत को देश से निकालने और इस्लामी दुनिया और इस्लामी राष्ट्र को जो यह नुकसान पहुँचा रही है, उसे समाप्त करने के लिए मुसलमानों का दूसरों को सहयोग देना सही है। वे फ़रमाते हैं इस्लामी अधिकारों की रक्षा के लिए आदमी कांग्रेस में भी शामिल हो सकता है, क्योंकि वह राष्ट्र हित में और देश को विदेशी हुकूमत से मुक्ति दिलाने के लिए काम कर रही है।[8]

कुछ ऐसे फ़तवों के जवाब में जिनमें मुसलमानों को कांग्रेस से दूर रहने को कहा गया था, मुफ़्ती साहब जोर देकर कहते हैं : यह एक राजनीतिक पार्टी है, कोई धार्मिक संस्था नहीं। जो संविधान इस समय है वह लोकतांत्रिक और प्रगतिशील नज़रिया होने के कारण जो संविधान आगे भी हिंदुस्तान में सफल हो पाएगा, वह लोकतांत्रिक ही होगा। इसमें हर कौम को अपनी आबादी के मुताबिक हिस्सा मिलेगा। या तो मुसलमानों को आज़ादी की लड़ाई में शामिल न होकर यह घोषणा कर देनी चाहिए कि उसे ब्रिटिश हुकूमत की मातहती और गुलामी मंज़ूर है या फिर उन्हें यह घोषित करना चाहिए कि वे अपने प्रयासों से एक स्थायी इस्लामी राज्य की स्थापना करेंगे, या फिर उन्हें कांग्रेस में शामिल होकर कुछ उपयुक्त काम संभाल लेना चाहिए। वे व्यक्तिगत या सामूहिक रूप से ऐसा कर सकते हैं; बल्कि सामूहिक रूप से काम करना बहतर होगा। किफ़ायतुल्लाह साहब फ़रमाते हैं; बहरहाल शम्मलियत पूरे दिल

से होनी चाहिए। ऐसा नहीं होना चाहिए कि काम करने के वक्त वे अलग होकर बैठ जाएँ और अपना हिस्सा मांगने के लिए वे अपने हाथ फैला दें।[9]

किफ़ायतुल्लाह साहब से पूछा जाता है : क्या जिनहा को नेता माना जाए, जो कि एक शिया हैं, या गाँधी को, जो कि एक हिंदू हैं? मुफ़्ती साहब इसके जवाब में कहते हैं, शिया भी इस्लाम का ही फ़िर्का है। वे आगे कहते हैं : मैं मानता हूँ कि शियाओं के कुछ फ़िर्के इस्लाम से बाहर हो चुके हैं, लेकिन इसके बावजूद उनकी गिनती इस्लाम के भीतर ही की जाती है। उनका दर्जा भी वही है जो कि दूसरे अहल-ए-किताब यानि यहूदियों और ईसाइयों का है। मुसलमानों का नेता या मार्गदर्शक वह होना चाहिए जो शरीअत और इस्लाम के फ़रमानों को मानने वाला हो—जो कि, ज़ाहिर है, जिनहा साहब नहीं हैं। इसके बाद हमेशा की तरह व्यवहारकुशल किफ़ायतुल्लाह साहब आगे फ़रमाते हैं, लेकिन अगर शरीअत और इस्लाम के फ़रमानों को मानने वाला कोई भी व्यक्ति न मिले, या मुसलमान अपनी ही बदकिस्मती से ऐसे व्यक्ति को अपना नेता न बना सकते हों, तो किसी राजनीतक नेता का नेतृत्व अनुमत्य है, चाहे वह जिनहा हो, या गाँधी, बशर्ते कि इस प्रकार के नेता का मार्गदर्शन उपयोगी और विश्वस्त हो।[10]

किफ़ायतुल्लाह आगे स्पष्ट करते हैं मुस्लिम लीग के पास आज़ादी हासिल करने का कोई व्यावहारिक कार्यक्रम नहीं है। अगर मुस्लिम लीग से किसी उपयोगी और कारगर कार्रवाई की उम्मीद होती, तो यह सलाह दी जा सकती थी कि उसमें शामिल हो जाओ। कांगेस एक सक्रिय संगठन है। अगर मुसलमान काफ़ी तादाद में उसमें शामिल हो जाएं तो वे अपने हितों की रक्षा भी कर सकते हैं।[11]

यह विवाद पूरे स्वतंत्रता संग्राम के दौरान चलता रहा। हर मोड़ पर यह विवाद भड़क उठता। पोस्टर लगा दिए जाते जिनमें किफ़ायतुल्लाह, अब्दुल बरी और दूसरे उलमा पर तानाकशी की जाती—उनके फ़तवों की निंदा की जाती और बताया जाता कि वे कुरआन की आयतों के सीधे सादे और साफ़ आशय से कितने हटकर हैं। लीग के समर्थकों द्वारा किए गए आमतौर पर गुस्ताख़ और कटु सवालों के जवाबों पर सैकड़ों घनी-घनी लिखावट वाले पृष्ठ ख़र्च हो जाते। वे अपने रुख़ पर अटल रहे।

बहुत से फ़तवों में कुछेक बुनियादी बातों को दोहराया जाता रहा है। फिर भी उन पर कुछ विचार कर लेना सार्थक होगा। किफ़ायतुल्लाह से जो सवाल किए गए, जिन शब्दों में उन्होंने अपने रुख को जायज़ बताया और कांग्रेस के बारे में, मुस्लिम लीग के बारे में, गाँधीजी और जिनहा के बारे में उन्होंने जो कुछ कहा—उन सब बातों से हमें काफ़ी जानकारी मिलती है। किए गए सवालों और उनके जवाबों, और दिए गए तर्कों से हमें मुस्लिम समुदाय की मानसिकता और उन धारणाओं के बारे में पता चलता है जो उसमें कूट-कूट कर भरी जाती रही थीं, और जिन्हें उसने

आत्मसात कर लिया था। इनसे हमें उलमा में से नरमपंथी और राष्ट्रवादी उलमा के मूल्य और उद्देश्य भी जानने को मिलते हैं।

किफ़ायतुल्लाह से वही ख़ास किस्म का सवाल पूछा जाता है—जमायत-उल-उलमा-ए-हिंद मुस्लिम लीग के ख़िलाफ़ एतराज़ क्यों उठाती है, जबकि मुस्लिम लीग मुसलमानों को एकजुट और संगठित करने की कोशिश कर रही है और उसने यह घोषणा भी कर दी है—यह बात 1939 की है—कि वह पूरी आज़ादी के पक्ष में है। किफ़ायतुल्लाह अपनी राय ज़ाहिर करते हुए कहते हैं : ज़्यादातर मुस्लिम लोग यह मानते हैं ब्रिटिश हुकूमत ख़ुदा के एहसान की छाया है और वे अंग्रेज़ों के लबादे में पनाह लेना चाहते हैं। वे ब्रिटिश हुकूमत का समर्थन करते हैं और अंग्रेज़ी ताकत की बुनियाद को मज़बूत बनाना चाहते हैं। वे सिर्फ़ पूँजीवाद का समर्थन ही नहीं करते, बल्कि उसे स्थायी प्रणाली के रूप में स्थापित भी करना चाहते हैं। वे कौम के लिए कोई ठोस काम नहीं करते। वे दरअसल मुस्लिम लीग की सदस्यता और उसमें हासिल किए गए ओहदे को प्रतिष्ठा और शान का ज़रिया बना लेते हैं और इनके माध्यम से शासकों से ऊंचे अलंकरण प्राप्त कर लेते हैं। यह सही है कि लीग ने पूरी आज़ादी को अपना अंतिम लक्ष्य घोषित किया है, लेकिन उसने यह भी स्वीकार किया है कि मुसलमान अकेले पूरी आज़ादी हासिल नहीं कर सकते। इसके बावजूद मुस्लिम लीग आज़ादी के रास्ते—अर्थात् हिंदू मुस्लिम एकता को नहीं अपना रही। ऐसे हालात में उनकी आज़ादी की घोषणा को धोखेबाज़ी नहीं तो और क्या समझा जाए?

मुफ़्ती साहब से पूछा जाता है क्या जमायत-उल-उलमा-ए-हिन्द मुस्लिम लीग में शामिल होकर उसको स्वच्छ नहीं बना सकती? किफ़ायतुल्लाह इसके जवाब में कहते हैं, अनुभव से यह सिद्ध हुआ है कि मुन्किरों (इस्लाम को न मानने वालों) की जमायत मुस्लिम लीग में शामिल होकर उसे स्वच्छ बनाना असंभव है। लीग के मुताबिक इस समय 90 प्रतिशत मुसलमान मुस्लिम लीग में हैं। ये 90 प्रतिशत मुसलमान क्या एक भी मुन्किर को लीग से हटा पाए हैं? यह भी कहा जाता है कि 80 प्रतिशत उलमा भी लीग के साथ हैं। लेकिन क्या इन 80 प्रतिशत उलमा का लीग पर कोई प्रभाव है? अगर कोई प्रभाव है तो लीग के मंचों से उलमा के उसी प्रभाव को समाप्त करने के लिए और ख़ुद उलमा को ज़लील और बदनाम करने की ज़ोरदार कोशिशें की जा रही हैं। उसकी बज़ाए मोमिनों से यह कहा जाता है कि वे एक व्यक्ति का अनुसरण करें—किफ़ायतुल्लाह अपनी बात को पूरा करते हुए कहते हैं :

कांग्रेस एक मिलाजुला संगठन है। अपने मज़हब पर अटल रहते हुए मुसलमान कांग्रेस में शामिल हो सकते हैं। जिनहा का परोक्ष रूप से उल्लेख करते हुए, जो कि उनकी ख़ासियत थी, किफ़ायतुल्लाह कहते हैं : ग़ैर-कांग्रेसी मुसलमानों में से बहुत से लोग इस्लाम के प्रति उपेक्षाशील हैं और वे पश्चिमी शिक्षा और योरुपीय सभ्यता

से प्रेम करते हैं। कांग्रेस में रहकर कांग्रेसी मुसलमान अपने को इस्लाम से दूर नहीं हटा ले गए जैसा कि योरुपीय सभ्यता से प्यार करने वाले ग़ैर कांग्रेसी मुसलमान कर रहे हैं।[13]

किफ़ायतुल्लाह से पूछा जाता है : क्या मुस्लिम लीग और जमायत के बीच के मतभेदों से मुसलमानों में विभाजन पैदा नहीं हो गया और इससे उन्हें क्या नुक्सान नहीं पहुँचा? हाँ, बेशक ऐसा हुआ है, वे जवाब में कहते हैं। लेकिन इसकी जिम्मेदारी किस पर डाली जा सकती है? सिर्फ़ मुस्लिम लीग पर ही। क्योंकि आमतौर पर वही मुसलमानों को उलमा के ख़िलाफ़ भड़काती रहती है, अलग-अलग किस्म के फ़साद पैदा करती रहती है। यह एक मुसलमान को दूसरे के ख़िलाफ़ और ख़ास तौर पर कांग्रेसी मुसलमानों के ख़िलाफ़ उभारती रहती है। हाल ही में अख़बारों में जिनहा साहब के बयान छपे थे, जिनमें उन्होंने मुस्लिम लीगियों को जमायत-उल-उलमा-ए-हिन्द की सभाओं में जाने से मना किया है। इस बयान से आप लीग के कायद-ए-आज़म की मानसिकता का अंदाज़ा लगा सकते हैं, और यह जान सकते हैं कि एकता के नाम पर वे किस तरह मुसलमानों के बीच मतभेद और फूट पैदा कर रहे हैं।[14]

जब किफ़ायतुल्लाह साहब से पूछा जाता है कि मुसलमान आज़ादी की लड़ाई में हिस्सा क्यों लें, क्योंकि बाद में हुकूमत तो बहुसंख्यकों के हाथ में चली जाएगी ? किफ़ायतुल्लाह इसके जवाब में सवाल करते हैं : लेकिन क्या मुस्लिम लीग इस्लामी राज्य कायम करने के लिए संघर्ष कर रही है? उसने भी गोलमेज़ कांफ्रेंस के बाद पारित किए गए 1935 के भारत सरकार के अधिनियम में संयुक्त शासन के सिद्धांत को स्वीकार किया है। अगर हिंदू अंग्रेज़ों को देश से न निकालना चाहें तो जमायत-उल-उलमा-ए-हिन्द उनके साथ मिलकर कोई संयुक्त कार्रवाई नहीं करेगी। यह संयुक्त कार्रवाई केवल ब्रिटिश ताकत को कमज़ोर करने और हिंदुस्तान को अंग्रेज़ों से रिहा करने तक ही सीमित है।[15]

जबकि कुछ लोगों के लिए गाँधीजी समस्या बने हुए थे, तो कुछ और लोगों के लिए कांग्रेस के प्रगतिशील और धर्मनिपेक्षवादी नेता मुश्किलात पैदा कर रहे थे। एक प्रश्नकर्ता पूछता है : क्या गारंटी है कि कांग्रेस के अंतर्गत आज़ादी हासिल करने के बाद मुसलमानों के अधिकारों और मज़हब की रक्षा की जाएगी, जबकि इसके नेता मज़हब का नाम लेने तक को प्रतिक्रियात्मक मानते हैं और उसे 'साम्प्रदायिकता' का नाम देते हैं? इसके जवाब में किफ़ायतुल्लाह साहब लिखते हैं : मुसलमान अपनी ताकत और बलिदान से अपने मज़हबी और राजनीतिक अधिकारों की रक्षा कर सकते हैं। उसके लिए उन्हें कांग्रेस या अंग्रेज़ों के कस्मों-वादों की ज़रूरत नहीं।[16]

एक ग़ैर मुसलमान कहता है : कानूनों की अवज्ञा करो ताकि रामराज कायम किया जा सके; एक ग़ैर-मुसलमान कहता है खद्दर पहनो और मुसलमान उसके आदेश

का पालन करके गर्व अनुभव करता है और दूसरे मुसलमानों से भी ऐसा करने को कहता है। वह उन लोगों से नफ़रत करता है जो ऐसा नहीं करते। एक ग़ैर मुसलमान कहता है नमक पर कर मत दो...क्या मुसलमानों का आचरण ऐसा होना चाहिए?—एक आलोचक किफ़ायतुल्लाह से पूछता है।

किफ़ायतुल्लाह डाँट कर कहते हैं, यह सवाल सीधे तौर पर पूछा जाना चाहिए था। एक विदेशी ताकत ने दूर से आकर हमारे देश को फ़तह किया है। वह इसका शोषण कर रही है और इसकी धन दौलत को ले जा रही है; और सभी लोग इसे देश से निकालना चाह रहे हैं...और एक ग़ैर मुसलमान उस ताकत से लड़ने का रास्ता दिखा रहा है और वह लोगों को उससे लोहा लेने के लिए प्रेरित कर रहा है...क्या ऐसे शख़्स का अनुसरण किया जाना चाहिए? हिंदुस्तान में दोनों कौमें अपने अपने मज़हबी उसूलों के मुताबिक रहती हैं। उनका पहला फ़र्ज़ यह बनता है कि वे अपनी भूमि को ऐसी विदेशी ताकत द्वारा उस पर ज़बरदस्ती किए गए कब्ज़े से मुक्त कराएँ। हज़ारों मील दूर से आई इस विदेशी जाति को निकाल बाहर करने के लिए हमें सबके साथ सहयोग करना चाहिए। जो दमन किया जा रहा है, उसकी ज़िम्मेदारी सरकार पर है न कि उस नेता या समूह पर जो अपने अधिकारों के लिए लड़ रहा है। यह सही है कि यह रास्ता जोखिमों और ख़तरों से भरा है, लेकिन इसके सिवाय कोई और रास्ता भी तो नहीं है। और जो लोग इस संघर्ष में मृत्यु को प्राप्त होंगे वे शहीद कहलाएँगे; उन्हें आत्महंता कहना शरीअत के बिल्कुल ख़िलाफ़ है। यह अज्ञान का प्रचार करना है।

उन्होंने—गाँधीजी ने—खद्दर पहनने की सलाह अपनी धार्मिक आस्थाओं के कारण नहीं बल्कि विदेशी ताकत को कमज़ोर बनाने और लोगों को मज़बूत बनाने के उपाय के तौर पर दी है। यह उन आदेशों से कहीं ज़्यादा पालन योग्य है जो ग़ैर मुसलमान हुक्मरानों और कचहरियों द्वारा दिए जाते हैं और जिनका पालन किया जाता है। किफ़ायतुल्लाह आगे कहते हैं : बल्कि मैं यह महसूस करता हूँ कि मुसलमानों के लिए खद्दर सबसे अच्छा पहरावा है। इसके अलावा जब खद्दर पहनने वाले का इरादा अपने भाइयों को फ़ायदा पहुँचाने का हो, तब फिर यह एक पत्थर से दो शिकार करने वाली बात हो जाती है। उस हालत में प्रतिफल दुगना हासिल होगा। किफ़ायतुल्लाह लिखते हैं, इसे गाँधी-पुजारी फ़िर्के का आचरण बताना मेरी समझ से बाहर है। बल्कि जो मुसलमान खद्दर पहनता है उसे गाँधी का पुजारी कहना अपने आप में एक बहुत बड़ी बेरहमी है—क्योंकि वे मुसलमान हैं और ख़ुदा को छोड़कर किसी और की इबादत करना उनके ख़याल में भी नहीं आ सकता। वे सिर्फ़ अल्लाह के इबादतगुज़ार होते हैं—पैग़ंबर साहिब के भी नहीं। उसके बावजूद उन्हें गाँधी का पुजारी कहना कितनी बड़ी गुस्ताख़ी और हेकड़ी है।

किफ़ायतुल्लाह आगे स्पष्ट करते हैं कि यह बात सही है कि ख़ुद मुसलमान

न होने के नाते गाँधीजी जो सलाह देते हैं, वह इसलिए नहीं कि उससे शरीअत का पालन होता है। लेकिन हर मुसलमान को यह भी मालूम है कि उनकी दी हुई सलाह शरीअत के ख़िलाफ़ नहीं होती। मिसाल के तौर पर जब वे यह कहते हैं, "शराब मत पीओ" तो वे ऐसा शरीअत का पालन करने के लिए नहीं कहते। लेकिन यह साफ़ ज़ाहिर है कि जो कुछ वे कह रहे हैं वह शरीअत के मुताबिक है और हर मुसलमान को उस पर ग़ौर करना चाहिए।[17]

इस बात को लेकर उलमा के बीच काफ़ी विवाद चलता रहा कि क्या मुसलमानों को और ख़ास तौर पर ख़ुद उलमा को विधान सभाओं में शामिल होना चाहिए या नहीं। जो ऐसा करने के ख़िलाफ़ थे वे कई दलीलों पर ज़ोर दे रहे थे–विधान सभाओं में शामिल होने पर मुसलमान सदस्यों को मजबूरन काफ़िरों से संपर्क रखना पड़ेगा। ख़ासतौर पर मुसलमान महिला सदस्यों को काफ़िर पुरुषों, और मुसलमान पुरुषों को काफ़िर महिलाओं के साथ संपर्क रखना पड़ेगा। इस बारे में किफ़ायतुल्लाह साहब ने फ़रमान दिया कि मुसलमानों को और ख़ास तौर पर उलमा और शेखों को विधानसभाओं में शामिल होना चाहिए। उन्होंने कहा कि यह ज़रूरी है कि इन निकायों में जो प्रस्ताव पारित किए जाएँ वे शरीअत के मुताबिक हों। इसलिए उन्होंने इस बारे में एक फ़तवा जारी किया। इस फ़तवे का अपने आप में एक विशेष महत्त्व है क्योंकि इसमें किफ़ायतुल्लाह वह कारण स्पष्ट करते हैं जिसके आधार पर वे और जमायत-उल-उलमा-ए-हिन्द पाकिस्तान की माँग की मुख़ालिफ़त करते हैं। वे घोषित करते हैं : हमारे नज़रिए से पाकिस्तान की माँग करना मुसलमानों के लिए ख़तरनाक है, क्योंकि न तो असली पाकिस्तान की माँग की जा रही है और न उसे हासिल करने की कोई उम्मीद है। जो पाकिस्तान की माँग कर रहे हैं, वे दरअसल पूरे हिंदुस्तान से इस्लाम की शान को मिटा कर, उसे केवल उसके एक हिस्से तक सीमित करने की माँग कर रहे हैं। और वे इसके बाद आगाह करते हैं कि उस हिस्से में भी एक विरोधी राष्ट्रीय पार्टी, संभवतः हिन्दुओं की, मौजूद है। और इसका मतलब होगा हिंदुस्तान के बाकी हिस्से में करोड़ों मुसलमानों के हाथ पाँव काट कर उन्हें अपने पर छोड़ देना। किफ़ायतुल्लाह साहब आगे कहते हैं, अगर ऐसा हुआ तो यह ख़तरनाक बात होगी, यकीनन बहुत ही ख़तरनाक।[18]

एक और प्रश्नकर्ता तथा आलोचक के सवाल के जवाब में भी किफ़ायतुल्लाह साहब इतना ही प्रभावकारी स्पष्टीकरण देते हैं। प्रश्नकर्ता लिखता है भारत के मुसलमानों में 81 फ़िर्के हैं। अगर उनमें से एक फ़िर्के के सदस्य उस फ़िर्के को छोड़कर इस्लाम के दुश्मनों से जा मिलते हैं, या मुसलमानों के लिए कोई मुसीबत पैदा कर देते हैं तो कियामत के दिन उन्हें मुसलमानों के तौर पर खड़ा किया जाएगा या मुसलमानों के दुश्मनों के साथ? प्रश्नकर्ता कहता है, एक तरफ़ वार्धा है और दूसरी तरफ़ काबा। मुसलमानों को किस तरफ़ जाना चाहिए?

किफ़ायतुल्लाह जवाब की शुरुआत इस प्रकार करते हैं : यह सभी जानते हैं कि जो इस्लाम के दुश्मनों से दोस्ती करता है, वह भी इस्लाम का दुश्मन बन जाता है। लेकिन किसी मौके पर कोई अपना हित साधने या उद्देश्य पूरा करने के लिए इस्लाम के दुश्मनों के साथ जा मिलता है, तो उसकी गिनती नहीं की जाएगी। इसलिए अगर दो दुश्मन हैं और कोई मुसलमान ख़ुद को ताकतवर दुश्मन से बचाने के लिए कमज़ोर दुश्मन से ताकत हासिल कर लेता है, तो उसकी गिनती भी नहीं की जाएगी।

किफ़ायतुल्लाह साहब फ़रमाते हैं, वर्तमान आंदोलन के संदर्भ में वार्धा और काबा का दृष्टांत उपयुक्त नहीं है। यह कहना एक ग़लत इलज़ाम लगाना है कि मुसलमान वार्धा का समर्थन कर रहे हैं। वे अपने अधिकारों के लिए लड़ रहे हैं। अधिकारों के इच्छुक एक तरफ़ के मुसलमान, अधिकारों के इच्छुक एक दूसरे समुदाय का साथ दे रहे हैं। दूसरी तरफ़ के मुसलमान, उनके दावे के मुताबिक, अलग से काम कर रहे हैं। वे भी काबा नहीं जा रहे हैं। दोनों की मंज़िल और मकसद एक है, लेकिन रास्ते अलग-अलग हैं।[19]

किफ़ायतुल्लाह साहब कहते हैं, न तो हिंदू और न अंग्रेज़ इस्लाम के दोस्त हैं। इन दोनों में से जो ज़्यादा ताकतवर है वह मुसलमानों के लिए ज़्यादा नुक्सानदेह है।[20] यह एक ऐसी स्थिति है जिसका एक कार्यात्मक परिणाम हमें 1947 के पहले के हालात में देखने को मिला, जबकि अब ठीक उसके उलट दिखाई दे रहा है।

मुफ़्ती साहब से पूछा जाता है : लेकिन शरीअत के मुताबिक क्या बहुसंख्यक मुसलमानों को—यहाँ इसका अभिप्राय मुस्लिम लीग और उसके अनुयायियों से है—अल्पसंख्यक मुसलमानों—अर्थात् जमायत-उल-उलमा-ए-हिन्द—के साथ शामिल होना चाहिए, या अल्पसंख्यक मुसलमानों को बहुसंख्यक मुसलमानों के साथ? मुफ़्ती साहब से लगातार इस किस्म के सवाल पूछे जाते रहे थे। वे इसका जवाब परोक्ष रूप से और कौशल के साथ देते हैं, जिसके लिए वे प्रसिद्ध थे। वे कहते हैं 'बहुसंख्यक' या 'अल्पसंख्यक' का प्रश्न इस बात पर निर्भर करता है, कि दलील में कितना दम है। अगर विश्व में मुशरिक अधिक संख्या में हों तो मुसलमानों के लिए उनके साथ जा मिलना जायज़ नहीं होगा। और यदि बहुसंख्यक मुसलमान भी सच से दूर हट जाएं, तो जो अल्पसंख्यक मुसलमान सच पर हैं, उनका यह फ़र्ज़ बनता है कि वे सच पर टिके रहें।[21]

एक प्रश्नकर्ता कहता है, श्री जिनहा एक शिया हैं, और फिर पूछता है : क्या वे मुसलमान हैं? दूसरा, मुसलमान होने के नाते वे मुसलमानों की बहतर रक्षा कर सकते हैं या श्री गाँधी, या कांग्रेस का अध्यक्ष या फिर कांग्रेसी हिंदू जो कांग्रेस कार्यकारिणी समिति में बहुसंख्या में हैं? तीसरा, अगर श्री मुहम्मद अली जिनहा यह कहते हैं कि मैं पहले मुसलमान हूँ और बाद में हिंदुस्तानी, तो क्या यह सही है, या फिर कोई व्यक्ति पहले हिंदुस्तानी होता है और बाद में मुसलमान? चौथा, क्या

श्री जिनहा हिन्द की राजनीति और कानून के विशेषज्ञ हैं? ज़ाहिर है कि अंतिम प्रश्न का अभिप्राय भी वही था, जो कि उससे पहले के प्रश्नों का अर्थात् यदि जिनहा भी हिंदुस्तान की राजनीति और कानून के विशेषज्ञ हैं, तो फिर दूसरे विशेषज्ञ—श्री गाँधी की बजाए उनका अनुसरण क्यों न किया जाए?

किफ़ायतुल्लाह के जवाब उतने ही प्रभावकारी हैं, जितने कि सटीक : (1) वे कहते हैं सामान्य रूप में मैं यह जानता हूँ कि श्री जिनहा शिया हैं और शिया इस्लाम का ही एक फ़िर्का है, (2) एक मुसलमान की तुलना में एक ग़ैर-मुसलमान को मुसलमानों के अधिकारों का रक्षक नहीं माना जा सकता, (3) यह सही है कि एक मुसलमान पहले मुसलमान होता है और बाद में एक हिंदुस्तानी, (4) वे—श्री जिनहा—राजनीति और कानून के विशेषज्ञ हैं।[22] लेकिन आगे दिए गए स्पष्टीकरण में किफ़ायतुल्लाह ने पहले और चौथे जवाब के साथ चेतावनियाँ भी जोड़ दीं।

जब श्री जिनहा को लेकर किफ़ायतुल्लाह साहब से बार-बार सवाल पूछे गए तो उन्होंने कहा—श्री जिनहा के असली विचार क्या हैं दरअसल मैं यह तो नहीं जानता, लेकिन उनका प्रकट आचरण इस्लामी आचरण नहीं है, यह बात सूरज की तरह स्पष्ट है। उनका शिया फ़िर्के से होना भी ज़ाहिर है। किफ़ायतुल्लाह यह स्वीकार करते हैं कि श्री जिनहा एक पढ़े लिखे व्यक्ति हैं, लेकिन साथ ही यह भी कहते हैं कि उनकी शिक्षा और केस विन्यास योरुपीय सभ्यता वाले हैं। इस्लामी शिक्षा और सभ्यता से वे एकदम दूर हैं, इस बात को हर कोई जानता है।

किफ़ायतुल्लाह साहब इस बात की पुष्टि करते हैं कि ग़ैर-मुसलमानों को मुसलमानों के हितों का रक्षक नहीं माना जा सकता, लेकिन साथ ही यह सवाल करते हैं : लेकिन किस मुसलमान ने उन्हें मुसलमानों के हितों का रक्षक बताया है? कांग्रेस में मुसलमान अपने प्रयासों से अपने हितों की रक्षा करेंगे। वे यह नहीं चाहते कि हिंदू उनके हितों की रक्षा करें।

वे इस बात को फिर दोहराते हैं कि यह सही है कि एक मुसलमान पहले मुसलमान है और उसके बाद एक कांग्रेसी—और फिर उसके बाद कहते हैं—या एक मुस्लिम लीगी या कोई और।

किफ़ायतुल्लाह यह स्वीकार करते हैं कि श्री जिनहा एक कानून विशेषज्ञ हैं, लेकिन अंग्रेज़ी कानून के, इस्लामी कानून के नहीं। राजनीति के क्षेत्र में भी वे ब्रिटिश राजनीति के विशेषज्ञ हैं, इस्लामी राजनीति के नहीं। और फिर किफ़ायतुल्लाह साहब यह कह कर अपनी बात को समाप्त करते हैं कि इस्लामी कानून और इस्लामी राजनीति के बारे में उन्होंने प्राथमिक परिचय भी प्राप्त नहीं किया है।[23]

ज़रा ध्यान दीजिए कि हिंदुओं के साथ मिलकर संयुक्त कार्रवाई की वकालत करने के लिए मुफ़्ती साहब को कितने स्पष्टीकरण देने पड़े! ज़रा उन कथनों की ओर भी ध्यान दीजिए जिनका उन जैसे व्यक्ति को भी समर्थन करना पड़ता है—एक

मुसलमान पहले मुसलमान ही होता है, सब भारतीयों के अधिकारों से अलग मुसलमानों के अधिकार, एक गैर मुसलमान को मुसलमानों के अधिकारों का रक्षक नहीं माना जा सकता, और बाकी सब बातें।

कांग्रेस बनाम मुस्लिम लीग और जिनहा बनाम गाँधी का विवाद जारी रहा। मुफ़्ती किफ़ायतुल्लाह बार-बार कमोबेश उन्हीं बुनियादी बातों पर ज़ोर देते हैं। लेकिन जितनी बार वे उन बातों को दोहराते हैं, उतनी बार उनके कथनों का कोई ख़ास पहलू सामने आ जाता है—कभी-कभी उनका बल उन कथनों के प्रकट और शाब्दिक अर्थ पर रहता है, जबकि कहीं-कहीं वे साफ़ कही गई बातों के अर्थ का भी अनर्थ कर देते हैं। लेकिन जिन मामलों में वे अर्थ का अनर्थ कर देते हैं, उन्हीं मामलों को बरेलवी उलमा और लीगी उलमा पोस्टरों में उछालते थे और उनका मिथ्या रूप प्रस्तुत करते थे।

एक प्रश्नकर्ता सूचित करता है कि जिनहा की दृष्टि में कुरआन एक पुरानी और पिछड़ी हुई किताब है और वे उन व्यक्तियों को उपेक्षा की दृष्टि से देखते हैं जो इस्लामी जनश्रुति में श्रद्धा के पात्र माने जाते हैं। वे पार्टियों में शराब की माँग करते हैं और वे नमाज़ भी नहीं पढ़ते आदि। ऐसे व्यक्ति का अनुसरण करने के बारे में क्या हुकुम है? गाँधीजी का अनुसरण करने की तुलना में उनके बारे में क्या हुकुम है?

मुफ़्ती साहब इन तथ्यों की सच्चाई के बारे में कोई ध्यान नहीं देते लेकिन जिनहा के बारे में जो उनका जायज़ा था, उसमें वे किसी शक की गुंजाइश नहीं छोड़ते। उनकी शिकायत इस बात को लेकर नहीं है कि जिनहा ऐसे रास्ते पर चल रहे हैं जो देश के टुकड़े कर देगा। उनकी शिकायत यह है कि वह व्यक्ति प्रामाणिक मुसलमान नहीं है। वे कहते हैं, मैं व्यक्तिगत रूप से श्री जिनहा के विश्वासों के बारे में नहीं जानता। इसलिए उनके बारे में कोई हुक्म दे पाना कठिन है। लेकिन जो लोग हज़रत सादिक और हज़रत उमर की शान के ख़िलाफ़ कुछ कहते हैं, जो नमाज़ नहीं पढ़ते और कुरआन को पुरानी पड़ चुकी किताब बताकर यह घोषित करते हैं कि उस पर अमल करना ठीक नहीं है, जो पार्टियों में शराब लेते हैं, वे मुसलमानों की निगाह में मुसलमान नहीं हैं। कुरआन किताबुल्लाह है और इस्लाम की दाइमी (शाश्वत) शरीअत है जिसमें अकीदा रखना और जिस पर अमल करना इस्लाम का सब से पावन कर्तव्य है। उसे रहबरी (मार्गदर्शन) की मशाल समझना, उसका सम्मान करना और उसे महिमा प्रदान करना सब मुसलमानों का सर्वप्रथम कर्तव्य है।

वे असली मुद्दे पर ज़ोर देते हुए कहते हैं : मुसलमानों के धार्मिक नेतृत्व के लिए मुसलमान को धार्मिक शिक्षा और शरीअत में पारंगत होना चाहिए; और कानूनी और सांविधानिक मामलों में भी वह मुसलमान बहतर है जो शरीअत के मानदंडों

पर खरा उतरता है—जैसा कि स्पष्ट है, इनमें से प्रत्येक खंड वाक्य जिनहा के ख़िलाफ़ कहा गया है।

इतना ही नहीं। किफ़ायतुल्लाह बात को और आगे बढ़ाते हैं। वे अपनी स्थिति को मज़बूत बनाने के लिए एक ऐसा तर्क वाक्य प्रस्तुत करते हैं जो बहुत से विधि के जानकारों के अनुसार कुरआन के निर्देशों के विरुद्ध है। वे कहते हैं, जब तक महात्मा गाँधी इस्लाम कबूल नहीं करते तब तक वे मज़हबी नज़रिए से मुसलमानों की निगाह में ग़ैर-मुस्लिम ही रहेंगे : जरा ध्यान दीजिए कि एक अर्थ में मुफ़्ती साहब मात्र एक स्वयंसिद्ध बात कहते हुए दिखाई देते हैं और दूसरे अर्थ में वे एक महत्त्वपूर्ण तथ्य प्रस्तुत कर रहे हैं और वह यह कि जब तक महात्मा गाँधी इस्लाम कबूल नहीं करते तब तक मुसलमानों की निगाह में उनका प्राथमिक अस्तित्व एक ग़ैर-मुस्लिम का है, अर्थात् वे उन्हें उसी रूप में ही देखेंगे। लेकिन अगले वाक्य में मुफ़्ती साहब एक फ़र्क की बात कहते हैं कि नैतिक दृष्टि से एक ग़ैर-मुसलमान एक दुश्चरित्र मुसलमान से बहतर और श्रेष्ठतर हो सकता है यद्यपि धार्मिक दृष्टि से एक मुसलमान किसी भी हालत में एक ग़ैर मुसलमान से बहतर है। इस समय जबकि मुफ़्ती साहब पर गाँधीजी के नेतृत्व में संयुक्त कार्रवाई की वकालत करने के लिए दबाव डाला जा रहा है, तो वे कुछ और बात कह रहे हैं, जबकि एक और जगह इस विषय में उन्होंने इससे कुछ अलग बात कही है और वह यह है : एक मुसलमान एक ग़ैर मुसलमान से बहतर होता है। इसकी तुलना फ़तवा-ए- रहीमियत के फ़तवे से कीजिए जिसमें उल्लेख है कि यह कहना कुफ़्र है कि ग़ैर-मुसलमान, मुसलमानों से इसलिए बहतर होते हैं, क्योंकि उदाहरण के लिए, वे वचन के पक्के होते हैं। मुफ़्ती साहब आगे कहते हैं : लेकिन यह बात—कि नैतिक दृष्टि से एक ग़ैर-मुसलमान एक मुसलमान से बहतर हो सकता है, लेकिन धार्मिक दृष्टि से एक मुसलमान अनिवार्य रूप से एक ग़ैर मुसलमान से बहतर होता है—नेतृत्व के लिए किसी मुसलमान को तरजीह देने के वास्ते काफ़ी नहीं है। नेतृत्व की शर्तें और विशेषताएँ अपने आप में महत्त्वपूर्ण हैं। जो उन विशेषताओं में श्रेष्ठतर है उसे रहनुमाई करने का हक हासिल है।[24]

किफ़ायतुल्लाह एक बार फिर अपनी बात को दोहराते हैं : मैं जिनहा साहब के व्यक्तिगत विचारों और विश्वासों के बारे में नहीं जानता। लेकिन वे शिया फ़िर्के से ताल्लुक रखते हैं। और शियाओं के विश्वास अलग हैं। उनमें से कुछ तो ऐसे हैं कि वे गुमराह और ग़लत काम करने वाले होने के बावजूद ऐसे हैं कि उन्हें मुसलमान कहा जा सकता है। उनमें से कुछ ऐसे हैं जिन्हें मुसलमान कहा ही नहीं जा सकता। उदाहरण के लिए वे लोग जो हज़रत अली को पैग़ंबर मानते हैं और यह कहते हैं कि उन्हें भी ख़ुदाई इलहाम हुआ था, या वे लोग जो कुरआन को सही और मुकम्मिल नहीं मानते, आदि। पैग़ंबर साहिब के इन्तकाल के बाद कुरआन और हदीस का संकलन किस तरह से किया गया उनमें क्या कुछ शामिल किया गया और क्या कुछ छोड़

दिया गया, इसके बारे में शियाओं के अपने विचार हैं। वे मुसलमान नहीं हैं, यद्यपि उन्हें इस्लाम के गुमराह फ़िर्कों में शामिल किया गया है।

क्योंकि मुहम्मद अली जिनहा इस्लामी अधिकारों से परिचित नहीं हैं और क्योंकि वे कुछ इस्लामी सिद्धांतों को ग़लत और अस्पष्ट बताते हैं, इसलिए उन्हें इस्लामी अधिकारों का रक्षक मानना ग़लत है। मुफ़्ती साहब ने यह सब कुछ नवंबर 1945 में लिखा था।

और न ही श्री गाँधी या किसी और ग़ैर मुसलमान को मुसलमानों के धार्मिक अधिकारों का रक्षक माना जा सकता है। पाठक उस चतुराई को भाँप गए होंगे, जिसका इस्तेमाल करते हुए वे कभी तो विशेषक शब्दों को जोड़ देते हैं और कभी उन्हें निकाल देते हैं। कभी तो वे कहते हैं 'मुस्लिम अधिकार' और कभी कहते हैं 'इस्लामी अधिकार' और फिर कभी कहते हैं 'मुस्लिम धार्मिक अधिकार।' वे कहते हैं : मुसलमान ख़ुद अपने अधिकारों की रक्षा कर सकते हैं, और ऐसा करना उनका फ़र्ज़ है। कांग्रेस एक ऐसी संस्था है जो अपने सदस्यों के धार्मिक अधिकारों को बनाए रखने और उनकी रक्षा करने के लिए जिम्मेदार है। फिर भी अपने अधिकारों का ख़याल रखना मुसलमानों का भी काम है और फ़र्ज़ भी।

मुफ़्ती साहब अपनी बात को फिर दोहराते हैं, कि मुसलमान पहले मुसलमान होता है और बाद में हिंदुस्तानी, अरबी, या ईरानी। दूसरे शब्दों में, वे कहते हैं, कि एक मुसलमान के लिए यह लाज़िमी है कि वह अपने धार्मिक विचारों को बाकी सब सही और उचित विचारों से बढ़कर सबसे ऊँचा स्थान दे।

जिनहा का फिर से ज़िक्र करते हुए, वे कहते हैं, "जिनहा साहब अंग्रेज़ी कानून और अंग्रेज़ी राजनीति के विशेषज्ञ हैं, क्योंकि उनका सरोकार सिर्फ़ उनसे ही है और उन्होंने उनका ही अध्ययन किया है। इस्लामी राजनीति और इस्लामी कानून उनसे अलग है।" थोड़े आगे चल कर वे कहते हैं—यह सही है कि जिनहा साहब मुसलमान कौम में शामिल हैं, लेकिन क्योंकि वे शिया फ़िर्का से हैं और पश्चिमी सभ्यता से बँधे हुए हैं, इसलिए उन्हें केवल औपचारिक दृष्टि से ही मुसलमान समझा जाना चाहिए।[25]

किफ़ायतुल्लाह जैसे व्यक्तियों के ख़िलाफ़, काफ़िरों को उनके कुफ़्र में मदद करने के लिए, उर्दू प्रेस में कई आरोप छापे जाते हैं। उनके खिलाफ़ कुरआन की उन आयतों का हवाला दिया जाता है जिनमें ख़ुदा मोमिनों पर फटकार लगाते हैं कि काफ़िरों के साथ मत रहो। इसके जवाब में किफ़ायतुल्लाह साहब कहते हैं, काफ़िरों की मदद करने का सवाल तब पैदा होता है जब हम उनके कुफ़्र के मुताबिक व्यवहार करें। वे दृढ़ता-पूर्वक कहते हैं, जहाँ तक मुसलमानों का संबंध है वे अपनी आज़ादी और अपने मज़हब की बरतरी चाहते हैं। और वे अपने विरोधियों (अंग्रेज़ों) से अपने देश को आज़ाद कराना चाहते हैं। इस काम में कांग्रेस उनकी हमख़याल है। इसलिए

वे इस मकसद को लेकर मिलकर काम कर सकते हैं।[26]

फिर से दबाव डाले जाने पर किफ़ायतुल्लाह उन हालात की तरफ़ ध्यान दिलाते हैं, जिनमें मुसलमान घिरे हुए हैं। अंग्रेजों की तरफ़ इशारा करते हुए वे कहते हैं, विदेशी तो सिर्फ़ अपने हित की ही बात सोचेंगे। इस तथ्य को नकारना हमारे बस में नहीं है कि हिंदू बहुसंख्या में हैं। मुसलमानों को देश को आज़ाद कराना चाहिए और उसके बाद समझौता करके—संभवतः हिंदुओं के साथ—उसमें रहना चाहिए। यही कारण है कि जमायत कांग्रेस के साथ मिलकर वोट डालना चाहती है—उस समय सवाल वोट डालने का था। लीग ने सरकार का विरोध करके न कुछ किया है और न ऐसी उम्मीद है कि वह कुछ करेगी। इसलिए उसका समर्थन करना सही नहीं है।[27]

मुस्लिम लीग का ज़िक्र करते हुए वे कहते हैं, मुसलमान नाम को सुनकर धोखे में आ जाते हैं, और वे यह नहीं देखते कि मुस्लिम लीग हिंदुस्तान की आज़ादी के लिए एक बड़ी बाधा है।[28]

अपने रुख़ के बारे में दिए गए एक संक्षिप्त बयान में मुफ़्ती साहब दृढ़तापूर्वक कहते हैं, मुसलमानों को मज़हबी फ़ायदे के लिए काम करना चाहिए न कि काफ़िरों की मदद करने के लिए। लेकिन हिंदुस्तान की राजनीति ऐसी बन चुकी है, कि जब तक मुसलमान और ग़ैर मुसलमान मिलकर काम नहीं करते, इसकी गुत्थी नहीं सुलझाई जा सकती। अकेले मुसलमान अंग्रेज़ों को नहीं हटा सकते और न ही अकेले ग़ैर मुसलमान उन्हें देश से निकाल सकते हैं। मुसलमानों और ग़ैर-मुसलमानों के मिलकर काम करने से ही उनके सफल होने की आशा की जा सकती है। इसके अलावा अगर अंग्रेज़ों की ताकत कम हो जाए तो उससे बहुत बड़ा फ़ायदा होगा। इसलिए मुसलमानों को वही रास्ता अपनाना चाहिए जो आजादी की तरफ़ ले जाता है। ऐसा करने के लिए हिंदुओं की तरफ़ से कोई दबाव नहीं है और न ही इसका मतलब है हिंदुओं के फ़ायदे के लिए काम करना।[29]

आलोचक पूछते हैं, क्या वे काफ़िर और मुशरिक नहीं हैं? क्या काफ़िरों और मुशरिकों के साथ काम करना सही है? किफ़ायतुल्लाह साहब आलोचकों को याद दिलाते हुए जवाब देते हैं, हिन्दू और अहल-ए-हदीस, दोनों ही काफ़िर और मुशरिक हैं, क्योंकि भौतिक बल आजकल अधिकतर अहल-ए-किताब के हाथों में है, इसलिए वे ज़्यादा नुक्सानदेह हैं। आलोचक ने कई एक कांग्रेसी नेताओं—महात्मा गाँधी, पंडित जवाहर लाल नेहरू, सरदार वल्लभभाई पटेल, पं. गोविन्द बल्लभ पंत, आचार्य नरेन्द्रदेव, चक्रवर्ती राजगोपालाचारी, शरत् चन्द्र बोस—के नाम लेकर पूछा था, कि क्या वे हिंदू नहीं हैं? किफ़ायतुल्लाह जवाब में इस बात को तो स्वीकार करते हैं कि वे सब हिंदू कौम के सदस्य हैं लेकिन साथ ही कहते हैं : लेकिन अंग्रेज़ों में से सैकड़ों हज़ारों ऐसे लोगों के नाम लिए जा सकते हैं जिन्होंने मुस्लिम सलतनतों को तबाह कर दिया, जिन्होंने मुसलमानों की शान और ताकत को मिटाकर राख कर दिया और आज

भी मिटा रहे हैं।[30] और इस प्रकार मुफ़्ती साहब ने ऐसे कई प्रश्नों के उत्तर दिए।

इन फ़तवों को विस्तारपूर्वक इसलिए उद्धृत किया गया है ताकि मुफ़्ती किफ़ायतुल्लाह जैसे उलमा के रुख़ को पर्याप्त रूप से स्पष्ट किया जा सके। यह बात ध्यान देने योग्य है कि ये उन लोगों में से अत्यधिक प्रभावशाली व्यक्तियों के फ़तवे हैं, जिन्हें आज राष्ट्रीय उलमा कहा जाता है। ये फ़तवे उन उलमा के आधार वाक्यों, कथनों और उद्देश्यों को प्रतिबिम्बित करते हैं, जिन्होंने कांग्रेस के साथ मिलकर संयुक्त कार्रवाई करने का समर्थन किया था, जिन्होंने ख़िलाफ़त आंदोलन और असहयोग आंदोलन में शामिल होने का समर्थन किया था। इन फ़तवों में उन उलमा का रुख़ प्रतिबिम्बित होता है, जिन्होंने पाकिस्तान की माँग का विरोध किया था।

इन उलमा के फ़तवों को पढ़ने पर जो सबसे पहली चीज़ सामने आती है वह यह है कि वे हमेशा प्रतिरक्षात्मक रुख़ ही अपनाते थे। अपने रुख़ को उचित सिद्ध करने के लिए उन्हें अंतहीन प्रयास करने पड़ते थे। लेकिन ऐसे उलमा कुछेक ही थे। जैसा कि श्री आई. एच. कुरेशी ने अपनी पुस्तक 'उलमा इन पालिटिक्स' में कहा है कि ऐसे उलमा कम ही थे; लेकिन उनके प्रतिरक्षात्मक रुख़ का मुख्य कारण यह था, कि जो रास्ता वे सुझा रहे थे वह उन निर्देशों के विपरीत था जो कि कुरआन और हदीस में बहुत जगहों पर स्पष्ट रूप से बताया गया था।

जैसा कि फ़तवों को पढ़ने पर मालूम होगा, क्योंकि किफ़ायतुल्लाह और अन्य उलमा लोगों को कुरआन और हदीस द्वारा बताए गए रास्ते से हटकर एक अलग रास्ते पर चलने की हिदायत दे रहे थे, इसलिए वे केवल व्यावहारिक आधार पर ही अपने रुख़ को उचित ठहरा सकते थे।

इसके अलावा उन्होंने भी इस बात की पुष्टि की थी कि एक मुसलमान पहले मुसलमान ही होता है।

इसके अलावा उनका भी यही फ़ैसला था कि एक मुसलमान का 'सर्वोपरि' उद्देश्य इस्लाम और मुसलमानों के हितों को बढ़ावा देना होता है और होना चाहिए।

वे भी मुसलमानों के हितों को भारतीयों—या उन्हीं की अभिव्यक्ति को इस्तेमाल करते हुए—हिंदुस्तानियों के हितों से सामान्यतः अलग मानते थे। उनकी दृष्टि में भी किसी ग़ैर-मुसलमान द्वारा इन अलग हितों की वस्तुतः रक्षा किया जाना या उन्हें बढ़ावा दिया जाना तो दूर, उन्हें इन हितों का रक्षक या बढ़ावा देने वाला भी स्वीकार नहीं किया जा सकता था। बल्कि एक अप्रामाणिक मुसलमान को भी, जो शरीअत की अपेक्षाओं के अनुसार अमल नहीं कर रहा था, इन अलग हितों का रक्षक और संरक्षक स्वीकार नहीं किया जा सकता था।

बात इतनी सी थी कि उस समय मुसलमान जिन परिस्थितियों से घिरे हुए थे उनके चलते ज़रूरत इस बात की थी कि वे एक वर्ग के काफ़िरों—अंग्रेजों—को कमज़ोर बनाने और उन्हें देश से निकाल बाहर करने के लिए दूसरे वर्ग के

काफ़िरों–हिन्दुओं–के साथ मिलकर काम करते। इन उलमा ने यह स्पष्ट किया कि यह ज़रूरत दो कारणों के इकट्ठा हो जाने से पैदा हुई थी। उन्होंने घोषित किया कि हिंदू और अहले किताब दोनों ही इस्लाम के शत्रु हैं, लेकिन इसके साथ-साथ अहले किताब, ख़ासतौर पर ईसाई ब्रिटिश ज़्यादा ताकतवर हैं और उनसे इस्लाम और मुसलमान के हितों को ज़्यादा ख़तरा है, और तीसरा, उस समय मुसलमान अपने बूते पर देश को अंग्रेजों से आज़ाद नहीं करा सकते थे, इस प्रकार उनके सामने तीन उद्देश्य थे, जिनकी पूर्ति के लिए आज की परिस्थिति में उलटा रास्ता अपनाया जाता।

इसके अलावा, काफ़िरों के साथ संयुक्त कार्रवाई का आग्रह करते हुए भी, वे निरंतर अलगाव पर ज़ोर देते रहे। वस्तुतः उनकी दृष्टि में संयुक्त कार्रवाई इसलिए जायज़ थी, क्योंकि वही सबसे अच्छा रास्ता था जो उस समय उपलब्ध था, क्योंकि उन परिस्थितियों में उनके अलग अस्तित्व को सुरक्षित करने का यही एकमात्र उपाय था। जेसा कि हमने देखा है, उन्होंने बार-बार यह घोषित किया कि यदि मुसलमानों के लिए अपने प्रयासों से अपने हितों की रक्षा करना संभव होता, तो अंग्रेजों के ख़िलाफ़ संयुक्त कार्रवाई में भी काफ़िरों के साथ शामिल होना ग़लत होता।

और पाकिस्तान की माँग का वे इसलिए विरोध नहीं कर रहे थे कि भारत एक है और इसलिए यह एक ही बना रहना चाहिए। उन्होंने इस माँग का इस आधार पर विरोध किया, कि पाकिस्तान का सपना साकार होने वाला नहीं था और अगर हो भी जाता तो इस्लाम का प्रभाव और उसका गौरव देश के एक कोने तक ही सीमित रह जाता और भारत के बाकी हिस्से में मुसलमान कमज़ोर पड़ जाते। और फिर मुस्लिम लीग का उद्देश्य, किसी हाल में भी, एक पूरी तरह से इस्लामी राज्य बनाना नहीं था।

ऐसा रुख़ अपनाने की युक्ति पेश करते हुए कहा गया है, "लेकिन इस रूप में ही उन्हें अपना मामला प्रस्तुत करना था क्योंकि इसी विशेष ढंग से वे मुसलमानों पर विश्वास जमाने की आशा कर सकते थे।"

यह युक्ति दुतरफ़ा घातक है। एक तरफ तो यह युक्ति इन उलमा की घोर और अविच्छिन्न कुटिलता तथा पाखंड को प्रमाणित करती है दूसरी तरफ यह इस तथ्य को स्वीकार करके चलती है कि मुसलमानों के दिलों में वाकई काफ़िरों आदि के बारे में वे धारणाएँ घर कर गई हैं, जिनका ज़िक्र पहले के अध्यायों में किया गया है।

और इस बात को याद रखिए कि ये कथन, उद्देश्य और आधार वाक्य उन व्यक्तियों के थे जो संयुक्त कार्रवाई की वकालत कर रहे थे और जो राजनीतिक मामलों में गाँधीजी का अनुसरण करने के लिए इस कार्रवाई को मुसलमानों के लिए अनुमत्य करार दे रहे थे और जो यह कह रहे थे कि मुसलमान कांग्रेस में

शामिल हों।

उन्होंने खुद ही इस बात को माना है कि वे उलमा के बीच अल्पसंख्या में हैं। बहुसंख्यक उलमा ने इन सब बातों को हराम करार दिया था। पिछले अध्यायों में दी गई सूचना के आधार पर यही माना जा सकता है कि मौलाना अहमद रज़ा ख़ान इन बहुसंख्यक उलमा में एक प्रभावशाली और प्रतिनिधि व्यक्ति थे; इसलिए अब हम उनके फ़तवों की चर्चा करेंगे।

मौलाना अहमद रज़ा ख़ान

ऐसा कुछ करने के ख़िलाफ़ जिसके लिए काफ़िरों के साथ जो कि वर्तमान प्रसंग में हिंदू हैं—संपर्क रखना पड़े, मौलाना अहमद रज़ा ख़ान ने जिन दंडाज्ञाओं की घोषणा की है उन पर क्वार्टो आकार के घनी लिखावट वाले एक सौ से भी अधिक पृष्ठ ख़र्च हुए हैं। जो ऐसे मार्ग की वकालत करते हैं उनकी जितनी भर्त्सना की गई है या उनके ख़िलाफ़ जितनी घृणा व्यक्त की गई है, वह उससे कहीं अधिक है, जो कि स्वयं उस मार्ग के प्रति व्यक्त की गई है। बल्कि उन्होंने बार-बार यह घोषित किया है कि वे मुसलमान—'मुसलमान' शब्द का प्रयोग यहाँ समीचीन नहीं है, क्योंकि उनकी शाखा ने देवबंद आदि के अग्रणी उलमा के ख़िलाफ़ कुफ़्र के फ़तवे जारी किए थे—जो इस मार्ग की वकालत करते हैं, स्वयं काफ़िरों से भी बढ़कर इस्लाम के दुश्मन हैं।

काफ़िरों के साथ किसी प्रकार के संपर्क रखने के ख़िलाफ़ उन्होंने जो फ़तवे जारी किए हैं, उन्हें, जैसा कि हमने पहले देखा है, 'नफ़रत के अहकाम' नामक सामान्य शीर्षक के अंतर्गत रखा गया है।

मौलाना घोषित करते हैं, इस्लाम की ख़ैरख़्वाही इस्लाम की हदों के भीतर रहने में है। मुशरिकों के साथ एका रखना, उनके साथ मेल मिलाप और भाईचारे का व्यवहार करना या मुशरिक नेताओं को अपने मजहब का रहबर बनाना, मुशरिक वक्ता को मुसलमानों की बनिस्बत ज़्यादा ऊँचाई पर खड़ा करना और उससे भाषण कराना, मुशरिकों से अपने माथे पर तिलक लगवाना, मुशरिकों की सभाओं में मुशरिक नेताओं की 'जय' बोलना, किसी मुशरिक की अर्थी को कंधे पर उठाकर उसे श्मशान ले जाना, किसी मुशरिक की मौत का मातम मनाने के लिए मस्जिद का इस्तेमाल करना, उसके लिए नमाज़ की घोषणाएँ और दुआ करना (अंतिम तीन बातों का संबंध उन कई प्रकार के आयोजनों से है जो कि लोकमान्य का देहांत होने पर किए गए थे), कुरआन और रामायण को एक बक्से में रखना, उनके प्रति बराबर श्रद्धा व्यक्त करना, उन्हें एक साथ किसी मंदिर में ले जाना—ये चीज़े या इनमें से कोई एक चीज़ करना इस्लाम की हदों को पार करना है—ऐसा मौलाना साहब ने घोषित किया है।

वे कहते हैं—गौहत्या को लेकर मुशरिकों ने बेरहमी से मुसलमानों को कत्ल किया, उन्होंने उन्हें आग में जला डाला। उनमें से उन व्यक्तियों के लिए माफ़ी माँगना जो पकड़ लिए गए थे और जिन पर कत्ल का इलज़ाम साबित हो गया था, उनकी रिहाई के लिए प्रस्ताव पारित करना; यह लिखना कि हमने कुरआन और हदीस की पूरी ज़िंदगी बुतपरस्ती पर कुर्बान कर दी है; यह लिखना कि आज अगर आपने हिंदू भाइयों को रज़ामंद कर लिया है, तो आपने ख़ुदा को रज़ामंद कर लिया है; यह लिखना कि हमारा समुदाय एक ऐसा मज़हब बनाने जा रहा है जो कुफ़्र और इस्लाम के बीच के फ़र्क को मिटा देगा; यह लिखना कि हम एक ऐसा मज़हब बनाना चाह रहे हैं जो संगम और प्रयाग को—जो बुतपरस्ती के अड्डे हैं—पवित्र स्थान मानेगा—ये सब बातें इस्लाम की ख़ैरख़्वाही को ज़ाहिर नहीं करतीं, बल्कि यह तो इस्लाम को कुंद चाकू से ज़िब्ह करना है—मौलाना साहब घोषित करते हैं। वे फ़रमाते हैं—ये सब कथन और कार्य हद दर्जे के कुफ़्र हैं। वे आगे कहते हैं—जो व्यक्ति यह सब कुछ कहते या करते हैं वे दीन और अल्लाह के दुश्मन हैं।

मौलाना अहमद रज़ा ख़ान फ़रमाते हैं, इन काफ़िरों में भी कई दर्जे होते हैं : एक पक्के किस्म का बुनियादी कुफ़्र होता है ईसाइयत; उससे बुरा कुफ़्र होता है पारसी जादूगरी, उससे बदतर है बुतपरस्ती; उससे भी बदतर अज़बदतर है वहाबियत और इन सब में बदतर-अज़-बदतर से बदतर है देवबंदियत। मौलाना आगे फ़रमाते हैं : हम देखते हैं कि बदतर-अज़-बदतर से बदतर काफ़िरों और बुतपरस्तों को मिलाकर इत्तिहाद (एकता) और भाईचारा पैदा किया जाता है। कौन सा इत्तिहाद? कौन सा भाईचारा? यह तो एक ग़ुलामी है, वे फ़रमाते हैं, और उसके बाद अपने चहेते निशानों वहाबियों और देवबंदियों पर जो सहयोग और एकता का प्रचार कर रहे थे, आग उगलने लगते हैं।[31]

मुफ़्ती-ए-आज़म किफ़ायतुल्लाह, जिनके एकता तथा सहयोग संबंधी फ़तवों की हमने विस्तृत चर्चा की है, की तरफ इशारा करते हुए मौलाना गुस्से में आकर कहते हैं, अगर तुमने कुछ पूछना है, तो अपने मुफ़्ती-ए-आज़म और नेता से पूछो। वे घोषित करते हैं : मुशरिकों से एकता और भाईचारा कतई हराम है, और अन्य विशेषज्ञों को उद्धृत करते हुए वे इस बात पर ज़ोर देते हैं : उनके साथ दिल से दिल मिलाना बिना शक कुफ़्र है। जहाँ तक भाईचारे की बात है वे कुरआन की उन निषेधाज्ञाओं का उल्लेख करते हैं जिनके बारे में हम पहले जान चुके हैं। ऐसे फ़रमानों में अल्लाह कहता है : तुम उनमें से बहुत से ऐसे व्यक्तियों को देखोगे जो काफ़िरों से दोस्ती कर लेते हैं; यकीनन उन्होंने ऐसा काम करके अपने सिर बुराई मढ़ ली है, जिसकी सज़ा के तौर पर, अल्लाह ने उनके लिए बहुत से कष्टों का विधान किया है और वे शाश्वत यातना में रहेंगे। जो उलमा संयुक्त कार्रवाई की वकालत कर रहे थे उनका उल्लेख करते हुए मौलाना कहते हैं, अगर उनका, अल्लाह

कुरआन और पैग़म्बर साहिब में अकीदा होता तो वे काफ़िरों के साथ एकता, भाईचारा, प्यारभाव और मेलमिलाप बना कर न रखते। मौलाना साहब ज़ोर देकर कहते हैं : लेकिन असलियत यह है कि उनमें से बहुत से व्यक्तियों ने अल्लाह के फ़रमानों पर अमल करना छोड़ दिया है। मौलाना बताते हैं : यह और बीसियों और ऐसी आदतें हैं जिनमें काफ़िरों के साथ एकता और भाईचारे को कतई हराम और कुफ्र करार दिया गया है। मुसलमानों की शान इसमें नहीं कि जो कुछ काफ़िर कहते हैं, उसे मान लें और न ही इस बात में कि वे मुशरिकों और विशेषकर हिन्दुओं को ख़ुश करने के लिए दलीलें गढ़ लें।

वे पूछते हैं, क्या अल्लाह ने तुम्हें ऐसा करने की इजाज़त दी है? या तुम अल्लाह को कलंकित करने पर तुले हो? या बिना सोचे समझे अल्लाह के बारे में शक पाल लेते हो—उदाहरण के लिए यह कि उसने हिन्दुओं को (काफ़िरों की श्रेणी) उबार लिया है? मौलाना अहमद रज़ा ख़ान फ़रमाते हैं—वे उनके संदर्भ में निषेधाज्ञाएँ हटा देते हैं। ख़ान साहब का मतलब यह है कि उदाहरण के लिए जहाँ अल्लाह ने एक समूहवाची शब्द का इस्तेमाल किया जो सब काफ़िरों पर लागू होता है, वहाँ संयुक्त कार्रवाई के प्रचारक परोक्ष रूप से यह जताना चाहते हैं कि हिन्दू काफ़िरों में शामिल नहीं हैं और इसलिए उनके साथ एका करना या भाईचारा रखना हराम या कुफ्र नहीं है। मौलाना साहब चेतावनी देते हैं : ऐसे लोगों के हिस्से में इस जहान में तो बदनामी आती है और आख़िरत में बहुत बड़ी बरबादी—

मौलाना घोषित करते हैं : मुशरिकों की ग़ुलामी करना, उनका अनुयायी बनना, वही कुछ करना जो वे कहते हैं, महत्त्वपूर्ण मामलों में उनका आज्ञापालन करना—ये सब बाते हराम हैं, हराम। और वे कुरआन की चेतावनी की याद दिलाते हैं : ऐ मोमिनो, जो लोग इस धरती पर बसते हैं, उनमें से बहुत से ऐसे हैं, कि अगर तुम उनकी बात मानोगे तो वे तुम्हें अल्लाह के रास्ते से भटका कर ले जाएँगे, और इसके बाद वे एक दूसरी चेतावनी की याद दिलाते हैं : ऐ मोमिनो, अगर तुम काफ़िरों की बात को मानोगे, तो वे तुम्हें एड़ियों से पकड़ कर ऐसा घुमाएँगे, कि तुम इस्लाम से दूर हो जाओगे और तुम्हें बहुत बड़ा नुक्सान उठाना पड़ेगा।

इस प्रकार काफ़िरों के साथ एका करना, उन्हें सहयोग देना और उनके साथ मेलमिलाप रखना, या ऐसा कुछ करना जिससे किसी काफ़िर को—चाहे वह गाँधी हो या लोकमान्य—सम्मानपूर्ण स्थान प्राप्त होता हो, हराम है।

अगला कदम यथापेक्षित और स्वाभाविक है; वह वस्तुतः कानून में अनुबंध का काम करता है!

मौलाना साहब याद दिलाते हैं : हनफ़ी कानून में हलाल को हराम और हराम को हलाल मानना कतई कुफ्र है...इसलिए ये साहिबान जिस चीज़ की वकालत कर रहे हैं या जो कुछ कर रहे हैं वह बिलकुल हराम है, कुफ्र है। और हमेशा की तरह

वे फ़तवों के गौरव ग्रंथ दर-उल-मुख़्तर के उद्धरणों से अपने फ़रमान को पुष्ट करते हैं।

निष्कर्ष रूप में वे कहते हैं : इस तरह से काफ़िरों और मुशरिकों का सम्मान करना कुफ़्र है; उनके लिए 'जय' बोलना, उनके मरने या जेल जाने पर हड़तालें करना और दूसरे मुसलमानों से भी आग्रह करना कि वे भी ऐसे काम करें, ज़ुल्म करना है और कुफ़्र है।

इसके बाद वे किसी मुशरिक को, चाहे वह महात्मा गाँधी जैसा विशिष्ट व्यक्ति भी क्यों न हो, सम्मान देने का सवाल उठाते हैं। लिखित प्रमाणों को उद्धृत करते हुए, जिनमें कुरआन, हदीस और दर-उल-मुख़्तर शामिल हैं, मौलाना यह घोषित करते हैं कि सम्मान केवल अल्लाह, पैग़म्बर साहिब और मुसलमानों का किया जाता है, लेकिन मुनाफ़िक (पाखंडी) यह बात नहीं जानते। पैग़म्बर साहिब को उद्धृत करते हुए मौलाना कहते हैं, जो व्यक्ति ग़लत ईमान के अनुयायियों को आदर देता है वह निस्संदेह इस्लामी मज़हब को नष्ट करने में मदद करता है। जब किसी ग़लत ईमान के अनुयायी के बारे में ऐसा हुक्म हो, तो किसी मुशरिक का सम्मान करने के बारे में क्या हुक्म होगा? वे पूछते हैं। वे कहते हैं पैग़ंबर साहिब ने हमें किसी मुशरिक के साथ हाथ मिलाने से भी मना किया है, यहाँ तक कि उसे कुन्नियत (उपाधि, उपनाम) से पुकारना और उसके पहुँचने पर उसके लिए मर्हबा (धन्य) जैसे शब्दों का प्रयोग करना भी मना है। हालाँकि ये इतनी बड़ी बातें नहीं हैं जिनसे कुछ बहुत बड़ा सम्मान प्रकट हो; ये बातें तो बहुत कम आदर की सूचक हैं, फिर भी, मौलाना साहब फरमाते हैं, किसी मुशरिक को उसके नाम से, या फ़ुलां आदमी का पिता कहकर नहीं पुकारा जाना चाहिए और जब वह आता है, तो उसे 'आइये' नहीं कहा जाना चाहिए। और आगे यह भी निर्देश करते हैं कि हदीस में ये चीज़ें करने से भी मना किया गया है। और ये आदमी हमें काफ़िर के लिए 'जय' बोलने को कह रहे हैं! मौलाना साहब फ़रमाते हैं, यह तो शैतानी काम है...

आगे वे उन लोगों की ख़बर लेते हैं जो संयुक्त कार्रवाई की वकालत करते रहे हैं। वे आगबबूला होकर कहते हैं : तुम वे लोग हो जिन्होंने अवाम को मुशरिकों के साथ एकता कायम करने के लिए उकसाया है, जो कि हराम है। तुमने ऐसे घिनौने काम करने से उन्हें रोका नहीं; दरअसल तुम लोगों ने उन्हें अपने बुरे मकसद और बुरे कामों के लिए इस्तेमाल किया। अगर तुम्हारे दिलों में ईमान होता और ईमान के प्रति कोई सम्मान होता तो क्या इस एकता के लिए, जो कि हराम और कुफ़्र है, तुम सारी दुनिया को अपने सर पर उठाए फिरते और दिन रात इधर-उधर कूदते फाँदते रहते और हजारों मुशरिकों की मौजूदगी में बहुत बड़े-बड़े प्रस्ताव पारित करते? क्या तुम उन लोगों के ख़िलाफ़ कुफ़्र के फ़तवे जारी करते जो इन सब कामों में तुम्हारे साथ शामिल नहीं होते? क्या तुम उनको लेकर अख़बारों के सैकड़ों कालम ख़राब करते? वे आगे घोषित करते हैं : उसकी बजाए तुम्हें कुफ़्र के कामों की आग

बुझाने के लिए जो कि खुद तुमने सुलगाई है, सौगुना अधिक ऊर्जा ख़र्च करनी चाहिए थी। अपनी दाढ़ियों को बचाने के लिए उस आग को बुझाना तुम्हारे लिए लाज़िमी था। लेकिन हर कोई यह देख रहा है कि जितनी ऊर्जा तुमने उन शैतानी कामों को करने में ख़र्च की, उसका दसवाँ या सौवाँ हिस्सा ऊर्जा भी तुमने उस आग को बुझाने के लिए नहीं बचा रखी। अगर तुम यही कुछ ही कर रहे हो, तो झूठे बहाने बनाकर तुम्हें क्या हासिल होगा?—वे पूछते हैं। वे आगे कहते हैं : ये ज़िम्मेदार शख़्स जो कुछ कर रहे थे वह अनजान लोगों के पूर्वोक्त कार्यों से कही बदतर और कहीं ज़्यादा बुरा था।

वे ख़ास मिसालें देते हैं। मौलाना अहमद रज़ा ख़ान लिखते हैं : अबुल कलाम आज़ाद साहब नागपुर में जुम्मा की नमाज़ करवा रहे थे। ख़ुत्बा में इस्लाम के रहनुमाओं की तारीफ़ करने की बजाए, उन्होंने गाँधी की तारीफ़ की और उन्हें काबिल-ए-तारीफ़ गुणों से भरपूर एक पाक शख़्सियत बताया। और हज़ारों की सभा में मियाँ अब्दुल मजीद बदायूंनी ने कहा कि अल्लाह ने तुम्हारे पास गाँधी को इस वक्त के लिए मौज़ूं (उपयुक्त) इन्सान के तौर पर भेजा है। मौलाना साहब गुस्से में आकर कहते हैं : इन शब्दों और अनजान और असभ्य लोगों द्वारा 'जय' बोलने में क्या फ़र्क है! इसी लहजे में वे अपनी भर्त्सना को जारी रखते हैं और हिंदुओं के साथ मिलकर संयुक्त कार्रवाई करने और उन्हें सहयोग प्रदान करने की वकालत करने वालों के खिलाफ़ वे चुन चुन कर विशेषणों का इस्तेमाल करते हैं। हमेशा की तरह वे अपने फ़तवे को पुख़्ता बनाने के लिए कुरआन, पैग़म्बर साहिब, दर-उल-मुख़्तर को उद्धृत करते हैं।[32]

मौलाना अहमद रज़ा ख़ान घोषित करते हैं : जो काफ़िरों के साथ किसी भी प्रकार की एकता बनाए रखता है, उसका कोई ईमान नहीं होता। और उपर्युक्त आयतों से यह साफ़ ज़ाहिर है कि अगर वे संयुक्त कार्रवाई के प्रस्तावक—अल्लाह, पैग़ंबर साहिब और कुरआन में अकीदा रखते तो उन्होंने काफ़िरों के साथ एकता कायम न की होती। कुरआन को उद्धृत करते हुए वे बताते हैं कि यह बात साफ़ तौर पर कही गई है कि अल्लाह और कियामत के दिन में विश्वास रखने वालों में तुम किसी को भी ऐसा नहीं पाओगे, जो उन लोगों से दोस्ती रखता हो जो अल्लाह और पैग़ंबर साहिब की मुख़लिफ़त करते हों चाहे वे (अल्लाह और पैग़ंबर साहिब से मुख़ालिफ़त रखने वाले) उनके बाप, बेटे या अज़ीज़ भी क्यों न हों। हम्द-ए-अल्लाह! (तारीफ़ उस अल्लाह की)

वे एक बार फिर कुरआन को उद्धृत करते हैं : ऐ ईमान वालो! अगर तुम्हारा बाप और तुम्हारे भाई कुफ्ऱ को ईमान से तरजीह देते हैं तो उनसे भी प्यार मत करो, और तुम में से जो उनसे प्यार करता है वह ज़ालिमाना काम करता है। अहमद रज़ा ख़ान आगे कहते हैं : इस्लाम के इस उसूल के बरअक्स उनके महान नेता मौलाना

अबुल कलाम आज़ाद कुछ किस्म के काफ़िरों से प्यार करने को कहते हैं। वे हमें बताते हैं कि कुरआन के 'सच की दावत' का सार है सार्वभौमिक प्रेम ...क्या अल्लाह ने यह नहीं कहा है कि जो अल्लाह का झूठा रूप प्रस्तुत करते हैं वे कभी ख़ुशहाल नहीं होंगे?—वे सवाल करते हैं। इसके बाद मौलाना मज़ाक उड़ाते हुए कहते हैं : दुनिया में उनको भी कुछ अपनी बात मनवा लेने दो क्योंकि अंत में तो उनके भाग्य में घोर यंत्रणा है ही। क्या यह नहीं कहा गया है...ऐ अज़ीज़, कह दो कि जो लोग अल्लाह के बारे में मिथ्यावाद फैलाते हैं वे ख़ुशहाल नहीं होंगे। कुछ उनको भी अपनी बात मनवा लेने दो। उसके बाद तो उन्हें लौटकर हमारे पास ही आना है। तब हम उन्हें यंत्रणा का स्वाद चखाएँगे। यही उनके कुफ़्र का फल होगा। क्या यह नहीं कहा गया है...बुरा हो तुम्हारा। अल्लाह के बारे में झूठ मत फैलाओ। वह तुम्हें यंत्रणा में भून डालेगा? क्या यह नहीं कहा गया है...इसमें कोई शक नहीं कि जो काफ़िर हैं वही इस प्रकार के मिथ्याचारों को गढ़ते रहते हैं। अहमद रज़ा ख़ान मोमिनों को याद दिलाते हैं : यही ख़ुद कुरआन-ए-पाक का फ़तवा है।

वे इन्हीं बातों को दोहराते और कुरआन तथा अन्य लिखित प्रमाणों को उद्धृत करते हुए बार-बार दोषारोपण करते रहते हैं। और उसके बाद वे बुद्धिसंगत व्याख्या प्रस्तुत करते हैं कि कुफ़्र के कई दर्जे होते हैं और कुछ किस्म के काफ़िरों के साथ सहयोग करने की इजाज़त हो सकती है। वे घोषित करते हैं : यदि काफ़िरों में कोई अंतर होता है तो यह कि जिस व्यक्ति का जितना बड़ा कुफ़्र होता है, उसके साथ संबंध रखना उतना ज़्यादा हराम होता है। बुराई का आदर करना हराम होता है। बुराई जितनी गंभीर होगी, हुक्म उतना कठोर होगा। झूठ बोलने वालों और मिथ्याचार फैलाने वालों को यह सब भुगतना पड़ेगा। कुफ़्र में पारसी अग्निपूजक यहूदियों और ईसाइयों से बुरे होते हैं, हिन्दू, पारसी अग्निपूजकों से बुरे होते हैं और वहाबी तथा मुर्तद (स्वधर्म त्यागी) हिन्दुओं से भी बदतर होते हैं। उनके बारे में हुक्म इसी क्रम में कठोर से कठोरतर होते चले जाते हैं।

इसके बाद मौलाना उन काफ़िरों की ख़बर लेते हैं जिन्हें वे बदतरीन मानते हैं, अर्थात् वे लोग जो ऐसा रास्ता अपनाने की वकालत करते हैं जिस पर चलकर काफ़िरों के साथ मिलकर काम करना पड़ता है। वे कहते हैं कि ऐसे लोग ख़ुद कुरआन के हुक्म से ही काफ़िर हैं क्योंकि वे कुरआन की मुख़ालिफ़त करते हैं और उसके शब्दों के अर्थ बदल देते हैं। उनका यह प्रयास कुरआन के नए अर्थ खोजने के लिए भी नहीं होता। और वे इसके बाद ख़ासतौर पर मौलाना आज़ाद को जमकर कोसते हैं जिन पर वे 1913 तक ही छह धर्म-विरुद्ध कार्य कर डालने का इलज़ाम लगाते हैं जिनमें से पहला था मोमिनों को यह सलाह देना कि वे काफ़िरों से प्यार करें और यह कहना कि मुसलमानों और काफ़िरों से प्यार करना इस्लाम का सार है।[33]

एक प्रश्नकर्ता कहता है कि कुछ मुसलमानों ने गाँधी को अपना नेता मान

लिया है; कुछ मौलाना मंदिरों में जाते रहे हैं और उन्होंने हिंदुओं को अपने माथे पर तिलक भी लगाने दिया है। उनका कहना है कि इस समय हिंदुओं के साथ दोस्ती करना ख़ुदा के साथ दोस्ती करना है। एक ऐसे डोले की शोभायात्रा निकाली गई जिसमें कुरआन, बाइबल और गीता एक साथ रखे थे। वे यह भी कहते हैं कि पशुओं की बलि चढ़ाना ज़रूरी नहीं है; उन्होंने उन हिन्दुओं को भी माफ कर दिया है जिन्होंने गौहत्या के लिए मुसलमानों को बुरी तरह पीटा था और उनकी हत्या की थी। ज़रा ध्यान दीजिए कि इनमें से प्रत्येक 'तथ्य' पहले भी स्वयं अहमद रज़ा ख़ान के फ़तवों का विषय रहा है। ऐसे व्यक्तियों के बारे में क्या हुक्म है?—मौलाना साहब से पूछा जाता है।

कुरआन और हदीस के मुताबिक बिताई गई ज़िंदगी को बुतपरस्ती की वेदी पर बलि चढ़ाना कुरआन और हदीस का घोर अपमान करना है और बुतपरस्ती को अत्यधिक सम्मान देना है—मौलाना घोषित करते हैं। वे कहते हैं, अगर यह कुफ़्र नहीं है, तो इस दुनिया में कुछ भी कुफ़्र नहीं है। एक घटना का ज़िक्र करते हुए जिसमें पैग़ंबर साहिब ने एक अनजानी जगह पर से गुज़रने के लिए एक काफ़िर की मदद ली थी, मौलाना साहब, गुस्से से कहते हैं, कहाँ किसी मुशरिक को किसी अनजाने रास्ते पर अपने साथ ले जाना और कहाँ उसे नेता बनाकर अपने ईमान के बारे में उससे मार्गदर्शन प्राप्त करना! क्या इन दोनों के बीच कोई तुलना हो सकती है? वे पूछते हैं। अगर एक शेख़ या इमाम किसी इक्के में बैठा हो और उसका कोचवान कोई काफ़िर हो, तो क्या उसका यह मतलब है, कि क्योंकि शेख़ या इमाम काफ़िर के पीछे बैठा था इसलिए उसके अनुयायी उस काफ़िर की इमामत स्वीकार करके उसके पीछे बैठकर नमाज़ पढ़ सकते हैं? मौलाना कहते हैं, कि पैग़ंबर साहिब से संबंधित घटना एक ऐसे समय की घटना है जब जिहाद के हुक्म का (अल्लाह से) इलहाम नहीं हुआ था और जब "आपका मज़हब आप तक और मेरा मज़हब मुझ तक" की प्रथा थी। मौलाना साहब बताते हैं, लेकिन उसके बाद काफ़िरों के संबंध में मुसलमानों से जिस व्यवहार की अपेक्षा की जाती थी वह उत्तरोत्तर कड़ा होता चला गया और अंततः हमेशा के लिए यह इलहाम हुआ : ऐ पैग़ंबर! काफ़िरों और पाखंडियों के विरुद्ध जिहाद छेड़ दो।

अगर आप पहली घटना को आधार मानकर उसे नियम का रूप देना चाहते हैं तो यह बहुत बड़ी बेवकूफ़ी है—लेकिन उस सूरत में जब कोई अनजान आदमी ऐसा करे। और यदि उसे किसी शिक्षित व्यक्ति द्वारा, या किसी शिक्षित व्यक्ति के शब्द-प्रमाण के आधार पर नियम का रूप दिया जाता है तो यह अपराध है, घोर दुष्टता है। मौलाना घोषणा करते हैं : यह पैग़ंबर साहिब पर झूठा इलज़ाम है। पैग़ंबर साहिब ने किसी काफ़िर के साथ कोई सामाजिक संबंध नहीं रखे। क्योंकि कुरआन में यह कहा गया है कि तुममें से जो उनके साथ संबंध रखेगा वह उनमें से एक

माना जाएगा। अल्लाह का अपने पैग़ंबर को यह हुक्म था : ऐ पैग़ंबर! सब काफ़िरों और पाखंडियों के ख़िलाफ़ जिहाद छेड़ दो और उनके साथ रूखेपन और सख़्ती से पेश आओ।

मौलाना पूछते हैं : पैग़ंबर साहिब को काफ़िरों के साथ सामाजिक संबंध रखने का मौका ही कब मिला? सूरा-नूर में, जिसका इलहाम मक्का में हुआ था, यह कहा गया है : काफ़िरों की यह इच्छा है कि आप उनके साथ नरमी बरतें ताकि वे भी नरमी बरतें। उन्होंने उस समय भी (मक्का में) उनके साथ कोई संबंध नहीं रखे। तो फिर बाद में रखने का सवाल ही कहाँ पैदा होता है।

जो व्यक्ति पैग़ंबर साहिब पर झूठा लांछन लगाता है, उससे पश्चाताप की माँग की गई है। मौलाना साहिब कहते हैं किसी व्यक्ति को उसका कसूर जता दिए जाने पर यदि वह पैग़ंबर साहिब का नाम लेकर और यह कह कर कि उस किस्म की घटना उनके साथ भी घटी थी, अपने इलज़ाम से बचना चाहे तो यह वाकई अफ़सोस की बात है।

एक आलिम-ए-दीन का कोई आवारा बेटा भाँग पीता है; उसके छात्र इस पर आपत्ति करते हैं, और इलज़ाम से बचने के लिए बेटा झूठी तोहमत लगाता है, "और क्या तुम्हारा उस्ताद चर्स नहीं पीता था?" क्या आप इस वापसी जवाब का समर्थन करेंगे? मौलाना इस दृष्टांत द्वारा अपनी बात को स्पष्ट करते हैं। और फिर गुस्से में सवाल करते हैं : और कहाँ बाप और कहाँ पैग़ंबर।

यह कहना कि मस्जिद-ए-हरम से काफ़िरों को कुछ ख़ास अवधि के लिए ही मना किया गया था और यह कहना कि यह बात अब लागू नहीं होती, अल्लाह के बारे में झूठी बात कहना है। कुरआन को उद्धृत करते हुए मौलाना उल्लेख करते हैं कि अल्लाह ने कहा है कि मुशरिक नापाक होते हैं और उसने यह हुक्म दिया है कि मुशरिकों को मस्जिद-ए-हरम के नज़दीक नहीं जाना चाहिए। यह कहना कि निषेध केवल एक ख़ास समय के लिए था और यह कहना कि अब वह लागू नहीं है ख़ुदा के बारे में झूठी बात कहना है। उसी प्रकार यह कहना कि काफ़िरों के शिष्ट मंडल पैग़ंबर साहिब के पास आया करते थे, एक झूठा लांछन लगाकर उससे फ़ायदा उठाने का प्रयास है। मौलाना बताते हैं कि ये शिष्टमंडल पैग़ंबर साहिब के पास इस्लाम के बारे में उपदेश सुनने या इस्लाम को स्वीकार करने के लिए आते थे। उसके बाद वे पूछते हैं, उस किस्म की गतिविधि भी (पैग़ंबर संबंधी उक्त उल्लेखों में) कहाँ है, और जो लोग इस्लाम का बुरा चाहते हैं, उन्होंने जो कुछ किया है, वह उक्त उल्लेखों में कहाँ मिलता है, जैसे—ऐसे लोगों का मुशरिकों को इज़्ज़त के साथ मस्जिद में ले जाना और उन्हें मुसलमानों से ऊँचे स्थान पर खड़ा करना, उन्हें अपना वाइज़ (धर्मोपदेशक) और नेता बनाना? जो कुछ इन व्यक्तियों ने किया उससे मस्जिद बदनाम हो गई है और एक मस्जिद को बदनाम करना हराम है—मौलाना फरमाते

हैं। इससे मुसलमानों का अपमान हुआ और मुसलमानों का अपमान करना हराम है—मौलाना साहब घोषणा करते हैं। वे आगे कहते हैं कि मुशरिक की प्रतिष्ठा की गई और मुशरिकों की प्रतिष्ठा करना हराम है। यह सब कुछ मुसलमानों के लिए बुरा हुआ है। ख़ुद इस्लाम को उससे नुक्सान पहुँचा है। इस बात का अंदाज़ा लगाया जा सकता है कि यह सब कुछ करना कितना बड़ा झक्कीपन है।

लिखित प्रमाणों का उल्लेख करते हुए मौलाना आक्रोश व्यक्त करते हुए कहते हैं—इस्लाम के लिए यह कितनी बुरी बात है कि ग़ैर-इस्लामी शासन के चलते मस्जिदों को काफ़िरों के लिए खोल दिया जाए। वे आगे कहते हैं, ऐसा करना विनाश की ओर बढ़ना है। मौलाना हिंदुओं की ओर संकेत करते हुए कहते हैं : ख़ासतौर पर उस कौम के लिए मस्जिदें खोलना जो मुसलमानों को म्लेच्छ कहती है और जो उन्हें भँगी के बराबर मानती है, जो कुरआन की दृष्टि से पूरी तरह नापाक है, और जो, अगर कोई चीज़ उन्हें बेचनी है, तो दूर से उसे मुसलमानों के हाथ में डाल देती है। मौलाना जवाब-तलबी करते हैं : तुम उनके नापाक जिस्मों के लिए मस्जिदें खोल दो और उन्हें उनके नापाक कदमों से गंदा होने दो—इन सब बातों में क्या तर्कसंगति है?

इन सब बातों के अलावा, ये सब चीज़ें करने से हासिल क्या किया जा सकता है? वे पूछते हैं।

वे याद दिलाते हैं, साहिब-अल-बुख़ारी में हमें यह जानने को मिलता है कि पैग़ंबर साहिब के दिनों में कुत्ते पैग़ंबर साहिब की मस्जिद में आया-जाया करते थे। अब आप ख़ुद कुत्तों को मस्जिद-ए-हरम, पैग़ंबर साहिब की मस्जिद में और अपनी जामा मस्जिद में ले जाओ। और इसके बाद वे अपनी ख़ास अलंकृत भाषा में कहते हैं : और जुम्मा के दिन एक-एक कुत्ते को इमाम या निम्बर (वह मंच जहाँ से धर्म उपदेश किया जाता है) के दोनों तरफ़ बैठा दो—यही तो निष्कर्ष निकलता है न आपके तर्क का! और जब आप से जवाब-तलबी की जाए तो कहिए, "क्या पैग़ंबर साहिब के वक्त कुत्ते उनकी मस्जिद में नहीं आया-जाया करते थे?" इसलिए हम भी कुत्तों को मस्जिद में ले गए और उन्हें निम्बर पर बैठा दिया। तो क्या हुआ? और इसके बाद मौलाना साहब ताना कसते हुए कहते हैं : और जैसे आपने अभी अपनी आँखें बंद कर ली हैं, उसी तरह से, उस वक्त कुत्तों के मस्जिद में आने-जाने और अब आपके ख़ुद उन्हें मस्जिद में ले जाने के बीच के फ़र्क के बारे में भी अपनी आँखें बंद कर लीजिए।

कौन सी आँखें? वे पूछते हैं। आपके दिल की आँखें। ख़ुदा आपको बुद्धि और न्याय बख़्शे! मौलाना दृढ़तापूर्वक कहते हैं : लेकिन आपने जो काम किया है उसके लिए यह दृष्टांत भी उपयुक्त नहीं है। अगर आप वाइज़ के दोनों तरफ़ एक-एक कुत्ते को बैठा दें, तो वे वाइज़ नहीं बन जाते। लेकिन आप मुशरिकों को मुसलमानों

का वाइज़ बना देते हैं। मौलाना साहब कहते हैं—अगर आप वह करना चाहते हैं, जो आपने किया है तो कुत्तों को प्रशिक्षण दीजिए ताकि जब इमाम अपना पहला धर्मोपदेश समाप्त करे, तो वे बुलंद आवाज़ में भौंकना और विलाप करना शुरू कर दें—ताकि वे सब लोग जो बाहर हैं, जान जाएँ कि उनके लिए अपनी-अपनी नमाज़ का प्रतिफल माँगने का समय हो गया है। उसी प्रकार वे कहते हैं, हर आठवीं या दसवीं कतार में चार-पाँच कुत्ते बैठा दीजिए ताकि तकबीर के अंत में वे चिल्ला सकें और धर्मोपदेशक जितना उपदेश देते हैं, उससे भी ज़्यादा उपदेश दे सकें।

और यह कहने के लिए बस आप साहिब-अल-बुख़ारी को उद्धृत कर दीजिए, "देखिए, पैग़ंबर साहिब के दिनों में कुत्ते मस्जिदों में आया-जाया करते थे। उस वक्त तो दरअसल उनके मस्जिदों में इधर-उधर फिरने से कोई फ़ायदा नहीं हुआ। दूसरी तरफ़ हम ईमान के फ़ायदे के लिए कुत्तों को लाए हैं, इसलिए यह पूरी तरह से जायज़ है।" मौलाना साहब आगे कहते हैं, तब तक—इस आधार पर कि पैग़ंबर साहिब के समय कुत्ते मस्जिदों में इधर-उधर घूमा करते थे, आपके द्वारा कुत्तों को मस्जिदों में लाना—एक कियास था, लेकिन अब स्वयं कुरआन के लिखित प्रमाण के आधार पर स्थापित तर्क बन गया है।

मौलाना अपनी बात को दोहराते हुए कहते हैं : तिलक लगवाना निश्चित रूप से कुफ्र है और इस्लाम के ख़िलाफ़ है। वे आगे कहते हैं ज़ुन्नार (यज्ञोपवीत) मात्र एक धागा ही तो है जो कि कपड़ों के नीचे ढका रहता है। लेकिन यह तिलक एक निशान है, चेहरे पर लगा निशान और चेहरे में भी माथे पर लगा निशान, जहाँ से यह हर वक्त यही घोषणा करता रहता है "हम काफ़िर हैं।" लिखित प्रमाणों को उद्धृत करते हुए मौलाना साहब घोषित करते हैं, हिन्दू और मुसलमान के बीच वह फ़र्क है जो कुफ्र और इस्लाम के बीच है। और मौलाना आगे घोषित करते हैं, जब तक मुसलमान, मुसलमान रहता है और काफ़िर, काफ़िर, तब तक इस फ़र्क को मिटाया नहीं जा सकता—

और वे—जो संयुक्त कार्रवाई, और सहयोग की वकालत करते हैं—एक नए धर्म का गठन करेंगे जिसमें न तो एक हिंदू, हिंदू रह जाएगा और न ही मुसलमान एक मुसलमान—मौलाना साहब सर्वधर्म समभाव संबंधी उनकी घोषणाओं की नकल उतारते हुए तन्ज़ के अंदाज़ में कहते हैं। इसके बाद वे घोषणा करते हैं : क्योंकि इस्लाम को छोड़कर बाकी सब धर्म कुफ्र होते हैं इसलिए वह नया धर्म भी कुफ्र होगा, और कुछ नहीं।

वे अंत में कहते हैं—उन लोगों के संबंध में भी, जो संगम और प्रयाग को उतने ही पवित्र स्थान बनाने जा रहे हैं जितने पवित्र इस्लाम के स्थान हैं, यही बात लागू होती है।[34]

ऐसा कैसे हो सकता है कि हमारे जो माननीय नेता अशोक के धर्मादेशों की

रट लगाए रहते हैं उनकी जानकारी में इस प्रकार के फ़तवे न आए हों?

हकीकत यह है कि वे ऐसे फ़तवों को देखकर भी अनदेखा कर देते हैं।

प्रश्नकर्ता पूछता है : मुशरिकों के साथ एकता और सहयोग बनाए रखने के लिए, मज़हबी ज़रूरत की वजह से किसी मुशरिक को अपना नेता बनाना, किसी मुशरिक का उल्लेख करते हुए यह कहना कि वह हमारे नगर की धरती को पवित्र करने आए हैं; किसी मुशरिक का आदर करना और उसे 'महात्मा' कह कर पुकारना—क्या ये शब्द और कार्य इस्लाम के मुताबिक हैं?

ज़रा इस ओर ध्यान दीजिए कि ये उस किस्म की अभिव्यक्तियाँ और कार्य हैं जिन पर ख़िलाफ़त और असहयोग जैसे आंदोलनों के दौरान और सामान्यतः आज़ादी की लड़ाई का संचालन करते समय किफ़ायतुल्लाह और अब्दुल बरी जैसे उलमा और मौलाना आज़ाद तथा अन्य लोगों द्वारा बल दिया जाता था।

अहमद रज़ा ख़ान घोषित करते हैं : मुशरिकों के साथ एकता बहुत दूर की बात है। वह कतई हराम है। वे उस आयत को उद्धृत करते हैं, जिसकी वे बार-बार दुहाई देते हैं, जो लोग अल्लाह और कियामत के दिन में विश्वास रखते हैं, उनमें ऐसे व्यक्तियों को नहीं पाओगे जो अल्लाह और पैग़ंबर साहिब के दुश्मनों के दोस्त हों चाहे अल्लाह और पैग़ंबर साहिब के ऐसे दुश्मन उनके पिता या बेटे या शुभचिंतक भी क्यों न हों। और वे एक और आयत को उद्धृत करते हैं, जो कई बार हमारे सामने से गुज़री है : तुम में से जो आदमी उनके साथ दोस्ती रखता है, वह उन्हीं में से एक है। मौलाना साहब ज़ोर देकर कहते हैं, ये प्रमाण स्वयं कुरआन से हैं : काफ़िरों के साथ एकता तथा सहयोग कुफ़्र है।

वे पूछते हैं, ऐ मुसलमानो! कुरआन के हुक्म से बढ़कर किसका फ़तवा बड़ा है? अल्लाह के फ़रमान से बढ़ कर और किस का फ़रमान हो सकता है?

मौलाना घोषित करते हैं : मजहबी मामलों में किसी मुशरिक को अपना नेता बनाना क़ुरआन को बदनाम करना है। कुरआन की हज़ारों आयतों से यही गूँज सुनाई देती है कि मुशरिक पथभ्रष्ट होते हैं, और मार्गदर्शन करना उनके बस की बात नहीं है। कुरआन के उद्धरण देते हुए मौलाना साहब फ़रमाते हैं—पशुओं की तरह वे भी पूरी तरह अज्ञानी होते हैं। उनसे भी ज़्यादा वह व्यक्ति अज्ञानी होता है जो उन्हें अपना नेता बना लेता है।

जिन मुसलमानों ने इन शब्दों का प्रयोग किया था—"वे हमारे नगर की धरती को पवित्र करने आए हैं"—उनके प्रति मौलाना की प्रतिक्रिया और भी अधिक कटु है। वे याद दिलाते हैं, कुरआन कहता है कि मुशरिक पूरी तरह से नापाक होते हैं। और उसके बाद वे पूछते हैं : और जब उन्होंने हिंदू धर्म को अपना लिया हो तो फिर शक की गुंजाइश ही कहाँ रह जाती है। उलमा को इस बारे में कोई शक नहीं कि गोबर नजास (अपवित्र) होता है और वे—हिंदू-गोबर से हज़ारगुना बदतर होते

हैं। वे कहते हैं : मुशरिकों की नापाकी के बारे में तो कुरआन में साफ़ लिखा है। मौलाना साहब किफ़ायतुल्लाह की दलील को पलट कर इस्तेमाल करते हुए कहते हैं : बाहरी नापाकी को तो लोटा भर पानी से धोकर साफ़ किया जा सकता है, लेकिन किफ़ायतुल्लाह आदि हिंदुओं और अन्य काफ़िरों को जिस अंदरूनी नापाकी से ग्रस्त बताते हैं उसे समुद्र के पानी से भी नहीं धोया जा सकता, इसे केवल इस्लाम को कुबूल करके ही दूर किया जा सकता है।

वे फ़रमाते हैं : एक मुशरिक का आदर करना घोरतम पाप है। ऐसा करना कुरआन को बदनाम करना है। और वे हदीस का उल्लेख करते हैं, जो बिदअती (वह व्यक्ति जो अपनी ओर से कोई नई बात कहता है) या ग़ैर मुसलमान का आदर करता है, वह इस्लाम को नष्ट करने में मदद करता है।

अहमद रज़ा ख़ान घोषित करते हैं—उनके जुलूस में शामिल होना अन्य कारणों से भी हराम है, और वे पैग़ंबर साहिब को उद्धृत करते हुए कहते हैं—जो किसी कौम के जुलूस में शामिल होता है वह उसी कौम का हो जाता है। वे दूसरी हदीस का उल्लेख करते हैं : जो किसी कौम की सभा में बढ़ोतरी करता है, वह उसी का हो जाता है। वे तीसरी हदीस उद्धृत करते हैं : जो किसी मुशरिक के साथ आता है या उसके पास ठहरता है, वह वैसा ही बन जाता है।

मौलाना आगे फ़रमाते हैं : उसी प्रकार जो किसी मुशरिक की जय बोलता है, वह ख़ुद मुशरिक है। इसके लिए वे एक और हदीस उद्धृत करते हैं। जब किसी फ़ासिक (पापात्मा) की प्रशंसा की जाती है, तो प्रशंसा करने वाले पर अल्लाह का प्रकोप बरसता है।

उसके बाद मौलाना गाँधीजी को 'महात्मा' कहने की प्रथा पर टिप्पणी करते हैं। वे कहते हैं 'महात्मा' का अर्थ है 'महान आत्मा' और यह उपाधि केवल फ़रिश्ता जबरील के लिए इस्तेमाल की जाती है। इसे किसी मुशरिक के साथ जोड़ना अल्लाह और पैग़ंबर साहिब से ख़ास दुश्मनी करना है।[35]

मौलाना एक फ़तवे में कहते हैं : अच्छे कामों के लिए कुरआन में एक पैमाना, एक मानदंड निर्धारित किया गया है। जो आख़िरत में अपनी ख़ैर चाहता है, उसे उस मानदंड के अनुसार अच्छे काम करने चाहिए—लेकिन, मौलाना कहते हैं, शर्त यह है कि उसे ज़रूरी तौर पर मुसलमान ही होना चाहिए। तभी उसके प्रयासों का उसे फल मिल पाएगा। काफ़िरों के बारे में मौलाना बताते हैं कि कुरआन में कहा गया है : काफ़िर चाहे कुछ भी कर लें, हम उसे नष्ट कर डालते हैं; काफ़िरों का कोई भी सद्कार्य स्वीकार्य नहीं है; बल्कि उससे किसी सद्कार्य की कल्पना भी नहीं की जा सकती। ऐसा कोई भी सद्कार्य बेकार जाता है। केवल मुसलमान ही उन लोगों के दायरे में आते हैं, जिन्हें अपने सद्कार्यों का फल मिलेगा।

मौलाना एक ऐसे उदाहरण द्वारा अपनी बात को स्पष्ट करते हैं, जो उतना

ही प्रभावकारी है जितना कि प्रतीकात्मक। कुरआन में कहा गया है : जो अल्लाह के लिए भलाई का कर्ज़ दे सकता है उसे बदले में दुगुना मिलेगा। उसे प्रतिफल रूप में सम्मान मिलता है। मौलाना पूछते हैं : क्या कोई ऐसा कह सकता है कि अगर कोई काफ़िर बिना ब्याज लिए 2 रु. का कर्ज़ देता है तो वह इस आयत के दायरे में आ जाएगा? क्या उसे सम्मान का प्रतिफल मिल सकता है? वे—काफ़िर—न तो कोई सद्कार्य करने के दायरे में आते हैं और न प्रतिलाभ प्राप्त करने के दायरे में।

जिन तथाकथित मुसलमानों ने काफ़िरों से मदद ली थी और जिन्होंने उनके साथ एकता स्थापित की थी उन्होंने वस्तुतः गुलामी कबूल कर ली थी। वे इस्लामी कानून पर प्रतिबंध लागू कराने में व्यस्त हैं, वे कुफ्र को स्वीकार करके गर्व अनुभव कर रहे हैं। मुशरिकों का सम्मान करना निश्चित रूप से इस्लाम को बदनाम करना है। इसके चलते मौलाना 'इन तथाकथित मुसलमानों' के कार्यों की स्तुतिमाला प्रस्तुत करते हैं जिनका बखान वे पहले भी प्रायः करते रहे हैं; मुशरिकों की जय बोली जाती है; उन्हें अपना नेता बनाया जाता है; आयतों और हदीस के मुताबिक बिताई गई जिंदगी को बुतपरस्ती की वेदी पर कुर्बान कर दिया जाता है; मुशरिकों को मुसलमानों का रहनुमा बनाया जाता है; वे—अर्थात् 'तथाकथित मुसलमान' जिन्हें मौलाना फटकार रहे हैं—एक मुशरिक की लाश को अपने कंधों पर उठाकर श्मशान भूमि में ले गए और उसकी रूह की शांति के लिए उन्होंने दुआ की। उन्होंने उनके जनाज़े के लिए की जाने वाली दुआओं के पोस्टर लगाए; ये सब काम कुफ्र हैं—मौलाना अपनी बात को दोहराते हुए कहते हैं उन्होंने—'तथाकथित मुसलमानों' ने—खुलेआम घोषणा की कि अगर आज तुम हिंदुओं से दोस्ती कर लेते हो, तो समझ लो तुमने ख़ुदा से दोस्ती कर ली। और उन्होंने घोषित किया है कि ख़ुदा की डोर पकड़े हुए अगर तुम ईमान को नहीं जीत पाए तो तुम कम-से-कम दुनिया को तो जीत पाओगे; वे एक ऐसा मज़हब बनाने जा रहे हैं, जो हिंदुओं और मुसलमानों के बीच के फ़र्क को मिटा देगा, जो प्रयाग और संगम को पुण्य स्थान बना देगा।[36]

प्रश्नकर्ता पूछता है, उलमा-ए-दीन की निम्नलिखित के बारे में क्या राय है? खिलाफ़त समिति की एक बैठक बरेली में होने जा रही है; मौलाना मुहम्मद अली और शौकत अली और महात्मा गाँधी आदि वहाँ आएँगे; बाज़ार को पूरी तरह से सजा दिया गया है; बड़ी धूमधाम के साथ उन्हें एक जुलूस में ले जाया जाएगा और मुसलमान, हिंदू, ईसाई, वहाबी, शिया उस बैठक में भाग लेंगे। ऐसी स्थिति में क्या सच्चे मोमिनों को इस बैठक में भाग लेना चाहिए? उन्हें वह जुलूस देखना चाहिए या नहीं और ऐसी बैठक में भाग लेना जायज़ है, या गुनाह? मेहरबानी करके ऐसी बैठक में भाग लेने और उसके लिए चंदा आदि देने के बारे में कुरआन और हदीस के मुताबिक स्पष्ट उतर देने का कष्ट करें।

हमेशा की तरह मौलाना साहब लिखित प्रमाणों का हवाला देते हुए घोषित करते हैं कि ऐसी बैठक में भाग लेना हराम है और जो हराम है, उसका तमाशा देखना भी हराम है।

अहमद रज़ा ख़ान घोषित करते हैं, जो मौलवी या मौलाना मुसलमानों और काफ़िरों के बीच के फ़र्क को मिटा देता है और जो संगम और प्रयाग को पुण्य स्थान घोषित करता है...वह मौलवी या मौलाना नहीं हो सकता। ऐसे व्यक्तियों को मौलाना कहना हराम है। मौलाना आगे कहते हैं : वे तथाकथित मुसलमान (इन बैठकों और जुलूसों में) गाँधी के अनुयायियों के तौर पर शामिल हो रहे हैं। पोस्टरों में सिर्फ़ उन्हीं की सेवाओं, उन्हीं के बलिदानों का बखान किया गया है—इन का उल्लेख करने का उद्देश्य है उनके स्वागत समारोह को महिमा प्रदान करना। हदीस के टुकड़े-टुकड़े करना मुसलमानों का काम नहीं है—वह कुफ्ऱ है। जो दिल से उसमें शामिल होता है, वह बाहर और भीतर दोनों तरफ़ से काफ़िर है। मौलाना स्पष्ट करते हैं जो व्यक्ति आवश्यकता वश भाग ले रहा है, वह किसी ऐसे कारण वश भाग नहीं ले रहा है, जिसे कि शरीअत के मुताबिक आवश्यकता माना जा सके। जब तक किसी को ऐसी मजबूरी न हो कि उसको जान का ख़तरा हो, जिस 'आवश्यकता' वश व्यक्ति ऐसे काम करता है उसके अंतर्गत यह लाज़िमी होगा कि वह दोबारा इस्लाम धर्म को ग्रहण करे और निकाह भी दोबारा कराए।[37]

मौलाना अब्दुल बरी और फ़िरंगी महल को आड़े हाथों लेते हुए अहमद रज़ा ख़ान घोषित करते हैं : मस्जिदें इसलिए नहीं बनी हैं कि उनमें काफ़िरों को ले जाया जाए और वहाँ मुशरिकों की 'जय' बोली जाए। वे आगे अपना गुस्सा ज़ाहिर करते हुए कहते हैं : जब उनका दिल विकृत हो गया हो, जब मुशरिकों के ग़ुलाम बन कर उन्होंने अल्लाह और पैग़ंबर के आदेशों को तिलांजली दे दी हो तो कोई क्या करेगा?[38]

मौलाना एक बार फिर फटकार लगाते हैं : काफ़िरों के साथ सहयोग करना कतई हराम है चाहे वे मजूस (पारसी, अग्निपूजक) हों, या यहूदी या ईसाई या फिर हिंदू और सबसे बढ़कर यह धर्म त्यागियों के लिए कुफ्ऱ है। ये मध्यस्थ काफ़िरों के साथ संबंध बनाए रख रहे हैं और फिर भी यह दावा कर रहे हैं, कि वे मध्यस्थता नहीं कर रहे हैं। मौलाना अहमद रज़ा उनकी तुलना एक ऐसे मुशरिक से करते हैं, जो महादेव की पूजा भी करता रहता है और यह भी कहता रहता है, "देखो, शिर्क बहुत बुरी चीज़ है। अल्लाह को छोड़ और किसी की परस्तिश मत करो।" वे आगे कहते हैं, वे ईसाइयों के साथ असहयोग को जायज़ करार देते हैं शरीअत ने कभी इसे उचित नहीं ठहराया है। मौलाना घोषित करते हैं : यह कहना कि शरीअत ने इसे उचित ठहराया है उनकी तरफ़ से एक झूठा आरोप है, बल्कि गाँधी की तरफ़ से शरीअत पर एक झूठा आरोप है। अल्लाह और पैग़ंबर साहिब को 'हक़' मानने

के फ़र्ज़ के बराबर कोई और फ़र्ज़ नहीं है। बाकी सब फ़र्ज़ इससे कमतर हैं।

और इसी तरह की कई अन्य बातें मौलाना साहब ने कही हैं।

धर्म निरपेक्षवादी ऐसी सामग्री पर कभी टिप्पणी क्यों नहीं करते हैं?

ये फ़तवे हमारे सर्वधर्म समभाव मत के एकता विषयक धर्मोपदेशों के लिए क्या गुंजायश छोड़ते हैं?

'राष्ट्रवादी' उलमा के फ़तवे भी काफ़ी हैरान कर देने वाले थे : उनमें काफ़िरों के साथ संयुक्त कार्रवाई का आग्रह शुद्ध रूप से उपयोगतावादी आधार पर किया गया था, ख़ास तौर पर इस आधार पर कि अलगाव बनाए रखने के लिए यही कार्रवाई सबसे अच्छी थी, बल्कि यही उसके लिए एकमात्र उपलब्ध उपाय था। लेकिन मौलाना साहब के फ़तवे तो ऐसे हैं, जो उपयोगितावाद को भी कुफ़्र करार देते हैं।

ज़रा इस ओर ध्यान दीजिए कि जिस व्यक्ति को लेकर ये फ़तवे जारी किए गए वे कोई और नहीं, बल्कि स्वयं महात्मा गाँधी थे, जिनसे बढ़ कर संतप्रवृत्ति वाला व्यक्ति हमारे सार्वजनिक जीवन में अनेक वर्षों तक मिलने वाला नहीं है। उसके बावजूद ऐसे फ़तवे जारी किए गए। और उनके सामने उद्देश्य भी इतना महान था, जितना महान् कोई उद्देश्य हो सकता है—देश की आज़ादी। प्रायः—जैसे कि ख़िलाफ़त आंदोलन के दौरान—इस उद्देश्य का सीधा संबंध मुसलमानों से होता था। और फिर भी ऐसे फ़तवे जारी किए गए।

ज़रा इस ओर भी ध्यान दीजिए कि जबकि काफ़िर हिंदुओं के साथ चाहे कम-से-कम ही सही सहयोग करने के वास्ते मुसलमानों को रज़ामंद करने के लिए मुफ़्ती किफ़ायतुल्लाह जैसे प्रतिष्ठित आलिम को भी केवल उपयोगितावादी दलीलों तक ही ख़ुद को सीमित रखना पड़ा, दूसरी ओर मौलाना अहमद रज़ा ख़ान ने अपने फ़तवों का औचित्य कुरआन के अध्यायों और आयतों तथा हदीस को उद्धृत करके सिद्ध किया।

यह एक ऐसा तथ्य है जिसका सामना हमारे बुद्धिजीवी नहीं करना चाहते।

एक बुनियादी वर्गीकरण

इनमें से बहुत से विवाद ऐसे हैं, जिनका दारोमदार इस बात पर है कि भारत दारुल इस्लाम अर्थात् इस्लामी देश है या दारुलहर्ब अर्थात् ग़ैर-मुस्लिम हुकूमत वाला देश। अगर वह दारुलहर्ब हो तो मुसलमानों के लिए यह लाज़िमी हो जाता है कि या तो वहाँ जिहाद छेड़ दिया जाए और इसे तब तक जारी रखा जाए जब तक कि दारुलहर्ब को दारुल इस्लाम में नहीं बदल दिया जाता या फिर वहाँ से जाकर किसी ऐसे देश में बसा जाए जो दारुल इस्लाम हो।

ब्रिटिश ताकत के फैल जाने के साथ जैसे ही मुग़ल शासन की जड़ें उखड़ीं

उलमा क्रोधोन्मत्त हो उठे। शाह वलीउल्लाह ने अहमदशाह अब्दाली को, जो कि, उस समय अफ़गानिस्तान का शासक था, आमंत्रित किया कि वह भारत पर आक्रमण करके यहाँ इस्लामी शासन बहाल करे। उसका परिणाम हमें पानीपत की तीसरी लड़ाई के रूप में देखने को मिला। वलीउल्लाह ने जो चाहा था, इस युद्ध के दीर्घकालिक परिणाम उसके ठीक उलट निकले। उनके बेटे शाह अब्दुल अज़ीज़ ने (1746-1824) सत्ता की बागडोर संभाली। उसने उस समय मौजूद स्थिति के ख़िलाफ़ कदम उठाया। वह स्थिति ऐसी थी, कि जिसमें, स्वयं उनके कथनानुसार, ईसाइयों के हुक्म का मुस्लिम उलमा के हुक्म की तुलना से ज़्यादा महत्त्व था। अंततः शाह अब्दुल अज़ीज़ ने एक फ़तवा जारी किया, जिसके अंतर्गत हिंदुस्तान को दारुल-हर्ब करार दे दिया गया—एक ऐसा देश जिसमें जिहाद छेड़ना हर मुसलमान के लिए लाज़िमी हो जाता है। एक विद्रोह को भड़काने के उसके प्रयास भी विफल हो गए। 1857 का आंदोलन भी—जिसमें कुरेशी के कहने पर उलमा ने मुख्य भूमिका निभाई थी—विफल होकर रह गया।

अब मुसलमान नेताओं और उलमा ने ऐसा कारण ढूँढना शुरू कर दिया जिसके आधार पर यह घोषित किया जा सकता कि हिंदुस्तान दारुल-हर्ब नहीं था। इस उलट बयानी की प्रक्रिया में सबसे आगे अलबत्ता सर सय्यद ही थे। उन्होंने घोषित किया कि यह अल्लाह की मर्ज़ी थी कि प्रभुसत्ता मुसलमानों से ले ली गई और अंग्रेज़ों को सौंप दी गई। कि अंग्रेज़ों ने मुसलमानों को मज़हबी आज़ादी दी, कि उन्होंने न्यायपूर्वक शासन किया, और शांति बनाए रखी और साथ ही उन्होंने मुसलमानों के अलग अस्तित्व और धनसंपत्ति का आदर किया। इस प्रकार मुसलमान ब्रिटिश शासन के प्रति वफ़ादारी के लिए कर्तव्यबद्ध हैं। उन्होंने हंटर की पुस्तक 'दि इंडियन मुसलमान्स' की प्रसिद्ध समीक्षा में लिखा, "यह कहना एक बहुत बड़ी ग़लती है कि शब्दों के प्राथमिक अर्थों के अनुसार देश या तो 'दारुल इस्लाम' हो सकता है, या फिर 'दारुल हर्ब', और उसकी इन दोनों के बीच की कोई स्थिति नहीं हो सकती। एक असली दारुल इस्लाम वह देश होता है, जिसे किसी भी हालत में दारुल हर्ब नहीं कहा जा सकता। और उसी प्रकार एक असली दारुल हर्ब वह देश होता है जिसे दारुल इस्लाम नहीं कहा जा सकता। लेकिन कुछ देश ऐसे हैं जिन्हें कुछ हालात के मद्देनज़र दारुल इस्लाम कहा जा सकता है और कुछ और हालात के मद्देनज़र दारुल हर्ब कहा जा सकता है। इस समय भारत एक ऐसा ही देश है।" उन्होंने यह साबित करने का भरसक प्रयास किया कि जो यह इलज़ाम लगाया जाता है कि वहाबियों ने देश को 'दारुल हर्ब' करार देकर 'जिहाद' छेड़ दिया था, 'निराधार' था। सर सय्यद ने कहा, इसके उलट, भारत के दारुल हर्ब बन चुकने के बाद वहाबी, ब्रिटिश सरकार के विरुद्ध जिहाद को ग़ैरकानूनी समझते थे। कानून में सही स्थिति यह है कि "अगर आपके पास सत्ता है तो जिहाद छेड़ना आपके लिए लाज़िमी हो जाता है। अगर आपके पास सत्ता नहीं है, तो जिहाद ग़ैर-कानूनी होता है।" सर

सय्यद ने बल देकर कहा कि वहाबियों ने जो जिहाद छेड़ा था वह अंग्रेजों के ख़िलाफ़ नहीं बल्कि सिक्खों के ख़िलाफ़ था।[40]

कई उलमा ने अपने नए तर्क प्रस्तुत किए—ऐसे तर्क जिनके बारे में प्रो मुजीब ने टिप्पणी की है कि "वे सहज बुद्धि, वाक्छल और बौद्धिक छिछोरेपन का मिश्रण" थे। अंग्रेजों की सरकार सांविधानिक रूप से गठित सरकार थी। उन्होंने धार्मिक स्वतंत्रता दे रखी थी। अंग्रेज़ों के प्रति आज्ञाकारिता को वस्तुतः इस रूप में लिया जा सकता था कि शासित वर्ग अपने हिस्से के अनुबंध का पालन कर रहा था—और सरकार, सुरक्षा और शांति की व्यवस्था करके अपने हिस्से के अनुबंध का पालन कर रही थी। शरीअत के नियमों को संपूर्ण रूप से लागू नहीं किया जा रहा था, और वस्तुतः उनमें से बहुत से नियमों को व्यवहार में निलंबित कर दिया गया था। इस बात के दो अर्थ हो सकते थे : क्योंकि शरीअत के नियमों को मुग़ल काल और उससे पहले भी संपूर्ण रूप से लागू नहीं किया जा रहा था, इसलिए यदि कुछेक और क्षेत्रों में उन्हें हाल में निलंबित कर दिया गया था, तो उसके लिए जिहाद छेड़ने का कोई कारण नहीं बनता था। इसका दूसरा अर्थ यह था, कि अब भी कुछेक क्षेत्रों में ही शरीअत के नियमों को निलंबित किया गया था और बाकी क्षेत्रों में उन्हें लागू किया जा रहा था, और जिन कुछेक क्षेत्रों में उन्हें लागू नहीं किया जा रहा था उनमें भी उन्हें केवल 'निलंबित' ही किया गया था। अधिक कुशल तर्क यह था कि शरीअत ने शासक के प्रति आज्ञाकारिता का आदेश देकर ख़ुद को निलंबित कर लिया है। अब क्योंकि शासक अंग्रेज़ थे इसलिए ब्रिटिश सरकार के नियम शरीअत के नियम थे। इसके अलावा शरीअत ज़रूरत के नियम को मान्यता प्रदान करती थी और इस समय भारत में मुसलमानों की जो स्थिति थी उसके चलते आज्ञा का पालन करने के सिवाय उनके पास कोई और विकल्प नहीं था। यह कहा गया, ऐसा करके वे किसी भी तरह से अल्लह की मर्ज़ी का उल्लंघन नहीं कर रहे होंगे, क्योंकि कुरआन में यह आश्वासन दिया गया था कि "अल्लाह किसी पर इतना बोझ नहीं डालता कि वह उसे उठा न सके।" इस प्रकार के और भी कई तर्क दिए जाते हैं...[41]

ज़ाहिर है कि ये सब तर्क, जो कुछ घट रहा था, मात्र उसके औचित्य-स्थापन के लिए दिए जा रहे थे। उलमा की यह ख़ासियत थी कि वे किसी कार्यपद्धति के लिए जो तर्क जुटाते थे, स्थिति के बदलने पर, वे उससे उलट कार्यपद्धति के तर्क भी बहुत आसानी से जुटा सकते थे।

हमें उन फ़तवों की किताबों में भी 'सहज बुद्धि, वाक्छल और बौद्धिक छिछोरेपन का मिश्रण' देखने को मिलता है, जो हमारे सर्वेक्षण का विषय है। मौलाना अहमद रज़ा ख़ान, जो कि हमेशा काफ़िरों के मामले में कुरआन और हदीस के शाब्दिक अर्थों को लागू करने का आग्रह करते थे, एक ऐसा रुख़ अख़्तियार करते हैं जो कि पहली नज़र में आश्चर्यजनक दिखाई देता है : वे घोषित करते हैं कि ब्रिटिश

शासन के अंतर्गत हिंदुस्तान दारुल इस्लाम है। लेकिन वे केवल इससे उलटा रुख अपनाने के परिणामों से बचने की कोशिश कर रहे थे। क्योंकि वे शब्दवादी थे, इसलिए यदि वे एक बार भारत को दारुल हर्ब घोषित कर देते तो उन्हें ज़रूरी तौर पर यह फ़रमान देना पड़ता कि या तो मुसलमान जहाद छेड़कर उसे 'दारुल इस्लाम' में बदल दें, या फिर वे भारत को छोड़कर ऐसी जगह चले जाएँ जो वाकई दारुल इस्लाम हो—पहला रास्ता आत्म घातक होता और दूसरा रास्ता विनाशकारी सिद्ध होता। यह उन मुसलमानों के उदाहरण से सिद्ध हो चुका था जो गुलाम मुहम्मद अज़ीज़ अर्थात् अज़ीज़ हिंदी के कहने पर 1920 में अफ़ग़ानिस्तान चले गए थे।

मुफ़्ती किफ़ायतुल्लाह भी अपने फ़तवों में एक पृष्ठ से दूसरे पृष्ठ तक जाते-जाते अपना रुख़ बदल लेते हैं।

हम शुरुआत खंड 1 से करते हैं। पृ. 19 पर मुफ़्ती घोषित करते हैं सरकारी बैंकों से ब्याज लेने की अनुमति है, क्योंकि इस समय शासन अंग्रेज़ों के हाथों में होने के कारण भारत दारुल हर्ब है। लेकिन सरकारी बैंकों में स्वेच्छा से पैसा जमा कराकर सरकार की मदद करना जायज़ नहीं है।

पृ. 20 पर वे घोषित करते हैं : हिंदुस्तान न तो दारुल-इस्लाम है और न पूरी तरह से दारुल हर्ब। कुछ मामलों—जैसे नमाज़ पढ़ने और ईद मनाने के मामलों—में यह दारुल इस्लाम है : संभवतः इसलिए क्योंकि इनके लिए कोई मनाही नहीं है। किंतु दूसरे मामलों—जैसे बैंकों से ब्याज लेने के मामलों—में यह दारुल हर्ब है। यह निश्चित रूप से एक यथासुविधा फ़रमान था, क्योंकि यदि मान लिया जाता कि हिंदुस्तान दारुल इस्लाम था, तो मुसलमानों को ब्याज स्वीकार करने से मना करना पड़ता। लेकिन मुफ़्ती साहब कहते हैं, मुसलमानों को ब्याज कमाने के लिए सरकारी बैंकों में पैसा जमा कराने की आदत नहीं पालनी चाहिए। लेकिन वे इसके बाद यह भी कहते हैं : लेकिन तुम्हें सरकार से ब्याज वसूल किए बिना छोड़ना नहीं चाहिए।

पृ. 20-21 पर वे घोषित करते हैं : हिंदुस्तान दारुल हर्ब है। लेकिन यह सोचकर कि सामान्य फ़तवा जारी करने के लिए, यह कहना कि मुसलमानों के लिए ब्याज लेना बजा होगा, ख़तरनाक साबित हो सकता था, वे कहते हैं—उस हालत में मुसलमानों के दिमाग़ों में इस बात का कोई महत्त्व न रहता कि ब्याज लेना हराम है।

बाद में पृष्ठ 21 पर वे घोषित करते हैं : क्योंकि हिंदुस्तान दारुल हर्ब है, इसलिए कोई भी मुसलमान बीमा करा सकता है।

पृ. 21-22 पर वे कहते हैं : हालाँकि हिंदुस्तान दारुल हर्ब है, लेकिन मुसलमानों से ब्याज लेना या ग़ैर मुसलमानों से ज़बरदस्ती ब्याज लेना जायज़ नहीं है। गैर मुसलमानों से उनकी सहमति से ब्याज लेना जायज़ है।

पृ. 22 पर वे कहते हैं : अब यह पूरी तरह मान लिया गया है कि हिंदुस्तान दारुल हर्ब है और यह फ़तवा इसी आधार पर दिया जा रहा है।

आगे चल कर पृ. 22 पर वे फिर घोषित करते हैं : अब यह पूरी तरह से मान लिया गया है कि भारत दारुल हर्ब है। इसलिए काफ़िरों से ब्याज लेना जायज़ है। लेकिन क्योंकि भारत के दारुल हर्ब होने के बारे में उलमा के बीच मतभेद है इसलिए ब्याज लेने में बहुत ज़्यादा सावधानी बरती जानी चाहिए। लेकिन डाक घर से ब्याज ज़रूर लो और उसे ग़रीबों पर ख़र्च कर दो या छात्रों को दे दो।

अगले पृष्ठ पर वे फिर कहते हैं : भारत दारुल हर्ब है।

पृष्ठ 23 पर वे लिखते हैं : जिस देश में प्रभुसत्ता काफ़िरों के पास हो वह देश दारुल हर्ब होता है। इस प्रकार वे अपनी मर्जी के मुताबिक आदेश जारी कर सकते हैं। हिन्दुस्तान यकीनन दारुल हर्ब है। मुसलमानों का यह फर्ज़ बनता है कि वे हमेशा दारुल हर्ब को दारुल इस्लाम में बदलने के लिए संघर्ष करते रहें और इस्लामी शासन कायम करने के उद्देश्य से आज़ादी हासिल करने का उद्यम करते रहें।

लेकिन अगले पृष्ठ पर ही वे लिखते हैं : हिंदुस्तान दारुल हर्ब है लेकिन इसके दारुल हर्ब होने के बारे में सभी लक्षण अभी पक्के नहीं हैं। इसलिए ब्याज लेने के बारे में अभी शक बने हुए हैं। ऐसा इसलिए क्योंकि उलमा इसके दारुल हर्ब होने के बारे में सहमत नहीं हैं। जो जगह पहले दारुल इस्लाम रही हो उसके दारुल हर्ब बनने के लिए तीन लक्षण ज़रूरी होते हैं (i) दारुल इस्लाम की कोई विशेषता, कोई शांति, कोई ज़िम्मेदारी और कोई माफ़ी नहीं रहनी चाहिए (ii) इस्लामी कानून नहीं रहने चाहिए (iii) दारुल-इस्लाम से कोई संबंध नहीं रहना चाहिए।

एक बार फिर पृ. 24 पर वे कहते हैं : यद्यपि हिंदुस्तान अब अपनी पिछली हालत में नहीं रहा, लेकिन यह दारुल हर्ब भी नहीं बना। उसकी बजाए इसकी सरकार मिले-जुले किस्म की है जिसमें मुसलमान सदस्यों को भी शामिल किया गया है। इसलिए ब्याज लेने का औचित्य हमें समझ में नहीं आता।

इसी प्रकार खंड 8 में पृ. 48-49 पर किफ़ायतुल्लाह घोषित करते हैं : लम्बे समय से इस बारे में असहमति चली आ रही है कि हिंदुस्तान दारुल हर्ब है या दारुल इस्लाम। अब अकबर अली अल-सबाह फ़रमाते हैं कि यह दारुल हर्ब है। सरकारी बैंकों में पैसा जमा कराना नाजायज़ है; लेकिन अगर पैसा जमा करा दिया गया है तो ब्याज बिना वसूल किए छोड़ देने से इस्लाम को नुक्सान पहुँचता है। क्योंकि वे सरकारी बैंक—वह रकम मिशनरियों को दे देते हैं, जो इस्लाम के ख़िलाफ़ काम करती हैं और लोगों का धर्मपरिवर्तन कराकर उन्हें ईसाई बना देती हैं। अगर हम ब्याज लेकर ग़रीबों को बाँट दें तो इसमें कोई हर्ज नहीं।

लेकिन पृ. 50 पर वे कहते हैं : वर्तमान स्थिति ऐसी है कि सरकार अंग्रेजों की है। इसलिए हिंदुस्तान दारुल हर्ब है। इसलिए सरकारी बैंकों से ब्याज लेना नाजायज़ नहीं है। लेकिन उसे खुद के लिए इस्तेमाल नहीं किया जाना चाहिए।

पृ. 52 पर वे फिर कहते हैं : मुसलमान बैंकों के साथ व्यापारिक लेन-देन

रख सकते हैं क्योंकि बैंकों पर अहले हर्ब की मिल्कियत है जो कि दारुल हर्ब में रहते हैं।

फिर एक बार पृ. 54 पर लिखते हैं : बचत बैंकों और ग़ैर मुसलमानों से लाभराशि प्राप्त करके अपने ख़र्चों के लिए इस्तेमाल की जा सकती है। लेकिन यद्यपि हिंदुस्तान दारुल हर्ब है, फिर भी मुसलमानों से ब्याज लेना जायज़ नहीं है।

लेकिन पृ. 59 पर वे कहते हैं : अभी कुछ शक बना हुआ है क्योंकि कुछ उलमा यह मानते हैं कि हिंदुस्तान दारुल इस्लाम है।

पृ. 60-61 पर ज़िम्मेदारी किसी और पर डाल दी जाती है : जो हिंदुस्तान को दारुल हर्ब और अंग्रेज़ों को हर्बी बताते हैं, उनके नज़रिए से (ग़ैर मुसलमानों से) ब्याज लेने की गुंजायश है।

लेकिन पृ. 62 पर वे कहते हैं : तुम नकदी प्रमाणपत्रों और डाकख़ानों से प्राप्त ब्याज का इस्तेमाल व्यक्तिगत आवश्यकताओं को पूरा करने के लिए कर सकते हो। कारण यह है कि इन दोनों के लिए सरकार जिम्मेदार है और वह काफिरों और हर्बियों की है। लेकिन एहतियात और धर्मनिष्ठा इसी में है कि ब्याज की राशि को यतीमों, विधवाओं और ग़रीबों पर खर्च किया जाए।

एक बार फिर पृ. 62-63 पर वे कहते हैं : हिंदुस्तान दारुल हर्ब है। लेकिन दारुल हर्ब में भी मुसलमानों को ब्याज लेने की अनुमति नहीं है। उन्हें बैंकों से ब्याज लेकर उसकी राशि ग़रीबों को दे देनी चाहिए।

पृ. 66-67 पर वे कहते हैं : बीमा जुआ होता है, इसलिए वह नाजायज़ है। लेकिन क्योंकि यह देश दारुल हर्ब है, इसलिए इसकी इजाज़त है—और एक फ़तवे में इसे इसलिए भी जायज़ बताया गया है क्योंकि बीमा कंपनी पर पूरी मिल्कियत हर्बी काफ़िरों की है।

पृ. 67, 69, 70, 71, 79 पर वे कहते हैं : बीमा जूआ होता है। एहतियात और धर्मनिष्ठा इसी में है कि बीमा कराया ही न जाए। लेकिन क्योंकि यह देश दारुल हर्ब है, इसलिए इसकी अनुमति है। क्योंकि दारुल हर्ब में मुसलमानों को जूए के ज़रिए भी काफ़िरों से फ़ायदा उठाने की अनुमति है, इसलिए बीमे से मुसलमानों को यदि कोई फ़ायदा पहुँचता हो, तो बीमा कराने में आपत्ति नहीं है। लेकिन दारुल हर्ब में भी मुसलमानों के भीतर आपस में ऐसा लेन-देन रखना घृणास्पद है, जो ब्याज और बीमा से संबंधित हो।

पृ. 72, 74-75 पर वे कहते हैं : एक मामले में बीमा कराने के बारे में शंकाएं व्यक्त की गई हैं और दूसरे मामले में उसकी इजाज़त नहीं दी गई। इसके दो कारण हैं : बीमा सूदख़ोरी और जूए पर निर्भर है। दूसरा, क्योंकि मुसलमान और ग़ैर मुसलमान दोनों ही कंपनी में शेयर धारी होते हैं, इसलिए उससे बीमा कराने का मतलब होगा मुसलमानों द्वारा मुसलमानों से सूद वसूल किया जाना जो कि नाजायज़ है।

पृ. 73 पर एक प्रश्नकर्ता पूछता है : आपके और कुछ और उलमा के बारे में यह बताया जाता है, कि आप लोगों ने बीमा को जायज़ करार दिया है। कृपया शरीअत के उन नियमों का उल्लेख करें जिनके आधार पर बीमा को उचित ठहराया गया है। इस पर मुफ़्ती जवाब में कहते हैं : हमने किसी बीमा कंपनी की स्थापना को उचित नहीं ठहराया है। हमने सिर्फ़ इतना कहा है कि जो उलमा हिन्दुस्तान को दारुल हर्ब बताते हैं उनके लिए बीमा को उचित ठहराने की गुंजायश है।

कुछ बातें स्पष्ट दिखाई देती हैं। उनमें चतुराई से काम लिया गया है, उदाहरण के लिए अंतिम मामले में, जहाँ मुफ़्ती साहब फ़रमाते हैं कि उन्होंने केवल इतना ही कहा है कि जो उलमा भारत को दारुल हर्ब मानते हैं उनके लिए किसी बीमा कंपनी की स्थापना को उचित ठहराने की गुंजायश है। वे यह नहीं कहते कि उन उलमा में वे ख़ुद भी शामिल हैं, जिन्होंने हिन्दुस्तान को बार-बार दारुल हर्ब घोषित किया है।

एक ऐसा रवैया भी दिखाई देता है जिससे वे सब लोग परिचित होंगे जो कम्यूनिस्ट साहित्य और व्यवहार के बारे में जानते हैं। जो काम मुसलमानों के संदर्भ में नहीं किए जा सकते, वे काफ़िरों से फ़ायदा उठाने के लिए किए जा सकते हैं।

और फिर एक मुद्दा स्वयं वर्गीकरण का भी है। कोई स्थान दारुल इस्लाम है या दारुल हर्ब यह एक बुनियादी वर्गीकरण का मुद्दा है। जैसा कि हम देखते हैं 1350 वर्षों तक इस मुद्दे को लेकर चर्चा चलते रहने के बावजूद इतने बुनियादी मामले पर भी उलमा के बीच कोई सहमति नहीं हो पाई है।

यह तथ्य भी अपने आप में उतना ही प्रभावकारी है कि इस प्रकार का बुनियादी मामला भी सांसारिक और यहाँ तक कि घिसे-पिटे प्रश्नों—जैसे ब्याज और बीमा से संबंधित प्रश्नों—में उलझ कर रह जाता है। दो कारणों से इस उलझाव से बच पाना असंभव हो जाता है। पहला तो यह कि क्योंकि शरीअत के बारे में यह कहा जाता है कि वह बिना जोड़ का एक जाल है, इसलिए हर चीज़ हर दूसरी चीज़ पर निर्भर और उससे जुड़ी रहती है। कोई मुद्दा जितना ज़्यादा बुनियादी होता है—और स्थानों के वर्गीकरण का मामला निश्चित रूप से बुनियादी है—उसका असर उतने ही दूर-दूर तक के दायरों पर पड़ता है। दूसरी तरफ़ वास्तविकता का अपना दबाव रहता है। क्योंकि कुछ प्रकार के मुसलमान—उदाहरण के लिए पठान, ब्याज लेकर ही अपनी आजीविका चलाते थे, क्योंकि मुसलमान बैंकों, डाकघरों की बचत योजनाओं का लाभ उठाने लगे थे और बीमा कराने लगे थे, इसलिए दारुल हर्ब श्रेणी का सहारा लेकर ही कानून का वास्तविकता के साथ तालमेल बैठाया जा सकता था।

लेकिन जब किसी मक्खी को मारने के लिए बहुत बड़े हथोड़े का इस्तेमाल किया जाता है या करना पड़ता है, तो उसके कारण कई दूसरे परिणाम भी भुगतने पड़ते हैं। यदि भारत को दारुल हर्ब माना जाना है—चाहे उसका उद्देश्य ब्याज लेने

या बीमा कराने को उचित ठहराना भी हो—तो हर मुसलमान का यह फ़र्ज बन जाता है कि वह उसे दारुल इस्लाम में बदले, फिर चाहे, उसके लिए जहाँ उपयुक्त हो, जिहाद भी क्यों न छेड़ना पड़े या फिर वह भारत को छोड़कर किसी दारुल इस्लाम में चला जाए।

लेकिन मक्खी को मारने के लिए बड़े हथोड़े का इस्तेमाल करना ज़रूरी हो गया। एक दिन भारत दारुल हर्ब था, तो दूसरे दिन दारुल अमान (वह स्थान जहाँ लड़ाई झगड़ा न हो), एक उद्देश्य के लिए दारुल इस्लाम था तो दूसरे उद्देश्य के लिए दारुल हर्ब। हालाँकि इस मामले को लेकर शाह अब्दुल अज़ीज़ के समय से देश की आज़ादी तक लगभग एक सौ साल तक विवाद चलता रहा, लेकिन इसका कोई हल नहीं ढूँढा जा सका। इसके विपरीत हर दशक के बाद और ज़्यादा उलझनें पैदा होती चली गईं। अंग्रेज़ हर्बी काफ़िर थे। देश को उनसे आज़ाद कराया जाना था। लेकिन देश के स्वतंत्रता संग्राम का नेतृत्व एक काफ़िर द्वारा किया जा रहा था, और वह भी एक ऐसे काफ़िर द्वारा जो कि अपने कुफ़्र में ज़ाहिराना तौर पर गहराई तक धँसा हुआ था। इसके अलावा जिन काफ़िरों से देश को आज़ाद किया जाना था उन्होंने मुसलमानों को अपना मित्र मानना शुरू कर दिया था। और इसके अलावा यह भी ख़तरा था, कि यदि स्वतंत्रता संग्राम सफल हो गया तो मोमिनों की तुलना में एक और वर्ग के काफ़िरों की संख्या अधिक होने के कारण, मोमिनों को 'उनके रहम पर' निर्भर रहना पड़ेगा। इस प्रकार विकल्प रूप में पाकिस्तान की कल्पना की गई। लेकिन उसके लिए आंदोलन का नेतृत्व एक शिया बल्कि एक ऐसे व्यक्ति द्वारा किया जा रहा था, जो केवल शिया ही नहीं था, बल्कि जो उलमा को हिकारत की निगाह से भी देखता था, जो शरीअत पर अमल नहीं करता था और जो यह कहता था, कि कुरआन एक पुरानी किताब है...

उलमा के बीच अभी बहस जारी ही थी, कि देश आज़ाद हो गया।

आज़ादी

जैसे-जैसे उलमा का झुकाव मुस्लिम लीग और पाकिस्तान की माँग की तरफ़ बढ़ता गया, वैसे-वैसे बहस एकतरफ़ा होती चली गई। 'राष्ट्रवादी' उलमा को उत्तरोत्तर प्रतिरक्षात्मक रुख़ अपनाने पर मजबूर होना पड़ा। बहरहाल, जैसे-तैसे आज़ादी मिल गई।

जिन लोगों ने पाकिस्तान हासिल कर लिया था उनके अलावा भारत में इस ओर के लोगों में से हर एक की प्रतिक्रिया मिली जुली भावनाओं की थी। यह सही है कि मुसलमानों को भारत छोड़ कर जाना पड़ा, लेकिन देश विभाजित हो गया था। ये भावनाएँ थीं गाँधीजी की और अन्य उन लोगों की भी जिन्होंने स्वतंत्रता

संग्राम का नेतृत्व किया था।

जो उलमा भारत में रह गए थे, उनकी द्वैधवृत्ति के और अतिरिक्त कारण पैदा हो गए। भले ही देश का बटवारा हो गया था, लेकिन एक ऐसा राज्य—पाकिस्तान तो बन गया था, जिसमें मुसलमान इतनी बड़ी बहुसंख्या में थे कि यह अपेक्षा करना वाजिब था, कि वह जल्द ही इस्लामी राज्य बन जाएगा। लेकिन दूसरी ओर, जबकि पाकिस्तान में मुसलमान बहुत बड़ी बहुसंख्या में थे, जो मुसलमान भारत में रह गए थे, वे उतने ही ज़्यादा अल्पसंख्या में थे। ब्रिटिश शासन में उनकी जो स्थिति थी, उससे कहीं ज़्यादा वह अब कमज़ोर पड़ चुकी थी।

ऐसे कई उदाहरण दिए जा सकते हैं, जिनसे द्वैधवृत्ति का पता चलता है। किंतु एक ही उदाहरण काफ़ी होगा। यह है, दारुल उलूम देवबंद के कुलपति मौलाना ननौटवी का भाषण जो उन्होंने 15 अगस्त 1947 की रात को दिया था।

इसमें वही ख़ास किस्म का दावा किया गया है, जिसकी उम्मीद की जा सकती थी : दरअसल ये उलमा ही थे, "जिन्होंने आजादी की नींव डाली थी, और उस समय डाली थी जब इस देश के मन मस्तिष्क में आज़ादी की कल्पना तक ही नहीं थी"—यह ठीक वैसा दावा है जैसाकि अली मियां आदि आदतन किया करते थे, कि भारत में तहज़ीब को लाने वाले इस्लामी हमलावर थे, उसे अँधेरे की खाई से उठा कर रोशनी में लाने वाला, विस्मृति और गुमनामी से निकालकर यश और कीर्ति के शिखर तक पहुँचाने वाला, संकीर्ण परिवेश से निकालकर मानव परिवार में खड़ा करने वाला इस्लाम ही था आदि।[42]

इस भाषण में यह दावा भी किया गया है "कि भारत की आज़ादी की इस लड़ाई की शुरुआत सिर्फ़ मुसलमानों द्वारा ही की गई थी, और सिर्फ़ उन्होंने ही इसकी तरबीयत की।"

इस भाषण में ननौटवी साहब भारत और उसके साथ पाकिस्तान को भी भरपूर बधाई देते हैं : "हम मुसलमान होने के नाते पाकिस्तान को और अपने मूल देश भारत को बधाई देते हैं।"

इस भाषण में भविष्य के बारे में कुछ चिंताएँ भी व्यक्त की गई हैं—क्योंकि जो मुसलमान भारत में रह गए हैं, अब वे और भी ज़्यादा अल्पसंख्या में रह गए हैं।

इसलिए बहुत दृष्टियों से इस भाषण को पढ़ना लाभदायक है। इसकी भूमिका में दारुल उलूम के अधिकृत इतिहासकार लिखते हैं :

इस असलियत से इन्कार नहीं किया जा सकता कि भारत की आज़ादी की लड़ाई में, उलमा को जो गौरवपूर्ण स्थान प्राप्त है उसका प्रतिद्वंद्वी भारत में कोई और समूह नहीं हो सकता। 1857 की उग्रक्रांति के बाद यही एक मात्र पार्टी थी, जिसने देश में आज़ादी की संकल्पना को जीवंत बनाए रखा। उनके निरंतर प्रयास

और संघर्ष ने पूरे राष्ट्र में आजादी की भावना भर दी। हज़रत ननौटवी इस संकल्पना के सबसे बड़े प्रचारक और इस आंदोलन के हक में उन्होंने उत्कृष्ट तकरीरें दीं। यह वस्तुतः खेद की बात है कि जिस जोश के साथ वे इस संकल्पना का पोषण करते रहे, उसके लिए आज़ादी की इस लड़ाई के इतिहास लेखकों ने उनके साथ न्याय नहीं किया।

देवबंद के आधिकारिक इतिहास में कहा गया है, क्योंकि इस भाषण में उलमा की भूमिका पर प्रकाश डाला गया है और क्योंकि इसमें उस आनन्द की अभिव्यक्ति हुई है जो कि उस समूह ने अनुभव किया होगा, जिसे हज़रत ननौटवी ने (आज़ादी के) इस लक्ष्य की प्राप्ति के लिए दिशा-निर्देश दिया था और तैयार किया था, इसलिए उस भाषण को शब्दशः यहाँ पुनः उद्धृत किया जा रहा है। वह इस प्रकार है :

मौलाना ननौटवी के आज़ादी संबंधी विचार

राष्ट्र के गुरुजन, माननीय उलमा और दारुल उलूम के प्रिय छात्रगण! आज का शुभ दिन भारत के इतिहास में हमेशा स्मरणीय रहेगा। अंग्रेज़ों की एक ऐसी शानदार और ताकतवर सलतनत थी, जिसके बारे में हर कहीं यह माना जाता था कि उस पर सूरज कभी नहीं डूबता था और जिसके बारे में, इस सलतनत के एक उद्धत और मग़रूर प्रतिनिधि ग्लैडस्टोन ने संसद में दंभपूर्वक शेख़ी बघारी थी कि उनकी सलतनत उस समय इतनी शक्तिशाली थी, कि अगर उस पर ख़ुद आसमान भी गिरना चाहे तो वे अपनी संगीनों की नोकों पर उसे थाम लेंगे, और वह सलतनत को कोई नुक्सान नहीं पहुँचा पाएगा। वही सलतनत आसमान के गिरने से नहीं बल्कि ज़मीन के कुछ ज़र्रों में जुम्बिश आ जाने के कारण इतनी आसानी से अपना बोरी बिस्तर समेट रही है, कि इतिहास में उसकी कोई मिसाल ही नहीं मिलती! इस महानक्रांति के अवसर पर हम सामान्य रूप से पूरे देश को और उन बूढ़े और जवान लोगों को ख़ास तौर पर मुबारकबाद देते हैं जिनकी कोशिशों और कुर्बानियों की बदौलत हिंदुस्तान को इतने मीठे फल की प्राप्ति हुई।

अगर हम इस मौके पर उम्मत के उन बुज़ुर्गों की कोशिशों को याद न करें जिन्होंने दरअसल इस आज़ादी की बुनियाद डाली थी, और ऐसे वक्त पर डाली थी, जब इस देश का मन और मस्तिष्क आज़ादी की संकल्पना से पूरी तरह से ख़ाली था, तो यह हमारी ऐहसान फ़रामोशी होगी। यह हज़रत शाह वली अल्लाह के शूरवीर अनुयायियों का जिहाद करता हुआ दल था जो न सिर्फ़ कलम और स्याही से बल्कि तलवार से और खून देकर भी पिछले दो सौ सालों से इस संग्राम-पथ पर आगे बढ़ रहा था। 1857 के बाद जब अंग्रेज़ी ताकत पूरे देश पर हावी हो गई, तो यह अकेला दल था जिसने आज़ादी की कल्पना को जीवन्त बनाए रखा और आख़िरकार इस

देश के हर बशर को उस आज़ादी का दीवाना बना दिया। मौलाना रशीद अहमद गंगोही के मुताबिक 1857 में इस कल्पना को अपने मन में सबसे ज़्यादा मौलाना मुहम्मद कासिम ने पाल रखा था और उन्हीं के दिल में इसके बारे में सबसे ज़्यादा जोश था। उन्होंने अपने शेख़ हाजी इमदाद अल्लाह की रहनुमाई में तलवार उठाई और अपनी जान देने के इरादे से वे आज़ादी की राह पर चल पड़े। लेकिन रास्ते की मुश्किलों की वजह से फ़तहों का सिलसिला शामली तहसील पर रुक गया और वे दिल्ली नहीं पहुँच सके और इस तरह देश आज़ादी से महरूम रह गया। लेकिन इस दल के दिमाग से आज़ादी का ख़याल गया नहीं। जब हज़रत मौलाना-मुहम्मद कासिम का इस दुनिया से इंतिकाल हुआ तो उनके सही और असली उतराधिकारी शेख-अल-हिन्द मौलाना महमूद हसन ने जो कि उनके ज्ञान और विचारों के जायज़ वारिस थे, अपने पूरे दल के साथ आज़ादी के आंदोलन को जारी रखा।

मदीना के तुर्क गवर्नर जमाल पाशा के बयान के मुताबिक, न जाने शेख-अलहिन्द की मुट्ठी भर हड्डियों और छोटे से जुब्बाह (अंगरखा) में कौन सी करामत छिपी थी जिसने पूरी इस्लामी दुनिया को अपनी लपेट में ले लिया! लेकिन इन महान व्यक्तियों का अंग्रेज़ी प्रभुता के विरुद्ध जो जज़्बा था वह न तो कोई रुतवा या ओहदा हासिल करने के लिए था और न कोई मिनिस्टर की कुर्सी या किसी एक पार्टी को ताकतवर बनाने के लिए था। अगर कोई जज़्बा था तो यह कि उत्पीड़ित देश को एक अत्याचारी कौम के पंजों से निजात दिलाकर सही हकदार को, जिसका वह ट्रस्ट थी, उसका हक दिलाया जा सके, ताकि सच के परचम को बुलंद किया जा सके।

इन महान व्यक्तियों के सबसे बड़े फुर्सत के वक्त में भी एक ही बातचीत होती थी और एक ही चिंता छाई रहती थी कि किस तरह अंग्रेजों की हुकूमत के जुए को कंधों से उतार फैंका जाए। बस इसी के बारे में वे पूर्वानुमान लगाते रहते थे और इसी के बारे में उन्हें रूहानी इलहाम हुआ करते थे। उनकी सारी सलीकापसंदी और व्यवस्थाप्रियता उसी एक लक्ष्य के लिए थी। एक दिन ये सारे बुज़ुर्ग छत्ता मस्जिद में मौजूद थे। अंग्रेज़ों के प्रभुत्व और असाधारण ताकत के मद्देनज़र हाजी सईद मुहम्मद आबिद ने कहा, "अंग्रेज़ों ने अपने पंजे बहुत गहरे गाड़ रखे हैं (अर्थात् उन्होंने अपनी स्थिति काफ़ी मज़बूत कर ली है)। अब देखें उन्हें यहाँ से उखाड़ा कैसे जा सकता है?" इस पर मौलाना मुहम्मद याकूब ने, जो कि दारुल उलूम देवबंद के पहले शेख़-अल-हदीस थे, कहा, "हाजी साहब, आप क्या सोच रहे हैं? वह वक्त दूर नहीं है जब हिंदुस्तान का तख़्ता पांत चटाई की तरह उलट जाएगा। कोई लड़ाई नहीं होगी, बल्कि उसके बरअक्स शांति और अमन-चैन की हालत में इस देश का तख़्ता पांत चटाई की तरह उलट दिया जाएगा। रात को हम उनके शासन के अधीन सोएंगे और अगली सुबह हमारी नींद एक दूसरी हुकूमत में खुलेगी।"

मैं आज के साहसी और बहादुर लोगों की अहमियत को कम नहीं करना चाहता

लेकिन मैं किसी भी हालत में अपने इस दृढ़ विश्वास और दावे से इंकार नहीं कर सकता कि आज आज़ादी के सब प्रयास एक ऐसी इमारत की तरह हैं जिसकी बुनियाद इन महान व्यक्तियों द्वारा डाली गई थी और मैं यह दम भर कर कह सकता हूँ कि हिंदुस्तान की इस लड़ाई की शुरुआत सिर्फ़ मुसलमानों द्वारा और उसकी तरबीयत भी उन्हीं के द्वारा की गई थी। शाह अब्दुलअज़ीज़ ने अंग्रेज़ों के ख़िलाफ़ फ़तवा जारी किया और भारत को दारुल हर्ब घोषित कर दिया। हाजी इमदाद अल्लाह और मौलाना मुहम्मद कासिम ननौटवी ने इस फ़तवे का इस्तेमाल किया। उन्होंने शफ़ा की इस दवा को एक ख़ास ढंग से पीया और दूसरों को भी पिलाया। शेख़ अल-हिन्द ने इसी दवा को एक औषध अवलेह के रूप में संभाल कर रख लिया और इसे हर आदमी के इस्तेमाल लायक बना दिया। चुनाचे इसका इस्तेमाल आम हो गया। ख़िलाफ़ आंदोलन में भी, इसके बावजूद कि यह दवा कड़वी थी, लेकिन इसका सभी ने और सभी मौकों पर इस्तेमाल किया गया। जब इसका इस्तेमाल आम हो गया, तो आज़ादी का जज़्बा मुसलमानों से दूसरे हमवतनों तक भी पहुँच गया और वे भी सक्रिय हो गए और हिंदुओं और मुसलमानों के अथक प्रयासों और उनके बलिदानों के परिणाम स्वरूप देश की आजादी के रूप में यह मीठा फल हमारे समाने है, जिसके लिए हम एक-दूसरे को मुबारकबाद देते हैं और उन महान व्यक्तियों के लिए दुआ करते हैं, जिन्होंने एक ऐसा बीज बोया था जिसमें से पैदा हुआ पेड़ अब इतना बड़ा हो चुका है कि आज हम सब इसका फल खा रहे हैं।

हिंदुस्तान की आज़ादी पूरी इस्लामी दुनिया की आज़ादी है। इसलिए हमारी बधाइयों का दायरा भी ज़्यादा बड़ा है। हिंदुस्तान और पाकिस्तान, दोनों राज्य हमारी बधाई के पात्र हैं। हम पाकिस्तान को एक इस्लामी राज्य होने के नाते और हिंदुस्तान को अपना मूल देश होने के नाते बधाई देते हैं। मैं यह ख़याल ज़ाहिर करने से भी बाज़ नहीं आ सकता कि अब हिंदुस्तान में मुसलमान साधारण अल्प संख्यक रह गए हैं और आज की आज़ादी यद्यपि उनके लिए अज़हद ख़ुशी का मौका है कि 200 बरसों की अंग्रेज़ों की प्रभुता आज समाप्त हुई है, जिसके लिए वे इतने बेकरार थे, लेकिन आज उनके लिए एक चिंता का भी दिन है कि इस देश में उनके सामूहिक जीवन का क्या रूप होगा? इसके लिए उन्हें अभी से कदम उठाने चाहिए। शरीअते पाक के मुताबिक सिर्फ़ एक ही रास्ता है : वे अपना धार्मिक-कानूनी संगठन कायम करने के लिए अपने में से एक इमाम (नेता) और एक अमीर (धार्मिक प्रमुख) चुन लें, बिखरे रहने की बजाए हिन्दुस्तान की मुस्लिम जमायतें और फ़िर्के मिलकर एक हो जाएँ, एक हो जाएँ इस्लाम की कलिमः (इस्लाम का धर्मशास्त्र) के नाम पर, और एक अमीर के अंतर्गत अपनी धार्मिक-कानूनी ज़िंदगी बसर करने का फ़ैसला कर लें। इस एक वाक्य में ही उनके सामूहिक जीवन की अतिविस्तृत व्याख्या छिपी है। उनके लिए सबसे ज़्यादा प्राथमिकता की बात यह है कि वे पिछली घटनाओं को

भूल जाएँ; आइए हम एक-दूसरे पर तानाकशी करने की आदत छोड़ दें और एक-दूसरे के सिर इलज़ाम धरने के बारे में सोचना बंद कर दें। इसके बरअक्स केवल भविष्य को मद्देनज़र रखते हुए हम इस बारे में विचार करें, कि एकजुट होने के लिए, भाईचारे और समानता की वे कौन सी योजनाएँ हो सकती हैं, जिन्हें हम आज अमल में ला सकते हैं? मेरी राय में हमारे एक हो जाने की संभावनाएँ आज सबसे ज़्यादा उज्ज्वल हैं। जिन दलों की बदौलत विवाद खड़े हुए थे, वे इस क्रांति के कारण अस्तव्यस्त हो गए हैं। हकीकत तो यह है कि हिंदुस्तान के बदलने के साथ ही वे भी बदल गए हैं। इसलिए अब नए दल बनाकर फूट के बीज बोने की बजाए, यह उपयुक्त होगा, बल्कि आवश्यक होगा कि हम एक ही दल की नींव डालकर, नए हिंदुस्तान में उन सब समस्याओं को सुलझा लें, जो कि इस समय हमें दरपेश हैं।[43]

× × ×

भाषण की भूमिका में जो कुछ कहा गया है, उसमें केवल दो टिप्पणियाँ जोड़ने की आवश्यकता है—पहली, मुसलमानों की भूमिका के बारे में जो वर्णन किया गया है—अर्थात् यह कि अकेले उन्होंने ही आज़ादी की मशाल को जलाए रखा, केवल उन्होंने ही आंदोलन का बीज बोया था, और उन्होंने ही उस बीज को सींच कर और पाल-पोस कर तगड़ा पेड़ बनाया—उसका उन घटनाओं के वर्णन से तालमेल कैसे बैठता है, जो सर सय्यद अहमद ने किया है? इनमें से कम-से-कम एक तो झूठी गढ़ंत है। दूसरी श्री आई. एच. कुरेशी की पुस्तक 'उलमा इन पालिटिक्स' में, जो कि अलबत्ता पाकिस्तान में लिखी गई है, शाह वली उल्लाह, शाह अब्दुल अज़ीज़ और सामान्यतः सब उलमा को ऐसे व्यक्ति नहीं माना गया है जिन्होंने हिन्दुस्तान की आज़ादी की लड़ाई की नींव डाली हो और उसकी तरबीयत की हो, बल्कि उनका बयान ऐसे व्यक्तियों के रूप में किया गया है, जिन्होंने एक ऐसे संघर्ष की नींव डाली और उसको बरकरार रखा, जिसके परिणाम स्वरूप अंततः पाकिस्तान की स्थापना हो पाई। देवबंद के उलमा को एक ऐसे अल्पसंख्यक, स्वधर्म त्यागी फ़िर्के और ऐसे उलमा के तौर पर देखा जाता है, जिन्होंने अपने सिद्धांतों और सम्मान को, और मुसलमानों के हितों को दाँव पर लगा दिया और जो अंततः ख़ुद भटक गए।

आज़ादी के बाद से

इस प्रकार उलमा का यह दावा था, कि सामान्यतः मुसलमानों ने और खास तौर पर उलमा ने उस आंदोलन का बीज बोने और उसका पोषण करने में जितना बड़ा योगदान किया था उतना किसी अन्य जमायत ने नहीं।

उलमा की हमेशा यह धारणा रही है कि, उन्होंने किसी उद्देश्य की पूर्ति के लिए जितना काम किया है, उतना किसी और ने नहीं और उसके लिए उन्होंने जितना

कष्ट झेला है या जितना बलिदान दिया है उतना किसी और ने नहीं। लेकिन इसके साथ ही उनकी एक और धारणा भी जुड़ गई। 1947 से उलमा यह महसूस कर रहे हैं कि अन्य भावनाओं के साथ-साथ इस भावना को हवा देने का वे मुख्य स्रोत रहे हैं कि समान्यतः सभी मुसलमान और ख़ासतौर पर उलमा को उनका हक नहीं मिला, बल्कि उनके खिलाफ़ भेदभाव बरता गया है, और उनकी हालत अगर बदतर नहीं तो कम से कम उतनी बुरी ज़रूर है जितनी कि आज़ादी से पहले थी।

दारुल उलूम देवबंद के उलमा के फ़तवों में बताया गया है कि जब से शासन मुसलमानों से सिक्खों के हाथ में और फिर अंग्रेज़ों के हाथ में चला गया तब से किस प्रकार देश दारुल हर्ब रहा है। जहाँ तक 1947 के बाद की स्थिति का संबंध है, उलमा ने अपनी सुविचारित घोषणा इस प्रकार की है :

अगस्त 1947 में देश आज़ाद हो गया लेकिन मुसलमानों पर ज़ुल्म होते रहे और आज़ादी के फ़ौरन बाद जिस प्रकार की हत्याएँ हुईं और खून-ख़राबा हुआ, उसकी मिसाल इतिहास में नहीं मिलती। इसी वजह से, शेख-उल-इस्लाम मौलाना मदनी ने, आज़ादी के बाद भी देश में चल रहे हालात के मद्देनज़र उसे दारुल हर्ब कहा। और कुछ दूसरे उलमा ने इसे दारुल अमान कहा जो कि दारुल हर्ब का ही रूप-भेद है। बहरहाल, यद्यपि अब देश आज़ाद है, लेकिन मुसलमानों और इस्लाम को आज़ादी (के लाभों) में से कुछ भी हासिल नहीं हो पाया। अब तक मुसलमानों के जान-ओ-माल, उनकी गरिमा और सम्मान सुरक्षित नहीं हैं। और सरकार की निगाहों में इनकी कोई कीमत नहीं है। कुछ ख़ास मुसलमानों को आज़ादी से फायदा पहुंचा है, लेकिन वे बहुत कम हैं; और ऐसा आजादी से पहले की सरकार में भी होता रहा है। मिल्लत-ए-इस्लामिया (इस्लाम धर्म) नाख़ुश ही बना हुआ है। शायद भविष्य में ख़ुदा इसका कोई समाधान जुटा पाए।[44]

नक्कारख़ाने में तूती की आवाज़

उलमा ने एक दोहरी छवि मुसलमानों के दिलों में बैठा दी है। एक तरफ़ तो यह धारणा काम कर रही है कि, वे सर्वोत्तम हैं, क्योंकि वे ख़ुदा की चुनिंदा कौम हैं, वे वस्तुतः वह संपूर्ण कौम हैं, जिसका ज़िक्र अल्लाह और पैग़ंबर साहिब ने किया था। वे, वे लोग हैं जो इस देश में सभ्यता और संस्कृति को लाए थे। उन्होंने ही देश की आज़ादी की लड़ाई की चिंगारी फूँकी थी। उसे प्रज्जवलित किया था और उसमें सबसे ज़्यादा अपनी आहुति दी थी। इसकी उलटी तरफ़ जो छवि है उसका बयान देवबंद के उलमा के फ़तवे में किया गया है : कि वे ग़रीब हैं, उनके साथ भेदभाव बरता जाता है और उन्हें सताया जाता है।

उसके नतीजे के तौर पर एक ऐसी राजनीति हमारे सामने है जिसे मौलाना

वहीदुद्दीन ने माँग और विरोध का फ़ार्मूला कहा है।[45]

इस बात को मानना तो दूर, कि जहाँ कहीं मुसलमानों ने प्रयास किया है, वहाँ उन्हें उतनी ही सफलता मिली है जितनी कि दूसरों को, और यह कि कसूर सिर्फ़ दूसरों का ही नहीं हो सकता, इन बातों की तरफ़ ध्यान देने तक को भी मज़हब और उम्मत के प्रति विश्वासघात माना जा रहा है।

मौलाना वहीदुद्दीन ने इस बात की ओर ध्यान दिलाया है कि इस नकारवाद और इससे उत्पन्न राजनीति और शब्दाडम्बर से देश और मुसलमानों—दोनों को नुक्सान पहुँचा है। उन्होंने मुसलमानों की प्राथमिकताओं को बिगाड़ कर रख दिया है। अपनी समस्याओं के वास्तविक कारणों—उदाहरण के तौर पर शैक्षिक पिछड़ापन—के निराकरण के लिए कुछ करने की बजाए उन्होंने अपनी ऊर्जा को रोने-धोने और शाहबानो जैसे मामलों में प्रतीकात्मक 'फतहें' हासिल करने पर ख़र्च कर दिया है। जैसा कि मौलाना ने कहा है नकारवाद की राजनीति और शब्दाडम्बर के कारण एक जमायत के रूप में मुसलमानों ने दूसरों की निगाह में अपनी इज़्ज़त खो दी है। उन्हें अब एक 'समस्यात्मक वर्ग' के रूप में देखा जाने लगा है। मुसलमानों के बारे में ऐसी धारणा के बरअक्स ईसाइयों, पारसियों और सिक्खों की भली छवि का उल्लेख करते हुए—सिवाय अस्सी के दशक के पूर्वाद्ध में, जब सिक्ख भी इसी प्रकार की राजनीति और शब्दाडम्बर के कारण विचलित हो गए थे—वे बताते हैं कि किस प्रकार यह छवि उन कारणों में से एक रही है जिनकी बदौलत ये समूह तरक्की कर पाए हैं और फल-फूल पाए हैं।

जिन परिवारों से मौलाना वहीदुद्दीन का कई वर्षों से परिचय रहा और जिन-जिन स्थानों पर वे जाते रहे हैं, वहाँ उन्होंने जो कुछ व्यक्तिगत रूप से देखा है उसका उल्लेख करते हुए वे कहते हैं, "जिस तरह मैं सोचता हूँ, उसके मुताबिक, आज़ादी के बाद से भारतीय मुसलमानों की स्थिति में काफ़ी सुधार हुआ है। मैं तो यहाँ तक कहूँगा कि आज के मुसलमानों की स्थिति उत्पीड़न की नहीं बल्कि प्रगति की है।" वे लिखते हैं, "बल्कि अगर आप किसी भी परिवार की 1947 से पहले और उसके बाद की आर्थिक और सामाजिक स्थिति का सर्वेक्षण करें तो आप पाएँगे कि उसने उल्लेखनीय प्रगति की है। आज़ादी से पहले अगर किसी मुसलमान के पास साइकिल थी, तो आज उसके पास कार है। उस वक्त अगर उसके पास छोटा सा मकान था, तो आज उसके पास अगर कोठी नहीं तो कम-से-कम काफ़ी खुला मकान ज़रूर है। जहाँ पहले वह किसी सार्वजनिक टेलीफ़ोन बूथ से टेलीफ़ोन कर पाता था, अब उसके पास अपना टेलीफ़ोन है। जहाँ उसका परिवार पहले स्थानीय अवसरों पर निर्भर रहता था, वहाँ अब वे नियमित रूप से विदेशयात्रा करते हैं, और वहाँ काम भी करते हैं, और वे ऊँचे पदों पर आसीन हैं।"

शुद्ध रूप से धार्मिक संस्थाओं और कार्यकलापों में हुए उसी प्रकार के विकास

का उल्लेख करते हुए मौलाना लिखते हैं :

आज पूरे देश भर में लाखों मदरसे हैं। पुराने मदरसे, जैसे लखनऊ में नदवातुल उलमा, और देवबंद में दारुल उलूम के मदरसे, 1947 से पहले मामूली स्कूलों जैसे थे। लेकिन आज उनमें इतना विस्तार हुआ है कि अब वे कमोबेश विश्वविद्यालय दिखाई देते हैं। माले गाँव के पड़ोस में एक नया, बहुत बड़ा मदरसा, जामिया महम्मदिया कायम किया गया है, जिसके मुकाबले में पुराना मदरसा बहुत छोटा दिखाई देता है। पूरे देश भर में सैकड़ों नए मदरसे कायम किए गए हैं जिनमें रामपुर में मुसलमान लड़कियों का स्कूल जामियातुस सालिहात भी शामिल है, जो कि पूरी मुस्लिम दुनिया में मुस्लिम लड़कियों के लिए सबसे बड़ा मदरसा बताया जाता है। दरअसल देश के कोने-कोने में अलग-अलग किस्मों के इस्लामी इदारे कायम किए गए हैं, और उन्हें काम करने में पूरी आज़ादी दी गई है।

वे आगे लिखते हैं :

तहलीगी जमायत एक ऐसा धार्मिक आंदोलन है, जिसका मुख्यालय दिल्ली में है। इसमें हुआ विस्तार अपने आप में एक मिसाल है। उसी प्रकार दूसरे सभी मुस्लिम निकायों ने भी अपने सरमायों में काफ़ी वृद्धि की है और उनके अनुयायियों की संख्या भी लगातार बढ़ती जा रही है। पहले के वक्तों में इस्लामी सम्मेलन कम और काफ़ी-काफ़ी देर के बाद हुआ करते थे। लेकिन आजकल मुसमलानों द्वारा भारत में लगभग हर दिन बड़े-बड़े सम्मेलन आयोजित किए जा रहे हैं। उनमें मुसलमानों और इस्लाम के अलग-अलग पहलुओं पर विचार-विनिमय किया जाता है। इस्लामी पुस्तकें और पत्रिकाएँ पहले की बनिस्बत बहुत बड़ी संख्या में प्रकाशित की जा रही हैं।

"1947 से जिस चीज़ ने ज़ोर पकड़ा है वह मुसलमानों का उत्पीड़न नहीं बल्कि पीत पत्रकारिता और एक शोषक नेतृत्व है, जो उत्पीड़न के बार-बार इलज़ाम लगा कर अपने अस्तित्व को बनाए रख पा रहे हैं," वे कहते हैं, "अगर इस देश में मुसलमानों को कोई ख़तरा है तो सिर्फ़ तथाकथित नेतृत्व से जिसे संविभ्रमी पत्रकारिता ने वैसे भी ऊँचा चढ़ा रखा है। मुसलमानों को कोई और असली ख़तरा दरपेश नहीं है।" वे आगे लिखते हैं, "जिन्होंने नेतृत्व और पत्ररकारिता की बागडोर को अपने हाथों में थाम रखा है, वे छिछले चरित्र के लोग हैं। अपने अख़बारों की बिक्री को बढ़ाने और अपने नेतृत्व को बनाए रखने का उनके पास एकमात्र फ़ार्मूला है मुसलमानों में भय की मनोविकृति पैदा करके उसका अपने फ़ायदे के लिए इस्तेमाल करना। इस उद्देश्य से वे भारतीय समाज में से, मेहनत करके नकारात्मक उदाहरण चुनकर उनको बहुत ज़्यादा बढ़-चढ़ा कर पेश करते हैं, जिसके द्वारा वे एक ग़लत धारणा फैलाने में कामियाब हो जाते हैं कि भारतीय मुसलमान पूर्वाग्रह और अन्याय का शिकार बनाए जा रहे हैं।"[46]

मुसलमान समुदाय के मन में इस प्रकार की नकारात्मक भावनाएँ भरने के लिए वे ख़ासतौर पर मुस्लिम प्रेस और मुस्लिम बुद्धिजीवियों को दोषी ठहराते हैं। ''यद्यपि कुरआनी 'पत्रिका' सकारात्मक प्रणाली को अपनाकर चल रही है, फिर भी आज की दूसरी सारी मुस्लिम प्रेस नकारवाद में डूबी हुई है, इसलिए आपको चाहिए कि आप मुश्किलात की परवाह न करते हुए, अवसरों की तलाश में रहें और उनका लाभ उठाएँ। आजकल की मुस्लिम प्रेस मुश्किलात में पड़ कर मुख्यतः उन षड्यंत्रों को ढूँढ़ निकालने में लगी है, जो दूसरों द्वारा उनके ख़िलाफ़ किए जा रहे हैं।'' वे आगे लिखते हैं, ''मुस्लिम अख़बार मुसलमानों को पूर्णतः आदर्श किंतु दुर्व्यवहार के शिकार मानवों के रूप में प्रस्तुत करके उनके बारे में (दूसरे अख़बारों में) प्रस्तुत की जा रही तस्वीर को, जो मुस्लिम अख़बारों के मतानुसार ग़लत है, सुधारने की कोशिश में लगे हैं!'' जो कुछ इन मुस्लिम अख़बारों ने अफ़ग़ान मुजाहिदीन के बारे में लिखा उसकी मिसाल देते हुए मौलाना कहते हैं, ''वे ऐसा इसलिए करते हैं क्योंकि वे यह साबित करना चाहते हैं कि मुसलमान इतने सदाचारी और निर्दोष हैं कि वे कोई ग़लत काम कर ही नहीं सकते, और अगर उनमें कोई कमियां दिखाई देती भी हैं तो इसलिए, क्योंकि उनके साथ निष्ठुर व्यवहार किया जाता है।''

वे सही बिंदु को छूते हुए कहते हैं :–

मेरी दृष्टि में मुस्लिम प्रेस की मुश्किल यह रही है कि वह मुस्लिम बुद्धिजीवियों की अहम्मन्यता का शिकार रही है, जिसे मैं केवल अनुचित ही कह सकता हूँ। इसी अन्तर्जात कमज़ोरी के कारण वे अपनी कमियों को नहीं देख पाए हैं। उन्हें उन सभी समस्याओं के पीछे, जो उनके समुदाय को दरपेश हैं, केवल दूसरों द्वारा रचे गए षड्यंत्र ही दिखाई देते हैं। इसके परिणाम-स्वरूप ख़ुद को रचनात्मक कार्यों में लगाने की बजाए, वे अपने समुदाय के लोगों को दूसरों की प्रति विरोध प्रकट करने के लिए भड़काने में ही अपना समय ख़र्च कर देते हैं।[47]

मौलाना ने जो कुछ ख़ुद देखा और जो खोजबीन की, उसके आधार पर वे जिन निष्कर्षों पर पहुँचे, वह उसके बिल्कुल विपरीत है जो देवबंद के पूर्वोक्त फ़तवे में कहा गया है, और जो कुछ मुस्लिम प्रेस हर हफ़्ते चिल्ला-चिल्ला कर कहती रहती है। सामुदायिक दंगे? उनके बारे में मौलाना साहब का यह कहना है :

भारत में मुसलमानों के अस्तित्व का ख़ास तौर पर जो धुँधला पहलू दिखाई देता है, वे हैं सामुदायिक दंगे। यह सही है कि पिछले पैंतालीस वर्षों के दौरान आधुनिक भारत में बड़े पैमाने पर सांप्रदायिक दंगे हुए हैं। और खेद है कि कुछ हिस्सों में अब भी जारी हैं। तो भी, मैं इस बात को दोहराना चाहूँगा कि इन सांप्रदायिक दंगों का आज़ादी के बाद, विकसित शासन प्रणाली से कोई संबंध नहीं है। बल्कि इसका संबंध कुली कबारियों को भड़काने वाले नेतृत्व और पीत पत्रकारिता से है।[48]

पुलिस के 'अत्याचार?' मौलाना वहीदुद्दीन ने जो कुछ देखा, उसके आधार पर

उनका कहना है :

सामुदायिक हिंसा उन विषयों में से एक है जिनकी चर्चा आजकल सबसे ज़्यादा होती है। उन चर्चाओं में सबसे ज़्यादा यही बात सुनने में आती है कि पुलिस की हिंसा का सबसे ज़्यादा शिकार मुसलमानों को बनना पड़ता है। मुसलमान कहते हैं, पुलसिये हत्यारे होते हैं। वे यही रोना रोते रहते हैं कि पुलिस निर्दोष भारतीय नागरिकों के साथ जो हश्र करती है, उसकी तुलना में हिटलर और चंगेज़ख़ान का वहशीपन भी फीका पड़ जाता है।

ऊपर से देखने पर यह बात सही मालूम होगी। लेकिन हमें रुक कर इस बारे में और गहराई से सोचना चाहिए कि पुलिस के 'दुराचरण' के पीछे क्या कारण हैं। ऐसा होना ही क्यों चाहिए? यदि हम तथ्यों को जानने की कोशिश करें तो हम पाते हैं कि हर मामले में, स्थिति के गंभीर हो उठने के पीछे मुख्य कारण यह रहता है कि मुसलमान जल्दी से भड़क उठते हैं, न कि यह कि पुलिस आक्रामक रुख़ अख़्तियार करने पर आमादा रहती है। और यह बात ध्यान देने योग्य है कि जहाँ कहीं मुसलमानों का जमाव रहता है, वहाँ इस प्रकार की अति संवेदनशीलता साफ़ दिखाई देती है; देर-सबेर खुद मुसलमानों को ही हर स्तर पर इसकी भारी कीमत चुकानी पड़ती है।

और आगे वे लिखते हैं :

यह साफ़ है कि नुक्सान मुसलमानों को ही उठाना पड़ता है चाहे वह व्यक्तिगत स्तर पर हो या समूह के स्तर पर। फिर भी वे रुक कर यह नहीं सोचते, कि जब वे ख़ुद भड़कावे में आकर हर किसी पर बरस पड़ेंगे, तो उसके बदले में उन्हें कितने बड़े प्रकोप का भागी बनना पड़ सकता है। वे ऐसा समझते हैं, कि जैसे वे किसी पालतू पशु पर प्रहार कर रहे हैं, और उसने कोई प्रतिक्रिया दिखाई भी, तो वह नरम सी होगी और उसमें कोई वैरभाव नहीं होगा। वे रुककर यह नहीं सोचते कि जब वे भावावेश में आकर उस पर टूट पड़ेंगे, तो वह पशु हिंसक हो उठेगा, और एक बनैले पशु का विकराल रूप धारण कर लेगा जो उन पर दाँतों और पंजों के साथ वापसी प्रहार कर देगा। उनका दुस्साहस जब चरम बिंदु पर पहुँच जाएगा तो उसका अवश्यंभावी परिणाम यह होगा कि पुलिस भी वहशीपन के साथ उन पर टूट पड़ेगी।

जो घटनाएँ घटती रही हैं, उनसे यह पता चलता है कि मुसलमानों का झगड़ा सिर्फ़ हिंदुओं से ही नहीं, बल्कि पुलिस के साथ भी हो जाता है। ऐसे में हमें यह पता लगाना चाहिए कि हम उसके लिए किस को दोषी ठहराएँ। साफ़ ज़ाहिर है कि इसके सबसे बड़े अपराधी हैं पत्रकार और स्वयं मुस्लिम समुदाय के नेता। हर दंगे के बाद उनके पास इतने शब्द भी नहीं होते कि पुलिस की 'बर्बरता और वहशीपन' का बयान कर सकें। इसका परिणाम यह होता है कि मुसलमानों के जज़्बात को हमेशा भड़काए रखा जाता है। पुलिस के ख़िलाफ़ उनके गुस्से और नफ़रत को ठंडा नहीं होने दिया जाता। नतीजतन, जब कभी पुलिस के आदमी सामने आते हैं, तो

उनका गुस्सा भड़क उठता है और हर संभव तरीके से पुलिस को नीचा दिखाने के लिए वे उसे मारना पीटना शुरू कर देते हैं। मुस्लिम समाचार पत्रों और नेताओं का यह युद्धकारी रवैया मुसलमानों और पुलिस के बीच घोर आपसी घृणा का मूल कारण है।

वे मुसलमानों को यह हिदायत देते हैं : इस नकारवाद को झाड़ फैंको। मेहनत करो। ख़ुद को शिक्षित बनाओ। तब तुम दूसरों की तरह ख़ुशहाल बन सकोगे। वे कई मिसालें पेश करते हैं। वे लिखते हैं "एशियाई अमरीकी अमरीका में बहुत कम संख्या में हैं। लेकिन परिश्रम के बल पर वे आज अमरीका के सबसे अमीर विजातीय समुदायों में से हैं। अगर वे इस बात को लेकर ही रोते चिल्लाते रहते कि उनके साथ भेदभाव बरता जा रहा है, या वे माँग और विरोध की राजनीति, टकराव की राजनीत को अपना लेते, तो वे कहाँ तक पहुँच पाते?" वे एक और मिसाल देते हुए कहते हैं कि हैदराबाद की पूर्व रियासत में मुसलमानों को राज्य की नौकरी में ख़ास तरजीह दिए जाने के बावजूद किस प्रकार हिंदुओं ने तरक्की की है। ऐसा इसलिए हुआ क्योंकि हिंदुओं को जब राज्यक्षेत्र से, जो कि वस्तुतः रुद्ध क्षेत्र था, बाहर रखा गया, तो वे वाणिज्य और उद्योग में जुट गए। इस प्रकार वे भारतीय ईसाइयों, पारसियों और सिक्खों का उदाहरण भी पेश करते हैं।

जैसा कि हमने देखा कि मुसलमान नकारवाद के जिस दलदल में धँसे हुए हैं, उसके लिए मौलाना वहीदुद्दीन मुस्लिम प्रेस को और उन लोगों को दोषी ठहराते हैं, जिन्हें उन्होंने मुस्लिम बुद्धिजीवी कहा है। हम केवल इतनी बात और जोड़ना चाहेंगे, कि मुसलमानों में नकारवाद की भावना भरने, उत्पीड़न की मनोग्रंथि को विकसित करने, और उनके बीच इस धारणा को हवा देने में, कि देश उन्हें आजीविका प्रदान करने के लिए ज़िम्मेदार है, धर्मनिरपेक्षवादी प्रेस और धर्मनिरपेक्षवादी बुद्धिजीवियों का भी उतना ही हाथ है जितना कि मुस्लिम प्रेस और मुस्लिम बुद्धिजीवियों का, और जैसा कि मौलाना ने सही कहा है कि ऐसी धारणाओं और मनोवृत्तियों के मूल स्रोत उलमा ही हैं।

लेकिन अफ़सोस! मौलाना वहीदुद्दीन की आवाज़ नक्कारख़ाने में एक तूती की आवाज़ के समान है।

इसके अलावा मुस्लिम पत्रकारिता और मुस्लिम नेतृत्व पर इलज़ाम धरने का मतलब है एक और सवाल को जन्म देना। आख़िर मुसलमान इस किस्म की पत्रकारिता को महत्त्व क्यों देते हैं, ऐसे नेताओं का अनुकरण क्यों करते हैं? इसका जवाब उस मनोविज्ञान में निहित है जो कि उलमा और उनके फ़तवों ने मुसलमानों में पैदा कर दिया है, और जैसा कि हम देखेंगे, उससे भी ज़्यादा, इसका जवाब इस अदम्य तथ्य में निहित है, कि उलमा जो कुछ भावनाएँ या धारणाएँ मुसलमानों के दिलों में बैठाते हैं उनकी जड़ें कुरआन और हदीस में मिलती हैं।

संदर्भ

1. आई. एच. कुरेशी, उलमा इन पालिटिक्स, कराची, 1972, रेनेसां पब्लिशिंग हाउस, दिल्ली, 1985 में इस संबंध में उनके कार्यकलापों का विस्तृत ब्यौरा दिया गया है।
2. इन और अन्य ऐसे उद्धरणों के लिए देखें अरुण शोरी की पुस्तक इंडियन कंट्रावर्सीज़, एस्सेज़ आन रिलीजन इन पालिटिक्स, ए. एस. ए. पब्लिकेशन्स नई दिल्ली 1993 में पृ. 103-45 पर 'दि ग्लास ओवर स्कूल'
3. मुफ़्ती किफ़ायतुल्लाह के फ़तवे खंड 1 पृ. 61-62
4. इन बातों को बहुत बार दोहराया गया है। उदाहरण के लिए, मुफ़्ती किफ़ायतुल्लाह के फ़तवे खंड 9, पृ. 407-11
5. वही, खंड 9, पृ. 382
6. वही, खंड 9, पृ. 382, 387-88
7. वही, खंड 9 पृ. 389-92, 397
8. वही, खंड 9, पृ. 393-94
9. वही, खंड 9, पृ. 398
10. वही, खंड 9 पृ. 398
11. वही, खंड 9 पृ. 397-399
12. वही, खंड 9, पृ. 405
13. वही, खंड 9, पृ. 405
14. वही, खड 9, पृ. 406
15. वही, खंड 9, पृ. 407
16. वही, खंड 9, पृ. 407-17
17. वही, खंड 9, पृ. 413-18
18. वही, खंड 9, पृ. 422
19. वही, खंड 9, पृ. 422-23
20. वही, खंड 9, पृ. 423-24
21. वही, खंड 9, पृ. 423-24
22. वही, खंड 9, पृ. 427-28
23. वही, खंड 9, पृ. 427-28
24. वही, खंड 9, पृ. 430-31
25. वही, खंड 9, पृ. 432-46
26. वही, खंड 9, पृ. 433-34
27. वही, खंड 9, पृ. 435-36
28. वही, खंड 9, पृ. 438
29. वही, खंड 9, पृ. 438-39
30. वही, खंड 9, पृ. 445
31. फ़तवा-ए-रिज़विया, खंड 6 पृ. 3-4 देवबंदियों आदि के ख़िलाफ़ कटूक्तियों की चर्चा अध्याय 9 में।
32. वही, खंड-6, पृ. 10-11
33. वही, खंड 6, पृ. 13-14

34. वही, खंड 6, पृ. 82-86 यह मौलाना की उद्घोषणाओं का सार है।
35. वही, खंड 6, पृ. 91-93
36. वही, खंड 6, पृ. 100-101
37. वही, खंड 6, पृ. 174
38. वही, खंड 6, पृ. 192
39. वही, खंड 6, पृ. 192
40. इस मामले में सर सय्यद के विचारों से सभी परिचित हैं और उन पर काफ़ी बड़ी मात्रा में साहित्य उपलब्ध है। जिन ख़ास वाक्यों को यहाँ उद्धृत किया गया है, उनके लिए देखें जे. एम. एस. बालजोन की पुस्तक दि रिफार्म्स एंड रिलीजस आइडियाज़ आफ सर अहमद ख़ान, मुहम्मद अशरफ़, लाहोर 1958 पृ. 17-18; राइटिंग्ज़ एंड स्पीचिज़ आफ़ सर सय्यद अहदम ख़ान, शान मुहम्मद (संपा.), नचिकेता, बम्बई 1972, पृ. 79-80; बशीर अहमद दर रिलीजस थाट्स आफ़ सय्यद अहमद ख़ान, इंस्टीट्यूट आफ़ इस्लामिक कल्चर, लाहोर, 1971, पृ. 79
41. एम. मुजीब, इंडियन मुस्लिम्स, जार्ज ऐलन एंड अनविन लंदन, 1969 पृ. 399-400, जहाँ उन्होंने मौलाना अब्दुल हई (?) और मौलवी नज़ीर अहमद के तर्कों के सार दिए हैं।
42. अली मियाँ के दावे के लिए जो कि उदाहरण के तौर पर उनके द्वारा अपने पिता अब्दुल हई की पुस्तक 'हिंदुस्तान इस्लामी अहद में' की भूमिका में किया गया था, देखें अरुण शोरी की पुस्तक, इंडियन कंट्रावर्सीज़, एस्सेज आन रिलीजन इन पालिटिक्स, ए. एस. ए. पब्लिकेशन्स, नई दिल्ली 1993 पृ. 401-10
43. दारुल उलूम की पत्रिका ज़ीकदः, अक्तूबर 1947; इसे सईद महबूब रिज़वी की पुस्तक हिस्ट्री आफ़ दारुल उलूम, देवबंद, इदारा-ए-इहतमाम, दारुल उलूम देवबंद, 1980, खंड 1 में पृ. 243, 244-246 पर पुनः उद्धृत किया गया है।
44. फ़तवा-ए-दारुल उलूम, देवबंद, खंड 12, पृ. 268-69
45. मौलाना वहीदुद्दीन ख़ान, इंडियन मुस्लिम्स, दि नीड फ़ार पाज़िटिव आउटलुक, अल रिसाला बुक्स, नई दिल्ली, 1994
46. वही, पृ. 87-90
47. वही, पृ. 73, 76-78
48. वही, पृ. 92

औरतें और शरीअत

"मोम की नाक बल्कि राल की पुड़िया बल्कि बारूद की डिबिया"

"जब औरत उत्तेजित होती है, तो आदमी से सौ गुना ज़्यादा कामुक होती है...औरत मोम की नाक (मोमबत्ती की जलती हुई नोक) बल्कि राल[1] की पुड़िया, बल्कि बारूद की डिबिया होती है। अगर उसे चिनगारी (प्रलोभन) के नज़दीक भी ला दिया जाए, तो उसमें विस्फोट हो जाएगा। विवेक और ईमान, दोनों में वह अपूर्ण है। स्वभाव से वह कुटिल होती है। उसकी कामुकता की वासना मर्द की अपेक्षा सौ गुना होती है। जब बुरी सोहबत का असर आदमियों को हमेशा के लिए बरबाद करके रख देता है, तो इन नाज़ुक शीशियों के बारे में कोई क्या कहें जो ज़रा सी ठोकर लगते ही टुकड़े-टुकड़े हो जाती हैं। उनका ऐसा स्वभाव कई हदीसों[2] से सिद्ध हो जाता है"—यह है मौलाना अहमद रज़ा ख़ान की पतियों को चेतावनी, कि कहीं वे अपनी पत्नियों को दुश्चरित्र औरतों की सोहबत में खुला न छोड़ दें। यह किसी अवसर पर उलमा द्वारा औरतों के बारे में दिया गया फ़ैसला नहीं बल्कि उनके बारे में उलमा का अपनी ओर से लगाया गया जायज़ा है, जो अपने आपमें महत्त्वपूर्ण है, क्योंकि सभी फ़तवों में उनका यही जायज़ा व्याप्त है। एक ऐसे मामले का निपटारा करते हुए, जिसका ज़िक्र हम आगे करने वाले हैं, देवबंद के उलमा घोषित करते हैं, "कुरआन कहता है कि पति मालिक होता है।"

इसके बरअक्स, धर्ममंडक हमें यह बताते हुए नहीं थकते कि इस्लाम ने औरतों को जो स्थान दिया है, वह किसी अन्य धर्म ने नहीं दिया। और शरीअत ने उन्हें जितने अधिकार दिए हैं उतने अधिकार किसी और कानूनी संस्था ने नहीं दिए। जी हाँ, शादी के वक्त औरत को मेहर दी जाती है जो सिद्धांत रूप में उसकी होती है। लेकिन दरअसल रिवाज के मुताबिक, दुल्हन को वह मेहर सुहाग रात को ही त्याग देनी होती है, क्योंकि जैसा हम देखेंगे[3], कि इसके लिए ख़ुद अल्लाह की तरफ़

से ऐसा विधान किया गया है। और दाय के लिए इस्तेमाल किया गया शब्द उजूरः[4] ऐसा है जिस पर नारीवादी तो क्या मानवतावादी भी चौंक उठेंगे, क्योंकि इसका अर्थ है औरत को इस्तेमाल करने के लिए दिया गया पारिश्रमिक। यह सही है कि बेटी अपने पिता की जायदाद में हिस्से की हकदार होती है लेकिन वह हिस्सा बेटे को मिलने वाले हिस्से का आधा हो सकता है। यह भी सही है कि औरत की शहादत को स्वीकार किया जाता है, लेकिन मर्द की शहादत की तुलना में उसे आधी मान्यता दी जाती है। और इस प्रकार की अन्य कई बातें।

शरीअत के नियम दैवकृत नहीं हैं। ये उन्हीं आदेशों का पालन करते हैं, जो कि कुरआन और हदीस में दिए गए हैं। यह कि वे आदमियों से दूसरे स्थान पर आती हैं। उनका काम है अपने ख़ाविंदों की फ़रमाबरदारी करना और हर लिहाज़ से उन्हें संतुष्टि देना। उनके बारे में यह भी उल्लेख मिलता है कि उनमें अक्ल की कमी होती है, वे कृतघ्न होती हैं, मर्द की तरफ आगे बढ़ती हुई औरत शैतान होती है, मर्द से पीछे हटती हुई औरत शैतान होती है और जहन्नम में वे ज़्यादा संख्या में होंगी...[5]

इस बात को कई पहलुओं से स्पष्ट किया जा सकता है। हम सब से पहले उस विषय से संबंधित फ़तवों को लेंगे जो कि पिछले कई वर्षों से जनता की निगाह में रहा है—तलाक। ख़ास तौर पर हम तीन बार तलाक कहने के मुद्दे पर विचार करेंगे। इस मुद्दे को लेकर उस समय काफ़ी विवाद खड़ा हो गया था जब 1994 में इलाहाबाद उच्च न्यायालय ने यह फ़ैसला दिया था कि एक शब्द बोल कर अपनी पत्नी को घर से निकाल देने का पति का यह अधिकार हमारे कानूनों और संविधान के विरुद्ध है। उलमा ने उस समय चिरपरिचित शोर खड़ा कर दिया था : यह शरीअत का हिस्सा है। शरीअत के साथ दख़लअंदाज़ी करने के किसी प्रयास की अनुमति नहीं दी जाएगी।

सिद्धांत रूप में और व्यवहार में

शरीअत ने पति को, अपनी पत्नी को घर से निकाल देने, उसे डरा धमका कर अपना गुलाम बनाकर रखने के बारे में जो असीम और अमानवीय अधिकार दे रखे हैं, उनकी तरफ़ जब ध्यान दिलाया जाता है, तो धर्ममंडक कहते हैं। यह मात्र कलंक है। अल्लाह और पैग़ंबर साहिब ने बार-बार यह घोषित किया है कि सब चीज़ों में से तलाक सबसे बुरी चीज़ है।"

वाकई उन्होंने ऐसा घोषित किया है।

पैग़ंबर साहिब को यह कहते हुए बताया गया है, "अल्लाह ने जो कुछ भी विधिसम्मत बनाया है, उसमें से कुछ भी तलाक से बढ़कर घृणास्पद नहीं है।" उन्हें

यह घोषित करते हुए बताया गया है, "सभी विधिसम्मत कार्यों में से, तलाक अल्लाह को सबसे ज़्यादा घृणास्पद लगता है।"[6]

ये सब बातें बहुत अच्छी हैं। लेकिन ऐसी घोषणाओं का वर्णन करने के बाद धर्ममंडकों ने यह कभी स्पष्ट नहीं किया कि जो चीज़ सबसे ज़्यादा घृणास्पद है उसे पति के लिए इतना आसान कैसे बना दिया गया है! क्योंकि, यद्यपि सिद्धांत रूप में तलाक को एक ऐसी चीज़ बताया गया है, जिससे अल्लाह को सख़्त नफ़रत है, लेकिन व्यवहार में स्थिति इसके बिल्कुल उलट है। विधिवेत्ता भी बार-बार यही सलाह देते हैं कि तलाक एक ऐसी चीज़ है जिससे आदमी को बाज़ आना चाहिए। लेकिन यह मात्र एक सलाह है। जहाँ तक अधिकार का संबंध है, उसके बारे में सभी एकमत हैं : यह एक ऐसा अधिकार है जो पति को दिया गया है और यह अबाधित है। अगर पति इसका इस्तेमाल करना चाहे, तो कोई भी व्यक्ति, कोई भी लिहाज बीवी को बचा नहीं सकता। सलाह में हमेशा एक चेतावनी जुड़ी रहती है, और इस चेतावनी के बावजूद अधिकार के दुरुपयोग की इतनी ज़्यादा गुंजायश रहती है, कि उसमें से हाथी भी गुज़र जाए। विधिवेत्ता कहते हैं : तुम्हें तब तक तलाक नहीं देना चाहिए जब तक उसकी ज़रूरत न हो! एक ऐसे ही ख़ास मामले में हमने सुन्नी विधिशास्त्र के महान ग्रंथ दर-उल-मुख़्तार में पढ़ा : "सभी (विधिवेत्ताओं) के अनुसार तलाक देना अनुमत्य है क्योंकि (कुरआन की) आयतों में (इस बारे में) कोई शर्त निर्धारित नहीं की गई। और कमाल द्वारा यह कहा गया है कि सबसे सही नज़रिया यह है कि आदमी को इससे बाज़ आना चाहिए, ऐसे मौकों को छोड़कर, जब इसकी ज़रूरत पड़े, जैसे कि (पत्नी के चरित्र के बारे में) शक हो जाने पर या (पत्नी की) वृद्धावस्था के मामले में...।"[7] इस प्रकार और कई व्यवस्थाएँ की गई हैं और हर खंड में ऐसा कुछ करने की अनुमति दी गई है, जिसे उससे पिछले खंड में न करने की सलाह दी गई थी।

सिद्धांत रूप में तलाक घृणास्पद हो सकता है, लेकिन पति को यह अधिकार है—एक ऐसा अधिकार जो अबाध और बिना शर्त है, और जिसका इस्तेमाल करने के लिए वह किसी के प्रति जवाबदेह नहीं है—कि वह सिर्फ़ एक शब्द 'तलाक' मुंह से निकालकर अपनी पत्नी को घर से निकाल सकता है।

पत्नी की तीन 'शुद्धता अवधियों'—अर्थात् माहवारी के बीच की अवधियों के दौरान एक-एक बार, पति द्वारा 'तलाक' कहने पर पत्नी को घर से बाहर निकाला जा सकता है।

एक ही समय पर तीन बार यह शब्द कहने पर भी पत्नी को घर से बाहर निकाला जा सकता है।

कुछ कारणों का उल्लेख करते हुए यदि पति एक बार भी यह शब्द कह देता है तो भी पत्नी को घर से बाहर निकाल दिया जाता है।

फ़तवे इन नियमों को ज़्यादा से ज़्यादा कड़ाई के साथ लागू करते हैं। इसके अलावा वे दो और नियमों को भी लागू करते हैं : एक नियम तो यह कि पति द्वारा तीन बार 'तलाक' कह दिए जाने के बाद पत्नी के पास बचाव का कोई उपचार नहीं रह जाता। कोई भी व्यक्ति, कोई भी हाकिम बीच में पड़कर उसका पत्नी के रूप में बचाव नहीं कर सकता। और दूसरा नियम यह है, कि एक बार घर से बाहर निकाल दिए जाने पर वह किसी रख रखाव संबंधी ख़र्च की हकदार नहीं होती, सिवाय तीन माहवारियों तक की अवधि तक न्यूनतम निर्वाह ख़र्च के; अर्थात् तीन महीने बीत जाने के बाद वह किसी ख़र्चे की हकदार नहीं रह जाती।[8]

धर्ममंडक कहते हैं : औरत के अधिकारों के कई तरीकों से रक्षा के उपाय किए गए हैं। उनका कहना है तीन बार तलाक कहने वाले पर लोगों द्वारा क्रोध प्रकट किया जाता है। और व्यवहार में वस्तुस्थिति क्या है? न्यायमूर्ति बदरुद्दीन त्याबजी ने अपनी प्रसिद्ध पुस्तक में लिखा, ''सुन्नी शरीअत के स्वाभाविक किंतु खेदजनक विकास के परिणामस्वरूप तलाक का चौथा और सबसे ज़्यादा नापसंद किया जाने वाला या बुरा रूप (तीन बार कहा गया तलाक) सबसे ज़्यादा प्रचलित दिखाई देता है और एक तरह से शरीअत भी इसी को ही समर्थन प्रदान करती है...।'' उन्होंने आगे लिखा, ''न केवल यह तलाक का सबसे ज़्यादा प्रचलित और शरीअत द्वारा समर्थित रूप है, बल्कि इसके प्रभाव 'संगीन' होते हैं क्योंकि तीन बार तलाक कह दिए जाने के बाद, इसे अंतिम और अटल मान लिया जाता है।''[9] न्यायमूर्ति बदरुद्दीन त्याबजी ने यह सब कुछ अस्सी वर्ष पहले लिखा था। चालीस वर्ष पहले न्यायमूर्ति शाहमीरी ने टिप्पणी की थी, ''पत्नी को तलाक देने का यह तरीका, पतियों के लिए सबसे कम दूभर है, और भारत में यह सबसे ज़्यादा प्रचलित है।''[10] अस्सी वर्ष पहले...चालीस वर्ष पहले...और तीन वर्ष पहले प्रो. ताहिर महमूद ने लिखा, ''सदियों से एक आम मुसलमान यह मानता रहा है कि तथाकथित 'तीन बार कहा जाने वाला तलाक' ही, तलाक का एक मात्र 'इस्लामी' रूप है...;'' और ''इस देश (भारत) में किसी मुसलमान पति द्वारा दिए गए तलाक का जो हमेशा अर्थ लगाया जाता है, वह है 'तीन बार कहा गया तलाक'—एक बार कहे गए 'तलाक' की धारणा से लोग परिचित ही नहीं हैं।''[11]

फिर भी ज्यों ही इस शैताना अधिकार की तरफ़ ध्यान दिलाया जाता है, धर्ममंडक एक तरफ़ तो यह आपत्ति करके चर्चा का रुख़ मोड़ देते हैं कि ''तलाक की तो पैग़ंबर साहिब और अल्लाह ने सख़्त से सख़्त शब्दों में भर्त्सना की है,'' और दूसरी तरफ़ अपने संवादियों की अज्ञानता का लाभ उठाते हुए, वे यह कह कर बात को रफ़ा-दफ़ा कर देते हैं, कि यद्यपि सिद्धांत रूप में ख़ाविंदों को यह अधिकार दिया गया है, लेकिन इसका इस्तेमाल बहुत कम किया जाता है।

लेकिन उलमा इस मामले में काफ़ी ज़्यादा ईमानदार हैं और साफ़-साफ़ बात

कह देते हैं। वे न सिर्फ़ इस नियम की पुष्टि करते हैं, कि एक ही साँस में तीन बार तलाक कहने से पत्नी को घर से निकाल दिया जाता है, बल्कि अन्य मामलों में भी वे पति के अधिकार का समर्थन करते हैं।

किसी के प्रति जवाबदेह नहीं

सबसे पहली बात तो यह है कि उलमा बार-बार इस बात पर ज़ोर देते हैं कि पति के लिए यह जरूरी नहीं कि वह यह बताए कि वह पत्नी को तलाक क्यों दे रहा है। उसे इसके लिए किसी को भी—न तो अपनी पत्नी को और न किसी और को—कोई सफ़ाई देने की ज़रूरत नहीं। नीचे एक केस दिया जा रहा है जिस पर मुफ़्ती किफ़ायतुल्लाह ने अपना फरमान दिया था :

ज़ैद ने अपनी पत्नी को एक पंचायत के सामने तलाक दिया और उसे अपने घर से बाहर निकाल दिया। वह औरत उसके बाद अपने भाई के पास चली गई। इस पर भाई पंचायत लेकर (उसके पति के पास) गया। उसने ज़ैद से पूछा, "तुमने तलाक क्यों दिया?" इस पर ज़ैद ने कहा, "मैं उसे अपने पास नहीं रखना चाहता। इसलिए मैंने उसे तलाक दे दिया है।" क्या आप बता सकते हैं कि इस औरत के मामले में तलाक प्रभावी माना जाएगा? मुफ़्ती साहब का फ़ैसला बिल्कुल साफ़ है :

जब पति ने तलाक दे दिया है, तो समझिए तलाक हो गया है। यह स्पष्ट नहीं है कि पति ने कितनी बार 'तलाक' कहा था। अगर उसने एक या दो बार 'तलाक' शब्द कह कर तलाक दिया था, तो उसे वापिस लिया जा सकता है।[12]

लेकिन इस बात का कोई सवाल ही नहीं उठता कि पति को किसी के सामने यह सफ़ाई देनी पड़े कि उसने अपनी पत्नी को तलाक क्यों दिया है। उसी प्रकार नीचे दिया गया केस भी विचार करने योग्य है, जिस पर देवबंद के उलमा ने फ़ैसला दिया था :

केस : एक आदमी की नौ साल की उम्र में शादी कर दी गई। वह इस औरत के साथ रहता रहा, लेकिन उसने सन्यास लेने और एकांतवास के लिए उसे तलाक दे दिया। औरत में कोई दोष नहीं है और न ही उसका सतीत्व संदेहास्पद है। आदमी कसूरवार है कि नहीं? इस तलाक से उसके संन्यास पर क्या प्रभाव पड़ेगा? जब कोई आदमी एकांतवास में हो अर्थात् किसी गवाही के बिना एक पत्र के द्वारा तलाक देने के बारे में शरीअत में क्या व्यवस्था है?

फ़तवा : अगर तलाक बिना कोई कारण बताए दिया गया है, तो भी उसमें कोई दोष नहीं है, यद्यपि बिना कारण तलाक देना अच्छी बात नहीं है। दर-उल-मुख़्तर में ऐसा कहा गया है...और इस बारे में शयी में भी ऐसा लिखा मिलता है...। इसलिए यह ज्ञातव्य है कि उपर्युक्त केस में, यदि पति ने बालिग होकर तलाक दिया है, तो

उसकी पत्नी को तलाक शुदा माना जाएगा। तलाक देने वाले ने कोई दोष नहीं किया है। उसके संन्यास पर इसका कोई प्रभाव नहीं पड़ेगा। पत्र के ज़रिए दिया गया तलाक भी प्रभावी हो सकता है। एकांतवास की स्थिति में (अर्थात् बिना गवाही) घोषित तलाक भी प्रभावी हो सकता है बशर्ते कि पति के सिवाय उसके बारे में और कोई न जानता हो।[13]

संक्षेप में, सीधे पत्नी को, या अन्य लोगों के माध्यम से, या किसी गवाह के सामने, या कोई गवाह मौजूद न रहने पर भी ज़ुबानी तौर पर या लिखित रूप में पति द्वारा पत्नी को तलाक दिया जा सकता है।

एक प्रश्नकर्ता लिखता है—एक पति ने पत्नी की ग़ैरमौजूदगी में उसे तलाक दे दिया; और पूछता है, क्या वह तलाक प्रभावी माना जाएगा? देवबंद के उलमा इस पर फ़रमान देते हैं, इस मामले में तलाक प्रभावी माना जाएगा, क्योंकि यह ज़रूरी नहीं कि जब तलाक दिया जाय उस समय औरत मौजूद हो या नजदीक हो।[14] किसी भी परिस्थिति में पति अपने निर्णयों के बारे में किसी के प्रति भी और किसी तरह से भी जवाबदेह नहीं है।

गुस्से में भी

पति को दिया गया अधिकार इतना संपूर्ण है और गुस्से की हालत में भी कहे गए तलाक शब्द का असर इतना भयंकर है कि वह किसी पत्नी को घर से निकाल बाहर करने के लिए काफी है। उलमा इस नियम को भी कड़ाई से लागू करते हैं और उनका यह फ़रमान है कि ऐसी तलाकशुदा औरत से जब तक कोई दूसरा आदमी शादी करके, उसके साथ सहवास करने के बाद, उसे तलाक नहीं दे देता, तब तक वह अपने पहले पति के घर नहीं ठहर सकती। क्योंकि मूल पति के क्रोध के आवेश से निश्चित रूप से उसका इतना अधिक मान मर्दन हो चुका होगा, कि वह उसकी किसी भी सनक को पूरा करने के लिए तैयार हो जाएगी।

हम वास्तविक उदाहरणों का वर्णन पढ़ने के बाद ही—हालाँकि उन्हें संक्षेप रूप में फ़तवों के संकलनों में दे दिया गया है—यह समझ सकते हैं कि इस नियम को कितना कड़ाई से लागू किया जाता है और बेचारी पत्नी को कैसी-कैसी अनकही कठिनाइयाँ और तिरस्कार झेलने पड़ते हैं। जैसा कि इन केसों को पढ़ने पर स्पष्ट हो जाएगा, यह ज़रूरी नहीं कि गुस्से के आदेश का संबंध पत्नी द्वारा किए गए किसी कार्य से हो, या ऐसे कार्य से हो जो वह नहीं कर पाई। बल्कि हकीकत तो यह है कि फ़तवों की किताबों में बहुत से मामले ऐसे हैं, जिनमें पत्नी घटना स्थल पर मौजूद ही नहीं थी। उसके बावजूद उसे भयंकर परिणाम भुगतने पड़े। यहाँ सिर्फ़ एक संकलन से एक नमूना दिया जा रहा है। यह संकलन है कि देवबंद के दारुल

उलूम के फ़तवों का जो अपेक्षाकृत नरम किस्म के माने जाते हैं।[15]

केस 30 : एक आदमी अपनी पत्नी से लड़ पड़ा और उससे बोला, "मैं तुम्हें सौ तलाक देता हूँ।" अब वह आदमी कहता है मैं गुस्से के आवेश में वह सब कुछ कह गया लेकिन मेरा ऐसा इरादा नहीं था। क्या इस मामले में तलाक प्रभावी माना जाएगा?

फ़तवा : शरीअत इस बात का कोई विचार नहीं करती कि तलाक देने के पीछे क्या इरादा था। किसी इरादे के बावजूद तलाक प्रभावी होता है। गुस्से की हालत में दिया गया तलाक भी प्रभावी होता है। बल्कि यह ज़ाहिर है कि ज़्यादातर मामलों में तलाक देने का कारण गुस्सा ही होता है। विधिकर्ताओं का ऐसा ही कहना है। (पृ. 49)

केस 144 : ज़ैद दृढ़तापूर्वक कहता है कि अबूबकर के ससुर उमर घटिया ढंग से पेश आए और उन्होंने ऐसे शब्दों का इस्तेमाल किया जो कि उन्हें किसी रुतबेदार आदमी के प्रति नहीं करने चाहिए थे। इसके परिणाम स्वरूप अबूबकर गुस्से से पागल हो गए, जिसकी वजह से उनका जिस्म काँपने लग गया। यद्यपि बकर अपने संयम और आत्म नियंत्रण के बारे में सुविख्यात थे लेकिन उन्होंने उस समय उमर को उसी भाषा में ही पलटकर जवाब दे दिया...ससुर ने बकर में दोष निकालने शुरू कर दिए और उन्होंने (अपनी बेटी के लिए) उनसे तलाक की माँग की। बकर अपना आत्म नियंत्रण खो चुके थे। इसलिए उन्होंने कहा, "तलाक, तलाक, तलाक"—बाद में वे शांत हुए और एक स्वस्थचित्त व्यक्ति की तरह बोलने लगे। क्या उनके द्वारा दिया गया तलाक प्रभावी माना जाएगा? नादवा के मौलवी मुहम्मद राबली कहते हैं, नहीं, क्योंकि जो आदमी विवेक खो चुका है, उसके द्वारा दिया गया तलाक प्रभावी नहीं होता।

फ़तवा : यह बात सभी जानते हैं कि आमतौर पर तलाक गुस्से की हालत में ही दिया जाता है...इसलिए गुस्सा ही उसका कारण होता है...इसलिए तलाक को रद्द करना बहुत मुश्किल है। शरीअत यह कहती है कि पत्नी तब तक अपने पति की जायज़ पत्नी नहीं कहला सकती, जब तक उसका शरीअत के मुताबिक उससे दोबारा निकाह नहीं हो जाता। (पृ. 117)[16]

केस 145 : बकर यह स्वीकार करते हैं कि वे क्रोध से पागल हो गए थे। अब तलाक के बारे में आपका क्या फ़रमान है?

फ़तवा : काज़ी इस दलील को नहीं मानेगा, वह तलाक को लागू कराएगा। (पृ. 119)

केस 153 : ज़ैद एक धर्मनिष्ठ व्यक्ति है। लेकिन अज़हद गुस्से की हालत में उसने पत्नी से कहा, "मैं तुम्हें तलाक देता हूँ।" पत्नी ने कहा, मुझे तलाक नहीं चाहिए। ज़ैद को इससे और ज़्यादा गुस्सा आ गया और वह बोला, "तीन तलाक,

तीन तलाक, सौ तलाक।" इस बीच ज़ैद की बहन वहाँ आ पहुँची और उससे बोली, "अपना ख़याल करो, तुम्हारा दिमाग़ ख़राब हो गया है।" इस पर ज़ैद ने जवाब दिया, "मेरा दिमाग़ बिल्कुल सही है।" जब वह दोबारा आपे में आया तो उसने अपनी बहन से कहा, "तुमने मुझे यह नहीं कहा कि अपना ख़याल करो, और मैंने यह नहीं कहा कि मैं बिल्कुल ठीक हूँ।" ज़ैद का अपनी पत्नी को तलाक देने का इरादा नहीं था। लेकिन दो औरतों और एक आदमी ने यह गवाही दी, कि ज़ैद विक्षिप्त हो गया था, उसकी आँखें लाल थीं, उसका दस्तार (पगड़ी) गिर गया था और उसके हाथ-पांव कांप रहे थे। ज़ैद तलाक के बारे में अवगत है। क्या उसके मामले में तलाक प्रभावी माना जाएगा?

फ़तवा : तलाक प्रभावी हो चुका है। वह अपनी पत्नी के साथ शरीअत के मुताबिक दोबारा निकाह करने के बाद ही रह सकता है। (पृ. 123-24)

केस 174 : ज़ैद ने गुस्से में आकर अपनी बीवी से कहा, "एक तलाक, तीन तलाक, पाँच तलाक।" अब वह यह कहता है कि गुस्से की वजह से उसकी बुद्धि भ्रष्ट हो गई थी, और उसे नहीं मालूम था कि वह क्या कर रहा है। इस मामले में शरीअत का क्या हुक्म है? क्या तलाक हो गया माना जाएगा ?

फ़तवा : ज़ैद की पत्नी का तलाक हो चुका माना जाएगा। तलाक आमतौर पर गुस्से की वजह से ही दिया जाता है। और विधिज्ञों ने गुस्से के कारण दिए गए तलाक को स्वीकार किया है...ज़ैद सही कार्यविधि के बिना उससे दोबारा शादी नहीं कर सकता। (पृ. 135-36)

केस 181 : ज़ैद ने अपनी पत्नी की नाफ़रमानी की वजह से उसे तलाक दे दिया, क्योंकि उसको अपनी पत्नी की नाफ़रमानी पर गुस्सा आ गया था। तलाक सही है या नहीं ?

फ़तवा : तलाक प्रभावी माना जाएगा। शरीअत की किताबों ने गुस्से को तलाक की नोबत लाने का समुचित कारण माना है। यह भी ज़ाहिर है कि ज़्यादातर मामलों में तलाक गुस्से की हालत में ही दिया जाता है। (पृ. 139)

केस 254 : एक आदमी ने गुस्से की हालत में अपनी पत्नी को एक साथ तीन बार तलाक, तलाक, तलाक कह दिया। क्या वह तलाक प्रभावी माना जाएगा? क्या उनका विवाह बहाल हो सकता है?

फ़तवा : तलाक प्रभावी माना जाएगा। वह औरत पति के लिए हराम हो गई है। वह हलाला के बिना शादी नहीं कर सकता। विवाह की बहाली सही नहीं है। (पृ. 250)

केस 261 : ज़ैद ने हिन्दा से शादी कर ली। उनकी आपस में लड़ाई हो गई। ज़ैद ने गुस्से में कहा, "एक तलाक, दो तलाक, तीन तलाक।" क्या इन शब्दों से तलाक प्रभावी मान लिया जाएगा?

फ़तवा : तलाक प्रभावी माना जाएगा। (पृ. 268)

केस 343 : ज़ैन-अल-दीन गुस्से की हालत में था। उसने अपनी बीवी को तीन बार तलाक तलाक तलाक कह दिया। दरअसल उसने पाँच या सात बार यह शब्द कहा। मौलवी अब्दुल रहमान ने यह फ़ैसला दिया कि अगर तलाक गुस्से में दिया जाए तो वह प्रभावी नहीं होता। लेकिन मौलवी ख़लील रहमान ने दो 'तलाक' घोषित किए और हलाला के बिना शादी की बहाली की इजाज़त दे दी। लेकिन मौलवी अब्दुल शकूर ने इसे तीन बार कहा गया 'तलाक' माना और इस तरह तलाक को प्रभावी घोषित कर दिया। इनमें से किसका फ़तवा सही है?

फ़तवा : इस केस में अब्दुल शकूर का फ़तवा सही है। ज़ैन-अल-दीन की बीवी अब तलाकशुदा मानी जाएगी। दूसरे दो फ़तवे गलत हैं। हलाला के बिना उनकी शादी कराना ग़ैर-कानूनी है। ज़ैन को चाहिए कि वह अपनी बीवी को अलग कर दे। (पृ. 311)

केस 427 : एक आदमी ने अचानक अपनी बीवी को आठ तलाक दे दिए। लेकिन दोनों एक-दूसरे से प्यार करते हैं, और बेबस महसूस कर रहे हैं। मैं जानना चाहता हूँ कि क्या मैं इमाम शफ़ी द्वारा निर्धारित कानून के मुताबिक यह शादी बहाल करा सकता हूँ?

फ़तवा : इमाम शफ़ी और दूसरे इमामों के मुताबिक हलाला के बिना पहले पति से दोबारा शादी करना हराम है। यह सभी शाखाओं द्वारा निर्धारित कानून के मुताबिक है। (पृ. 366-67)

केस 746 : एक आदमी को रात को गुस्सा आ गया। उसने कहा कि अगर उसने (उसकी बीवी ने) उस दिन से अगर उसके जिस्म को छुआ, तो उसका तलाक हो जाएगा। बीवी ने नासमझी में आकर अपने पति का हाथ पकड़ लिया और उससे माफ़ी माँगने लगी। पति का कथन दिन के समय के लिए ही सीमित है। और उसका अपनी बीवी को तलाक देने का कोई इरादा भी नहीं है। क्या उसका तलाक प्रभावी माना जाएगा?

फ़तवा : शरीअत द्वारा निर्धारित कानून की निगाह में इरादे की कोई गिनती नहीं। और ऐसे मामले में 'दिन' का मतलब है वह समय जब उसने वे शब्द मुँह से निकाले। इसलिए तलाक प्रभावी माना जाएगा। हलाला के बिना वह अपनी बीवी से दोबारा शादी नहीं कर सकता। (खंड 10, पृ. 115-16)[17]

नशे की हालत में भी

जैसा कि सभी जानते हैं इस्लाम में शराब पीना सख़्त मना है। उसके बावजूद वह आदमी जो नशे की हालत में है अगर तीन बार तलाक शब्द कह देता है, तो शादी

ख़त्म हो जाती है और बीवी गली पर आ जाती है। अर्थात् चाहे पति ऐसी हालत में भी हो, जो कि पूरी तरह से मना है, अगर वह ऐसा कुछ करके भी अगर वह एक शब्द (तलाक) तीन बार दोहरा देता है, तो उसकी बीवी को घर से बाहर हो जाना पड़ेगा फिर चाहे वह कितनी सती, साध्वी भी क्यों न हो, चाहे वह कितने भी लंबे समय से उस आदमी की ब्याहता क्यों न रही हो, और उससे उसके कितने भी बच्चे क्यों न हुए हों और ख़ुद की देखभाल करने के लिए वह चाहे कितनी भी साधन रहित क्यों न हो। पति का अधिकार इतना बाध्यकारी और अंतिम है।

हालाँकि कभी-कभी मुफ़्ती किफ़ायतुल्लाह नरम पड़कर यह फ़ैसला दे देते हैं कि नशे की हालत में दिए गए तलाक से सिर्फ़ उस मामले में शादी टूटती है जब पति ने अपनी मर्ज़ी से शराब पी ली हो न कि जब उसे मजबूरन या धोखे से शराब पिला दी गई हो और उसके कारण वह नशे की हालत में चला गया हो। लेकिन दूसरे मामलों में वे इस प्रकार का भेद नहीं करते।[18] देवबंद के उलमा जो कि उसी शाखा से हैं, यह फ़रमान देते हैं कि दोनों ही स्थितियों में बीवी को घर से बाहर जाना ही पड़ेगा। कुछ प्रतिनिधि केसों के ज़रिए ही उस कठोर दंड का अंदाज़ा लगाया जा सकता है जो कि असहाय बीवी को अपने पति के शराब पी लेने पर धुत्त हो जाने के लिए भुगतना पड़ता है।

केस 65 : काज़ी ने उस समय ज़ैद की शादी करा दी जब वह नशे की हालत में था। दो साल बाद उसने एक जनसमूह के सामने तीन तलाक दे दिए। जब नशा उतर गया तो उसे अफ़सोस हुआ और उसने तौबाह कर ली। क्या मियाँ बीवी के लिए दोबारा शादी करना वैध होगा?

फ़तवा : अगर कोई पति नशे की हालत में अपनी बीवी को तलाक दे देता है, तो तलाक प्रभावी होता है...इसलिए अगर पति ने पत्नी को तीन बार तलाक दे दिया है तो वह कानूनी व्यवस्था (अर्थात् पत्नी द्वारा एक दूसरे आदमी के साथ शादी करके, उसके साथ सहवास करने के बाद उससे तलाक लेकर) को छोड़कर अन्यथा उससे दोबारा शादी नहीं कर सकता। (पृ. 69)

केस 96 : ज़ैद नशे की हालत में अपनी पत्नी से कहता है, "तलाक, तलाक।" लोग उसे पीट रहे हैं और वह कहता जा रहा है, "तलाक, तलाक।" तीन दिन के बाद वह अपनी बीवी से माफ़ी माँगता है। जब उससे पूछा जाता है कि उसने बीवी को तलाक क्यों दिया तो वह कहता है, कि उसको इसके बारे में कुछ भी मालूम नहीं। लेकिन उसने अपनी बीवी को कई बार 'तलाक' कहा था। क्या यह तलाक प्रभावी माना जाएगा? अगर यह प्रभावी हो गया है तो यह कौन सा तलाक है? पागलपन और नशे की हालत में (कहे गए) तलाक के बीच क्या फ़र्क है? किताबों में लिखा है, कि पागलपन में दिया गया तलाक प्रभावी नहीं होता, जबकि नशे की हालत में दिया गया तलाक प्रभावी होता है, हालाँकि इन दोनों ही हालतों में अक्ल

काम नहीं कर रही होती।

फ़तवा : अगर ज़ैद ने तीन या उससे अधिक बार तलाक कहा है, तो उसकी बीवी तलाकशुदा कहलाएगी। वह उससे अलग हो गई मानी जाएगी। वह उसके साथ कोई संबंध नहीं रख सकता और कानूनी तरीके को छोड़कर वह अन्यथा उससे दोबारा शादी भी नहीं कर सकता, लेकिन अगर उसने केवल दो बार 'तलाक' कहा है तो इद्दत (सौ दिन का वर्जित समय) के बाद वह उससे दोबारा शादी कर सकता है। लेकिन सवाल से यह स्पष्ट हो जाता है कि उसने 'तलाक' शब्द चार बार कहा—दो बार नशे की हालत में और दो बार तब जब उसे लोग पीट रहे थे। यदि यह बात सही है और इस कथन के बारे में कोई विवाद नहीं है तो तीन बार तलाक कह दिए जाने से, उसकी पत्नी तलाकशुदा मान ली जाएगी। कानूनी व्यवस्था को छोड़कर वह अन्यथा न तो उसे अपने पास रख सकता है और न इससे दोबारा शादी कर सकता है। हालाँकि यह सही है कि पागलपन और नशे की, दोनों ही हालतें ऐसी होती हैं, जब अक्ल काम नहीं कर रही होती, लेकिन तलाक के मामलों में उन दोनों के बीच फ़र्क माना जाता है। नशे में धुत्त व्यक्ति में समझ होती है जबकि पागल व्यक्ति को स्वस्थ चित्त का व्यक्ति नहीं माना जा सकता। इसलिए पागलपन में दिए गए तलाक को अकृत और शून्य माना जाता है। (पृ. 87-88)

केस 152 : नशे की हालत में एक आदमी ने अपनी पत्नी को उसका नाम लेकर संबोधित किया और उसे तीन बार तलाक दिया। लेकिन आदमी को याद नहीं कि उसने ऐसा कुछ किया है। सिर्फ़ औरत यह कहती है कि उसने उसे ऐसा कहा और उन दोनों के अलावा वहाँ कोई गवाह भी नहीं था। क्या इस मामले में तलाक हो गया माना जाएगा?

फ़तवा : नशे की हालत में दिया गया तलाक कानून के मुताबिक प्रभावी होता है। इस मामले में जब वह (पत्नी) इस बात की पुष्टि करती है और आदमी इससे इन्कार नहीं करता, तो तलाक प्रभावी माना जाएगा। जब तक वे कानून के मुताबिक दोबारा शादी नहीं करते, वे एक साथ नहीं रह सकते। (पृ. 123)

चाहे आदमी को गुमराह भी क्यों न किया गया हो

पति की बात को इतना अकाट्य माना जाता है, कि चाहे वह इतना मूर्ख भी क्यों न हो कि लोग उसे धोखा दे जाएँ, चाहे उसे कोई दूसरा व्यक्ति गुमराह करके उससे 'तलाक' क्यों न कहलवा ले, फिर भी शादी ख़त्म हो जाती है और बेचारी बीवी को घर से निकलना पड़ जाता है। फ़तवों के संकलनों में इस नियम को बार-बार दोहराया गया है। फ़तवा दारुल उलूम, देवबंद से इस किस्म के उदाहरण नीचे दिए जा रहे हैं :[20]

केस 50 : मैंने अपनी मंगेतर को छोड़कर कहीं और शादी कर ली। इसके बावजूद मेरी मंगेतर मेरा इंतज़ार करती रही। आख़िरकार लोगों के समझाने बुझाने पर शादी की तैयारियाँ की गईं। लेकिन अंतिम क्षण उसने (मंगेतर के पिता) आग्रह किया कि मैं अपनी पहली बीवी को तलाक दे दूँ। मैं बहुत उदास हो गया और मैंने तलाक देने से इन्कार कर दिया। एक दिन एक मौलवी ने मुझे सलाह दी कि मैं एक काग़ज़ पर तलाक लिख कर दे दूँ ताकि वे लोग चुप हो जाएँ। मौलवी ने कहा कि इस प्रकार वक्त मिल जाएगा और तलाक सिर्फ़ लिखने मात्र से प्रभावी नहीं हो जाता, जब तक उसे मुँह से न कहा जाए। मैंने मौलवी की बात पर एतबार कर लिया कि लिखने मात्र से तलाक प्रभावी नहीं हो जाता। इस प्रकार मौलवी ने मुझे वह तलाक लिखवाया और मैं लिखता चला गया। तीन बार तलाक और बीवी का नाम मैंने लिख दिया। क्या इस मामले में तलाक प्रभावी माना जाएगा?

फ़तवा : तलाक लिखने पर भी प्रभावी हो जाता है, ठीक उसी तरह जैसे बोलने पर...उस मौलवी ने तुम्हें धोखा दिया है। हदीस यह कहती है कि दिल्लगी या मज़ाक में तलाक कह देने पर भी वह प्रभावी हो जाता है। शरीअत के मुताबिक (बीवी को तलाक देने का) इरादा न होने पर भी वह प्रभावी होता है। (पृ. 61)

केस 260 : एक मौलवी ने एक बेवकूफ़ से तलाक कहलवा दिया, हालाँकि बीवी निर्दोष है। इस मामले में क्या कानून है? और उस मौलवी के बारे में क्या व्यवस्था है?

फ़तवा : तलाक प्रभावी माना जाएगा। लेकिन बिना किसी कारण के किसी बीवी को तलाक दिलाना बुरी बात है। एक ही वक्त पर तीन बार तलाक कहना या कहलाना सुन्नत के भी ख़िलाफ़ है। जिस मौलवी ने ऐसा किया, वह बुरा आदमी है। लेकिन वह तलाक प्रभावी माना जाएगा। पत्नी अपने पति के लिए हराम है। (पृ. 267)

इतना बेवकूफ़ और लापरवाह तो पति है जो कि धोखे में आ गया। लेकिन उसकी सज़ा भुगतने के लिए सड़क पर आना पड़ता है पत्नी को।[21]

चाहे पति अनजान भी क्यों न हो

अगर पति ऐसे शब्द बोल या लिख देता है, जिनका अभिप्राय तलाक होता है, फिर चाहे वह उन शब्दों के अर्थ पूरी तरह न भी समझता हो, तो भी बीवी को घर से बाहर निकाल दिया जाता है। बल्कि अगर पति को पूरी तरह से ग़लतफ़हमी हो जाए, तब भी बीवी को उसी हश्र का सामना करना पड़ता है। एक इस किस्म का उदाहरण नीचे दिया गया है जिसमें पति को ग़लतफ़हमी हो गई थी। इस मामले पर देवबंद के उलमा ने फ़रमान दिया था।

केस 251 : एक आदमी ने एक औरत से शादी की। कुछ दिन बाद वह बीमार पड़ गई। उसका पेट फूल गया। समाज यह समझने लगा कि वह शादी से पहले ही गर्भवती हो गई थी। डाक्टरों ने भी इसकी पुष्टि कर दी। इसलिए पति ने उसे तीन बार तलाक दे दिया। डाक्टरों ने कहा था, कि उसे तलाक के दो महीने बाद बच्चा पैदा हो जाएगा। लेकिन दो महीने बाद उसे बच्चा पैदा नहीं हुआ। बाद में पता चला कि वह शादी के बाद ही गर्भवती हुई थी। इस प्रकार यह सारी ग़लतफ़हमी का ही नतीजा था। क्या वह तलाकशुदा मानी जाएगी? अगर हाँ, तो वह अपने पति के पास लौटकर कैसे जा सकती है?

फ़तवा : क्योंकि पति ने तीन बार तलाक दिया है, इसलिए तलाक प्रभावी हो चुका है। वह केवल हलाला के ज़रिए ही उससे दोबारा शादी कर सकती है।[22]

संक्षेप में बेचारी दुलहन को जिसे एकदम झूठे इलज़ाम का ज़ुल्म सहना पड़ा, अब एक और मुसीबत में से गुज़रना पड़ेगा। उसे एक और आदमी से शादी करनी पड़ेगी, उसके साथ सहवास करना पड़ेगा और उसके बाद वह उसे तलाक देगा तभी जाकर कहीं उसके मूल पति और उसके लोगों के निराधार संदेह का निराकरण होगा, और वह अपने बच्चे के बाप के पास जा पाएगी। लेकिन हमें यह मानना होगा कि शरीअत औरत को किसी भी दूसरे कानूनी विधान की अपेक्षा ऊँचा स्थान देता है!

मजबूर किए जाने पर भी

पत्नी के साथ एक अजीब किस्म की सख़्ती बरती जाती है। किफ़ायतुल्लाह जैसे कुशाग्रबुद्धि और काफ़ी हद तक नरमपंथी माने जाने वाला व्यक्ति भी मोमिन के लिए आसानियाँ पैदा करने के वास्ते झुक जाता है : उदाहरण के लिए वे फ़रमाते हैं : ऐसा मोमिन जो अपनी ज़िंदगी को बचाने के लिए ऐसा कुछ कर लेता है जो कुफ़्र या शिर्क है—उदाहरण के लिए, वह अपने दिल में अपने सच्चे ईमान को बनाए रखकर, किसी मजबूरी में किसी बुत के सामने साष्टांग प्रणाम करता है—तो ऐसा व्यक्ति अपने मज़हब को नहीं खोता। लेकिन अगर किसी आदमी के सामने अपनी पत्नी को तलाक देने की ऐसी ही मजबूरी हो और वह अपनी ज़िंदगी को बचाने के लिए 'तलाक' कह देता है तो बीवी को घर छोड़कर जाना ही पड़ेगा।[23] सिर्फ़ एक स्थिति में मुफ़्ती किफ़ायतुल्लाह रियायत देते हैं कि अगर किसी मजबूरी में पति ने तलाकनामा सिर्फ़ लिख भर दिया है लेकिन मुँह से शब्द नहीं निकाले हैं, तो पत्नी बच जाती है। अलबत्ता अगर उन शब्दों को लिखते हुए पति ने उन्हें मुँह से भी बोल दिया है, तो पत्नी को ज़रूर घर से बाहर जाना पड़ेगा। या उसने इन शब्दों को मुँह से सिर्फ़ बोल दिया है और लिखा कुछ नहीं है, तो भी बीवी को घर छोड़ना पड़ेगा। उन्हें जो केस भेजे गए हैं उन्हें पढ़कर हृदय में दया उमड़ आती है। यहाँ

कुछ प्रतिनिधि केस दिए जा रहे हैं :[24]

केस : ज़ैद ने अपने पिता के मजबूर करने पर अपनी पत्नी को तलाक दे दिया। वह तलाक देना नहीं चाहता था। पत्नी भी उसके पास लौटना चाहती है। वह हलाला की प्रक्रिया में से नहीं गुज़रना चाहती। क्या उन्हें दोबारा मिलाया जा सकता है?

फ़तवा : अगर चीज़ें इस हद तक पहुँच गई हैं तो पति को एक ऐसे आलिम से फ़तवा हासिल करना चाहिए जो ऐसी परिस्थिति में तलाक को वैध नहीं मानता। और उसके बाद उसे दोबारा निकाह कर लेना चाहिए। हनफ़ी कानून के अंतर्गत, मजबूरी में दिया गया तलाक प्रभावी नहीं होता। तीन तलाक के बाद हलाला के बिना निकाह नहीं किया जा सकता और बराएनाम हलाला को भी पूरा नहीं माना जाता। (पृ. 236-37)

केस : एक आदमी पर उसका भाई हमला कर देता है। और वह कहता है, "अगर तुम अपनी ज़िंदगी को बचाना चाहते हो, तो अपनी बीवी को तीन बार तलाक दो।" वह आदमी इन्कार कर देता है और अपनी ज़िंदगी को बचाने के लिए वह एक काग़ज़ के टुकड़े पर तीन बार तलाक लिख देता है। और जब वह तलाक शब्द लिख रहा होता है तो बार-बार वह रोते हुए कहता है; "तुम्हारे डर की वजह से मैं यह शब्द लिख रहा हूं। मेरा दिल तलाक के लिए नहीं मानता। मैं तलाक बिल्कुल नहीं दे रहा। मैं यह शब्द सिर्फ़ लिख भर रहा हूँ और शरीअत के अनुसार यह तलाक नहीं हो सकता।" सवाल यह है : इन परिस्थितियों में क्या पत्नी को तलाक दे दिया गया माना जाएगा?

फ़तवा : अगर उस आदमी ने इन परिस्थितियों में 'तलाक' शब्द सिर्फ लिखा भर है और अपनी जुबान से तलाक शब्द नहीं कहा है तो उसकी बीवी का उससे तलाक हुआ नहीं माना जाएगा। (पृ. 237-38)

केस : बकर के रिश्तेदार उसके पास आए और उससे कहा, "अपनी बीवी को तलाक दे दो वरना हमारा तुमसे कोई रिश्ता नहीं रहेगा और हम तुम पर इलज़ाम धरेंगे और तुम्हें बदनाम कर देंगे।" अपनी इज़्ज़त खोने के डर से बकर ने लिखा, "ऐ मेरी बीवी—क, ख, ग—मेरी तरफ़ से तुम्हें तलाक है।" उसने इतना कुछ सिर्फ़ लिखा भर, लेकिन जबानी तौर पर कुछ नहीं कहा; और न ही वह दिल से उसे तलाक देना चाहता था। क्या उसकी बीवी का उससे तलाक हो गया माना जाएगा?

फ़तवा : अगर ज़ैद को ऐसा कुछ लिखने पर मजबूर किया गया है लेकिन उसने ज़ुबानी ये शब्द नहीं दोहराए हैं तो यह तलाक हुआ नहीं माना जाएगा। और मजबूरी का यह अर्थ है कि उसे अपनी ज़िंदगी, या अंग-भंग या किसी गंभीर चोट का भय रहा हो। (पृ. 238-39)

केस : मेरी सास सुबह 6 बजे मेरे घर पर आई और मुझसे बोली, "मेरे साथ

आओ," मैंने उससे कहा, "मैं आऊँगा, लेकिन काम क्या है? मैं अभी अभी नींद से उठा हूँ। मुझे हाथ मुँह धो लेने दीजिए। उसके बाद मैं आऊँगा। आप बैठ जाइए। मैं अभी आपके साथ चलता हूँ।" इस पर मेरी सास ने जवाब दिया, "वापस आकर हाथ मुँह धो लेना। मैं यहाँ नहीं बैठूँगी। अभी सीधे तुम मेरे साथ चलो।" मजबूरन मैं अपनी सास के साथ चला गया और वे मुझे अपने चचा के यहाँ ले गईं। वहाँ जाकर मैंने देखा, कई आदमी और औरतें वहाँ जमा थीं। मैं जा कर चुप बैठ गया। मुझे नहीं मालूम था कि आख़िर मामला क्या है। कुछ देर बाद सबने मुझे कहा, "हमारी लड़की को तलाक दे दो।" मैंने तलाक देने से इन्कार कर दिया। इस पर उन सबने मुझे घेर लिया। मजबूर होकर मैंने कहा, "ठीक है, मुझे आप दो दिन का वक्त दीजिए। उसके बाद मैं तलाक दे दूँगा।" इस पर वे सब बोले, "तुम अभी तलाक दो। हम तुम्हें कोई वक्त नहीं देंगे।" मैंने कहा, "अच्छा, मुझे एक दिन का ही वक्त दे दो।" वह भी मना कर दिया गया। उस पर मैंने कहा, "मुझे कम-से-कम एक या दो घंटे दे दीजिए।" मैं बार-बार वक्त माँगता रहा। लेकिन मुझे कोई वक्त नहीं दिया गया और मुझे तलाक देने पर मजबूर कर दिया गया। उन सबने मुझे हर तरफ़ से घेर लिया। उन्होंने सब तरह की मनगढ़ंत बातें कहीं और मेरे बुज़ुर्गों को गालियाँ भी दीं। मैं इन सब बातों को बर्दाश्त करता रहा, क्योंकि मैं अकेला था और वहाँ मेरा अपना कोई नहीं था। मुझे धोखे से यह कह कर बुलाया गया था, "कोई जरूरी काम है।" मजबूरी की ऐसी हालत में, हिम्मत हार कर और लाचार होकर मैंने वह सब कुछ लिख दिया जो मेरे साले ने मुझसे लिखवाया। वह मुझसे जो लिखवाता गया मैं लिखता गया। डर की वजह से मैंने लिखने से इन्कार नहीं किया क्योंकि मेरा साला मुझसे तगड़ा और ज़्यादा ताकतवर है। और फिर उसके अलावा और आदमी भी वहाँ मौजूद थे। अपने परिवार में से वहाँ सिर्फ मैं ही था। तलाक का जो काग़ज़ मुझसे मजबूरन लिखवाया गया था, वह मेरी सास ने मेरे हाथों से छीन लिया। उसके बाद पड़ोसियों की तरफ़ मुँह करके मैं ऊँची आवाज़ में बोला, "मुझे तलाक लिख देने पर मजबूर किया गया है। मैंने अपनी मर्ज़ी से तलाक नहीं लिखा है और न ही मैंने ज़ुबान से तलाक दिया है।" उसके बाद मैं बेहोश हो गया। थका माँदा जब मैं घर लौटा तो मैंने किसी से कुछ नहीं कहा। उसके बाद मैं अपने काम पर चला गया, क्योंकि वहाँ पहुँचने का समय पहले ही बीत चुका था।

दूसरे दिन मैंने वहाँ के पड़ोसियों से पूछा, "क्या तुम लोगों को कुछ मालूम है, कि मैंने क्या लिखा है और मुझसे क्या लिखाया गया है।" इस पर उन्होंने मुझे पत्र का विषय बताया ओर बोले, "जब तुम लिख रहे थे, तो तुम होश हवास में नहीं थे। हम कुछ नहीं बोले, नहीं तो हर आए दिन हमारे साथ झगड़ा होता।" जो मज़मून मुझसे लिखवाया गया, वह यह है : "मैं अकरमुल्लाह ख़ान वल्द (सपुत्र) किफ़ायतुल्लाह ख़ान, अपनी बीवी और उसकी माँ के कहने पर, और अब्दुल हादी

और मुहम्मद यमीन ख़ान की मौजूदगी में और अपनी बेटी रईसा ख़ातून को हाथों में लेकर, अपनी बीवी को तीन बार तलाक देता हूँ और अपनी बीवी होने से ख़ारिज करता हूँ...''

मेरी बीवी तीन या चार महीने से गर्भवती है और मेरी बेटी अपनी माँ के पास है। दो महीने पहले मेरा अपनी बीवी की दादी से झगड़ा हो गया था। अब पता यह लगाना है कि क्या बिना किसी इरादे के और बिना मुँह से बोले तलाक प्रभावी होता है या नहीं?

फ़तवा : अगर तलाक मजबूरन लिखवा लिया गया है, और मुँह से नहीं बोला गया है, तो तलाक हुआ नहीं माना जाएगा। (पृ. 239-40)

दूसरे फ़ैसले इसी नमूने का अनुसरण करते हैं। अब मुफ़्ती किफ़ायतुल्लाह द्वारा दी गई रियायत—अर्थात् यदि मजबूरी में दिया गया तलाक यदि सिर्फ़ लिखा गया है और उसे मुँह से नहीं बोला गया है, तो शादी बची रहेगी—केवल उस सूरत में मददगार हो सकता है, जब इस नियम के बारे में पति को जानकारी हो, और उसे सताने वालों को यह जानकारी न हो। अगर सताने वालों को भी यह बात मालूम होगी, तो वे उसे बुरी तरह पीट कर उससे तलाक के शब्द कहलवा भी सकते हैं!

देवबंद के उलमा भी इसी नियम का पालल करते हैं और उसी के मुताबिक मुँह से कहे गए और बिन कहे तलाक के बीच फ़र्क करते हैं। फ़तवा दारुल उलूम के कुछ प्रतिनिधि केसों से हमें यह पता चल पाएगा कि अलग-अलग स्थितियों के बारे में कानून क्या कहता है, और वे कौन सी परिस्थितियाँ हैं, जिनके चक्कर में समुदाय के लोग फँस जाते हैं।[25]

केस 47 : एक आदमी ने एक विधवा से शादी कर ली थी, लेकिन उसके ससुर ने उससे मजबूरन तलाक दिलवा दिया। क्या उसके मामले में तलाक प्रभावी माना जाएगा? क्या वे अपनी शादी को बरकरार रख सकते हैं? क्या बहाली द्वारा ऐसा किया जा सकता है या उसके लिए उस (औरत को) किसी दूसरे आदमी से शादी करनी होगी (और उसके साथ सहवास करने के बाद उससे तलाक हासिल करना होगा)?

फ़तवा : इस मामले में तलाक प्रभावी हो चुका माना जाएगा, क्योंकि (संबंधित पक्षों को) मजबूर करके कराया गया तलाक भी प्रभावी होता है। अगर उसने केवल एक बार तलाक कहा था तो इद्दत की अवधि के भीतर (दूसरे) विवाह (संस्कार) के बिना ही वह आदमी अपनी शादी बहाल कर सकता है। ऐसी सूरत में दूसरी शादी करने की ज़रूरत नहीं है। (पृ. 59)

केस 66 : ज़ैद ने उमर को मजबूर करके, उससे तीन बार तलाक कहलवाया। क्या उसकी शादी किसी तरह से बहाल की जा सकती है?

फ़तवा : ज़बरदस्ती कहलवाया गया तलाक भी प्रभावी होता है। (पृ. 70)

केस 77 : ज़ैद के साथ काफ़ी मारपीट करके उसे अपनी बीवी हिन्दाह को तलाक देने पर मज़बूर किया गया। इसलिए उसने लिख दिया कि वह मज़बूरी की हालत में तलाक दे रहा है। उससे ये शब्द तलवार के साये में लिखवाए गए। क्या शरीअत के मुताबिक इस तलाक को प्रभावी माना जाएगा?

फ़तवा : अगर पति को धमकियों के कारण या डर कर तलाक देने पर मजबूर होना पड़ता है, तो तलाक प्रभावी हो जाता है, बशर्ते कि तलाक शब्द मुँह से कहा गया हो। लेकिन अगर उसे सिर्फ़ लिखने पर मज़बूर किया जाता है, और वह यह शब्द मुँह से नहीं निकालता, तो तलाक प्रभावी नहीं होगा। (पृ. 77)

केस 169 : अगर कोई आदमी किसी को अपनी बीवी को तलाक देने पर मजबूर करता है तो क्या वह तलाक प्रभावी माना जाता है? अगर यह प्रभावी हो जाता है तो इब्न मजाह में उस हदीस के क्या मायने हैं, जिसमें कहा गया है, "अल्लाह, मेरी उम्मत अज्ञानवश या मजबूरी में जो कुछ करती है, उसे माफ़ कर दिया जाए?"

फ़तवा : यह तलाक प्रभावी माना जाएगा। एक और हदीस में अन्य व्यवस्थाएँ की गई हैं। (पृ. 133)

केस 328 : अगर पति को तलाक देने पर मजबूर किया जाए, तो क्या वह प्रभावी माना जाता है? क्या मुँह से यह शब्द कहना ज़रूरी है? या किसी और द्वारा लिखा गया तलाकनामा प्रस्तुत करना इसके लिए काफ़ी होता है ?

फ़तवा : अगर पति को तलाक देने पर मजबूर किया जाता है तो वह प्रभावी माना जाता है। लेकिन किसी और व्यक्ति द्वारा लिखा हुआ तलाकनामा प्रस्तुत करना इसके लिए काफ़ी नहीं होता। (पृ. 276)

केस 338 : लोग ज़ैद द्वारा अपनी बीवी को तलाक देने के बारे में चर्चा कर रहे थे। उसे तीन बार तलाक कहने पर मजबूर किया गया था। लेकिन वह यह नहीं जानता था, कि तलाक किस का हुआ है। क्या तलाक प्रभावी माना जाएगा?

फ़तवा : इस मामले में तलाक हो गया माना जाएगा। क्योंकि जब लोगों ने पति से अपनी पत्नी को तलाक देने को कहा, तो उसने तीन बार यह शब्द कहा। संदर्भ उसकी पत्नी का ही था। तलाक पत्नी का हुआ है। (पृ. 309)[26]

फ़तवा-ए-रिज़विया की स्थिति भी कुछ अलग नहीं है। मौलाना अहमद रज़ा ख़ान कहते हैं : निकाह एक शीशा है और तलाक वह पत्थर है जो शीशे को तोड़ डालता है। चाहे शीशे पर पत्थर अपनी इच्छा से फैंका जाए, या किसी मजबूरी से, या फिर यह यों ही किसी के हाथ से गिर जाए, हर हाल में शीशा तो टूटेगा ही।[27] वे भी बार-बार यही मत प्रकट करते हैं कि यदि मजबूरी में आकर शब्द केवल लिखे गए हों और बोले न गए हों तो तलाक प्रभावी नहीं होगा। दूसरी तरफ़ यदि वे बोले गए हों फिर चाहे वे लिखे गए हों या नहीं, पत्नी को घर छोड़कर जाना ही पड़ेगा।[28] वह 'मजबूरी' जिसकी वजह से लिखित तलाकनामा प्रभावी नहीं माना जाएगा, कोई

व्यथा या मृत्यु की तुरंत संभावना हो सकती है, किसी के द्वारा किया गया मात्र आग्रह नहीं।[29]

कुफ़्र या शिर्क के किसी ऐसे काम के संबंध में जो किसी मजबूरी में किया गया हो मुफ़्ती किफ़ायतुल्लाह, देवबंद के उलमा और मौलाना अहमद रज़ा ख़ान के बीच ख़ासतौर पर पत्र व्यवहार हुआ था। तलाक के शब्द चाहे मजबूरी में भी क्यों न कहे गए हों, फिर भी उनके परिणामस्वरूप बीवी को घर छोड़ना ही पड़ता है, लेकिन जैसा कि मुफ़्ती मौलाना अहमद रज़ा ख़ान का मत है, जब कोई व्यक्ति किसी ऐसी मुसीबत में फँस गया हो, जिससे उसकी ज़िंदगी ख़तरे में पड़ गई हो, तो उस समय कुफ़्र के शब्दों का उच्चारण किया जा सकता है।[30]

संक्षेप में, यद्यपि पति ने मजबूरी में आकर भी तलाक शब्द क्यों न कहा हो, फिर भी वह शादी को ख़त्म करने और पत्नी को घर से बाहर निकालने के लिए काफ़ी है। उसे मजबूर करने वाले व्यक्तियों को केवल इतना भर करना है, कि उन्हें ये शब्द उसके मुँह से बुलवाने हैं। यह ऐसा काम है जिसे करने में कोई मुश्किल पेश नहीं आनी चाहिए, क्योंकि जिन्होंने उस व्यक्ति को इस हद तक मारा पीटा है या अन्यथा मजबूर किया है, कि वह तलाकनामा **लिखने** के लिए तैयार हो गया है, वे निश्चित रूप से ऐसी स्थिति में भी होंगे कि वे उससे वे शब्द बुलवा भी सकें।

ऐसी परिस्थितियों में भी पत्नी को घर से बाहर निकालने का जो तर्क दिया गया है, वह अपनेआप में ज़ोरदार है। इसका उल्लेख **हिदायत** में किया गया है :

हमारे धर्मचार्यों के अनुसार, मजबूरी या धमकियों के कारण किसी के द्वारा दिया गया तलाक भी प्रभावी होता है। शफ़ी का कहना है, कि यह प्रभावी नहीं होता, क्योंकि जिस व्यक्ति को मजबूर किया जाता है, उसके पास कोई और चारा नहीं होता और कानून से जुड़ा कोई भी औपचारिक काम तब तक काबिल-ए-ग़ौर नहीं होता, जब तक वह शुद्ध रूप से अपनी इच्छा से न किया गया हो। इसके उलट मामला होता है मसख़रे का, जो तलाक का उल्लेख करते समय, अपनी इच्छा से काम लेता है। इसलिए उसका कहा हुआ तलाक वैध होता है। दूसरी ओर हमारे धर्माचार्य यह कहते हैं कि जिस आदमी का यहाँ उल्लेख किया गया है, वह पूरी क्षमता (आयु की परिपक्वता और स्वस्थ बुद्धि) की परिस्थितियों में तलाक शब्द का उच्चारण करता है, जिसका यह परिणाम होता है कि उसका कहा हुआ तलाक भी उतना प्रभावी होता है, जितना कि बिना मजबूर किए गए व्यक्ति का क्योंकि उसकी ज़रूरत (अर्थात् उस बीवी से अलग होने की ज़रूरत, जिससे वह घृणा करता है, या जो उससे झगड़ा करती है) ही तलाक के प्रभावी होने का कारण है; वही कारण एक मजबूर किए गए व्यक्ति के तलाक पर भी लागू होती है क्योंकि उसके सामने भी ज़रूरत होती है तलाक देने की, ताकि वह उस अंदेशे से मुक्त हो सके, जिसका ख़तरा उसे मजबूर करने वाले से है। इसका आधार यह है कि जिस आदमी का

ज़िक्र किया गया है, उसे दो बुराइयों में से एक को चुनना है : एक तो वह जिससे उसे ख़तरा है या जिसकी वजह से वह मज़बूर है और दूसरी, मजबूरी से दिया जा रहा तलाक। इन दोनों को मद्देनज़र रखते हुए, वह उस बुराई को चुनता है, जो सबसे आसान है, अर्थात् तलाक। इससे यह साबित होता है कि उसके सामने विकल्प होता है, यद्यपि वह मन से यह नहीं चाहता कि उस बुराई का असर एक स्थायी रूप ले ले या दूसरे शब्दों में तलाक वस्तुतः हो जाए और न ही यह परिस्थिति उसकी सज़ा को प्रभावी होने से रोक सकती है। जहाँ तक मसख़रे के केस का सवाल है, अर्थात् यदि कोई व्यक्ति मज़ाक में तलाक कह देता है, तो वह प्रभावी हो जाता है, चाहे उसकी यह इच्छा न भी हो कि वह तलाक प्रभावी हो। उसी प्रकार, मजबूर किए गए व्यक्ति द्वारा कहा गया तलाक शब्द भी प्रभावी होता है हालाँकि उसकी भी यह इच्छा नहीं होती कि तलाक प्रभावी हो।[31]

पति 'दो बुराइयों में से' छोटी बुराई को चुनता है और पत्नी घर छोड़कर सड़क पर आ जाती है।

मज़ाक में भी

हिदायत द्वारा उल्लिखित दूसरी परिस्थिति—अर्थात् जब पति मज़ाक में तलाक कह देता है—प्रायः ही फ़तवों में देखने को मिलती है।

उलमा इस नियम को भी कड़ाई से लागू करते हैं कि मज़ाक में भी तलाक कहने पर, जैसाकि गुस्से में कहे गए तलाक के मामले में होता है, बीवी को घर से बाहर निकाल दिया जाए—चाहे वह उस समय मौजूद भी न हो और चाहे उसके पति का उसे घर से बाहर निकालने का इरादा न भी हो।

प्रश्नकर्ता सूचित करता है, ज़ैद के दोस्त ने ज़ैद की बीवी के बारे में ज़ैद से मज़ाक किया। ज़ैद ने मज़ाक में कहा, "तलाक, तलाक, तलाक।" एक मौलवी ने कहा कि तलाक प्रभावी नहीं है। एक और मौलवी ने कहा कि तलाक प्रभावी है, लेकिन उसने निकाह की बहाली की इजाज़त दे दी। इस प्रकार ज़ैद ने अपनी शादी बहाल करा ली। जब उसने 'तलाक' कहा था, तो उसका इरादा तलाक देने का नहीं था। उसने मज़ाक में ऐसा कहा था। क्या ज़ैद का अपनी शादी को बहाल कराना वैध है? उलमा ने फ़रमान दिया कि पूर्वोक्त के शब्दों से ज़ैद की बीवी का तलाक हो गया माना जाएगा। वे यह कहते हैं कि शरीअत के मुताबिक, कहे गए शब्दों पर विचार करते समय इरादे को महत्त्व नहीं दिया जाएगा। और न ही शरीअत के नियमों में कोई ढील दी जा सकती है। संदर्भ से यह बात स्पष्ट हो जाती है कि ज़ैद ने 'तलाक' शब्द अपनी बीवी के लिए ही कहे हैं। इसलिए उलमा यह फ़ैसला सुनाते हैं कि तीन बार 'तलाक' शब्द कह चुकने के बाद शादी की बहाली वैध नहीं है।[32]

एक दूसरे केस में एक प्रश्नकर्ता लिखता है :

उमर ने अंग्रेज़ी फ़ैशन के बाल कटवा लिए। ज़ैद ने उससे कहा कि वह बालों के इस फ़ैशन को छोड़ दे। उमर ने मज़ाक में कहा, "तुम अपनी बीवी को छोड़ दो।" इस पर ज़ैद ने भी मज़ाक में कहा, "मैंने उसे छोड़ दिया है।" उमर ने उससे तीन बार 'तलाक' शब्द का उच्चारण करने को कहा। ज़ैद ने तुरंत कह दिया, "तलाक, तलाक, तलाक।" उसने यह शब्द पाँच-सात बार कहा। क्या इस मामले में तलाक प्रभावी माना जाएगा? यदि हाँ तो यह कौन सा तलाक होगा? ज़ैद अपनी बीवी से अलग नहीं होना चाहता।

देवबंद के उलमा इस पर फ़ैसला देते हैं :

इस मामले में तलाक प्रभावी हो चुका है। वह औरत मुग़ल्लज़ा बैआनः (नापाक धन) हो चुकी है। हलाला के बिना ज़ैद उससे शादी नहीं कर सकता।[33] यह मामला अपने किस्म का ख़ास है। दो दोस्त आपस में मज़ाक कर रहे हैं। मामला—यह कि अंग्रेज़ी फ़ैशन के बाल रखे जाएँ कि नहीं—अपने आप में महत्वहीन है। इसका ज़ैद और उसकी पत्नी से तो किसी किस्म का संबंध ही नहीं है। पत्नी घटना स्थल के आस-पास भी नहीं है। लेकिन उसके घर में बने रहने, बल्कि घर में वापिस आने का एक ही तरीका है, और वह यह कि वह शादी के ज़रिए ख़ुद को एक दूसरे आदमी के हवाले कर दे, फिर वह उसके साथ सहवास करे और वह दूसरा आदमी उसे तलाक दे और फिर अंग्रेज़ी फ़ैशन के बालों पर एतराज़ करने वाले ज़ैद साहब उससे दोबारा शादी करें।

लापरवाही—मज़ाक में एक शब्द कहने की भूल—तो हुई पति से, लेकिन घर छोड़कर सड़क पर आना पड़ गया पत्नी को!

अवांछनीय, लेकिन फिर भी प्राणघातक

फ़तवा-ए-रिज़विया में यह फ़रमान दिया गया है, कि पति के लिए यह ज़रूरी नहीं कि वह पत्नी को उसके किसी शारीरिक दोष के कारण तलाक दे। बल्कि जहाँ तक संभव हो आदमी को सब्र के साथ इस समस्या को बर्दाश्त करना चाहिए। इसकी पुष्टि में मौलाना एक हदीस का हवाला देते हैं। पैग़ंबर साहिब ने कहा है कि औरत की रचना एक टेढ़ी पसली से हुई है। उसका आनंद लेने के लिए तुम्हें उसकी कुटिलता का आनंद लेना होगा। अगर तुमने उसको सीधा करने की कोशिश की तो वह टूट जाएगी। पैग़ंबर साहिब फ़रमाते हैं कि उसकी एक आदत तुम्हें अगर नाखुश कर सकती है, तो दूसरी ख़ुशी भी दे सकती है। जिसे तुम शाप समझते हो, वह तुम्हारे लिए अल्लाह का दिया हुआ वरदान भी हो सकता है। इसलिए हदीस में यह कहा गया है कि अगर तुम्हें तलाक देना भी है (जाहिर है कि उसके कई उद्देश्य हो सकते

हैं : किसी मामले पर उससे आज्ञापालन कराने के लिए, किसी की माँग को पूरा करने के लिए आदि) तो सिर्फ़ एक ही तलाक दो जिसे वापिस लिया जा सकता है। इससे ज़्यादा तलाक देना गुनाह है। तब दोबारा निकाह कराने की ज़रूरत नहीं है। सिर्फ़ इतना कह दो, "तुम मेरे निकाह में वापिस आ गई हो।"[34]

यह है ज़िक्र उस दयालुता का जो कि किसी फ़रमान में ज़्यादा से ज़्यादा बरती जा सकती है। ज़रा ध्यान दीजिए कि इस मामले में भी पति के अधिकार पर किसी किस्म की सीमा नहीं लगाई गई है। अगर वह फिर भी उसे बाहर निकालने का निर्णय ले ले, तो उसे निश्चित रूप से बाहर निकाल दिया जाएगा। और न ही इस वापिस लिए जा सकने वाले एक तलाक से बेचारी औरत को कोई राहत मिलने वाली है। हमारे जैसे समाज हैं, उनके चलते, जिस व्यक्ति में कोई शारीरिक दोष है, उसके जीवन में तो अनिश्चितता और ठुकरा दिए जाने की संभावना हमेशा बनी ही रहेगी। एक ऐसा तलाक दिए जाने के बाद, जिसे पति न जाने वापिस ले या न ले, इतना निश्चित है कि उसे उत्पीड़न और अस्वीकार के भँवर में और गहरा धकेला जाता रहेगा।

इसी बात को फ़तवे के अगले ही पृष्ठ पर एक परिप्रेक्ष्य रूप में उठाया गया है। फ़तवा-ए-रिज़विया में यह फ़रमान दिया गया है कि यदि किसी औरत के बारे में कोई शक हो, या यदि वह गुनहगार हो, या वह नमाज़ न पढ़ती हो, या वह बूढ़ी हो गई हो, तब बिना घृणा के तलाक देना जायज़ है और वैध भी। बल्कि फ़तवा-ए-रिज़विया में तो यह कहा गया है कि ऐसा करना वांछनीय है। उसमें आगे घोषित किया गया है—उलमा का यह मत है कि अगर वह नमाज़ नहीं पढ़ती, तो चाहे पति उसे मेहर देने की स्थिति में न भी हो, तो भी उसे तलाक दे देना चाहिए। फ़तवे में आगे इस बात को फिर से दोहराया गया है कि कुछ परिस्थितियों में ऐसा करना जायज़ है। उदाहरण के लिए, अगर किसी को माँ और बाप अपनी बीवी को तलाक देने के लिए कहें, और ऐसा न करने पर माँ-बाप को दुःख पहुँचे, या उन्हें कठिनाइयों का सामना करना पड़े, तब तलाक देना वाजिब है चाहे पत्नी की कोई भी ग़लती न हो। हाँ फ़तवे में यह उल्लेख ज़रूर कर दिया गया है, कि हदीस में यह कहा गया है, कि बिना किसी ज़रूरत या बिना किसी औचित्य के तलाक देना घृणास्पद है, मना है। लेकिन अगर पति तलाक दे देता है तो वह निश्चित रूप से प्रभावी होगा। फ़तवे में आगे कहा गया है कि पति के गुनाह करने से या ऐसा कुछ करने से जो कि घृणास्पद है, तलाक को प्रभावी होने से नहीं रोका जा सकता। उदाहरण के लिए माहवारी के दिनों बीवी को तलाक देना हराम है, बल्कि अल्लाह के हुक्म की नाफ़रमानी है। लेकिन, फ़तवे में घोषित किया गया है, अगर तलाक दे दिया जाता है तो वह निश्चित रूप से प्रभावी होगा।[35]

चाहे कोई काम भले ही अवांछनीय हो और घृणास्पद भी क्यों न हो, अगर

वह कर लिया जाता है, तो वह प्रभावी हो जाता है—यह एक ऐसा सिद्धांत है जिसके दूरगामी परिणाम हैं। बहुत से सुधारकों ने यह सुझाव दिया है कि तलाक के आतंक को कम करने का एक तरीका यह है कि विवाह के समय ही, निकाहनामा के हिस्से के तौर पर दूल्हे से यह रज़ामंदी ले ली जाए कि वह निर्णयात्मक रूप से अपनी पत्नी को घर से निकालने के अधिकार का त्याग करता है। उलमा का नज़रिया इससे ठीक उलट है : तलाक का अधिकार अल्लाह का दिया हुआ है, ऐसा उनका मानना है। यह अधिकार पति के दर्जे में ही निहित है। चुनाचे फ़तवा-ए-रिज़विया में यह फ़रमान दिया गया है, कि जिस पति ने यह समझौता किया था कि वह तलाक नहीं देगा, और वह दे देता है, तो ऐसा करना निश्चित रूप से समझौते का उल्लंघन करना होगा और अत्यंत घृणास्पद होगा, लेकिन वह पूरी तरह से लागू होगा।[36] इसी तर्क के आधार पर पत्नी की माहवारी की स्थिति में या गर्भावस्था में दिया गया तलाक भी उतना ही प्रभावी होगा।[37] मुफ़्ती किफ़ायतुल्लाह का भी यही मत है, कि न सिर्फ़ एक ही समय पर तीन बार दिया गया तलाक किसी विवाह को समाप्त करने के लिए काफ़ी है, बल्कि अगर यह तलाक माहवारी के दौरान भी दिया जाता है, तो भी पत्नी को घर छोड़ना ही पड़ेगा।[38]

आतंक का और भी भयावह रूप

तलाक संबंधी इस्लामी कानून का ख़ासतौर पर निष्ठुर पहलू यह है कि जब कभी कुछ संदेह हो, उदाहरण के लिए, जब तलाक दिया गया था, उस समय यदि कोई भी गवाह मौजूद न हो, या जिन शब्दों का प्रयोग किया गया था, वे अस्पष्ट रहे हों—तो उसका अंतिम परिणाम, पति जो कुछ बाद में कहता है, उस पर निर्भर करता है, कि जब उसने वे शब्द कहे थे, उस समय उसका इरादा क्या था। इस प्रकार पत्नी पर दोहरा आतंक छा जाता है! उसका पति बिना कोई कारण बताए, केवल एक शब्द मुँह से निकालकर किसी भी समय उसे घर से बाहर निकाल सकता है; या वह अच्छी तरह से तैयार की हुई किसी एक अस्पप्ट अभिव्यक्ति का इस्तेमाल कर सकता है। उसके बाद उसका भाग्य, पति जो कुछ बाद में कहता है, उस पर निर्भर करता है, कि जब उसने इन शब्दों का प्रयोग किया था, तो उसका क्या इरादा था। एक बार उसके पति के होंठों से शब्द निकलने के बाद, औरत यह जानती है, कि पत्नी के रूप में उसका अस्तित्व तभी कायम रह सकता है, जब सवाल किए जाने पर, वह इस बात की पुष्टि करे कि शब्दों का प्रयोग करते समय उसका इरादा तलाक देने का नहीं था। इसलिए उसे वह सब कुछ करना होगा जो उसका पति उससे कराना चाहता है, या जो कुछ भी वह उसके लिए कर सकती है, ताकि वह बाद में यह कहने के लिए राज़ी हो जाए कि उसका इरादा अपनी पत्नी को तलाक

देने का नहीं बल्कि कुछ और था।

पति का इरादा क्या था, इस बारे में वह जो कुछ कहता है उस पर पूरे केस का दारोमदार होने का सिद्धांत, उलमा द्वारा एक के बाद दूसरे फ़तवे में बलपूर्वक लागू किया जाता है।

एक आदमी लिखता है "उसे (पत्नी को) 10 रु. और वर्ष में दो जोड़े कपड़े नियमित रूप से दूँगा। अगर मैं न दूँ और कोई समस्या पैदा करूँ तो हमारी संपत्ति में से अपना हक वसूल कर सकती है, और अपनी पत्नी पर मेरा कोई अधिकार नहीं रह जाएगा।" लेकिन वह इतना कुछ भी नहीं देता। उसका पिछले चार साल से अपनी पत्नी से कोई संबंध नहीं रहा। क्या उसकी पत्नी उससे मुक्त हो चुकी मानी जाएगी—यह एक प्रश्नकर्ता पूछता है। इसके जवाब में मुफ़्ती किफ़ायतुल्लाह यह फ़ैसला देते हैं, कि यदि वह (पति) इस बात की पुष्टि कर देता है कि इन शब्दों से कि, "अपनी पत्नी पर मेरा कोई अधिकार नहीं रह जाएगा," उसका यह अभिप्राय है कि पत्नी का उससे तलाक हुआ माना जाएगा, तो इकरारनामे की शर्तों को उसके द्वारा पूरा न किए जाने के कारण, तलाक प्रभावी हो जाएगा।[39]

एक पति हालात-ए-ग़ज़ब (बहुत अधिक क्रोध की स्थिति में) कुछ शब्द कहता है। बाद में वह मुकर जाता है कि उसने वे शब्द कहे थे, या यह कहता है कि उसका अभिप्राय तलाक नहीं था। क्या ऐसी स्थिति में पत्नी को घर से निकल जाना होगा? क्या विवाह समाप्त हुआ माना जाएगा?

मुफ़्ती किफ़ायतुल्लाह इसके जवाब में फ़रमाते हैं—इसका नतीजा इस बात पर निर्भर करता है कि क्या पति ने ये शब्द तलाक के इरादे से कहे थे। यदि उसका यह इरादा नहीं था, यदि वह कहता है कि उसने ये शब्द कभी नहीं कहे थे, यदि गवाह यह गवाही देते हैं कि जो शब्द उसने कहे थे, वे विश्वसनीय नहीं हैं, तो फिर तलाक हुआ नहीं माना जाएगा।[40]

संक्षेप में नतीजा पति के हाथ में रहता है। बाद में वह अपने इरादे के बारे में जो कुछ कहता है उसके द्वारा वह नतीजे को एक या दूसरी दिशा में मोड़ सकता है।

एक पति अपनी पत्नी से कहता है कि पानी लाने के लिए कूएँ पर मत जाओ। वह कहती है, अगर मैं नहीं लाऊँगी तो और कौन लाएगा? पति कहता है, "अगर तुम्हारे अलावा पानी लाने वाला और कोई नहीं है तो तुम पर तीन तलाक।" अगर वास्तव में कोई और नहीं है जो पानी लाए, या वह वास्तव में ख़ुद जाकर पानी लाती है, तो क्या उसका तलाक हुआ माना जाएगा? मुफ़्ती साहब फ़रमाते हैं, पति से पूछो कि जब उसने इन शब्दों को इस्तेमाल किया था, तो उसका क्या इरादा था।[41] अगर इरादा, यह था कि उसने जो आदेश दिया था, उसके बावजूद यदि वह कूएँ पर जाती है, तो उसका तलाक हो जाएगा, तो वास्तव में उसका तलाक हुआ माना

जाएगा। लेकिन अगर उसका ऐसा इरादा नहीं था, तो तलाक हुआ नहीं माना जाएगा।

एक बाप अपने बेटे ज़ैद को ज़ैनब से शादी करने के लिए मजबूर कर रहा है। लेकिन बेटा उससे शादी नहीं करना चाहता। जब ज़ैद अपने दोस्तों के साथ बातचीत कर रहा होता है तो उसका एक दोस्त कहता है "लेकिन तुम्हें उससे शादी करनी ही पड़ेगी।" ज़ैद इस पर कहता है "अगर मैं उसको रखूँ, तो तीन तलाक।" प्रश्नकर्ता कहता है, हमारे इलाके में "रखूँ का मतलब है निकाह। क्या ज़ैनब ज़ैद के लिए कानून की निगाह में जायज़ है?" मुफ़्ती किफ़ायतुल्लाह अपने फ़ैसले में हर बात आदमी के बाद के बयान पर छोड़ देते हैं। अब सारा नतीजा उसके इस बयान पर निर्भर करेगा, कि जब उसने 'रखूँ' शब्द का प्रयोग किया था, तो उस समय उसका क्या इरादा था। मुफ़्ती साहब फरमाते हैं, कि अगर वह इस बात की पुष्टि कर देता है कि उसका 'रखूँ' शब्द से अभिप्राय 'निकाह' से था, तो यह औरत कानून की निगाह में ज़ैद के लिए जायज़ नहीं होगी। मुफ़्ती साहब के फ़रमान का यह अर्थ है कि यदि उसने इस औरत से शादी नहीं की है, तो वह उससे शादी कर भी नहीं सकता। अगर उसने, इस औरत से शादी कर ली है, तो उसका तलाक हो गया माना जाएगा। अगर वह इस बात की पुष्टि नहीं करता कि उसका अभिप्राय यही था, तो रखूँ का अर्थ 'निकाह' नहीं लगाया जाएगा और न ही तलाक हुआ माना जाएगा।[42]

अन्य हाकिम भी इस नियम को इतनी ही कड़ाई से लागू करते हैं। फ़तवा-ए-रिज़विया में यह फ़रमान दिया गया है कि पति ने जो शब्द इस्तेमाल किए हैं यदि वे स्पष्ट हैं तो केस इस बात पर निर्भर करता है कि पति का इरादा क्या था।[43] जिन शब्दों का उसने इस्तेमाल किया है, यदि वे स्पष्ट नहीं हैं, और अगर गवाह भी नहीं हैं, तो पति से पूछा जाएगा कि उसका इरादा क्या था।[44] यदि पत्नी को तलाक देने का उसका इरादा नहीं था, तो फ़तवा-ए-रिज़विया के मुताबिक, तलाक हुआ नहीं माना जाएगा।[45] जब इस्तेमाल किए गए शब्द अस्पष्ट हों, या उनके अर्थ अस्पष्ट हों तो पति से पूछा जाएगा, "तुमने क्या कहा था?" फ़तवे का फ़रमान है कि नतीजा इस बात पर निर्भर करेगा कि वह क्या कहता है।[46] एक पति कहता है, "तुम मेरे लिए किसी काम की नहीं रही हो, मैंने तुम्हें तलाक दिया।" फ़तवे के फ़रमान के अनुसार यदि पति यह कहता है कि उसने इन शब्दों का इस्तेमाल पत्नी को तलाक देने के लिए किया था, तो पत्नी का तलाक हो गया माना जाएगा।[47]

इन केसों से यह पता चलता है कि असहाय बीवी पर जो कुछ बीतता है उसकी कल्पना ग़ैर मुसलमान, ख़ासतौर पर ग़ैर मुसलमान पुरुष नहीं कर सकते। ऊपर सबसे आख़िर में बताए गए केस में बेचारी औरत लिखती है, "वे मेरे पति थे। वे, मैं, मेरी माँ और मेरा भाई एक ही घर में रहा करते थे और खाने और कपड़ों को लेकर झगड़े हुआ करते थे। तब वे मुझे पीटा करते थे और गाली दिया करते

थे। तब मेरी माँ और मैंने कचहरी में जाकर अर्ज़ी दायर कर दी। जब उन्हें इसका पता चला तो उन्होंने मुझसे कहा, 'तुम मेरे लिए किसी काम की नहीं रही और मैं तुम्हें तलाक देता हूं।' तलाक देने के बाद वे मेरे घर पर आए। इस पर मेरी माँ ने कहा, 'अब तुम्हारा यहाँ क्या काम रह गया है? तुमने अपनी बीवी को तो तलाक दे दिया है। अब तुम यहाँ मत आया करो।' और बेचारी औरत पूछती है, क्या मैं उनसे मुक्त हो गई हूं?''

फ़तवा-ए-रिज़विया में इस पर फ़रमान दिया गया है : ''यदि यह बयान सही है, तो निश्चित रूप से एक तलाक हुआ माना जाएगा। लेकिन औरत निकाह के बंधन से मुक्त नहीं मानी जाएगी। हाँ यदि पहली अभिव्यक्ति–'तुम मेरे लिए किसी काम की नहीं रही'–से भी उसका अभिप्राय तलाक से था, तो दो तलाक हो चुके माने जाएँगे। और औरत निकाह के बंधन से मुक्त मानी जाएगी। लेकिन यह सवाल अभी बचा रहता है कि क्या इन शब्दों से भी उसका अभिप्राय तलाक देने से था।'' फ़तवे में आगे यह फ़ैसला दिया गया है कि यह इस बात पर निर्भर करता है कि वह क्या कहता है। ''उसे हलफ़ लेने को कहा जाए। अगर वह हलफ़ लेकर यह कहता है, 'इन शब्दों से मेरा अभिप्राय तलाक देने से नहीं था,' तो उसके बयान को स्वीकार कर लिया जाना चाहिए। तब दो तलाक हुए नहीं माने जाएँगे, और एक रजिया (आशावादी) तलाक हुआ माना जाएगा। जिसे पति अपनी मर्ज़ी पर वापिस ले सकता है। और अगर इद्दत (सौ दिन की वर्जित अवधि) के दौरान वह औरत को वापिस बुला लेता है, तो उसकी बीवी बनी रहेगी।''[48] संक्षेप में इसके बावजूद कि बीवी को पीटा जा रहा था और उसे गालियाँ दी जा रही थीं, इसके बावजूद कि उसने तलाक घोषित कर दिया था, फिर भी पति अब यह कहकर कि इन शब्दों का इस्तेमाल करने के पीछे उसका इरादा यह था और वह नहीं था, पत्नी को अपनी गुलामी में रख सकता है, और जैसा कि हम देखेंगे, उसकी सहमति के बिना वह अब भी उसे 'पुनः प्राप्त' कर सकता है।

एक अस्पष्ट अभिव्यक्ति का प्रयोग करके पति अपनी पत्नी को असुरक्षा और आतंक के तूफ़ान में धकेल सकता है। उसका क्या इरादा या क्या अभिप्राय था, इस बारे में वह जो कुछ बाद में कहता है उस पर सारे नतीजे का दारोमदार रखते हुए, उलमा पति को पत्नी की तुलना में जो ज़्यादा अधिकार देते हैं, ऐसा करके अपनी ओर से वे कोई नया कदम नहीं उठा रहे होते। दारुल मुख़्तार में यह स्पष्ट किया गया है, ''तलाक देने के आशय वाला शब्द वह होता है–जिसके पीछे मूलतः ऐसा करने का इरादा नहीं होता–लेकिन उसमें इतनी अर्थ क्षमता अवश्य होती है कि वह इस आशय की अभिव्यक्ति दे सके...'' चुनाचे अस्पष्ट शब्दों के प्रयोग द्वारा किसी व्यक्ति का अदालती तौर पर तलाक तो नहीं हो जाता, सिवाय ऐसी स्थिति के जब ऐसा (बीवी को तलाक देने का) इरादा रहा हो, या परिस्थितियों से ऐसा

प्रकट होता हो....।[49] वह ये अस्पष्ट शब्द कह कर, और बाद में पत्नी को इस भय में रखते हुए कि उसका इरादा उसे घर से बाहर निकालने का था, वह पत्नी से वह सब कुछ करवा लेगा, जो वह उससे करवाना चाहता है।

इसी किस्म का एक ख़ास उदाहरण इस्लामी विधिवेत्ताओं द्वारा दिया गया है।

एक आदमी तीन बार 'अइतुद्दी' शब्द का उच्चारण करता है और पहली बार कहे गए इस शब्द से उसका अभिप्राय है तलाक और बाकी दो बार कहे गए इसी शब्द से उसका अभिप्राय है माहवारी। अदालती तौर पर उस पर विश्वास किया जाएगा, क्योंकि (इस शब्द को दूसरी और तीसरी बार दोहराने के पीछे) उसका इरादा इसे मूल अर्थ में इस्तेमाल करने का था। लेकिन यदि वह शब्द को दूसरी और तीसरी बार दोहराने के अपने इरादे को स्पष्ट नहीं करता, तो तीन तलाक प्रभावी हो जाएँगे, क्योंकि शब्द के पहली बार इस्तेमाल करने से उसके तलाक का इरादा उसकी मानसिक अवस्था को प्रकट करता है। यदि वह दूसरी बार प्रयोग किए गए इस शब्द के पीछे अपना इरादा तलाक देना बताता है, तो दो तलाक प्रभावी होंगे। लेकिन यदि वह केवल तीसरी बार इस शब्द को दोहराने के पीछे अपना इरादा तलाक देना बताता है, तो केवल एक तलाक प्रभावी माना जाएगा। यदि तीन बार में से एक बार भी इस शब्द को कहने के पीछे उसका इरादा तलाक देने का नहीं था, तो तलाक (बिल्कुल) प्रभावी नहीं होगा। जैसा कि कमाल द्वारा उल्लेख किया गया है 'अइतुद्दी' शब्द के अलग-अलग इस्तेमालों से चौबीस अलग-अलग परिणाम निकलेंगे। इनमें एक और मामला भी जोड़ा जा सकता है, जबकि बोलने वाले का इरादा शब्द को हर बार दोहराने के पीछे केवल एक तलाक देने का हो सकता है। ऐसे मामले में अंतःकरण के अनुसार एक तलाक प्रभावी होगा और कानून के अनुसार 3 तलाक प्रभावी होंगे।[50]

दोनों परिणामों पर ज़रा ध्यान दीजिए, कि किस प्रकार हर परिणाम आदमी द्वारा बाद में दिए गए इस स्पष्टीकरण पर निर्भर करता है कि उसके द्वारा बोले गए केवल एक शब्द के पीछे उसका इरादा क्या था; और ज़रा विधिवेत्ताओं की दिमाग़ी फुरती की ओर भी ध्यान दीजिए जो केवल एक शब्द के इस्तेमाल से चौबीस, जमा एक, अर्थात् पच्चीस परिणामों की बात सोच सकते हैं। इस प्रकार यदि पति उस एक शब्द का इस्तेमाल करता है तो उसके हाथ में वह अमानवीय अधिकार बना रहता है : वह यह घोषित कर सकता है कि उस शब्द से उसका अभिप्राय तलाक से था और इस प्रकार पत्नी को घर से बाहर निकाल सकता है या वह पुष्टि करके कि उसका मतलब तलाक नहीं, माहवारी था, उसे बचा सकता है! और स्वाभाविक है कि निर्णय उलमा को लेना है कि यह ख़ास मामला पच्चीस ख़ानों में से किस ख़ाने में फिट होता है। और यह भी स्वाभाविक है कि जब तक पति निश्चित रूप से यह घोषित नहीं कर देता कि उसका इरादा क्या था और उलमा वह ख़ास ख़ाना तय नहीं कर लेते, जिसमें मामले को फिट किया जाना है, बेचारी बीवी तब तक

अनिश्चितता और यातना के भँवर में फँसी रहती है।

बल्कि जो शब्द बिल्कुल स्पष्ट होते हैं, उनमें भी, यों कहिए, विस्तार करके घातक प्रभाव पैदा किया जा सकता है। इस्लामी विधिशास्त्र के इस प्राचीन उदाहरण का ज़िक्र दरुल-मुख़्तर में आया है, जिसमें यह घोषित किया गया है, "एक आदमी सहवास के बाद अपनी पत्नी को तलाक दे देता है तब उस एक तलाक को बढ़ाकर तीन तलाक लागू कर दो।" या "इस एक तलाक द्वारा मैं उस पर दो तलाक लागू करता हूँ।" तो उसका असर वैसा होगा जैसा वह चाहता है।[51]

इसके बावजूद, साम्प्रदायिक कहलाने का ख़तरा मोल लेते हुए, हमें ज़बरदस्ती यह मानना पड़ेगा, कि शरीअत से बढ़कर कोई और विधि प्रणाली औरतों को इतना ऊँचा दर्जा नहीं देती!

"अगर तुम्हारी माँ आज रात मेरे पास नहीं आती...तो..."

आधुनिक धर्ममंडक मामले पर जो मुलम्मा चढ़ाने की कोशिश करते हैं, उसके बरअक्स इस्लामी विधिवेत्ताओं ने बड़ी ईमानदारी से औरतों के बारे में उसी नज़रिए का पालन किया है जो कि कुरआन और हदीस में निहित है। उन्होंने यथातथ्य स्थिति को लागू किया है : कि तलाक के मामले में पति को पूरे अधिकार हैं; कि अपनी बीवी को घर से निकालने के लिए उसे कोई कारण बताने की ज़रूरत नहीं है। उसके तलाक घोषित करने के बाद तीन महीने तक न्यूनतम रखरखाव ख़र्च के अलावा वह उसे और कोई ख़र्च देने के लिए ज़िम्मेदार नहीं है; और यह कि बीवी के पास कोई इस प्रकार का अधिकार नहीं है। धर्ममंडक इस बात को ज़्यादा उछालते हैं कि कुछ परिस्थितियों में इस्लामी कानून के अंतर्गत ख़ुद बीवी तलाक दे सकती है। उनका कहना है, यह अपने आप में एक ऐसी बेजोड़ सुविधा है, जो सिर्फ़ इस्लामी कानून पत्नी को देता है। लेकिन वे इस मामले से संबंधित दो बातों पर पर्दा डाल देते हैं : पत्नी को यह अधिकार तभी मिल पाता है जब स्वयं पति उसे यह अधिकार सौंपता है, और जैसे ही पत्नी इस अधिकार का इस्तेमाल करती है, अर्थात् जैसे ही वह खुद तलाक देकर विवाह को समाप्त करती है, उसी क्षण वह उन थोड़े से अधिकारों को भी खो देती है, जो अन्यथा उसे विवाह समाप्त होने की स्थिति में उपलब्ध होते। यह सुविधा पत्नी के लिए होने के बजाए, पति के लिए ज्यादा कारगर सिद्ध होती है। ख़ुद पत्नी से तलाक दिलवा कर, पति ख़ुद को न सिर्फ़ पत्नी से मुक्त कर लेता है, बल्कि पत्नी का उस पर जो हक बनता, उससे भी वह मुक्त हो जाता है।

जिसे 'सशर्त तलाक' कहा जाता है उस पर कानूनी पुस्तकों और फ़तवों के संकलनों में जो सैकड़ों पृष्ठ खर्च किए गए हैं उनसे इस रिश्ते की पूरी असमानता सामने आ जाती है। इस किस्म के तलाक में पति तलाक को किसी कार्य या घटना से जोड़ देता है : जैसे ही वह कार्य या घटना घटित होती है, पत्नी को घर छोड़कर जाना पड़ जाता है।

इस प्रकार के तलाक के चार पहलू ख़ासतौर पर ध्यान देने योग्य हैं :

- 'सशर्त तलाक' के ज़रिए पति अपनी पत्नी को पूरे और कायरतापूर्ण आत्म समर्पण की स्थिति में ला खड़ा करता है : उसे या तो वह सब कुछ करना होगा, जिसका आदेश उसके पति ने दिया है, या वह ख़ुद-बख़ुद और फ़ौरन घर में रहने के हक खो देगी और बाहर कर दी जाएगी।
- पति अपने तलाक को ऐसी घटनाओं से जोड़ सकता है, जिन पर पत्नी का बिल्कुल कोई नियंत्रण नहीं है।
- परिणाम को तय करने में, पत्नी का कोई महत्त्व होना तो दूर, पत्नी की कोई अधिकारिता ही नहीं रह जाती।
- पति के हितों को साधने के लिए, और जिस समय उसने सशर्त तलाक दिया था, उस समय उसका क्या इरादा था, उसके बारे में आगे चलकर उसके बयानों पर नतीजे का पूरा दारोमदार रखने के लिए और ऐसे उपाय सुझाने के लिए जिनसे, अगर वह चाहे, तो अपने द्वारा निर्धारित शर्तों के परिणामों से बच सकता है, विधिवेत्ता ऐसी सीमाओं तक चले जाते हैं, जिनकी कल्पना भी नहीं की जा सकती।

अब तक हम जिन संकलनों से उदाहरण देते रहे हैं, उनके अलावा मैं इमाम फ़ख़रुद्दीन हसन बिन मन्सूर अल-उज़जंदी अल फ़रग़ानी के फ़तवा-ए-काज़ी ख़ान के प्राचीन फ़तवों के भी उदाहरण दूँगा। फ़तवा-ए-आलमगीरी और हिदायात के साथ-साथ फ़तवा-ए-काज़ी ख़ान हनफ़ी सुन्नियों की प्रामाणिक कानूनी पुस्तकों में से एक है। और जैसा कि सब जानते हैं सुन्नी मुसलमान भारत में, बहुत बड़ी बहुसंख्या में हैं। इस्लामी कानून पति और पत्नी के बीच किस तरह से लागू किया जाना है, इसे स्पष्ट करने के लिए मैं इस पुस्तक में से कुछेक प्रतिनिधि उदाहरण प्रस्तुत करूँगा। हर उदाहरण में मैं इमाम द्वारा दिया गया वक्तव्य उद्धृत करूँगा और तुरंत हवाले के लिए मैं उनके फ़ैसले की संख्या का कोष्ठक में उल्लेख कर दूँगा।[52]

पहली बात तो यह कि विधिवेत्ताओं के फ़ैसले से यह पता चलता है कि पति को इस बात का पूरा और बेलगाम अधिकार है कि वह अपनी बीवी से कह सकता है, "यदि तुम 'क' नहीं करती" या विकल्प रूप में "यदि तुम 'ख' करने से बाज़ नहीं आती तो तुम्हें तलाक दे दिया जाएगा।" इस्लामी विधिवेत्ताओं द्वारा की गई व्यवस्थाओं के अनुसार 'क' या 'ख' का उल्लेख मात्र ही (पत्नी) के प्राण सुखाए रहता है, क्योंकि इनका अनुपालन न किए जाने पर पूरा और अंतिम तलाक हो जाएगा। इससे यह पता चलता है, कि विवाह और तलाक के जिस इस्लामी कानून पर गर्व किया जाता है, पति के मात्र एक कथन से या तो पत्नी ख़ुद को पति की सनक और मनमानी के सामने पूरी तरह से आत्मसमर्पित कर दे या फिर तलाक का शिकार हो जाए। इस मामले में उसे कोई भी विकल्प प्राप्त नहीं है। बल्कि एक बार अपनी

सनक या मनमानी बात का उल्लेख कर चुकने के बाद पति के पास भी कोई विकल्प नहीं रह जाता। पति ने जो शर्त निर्धारित की थी यदि वह उसे पूरा नहीं करती, अर्थात् यदि उसे अच्छी तरह से, और यथापेक्षित जोश और तत्परता के साथ पूरा नहीं करती, तो वह बाद में अपनी पत्नी पर रहम खा कर या उसके अनुनय-विनय से पिघल कर उसे माफ नहीं कर सकता।

एक आदमी अपनी बीवी से कहता है, "अगर तुमने घर में कदम रखा तो तुम्हें तलाक दे दिया जाएगा," वह उसमें कदम रखती है : उसे तलाक दे दिया जाता है। (2080)

एक आदमी अपनी बीवी से कहता है, "अगर तुम मेरे हुक्म के बिना घर से बाहर जाओगी, तो तुम्हें तलाक दे दिया जाएगा," और वह बिना उसके हुक्म के घर से बाहर चली जाती है। उसे तलाक दे दिया जाता है। (2163)

एक आदमी अपनी बीवी से कहता है, "अगर तुम फलां औरत (या मर्द, या जिस किसी के बारे में पति कहे) से बात करोगी, तो तुम्हें तलाक दे दिया जाएगा," वह उस व्यक्ति से बात करती है और उसे तलाक दे दिया जाता है। (2180)

एक आदमी नशे की हालत में अपनी पत्नी को ख़्वाबगाह (शयनागार) में सहवास के लिए बुलाता है। वह आने में ज़रा देर कर देती है। पति कहता है, "अगर तुम मेरी ख़्वाहिश को पूरा करती हो तो ठीक है, वरना तुम पर तलाक।" पति के हलफ़ उठा लेने के बाद अगर पत्नी अभी या भविष्य में उसका आदेश नहीं मानती और उसके साथ हमबिस्तर नहीं होती, तो उसका तलाक हुआ मान लिया जाएगा। टिप्पणीकार इस बात को स्पष्ट करते हुए कहता है कि पत्नी यदि भविष्य में कभी भी आपत्ति करती है तो उसका तलाक हुआ मान लिया जाएगा, क्योंकि इसके पीछे तर्क यह है कि पति द्वारा एक बार ख़्वाहिश ज़ाहिर कर दिए जाने के बाद यह मान लिया जाना चाहिए कि वह भविष्य में भी उसकी तृप्ति के लिए उत्सुक रहेगा। (2193)

एक आदमी अपनी बीवी से कहता है, "अगर तुमने मेरी छाती से लग कर रात नहीं बिताई, तो तुम पर तीन तलाक।" बीवी उस रात उसके बिस्तर में रहती है, लेकिन पति वस्तुतः उसे छाती से नहीं लगाता। औरत का बीवी के रूप में अस्तित्व बना रहता है। लेकिन यदि उसने कहा होता, "अगर उस रात तुम मेरे आलिंगन में नहीं आई तो तुम पर तीन तलाक," और पत्नी उसके बिस्तर में रहती है, लेकिन पति वस्तुतः औरत को अपने आलिंगन में नहीं लेता या नहीं रखता, तो औरत का तलाक हो जाएगा। (2205)

एक आदमी अपनी बीवी से कहता है, "अगर मैंने तुम्हें गुस्सा दिला दिया तो तुम्हारा तलाक हो जाएगा," और उसके बाद वह उसके बच्चे को मारता है और वह गुस्से में आ जाती है : क्या बीवी के रूप में उसका अस्तित्व बना रहेगा? विधिवेत्ता कहते हैं : यह स्थिति पर निर्भर करता है। अगर पति ने बच्चे को इसलिए मारा

हो कि वह अनुशासन के लिए बच्चे में किसी ग़लती को सुधारना चाहता हो और उसके लिए बच्चे को मारना सही हो, तो उस औरत का पत्नी के रूप में अस्तित्व बना रहेगा। इसके लिए उन्होंने जो तर्क दिया वह समझ में नहीं आता। हमें बताया जाता है, "क्योंकि यह वह मौका नहीं जबकि औरत को बुरा मानकर गुस्से में आना चाहिए। इसलिए उसके द्वारा दिखाए गए गुस्से की परवाह ही नहीं की जाएगी।" दूसरी तरफ़, "अगर आदमी ने बच्चे को किसी ऐसे मौके पर मारा है, जबकि बच्चे के अनुशासन के लिए उसे सुधारने के वास्ते ऐसा करना ज़रूरी नहीं था, तो बीवी का तलाक हो जाएगा," (2280) क्या न्याय है! बीवी को चेतावनी देने के बाद पति अकारण ही असहाय बच्चे को पीट डालता है, जबकि बच्चे से ऐसा कोई कसूर ही नहीं हुआ था कि उसे पीटा जाता और पत्नी, इतने से कसूर के लिए कि उसे गुस्सा आ गया था, घर से बाहर निकाल दी जाती है और वह भी रखरखाव संबंधी ख़र्चे के बिना ही!

एक औरत अपने पिता के घर अपने पति के साथ रह रही है। पति अपने घर जाने का निश्चय कर लेता है और वह पत्नी को भी अपने साथ आने को कहता है; वह इस पर आपत्ति करती है। इस पर वह पत्नी से कहता है, "अगर तुम मेरे साथ नहीं गई, तो तुम्हें तीन तलाक।" यह कह कर पति घर से बाहर चला जाता है। इसके बाद बीवी भी वहाँ से चली जाती है और बल्कि पति के पहुँचने से पहले ही वह उसके घर पहुँच जाती है। विद्वान विधिवेत्ता अपना फ़ैसला सुनाते हैं कि "अगर औरत चली जाती है, तो उसके चले जाने को उसके (पति के) साथ जाना नहीं कहा जा सकता," और इस प्रकार उसका तलाक हो गया माना जाएगा। (2297) अर्थात् पत्नी को सिर्फ़ पति के आदेश का पालन ही नहीं करना चाहिए, बल्कि उसके आदेश का अक्षरशः पालन करना चाहिए।

एक आदमी अपनी पत्नी से कहता है, "अगर तुम तुरंत मेरे बिस्तर पर आकर क, ख, ग, नहीं करतीं, तो तुम्हारा तलाक हो जाएगा।"

पत्नी इस बात से डर कर कि अपने पति की इच्छाओं को पूरा करने में उसकी नमाज़ का वक्त बीत सकता है, वह पति के पास जाने में देरी कर देती है। विद्वान विधिवेत्ता कहते हैं, उसका तलाक हुआ माना जाएगा, "क्योंकि नमाज़ पढ़ना (पति के निर्देशों का पालन करने की तैयारियों से) बिल्कुल अलग काम है।"—पत्नी के रूप में उसका अस्तित्व बचा रहता, अगर उसे यह देरी अपने पति के साथ हमबिस्तर होने के लिए ख़ुद को तैयार करने में लगी होती। लेकिन क्योंकि यह देरी किसी ऐसे कारण से हुई जिसका इससे कोई संबंध नहीं था—इस फ़ौरी मामले में उसके दिमाग में समय पर नमाज़ पढ़ने की चिंता थी—इसलिए उसका तलाक हुआ माना जाएगा। (लेकिन शुक्र की बात है कि इस ख़ास मामले में—अर्थात् जबकि देरी नमाज़ पढ़ने के कारण हुई थी—दूसरे विधिवेत्ताओं का यह मत है कि उसका तलाक नहीं

होगा) (2298)

इस केस के ज़रिए, इस बात पर एक बार फिर बल दिया गया है कि, पत्नी को केवल अपने पति के आदेश का पालन ही नहीं करना चाहिए बल्कि उसका तुरंत पालन करना चाहिए। एक पति अपनी पत्नी से कहता है कि वह उसके साथ सहवास करना चाहता है। लेकिन वह सहयोग नहीं देती। इस पर वह उससे कहता है, "अगर तुम मेरे साथ ख़्वाबगाह में नहीं आतीं, तो मैं तुम्हें तलाक देता हूँ।" अगर ऐसा कहने पर भी वह तुरंत ख़्वाबगाह में नहीं जाती और ऐसा करने की बजाए वह देर लगा देती है, और उस समय ख़्वाबगाह में पहुँचती है जब उसकी कामवासना शांत हो चुकी होती है, तो उसका तलाक हो जाएगा और उसे घर से बाहर निकलना ही होगा। (2299)

एक आदमी अपनी पत्नी से कहता है, "अगर तुम इस सीढ़ी पर चढ़ोगी या इस पर पाँव रखोगी, तो तुम्हारा तलाक हो जाएगा।" पत्नी सीढ़ी पर एक पाँव रखती है; तब उसे याद आता है कि उसे क्या कहा गया था। वह वापस मुड़ आती है। लेकिन इससे उसका पत्नीत्व जाता रहा। वह एक कदम सीढ़ी पर रखना ही तलाक के लिए पर्याप्त कारण था।

एक आदमी अपनी पत्नी से कहता है, " 'क' के पास जाओ और उससे 'ख' वस्तु वापिस ले लाओ। वह वस्तु लेकर फ़ौरन मेरे पास आओ। अगर तुम वह वस्तु इसी वक्त नहीं लाई, तो तुम्हारा तलाक हो जाएगा।" पत्नी उस व्यक्ति के पास जाती तो है, लेकिन चीज़ को वापिस नहीं ला पाती; वह उससे अगले दिन वह चीज़ ले आती है। उसका तलाक हुआ माना जाएगा। विधिवेत्ताओं का कहना है, "क्योंकि उसका (पति का) कहना कि 'वह चीज़ इसी वक्त मेरे पास वापिस ले आओ' बिल्कुल साफ़ है और यह एक ऐसी (प्रत्यक्ष) अभिव्यक्ति है, जिसमें 'त्वरा का भाव' स्पष्ट रूप से निहित है।" (2319)

नशे की हालत में एक आदमी अपनी बीवी को पीट देता है। वह घर से बाहर चली जाती है। इस पर पति कहता है, "अगर तुम लौटकर मेरे पास नहीं आईं, तो मैं तुम्हें तलाक दे दूँगा।" यह बात बाददोपहर हुई थी। औरत रात को लौट आती है। लेकिन उसका तलाक हुआ माना जाएगा। विधिवेत्ताओं का कहना है, "इसलिए, क्योंकि पति के हल्फ़ में त्वरा का भाव निहित है।" (2321)

एक पति अपनी पत्नी से कहता है, "अगर मेरे कारण तुम्हें दुःख पहुँचे तो मुझसे तुम्हारा तलाक हो जाएगा" और जाकर अपने लिए एक लौंडी ख़रीद लाता है, और उसके साथ सूर्रय्या (चोरी छिपे नाजायज़ शारीरिक संबंध) रखता है। "इस पर पत्नी का तलाक हुआ माना जाएगा और उसे घर छोड़ना होगा। क्योंकि विद्वान विधिवेत्ताओं का यह मानना है कि किसी लौंडी को घर में लाना 'दुःख' समझा जाता है।" (2282)

एक आदमी अपनी बीवी से कहता है, "अगर मैं लौंडी ख़रीद लाऊँ और उसकी वजह से तुम्हें जलन होने लगे, तो तुम्हें तीन तलाक।" इसके बाद वह एक लौंडी ख़रीद लाता है। पत्नी को जलन महसूस हो रही है, यह बात उसकी गाली गलौच वाली भाषा और उसके कुढ़ने, खीजने से ज़ाहिर हो जाती है। उसका तलाक हुआ माना जाएगा। पत्नी के रूप में उसका अस्तित्व बने रहने का एक मात्र तरीका यह है, कि वह अपनी जलन को अपने दिल तक ही सीमित रखे और उसे अपने शब्दों और व्यवहार में प्रकट न करे। (2283)

एक पत्नी अपनी माँ के घर में रो रही है। पति उसकी माँ से कहता है "अगर तुम्हारी बेटी तुम्हारे घर से नहीं जाती है, और यहाँ रोती रहती है, तो उससे मेरा तलाक समझो।" पत्नी उस घर से चली जाती है, लेकिन फिर लौट कर वहाँ रोने लगती है। क्या पत्नी के रूप में उसका अस्तित्व बना रहेगा? या उसका तलाक हो जाएगा? विद्वान विधिवेत्ता इस पर कहते हैं, "यह बात परिस्थिति पर निर्भर करती है। अगर उसका रोना सुनाई नहीं देता, तो वह बची रहेगी। लेकिन अगर दूसरे लोग उसके रोने को सुन लेते हैं, तो उसका तलाक हुआ माना जाएगा।" विधिवेत्ता कारण बताते हुए कहते हैं, "क्योंकि उसके पति ने उसे रोने से इसलिए रोका था, ताकि उसके रोने की आवाज़ सुनाई न दे।" (2325)

इस प्रकार पत्नी को न केवल अपने पति द्वारा पहुँचाई गई किसी भी पीड़ा को बर्दाश्त करना है, बल्कि पति द्वारा रोने से मना करने के बावजूद वह अगर रोती तक भी है तो उसका तलाक हो जाएगा (जब तक कि उसका रोना ऐसा न हो कि वह दूसरों को सुनाई न दे)।

इसके बाद ज़रा नरमपंथी मुफ़्ती किफ़ायतुल्लाह के फ़तवों में से भी कुछ उदाहरणों पर निगाह डाल लीजिए। नीचे दिए गए सभी मामलों में वे यह फ़रमान देते हैं कि यदि पत्नी अपने पति के होंठों से निकली हुई शर्त को पूरा नहीं करती तो उसका अपने आप ही तलाक हुआ मान लिया जाएगा।[53]

एक पति अपनी पत्नी से कहता है, "अगर तुमने यह बात मेरी माँ को बता दी तो तुमसे तलाक हो जाएगा।" वह उसकी माँ को यह बात बता देती है। उसका तलाक हुआ माना जाएगा। (पृ. 78-79)

पति अपनी पत्नी से कहता है, "अगर तुम घर में दाख़िल हुईं तो तुम से तलाक हो जाएगा।" वह घर में दाख़िल होती है। वह उसको यह सफ़ाई पेश करता है, कि उसका इरादा तलाक देने का नहीं था। उसने यह बात उसे डराने के लिए कही थी ताकि वह घर से दूर रहे। फ़तवे में यह फ़रमान दिया जाता है कि उसका तलाक हुआ माना जाएगा। (पृ. 280)

एक पति यह नहीं चाहता कि उसकी पत्नी रंग-बिरंगे कपड़े पहने। उनके बीच लड़ाई हो जाती है। जोश में आकर वह कहता है, "अगर तुम मेरी मौजूदगी में रंग-बिरंगे

कपड़े पहनोगी, तो तुम पर तीन तलाक।" वह तलाक से उस हालत में बच सकती है जबकि वह रंग-बिरंगे कपड़े पहने हुए इस बात का पूरा ध्यान रखे कि वह उस हालत में पति के सामने न जाए। लेकिन अगर वह उसकी मौजूदगी में रंग-बिरंगे कपड़े पहनेगी, तो उसका तलाक हो जाएगा। (पृ. 281)

एक पति अपनी पत्नी से कहता है, "अगर तुम अपने भाई के सामने आईं, तो तुम मेरे लिए हराम हो जाओगी।" अगर वह ऐसा करती है, तो उसका तलाक हो जाएगा। (पृ. 285-86)

एक पति अपनी पत्नी को लिख भेजता है, "अगर इस पत्र को देखते ही तुमने फ़ौरन अपने पिता से इसका जवाब नहीं भिजवाया तो तुम पर तीन तलाक।" यदि किसी भी कारण से वह ऐसा नहीं कर पाई तो उसका तलाक हुआ माना जाएगा। (पृ. 313-14)

देवबंद के उलमा भी इतने ही कठोर हैं। उनके फ़रमान के मुताबिक निम्नलिखित परिस्थितियों में पत्नी तलाक से बच नहीं सकती।[54]

केस संख्या 643 : एक आदमी गुस्से में आकर पत्नी से घर छोड़ने को कहता है और चेतावनी देता है, "अगर तुम मुझे अपना चेहरा दिखाओगी, तो फिर मेरी तरफ़ से तलाक समझो," और वह उसके सामने उपस्थित हो जाती है। (पृ. 55)

केस 663 : ज़ैद अपनी पत्नी से कहता है, "अगर तुम अपने पिता के घर जाओगी तो तुम्हारा मुझसे तलाक हो जाएगा," और वह अपने पिता की मृत्यु हो जाने पर वहाँ चली जाती है। उलमा अपना फ़ैसला सुनाते हैं : उसका तलाक हुआ माना जाएगा, क्योंकि पिता का घर उसके मरने के बाद भी पिता का ही घर रहता है। (पृ. 65)

केस 677 : एक आदमी अपनी बीवी से कहता है, "अगर तुम इस घर से कहीं भी बाहर जाओगी, यहाँ तक कि अपने माँ-बाप के घर भी जाओगी, तो भी तुम्हारा मुझसे तलाक हो जाएगा।" वह अपने माता-पिता के पास जाती है। उसका तलाक हो गया माना जाएगा। (पृ. 74-75)

केस 696 : एक आदमी की बीवी अपने एक रिश्तेदार के परिवार में शादी पर जाती है। उसके साथ उसकी माँ और उसका सगा भाई भी था। जब वह इस बारे में सुनता है, तो, वह एक कागज़ पर लिखकर भेजता है, "श्रीमती फुलां साढ़े पाँच वर्ष तक मेरी पत्नी रही है। वह मेरी इजाज़त के बिना एक अजनबी के घर गई है। अगर वह अमुक तारीख़ को अमुक समय तक मेरे पास वापिस नहीं आती, तो मैं उसे तलाक दे दूँगा।" वह वापिस तो आती है, लेकिन चार दिन देर से। उसका तलाक हुआ माना जाएगा। (पृ. 84)

लेकिन अब हम मामले पर आगे विचार करते हैं। जिन फ़रमानों के मुख्य उदाहरण ऊपर दिए गए हैं, उनके अंतर्गत पत्नी तभी बची रह सकती है जब वह

अपने पति की सनक भरी माँगों और मनमौजीपन और उसके बेतुके आदेशों के सामने पूरी तरह से घुटने टेक दे और उसकी बुराइयों पर मुँह न खोले। इस प्रकार ये फ़रमान पत्नी के लिए, दासता, पूरी दासता और केवल दासता की ज़िंदगी तय कर देते हैं। ख़ुद को गली पर फैंक दिए जाने से बचाने के लिए कम से कम वह कुछ तो कर सकती है—अर्थात् अपने पति की सनक भरी माँगों और बेतुकी ख़्वाहिशों को पूरा करने के लिए वह पूरी तरह से आत्मसमर्पण तो कर सकती है। आगे जिन फ़रमानों का उल्लेख किया जाने वाला है, वे तो औरत पर और भी ज़्यादा भार डाल देते हैं—वे उसे संत्रास की स्थिति तक पहुँचा देते हैं। पति मात्र अपने एक कथन से—चाहे वह ग़ुस्से की हालत में कहा गया हो, या किसी बात पर बल देने के लिए, या फिर जब वह वास्तव में अपनी पत्नी को संत्रास की स्थिति में धकेलना चाहता हो—अपने विवाह को जारी रखने के मुद्दे को किसी ऐसी घटना से जोड़ देता है जिस पर पत्नी का किसी प्रकार का भी नियंत्रण नहीं होता।

इस्लाम की धर्म वैधानिक पुस्तकों में इस आशय के जो सैकड़ों फ़रमान संकलित हैं, उनके बावजूद धर्ममंडकों का यह कहना कि "इस्लाम ने औरतों को जितना ऊँचा स्थान दिया है, उससे ऊँचा स्थान उन्हें किसी और धर्म ने नहीं दिया है" सिर्फ़ हास्यास्पद ही नहीं बल्कि कोरा धोखा है।

हमारे समाचारपत्रों में ऐसे दावे क्यों किए जाते रहे हैं, और उन्हें क्यों दोहराया जाता रहा है उसके पीछे तीन कारण हैं : पहला, हममें से कोई भी उनकी तरफ़ ध्यान नहीं देता, यहाँ तक कि ऐसे फ़रमानों के बारे में कोई जानता तक भी नहीं, हालाँकि इस्लामी विधिशास्त्र की बुनियादी पुस्तकों का विषय ही यही है। दूसरा, इस्लामी धार्मिक नेताओं के दावों को दुहराना और उन्हें इस प्रकार अपनाना मानो वे उनके अपने दावे हों, भारत में धर्मनिरपेक्ष बनने का तरीका है। और तीसरा कारण है, संत्रास पैदा करने की ताकत—यह बताना कि ये वे फ़रमान हैं जो मुसलमान औरतों की स्थिति के बारे में असलीयत को उजागर करते हैं, ख़ुद को इस्लाम के धार्मिक नेताओं के संत्रास का निशाना बनाना है।

इन फ़रमानों को पढ़ते हुए आदमी को यह जायज़ा लगाना चाहिए कि क्या इस प्रकार का विधिशास्त्र ऐसे सुधारों के लिए कोई गुंजायश छोड़ता है जो कि कुछ लोग स्वयं 'इस्लामी विधिशास्त्र के सिद्धांतों' का सहारा लेकर उसमें लाना चाहते हैं? हम एक बार फिर प्राचीन फ़तवा-ए-काज़ी ख़ान के फ़रमानों से ही शुरुआत करते हैं।[55]

एक आदमी को चोर पकड़ लेते हैं। उसके पास उन्हें जो कुछ मिलता है, उसे हथिया लेते हैं। वे उससे पूछते हैं, तुम्हारे पास कुछ और भी है? वह कहता है, मेरे पास और कुछ नहीं है। इस पर वे उसे कसम उठाने पर मजबूर कर देते हैं कि अगर उसके पास और कुछ हो तो उसकी बीवी को तीन तलाक। यदि बाद

में यह पता चले कि दरअसल उसके पास कुछ और भी है—चाहे उसके बारे में ख़ुद उसे भी मालूम न हो—तो बेचारी बीवी का, जो कि घर बैठी हुई है, और जिसका इस सारी प्रक्रिया में कोई हाथ नहीं है, दरअसल तलाक हो जाएगा। (2254)

एक लुटेरों का गिरोह एक आदमी को एक सड़क पर घात लगा कर पकड़ लेता है। उसके पास जो कुछ भी है वे उससे हथिया लेते हैं और बाद में उसे कसम दिलाते हैं कि यदि उसने उनके बारे में किसी को कोई सूचना दी तो उसकी पत्नी का उससे तलाक हो जाएगा। बाद में कुछ राहगुज़र उसके पास आते हैं और वह उनसे कहता है, "इस सड़क पर कुछ भेड़िए घूम रहे हैं।" वे उसकी बात को समझ जाते हैं और उलटे कदम लौट जाते हैं। विधिवेत्ता फ़ैसला सुनाते हैं कि 'भेड़िए' शब्द से यदि उसका मकसद उन्हें वास्तव में लुटेरों से ख़बरदार करना था, तो उसकी बीवी का, जिसे, न तो उसके कसम उठाने से, और न उसके द्वारा बाद में कही गई किसी बात से कुछ लेना देना था, तलाक हो जाएगा। वह तलाक से तभी बच सकती है जब 'भेड़िए' से उसका अभिप्राय वास्तव में 'भेड़िए' ही रहा हो। (2255)

एक पति अपनी पत्नी से कहता है, "यदि तुम यह काम इस तरह से करोगी, तो मेरी सभी बीवियों से मेरा तलाक।" पति ने पत्नी को जो कुछ करने से मना किया था, वह वही कुछ कर डालती है। इस पर न सिर्फ़ ख़ुद उसका बल्कि बाकी सब बीवियों का भी तलाक हो जाता है, हालाँकि जो कुछ पति ने कहा न तो उससे और न उस पत्नी विशेष ने जो कुछ बाद में किया, उससे उनका कोई संबंध था। (2264) पत्नियों को एक टुकड़ी में बदलने का क्या खूब तरीका है यह! उनमें से सभी एक समूह के रूप में हमेशा इस कोशिश में रहेंगी कि अपने पति की हर सनक को पूरा करने में उनसे कोई कमी न रह जाए, ताकि कहीं ऐसा न हो कि पति सशर्त तलाक दे डाले, "अगर तुमने मेरे लिए 'क' और 'ख' नहीं किया, तो मेरा सभी बीवियों से तलाक समझो।"

एक आदमी कहता है, "अगर मैं किसी को गाली दूँ, तो मेरी बीवी का तलाक हो जाए।" इसके बाद वह किसी इन्सान की लाश को गाली देता है। इस पर बेचारी बीवी का, जिसे न तो पति द्वारा शुरू में की गई घोषणा से, और न बाद में संयोग वश सामने आ गई लाश से कुछ लेना देना था, तलाक हो जाता है। (2277)

एक आदमी अपनी माँ से कहता है, "अगर आज तुम मुझे छोड़कर चली जाओगी तो मेरी बीवी का तलाक हुआ समझो।" वह बाद में चली जाती है। भले ही बीवी माँ से रुकने के लिए अनुनय विनय करती रही हो, भले ही माँ इसलिए चली गई हो, क्योंकि पति, अर्थात् उसके बेटे ने ऐसा कुछ कर डाला था, या नहीं किया था। लेकिन तलाक हो जाता है बीवी का। (2279)

पत्नी भले ही कितनी निर्दोष रही हो, लेकिन उसका पति उससे कहता है, "अगर मैं तुम पर व्यभिचार का आरोप लगाऊँ तो, मेरा तुमसे तलाक।" इसके बाद

वह उस पर व्यभिचार का आरोप लगाता है या उसे इस प्रकार संबोधित करता है, "ओ व्यभिचारिणी की बेटी," तो न सिर्फ़ उसे अपमानित होना पड़ता है बल्कि उसका तलाक भी हो जाता है और उसे घर से भी निकाल दिया जाता है। (2287)

एक आदमी अपनी बीवी से कहता है, "अगर मैं शराब पीऊँ तो समझो तुमसे मेरा तलाक हो गया।" और वह शराब पी लेता है। (1963) "अगर तुमने इस चीज़ की चोरी नहीं की है, तो तुम्हें तलाक," और वास्तव में उसने उस चीज़ की चोरी नहीं की थी। (2072) "अगर मैं तुम्हें पीटूं तो तुम्हें तलाक," और वह उसे पीट डालता है। "अगर मैं आज घर में दाख़िल हुआ, तो तुम्हें तलाक," और वह उसी दिन घर में दाख़िल हो ही जाता है। (2106) "अगर मैं किसी को शराब दूँ तो तुम्हें तलाक," और इसके बाद एक महमान आ पहुँचता है और वह उसे शराब पिलाता है। (2171) एक पति अपनी पत्नी से कहता है, "अगर मैं तुम्हारे साथ संभोग करूँ तो तुम्हें तलाक," और वह उसके साथ संभोग कर लेता है। "अगर मैं यह कपड़ा पहनूं, तो तुम्हें तलाक," और वह उस कपड़े को पहन लेता है। (2175) "अगर मैं कोई ग़ैर कानूनी काम करने की वजह से नहा लूँ, तो तुम्हें तलाक," और वह दरअसल ग़ैर कानूनी काम कर लेता है। (अर्थात् किसी परनारी से संभोग कर लेता है) और इसलिए नहा लेता है। (2188) "अगर तुम बीमार पड़ गईं, तो तुम्हें तलाक," और बेचारी औरत परेशानीवश बीमार पड़ जाती है। (2293) "अगर तुम कल तक भी बीमार रहीं, तो तुम्हें तलाक," और बेचारी औरत सभी कोशिशों के बावजूद अगले दिन तक ठीक नहीं हो पाई। (2293) "अगर मैं सवारी करूँ तो तुम्हें तलाक," और वह किसी पशु की सवारी कर लेता है; हाँ अगर वह किसी आदमी की सवारी करता या किसी दीवार पर चढ़ता तो बात अलग थी। (2310) "अगर मैं झूठ बोलूँ तो तुम्हें तलाक," और वह झूठ बोल ही देता है। (2311) "अगर मेरी हवा ख़ारिज हो, तो तुम्हें तलाक," और फिर उसकी हवा ख़ारिज होती है। (2312) "अगर मैं व्यभिचार करूँ, तो तुम्हें तलाक," और चार सही गवाहों की ग़वाही के अनुसार, या उसके ख़ुद कुबूल करने और उसके साथ दो गवाहों की गवाही के अनुसार, यह साबित हो जाता है कि उसने व्यभिचार किया था। (2313) "अगर मैंने लौंडी के साथ संभोग किया तो तुम्हें तलाक," और वह लौंडी के साथ संभोग कर लेता है। (2320) "अगर मैंने अमुक व्यक्ति से बात की, तो तुम्हें तलाक," और वह उस व्यक्ति से बात कर लेता है। (2340)–इनमें से प्रत्येक परिस्थिति में यद्यपि पत्नी का पति द्वारा की गई घोषणा, या जो कुछ उसने बाद में किया उससे कोई संबंध नहीं था, फिर भी उसे तलाक दे दिया जाता है और घर से बाहर निकाल दिया जाता है, और वह भी रखरखाव ख़र्च या और कुछ दिए बग़ैर ही। इतना ही नहीं, यदि पति पत्नी से कहता है, "तुम्हें तलाक, यदि..." और वह वाक्य को पूरा भी नहीं करता, या पूरा करना भूल भी जाता है तो भी पत्नी का तलाक हो जाता है और उसे घर से बाहर

निकाल दिया जाता है। (2116)

मुफ़्ती किफ़ायतुल्लाह के फ़रमानों में भी, उन कामों के लिए जो पति करता है, या नहीं कर पाता, और जिन कामों के लिए पत्नी किसी तरह भी ज़िम्मेदार नहीं होती, पत्नी को बिना किसी दान या रखरखाव के बाहर निकाल दिया जाता है। निम्नलिखित प्रत्येक परिस्थिति में, मुफ़्ती साहब के फ़रमान के अनुसार, पत्नी का तलाक हुआ माना जाएगा और उसे बाहर निकाल दिया जाएगा।[56]

पति कहता है, "अगर मैंने कभी दोबारा जुआ खेला तो मेरी पत्नी का मुझसे तलाक हुआ माना जाए," और बाद में वह जुआ खेलता है। (पृ. 257) पति कहता है, "अगर मैं कभी भी दोबारा उमर से मिला, या मैं उसके घर गया तो मेरी बीवी पर तीन तलाक," और वह उमर के यहाँ चला जाता है। (पृ. 276) एक बाप अपने बेटे को एक ख़ास लड़की से शादी करने के लिए मजबूर कर रहा है। बेटा अपने दोस्तों से बातचीत कर रहा है। दोस्त कहता है, "लेकिन तुम्हें उससे शादी करनी ही पड़ेगी।" इस पर बेटा कहता है, "अगर मैं उसको रखूँ तो उस पर तीन तलाक।" क्योंकि संबंधित इलाके में 'रखूँ' का मतलब होता है 'निकाह करना' इसलिए यदि वह बाद में अपने पिता का कहना मान कर उससे शादी कर लेता है, तो उस असहाय लड़की का उससे तलाक हुआ माना जाएगा। (पृ. 280)

किसी इलाके के मुसलमान एक हिन्दू के अनुचित व्यवहार के कारण दुःखी हो उठते हैं और कहते हैं, "अगर हमने इस हिंदू की ज़मीन में खेती की, तो हमारा अपनी पत्नियों से तलाक।" और बाद में वे उसी हिंदू की ज़मीन में खेती करते हैं। (पृ. 313)

'भारत के अल-अज़हर' देवबंद के दारुल उलूम के उलमा भी असहाय औरत के प्रति कोई ज़्यादा सरोकार नहीं दिखाते। इन उलमा के कुछ प्रतिनिधि फ़तवे नीचे दिए जा रहे हैं :[57]

केस 619 : ज़ैद का अपनी बीवी से झगड़ा हो जाता है और बहुत ज़्यादा गुस्से की हालत में वह कहता है, "अगर मैंने 'क' काम किया तो मेरे तीन तलाक," और वह 'क' काम कर डालता है। (पृ. 41)

केस 641 : बहुत ज़्यादा गुस्से में आकर एक पति कहता है, "जो कोई इस आँगन में रोज़ा रखेगा, उसका तलाक हो जाएगा," और बाद में वह उसी आँगन में रमज़ान का रोज़ा रख लेता है। (पृ. 54)

केस 646 : कुछ आदमी तलाक के बारे में बात कर रहे होते हैं। उनमें से एक कहता है, "मैं जिस किसी से भी शादी करूँगा, उसको मेरा तलाक," और वह शादी कर लेता है। (पृ. 57)

केस 649 : एक आदमी अपने चाचा से कहता है, "आपने मुझे जो 50 रु. देने हैं, अगर मैंने ज़बरदस्ती आपसे नहीं ले लिए, तो मेरी बीवी मेरे लिए हराम हो

जाए, अर्थात् उसका मुझसे तलाक हुआ माना जाए," और न तो चाचा अपने आप पैसा लौटाता है और न भतीजा उससे ज़बरदस्ती ले पाता है। (पृ. 57)

केस 660 : ज़ैद कहता है, "अगर मैं 'क' इलाके में गया, तो मेरी बीवी का तलाक हुआ माना जाए।" और बाद में वह 'क' क्षेत्र में ज़मीन ख़रीदता है और वहाँ चला जाता है। (पृ. 63-64)

केस 665 : एक आदमी कहता है, "अगर मैंने कभी पहले 'क' काम न किया हो तो मेरा बीवी से तलाक," और यह पाया जाता है कि उसने 'क' कार्य पहले कभी नहीं किया था। (पृ. 67)

केस 671 : ज़ैद का मस्जिद के मुल्लाह से झगड़ा हो जाता है। गुस्से की हालत में मुल्लाह कहता है, "अगर मैं इस मस्जिद में आगे काम करूँ तो मेरा अपनी बीवी से तलाक," और वह काम करना जारी रखता है। (पृ. 71)

केस 681 : एक आदमी ज़बरदस्ती दूसरे से कहलवाता है, "अगर मैं आपकी इस बात को गुप्त न रखूँ, तो मेरा बीवी से तलाक हुआ मानिए," और मजबूरी के कारण वह उस मामले को गुप्त नहीं रख पाता। (पृ. 76)

केस 687 : ज़ैद के जैनब से नाजायज़ संबंध हैं, जो कि उमर की बीवी है। उमर को इस बात का पता चलता है। वह ज़ैद को बुलाकर पूछता है उसने ऐसा क्यों किया। ज़ैद इस इलज़ाम से इन्कार करता है। उमर उसे यह घोषित करने को कहता है, कि अगर उसने जैनब के साथ व्यभिचार किया हो, तो जब कभी वह (ज़ैद) शादी करे तो, उसका बीवी से तलाक हुआ माना जाए। उलमा इस बारे में यह फ़रमान देते हैं कि अगर ज़ैद ने व्यभिचार किया है या मन में विचार भी लाया है, तो उसके शादी करते ही, उसकी बीवी का तलाक हुआ माना जाएगा। (पृ. 78)

केस 709 : एक बातचीत के दौरान ज़ैद कहता है, "अगर मैंने उमर का कत्ल नहीं किया तो मेरी बीवी पर तीन तलाक।" वह उमर का कत्ल नहीं कर पाता! उलमा इस पर अपना फ़ैसला सुनाते हैं कि तलाक के लिए इस किस्म की कसम उठाना नुकसानदेह है क्योंकि हो सकता है अब भी ज़ैद मरने से पहले उमर का कत्ल कर दे। बहरहाल बीवी का तलाक हुआ माना जाएगा और हलाला के बिना फिर से शादी की इजाज़त नहीं है। (पृ. 94)

जैसा कि हमने देखा पहले वर्ग के सशर्त तलाकों में पत्नी का पत्नी के रूप में अस्तित्व बना रह सकता है हालाँकि उसे अपने पति के आदेशों और सनकों के सामने पूरी तरह से आत्म-समर्पण करना पड़ेगा। दूसरे वर्ग के तलाकों में तो ऐसा आत्म-समर्पण भी किसी काम नहीं आता। नतीजा इस बात पर निर्भर करता है कि सशर्त तलाक घोषित करने के बाद पति की क्या करने की मर्ज़ी है या बल्कि वह क्या करता है। लेकिन एक और किस्म के भी फ़तवे हैं, जिनके कारण मामला बीवी की पहुँच से और भी बाहर चला जाता है। जब पति शादी को जारी रखने के मुद्दे

को किसी तीसरे व्यक्ति द्वारा किए जाने वाले किसी कार्य से जोड़ देता है और वह व्यक्ति वह काम नहीं कर पाता या नहीं करना चाहता, तो एक के बाद दूसरे फ़तवे में यह घोषणा की जाती है कि बीवी को घर छोड़कर जाना ही होगा।

सुन्नी शरीअत के महान प्राचीन ग्रंथ दरुल मुख़्तार में, जिसे, फ़तवा देने वाले हमारे बहुत से हाकिमों द्वारा अत्यंत प्रामाणिक ग्रंथ माना जाता है, हमें यह पढ़ने को मिलता है : एक पति कहता है, अगर मेरी बीवी की माँ आज रात मेरे पास नहीं आती, तो मेरा अपनी बीवी से तलाक। और ऐसे गवाह मौजूद हैं, जो यह गवाही देते हैं, कि उसकी बीवी की माँ उस रात उसके पास नहीं आई। इसलिए बीवी का तलाक हुआ माना जाएगा।[58]

फ़तवा-ए-काज़ी ख़ान में हमें यह पढ़ने को मिलता है कि एक आदमी एक औरत पर यह इलज़ाम लगाता है कि वह व्यभिचारिणी है। औरत का पति कहता है, "अगर तुमने आज उसका व्यभिचार साबित नहीं किया तो उसे मेरा तलाक।" उस आदमी ने जो इलज़ाम लगाया है, अगर वह उसे साबित नहीं कर पाता—और वह ऐसा तभी कर सकता है, जब या तो पत्नी ख़ुद इस बात को स्वीकार कर ले या फिर वह चार ऐसे गवाह पेश करे जिन्होंने उसे व्यभिचार करते हुए देखा हो—तो बेचारी पत्नी का, बिना किसी कसूर के तलाक हो जाएगा। (2203)

उसी प्रकार एक आदमी दूसरे आदमी या आदमियों से कहता है, "अगर आप आज बतौर महमान मेरे घर नहीं आए, तो मेरी बीवी को तीन तलाक।" दूसरा व्यक्ति उसके घर नहीं आता और बीवी घर से निकाल दी जाती है। इस प्रकार के अन्य कई उदाहरण हैं।

मुफ़्ती किफ़ायतुल्लाह के फ़तवों के अंतर्गत भी, तीसरे व्यक्ति द्वारा कोई चीज़ करने या न करने के परिणाम बेचारी बीवी को भुगतने पड़ते हैं। चुनाचे मुफ़्ती किफ़ायतुल्लाह के फ़तवे, खंड 6 में हमें पढ़ने को मिलता है :

ज़ैद व्यापार में अपने पाँव जमाने के लिए अपने भाइयों से पैसा माँगता है। इस बात से डर कर कि वह सारा पैसा फ़ज़ूल फूँक देगा, वे पैसा देने से इन्कार कर देते हैं। वह कहता है, "अगर तुम लोग मुझे पैसा नहीं देते तो मेरी बीवी पर तीन तलाक।" इसके बावजूद वे पैसा नहीं देते। बेचारी बीवी का, जिसका न तो उसके पति द्वारा अपने भाइयों से पैसा माँगने से और न ही भाइयों के पैसा न देने से, कोई संबंध था, तलाक हो जाता है। (पृ. 247)

इसी प्रकार देवबंद के उलमा के फ़तवों में भी हमें पढ़ने को मिलता है :

केस 736 : कचहरी जाने के समय एक आदमी कहता है, "अगर मैं यह केस नहीं जीतता तो मेरी तरफ़ से मेरी बीवी को तीन तलाक।" वह केस नहीं जीत पाता। बीवी का तलाक हो जाता है। (पृ. 110-11)

फ़तवा-ए रिज़विया में भी इसी प्रकार की बेरहमी बरती गई है। एक पति

अपनी पत्नी से कहता है, "अगर तुम मेरे घर आओगी तो तुम्हें तलाक।" इस केस में मौलाना अहमद रज़ा ख़ान फैसला सुनाते हैं : जैसे ही वह औरत अपने पति के घर दाखिल होगी, उसी क्षण उसका तलाक हो जाएगा।[59] पति किसी तीसरे व्यक्ति से कहता है, "अगर मैं आपकी ज़रूरत को पूरा न कर सकूं, तो मेरी बीवी को मेरा तलाक।" और वह उस व्यक्ति की ज़रूरत को पूरा नहीं कर पाता और उस औरत का, जिसका उस मामले से कोई संबंध नहीं था, तलाक हो जाता है।[60]

मामले को और भी संगीन बनाने वाले तत्त्व

जो विभिन्न फैसले दिए गए हैं, वे अपने आप में बहुत ही बेरहम हैं। लेकिन मामला वहीं खत्म नहीं हो जाता। अन्य भी कुछ ऐसे तत्व हैं जो बेचारी औरतों के लिए और भी भारी मुश्किलात खड़ी कर देते हैं।

महिला के बारे में एक कुरआन सम्मत नज़रिया है, एक ऐसा नज़रिया जो स्वयं पैग़म्बर साहिब ने बार-बार व्यक्त किया और जिस पर हम आगे विचार करेंगे।[61]

विवाह के बारे में एक इस्लामी नज़रिया है। इस्लाम के धर्ममंडक जो हमेशा यह साबित करने के लिए बेचैन रहते हैं कि उनका धर्म किस प्रकार हमेशा से ही प्रगतिशील, अग्रसर और आधुनिक रहा है, यह कहते नहीं थकते, "इस्लाम में शादी कोई शपथ नहीं, यह एक इकरारनामा है।" जब हम कुरआन या हदीस का अध्ययन करते हैं, तो हमें पता चलता है कि औरत एक ऐसी 'विपत्ति' है जिसे आदमी को झेलना है और वह एक खेत है, जिसे आदमी अपनी मर्ज़ी के मुताबिक चाहे सींचे या न सींचे।[62] (इसके लिए कृपया पिछले पृष्ठ पर टिप्पणी देखें) ज़्यादा से ज़्यादा यह उन चीजों में से एक है जिन्हें अल्लाह ने आदमी के आनंद के लिए पैदा किया है।[63] इन सबसे बड़ी बात यह है कि शादी मात्र एक इकरारनामा है, जिसमें वे शर्तें निर्धारित की जाती हैं, जिनके आधार पर वह औरत का आनंद उठा सकता है। जैसा कि रामस्वरूप हमें याद दिलाते हैं 'मेहर' का शाब्दिक अर्थ है 'उजरत' अर्थात औरत को इस्तेमाल करने का भाड़ा[64]—स्वाभाविक है कि उलमा सब परिणामों का दंड औरत पर डाल देते हैं। मर्द को तो बस औरत से आनंद लेना है और जब वह उससे ऊब जाए तो मामूली सा रखरखाव खर्च और इकरारनामे में तय हुआ मेहर देकर उसे फैंक सकता है। और अल्लाह करीम ने रखरखाव खर्च और मेहर की कोई भारी मात्रा भी तय नहीं की। कम से कम मताअ (सामान), जैसा कि जानने में आया है, एक जोड़ा कपड़े हैं और अधिक से अधिक एक लौंडा या लौंड़ी।[65] रखरखाव का ख़र्च में केवल तीन महीने के रहने और खाने का खर्च शामिल है। हालाँकि आजकल ज़ुबानी तौर पर मेहर की रकम बहुत ज़्यादा रखी जाती है, लेकिन अब यह प्रथा भी काय़म हो चुकी है कि पत्नी सुहागरात को ही उसे त्यागने के लिए रज़ामंद हो

जाती है।[66]

उलमा में एक और खास बात होती है : वे अंतर्मुखी विशेषज्ञ होते हैं और जैसी कि विशेषज्ञों की आदत होती है, उनका काम होता है मामलों की रहस्यमयी बारीकियों, भेदों और उप-भेदों को खोलना। उसमें औरत पर क्या गुज़रती है इससे उनका कोई सरोकार नहीं होता।

हम प्राचीन दारुल मुख़्तर से शुरुआत करते हैं :

एक पति अपनी पत्नी से कहता है, "अगर तुम लड़के को जन्म देती हो, तो तुम्हें तलाक और अगर तुम लड़की को जन्म देती हो, तो तुम्हें दो तलाक।" और वह दोनों को जन्म देती है। विधिवेत्ता का सरोकार स्थिति की घोर अमानवीयता, या बेटे या बेटी के बीच की असमानता से नहीं है। उसका सरोकार तो बस इस बात से है : दोनों—लड़के या लड़की—में से कौन पहले पैदा हुआ था? "अब (अर्थात् पति द्वारा उपर्युक्त घोषणा किए जाने के बाद), बीवी ने दोनों को जन्म दिया है और यह मालूम नहीं है, कि इन दोनों बच्चों में से कौन सा पहले पैदा हुआ था। न्यायिक धारणाओं के अनुसार एक बार तलाक हुआ माना जाएगा। लेकिन एहतियात के तौर पर उसका दो बार तलाक हुआ माना जाना चाहिए, क्योंकि संभव है लड़की पहले पैदा हुई हो.......अगर यह साबित हो जाता है कि वे जुड़वाँ पैदा हुए हैं, तो तीन तलाक हुए माने जाएंगे....."[67]

पति जिसकी पैदा होने वाले बच्चों के प्रति उतनी ही ज़िम्मेदारी है जितनी कि पत्नी की, इस प्रकार की अनर्गल घोषणा करता है और ऐसी स्थिति में यह सरोकार दिखाते हैं आलिम (विद्वान) कहे जाने वाले लोग!

सरोकार इस बारे में नहीं है कि बेचारी औरत पर क्या बीतेगी। सरोकार यह है कि पति का लहजा यह था, या वह। उसने जिस अभिव्यक्ति का प्रयोग किया, क्या वह व्याकरण की दृष्टि से सही थी और तलाक शब्द से पहले या उसके बाद में एक शब्द-समूह का प्रयोग किया गया था या दूसरे था। जब पति शब्दों की बजाए इशारों का इस्तेमाल करता है तब भी बीबी को घर से बाहर निकालने के लिए इसी प्रकार बाल की खाल उतारी जाती है। इसमें कोई विवाद नहीं है कि पति को यह अधिकार प्राप्त है कि वह कहे, "तुम्हें मैंने इस तरह तलाक दिया" और उसके बाद एक, दो या तीन उंगलियाँ खड़ी कर दे, या फिर उसे ज़्यादा यातना पहुँचाने के लिए, पहले एक उंगली खड़ी करे और उसके बाद दूसरी और फिर उसके बाद तीसरी। इस मामले में भी विधिवेत्ताओं के बीच हुई चर्चा का बेचारी बीवी से कोई संबंध नहीं होता। उसका सरोकार पति की उंगलियों से होता है। क्या उन उंगलियों की गिनती की जाए जो खड़ी की जाती हैं, या उन उंगलियों की जोकि मुड़ी हुई रहती हैं? क्या उंगलियों को एक दूसरे से अलग होना चाहिए या वे एक-दूसरे को छूती हुई भी हो सकती हैं? अगर सभी उंगलियाँ एक-दूसरे को छू रही हों और पति हथेली

के ज़रिए संख्या का संकेत करे तो? इतने महत्त्वपूर्ण हैं ये सवाल कि इन पर वे अपना पूरा ध्यान लगा देते हैं।

और स्वाभाविक है ऐसे मामलों में विधिवेत्ताओं का दख़ल होने के कारण जवाब कभी भी सीधे-सादे नहीं होते। उदाहरण के लिए मानक फरमानों के अनुसार, खड़ी उंगलियों की गिनती की जानी चाहिए न कि मुड़ी हुई उंगलियों की। और खड़ी उंगलियाँ एक दूसरी से अलग-अलग होनी चाहिए। लेकिन अगर पति, "अपनी उंगलियों के पीछे वाली तरफ पत्नी के सामने रखकर" तलाकों की संख्या का संकेत करे तो उस स्थिति में क्या होगा? विधिवेत्ताओं का उस सूरत में यह फ़रमान है, कि नियम उलट दिया जाता है और 'रिवाज के मुताबिक' मुड़ी हुई उंगलियों पर भरोसा किया जाता है। एक इससे भी ज़्यादा जटिल स्थिति तब पैदा होती है जब न तो उंगलियों की मांसल 'अगली' तरफ बीवी के सामने रखी जाती है और न उंगलियों की पिछली तरफ—बल्कि उंगलियों के पोर पत्नी के सामने बढ़ा दिए जाते हैं। ऐसे मामलों में विधिवेत्ताओं का फ़रमान है, "तब यदि उंगलियों को मोड़कर पोर आगे बढ़ाए जाते हैं, तो भरोसा उन पोरों पर किया जाता है जो आगे बढ़ाए जाते हैं। लेकिन अगर पहले पोर खुली अवस्था में हों और उन्हें बाद में बंद कर लिया जाए तो भरोसा उन पोरों पर किया जाता है जो बंद कर लिए जाते हैं। इब्न-ए-कमाल"[68] वर्गीकरण और उप वर्गीकरण की गुंजायश उस समय तो और भी बढ़ जाती है जब बेचारी बीवी पर या उसके बारे में संकेतों या अभिव्यक्तियों का प्रयोग किया जाता है। जैसा कि हमने देखा एक अकेले शब्द 'अइतुद्दी' का जब पति द्वारा इस्तेमाल किया जाता है, तो उसका अर्थ पत्नी को दिया गया तलाक भी हो सकता है और उसकी माहवारी भी। एक से अधिक बार बोले जाने पर, इसका पहला इस्तेमाल तलाक के अर्थ में हो सकता है और बाद के इस्तेमाल तलाक या माहवारी के अर्थ में हो सकते हैं। इस प्रकार उसका अनेकार्थक इस्तेमाल किया जा सकता है। प्राचीन ग्रंथ दारुल मुख़्तार में शेख़ अलाउद्दीन लिखते हैं कि विधिवेत्ता इस एक शब्द के इस्तेमाल से चौबीस अलग-अलग निष्कर्ष निकालते हैं। और इस सूची में एक और निष्कर्ष वह अपनी तरफ़ से जोड़ देते हैं।[69]

इसके बाद फ़तवा-ए-काज़ी ख़ान पर ग़ौर कीजिए। "जब कभी मैं तुम्हें पीटूंगा, उस समय तुम्हें मेरा तलाक।" पति कहता है और उसके बाद वह आदमी बीवी को पीट देता है। इस पर विधिवेत्ताओं के बीच अत्यंत रहस्यमय चर्चा छिड़ जाती है—बेचारी बीवी के बारे में नहीं, बल्कि इस सवाल को लेकर कि पति द्वारा पत्नी को पीटे जाने को तलाक की एक घोषणा गिना जाएगा, या दो घोषणाएं? संबंधित फ़तवे पर निगाह डालने से हमें विधिवेत्ताओं के सरोकारों के बारे में मालूम हो जाएगा। यह फ़तवा इस प्रकार है :

और यदि आदमी कहता है "जब कभी (या जितनी बार) मैं तुम्हें पीटंगा,

तब मेरा तुम से तलाक हो जाएगा।" और उसके बाद वह उसे एक साथ दोनों हाथों से पीटता है (और इस प्रकार उस पीटने को एक बार पीटना माना जा सकता है। चुनाचे इसे एक ऐसा मामला मान लिया जाता है जिसमें वह पत्नी को एक के बाद दूसरी बार नहीं मारता है, क्योंकि अगर उसने ऐसा किया होता तो निस्संदेह दो प्रहार किए गए होते और उसके परिणाम स्वरूप दो तलाकों की गिनती की गई होती) : तो उसका दो बार तलाक हुआ माना जाएगा। लेकिन यदि आदमी उसे एक हाथ की हथेली से मारता है (यद्यपि उसने हथेली और उंगलियों दोनों से मारा होगा), तो उसको सिर्फ एक बार तलाक हुआ माना जाएगा, हालाँकि उंगलियाँ अलग-अलग से जिस्म पर पड़ी होंगी। अर्थात् जब औरत पर हाथ का प्रहार हुआ होगा तो उंगलियाँ तो जिस्म के अलग-अलग स्थानों पर पड़ी होंगी। क्योंकि जब वह उसे दोनों हाथों से पीटता है, तो उसका नतीजा होता है एकाधिक प्रहार, क्योंकि हर हाथ का प्रहार एक अलग प्रहार माना जाएगा और इस मामले में दोनों हाथों से पीटना एक गुच्छे से प्रहार के समान है (उस मामले में किए गए प्रहारों की संख्या उतनी होगी जितनी कि गुच्छे में मौजूद वस्तुओं की)। लेकिन दूसरे मामलों में (अर्थात् जब आदमी एक हाथ से मारता है और खुली हथेली के साथ-साथ कई उंगलियाँ भी जिस्म के अलग-अलग स्थानों पर पड़ी होंगी, जिसके कारण कइयों का यह भी मत हो सकता है कि उस मामले में भी प्रहार अलग-अलग हुए माने जा सकते हैं)। प्रहार 'बार-बार नहीं' किए गए हैं क्योंकि (यहाँ) मुख्य वस्तु जिससे प्रहार किया गया है हाथ की हथेली है और उंगलियाँ हथेली पर निर्भर हैं (अर्थात् वे हथेली के साथ चलती और प्रहार करती हैं) और इसलिए प्रहारों को बार-बार किया गया नहीं माना जाएगा।[70]

उसी प्रकार 'हवा ख़ारिज़ करने' के मामले में भी, उदाहरण के तौर पर, उलमा आदमी द्वारा हवा ख़ारिज किए जाने और उस मामले के बीच फ़र्क करते हैं जब "नियंत्रण कर पाने की शक्ति न होने पर उससे हवा ख़ारिज हो जाती है"—पहले मामले में पत्नी का तलाक हुआ मान लिया जाता है और उसे घर से बाहर निकाल दिया जाता है और दूसरे मामले में वह तलाक होने से बच जाती है। विधिवेत्ता इस बारे में ज़बरदस्त दलीलें देते हैं।

इस मामले में कियास (अनुमान) का इस्तेमाल किया गया है जोकि इस्लामी विधिशास्त्र का चौथा स्तंभ माना जाता है। कियास का अर्थ है किसी दृष्टांत के आधार पर तर्क प्रस्तुत करना। जिस पत्नी के पति की हवा उसमें "नियंत्रण की शक्ति न होने" के कारण ख़ारिज हुई है, उसके संदर्भ में विधिवेत्ता यह दलील प्रस्तुत करते हैं कि वह तलाक से बच जाएगी ठीक उसी तरह से, जैसे वह उस स्थिति में बच जाती जब उसके पति ने यह कसम खाई होती, "अगर मैं घर में दाख़िल होऊँ तो मेरी बीवी को तलाक" और उसे घर में दाख़िल होने पर मजबूर किया गया होता।[71] शुद्धतावादी यह कहेगा कि विधिवेत्ताओं का यह तर्क संगत नहीं है। कई

अन्य उदाहरणों में जैसा कि हमने देखा है चाहे घोषणा मजबूरी में ही क्यों न की गई हो, पत्नी का तलाक हो जाता है। लेकिन जो तर्क जहाँ काम कर जाए वही सही।

एक आदमी दूसरे आदमी से कहता है, "मैंने तुम्हारी बीवी का तलाक करा दिया है।" ऐसी स्थिति में बीवी आसपास कहीं नहीं है। वह संभवतः दूसरे आदमी को बिलकुल जानती भी न हो। इस केस में तलाक किस बात पर निर्भर करता है? ऐसी किसी बात पर नहीं जो उसने कही या की हो, और न ही किसी ऐसी बात पर जोकि वह अपना पक्ष प्रस्तुत करने के लिए कह या कर सकती है। और निश्चित रूप से उस कमबख़्ती पर भी नहीं, जिसका सामना उसे इस अजनबी की अयाचित घोषणा पर अमल किए जाने पर करना पड़ सकता है। यह केस, उसका पति इस आदमी को जो कुछ जवाब में कहता है, उस पर निर्भर करता है। अगर वह कहता है, "आपने अच्छा किया है" लेकिन वह यह बात व्यंग्य में कहता है, या वह यह कहता है, "आपने बुरा किया है" तो बीवी तलाक से बच जाएगी। लेकिन यदि वह कहता है, "आपने अच्छा किया है। मुझे इस औरत से छुटकारा दिलाने के लिए ख़ुदा आपका भला करे" तो बीवी का तलाक हो जाएगा और वह घर से निकाल दी जाएगी। (1831, 1832)

एक पति घोषित करता है, "अगर मेरी निगाहें उस तरफ़ चली जाएँ जो हराम है तो मेरा बीवी से तलाक।" इसके बाद उसकी निगाहें एक ऐसी औरत पर टिक जाती हैं, जो अजनबी है। विधिवेत्ताओं का मत है कि उसकी कसम नहीं टूटेगी और उसकी बीवी तलाक से बच जाएगी। दूसरी तरफ यदि पति उस औरत के महीन कपड़ों में से या शीशे में से या पानी में पड़ रहे प्रतिबिंब के ज़रिए उसकी शरमगाह को देख ले तो पत्नी का तलाक हो जाएगा। लेकिन विधिवेत्ता इससे आगे फ़रमाते हैं कि यदि पति उस औरत की शरमगाह को आइने में से देख ले तो पत्नी का पत्नी के रूप में अस्तित्व बना रहेगा।[72] एक पति कहता है, "अगर मैं ऐसा कुछ करूँ जो हराम है, तो मेरी बीवी को मेरा तलाक।" और यह कसम उठाने के बाद वह किसी पशु से संभोग कर लेता है। विधिवेत्ता फैसला सुनाते हैं, बीवी का तलाक हुआ नहीं माना जाएगा। वे यह दलील देते हैं, कि जिस वक्त पति ने कसम उठाई थी, तब उसकी कल्पना में इतना घिनौना काम नहीं रहा होगा। इसलिए इसे करने से कसम नहीं टूटती। लेकिन इसके साथ वे यह कहते हैं कि "जिसने कसम उठाई है वह कोई असभ्य गँवार है जो मवेशियों के साथ समय बिताता है, तो फिर और बात है।"[73] इस प्रकार पत्नी के भाग्य का दारोमदार इस बात पर है कि जिस काम को करने पर प्रकट रूप से कसम टूटती है क्या वह उस समय पति के मन में रहा होगा, जब उसने कसम उठाई थी, और इस बात पर भी कि पति किस किस्म का व्यक्ति है।

एक आदमी कसम उठाता है कि वह 'क' का चुंबन नहीं लेगा। उसके बाद वह 'क' का हाथ या पाँव चूम लेता है। उसके बारे में क्या हुक्म है? इस बारे में विधिवेत्ता हमें यह बताता है कि इस बारे में फ़ुकाह (इस्लामी धर्मशास्त्रियों) में मतभेद है। वह हमें यह बताता है कि कुछ हाकिमों का मानना है कि कसम नहीं टूटेगी। अन्य हाकिमों का यह ख़्याल है कि जिस व्यक्ति के हाथ या पाँव को उसने चूमा था, यदि वह ऐसा व्यक्ति रहा हो, जिसकी दाढ़ी निकल आई हो तो कसम वाकई टूट जाएगी। दूसरों का यह मत है कि उसने कसम फ़ारसी ज़ुबान में उठाई थी तो उसकी कसम नहीं टूटेगी बशर्ते कि उसने दूसरे व्यक्ति का मुँह न चूमा हो। जिस आदमी को चूमा गया उसकी दाढ़ी निकल आई है या नहीं, इस बात का ख़्याल किए बिना, व्यक्ति की कसम उस सूरत में हरगिज़ नहीं टूटेगी, जब उसने कसम फ़ारसी ज़ुबान में उठाई हो। लेकिन यदि कसम अरबी भाषा में उठाई है तो उस स्थिति में आदेश अलग होगा और वह इस बात पर निर्भर करेगा कि क्या चूमे गए व्यक्ति की दाढ़ी निकल आई है या नहीं। मुफ़्ती काज़ी ख़ान फ़रमाते हैं : और यही सही स्थिति भी है।[74] इसलिए परिणाम इस बात पर निर्भर करता है कि (अ) चूमे गए व्यक्ति की आयु क्या है, (ब) शरीर के किस हिस्से को चूमा गया है, और (स) वह भाषा, जिसमें मूल शब्द कहे गए थे, कौन सी थी।

मुफ़्ती काज़ी ख़ान एक और जिस प्रश्न पर विचार करते हैं, उसके लिए इससे भी ज़्यादा बारीकियों में जाना पड़ता है। पति अपनी पत्नी से कहता है, "अगर मेरी शरमगाह (गुप्तांग) तुम्हारी शरमगाह से ज़्यादा ख़ूबसूरत न हो, तो तुम्हें तलाक।" और पत्नी कहती है, "अगर मेरी शरमगाह तुम्हारी शरमगाह से ज़्यादा ख़ूबसूरत न हुई, तो मेरा निकाह ख़तम।" इस संबंध में मुफ़्ती काज़ी ख़ान लिखते हैं, इमाम मुहम्मद का यह मत है कि जब यह वार्तालाप पति पत्नी में शुरू हुआ था, यदि उस समय दोनों खड़े हुए थे तो पति की हार होगी और पत्नी की जीत और पति की कसम टूट जाएगी। लेकिन अगर वार्तालाप शुरू होने के समय दोनों बैठे हुए थे, तो पति की बिलकुल हार नहीं होगी और कसम का दुःखद परिणाम पत्नी को भुगतना पड़ेगा। इमाम साहब अपने फैसले का कारण स्पष्ट करते हुए कहते हैं; वे इसका कारण यह बताते हैं, कि खड़ी हुई औरत की शरमगाह 'मर्द की शरमगाह' से कहीं ज़्यादा ख़ूबसूरत होती है। लेकिन बैठे होने की स्थिति बिलकुल उलट होती है, क्योंकि बैठी हुई औरत की शरमगाह आदमी की शरमगाह की तुलना में बदसूरत दिखाई देती है। लेकिन मुफ़्ती काज़ी ख़ान लिखते हैं, कि जिस समय वार्तालाप हुआ था, यदि उस समय पति खड़ा हुआ था और पत्नी बैठी हुई थी तो फ़िक्ह (इस्लामी धर्मशास्त्र) के विशेषज्ञ अबू जाफ़र यह कहते हैं कि वे ऐसी स्थिति में निश्चित रूप से कुछ नहीं कर सकते। इस मामले में दोनों की कस्में टूट चुकी मानी जानी चाहिए क्योंकि उन दोनों में से प्रत्येक की कसम की कारगरता की स्थिति यह है कि मर्द या औरत,

दोनों की शरमगाह एक दूसरे की शरमगाह से ज़्यादा ख़ूबसूरत होती है। मुफ़्ती साहब आगे कहते हैं, हाँ विवाद या आपत्ति की स्थिति में, दोनों की शरमगाहों को ख़ूबसरत नहीं माना जाएगा, इसलिए दोनों की कस्में टूट चुकी मानी जाएंगी।[75]

फ़ुकाह (इस्लामी धर्मशास्त्रियों) के दिमाग़ों पर जो प्रश्न हावी रहते हैं, उन प्रश्नों पर जितनी विद्वता ख़र्च की जाती है, वे बारीक भेद और तर्क जिनके आधार पर फ़रमान दिए जाते हैं, इन हाक़िमों के प्रति लोगों के मन में जितना श्रद्धाभाव होता है, और सबसे बढ़कर इन सबका मिश्रित रूप—शरीअत—और यह दावा कि इसे अल्लाह की देन, सुस्पष्ट और निश्चित, शाश्वत, अनुल्लंघनीय और अपरिवर्तनीय माना जाए....

इस सलाह का, कि औरत को उसकी माहवारी के दौरान तलाक नहीं दिया जाना चाहिए, उसके हितों की रक्षा से कोई संबंध नहीं है। इसका कारण वही है, जिसके रहते तलाकशुदा औरत को तब तक दोबारा शादी करने से मना किया गया है जब तक वह तीन माहवारियाँ पूरी नहीं कर लेती। इसके पीछे उद्देश्य है बाद के उन विवादों से बचना, जो आगे चलकर पैदा होने वाली संतान के पितृत्व को लेकर खड़े हो सकते हैं। यह बात इस रवैये से स्पष्ट हो जाती है जोकि विधिवेत्ता उन लड़कियों के प्रति रखते हैं, जो इतनी छोटी होती हैं कि उनका गर्भाधान नहीं हो सकता या उन औरतों के प्रति रखते हैं, जो इतनी बड़ी उम्र की हो चुकी होती हैं, कि गर्भाधान की स्थिति में ही नहीं रहतीं। क्या विधिवेत्ता पति से यह अपेक्षा करते हैं कि वह ज़रा रुक कर विचार करे? दर-उल-मुख़्तर में इसका जवाब इस प्रकार दिया गया है :

उन्हें—अर्थात् उस औरत को जिसकी माहवारी उम्र की वजह से बंद हो गई है, और एक नाबालिग़ लड़की और गर्भवती स्त्री को, (उनसे) मैथुन आनंद प्राप्त करने के बाद—तलाक देना वैध है, क्योंकि माहवारी के चलते बीवियों के मामले में (मैथुन-सुख-प्राप्ति के फ़ौरन बाद तलाक देने से) जो निषेध पत्नी के गर्भवती होने के संदेह (या संभावना) के कारण लागू किया जाता है, वह इस मामले में (अर्थात्) उन पत्नियों के मामले में जो बहुत ज़्यादा उम्र की या बहुत छोटी उम्र की होती हैं, असंभव है।[76]

और जब विधिवेत्ता बेहद परिश्रम करते हैं

वास्तव में विधिवेत्ता जहाँ-जहाँ परिश्रम करते हैं, उस परिश्रम की दिशा उलटी होती है, अर्थात् उनका ज़्यादा प्रयास यह रहता है कि पति की उस सनक को पूरा करने में जितना हो सके आसानियाँ पैदा की जाएँ जिसके प्रभाव में आकर वह अपनी प्रारंभिक घोषणा करता है, या इस बीच अगर उस पर कोई दूसरी सनक सवार हो

जाती है, तो वे उसे प्रारंभिक घोषणा के परिणामों से बचाने का प्रयास करते हैं। लेकिन सभी मामलों में उसी (पति) की ही सनक या वचन को पूरा करने के लिए सारी आसानियाँ पैदा की जाती हैं—चाहे वह उसकी प्रारंभिक सनक या वचन हो या उसकी मौजूदा सनक और वचन। जब पति के लिए बचाव का रास्ता ढूंढ़ने की बात आती है तो विधिवेत्ता बहुत कल्पनाशील हो उठते हैं। इस दृष्टि से अबू हनीफ़ा ख़ासतौर पर कानूनी पैंतरेबाज़ी का ईजाद करने के लिए माने हुए थे। अकेले उनके वास्तविक फ़रमानों से ही पाठक को यह अंदाज़ा हो जाएगा कि विधिवेत्ता किस हद तक जा सकते हैं, और उस व्यक्ति के बारे में भी अंदाजा हो जाएगा जिसकी वजह से वे ऐसी हद तक चले जाते हैं।

एक पति कसम उठाता है कि वह अपनी पत्नी को तलाक नहीं देगा। उदाहरण के लिए वह कसम उठाता है, "मैं, अपनी नवविवाहिता पत्नी 'क' को कभी तलाक नहीं दूंगा। अगर मैं उसे तलाक दूँ तो मेरी बाकी सभी बीवियों को भी तीन तलाक।" बाद में वह अपना विचार बदल लेता है। वह किस प्रकार एक औरत से मुक्ति पाए और उसके बावजूद उसकी कसम न टूटे? जैसा कि हमें फ़तवा-ए-काज़ी ख़ान से जानने को मिलता है, ऐसे मामलों में विधिवेत्ता काफ़ी मददगार साबित होते हैं। फ़तवा यह घोषित करता है, "इस मामले में (बच निकलने का) तरीका यह है कि वह किसी शिशु से विवाह कर ले जो अभी दूध पीती बच्ची हो (अर्थात् जो बच्ची ढाई वर्ष से कम उम्र की हो) और वह अपनी (पहली) पत्नी की बहिन या अपनी (पहली) पत्नी की माँ से कह दे कि वह उसकी उस शिशु पत्नी को दूध पिलाए, ताकि वह शिशु पत्नी उसकी (पहली) पत्नी की माँ की बेटी बन जाए। इस प्रकार पति की स्थिति यह हो जाती है कि उसकी दो बहिनों से एक साथ शादी हुई मान ली जाएगी या उसकी अपनी पत्नी (अर्थात् शिशु पत्नी) और उसकी (शिशु पत्नी की) मौसी (अर्थात् पहली पत्नी) से एक साथ शादी हुई मानी जाएगी और इसलिए दोनों के विवाह अवैध हो जाएँगे (और उसका परिणाम यह होगा कि वह आदमी पत्नी से मुक्ति भी पा जाएगा और साथ-साथ अपनी कसम के परिणामों से भी बच जाएगा)।"

एक पति अपनी पत्नी से कहता है, "जब तक तुम मेरे साथ हो, उस दौरान यदि मैंने तुमसे संभोग किया, तो तुम्हें तीन तलाक।" लेकिन बाद में वह उसके साथ सहवास करना चाहता है। हमारे विधिवेत्ता महोदय उपाय सुझाते हैं कि वह उसे बाईं (पूरा) तलाक देकर उसी वक्त उससे दोबारा शादी कर ले। तब वह (अपनी कसम को तोड़े बगैर उससे संभोग कर सकता है। (2114) अब यह तरीका ज़ाहिराना तौर पर उस विधान का उल्लंघन करता है, जिसका जिक्र पहले आ चुका है—यथा, पैग़ंबर साहिब का फ़तवों में बार-बार दोहराया गया यह आदेश, कि जिस व्यक्ति ने अपनी पत्नी को तलाक दे दिया हो वह उससे तब तक दोबारा शादी नहीं कर सकता, जब तक कोई दूसरा व्यक्ति उससे शादी करके, उसके साथ सहवास न कर

ले। ठीक इसी बात का ख़्याल रखते हुए विधिवेत्ता पति के लिए आसनियाँ पैदा करने के वास्ते किसी भी हद तक जा सकते हैं और वे इतने पटु होते हैं कि उनके पास हर सवाल का जवाब तैयार होता है। इस विशेष मामले में विधिवेत्ता अबू हनीफ़ा के महान शिष्य मुहम्मद थे, जिन्होंने यह उपाय सुझाया था। जब उनसे पूछा गया कि उनका सुझाया गया उपाय बीच की शादी संबंधी शर्त से कैसे मेल खाता है, तो वे जो जवाब देते हैं, वह ऐसा है जोकि दोनों के बीच तालमेल बैठा देता है।

सशर्त तलाक की सामान्य घोषणा किए जाने की स्थिति में तलाक का उल्लेख करने के फ़ौरन बाद शर्त का उल्लेख करना ज़रूरी होता है। लेकिन अगर पति हकलाता हो या किसी और कारण से उसकी ज़ुबान भारी हो गई हो, और वह बीच में कुछ समय के व्यवधान के बाद अपना वाक्य पूरा कर पाए तो क्या होगा? विधिवेत्ता ऐसी स्थिति में हमेशा मदद करने के लिए तैयार रहते हैं : उसके मामले में नियम बाध्यकारी नहीं होगा और सशर्त तलाक वैध होगा—उनका फ़रमान है। (2117)

एक पति अपनी पत्नी से कहता है, "अगर मैंने दिन दिहाड़े बीच बाज़ार तुम से संभोग न किया, तो तुम्हें तीन तलाक।" ऐसा कहने के बाद वह उलझन में पड़ जाता है। लेकिन विधिवेत्ता उसको उपाय सुझाता है : आदमी अपनी बीवी को हाथी या ऊँट की पीठ पर अम्मारी (हौदा या पालकी) में बैठाकर बाज़ार ले जाए और दिन डूबने से पहले उसके साथ संभोग कर ले। (2216)

उसी प्रकार जैसा कि हमने कुछ हद तक देखा है, कि जब कभी सशर्त या बिना शर्त तलाक देते समय पति द्वारा इस्तेमाल किए शब्दों के बारे में कोई संदेह या अस्पष्टता हो तो, उस सूरत में तलाक की घोषणा करते समय पति का क्या इरादा था, इसके बारे में वह जो कुछ कहेगा, उसी को मान्य मान लिया जाएगा।

एक पति अपनी पत्नी से कहता है, "मैंने तुम्हें तलाक दे दिया है" या "तलाक तुम्हारे लिए है" ऐसा कह कर क्या वह अपनी पत्नी को तलाक दे रहा था, या उसे तलाक देने का अधिकार सौंप रहा था? इस संबंध में वह बाद में अपने इरादे के बारे में जो बयान देगा उसी के आधार पर मामला तय किया जाएगा (1840, 1841) एक पति अपनी पत्नी से कहता है, "तुम्हारा त्याग कर दिया गया है" या "मैंने तुम्हारा त्याग कर दिया है।" उसका तलाक हुआ माना जाएगा या नहीं? यदि पति का इरादा उसे तलाक देने का था, तो उसका तलाक हुआ माना जाएगा और अगर इरादा तलाक देने का नहीं था, तो तलाक हुआ नहीं माना जाएगा। (1847)

और अगर पति पत्नी से कहता है, "मैंने तुम्हें तलाक देने की प्रतिज्ञा की है" (1849) या "तुम मेरी बीवी नहीं हो" (1869) या "मेरे आदेश के बिना घर से बाहर मत जाओ क्योंकि मैंने तलाक देने की कसम खाई है" (1975) या "इस घर से चली जाओ" (2009)? तो उस हालत में भी पति द्वारा इस प्रकार की घोषणा करने के समय उसके इरादे के बारे में दिए गए बयान को ही मान्य समझा जाएगा।

इनमें से प्रत्येक और ऐसे सभी अन्य उदाहरणों में भी, पत्नी का पत्नी के रूप में अस्तित्व बना रहेगा या नहीं, यह इस पर निर्भर करेगा कि पति का क्या इरादा था, बल्कि उसका क्या इरादा था, इस बारे में वह जो कुछ कहता है, उस पर निर्भर करेगा। पत्नी जो कुछ कहती है वह किसी गिनती में नहीं आता--ठीक उसी तरह से जैसे कि इस बात का कोई ख़्याल नहीं रखा जाता कि उसे बाहर निकाल दिए जाने के बाद उस पर क्या गुज़रेगी।

ऐसे अनेकों उदाहरण दिए जा सकते हैं। लेकिन हर उदाहरण में ढाँचा एक ही रहता है : विधिवेत्ताओं का सरोकार इस बात से रहता है कि पति का रास्ता किस तरह आसान बनाया जाए। उनका सरोकार इस बात से रहता है कि पति की कसम कहीं टूट न जाए। पत्नी सारे मामले को लेकर कैसा महसूस करती है, जो 'तरकीब' लड़ाई गई है, उसके परिणामस्वरूप उसकी क्या दुर्गति होगी, यह बात विधिवेत्ताओं की चर्चा का विषय कभी नहीं बन पाती।[78]

किसी पत्नी का किसी ख़ास परिस्थिति में तलाक हुआ माना जाएगा या नहीं, इस सवाल को एक और सवाल के साथ जोड़ दिया जाता है कि ठीक वैसी ही परिस्थिति में किसी गुलाम को आज़ाद किया जाएगा कि नहीं? अगर किसी पहले से तय 'इस्लामी विधिशास्त्र के सिद्धांत' के अनुसार उन परिस्थितियों में किसी गुलाम को मुक्त कर दिया जाता, तो पत्नी का तलाक हुआ मान लिया जाएगा। यदि उन परिस्थितियों में गुलाम को गुलामी के बंधन में बने रहना है, तो पत्नी का अस्तित्व पत्नी के रूप में बना रहेगा। फ़तवा-ए-काज़ी ख़ान में इसी प्रकार का फ़ैसला दिया गया है :

एक आदमी अपनी बीवी से कहता है, "अगर मैं तुम्हें गाली दूँ तो तुम्हें तलाक।" और इसके बाद वह उससे कहता है, "ख़ुदा करे तुम पर कभी ख़ुशहाली न आए।" उस औरत का तलाक नहीं होगा क्योंकि यदि उसने गुलाम की आज़ादी को, उसे गाली देने के साथ जोड़ दिया है और फिर वह उससे कहता है, "ख़ुदा करे तुम पर ख़ुशहाली कभी न आए" तो गुलाम आज़ाद नहीं होगा। यही बात तलाक के मामले में भी लागू होगी। (2288)

पत्नी और गुलाम के बीच की यह समानता पूरी पुस्तक में व्याप्त है। दरअसल पत्नी की स्थिति पति की जायदाद के किसी और हिस्से से भी बदतर होती है। उदाहरण के लिए अगर पति शब्दों का सही अर्थ न जानते हुए यह कहता है, या उससे कहलवाया जाता है—"मैंने अपनी बीवी को तलाक दे दिया है" तो बीवी का तलाक हो जाता है और उसे घर से बाहर कर दिया जाता है। लेकिन यदि वही व्यक्ति शब्दों के सही अर्थ न जानते हुए किसी चीज़ को बेच देता है, तो बिक्री को अवैध करार देकर ख़ारिज कर दिया जाएगा और उसका माल उसके यहाँ से उठाकर नहीं ले जाया जाएगा। (1896)[79]

दरुल मुख़्तार में भी गुलाम और बीवी के बीच की बराबरी की धारणा देखने

को मिलती है। पत्नी पर क्या बीतेगी, इस बारे में लेशमात्र भी सरोकार नहीं दिखाया गया। सरोकार पति की ताकत के प्रति और इस बात के प्रति दिखाया गया है कि उसकी कसम पूरी होने में कोई कसर न रह जाए। ज़्यादा ध्यान इस तरफ़ दिया गया है कि पति ने किस किस्म की शर्तें निर्धारित की थीं। ये शर्तें ऐसी होनी चाहिए जिनका ताल्लुक किसी ऐसी बात से होना चाहिए जो भविष्य में होने वाली हो न कि किसी ऐसे तथ्य से जिसकी जानकारी लोगों को पहले से हो। चुनाचे यह कहने से, "अगर आसमान हमारे ऊपर हो तो तुम्हें तलाक" शादी ख़त्म नहीं होगी। इसके अलावा जो कसम ली जाए वह पूरी हो सकने वाली भी होनी चाहिए। चुनाचे यदि यह कहा जाए कि, "अगर ऊँट सूई के नके में से गुज़र जाएगा तो......" इस कथन को सार्थक नहीं माना जाएगा। शेख मुहम्मद अलाउद्दीन फ़रमाते हैं : अभिव्यक्तियाँ व्याकरण की दृष्टि से सही और पूरी होनी चाहिए और उनमें मुख्य तथा सशर्त खंडों का पूरा उल्लेख होना चाहिए। लेकिन पूरी किताब में वे बाहर निकाली जाने वाली बीवी और मुक्त किए जाने वाले गुलाम का एक साथ ही उल्लेख करते हैं। इस प्रकार सशर्त तलाक को लागू करने की दृष्टि से वे निम्नलिखित अपेक्षाओं का उल्लेख करते हैं :

एक और अपेक्षा है स्वामित्व की–(अर्थात् जो बात कह रहा है वह उसका, जिसे बात कही जा रही है मालिक होना चाहिए) और यह स्वामित्व वास्तविक होना चाहिए, जैसे कि मालिक का अपने गुलाम से कहना, "अगर तुमने ऐसा किया, तो तुम्हें आज़ाद कर दिया जाएगा" या फिर केवल किसी संभावना को ध्यान में रखकर भी कोई बात कही जा सकती है, जैसे किसी आदमी का अपनी बीवी से या अपनी तलाकशुदा बीवी से, जिसकी इद्दत की अवधि समाप्त हो गई है, यह कहना, "यदि तुम चली गईं, तो तुम्हें तलाक"......[80]

और थोड़ा आगे चल कर कहते हैं :

यह बात ध्यान देने योग्य है कि पति द्वारा पत्नी का कानूनी तौर पर उपभोग करने का अधिकार खोने पर सशर्त तलाक अप्रभावी हो जाता है लेकिन पत्नी पर स्वामित्व का अधिकार खोने पर वह अप्रभावी नहीं होता। इस प्रकार यदि पति तीन या तीन से कम बार तलाक की घोषणा करता है तो.......[81]

और एक पृष्ठ आगे वे लिखते हैं :

स्वामित्व को खोने पर, चाहे वह स्वामित्व निकाह के आधार पर प्राप्त किया गया हो या जायदाद के अधिकार के आधार पर, तलाक की कसम रद्द नहीं हो जाएगी।[82]

और उसके बाद अगले पृष्ठ पर लिखते हैं :

सभी मामलों में संभाव्य घटना के घटने के बाद तलाक की कसम लागू नहीं रहती। लेकिन यदि स्वामित्व का अधिकार बने रहने के दौरान संभाव्य घटना घटित हो जाती है तो पत्नी का तलाक हो जाएगा और गुलाम आज़ाद हो जाएगा, लेकिन

अन्यथा नहीं......[83]

इन सब बातों के बावजूद जो लोग यह दावा करते रहते हैं, "शरीअत ने महिलाओं के अधिकारों के जितने रक्षा उपाय किए हैं उतने किसी अन्य कानून प्रणाली ने नहीं," वे इसलिए ऐसा दावा करते हैं क्योंकि उन्हें (मिथ्या) आत्मविश्वास होता है कि शरीअत की पुस्तकों को उन्हें छोड़ कर किसी और ने नहीं पढ़ा है।

सभी उलमा पति की सुविधा के लिए जो उपाय ढूँढ़ते हैं, उनके बारे में कुछ और उल्लेख आगे किया गया है।

शादी से पहले एक आदमी कहता है, "अगर मैं कभी भी झूठ बोलूं, तो जब कभी मैं जिस किसी से शादी करूंगा उस औरत से मेरा तलाक हुआ माना जाए।" वह झूठ बोलता है। और शादी करता है। प्रश्नकर्ता पूछता है कि क्या उससे शादी करने वाली औरत का तलाक हुआ माना जाएगा? क्या उसके साथ उस आदमी का सहवास करना व्यभिचार माना जाएगा?

मुफ़्ती किफ़ायतुल्लाह फ़रमाते हैं—हाँ, निकाह के बाद औरत का तलाक हुआ माना जाएगा। लेकिन जिस आदमी ने कभी भी झूठ न बोलने की कसम खाई थी, उसके लिए मुफ़्ती साहब एक उपाय सुझाते हैं। मुफ़्ती साहब कहते हैं तलाक से बचने का उपाय यह है कि ज़ैद अर्थात् उस व्यक्ति को ख़ुद निकाह नहीं करना चाहिए और न ही उसे किसी को माध्यम बनाना चाहिए। किसी और आदमी को संबंधित औरत के साथ ज़ैद का निकाह करने के उपक्रम करने चाहिए। ज़ैद को कसम खाकर इस निकाह के लिए सहमति भी नहीं देनी चाहिए, बल्कि उसकी बजाए उस औरत के साथ सहवास करना चाहिए। यह सहवास निकाह के लिए अनुमति बन जाएगा और ज़ैद का निकाह भी हुआ मान लिया जाएगा और तलाक भी नहीं होगा।[84] साफ़तौर पर यह एक छलकपट है फिर भी मुफ़्ती किफ़ायतुल्लाह जैसे समझदार आलिय को भी आदमी की सुविधा के लिए ऐसी छल योजना तैयार करने से कोई अनुताप नहीं होता।

एक प्रश्नकर्ता लिखता है, "उसे डराने के लिए ताकि वह बच्चे को न पीटे और झगड़ा न करे, मैंने कहा, अगर तुम मेरे घर आई, तो तुम्हें तीन तलाक। उसके बाद मैंने सोचा, जो कुछ मैंने कहा है, वह बात मेरे दिल में नहीं थी।" क्या औरत का तलाक हुआ माना जाएगा? क्या कोई ऐसा तरीका है जिससे आदमी अपना वचन भंग किए बिना बीवी को अपने पास रख सके?

मुफ़्ती किफ़ायतुल्लाह की पटुता का जवाब नहीं। वे फ़रमाते हैं, अगर वह घर पर आती है, तब तो उस पर तीन तलाक ज़रूर लागू हो जाएँगे। लेकिन निम्न प्रकार से तीन तलाकों से बचा जा सकता है : औरत के कहे बग़ैर, दूसरे लोग उसे डोली में बैठा दें और वह किसी और के कहने पर डोली में बैठ जाए और दूसरे लोग डोली को पति के घर के दरवाज़े में से गुज़ार ले जाएँ और वहीं जाकर औरत

को डोली में से उतरने को कहा जाए। इस तरह से वह तीन तलाकों से बच जाएगी।[85] इस मामले में जो तर्क दिया गया है वह यह है कि पति ने तो यह कहा था, "अगर तुम मेरे घर आईं तो....।" अब वह ख़ुद तो आई नहीं। उसे तो दूसरे लोग यहां ले आए हैं। जाहिर है कि यह एक गोलमाल है। लेकिन उस पति को, जो अब यह कहता है, कि उसके द्वारा बोले गए शब्दों का जो मतलब था, उसका इरादा उससे अलग था, एक संजीदा आलिम भी ऐसा गोलमाल करने की सलाह देने से नहीं हिचकता। उसका इरादा अपनी पत्नी से छुटकारा पाने का था, फिर चाहे पत्नी का इरादा उसके उलट कितना भी मज़बूत क्यों न रहा हो, लेकिन पति द्वारा तीन तलाक घोषित किए जाने के बाद, कोई भी उपाय उस पर उन तलाकों के प्रभावित होने से बचा नहीं सकता था।

एक आदमी एक औरत से भारत में शादी कर लेता है। वह एक दूसरे देश चला जाता है। छह महीने बाद वह वहाँ किसी और से शादी करना चाहता है। वह वहाँ कहता है कि उसकी बीवी की प्रसूति के दौरान ज़च्चा और बच्चा, दोनों की मौत हो गई थी। ख़ालिद, जोकि असलियत जानता हे, उसका विरोध करता है और निकाह नहीं होने देता। वह आदमी ख़ालिद को लिखता है, "तुम दख़लअंदाज़ी मत करो। यह मेरे लिए ज़िंदगी और मौत का सवाल है। इसके बावजूद अगर तुमने दख़लअंदाजी की (अर्थात् इस पत्र के बावजूद अगर मेरी नई शादी में अड़चन पैदा करते रहे) तो भारत में रह रही मेरी बीवी पर तलाक।" ख़ालिद निकाह को रोकने की कोशिश करता रहता है। क्या भारत में रह रही इस आदमी की बीवी का तलाक हुआ माना जाएगा? इस पर मुफ़्ती किफ़ायतुल्लाह अपना फ़ैसला सुनाते हैं—हाँ उसका तलाक हुआ माना जाएगा। ज़रा ध्यान दीजिए कि बेचारी औरत भारत में सड़ रही है। ख़ालिद जो कोशिशें कर रहा है, उनमें उसका हाथ भले ही हो या न हो। लेकिन उस बेचारी का तलाक हो जाता है और वह घर से बाहर निकाल दी जाती है। इतना ही नहीं मुफ़्ती साहब आगे का मामला भी पति के हाथों सौंप देते हैं। वे कहते हैं कि यह तलाक, 'वापिस लिया जा सकने वाला एक तलाक' होगा और पति अपनी पत्नी की इद्दत के दौरान उसे वापिस ले सकता है। पति को यह अतिरिक्त ढील देने का कारण बनाते हुए वे कहते हैं, "हम तलाक देते हैं" और यह नहीं कहते, "उस पर तलाक।"[86] व्याकरण संबंधी इस नुक़्ते से बेचारी औरत का तो कोई भला होने वाला नहीं है : इससे तो अच्छा था कि आदमी किन्हीं ऐसे शब्दों का इस्तेमाल कर देता, जो मुफ़्ती साहब की राय में अंतिम होते। लेकिन उसके उलट, मौजूदा स्थिति में पत्नी का ब्लैकमेल होता रहेगा। उसका पति तलाक वापिस ले ले, उसके लिए स्वयं उसे यह सुनिश्चित करना पड़ेगा कि ख़ालिद अपनी कोशिशें बंद कर दे।

एक प्रश्नकर्ता लिखता है, एक हनफ़ी कहता है, "अगर मैं शादी करूँ तो औरत पर तीन तलाक।" क्या वह ख़ुद को शफ़ीयाई घोषित करके शादी कर सकता

है? मुफ़्ती किफ़ायतुल्लाह अपनी शाखा के दायरे में से लोगों की संख्या कम होते बर्दाश्त नहीं कर सकते थे—फिर वे चाहे हनफ़ियों से लेकर शफ़ीयाई हों, सुन्नियों से लेकर शिया हों या फिर मुसलमानों से लेकर गैर-मुसलमान भी क्यों न हों। वे किसी के द्वारा ख़ुद को शफ़ीयाई घोषित करने के बारे में तो जवाब नहीं देते, लेकिन वे अपनी तरफ़ से एक उपाय सुझाते हैं। मुफ़्ती साहब फ़रमाते हैं : तलाक तभी होगा जब वह आदमी शादी करेगा। इस स्थिति से निपटने का उपाय यह है कि कोई और आदमी इस आदमी की इजाज़त के बिना निकाह फ़ज़ूली (अर्थात् बराए नाम या झूठ निकाह) कर ले। इस आदमी को कोई हल्फ़ उठाकर इजाज़त नहीं देनी चाहिए, बल्कि अपने किसी आचरण द्वारा इजाज़त दे देनी चाहिए—उदाहरण के लिए उसे मेहर दे देना चाहिए और औरत के साथ सहवास आरंभ कर देना चाहिए। उस हालत में कोई तलाक नहीं होगा।[87]

लेकिन इस आदमी की तलब इतनी ज़बरदस्त है कि वह मुफ़्ती साहब की इस मनशा की परवाह नहीं करता कि कोई हनफ़ी अपनी शाखा को छोड़ कर किसी और शाखा में चला जाए। ज़ैद का पिता उसे अपनी बीवी को तलाक देने पर मजबूर करता है। वह तलाक दे देता है, हालाँकि वह देना नहीं चाहता था। बीवी भी उसके पास लौट कर आना चाहती है। वह हलाला की प्रक्रिया में से भी नहीं गुज़रना चाहती। अब क्या किया जाए? मुफ़्ती साहब लिखते हैं, हनफ़ी कानून के तहत, मजबूरी में दिया गया तलाक भी प्रभावी होता है। तीन तलाकों के बाद कोई भी व्यक्ति हलाला के बिना दोबारा निकाह नहीं कर सकता। और वे आगे लिखते हैं, कि बराएनाम हलाला, अर्थात् बीवी के दूसरे आदमी के साथ शादी कर लेने पर उसके साथ हमबिस्तर हुए बगैर, पूरा हलाला नहीं माना जाता। लेकिन अगर बात इस हद तक (जिसका बयान प्रश्नकर्ता ने किया है) पहुँच गई है तो पति को किसी ऐसे आलिम से फ़तवा हासिल करना चाहिए, जो यह मानता है कि ऐसे हालात में तलाक वैध नहीं होता। उसके बाद वह दोबारा निकाह कर ले।[88]

एक हनफ़ी कहता है, "अगर मैंने इस दुनिया में किसी से भी शादी की, तो उस पर तीन तलाक।" लेकिन अब वह शादी करना चाहता है। उसके लिए क्या किया जाए? मुफ़्ती किफ़ायतुल्लाह साहब फ़रमाते हैं कि हनफ़ी कानून के तहत, अगर वह शादी कर लेता है तो औरत का तलाक हो जाएगा। लेकिन, मुफ़्ती साहब कहते हैं कि ज़रूरत पड़ने पर वह आदमी शादी करके औरत के साथ हमबिस्तरी कर सकता है। तब औरत को तलाक माँग लेना चाहिए। उसके बाद उन्हें किसी शफ़ीयाई आलिम को निर्णायक बना लेना चाहिए और वह शफ़ीयाई नियमों के अनुसार फैसला दे दे। तब कोई तलाक नहीं होगा।[89]

एक पति अपनी पत्नी से कहता है, "अगर मैं तुम्हारी अनुमति के बिना किसी और औरत से शादी कर लूँ, तो उस पर तीन तलाक।" लेकिन उसके बाद किसी

और से भी शादी करना चाहता है। क्या वह यह शादी कर सकता है? फ़तवा-ए-रिज़विया में यह हुक्म दिया गया है कि अगर कोई फ़ज़ूली (कोई व्यक्ति बराएनाम) उस दूसरी औरत से निकाह कर ले, और संबंधित व्यक्ति शब्दों द्वारा इस निकाह की पुष्टि न करके किसी आचरण द्वारा—उदाहरण के लिए—यदि कोई दूसरा व्यक्ति उसे दूसरे निकाह की मुबारकबाद दे और वह चुप रहे, या वह (दूसरी) औरत के पास तयशुदा मेहर भेज दे—तो उस हालत में निकाह सही माना जाएगा और तलाक नहीं होगा।[90]

ऐसे अनेक उदाहरण दिए जा सकते हैं। लेकिन यही कुछेक उदाहरण भी यह साबित करने के लिए काफी हैं कि पुरुष के लिए आसानियाँ जुटाने के वास्ते उलमा किस हद तक झुक सकते हैं। ये सब उद्यम सांयोगिक या आकस्मिक नहीं हैं। इनका उद्गम कुरआन के उस बुनियादी नज़रिए से हुआ है, जिसे उलमा बार-बार दोहराते हैं, और वह नज़रिया है : "आदमी मालिक होता है।"

इन उदाहरणों से कुछ और बातें भी साबित हो जाती हैं और उनमें से हर एक का अपना महत्व है।

विचारणीय बातें

ऊपर जिन फ़रमानों का ज़िक्र किया गया है, उनके अधिकार से पति अपने किसी भी ऐसे वचन को भंग कर सकता है जोकि उसने अपनी पत्नी को दिया हो—उदाहरण के लिए यह कि वह उसकी इजाज़त के बिना किसी दूसरी औरत से शादी नहीं करेगा। ऐसे में उन सुधारकों के आशावाद के लिए कौन सा आधार बचा रहता है जो यह कहते रहे हैं कि ख़ुद निकाहनामा में ही पति से यह इकरार करा कर कि वह तीन तलाक और बहुविवाह संबंधी अपनी विशेष सुविधाओं और अधिकारों का त्याग कर रहा है, इन प्रथाओं पर काबू पाया जा सकता है?

हमें प्रायः यह बताया जाता है कि इस्लाम इस बात को सबसे ज़्यादा महत्व देता है कि भले ही आदमी को कितने सख़्त से सख़्त परिणाम क्यों न भुगतने पड़ें, लेकिन उसे अपना दिया हुआ वचन कभी नहीं तोड़ना चाहिए। उस दावे को इस दृष्टि से आँका जाना चाहिए कि जब कोई आदमी अपने वचन को भंग करना चाहता है, तो उलमा इस प्रकार के जाहिराना तौर पर कपटी उपायों के ज़रिए ऐसा करने में उस आदमी की मदद करना अपना अधिकार समझते हैं।

तीसरा, हमें यह बताया जाता है कि शरीअत अल्लाह की देन है और इसलिए इसमें कोई परिवर्तन नहीं किया जा सकता। लेकिन यह किस प्रकार की अपरिवर्तनीयता है कि एक आदमी जोकि हनफ़ी है ख़ुद को एक क्षण के लिए शफ़ीयाई घोषित करके, या जब उसके लिए सुविधाजनक हो तो किसी शफ़ीयाई आलिम से फ़तवा हासिल करके संबंधित प्रावधान से बच सकता है?

उदाहरण के लिए 17वीं शताब्दी के प्राचीन ग्रंथ दरुल मुख़्तार में शेख़ मुहम्मद अलाउद्दीन बताते हैं कि जब कोई तलाक मिल्कियत क़ायम करने के लिए प्रभावी होना होता है—उदाहरण के लिए यह कहकर दिया गया तलाक कि, "मेरी शादी के साथ ही तुम्हें तलाक" तो ऐसा तलाक अमान्य हो जाता है (लेकिन शब्दों में थोड़ा सा परिवर्तन करने पर जैसे, "तुम्हारे साथ मेरी शादी होने पर" वह प्रभावी हो जाता है!)। वे आगे लिखते हैं कि अबू हनीफ़ा के शिष्य इमाम मुहम्मद उन तलाकों को वैध नहीं मानते, जिन्हें शादी के साथ जोड़ दिया जाता है और यह मत प्रतिस्पर्द्धी शाखा के संस्थापक इमाम शफ़ी के मत से मेल खाता है। इस प्रकार यदि किसी पति ने इस आशय की कोई घोषणा की हो, और वह उसके परिणाम से बचना चाहता हो, तो उस हालत में शेख़ साहब, वही उपाय सुझाते हैं, जिसकी हम चर्चा करते रहे हैं। वे फ़रमान देते हैं, "एक हनफ़ी इस मामले में शफ़ीयाई काज़ी द्वारा जारी किए गए, तलाक को रद्द करने के आदेश का पालन कर सकता है, या बल्कि वह किसी पंच के आदेश या किसी ईमानदार मुसलमान के फ़तवे का भी पालन कर सकता है। वह दो मामलों में दो अलग-अलग फ़तवों पर भी अमल कर सकता है।[91] मुफ़्ती किफ़ायतुल्लाह, न्यायाधीश सय्यद अमीर अली और अन्य लोग अपने-अपने सामयिक फैसलों में इसी प्रकार की पैंतरेबाजी पर ज़ोर देते हैं। उसके बावजूद आग्रहपूर्वक और आक्रामक अंदाज़ में यह दावा किया जाता है कि, "शरीअत अल्लाहदाद है। इससे अलग नहीं हटा जा सकता...."

इसके अलावा, यह बात भी ध्यान देने योग्य है कि शरीअत केवल पति को ही अधिकार प्रदान नहीं करती, वह उलमा को भी उतना ही अधिकार प्रदान करती है, क्योंकि केवल वही इस बात को प्रमाणित कर सकते हैं कि अमुक मामले में यद्यपि तलाक मजबूरी में दिया गया था उसके बावजूद वह प्रभावी होगा, या यह कि, क्योंकि यह तलाक मजबूरी में दिया गया था, इसलिए वह लागू नहीं होगा। जैसा कि हमने देखा है, सामान्य नियम यह है कि गुस्से में दिया गया तलाक भी उतने ही घातक ढंग से प्रभावी होता है जितना कि कोई और तलाक।

फ़तवा-ए-रिज़विया इस नियम को उतनी ही कड़ाई से लागू करता है जितनी कड़ाई से अन्य फ़तवा ग्रंथ।[92] लेकिन उन्ही पृष्ठों पर, जिन पर दिए गए इस नियम के अनुसार शादियाँ समाप्त हो जाती हैं, हमें ऐसे फ़रमान भी पढ़ने को मिलते हैं जिनके द्वारा ज़्यादा स्वच्छंदता दी गई है। फतवा-ए-रिज़विया के एक फ़रमान के अनुसार, "यदि गुस्सा इस हद तक बढ़ जाए कि आदमी की विवेक शक्ति जाती रहे, तो उस सूरत में तलाक प्रभावी नहीं होगा।" इसमें आगे यह फ़रमान दिया गया है, कि गुस्सा इस हद तक पहुँचा था या नहीं, इसके बारे में गवाहों से पता लगाया जाए, या पति से हल्फ़ उठवा कर इस आशय का बयान ले लिया जाए। और इस हद तक गुस्से में आना उसकी आदत है, यह बात लोगों को मालूम होनी चाहिए।

फ़रमान में यह भी कहा गया है कि इस आशय का केवल दावा ही काफ़ी नहीं होगा, वरना हर व्यक्ति ऐसा दावा करने लगेगा और गुस्से में दिया गया कोई भी तलाक प्रभावी नहीं होगा।[93] क्या गवाह काबिले-एतबार होते हैं? क्या आदमी के पूर्व-प्रभावी बयान को स्वीकार किया जाना चाहिए? इस हद तक गुस्से में आना क्या उसकी आदत है? इसका फैसला कौन करेगा। यकीनन उलमा ही! जैसा कि हमने देखा है, तीन तलाक देने से, शादी अनिवार्य रूप से समाप्त हो जाती है। फ़तवा-ए-रिज़विया सहित, सभी फ़तवा ग्रंथ इस नियम को कड़ाई से लागू करते हैं। उसके बावजूद हमें यह पढ़ने को मिलता है एक पति तीन बार तलाक कहता है। क्या बीवी को घर से बाहर कर दिया जाएगा? फ़तवा-ए-रिज़विया के एक फ़रमान के अनुसार यदि पति हल्फ़ उठाकर यह कहता है कि तीन में से, दो बार कहे गए तलाक शब्द से उसका अभिप्राय तलाक देने से नहीं था, तो उसकी बात पर विश्वास किया जाएगा और तलाक नहीं होगा। अगर वह हल्फ़ नहीं उठाता, तब तीन तलाक हुए माने जाएँगे।[94]

बीवी की मदद के लिए

नशे की हालत में भी पति द्वारा दिया गया तलाक मान्य होगा, इस नियम को ऐसे नियम के रूप में भी प्रस्तुत किया जा सकता है, जोकि बीवी के लिए लाभकर हो सकता है। ए.ए.ए. फ़ैज़ी जिन्होंने इस बारे में ज़ोरदार आग्रह किया था कि कानून के द्वारा इस नियम को समाप्त कर दिया जाए और जो इस प्रकार के पक्ष समर्थकों से काफ़ी हटकर थे, बताते हैं, "सुल्तानों के समय में तुर्की में, एक जानी मानी प्रथा के अनुसार, जो पत्नी अपने दुराचारी पति से छुटकारा पाना चाहती थी, दो निष्कलंक गवाहों को लेकर काज़ी के पास चली जाती थी और यह बयान देती थी कि उसके पति ने नशे की हालत में उसे तलाक दे दिया है। यह एक ऐसा आरोप था, जिससे वह इंकार करने की स्थिति में नहीं होता था।"[95]

ऐसा ही उपाय शरीअत के अत्यंत अमानवीय प्रावधानों में से एक, तीन बार कहे गए तलाक के संबंध में भी किया जा सकता है। इस प्रकार हमें न्यायमूर्ति फ़ैज बदरुद्दीन त्याबजी के प्रामाणिक ग्रंथ में एक शब्द 'तलाक'—के कहने से निकलने वाले भीषण परिणामों के बारे में, यह टिप्पणी देखने को मिलती है, "दरअसल, यह संभव है कि सुन्नी विधिवेत्ता तलाक को वापिस न लिया जा सकने वाला क़रार देकर उस पति पर जो धारा 136 की अपेक्षाओं की अवज्ञा करता है, एक दण्ड लागू करना चाहते थे, क्योंकि इस व्यवस्था को वे हमेशा पत्नी के प्रति एक उपकार मानते थे, जिसके ज़रिए वह अपने पति से छुटकारा पा सकती थी।"[96]

सशर्त तलाक के मामले में भी मत काफ़ी उदार है। सिद्धांत रूप में इन कड़े फ़रमानों के दो उद्देश्य हैं और दोनों ही पत्नी के हित में बताए गए हैं। यह कहा

जाता है कि फ़रमानों का उद्देश्य पतियों को ऐसी शर्तें निर्धारित करने और शादी को बनाए रखने के मुद्दे को पत्नियों द्वारा उन शर्तों का पालन करने के साथ जोड़ने से हतोत्साहित करना या बल्कि उनका भय दिखा कर ऐसा करने से रोकना है। कहा जाता है कि अपनी पत्नियों को खोने का डर पतियों को ऐसी बातें कहने से रोक लेगा। इसके बावजूद वे अगर ऐसी शर्तें रखते हैं, तो इसी में पत्नियों की बहतरी है कि वे ऐसे पतियों से छुटकारा ही पा लें। जहाँ तक गुस्से या नशे की हालत में दिए जाने वाले तलाकों के नियम का संबंध है, उसके बारे में यह कहा जाता है कि इस नियक का उद्देश्य आदमी को यह नसीहत देना है कि गुस्से या नशे की हालत में दिए गए तलाक के परिणाम स्वरूप भी उसे अपनी पत्नी से हाथ धोने पड़ सकते हैं। इससे वह गुस्सा करने और शराब को हाथ लगाने से भय खाएगा।

यह दलील पक्ष समर्थकों को छोड़कर और किसी को बेवकूफ़ नहीं बना सकती। एक क्षण के लिए हम यह मान लेते हैं कि क्योंकि इस्लाम में शराब पीना मना है, इसलिए उस आदमी को सज़ा देना जायज़ है जो न केवल शराब पीता है बल्कि इतनी पीता है कि नशे में धुत्त हो जाता है। लेकिन इस्लाम के इतने प्रवीण विधिवेत्ताओं के लिए कोई इस प्रकार की सज़ा सोच निकालना निश्चित रूप से मुश्किल नहीं था, जिससे बीवी को साथ-साथ सज़ा न भुगतनी पड़ती। चलिए यह भी माना कि नशे में चूर पति को शराब पीने की सज़ा के तौर पर अपनी पत्नी से वंचित कर दिया जाना चाहिए। लेकिन विधिवेत्ता तो औरत को सिर्फ़ हथियार के तौर पर इस्तेमाल करते हैं। लेकिन उसे इसके कारण कितना संघर्ष करना पड़ेगा, इससे उन्हें कोई सरोकार नहीं। पक्ष समर्थक यह तर्क देते हैं कि शराबी पति से मुक्त घोषित किया जाना औरत के लिए वास्तव में एक वरदान ही है और ऐसे पति के बंधन से उसे मुक्ति दिलाना ही विधिवेत्ताओं का उस समय उद्देश्य होता है जब वे यह फैसला सुनाते हैं कि नशे की हालत में दिया गया तलाक प्रभावी होगा। यदि स्वयं विधिवेत्ता अपने नियम को इस प्रकार स्पष्ट नहीं करते, तो भी मान लीजिए कि पक्ष समर्थक सही हैं। और यह भी मान लीजिए कि विधिवेत्ताओं का उद्देश्य सिर्फ़ पति को नशा करने के लिए सज़ा देना ही नहीं होता बल्कि पत्नी को ऐसे बेलगाम पति से मुक्ति दिलाना भी होता है। लेकिन यकीनन उस हालत में तरीका यह था कि वे यह फ़रमान देते कि तलाक तो प्रभावी होगा ही, लेकिन उसके साथ-साथ उन्हें यह निर्णय भी देना चाहिए था, कि उस चीज़ का सेवन करने के लिए जो हराम है, पति को उसकी सज़ा भुगतने के लिए औरत के तलाक-पश्चात् रखरखाव के लिए उदाहरणात्मक या बल्कि बहुत ज़्यादा धनराशि अदा करनी पड़ेगी। इस प्रकार पति को शराब पीने के गुनाह की अच्छी खासी सज़ा मिल जाती; वह अपनी पत्नी को तो खोता ही साथ ही उसे अपनी पत्नी को रखरखाव का जो खर्चा देना पड़ता उसका भी उसे एक ज़बरदस्त बोझ उठाना पड़ता। पत्नी की भी दोहरी भलाई हो जातीः वह पति से आज़ाद

भी हो जाती, लेकिन उसके बावजूद उसे कंगाल होकर गलियों में न भटकना पड़ता। लेकिन विधिवेत्ता इस प्रकार का फ़रमान कभी जारी नहीं करते। वे पत्नी की कीमत पर पति को 'सज़ा' देते हैं। कारण बिलकुल साफ़ है। पत्नी पर क्या बीतेगी, यह बात उनकी सोच में कभी आती ही नहीं।

उसके बावजूद, सांप्रदायिक कहलाने की तकलीफ़ सहते हुए भी हमसे यह अपेक्षा की जाती है कि हम यह मान लें कि किसी भी और कानून प्रणाली ने महिलाओं को उतने अधिकार नहीं दे रखे हैं, जितने कि शरीअत ने, और कोई भी दूसरा धर्म उनका उतना ख़्याल नहीं रखता जितना कि इस्लाम।

अंततः इस बात पर ध्यान दीजिए कि सशर्त तलाक देने के लिए पति को जो अधिकार दिया गया है, उसके परिणाम ऐसे होते हैं, जिनका असर युगल के अलावा दूसरे लोगों पर भी पड़ता है। तीन बार दिया गया तलाक सार्वजनिक चर्चा का मुद्दा है। बहुत से अन्य इस्लामी देशों के अलावा पाकिस्तान और बंग्लादेश ने भी इस प्रथा को ग़ैर कानूनी करार दिया है। इलाहाबाद उच्च न्यायालय ने इस प्रथा को हमारे संविधान और हमारे कानूनों के खिलाफ बताया है। इस बात का निश्चित अनुमान लगाया जा सकता है कि तलाक के इस अधिकार के कारण पैदा होने वाली अत्यधिक असुरक्षा से मुसलमान औरतें भी उसी प्रकार छुटकारा पाना चाहती होंगी, जिस प्रकार कि गैर मुसलमान औरतें उस स्थिति में पाना चाहतीं, जबकि उनके पतियों को भी एक ऐसा अधिकार दिया जाता। यदि किसी मुसलमान की पत्नी के मन में इस प्रथा में सुधार लाने का समर्थन करने का कभी कोई विचार आए भी तो उसका पति यह घोषित करके उसे फौरन दबा सकता है, "अगर तुमने कभी भी तीन बार तलाक देने के बारे में कोई एतराज़ उठाया, तो तुम्हें तीन तलाक दे दिए जाएँगे।" वह इससे भी आगे बढ़कर, इस प्रकार दासता की ज़िंदगी गुज़ारने के हक में उससे मुज़ाहिरा भी करा सकता है। वह उससे कह सकता है, "अगर तुमने बुधवार, तीन तलाक संबंधी फ़ैसले (शाह बानो फ़ैसले आदि) के खिलाफ़ किए जा रहे मुज़ाहिरे में हिस्सा नहीं लिया तो तुम पर तीन तलाक।" और अगर उसने उस मुज़ाहिरे में हिस्सा नहीं लिया, तो बिना रखरखाव ख़र्च के उसे बाहर निकाल दिया जाएगा। उसके पास कोई अधिकार भी नहीं रह जाएँगे, और न ही कोई ऐसा हाकिम होगा जिससे कि वह कोई मदद हासिल कर सके।

और हमारे संपादकीय लेखक इस करामात पर अचंभे में पड़ जाएँगे : संपादकगण लिखेंगे, महिलाएँ शरीअत के प्रति इतनी समर्पित हैं, कि वे सड़कों पर नारे लगा रही हैं, कि उन्हें ग़ुलामी की ज़िंदगी बसर करना मंज़ूर है, लेकिन यह मंज़ूर नहीं कि कोई शरीअत में दस्तअंदाज़ी करे!

परिणाम

जिस शरीअत पर इतना ज़्यादा गर्व किया जाता है उसका कुल मिलाकर जो परिणाम निकलता है, वह साफ़ ज़ाहिर है : औरत एक ऐसे आतंक में रहती है, जिसका एक ग़ैर-मुस्लिम औरत अंदाजा ही नहीं लगा सकती—गैर-मुस्लिम आदमियों की तो बात ही क्या। उसका पति उसे अत्यंत अपमानजनक और कष्टदायी स्थितियों में रखकर उसके सब्र का इम्तिहान ले सकता है। वह बराएनाम भी अपनी बीवी से यह पूछे बग़ैर, "तुम्हारी इजाज़त से"[97] दूसरी औरतों से शादी कर सकता है। वह सनक में आकर वापिस लिया जा सकने वाला तलाक दे सकता है और अपनी मर्जी से उसे पुनः ग्रहण कर सकता है।[98]

पति ने अपनी जिस पत्नी को एक या दो बार तलाक दिया है उससे इद्दत की अवधि के भीतर शादी बहाल करने का भी पति का अधिकार उतना ही निरंकुश है जितना कि उसे बाहर निकालने का। वह तो है ही, लेकिन घर से बाहर निकालने के अधिकार के एक पहलू पर उलमा बार-बार ज़ोर देते हैं और वह यह है कि पत्नी की रजामंदी बिलकुल ज़रूरी नहीं है।

प्रश्नकर्ता लिखता है, एक औरत अपने पति की रज़ामंदी के बग़ैर मायके चली जाती है। पति ने उसे एक बार कह दिया था कि अगर वह उसी रात वापिस नहीं आई तो वह उसे तलाक दे देगा। औरत उस रात वापिस नहीं आई। उस पर कौन सा तलाक प्रभावी होगा? अगर उसका पति उसे वापिस लाना चाहता हो लेकिन औरत या उसके माता-पिता उसके लिए—राज़ी न हों, तो क्या वह उसे वापिस ला सकता है? क्या औरत के लिए यह ज़रूरी है कि पति द्वारा शादी बहाल किए जाने के बाद वह उससे मिले? तलाक के लिए कौन जिम्मेदार है?

पत्नी पर केवल एक तलाक ही प्रभावी होगा—देवबंद के उलमा फ़रमाते हैं। वे आगे कहते हैं : कारण, पति की उस बात में निहित है जो उसने कही थी। उसने केवल एक बार यह कहा था, अगर तुम आज रात नहीं लौटीं तो मैं तुम्हें तलाक दे दूँगा। पति अपनी पत्नी या उसके माता पिता की रज़ामंदी के बग़ैर शादी बहाल कर सकता है। उलमा घोषित करते हैं कि पति को केवल बहाली का शब्द अपने मुँह से निकालना होता है। औरत की मौजूदगी ज़रूरी नहीं है और न ही हमबिस्तरी की ज़रूरत है। ध्यान दीजिए कि यदि वह औरत तक पहुँच पाता और उसने अपनी रज़ामंदी से या उसके बग़ैर उसके साथ हमबिस्तरी फिर से शुरू कर दी होती तो शब्दों को बोलने की भी ज़रूरत नहीं थी। जैसा कि 'हिदायत' में निर्दिष्ट किया गया है, केवल शारीरिक आत्मीयता ही काफ़ी होती। इसके बाद उलमा फ़रमान देते हैं कि पति ने जो तलाक दिया था, उसके लिए ज़िम्मेदार औरत है।[99]

पति ऐसे शब्द बोलकर जिनके अर्थ स्पष्ट हों, औरत से शादी बहाल कर सकता

है, उदाहरण के तौर पर—"मैं तलाक वापिस लेता हूँ"—या फिर ये शब्द द्वयर्थक और निहितार्थ वाले भी हो सकते हैं। ये शब्द सीधे पत्नी से या दूसरे लोगों से भी कहे जा सकते हैं। उदाहरण के लिए पति दूसरे व्यक्तियों, जैसे इस मामले में 'गवाहों' से कह सकता है, "मैं बीवी के पास लौट गया हूँ।" ऐसे मामलों में 'आचरण' में अनेक प्रकार की आत्मीयता और शिद्दत रहने पर भी, पति द्वारा बोला गया तलाक वापिस ले लिया गया माना जाएगा—ऐसा 'हिदायत' में कहा गया है। उससे आगे कहा गया है, "यदि उसके (तलाकशुदा पत्नी के) साथ शारीरिक संबंध कायम हो जाए, या वह उसके साथ दांपतिक स्वेच्छाचार का व्यवहार करने लगे, जैसे कि उसके उन अंगों को देखना जो आमतौर पर छिपे रहते हैं, तो भी तलाक वापिस लिया गया माना जाएगा।" इस प्रकार के किसी भी व्यवहार में पति सिर्फ़ अपनी मर्जी और रुचि से काम लेगा। इस मामले में पत्नी की रज़ामंदी बीच में कहीं नहीं आती।

तब भी स्थिति कुछ बेहतर नहीं होती जब पति पत्नी को घर से निकाल देने के बाद पछतावा करता है और चाहता है कि वही औरत उसकी पत्नी रहे। उलमा इस बात पर ज़ोर देते हैं कि वह तब तक उसकी बीवी नहीं बन सकती, जब तक कि वह इद्दत की अवधि समाप्त होने के बाद किसी दूसरे आदमी से शादी न करे और वह दूसरी शादी सहवास द्वारा पक्की न हो जाए और वह दूसरा पति उसे तलाक न दे दे और उसके बाद उसकी इद्दत की अवधि पूरी न हो जाए। इस प्रक्रिया को हलाला कहते हैं।[100] उलमा बार-बार यह कहते हैं कि जब तक दूसरा पति सहवास के द्वारा शादी को पक्का नहीं कर लेता तब तक हलाला पूरा नहीं होता।[101] वे कहते हैं कि भले ही दूसरा पति उस औरत को तलाक दे दे, लेकिन तब तक वह पहले पति के लिए हराम रहती है, जब तक दूसरा पति उसके साथ सहवास करके शादी को पक्का नहीं कर लेता। उलमा का यह कहना है कि जो भी लोग इस समझौते पर दूसरी शादी कराते हैं कि यह शादी पहले पति से उस औरत की दोबारा शादी कराने की सुविधा के लिए कराई जा रही है और यह कि दूसरा पति उस औरत के साथ हमबिस्तरी न करे, वे सब कुफ़्र के दलाल होते हैं और वह आदमी (मूल पति) और औरत व्यभिचारी और व्यभिचारिणी होते हैं। ऐसे सब लोगों को हद दर्जे की यातना झेलनी पड़ेगी और उन्हें दोज़ख़ की आग नसीब होगी। जो लोग इस प्रकार के निकाह के लिए रज़ामंद हो जाते हैं, वे निकाह के लिए नहीं, बल्कि व्यभिचार के लिए रज़ामंद होते हैं। उलमा का कहना है कि मुसलमानों को ऐसे व्यक्तियों से कोई भी वास्ता रखने से मना किया गया है। जो लोग ऐसे व्यक्तियों से कोई संपर्क रखते हैं और इस मामले को लापरवाही से लेते हैं उन सबके मामले में भी यही फ़रमान लागू होता है।[102]

उलमा का कहना है कि जो व्यक्ति मूलतः हलाला की व्यवस्था करने की बात सोचता है, ताकि पति-पत्नी में मेल कराया जा सके वह श्रेयस्कर कार्य करता है।

ऐसा करके वह श्रेय अर्जित करता है।[103] लेकिन उसे श्रेय तभी मिलेगा, जब हर निर्धारित कार्रवाई को पूरी तरह से अंजाम दिया जाए और जब शुरू में ऐसा कोई समझौता न हो कि दूसरी शादी इसलिए की जा रही है ताकि पति-पत्नी एक-दूसरे से दोबारा शादी कर सकें। उलमा चेतावनी देते हैं, कि यदि प्रावधानों को अंजाम देने में कोई कमी रखी गई तो औरत को ज़बरदस्ती पति से अलग कर दिया जाए और मुस्लिम समुदाय को उन दोनों का और उनसे संपर्क रखने वाले किसी भी व्यक्ति का बहिष्कार कर देना चाहिए।[104] उलमा घोषित करते हैं कि निकाह के दौरान यह शर्त रखना नाजायज और गुनाह है कि हलाला के लिए औरत का कुछ ही दिनों में तलाक करा लिया जाएगा। हदीस में ऐसा जिक्र आया है कि जो आदमी ऐसी शर्त को मान लेता है उस पर लानत बरपा होती है।[105]

देवबंद के उलमा भी इसी प्रकार की सख़्ती बरतते हैं। उनके द्वारा दिए गए इसी प्रकार के निर्णय नीचे दिए गए हैं :

केस 414 : यदि इकरारनामे के मुताबिक किसी औरत का दूसरा पति उससे हमबिस्तरी किए बग़ैर उसे तलाक दे देता है तो यह सही हलाला माना जाएगा या नहीं? या हलाला के लिए हमबिस्तरी अनिवार्य है?

फ़तवा : यदि दूसरा पति उसके साथ हमबिस्तरी किए बग़ैर उसे तलाक दे देता है, तो वह पहले पति के लिए हलाल नहीं होती।[106]

केस 419 : एक आदमी अपनी बीवी को तलाक दे देता है और वह एक दूसरे आदमी से शादी कर लेती है। वह दूसरा आदमी भी उसके साथ हमबिस्तरी किए बग़ैर उसे तलाक दे देता है। क्या अपने पहले पति से उस औरत की दोबारा शादी वैध मानी जाएगी?

फ़तवा : हलाला का मतलब है दूसरे पति के साथ हमबिस्तरी करना।[107] चाहे किसी औरत को गुस्से के आवेश में, या नशे की हालत में या एकदम ग़लतफ़हमी में या किसी तरह भी, घर से क्यों न निकाला गया हो, उसे अपने मूल घर, अपने बाल बच्चों और पति के पास लौटने से पहले अनिवार्य रूप से एक दूसरे आदमी की पत्नी बनना पड़ेगा और उस दूसरे आदमी के साथ अनिवार्य रूप से हमबिस्तरी भी करनी पड़ेगी, और उसके बाद उस व्यक्ति से तलाक लेना पड़ेगा। इस अनिवार्य शर्त के कारण बेचारी औरत को असीम कष्ट और अपमान झेलना पड़ता है। इस बात का डर कि यदि उसने अपने पति को हर दृष्टि से और हर क्षण संतुष्ट नहीं रखा तो यह सारा कष्ट और अपमान उसे झेलना पड़ेगा, उसे दासता की दयनीय दशा तक पहुँचा देता है। जितना ज़्यादा वह अपने घर और बच्चों से प्यार करती है उतनी अधिक दासता का जीवन उसे व्यतीत करना पड़ता है। और यह भी ज़रूरी नहीं कि दूसरी शादी और सहवास द्वारा उसे पक्का करने के बाद उसके कष्ट और अपमान का अंत हो जाए, क्योंकि इस प्रथा का काफी दुरुपयोग भी किया जा सकता

है। जरा निम्नलिखित केस पर विचार कीजिए जिसे देवबंद के उलमा के सामने पेश करके उनका फ़ैसला हासिल किया गया था।

केस 407 : हिंदू राज्य की कचहरी के आदेश के तहत और अपने ख़ानदान के लोगों द्वारा दबाव डाले जाने के कारण नियामत ख़ान को एक ही बार में अपनी बीवी गबरो को तीन तलाक देने पड़े। दो तीन दिनों के बाद, कुछ व्यक्तियों द्वारा इसरार किए जाने पर उसने कुछ हिंदुओं की मौजूदगी में यह कहा कि वह उचित समय पर अपनी बीवी को वापिस बुला लेगा। चार महीने बाद पति-पत्नी के बीच ज़ुबानी तौर पर सुलहनामा हो गया। कुछ अर्से बाद ख़ानदान के लोगों ने भी उसे दोबारा शादी करने की सलाह दी। क्योंकि औरत का तलाक हो चुका था और उसने किसी दूसरे आदमी से शादी नहीं की थी इसलिए उसकी शादी मंगत ख़ान से इस शर्त पर कर दी गई कि वह उसे शादी के फ़ौरन बाद तलाक दे देगा। लेकिन शादी करने के बाद मंगत ख़ान ने कहा कि वह उसे फ़ौरन तलाक न देकर कुछ दिन बाद देगा। उसके बाद उसने उसे तलाक देने से इंकार कर दिया। वह औरत मंगत ख़ान की बीवी बनकर नहीं रहना चाहती। अब सवाल यह उठता है कि क्या नियामत ख़ान द्वारा इस शादी से पहले दिया गया तलाक वैध है या नहीं, क्या मंगत ख़ान की शादी सही है या ग़लत और मंगत ख़ान के इस कहने का क्या नतीजा होगा कि वह कुछ दिन बाद उस औरत को तलाक देगा? वह औरत कहती है कि वह मंगल ख़ान की बीवी बनकर नहीं रहना चाहती। नतीजतन वह मंगल ख़ान के घर नहीं गई है और न ही उससे हमबिस्तरी की है। ऐसा कौन सा तरीका है जिससे वह मंगत ख़ान से अलग हो सके या इससे तलाक हासिल कर सके?

फ़तवा : पहली बात तो यह कि नियामत ख़ान का तलाक प्रभावी हो चुका है और वह हलाला के बिना उस औरत से दोबारा शादी नहीं कर सकता। शादी को बहाल करने का उसका इरादा कोई मायने नहीं रखता। मंगत ख़ान की जायज़ तौर पर शादी हुई मानी जाएगी। जब तक वह उस औरत के साथ हमबिस्तरी नहीं कर लेता और उसके बाद वह उसे तलाक नहीं दे देता, और उस औरत की इद्दत की मियाद पूरी नहीं हो जाती, तब तक नियामत ख़ान उससे कानूनी तौर पर जायज शादी नहीं कर सकता। मान लीजिए मंगत ख़ान उसके साथ संभोग किए बग़ैर ही उसे तलाक दे देता है, तो भी वह नियामत ख़ान के लिए हलाला नहीं होगी। मंगत ख़ान के इस कथन का कि वह उसे तलाक दे देगा, या कुछ दिन के बाद देगा, तलाक पर कोई असर नहीं पड़ता। औरत का यह कहना, कि मंगत ख़ान से शादी करने के बाद वह उसकी बीवी नहीं बनना चाहती, मूर्खता है। इससे शादी पर कोई असर नहीं पड़ता। शादी कर चुकने के बाद शादीशुदा औरत के पास अलग रहने का कोई हक नहीं रह जाता। तलाक के बिना वह अपने पति से अलग नहीं हो सकती और न दूसरे आदमी से शादी कर सकती है। नियामत ख़ान के लिए उससे

दोबारा शादी करने का एक ही रास्ता है कि मंगत ख़ान उसके साथ हमबिस्तरी करे और उसके बाद उसे तलाक दे दे।[108]

मुगलकाल से लेकर हमारे अपने समय तक इस प्रकार के अनेक केस हमें पढ़ने को मिलते हैं।

इस प्रकार यह एक ऐसी प्रक्रिया है जो कि पत्नी के लिए केवल घोर पीड़ादायक और अपमानजनक ही नहीं, बल्कि यह एक ऐसी क्रियाविधि है जिसका ज़ाहिराना तौर पर दुरुपयोग किया जाता है जिससे वह पत्नी के लिए और अधिक पीड़ा और अपमान का कारण बन जाती है।

केवल एक बात और यहाँ कहना जरूरी है : यह प्रक्रिया सिर्फ़ उलमा के फ़तवों में ही कानून का दर्जा नहीं रखती, बल्कि यह वह कानून है जिसे हमारे न्यायालय भी मान्यता प्रदान करते हैं और उसे लागू भी करते हैं। उन्होंने भी इस बात पर बल दिया है कि दूसरी शादी ज़रूर होनी चाहिए और यह दूसरी शादी वास्तविक सहवास द्वारा पक्की की जानी चाहिए और दूसरे पति का औरत को तलाक देना ज़रूरी है, तभी कहीं जाकर वह अपने मूल पति की पत्नी बन सकती है।

खासतौर पर न्यायालयों ने यह फैसला दिया है कि :

- दोबारा शादी हो जाने पर यह नहीं मान लिया जाएगा कि वह वैध है। बीच में हुई शादी होने और बीच की शादी को सहवास द्वारा पक्का किए जाने का सबूत होना ज़रूरी है। ख़ासतौर पर अगर पति ने पत्नी को तलाक दे दिया और फिर पछताकर, बिना हलाला के उसके साथ फिर से रहने लगा, तो उसके बाद जो बच्चे पैदा होंगे वे नाजायज़ संतान कहलाएँगे।
- मानक ग्रंथ में यह स्पष्ट किया गया है कि हलाला के उद्देश्य से 'प्रामाणिक एकांतवास' काफ़ी नहीं है। जब पति पत्नी ऐसी परिस्थितियों में एकांत में एक दूसरे के साथ हों जोकि वैवाहिक संयोग के लिए कोई कानूनी, नैतिक या शारीरिक बाधा प्रस्तुत न करती हों, तो उन्हें प्रामाणिक एकांतवास की स्थिति में माना जाता है। जहाँ तक मेहर, पितृत्व प्रमाणित करने, इद्दत का पालन करने और इद्दत के दौरान रखरखाव आदि का संबंध है, 'प्रामाणिक एकांतवास' को वही महत्व दिया जाता है जोकि सहवास को। लेकिन हलाला के लिए यह काफी नहीं है। उसके लिए वास्तविक सहवास होना अनिवार्य है।[109]

यह सिर्फ़ फ़तवों द्वारा लागू की गई शरीअत ही नहीं है; क्योंकि हमारी सरकारों ने एकसमान व्यवहार संहिता लागू करने के बारे में संविधान के निर्देश पर कोई अमल नहीं किया, इसलिए यह शरीअत धर्मनिरपेक्ष भारत का कानून बन चुकी है, जिसे हमारे न्यायालय भी लागू करते हैं।

संदर्भ

1. बैरोज़ा
2. फ़तवा-ए-रिज़विया खंड 9 पुस्तक 1, पृ. 183
3. अध्याय 10 में।
4. रामस्वरूप की पुस्तक विमेन इन इस्लाम, वायस ऑफ़ इंडिया, नई दिल्ली 1994, पृ. 22.23, कुरआन में इसी प्रसंग में देखें आयत 4.24–"तुम अपनी धन दौलत से उन्हें हासिल करो"–मेहर के संबंध में इसी प्रकार के उल्लेख के लिए देखें, फ़तवा-ए-रहीमियत, खंड। पृ. 45, गुलाम औरत को रखने और उसे इस्तेमाल करने के बारे में संबंधित फ़तवे पर आगे अध्याय 9 में चर्चा की गई है।
5. आगे अध्याय 5 में।
6. देखें सुनन अबू दाऊद, अहमद हसन (अनु.) किताब भवन, नई दिल्ली, 1993 खंड 2 पृ. 585-86
7. मुहम्मद अलाउद्दीन हस्काफ़ी, दि दर-उल-मुख़्तार, बी. एम. दयाल (अनु.) 1913ए किताब भवन नई दिल्ली, पुनः मुद्रण पृ. 118
8. तीन बार कहे गए 'तलाक' शब्द की वैधता से संबंधित नियम के बारे में देखें, उदाहरण के तौर पर, मुफ़्ती किफ़ायतुल्लाह के फ़तवे, खंड 6 पृ. 65-66, 73-75, फ़तवा-ए-दारुल उलूम देवबंद खंड 9 पृ. 292 (केस 313), 326 (केस 371), 350-51 (केस 400), 362 (केस 415), फ़तवा-ए-रिज़विया, खंड 5, पृ. 526-27, जिसमें मौलाना अहमद रज़ा ख़ान उस व्यक्ति को खूब फटकारते हैं जो यह कहता है कि मामले में कुछ असहमति है; इस नियम को फिर से दोहराया जाता है, उदाहरण के लिए पृ. 367, 368 पर। संदेहों को दृढ़तापूर्वक दबा दिया जाता है। उदाहरण के लिए दारुल उलूम के उलमा से पूछा जाता है, "पैग़ंबर साहिब अबू बकर और उमर के वक्त में एक समय पर तीन बार कहे गए 'तलाक' को एक 'तलाक' गिना जाता था। उसे तीन की संख्या में गिने जाने की शुरुआत उमर द्वारा की गई। 'ज़ैद' (एक छद्म नाम) कहता है कि उमर का आदेश शरीअत के मुताबिक नहीं था, बल्कि यह राजनीतिक था। जो ऐसा कहता है, उसके बारे में क्या कानून है?" उलमा फ़रमान देते हैं : "उमर के फ़तवा के बारे में जो मुसलमान ऐसा कहते हैं वे अनजान और गुमराह हैं। उमर ने शरीअत के आधार पर आदेश को लागू किया था। इसके मूल के बारे में पता लगाए बग़ैर उलमा की आम राय के बारे में ऐसा कहना कैसे सही हो सकता है? शमी में लिखा है...वर्णन से यह स्पष्ट है कि हज़रत उमर ने अपना आदेश शरीअत के मुताबिक ही दिया था, और जो इसका विरोध करते हैं, वे गुमराह हैं"–फ़तवा-ए-दारुल उलूम देवबंद, खंड 9, पृ. 326 (केस 371), उसी प्रकार देखें पृ. 350-51 (केस 400), जहाँ वही बात फिर से दोहराई गई है।
9. फ़ैज़ बदरुद्दीन त्याबजी, मुस्लिम ला, दि पर्सनल ला ऑफ़ मुस्लिम्स इन इंडिया एंड पाकिस्तान, चौथा संस्करण, मुशिन त्याबजी द्वारा, एन. एम. त्रिपाठी, बंबई, 1968, पृ. 163
10. अमद गिरी 5 (पांडुलिपि) बाग़ा, आकाशवाणी, 1955, जम्मू तथा कश्मीर
11. ताहिर महमूद, 'नो मोर 'तलाक, तलाक, तलाक'–जस्टिस रेस्टोरेशन ऑफ़ दि ट्रयू इस्लामिक ला आन डिवोर्स,' इस्लामिक एंड कम्पीटीटिव ला त्रैमासिक, खंड 12 शीतकालीन अंक 2 पृ. 2, 10; उप महाद्वीप में इस्लाम की जो सामान्य पृष्ठभूमि रही है, उसके मद्देनज़र यह जानकर कोई आश्चर्य नहीं होता कि पाकिस्तान में भी स्थिति कुछ अलग नहीं है। के. एन. अहमद अपने विस्तृत अध्ययन में लिखते हैं, "आजकल सुन्नी शरीअत के अंतर्गत तलाक अलूबिदा का सबसे ज़्यादा प्रचलित तरीका है, एक ही समय पर तीन बार 'तलाक' कहना। यह ज़रूरी नहीं कि

पति तीन बार 'तलाक' कहे, तभी वह पक्का तलाक माना जाएगा। तीन बार तलाक कहना, तलाक के उन बहुत से रूपों में से एक है, जिनके ज़रिए तलाक दिया जा सकता है। इस उद्देश्य के लिए मान्यता प्राप्त किसी अन्य तरीके से भी तलाक दिया जा सकता है..." देखें, के. एन. अहमद की पुस्तक 'मुस्लिम ला ऑफ़ डिवोर्स', कराची 1971, किताब भवन नई दिल्ली 1984, पुनः मुद्रण पृ. 68-69

12. मुफ़्ती किफ़ायतुल्लाह के फ़तवे खंड 6, पृ. 83-84
13. फ़तवा-ए-दारुल उलूम, देवबंद, खंड 9, पृ. 50, केस 31
14. वही, देवबंद खंड 9 पृ. 42-43
15. अगले प्रतिनिधि उदाहरण फ़तवा दारुल उलूम, देवबंद खंड 9 से दिए गए हैं। केस संख्या हर उदाहरण के शुरू में और पृष्ठ संख्या उसके अंत में दी गई है, अंतिम उदाहरण खंड 10 से है।
16. सामान्यतः अपने मूल पति से तलाक के बाद दोबारा निकाह करने वाली औरत को हलाला कहा जाता है। उसे अपने मूल पति से दोबारा विवाह करने से पहले किसी दूसरे व्यक्ति से विवाह करके उसे तलाक देना पड़ता है।
17. देखें खंड 9 में इसी आशय के केस 269, 273, 300, 391
18. उदाहरण के लिए देखें, मुफ़्ती किफ़ायतुल्लाह के फ़तवे, खंड 6 पृ. 71, 72 और उसके बरअक्स पृ. 72-73 पर।
19. सभी प्रतिनिधि उदाहरण फ़तवा-ए-दारुल उलूम देवबंद खंड 9 से लिए गए हैं। केस संख्या उदाहरण के शुरू में दी गई है और पृष्ठ संख्या उसके अंत में।
20. फ़तवा दारुल-उलूम, देवबंद, खंड 9, केस की संख्या उदाहरण के शुरू में और पृष्ठ संख्या उसके अंत में दी गई है।
21. इन उदाहरणों में एक मानक स्थिति का उल्लेख किया गया है। लेकिन किसी बात का पहले से अंदाज़ा लग जाने पर, और उलमा द्वारा अपवाद रूप में कोई भी आदेश न दिए जाने पर उनकी शक्ति बहुत कम हो जाएगी। इसीलिए फ़तवों के उसी संकलन में जिसमें ये उदाहरण दिए गए हैं, हमें एक उदाहरण ऐसा भी पढ़ने को मिलता है जिसमें धोखे से तलाक का कागज लिखवा लिया गया है और उस मामले में तलाक को पूर्वअपेक्षित रूप से, अप्रभावी करार दिया गया है! केस इस प्रकार है : केस 123 : एक आदमी के दुश्मनों ने नोटरी और रजिस्ट्रार के साथ मिलकर एक आदमी के ख़िलाफ़ षड्यंत्र रचा और उसे शराब पिला दी। उन्होंने तलाकनामा लिखने के लिए एक कानूनी कागज ख़रीदा और तलाक रजिस्टर और ख़ाली दस्तावेज़ पर उसके अँगूठे का निशान लगवा लिया। उसके बाद षड्यंत्रकारियों ने उसकी विवाहित पत्नी के बारे में तलाक लिख दिया। कुल मिलाकर यह एक धोखाधड़ी का मामला बनता है। क्या उन दोनों के बीच तलाक हुआ मान लिया जाएगा? इस घटना के बाद पैदा हुए बच्चों का क्या होगा? फ़तवा : धोखाधड़ी से हासिल किए गए तलाकनामे से तलाक प्रभावी नहीं होता। पति ने पत्नी को तलाक नहीं दिया—ऐसा माना जाएगा। और उनके बच्चे भी जायज़ माने जाएँगे। (वही खंड 9 पृ. 101) उलमा की ताकत और उनका आतंक इस तथ्य में निहित है कि यह तय करना उनके हाथ में है कि उनके पास लाया गया केस, केस संख्या 50 और 260 में विचारित श्रेणी के अंतर्गत आता है, जिन्हें ऊपर उद्धृत किया गया है, या केस 123 की श्रेणी में।
22. फ़तवा-दारुल उलूम, देवबंद, खंड 9 पृ. 262, इसी खंड में पृ. 99 पर केस संख्या 118 भी देखें।
23. मज़बूरी में साष्टांग प्रणाम करने के बारे में देखें : मुफ़्ती किफ़ायतुल्लाह के फ़तवे खंड 2 पृ. 207-9 और मजबूरी में दिए गए तलाक के पूर्णतः प्रभावी होने के बारे में देखें वही, पृ. 236-40

24. सभी उदाहरण मुफ़्ती किफ़ायतुल्लाह के फ़तवे, खंड 6 से लिए गए हैं। पृष्ठ संख्याएँ हर उदाहरण के अंत में दी गई हैं।
25. सभी प्रतिनिधि मामले फ़तवा दारुल उलूम, देवबंद, खंड-9 से लिए गए हैं। केस संख्या हर उदाहरण से पहले और पृष्ठ संख्या उसके अंत में दी गई है।
26. इसी आशय के और केस भी हैं। उदाहरण के लिए देखें केस संख्या 96, खंड 9, पृ. 86-88, जो कि नशे की हालत में दिए गए तलाक के बारे में अन्यत्र दिया गया है।
27. फ़तवा-ए-रिज़विया खंड 5, 631-32
28. वही, खंड 5, पृ. 632
29. वही, खंड 5, पृ. 632
30. वही, खंड 6, पृ. 112
31. शेख़ बुरहानुद्दीन अली, दि हिदायत, चार्ल्स हेमिल्टन (अनु.) 1791, किताब भवन, नई दिल्ली, 1985, पुनः मुद्रण खंड, पृ. 210-11
32. फ़तवा दारुल उलूम, देवबंद, खंड 9, पृ. 42-43; और फ़तवा-ए-रिज़विया खंड 5, पृ. 639
33. फ़तवा दारुल उलूम, देवबंद खंड 9, 339
34. फ़तवा-ए-रिज़विया खंड 5, पृ. 602
35. वही, खंड 5, पृ. 603-4
36. वही, खंड 5, पृ. 604
37. वही, खंड 5, पृ. 604, 625
38. मुफ़्ती किफ़ायतुल्लाह के फ़तवे, खंड 6 पृ. 74-75
39. वही, खंड 6, पृ. 284-85
40. वही, खंड 6, पृ. 85
41. वही, खंड 6 पृ. 272-73
42. वही, खंड 6 पृ. 280
43. फ़तवा-ए-रिज़विया, खंड 5 पृ. 609
44. वही, खंड 5, पृ. 610
45. वही, खंड 5, पृ. 613
46. वही, खंड 5, पृ. 616
47. वही, खंड 5, पृ. 622
48. वही, खंड 5 पृ. 622
49. दरुल मुख़्तर, 1992, पुनः मुद्रण, किताब भवन, नई दिल्ली पृ. 161
50. वही, पृ. 164-65
51. वही, पृ. 165
52. ये संख्याएँ वे संख्याएँ हैं, जो कि इमाम फ़ख़रुद्दीन हसन बिन मन्सूर अल उज़जंदी अल फ़रगानी के फ़तवा-ए-काज़ी ख़ान के अंग्रेज़ी रूपांतरों में दी गई हैं। अनु. तथा संपा. मौलवी मुहम्मद यूसुफ़ ख़ान बहादुर और मौलवी विलायत हुसैन, किताब भवन नई दिल्ली 1994 पुनः मुद्रण, खंड 2, मूल अरबी पाठ में फ़तवों की संख्या अनूदित पैराग्राफ़ में दी गई संख्या से 900 कम है।
53. ये उदाहरण मुफ़्ती किफ़ायतुल्लाह के फ़तवे खंड 6 में से लिए गए हैं। पृष्ठ संख्या हर उदाहरण के बाद कोष्ठक में दे दी गई है।
54. ये उदाहरण फ़तवा-दारुल उलूम देवबंद खंड 10 से लिए गए हैं। केस संख्या उदाहरण के शुरू

में और पृष्ठ संख्या उसके अंत में दी गई है।

55. उद्धरण और संख्या के लिए देखें ऊपर पादटिप्पणी संख्या 52
56. ये उदाहरण मुफ़्ती किफ़ायतुल्लाह के फ़तवे खंड 6 से दिए गए हैं। पृष्ठ संख्या हर उदाहरण के अंत में कोष्ठक के अंदर दी गई है।
57. ये उदाहरण फ़तवा दारुल-उलूम, देवबंद के खंड 10 में से लिए गए हैं। केस की संख्या उदाहरण के शुरू में दी गई है, और पृष्ठ संख्या उदाहरण के अंत में।
58. दरुल मुख़्तार पृ. 199
59. फतवा-ए रिज़विया खंड 5 पृ. 796
60. वही, खंड 5 पृ. 820
61. देखें अध्याय 10
62. 'ओ अबू सईद, मेरे पास कुछ लौंडियां हैं जो मेरी बीवियों से बेहतर हैं। लेकिन मैं यह नहीं चाहता कि वे सभी गर्भवती हो जाएं। क्या मैं उनके साथ अज़्ल (व्याहूत मैथुन) कर लूं?" मोमिन पूछता है। इस पर उसे बताया जाता है, "वे तुम्हारे लिए काश्तकारी के खेत हैं, अगर तुम उन्हें सींचना चाहते हो, तो सींचो, अगर तुम उन्हें सींचना नहीं चाहते, तो उन्हें सूखा रखो।" (इमाम मलिक मुवत्ता, शेख मुहम्मद अशरफ़, लाहोर, 1980, अध्याय 362, 1121)। ऐसा कह कर रफ़ीक सिर्फ अल्लाह के फरमान की तामील कर रहा था : अल्लाह कुरआन में कहता है "तुम्हारी बीवियां तुम्हारे लिए खेती समान हैं। अपनी खेती में जिस तरह से चाहो, आओ और अपनी आत्माओं के लिए पहले से ही कुछ अच्छे काम कर लो; और अल्लाह से डरो..." (कुरआन 2. 223)
63. पैगम्बर साहिब फरमाते हैं, कि "पूरा संसार आनंद लेने के लिए है, लेकिन दुनिया में सबसे अच्छी चीज़ है एक अच्छी औरत"—निश्कत अल मसाहिब, शेर (?) मुहम्मद अशरफ, लाहोर 1975, खंड 1 पृ. 658
64. रामस्वरूप, विमेन इन इस्लाम, वायस ऑफ इंडिया, नई दिल्ली, 1994 खासतौर पर पृ. 22-25, "सच बात तो यह है कि कुरआन ने कई स्थानों पर मेहर को उजूरः (उजरत या भाड़ा) कहा है।" वे आगे लिखते हैं, "यह शब्द भारत में भी बिल्कुल इन्हीं अर्थों में 'उजरत' के रूप में प्रचलित है। उदाहरण के लिए कुरआन की एक आयत इस प्रकार है, "ओ पैग़ंबर हमने तुम्हारी बीवियों को जिन्हें तुमने उनका उजूरः अदा किया, तुम्हारे लिए वैध करार दिया है।" इसी शब्द का प्रयोग सूरा 4 की आयत संख्या 24 और 25 में भी इस्तेमाल किया गया है।" वही पृष्ठ 22-23
65. इमाम मलिक, मुवत्ता, पृ. 256, 299
66. और इस प्रथा के लिए भी अल्लाह करीम तथा रहीम ने मंजूरी दे रखी है। क्योंकि उसने कहा है "ब़ीबियों को मेहर दो मेहर की हैसियत से : हाँ यदि वे अपनी इच्छा से उसमें से कुछ तुम्हारे लिए छोड़ दें, तो उसे तुम लेकर ख़ुशी के साथ उसका आनंदभोग कर सकते हो।" कुरआन 4.4. कुरआन 4. 224 भी देखें जहाँ अल्लाह ने फिर कहा है, "और यदि मेहर निश्चित हो जाने के पश्चात् अपनी ख़ुशी से (उसे बदलने का) कोई समझौता कर लो तो इसमें तुम पर कोई गुनाह नहीं है।"
67. दरुल मुख़्तार, किबात भवन, 1992, पुनः मुद्रण पृ. 201-202
68. इन महत्त्वपूर्ण सवालों पर, उदाहरण के लिए देखें दरुल मुख़्तार पृ. 146-47
69. वही पृ. 164-65 संबंधित उद्धरण, पति द्वारा अस्पष्ट अभिव्यक्ति का प्रयोग किए जाने पर पड़ने वाले उसके प्रभाव के संदर्भ में ऊपर दिया गया है।

70. फ़तवा-ए-काज़ी ख़ान, खंड 2 संख्या 2083 पृ. 109
71. वही, खंड 2 पृ. 183, संख्या 2312
72. वही, खंड 2 पृ. 152, संख्या 2221
73. वही, खंड 2 पृ. 152, संख्या 2223
74. वही, खंड 2 पृ. 152-53, संख्या 2225
75. वही, खंड 2 पृ. 167-68, संख्या 2265
76. दरुल मुख़्तार पृ. 120
77. फ़तवा-ए-काज़ी ख़ान, खंड 2 पृ. 117, संख्या 2098, सभी उदाहरण फ़तवा-ए-काज़ी ख़ान से लिए गए हैं और उनकी संख्याएँ कोष्ठकों में दी गई हैं।
78. अलबत्ता, एक ऐसा अपवाद मुझे देखने को मिला, जोकि औरतों के हक में है। जिस आदमी ने किसी औरत को तलाक दे दिया हो, यदि वह उसके साथ सहवास करने की कोशिश करे, और यदि औरत के पास उससे बचने का कोई और रास्ता न हो तो वह उसकी हत्या कर सकती है। विधिवेत्ता यह सलाह देते हैं कि औरत को मर्द की हत्या कोई औषधि आदि देकर करनी चाहिए, न कि किसी 'घातक हथियार' का इस्तेमाल करके। उनका कहना है, "ऐसा इसलिए, क्योंकि यदि औरत ने मर्द की हत्या किसी ऐसे हथियार से की जिससे घाव हो जाता है तो क़िसास (ख़ून के बदले ख़ून) के नियम के अनुसार उसे भी मौत के घाट उतार दिया जाएगा।" (2263)
79. टिप्पणीकार लिखते हैं कि फ़तवा-ए-काज़ी ख़ान की तरह प्रामाणिक ग्रंथों, रद्द-उल-मुद्दतर और फ़तवा-ए-आलमगीरी में भी इसी नियम का उल्लेख किया गया है। टिप्पणीकार का कहना है, इसके ये कारण हो सकते हैं : पहला, "अरबी भाषा में, तलाक की भाषा एकदम आम फ़हम भाषा होती है;" इसलिए कानून की जानकारी न होना कोई बहाना नहीं है; दूसरा, "(तलाक का) परिणाम उतना विनाशकारी नहीं होता, जितना कि जायदाद के मामले में" : यदि पति का इरादा तलाक देने का न हो, तो उसके लिए सबसे आसान तरीका यह है कि वह दोबारा शादी कर ले (देखें, फ़तवा-ए-काज़ी ख़ान खंड 2 पृ. 38)। बाद वाले कारण से पैग़ंबर साहिब ज़रूर हैरान हुए होंगे, क्योंकि उन्होंने दोबारा शादी करने के लिए काफी मुश्किल प्रक्रिया निर्धारित कर दी थी। इसके लिए उन्होंने हलाला की अपमानजनक शर्त जोड़ दी थी—यह शर्त कि उस औरत से कोई दूसरा आदमी शादी करेगा, और सहवास द्वारा उस शादी को पक्का किया जाएगा, और वह दूसरा आदमी उसके बाद उस औरत को तलाक देगा। तभी जाकर कहीं वह अपने पहले पति से दोबारा शादी कर सकेगी।
80. दरुल मुख़्तार, पृ. 194
81. वही, पृ. 196
82. वही, पृ. 197
83. वही, पृ. 198
84. मुफ़्ती किफ़ायतुल्लाह के फ़तवे, खंड 6, पृ. 261
85. वही, खंड 6, पृ. 269-70
86. वही, खंड 6 पृ. 309
87. वही, खंड 6 पृ. 301-2
88. वही, खंड 6 पृ. 236-37
89. वही, खंड 6 पृ. 309-10
90. फ़तवा-ए-रिज़विया, खंड 5, पृ. 804-5

91. दरुल मुख़्तार, पृ. 195-96
92. उदाहरण के लिए फ़तवा-ए-रिज़विया, खंड 5, पृ. 627-28
93. वही, खंड 5, पृ. 627-28
94. वही, खंड 6, पृ. 636
95. ए.ए.ए. फ़ैजी आउटलाइन आफ़ मुहम्मेडन ला, आक्सफ़ोर्ड युनिवर्सिटी प्रेस, नई दिल्ली 1993, पुनःमुद्रण पृ. 156
96. फैज़ बदरुद्दीन त्याबजी, मुस्लिम ला, दि पर्सनल ला आफ मुस्लिम्स इन इंडिया एंड पाकिस्तान, चौथा संस्करण, मुशिन त्याबजी, एन.एम. त्रिपाठी द्वारा, बंबई, 1968, पृ. 163
97. एक प्रश्नकर्ता पूछता है : क्या (पहली) पत्नी की रज़ामंदी के बग़ैर पति का दूसरी शादी करना वैध है? इस पर देवबंद के उलमा यह फ़ैसला देते हैं कि पहली बीवी की इजाजत के बग़ैर पति का दूसरी शादी करना कानूनन सही है। शरीअत के मुताबिक, उनके विचार से, पत्नी की इजाज़त लेना ज़रूरी नहीं है। इसके साथ ही वे अपनी ओर से यह टिप्पणी जोड़ते हैं : "कुरआन कहता है, पति मालिक होता है।" (फ़तवा-दारुल उलूम, देवबंद, खंड 7, पृ. 225) एक और प्रश्नकर्ता पूछता है : क्या पहली पत्नी की रज़ामंदी के बग़ैर पति का दूसरी शादी करना विधि सम्मत है? इसके जवाब में उलमा फ़रमाते हैं, यह विधि सम्मत है। उनका यह मानना है कि पहली बीवी की रज़ामंदी लेना हरगिज़ ज़रूरी नहीं है, लेकिन बहतर होगा, अगर रज़ामंदी ले ली जाए। (वही, खंड 7, पृ. 225)
98. उदाहरण के लिए फ़तवा दारुल उलूम देवबंद, खंड 7, पृ. 225
99. वही, खंड 9, पृ. 361-62
100. हलाला में किस-किस अवस्था पर क्या-क्या कार्रवाई की जानी होती है, उसके लिए उदाहरणार्थ देखें, फ़तवा-ए-रिज़विया, खंड 5, पृ. 643-44
101. उदाहरण के लिए वही, खंड 5, पृ. 658
102. वही, खंड 5, पृ. 639
103. वही, खंड 5, पृ. 645
104. वही, खंड 5, पृ. 645
105. वही, खंड 5, पृ. 645 जैसा कि पहले उल्लेख किया गया, एक मामले में उलमा कहते हैं, अगर मन में ऐसी बात हो, तो कोई हर्ज नहीं। लेकिन वस्तुतः ऐसा पुण्य कार्य कराने के लिए इनाम की अपेक्षा अवश्य की जाती है।
106. फ़तवा दारुल उलूम, देवबंद, खंड 9, पृ. 361-62
107. वही, खंड 9, पृ. 366
108. वही, खंड 9, पृ. 356-57
109. उदाहरण के लिए देखें : मुल्लाज़ प्रिंसीपल्स आफ़ मुहम्मेडन ला, 1897 संस्करण, संपादन एम. हिदायतुल्लाह तथा अरशद हिदायतुल्लाह, एन. एम. त्रिपाठी बंबई, 1977 धारा 257 और 336 पृ. 286, 354 और ए.ए.ए. फ़ैज़ी की पुस्तक : आउटलाइंस आफ मुहम्मेडन ला, आक्सफ़ोर्ड युनिवर्सिटी प्रेस, चौथा संस्करण, नई दिल्ली 1993, पृ. 157-58 और उनके द्वारा उद्धृत केस ख़ासतौर पर राशिद अहमद बनाम अनीसा ख़ातून बनाम असुल्लाह ख़ान का केस।

शरीअत और सत्ता

शरीअत-सत्ता के रूप में

सय्यद अमीर अली ने लगभग सौ वर्ष पहले अपनी प्रसिद्ध पुस्तक 'मुहम्मेडन ला' में लिखा था, "तीन बार दिया गया तलाक, एक विधर्मी अथवा अनियमित प्रकार का तलाक है, जिसकी शुरुआत मुस्लिम युग की दूसरी शताब्दि में हुई थी। इसी समय उम्मान के बादशाहों ने यह देखा कि पैगंबर साहिब द्वारा लगाए गए नियंत्रणों के कारण तलाक देना आसान नहीं था। ये नियंत्रण उनकी मौजमस्ती में बाधक बने हुए थे। इसलिए उन्होंने कानून की सख़्ती से बचने का उपाय ढूँढने का प्रयास किया। उन्हें अपने मकसद को पूरा करने के लिए विधिवेत्ताओं के दब्बूपन में बचाव का रास्ता दिखाई दिया।"[1]

अपनी हालिया पुस्तक 'दि राइट्स आफ विमेन इन इस्लाम' में असगर अली इंजीनियर इस परिस्थिति को और भी विशिष्ट और स्पष्ट रूप में प्रस्तुत करते हैं। वे लिखते हैं, "सवाल यह पैदा होता है कि दूसरे ख़लीफ़ा हज़रत उमर ने तलाक-ए-बत्ताह (तीन बार तलाक) क्यों लागू किया।" मिस्र के प्रसिद्ध इस्लामी विद्वान मुहम्मद हुसैन हैकल का कहना है कि इसकी शुरुआत उस समय मौजूदा असाधारण परिस्थितियों के कारण हुई। जीती हुई जंगों के दौरान, श्याम, मिस्र और दूसरे स्थानों से कब्ज़े में ली गई बहुत सी औरतों को मद़ीना लाया गया। वे गोरे रंग की ख़ूबसूरत औरतें थीं और अरबी लोगों के मन में उनसे विवाह करने की लालसा जाग उठी। लेकिन ये औरतें सौतों के साथ रहने की आदी नहीं थीं इसलिए वे आदमियों के सामने यह शर्त रखती थीं कि वे अपनी पहली बीवियों को तीन बार तलाक दें ताकि उन्हें वापिस न लिया जा सके। वे यह नहीं जानती थीं कि कुरआन और सुन्नत के अनुसार तीन तलाकों को केवल एक तलाक माना जाता था। श्याम और अन्य देशों की औरतों की तसल्ली के लिए अरबी लोग तीन बार तलाक कह देते थे और बाद में अपनी पूर्व पत्नियों को वापिस बुला लेते थे, जिसके कारण अनेक विवाद खड़े होने लगे। इन कठिनाइयों पर काबू पाने के लिए हज़रत उमर ने यही ठीक समझा कि एक

ही बार में दिए गए तीन तलाकों को वापिस न लिया जा सकने वाला तलाक करार दे दिया जाए। तब से सुन्नी मुसलमानों में तलाक का यह रूप इस्लामी शरीअत का अभिन्न अंग बन गया है। पूरी इस्लामी दुनिया में इस प्रथा का व्यापक प्रचलन है।"[2]

अपने हालिया निबंध में ताहिर महमूद ने इससे भी और आगे बढ़कर बात कही है। उनका यह मानना है कि तीन बार कहा गया तलाक केवल ऐसा नियम ही नहीं है जोकि इस्लामी विधिवेत्ताओं द्वारा औरतों को उनके अनिच्छित पतियों से मुक्ति दिलाने के लिए बनाया गया, बल्कि यह एक ऐसा नियम है जिसे विधिवेत्ता दुःखी औरतों द्वारा अनुरोध किए जाने पर मान्यता प्रदान करने लगे! "पैगंबर साहिब द्वारा शुरू किए गए इस सीधे सादे किंतु सार्थक सुधार ने कुछ समय बाद भ्रष्ट रूप धारण कर लिया।" वे लिखते हैं कि "पैगंबर साहिब के आदेश पतियों के लिए प्रतिरोधक बन गए और वे उन्हें मनमानी करने से रोक रहे थे। गुस्से के आवेश में पति अपनी पत्नियों को एक ही समय पर तीन तलाक दे देते थे। और विवाहिता पत्नियां अपने ज़ालिम पतियों से तंग आकर उनसे मुक्ति पाने की कोशिश में यह आग्रह करने लगीं कि 'एक ही समय पर दिए गए तीन तलाकों को, तीसरे समय पर दिए गए तलाक की तरह लागू किया जाए, ताकि उसी समय शादी से तलाक हो जाए।' मुसीबत में फँसी बीवियों की मदद करने के लिए अधिकतर तत्कालीन विधिवेत्ता इसके लिए सहमत हो गए।"[3]

सामयिक उपायों ने शाश्वत शरीअत का रूप ले लिया

तीन तलाक की प्रथा के पीछे कारण चाहे जो भी रहा हो, उसमें दो बातें बिल्कुल स्पष्ट हैं। एक तो यह कि यह नियम एक ऐसा उपाय था, जिसे विशिष्ट परिस्थितियों से निपटने के लिए वैधता का जामा पहना दिया गया। ये परिस्थितियाँ थीं : सय्यद अमीर अली के अनुमान के अनुसार, "उम्माऩ के बादशाहों की 'मौज मस्ती' करने की तलब" या जैसा कि अस़गर अली इंजीनियर ने तीन तलाकों की पृष्ठभूमि प्रस्तुत करते हुए कहा है, "इसका मकसद था निरंकुश अरबवासियों की उस चालबाज़ी को ख़त्म करना जोकि वे उन 'गोरी और सुंदर औरतों' से शादी करने के लिए अपना रहे थे। जिन्हें जंगों के दौरान क़ब्जे में ले लिया जाता था।" दूसरी बात यह है कि वह सामयिक उपाय भारत में कानून बन गया और आज भी बना हुआ है। वस्तुतः यह एक ऐसा कानून है जिसमें कोई परिवर्तन नहीं किया जा सकता, क्योंकि इसे शरीअत का हिस्सा माना जाता है, और शरीअत को क्योंकि इस्लाम का स्तंभ घोषित किया गया है, इसलिए उसमें कोई दस्तअंदाजी नहीं की जा सकती।

इस सामयिक उपाय को कानून बनाए जाने के पीछे कई कारण थे। लेकिन

हम अपने को केवल न्यायिक मामलों तक ही सीमित रखेंगे। इस संदर्भ में एक नियम का सरसरी तौर पर उल्लेख करना उचित होगा। अंग्रेज शासकों का प्रमुख उद्देश्य भारतवासियों की दशा में सुधार करना नहीं था। उनका एकमात्र उद्देश्य था अंग्रेजी शासन को मज़बूत बनाकर उसे हमेशा के लिए कायम रखना। इसलिए वे विभिन्न समुदायों के नियंत्रकों को ऐसा कोई मौका नहीं देना चाहते थे कि वे अपने अनुयायियों को भड़का सकें। ख़ास तौर पर 1857 का धक्का लगने के बाद। इसलिए अलग-अलग समुदायों के स्वीय कानूनों के मामले में उन्होंने तीन नियम अपनाए : हर समुदाय को अपने मामले उन्हीं कानूनों के मुताबिक निपटाने दो जिनका वे पालन करते चले आए हैं चाहे वे कितने भी प्रतिगामी और अनुचित क्यों न हों, दूसरा, जब तक किसी समुदाय के नियंत्रकों की तरफ़ से उस कानून की किसी व्यवस्था में संशोधन करने की जबरदस्त माँग न हो, उसमें कोई संशोधन मत करो; और तीसरा नियम ऐसा है, जिसके वे परिणाम देखने में आए जिनकी हम जाँच कर रहे हैं : अर्थात् यह तय करने के लिए कि किसी ख़ास मामले पर समुदाय का क्या कानून है, मूल स्रोतों—वर्तमान उदाहरण में कुरआन और पैग़म्बर साहिब की सुन्नत—की ओर पीछे मत जाओ, सिर्फ़ उसी का पालन करो जो उस समुदाय के विधिवेत्ता और टिप्पणीकार कहते चले आए हैं।

लेकिन बहुत हद तक ये विधिवेत्ता 'तीन तलाक' किस्म के सामयिक उपाय सोचते और उन्हें कानून का रूप देते चले आए थे। लेकिन ब्रिटिश अदालतों ने जो आत्मत्याग के नियम अपनाए उनके कारण ये सामयिक उपाय कानून बन गए। और आज हमें इन्हीं कानूनों का सामना करना पड़ रहा है और वे अपरिवर्तनीय शरीअत के रूप में बेचारे मुसलमानों को अपनी गिरफ़्त में जकड़े हुए हैं।

बीस वर्ष पहले एक महत्वपूर्ण निबंध में दानियाल लतीफ़ी ने—जिन्होंने आगे चलकर शाहबानो केस की वकालत की थी—एक प्रभावकारी उदाहरण दिया था। कुरआन में (2.241) साफ़ कहा गया है, "जो तुममें से जीवित विधवाएं छोड़कर मृत्यु को प्राप्त हों, उन्हें अपनी विधवाओं के बारे में 'वसीयत' कर जानी चाहिए कि उन्हें एक वर्ष तक गुज़र-बसर की सामग्री दी जाए और वे निकाली न जाएं।" इस्लामी कानून के इस सार संग्रह के ठीक विपरीत 'हिदायत' में कहा गया है, "किसी औरत के पति का इंतकाल हो जाने के बाद उसे गुज़र-बसर का ख़र्चा देय नहीं होता..." 'इमामिया' में तो इससे भी और आगे की बात कही गई है, "एक विधवा का गुज़र-बसर ख़र्च पर कोई हक नहीं होता, चाहे वह गर्भवती भी क्यों न हो।" जैसा कि दानियाल लतीफ़ी ने अपने निबंध में उल्लेख किया है जब मामला (1897 में आग़ा मुहम्मद बनाम कुलसुम बीबी के केस में) सर्वोच्च न्यायालय में गया, तो न्यायालय ने कुरआन के आदेश को लागू करने से इंकार कर दिया। सर्वोच्च न्यायालय की न्यायिक समिति ने अपना निर्णय दिया, "(हम) इस बात पर विचार नहीं करना चाहते कि कुरआन

से दिए गए उद्धरण, जोकि सूरा 2 की आयत संख्या 240-2 से लिया गया है, और हिदायत में निर्धारित कानून और बल्ली के इमामिया से उद्धृत लेखांश में लेखक द्वारा निर्धारित कानून के बीच किस प्रकार सामंजस्य स्थापित किया जाए। लेकिन न्यायालय के लिए; ऐसे अत्यंत प्राचीन और अत्यंत आधिकारिक टिप्पणीकारों के स्पष्ट फ़ैसले का विरोध करते हुए कुरआन के बारे में अपनी ओर से व्याख्या प्रस्तुत करना ग़लत होगा।" जैसा कि लतीफ़ी ने उल्लेख किया है सर्वोच्च न्यायालय ने बकर अली ख़ान के केस में भी 1903 में आत्मत्याग के उसी नियम को अपनाया जोकि वस्तुतः ब्रिटिश शासन के लिए अपनी सुविधा का नियम था। सर्वोच्च न्यायालय ने यह टिप्पणी की :

हम समझते हैं कि एक सामान्य सिद्धांत के रूप में यह स्वीकार करना अत्यंत ख़तरनाक होगा, कि कानून के नए नियमों को इसलिए समाविष्ट किया जाना चाहिए क्योंकि मौजूदा समय के वकीलों को ऐसा लगता है कि वे प्राचीन ग्रंथों का अनुकरण करते हुए बनाए गए हैं, क्योंकि ये ग्रंथ चाहे कितने भी आधिकारिक क्यों न हों, स्वयं कानून के प्राचीन विद्वानों ने भी वे निष्कर्ष नहीं निकाले हैं।[4]

लेकिन 1947 के बाद शासन की सुविधा, बेचारगी का विलाप बन गई। उदाहरण के लिए 1955 में आमदगिरी बनाम श्रीमती बाग़ा के केस में, जैसा कि हमने देखा है, न्यायमूर्ति शाहमीरी ने यह टिप्पणी की कि, "तीन बार कहा गया तलाक भारत में तलाक का सबसे ज़्यादा प्रचलित रूप है। किसी न्यायिक व्याख्या द्वारा इस संबंध में कोई परिवर्तन नहीं लाया जा सकता। अगर मुसलमानों में 'इस्लाम की आदिम शुद्धता की ओर लौटने' की आम इच्छा है तो मुस्लिम कानून की वर्तमान स्थिति में परिवर्तन कैसे लाए जा सकते हैं, यह कहना असंभव है, फिर चाहे इस आशय के प्रयास, मरहूम सर सय्यद अमीर अली के शब्दों में मुस्लिम धर्माचार्यों की सामान्य धर्मसभा के ज़रिए किए जाएं या विधान मंडलों द्वारा सीधी कार्रवाई के ज़रिए।"

उसका परिणाम क्या निकला? पैगंबर साहिब के समय में विश्व संबंधी दृष्टिकोण पहले से ही असंतुलित था और बाद में जो अत्यंत कठोर व्यवस्थाएं की गईं उनके कारण यह दृष्टिकोण और भी रूढ़ होता चला गया। उसके बावजूद इन बाद की व्यवस्थाओं में भी कोई दस्तंदाज़ी नहीं की जा सकती क्योंकि असमानता और पुरुष-प्रधानता के आदी हो चुके समाज ने यह सुनिश्चित कर लिया कि कुरआन और पैग़म्बर साहिब के कुछ फ़रमानों में कई मानवोचित संभावनाएँ रही भी हों तो भी उन्हें अमल में न लाने दिया जाए। और आगे चलकर उन्हें लागू करने के हर प्रयास की—उदाहरण के तौर पर शाहबानो के केस में उच्चतम न्यायालय का प्रयास, जिसके अंतर्गत न्यायमूर्ति तिलहरी द्वारा 'तीन बार दिए गए तलाक' के मामले में रखरखाव संबंधी फ़ैसला सुनाया गया था—इस्लाम पर किए गए प्रहार के रूप में भर्त्सना की गई।

इन फैसलों की भर्त्सना करते हुए, रूढ़िवादी लोग कौन से उदाहरण देते हैं? वे 1897 में सर्वोच्च न्यायालय द्वारा दिए गए फ़ैसले का उदाहरण देते हैं जिसमें यह कहा गया था कि न्यायालय कुरआन या पैग़म्बर साहिब की सुन्नत पर कोई विचार नहीं करेंगे। वे तो टिप्पणीकारों द्वारा प्रकट किए गए मत के अनुसार अमल करेंगे।

ज़रा गौर कीजिए—रूढ़िवादी लोग बाकी सबको छोड़कर अगर किसी पर भरोसा कर रहे हैं, तो वह है ब्रिटिश सर्वोच्च न्यायालय! और वह भी किस बात को लेकर! सब बातों को छोड़ कर, दयालुता और समानता जैसे विषयों को लेकर जिनके बारे में वे ख़ुद यह कहते हैं कि ये कुरआन और पैग़म्बर साहिब की नसीहतों का सार हैं। और यह सब कुछ किया जाता है शरीअत के रक्षोपाय करने के नाम पर जिसके बारे में उनका ख़ुद का यह कहना है कि उसका मूल स्रोत भी कुरआन और पैग़म्बर साहिब की वही सुन्नत है।

शाश्वत शरीअत पर हमेशा सामयिक उपाय हावी रहते हैं

हमें बताया जाता है कि 'तीन तलाक' की शुरुआत एक सामयिक उपाय के तौर पर की गई थी। कई प्रक्रियाओं के कारण, जिनकी जानकारी हमने हासिल की है यह अब एक अपरिवर्तनीय कानून बन चुका है। लेकिन हमें आज जो कुछ शरीअत के रूप में पेश किया जाता है उसके मामले में इससे ठीक उलट बात है : अर्थात् जिसे शाश्वत और अपरिवर्तनीय कानून होना चाहिए था सामयिक उपायों की बदौलत उसका अस्तित्व अब शून्य के बराबर रह गया है।

कुरआन के बाद मुसलमान जितनी श्रद्धा पैग़म्बर साहिब के 'आखिरी ख़ुत्बे (धर्गोपदेश)' के प्रति रखते हैं उतनी किसी और दस्तावेज़ के प्रति नहीं। अपनी इन आख़िरी नसीहतों में पैग़म्बर साहिब ने इस बात को दोहराया था, "सब किस्म की सूदख़ोरी को ग़ैरकानूनी (अक्षरशः रद्द) घोषित किया जाता है....अल्लाह का यह फ़रमान है कि कोई सूदख़ोरी नहीं होगी.... ।" और मिसाल कायम करने के लिए उन्होंने घोषित किया कि जो सूद उनके अपने चचा अब्बास बिन-अब्द-अल-मुत्तालिब को देय था वह उसी वक्त छोड़ दिया गया माना जाएगा। लेकिन इस्लामी बैंक और इस्लामी देशों के बैंक दिए गए कर्ज़ों पर दूसरी जगहों पर मौजूद दूसरे बैंकों की अपेक्षा कुछ कम ब्याज वसूल नहीं करते और न ही मुसलमान जमाकर्ताओं को कम ब्याज अदा करते हैं। मुसलमान भी उसी तरह ब्याज वसूल करते हैं, जिस तरह कोई गैर मुस्लिम करता है। प्राचीन काल से बीसियों ऐसे कानूनी तरीके ढूँढ निकाले गए हैं, जोकि आज भी, उदाहरण के तौर पर पाकिस्तान में, इस्तेमाल किए जा रहे हैं जिनके ज़रिए कर्ज़दार ब्याज अदा करता है और कर्ज़ देने वाला ब्याज लेता है—लेकिन इस तरह से, कि उसको नाम कोई और दिया जाता है। उदाहरण के तौर पर एक ऐसा तरीका

है जिसके तहत जिस आदमी को कर्ज़ की ज़रूरत पड़ती है, वह कुछ सामान, कर्ज़ देने वाले, मिसाल के तौर पर बैंक, के पास, जमानत के तौर पर सिर्फ़ गिरवी ही नहीं रखता बल्कि वह उसे बेच देता है। और फिर उसी क्षण वह कर्ज़ देने वाले से ज़्यादा कीमत पर वह सामान वापिस ख़रीद लेता है। जिस कीमत पर सामान ''बेचा'' गया था और जिस कीमत पर वह उसे वापिस ''खरीदता'' है, इन दोनों कीमतों के बीच का फ़र्क, बैंक का 'मुनाफा' मान लिया जाता है। होता यों है कि वह उस राशि के बराबर हो, जोकि बैंक बतौर ब्याज वसूल करता! जैसा कि शाच्ट से हमें जानने को मिलता है यह तरीका या युक्ति इमाम मलिक के वक्त में ही स्वयं मदीना में ही प्रचलित हो गई थी, अर्थात् पैग़म्बर साहिब के आखिरी ख़ुत्बे से एक सदी बाद से ही यह प्रचलन में है।[5] यह युक्ति आजकल पाकिस्तान में प्रचलित है। हाँ केवल एक सैद्धांतिक अंतर है : इमाम मलिक के समय जो ''सामान बेचा'' और ''फिर से ख़रीदा'' जाता था, वे ग़ुलाम होते थे। लेकिन आजकल वह आम किस्म का सामान होता है। लेकिन उपाय बिल्कुल वही है।

कुरआन में और पैग़म्बर साहिब द्वारा शराब पीने से सख़्त मना किया गया है। इसे घृणित वस्तु और ''सब बुराइयों की जननी'' घोषित किया गया है। फिर भी, जैसा कि गोल्डज़िहर ने लिखा है, शुरू से ही एक ऐसा पक्का नियम-आचरण तय कर दिया गया था, जिसके अंतर्गत नशाबंदी को बराएनाम बनाए रखकर शराब पीने के उपाय ढूँढ निकाले गए थे। हाकिमों का यह मत रहा है कि, शराब से नहीं, बल्कि तेज़ शराब से मना किया गया है, शराब पीने से नहीं।

बल्कि तेज़ शराब पीकर धुत्त हो जाने से मना किया गया है, सामान्य मदिरा से नहीं, बल्कि केवल अंगूरी मदिरा पीने से मना किया गया है—और निश्चय ही विधिवेत्ताओं ने स्वयं कुरआन में से ही ऐसी ढील के लिए स्वीकृति ढूँढ निकाली है। वे बताते हैं कि कुरआन (5.93) में कहा गया है कि, ''जो लोग ईमान लाते हैं और जो अच्छे कर्म करते हैं, वे जो कुछ खाते पीते हैं, उसके लिए उन्हें तब तक गुनहगार नहीं माना जाएगा, जब तक वे अल्लाह पर भरोसा रखेंगे, (इस्लाम पर) ईमान लाएँगे और अच्छे कर्म करते रहेंगे।''[6]

कुरआन (4.19) में यह निर्धारित किया गया है कि व्यभिचार का आरोप, वास्तविक कार्य के चार चश्मदीद गवाहों द्वारा प्रमाणित किया जाना चाहिए। लेकिन निर्णयों—और उसके बाद पत्थर मार कर मार डालने की सजा—ने गवाही के इस मानदंड के पूरा किए जाने का इंतजार कभी नहीं किया। उसी प्रकार उत्तराधिकार संबंधी कानून भी शरीअत का बहुत महत्वपूर्ण हिस्सा है। कुरआन की आयत (संख्या 4.12-15 और 4.175) में, वे हिस्से निर्धारित किए गए हैं, जोकि आदमी की मौत के बाद उसके उत्तराधिकारी को मिलेंगे। लेकिन निर्दिष्ट हिस्सों के मुताबिक बँटवारा नहीं किया जाता और किया भी नहीं जा सकता। उसका एक सीधा सा कारण यह

है कि निर्दिष्ट हिस्से (अर्थात् एक के अंश) जमा करने पर पूरे (अर्थात् एक) से अधिक हो जाते हैं।[7]

इस प्रकार के अनेक उदाहरण दिए जा सकते हैं। कहने का मतलब यह है कि जो कभी मात्र सामयिक उपाय हुआ करते थे वे अब कानून बन गए हैं, और जो पहले कभी स्पष्ट रूप से और निस्संदेह, शाश्वत कानून हुआ करता था—क्योंकि उसका निर्देश स्वयं कुरआन में किया गया था, उसने गौण स्थान धारण कर लिया है, और उस पर सामयिक उपाय हावी हो गया है।

जिस रूप में हम आज शरीअत को जानते हैं, वह कुरआन के निर्देशों का संकलन कम और इस प्रकार के सामयिक उपायों का समुच्चय अधिक बन कर रह गया है। फिर भी शोर मचा-मचाकर बताए जाने पर कि शरीअत अल्लाह की दी हुई है और इसलिए वह शाश्वत और अपरिवर्तनीय है, हर व्यक्ति को प्रतिरक्षात्मक स्थिति अपनानी पड़ जाती है—फिर चाहे वह मुसलमान हो या ग़ैर मुसलमान।

सुधारकों द्वारा पेश किया गया तर्क

युताज़िल्लाह से लेकर—जो यह कहा करते थे कि हर चीज़ को विवेक द्वारा परखा जाना चाहिए, क्योंकि वह भी अल्लाहदाद शक्ति है और वह भी ईमान का उतना ही महत्वपूर्ण स्रोत है, जितना कि इलहाम—हमारे अपने समय के सुधारकों तक बहुत से लोगों ने इस रवैये (कि शरीअत शाश्वत और अपरिवर्तनीय है) के ख़िलाफ़ रोना रोया है। हम यह पहले ही जान चुके हैं कि इस मामले को लेकर सर सय्यद, इकबाल और मौलाना आज़ाद ने क्या कुछ कहा है—किस प्रकार उन्होंने दीन और शरीअत के बीच के अंतर को स्पष्ट किया, उन्होंने ज्ञान के कैसे-कैसे द्वार खोल दिए ताकि मुस्लिम समाज उन्हें प्राप्त मुस्लिम कानून की हदबंदियों से बाहर निकल कर मुक्ति की साँस ले सके। मुस्लिम सत्यशोधक मंडल में हमीद दलवी तथा उनके सहयोगियों जैसे कई सुधारकों ने शरीअत को पूरी तरह से बदलने का आग्रह किया। उन्होंने खरे अंदाज में और सच्चे मायनों में धर्मनिरपेक्ष सिद्धांतों के आधार पर ऐसा किया।

इस बात का जायज़ा लेने के लिए कि उलमा शरीअत के बारे में क्या दावा करते हैं, एक उपयोगी तरीका यह है कि पहले यह जान लिया जाए कि जिन सुधारकों ने मुसलमानों की दशा पर चिंतन किया है, उन्हें किस निष्कर्ष पर पहुँचने के लिए मजबूर होना पड़ा है। इस विषय पर थोड़ी सी निगाह डालने पर ही पता चल जाएगा कि उलमा अपने बारे में क्या-क्या दावे करते हैं और वे उद्देश्य भी सामने आ जाएँगे जिनकी वजह से उलमा इस प्रकार के दावे करते हैं।

विषय प्रवेश के रूप में मैं संक्षेप में ऐसे दो विद्वानों की कृतियों का उल्लेख करना चाहूँगा जो हमारे समय के जाने-माने विद्वान हैं।

आसफ ए. ए. फ़ैज़ी एक लब्धप्रतिष्ठ विद्वान थे। वे सुविख्यात पुस्तक आउटलाइंस ऑफ़ मुहम्मेडन ला के लेखक थे, जिसके चौथे संस्करण का सातवाँ मुद्रण आक्सफ़ोर्ड यूनिवर्सिटी प्रेस द्वारा 1993 में प्रकाशित किया गया। उनकी सारगर्भित पुस्तक ए माडर्न एप्रोच टु इस्लाम (एशिया, 1963, आक्स्फ़ोर्ड 1981) में हमें एक तरफ़ मुसलमानों के उद्धार के लिए उनका उत्कृट उत्साह दिखाई देता है, और दूसरी तरफ़ इस बात का तीव्र क्षोभ भी कि शरीअत को किस हालत में ला खड़ा किया गया है, और उसके माध्यम से उलमा ने मुस्लिम समाज का क्या हाल कर दिया है।

उन्होंने लिखा, "इस बात का हमें अहसास होना चाहिए कि धार्मिक प्रथाएँ एक भावशून्य धर्मविधि बनकर रह गई हैं। बहुत से शालीन मुसलमानों को नमाज़ और रोज़े के पारंपरिक रूपों में किसी प्रकार की शांति अथवा सांत्वना प्राप्त नहीं होती। आधुनिक युग के लिए धर्म पर कोई अच्छी पुस्तकें नहीं लिखी जा रहीं। महिलाओं के साथ आर्थिक और नैतिक दृष्टि से दुर्व्यवहार किया जाता है और प्रतिक्रियावादी उलमा के फ़तवों के आधार पर काफी उन्नत देशों में भी उन्हें राजनीतिक अधिकारों से वंचित रखा जाता है। मुसलमान, चाहे वे किसी देश में बहुसंख्या में भी क्यों न हों, प्रायः आर्थिक दृष्टि से गरीब, शिक्षा के क्षेत्र में पिछड़े हुए, आध्यात्मिक तौर पर दिवालिया हैं और उनका 'सुरक्षोपायों' पर ही आग्रह रहता है। प्राचीन इस्लाम के लाभकारी कानून बहुत से मामलों में समय के साथ नहीं चल पाए हैं। किसी आधुनिक देश में इस्लामी धर्मतंत्र को स्थापित करने और प्राचीन इस्लामी ढाँचे के मुताबिक ज़िंदगी को ढालने का कोई भी निरर्थक प्रयास निश्चित रूप से असफल होकर रहेगा।" और इसलिए, "आत्मविश्लेषण करने का समय आ गया है। इस्लाम की पुनः व्याख्या की जानी चाहिए, वरना इसका पारंपरिक रूप इस कदर खो जाएगा कि उसका पुनरुद्धार करना असंभव हो जाएगा।"

जिन कानूनों—शादी और तलाक के कानूनों—पर हम दृष्टांत रूप से विचार कर रहे हैं और जिनके प्रति मुस्लिम समाज के नियंत्रक अंधश्रद्धा रखते हैं, उन्हीं कानूनों को फ़ैज़ी विकासहीनता का प्रतीक मानते हैं और उस विकासहीनता का परिणाम भी।

उन्होंने लिखा है, "कुछ अपवादों को छोड़कर इस्लाम में शादी का कानून औरतों के लिए फायदेमंद है, और उत्तराधिकार का कानून भी।" और वे आगे सवाल करते हैं, "तो फिर लगभग सभी इस्लामी देशों में प्रथा के तौर पर हर कहीं महिलाओं को अचल संपत्ति के अधिकारों से वंचित क्यों रखा जाता है? भारत, इंडोनेशिया, मिस्र, फ़ारस और उत्तरी अफ्रीका में ऐसा ही रिवाज है। इससे भी ज़्यादा बेचैन कर देने वाली बात यह है, कि औरत को न केवल कुरआन के द्वारा दिए गए अधिकारों से वंचित रखा जाता है, बल्कि उसे आदमी से कमतर माना जाता है और उसे कुछेक

राजनीतिक अधिकारों का पात्र भी नहीं समझा जाता। मुस्लिम देशों की यात्रा करने पर यह एक दर्दनाक तथ्य जानने को मिलता है कि औरत को मात्र एक खिलौना समझा जाता है और उसे जीवनसाथी, सहकर्मी का सहधर्मिणी नहीं माना जाता। यह कह कर बात को रफा-दफ़ा करने से काम नहीं चलेगा कि कोई प्रथाविशेष ग़ैरइस्लामी है या इस्लाम की भावना के विरुद्ध है। तथ्यों का सामना करना, मामले की जड़ तक पहुँचना, न्याय विरुद्ध व्याख्याओं को त्यागना और लोगों को पुनः शिक्षित करना ज़रूरी है।'' और उन्होंने एक प्रभावकारी उदाहरण दिया है कि कुरआन की आयत संख्या 4.34 में यह कहा गया है कि 'पुरुष स्त्रियों के सिरधरे हैं, इसलिए कि अल्लाह ने एक को दूसरे पर बड़ाई दी है।' उसकी इस रूप में पुनः व्याख्या की जानी चाहिए कि यह बात सिर्फ़ स्थानीय हालात को मद्देनज़र रखते हुए कही गई है और यह केवल तात्कालिक प्रयोजनों के लिए ही लागू होती है। व्यापक परिप्रेक्ष्य में इसे किस प्रकार लागू किया जाए, इस बारे में पुनः विचार किया जाना चाहिए और उसे सामाजिक आचरण के एक ऐसे नियम के रूप में माना जाना चाहिए जोकि पैग़म्बर साहिब के समय अरब में मौजूद परिस्थितियों तक ही सीमित था और वह आधुनिक जीवन के संदर्भ में लागू नहीं होता।''

फ़ैज़ी ने लिखा, ''आदमी को आधुनिक संसार का सबसे बड़ा तोहफ़ा आज़ादी है—सोचने की आज़ादी, बोलने की आज़ादी और आचरण की आज़ादी।'' वे इसके बाद सवाल करते हैं, कि इसके बरअक्स, इस्लाम क्या करता है? और इसका जवाब देते हुए वे कहते हैं, ''वह व्याख्या का द्वार बंद कर देता है। वह यह निर्धारित करता है कि विधिज्ञों और विधिवेत्ताओं को कुछ वर्गों में बाँट दिया जाए और कोई वैचारिक स्वतंत्रता नहीं दी जाती।'' और अगले ही वाक्य में वे इस समस्या का मूल कारण बताते हुए कहते हैं, ''हालिया भारतीय लेखकों में से इक़बाल और अब्दुर्रहीम ने इस सिद्धांत के ख़िलाफ बग़ावत की है। फिर भी कोई भी व्यक्ति उलमा के गुस्से का सामना करने का साहस नहीं करता।'' इसी कारण उलमा शासक बने हुए हैं और उनकी स्थिति क्या है? इसके बारे में फ़ैज़ी का यह जवाब है : ''लगभग दस वर्ष पहले (यह निबंध 1959 में लिखा गया) पाकिस्तान में कुछ अशांति की वारदातें हुईं और एक जाँच शुरू की गई। पाकिस्तान के मुख्य न्यायमूर्ति ने कई उलमा से इस्लाम और उसके कुछ महत्वपूर्ण सिद्धांतों के बारे में पूछताछ की और उनकी तफ़्तीश के अनुसार कुछ उलमा, उनके साथी उलमा की राय में काफ़िर थे। हमारे ईमान में वैचारिक विकासहीनता इस हद तक पहुँच गई है। इस्लाम ने अपनी रूढ़िवादी व्याख्या की बदौलत वह लचीलापन खो दिया है जोकि आधुनिक चिंतन और आधुनिक जीवन के लिए ज़रूरी है।''

उन्होंने उन परिवर्तनों की ओर ध्यान दिलाया जो हर आए दिन एक के बाद दूसरे देश में आते चले जा रहे हैं। उन्होंने बताया कि किस प्रकार एक काल और

एक देश के लिए बनाए गए नियम दूसरे नियम काल और स्थान के लिए पूरी तरह से अनुपयुक्त होते हैं। यह बताते हुए कि कई सालों से और कई देशों में स्वयं शरीअत के प्रावधानों में कितना ज़बरदस्त परिवर्तन आ चुका है और इस ओर इंगित करते हुए कि आने वाले दशकों में और ज़्यादा उग्र सुधारवादी और ज़्यादा तेज़ी से ऐसे परिवर्तन आना अवश्यंभावी है, उन्होंने इस बात पर ज़ोर दिया कि : इस प्रकार के क्रमिक परिवर्तनों से, चाहे वे शरीअत के नियमों में भी क्यों न घटित हों, इस्लाम धर्म का सारभूत सत्य नष्ट नहीं होता। इस बारे में अधिक सच्चाई और अधिक गहराई के साथ विश्लेषण करने पर यही पाया जाएगा कि शरीअत के कुछ हिस्से एक ऊपरी खोल मात्र हैं जिनके भीतर गिरी समाई हुई है—जोकि इस्लाम का सारतत्व है—जिसे हर युग में और सभ्यता के हर काल में केवल पुनः व्याख्या और पुनः प्रतिपादन द्वारा ही सुरक्षित रखा जा सकता है। इस समय इस्लाम में कौन से तत्व पायेदार हैं और कौन से परिवर्तन योग्य, यह तय करने की ज़िम्मेदारी हम पर है। इस सदी में उलमा का रूढ़िवादी धर्मविज्ञान लोगों के विचारों और नज़रिए की तसल्ली नहीं कर सकता। इस्लाम के सारभूत सिद्धांतों की पुनः जाँच, पुनः व्याख्या, पुनः प्रतिपादन और पुनर्कथन हमारे युग की बहुत बड़ी आवश्यकता है।

तदनुसार उन्होंने तीन बातों पर बल दिया : पहली बात तो यह कि हर कानूनी सिद्धांत और नियम के संबंध में निम्नलिखित सवाल उठाते हुए मुस्लिम शरीअत के संग्रह की पुनः जांच की जानी चाहिए; (क) इस्लाम से पहले इस सिद्धांत के संदर्भ में समाज की क्या स्थिति थी? (ख) पैग़म्बर साहिब ने क्या नियम निर्धारित किया—अपने आपमें यही सवाल ही, जिसे आज शरीअत समझा जा रहा है, उसमें से काफ़ी कुछ छटाई करके रख देगा, (ग) ऐसे विधि निर्माण का क्या नतीजा निकला, (घ) जिन अलग-अलग देशों में इस्लाम टिका हुआ है वहाँ तेरह सदियों के बाद नियम की क्या व्याख्या की जाती है? (ङ) क्या हम इस्लाम की भावना को हमेशा सामने रखते हुए, कानून के नियमों को इस तरह से नहीं ढाल सकते जिससे कि स्वस्थ सुधार लाया जा सके?

उन्होंने लिखा, "इस लेखक का यह दृढ़ विश्वास है, कि धीरे-धीरे मुस्लिम समुदाय के सामाजिक जीवन के नियामक प्राचीन सिद्धांतों पर आधारित वैयक्तिक और स्वीय कानून या तो समाप्त कर दिए जाएँगे, या उनमें इस प्रकार परिवर्तन किया जाएगा कि जिससे उन्हें सभी व्यक्तियों पर लागू कानूनों की सामान्य योजना के अंतर्गत लाया जा सके फिर चाहे उनके बीच कितने भी धार्मिक मतभेद हों..." इसी जायज़े के आधार पर उन्होंने दूसरा प्रस्ताव यह रखा कि, "हमें जिस स्थिति का सामना करना है वह यह है कि किसी धर्मनिरपेक्ष या आधुनिक राज्य में रह रहे एक मुसलमान को इतनी आज़ादी होनी चाहिए कि वह नए कानूनों का पालन कर सके। इसके अलावा नए कानूनी मानदंडों का भी निर्माण करना होगा, चाहे उनका

संबंध शरीअत से हो या नहीं। यह अब उत्तरोतर साफ होता जा रहा है कि कोई अच्छी या कानूनी बात शरीअत के नियम से बिल्कुल बाहर भी हो सकती है, ठीक उसी तरह से जैसे कि आश्चर्यजनक रूप से, कुछ अन्यायपूर्ण और असमर्थनीय नियम ऐसे भी हो सकते हैं जो शरीअत द्वारा अनुमत्य आचरणों की सीमा के भीतर आते हों। एक सरल से उदाहरण के तौर पर मैं भारत में तलाक के हनफ़ी कानून के कुछ नियमों का हवाला देता हूँ।''

फ़ैज़ी साहब का तीसरा प्रस्ताव मामले की तह तक पहुँचा हुआ है। उन्होंने लिखा, ''मेरा सुझाव है कि (क) धर्म और कानून को बीसवीं सदी के चिंतन के अनुसार परिभाषित किया जाए, (ख) इस्लाम में मज़हब और कानून के बीच फ़र्क रखा जाए, और (ग) इस आधार पर इस्लाम की व्याख्या करके इस्लाम मज़हब को नया अर्थ दिया जाए। अगर इस विश्लेषण के आधार पर, कुछ ऐसे तत्त्वों में, जिन्हें हम इस्लाम के सार का अंश मानते आए हैं, यदि कोई परिवर्तन करना पड़े या उनका एकदम त्याग करना पड़े तो हमें ऐसे परिणामों के लिए तैयार रहना चाहिए। यदि दूसरी ओर अंतरतम मर्म में हमारे विश्वास को सुरक्षित रखा जा सके और उसे मज़बूत बनाया जा सके, तो आपरेशन करने से, चाहे वह कितना भी कष्टकर क्यों न हो, क्षीण रक्त शरीर के लिए, जोकि, नए मार्गदर्शी आदर्श के अभाव में क्षीण पड़ गया है, स्वास्थ्यकर तथा ऊर्जावर्धक सिद्ध होगा।''

फ़ैज़ी ने घोषित किया, ''इसके अलावा यह कहना भी ज़रूरी होगा कि प्रत्येक मामलों में, प्रत्येक सिद्धांत में तथा प्रत्येक रूढ़ि में वैचारिक स्वतंत्रता के बिना सच्चा इस्लाम फल फूल नहीं सकता।'' और वे पते की बात कहते हुए लिखते हैं, ''मैं यह पक्के दावे के साथ कहना चाहूँगा, कि उलमा चाहे कुछ भी कहें, जो व्यक्ति सच्चे मन से और दृढ़तापूर्वक यह कहता है कि वह मुसलमान है, वह मुसलमान ही है। किसी को यह हक नहीं बनता कि वह उसके विश्वासों पर प्रश्न चिह्न लगाए और किसी को यह हक नहीं बनता कि वह उसे बहिष्कृत कर दे। वह डरावना हथियार—तकफ़िर का फ़तवा—एक हास्यास्पद गई-बीती बात बन चुका है। गुमराह व्यक्ति की भर्त्सना किए बगैर और उसमें सुधार लाए बिना वह पलट कर उसे जारी करने वाले पर ही आकर चोट करता है। विश्वास एक अंतःकरण का विषय है, और यह एक ऐसा युग है जो ईमान के मामलों में अंतःकरण की स्वतंत्रता का सम्मान करता है। उचित विश्लेषण करने के बाद यह कहा जा सकता है कि किसी व्यक्ति विशेष की राय ग़लत हो सकती है लेकिन यह बात नहीं कि 'वह काफ़िर हो।'

दूसरे उदाहरण के रूप में ताहिर महमूद का एक निबंध उल्लेखनीय है। इस समय वे दिल्ली विश्व विद्यालय में विधि के प्रोफेसर हैं। उन्होंने भी इस्लामी कानून पर स्तरीय पुस्तकें लिखी हैं। वे इस्लामी कानून पर एक प्रमुख पत्रिका का संपादन भी करते हैं। जब कभी शाहबानो केस जैसे मामले उठ खड़े हुए हैं, तो पिछले कई

वर्षों के दौरान सरकारों, परंपरावादियों और प्रेस की ओर से उनकी काफी माँग रही है। उन्होंने 'प्रोग्रेसिव कोडीफ़िकेशन आफ़ मुस्लिम पर्सनल ला' (मुस्लिम स्वीय कानून का प्रगतिशील संहिताकरण) नामक निबंध, भारतीय विधि संस्थान की पत्रिका 'इस्लामिक ला इन माडर्न इंडिया' में प्रकाशित किया था, जिसका उल्लेख ऊपर किया गया है। जिस ढंग से मुस्लिम कानून अस्तित्व में आया—अर्थात् विभिन्न घटनाओं से जिस प्रकार इसका उद्‌गम हुआ और अलग-अलग कालों और स्थानों का इस पर जो प्रभाव पड़ा—उसके बारे में सर्वेक्षण प्रस्तुत करने के पश्चात् महमूद ने टिप्पणी की, ''भारत में मुस्लिम कानून की कई शाखाएँ मौजूद होने, और उससे भी बढ़कर इनमें से प्रत्येक शाखा के अनुयायियों द्वारा केवल अपनी शाखा के सिद्धांतों के प्रति निष्ठावान रहने के आग्रह के कारण यह निष्कर्ष निकलता है कि 'मुस्लिम स्वीय कानून' के नाम पर भारत में जो कुछ लागू है, उसे इस्लामी मज़हब के इलहामी या अल्लाह-प्रेरित सिद्धांतों के बराबर नहीं माना जा सकता। इसके मुख्य अंश उन ख़ास मुस्लिम विधिवेत्ताओं के निर्णयों और रायों पर आधारित हैं जो इतिहास के अलग-अलग कालों में और अलग-अलग सामाजिक स्थितियों में रहते थे।''

इसके अलावा इस्लामी कानून का उद्‌गम अलग-अलग स्रोतों और अलग-अलग समयों पर होने के कारण, श्री महमूद ज़ोर देते हुए कहते हैं, ''इस बात की बिल्कुल कल्पना नहीं की जा सकती कि दसियों सदियां बीत जाने पर भी इन पारंपरिक कानूनी सिद्धांतों ने अपना मूल तर्काधार और उपयोगिता लेशमात्र भी न खोई हो। इसके अलावा इस बात से भी इंकार नहीं किया जा सकता, कि इनमें से कुछ सिद्धांत अपने इलहामी आधार से, यदि कोई है, अनजाने में विचलित हुए हों। असलियत तो यह है कि भारत में इस समय जो मुस्लिम स्वीय कानून प्रचलित है, उसके कुछ पहलू ऐसे हैं, जिनकी अब कोई उपयोगिता नहीं रही, और उन पर पुनर्विचार करने की ज़रूरत है।'' कई उदाहरण देते हुए वे सवाल करते हैं, ''मुस्लिम स्वीय कानून की निम्नलिखित विशेषताओं में से, कौन-सी विशेषताओं के बारे में यह दावा किया जा सकता है कि वे सर्वशक्तिमान विधि निर्माता की मंशा पर आधारित हैं या वर्तमान सामाजिक स्थितियों के संदर्भ में कौन सी विशेषताएँ उत्कृष्ट हैं?''

उनके द्वारा दिए गए उदाहरणों में से दो उदाहरण ऐसे हैं, जिनका इस कानून से संबंध है जिस पर हमने विचार किया है : ''(अ) अपनी पहली पत्नी को सूचित किए बग़ैर, दूसरी शादी करने के लिए आदमी को दी गई खुली आज़ादी, चाहे उसको दूसरी औरत की ज़रूरत हो या नहीं, या कुरआन के अनुसार बहुविवाह करने वाले पति से जो अपेक्षाएं होती हैं उन्हें वह चाहे किसी भी हद तक दो पत्नियों के न्यायपूर्ण रखरखाव के संबंध में पूरा कर पाए या नहीं; अपने वैवाहिक घर में किसी दूसरी औरत के साथ रहने की अनिच्छुक पत्नी के पास जो एकमात्र राहत उपलब्ध है, वह यह है कि वह यह साबित करके कि उसका पति बराबर न्याय संबंधी कुरआन

की शर्त को पूरा करने में असमर्थ है (या वह उसकी उपेक्षा करता है); कचहरी में अपनी शादी को समाप्त करने की दरख़ास्त कर सकती है। (यहां हम इतना कहना चाहेंगे कि औरत को यह विकल्प, मुस्लिम विवाह समापन अधिनियम की कृपा से उपलब्ध हो पाया, जोकि ब्रिटिश भारत के विधानमंडलों द्वारा 1939 में पारित किया गया था), तथाकथित 'एक ही बार में तीन तलाक के फ़ार्मूले' (जिसे इन शब्दों में कहा जा सकता है, 'मैं तुम्हें तीन बार तलाक देता हूँ' या फिर 'मैं तुम्हें तलाक देता हूँ'—इन शब्दों को तीन बार दोहराकर), लंबे विवाहित जीवन का अचानक समाप्त किया जाना—चाहे यह तलाक किसी क्षणिक उकसाहट, नशे या मजबूरी की हालत में भी क्यों न दिया गया हो—और जिसके बाद तब तक दोबारा शादी नहीं की जा सकती जब तक कि तलाकशुदा औरत एक और व्यक्ति के साथ वैवाहिक संबंध (बाकायदा सहवास द्वारा) स्थापित न कर ले।"

ताहिर महमूद ने आगाह किया, "इस्लामी दुनिया के बड़े हिस्से में स्वीय कानून और उत्तराधिकार संबंधी कानून के क्षेत्रों में जो ज़बरदस्त प्रगति हुई है उससे आँखें बंद रखना भारत के मुसलमानों की नासमझी है। ऐसे बहुत से देशों में, जहाँ मुसलमान बहुत ज़्यादा बहुसंख्या में हैं स्वीय स्थिति के बारे में एकीकृत, संहिताकृत और आधुनिकीकृत कानून का ही प्रचलन है। भारत में मुसलमानों को प्रमुख ग़ैर मुस्लिम बहुसंख्यकों और दूसरे अल्पसंख्यकों के साथ रहना पड़ता है, जिनमें से अब सब पर अत्यंत आधुनिकीकृत और संहिताकृत स्वीय कानून लागू होते हैं। ऐसे में भारतीय मुसलमान अपने प्राचीन और असंहिताकृत कानून को एकदम निर्बाध रूप से जारी रखने का आग्रह कैसे कर सकते हैं। अगर वे ऐसा करते हैं, तो यह ख़ुद उनके लिए हानिकारक है।" उन्होंने ज़ोर देकर कहा, "इस बात का आग्रह करना कि हिंदुस्तान में प्रचलित स्वीय कानून को, जैसा वह है, उसी रूप में ही सुरक्षित रखा जाए, इस बात का आग्रह करना है कि कुछ कानूनी कठोरताओं, सामाजिक असमानताओं, अनावश्यक असंगतियों और अवांछनीय कठिनाइयों को बनाए रखा जाए।" और उसके बाद वे सवाल करते हैं, "क्या ये बातें उस अज़ीम मज़हब को शोभा देती हैं, जोकि इस्लाम के नाम से मशहूर है।"

वे आगे लिखते हैं, "यह दावा किया जाता है कि इस्लाम महिलाओं का उद्धारक है। उसने हौवा को आदम के अत्याचार से मुक्ति दिलाकर उसे कानूनी दर्जा दिलाया, जिससे इस्लाम-पूर्व अधिकतर सभ्यताओं द्वारा उसे वंचित रखा गया था। इस्लाम के स्वीय कानून ने महिलाओं को संपत्ति का मालिक होने और उसे बेचने का अधिकार दिया, विरासत का अधिकार, मुक्त वैवाहिक पसंद का अधिकार और तलाक लेने का अधिकार प्रदान किया। इन अभूतपूर्व विशेषताओं के बल पर मुसलमानों के धर्म ने नारीवाद का पथप्रदर्शक होने का दावा किया। इस समय इस्लाम द्वारा अपने जीवन काल की तेरह सदियाँ पूरी कर चुकने के बाद, महिलाओं के अधिकारों और नारी-पुरुष

समानता के क्षेत्रों में विश्व के सभी भागों में और तरक्की हो चुकी है। और तरक्की की इस प्रक्रिया में मुस्लिम दुनिया के अधिकतर भागों की भी शिरकत रही है। तब फिर भारत के मुसलमान ही क्यों पीछे रह गए हैं?''

परंपरावादियों द्वारा जो आमतौर पर दावे किए जाते थे, श्री महमूद द्वारा उनकी ज़बरदस्त भर्त्सना की गई है। उन्होंने कहा, ''अपनी मौजूदा स्थानीय अवस्था में मुस्लिम कानून को कुरआन और हदीस के बराबर मानना और उसे पूरी तरह से इलहामी या अल्लाह प्रेरित कानून बताना और यह घोषित करना कि वर्तमान सिद्धांतों में से लेश-मात्र अंश को भी नहीं बदला जा सकता, इस्लामी मूल्यों, इस्लामी मज़हब और इस्लामी विधि शास्त्र के प्रति अज्ञानता को प्रकट करता है। मुस्लिम देशों में, स्वीय कानून में किए गए हालिया सुधार के बारे में तथ्यों को तोड़ने मरोड़ने से कुछ भला नहीं होगा। उसके अलावा उन लोगों पर कीचड़ उछालने से भी कोई लाभ नहीं होगा, जिनमें प्रगतिशील प्रवृत्तियाँ हैं और जो मुस्लिम स्वीय कानून में सुधार लाने की बात करते हैं और न ही ऐसे लोगों की सदाशयता और बुद्धिमत्ता के बारे में तिरस्कारपूर्ण टिप्पणियाँ करने से कुछ हाथ लगेगा। वास्तविकताओं को छिपाने की कोशिश करने की बजाए मुसलमानों को उनका सामना करना चाहिए। अगर दसों सदियों तक अनियंत्रित ढंग से व्यवहार में लाए जाने के बाद मुस्लिम स्वीय नियम के बारे में ऐसा पाया जाता है कि इसका दुरुपयोग किया जा रहा है या इसे ग़लत ढंग से लागू किया जा रहा है और उसके परिणामस्वरूप वह देश में हुई सामाजिक प्रगति के लिहाज़ से पिछड़ेपन की अवस्था में है, तो उनके लिए शर्मिंदा होने की कोई बात नहीं है। उसके बारे में ज़िद पकड़ने या हठ करने की बजाए, स्थिति का विधिवत मूल्यांकन करके, उसमें रह रही कमी को पूरा किया जाना चाहिए........यह कोई समझदार दलील नहीं है कि मुस्लिम स्वीय कानून में किसी प्रकार का सुधार करने का मतलब होगा मज़हबी आज़ादी में दख़लंदाज़ी करना और मुसलमानों की सांस्कृतिक पहचान पर असर डालना। अगर मुस्लिम स्वीय कानून को संहिताबद्ध किया जाए और उसमें सुधार लाया जाए—आदमियों को मनमाने ढंग से तलाक देने से रोका जाए, औरत के जीवन से जुड़े अधिकारों में विस्तार किया जाए और किसी मरहूम मुसलमान के यतीम पोते-पोतियों को भी दूसरे उत्तराधिकारियों के साथ-साथ उसकी जायदाद में से हिस्सा बाँटने की इजाज़त दे दी जाए तो मुसलमानों की धार्मिक स्वतंत्रता या सांस्कृतिक पहचान पर कौन सा असर पड़ने जा रहा है?........क्या कोई मुसलमान अपनी पहली बीवी की मर्ज़ी के बग़ैर, और बिना किसी ज़रूरत के दूसरी शादी करके उस बीवी को यातना पहुँचा सकता है या कोई बीवी अपने पति के मेहर न दे पाने की स्थिति का नाजायज़ इस्तेमाल करते हुए उसे ज़िंदगी भर तंग कर सकती है—इन बातों का सांस्कृतिक पहचान से कोई संबंध नहीं है। वर्तमान स्वीय कानून में ये और अन्य कमियां मुस्लिम संस्कृति का अनिवार्य अंग नहीं मानी जा सकतीं.....''

क्या ख़ूब ढंग से बातें कही गई हैं और कितना सच है इनमें! पाँच साल बाद ताहिर महमूद ने इन विचारों को एक पूरी पुस्तक में विस्तारपूर्वक व्यक्त किया। उन्होंने अनेक प्रमाण देकर सिद्ध किया कि जिसे हम शरीअत कहते हैं, वह किस प्रकार राज्य के अधिकार क्षेत्र से कभी भी बाहर नहीं थी, किस प्रकार इसे कई बार बदला गया था, किस प्रकार इसे बदला जा रहा है, और जिस समय वे पुस्तक लिख रहे थे, तो उस समय भी किस प्रकार एक के बाद 'दूसरे' इस्लामी देश में इसे बदला जा रहा था। उन्होंने सिद्ध किया कि किस प्रकार कुछ मामलों में उसे बदलने की ज़रूरत है। उन्होंने यह समझाया कि किस प्रकार यह धारणा पूरी तरह से निराधार है कि शरीअत भी कुरआन की तरह अल्लाह का फ़रमान है, हालाँकि इस धारणा को भारत में मुस्लिम जनता के दिमागों में बैठा दिया गया है। उन्होंने राज्य से आग्रह किया कि वह उन सभी कानूनों को लागू करना बंद कर दे जो धर्म पर आधारित हैं। उन्होंने मुसलमानों से आग्रह किया कि वे आगे बढ़कर राज्य का हाथ बटाएँ, ताकि वह अपने संविधानिक दायित्वों को निभाते हुए सामान्य व्यवहार संहिता तैयार कर सके।[8]

दस वर्ष बाद उन्होंने 'पर्सनल ला इन इस्लामिक कंट्रीज' (इस्लामी देशों में स्वीय कानून) नामक पुस्तक प्रकाशित की। इसमें उन्होंने उन परिवर्तनों के ब्यौरे दिए, जोकि उत्तरी अफ्रीका के देशों से लेकर इंडोनेशिया के स्वीय कानूनों में किए गए थे। पुस्तक में दी गई सामग्री से यह प्रमाणित किया गया कि इस्लामी स्वीय कानून सामान्य विधि निर्माण का ही नतीजा हैं और वे उसके दायरे में आते हैं। इस सामग्री के ज़रिए यह भी दिखाया गया कि स्वीय कानून की जिन व्यवस्थाओं को हमारे यहां उलमा द्वारा परम पावन और अपरिवर्तनीय घोषित किया गया है उन्हें किस प्रकार दमनकारी और पश्चगामी समझा जाता है और इसलिए उन्हें एक के बाद दूसरे इस्लामी देश में बदला जा रहा है।[9]

'इस्लामिक एंड कम्पेरेटिव ला क्वार्टरली' नामक पत्रिका में, जिसका वे संपादन करते हैं, निरंतर उन परिवर्तनों की सूचना दी जाती है, जो और आगे एक के बाद दूसरे देश में, 'शाश्वत और अपरिवर्तनीय' मानी जाने वाली शरीअत में किए जा रहे हैं।

ये हैं निष्कर्ष शरीअत के बारे में, जोकि एक के बाद दूसरे सुधारक द्वारा एक सौ साल से निकाले जा रहे हैं। शरीअत में इस प्रकार की बातें उन्हें आघात पहुँचाती हैं। अब ज़रा उलमा की बात सुनिए।

शरीअत के बारे में उलमा के विचार

उलमा का यह फ़रमान है कि शरीअत की तुलना में 'प्रथागत विधि' के नियम को वरीयता प्रदान करना कुफ़्र है।[10] जहाँ राज्य हमें शरीअत के मुताबिक काम करने

की इजाजत नहीं देता—जैसे कि आपराधिक और राजनीतिक कानूनों के मामले में—वहाँ मुसलमान मजबूर हैं। लेकिन जिन मामलों में राज्य ने हमें शरीअत का पालन करने की आज़ादी दे रखी है उनमें भी उसका पालन न करना कुफ़्र है। चाहे थोड़े मामलों में ही संभव हो, लेकिन आदमी को लाज़िमी तौर पर शरीअत का पालन करना चाहिए। जो लोग इसके उलट राय रखते हैं और जो प्रथागत नियमों को शरीअत के मुकाबले अग्रता देते हैं, वे जो इस बारे में दलील देते हैं, वह केवल एक बहाना है। मुफ़्ती किफ़ायतुल्लाह घोषित करते हैं कि ऐसे लोग न सिर्फ यकीनन गुनहगार हैं, बल्कि उनके इस्लाम के बारे में भी संदेह है। ऐसे आदमियों को ऐसे आचरण से तौबा कर लेनी चाहिए और अल्लाह और पैग़म्बर के मज़हब के सामने फ़रमाबरदारी में सर झुका लेना चाहिए।[11]

फ़तवा-ए-रिज़विया में घोषित किया गया है, कि यह कहना भी कि, "शरीअत क्या है? क्या आज कोई शरीअत के मुताबिक चलता है?" कुफ़्र है। अगर ये शब्द दूसरों पर तानाकशी करने के लिए भी कहे गए हों, तो भी यह एक सख़्त गुनाह है।[12]

फ़तवा-ए-रिज़विया में ही आगे कहा गया है, कि यह कहना कि "हम शरीअत को नहीं मानते, हम तो रिवाज के मुताबिक चलते हैं" कुफ़्र है।[13] हिंदुओं और मुसलमानों को एक दूसरे के नज़दीक लाने के लिए 'एकता जुलूस' निकाले जा रहे हैं। उलमा एक फ़तवा जारी करते हैं, जिसमें मुसलमानों को मुशरिकों के जुलूस में शामिल होने से मना किया गया है। एक आदमी कहता है, "मुशरिकों आदि के जुलूस में शामिल न होने के लिए फ़तवे का जारी किया जाना लठबाज़ी है।" यह बात उलमा को बताई जाती है। इस पर फ़तवा-ए-रिज़विया में फ़रमान जारी किया जाता है कि ऐसा कह कर शरीअत को बदनाम किया गया है और शरीअत को बदनाम करना कुफ़्र है। उस आदमी की बीवी का उससे निकाह टूट गया माना जाएगा।[14]

केस 85 : एक झगड़ा निपटाने के लिए कुछ लोग इकट्ठे हो गए। एक पक्ष ने यह कहकर शरीअत का अपमान किया कि उन्हें शरीअत की परवाह नहीं है। वे उसकी बजाए पंचायत के फ़ैसले को मानेंगे। उसने यह भी कहा कि उन्हें ऐसे इस्लाम की कोई ज़रूरत नहीं, जो इस किस्म के बंधन लगाता है और यह कि वे अपने वंश के रिवाजों को ज़्यादा पवित्र समझते हैं। क्या वे लोग, जिनके ऐसे विश्वास हैं और जो ऐसे शब्द कहते हैं, मुसलमान कहलाने के हकदार हैं? क्या उन्हें नए सिरे से ईमान तसलीम करना चाहिए और नए सिरे से शादी करनी चाहिए या नहीं?

फ़तवा : जिन लोगों ने ऐसे शब्द कहे हैं, वे काफ़िर बन चुके हैं। उन्हें नए सिरे से ईमान तसलीम करना चाहिए और शादी भी नए सिरे से करनी चाहिए। उन्हें तौबा करके माफी माँगनी चाहिए। जब तक वे ऐसा नहीं कर लेते, तब तक उनके साथ लेन-देन रखना जायज़ नहीं है। (पृ. 383-84)

केस 110 : फ़रमान अली और मेहदी ख़ान ने सरेआम एक सभा में कहा कि वे शरीअते पाक के कानून को नहीं मानते। ऐसे लोगों के बारे में क्या कानून है। क्या उनकी मौत के बाद नमाज़ पढ़ी जाए? क्या लोगों को उनके साथ लेन-देन रखना चाहिए?

फ़तवा : इसमें कोई शक नहीं कि ऐसी बात कहना कुफ्र है। ऐसा आदमी मुसलमानों के साथ बैठने लायक नहीं है। कोई मुसलमान इस्लाम की शरीअत के बारे में ऐसे अपमानजनक शब्द कहे तो उससे बड़ा क्या अपराध हो सकता है? ऐसा दुःसाहस आख़िरत में हमेशा की ख़ुमारी और बरबादी का बायस बनता है। अल्लाह मुसलमानों को ईमान का पक्का बनाए रखे। लेकिन इस मामले में जो बात कही गई है, वह मिले-जुले किस्म की है। उन्हें काफ़िर करार देने से पहले ध्यान रख लिया जाना चाहिए। जब तक कोई शक बना रहता है और शब्दों को वापिस लेने की गुंजायश बनी रहती है तब तक हमें किसी मुसलमान को काफ़िर करार देने से गुरेज़ करना चाहिए। (पृ. 402)

केस 114 : उमरू अपने जीतेजी अपनी जायदाद को अपने बच्चों में बाँट देना चाहता है और कहता है कि वह शरीअत को नहीं मानता। वह इस्लाम से बहिष्कृत हुआ माना जाएगा या नहीं? उसकी शादी रद्द हुई मानी जाएगी या नहीं?

फ़तवा : ऐसी बात कहने पर उमरू इस्लाम से बहिष्कृत हुआ माना जाएगा। उसकी बीवी का तलाक हो चुका माना जाएगा। वह नए सिरे से ईमान तसलीम करने के बाद उससे दोबारा शादी कर सकता है। (पृ. 405)

केस 121 : दो आदमियों के बीच विवाद हो गया। उनमें से एक ने कहा "आइए हम इस विवाद को शरीअते-मुहम्मदी के मुताबिक निपटा लेते हैं।" दूसरे ने कहा कि वह इस प्रकार के निपटारे को स्वीकार करने के लिए तैयार नहीं है और रिवाज के मुताबिक फ़ैसला किया जाना चाहिए। जो आदमी शरीअत को मानने से इंकार करता है, उसके लिए क्या कानून है?

फ़तवा : यह कुफ्र है। उस आदमी को तौबा करनी चाहिए, ईमान को दोबारा तसलीम करना चाहिए और शादी भी दोबारा करनी चाहिए। (पृ. 411)

केस 149 : एक आदमी ने कहा, "मैं शरीअत के मुताबिक किए गए फैसले को नहीं मानता। शरीअत कुछ नहीं।" उसे विधर्मी हुआ माना जाएगा या नहीं? क्या उसके साथ लेन देन रखना जायज़ है?

फ़तवा : निस्संदेह यह कुफ्र है। (पृ. 425)

यह कहना कि "मैं जहन्नुम में रहने के लिए तैयार हूँ, तुम्हें जन्नत मुबारक" कुफ्र है—उलमा ऐसा फरमाते हैं।[16] वे आगे यह घोषित करते हैं, कि जो आदमी यह कहता है कि, "मैं हिंदुओं की जैसी मौत मरना चाहूँगा" वह विधर्मी है।[17]

इजमा (आमराय) या तकलीद (हूबहू अनुसरण) का विरोध करना कुफ्र है—उलमा

ऐसा घोषित करते हैं।[18] वे यह भी घोषित करते हैं कि किसी आलिम-ए-दीन (धर्माचार्य) की निंदा करने पर आदमी मिथ्याचारी बन जाता है।[19] फ़िक्ह में विश्वास न करना कुफ़्र है—ऐसा भी उलमा ने फ़रमाया है।[20] जो आदमी फ़िक्ह को नहीं मानता वह शैतान है—यह भी उलमा का फ़रमान है।[21]

वे चेतावनी देते हुए कहते हैं, याद रखो, कुफ़्र का एक ही कर्म आदमी को काफ़िर बना देता है। कुरआन और हदीस को उद्धृत करते हुए वे घोषित करते हैं कि वह आदमी जो एक हज़ार इस्लामी काम करता है और सिर्फ़ एक कुफ़्र का काम कर लेता है वह काफ़िर हो जाता है। उनका कहना है कि अगर कोई व्यक्ति गुलाब जल की निन्यानवे बूँदों में एक बूँद भी पेशाब मिला देता है तो वे सारी बूँदे पेशाब बन जाती हैं।[22] "और याद रखो" वे कुरआन का हवाला देते हुए कहते हैं कि, "सभी पाप माफ हो सकते हैं और उनका प्रायश्चित हो सकता है लेकिन कुफ़्र का नहीं।"[23]

जो कोई व्यक्ति इतना भी सवाल कर देता है, "क्या कुरआन में कही गई हर बात सही है?" वह निश्चित रूप से कुफ़्र का अपराधी है।[24] जो आदमी यह कहता है कि वह हदीस की बजाए अपने पूर्वजों के तौर-तरीकों के अनुसार चलेगा तो यह समझो कि उसने कुफ़्र के शब्द बोले हैं।[25] जो आदमी ईमान के विषयों के बारे में उलमा के साथ खंडन के अंदाज़ में वाद-विवाद करता है—चाहे ये शरीअत की केंद्रीयता से संबंधित हों या तकदीर और कब्र में मिलने वाली यातना संबंधी प्रश्नों के बारे में—वह कुफ़्र का अपराधी है।[26] जो फ़तवा-ए-आलमगीरी और अन्य फ़तवा संकलनों के प्रभुत्व को नहीं मानता वह उलमा-ए-दीन को बदनाम करने का अपराधी है। जो पैग़म्बरों के चमत्कारों को नहीं मानता वह काफ़िर मुर्तद (विधर्मी काफ़िर) है। उसकी हमेशा भर्त्सना की जानी चाहिए।[27]

और यदि उलमा किसी के बारे में ऐसा फ़रमान जारी कर दें, तो उसके परिणाम अत्यंत भयानक होते हैं—ऐसे परिणाम कि जिनकी कोई ग़ैर-मुसलमान कल्पना ही नहीं कर सकता। समुदाय का कोई भी व्यक्ति—उसके नज़दीक से नज़दीक रिश्तेदार भी—ऐसे व्यक्ति के साथ कोई संबंध या संपर्क नहीं बनाए रख सकते। उसका निकाह समाप्त हो जाता है—उसकी बीवी और बच्चे तुरंत उसकी पहुँच से बाहर हो जाते हैं। और इस प्रकार के कई फ़रमान उलमा जारी करते रहते हैं। एक अंतिम उदाहरण और। उलमा किसी को धर्मत्यागी घोषित कर सकते हैं अर्थात् एक ऐसा विधर्मी, जिसने इस्लाम कबूल लेने के बाद एक गैर इस्लामी रास्ता अपना लिया है। और उसके लिए दंड है, मौत—यह दंड कुरआन और हदीस में तो निर्धारित है ही, उसके अलावा यह फ़तवों के संकलनों में भी निर्धारित किया गया है, जोकि आज मुस्लिम समुदाय की मुख्य आचार संहिता बन चुके हैं।

एक प्रश्नकर्ता लिखता है : इस्लाम का यह आदेश है कि एक धर्मत्यागी को

तीन दिन तक कैद में रखा जाए और उसके बाद भी अगर वह इस्लाम में लौटने से इंकार कर देता है तो उसकी हत्या कर दी जाए। यह किस किस्म का न्याय है? इसके जवाब में उस संस्था के उलमा, जोकि, हमें बताया जाता है, भारत की गौरवपूर्ण संस्थाओं में से एक है, यह घोषित करते हैं कि इस्लाम मज़हब में दाख़िला होने के बाद उसे त्यागना एक खुली बग़ावत है। इससे इस्लाम को बहुत बड़ा नुकसान होता है। कानून की पुस्तकों में इसके बारे में विस्तृत चर्चा की गई है। उलमा घोषित करते हैं कि ऐसा व्यक्ति यदि दोबारा इस्लाम को तसलीम नहीं करता तो उसकी हत्या कर दी जानी चाहिए।[28]

संदेह प्रकट करना या सवाल करना भी लगभग कुफ़्र है

न केवल कुरआन का अक्षरशः पालन करना लाज़िमी है, बल्कि कुरआन में जो कुछ लिखा है, उसके अर्थ क्या हैं, यह बताने के लिए भी केवल उलमा ही सक्षम होते हैं—ऐसा दावा किया जाता है। इस दावे के संदर्भ में ग़ैर-आलिमों के लिए वे कुरआन ही का हवाला देते हैं। वे बताते हैं, कि कुरआन में कहा गया है : आलिम से पूछो, न कि किसी ऐसे व्यक्ति से, जिसका अनुकरण करना तुम्हारे मन को अच्छा लगता है।[29]

और जब उलमा यह घोषित कर चुके हैं कि किसी खास मामलों में शरीअत की क्या अपेक्षा है, तो इसके बाद फ़तवे का अक्षरशः पालन किया जाना चाहिए। क्योंकि जैसा कि मौलाना अब्दुल रज़ा ख़ान फ़रमाते हैं "फ़तवे के आदेश को न मानना, उलमा-ए-दीन का अपमान करना है।"[30] शरीअत की बेफ़रमानी करना है, जोकि इस्लाम के सबसे महत्वपूर्ण स्तंभों में से एक है।

हमेशा की तरह मुफ़्ती किफ़ायतुल्लाह ने आदेश में थोड़ी सी नरमी ला दी है, लेकिन थोड़ी सी ही। प्रश्नकर्ता लिखता है, उलमा ने कुरआन और हदीस के मुताबिक एक फ़तवा दिया। एक मुसलमान ने कहा, "मैं ऐसे फ़तवे को नहीं मानता।" क्या वह इस्लाम में बना रहेगा? अगर कोई इस्लामी सरकार हो, तो क्या वह कत्ल का भागी बन जाएगा? अगर सरकार काफ़िरों की हो तो उसके लिए क्या आदेश है?

इसके बारे में मुफ़्ती किफ़ायतुल्लाह फ़रमाते हैं : अगर फ़तवा सही है और यह जानते हुए भी कि वह शरीअत के मुताबिक है, अगर वह आदमी उसे मानने से इंकार कर देता है, तो फ़तवे का पालन करने से इंकार करना निश्चित रूप से कुफ़्र है। और अगर इस बात की छानबीन करने की कोई गुंजायश नहीं है कि उसके इंकार या मामले में देरी करने की वजह क्या है तो वह व्यक्ति कत्ल का भागी बन जाता है। हिंदुस्तान में ऐसी स्थिति में हुक्म यह है कि ऐसे व्यक्ति के साथ किसी भी आदमी को कोई संपर्क नहीं रखना चाहिए। लेकिन मुफ़्ती साहब ख़बरदार करते

हुए कहते हैं : क्योंकि इस आशय का फ़ैसला केवल गहरी जांच करने के बाद ही दिया जा सकता है, इसलिए जब तक ऐसे व्यक्ति को उलमा के सामने पेश करके मामले की पूरी तरह से जाँच न कर ली जाए, तब तक मुसलमानों के लिए उसके साथ संपर्क तोड़ना जायज़ नहीं होगा।

इस प्रकार ऐसे मामलों में ज़रूरत इस बात की है कि ध्यानपूर्वक जाँच की जाए। लेकिन अगर जाँच करने पर यह सिद्ध हो जाए कि उसने जानबूझकर फ़तवे की बेफ़रमानी की है, तो उस सूरत में अगर सरकार इस्लामी हो तो नियम कत्ल का है, और अगर सरकार काफ़िरों की हो तो सारे संपर्क तोड़ लिए जाएँ।

मुफ़्ती एक और बारीक फर्क भी करते हैं। वे कहते हैं फ़तवे को मानने से इंकार करना दो किस्म का हो सकता है : एक तो यह कि कोई आदमी यह जानते हुए इंकार कर सकता है कि फ़तवा शरीअत के मुताबिक है। इस किस्म का इंकार कुफ़्र होता है और उसके मुताबिक उसे परिणाम भुगतने पड़ेंगे। और दूसरे किस्म का इंकार उस स्थिति में किया गया हो सकता है जबकि आदमी ऐसा मान ले कि फ़तवा शरीअत के मुताबिक नहीं है। ऐसी हालत में किया गया इंकार शरीअत की बेफ़रमानी नहीं माना जाता, बल्कि वह उस ख़ास फ़तवे की बेफ़रमानी होता है। अगर यह फ़तवा धर्म के किसी सारभूत तत्व के बारे में हो, तो उसे शरीअत की बेफ़रमानी माना जाएगा, और इस प्रकार उसे कुफ़्र मान लिया जाएगा। दूसरी ओर यदि वह फ़तवा किसी फुटकर मामले के संबंध में हो तो बेफ़रमानी कुफ़्र नहीं होगी।[31]

ऊपर से देखने पर यह दूसरे उलमा के नज़रियों की बनिस्बत ज़्यादा लचीला नज़रिया मालूम होता है। लेकिन यह कौन तय करेगा कि अमुक फ़तवे का संबंध किसी सारभूत या फुटकर मामले से है। अलबत्ता उलमा ही तो।

ज़रा एक ऐसे सवाल पर ग़ौर कीजिए जो अधिकतर व्यक्तियों को 'सारभूत' दिखाई नहीं देगा : जैसे दाढ़ी रखना, या सही सही कहें तो ऐसे व्यक्ति का मज़ाक उड़ाना जो दाढ़ी रखता है, चाहे वह मज़ाक उसे 'चाचा' कह कर ही क्यों न उड़ाया गया हो। आम आदमी यह सोचेगा कि इसमें धर्म के सार जैसा तो कोई प्रश्न निहित नहीं है और न ही दाढ़ी रखना किसी आध्यात्मिक खोज के लिए आवश्यक है। लेकिन यह प्रश्न उलमा को आगबबूला कर देता है और उस पर वे लंबा सा और ज़ोरदार फ़तवा जारी कर देते हैं।

हम जिन बातों पर अब तक विचार करते रहे हैं वे इस कदर इस प्रश्न से जुड़ी हुई हैं, कि इस संबंध में जो सवाल किया गया था, और उलमा ने उसका जो जवाब दिया उनकी पूरी इबारत पढ़ना उपयोगी होगा। एक हल्के किस्म का सवाल, उलमा की बाह्याचार, या यों कहिए वेशभूषा के प्रति इतनी सनक, सुन्नत के अक्षरशः पालन के प्रति उनका आग्रह और जो कुछ निर्धारित किया गया है, उससे ज़रा सा भी कुछ हटकर करने पर उनके द्वारा की जाने वाली भर्त्सना—ये सब बातें हमें जानने

को मिल जाएँगी। किए गए सवाल और उनके जवाब नीचे दिए गए हैं :

दाढ़ी की आलोचना के बारे में नियम :

प्रश्न : अल्लाह के करम से मैं दाढ़ी रखता हूँ, लेकिन मेरे दोस्त मेरा मज़ाक उड़ाते हैं और मुझे 'चाचा' कह कर और अलग-अलग नाम देकर मुझे शर्मिंदा करते हैं। कुछ लोग मुझे यह कहते हैं कि यह मेरे चेहरे पर अच्छी नहीं लगती और मुझे यह सलाह देते हैं कि मैं इसे मुंडवा डालूँ। अगर मैं इसे मुंडवा दूँ तो क्या यह अपराध होगा?

उत्तर : काश कि वह वक्त आ गया है, जिसकी ख़बर सच्चे नामानिगार ने दी थी। एक दिन पैग़ंबर साहिब ने अपने नेकदिल रफ़ीकों को मुख़ातिब करते हुए कहा, "उस वक्त तुम्हारी क्या हालत होगी, जब तुम्हारे नौजवान फ़ासिक और फ़ाजिर (दुराचारी और पापी) बन जाएँगे।" इस पर रफ़ीकों ने पूछा, "ओ अल्लाह के पैग़म्बर! क्या ऐसा होने जा रहा है?" तो पैग़म्बर साहिब ने कहा, "हाँ, बल्कि इससे भी ज़्यादा कठोर समय आने वाला है।" इसके बाद उन्होंने कहा, "तब तुम्हारी क्या हालत हो जाएगी जब तुम भले कामों के रास्ते में रुकावट बन जाओगे और बुराई करने के लिए कहोगे?" इस पर रफ़ीकों ने पूछा, "ओ अल्लाह के पैग़म्बर! क्या ऐसा होगा?" तो उन्होंने कहा, "यकीनन इससे भी ज़्यादा कठोर समय आने वाला है।" और इसके बाद कहा, "उस वक्त तुम्हारी क्या हालत होगी, जब तुम अच्छे कामों को बुरा और बुरे कामों को अच्छा समझने लगोगे?" क्या वे सब चीज़ें आज नहीं हो रहीं?

लोग अपनी दाढ़ी मुंडवा लेते हैं और फिर मुंडवाने का प्रचार करते हैं। इतना ही नहीं, वे इसे मुंडवाना बहतर और इसे रखना बुरा समझते हैं! नौजवानों की तो बात छोड़िए बूढ़े आदमी भी पैग़म्बर साहिब की सुन्नत की ख़िलाफवर्ज़ी करते हुए, आदमी दाढ़ियाँ मुंडवाकर खुले आम भ्रष्ट होते चले जा रहे हैं। पैग़म्बर पाक ने फ़रमाया है, "अपने सफ़ेद बाल मत उखाड़ो। जो मुसलमान इस्लामी राज्य में बूढ़ा हो जाता है तो अल्लाहताला उसके हर सफेद बाल के लिए एक अच्छे काम का सवाब (श्रेय) देता है और कियामत के दिन ये सफ़ेद बाल उसके लिए रोशनी का काम करेंगे।" (अबू डी, खंड 2, पृ. 225)

एक और हदीस में कहा गया है कि अल्लाहताला किसी बूढ़े आदमी को यातना देने से शरमाता है। या ख़ुदा! पाक रब तो बूढ़े आदमी को उसके गुनाहों की सज़ा देते हुए शरमाता है, लेकिन बूढ़ा आदमी अपनी उम्र को छिपाने के लिए अपनी दाढ़ी मूंड कर नकली नौजवान बनने में शर्म महसूस नहीं करता।

पैग़म्बरे पाक ने कहा है, "नौजवानों में सबसे अच्छा आदमी वह है जो बूढ़ों जैसा दिखने की कोशिश करता है और बूढ़ों में सबसे बुरा आदमी वह है जो नौजवानों जैसा दिखने की कोशिश करता है।" (कांज. खंड 8, पृ. 129)

दाढ़ी एक इस्लामी और राष्ट्रीय चिह्न है और उससे आदमी की शोभा बढ़ती है। कुछ फ़रिश्तों की तस्बीह (जाप) ही यही है कि, "वह हस्ती पाक है जिसने आदमियों की उनकी दाढ़ी से और औरतों की उनकी वेणी से शोभा बढ़ाई है।" (अल हदीस)

पैग़म्बरे पाक दाढ़ी रखते थे और उन्होंने उम्मत से भी दाढ़ी रखने का आग्रह किया। उनके व्यवहार को अपनाना और उनके आदेश और निर्णय को सच्चाई से स्वीकार करना ईमान की शर्त है, क्योंकि कानूनी शब्दावली में इस्लाम का अर्थ है, पैग़म्बर साहिब की हिदायत के मुताबिक ख़ुदाई फ़रमानों पर अमल करना—अपनी पसंद और अक्ल के मुताबिक ख़ुदा की फ़रमाबरदारी करना इस्लाम नहीं, बल्कि कुफ़्र है।" हेमस्टिक, "ख़ुदपसंदी और हठधर्म, इस मज़हब में कुफ़्र है।"

अल्लाहताला ने कहा है, "लेकिन नहीं, तुम्हारे रब की कसम, ये तब तक 'ईमान वाले नहीं' हो सकते जब तक कि ऐसा न हो कि, इनके बीच जो झगड़ा उठे, उसका फैसला ये तुम से कराएँ, फिर जो फ़ैसला तुम कर दो उसे ये नापसंद न करें और उसे पूरी तरह से मान लें। (4.65) इस आयत पर टिप्पणी के तौर पर हज़रत इमाम जाफ़र सादिक ने कहा है कि अगर कोई कौम ख़ुदा की परस्तिश करती है और सभी फ़र्ज़ों, जैसे नमाज़, रोज़ा, हज और ज़कात आदि को अंजाम देती है, लेकिन पैग़म्बर साहिब के किसी काम के बारे में एतराज़ के तौर पर वे लोग यह कहते हैं कि उन्होंने ऐसा क्यों किया, वैसा क्यों किया, या अगर वे पैग़म्बर साहिब के किन्ही हुक्मों को दिल से नापसंद करते हैं, तो फिर चाहे वे रोज़े रखते हों और नमाज़ भी क्यों न पढ़ने हों, वे काफ़िरों और मुशरिकों की श्रेणी में आते हैं। (ताफ. आरएम, खंड 5, पृ. 65)

एक मुसलमान और एक यहूदी का मामला पैग़म्बर साहिब की अदालत में पेश किया गया। मामले की छानबीन करने के बाद पैग़म्बर पाक ने यहूदी के हक में फ़ैसला दिया। मुसलमान इस फ़ैसले से सहमत नहीं थे। इसलिए वे उस मामले को हज़रत उमर फ़ारूक के पास ले गए। हज़रत उमर ने मामले की सुनवाई करने के बाद यह निर्णय दिया कि वादी धर्मत्यागी बन चुका है और इसलिए उन्होंने उसका सर कलम करा दिया और कहा, कि जो आदमी पैग़म्बरे पाक के फैसले से सहमत नहीं है उसके लिए यही सही फैसला है।

कार्यविधि और कानून के मुताबिक जो आदमी पैग़म्बरे पाक के फ़ैसले के मुताबिक अमल नहीं करता था और पैग़म्बरे पाक के अलावा किसी और आदमी को ज़्यादा न्यायी मान लेता था वह धर्मत्यागी और काफ़िर माना जाता था और अगर वह इस्लाम को मानता था तो यह महज़ उसका ढोंग था। इसके अलावा हकीकत यह है कि जब अल्लाहताला ने अल्लाह के पैग़म्बर, मुहम्मद साहिब को सर्वगुण संपन्न तथा हर दृष्टि से संपूर्ण बना दिया और उसके बाद यह घोषित कर दिया कि, "निश्चय ही अल्लाह के 'रसूल' में, तुम लोगों के लिए एक उत्तम आदर्श की स्थापना की

गई है" (33.21) तो आदर्श उसी को माना जाएगा जिसमें पैग़म्बर तुल्य संपूर्णताएं हों और गुण उसे कहा जाएगा जोकि पैग़म्बरे पाक के गुणों का नमूना हो। नेकदिल रफ़ीक सौंदर्य तथा संपूर्णता के इस दर्शन को पूरी तरह से समझते थे। इसलिए वे न केवल अपनी इबादत में सुन्नते पैग़म्बरी का पालन करते थे और न सिर्फ उन्होंने अपनी आदतों को पैग़म्बरी सोच में ढाल लिया था, बल्कि वे उनके साधारण से संकेतों को भी आदेशों का दर्जा देते थे और उनका पालन करना अपना बहुत बड़ा सौभाग्य समझते थे। उदाहरण के लिए एक बार रसूले पाक एक प्रवचन मंच पर चढ़ कर श्रोताओं से बोले, "बैठ जाओ, बैठ जाओ।" अब ज़रा इस मिसाल को देखिए, कि इस आदेश का पालन किस प्रकार किया गया : हज़रत अबू अल्लाह इब्न मसूद दरवाज़े के नज़दीक थे। जैसे ही यह हुक्म उनके कानों में पड़ा, वे बैठ गए। जब रसूले पाक ने उन्हें बुलाया तो वे खड़े हुए और उनके पास गए।

जब रसूले पाके के इंतकाल के बाद अरबी कबीलों के अड़ियलपन और धर्मत्याग की ख़बरें मदीना पहुँचने लगीं तो नेकदिल रफ़ीकों ने हज़रत सिद्दीक-ए-अकबर को सलाह दी कि ऐसे संकट काल में श्याम को फौजें भेजना ठीक नहीं है, क्योंकि मदीना को ख़ाली पाकर बाग़ी और धर्मत्यागी कबीले नगर पर हमला कर सकते हैं। हज़रत सिद्दीक ने जवाब दिया, "उस ख़ुदा की कसम, जिसके हाथों में मेरी ज़िंदगी है। अगर मदीना इस कदर भी ख़ाली हो जाए, कि मैं यहाँ अकेला रह जाऊँ और जंगली जानवर और कुत्ते मुझ पर झपट कर मुझे निगल भी जाएँ तो भी मैं उसमाह को (जोकि उनकी सेना के सैनिक थे) उस मुहिम पर ज़रूर भेजूँगा, जिस पर रसूले पाक उसे भेज रहे थे।" (इब्न असाकिर आदि)

पहले ख़लीफ़ा सिद्दीक-ए-अकबर पैग़म्बर साहिब के आदेशों का इतना ख़्याल रखते थे। एक साधारण रफ़ीक के बारे में एक घटना है कि रसूले पाक ने अपने हाथ से सोने की अँगूठी उतार कर यह कहते हुए फैंक दी कि आदमी जानबूझकर अपने हाथ में जलते हुए कोयले को रख लेता है। जब रसूले पाक चले गए तो किसी ने रफ़ीक को सलाह दी कि वे उस अँगूठी को उठाकर किसी और काम के लिए इस्तेमाल कर लें। लेकिन रफ़ीक ने जवाब दिया, "नहीं, नहीं। अल्लाह कसम। जिसे रसूले पाक ने फैंक दिया है, मैं उसे नहीं उठा सकता।" (मुस्लिम : संदर्भ : मिश्काता, पृ. 378)

हज़रत अबूज़र ग़िफ़ारी अपने खेत को पानी दे रहे थे। कुछ लोग वहाँ आए और उनके पांवों से क्यारी की कुल्या टूट गई और पानी बाहर बहने लगा। जब अबूज़र ने पानी को ज़ाय होते हुए देखा तो फ़ौरन बैठ गए और उसके बाद उसी कीचड़ में लेट गए। जो लोग वहाँ मौजूद थे उन्हें बहुत हैरानी हुई। उन्होंने अबूज़र से उनके इस अजीब व्यवहार के बारे में पूछा। अबूज़र ने जवाब दिया, "मुझे इन लोगों की लापरवाही पर गुस्सा आया लेकिन ऐसे में मुझे रसूले पाक की यह हिदायत

याद आ गई कि जब गुस्सा आए, तो बैठ जाओ और अगर तब भी गुस्सा ठंडा न हो, तो लेट जाओ। इसलिए मैंने इस बेशकीमती हिदायत पर अमल किया।" अर्थात् उन्होंने न तो अपने जिस्म या कपड़ों की कोई परवाह की, और न इस बात की चिंता की कि लोग उन पर हँसेंगे या उनका मज़ाक उड़ाएंगे। रसूले पाक के शुभ संकेत की महत्ता सबसे अधिक है। उसके सामने बाकी सब कुछ शून्य है।

एक बार हज़रत उमर फ़ारूक साफ-सुथरे कपड़े पहनकर जुम्मे की नमाज़ के लिए जा रहे थे। रास्ते में हज़रत अब्बास के मकान के छज्जे से, क़त्ल की गई मुर्गी के ख़ून से मिले पानी की धार उन पर आ पड़ी। वे घर आए, कपड़े बदले और उन्होंने रास्ते से छज्जों को हटाने का आदेश दे दिया। जब उनके आदेश का पालन हो गया तो, हज़रत अब्बास ने उन्हें प्रसंगवश बताया कि यह छज्जा वहाँ पर रसूले पाक ने लगवाया था। जैसे ही हज़रत उमर ने यह सुना, तो वे खड़े हो गए और उस छज्जे की तरफ़ चल दिए। क्योंकि वहाँ कोई सीढ़ी नहीं थी, तो वे ख़ुद झुक गए और हज़रत अब्बास से विनती की कि वे उनकी झुकी हुई पीठ पर चढ़कर छज्जे को दोबारा उसी जगह पर लगा दें जहाँ उसे मालिक-ए-आली, ख़ुदा के चहेते ने लगाया था।

यह थी पैग़म्बर साहिब के लिए नेकदिल रफ़ीकों की इज्ज़त। चाहे छज्जा कहीं भी था, लेकिन क्योंकि वह रसूले पाक द्वारा लगाया गया था और यद्यपि उसे अनजाने में वहां से हटा दिया गया था, लेकिन उसे हटाने का प्रायश्चित भी किया गया और वह इस प्रकार कि हज़रत उमर ने हज़रत अब्बास को अपनी पीठ पर खड़ा करके उसे पहले वाली जगह पर दोबारा लगवाया। और दूसरी तरफ़ आदर की वह भावना है, जो कि हमारे युवा और बहुत से बूढ़े रखते हैं, जोकि मूँछ या दाढ़ी का निशान तक नहीं रहने देना चाहते—वह दाढ़ी जोकि हमारे रसूले पाक हमेशा रखते थे और मुसलमानों से आग्रह करते थे, कि वे दाढ़ी उगाएँ और मूँछों को कतर दें। क्या इससे ज़्यादा निरादर और ढिठाई हो सकती है? अलबत्ता दाढ़ी रखना सभी पैग़म्बरों की सुन्नत है। दाढ़ी एक इस्लामी चिह्न है। यह कुलीनता और भव्यता का प्रतीक है, छोटों और बड़ों के बीच एक विभेदक चिह्न है और मर्दाना चेहरे की यह पूरक है। दाढ़ी मूंडना एक शैतानी काम है जिससे ख़ुदादाद शक्ल बिगड़ जाती है। दाढ़ी मूंडने को अच्छा समझना रसूले पाक की सुन्नत की मुख़ालिफ़त करना और उसके खिलाफ़ अमल करना है।

(ख़ुदा बचाए!)

फ़िक्ह की विश्वप्रसिद्ध पुस्तक 'हदाया' (खंड 4, पृ. 571) में कहा गया है : "दाढ़ी अपने समय में (अर्थात् जब वह उगना शुरू करती है) सुंदरता और शोभा का मूल होती है, जोकि उसे मूंड देने से समाप्त हो जाती है।" बहर-अल-रईक में भी कहा गया है, "अपने समय में दाढ़ी एक ख़ूबसूरत चीज होती है।" इसके समर्थन

में निम्नलिखित हदीस यही दलील पेश करने के लिए उद्धृत की गई कि ख़ुदा के फरिश्तों की एक टोली का जाप ही यही है, "वह हस्ती पाक है, जिसने मर्दों की दाढ़ी से और औरतों की चोटी और वेनी से शोभा बढ़ाई।" (तुक-बहर, खंड 8, पृ. 331) एक और ऐसी परंपरा है कि जब फ़रिश्ते हल्फ उठाते हैं तो वे कहते हैं, "उस हस्ती की कसम, जिसने आदमी की, दाढ़ी से शोभा बढ़ाई।"

अगर किसी को रसूले पाक से सच्चा प्यार है तो उनका हर व्यवहार और आदत प्यारी लगनी चाहिए, क्योंकि अपने प्रिय का हर अंदाज़ प्यारा लगता है। उसे नापसंद करना (ख़ुदा बचाए), प्यार की कमी की निशानी है। जो दाढ़ी मूंडता है, वह रसूले पाक की सुन्नत पर आघात करता है। वह सच्चा प्रेमी कैसे हो सकता है। किसी ने क्या ख़ूब लिखा है : तुम यह दावा करते हो कि तुम रसूले-अल्लाह से प्यार करते हो और साथ ही उनके हुक्म की बेफ़रमानी भी करते हो! क्या अजीब बात है यह! अगर तुम्हारे दिल में वाकई प्यार होता और तुम्हारा प्यार का दावा सच्चा होता, तो तुम बेफ़रमान न होते और तुमने उनके सभी कार्यों और व्यवहारों से प्यार किया होता।

जब़ कभी मजनूं लैला की गली से गुज़रता था तो वह उसकी दीवारों को चूम कर कहता :

"जब मैं लैला की गली में से गुज़रता हूँ तो मैं इस दीवार को भी चूमता हूँ और उस दीवार को भी। मेरे दिल में जो इतना ज़्यादा प्यार है, वह गलियों के लिए नहीं बल्कि उसके लिए है, जो यहाँ रहती है।"

एक महनीय सज्जन कहते हैं :

"मुझे अपनी आँख़ों पर गर्व है कि उन्होंने तुम्हें देखा है। मैं अपने पांवों पर कुर्बान हूँ कि वे तुम्हारी गली तक पहुँचे हैं। हर लम्हा मैं अपने हाथ को चूमता रहता हूँ कि उसने तुम्हारे दामन को पकड़ कर तुम्हें मेरी तरफ़ खींचा है।"

मसनवी में यह कहा गया है कि प्रेमिका ने अपने प्रेमी से पूछा, "तुम बहुत से शहरों में गए हो। उनमें से सबसे अच्छा शहर कौन सा है?" प्रेमी ने जवाब दिया, "वह शहर जिसमें मेरी प्रेमिका रहती है।"

यह जानकर अफ़सोस होता है कि वे अल्लाह और पैग़म्बर साहिब से प्यार का दावा करते हैं, लेकिन व्यवहार में वे दाढ़ी से नफ़रत करते हैं। अल्लाह और जहानों के चहेते, इस जहान और आखिरत के मालिक ने कहा है : "जब तक मोमिन की ख़्वाहिश मेरे हुक्म की मातहत नहीं है तब तक उसका प्यार काबिले-एतबार नहीं है।" (मिश्कात); अर्थात् दिल की ख्वाहिश और ललक वही होनी चाहिए जो रसूले पाक का हुक्म और सुन्नत है। बार-बार उन्होंने कहा है, "जो मेरी सुन्नत पर अमल नहीं करता, वह मेरा नहीं है," "जो दूसरों के दस्तूरों पर अमल करता है वह हम में से नहीं है," "जो मेरे कायदे से मुँह मोड़ लेता है वह मेरी उम्मत का नहीं है,"

"जिसने मेरी सुन्नत को ज़ाय कर दिया ऐसे आदमी के लिए मेरी मध्यस्थता (कियामत के दिन) ग़ैरकानूनी है।"

एक बार इमाम अबू यूसफ़ एक हदीस का बयान कर रहे थे, रसूले पाक को लौकी बहुत पसंद थी। एक अनुयायी ने ग़लती से कह दिया, 'लेकिन मुझे पसंद नहीं है।' अनुयायी की इस गुस्ताख़ी पर इमाम को इतना गुस्सा आ गया कि उसने तलवार खींच ली और बोला, 'अपने लफ़्ज़ वापिस लो और पश्चाताप करो, नहीं तो मैं तुम्हें कत्ल कर डालूँगा।'

मदीना में एक साहिबे निशात (पहुँचा हुआ संत जिसका अल्लाह से रूहानी रिश्ता जुड़ जाता है) की ज़ुबान से निकल गया कि श्याम या भारत की दही मदीना की दही से बेहतर होती है। रसूले पाक ने उसे ख़्वाब में आकर बताया, 'यहाँ से चले जाओ और वहाँ जाकर रहो जहाँ की दही अच्छी है।'

इमाम रब्बानी कहते हैं सभी सुन्नतों को जहानों के मालिक ने मंजूरी दी है, जबकि सुन्नत के खिलाफ सभी बातों को शैतान ने मंजूरी दी है। (मीर, खंड 1, पृ. 225)

तुम मुझसे पूछते हो कि तुम्हें क्या करना चाहिए? ऐ मेरे बिरादर-ए-इस्लाम! इच्छाओं के गुलामों की निंदा और तानाकशी से अशांत हो जाना अबू तालिब की आदत है। उनकी मौत के वक्त रसूले पाक ने उनसे कहा था, "चाचा जान। एक बार कह दीजिए, अल्लाह को छोड़कर और कोई ख़ुदा नहीं है।" अबू तालिब ने जवाब दिया, "तुमने मुझे ऐसा मज़हब दिया है, जिसे मैं दुनिया के बाकी सभी मज़हबों से अज़ीमतर मानता हूँ। अगर मुझे लोगों की निंदा और तानाकशी का डर न होता, तो तुम देखते कि मैं किस तरह बहादुरी से इस सच को मान लेता।"

उसका सारांश यह है कि लोगों के उपहास और भर्त्सना के कारण सच को छोड़ देना अबू तालिब का तरीका है; और दृढ़तापूर्वक, और पूरी दुनिया की आलोचना की ज़रा भी परवाह किए बग़ैर सच पर टिके रहना इस्लाम में मुजाहिद (धर्म योद्धा) हज़रत हुज़ैफ़ा बिन यमन की सुन्नत है। वे एक सफ़र में थे। भोजन करते हुए एक ग्रास उनके मुबारक हाथ से गिर गया। उसे साफ़ करके उन्होंने उसे मुँह में डाल लिया। फ़ारसी लोग देख रहे थे। परिचर ने उन्हें धीमी आवाज़ में कहा, "जनाब, ऐसा मत कीजिए। ये फ़ारसी लोग गिरे हुए ग्रास को खाना शिष्टाचार के विरुद्ध मानते हैं, और ऐसे व्यक्ति को हेय दृष्टि से देखते हैं।" इस पर उन्होंने जवाब दिया, "क्या मैं इन मूर्खों के कारण अपने चहेते पैग़म्बर साहिब की सुन्नत को छोड़ दूँ?"

इसे कहते हैं ईमान और यह है भरोसा, इस बात का कि रसूले पाक सब पैग़म्बरों में सबसे ज़्यादा अज़ीमतर पैग़म्बर हैं और उनकी शिक्षाएँ सबसे ज़्यादा आदर्श शिक्षाएँ हैं। परिचर तो फ़ारसियों की संस्कृति से प्रभावित महसूस करता है और हुज़ैफा बिन यमन अपने रफ़ीके पाक की संस्कृति पर गर्व महसूस करते हैं। वे हर ऐसे

आदमी को मूर्ख कहते हैं जो रसूले पाक को आदर्श गुरु नहीं मानता और उनकी संस्कृति पर मोहित नहीं है।

इसलिए तुम्हें अपनी दाढ़ी नहीं मुंडवानी चाहिए; अगर तुम अपने बेवकूफ़ दोस्तों की टिप्पणी पर अमल करोगे तो तुम अपराधी बन जाओगे। पाक रब ने अपने पैग़म्बर को हिदायत दी है, "और अब हमने (ओ मुहम्मद) तुम्हें (अपने) फ़रमान के एक साफ रास्ते पर लगा दिया है, इसलिए उसी रास्ते पर चलते जाओ और उन लोगों की मनमर्ज़ी पर मत चलना जो अज्ञानी हैं।" (45 : 18), समाप्त वक्ब[32]

सवालों के प्रति दमनकारी रवैया

अगर कोई आदमी इनमें से किसी भी बात पर—उलमा के यह कहने पर कि जो कुछ वे कहते हैं, वही प्रामाणिक है, शरीअत की केन्द्रीयता के बारे में, या शरीअत क्या है, इस बारे में उलमा जो कुछ कहते हैं, उस पर—ज़रा सा भी शक करता है तो उलमा उसे कठोरतापूर्वक दबा देते हैं। उदाहरण के तौर पर, तलाक के मामले में एक साफ़ असंगति है : तलाक को अल्लाह की निगाहों में सबसे ज़्यादा घृणास्पद बताया गया है। उसके बावजूद उसे इतना आसान बना दिया गया है। इस असंगति से विद्वानों और आम लोगों—दोनों को ही तकलीफ़ पहुँचती रही है। उलमा इस सवाल से कैसे निपटते रहे हैं? वे ज़बरदस्ती शक को कुचल कर रख देते हैं। फ़तवा-ए-रहीमियत में शामिल एक ही सवाल और उसका दिया गया जवाब उस शक को रद्द कर देने के लिए काफ़ी है जो एक आम आदमी को सताता रहता है, और उससे यह भी ज़ाहिर हो जाएगा कि हाकिम—शक करने वाले और उसके शक—दोनों को किस प्रकार कुचल कर रख देते हैं।

प्रश्नकर्ता एक फ़तवे का हवाला देता है, जो पहले दिया गया था। उस फ़तवे में कहा गया था :

"हमारे हनफी मज़हब में एक ही समय पर एक साथ तीन तलाक देना एक नई प्रथा और ग़ैर कानूनी काम है। (किसी हदीस को पुनः उद्धृत करते हुए, आगे कहा गया है), उक्त हदीस से यह प्रमाणित हो जाता है कि तलाक हो चुका है।"

इस पर प्रश्नकर्ता पूछता है :

"वह बात जिससे अल्लाह की बेफ़रमानी होती हो, जिससे ख़ुदाई किताब का उपहास होता हो, जिस पर पैग़म्बर साहिब ने अप्रसन्नता जाहिर की हो और जिसे ख़ुद हज़रत अबू हनीफ़ा ने 'हराम' कहा हो, वह जायज़ बन जाती है और तलाक प्रभावी हो जाता है। हम जैसे अनजान आम आदमी की समझ में यह ग़ैरकानूनी है। ऐसा कैसे हो सकता है? कुरआने पाक के मुताबिक शराब पीना और सूदख़ोरी भी ग़ैरकानूनी है, लेकिन किसी धर्मतत्त्वज्ञ ने यह नहीं कहा है कि यद्यपि ये काम

ग़ैरकानूनी हैं और उनसे अल्लाह की बेफ़रमानी होती है, फिर भी वे जायज़ हैं। तो फिर विधिवेत्ता ऐसे फ़रमान क्यों जारी करते हैं, जिनमें तलाक को जायज़ करार दिया जाता है?"

यह एक एकदम उचित, बल्कि एक प्रत्यक्ष सवाल है। लेकिन अब देखिए कि उलमा प्रश्नकर्ता से कैसे पेश आते हैं और प्रश्न को कैसे निपटाते हैं। संबंधित मज़हबी हाक़िम पहले फ़तवा-ए-आलमगीरी जैसी कानूनी-पुस्तकों से इस आशय के कुछ हदीस और प्रासंगिक उक्तियाँ उद्धृत करता है कि तीन तलाक से वाक़ई शादी ख़त्म हो जाती है। उसके बाद वह एक सख़्त फटकार लगाता है : वह घोषित करता है, एक आम आदमी को कानून की बारीकियों से दूर रहना चाहिए, और ये बारीकियाँ विशेषज्ञों के लिए छोड़ दी जानी चाहिए। उसकी फटकार वाकई पढ़ने लायक है। उससे यह देखने को मिलता है कि मुल्लाह कौन-कौन से दावे करके और कितने जोश के साथ अपने 'ज्ञान' के एकाधिकार की रक्षा करते हैं और उसके द्वारा मुस्लिम संप्रदाय पर अपना प्रभाव बनाए रखते हैं। फ़तवा-ए-रहीमियत में फटकार दी गई है : जब आलोचक और समीक्षक विद्वान न हो और उसने कुरआन, हदीस, फ़िक्ह, फ़िक्ह के सिद्धांतों, तफ़सीर और दूसरे धर्मविज्ञानों को अध्ययन न किया हो, और न ही वह इन विज्ञानों के संपर्क में हो, तो उसे धार्मिक मामलों और ऐसे नाजुक मसलों में ऊपरी तौर पर दिलचस्पी नहीं लेनी चाहिए और न उनमें दख़ल अंदाज़ी करनी चाहिए। मौलाना अशरफ़ अली थानवी ने ऐसे व्यक्तियों के बारे में टिप्पणी की है : "आज के शिक्षित आदमी इतने घमंडी हैं कि अंग्रेजी सीख कर वे अपने को धर्म का भी विद्वान समझने लगते हैं और कानूनी मामलों में भी अपनी राय देने लगते हैं। बेचारे मौलवियों की तो बात ही क्या, वे तो पैग़म्बर साहिब तक की उक्तियों को भी ख़ारिज कर देते हैं।" (मोहसिन-ए-इस्लाम, पृ. 49)

इमाम ग़ज़्ज़ाली कहते हैं : "आम मुसलमान जनता का यह कर्त्तव्य बनता है कि ईमान और इस्लाम को अपनाने के बाद उन्हें ख़ुद को इबादत और अपने-अपने पेशों में व्यस्त रखना चाहिए और मज़हबी मामलों में दस्तंदाज़ी नहीं करनी चाहिए। उन्हें ऐसे मामले धर्माचार्यों के हवाले छोड़ देने चाहिए। धर्मज्ञान संबंधी मामलों में एक आदमी का तर्क-वितर्क में पड़ना, व्यभिचार और चोरी करने से भी ज़्यादा नुकसानदेह और ख़तरनाक है, क्योंकि जिस आदमी में धर्मविज्ञानों की पूरी जानकारी और पक्की समझ नहीं है, अगर वह अल्लाह और उसके मज़हब संबंधी बातों की चर्चा और उनके बारे में वाद-विवाद करने लगता है, तो यह संभव है कि कुछ ऐसी राय बना ले जो (प्रभाव रूप में) कुफ़्र हो। उसकी हालत एक ऐसे आदमी की सी होती है, जो तैरना तो नहीं जानता, लेकिन फिर भी वह समुंदर में अपनी किश्ती उतार देता है।" (इहया)

आम मुसलमान जनता को धार्मिक नियमों की जानकारी होनी चाहिए और

उन्हें उन पर अमल करना चाहिए, लेकिन उन्हें ख़ुद को उनकी बारीकियों में नहीं उलझाना चाहिए। एक उत्कृष्ट हदीस में यह कहा गया है कि एक आदमी रसूले पाक के पास आया और उसने उनसे ज्ञान की बारीकियाँ उसे समझाने का अनुरोध किया। रसूले पाक ने पहले तो उससे सवाल पूछे (क) क्या तुमने मारिफ़त (आध्यात्म विद्या) हासिल की है? (ख) तुमने अल्लाह के कितने हक अदा किए हैं? (ग) क्या तुम्हें मौत का ज्ञान है? (घ) क्या तुमने ख़ुद को मौत के लिए तैयार कर लिया है? उसके बाद अंत में उन्होंने कहा, "इसलिए जाओ, पहले अपनी बुनियाद मज़बूत करो और तब मेरे पास आओ, ताकि मैं तुम्हें ज्ञान की बारीकियां समझा सकूँ। (जबी, पृ. 133) संक्षेप में ज्ञान के विषय आम आदमी के बस की बात नहीं हैं।[33]

और फ़तवे में एक तीसरा तर्क जोड़ा गया है। इसमें घोषित किया गया है कि कोई काम बुरा और घृणास्पद होते हुए भी प्रभावकारी हो सकता है। इस बात को साबित करने के लिए फ़तवे में कई उदाहरण दिए गए हैं। वह सूची जितनी लंबी है, उतनी ही असर रखने वाली भी :

1. ज़िहार (किसी औरत को यह कह कर, कि तू मेरे लिए मां की पीठ है, उसे ब्याह से विछिन्न कर देना) कानूनी तौर पर मना है। कुछ उलमा ने इसे घोर पाप कहा है। कुरआन में इसके बारे में कहा गया है : "वे वाकई एक बुरा शब्द और झूठ बोलते हैं" (57.2) लेकिन फिर भी ज़िहार हो जाता है और आदमी को उसके लिए प्रायश्चित करना पड़ता है। (कुराने पाक)
2. कोई शर्त रखकर किसी की हलाला के लिए शादी कराना नाजायज़ है और उसके लिए भर्त्सना की जा सकती है। लेकिन अपने आप में वह शादी सही होती है।
3. माहवारी के दिनों संभोग करना हराम होता है, लेकिन हलाला की रस्म पूरी करने के लिए ऐसा संभोग पर्याप्त माना जाता है।
4. हराम धन के साथ हज पर जाना हराम है, लेकिन हज पूरा हो जाता है (यद्यपि अल्लाह उसे कबूल नहीं करता)।
5. अपने पति या किसी महरम (मित्र) के बिना, किसी औरत के लिए हज पर जाना हराम है। लेकिन हज पूरा हुआ माना जाता है।
6. किसी यात्री के लिए दो की बजाए नमाज़ के चार राकाह (नमाज़ में झुकना) पढ़ना नाजायज़, बल्कि गुनाह है। लेकिन नमाज पूरी हो जाती है (बशर्ते कि उसने दूसरे राकाह पर दूसरा कायदा पूरा कर लिया हो), हालांकि उसे दोबारा करना ज़रूरी होता है।
7. पाख़ाना करने के बाद इस्तिंजा करने के लिए ज़म-ज़म (मक्के का एक कूआँ, जिसका पानी पवित्र माना जाता है) के पानी का इस्तेमाल करना

घृणास्पद है—और कुछ लोग इसे हराम समझते हैं—लेकिन उससे इस्तिंजा पूरा हो जाता है।

8. संभोग करने के बाद किसी मस्जिद में नहाना हराम होता है, लेकिन स्नान पूरा हुआ मान लिया जाता है।
9. ग़लाजत की हालत में कुरआन की नकल उतारना हराम होता है, लेकिन नकल की गई इबारत कुरआन ही होती है, और उसे पढ़ने पर सवाब (श्रेय) मिलता है और उसके प्रति अनादर दिखाना हराम होता है।
10. व्यभिचार हराम होता है, लेकिन इस हराम के काम से सम्मानपूर्ण वैवाहिक संबंध स्थापित होता है। कहने का मतलब यह है कि हर काम का अपना एक असर होता है। जब वह काम होता है, तो वह अपना असर पैदा करता है। कोई काम सही या ग़लत तरीके से किया जा सकता है, लेकिन उसका नतीजा तो सामने आएगा ही। उदाहरण के लिए, जानबूझकर कत्ल करना हराम है। लेकिन कत्ल तो लाज़िमी तौर पर हो ही जाता है।
11. ज़हर खाकर आत्महत्या करना हराम है, लेकिन आदमी मर तो जाता ही है।
12. उसी प्रकार एक वक्त पर तीन तलाक कहना हराम है, लेकिन तलाक तो हो ही जाता है अर्थात् शादी टूट जाती है और औरत का तलाके मुग़ल्लजा हो जाता है (अर्थात् उसका स्थायी तलाक हो जाता है, जिसे वापिस नहीं लिया जा सकता), और हलाला के बिना उसकी अपने पति से दोबारा शादी नहीं हो सकती।

अब अगर कोई नहीं समझता है, तो यह किसका दोष है? हेम्स्टिच : "अगर चमगादड़ को दिन में दिखाई नहीं देता तो क्या यह सूरज का कसूर है?"[34]

यह जो सूची दी गई है उसका जवाब से कोई संबंध नहीं है। आख़िर सवाल दूसरे ढंग से भी पूछा जा सकता था : क्योंकि ये काम बुरे हैं और उन्हें अनुचित समझा जाता है, तो अल्लाह जोकि सर्वशक्तिमान है इन मामलों के बारे में ऐसा कुछ क्यों नहीं करता, कि इनमें से प्रत्येक अप्रभावी हो जाए? लेकिन हमारे मज़हबी हाकिम सवाल नहीं करते। अगर कोई आम आदमी सवाल पूछता है तो उसकी वे उसी तरह से भर्त्सना कर डालते हैं, जैसी कि एक हाकिम ने पहले उदाहरण में की थी, कि आम आदमी को मज़हब और कानून की बारीकियों से दूर रहना चाहिए। और अगर उलमा द्वारा दिए गए स्पष्टीकरण और उसकी भर्त्सना के बावजूद आम आदमी खण्डनात्मक विवाद जारी रखे तो उनकी तरफ से यह चेतावनी दी जाती है कि वह पाक शरीअत के बारे में संदेह को बढ़ावा देने का अपराधी होगा, वह उलमा-ए-दीन का अपमान करने का अपराधी होगा। उस समय सवाल तीन तलाकों के गुण-दोषों

का नहीं रह जाएगा। तब सवाल आदमी के कुफ्र का रह जाएगा।

ऐसा क्यों है कि शादी करने के समय तो गवाहों की ज़रूरत पड़ती है लेकिन तलाक के समय गवाह ज़रूरी नहीं समझे जाते—यह प्रश्न करता है एक चिंतित प्रश्नकर्ता। ऐसा क्यों है कि तलाक उस सूरत में भी प्रभावी माना जाता है जबकि उसके आधार तुच्छ होते हैं? इसके जवाब में देवबंद में स्थित हमारे अल-अजहर, दारुल उलूम के उलमा यह फ़रमाते हैं, हमारी शरीअत का ऐसा हुक्म है—अर्थात् यह कि कोई भी शादी गवाहों के बिना नहीं हो सकती, जबकि यह शर्त तलाक पर लागू नहीं होती। वे आगे फ़रमाते हैं, "और जो कुछ शरीअत में निर्धारित किया गया है, उसका पालन करने के लिए हम बाध्य हैं। इसमें (शरीअत में) नुक्स ढूँढने की इजाजत नहीं है। शादी के मामले में एक घोषणा ज़रूरी होती है ताकि शादी का नाजायज़ संबंध से फ़र्क किया जा सके।"[35] बस यही बात है।

एक प्रश्नकर्ता पशु बलि के बारे में पूरी तरह से जायज़ और सीधा सा सवाल पूछता है : वह कहता है कि कुरआन में यह घोषित किया गया है कि पशु का मांस और ख़ून अल्लाह तक नहीं पहुँचते। अल्लाह के पास जो कुछ पहुँचती है वह है धर्मनिष्ठा। अगर ऐसी बात है तो फिर पशुओं की बलि चढ़ाना क्यों ज़रूरी है? सवाल का जवाब देने की बजाए, फ़तवा-ए-रिज़विया प्रश्नकर्ता को तिरस्कार के एहसास में ही डुबो देना चाहता है और हिंदुओं के साथ उसकी तुलना करके उसकी भर्त्सना करता है। फ़तवा यह घोषित करता है कि बलि की प्रभावोत्पादकता से इंकार करना नीचता है। हिंदुओं को सिर्फ़ गौहत्या से ही चिढ़ होती है। इस बात में तो यह आदमी उनसे भी बढ़ गया है—क्योंकि उसने तो बलि को एकदम ही नकार दिया है...[36]

फ़तवा-ए-रिज़विया में घोषित किया गया है कि बेज़रूरत सवाल करना हराम है। जो ऐसे सवाल करता है वह निंदनीय फासिक (गुनहगार) है। ऐसे आदमी को इमाम बनाना गुनाह है। उसके पीछे नमाज पढ़ना सबके लिए—चाहे वे ज्ञानी हों या अज्ञानी—घृणास्पद है।[37]

अस्पष्टता का सत्ता के रूप में प्रयोग

ज़रा ध्यान दीजिए कि किस प्रकार ऐसे शब्द भी मुँह से निकालना, जो शरीअत के प्रति कोई संदेह प्रकट करने वाले हों, कुफ्र है। ऐसे शब्दों को बोलने मात्र से ही आदमी कितने बड़े दंड का भागी बन जाता है। ज़रा इस बात पर ध्यान दीजिए कि किस प्रकार इस आशंका से कि किसी भी और द्वारा बोले गए शब्द उलमा तक पहुँचाए जा सकते हैं या ऐसे शब्द बोलने का इलज़ाम किसी के सर धरा जा सकता है, हर आदमी को समुदाय से डर बना रहता है। इससे साधारण जन-समुदाय, एक ऐसे समूह में बदल जाता है, जो उलमा की तरफ़ से घूम-घूम कर कनसुई लेता रहता

है, कि कौन स्थापित मान्यताओं से हटकर कोई बात कर रहा है। इस बात की ओर भी ध्यान दीजिए कि, यह पूरी तरह से केवल उलमा पर निर्भर करता है कि वे किस को कुफ़्र का अपराधी ठहरा दें, किस को काफ़िर या धर्मत्यागी घोषित कर दें। तब पूरे समुदाय का यह कर्त्तव्य बन जाता है कि वह यह सुनिश्चित करे कि अपराध के लिए जो दंड निर्धारित किए गए हैं वे संबंधित व्यक्ति पर ज़रूर लागू किए जाएँ।

उलमा को इतनी भारी और निरंकुश सत्ता एक स्रोत से प्राप्त हुई है : वे शरीअत की व्याख्या करते हैं और उसे लागू करते हैं। यही कारण है कि सुधारकों के बरअक्स, उलमा इस बात पर ज़ोर देते हैं कि शरीअत दीन है, और इस बारे में संदेह करना कि शरीअत दीन है, अपने आप में कुफ़्र है और उन लोगों पर, जो ऐसा दावा करते हैं, अर्थात् उलमा पर भी संदेह करना कुफ़्र है। और जितना और पीछे तक चले जाइए, कुफ़्र संबंधी फ़तवों का सिलसिला जारी रहता है।

लेकिन यदि हम यहीं पर आकर रुक गए तो फिर हम उनकी सत्ता का पूरा अंदाज़ा नहीं लगा पाएँगे। उन्हें जो सत्ता प्राप्त है, वह सिर्फ़ इस कारण से नहीं कि उन्होंने अपने समुदाय से यह मनवा कर छोड़ा है कि शरीअत दैवीकृत है। बल्कि इसका कारण यह भी है कि शरीअत अस्पष्ट है और जब कोई मामला उलमा के सामने आता है, तो वे जितनी निपुणता से एक निष्कर्ष निकालने के लिए शरीअत का इस्तेमाल करते हैं, उतनी ही निपुणता से वे ठीक उससे उलटा निष्कर्ष निकालने के लिए भी उसका इस्तेमाल कर लेते हैं।

अब हम इसी विषय पर विचार करेंगे और दृष्टांत के रूप में हम एक बार फिर तलाक संबंधी कानून की ओर लौटते हैं। सर्वेक्षण से यह मालूम हो जाएगा कि :

– यह दावा, कि शरीअत स्पष्ट और निश्चित संहिता है, कितना खोखला है।
– यह दावा भी, कि यह एक शाश्वत और अपरिवर्तनीय संहिता है, कितना खोखला है।

सर्वेक्षण से यह भी मालूम हो जाएगा कि उलमा के लिए कितना आसान है किसी ख़ास हदीस को चुनना, बज़ाए किसी दूसरी हदीस के, 'इस्लामी विधि शास्त्र के किसी ख़ास सिद्धांत' को उद्धृत करना, बजाए किसी दूसरे सिद्धांत के। सर्वेक्षण से यह भी पता चल जाएगा, कि जो सत्ता उनके हाथ में है, उसके लिए उनका इस प्रकार हदीसों और सिद्धांतों का चुनाव कितना सारपूर्ण है। तब यह स्पष्ट हो जाएगा कि अभी तक भी उलमा हर ऐसे प्रयास का विरोध क्यों करते हैं जोकि धर्म-आधारित स्वीय कानून के स्थान पर सामान्य आचार संहिता को लागू करने के लिए किया जाता है। केवल इतना ही नहीं, वे शरीअत को संहिताबद्ध करने के हर प्रयास का

भी विरोध करते हैं, जिसका कारण भी हमें सर्वेक्षण करने पर मालूम हो जाएगा।

वस्तुतः उनके द्वारा इन प्रयासों का विरोध किए जाने का कारण यह है कि उनकी सत्ता सिर्फ़ उस हालत में ही कम नहीं होगी, जब शरीअत के स्थान पर सामान्य आचार संहिता को लागू किया जाएगा, बल्कि उस हालत में भी कम होगी, जब शरीअत का स्पष्ट और असंदिग्ध नियमों के रूप में संहिताकरण कर दिया जाएगा।

क्या तीन तलाक तीन ही होते हैं?

हमें कितनी बार बताया जाता है कि शरीअत स्वयं अल्लाह द्वारा निर्धारित किए जाने के कारण एक शाश्वत और अपरिवर्तनीय संहिता है और यह कि यह एक स्पष्ट और निश्चित संहिता है। यहाँ तक कि एक छोटी सी बात से भी—क्या पति को यह अधिकार है कि वह एक शब्द बोलकर पत्नी को घर से बाहर निकाल दे—हमें पता चल जाता है कि यह संहिता न तो अपरिवर्तनीय है और न सुनिश्चित।

पैग़म्बर साहिब ने जिस तरह एक ही समय पर कई तलाक देने को अनुचित ठहराया था, तब से इस नियम में परिवर्तन आ चुका है, यह बात इस्लामी इतिहासकारों और विधिशास्त्रियों के लिखित प्रमाणों से ज़ाहिर हो जाती है। उसके बावजूद किस प्रकार समय के साथ पतियों द्वारा अपनी पत्नियों से छुटकारा पाने के लिए इसी तरीके का सबसे ज़्यादा इस्तेमाल किया जाने लगा। वे कौन से सही-सही शब्द हैं, और उन्हें दोहराने का कौन-सा ढंग है, जिसके ज़रिए पत्नी को घर से बाहर निकाला जा सकता है, इसके बारे में विधि शास्त्रियों के बीच सदियों तक चले वाद-विवाद से यह स्पष्ट हो जाता है कि संहिता के रूप में शरीअत कितनी अनिश्चित है, इसकी बुनियाद कितनी हल्की है, किस प्रकार महत्वपूर्ण और प्राथमिक किस्म के मामलों पर, इसके प्रावधान वितंडावाद पर टिके हुए हैं, और वह भी रहस्यमय वितंडावाद पर।

अगर पति एक ही समय पर तीन बार 'तलाक' शब्द कह दे तो क्या पत्नी को घर छोड़ना ही पड़ेगा? क्या उसे उस हालत में भी घर छोड़ना होगा, जब पति ने यह शब्द एक ही समय पर तीन बार न बोलकर एक ही 'शुद्धता अवधि' अर्थात् पत्नी की माहवारियों के बीच के एक ही अंतराल के दौरान अलग-अलग मौकों पर तीन बार बोला हो? अगर पति ने पत्नी के साथ उस 'शुद्धता अवधि' के दौरान संभोग कर लिया हो तो उस सूरत में क्या होगा? अगर तलाक पत्नी की माहवारी के दिनों में दिया गया हो तो क्या वह प्रभावी होगा? हनफ़ी शाखा के अनुसार इनमें से किसी रूप में या किसी भी परिस्थिति में बोले गए 'तलाक' शब्द 'शास्त्र विरुद्ध' और 'अनुचित' समझे जाते हैं लेकिन फिर भी वे विवाह को समाप्त करने के लिए पर्याप्त हैं। हनबाली शाखा इन्हें 'गुनाहगाराना' (पापमय) समझती है लेकिन उन्हें

प्रभावी मानती है। शफ़ीयाई शाखा इन्हें 'मम्नूं' (वर्जित) करार देती है, लेकिन फिर भी विवाह को समाप्त करने के लिए उन्हें पर्याप्त मानती है। दूसरी ओर मलीकी शाखा का यह मत है कि 'तलाक' की घोषणा केवल उसी हालत में विवाह को समाप्त कर पाएगी, जब पत्नी 'शुद्धता की अवस्था' में हो और पति ने उस खास 'शुद्धता की अवधि' के दौरान पत्नी से संभोग न किया हो, और जब एक समय पर, सिर्फ़ एक बार 'तलाक' बोला गया हो। शियाओं में भी तलाक की घोषणाएँ उस सूरत में अमान्य और पूर्णतः अप्रभावी मानी जाती हैं, जबकि वे घोषणाएँ एक साथ एक ही समय पर की गई हों, या जब पत्नी गर्भवती हो, या जब वह माहवारी में हो, या जब पत्नी की 'शुद्धता अवधि' के दौरान ही 'तलाक' बोले जाने के बावजूद पति ने उस अवधि के दौरान उससे संभोग कर लिया हो।

यह तो निश्चित है कि हर शाखा का अपना 'इस्लामी विधिशास्त्र सिद्धांत' है और अपने रवैये की पुष्टि में वे किसी भी हदीस को उद्धृत कर देती हैं। ऐसे तलाकों को अमान्य ठहराते हुए मलीकी और शिया उस घटना का उल्लेख कर देते हैं, जब पैग़म्बर साहिब को यह बताए जाने पर कि एक अनुयायी ने एक ही समय पर तीन 'तलाक' कहकर अपनी पत्नी को तलाक दे दिया है, उन्हें अचानक ज़ोर का गुस्सा आ गया था और उन्होंने खड़े होकर यह घोषणा की थी, कि ख़ुद पैग़म्बर साहिब के मौजूद रहते हुए ही उस आदमी ने कुरआन के साथ खिलवाड़ किया है। वे यह भी बताते हैं कि पैग़म्बर साहिब ने इब्न उमर को आदेश देकर उनकी पत्नी को वापिस बुलवा लिया था और पैग़म्बर साहिब ने उन्हें कहा था कि अगर वापिस बुलाने के बाद भी तुम उससे छुटकारा पाना चाहते हो तो उसे सही ढंग से तलाक दो। हनफी, शफ़ीयाई और हनबाली भी इसी घटना का उल्लेख करते हैं। लेकिन उनका कहना है कि यद्यपि पैग़म्बर साहिब ने इस प्रकार के तलाक के प्रति नापसंदगी ज़ाहिर की थी, लेकिन उन्होंने इसके बारे में मना नहीं किया था।

क्या 'तीन तलाक' एक ही तलाक है?

हम एक अत्यंत प्राथमिक किस्म के केस से शुरुआत करते हैं। अगर कोई पति एक ही बार 'तलाक' बोलता है, लेकिन वह कहता है कि उसकी मंशा तीन तलाक की थी, तो क्या उसे एक तलाक माना जाएगा, जोकि वापिस लिया जा सकता है, या फिर उसे तीन तलाक माना जाएगा, जिसे वापिस नहीं लिया जा सकता?

इमाम शफ़ी, इमाम मलिक इशाक बिन राहवैह, अबू उबैद और उरवाह बिन-अल-ज़ुबैर, जो इस्लामी विधिशास्त्र के जाने-माने नाम हैं, उनका यह कहना है, ज़ैसा कि बताया जाता है कि एक बार कहा गया तलाक, तीन तलाक माना जाएगा। दूसरी ओर हमें बताया जाता है कि उतने ही पुरातन विधि-विशेषज्ञों, अबू हनीफ़ा,

सूफ़ियान-अल-थाबरी, अल अवज़ाई और अहमद का यह कहना है कि एक बार कहा गया तलाक, एक तलाक ही माना जाएगा।[38]

अगर एक ही समय पर या एक ही 'शुद्धता अवधि' के दौरान तीन बार तलाक कहा जाए, तो क्या वह एक तलाक माना जाएगा, जिसे....वापिस लिया जा सकता है, या तीन तलाक माना जाएगा, जिसे वापिस नहीं लिया जा सकता? इब्न रुश्द, इब्न अब्बास, इब्न इशाक और कुछ अन्य विशेषज्ञों का यह कहना है कि तीन बार कहे गए तलाक की गिनती, सिर्फ़ एक तलाक के तौर पर की जाएगी। अबू हनीफा, इमाम मलिक और कई अन्य विशेषज्ञों का मानना है कि उनकी गिनती तीन तलाक के तौर पर की जाएगी।

जो विशेषज्ञ 'तीन को एक' तलाक मानते हैं, वे कुरआन का हवाला देते हैं : उनका कहना है कि कुरआन में ऐसा कहीं नहीं कहा गया है कि एक ही समय पर कहे गए तीन तलाकों की गिनती तीन तलाकों के तौर पर ही की जाएगी और वह अंतिम रूप से दिया गया तलाक माना जाएगा। जो तीन तलाक को तीन ही तलाक और इस प्रकार उसे अंतिम रूप से दिया गया तलाक मानते हैं वे भी कुरआन का ही हवाला देते हैं : उनका कहना है कि कुरआन में कहीं भी ऐसा नहीं कहा गया है कि एक समय पर तीन बार कहे गए तलाक को एक तलाक माना जाएगा, और इस प्रकार उसे वापिस लिया जा सकता है।

हमेशा की तरह विवाद एक ही शब्द को लेकर है। अल्लाह कहता है कि कोई आदमी अपनी बीवी को दो बार तलाक देकर उसे या तो सम्मानपूर्ण शर्तों पर अपने पास रख सकता है या फिर उसे कृपापूर्वक जाने दे सकता है। लेकिन अगर वह तीसरी बार उसे तलाक देता है तो वह उसके लिए हराम हो जाती है और वह उसके लिए हलाल तभी हो सकती है जब वह किसी दूसरे आदमी से शादी कर ले और वह भी उसे तलाक दे दे आदि (कुरआन 2.229 और 230)। जो विधिवेत्ता तीन बार कहे गए 'तलाक' को एक तलाक मानते हैं, उनका कहना है कि अल्लाह दो बार या तीन बार (अर्थात् एक के बाद दूसरा) शब्द बोलने की बात नहीं कर रहा बल्कि दो समयों या तीन समयों पर (अर्थात् अंतरालों के बाद) इस शब्द को बोलने की बात कर रहा है और इसलिए जब बिना अंतराल के, एक के बाद दूसरी बार तलाक बोल दिया जाता है, तो बोले गए शब्दों को केवल एक घोषणा माना जाता है। तीन बार कहे गए 'तलाक' को तीन तलाक मानने वाले विधिवेत्ताओं का कहना है, कि यह एक वितंडा है और वे उन्हीं आयतों का हवाला देते हैं। वे कहते हैं, कि अल्लाह यह नहीं कह रहा है कि घोषणाओं के बीच एक निर्दिष्ट अवधि का अंतराल रहना चाहिए। वह केवल संख्या का उल्लेख कर रहा है—अर्थात् क्या 'तलाक' शब्द दो बार बोला गया है (आयत 2.229) या तीन बार (आयत संख्या 2.230)। उनका कहना है कि 'दो बार' और 'दो समयों पर' या 'तीन बार' और 'तीन समयों

पर' के बीच वही फ़र्क है जो 'आधे दर्जन' और छह के बीच है। चाहे 'तलाक' शब्द 'एक ही सांस में तीन बार' बोला जाए, या "एक शुद्धता अवधि के दौरान तीन बार" बोला जाए, दोनों ही स्थितियों में वह तीन बार ही बोला जा रहा है। कोई लफ़्ज़ जब कई बार बोला जाता है, तो वह एक के बाद दूसरा बोला जाता है, उन्हें एक ही साथ नहीं बोला जाता, और न ही बोला जा सकता है।

तीन बार बोले गए तलाक को एक तलाक मानने वालों का कहना है, कि अल्लाह की मंशा है पति को पछताने, पुनर्विचार करने और उसके बाद पत्नी को अपने पास रोक लेने का मौका देना। उनका कहना है कि यह बात आयत संख्या 2.229 से स्पष्ट हो जाती है, क्योंकि अल्लाह कहता है, "तलाक दो बार है, फिर या तो सामान्य नियम के अनुसार (स्त्री को) रोक लेना चाहिए या फिर भले तरीके से रुख़सत कर देना चाहिए...." अब अगर एक ही समय पर तीन बार बोले गए तलाक का अर्थ यह लिया जाए, कि औरत को घर छोड़ना पड़ेगा, तो उनका कहना है, कि अल्लाह ने पति को जो अधिकार दिया था, पुनर्विचार करके पत्नी को रोक लेने का, वह अधिकार समाप्त हो जाता है। यदि तीन बार बोले गए तलाक का अर्थ शादी का समाप्त होना लगा लिया जाए, तो अल्लाह की जो पति को अपनी करनी पर रुककर पुनर्विचार करने का मौका देने की योजना थी, उसके कोई मायने नहीं रह जाते। दूसरे लोगों का यह कहना है कि अल्लाह की योजना केवल एक आयत 2.229 में निहित नहीं है, बल्कि कुल मिलाकर चार आयतों—2.228 से 2. 231 तक—में निहित है। उनका कहना है, यह सही है कि अल्लाह ने पति को पछताने और पुनर्विचार करने का मौका दिया है, लेकिन पति को यह मौका केवल दो बार तलाक कहने के क्षण तक उपलब्ध है। जैसे ही वह यह शब्द तीसरी बार बोलता है, यह मौका ख़त्म हो जाता है और औरत उसकी पहुँच से बाहर हो जाती है।

अगली आयत (कुरआन 2.231) के कारण विवाद और भी जटिल रूप धारण कर लेता है। इसमें अल्लाह कहता है, "जब तुम औरतों को तलाक देते हो और वे अपनी (इद्दत की) अवधि पूरी कर लेती हैं, तो या तो उन्हें सामान्य नियम के अनुसार रोक लो या उन्हें सामान्य नियम के अनुसार रुख़सत कर दो...." जो यह कहते हैं कि यहाँ "जब तुम औरतों को तलाक देते हो" शब्दों का स्पष्ट मतलब है तीन बार 'तलाक' कहना और इस प्रकार पति द्वारा तीन बार तलाक कहने के बाद भी पति का पत्नी को वापिस लेने का अधिकार औरत की 'इद्दत' की अवधि समाप्त होने तक बना रहता है, अर्थात् वह तीन बार तलाक कह चुकने के बाद, औरत की तीन माहवारियाँ पूरी होने तक किसी भी समय अपने तलाक को वापिस ले सकता है। जो लोग तीन बार कहे गए 'तलाक' को तीन तलाक मानते हैं, जिसे उनके अनुसार वापिस नहीं लिया जा सकता है, वे इस आयत से बिल्कुल अलग नियम का निष्कर्ष निकालते हैं। उनका कहना है कि आयत (2.231) को दो पहले

की आयतों के साथ मिलाकर पढ़ा जाना चाहिए। वे कहते हैं कि पत्नी को अंतिम रूप से तलाक दे चुकने के बाद यह आयत विशेष, पति को उसे रोकने का सामान्य अधिकार प्रदान नहीं करती। इसका संबंध केवल एक तरीके से दिए गए तलाक से है, जबकि पति दो बार 'तलाक' कह चुकने के बाद पत्नी को रोक सकता है। दो बार 'तलाक' दे चुकने के बाद, यदि पति पत्नी की तीन माहवारियों की अवधि पूरी होने से पहले उसके साथ संभोग कर लेता है तो तलाक रद्द हो जाता है। यदि तीन माहवारियाँ पूरी हो जाती हैं, और पति फिर भी स्पष्ट रूप से कहकर तलाक वापिस नहीं लेता या पत्नी के साथ वैवाहिक संबंध फिर से स्थापित करके अप्रत्यक्ष रूप से तलाक वापिस नहीं लेता, तो शादी खत्म हो जाती है।

तीन बार कहे गए 'तलाक' को एक तलाक मानने वाले विधिवेत्ता आयत 2.231 का जो अर्थ लगाते हैं, वह इस प्रकार है :

इस आयत में स्पष्ट रूप से यह व्यवस्था की गई है कि जब 'इद्दत' पूरी होने वाली होती है, उससे पहले पत्नी को सम्मानपूर्ण ढंग से रोका जा सकता है।

अब सवाल यह पैदा होता है कि 'इद्दत' पूरी होने से पहले, पत्नी को रोकने के इस अधिकार को जोकि अल्लाह द्वारा आदमियों को दिया गया है, कौन छीन सकता है? यदि इसके विपरीत कोई स्पष्ट फ़रमान है, तो सवाल का हल हो जाता है, और अगर ऐसा कोई फ़रमान नहीं है, तो इसका यह अर्थ होगा कि 'इद्दत' की अवधि के दौरान तीसरे मौके पर तलाक देने से पहले आदमी का अपनी पत्नी को रोकने का अधिकार बना रहता है। इसलिए एक ही बार में तीन तलाक देने के बाद भी पत्नी को रोकने का अधिकार पति के पास बना रहता है। दूसरे शब्दों में तीसरा तलाक तभी प्रभावी होता है जब वापिस लिये जा सकने वाले दो तलाक अलग-अलग समय पर दिए गए हों, एक समय पर नहीं। जैसा कि अल-तलाक-मर्रतन से स्पष्ट संकेत मिलता है कि अल्लाह ने आदमी को अलग-अलग से तलाक देने का विकल्प दिया है। इसलिए जब तलाकों को एक दूसरे के साथ जोड़ने का हक ही नहीं दिया गया, तो एक ही समय पर दिए गए तीन तलाक कानूनी तौर पर प्रभावी ही कैसे हो सकते हैं?

पाठक ने ग़ौर किया होगा कि किस प्रकार अतर्कसंगत लेकिन कितनी अहम बात—"इसलिए बीवी को रोकने का अधिकार, एक ही वक्त पर तीन तलाक देने के बाद भी बना रहता है।" नियमों के निरूपण का अंग बन गई है। लेकिन ऐसे मामलों में तो इसी प्रकार का ही तर्क दिया जाता है।

दूसरी तरफ उसी आयत की यूसुफ़ अली ने इस प्रकार व्याख्या की है :

यदि आदमी दो तलाकों के बाद बीवी को रोक लेता है, तो उसे यह काम न्यायसंगत शर्तों पर करना चाहिए अर्थात् आदमी को औरत पर कोई ऐसा दबाव नहीं डालना चाहिए, जिससे उसके अधिकारों पर कोई विपरीत प्रभाव पड़े और उन्हें

साफ़-सुथरी और इज्ज़तदार ज़िंदगियाँ बितानी चाहिए और एक दूसरे का सम्मान करना चाहिए। यहाँ दो शर्तबंद खंड दिए गए हैं : (1) जब तुम औरतों को तलाक दो और (2) जब वे अपनी इद्दत पूरी कर लें, और उसके बाद दो परिणामी खंड दिए गए हैं (3) उन्हें न्यायसंगत शर्तों पर वापिस लो, या (4) उन्हें अच्छे ढंग से रुखसत करो। इनमें से पहले खंड का संबंध तीसरे खंड से है और दूसरे खंड का चौथे खंड से। इसलिए यदि पति फिर से वैवाहिक संबंध स्थापित करना चाहता है, तो उसे इद्दत तक इंतजार करने की ज़रूरत नहीं है। लेकिन अगर वह ऐसा नहीं चाहता, तो औरत इद्दत के बाद किसी भी दूसरे आदमी से शादी करने के लिए आज़ाद है।[40]

यहाँ पर भी एक आधिकारिक ढंग से बात कही गई है और वह है उपर्युक्त पैरा में वह हिस्सा जहाँ यूसुफ अली पहले खंड का संबंध तीसरे खंड से और दूसरे खंड का संबंध चौथे खंड से जोड़ते हैं। उदाहरण के लिए यह भी कहा जा सकता था कि आयत में जो दो शर्तें दी गई हैं उन्हें एक साथ पूरा किया जाना चाहिए और उसके बाद आयत में जो दो मार्ग निर्दिष्ट किए गए हैं—एक तो न्यायसंगत शर्तों पर एक साथ रहने का, और दूसरा, औरत को अच्छे ढंग से रुखसत करने का—उनमें से किसी एक को अपनाया जाए।

अपनी ओर से निकाले गए अर्थों को जोड़ना

अब हम देख सकते हैं, कि ऐसी तीन ख़ास बातें हैं, जिनकी वजह से पूरे सिद्धांत निरूपण में अस्पष्टता बनी हुई है, और इसी अस्पष्टता की उलमा को ज़रूरत होती है; और वे हैं :

– कुरआन की आयतें कालक्रम अनुसार नहीं दी गई हैं।

– उन्हें विषयानुसार वर्गीकृत नहीं किया गया है।

– आयतों को पढ़ने के सही तरीके के बारे में कोई सामान्य स्वीकृत नियम नहीं है—उदाहरण के लिए, यह कि क्या आयत को अपने आप में अलग मानकर पढ़ा जाए या दूसरी आयतों से जोड़कर, जो कि यद्यपि कुरआन के दूसरे हिस्सों में पाई जाती हैं, किंतु उनका संबंध एक ही विषय से होता है।

इस प्रकार उलमा के लिए न सिर्फ़ यही संभव हो पाया है कि वे आयत को पढ़ते समय उसकी विषयवस्तु में अपने द्वारा निकाले गए अर्थ को भी जोड़ दें, बल्कि उनके लिए यह एक रस्म बन चुकी है, कि आम जनता को आयत सुनाते समय उसकी विषयवस्तु में आयत के अपने द्वारा निकाले गए अर्थ को भी जोड़ दें। दरअसल प्रायः ऐसा देखा गया है कि दो या उससे अधिक विद्वान, एक ही नज़रिया रखने के बावजूद जब आयत को आम जनता के सामने पेश करते हैं, तो उनमें से कोई एक विद्वान निर्भीकतापूर्वक आगे बढ़कर आयत के मज़मून में, ख़ुदा के द्वारा निकाले

गए आयत के अर्थों को भी जोड़ देगा। ज़रा उपर्युक्त आयतों—2.229 और 2.230—को ही लीजिए, जिनकी अलग-अलग व्याख्याओं पर हम चर्चा कर चुके हैं।

युसुफ अली आयत 2.229 को इस प्रकार पेश करते हैं :

तलाक की सिर्फ़
दो बार इजाज़त है, उसके बाद
पक्षों को या तो न्याय संगत शर्तों पर
एक साथ बने रहना चाहिए
या फिर भले तरीके से एक दूसरे से अलग हो जाना चाहिए—

इसमें पाठक को इस बारे में कुछ भी नहीं बताया गया है कि तलाक की घोषणाओं के बीच कोई अंतराल होना ज़रूरी है या नहीं।

मौलाना आज़ाद उसी आयत को इस रूप में पेश करते हैं :

दो बार तलाक बोल चुकने के बाद भी (पहला एक महीने में और दूसरा उससे अगले महीने में) एक-दूसरे के पास लौटने की इजाज़त है। उसके बाद पतियों के सामने दो रास्ते खुले रहते हैं—या तो सम्मानपूर्वक रोक लेना या भद्रतापूर्वक अलग हो जाना (तीसरे महीने में तीसरी बार तलाक बोलकर).....

जरा उन शब्दों पर ग़ौर कीजिए जो मौलाना द्वारा कोष्ठकों में जोड़े गए हैं। अगली आयत पेश करने में भी वैसा ही फर्क देखने को मिलता है। यूसुफ अली आयत 2.230 को इस तरह पेश करते हैं :

इस प्रकार यदि कोई पति
अपनी पत्नी को (अपरिवर्तनीय) तलाक देता है
तो उसके बाद वह
तब तक उससे दोबारा शादी नहीं कर सकता
जब तक कि औरत एक और पति से शादी न कर ले
और उसके बाद वह पति उसे तलाक न दे दे।

कोष्ठक पाठक को इस बात के लिए चौकन्ना कर देता है कि—

'अपरिवर्तनीय' शब्द, स्वयं यूसुफ अली द्वारा इस उद्देश्य से जोड़ा गया है, ताकि उन अर्थों को सामने लाया जा सके, जिन्हें वे आयत के सही अर्थ मानते हैं। लेकिन यह शब्द जोड़ा जाने के बावजूद और अधिक विस्तार की गुंजायश बनी रहती है, क्योंकि यह सवाल अपनी जगह पर बना रहता है कि कोई तलाक, 'अपरिवर्तनीय' किन परिस्थितियों में बन जाता है। क्या एक ही समय तीन बार 'तलाक' कहने से वह 'अपरिवर्तनीय' बन जाता है या फिर यह कहने से, "मैं तुम्हें अपरिवर्तनीय तलाक देता हूँ" फिर चाहे 'तलाक' एक बार ही क्यों न बोला गया हो। या फिर पति द्वारा बाद में बयान देने पर कि तलाक देने के समय उसका क्या इरादा था। क्या उसके द्वारा यह बयान देने पर कि, "हाँ मेरा इरादा अपरिवर्तनीय तलाक का

था'' वह तलाक अपरिवर्तनीय हो जाएगा, फिर चाहे उसने कितनी ही बार 'तलाक' शब्द बोला हो या एक ही समय पर तीन बार 'तलाक' बोला हो या बीच में अंतराल देकर। ये सवाल अपनी जगह पर बने रहते हैं।

अब ज़रा देखिए मौलाना आज़ाद उन्हीं पंक्तियों को किस प्रकार प्रस्तुत करते हैं : लेकिन अगर कोई आदमी (दो बार 'तलाक' कह चुकने के बाद औरत को वापिस नहीं लेता है और) तीसरी बार 'तलाक' बोल देता है (तीसरे महीने में), तो तलाक पूरा हो जाता है.....

अब एक ख़ास नज़रिए को एक निश्चित कानून के रूप में पेश किया जा रहा है : कोई तलाक केवल उसी हालत में अपरिवर्तनीय होता है, जब तीन लगातार 'शुद्धता अवधियों' के दौरान, एक-एक बार कहकर तीन तलाक दिए जाएँ, और अगर पहली दो बार तलाक कह चुकने के बाद पति ने पत्नी के साथ वैवाहिक संबंध फिर से शुरू न किए हों।

आयत की अगली चंद पंक्तियाँ जिस तरह से पेश की गई हैं, उससे ज़ाहिर होता है कि चीज़ों को किस क्रम में रखा जाना चाहिए, इस बारे में हर व्यक्ति जो कुछ सोचता है, वही सीधे सादे मूल पाठ का हिस्सा बन जाता है, और इस प्रकार वह कानून का एक कथन बन जाता है। जब कोई व्यक्ति अपनी पत्नी को 'अपरिवर्तनीय' तलाक दे देता है, तो उस सूरत में अल्लाह के कहे का बयान, यूसुफ अली इस प्रकार करते हैं :

> वह उसके बाद तब तक
> दोबारा शादी नहीं कर सकता
> जब तक औरत द्वारा एक और पति
> से शादी कर लेने के बाद वह पति
> उसे तलाक नहीं दे देता।

और इस क्रम को पूरा कर लेने के बाद क्या होता है? यूसुफ़ अली द्वारा प्रस्तुत की गई व्याख्या में अल्लाह कहता है :

> उस हालत में यदि
> वे फिर से एक दूसरे से मिल जाते हैं,
> तो उन दोनों में से किसी पर दोष नहीं, बशर्ते कि,
> वे ऐसा महसूस करते हैं कि वे
> उन सीमाओं को बनाए रख सकते हैं
> जिनका अल्लाह ने हुक्म दिया है.....

लेकिन मौलाना आज़ाद द्वारा प्रस्तुत व्याख्या में अल्लाह जो कुछ कहता है, उसका बल बिल्कुल अलग सरोकार पर है :

उसके बाद वह औरत उसके लिए तब तक हलाला नहीं है जब तक वह किसी

और आदमी से शादी नहीं कर लेती, और अगर यह दूसरा आदमी भी जिससे उसकी शादी हुई है उसे तलाक दे देता है और औरत अपने पहले पति के पास आना चाहती है तो अगर वे दोनों एक दूसरे के पास लौटना चाहें, तो इस विश्वास के साथ कि वे अल्लाह द्वारा निर्धारित सीमाओं के भीतर रहेंगे, ऐसा करने पर उन पर कोई दोष नहीं आएगा।

अलबत्ता जो शर्त यूसुफ अली की व्याख्या में निर्दिष्ट की गई है—कि दोनों की दोबारा मिलने की इच्छा हो—वही शर्त मौलाना आज़ाद द्वारा प्रस्तुत की गई व्याख्या में भी मिलती है—कि यदि औरत अपने पहले पति के पास लौटना चाहे—लेकिन इसमें बल एक अलग सरोकार पर दिया गया है, जोकि स्पष्ट है। मौलाना साहब की व्याख्या में अल्लाह का सरोकार निश्चित रूप से, यूसुफ अली की प्रस्तुति की तुलना में, पूरे मामले में महिला के नज़रिए के प्रति अधिक दिखाया गया है।

या आप उत्तराधिकार के मामले को ही लीजिए। एक आदमी की मौत हो जाती है। क्या उसके भाई का उसकी जायदाद में हिस्सा होगा? अल्लाह का फैसला आयत 4.12 में निर्दिष्ट किया गया है। अब्दुल्लाह यूसुफ अली ने संबंधित पंक्तियों की व्याख्या इस प्रकार प्रस्तुत की है :

> यदि उस आदमी या औरत के पीछे
> जिसका उत्तराधिकार विचाराधीन है
> न तो कोई पूर्वज रह गए हों और न कोई वंशज,
> लेकिन अगर उसका कोई भाई
> या बहिन रह गई हो, तो दोनों में से प्रत्येक को
> जायदाद का छठा अंश मिलेगा
> लेकिन अगर दो से ज्यादा भाई बहिन हों,
> तो वे एक-तिहाई में से बंटवारा करेंगे.....

मौलाना आज़ाद इन्हीं पंक्तियों की व्याख्या इस प्रकार करते हैं :

जो आदमी या औरत विरासत छोड़कर गई है, यदि उसके न तो माता-पिता और न ही बच्चे जीवित हों, लेकिन उसका कोई भाई या बहिन हो, तो उनमें से प्रत्येक को विरासत का छठा अंश मिलेगा लेकिन अगर एक भाई या बहिन से अधिक हों, तो वे सब विरासत के एक-तिहाई अंश में से बराबर बंटवारा करेंगे।.......

ग़ौर कीजिए कि मौलाना आज़ाद की व्याख्या अब्दुल्लाह यूसुफ अली की व्याख्या की तुलना में कितनी प्रतिबंधक है : उसमें 'पूर्वजों' के स्थान पर 'माता-पिता' शब्द का प्रयोग किया गया है और वंशजों के स्थान पर 'बच्चों' का।

और अब ज़रा कुराआन की 'रामपुर' व्याख्या को देखिए। यह व्याख्या उर्दू और हिंदी में उपलब्ध होने के कारण उत्तर भारत में व्यापक रूप से इस्तेमाल की जाती है। उसमें ये पंक्तियाँ इस प्रकार दी गई हैं : और अगर ऐसे मर्द या औरत

की मीरास (वह ज़मीन आदि जो किसी को गुज़ारे के लिए दी गई हो) हो, जिसके न बाप हो, न बेटा, मगर उसके भाई या बहिन हो, तो उनमें से हर एक का चौथा हिस्सा और अगर एक से ज़्यादा हो तो सब एक-तिहाई में शरीक होंगे।

जबकि यूसुफ अली ने 'पूर्वज' अर्थ लगाया और मौलाना आज़ाद ने 'माता पिता', मौलाना फतह मुहम्मद को 'बेटा' अर्थ ही उचित प्रतीत हुआ। जबकि यूसुफ अली ने 'वंशज' अर्थ लगाया और मौलाना आज़ाद ने 'बच्चे', मौलाना फतह मुहम्मद को 'बेटा' अर्थ ही उचित प्रतीत हुआ।[41]

अब हम अपने सवाल पर लौट कर आते हैं। कल्पना कीजिए कि जिस आदमी का देहांत हुआ है, वह अपने पीछे एक बेटी छोड़ गया है। क्योंकि मरने वाले आदमी का पीछे न बाप है, न बेटा, इसलिए मौलाना फतह मुहम्मद की व्याख्या के अनुसार उसकी बेटी को जायदाद का एक-तिहाई भाग अपने चाचाओं और अपनी चाचियों को देना होगा। मौलाना आज़ाद की व्याख्या के अनुसार उसे अपने पिता की जायदाद को किसी के साथ नहीं बाँटना पड़ेगा, क्योंकि उसका शुमार 'बच्चों' में है।

अगर आदमी के पीछे केवल उसकी पोती रह गई है, तो मौलाना फ़तह मुहम्मद और मौलाना आज़ाद की व्याख्याओं के अनुसार उस लड़की को एक-तिहाई जायदाद अपने दादा के भाइयों और भाभियों के साथ बाँटनी पड़ेगी। लेकिन यूसुफ अली की व्याख्या के अनुसार उसे किसी के साथ जायदाद नहीं बाँटनी पड़ेगी, क्योंकि वह 'वंशज' है।

भारत की प्रमुखतम मुस्लिम महिला नेताओं में एक नेता ने मुझे सुस्पष्ट रूप से अलग-अलग परिणामों के बारे में विस्तारपूर्वक बताया। उनके पिता की मृत्यु हो गई। उनके बाद सिर्फ यह महिला और उसकी बहन रह गईं। इनके चाचा कुरआन मजीद लेकर पहुँच गए और उन्होंने अपने दिवंगत भाई की जायदाद में से छठे भाग का दावा किया, इस आधार पर कि उसके भाई, अर्थात् लड़की के पिता के पीछे न तो बाप रह गया था और न बेटा। ये दो बहिनें यूसुफ अली की व्याख्या में उल्लिखित 'पूर्वज' और 'वंशज' के आधार पर अपने पिता की जायदाद को ख़ुद के लिए अपने चाचा से बचा पाईं।

ये लड़कियाँ बहुत ख़ुशकिस्मत थीं—क्योंकि चाचा को यह मालूम नहीं था कि यूसुफ अली ख़ुद भी इस अत्यंत महत्वपूर्ण शब्द के बारे में उतने निश्चित नहीं थे, जितना कि लड़कियों ने ज़ाहिर किया कि वे निश्चित हैं। 'वंशज' शब्द के इस्तेमाल के बारे में यूसुफ अली ने टिप्पणी में कहा है :

अरबी में शब्द है कलालत, जिसका आमतौर पर यही अर्थ लगाया जाता है। लेकिन पैग़म्बर साहिब के जीवनकाल में कभी भी इसे प्रामाणिक ढंग से परिभाषित नहीं किया गया था। यह उन तीन शब्दों में से एक है जिनके बारे में हज़रत उमर यह चाहते थे, कि बेहतर होता अगर ख़ुद पैग़म्बर साहिब अपने जीवन काल में उन्हें

स्पष्ट कर जाते। अन्य दो शब्द थे, ख़िलाफ़त और रिबा (सूदख़ोरी)....

इस प्रकार की अलग-अलग व्याख्याएँ एक आम बात है। याद कीजिए कि किस प्रकार गऊओं की हत्या को उचित ठहराने के लिए अल्लाह के मुँह में शब्द डाल दिए गए थे।

हदीस

हदीस द्वारा जो अर्थनिर्णय संबंधी स्वतंत्रता प्रदान की गई है, वह इससे भी कहीं ज़्यादा है। कुछ हदीसें कुछ संकलनों में पाई जाती हैं और अन्य संकलनों में नहीं। जब एक हदीस अलग-अलग सब संकलनों में मिल भी जाती है तो भी एक से दूसरे संकलन में उसके सही-सही शब्दों में अंतर होता है। कुछ हदीसों को कुछ विधिवेत्ता विश्वसनीय मानते हैं और अन्य विधिवेत्ता उन्हें अविश्वसनीय मानकर ख़ारिज कर देते हैं। जो कोई भी सवाल विचाराधीन हो, उसके मामले में कौन सी हदीस प्रासंगिक है, इसके बारे में सहमति नहीं पाई जाती। उदाहरण के लिए हमारे मामले में, इस सवाल के बारे में कि क्या एक ही समय पर तीन बार कहे गए तलाक से शादी समाप्त हो जाती है या नहीं।

उदाहरण के लिए इमाम मुस्लिम ने इब्न अब्बास को, जो कि पैग़म्बर साहिब के रफ़ीक थे और बहुत सी हदीसों के स्रोत भी, यह कहते हुए बताया है कि पैग़म्बर साहिब के समय में और अबू बकर की ख़िलाफ़त और हज़रत उमर की ख़िलाफ़त के पहले दो वर्षों के दौरान, तीन बार कहे गए तलाक को एक तलाक माना जाता था। इस प्रकार तीन तलाकों को परिवर्तनीय तलाक माना जाता था। हज़रत उमर ने ही बाद में यह फ़रमान दिया कि तीन बार बोले गए तलाक, चाहे वे एक ही समय पर दिए गए हों या अंतरालों के बाद, तीन तलाक गिने जाएँगे और उनसे शादी समाप्त हो जाएगी। इब्न अब्बास ने लिखा कि जब हज़रत उमर ने यह देखा कि आदमियों ने, "उस मामले में जल्दबाज़ी से काम लेना शुरू कर दिया है, जिसमें उन्हें कुछ न कुछ वक्फ़ा रखना चाहिए," तो उन्होंने ऐसा कदम उठाया। 'सहीह मुस्लिम' में इस हदीस की संख्या 3491 है। हदीस संख्या 3492 में पिछली हदीस के सारांश को दोहराया गया है, यद्यपि इस हदीस से हमें यह पता चलता है कि हज़रत उमर की ख़िलाफ़त के तीसरे वर्ष तक तीन तलाक को एक तलाक माना जाता था। लेकिन अगली हदीस में उन्ही इब्न अब्बास साहब ने यह लिखा है कि हज़रत उमर ने बाद में अपने निर्णय को पलटकर लोगों को उनके द्वारा एक ही सांस में बोले गए तीन तलाकों को एक तलाक मानने की इजाज़त दे दी थी।[42] हदीस संख्या 3491 और 3492 में यह बयान किया गया है, कि जब हज़रत उमर ने देखा कि पति तलाक की घोषणा में बहुत ज़्यादा स्वच्छंदता से काम लेने लगे हैं, तो उन्होंने उन्हें ऐसा

करने से रोकने और उन लोगों को सज़ा देने के उद्देश्य से, जो उनकी (हज़रत उमर की) भर्त्सना के बावजूद जल्दी-जल्दी तलाक दे रहे थे, यह फ़रमान दिया कि तीन बार दिए गए तलाक को तीन तलाक माना जाएगा। हदीस संख्या 3493 में भी ऐसा बताया गया है, कि जब हज़रत उमर ने यह देखा कि पति तलाक देने में ज़्यादा स्वच्छंदता से काम ले रहे हैं, तो इस बारे में उलटे निष्कर्ष पर पहुँचे और यह देखते हुए कि "तीन तलाक को तीन" मानने का नियम जल्दबाज़ी के लिए कुछ ज़्यादा सख़्त है, उन्होंने लोगों को "तीन बार दिए गए तलाक" को एक तलाक मानने की इजाज़त दे दी।

बहरहाल एक ही संकलन में एक के बाद एक दी गई तीन हदीसें तीन बातें साबित करती हैं : (1) कि पैग़म्बर साहिब के वक्त में और अबू बकर की ख़िलाफ़त के दौरान और उमर की ख़िलाफ़त के पहले दो वर्षों के दौरान तीन बार बोले गए तलाकों को एक तलाक माना जाता था, जिसे वापिस लिया जा सकता था, (2) कि अपनी ख़िलाफ़त के दौरान उमर ने यह नियम लागू कर दिया कि तीन बार बोले गए तलाक को तीन तलाक माना जाएगा और उससे शादी पूरी तरह से ख़त्म हो जाएगी, (3) बाद में उन्होंने पतियों को तीन बार बोले गए तलाकों को एक तलाक मानने की इजाज़त दे दी, जिन्हें वापिस लिया जा सकता था।

दूसरे संकलन में तीसरी कड़ी गायब है और यह दिखाया गया है हज़रत उमर ने उस नियम को लागू करना जारी रखा जिसके अंतर्गत यह व्यवस्था की गई थी, कि तीन बार कहे गए तलाक, चाहे वे एक ही सांस में क्यों न कहे गए हों, तीन तलाक गिने जाएँगे। इन संकलनों में हमें केवल पहले दो 'तथ्य' ही मिल पाते हैं यथा (1) कि पैग़म्बर साहिब के वक्त में और अबू बकर की ख़िलाफ़त और उमर की ख़िलाफ़त के पहले दो वर्षों के दौरान 'तीन बार' बोले गए तलाकों को एक तलाक माना जाता था और (2) कि उमर की ख़िलाफ़त के दूसरे या तीसरे वर्ष के दौरान तीन बार बोले गए तलाक को तीन तलाक माना जाने लगा।

दोनों 'तथ्य' मिलकर सवाल के दोनों पहलुओं के समर्थक विधिवेत्ताओं को सही साबित कर देते हैं। जो यह कहते हैं कि "तीन बार बोला गया तलाक एक तलाक है," वे इस तथ्य को अपना मानदंड मान लेते हैं कि स्वयं पैग़म्बर साहिब के वक्त में इसी प्रकार ही तलाक की घोषणाएँ की जाती थीं। वे कहते हैं कि उमर का फ़रमान एक 'नया ख़्याल' था, और यह कि यह एक ऐसा उपाय था जोकि एक ख़ास समय पर एक ख़ास बुराई पर काबू पाने के लिए सोचा गया था और यह कोई हमेशा के लिए लागू होने वाला सामान्य नियम नहीं था।

दूसरे विधिवेत्ता—जैसे कि हनफ़ी—यह कहते हैं कि जब उमर ने "तीन बार कहे गए तलाकों को तीन तलाक" मानने का नियम बनाया तो पैग़म्बर साहिब के बहुत से रफ़ीक अभी ज़िंदा थे। पैग़म्बर साहिब जिस नियम को सही समझते थे,

यदि उमर के नियम का उससे टकराव होता, तो रफ़ीकों ने एतराज किया होता और उमर को वह नियम लागू न करने दिया होता। क्योंकि उन्होंने ऐसा नहीं किया इसलिए "तीन बार कहे गए तलाकों को तीन तलाक" मानने का नियम पैग़म्बर के रफ़ीकों के बीच 'इजमा' (आम राय) द्वारा ही लागू किया गया होगा—ऐसा माना जाना चाहिए और इस प्रकार इस नियम को बाध्यकारी समझा जाना चाहिए।

इस मतभेद के कारण हमारे पास केवल एक 'तथ्य' बाकी रह जाता है—वह यह कि जैसा इब्न अब्बास का कहना है कि पैग़म्बर साहिब के वक्त में तीन बार दिए गए तलाक को एक तलाक माना जाता था, लेकिन अफसोस कि इस बात पर भी लोगों के बीच सहमति नहीं है। इब्न अब्बास ने जो कुछ कहा, उसके विपरीत अल हसन द्वारा यह बयान किया गया है कि अब्दुल्लाह इब्न उमर ने अपनी बीवी को एक तलाक उस वक्त दे दिया जिस वक्त वह माहवारी में थी। उनका इरादा बाकी दो तलाक अगली 'शुद्धता-अवधियों' के दौरान देने का था। जब उन्होंने पैग़म्बर साहिब को बताया कि उन्होंने अपनी पत्नी के माहवारी के दिनों में ही तलाक दे दिया था, तो पैग़म्बर साहिब ने उनसे कहकर उनकी पत्नी को वापिस बुलवा लिया। क्योंकि इब्न उमर एक बार ऐसा कर चुके थे, इसलिए पैग़म्बर साहिब ने उनसे कहा, "अब जब तुम्हारी पत्नी शुद्ध हो जाए, तो तुम्हें अधिकार है कि तुम उसे तलाक दो या रखो।" इसके बाद वह मुद्दा खड़ा होता है जोकि हमारे विचाराधीन प्रश्न के लिए बहुत महत्वपूर्ण है। इस पर इब्न उमर ने पैग़म्बर साहिब से पूछा, "मुझे बताइए, रसूले-अल्लाह, कि अगर मैंने पूरे तीन बार तलाक कर दिया होता, तो क्या उस सूरत में मेरा अपनी पत्नी के पास लौटना जायज़ और अनुमत्य होता?" तो पैग़म्बर साहिब बोले, "नहीं, तब तलाक तो पूरा हो जाता और उसे वापिस भी नहीं लिया जा सकता था। लेकिन सही तरह से तलाक न देने के कारण तुमने अपने सिर गुनाह ले लिया होता।"[44]

इब्न अब्बास द्वारा किए गए वर्णन के अनुसार पैग़म्बर साहिब के वक्त में तीन बार कहे गए तलाक को एक तलाक माना जाता था। लेकिन उसके विपरीत यहाँ पैग़म्बर साहिब यह कह रहे हैं कि अगर इब्न उमर ने वस्तुतः तीन बार तलाक कह दिया होता, तो शादी अंतिम रूप से ख़त्म हो जाती।

लेकिन कुछ और ऐसे विधिवेत्ता हैं जो इतनी आसानी से हार नहीं मानते। यद्यपि हदीस के प्रसंग से ऐसा लगता है कि इब्न उमर यह पूछ रहे थे, कि जब उन्होंने एक तलाक बोला था, उस समय यदि उन्होंने तीन तलाक बोल दिए होते तो उसका क्या परिणाम होता, लेकिन जो तीन बार कहे गए तलाकों को एक तलाक मानते हैं, उनका फिर भी यह कहना है कि इब्न उमर यह नहीं पूछ रहे थे कि, "जिस मौके पर मैंने एक बार तलाक कहा था, उसकी बजाए यदि मैंने तीन बार तलाक कहा होता तो उसका क्या परिणाम होता?" बल्कि यह कि "यदि मैंने अगली दो

शुद्धता अवधियों में बाकी दो तलाक घोषित कर दिए होते, जैसी कि मेरी योजना थी, तो उस सूरत में क्या परिणाम होता?"

लेकिन अगर इब्न उमर ने निश्चित अंतरालों के बाद तीन बार तलाक कह दिया होता तो पैग़म्बर साहिब का यह कहने का कारण ही नहीं बनता था कि, "...लेकिन सही तरह से तलाक न देने के कारण तुमने अपने सिर गुनाह ले लिया होता।" क्योंकि उस सूरत में तलाक "सही तरीके से दिया गया होता।"

"तीन बार कहे गए तलाकों को तीन तलाक" मानने वाले विधिवेत्ताओं का कहना है, कि इससे यह ज़ाहिर होता है कि सवाल एक समय पर तीन तलाक देने का था। इसके विपरीत "तीन बार कहे गए तलाक को एक तलाक" मानने वाले विधिवेत्ताओं का यह कहना है कि पैग़म्बर साहिब की नापसंदगी इस बात की द्योतक है कि यद्यपि निश्चित अंतरालों के बाद तीन घोषणाएँ करने के प्रावधान को इब्न उमर ने पूरा कर दिया होता लेकिन पहली घोषणा तब की गई थी, जब उनकी पत्नी माहवारी में थी, और यह ऐसा मौका था, जब वह घोषणा नहीं की जानी चाहिए थी। उनका कहना है कि पैग़म्बर साहिब ने यह टिप्पणी की थी तो उनके मन में यही अनियमितता थी।

और इस प्रकार बहस चलती रहती है। चुनाचे, जब एक सीधी सादी हदीस पर विचार किया जा रहा होता है, तो उसे लेकर भी ख़त्म न होने वाले विवाद खड़े हो जाते हैं।

मामला यहीं ख़त्म नहीं हो जाता। अब्दुल्लाह इब्न उमर वाली घटना के मुकाबले "तीन बार कहे गए तलाक को एक तलाक" मानने वाले विधिवेत्ता रूकानाह की घटना उद्धृत करते हैं। अबू दाऊद द्वारा इसका वर्णन इस प्रकार किया गया है :

रूकानाह इब्न अब्द यज़ीद ने अपनी पत्नी को पूरी तरह से तलाक दे दिया। उसके बाद उसने इस मामले के बारे में पैग़म्बर साहिब को बताया। पैग़म्बर साहिब ने उनसे पूछा, "तुम्हारा इरादा क्या था?" रूकानाह ने कहा, "केवल एक तलाक देने का था।" पैग़म्बर साहिब ने पूछा, "क्या, तुमने अल्लाह की कसम खाई थी?" इस पर रूकानाह ने कहा, "मैंने अल्लाह की कसम खाई थी।" इस पर पैग़म्बर साहिब ने घोषणा की, "जो तुम्हारा इरादा था, वही मान्य होगा।"[45]

ज़रा गौर कीजिए कि इस मामले में पति ने पत्नी को पूर्ण रूप से तलाक दे दिया था, अर्थात्, उन शब्दों का इस्तेमाल करते हुए जोकि त्रिमीज़ी में पाए जाते हैं, उसने अपनी पत्नी के ख़िलाफ़ "अंतिम और निर्णायक तलाक" घोषित कर दिया था। उसका यह अर्थ होगा कि इसके लिए उसने या तो एक बार तलाक बोला होगा, और साथ में अतिरिक्त शब्द जोड़े होंगे जिनका मतलब यह रहा होगा कि यह तलाक अंतिम था या फिर तीन बार तलाक बोला होगा। उसके बावजूद, यदि आप "तीन बार बोला गया तलाक एक तलाक होता है" में विश्वास रखने वाले विधिवेत्ताओं

से पूछें कि पैग़म्बर साहिब का इस मामले के प्रति क्या नज़रिया था? इस पर उनका यह जवाब है, उन्होंने यह घोषित किया कि इसका नतीजा इस बात पर निर्भर करेगा कि उस आदमी का इरादा क्या था—अर्थात् यह इस बात पर निर्भर नहीं करेगा कि उसने अपने तलाक को अंतिम घोषित किया था। दूसरी ओर न ही इस बात पर कि उसने तीन बार तलाक कहकर, अंतिम और निर्णायक रूप से तलाक दे दिया था या नहीं। बल्कि इस मामले का परिणाम इस बात पर निर्भर करेगा कि वह बाद में अपने उस समय के इरादे के बारे में क्या कहता है, जब उसने "अंतिम और निर्णायक तलाक" की घोषणा की थी।

अब दूसरा नज़रिया रखने वाले विधिवेत्ताओं की बारी है। वे भी आसानी से हार मानने वाले नहीं हैं। वे इस हदीस को 'कमजोर' घोषित करते हैं जोकि भरोसेमंद नहीं है। इसलिए इस हदीस की तरफ़ ध्यान ही नहीं दिया जाना चाहिए—यह है उनका कहना।[46]

यह कोई बड़ी मुश्किल की बात नहीं है। "तीन बार कहा गया तलाक एक तलाक होता है" को मानने वाले विधिवेत्ता एक ऐसी हदीस पेश करते हैं, जिसमें रूकानाह के पिता अब्द यज़ीद का ज़िक्र है। इस उदाहरण में पैग़म्बर साहिब ने, मामले का दारोमदार पति के उस बयान पर नहीं रखा जोकि उसने तलाक घोषित करने के समय पर अपने इरादे के बारे में बाद में दिया। उन्होंने पति के लिए पत्नी को हलाल घोषित कर दिया हालाँकि वह तलाक अपरिवर्तनीय था। हमारे इन विधिवेत्ताओं का कहना है कि इसका निश्चय ही यह अर्थ है कि तीन बार बोले गए तलाक को एक तलाक माना जाना चाहिए।

अब्द यज़ीद ने अपनी पत्नी को तलाक दे दिया जोकि अबू रूकानाह और उसके भाई की माँ थी और उसकी बजाए मुज़ैनाह कबीले की एक औरत से शादी कर ली। लेकिन वह दूसरी औरत पैग़म्बर साहिब के पास जाकर उनसे बोली, "वह मेरे किसी काम का नहीं है। अगर वह मेरे लिए किसी काम का है, तो एक बाल के बराबर।" और ऐसा कहकर उसने अपने सिर से एक बाल उखाड़ लिया (ऐसा लगता है कि इस तरह वह यह जताना चाहती थी कि अब्द यज़ीद नामर्द है)। पैग़म्बर साहिब को गुस्सा आ गया। उन्होंने रूकानाह और उसके भाई की अपने पिता से मिलती जुलती शक्ल की ओर इशारा किया। ऐसी हालत में अब्द यज़ीद नामर्द कैसे हो सकता है? इसके बाद पैग़म्बर साहिब ने अब्द यज़ीद को आदेश दिया, "इसे तलाक दे दो।" उसने ऐसा ही किया। इस पर पैग़म्बर साहिब ने कहा, "अपनी बीवी, रूकानाह और उसके भाइयों की माँ से वापिस शादी कर लो।" इस पर यज़ीद ने कहा, "ऐ रसूले अल्ला, मैंने तीन बार बोलकर उसे तलाक दिया है।" पैग़म्बर साहिब ने आख़िरी बात कही, "मैं जानता हूँ, उसे वापिस ले लो" और उसके बाद कुरआन की यह आयत दोहरा दी, "और रसूला, जब तुम लोग औरतों को तलाक

दो, तो उन्हें नियत समय पर दो।''[47]

आप कह सकते हैं कि इसे तो अंतिम फैसला माना जाना चाहिए। लेकिन हनफ़ी इस बात से कायल नहीं हैं। वे इस संदर्भ में 'हिदायत' में दिए गए एक कड़े नियम को उद्धृत करते हैं।

यह एक ऐसी हदीस है, जो दूसरी हदीस के खिलाफ़ है। यह एक हदीस के बारे में विधिवेत्ताओं के एक वर्ग द्वारा कही गई बात है, जोकि विधिवेत्ताओं के दूसरे वर्ग द्वारा उसी हदीस के बारे में कही गई बात के विरुद्ध है।

इसलिए किसी भी मामले पर दिए जाने वाले फ़तवे के लिए इस बात की काफ़ी गुंजायश है, कि उसका झुकाव इन दोनों में किसी भी तरफ ज़्यादा हो।

कानूनी पुस्तकें

जब स्वयं कुरआन और हदीसों में ही इतनी ज़्यादा स्वच्छंदता दी गई है, तो कानूनी पुस्तकें उलमा को इस बात की लगभग पूरी स्वतंत्रता प्रदान करती हैं कि वे कोई फ़ैसला एक तरफ़ न करके दूसरी तरफ़ करें।

एक आदमी अपनी पत्नी से कहता है, ''तुम्हारा तलाक मेरे लिए वाजिब है'' या यह ''मुझ पर लाज़िम (बाध्यकारी) है'' या यह ''मुझ पर साबित है'' या यह ''मुझ पर फ़र्ज़ है।'' तो क्या उस औरत का तलाक हुआ माना जाएगा? यह एक ख़ास किस्म की स्थिति है, जिस पर कानूनी पुस्तकों में विचार किया गया है और फतवा-ए-काज़ीख़ान के टिप्पणीकार का एक लेखांश इस बारे में नीचे दिया जा रहा है :

एक आदमी अपनी पत्नी से कहता है, ''तुम्हारा तलाक मुझ पर वाज़िब है (अर्थात् मेरे लिए यह अनिवार्य है कि मैं तुम्हें तलाक दूँ)'', या मुझ पर 'लाज़िम' या मुझ पर 'साबित' या मुझ पर 'फ़र्ज़' है। कुछ विद्वान वकीलों का कहना है कि यदि पति ने पत्नी के साथ संभोग किया हो, तो उपर्युक्त हर मामले में एक तलाक ऐसा हो सकता है, जिसे वापिस लिया जा सकता है (लेकिन ऐसी पत्नी के मामले में जिसके साथ संभोग नहीं किया गया है, वापिस लिया जा सकने वाला तलाक भी अंतिम माना जाता है), फिर चाहे पति का ऐसा इरादा रहा हो या नहीं। और कुछ वकीलों का यह कहना है कि चाहे इन शब्दों से पति का तलाक देने का इरादा रहा भी हो तो भी कोई तलाक नहीं हो सकता, और कुछ वकीलों का यह कहना है कि इस बारे में विधिवेत्ताओं के बीच मतभेद है। अबू हनीफ़ा के अनुसार, ख़ुदा उन्हें सुकून बख़्शे, इन सब मामलों में यह जरूरी है कि पति का तलाक देने का इरादा हो (उस स्थिति में इन सब मामलों में तलाक हो जाएगा)। और सदर-ए-शहीद ने हल्फ़नामों पर अपनी पुस्तक शराह-उल-मुख़्तसर में कहा है, कि सही सिद्धांत तो

यह है कि अबू हनीफा के अनुसार, ख़ुदा उन्हें सुकून बख़्शे, इनमें से किसी भी मामले में तलाक नहीं होगा और उन्होंने 'वकीयत' नामक अपनी पुस्तक में कहा है, कि इन सभी मामलों में तलाक हो जाएगा। वकील अबू जफ़र का कहना है कि यदि पति 'वाजिब' शब्द का प्रयोग करता है तो लोक प्रचलित मान्यता के अनुसार तलाक हो जाएगा। लेकिन अगर पति 'साबित' या 'फ़र्ज़' या 'लाज़िम' शब्दों का प्रयोग करता है तो तलाक के अर्थों में इन शब्दों की कोई लोक प्रचलित मान्यता न होने के कारण, तलाक नहीं होगा।[48]

एक आदमी अपनी पत्नी से कहता है, "तुम मेरी पत्नी नहीं हो" या "मैं तुम्हारा पति नहीं हूँ।" तो उस औरत का तलाक हो जाएगा या नहीं ? फ़तवा-ए-काज़ी ख़ान के टिप्पणीकर्ता स्पष्ट करते हैं :

अबू हनीफा, जिन्हें ख़ुदा सुकून दे, का कहना है कि यदि पति का तलाक देने का इरादा है, तो तलाक हो जाएगा, वरना नहीं। लेकिन उनके अनुयायियों का कहना है, कि पति का इरादा होने के बावजूद तलाक नहीं होगा।[49]

और अगर गलती से ज़ुबाँ से तलाक निकल जाए तो? इस मामले में भी अनेक प्रकार के उत्तर मौजूद हैं :

और अगर कोई आदमी कहना तो एक बात चाहता हो लेकिन ग़लती से उसकी ज़ुबान से किसी कसम (या नज़र....) या तलाक, या निजात (मुक्ति) पाने के शब्द निकल जाते हैं, तो वकील अबू जफ़र के अनुसार कसम के मामले में, बिना किसी मतभेद के कसम की विषयवस्तु उसके लिए वाजिब होगी (अर्थात् उसे अनिवार्य रूप से उसे पूरा करना ही पड़ेगा) और तलाक या निजात (मुक्ति) के मामले में मुहम्मद के मतानुसार जिन्हें ख़ुदा सुकून बख़्शे, तलाक या निजात होकर रहेगी। लेकिन अबू यूसुफ, जिन्हें ख़ुदा सुकून बख़्शे, कहते हैं कि जहाँ तक आदमी और उसके अल्लाह के बीच का सवाल है, तलाक नहीं होगा (यद्यपि काज़ी को अनिवार्य रूप से तलाक का फ़रमान देना ही होगा), लेकिन निजात प्रभावी हो जाएगी (उसके और ख़ुदा के बीच के लिहाज़ से भी और काज़ी के फ़रमान की दृष्टि से भी)। लेकिन अबू हनीफा, जिन्हें ख़ुदा सुकून बख़्शे, द्वारा जो बताया गया है, वह इसके उलट है। उनका कहना है कि तलाक तो हो जाएगा, लेकिन निज़ात नहीं होगी। लेकिन अबू हनीफ़ा जिन्हें ख़ुदा सुकून बख़्शे, की उक्तियों से जो स्पष्ट होता है वह यह है कि मुहम्मद, जिन्हें ख़ुदा सुकून बख़्शे, के मतानुसार तलाक और निजात दोनों ही प्रभावी होंगे।[50]

और यह तर्क वितर्क इसी तरह से चलता ही रहता है और समाप्त होने को नहीं आता। इन सब बातों का क्या असर उलमा पर पड़ेगा, वह अपने आप में स्पष्ट है। जब आप कोई समस्या लेकर उनके पास जाते हैं, तो वे एक की बजाए किसी दूसरे लिखित प्रमाण या विशेषज्ञ का हवाला देकर आपका रास्ता साफ़ कर सकते हैं, या फिर उसमें बाधा डाल सकते हैं। इसके साथ-साथ वे, और ऐसे मामलों में

धर्ममंडक भी उनके साथ मिलकर इस बात पर ज़ोर देंगे कि हमें, ख़ासतौर पर ग़ैर-मुसलमानों को हमेशा यह मानकर चलना चाहिए कि शरीअत एक सुस्पष्ट और निश्चित संहिता है, यह ख़ुदाई फ़रमान है और इसलिए यह एक शाश्वत और अपरिवर्तनशील संहिता है।

क्या "और" शब्द जोड़ने पर तीन तलाक तीन हो जाते हैं?

विधिवेत्ताओं के बीच और उप विभाजन है, और जैसा कि के. एन. अहमद ने स्पष्ट किया है कि बहुत सा दारोमदार इस बात पर है कि तलाक शब्द को दोहराते हुए "और" शब्द का प्रयोग किया गया है या नहीं। उदाहरण के लिए एक पति कह सकता है, "मैं तुम्हें तलाक देता हूँ और मैं तुम्हें तलाक देता हूँ और मैं तुम्हें तलाक देता हूँ।" या वह यह कह सकता है, "मैं तुम्हें तलाक देता हूँ, तुम्हें तलाक देता हूँ, तुम्हें तलाक देता हूँ।" हनफ़ी शाखा के अनुसार दोनों ही मामलों में शादी ख़त्म हो जाएगी। मलीकी शाखा के अनुसार, "पहले मामले में (अर्थात् जब और शब्द का प्रयोग किया जाता है), तीन बार कहे गए तलाक, तीन तलाक माने जाएँगे और पत्नी को घर छोड़ना होगा। दूसरे मामले में, मलीकियों के अनुसार और पूछताछ करना जायज़ होगा। अगर पति ने तीन बार दोहराए गए 'तलाक' शब्द के साथ कोई और शर्त भी जोड़ी हो जैसे कि, यदि उसने कहा हो, "अगर तुमने घर से बाहर कदम रखा, तो तुम्हें तलाक, तलाक, तलाक"—तो पति के ऐसा कहने के पीछे अपने इरादे के बारे में जो बाद में स्पष्टीकरण देगा उसे उसी रूप में स्वीकार कर लिया जाएगा। अगर वह कहता है कि उसने अपनी बात पर ज़ोर देने के लिए तलाक शब्द को दोहराया था, तो तलाक अंतिम नहीं माना जाएगा और उसे तलाक वापिस लेने की इजाज़त होगी। अगर वह यह कहता है कि वाकई उसका इरादा अंतिम रूप से तलाक देने का था, तो उसे वास्तव में अंतिम मान लिया जाएगा। दूसरी तरफ़, अगर उसने तलाक को किसी घटना पर आलंबित किए बिना, इस शब्द को बार-बार दोहराया हो तो उसके द्वारा दिए गए स्पष्टीकरण पर ग़ौर नहीं किया जाएगा—तीन बार कहे गए तलाकों को तीन तलाक मान लिया जाएगा और शादी समाप्त हो जाएगी।

हनबाली शाखा इससे भी ज़्यादा बारीक किस्म का उपविभाजन करती है—वे कुछ दारोमदार तो इस बात पर रखते हैं कि "और" शब्द का प्रयोग किया गया था या नहीं, कुछ इस बात पर कि पति का इरादा क्या था, और कुछ इस बात पर कि शादी सहवास द्वारा पक्की हुई है या नहीं? यदि शादी सहवास द्वारा पक्की नहीं हुई है, "और" शब्द का भी प्रयोग नहीं किया गया और पति इस बात की पुष्टि करता है कि उसने दूसरी और तीसरी बार शब्द का प्रयोग पहली बार कहे गए शब्द पर ज़ोर देने के लिए किया था, तो पत्नी का पत्नी के रूप में अस्तित्व बना रहेगा। यदि शादी सहवास द्वारा पक्की हो चुकी हो, तो चाहे "और" शब्द का

प्रयोग न भी किया गया हो और चाहे पति यह भी कहे कि उसका इरादा अंतिम रूप से तलाक देने का नहीं था तो भी पत्नी को घर छोड़ना पड़ेगा। अगर "और" शब्द का प्रयोग किया गया हो तो मामले का दारोमदार इस बात पर होगा कि पति का इरादा क्या था। यदि इरादा अपरिवर्तनीय तलाक का रहा हो, तो फ़ौरन ही अंतिम रूप से तलाक हो जाएगा। यदि तलाक शब्द केवल बात पर ज़ोर देने के लिए ही दोहराया गया हो, तो तलाक को अंतिम नहीं माना जाएगा फिर चाहे शादी सहवास द्वारा पक्की हुई हो या नहीं।

शफ़ीयाई शाखा के अंतर्गत मामले का दारोमदार इस बात पर नहीं होता कि "और" शब्द का प्रयोग किया गया था या नहीं, बल्कि इस बात पर रहता है, कि शादी सहवास द्वारा पक्की हुई है या नहीं? यदि शादी सहवास द्वारा पक्की न हुई हो तो तीन बार दोहराया गया तलाक—चाहे "और" शब्द का प्रयोग किया गया हो या नहीं—एक तलाक माना जाएगा। यदि शादी सहवास द्वारा पक्की हो चुकी हो तो मामले का दारोमदार इस बात पर है कि पति अपने इरादे के बारे में क्या कहता है। यदि वह यह कहता है कि उसका इरादा वाकई अपरिवर्तनीय तलाक का था, या वह यह कहता है कि वास्तव में उसका कोई निश्चित इरादा नहीं था, तो पत्नी को वाकई निकाल दिया जाएगा। यदि वह यह कहता है कि तलाक शब्द को दोहराने के पीछे उसका इरादा बात पर ज़ोर देने का था तो शादी बची रहेगी फिर चाहे "और" शब्द का प्रयोग किया गया हो या नहीं।

और इस प्रकार तर्कों का यह सिलसिला जारी रहता है। हर कदम पर, हर स्थिति के लिए विधिवेत्ता "सिद्धांतों" हदीसों और तर्क का इस्तेमाल करते हैं। ग़ौर कीजिए कि इस प्रकार के वितंडावाद से, मुल्लाओं और 'धर्मवैज्ञानिक' शिक्षालयों की सत्ता इस हद तक बढ़ जाती है कि निजी जीवन के कार्यों के परिणामों को निर्धारित करने के लिए वे अनिवार्य और अंतिम निर्णायक बन बैठते हैं। तदनुसार उप विभाजन से पति का अधिकार भी और ज़्यादा बढ़ जाता है। किसी मामूली से मामले में भी एक बार "तलाक" चिल्लाकर वह पत्नी को अत्यंत असुरक्षित स्थिति में डाल सकता है। दूसरी बार इस शब्द को दोहरा कर वह उसे पूरी तरह से संत्रस्त कर सकता है और उसके बाद वह उसे अपनी मर्जी और सनक के सामने घुटने टेकने पर मजबूर कर सकता है और तब तलाक को "वापिस ले" सकता है। लेकिन अब वह इससे आगे भी बढ़ सकता है। वह तीसरी बार भी यह शब्द दोहरा कर औरत को पूरी तरह से आत्मसमर्पण करने के लिए बेबस कर सकता है, लेकिन फिर भी उसकी अपनी पत्नी पर पकड़ बनी रह सकती है—क्योंकि बहुत कुछ इस बात पर निर्भर करेगा कि उसका इरादा क्या था : इस प्रकार पत्नी अब और भी ज्यादा उसके रहम पर निर्भर हो जाती है।[51]

धर्मवैधानिक विशेषज्ञों के बीच मतभेदों और जिन उपविभाजन की उन्होंने

उद्‌भावना की है, इसके कारण उलमा की सत्ता दुगुनी हो गई है। जब कोई मामला उनके सामने आता है, तो वे किसी भी लिखित प्रमाण या विशेषज्ञ को उद्धृत कर सकते हैं या वे उस मामले को किसी भी ऐसे खाने में डाल सकते हैं, जिससे पत्नी का बचाव हो सकता है, या फिर ऐसे ख़ाने में भी, जिससे उसे घर से बाहर निकाला जा सकता है।

इसी प्रकार के मतभेद अन्य ऐसी परिस्थितियों में भी हो सकते हैं; जिनके अंतर्गत तलाक दिए गए हों।

भाँग बनाम शराब

क्या नशे की हालत में दिए गए तलाक के परिणामस्वरूप पत्नी को घर से बाहर निकाला जा सकता है? सबसे पहले तो मामले का दारोमदार उस चीज़ पर है जिसके सेवन से पति को नशा हुआ है। कुछ विधिवेत्ताओं और कानूनी पुस्तकों, जैसे फ़तवा-ए-काज़ी ख़ान; के अनुसार यदि भाँग के कारण नशा हुआ हो, तो शादी ख़त्म नहीं होती। इस मत के लिए वे दो कारण बताते हैं : पहला तर्क तो उनका यह है कि जबकि इस्लाम शराब पीने से मना करता है, और इसलिए शराब पीने वाले को उसकी सज़ा मिलनी ही चाहिए, दूसरी तरफ़ भाँग पीने के लिए इस्लाम द्वारा मना नहीं किया गया है, इसलिए आदमी को उसके लिए इतनी बड़ी सज़ा नहीं दी जानी चाहिए कि उसे अपनी पत्नी से भी वंचित होना पड़े। दूसरा तर्क वे यह देते हैं कि क्योंकि किसी नासमझ व्यक्ति—नाबालिग, पागल—द्वारा दिया गया तलाक प्रभावी नहीं होता, इसलिए जिस व्यक्ति की समझ भाँग की वजह से आरज़ी तौर पर चली गई हो, उसके द्वारा दिए गए तलाक को भी प्रभावी नहीं माना जाना चाहिए। दूसरी कानूनी किताबों—जिनमें से सबसे प्रमुख फ़तवा-ए-आलमगीरी है—में इसके ठीक उलट दलील दी गई है। उसमें कहा गया है कि भाँग की खपत भी इतनी ज़्यादा होने लगी है कि इसके इस्तेमाल को भी हतोत्साहित करना ज़रूरी है। इसलिए इसके प्रभाव में दिए गए तलाक को भी शराब के प्रभाव में दिए गए तलाक की तरह अंतिम माना जाना चाहिए। एक और पुस्तक—अल बहर अल राइक़ में एक बारीक फ़र्क किया गया है। यदि भाँग मज़े के लिए ली गई हो, तो तलाक प्रभावी होगा, लेकिन अगर दवाई के तौर पर ली गई हो तो उस सूरत में दिए गए तलाक को प्रभावी नहीं माना जाएगा।

लेकिन अगर पति भाँग की वजह से नहीं बल्कि शराब पीने की वजह से नशे में हो, तो उस सूरत में क्या होगा? इस संबंध में कानून में एक सिरे से दूसरे सिरे तक अलग-अलग मत प्रकट किए गए हैं—"नहीं, हरगिज नहीं" से लेकर "निर्भर करता है" और फिर, "हाँ, हमेशा" तक—और इस सबंध में इस्लामी विधिवेत्ताओं

ने जो फर्क बताए हैं वे बारीक से बारीक होते चले गए हैं।

रूढ़िवादी मत के अनुसार जोकि उदाहरण के लिए, फ़तवा-ए-आलमगीरी में प्रकट किया गया है, शराब के नशे की हालत में किसी आदमी द्वारा दिए गए तलाक से शादी ख़त्म होगी ही, जिसके दो कारण हैं : तलाक की घोषणा कर दी गई है और घोषणा तो घोषणा ही होती है, और इसके अलावा यह घोषणा उस चीज़ का सेवन करके की गई है, जो कि मना है और जो पापमय है। इसलिए तलाक को ज़रूरी तौर पर प्रभावी माना जाना चाहिए। और क्योंकि यह घोषणा पति द्वारा की गई है इसलिए शराब का सेवन करके जो उसने पाप किया, उसकी सज़ा के तौर पर भी ऐसे तलाक को प्रभावी माना जाना चाहिए।

लेकिन विधिवेत्ता ऐसे लोग होते हैं, जो बारीक फर्क किए बिना कोई फ़ैसला नहीं देते। इसलिए वे परिणाम को नीचे दी गई बातों के साथ जोड़ देते हैं : (1) क्या शराब अपनी इच्छा से पी गई थी या उसके लिए मजबूर किया गया था, या ऐसा करने की कोई ज़रूरत पड़ गई थी (उदाहरण के लिए, इलाज के तौर पर), (2) क्या आदमी को केवल हल्का नशा था या उसे इतना ज़्यादा नशा था कि उसकी समझ ही ग़ायब हो गई थी, (3) क्या पेय ऐसी चीजों से बनाया गया था, जिससे शराब तैयार करना मना है या अन्य वस्तुओं से बनाया गया था, (4) क्या पेय का संधान इस हद तक किया गया था, कि वह निषिद्ध श्रेणी के अंतर्गत आता था। और ऐसी कई बातें और भी कही गई हैं।

इनमें से प्रत्येक आकस्मिकता को विधिवेत्ताओं द्वारा और आगे उप-विभाजित किया गया है और हर मानदंड के लिए जो निर्देश चिह्न इस्तेमाल किए गए हैं वे अलग-अलग विधिवेत्ताओं द्वारा अलग-अलग निर्धारित किए गए हैं। उदाहरण के लिए, यहाँ तक अबू हनीफ़ा ने भी इस बात की इजाज़त दे दी, कि अगर तलाक किसी ऐसे व्यक्ति द्वारा दिया गया हो, जिसकी समझ (नशे की हालत में) जाती रही थी, तो उस तलाक से शादी खत्म हुई नहीं मानी जानी चाहिए। लेकिन उन्होंने यह शर्त रखी कि आदमी को केवल उस हालत में अपनी समझ से बाहर माना जाना चाहिए जब वह आकाश और धरती के बीच फ़र्क न कर सके। लेकिन इससे कम ख़राब हालत में दिए गए तलाकों को प्रभावी माना जाना चाहिए। उनके मुख्य अनुयायियों—अबू यूसुफ और मुहम्मद—ने जिनके फैसलों को अबू हनीफ़ा के फ़ैसलों की तुलना में प्रायः वरीयता दी जाती है, कुछ अधिक नरम मानदंड निर्धारित किया है : पति को उसकी करनियों के लिए ज़िम्मेदार नहीं माना जाना चाहिए। इसलिए अगर वह अपने बोलने पर नियंत्रण नहीं रख पाता तो उसके तलाकों पर अमल नहीं किया जाना चाहिए। उनके बाद के एक विधिज्ञ इब्न अल हमाम, इस मानदंड को, कि आदमी का अपने बोलने पर नियंत्रण था या नहीं, और आगे तक ले गए, क्योंकि अबू यूसुफ मुहम्मद के मानदंड को जब हम स्वीकार कर लेते हैं, तो नियंत्रणहीनता की सीमा का प्रश्न

भी तय कर लिया जाना चाहिए। इससे पहले कि आदमी के बारे में यह मान लिया जाए कि उसने कुछ ऐसी चीजें कही हैं, जिन पर अमल नहीं किया जाना चाहिए, उस आदमी द्वारा कही गई बातें कितनी बेतुकी होनी चाहिए इस पर विचार किया जाना चाहिए। जिस वक्त उसने 'तलाक' शब्द मुँह से निकाला था, यदि उस समय उसकी बातचीत का 'ज़्यादातर हिस्सा' विवेकपूर्ण रहा हो, और सिर्फ़ थोड़ा सा हिस्सा "बेलगाम और बेमायने" रहा हो, तो ऐसी स्थिति में, विधिवेत्ताओं का मानना है, कि आदमी के बारे में यह माना जाना चाहिए कि उसका अपनी समझ पर नियंत्रण था और उसने तलाक की जो घोषणा की थी उसे ज़रूर प्रभावी माना जाना चाहिए। अगर ऐसी स्थिति नहीं है, तो तलाक को अमान्य माना जाएगा। सवाल की इससे अगली अवस्था यह हो सकती है कि, "वे कौन सी निशानियाँ होंगी, जिनसे हम यह आँक सकें कि पति की बातचीत का 'ज़्यादातर हिस्सा' अर्थसंगत था या नहीं?" यदि इस बिंदु से भी हम आगे बढ़ जाएँ तो हमें यह ज़ाहिर हो जाएगा कि यह लीक ख़त्म होने वाली नहीं है और इसलिए विधिवेत्ताओं के बीच के मतभेद भी ख़त्म होने वाले नहीं हैं।

इन मुद्दों पर चार शाखाओं द्वारा दिए गए फरमान अलग-अलग हैं। इससे, यह दावा, कि शरीअत एक स्पष्ट और निश्चित संहिता है निराधार सिद्ध हो जाता है। इतना ही नहीं, प्रमुख विधिवेत्ताओं ने समय बीतने के साथ-साथ अपने विचार बदल लिए। इससे शरीअत के बारे में यह दावा भी निराधार सिद्ध हो जाता है कि यह अपरिवर्तनीय और शाश्वत है।

जैसा कि के. एन. अहमद ने लिखा है, फ़तवा-ए-आलमगीरी में यह हुक्म दिया गया है कि चाहे पति सही हालत में हो या नशे में, चाहे वह थोड़ा सा नशे में हो या धुत्त, और चाहे किसी भी चीज़ से उसे नशा चढ़ा हो, एक बार तलाक बोल दिए जाने के बाद शादी ख़त्म हो जाती है और बीवी घर से बाहर कर दी जाती है। हनफ़ी शाखा के संस्थापक अबू हनीफ़ा ने यह घोषित किया है कि जैसा कि पहले ज़िक्र आया है, जब तक पति इतना ज़्यादा नशे में न हो कि वह ज़मीन और आस्मान के बीच फ़र्क भी न कर सके, अन्यथा (पति के तलाक कहने पर) शादी ख़त्म हो जाती है। अबू यूसुफ और मुहम्मद, जोकि उनके सबसे बड़े शिष्य और विशेषज्ञ माने जाते हैं, ये फ़रमाते हैं, कि यदि तलाक घोषित करते समय पति अपनी बातचीत पर नियंत्रण नहीं रख पाता तो उसका तलाक प्रभावी नहीं होगा। इस तरह ख़ुद हनफ़ियों के बीच भी मतभेद है। मलीकी शाखा के अंतर्गत ऐसी व्यवस्था है कि यदि आदमी शराब के नशे में है और वह सही और ग़लत के बीच फ़र्क नहीं कर पाता, तो तलाक प्रभावी नहीं होगा। यह मानदंड अबू हनीफा, अबू यूसुफ और मुहम्मद के द्वारा निर्धारित मानदंडों से बिल्कुल अलग और काफ़ी ज़्यादा कुंद है। शफ़ियाई शाखा के संस्थापक मुहम्मद इमाम शफ़ी ने शुरू-शुरू में यह फ़रमान दिया

था कि किसी आदमी द्वारा नशे की हालत में दिया गया तलाक अमान्य होता है। लेकिन बाद में उनके द्वारा दिया गया फ़रमान पहले फ़रमान के बिल्कुल उलट था। उन्होंने कहा कि तलाक प्रभावी होगा। उनकी शाखा के कुछ विधिवेत्ता और उनकी कानूनी पुस्तकें उनके पहले फ़ैसले पर टिकी हुई हैं और कुछ और विधिवेत्ता बाद के फ़ैसले पर। हनबली शाखा के संस्थापक अहमद इब्न हनबल ने शुरू में यह फ़रमान दिया कि जो आदमी नशे ऐसी हालत में है, कि उसको यह भी नहीं मालूम कि वह क्या बात कर रहा है, उसके द्वारा दिया गया तलाक अमान्य होगा। बाद में उन्होंने अलग-अलग मौकों पर अलग-अलग विचार प्रकट किए और अंततः जैसा कि अहमद ने लिखा है, कि यह मानते हुए कि यह मामला इतना पेचीदा है कि पैग़म्बर साहिब के रफ़ीकों के बीच भी इस पर कोई सहमति नहीं हो पाई, इसलिए हर मामले में गुण-दोष के आधार पर फ़ैसला किया जाना चाहिए।

प्रत्येक विपरीत फैसले की दृष्टि के लिए "इस्लामी विधिशास्त्र के सिद्धांतों" और हदीसों की कोई कमी नहीं है। बीसियों उदाहरण इस संबंध में दिए जा सकते हैं। लेकिन जिस ख़ास सवाल पर हम विचार कर रहे हैं उसको लेकर मतभेदों और समय के साथ-साथ हुए परिवर्तनों को दर्शाने के लिए और विधिवेत्ताओं के बीच चलने वाले वाद-विवादों में जिस प्रकार के तर्क और दृष्टांत इस्तेमाल किए जाते हैं उनका नमूना प्रस्तुत करने के लिए केवल एक ही उदाहरण काफ़ी होगा। हर कदम पर लिखित प्रमाणों को उद्धृत करते हुए अहमद लिखते हैं :

शफ़ी साहब ने अलग-अलग समय पर अलग-अलग मत प्रकट किए। सबसे पहले उनका यह मत था कि जब कोई व्यक्ति आरज़ी तौर पर अपना विवेक खो चुका होता है, तो उस हालत में दिया गया तलाक वैध नहीं होता और वह प्रभावी भी नहीं होता। उनके इस मत का आधार यह था कि शराब पीने से ऐसे व्यक्ति को इतना सरसाम हो चुका होगा या दिमाग़ में इतनी सूजन हो चुकी होगी कि उसमें विवेक की शक्ति बची ही नहीं रह जाती होगी। वे अपनी राय को इस आधार पर न्यायसंगत ठहराते हैं कि किसी नाबालिग़ द्वारा दिया गया तलाक इसलिए प्रभावी नहीं होता, क्योंकि उसके पास समझ ही नहीं होती और वही नियम यहाँ भी लागू होगा। उनका दूसरा आधार यह है कि भाँग के नशे में दिया गया तलाक प्रभावी नहीं होता और भाँग और किण्वित शराब के इस्तेमाल में कोई फ़र्क नहीं होता, क्योंकि दोनों का असर एक जैसा होता है, अर्थात् इन दोनों के सेवन से आरज़ी तौर पर आदमी अपना विवेक खो देता है। तीसरा कारण यह है कि शराब के नशे में धर्मत्याग की अनुमति नहीं है और यही नियम यहाँ भी लागू होगा। हनफ़ियों ने यह स्पष्ट किया है कि अल्लाह ने तलाक की इज़ाज़त दी है और शराब के नशे में दिए गए तलाक के मामले में में भी कोई अपवाद नहीं है। नाबालिग और पागल के मामले में तलाक, समझ के अभाव के कारण अप्रभावी होता है और इसलिए उसके द्वारा

दिए गए तलाक को एक सज़ा के तौर पर प्रभावी माना जाएगा। भाँग का इस्तेमाल करना कोई अपराध नहीं है इसलिए यह (नियम कि भाँग के नशे में दिया गया तलाक प्रभावी नहीं होगा), यहाँ लागू नहीं होता। धर्मत्याग का मामला भी लागू नहीं होता, क्योंकि उसमें उसे (पति को) इस्लाम त्यागने से रोकने का प्रयास किया जाता है, लेकिन यहां शराब पीने से हतोत्साहित करने के लिए पति को सज़ा दी जानी होती है। इन कथनों के गुण-दोषों में गए बग़ैर, इतना उल्लेखनीय है, कि शफ़ी साहब ने बाद में अपनी राय बदल ली थी और शराब के नशे में दिए गए तलाक को प्रभावी मान लिया था।[52]

इस प्रकार आलिम न केवल विशेषज्ञों के बीच चयन कर सकता है बल्कि वह किसी विशेषज्ञ के किसी एक फ़रमान का सहारा लेकर पति की इच्छा को पूरा करने में मदद कर सकता है या फिर उसी विशेषज्ञ के दूसरे फ़रमान का सहारा लेकर उसकी इच्छा के पूरा होने में बाधा डाल सकता है।

मजबूरी एक विकल्प के तौर पर

एक और सवाल पर विचार कीजिए। क्या किसी मजबूरी या किसी दबाव में आकर पति द्वारा दिए गए तलाक से शादी ख़त्म हो जाएगी? हनफ़ी शाखा का यह मत है कि इस प्रकार के तलाक से शादी ख़त्म हो जाती है। जबकि इसके बरअक्स नशे की हालत में दिए गए तलाक के मामले में कोई चालबाजी करने की बिल्कुल गुंजायश नहीं है क्योंकि अबू हनीफ़ा और उनके शिष्य अबू यूसुफ और मुहम्मद के बीच इस मामले में परस्पर सहमति है। लेकिन अन्य तीन मुख्य सुन्नी शाखाओं—मलीकी, शफ़ीयाई और हनबली—का यह मत है कि मजबूरी में दिया गया तलाक अमान्य होता है, और शिया मत के लोग भी ऐसा ही मानते हैं।

इस मामले में फिर हर एक के पास अपने फ़ैसले की पुष्टि के लिए उद्धृत करने की अपनी-अपनी हदीस और अपना-अपना "इस्लामी विधिशास्त्र का सिद्धांत" मौजूद है। हनफ़ियों का यह मत है कि मजबूरी की हालत में भी तलाक देते हुए आदमी एक विकल्प का इस्तेमाल कर रहा होता है। इसलिए ऐसी हालत में दिया गया तलाक उतना ही प्रभावी होता है जितना कि कोई दूसरा तलाक। यदि कोई बाप अपने बेटे से कहे, "अगर तुमने अपनी बीवी को अपने घर से नहीं निकाला, तो मैं तुम्हारा कत्ल कर दूँगा।" तो ऐसा नहीं कि पति के पास कोई विकल्प नहीं है—ऐसा कहना है अबू हनीफ़ा और दूसरे विधिवेत्ताओं का। जब पति ऐसे दबाव या मजबूरी में भी तलाक की घोषणा कर रहा होता है, तो भी वह एक विकल्प का इस्तेमाल कर रहा होता है—पहले मामले में उसके सामने अपने पिता के घर में रहने के आराम और पत्नी के बीच किसी एक को चुनने और दूसरे मामले में

अपने जीवन और अपनी पत्नी में से किसी एक को चुनने का विकल्प मौजूद है। इस सादृश्य को वे और भी आगे तक ले जाते हैं। विधिवेत्ताओं का कहना है, किसी ऐसे आदमी के मामले पर विचार कीजिए—जिस पर इस प्रकार की कोई मजबूरी या दबाव नहीं है। वह कब और क्यों तलाक देता है? वह किसी ज़रूरत से ऐसा करता है—वे कहते हैं। पत्नी उसके लिए इतनी घृणास्पद और उबाऊ हो जाती है, कि वह आवश्यकतावश उसे घर से निकाल देता है। वे ज़ोर देकर कहते हैं कि इसमें ज़रूरी बात यह है कि वह यह काम आवश्यकतावश करता है। ऐसी ही स्थिति, उनका कहना है, उस आदमी के साथ होती है, जिसकी ज़िंदगी, मान लीजिए, खतरे में पड़ी होती है। वह भी आवश्यकतावश ऐसा कर रहा होता है। चुनाचे, दोनों तलाक किसी शादी को ख़त्म करने के लिए समतुल्य और समान रूप से युक्तियुक्त होते हैं।[53]—ऐसा इन विधिवेत्ताओं का कहना है। इससे उलट नज़रिया पेश करते हुए इमाम शाही और दूसरे विधिवेत्ता 'इस्लामी विधिशास्त्र' के अपने अलग 'सिद्धांतों' का उल्लेख करते हैं। उनका कहना है कि जो व्यक्ति मजबूरी में होता है, परिभाषा के अनुसार उसके पास कोई विकल्प नहीं होता और जो काम शुद्ध रूप से वैकल्पिक नहीं होता वह इस श्रेणी में नहीं आता कि उसके कोई कानूनी परिणाम हों। अपने मत की पुष्टि के लिए वे कई हदीसें उद्धृत करते हैं। वे एक हदीस के हवाले से बताते हैं कि पैग़म्बर साहिब ने कहा है कि अल्लाह किसी मुसलमान को किन्हीं ऐसे कामों के लिए जोकि उसने ग़लती से, या भूलवश, या दबाव में आकर किए हों, या उन्हें करने में कोताही की हो, ज़िम्मेदार नहीं ठहराएगा। वे यह भी बताते हैं कि अइशा ने कहा था, "मैंने रसूले-अल्लाह को यह कहते सुना था कि ज़ोर-ज़बरदस्ती से कोई तलाक और (गुलामों की) कोई निजात नहीं होती।"[54]

और हमें इमाम मलिक के 'मुवत्ता' जैसे लिखित प्रमाण से यह जानने को मिलता है, कि यह ऐसा कानून है जोकि इस्लाम के शुरू-शुरू के वर्षों में अज़ीमतरीन शख़सीयतों द्वारा लागू किया गया था। उसका वर्णन इस प्रकार है :

थबित अहनफ़ ने 'अब्द अता रहमान इब्न ज़ैद इब्न कत्ताब' की गुलाम उम्म वलाद से शादी की थी। उसने कहा, अब्द अल्लाह इब्न अब्द-अल-रहमान इब्न ज़ैद इब्न कत्ताब ने मुझे बुलवा भेजा और मैं उनके पास गया। मैंने देखा कि वहां चाबुक थे, दो लोहे की बेड़ियाँ थीं और दो गुलामों को उन्होंने अपने पास बिठा रखा था। उन्होंने मुझसे कहा : इस उम्मवलाद को तुम तलाक दे दो नहीं तो मैं तुम्हें पीटूँगा और तुम्हें सख़्त सज़ा दूँगा। मैंने कहा : अगर यह बात है तो मैं उसे हज़ार बार तलाक देता हूँ। फिर उसने कहा : मैं जब वहाँ से चला आ रहा था, तो मुझे रास्ते में अब्द अल्लाह इब्न उमर मिले। वे मक्का जा रहे थे। मैंने सारी कहानी उन्हें सुनाई। अब्द अल्लाह इब्न उमर गुस्से में आकर बोले : यह तलाक नहीं है और वह (उम्म वलाद) तुम्हारे लिए निषिद्ध नहीं है। अपने परिवार के पास लौट जाओ। थबित बोला :

मेरे दिल को तसल्ली नहीं हुई और मैं मक्का में अब्द अल्लाह इब्न ज़ुबैर के पास गया। उस समय अब्द अल्लाह इब्न ज़ुबैर मक्का के गवर्नर थे। जो कुछ हुआ था, उसके बारे में मैंने उन्हें सब कुछ बता दिया। मैंने उन्हें यह भी बताया कि अब्द अल्लाह इब्न उमर ने मुझ से क्या कहा था। अब्द अल्लाह इब्न ज़ुबैर ने मुझ से कहा, "बिल्कुल सही है। वह औरत तुम्हारे लिए निषिद्ध नहीं हुई है। अपने परिवार के पास जाओ।" उन्होंने मदीना के प्रशासक जबीर इब्न अल्लाह ज़ुहरी को भी पत्र लिखकर आदेश दिया कि वह अब्द अल्लाह बिन अब्द अल-रहमान को सज़ा देकर थाबित अहनफ़ की बीवी उसके पास पहुँचवा दे। जब मैं मदीना वापिस आया तो अब्द अल्लाह इब्न उमर की पत्नी साफ़िया ने मेरी पत्नी को कपड़ों में सजा-धजा कर मेरे पास भेज दिया। अब्द अल्लाह इब्न उमर के आदेश से मैंने वलीमः (विवाह-भोज) की व्यवस्था की और उसमें अब्द अल्लाह इब्न उमर को भी आमंत्रित किया और वे पधारे भी।[55]

अगर उलमा किसी ऐसे आदमी की, जिसने मजबूरी में तलाक दिया है; अपनी बीवी को अपने पास रखने में मदद करना चाहें तो वे इस हदीस और पैग़म्बर साहिब के इन शब्दों का सहारा ले सकते हैं, "ज़ोर ज़बरदस्ती से कोई तलाक नहीं होता और न ही (गुलामों की) निजात।" अगर वे पति के रास्ते में रोड़ा अटकाना चाहें तो वे 'हिदायत' में निर्धारित नियम को उद्धृत कर सकते हैं।

प्रसंगवश, उल्लेखनीय है कि इस सिद्धांत पर चलते हुए, कि जो कुछ जैसा है उसे वैसा रहने दिया जाए, हमारे न्यायालय इन हदीसों और विधिवेत्ताओं की ओर कोई ध्यान नहीं देते। उसकी बजाए वे आसानी ढूँढते हुए वही रूढ़िवादी हनफ़ी रुख अपनाते हैं जिसका उल्लेख हिदायत और फ़तवों में मिलता है। इस प्रकार हमारे न्यायालय जो नज़रिया अपनाते हैं, वह यह है कि पति चाहे मजबूरी की हालत में या बिना मजबूरी के तलाक दें तो पत्नी को घर छोड़ना ही पड़ेगा। इन परिणामों से प्रभावित होकर न्यायमूर्ति अमीर अली ने उस किस्म के बचाव का आग्रह किया जिसके बारे में हम पहले जान चुके हैं। उन्होंने लिखा :

मान लीजिए कि कोई हनफ़ी धमकी और ज़ोर-ज़बरदस्ती के प्रभाव में आकर अपनी पत्नी के ख़िलाफ़ तलाक की घोषणा कर देता है और कार्य-व्यापार संबंधी स्वतंत्रता प्राप्त होने पर वह इस बात से मुकर जाता है कि उसका तलाक वैध था और तलाक के परिणाम से बचने के लिए वह शफ़ीयाई नियमों की शरण ले लेता है। इस बात में कोई संदेह नहीं, कि उसका ऐसा करना जायज़ होगा और उसने जो तलाक दिया था, वह तब अवैध हो जाता है।[56]

एक पति हनफ़ी की हैसियत में तलाक दे देता है और फिर ख़ुद को शफ़ीयाई घोषित करके उसके परिणामों से बच निकलता है और ऐसे उपाय अपनाने के लिए ऐसे-ऐसे प्रमुख कानून विशेषज्ञों द्वारा आग्रह किया जाता है फिर भी शरीअत को

परम पावन, अपरिवर्तनीय और अल्लाहदाद संहिता ज़रूर माना जाना चाहिए। कौन सा 'सिद्धांत' प्रचलित रहेगा।

मजबूरी की हालत में दिए गए तलाक के बारे में ग़ैर हनफ़ी रुख़ के पीछे जो 'इस्लामी विधि शास्त्र का सिद्धांत' काम कर रहा है वह यह है कि पति ने जिस समय तलाक दिया था, उस समय के उसके इरादे का सम्मान किया जाना चाहिए। इन विधिवेत्ताओं का यह कहना है, कि असली सवाल यह है कि क्या वह वास्तव में पत्नी से छुटकारा पाना चाहता था? वे अपने मत की पुष्टि में पैग़म्बर साहिब की कही गईं इस बात को उद्धृत करते हैं, "कर्मों का मूल्यांकन व्यक्ति के इरादों के मुताबिक किया जाता है। जिस किसी का जैसा भी इरादा रहा है उसका फल उसे ज़रूर मिलेगा।"[57] और उसके बाद वे एक मिलता-जुलता उदाहरण पेश करते हैं। वे पूछते हैं कि किस आधार पर यह निर्णय लिया जाएगा कि एक ही बार में कहे गए तीन तलाकों की गिनती तीन तलाक के रूप में की जाएगी, और उसके परिणामस्वरूप वह अंतिम और वापिस न लिया जा सकने वाला तलाक माना जाएगा, या फिर उन्हें एक तलाक के तौर पर गिना जाएगा? इस मामले का निपटारा पति से यह पता लगाकर किया जाता है कि उसका इरादा क्या था। यदि उसने तलाक शब्द केवल एक बार बोला था लेकिन उसका इरादा अंतिम और वापिस न लिया जा सकने वाला तलाक देने का था तो पत्नी को घर छोड़ना ही पड़ेगा। उसी प्रकार यदि उसने तीन बार तलाक बोला था और उसका इरादा भी तीन ही तलाक देने का था तो पत्नी को घर से बाहर निकाल दिया जाएगा। दूसरी तरफ़ यदि उसने दूसरी और तीसरी बार तलाक शब्द, पहली बार बोले गए तलाक पर जोर देने के लिए बोला था तो फिर तीन बार बोले गए तलाक को केवल एक तलाक माना जाएगा। वे यह दलील देते हैं कि वही सम्मान पति के उस समय के इरादे को दिया जाना चाहिए, जब वह मजबूरी में तलाक देता है। क्योंकि दरअसल वह पत्नी को घर से बाहर नहीं निकालना चाहता था और उसने तलाक सिर्फ़ अपनी जान बचाने के लिए बोला था। इसलिए शादी को ख़त्म नहीं किया जाना चाहिए—ऐसा उनका कहना है।

लेकिन ज़रा देखिए कि दूसरी परिस्थितियों में इसी मानदंड—पति के इरादे—का इन्हीं विधिवेत्ताओं के हाथों क्या हश्र होता है।

अगर कोई आदमी वास्तव में पत्नी को घर से बाहर निकालने का इरादा तो नहीं रखता, लेकिन वह मज़ाक में 'तलाक' कह देता है तो? वही इमाम शफ़ी जिनका यह मत था कि मजबूरी में दिया गया तलाक अमान्य होगा, इस मामले में यह मत प्रकट करते हैं कि चाहे तलाक मज़ाक में भी क्यों न दिया गया हो, उसे ज़रूर लागू किया जाना चाहिए। अब आदमी के इरादे का ख़्याल रखने के 'सिद्धांत' को तो एक तरफ़ रख दिया जाता है, और एक और 'सिद्धांत' का सहारा ले लिया जाता

है। यह 'सिद्धांत' है विकल्प का। जब कोई व्यक्ति मजबूरी या बहुत ज़्यादा दबाव में होता है, तो उसके पास कोई विकल्प नहीं होता—यह दलील देते हैं शफ़ी साहब। इसलिए उस मामले में पति जो कुछ कहता है या करता है, उसके कोई कानूनी परिणाम हो सकते हैं, ऐसा नहीं माना जाना चाहिए। लेकिन जो आदमी मज़ाक में तलाक बोल देता है, वह निश्चित रूप से अपनी मर्ज़ी से ऐसा करता है। इसलिए वह जो कुछ कहता है, उसे लागू किया जाना चाहिए यद्यपि, परिभाषा के अनुसार, उसने जो कहा, वैसा करने का उसका कोई गंभीर इरादा नहीं था। और स्वाभाविक है कि इस फ़ैसले की पुष्टि के लिए भी उनके पास हदीस मौजूद है। बताया जाता है कि पैग़म्बर साहिब ने कहा था, "तीन चीज़ें होती हैं जोकि चाहे गंभीरतापूर्वक की जाएं या मज़ाक में, उन्हें गंभीरतापूर्वक ही लिया जाता है। शादी, तलाक और बीवी को वापिस लेना (उस तलाक के बाद जो अंतिम नहीं है)।"

एक मार्मिक केस

इस नियम के परिणाम कितने भीषण हो सकते हैं, यह पाकिस्तान में हाल में घटी एक घटना से पता चलता है, जिसका काफी प्रचार हुआ। पाकिस्तान टेलीविजन पर प्रसारित एक सीरियल में एक आदमी ने उस औरत को तलाक दे दिया जो उसकी पत्नी की भूमिका निभा रही थी। दुर्भाग्यवश जो औरत उसकी पत्नी की भूमिका निभा रही थी, वह उस आदमी की वास्तविक जीवन में भी पत्नी थी, जो पति की भूमिका निभा रहा था। मुल्लाह लोग झपट पड़े और उन्होंने यह फ़रमान दे दिया कि तलाक की घोषणा के कारण उन दोनों का विवाह समाप्त हो गया है और एक बार ऐसा हो चुकने के बाद, एक मात्र तरीका, जिसके जरिए पति अपनी पत्नी को वापिस ले सकता है, यह है कि वह औरत पहले एक दूसरे आदमी से शादी करे, और वह शादी वास्तविक सहवास द्वारा पक्की की जाए, वह दूसरा पति पत्नी को तलाक दे, और उसके बाद मूल पति उससे दोबारा शादी करे। उन्होंने यह भी फ़ैसला दिया कि यह बात कुछ अहमियत नहीं रखती कि उस आदमी का अपनी पत्नी को तलाक देने का कोई इरादा नहीं था। उन्होंने यह हुक़्म भी दिया कि बीच में किसी भी कड़ी को छोड़ा नहीं जा सकता, विशेषकर पत्नी के एक दूसरे आदमी से शादी करने और सहवास द्वारा शादी को पक्का करने की कड़ी को हरगिज़ नहीं छोड़ा जा सकता। और अपने फ़रमान की पुष्टि में उनके पास निश्चित रूप से एक हदीस भी उद्धृत करने के लिए तैयार थी। सहीह अल-बुख़ारी में हमें यह पढ़ने को मिलता है :

वर्णनकर्ता, अईशा : रिफ़ाअत अल कुराज़ी रसूले अल्लाह के पास आकर बोली, "ऐ रसूले अल्लाह! रिफ़ाअत ने मुझे अंतिम रूप से तलाक दे दिया है, जिसे वापिस नहीं लिया जा सकता। उसके बाद मैंने अब्दुर्रहमान बिन अज़ ज़ुबैर अल कुराज़ी

से शादी की, जो नामर्द निकला।" रसूले अल्लाह ने उससे कहा, "तुम रिफ़ाअत के पास वापिस जाना नहीं (तुम रिफ़ाअत के पास वापिस नहीं जा सकती) जब तक कि अब्दुर्रहमान तुम्हारे साथ सहवास न कर ले।"[59]

पैग़म्बर साहिब ने इसी नियम को एक और मौके पर भी दोहराया :

वर्णनकर्ता : अईशा : एक आदमी ने अपनी पत्नी को तीन बार तलाक दे दिया। (उसे तीन बार तलाक देने का अपना निर्णय बताकर) उसके बाद उस औरत ने एक दूसरे आदमी से शादी कर ली, जिसने भी, उसे तलाक दे दिया। पैग़म्बर साहिब से पूछा गया कि क्या वह औरत कानूनी तौर पर अपने पहले पति से शादी कर सकती है (या नहीं)? पैग़म्बर साहिब ने जवाब दिया, "नहीं, वह तब तक पहले पति से दोबारा शादी नहीं कर सकती जब तक दूसरा पति उसके साथ सहवास करके उसी तरह से शादी को पक्का नहीं कर लेता जिस तरह से पहले पति ने किया था।"[60]

सहीह अल बुखारी की एक और हदीस में यह बताया गया है कि वस्तुतः सहवास द्वारा शादी पक्की करने का मतलब क्या है :

वर्णनकर्ता : अईशा : एक आदमी ने अपनी पत्नी को तलाक दे दिया और उसने एक दूसरे आदमी से शादी कर ली जोकि नामर्द साबित हुआ। उसे उस आदमी से संतुष्टि नहीं मिल पाई, और कुछ समय के बाद उसने उस औरत को तलाक दे दिया। तब वह पैग़म्बर साहिब के पास आई और उनसे बोली, "ऐ रसूले अल्लाह, मेरे पहले पति ने मुझे तलाक दे दिया और तब मैंने एक दूसरे आदमी से शादी कर ली। अपनी शादी को पक्का करने के लिए वह हमबिस्तरी के वास्ते मेरे पास आया लेकिन वह नामर्द साबित हुआ। एक बार को छोड़कर वह मेरे पास फिर कभी नहीं आया और उस बार भी वह मुझसे कोई लाभ प्राप्त नहीं कर पाया। क्या इस मामले में मैं अपने पहले पति से दोबारा शादी कर सकती हूँ?" रसूले अल्लाह ने कहा, "जब तक दूसरा पति तुम्हारे साथ सहवास करके अपनी शादी को पक्का नहीं कर लेता तब तक तुम्हारा पहले पति से शादी करना हराम है।"[61]

ज़रा ग़ौर कीजिए कि इन मामलों में इरादा साफ़ है। पहले उदाहरण में अर्थात् रिफ़ाअत अल कुराज़ी के मामले में—दूसरे पति के नामर्द होने की परिस्थिति नियम की पूर्ति को असंभव बना देती है। उसके बावजूद पैग़म्बर साहिब ने उस शर्त को दोहराया : इससे पहले कि मूल जोड़ी का पुनर्मिलन हो, पत्नी को ज़रूरी तौर पर दूसरे आदमी से शादी करनी होगी और वह दूसरी शादी वास्तविक सहवास द्वारा पक्की की जानी चाहिए, उसके बाद दूसरा पति पत्नी को तलाक दे, तभी उसका और उसके मूल पति का पुनर्मिलन हो सकता है। ज़रा ग़ौर कीजिए कि इस मामले में पति के इरादे से संबंधित "सिद्धांत" का स्थान इस सिद्धांत ने ले लिया है कि पतियों को किसी मामूली बात पर अपनी पत्नियों को तलाक देने से हतोत्साहित करने के लिए और पत्नियों को इस बात से हतोत्साहित करने के लिए कि वे अपने पतियों

को इस हद तक नाराज़ न करें, कि वे उन्हें तलाक दे दें दोनों को सज़ा दी जानी चाहिए। अब जबकि पैग़म्बर साहिब ने ख़ास तौर पर इस बात पर ज़ोर दिया था कि हर कार्रवाई को पूरा किया जाना चाहिए, जिसमें सबसे ज़्यादा ज़रूरी कार्रवाई—दूसरी शादी, वास्तविक सहवास द्वारा पक्की की जानी चाहिए—संभावना की सीमा से परे थी, तो अभिनेता पति और अभिनेत्री पत्नी को टी.वी. सीरियल के दौरान बोले गए तलाक के परिणामों से बचने की इज़ाज़त कैसे दी जा सकती थी?

ज़रा ग़ौर कीजिए कि दोनों स्थितियों के हक में पैग़म्बर साहिब की उक्तियां और निर्णय उपलब्ध हैं। एक तरफ इस आशय की उक्तियां हैं कि व्यक्तियों से उनके इरादों के बारे में स्पष्टीकरण मांगा जाएगा और अनजाने में, या भूल जाने के कारण या ग़लती से किए गए या बिन किए छूट गए कामों पर ध्यान नहीं दिया जाएगा और दूसरी तरफ ऐसे भी निर्णय हैं जिनमें पैग़म्बर साहिब 'सिर्फ़ किए गए काम के प्रत्यक्ष दोष के आधार पर ज़बरदस्त और जल्दी से सज़ा दे डालते हैं।'

विधिवेत्ताओं और कानूनी पुस्तकों के बीच तलाक की घोषणाओं के बारे में जो मतभेद रहते हैं, वैसे ही मतभेद अन्य परिस्थितियों के मामले में भी रहते हैं।

क्या धोखाधड़ी से किसी पति से कहलवाए गए तलाक से शादी ख़त्म हो जाती है? उदाहरण के लिए, ग़लत सूचना दिए जाने पर कि उसकी पत्नी उसके प्रति वफ़ादार नहीं रही है, अगर कोई पति उसे तलाक दे देता है, तो क्या पत्नी को घर छोड़ना पड़ेगा, चाहे उसके खिलाफ़ लगाए गए इलज़ाम की जाँच करने पर उसे झूठा भी क्यों न पाया जाए? हाँ, हनफ़ी कहते हैं। नहीं, अन्य विधिवेत्ताओं में से कइयों का कहना है। प्रत्येक समूह द्वारा दिए गए तर्क उसी प्रकार के हैं जैसे कि मजबूरी में आकर तलाक देने वाले पति के मामले में दिए गए थे : पति के पास उसकी पत्नी के विरुद्ध लगाए गए इलज़ाम पर विश्वास करने का विकल्प चाहे रहा हो या न रहा हो, लेकिन उसके पास यह विकल्प ज़रूर था, कि वह इलज़ाम के प्रति इतनी जल्द प्रतिक्रिया न दिखाता और जाँच के परिणाम का इंतज़ार करता। लेकिन उसकी बजाए उसने तलाक के शब्द बोल दिए। इसलिए जो काम हो गया सो हो गया, उसमें न तो उस व्यक्ति की धर्मनिष्ठा काम आई और न ही बुद्धि—ऐसा कहना है हनफ़ियों का।

अगर कोई व्यक्ति शब्दों के निहित अर्थों के बारे में अनजान है और फिर भी वह ऐसे शब्द बोल देता है, या उससे बुलवाए जाते हैं तो उस मामले में क्या होगा? यहाँ यह स्मरणीय है कि शब्दों के ज़रिए साफ़ तौर पर यह कहना ज़रूरी नहीं है कि पत्नी को घर छोड़कर जाना होगा। हनफ़ियों का कहना है कि शादी समाप्त हो जाएगी और पत्नी के पास कोई चारा नहीं है। शियाओं का कहना है कि शादी समाप्त नहीं होगी। और हनफ़ी नियम पर ग़ौर करते समय याद रखिए कि ऐसा भी हो सकता है कि शब्दों में पदलोप हो, अर्थात् शब्द पूरी तरह से बोले ही न गए

हों। कानून की पुस्तकों में पदलोप के बीसियों उदाहरण दिए गए हैं। उनमें से हम केवल एक उदाहरण लेते हैं। कितने आदमी जानते हैं कि यह कहने पर कि "तुम्हारे कूबर पर रस्सा" शादी टूट सकती है? लेकिन जैसा कि हमें इमाम मलिक से जानने को मिलता है, हज़रत उमर ने ख़ुद यह फ़रमान दिया था कि इन शब्दों से भी शादी टूट सकती है।[62]

लेकिन क्या हम लोग, जो इस मामले की समीक्षा कर रहे हैं, अनजान पति की तुलना में ज़्यादा निश्चयपूर्वक यह जानने का दावा कर सकते हैं, कि इन शब्दों से शादी समाप्त हो जाएगी? यदि हम कानून की पुस्तकों के अनुसार चलें, तो हम भी यह बात नहीं जानते। उदाहरण के लिए इस अभिव्यक्ति को ही लीजिए, "तुम्हारे मामले तुम्हारे हाथों में हैं।" ये शब्द पूर्णतः अहानिकर हैं। वस्तुतः ये ऐसे शब्द हैं जो कोई ऐसा पति इस्तेमाल कर सकता है, जो मान लीजिए, अपनी पत्नी को अपने पांवों पर खड़ा होने के लिए या अपना भविष्य बनाने के लिए प्रोत्साहित कर रहा हो। अलहसन एक ऐसी परंपरा का वर्णन करते हैं जिसके अनुसार ये अहानिकर शब्द तीन तलाकों के बराबर माने जाते हैं। दूसरी तरफ़ उमर, इब्न मसूद और दूसरे विधिवेत्ता यह मानते हैं कि वे एक तलाक के बराबर माने जाएँगे और सूफ़्यन और अबू हनीफ़ा का भी यही कहना है। तीसरी तरफ़ उस्मान इब्न अफ़्फ़ान और ज़ैद इब्न थबीत का यह मानना है कि इसका नतीजा पत्नी पर निर्भर करता है और इमाम मलिक भी ऐसा ही कहते हैं। इस प्रकार कोई तीन तलाक की बात करता है, कोई एक की और कोई पत्नी के निर्णय की.....

ग़ौर कीजिए कि क्योंकि हमारा विषय केवल तीन तलाक से ही संबंधित है, इसलिए उदाहरण केवल इतने अंश तक ही सीमित रखे गए हैं। इस प्रकार के उदाहरण तलाक संबंधी कानून के लगभग हर पहलू से, और अलबत्ता दूसरे मामलों, जैसे गोद लेने, वसीयत और वक़्फ़ से संबंधित कानून से भी दिए जा सकते हैं।

सत्ता और उसको बनाए रखने की तरकीबें

अब तक दो बातें पाठकों को साफ़ हो चुकी होंगी (1) शरीअत एक स्पष्ट और निश्चित संहिता न होकर, अस्पष्ट है (2) यह सभी प्रकार के मुद्दों पर अस्पष्ट है।

व्यावहारिक स्तर पर इसके दो परिणाम सामने आते हैं (1) यह अस्पष्टता उलमा की बेजोड़ सत्ता का आधार है, (2) इसलिए उलमा शरीअत को संहिताबद्ध करने के हर प्रयास को उतने ही जोश से निष्फल कर देते हैं जितने जोश से वे उसके स्थान पर सभी के लिए समान आधुनिक संहिता को लागू करने के हर प्रयास का विरोध करते हैं।

जैसा कि हमने देखा है, सामान्य नियम यह है कि गुस्से में दिया गया तलाक

भी उतने ही घातक ढंग से प्रभावी होता है जितना कि कोई अन्य तलाक। फ़तवा-ए-रिज़विया भी अन्य विशेषज्ञों की तरह इसे कड़ाई से लागू करता है।[64]

लेकिन जैसा कि हम जान चुके हैं, उन्हीं पृष्ठों पर, जिन पर यह नियम दिया गया है, जिससे शादी ख़त्म हो जाती है, हमें ऐसे फ़रमान भी देखने को मिलते हैं, जो ज़्यादा छूट देते हैं। फ़तवा-ए-रिज़विया में यह फ़रमान दिया गया है कि, "यदि गुस्सा ऐसी हद तक पहुँच जाता है जबकि आदमी अपना विवेक खो देता है, तो उस सूरत में तलाक नहीं होगा।" इसमें आगे यह फ़रमान दिया गया है कि आदमी का गुस्सा इस हद तक पहुँचा था या नहीं, यह गवाहों से मालूम किया जाना चाहिए, या फिर आदमी से इस आशय का हल्फ़िया बयान ले लिया जाना चाहिए और उस आदमी की इस प्रकार आपे से बाहर हो जाने की आदत है, यह बात सबको मालूम होनी चाहिए। उसमें कहा गया है कि सिर्फ़ इस आशय का दावा काफ़ी नहीं होगा, वरना हर कोई इस प्रकार का दावा करने लगेगा और गुस्से में दिया गया कोई भी तलाक प्रभावी नहीं हो पाएगा। क्या गवाह भरोसेमंद होते हैं। क्या आदमी द्वारा कभी पहले हुई घटना के बारे में आज दिया जाने वाला बयान स्वीकार किया जाना चाहिए? क्या इस इद तक उसका आपे से बाहर हो जाना उसकी आदत है? इसका निर्णय कौन करेगा? निश्चित रूप से उलमा ही।[65]

सामान्य स्थिति यह है कि तीन तलाकों से हमेशा शादी समाप्त हो जाती है, जैसा कि हमने देखा है। सभी विशेषज्ञों द्वारा इस नियम को लागू किया जाता है और फ़तवा-ए-रिज़विया भी उनमें शामिल है। फिर भी हमें लिखित मामले पढ़ने को मिलते हैं। एक आदमी तीन बार तलाक कह देता है। क्या औरत घर से बाहर हो जाएगी? फ़तवा-ए-रिज़विया का यह फ़रमान है कि यदि पति यह हल्फ़िया बयान देता है, कि तीन बार बोले गए तलाकों में से दो तलाकों से उसका इरादा तलाक देने का नहीं था तो उस पर विश्वास कर लिया जाएगा। और उस हालत में तलाक नहीं होगा। अगर वह हल्फ़ नहीं लेता है तो तीन तलाक हुए मान लिए जाएँगे।[66]

ज़ैद ने अपनी पत्नी से कहा, "अगर तुम घर में दाख़िल हुईं, तो तलाक।" वह निश्चयपूर्वक कहता है कि उसका इरादा तलाक देने का नहीं था। उसने ये शब्द केवल उसे डराने के लिए कहे थे। वह घर में दाख़िल हो जाती है। क्या उसका तलाक हुआ माना जाएगा? एक चिंतित प्रश्नकर्ता पूछता है। मुफ़्ती क़िफ़ायतुल्लाह फ़रमाते हैं कि—हाँ।[67]

उसी पृष्ठ पर ठीक अगले मामले में ही विपरीत परिणाम जानने को मिलता है। पति कहता है कि उसने पत्नी को डराने के लिए उससे कहा था, "अगर तुम ख़ालिद के घर गईं, तो हमारा रिश्ता ख़त्म।" वह चोरी छिपे ख़ालिद के घर चली जाती है। लेकिन पति कहता है, कि उसका इरादा न तो तलाक देने का था और न अलग होने का। उसने ये शब्द केवल पत्नी को डराने के लिए कहे थे। क्या उसका

तलाक हुआ माना जाएगा? मुफ़्ती किफ़ायतुल्लाह फ़ैसला देते हैं—नहीं, क्योंकि पति का तलाक देने का इरादा नहीं था और तलाक शब्द का इस्तेमाल भी नहीं किया गया था।[68]

इस प्रकार के और कई मामले हैं। ग़ौर कीजिए कि फ़तवों के औपचारिक संकलनों में इस प्रकार के निर्णय साथ-साथ दिए गए हैं। एक तरह से ये "नमूना" केस हैं। और ये निर्णय अज़ीमतर अपीलीय हाकिमों के हैं। उच्चतर हाकिमों के निर्णयों के इन 'नमूना' संकलनों के इन 'नमूना' केसों से भी यह पता चलता है कि उलमा किस हद तक छूट दे सकते हैं और उसके कारण किस हद तक उन्होंने अपने लिए सत्ता के प्रयोग की गुंजायश निकाल ली है।

इस प्रकार अस्पष्टता शरीअत का अनिवार्य गुण बन गई है। यह अस्पष्टता और स्वयं शरीअत, इस्लाम के लिए नहीं बल्कि उलमा के लिए आवश्यक है। इसके अलावा शरीअत उस राजनीति और अलगाव की विचारधारा का आधार बन गई है जिसे उलमा और मुसलमान राजनीतिज्ञ प्रोत्साहन देते रहे हैं। अलगाव की यह विचारधारा उनकी सत्ता का एक अंग है, और दूसरा अंग है असुरक्षा की वह भावना जिसे वे जानबूझकर लगातार आम मुसलमानों में भड़काते रहते हैं। असुरक्षा की इस भावना को भड़काने के लिए शरीअत का आसानी से इस्तेमाल किया जा सकता है। क्योंकि जैसा कि हमने देखा है, इस्लाम के इस सर्वसत्तात्मक दावे के चलते, कि संपूर्ण जीवन उसके नियामक क्षेत्र में आता है, हर चीज़ को शरीअत का एक हिस्सा कहा जा सकता है। इस वजह से हर विकास को—उदाहरण के लिए राज्य की हर कार्रवाई को—मुसलमानों में गुस्सा भड़काने का ज़रिया बनाया जा सकता है : 'वे शरीअत में अनाधिकार हस्तक्षेप कर रहे हैं और इस प्रकार इस्लाम पर हमला कर रहे हैं।'

इस तरह से शरीअत की "रक्षा करना" उलमा का एक बहुत बड़ा उद्देश्य और साथ ही एक मुख्य हथियार बन जाता है। और ऐसा मानने से वे हिचकिचाते भी नहीं हैं। और वास्तव में वे "शरीअत के पक्ष में" अपने कार्यकलापों को अपना प्रमाण चिह्न मानते हैं, और उसी रूप में उन्हें प्रस्तुत करते हैं।

'दारुल उलूम देवबंद' के पिछले इतिहास से साफ़तौर पर यह पता चलता है कि उसके कार्यकलाप का दायरा केवल शैक्षिक क्षेत्र तक ही सीमित नहीं रहा, "ऐसा इस संस्था के आधिकारिक इतिहास में कहा गया है।" इसमें आगे लिखा है :

क्योंकि इस्लाम धार्मिक और धर्म निरपेक्ष दोनों प्रकार की ज़िंदगियों के लिए एक संपूर्ण संहिता है, इसलिए वह न केवल आख़िरत के लिए बल्कि दुनियावी ज़िंदगी के लिए भी एक स्थायी कार्यक्रम प्रस्तुत करता है। इस्लाम अपने फ़रमानों, आध्यात्मवाद और भौतिकवाद, व्यक्तिवाद तथा समाजवाद, धर्मनिष्ठाओं और सामाजिक जीवन, मानव-संपर्क और दैवी संबंधों के बुद्धिवाद और परंपरावाद का इतना सुंदर सम्मिश्रण

है, कि दलील से और सबूत देकर और उसके साथ-साथ मानव बुद्धि की स्वस्थ परंपराओं के ज़रिए संतुष्टि प्रदान करके यह दिलों को निमंत्रण देता है, इसे स्वीकार करने का। इसी कारण से मुसलमानों का इस्लाम के साथ लगाव सहज ही इतना मज़बूत रहा है। तदनुसार, जब कभी इस्लाम या मुसलमानों पर हमला हुआ या मुसलमानों के लिए कोई धार्मिक या राजनीतिक आवश्यकता पैदा हुई, दारुल उलूम देवबंद के गुरुजन वक्त पर काम आए और उन्होंने उक्त आवश्यकता को पूरा करने और इस्लाम या मुसलमानों की रक्षा करने में कोई कसर नहीं उठा रखी।

ग़ौर कीजिए किस प्रकार इस्लाम, शरीअत और राजनीतिक कारवाई संबंधी धारणाओं को एक दूसरे से जोड़ दिया गया है। इतिहास से पता चलता है कि किस प्रकार इस "शैक्षिक संस्था" के उलमा ने 1917 में पहलकदमी करके यह सुनिश्चित कर लिया था कि उस समय जिन सांविधानिक सुधारों के बारे में विचार किया जा रहा था उनके अंतर्गत मुस्लिम स्वीय कानून में कोई दस्तंदाज़ी न हो पाए। इतिहास में यह भी हवाला मिलता है कि किस प्रकार एकीकरण संबंधी उपायों को, जोकि ब्रिटिश सरकार द्वारा किए गए थे, वापिस लिए जाने के बारे में उन्होंने कुछ प्रस्ताव रखे थे। उन्होंने प्रस्ताव रखा था कि "मुस्लिम स्वीय कानून को लागू कराने के लिए अलग 'कज़ा' (न्याय) विभाग की स्थापना की जाए और क्योंकि यह कानून केवल मुस्लिम अधिकारियों द्वारा ही लागू किया जा सकता है, इसलिए काज़ी का चयन और नियुक्ति 'अहल ए-सुन्नत दल जमाअत' में से की जाए और मुस्लिम प्रथाओं, मस्जिदों, मदरसों, मकबरों, पाक इदारों, मुहताजख़ानों और अन्य धार्मिक सार्वजनिक निर्माणकार्यों की सुरक्षा, देखरेख और प्रशासन के लिए शेख़ अल-इस्लाम का एक अलग पद बनाया जाए।"

इसमें वर्णन किया गया है कि 1929 में उलमा ने किस प्रकार भरपूर कोशिश करके यह सुनिश्चित कर लिया था कि मुस्लिम वक्फ़ों के नियंत्रण के लिए शरीअत को ही आधार बनाया जाए।

और किस प्रकार उन्होंने शारदा अधिनियम के ख़िलाफ़ मुसलमानों का जनमत तैयार किया था। इस अधिनियम का लक्ष्य था यह निर्धारित करना कि लड़कियों का विवाह चौदह वर्ष की आयु से पहले और लड़कों का विवाह अठारह वर्ष की आयु से पहले न किया जाए। इस मामले के बारे में आधिकारिक इतिहास कहता है, "यह अधिनियम अपने आप में स्वीय कानून का स्थायी अंग था।"

और अलबत्ता जब एक सामान्य व्यवहार संहिता का प्रस्ताव आया तो "धार्मिक कानून (शरीअत) के खिलाफ़ होने के कारण, इसका दारुल उलूम द्वारा पूरे ज़ोरों के साथ विरोध किया गया।"

1972 में यह सुनिश्चित करने के लिए प्रस्ताव रखा गया कि जो मुसलमान पति अपनी पत्नियों को घर से निकाल दें उन्हें भी अन्य समुदायों के पतियों की

तरह पत्नियों को गुज़र बसर का ख़र्चा देना पड़ेगा। आधिकारिक इतिहास में इस बारे में अत्यंत सशक्त वर्णन मिलता है कि किस प्रकार इस "शैक्षिक संस्था" ने पहले उलमा के बीच और फिर आम मुसलमानों में जनमत तैयार करके इस प्रयास को विफल कर दिया। इसमें विवरण दिया गया है कि इस संस्था ने पर्चे लिखे, दस्तख़त इकट्ठे किए गए और संगोष्ठियाँ आयोजित कीं, "एक सामूहिक कानूनी जवाब" तैयार किया और आखिर में मुसलमान जनता में हलचल पैदा की। इस अभियान की चरम परिणति दिसंबर 1972 में बंबई में अखिल भारतीय स्वीय कानून सम्मेलन के रूप में हुई। इस सम्मेलन के महत्व और परिणामों के बारे में इस "शैक्षिक संस्थान" का आधिकारिक इतिहास कहता है :

यह सम्मेलन, इकट्ठ और भारतीय मुसलमानों की विभिन्न मत शाखाओं के प्रतिनिधित्व की दृष्टि से जितना किसी आम सम्मेलन से हटकर था उतनी ही अधिक अल्लाहताला ने इसे सफलता प्रदान की। विभिन्न मत शाखाओं और भारतीय मुसलमानों के विभिन्न वर्गों में से कोई वर्ग ऐसा बचा नहीं रह गया था जिसके प्रमुख उलमा और चोटी की शख़सीयतें इस सम्मेलन के मंच पर एकत्रित न हुई हों। सम्मेलन और दूसरे शब्दों में, भारत की सभी मत शाखाओं के मुसलमानों ने अपने-अपने प्रस्ताव के ज़रिए एकमत से यह घोषणा की कि वे किसी भी हालत में मुस्लिम स्वीय कानून में जोकि इस्लामी शरीअत का अभिन्न अंग है, किसी प्रकार के परिवर्तन या संशोधन को बर्दाश्त नहीं कर सकते। सब लोगों की इस एक आवाज़ ने देश और सरकार दोनों को प्रभावित किया और कलिमा की एकता के कारण इस सम्मेलन के माध्यम से भारत के सभी मुसलमान एक हो गए जो भारत के इतिहास में एक अद्वितीय स्थिति थी।

इस सम्मेलन का महत्व और परिणाम केवल प्रस्तावित संशोधन को परास्त करने तक ही सीमित नहीं था, जैसा कि दारुल उलूम के इतिहास में उल्लेख किया गया है :

ख़िलाफ़त आंदोलन के बाद यह पहला मौका था, कि भारत में प्रत्येक मतशाखा के मुसलमानों ने एक ही मंच पर संगठित और एकत्रित होकर, अपनी इस्लामी एकता और अखंडता का सबूत दिया। उसके बाद अखिल भारतीय मुस्लिम स्वीय कानून बोर्ड की दूसरी बड़ी बैठक हैदराबाद में हुई.....

स्वीय कानून की वकालत करते हुए और इसे संशोधन से बचाते हुए, बंबई सम्मेलन का बुनियादी उद्देश्य था, भारत में सभी मुस्लिम मत शाखाओं के उलमा और बुद्धिजीवियों की ओर से यह घोषित करना कि भारत में हर विचार और हर मतशाखा के मुसलमान किन्हीं भी हालात में न तो अपने स्वीय कानून को छोड़ सकते हैं, न तो इसमें किसी भी प्रकार के परिवर्तन या संशोधन और फेरबदल को बर्दाश्त कर सकते हैं और न ही वे किसी ऐसे कानून को स्वीकार करने के लिए तैयार हैं,

जिससे उनके स्वीय कानून के किसी छोटे से हिस्से पर भी कोई प्रभाव पड़े। दूसरे शब्दों में मुसलमान अपनी सामाजिक और सांस्कृतिक विशेषताओं और विशिष्टताओं को, जिन पर उनके सामुदायिक अस्तित्व का प्रासाद खड़ा है और जिन पर उनका विशिष्ट कानूनी और सामुदायिक उत्कर्म टिका हुआ है, नष्ट करने के लिए तैयार नहीं हैं।[69]

वही तरीका और वही 'कामियाबी' शाहबानो केस में 1985 में दोहराई गई। वही धमकी भरी आवाज़ें, तीन तलाक के ख़िलाफ़ फ़ैसला देने के लिए न्यायमूर्ति तिलहरी के खिलाफ़ और धोखाधड़ी से कराए गए धर्मपरिवर्तन के ख़िलाफ़ फ़ैसला देने के लिए न्यायमूर्ति कुलदीप सिंह और न्यायमूर्ति सहाय के ख़िलाफ़ उठाई गईं। इन फ़ैसलों में उन्होंने दोबारा आग्रह किया था कि एक सामान्य व्यवहार संहिता बनाने के लिए कदम उठाए जाएं। इन दोनों मामलों में यही चीख़ों-पुकार की गई थी कि "इस्लाम पर हमला" किया गया है। दोनों ही मामलों में जो हथियार अपनाया गया वह भी राजनीतिक था, और उसका प्रभाव भी राजनीतिक था। इन दोनों मामलों में तैयार किए गए जनमत और उसके परिणामों से अलगाव की विचारधारा और उलमा के कृत्रिम समाधान को बल मिला।

लेकिन अगर उलमा शरीअत की 'वकालत' करना बंद भी कर दें, तो भी सिर्फ़ आधा काम ही पूरा हो पाएगा। क्योंकि जैसा कि हमने देखा है उलमा की सत्ता केवल शरीअत पर ही नहीं, बल्कि शरीअत के अस्पष्ट और असंहिताबद्ध रहने पर टिकी हुई है। शाहबानो अभियान में उन्हें मिली सफलता का जो परिणाम निकला, उससे ज़ाहिर होता है कि उलमा सत्ता के इस स्रोत की रक्षा करने में भी कितने साधन लगा देते हैं। ताहिर महमूद ने, जोकि शाहबानो फ़ैसले को पलटने से संबंधित विधेयक के बारे में की गई बातचीत में पूरी तरह से जुड़े हुए थे, बाद में लिखा :

इस अधिनियम से संबंधित अभियान के दौरान, मुस्लिम समुदाय के नेता इस बात पर रज़ामंद हो गए थे कि विशेषज्ञों से देश के लिए मुस्लिम कानून की मसौदा संहिता तैयार करा कर उसे कानून का रूप देने के लिए संसद को प्रस्तुत किया जाए। अखिल भारतीय मुस्लिम स्वीय कानून बोर्ड द्वारा 1987 में इस उद्देश्य के लिए धर्मविज्ञानियों और कानून व्यवसायियों की एक समिति नियुक्त की गई थी। लेकिन अब तक समिति, जिसका मुख्यालय बिहार में पटना के नज़दीक फुलवारी शरीफ में है, उर्दू में कुछ पुस्तिकाएँ निकालने के अलावा, जिनमें हनफ़ी कानून के सिद्धांतों का ब्यौरा दिया गया है, और कुछ नहीं कर पाई है। इन पुस्तिकाओं को तो उन्होंने प्रकाशित कर दिया, लेकिन उन्होंने इस बात को नजरअंदाज़ कर दिया कि जो कुछ उन्होंने प्रकाशित किया है वह मसौदा संहिता से बहुत दूर की चीज़ है और जिस देश में कम से कम मुस्लिम कानून की चार अलग-अलग शाखाओं (हनफ़ी, शफ़ीयाई, जाफ़री और इस्माइली) के अनुयायी रहते हैं, हनफ़ी कानून को पूरे समुदाय के लिए

एकमात्र कानूनी संहिता कभी स्वीकार नहीं किया जा सकता। उनका सारा प्रयास व्यर्थ गया है और असली मायनों में किसी संहिता के अभाव में न्यायालयों और कानून के अन्य व्याख्याताओं और लागू करने वालों को अभी तक अनधिकृत, कभी-कभी ग़लत मूलग्रंथों और अभिलेखित पूर्वोदाहरणों पर निर्भर रहना पड़ रहा है...[70]

उसके बावजूद हमारे उदारवादियों को यह ख़ुशफ़हमी है कि उलमा को फुसलाकर उन्हें वार्तालाप के ज़रिए अपनी सत्ता के इस मूलभूत स्रोत को त्यागने के लिए रज़ामंद किया जा सकता है।

संदर्भ

1. सय्यद अमीर अली, मुहम्मेडन ला, किताब भवन, नई दिल्ली, 1986, पुनःमुद्रण खंड 2, पृ. 435
2. असगर अली इंजीनियर, दि राइट्स आफ़ विमेन इन इस्लाम, स्टरलिंग, नई दिल्ली, पृ. 125-26
3. ताहिर महमूद की पुस्तक, 'नो मोर तलाक, तलाक, तलाक'–जस्टिस रेस्टोरेशन आफ़ दि ट्र इस्लामिक ला आन डिवोर्स', इस्लामिक एंड कम्पेरेटिव ला, त्रैमासिक, खंड 13, अंक 2, शीतकाल 1992, पृ. 1-12, पृ. 2 पर एक इस प्रकार की व्याख्या प्रस्तुत करते हुए ताहिर महमूद यह कहते हैं कि तीन बार तलाक कहने के नियम के बारे में ग़लतफ़हमी पाल ली गई है जब कि इसके बारे में इस्लामी कानून की स्थिति अलग है। यह एक ऐसी ग़लतफ़हमी है जो 1350 वर्षों तक बनी रही है और वह भी पैग़म्बर साहिब की इस घोषणा के बावजूद कि उनके लोग मुस्लिम उम्मत–किसी भ्रम से समझौता नहीं करेंगे! ताहिर महमूद इस गलतफ़हमी को जारी रखने के लिए मुस्लिम कानून पर अंग्रेजी में लिखी गई पुस्तकों के लेखकों को दोषी ठहराते हैं। ऐसा करते समय उन्होंने इस तथ्य को अनदेखा कर दिया है कि प्राचीन ग्रंथों में जैसे कि इमाम मलिक के 'मुवत्ता' और शेख़ बुरहानुद्दीन अली के 'हिदायत' नामक ग्रंथों में–जोकि अरबी में लिखे गए हैं–तीन बार कहे गए तलाक संबंधी नियम का उतना ही स्पष्ट निरूपण किया गया है, जितना कि अंग्रेजी पुस्तकों में। ऐसा ही निरूपण फ़तवा-ए-आलमगीरी में भी किया गया है। लेकिन फिर भी यह नियम एक गलतफहमी बना रहता है जिसे जारी रखने के लिए जिम्मेदार हैं अंग्रेजी में लिखी गई पुस्तकों के लेखक!
4. पूर्वोत्तर उद्धरण के लिए देखें दानियाल लतीफ़ी का निबंध, ''चेंज़ एंड दि मुस्लिम ला', 'इस्लामिक ला इन माडर्न इंडिया', भारतीय विधि संस्थान नई दिल्ली, 1972, पृ. 99-113
5. जोसेफ़ शाच्ट, ऐन इंट्रोडक्शन टु इस्लामिक ला, आक्सफ़ोर्ड, 1964, पृ. 78-82
6. इग्नाज़ गोल्ड ज़िहर, इंट्रोडक्शन टु इस्लामिक थियोलोजी एंड ला, प्रिंस्टन 1981, पृ. 57-63, जर्मन मूलग्रंथ 1910 में छापा गया था।
7. विस्तृत ब्यौरों के लिए देखें अरुण शोरी की पुस्तक, इंडियन कंट्रावर्सीज़ एस्सेज़ आन रिलीजन इन पालिटिक्स, पृ. 207-209, 357-358
8. ताहिर महमूद, मुस्लिम पर्सनल ला, रोल आफ़ स्टेट इन दि सबकांटिनेंट, विकास, दिल्ली 1977
9. ताहिर महमूद, पर्सनल ला इन इस्लामिल कंट्रीज़, हिस्ट्री, टेक्स्ट एंड कम्पेरेटिव अनेलिसिज़, कानून तथा धर्म अकादमी, नई दिल्ली 1987

10. उदाहरण के लिए, मुफ़्ती किफ़ायतुल्लाह के फ़तवे, खंड 1, पृ. 31, 36, खंड 9, पृ. 264-65
11. मुफ़्ती किफ़ायतुल्लाह के फ़तवे, खंड 9, पृ. 275-76, ऐसे ही फ़रमान के लिए देखें फ़तवा दारुल उलूम, देवबंद, खंड 12, पृ. 346 केस 20
12. फ़तवा-ए-रिज़विया, खंड 6, पृ. 114
13. वही, खंड 6, पृ. 159, 171
14. वही, खंड 6, पृ. 95
15. ये केस फ़तवा-ए-दारुल उलूम देवबंद, खंड 12 से लिए गए हैं। केसों की संख्या शुरू में दी गई है और पृष्ठ संख्याएँ हर उदहारण के अंत में कोष्ठकों में दी गई हैं।
16. फ़तवा-दारुल उलूम, देवबंद, खंड 12, पृ. 137
17. वही, खंड 12, पृ. 434
18. फ़तवा-ए-रिज़विया, खंड 6, पृ. 35-36
19. वही, खंड 6, पृ. 79
20. वही, खंड 6, पृ. 124
21. वही, खंड 6, पृ. 106
22. मौलाना अहमद रज़ा ख़ान अपने हमेशा के जोशीले अंदाज में कहते हैं, "इन ख़बीसों का मज़हब तो यह है कि अगर 99 तोले पेशाब में सिर्फ एक तोला गुलाबजल हो तो उनके लिए वह सारा गुलाबजल है। वह पाक है, उसे पी जाओ।" फ़तवा-ए-रिज़विया, खंड 6, पृ. 95
23. फ़तवा-ए-रिज़विया, खंड 10, पृ. 9
24. वही, खंड 6, पृ. 181
25. फ़तवा-दारुल उलूम, देवबंद, खंड 12, पृ. 438, केस 159
26. वही, खंड 12, पृ. 426, केस 152
27. फ़तवा-ए-रिज़विया, खंड 6, पृ. 52
28. फ़तवा-दारुल उलूम, देवबंद, खंड 12, पृ. 438, केस 175
29. फ़तवा-ए-रिज़विया, खंड 9, पुस्तक 2, पृ. 140
30. वही, खंड 6, पृ. 52
31. मुफ़्ती किफ़ायतुल्ला के फ़तवे, खंड 1, पृ. 37-38
32. फ़तवा-ए-रिज़विया, खंड 2, पृ. 319-25
33. फ़तवा-ए-रहीमियत, खंड 2, पृ. 107-10 जैसा कि हम आगे अध्याय 9 में देखेंगे, इसी प्रकार की फटकार उस प्रश्नकर्ता को भी दी जाती है जो यह पूछता है कि विधायकों का यह मत कहाँ तक उचित है, कि आदमी अपनी बाँदी के साथ निकाह किए बिना ही उसके साथ हमबिस्तरी कर सकता है।
34. पूर्वोक्त सवाल-जवाब के लिए देखें फ़तवा-ए-रहीमियत, खंड 2, पृ. 107-11
35. फ़तवा-दारुल उलूम, देवबंद, खंड 9, पृ. 89
36. फ़तवा-ए-रिज़विया, खंड 6, पृ. 52-53
37. वही, खंड 3, पृ. 250
38. देखें सुनन अबू दाऊद, अहमद हसन (अनु.) किताब भवन, नई दिल्ली 1993, खंड 2, पृ. 594, पादटिप्पणी 1528
39. फ़िरासत अली और फ़ुर्कान अहमद, डिवोर्स इन मुहम्मेडन ला, डीप एंड डीप पब्लिकेशंस, नई दिल्ली, 1983, पृ. 46-47
40. अब्दुल्लाह यूसुफ़ अली, दि गीनिंग आफ दि ग्लोरियस कुरआन दर-अल-किताब अल-मसरी, कायरो

1934, खंड 1, पृ. 91

41. तुलना करें, अब्दुल्लाह युसुफ़ अली, दि मीनिंग आफ़ ग्लोरियस कुरआन दर अल-किताब, अल-मसरी, कायरो, खंड 1, पृ. 182, मौलाना अबुल कलाम आज़ाद, दि तर्जुमान-अल-कुरआन, सय्यद अब्दुल लतीफ़ (अनु.) खंड 2, पृ. 215-16 और कुरआन मजीद, अरबी मूल और हिंदी अनुवाद, मुहम्मद फ़रूकख़ान द्वारा और उर्दू अनुवाद मौलाना फ़तह मुहम्मद द्वारा, मक्तब अलहसनत, रामपुर, छठा संस्करण, 1976, पृ. 233
42. देखें सहीह मुस्लिम, अब्दुल हमीद सिद्दीकी (अनु.), किताब भवन, नई दिल्ली, 1978, खंड 2, पृ. 759
43. उदाहरण के लिए देखें, सुनन अबू दाऊद, अहमद हसन (अनु.) किताब भवन, नई दिल्ली, 1993, खंड 2, पृ. 586-88
44. सहीह मुस्लिम, खंड 2, पादटिप्पणी 1933, पृ. 759-60, यद्यपि इब्नू उमर को अपनी बीवी को वापिस बुलाने का आदेश दिया गया था, लेकिन उनके द्वारा अपनी बीवी की माहवारी के दिनों दिए गए तलाक को अमान्य घोषित नहीं किया गया था। उसकी गिनती एक तलाक के तौर पर कर ली गई थी : सहीह अल-बुख़ारी, खंड 7, पृ. 130, 133 तथा सहीह मुस्लिम खंड 2, पृ. 755-58, सुनन अबू दाऊद में उल्लिखित एक हदीस में ऐसा बताया गया है कि पत्नी की माहवारी के दौरान की गई तलाक की घोषणा को एक तलाक मान लिया गया था। अगली ही हदीस में पति को यह कहते हुए बताया गया है "(पैग़म्बर साहिब) के आदेश से वह मेरे पास आ गई और उन्होंने उसकी (तलाक की घोषणा की) कोई गिनती नहीं की।" देखें सुनन अबू दाऊद, अहमद हसन (अनु.) किताब भवन, नई दिल्ली, 1993, खंड 2, हदीस, 2179, 2180, पृ. 587-88
45. सुनन अबू दाऊद, खंड 2, हदीस 2200-2, पृ. 595-96 अफ़सोस कि पैग़म्बर साहिब द्वारा कराई गई बहाली से बेचारी औरत का बचाव नहीं हो सका, क्योंकि हमें सुनन अबू दाऊद से पता चलता है कि इस व्यक्ति ने दूसरी बार उमर के समय में और तीसरी बार उस्मान के समय में तलाक दे दिया। देखें सुनन अबू दाऊद, खंड 2, पृ. 595, हदीस 200
46. तिरमिज़ी में दिए गए हदीस के विवरण और इस मत के लिए कि यह हदीस कमज़ोर है देखें, फ़िरासत अली तथा फ़ुरकान अहमद, 'डिवोर्स इन मुहम्मेडन ला, दि ला आर्क ट्रिपल डिवोर्स', डीप एंड डीप पब्लिकेशंस नई दिल्ली, 1983, पृ. 53-54
47. सुनन अबू दाऊद, खंड 2, हदीस 2191, पृ. 591 एक और विवरण में अबू यजीद के बारे में यह कहा गया है, कि उसने पत्नी को 'अपरिवर्तनीय' तलाक दिया था। लेकिन इस बात का उल्लेख नहीं है कि उसने इसके लिए तीन बार तलाक कहा था।
48. फ़तवा-ए-काज़ी ख़ान, किताब भवन, नई दिल्ली, 1994, पुनः मुद्रण, खंड 2, पैरा 1896, पृ. 25
49. वही, खंड 2, पैरा 1869, पृ. 25
50. वही, खंड 2, पैरा 1899, पृ. 42-43
51. पूर्वोक्त स्थितियों के बारे में धर्म वैधानिक लिखित प्रमाणों की सुलभ सूची के लिए देखें के. एन. अहमद की पुस्तक मुस्लिम डिवोर्स ला, कराची 1971, किताब भवन, नई दिल्ली 1984, पुनः मुद्रण, पृ. 85-92
52. वही, पृ. 48-49
53. याद कीजिए अध्याय 6 में इस मुद्दे पर 'हिदायत' में से उद्धृत दलील।
54. उदाहरण के लिए, सुनन अबू दाऊद, अहमद हसन (अनु.) किताब भवन, नई दिल्ली, 1993, हदीस, 2188, खंड 2, पृ. 590, अबू दाऊद द्वारा दिए गए शब्द हैं, "मजबूरी या ग़लक (संभावित

अर्थ दबाव) की स्थिति में कोई तलाक या निजात नहीं होती।" अबू दाऊद ने कहा, "मैं समझता हूँ ग़लक का मतलब गुस्सा है।"

55. इमाम मलिक, मुवत्ता, श. मुहम्मद अशरफ़, लाहोर, 1980, अध्याय 358, हदीस 1206, पृ. 263-64
56. सय्यद अमीर अली, मुहम्मेडन ला, 1908, 1986 पुनःमुद्रण, किताब भवन, नई दिल्ली, खंड 2, पृ. 443
57. सहीह अल बुख़ारी, इस्लामी विश्व विद्यालय मदीना अल मुनव्वरा, काज़ी पब्लिकेशंस, लाहोर, 1979, खंड 7, पृ. 144, अल हसन और अज़्ज़ुहरी के इस आशय के बयानों के लिए देखें, वही, खंड 7, पृ. 145-146, इसके अतिरिक्त देखें सुनन-अबू दाऊद, खंड 2, हदीस 2195-96, पृ. 593-94
58. सुनन-अबू दाऊद, खंड 2, हदीस 2189, पृ. 590
59. सहीह अल बुख़ारी खंड 7, पृ. 136, थोड़ा आगे चलकर इसी घटना का वर्णन एक और हदीस में, इन शब्दों में किया गया है : वर्णनकर्ता : अईशा : रिफ़ाअत अल कुराज़ी ने एक औरत से शादी की और फिर उसे तलाक दे दिया। उस औरत ने एक दूसरे आदमी से शादी कर ली। वह पैग़म्बर साहिब के पास आई और कहा कि उसका नया पति तो उसके पास ही नहीं आया, और यह कि वह पूरी तरह से नामर्द है। पैग़म्बर साहिब ने (उससे) कहा, "नहीं (तुम तब तक अपने पति से दोबारा शादी नहीं कर सकती, जब तक) तुम उस दूसरे पति को नहीं भोग लेती और वह तुम्हें नहीं भोग लेता (अर्थात् जब तक वह तुम्हारे साथ सहवास करके शादी को पक्का नहीं कर लेता)," वही, खंड 7, पृ. 82
60. वही, खंड 7, पृ. 136, ऐसे ही हदीस के लिए देखें 'इमाम मलिक, मुवत्ता, शे. मुहम्मद अशरफ़, लाहोर, 1980, अध्याय 317, पृ. 234-35
61. सहीह अल बुख़ारी, खंड 7, पृ. 139, अबू दाऊद ने भी इस बारे में वर्णन किया है। अईशा ने कहा : "रसूले अल्लाह से उस आदमी के बारे में पूछा गया जिसने अपनी बीवी को तीन बार तलाक दे दिया था। उस औरत ने एक दूसरे आदमी से शादी कर ली, जो उसके पास तो आया लेकिन उसके साथ संभोग किए बग़ैर ही उसे तलाक दे दिया। क्या वह पहले पति के लिए हलाल है," उसने (अईशा ने) कहा, "पैग़म्बर साहिब ने जवाब दिया कि वह पहले (पति) के लिए तब तक हलाल नहीं है, जब तक वह दूसरे पति की शहद नहीं चख लेती (उसे भोग नहीं लेती)", सुननत दाऊद, खंड 2, हदीस 2302, पृ. 629
62. इमाम मलिक, मुवत्ता, श. मुहम्मद अशरफ़, लाहोर, 1980, अध्याय 332, पृ. 246
63. सुनन अबू दाऊद, खंड 2, हदीस 2198, पृ. 594-95, देखें ख़ासतौर पर प्रो. अहमद हसन की पादटिप्पणी 1531 में दी गई टिप्पणी।
64. उदाहरण के लिए फ़तवा-ए-रिज़विया, खंड 5, पृ. 627-28
65. वही, खंड 5, पृ. 636
66. वही, खंड 5, पृ. 636
67. मुफ़्ती किफ़ायतुल्लाह के फ़तवे, खंड 6, पृ. 280
68. वही, खंड 6, पृ. 280
69. पूर्वोक्त प्रसंग के लिए देखें सय्यद महमूद रिज़वी की पुस्तक, हिस्ट्री आफ दि दारुल उलूम, देवबंद, इदारा-ए-इहतमाम, दारुल उलूम, देवबंद, 1980, खंड 2, पृ. 308-13
70. ताहिर महमूद, 'मुस्लिम ला,' एनुअल सर्वे आफ़ इंडियन ला, दि इंडियन ला इंस्टीट्यूट, नई दिल्ली, 1989, पृ. 227-39

उनकी दुनिया

फिर भी उसमें गति नहीं है

कुरआन के ब्रह्मांड विज्ञान के अनुसार, जैसा कि लोग अच्छी तरह से जानते हैं, धरती चपटी है—यह एक वृत्ताकार चक्रिक (डिस्क) है—जोकि एक कालीन की तरह बिछी हुई है। (कुरआन 2.20, 13.3, 78.6) अल्लाह ने पहाड़ों को धरती पर दाब की तरह रख दिया है, "ताकि वह तुम्हें लेकर ढलक न जाए" (कुरआन 16.5, 31.10) और उन्हें खूँटों की तरह गाड़ दिया है। (कुरआन 58.7) धरती स्थिर और अचल है। सात ग्रह इसके इर्द गिर्द घूमते हैं, जिनका क्रम इस प्रकार है, चंद्रमा, बुध, सूर्य, शुक्र, मंगल, बृहस्पति और शनि। सूर्य, चंद्रमा आदि धरती के इर्दगिर्द, एक 'हथचक्की' की तरह वृत्ताकार में घूमते रहते हैं। (सहीह अल-बुख़ारी, 54.4) पैग़म्बर साहिब कहते हैं, सूर्य डूबने के बाद जाकर अल्लाह के तख़्त के नीचे दंडवत हो जाता है और अगले दिन वह दोबारा उगने के लिए अल्लाह की इज़ाज़त माँगता है। इज़ाज़त दे दी जाती है लेकिन जैसा कि कुरआन (36.38) में कहा गया है अल्लाह ने सूर्य के लिए धरती के इर्द गिर्द चक्कर लगाने के लिए एक समय निश्चित कर दिया और उतने समय में ही उसे चक्कर लगाने की अनुमति दी है। जैसा कि पैग़म्बर साहिब ने स्पष्ट किया है एक ऐसा दिन आएगा, कि "वह दंडवत होने लगेगा, लेकिन उसके दंडवत प्रणिपात को स्वीकार नहीं किया जाएगा। वह अपने मार्ग पर जाने की इज़ाज़त माँगेगा, लेकिन उसे इसकी इज़ाज़त नहीं दी जाएगी। उसे वहाँ लौटने की आज्ञा दी जाएगी, जहाँ से वह आया है और इस प्रकार वह पश्चिम में उगेगा"। (सहीह अल बुख़ारी, 54.421)

इन ग्रहों के आगे नक्षत्र हैं। वे भी स्थिर और अचल हैं। जैसा कि अल्लाह स्पष्ट करता है (कुरआन 76.5) उसने तीन उद्देश्यों के लिए उनकी रचना की है, आकाश के दीयों की तरह से सजाने के लिए, हथियारों के रूप में शैतानों पर प्रहार करके उन्हें खदेड़ने के लिए और निशानियों के तौर पर मुसाफ़िरों का मार्गदर्शन करने के लिए। (सहीद अल-बुखारी 54.3) उलमा का यह कहना है कि ये सब कथन यथार्थ

रूप में सच हैं। उनका यह कहना तर्कसंगत है, क्योंकि ये क़थन स्वयं अल्लाह और पैग़म्बर साहिब के हैं। इस प्रकार, उदाहरण के लिए वर्ष 1979 में प्रकाशित संकलनों में इस आयत और हदीस पर टिप्पणी करते हुए इस्लामी विश्व विद्यालय मदीना अल मुनव्वरा के उलमा ने कहा है "....भूगोल संबंधी हमारे सीमित ज्ञान के आधार पर इस बात को हम अच्छी तरह से जानते हैं कि सूर्य बिना रुके अपने निश्चित मार्ग पर लगातार धरती के इर्द गिर्द चक्कर लगा रहा है, क्योंकि यह मार्ग उसके रचयिता, सर्वशक्तिमान अल्लाह द्वारा निश्चित किया गया है......"[1]

विज्ञान के खोज परिणामों संबंधी जानकारी के प्रचार प्रसार से मोमिनों के आशुविश्वास को ठेस पहुँची है। उदाहरण के लिए आज से कई सौ साल पहले से यह मालूल हो चुका है कि धरती सूर्य के इर्द गिर्द घूमती है न कि सूर्य धरती के इर्द गिर्द घूमता है। नक्षत्रों के बारे में भी यह मालूम हो चुका है कि वे भी स्थिर नहीं हैं। इस सूचना का कुरआन की जनश्रुति के साथ तालमेल कैसे बैठाया जाए?

एक प्रश्नकर्ता पूछता है, क्या निम्नलिखित तरीके से मामले को सुलझाया जा सकता है? क्या हम ऐसा मान सकते हैं कि जब कुरआन धरती और आकाश (अर्थात् उन सात ग्रहों से परे का सितारों वाला आकाश) के स्थिर होने की बात करता है तो वह एक निश्चित रेखा पर उनके गतिमान होने की गुंजायश छोड़ देता है? क्या वे इस अर्थ में 'स्थिर' हैं कि वे उस पथ (कक्ष) से, जो उनके लिए निश्चित किया गया है, हटकर नहीं चल सकते?

यदि बीसवीं सदी में भी ऐसा सवाल पूछा जाए, तो उससे यह प्रमाणित होता है, कि हालात कैसे हैं। यह सवाल किसी वैज्ञानिक से नहीं बल्कि किसी मज़हबी हाकिम से किया गया है, उससे हालात का और भी गहरा प्रमाण मिल जाता है। आज जिस तथ्य को हर कोई जानता है—कि धरती और नक्षत्र स्थिर नहीं हैं—उसका ज़बरदस्ती मध्यकालीन जनश्रुति के साथ कैसे तालमेल बैठाया जाए यह सवाल हालात का और भी बड़ा प्रमाण प्रस्तुत करता है। और इन हालात का सबसे बड़ा प्रमाण है इस मामले में दिया गया फ़तवा, जोकि इस प्रकार है :

फ़तवा-ए-रिज़विया में कहा गया है : हर पिंड किसी ख़ास आसमान में तैरता रहता है। इस्लामी सवाल यह है कि क्या धरती और ग्रह दोनों ही स्थिर हैं, या उनमें गति है—इस तरह से फ़तवा-ए-रिज़विया में स्पष्टीकरण की शुरुआत की गई है। यह सवाल प्रयोग आश्रित है लेकिन मौलाना साहब को यह सवाल इस्लामी दिखाई देता है और जैसा कि हम देखेंगे कि ऐसा दिखाई देना बिल्कुल सही भी है। फ़तवा-ए-रिज़विया में घोषित किया गया है कि हर पिंड एक ख़ास आसमान में तैरता रहता है, ठीक वैसे ही जैसे कि मछली पानी में तैरती है। जैसा कि अल्लाह ने कहा है "सब एक-एक कक्षा (ग्रह पथ) में तैर रहे हैं।" (कुरआन 36.40) इसमें कोई शक नहीं कि अल्लाह ने धरती और ग्रहों को इस प्रकार पकड़ रखा है, कि वे हिलें

नहीं। अगर वे हिल गए तो अल्लाह को छोड़कर उन्हें और कौन थाम सकता है? केवल वही जो ऐसा करना जानता है और क्षमाशील है.....

फ़तवा-ए-रिज़विया में घोषित किया गया है कि पैग़म्बर साहिब ने इन आयतों के ये अर्थ लगाए कि धरती और ग्रहों में कोई भी हरकत नहीं है। यहां तक कि उन्होंने घोषित किया कि किसी पिंड का अपनी धुरी के इर्द गिर्द, जोकि एक स्थान पर स्थिर बनी हुई है, चक्कर लगाना ज़वाल (पतन) है, एक ऐसी हरकत है जिसे कुरआन ने पूरी तरह से नकारा है। फ़तवा-ए-रिज़विया के अगले क्वार्टो आकार के घनी लिखावट वाले सोलह पृष्ठों में इस बात पर जोर दिया गया है, इसे बार-बार दोहराया गया है और लौट-लौट उसी बात पर ज़ोर दिया गया है। फ़तवे में कई विशेषज्ञों और लिखित प्रमाणों को उद्धृत किया गया है, शब्दकोशों को उद्धृत किया गया है और अरबी शब्दों के अर्थों को स्पष्ट करने वाली किताबों से उद्धरण दिए गए हैं, लेकिन विज्ञान से संबंधित किसी मामूली सी किताब का भी कोई उल्लेख़ नहीं किया गया है।

पूरी बहस एक ही शब्द 'ज़वाल' के अर्थ पर ही केंद्रित है। फ़तवे में कहा गया है कि घरती या नक्षत्रों के संदर्भ में कुरआन द्वारा 'ज़वाल' को पूरी तरह से नकारा गया है और ज़वाल का अर्थ है कोई भी हरकत, ज़रा सी भी हरकत। किसी धुरी पर "एक ही स्थान पर स्थिर रहते" घूमना भी हरकत ही होगा। प्रश्नकर्ता ने एक निश्चित स्तर (पथ) पर जिस हरकत की बात कही है, वह भी हरकत ही होगी। फ़तवा-ए-रिज़विया में आगे पूछा गया है कि क्योंकि इन पिंडों के संदर्भ में कुरआन में हर प्रकार की हरकत को नकारा गया है, तो फिर एक निश्चित पथ पर परिक्रमण या हरकत कैसे हो सकती है?

यह है संक्षेप में फ़रमान। इसमें जो भी तर्क दिए गए हैं, वे शब्दकोशों पर आधारित हैं। इमाम अबू मलिक और हज़रत अब्दुल्लाह इब्न अब्बास ने 'ज़वाल' शब्द का अर्थ बताया है कम से कम हरकत, हरकत का पूरी तरह से अभाव और इन दोनों से बढ़कर अरबी भाषा को कौन बेहतर जानता है, कौन कुरआन को बेहतर समझता है—फ़तवा-ए-रिज़विया में सवाल किया गया है। इसके बाद फ़तवे में ज़िक्र आता है कि अल्लामा निज़ामुद्दीन हसन ने इस आयत को यों स्पष्ट किया है : अल्लाह धरती और ग्रहों को पकड़े रहता है, ताकि वे अपना नियत केन्द्र न बदल लें..... उसके बाद प्रत्येक अरबी शब्द के अर्थ स्पष्ट किए गए हैं.....मरकज़, हसन द्वारा इस्तेमाल किए गए इस शब्द का अर्थ है वह केंद्र जहाँ कोई टिका होता है। फ़तवे में आगे कहा गया है—इसका अर्थ है गाड़ना, जैसे कि ज़मीन में कोई कील गाड़ना, इसका मतलब है जमाना—अर्थात् आयत का यह मतलब है कि धरती और ग्रहों को जिस जगह पर जमाया गया है, वहाँ से वे बिल्कुल नहीं हिलते।

फ़तवे में आगे एक और आयत को उद्धृत किया गया है और एक और विशेषज्ञ,

इमाम फ़करुद्दीन राज़ी ने इसके जो अर्थ स्पष्ट किए हैं, उनका उल्लेख किया गया है। और आगे फ़तवे में टिप्पणी की गई है : इन विशेषज्ञों ने कुरआन के जो अर्थ स्पष्ट किए हैं, केवल उन्हीं को प्रामाणिक माना जाए। इन विशेषज्ञों ने जो अर्थ स्पष्ट किए हैं, उनके विपरीत कोई अर्थ लगाना या ऐसे अर्थ लगाना, जोकि ईसाई विज्ञान के अनुरूप हों, किसी मुसलमान के लिए कैसे हलाल हो सकता है? कुरआन का एक और आदेश—कि "उसे जहन्नुम में अपनी रिहायश रख लेनी चाहिए"—को उद्धृत करते हुए फ़तवे में उत्क्रोश पूर्वक कहा गया है, "और यह (ईसाई विज्ञान द्वारा खड़ा किया गया विवाद कि धरती और ग्रह गतिमान हैं), उस (जिसके लिए कुरआन ने आदेश दिया है) से भी बदतर होगा।" फ़तवे में आगे इस संदर्भ में कई अन्य विशेषज्ञों को भी उद्धृत किया गया है। पैग़म्बर साहिब को उद्धृत करते हुए फ़तवे में कहा गया है कि हमें वही अर्थ स्वीकार करने चाहिए जो इन विशेषज्ञों द्वारा निर्दिष्ट किए गए हैं। हमने जो अर्थ लगाए हैं (अर्थात् कुरआन में इस्तेमाल की गई अभिव्यक्ति हर प्रकार की हरकत को पूरी तरह से नकार देती है) उसकी महानता उपर्युक्त विशेषज्ञों द्वारा सिद्ध की गई है, "ताबीन", "साहबा-करम" और पैग़म्बर साहिब के आदेशों द्वारा सिद्ध की गई है। फ़तवे में आगे घोषित किया गया है, हम इसके बाद अल्लाह की कुछ आयतें, सैकड़ों हदीसें, उम्मनों (पैग़म्बरों को मानने वाले समुदायों) की आम राय और मुजाहिद कबीर (विधर्मियों से युद्ध करने वाले महान योद्धाओं) की स्वीकृतियों को उद्धृत करेंगे, जिनसे आयत के अर्थ के बारे में और धरती और ग्रहों के स्थिर होने के बारे में और प्रमाण मिल जाएँगे।

आगे फ़तवे में प्रश्नकर्ता से पूछा गया है, जो अर्थ तुमने लगाए हैं, वही अर्थ किसी सहाबी, किसी तब्बी या किसी इमाम द्वारा भी लगाए गए हों, क्या तुम ऐसा दिखा सकते हो? उनकी तो बात छोड़ो, क्या तुम यह दिखा सकते हो, कि ये अर्थ इस्लाम की किसी मामूली से मामूली किताब में भी दिए गए हैं? अर्थात् यह कि इस आयत का यह मतलब है कि धरती सूरज के इर्द गिर्द घूमती है?

अल्लाह इसे सिर्फ़ इस हद तक थामे हुए हैं कि यह अपने कक्ष (ग्रह पथ) से बाहर न जाए और उसने इसे सिर्फ़ उसी कक्ष के भीतर चलने की इजाज़त दी है—इसका सबूत तुम कभी भी किसी इस्लामी पत्रिका, पत्र या लिखत से नहीं दे सकते—यह फ़तवे में घोषित किया गया है। आगे कहा गया है—सिर्फ़ एक सबूत जो तुम दे सकते हो, वह ईसाई विज्ञान से है। अब तुम यह तय कर सकते हो कि कुरआन का अर्थ वह लगाया जाए (जो सभी इस्लामी विशेषज्ञों द्वारा लगाया गया है) या यह (जोकि प्रश्नकर्ता ने सुझाया है, जिस का ईसाई विज्ञान के अलावा और कोई प्रमाण नहीं है)।

फ़तवा-ए-रिज़विया में आगे, ताना कसते हुए कहा गया है—ऐसा क्या कुछ है, जिसकी मनगढ़ंत व्याख्या नहीं की जा सकती! यहाँ तक कि कादियानी काफ़िर

ने स्वयं ख़त्म-उल-नबीयां के ये मनगढ़ंत अर्थ कर डाले कि पैग़म्बरी उस तक (कादियानी काफ़िर तक) अपनी पराकाष्ठा को पहुँचकर समाप्त हो गई, और यह कि उस जैसा कोई पैग़म्बर ही नहीं है। ननौटवी (एक अग्रणी मौलाना और दारुल-उलूम, देवबंद के मार्गदर्शक प्रकाश-स्तंभ) ने भी यह कहानी गढ़ ली थी कि वे ख़ुद एक किस्म के पैग़म्बर हैं.....और उनके बाद भी अगर कोई पैग़म्बर हुआ तो वह भी पैग़म्बरी समाप्त हो चुकने (पैग़म्बरों में अंतिम पैग़म्बर मुहम्मद के साथ) की मान्यत ा के ख़िलाफ़ नहीं होगा। यहाँ तक कि कुछ मुशरिक भी ला-इल्लाह-इल अल्लाह (अल्लाह को छोड़कर और कोई इबादत के काबिल नहीं है) के ये अर्थ निकाल सकता है कि कोई ख़ुदा अल्लाह के बराबर नहीं है भले ही उससे छोटे कई हों, जैसे कि इस हदीस के कई अर्थ लगाए जाते हैं....दर्द नहीं, मगर आँख का दर्द परेशानी नहीं, मगर कर्ज़ की परेशानी—अर्थात् आँख के दर्द को छोड़कर और कोई दर्द नहीं और कर्ज़ की चिंता को छोड़कर और कोई चिंता नहीं।

फ़तवे में सचेत किया गया है कि आदमी को इस प्रकार की मनगढ़ंत व्याख्याओं पर तसल्ली नहीं कर लेनी चाहिए बल्कि उसे अपना सर उस व्याख्या के कदमों पर रखना चाहिए जो अच्छी तरह से मान्यता प्राप्त है। और जो नज़रिया सब मुसलमानों में प्रतिष्ठित और लोकप्रिय हो उसी में मुसलमानों को आस्था रखनी चाहिए। आगे प्रेरणा देते हुए फ़तवे में कहा गया है, अल्लाह ने तुम्हें पक्का और स्थिरमति सुन्नी बनाया है।

ज़रा याद कीजिए कि सवाल क्या था : क्या धरती और ग्रह गतिमान हैं? लेकिन जो तर्क दिए गए हैं वे कुरआन के एक शब्द के बारे में हैं, विशेषज्ञों ने उसके क्या अर्थ लगाए हैं, इस बारे में हैं, कि क्या किसी इस्लामी विशेषज्ञ ने कोई भिन्न अर्थ लगाने का दावा किया है, या फिर इस बारे में कि इस बात का प्रमाण केवल ईसाई विज्ञान में ही नहीं ढूँढा जाना चाहिए, या इस बारे में कि क्या पक्के मुसलमानों को उसमें आस्था रखनी चाहिए जो कुछ ईसाई विज्ञान कहता है, या उसमें, जोकि मुसलमानों के बीच आम राय रही है.....

मौलाना अहमद रज़ा ख़ान साहब पूछते हैं, क्या तुम जानते हो कि रफ़ाज़ी (शिया), जोकि पहले विधर्मी नहीं थे, रफ़ाज़ी कैसे बने? क्या वे अल्लाह, या कुरआन, या पैग़म्बर साहिब, या कियामत के दिन आदि से मुन्किर (न मानने वाले) थे? अर्थात्, क्या ईमान संबंधी इन सब आवश्यक बातों में उनका विश्वास नहीं था? नहीं, ऐसा बिल्कुल नहीं। इसकी वजह यह थी कि उन्होंने 'साहबा करम' को नहीं स्वीकारा. ...., अपनी ग़लत समझ को पैग़म्बर साहिब के शब्दों के बराबर दर्जा देना बरबरीयत है—ऐसा फ़तवे में घोषित किया गया है। यह तो उसी तरह से है कि जैसे कोई अज्ञानी और असभ्य जड़बुद्धि अपनी तुलना किसी बुद्धिमान व्यक्ति से करे......अगर हम यह सोचें कि (पैग़म्बर के) के प्रेमियों, ख़ासकर अब्दुल्लाह इब्न मसूद ने कुरआन

के जो अर्थ लगाए थे, वे गलत थे और जो हम अर्थ लगा रहे हैं, वे सही हैं तो क्या यह उनका सम्मान होगा? मौलाना साहब उत्क्रोश में आकर कहते हैं : मैं तुम्हें अल्लाह के हवाले करता हूँ। अल्लाह करे इस प्रकार की आशंका तुम्हारे दिल के नज़दीक कभी न आए।

जैसा कि उन्होंने कहा है, "ज़रा सा विवरण देने के लिए," वे अपनी बात को और आगे ले जाते हैं, वे फरमाते हैं—ज़वाल का मतलब है सरकना, हटना, जाना, हरकत करना और बदलना। और वे उन अरबी पुस्तकों और लेखांशों को उद्धृत करते हैं, जिनमें इस शब्द का उक्त अर्थों में प्रयोग किया गया है और फिर टिप्पणी करते हैं : देखो, इसका प्रयोग हरकत के अर्थों में किया गया है और कुरआन में ग्रहों और धरती की हरकत को नकारा गया है। अंत में वे निष्कर्ष रूप में कहते हैं : इसलिए ग्रहों और धरती, दोनों की हरकत की बात झूठी सिद्ध होती है।

इसके बाद इसी प्रकार का तर्क प्रस्तुत करते हुए मौलाना कहते हैं, ज़वाल का मतलब है जाना और बदलना, किसी धुरी पर या किसी कक्ष में घूमना, दोनों हरकतें ही हैं। इन दोनों हरकतों को नकारा गया है। इसलिए दोनों में से कोई हरकत धरती और ग्रहों में नहीं होती।

कुछ और अरबी कृतियों से उद्धरण देते हुए मौलाना ने ज़वाल को बेचैनी का पर्याय बताया है और बेचैनी, चैन के उलट होती है, और चैन में होने का मतलब है शांति की अवस्था में होना। इसलिए ज़वाल का मतलब है शांति की उलटी अवस्था में होना और हर हरकत हर अर्थ में ज़वाल है। और कुरआन-ए-अज़ीम में धरती और ग्रहों की हर तरह की हरकत को नकारा गया है।

इसी प्रकार की और पुष्टियों के बाद वे उन आयतों और लेखांशों की ओर लौटते हैं, जिनमें ज़वाल को पर्वतों के संदर्भ में इस्तेमाल किया गया है। वे एक ख़ास स्थान पर जमे हुए हैं और उनमें हरकत की ताकत नहीं है। अगर किसी पहाड़ को आधी उंगल भर सरकना हो तो वह ज़रा सा सरकेगा, और वह पूरी दुनिया में लुढ़कता नहीं रहेगा। उसका वह ज़रा सा सरकना दरअसल हमारी इस जानकारी की पुष्टि करता है कि वह स्थिर है..... पहाड़ तो केवल कियामत के दिन ही ज़वाल में आएँगे।

कुछ ही मुखशीर्षकों के बाद, इसी विषय पर विचार करते करते यह चर्चा चल पड़ती है कि "ढह जाना" और "उखड़ जाना" का क्या अर्थ होता है। इस सारी शब्दार्थ चर्चा के बाद मौलाना उसी निष्कर्ष पर पहुँच जाते हैं : ज़वाल किसी भी प्रकार की हरकत को कहते हैं। इसलिए कुरआन-ए-अज़ीम द्वारा हर प्रकार की हरकत को नकारा गया है।

इसके बाद इस बात की विस्तृत चर्चा होती है कि "शांत होना" का क्या अर्थ होता है, रोकना, थामना, बंद करना का क्या अर्थ होता है। यह कहा गया है कि अल्लाह ने ग्रहों और धरती को पकड़ रखा है, उनको रोक रखा है! यह नहीं

कहा गया है धरती और ग्रहों के लिए रेखाएँ निर्धारित की गई हैं और यह व्यवस्था की गई है कि वे उन रेखाओं से विचलित न हो जाएँ। मौलाना साहब घोषित करते हैं, कि इस तरह के खंडवाक्य जोड़ना, अल्लाह के कौल में अपनी तरफ से खंडवाक्य जोड़ना होगा। यह जो कुछ कुरआन में कहा गया है, उसमें अपनी तरफ़ से कुछ विशेष व्याख्या जोड़ने के समान होगा। और यह बिल्कुल जायज़ नहीं है।

मौलाना साहब कहते हैं, दरअसल ख़ुद को अधःपतन की ओर ले जाने का एक प्रशस्त मार्ग यह भी है कि हम अपनी तरफ़ से अल्लाह के अल्फ़ाज में अपने ही मायने ठूँस दें, सीधे सादे अर्थ पर भरोसा करने की बजाए, अपने कल्पित अर्थ प्रस्तुत कर दें। पाठकगण ध्यान दें, कि यह बात वही मौलाना साहब कह रहे हैं जिन्होंने गौहत्या को उचित ठहराने के लिए अल्लाह के मुँह में अपनी तरफ़ से शब्द डाल दिए थे और उन्हें ऐसा करते हुए कोई अनुताप नहीं हुआ था।

वे हमें याद दिलाते हैं कि हदीस से भी हमें पता चलता है कि अल्लाह निस्संदेह ग्रहों और धरती को थामे हुए हैं, क्योंकि अगर वे हरकत करने लगते तो उन्हें कौन रोकता? ये शब्द उन व्यक्तियों के कहे हुए हैं, जिन्होंने ख़ुद स्वयं पैग़म्बर साहिब को ये शब्द कहते सुना था। मौलाना साहब कहते हैं, देखो, इन सब रफ़ीकों ने कमतरीन हरकत को ज़वाल कहा है और उसे नकारा है। उन्होंने सब की निंदा की जो यह मानते थे कि ग्रह और धरती गतिमान हैं, और उन्होंने इन धारणाओं को यहूदियों की धारणा के सदृश्य माना था। क्या उन्हें यह ख़्याल नहीं आ सकता था कि ग्रहों और धरती के लिए कक्ष या रेखाएँ नियत कर दी गई हैं और उनके लिए इन कक्षों में चलना ज़वाल नहीं होगा? लेकिन उनकी "पवित्र तर्कबुद्धि" इस झूठी व्याख्या की ओर नहीं गई। वह जा सकती ही नहीं थी। दरअसल ऐसी व्याख्या की मिथ्यावादिता को पहचान लिया था, और यह होना ही था, क्योंकि अल्लाह ने सब प्रकार की हरकत को नकारा है, न कि सिर्फ़ किसी कक्ष या रेखा से हट जाने की हरकत को। उन्होंने अल्लाह के कलाम में अपनी तरफ़ से कुछ नहीं जोड़ा।

अलबत्ता, एक रफ़ीक 'कब' ने यह ज़रूर कहा था कि नक्षत्र एक धुरी के इर्द गिर्द घूमते हैं। उनका खंडन करते हुए पैग़म्बर साहिब ने कहा कि कब ने जो बात कही है, वह ग़लत है। इससे यह निष्कर्ष निकालना मूर्खता होगी, कि पृथ्वी तो गतिमान है, क्योंकि पैग़म्बर साहिब ने तो केवल इस कथन का खंडन किया था कि नक्षत्र घूमते हैं। दरअसल उनके सामने ऐसा कभी मौका ही नहीं आया था कि वे इस बात का खंडन करते कि धरती गतिमान है, क्योंकि कब ने यह नहीं कहा था कि धरती गतिमान है। मौलाना साहब का यह तर्क ऊपर से विश्वसनीय प्रतीत होता है। कब ने कहा था नक्षत्र गतिमान हैं। यहूदियों का भी ऐसा मानना है कि धरती स्थिर है। 1530 से पहले जबकि कोपरनिकस ने अपनी विद्अत (नयी बात) पेश की, ईसाई भी यही मानते थे कि धरती स्थिर है। और इस प्रकार पैग़म्बर साहिब

की मौजूदगी में सिर्फ़ इतना कहा गया था कि "नक्षत्र एक धुरी पर घूमते हैं।" मौलाना साहब पूछते हैं पैग़म्बर साहिब उस बात की भर्त्सना क्यों करेंगे, जो उनके सामने कही ही नहीं गई थी? वे पूछते हैं किसने यह कहा था कि धरती अपनी धुरी के इर्द गिर्द घूमती है जो पैग़म्बर साहिब कहते कि यह बात ग़लत है। मौलाना साहब आगे कहते हैं, कि अगर, किसी ने यह कहा होता कि धरती अपनी धुरी के इर्द गिर्द घूमती है, तो पैग़म्बर साहिब ने उसी आयत के आधार पर इस कथन की भी भर्त्सना की होती। मौलाना साहब फटकार लगाते हुए कहते हैं—आयत को पढ़कर देखो, उसमें नक्षत्रों और धरती, दोनों के बारे में एक ही बात कही गई है।

यह तो उसी तरह से है, जैसे कि अल्लाह ने तो यह कहा हो : मैंने ग्यारह नक्षत्रों और सूरज और चाँद को अपने समक्ष दंडवत होते देखा। और कोई आलिम सिर्फ़ सूरज के दंडवत होने की बात कहे। उसे सुनकर कोई खड़ा होकर यह कहे कि चाँद अल्लाह के समक्ष दंडवत हुआ था, इस आधार पर कि आलिम ने सिर्फ़ सूरज के दंडवत होने की बात कही थी और उसने चाँद के बारे में कुछ नहीं कहा था, और वह इस बारे में चुप रह गया था। ऐसे आदमी के बारे में हम क्या कहेंगे?—मौलाना साहब सवाल करते हैं।

आगे मौलाना साहब घोषित करते हैं, तुम देखोगे कि जो लोग यह मानते हैं कि ग्रह और धरती गतिमान हैं, उनके पास और कोई चारा नहीं सिवाय इसके कि जो कुछ पैग़म्बर साहिब ने, जो कुछ रफ़ीकों ने, बल्कि वस्तुतः जो कुछ कुरआन ने कहा है, उससे वे अपनी आँखें बंद कर लें। और वे सबको याद दिलाते हुए कहते हैं कि ऐसा करना ख़ुद को बहुत बड़ा नुकसान पहुँचाना है। और वे दुआ करते हैं—अल्लाह तुम्हारी, मेरी और सभी अहले सुन्नत की ख़ैर रखें—आमीन।

अब तक की बहस इस बात को लेकर चलती रही है कि धरती और ग्रह स्थिर हैं, क्योंकि कुरआन द्वारा ज़वाल को नकारा गया है—अर्थात् उनके संदर्भ में हर प्रकार की और किसी भी मात्रा में हरकत को नकारा गया है। इसके बाद मौलाना इस विषय पर दूसरे पहलू से विचार करते हैं—सूरज के बारे में कहा गया है कि उसमें ज़वाल है। उसमें किस प्रकार की हरकत है, कि उसके बारे में ज़वाल की बात कही गई है?

सूरज गतिमान है यह बात कुरआन से, हदीस से स्पष्ट है और इसे सभी स्वीकार करते हैं—फ़तवे में यह उल्लेख किया गया है। जब इसके ज़वाल की बात की जाती है, तो क्या उसका यह मतलब है कि वह अपने कक्ष से बाहर चला जाता है? नहीं। फिर भी यह कहा जाता है कि इसमें ज़वाल है। यदि बात इतनी सही ही होती कि वह अपने नियत कक्ष से विचलित नहीं होता। तो धरती के बारे में भी यह बात ज़रूर कही गई होती। लेकिन इस मामले में ज़वाल को नकारा गया है। मौलाना साहब आगे कहते हैं, इस से यह निष्कर्ष निकलता है कि धरती बिल्कुल हरकत

नहीं करती। अब अगर आप यह कहें कि सूरज तो हर वक्त हरकत में रहता है, फिर भी इसके बारे में यह क्यों माना जाता है कि वह हर समय ज़वाल में न रहकर सिर्फ़ उतरते वक्त ही ज़वाल में रहता है, तो यह आपके अज्ञान की पराकाष्ठा होगी—मौलाना साहब फ़रमाते हैं। उसके बाद मौलाना साहब कई ऐसे शब्दों की मिसालें देते हैं जो एक चीज के लिए तो इस्तेमाल किए जाते हैं, लेकिन दूसरी चीज के लिए नहीं, यद्यपि दूसरी चीज भी वही कुछ करती है, जो कुछ पहली चीज़ करती है। मौलाना साहब शब्दों का विश्लेषण करना जारी रखते हैं।

उसके बाद मौलाना साहब उन लोगों को अपनी चर्चा का विषय बनाते हैं जो यह मानते हैं कि रात और दिन इसलिए पैदा होते हैं क्योंकि धरती चक्कर काट रही है, और समय का परिवर्तन भी उसी कारण से घटित होता है। मौलाना साहब उन पर बरसते हुए कहते हैं—यह है उनका विश्वास और यह कुरआन के विरुद्ध एक मिथ्यावाद है। वे कहते हैं मुसलमानों की तो बात ही क्या, अगर आप बेरूत आदि के लोगों से बात करें, जोकि धरती की हरकत को स्वीकार करते हैं और जिनकी भाषा अरबी है, वे भी वक्त को ज़वाल कहते हैं और धूपघड़ी को मिज़ुला कहते हैं—जिसके ज़रिए सूरज की हरकत को मापा जाता है—फिर भी अगर आप उनसे पूछें कि क्या सूरज घूमता है, तो वे कहते हैं, "नहीं, बल्कि धरती घूमती है," यद्यपि धरती अपने कक्ष या धुरी को नहीं छोड़ती। इसलिए मौलाना प्रश्नकर्ता से कहते हैं, न तो विरोधी और न समर्थक आपकी बात को स्वीकार करते हैं। वे आगे ज़िक्र करते हैं कि किस प्रकार लोग ऐसी अभिव्यक्तियों का प्रयोग करते हैं जिनमें ज़वाल शब्द हज़ार बार आता है और वे प्रश्नकर्ता से कहते हैं—आप ही ज़रा सोचकर देखिए कि आप ख़ुद ऐसी अभिव्यक्ति का प्रयोग किस प्रकार करते हैं। वे कहते हैं—अब आप न्यायपारायण बनिए और याद रखिए, कुरआन के कौल में विश्वास रखना अनिवार्य है।

वे आठ आयतों का उल्लेख करते हैं और उसके बाद हदीस का हवाला देते हैं। वे कहते हैं कि सूरज के उगने, डूबने, हरकत करने, चढ़ने, उतरने के बारे में हज़ारों अभिव्यक्तियाँ मौजूद हैं। इन सब अभिव्यक्तियों से यह प्रमाणित होता है कि धरती पूर्णतः स्थिर है। वे कहते हैं कि जो लोग धरती के स्थिर होने के नज़रिए का विरोध करते हैं वे स्वयं स्वीकार करते हैं कि केवल उगना और डूबना ही ज़वाल नहीं है—दूसरे शब्दों में इसका अभिप्राय धरती के इर्द गिर्द सूरज की पूरी हरकत से है। इन बातों से यह सिद्ध हो जाता है, वे कहते हैं कि दिन और रात सूरज की हरकत से पैदा होते हैं, न कि धरती की हरकत से।

इसलिए, वे फ़रमाते हैं, यह सिद्ध हो जाता है कि विज्ञान का दर्पपूर्ण दावा झूठा है और उसे अस्वीकार कर दिया गया है। वे आगे कहते हैं कि सूरज की प्रतिदिन की हरकत से ही उसका उगना और डूबना और ज़वाल होता है। अगर वह धरती

के इर्द गिर्द चक्कर न लगाता होता, तो ऐसा कुछ भी न होता। और वे आगे निष्कर्ष रूप में कहते हैं—कि कुरआन, हदीस और उम्मत के इज्माअ (बहुमत) से यह साबित हो जाता है कि सूरज धरती के इर्द गिर्द चक्कर लगाता है न कि धरती सूरज के इर्द गिर्द चक्कर लगाती है। इसलिए यह संभव नहीं है कि धरती सूरज के इर्द गिर्द चक्कर लगाए और सूरज धरती के कक्ष के बीचोंबीच स्थित हो। इसलिए आयत से यह सिद्ध हो जाता है कि धरती का घूमना और चक्कर काटना दोनों ही झूठी बातें हैं।

यह दलील इसी तरह से जारी रहती है। इसलिए, वे फ़रमाते हैं, कि एक मुसलमान का यह फ़र्ज बनता है कि वह सूरज की हरकत और धरती की स्थिरता में विश्वास रखे। वह आगे लिखित प्रमाणों और अनुवादों को उद्धृत करते हुए कहते हैं, यह ज़ाहिर है कि यदि ग़लत तौर पर यह मान लिया जाए कि धरती गतिमान है तो फिर न तो इसके बाशिंदे सो पाते और न गर्मियों में कोई ठंडी हवा चलती। आगे और कई हवाले देते हुए मौलाना साहब फ़रमाते हैं कि यदि धरती में हरकत होती, तो उसकी हरकत से हर समय ज़बरदस्त भूकंप आते रहते और ज़ोरदार तूफ़ान चलते रहते और इस पर कोई आदमी या जानवर न रह पाता।

वे आगे प्रश्नकर्ता से कहते हैं, आपने जिन अंग्रेजी किताबों से जो दलीलें नकल की हैं वे ऐसी अंग्रेजी किताबें हैं, जिनमें से कोई भी काम की किताब नहीं है। वे सब की सब गर्म हवा सी हैं। इन समस्याओं के लिए आपको सभी सवालों के जवाब मेरी किताब...के अध्याय 4 में मिल जाएँगे, ख़ासतौर पर उन आठ पंक्तियों में जो मैंने शुरू-शुरू में ही लिखी हैं—और वे यह हैं, कि योरुप के लोग वास्तव में दलील पेश करने का तरीका ही नहीं जानते। वे अपने दावे को सिद्ध करना भी नहीं जानते। वे अपने ज़िन पूर्वाग्रहों को दलीलों के तौर पर पेश करते हैं वे सिर्फ़ इल्लतें (बुरी आदतें) हैं। दलील पेश करने के योरुपीय तरीकों में जो दोष मिलते हैं उन्हीं से न्यायपारायण और बुद्धिमान लोग समझ जाते हैं कि इन दलीलों की पहुँच उन पूर्वाग्रहों से आगे तक नहीं है। मौलाना साहब घोषित करते हैं, एक ईमानदार सुन्नी मुसलमान मोमिन के लिए एक ही बात काफ़ी होनी चाहिए : कोई ऐसी दलील जो कुरआन और पैग़म्बर साहिब के कौलों और उम्मत के इजमाअ के ख़िलाफ़ हो, वह टिक कैसे सकती है?

अगर कोई यह भी मान ले कि जो कुछ कुरआन आदि में कहा गया है उसके सत्य को हम फ़िलहाल नहीं समझ पा रहे फिर भी निस्संदेह कुरआन, हदीस और उम्मत के इज्माअ सच्चे हैं—यह, सुबहान अल्लाह, इस्लाम की शान है—मौलाना साहब घोषित करते हैं।

इस तरह से, यानि इस्लामी प्रश्नों के मामलों में आयतों और हदीसों को एक तरफ़ रखकर और उन्हें विज्ञान के अनुरूप ढाल कर विज्ञान कभी मुस्लिम दायरे में

नहीं आ सकता। अल्लाह कसम अगर यही तरीका अपनाया जाता तो इस्लाम तो विज्ञान को स्वीकार कर लेता लेकिन विज्ञान इस्लाम को स्वीकार न करता। विज्ञान को मुस्लिम नियंत्रण में लाने के लिए ज़रूरी है कि जिस किसी इस्लामी सवाल पर इस्लाम का विज्ञान से विरोध हो, उन सभी सवालों पर विज्ञान इस्लामी नज़रिया पेश करे और विज्ञान की विरोधी दलीलों को ख़ारिज करके पाँव के नीचे कुचल दिया जाए। स्वयं विज्ञान की अभिपुष्टियों के ज़रिए हर मुद्दे पर इस्लामी नज़रिए को ही आगे लाया जाना चाहिए। इसी प्रकार विज्ञान नियंत्रण में रह पाएगा—मौलाना घोषित करते हैं।

मौलाना साहब प्रश्नकर्ता को प्रोत्साहित करते हुए कहते हैं—आप जैसे वैज्ञानिक चिंतक के लिए ऐसा कर पाना मुश्किल नहीं है.....[2]

तर्क का उद्देश्य, तरीका और कसौटी

यद्यपि पूर्वोक्त वर्णन में, धरती और ग्रहों आदि की गतिमयता के बारे में उठाए गए प्रश्न पर दिए गए विस्तृत और ज़ोरदार फ़तवे का सार प्रस्तुत किया गया है, लेकिन इससे हमें इस बात का अंदाजा हो जाता है कि उलमा ने किस कदर कुरआन को और इस प्रकार ज्ञान की उस अवस्था को जोकि चौदह सो वर्ष पूर्व पैग़म्बर साहिब के नज़दीकी दायरे में थी, अपने विचारों का पक्का आधार बना लिया है। फ़तवे से हमें उलमा की तर्क प्रणाली की भी झलक मिलती है, एक ऐसी प्रणाली की जिस पर वे गर्व करते हैं—ज़रा मौलाना रज़ा ख़ान की योरुपीयों के प्रति तिरस्कार भावना पर ग़ौर कीजिए। उनके सुविचारित मतानुसार वे विद्वतापूर्वक दलील पेश करने का तरीका नहीं जानते। वे यह नहीं जानते कि वे अपनी कही हुई बात को सिद्ध कैसे करें और वे अपने पूर्वाग्रहों को दलीलों के रूप में पेश करते हैं।

स्मरणीय है कि सवाल यह था कि कुरआन में जो यह कहा गया है कि ग्रह और धरती स्थिर हैं, उसके संदर्भ में यह मानते हुए, कि जिस स्थिरता की बात कही गई है, वह उन पिंडों के उन रेखाओं या कक्षों में बने रहने के प्रसंग में कही गई है जोकि अल्लाह ने इनके लिए निर्धारित किए हैं, क्या हम उक्त स्थिरता का तालमेल अब तक जाने जा चुके तथ्यों से बैठा सकते हैं?

मौलाना साहब को मूलभूत प्रश्न—कि क्या ग्रह और धरती गतिमान हैं—एक इस्लामी प्रश्न प्रतीत होता है।

उस प्रश्न का समाधान, प्रयोगात्मक छानबीन और जो कुछ हम वस्तुतः घटित होते हुए देखते हैं उससे लगाए गए निष्कर्षों के आधार पर नहीं बल्कि कुरआन उसके बारे में क्या कहता है, उसके आधार पर किया जाना है।

उसी के कारण, कुरआन में संबंधित आयत में प्रयोग किए गए एक शब्द

का क्या अर्थ है, यह बताने के लिए उसका इस हद तक विश्लेषण किया गया है।

उसी की वजह से यहाँ तक नोबत आ जाती है कि मौलाना साहब प्रश्नकर्ता से सवाल करने लगते हैं कि क्या जिन दो शख़्सीयतों के उन्होंने नाम लिए हैं, उनसे बढ़कर कुरआन का ज्ञाता किसको कहा जा सकता है।

उसी के परिणाम स्वरूप उन अलग-अलग अर्थों की जाँच पड़ताल की गई है जिन अर्थों में दूसरे अरबी जानने वालों द्वारा उस शब्द का प्रयोग किया गया है।

अब सवाल यह रूप धारण कर लेता है कि मुसलमानों के बीच इस मामले पर आम राय क्या रही है और इसके लिए, जिन-जिन अर्थो में उक्त शब्द का आम तौर पर प्रयोग किया गया है उनकी जाँच पड़ताल की गई है।

और यह पूछ कर मामले की तह तक पहुँचने की कोशिश की जाती है, कि जो कुछ प्रस्तावित किया गया है, क्या वह किसी इस्लामी पुस्तक में लिखा मिला है, या सिर्फ़ ईसाइयों की पुस्तक में ही इसका उल्लेख है।

ग्रहों और धरती का अध्ययन करने की बजाए हमें यह शिक्षा दी गई है कि हर बात की कितनी भ्रष्ट और विकृत व्याख्याएँ की जा सकती हैं। और जो कुछ किया जा रहा है वह किस प्रकार पाक किताब के ख़िलाफ़ मिथ्यावाद बन गई है, क्योंकि जो कुछ प्रस्तावित किया गया है वह अल्लाह के कौल में अपनी तरफ़ से जोड़ी गई बात है।

और उसके बाद जानने को मिलता है गूंजता हुआ निष्कर्ष : हर मुसलमान का यह कर्तव्य बनता है कि वह ऐसे प्रयास करे जिससे विज्ञान इस्लाम को अपनाए न कि इस्लाम विज्ञान को—और व्यावहारिक रूप में इसका यह अर्थ है, कि उसे इस बात पर टिके रहना चाहिए और यह 'सिद्ध' करना चाहिए कि कुरआन और हदीस आदि में प्रयोग आधारित क्रियाओं या घटनाओं के बारे में भी जो कुछ कहा गया है, वह सही है, चाहे उन बातों को विज्ञान ने ग़लत भी क्यों न सिद्ध कर दिया हो। और विज्ञान के प्रयोग-परिणामों को भी तभी सही माना जाए, जब वे कुरआन और हदीस से मेल खाते हों।

भूचाल और अकाल

प्रश्नकर्ता पूछता है, "भूचाल आने के क्या कारण होते हैं? कृपया शरीअत की दृष्टि से स्पष्ट करें।"

फ़तवा-ए-रहीमियत में उलमा ने जो जवाब दिया है, वह इस प्रकार है :

अल्लाह-ए-अकबर ने धरती में रगें पैदा की हैं और उन्हें फरिश्तों के हाथ में दे दिया है। जहाँ कहीं गुनाह का बोझ बढ़ जाता है और अल्लाह-ए-अकबर वहीं के लोगों को सज़ा देना चाहता है, तो वह फ़रिश्तों को हुक्म देता है और उस जगह

का फ़रिश्ता रग को (अर्थात् उस जगह की रग को) खींचता है और वहां की धरती कांपने लगती है और इस प्रकार भूकंप पैदा होता है। (सचमुच, ख़ुदा सबसे बहतर जानता है)

एक भूकंप रसूले पाक (सल्ल-अल्लाहो अलैहे सल्लाम!) के मुबारक वक्त में आया। अपने रफ़ीकों को संबोधित करते हुए वे बोले, "तुम्हारा मालिक यह चाहता है कि तुम पश्चाताप करो। इसलिए तुम पश्चाताप करो।" बहरहाल, हदीस से यह पता चलता है कि जब गुनाह हद से बढ़ जाते हैं तो भूंकप आता है और उससे मुक्ति पाने का तरीका है अपने गुनाहों के लिए पश्चाताप करना। (अल्लाह हम सब की रक्षा करें और उनके समक्ष हम पश्चाताप करते हैं!)

हज़रत और उमर फ़ारूक के मुबारक वक्त में भी भूकंप आया। लोगों को संबोधित करते हुए उन्होंने कहा, "एक कोई ख़ास गुनाह है जो किया जा रहा है। ऐ लोगो, पश्चाताप करो! मैं कसम उठाकर कहता हूँ कि अगर यहाँ दोबारा भूकंप आया तो मैं यहाँ नहीं रहूँगा।"

हज़रत आयश (राज़ी अल्लाह अन्हा!) से भूकंप के बारे में पूछा गया। उन्होंने कहा, "जब व्यभिचार, शराब, नाच और संगीत प्रचलन में आते हैं (शाब्दिक रूप में, लोगों की रुचि बन जाते हैं) तो ख़ुदाई ग़ैरत जाग उठती है। अगर लोग साधारण चेतावनी पर कसम उठा लें तो ठीक, वरना इमारतें ढह जाती हैं और ऊँचे ऊँचे मकान धूल के ढेरों में बदल जाते हैं।"

उनसे और आगे पूछा गया, "क्या, भूकंप एक सज़ा है?" इस पर उन्होंने कहा, "सच्चे मोमिनों के लिए यह नेमत है और काफ़िरों के लिए सज़ा।"

हज़रत उमर बिन अब्द अल अज़ीज़ (राज़ी अल्लाह अन्हा!) ने अपनी ख़िलाफ़त के दौरान एक फ़रमान लिखकर अपने राज्यों को भेजा, जिसमें कहा गया था कि भूकंप एक ऐसी चीज़ है कि जिसके ज़रिए रबे पाक अपने ग़ुलामों पर अपना ग़ुस्सा ज़ाहिर करता है और उनसे (गुनाहों के लिए) पश्चाताप करने को कहता है। उस वक्त लोगों को सच्चे दिल से पश्चाताप करना चाहिए, गलत काम करना छोड़ देना चाहिए। ख़ैरात और दान बड़ी मात्रा में दिए जाने चाहिए और अतिरिक्त प्रार्थनाएँ करनी चाहिए और पैग़म्बर आदम, पैग़म्बर नूह और पैग़म्बर यूनुस की निम्नलिखित प्रार्थनाएँ और अन्य प्रार्थनाएँ करनी चाहिए.....

आगे के ब्यौरों के लिए देखें हजरत अशरफ़ अली थानवी की पुस्तक अख़बार-ए-ज़लाज़लात। ख़त्मशुद। सचमुच अल्लाह सबसे बहतर जानता है।[3]

ये सब बातें 1980 के दशक में प्रकाशित संकलनों में देखने को मिलती हैं। ये वे संकलन हैं जिनकी विद्वता की और उनमें दी गई विपुल जानकारी की भूरि-भूरि प्रशंसा की जाती है।

उलमा से पूछा जाता है, कृपया बताएँ कि अल्पवर्षा और अकाल का क्या

कारण होता है? उनका सोचा समझा और प्रकट रूप से गहरे अन्वेषण के बाद दिया गया जवाब इस प्रकार है :

सूखा और अकाल का कारण है, ख़ुदाई फ़रमानों का उल्लंघन और हमारे बुरे काम, ख़ासतौर पर व्यभिचार, दूसरों के अधिकारों को नष्ट करना, दीनहीनों और ज़रूरतमंदों की मदद न करना, कम तोलना। यही अकाल के असली कारण हैं। हदीस में कहा गया है, जो कम तोलते हैं या कम मापते हैं, उन्हें अकाल, कठोर मृत्यु और शासकों के उत्पीड़न का शिकार बनना पड़ता है। एक और हदीस में कहा गया है : "जिन लोगों में व्यभिचार आम हो जाता है उन्हें अकाल का समाना करना पड़ता है।"

मौलाना रूमी अपनी पुस्तक 'मस्नवी' में कहते हैं :

"ज़कात देने से इंकार करने पर बादल नहीं आता है और व्यभिचार के कारण दुनिया में प्लेग फैलता है।"

हज़रत अबू सूफ़्पन के बारे में बताया जाता है कि उन्होंने कहा है कि उन्हें खबर मिली कि इज़राइल के निवासियों को लगातार सात वर्ष तक अकाल का प्रकोप झेलना पड़ा, यहाँ तक कि उन्होंने अपने मरे हुए लोगों और बच्चों तक को खा डाला। वे पहाड़ों पर जाते थे और अपने रब के सामने रोना रोते थे और अनुनय-विनय करते थे। तब ख़ालिका अकबर ने उनके पैग़म्बरों को संदेश भेजा कि वह उनकी प्रार्थनाओं को तब तक स्वीकार नहीं करेगा और रोना रोने वालों पर तब तक वह रहम नहीं करेगा, जब तक वे दूसरों को देय राशि अदा नहीं कर देते। इस पर उन्होंने देय राशि अदा कर दी और उसके बाद बारिशें होने लगीं। (मजालिस, मजलिस 45, पृ. 272)

सय्यद अब्द अल-कादिर जिलानी कहते हैं :

यह बताया जाता है कि एक बार बनी इज़राइल (इज़राइल निवासी) अकाल का शिकार हो गए। वे इकट्ठे होकर एक पैग़म्बर के पास आए और बोले : "कृपया हमें ऐसा काम बताइए, जिससे ख़ुदा ख़ुश हो जाए और जिसे करने पर हमारी विपदा दूर हो जाए।" उस पैग़म्बर ने अल्लाह-ए-अकबर से ऐसे काम के बारे में पूछा और उन्हें यह संदेश भेजा गया कि वे अपने लोगों से कह दें कि वे गरीबों को ख़ुश रखें। अगर उनके लोग गरीबों को ख़ुश रखेंगे, तो अल्लाह उनसे ख़ुश होंगे और अगर वे ऐसा नहीं करेंगे, तो अल्लाह उनसे नाख़ुश रहेंगे।

इसलिए, ऐ बुद्धिमान लोगो, सुनो! तुम हमेशा ग़रीबों को नाख़ुश रखते हो और फिर भी तुम यह चाहते हो कि ख़ुदा तुम से ख़ुश रहे? वह तुम पर कभी ख़ुश नहीं होगा, तुम हर तरफ़ से उसके कोप-भाजन बने हुए हो।

(एफ़ याज़, अल फ़ातह का अनुवाद, छंद 38, पृ. 257)[4]

यहाँ फिर गौर कीजिए कि मामले को, किसी मौसम विज्ञान की पुस्तक से

जानकारी हासिल करके नहीं, बल्कि जो रूमी और अबू सफ़्पन ने कहा या जो एक पैग़म्बर ने इज़राइल के लोगों से कहा, उसके आधार पर निपटाया गया है।

यह मुद्दा सिर्फ़ उस किस्म की किताबों तक ही सीमित नहीं है, जिनसे उलमा किसी सवाल का जवाब देने के लिए जानकारी हासिल करते हैं। मुद्दा यह है कि चाहे वे मौसम विज्ञान पर किसी पुस्तक को पढ़ भी लें तो भी उसमें अगर कोई ऐसी बात है, जोकि सूखे के बारे में पैग़म्बर साहिब द्वारा दिए गए स्पष्टीकरण के विरुद्ध है, तो जैसा कि मौलाना अहमद रज़ा ख़ान ने कहा है, उलमा इस बात के लिए कर्त्तव्यबद्ध हैं, कि जो कुछ किताब में लिखा हुआ है उसे वे अस्वीकार कर दें, उसकी भर्त्सना करें, और मोमिनों को उस पर विश्वास करने से रोकें और यह सुनिश्चित करें कि मौसम विज्ञान को हर अन्य विज्ञान की तरह नियंत्रण में लाया जाए और वह अपना दर्प त्याग कर इस्लाम के सामने झुक जाए।

बोया हुआ खेत

कृषि विज्ञान का भी वही हश्र होता है जोकि खगोल विज्ञान और मौसम विज्ञान का। एक मोमिन प्रश्नकर्ता अपना दुखड़ा रोता है, "पिछले कई वर्षों से हर वर्ष, मेरा बोया हुआ खेत बरबाद हो जाता है, और उसमें कोई फ़सल नहीं उगती। या तो बीज सड़ जाते हैं या फिर खेत किसी प्राकृतिक प्रकोप की चपेट में आ जाता है। इसलिए कृपया मुझे ऐसा तरीका बताइए जिससे मेरा बोया हुआ खेत सुरक्षित रह जाए।"

उलमा उसे किसी स्थानीय कृषि विज्ञानी के पास नहीं भेजते। वे उसका वह इलाज बताते हैं जो शरीअत में निर्धारित किया गया है :

बुआई करने से पहले बुजू करो और खेत के किनारे बैठकर नमाज़ के दो राकाह पढ़ो और तब दुरुद शरीफ़ का इंशाद (पाठ) करने के बाद अत्यंत विनम्रता के साथ अल्लाह के सामने यह दुआ करो :

"ऐ अल्लाह! मैं तुम्हारा कमज़ोर गुलाम हूँ। मैं यह काम तुम्हें सौंपता हूँ। इसे महफ़ूज रख कर मुझे लौटा दो और मेरे लिए इसमें भरपूर फ़सल उपजाओ।"

दुरुद शरीफ का एक बार फिर पाठ करो। उम्मीद है कि अल्लाह इस दुआ के मुबारक असर से इसकी सभी विपत्तियों और संकटों से रक्षा करेगा और इसमें भरपूर फसल उपजाएगा। उसके बाद जब फसल तैयार हो जाए, तो अनाज मापने वाला बुजू करने के बाद, किबला की तरफ़ मुँह कर मापना शुरू कर दे और उसमें से ग़रीबों का जो हक बनता है वह दे चुकने के बाद एक बार फिर नमाज़ की दो राकाह पढ़े और यह दुआ करे :

"ऐ मेरे रब! मैंने कुछ बीज बोए थे और तुमने अंबार भर दे दिए। अब इसे

फ़रमाबरदारी की ख़ुराक बना दो, नाफ़रमानी की नहीं और मुझे एक एहसानमंद गुलाम बना दो।"

एक हदीसे पाक में कहा गया है, एक गुलाम अपने गुनाहों की वजह से ख़ुदा की रहमत से महरूम हो जाता है (वर्णनकर्ता : अहमद)। इसलिए आदमी को चाहिए कि वह अल्लाह की नाफ़रमानी के सभी कामों से, जिनकी वजह से अल्लाह को क्रोध आ जाता है, दूर रहकर ऐसे काम करे, जिनसे अल्लाह ख़ुश हो जाए और वह अल्लाह पर भरोसा रखे। तब अल्लाह पाक कहता है, "और जो कोई अल्लाह के प्रति कर्तव्य निर्वाह करता है, अल्लाह उसके लिए बचाव का रास्ता पैदा कर देगा और उसे वहाँ से रोज़ी देगा, जहाँ से उसे कोई उम्मीद भी नहीं होगी। और जो कोई अल्लाह पर भरोसा रखता है, अल्लाह उसके लिए काफ़ी होता है।" (सूरा 65 अत-तलाक 2-3)[5]

इब्लीस, जिन और दूसरी रूहें

सिर्फ़ उलमा के दिमाग ही नक्षत्रों, धरती और प्राकृतिक घटनाओं संबंधी विश्वासों से नहीं भरे पड़े हैं। ये ऐसे विश्वास हैं जो मध्यकालीन दुनिया में भी व्याप्त थे। लेकिन केवल यही विश्वास ही नहीं—जैसा कि कुरआन और हदीसों का हर विद्यार्थी जानता है, हर मोड़ पर उनमें शैतान, जिनों और अलग-अलग किस्म की रूहों की कारगुज़ारियों का जिक्र मिलता है। इसलिए प्राकृतिक घटना व्यापार के संबंध में फ़तवों में इन रूहों की शैतानियों और बुराइयों के कई प्रसंग दिए गए हैं। घटनाएं उनकी बदौलत घटी बताई जाती हैं और उनकी बुरी योजनाओं के इलाज और प्रतिकारक भी निर्धारित किए गए हैं।

जैसा कि हमने पहले देखा है कि फ़तवों के हर संकलन में उन क्रियाओं का एक अनिवार्य क्रम दिया गया है, जिस क्रम में उन क्रियाओं को करके मोमिन को पाख़ाना पेशाब करने के बाद ख़ुद को साफ़ करना चाहिए। ये फ़तवे सुविज्ञात इस्तिंजा के बारे में हैं। जैसा कि हमने देखा, उलमा का यह फ़रमान है कि "इस्तिंजा को सुखाने के लिए हर ऐसी चीज़ जिस पर कोई खर्च नहीं होता और जो द्रव और गीलेपन को सोख लेती है और शरीर के स्थान विशेष को साफ़ भी कर देती है," इस्तेमाल की जा सकती है, "चाहे वह ढेला हो या पत्थर, या मिट्टी या पुराना कपड़ा, या धरती या दीवार—सब बराबर हैं।"[6]

जिस व्यक्ति ने पेशाब या पाख़ाना किया है, अगर वह ख़ुद को साफ़ करने के वास्ते दीवार का इस्तेमाल करता है तो बिल्कुल ठीक है, यह जानकर भले ही किसी को हैरानी हो, लेकिन उलमा का कहना है कि वह व्यक्ति ऐसा कर सकता है, और वही (उलमा) इस बारे में सबसे बेहतर जानते हैं।[7]

लेकिन मैं एक दूसरी बात कर रहा हूँ। उनका फ़रमान है, "हाँ, हड्डी, कोयले या पक्की ईंट या ठीकरी का इस्तेमाल नहीं किया जाना चाहिए।" अगर कोई और व्यक्ति इस प्रकार का नियम निर्धारित करना ज़रूरी समझता, तो मैं समझता हूँ कि वह सहज बुद्धि की इस बात की ओर इशारा करना काफी समझता कि अगर कोई व्यक्ति हड्डी, ईंट आदि का इस्तेमाल करे तो इस बात की पूरी संभावना है कि वह ख़ुद को चोट पहुँचा ले। लेकिन इस प्रकार का तर्क उलमा के लिए न तो आवश्यक है और न पर्याप्त। उनका कहना है कि व्यक्ति को इन चीज़ों का इस्तेमाल इसलिए नहीं करना चाहिए क्योंकि 17वीं शताब्दी की पुस्तक दरुल मुख़्तर में यह कहा गया है कि आदमी को इन चीज़ों का इस्तेमाल नहीं करना चाहिए और उसके बाद वे उसमें से विस्तृत उद्धरण दे देते हैं। एक हड्डी का टुकड़ा क्यों इस्तेमाल नहीं किया जाना चाहिए, इसका स्पष्टीकरण नीचे दिया गया है :

कुछ जिन मिलकर पैग़म्बर साहिब के पास गए और उनसे उन्होंने अपने और अपने पशुओं के लिए भोजन माँगा। उन्हें बता दिया गया, "ऐसी हर हड्डी तुम्हारे लिए है जिस पर अल्लाह का नाम पढ़ा गया हो, अर्थात् वह किसी हलाल पशु की हड्डी होनी चाहिए.....तुम्हारे हाथों में वह उतनी ही पौष्टिक बन जाएगी जितनी कि तब होती जबकि उस पर माँस रहता। (अर्थात् जब तुम्हें कोई बिना मांस वाली हड्डी मिले, तो उस पर मांस होगा) और सभी पशुओं की की हुई लीद या गोबर या बीठ तुम्हारे पशुओं का भोजन होगी।" तब आदमियों से कह दिया गया, "हड्डियों और लीद से इस्तिंजा मत करो, क्योंकि वे तुम्हारे भाई बन्धुओं का भोजन हैं।"[8]

चुनाचे मोमिन को ख़ुद को साफ़ करने के लिए सूखे ढेलों का इस्तेमाल करना चाहिए, हड्डी के टुकड़े का नहीं क्योंकि अगर वह हड्डी का इस्तेमाल कर ले, तो उससे जिन अपने भोजन से वंचित हो जाएँगे। भला हमें कैसे मालूम कि हड्डियाँ जिनों का भोजन होती हैं? क्योंकि पैग़म्बर साहिब ने जिनों की टोली को ऐसा ही बताया था।

यह हो सकता है 1350 वर्ष पहले इस प्रकार की बात में विश्वास किया जाता हो और पैग़म्बर साहिब भी ऐसा मानते हों, क्योंकि आख़िर यह एक आम विश्वास था। या यह भी हो सकता है कि वे यह जानते हों कि यह मात्र लोकश्रुति थी, लेकिन फिर भी उन्होंने इसी लोकश्रुति के माध्यम से निषेध लगा दिया हो, क्योंकि वे यह महसूस करते थे कि लोगों के अज्ञान का ध्यान रखते हुए उन्हें हड्डी के टुकड़ों का इस्तेमाल करके ख़ुद को चोट पहुँचाने से रोकने का तरीका यही है, ऐसा सोचकर उन्होंने जिन आदि की कथा के माध्यम से यह बात कही हो। लेकिन उलमा के लिए हड्डियाँ जिनों का भोजन हैं, क्योंकि पैग़म्बर साहिब ने ऐसा कहा था। लेकिन जो व्यक्ति हड्डियों को जिनों का भोजन नहीं मानता उसके बारे में यह मान लिया जाता है कि वह यह कहता है कि जो कुछ पैग़म्बर साहिब ने कहा था वह ग़लत है। इसलिए वह काफ़िर या विधर्मी है। दोनों ही स्थितियों में उसे इस्लाम से बाहर कर दिया जाएगा।

महत्वपूर्ण सवाल

ग्रहों से लेकर धरती तक शैतान और जिनों की दुनिया से लेकर रोजमर्रा के जीवन की दुनिया तक फ़तवों में एक ही प्रकार की मानसिकता और एक ही प्रकार की तर्कप्रणाली मिलती है।

कुछेक फ़तवों के पढ़ने से ही वे महत्वपूर्ण सवाल हमारे सामने आ जाते हैं जिन पर ये उलमा अपना समय और विद्वता ख़र्च करते हैं। इसके साथ ही उस तर्कप्रणाली से भी हम परिचित हो जाते हैं जोकि वे अपनी बात को सिद्ध करने के लिए इस्तेमाल करते हैं और जिस शरीअत पर वे इतना गर्व करते हैं, उसकी आंतरिक अवस्था का भी हमें बोध हो जाता है, जोकि अपने आप में काफ़ी महत्वपूर्ण है। क्योंकि, याद रखिए, दावा सिर्फ इतना ही नहीं है कि शरीअत ख़ुदा की दी हुई संहिता है, इसलिए यह शाश्वत और अपरिवर्तनीय संहिता है। दावा यह भी किया जाता है कि यह एक अखंड संहिता है और पूरी संहिता को टुकड़े-टुकड़े किए बिना इसके ज़रा से अंश को भी बदला नहीं जा सकता। और यह दावा भी किया जाता है कि शरीअत एक निश्चित संहिता है और हर मुद्दे पर स्वयं अल्लाह ने और सदियों तक विधिवेत्ताओं ने आचरण के स्पष्ट नियम निर्धारित किए हैं।

जो जो महत्वपूर्ण सवाल विधिवेत्ताओं का पूरा ध्यान आकर्षित करते हैं और उनके बीच चलने वाली बहस की जो ख़ासियत होती है उसकी स्पष्ट जानकारी प्राप्त करने के लिए हालिया और बहु प्रशंसित किताब फ़तवा-ए-रहीमियत का एक फ़तवा काफी होगा। उससे हम इस दावे का भी जायज़ा ले सकेंगे कि शरीअत एक स्पष्ट और निश्चित संहिता है। वह महत्वपूर्ण सवाल है :

क्या मौलाना रशीद अहमद गंगोही ने यह लिखा है कि गऊ का मांस खाने की अनुमति है?

जैसा कि आपको याद होगा, मौलाना गंगोही देवबंद में हमारे अल-अज़हर दारुल-उलूम के सह संस्थापक थे और मौलाना ननौटवीं के इंतकाल के बाद उन्होंने संस्था के मुख्य संरक्षक और मार्गदर्शक का कार्यभार संभाला। क्योंकि मौलाना गंगोही देवबंद के स्तंभ थे, इसलिए वे बरेलवियों के उपहास का विषय बने। सवाल दरअसल उसी भावना से पूछा गया है और उसकी पृष्ठभूमि को मन में रखते हुए उसका जवाब भी दिया गया है। फ़तवा-ए-रिज़विया में घोषित किया गया है :

मौलाना रशीद अहमद गंगोही ने सिर्फ़ उसी बात को दोहराया है, जोकि हनफ़ी विधिवेत्ता हमेशा लिखते आए हैं। दुश्मन उन्हें जानबूझ कर बदनाम करते हैं। देखें मौलाना गंगोही का फ़तवा और साथ ही मक्का के आला मुफ़्ती अब्दुल्लाह इब्न अब्बास इब्न सिद्दीक के फ़तवे को, जोकि मौलाना साहब के फ़तवे की पुष्टि करता है।

(देखें अनु. खंड 1, पृ. 178)

टिप्पणी : यह जवाब इस बात को ध्यान में रखते हुए पढ़ा जाए कि जो नियम हराम चीज़ को हलाल कहने वाले पर लागू होता है, वही नियम हलाल चीज़ को हराम कहने वाले व्यक्ति पर भी लागू होता है।

काग को उर्दू में कव्वा फ़ारसी में ज़ग़ और अरबी में गुरब कहते हैं। (लुगान-ए-किशोरी) कौओं की कई नस्लें होती हैं, कुछ हलाल और कुछ हराम। अलबत्ता यह मस्ला (समस्या) इतना अहम नहीं है। बहुत से ऐसे पशु हैं जिनके बारे में इमामों में मतभेद हैं। उदाहरण के तौर पर गोह। इमाम अबू हनीफ़ा के मुताबिक गोह हराम है, जबकि इमाम शफ़ी इसे हलाल कहते हैं। बिज्जू हराम है, लेकिन इमाम शफ़ी के मुताबिक यह हलाल है (अनु., खंड 1, पृ. 178) कुछ इमाम चमगादड़ को हलाल कहते हैं और कुछ हराम (पृ. 290) कुछ इमामों के मुताबिक घोड़ा हराम है और कुछ के मुताबिक हलाल। शफ़ीयाइयों के मुताबिक लोमड़ी हलाल है, जबकि हनफ़ी उसे हराम मानते हैं। इमाम शफ़ी के मुताबिक मेंढक हलाल होता है लेकिन इमाम अबू हनीफ़ा उसे हराम कहते हैं। यहाँ तक कि कुछ जानवरों के जायज़ या नाजायज़ होने और घृणास्पद या अघृणास्पद होने के बारे में अबू हनीफ़ा और उनके दो प्रसिद्ध शिष्यों के बीच भी मतभेद हैं। उसी प्रकार जहाँ तक कौए का सवाल है, विधिवेत्ताओं के बीच उसे लेकर आपस में मतभेद हैं।

हमारे हनफ़ी विधिवेत्ता लिखते हैं कि कौआ तीन किस्मों का होता है। (कुछ विधिवेत्ताओं ने तीन से ज़्यादा किस्मों का बताया है)

एक वह कौआ होता है जो कूड़ा करकट खाता है। वह हराम होता है। दूसरा कौआ दाना खाता है। वह हलाल होता है। तीसरा कौआ कूड़ाकरकट और दाना, दोनों खाता है और उसे 'अकाक' कहते हैं। इमाम अबू हनीफ़ा इसे भी हलाल कहते हैं, क्योंकि यह मुर्ग की तरह होता है, जो कूड़ाकरकट और दाना, दोनों खाता है। लेकिन इमाम अबू यूसुफ के मुताबिक यह तीसरे किस्म का कौआ घृणास्पद होता है, क्योंकि वह ज़्यादातर कूड़ाकरकट खाता है। लेकिन इमाम अबू हनीफ़ा का मज़हब (धर्मविधि) अहक्क (सबसे ज़्यादा यथोचित) है। (जैड़ एस के तुक बहर खंड 1, पृ. 172; एम अन्ह, खंड 4, पृ. 514, जैड़ यू, पृ. 429-30; एफ़ जे आर, खंड 3, पृ. 143; एफ़ काज़ी खंड 4, पृ. 151; अलद्वार, कालम 1, पृ. 171)

फ़तवा-ए-आलमगीरी (खंड 5, पृ. 289) में कहा गया है, "जो कौआ दाना या वैसी और चीज़ें खाता है वह एकमत से हलाल है। (देखें बी एस, खंड 5, पृ. 39, के बी, पृ. 218, कुदूरी, पृ. 226, डी एम एंड एस, खंड 5, पृ. 268, शा वक़, खंड 4, पृ. 337; एस. सिराज, पृ. 87, हिदायात, खंड 4, पृ. 425; ई क्यू जे, खंड 3, पृ. 268)

इन न्याय शास्त्र संबंधी शरीअतों से यह साबित हो जाता है कि कुछ किस्म के कौए हलाल होते हैं और कुछ किस्म के हराम। यह कौआ शब्द ही बरेलवियों

के लिए एक हौआ है। इसका ज़िक्र आते ही वे भड़क उठते हैं और सभी किस्मों के कौओं को हराम बताते हुए वे ज़्यादातर विधिवेत्ताओं का विरोध करने लगते हैं और उन्हें ग़लत साबित करने लग जाते हैं। मौलाना गंगोही को बदनाम करने का मतलब ही क्या है, जबकि वे भी अन्य विधिवेत्ताओं की तरह कुछ कौओं को हराम और कुछ को हलाल मानते हैं। मैं यह ज़ोर देकर कह सकता हूँ कि उन्होंने दूसरे विधिवेत्ताओं के विपरीत नहीं लिखा है। अगर उन्होंने ग़लती भी की होती, तो भी वे निंदा के पात्र न होते, क्योंकि इंसान ख़ता का पुतला है। फ़तवा-ए-आलमगीरी जैसी किताब में कहा गया है कि उल्लू हलाल है, जबकि हकीकत यह है कि उल्लू हराम है। (खंड 5, पृ. 290) अल्लाह हमें शक से बचाए! आमीन, ऐ जहानों के मालिक।[9]

ज़रा सवाल पर ग़ौर कीजिए—कौए का मांस हलाल होता है या हराम? यह कोई बहुत ज़्यादा महत्वपूर्ण मामला नहीं है। ज़रा उस पांडित्य पर भी ग़ौर कीजिए जोकि इस विषय को लेकर ख़र्च किया गया है। इससे यह स्पष्ट होता है कि विशेषज्ञ इस सवाल पर एक हज़ार वर्ष से भी ज़्यादा समय से विचार करते रहे हैं। ज़रा इस बात पर भी ग़ौर कीजिए कि दस सदियों तक किए गए ऐसे उत्कट-प्रयास के बावजूद वे इस विषय में किसी सहमति पर नहीं पहुँच पाए हैं। इसके विपरीत विवाद अभी तक चलता ही चला जा रहा है। ज़रा इस बात पर भी ग़ौर कीजिए कि किस तरह इस छोटे से सवाल को लेकर उलमा के बीच जज़्बात भड़क उठते रहे हैं—बरेलवियों द्वारा मौलाना गंगोही की झूठी निंदा करना और देवबंदियों द्वारा उनकी ज़ोरदार वकालत करना—और वह भी कौए के मांस को लेकर!

कौए की बीठ

जितना पांडित्य कौए के मांस को लेकर ख़र्च हुआ है और जितने तीखे विवाद उसको लेकर खड़े हुए हैं, उतने ही पांडित्य और तीखे विवादों का विषय कौए की बीठ भी रही है।

एक प्रश्नकर्ता पूछता है, "कौए की बीठ के बारे में उलमा-ए-दीन का क्या हुक्म है? अगर वह किसी कूएँ में गिर जाए तो क्या कूआँ पाक रहता है या नापाक हो जाता है?"

अहले हदीस के उलमा का फ़रमान है कि जिस जंतु का मांस नहीं खाया जाता उसकी बीठ के बारे में फ़िक्ह में अलग-अलग मत पाए जाते हैं। 'डिक्शनरी आफ़ इस्लाम' में स्पष्ट किया गया है कि "फ़िक्ह मुसलमानों का धर्मशास्त्र है। मुस्लिम कानून संबंधी ग्रंथ, चाहे वह कानून सिविल हो या धार्मिक।" इसलिए कौए की बीठ से संबंधित सवाल का समाधान धर्मशास्त्र के विषय के रूप में किया गया है। फ़तवे

में आगे कहा गया है कि यदि ऐसे जंतु की बीठ से तुम्हारे कपड़े गंदे हो जाते हैं तो इममा अबू हनीफ़ा और इमाम अबू यूसुफ़ के अनुसार, उन्हें पहने हुए नमाज करना अनुमत्य है, लेकिन इमाम मुहम्मद के अनुसार उन्हें पहने हुए नमाज़ करना अनुमत्य नहीं है।

इसके पीछे निहित सिद्धांत को लेकर भी मतभेद है। अहले हदीस के उलमा द्वारा स्पष्ट किया गया है, कि कुछ विद्वानों के अनुसार, मतभेद पवित्रता और अपवित्रता के प्रश्न पर आधारित है—अर्थात् दूसरे शब्दों में, कपड़े गंदे हो जाने से अशुद्ध अथवा अपवित्र हो जाते हैं। अन्य विद्वानों के अनुसार यह सवाल बीठ की मात्रा के आधार पर सुलझाया जाना चाहिए। यह दूसरा सिद्धांत सही है।

एक और मतभेद है। जैसा कि सर्वज्ञात है, इस्लामी विधिशास्त्र के सबसे महत्वपूर्ण सिद्धांतों में से एक है—ज़रूरत का नियम और इसकी प्रभविष्णुता को ध्यान में रखते हुए इसे बहुत समझदारी से लागू किया जाना होता है। कौए की बीठ के बारे में पैदा हुई उलझन को सुलझाने के लिए इतने भारी अस्त्र का इस्तेमाल किया गया है। अहले हदीस के उलमा बताते हैं कि इमाम महमूद कहते हैं कि अपवित्रता इस बात पर निर्भर करती है कि उसके पीछे ज़रूरत क्या है। इससे वे इस निष्कर्ष पर पहुँचते हैं कि जो कपड़े कौए की बीठ से ख़राब हो गए हैं, उन्हें पहने हुए नमाज़ करना अनुमत्य नहीं है क्योंकि ऐसी कोई ज़रूरत नहीं है, जो व्यक्ति को सिर्फ़ उन्हीं कपड़ों में ही नमाज़ पढ़ने के लिए बाध्य कर दे। लेकिन ज़रूरत के उसी नियम के आधार पर दूसरे उलमा उससे उलट निष्कर्ष पर पहुँचे हैं। अहले हदीस उनके बारे में बताते हैं कि इन उलमा का यह फ़रमान है कि यह एक मजबूरी का मामला है। पक्षी आसमान से बीठ करते हैं और व्यक्ति के लिए उनसे बचकर निकल जाना मुश्किल है। इसलिए उन कपड़ों में नमाज़ करना अनुमत्य है।

इसके बाद उलमा किसी बरतन में बीठ गिरने के प्रश्न को उठाते हैं। इस मामले में भी, वे लिखते हैं, विधिवेत्ताओं के बीच मतभेद है। वे बताते हैं कि कररवी का कहना है कि शेखों के अनुसार पक्षियों की बीठ अपने आप में अपवित्र नहीं होती। लेकिन इस कथन पर भी उलमा में एकमत दिखाई नहीं देता। उलमा लिखते हैं कि हिंदवानी का कहना है कि इमाम साहब के मुताबिक बीठ ज़रा सी नापाक होती है लेकिन रफ़ीकों का कहना है कि वह नजस (अपवित्र) होती है।

अब तक मतभेद रफ़ीकों और इमाम साहब के बीच ही दिखाई देता था। रफ़ीकों का मत था कि बीठ नापाक नहीं होती और कुछ लोगों के अनुसार इमाम साहब का यह मत था कि बीठ एकदम नापाक होती है, जबकि कुछ और लोगों के अनुसार इमाम साहब का यह मत था कि बीठ ज़रा सी नापाक होती है। लेकिन अब एक नई उलझन खड़ी हो गई है। अहले हदीस बताते हैं कि महान विधिवेत्ता शेख़ काज़ी ख़ान के अनुसार, जिनके बारे में हम पहले काफ़ी कुछ जान चुके हैं, रफ़ीकों का

यह फ़ैसला नहीं था कि बीठ नापाक नहीं है, बल्कि उनका यह फ़ैसला था कि बीठ नापाक है, और यह कि अगर वह पानी में थोड़ी सी मात्रा में गिर जाए, तो उससे पानी गंदा हो जाता है। दूसरी तरफ़ कररवी के मुताबिक रफ़ीक पानी को गंदा नहीं मानते। बीच का रास्ता अपनाने वाले विधिवेत्ता कररवी से सहमत हैं—उलमा बताते हैं इसके अलावा उलमा यह बताते हैं कि अल्लामा तहतवी का कहना है कि जिन पक्षियों का मांस हराम है, यदि उनकी बीठ कूएँ में गिर जाए, तो पानी गंदा नहीं होगा। और वे आगे कहते हैं कि मुख़्तर का भी यही कहना है और जलबी का भी।

इस प्रकार निष्कर्ष रूप में कहते हैं कि तीनों विद्वानों के फ़रमानों के अनुसार पानी साफ़ रहता है[10]—हालांकि जिस निश्चय के साथ उन्होंने यह निष्कर्ष निकाला है वह उनके द्वारा प्रस्तुत किए गए वृत्तांत के मद्देनज़र आश्वस्त करने वाला नहीं है।

सवाल। जिन विद्वानों ने अपनी विद्वता का इस प्रश्न को सुलझाने के लिए प्रयोग किया, उन्होंने जिन विधिशास्त्रीय सिद्धांतों का इस्तेमाल किया उन सिद्धांतों के आशय को लेकर इन विद्वानों के बीच पाए जाने वाले मतभेद। प्राथमिक विशेषज्ञों के बीच के मतभेद। प्राथमिक विशेषज्ञों ने जो कुछ कहा था, उसको लेकर द्वितीयक विशेषज्ञों के बीच के मतभेद। इन सब प्रक्रियाओं के बावजूद प्रश्न का अंतिम खुलासा नहीं हो पाया।

न ही यह मान लेने से मामला तय हो पाता है कि जो पक्षी हलाल होते हैं उनकी बीठ पानी को गंदा नहीं करती, जबकि उन पक्षियों की बीट, जो हराम हैं, पानी को गंदा कर देती है। उलझन उसी तरह से बाकायदा बनी रहती है। एक बात तो यह कि बीठ को देख लेने पर व्यक्ति को यह पता लगाना होता है कि जो बीठ उस पर पड़ी है, वह हलाल पक्षी की है या हराम पक्षी की। दूसरी बात यह कि इस सवाल का फिर भी हल नहीं मिल पाता। जैसा कि हमने देखा है, इस बात को लेकर कि कौन से पक्षी हलाल हैं, कौन से हराम, विधिवेत्ताओं और विद्वानों के बीच बड़े से बड़े मतभेद पाए जाते हैं।

कुत्ते बनाम बिल्लियाँ

कुत्ते और बिल्लियाँ; पैग़म्बर के समय से लेकर उनके बारे में चलते आ रहे विरोधी मतों के कारण, एक की लार और दूसरे की लार के बीच का अंतर और उनमें से एक की लार और जिस्म के बीच का अंतर—इनमें से प्रत्येक विषय पर एक के बाद दूसरे फ़तवे में विचार किया जाता रहा है। एक बार फिर से ग़ौर कीजिए कि कभी इस बारे में किसी की ओर से यह सुझाव नहीं दिया गया कि डॉक्टरों या चिकित्सकों से पूछ कर या किन्हीं विश्लेषकों से लार या मांस की जांच करा कर मामले को तय कर लिया जाए। प्रश्न का दारोमदार इस बात पर रहता है कि किस आलिम

ने क्या कहा।

अहल-ए-हदीस के मौलाना मौलवी हफ़ीज़ अब्दुल्लाह को एक चिंतित प्रश्नकर्ता सूचित करता है, "भागियादी में काफ़ी खलबली मची हुई है। वहाबियों की यह राय है कि वह भोजन जिसमें से कुत्ते ने थोड़ा सा खा लिया हो पाक होता है। एक मौलवी ने फ़रमान दिया है, कि किसी बरतन में रखा हुआ वह पानी, जिसमें से कुछ किसी कुत्ते ने पी लिया हो, पाक होता है। इससे विवाद खड़ा हो गया है, जिसके कारण झगड़ा भी हो सकता है। कृपया कोई सोचा समझा जवाब दें। दोनों पक्षों ने आपको निर्णायक मान लिया है।"

ज़रा ग़ौर कीजिए कि इस सवाल को धार्मिक सवाल मान लिया गया है, और उस पर उतनी बार विचार किया गया है जितनी बार कुत्तों से संबंधित इसी प्रकार के सवाल शरीअत की धर्म वैधानिक पुस्तकों में चर्चित हुए हैं। और तदनुसार इनका जवाब मज़हबी हाकिम के पास जाकर ही ढूँढा गया है।

अब जवाब को पढ़िए।

मौलाना साहब कहते हैं, अबू हुरैश (पैग़म्बर साहिब के एक रफ़ीक और बहुत सी हदीसों के स्रोत) ने एक हदीस का वर्णन किया है जिसमें रसूल अल्लाह ने यह घोषित किया था कि जब कोई कुत्ता किसी बरतन को अपने मुँह से छूता है तो उस बरतन को सात बार धोकर पाक बनाया जा सकता है। पहली बार उसे मिट्टी से रगड़ा जाना चाहिए। इमाम मुस्लिम में भी इसकी पुष्टि की गई है। इमाम मुस्लिम में एक और हदीस में यह कहा गया है : बरतन में जो कुछ भी हो, उसे फैंक दो। मौलाना साहब कहते हैं, कि इस हदीस से यह पता चलता है कि बरतन में जो कुछ भी रहता है वह भी गंदा हो जाता है—क्योंकि बरतन जब गंदा होता है, तो उसे पाक बनाने के लिए ख़ास हिदायतें दी गई हैं कि उसे सात बार धोया जाए। इससे यह पता चलता है कि जो कुछ बरतन में होता है वह भी गंदा हो जाता है। मौलाना साहब कहते हैं, इसलिए यह हिदायत की गई है कि ऐसी चीज़ को फैंक दिया जाना चाहिए। वे कहते हैं, इससे यह भी पता चलता है कि कुत्ते का मांस नापाक होता है क्योंकि उसकी लार चीज़ों को नापाक बना देती है और लार मांस से निकल कर आती है।

यदि मौलवी ने यह फ़रमान दिया है कि जिस भोजन में से कुछ हिस्सा कुत्ते ने खा लिया है, उसका बचा हुआ हिस्सा पाक है उसे इस हदीस की जानकारी नहीं होगी। यह (मौलवी का फ़रमान), हदीस के अनुयायियों का मज़हब कैसे बन सकता है, क्योंकि उनका मज़हब पाक कुरआन और हदीस पर आधारित होना चाहिए न कि स्वतंत्र रायों पर। बहुत से लोग, खासतौर पर बरेलवी अहल-ए-हदीस को बदनाम करने की कोशिश कर रहे हैं। कुछ ब्यौरे......[11]में दिए गए हैं।

संक्षेप में, एक कुत्ते की लार नापाक होती है और क्योंकि लार मांस में से

आती है, इसलिए अहल-ए-हदीस के अनुसार कुत्ते का मांस भी नापाक होता है।

लेकिन इसके बरअक्स जब कोई बिल्ली किसी बरतन को चाट लेती है, तो उसके बारे में अहल-ए-हदीस के उलमा यह घोषित करते हैं कि वह बरतन नापाक नहीं होता। वे कहते हैं कि यह बात और है, कि अगर आप उसे पाक करना चाहते हैं तो कीजिए। लेकिन वे कहते हैं कि यह कुत्ते के जूठे जैसा नापाक नहीं होता। इसके विपरीत हदीस से यह स्पष्ट है कि यदि किसी खाने की चीज़ में अगर कोई बिल्ली मुँह मार जाती है, तो जो कुछ बाकी बचा रहता है, वह नापाक नहीं होता।[12]

कुत्ते का मामला

बहरहाल हम स्वयं कुत्ते के मामले पर लौटकर आते हैं। जैसा कि पहले कहा गया है, जिस भोजन में कुत्ता मुँह मार लेता है, वह गंदा हो जाता है। लेकिन अगर ख़ुद कुत्ता कुएँ में गिर जाए तो? यह सवाल लौट-लौट कर आता है और उसका समाधान प्रस्तुत करने के लिए उलमा अपनी काफी विद्वता और ऊर्जा खर्च कर देते हैं।

उलमा सहजबुद्धि का रवैया अपनाते हैं : अगर कुत्ता कुएँ में गिर जाता है लेकिन पानी का रंग नहीं बदलता और न ही उसका स्वाद या गंध बदलती है, तो वह पाक रहता है—ऐसा उनका मानना है। यह एक सुलभ और अनुभव सिद्ध नियम प्रतीत होता है। लेकिन स्वाभाविक है कि यह नियम उलमा की निगाह में पर्याप्त नहीं है, क्योंकि किसी रासायनिक परीक्षण से पता चला है कि जब कोई पानी की जाँच न करा सके तो वह इसे पहले से तयशुदा तरीके को अपनाए। यह नियम इसलिए भी पर्याप्त माना जाता है क्योंकि इस आशय की एक हदीस मौजूद है।

लेकिन यह बात अपने आप में पूरी तरह से सही नहीं है। असलियत यह है कि कुछ ही उलमा का यह कहना है कि इस आशय की हदीस उपलब्ध है।

अहल-ए-हदीस के उलमा यह घोषित करते हैं कि अगर पानी का रंग या स्वाद या गंध नहीं बदलती तो पानी पाक होता है। उनका कहना है, कि ऐसा इसलिए है, क्योंकि पैग़म्बर साहिब ने कहा था कि पानी हमेशा पाक होता है, और कोई भी चीज़ उसे प्रदूषित नहीं कर सकती। उन्होंने यह भी कहा था कि अगर उसका रंग, स्वाद या गंध बदल जाए तो वह प्रदूषित हो जाता है।

इसका मतलब यह हुआ कि इस विषय पर दो हदीसें मौजूद हैं। लेकिन जैसा कि अगले ही वाक्यों से पता चलता है, कि इन हदीसों के बारे में कोई सहमति नहीं है।

अहल-ए-हदीस के उलमा लिखते हैं कि अबू हातिम के अनुसार पहली हदीस, कि पानी पाक होता है, उसे कोई भी चीज प्रदूषित नहीं कर सकती, कमज़ोर है। लेकिन वे कहते हैं, "दूसरे नज़रिए से यह बात सही सिद्ध हो जाती है।" और दूसरी

हदीस के बाद के हिस्से पर कि अगर रंग आदि बदल जाए तो पानी प्रदूषित होता है—विधिवेत्ताओं के बीच सहमति है। इसलिए उनका फ़ैसला यह है कि पहली हदीस की भी पुष्टि हो जाती है।

लेकिन हदीस के अगले पैराग्राफ में जो कुछ कहा गया है उसके बारे में विधिवेत्ता अहल-ए-हदीस की अपेक्षा कम सावधानी बरतते हैं। पैग़म्बर साहिब ने कहा है कि जिस पानी में कुत्ता गिरा है यदि वह दस मटके या उससे ज़्यादा है, और उसका रंग, स्वाद और गंध नहीं बदलती तो वह पानी प्रदूषित नहीं होता। लेकिन अहल-ए-हदीस का यह फ़रमान है कि अगर पानी पाँच मटके से कम हो तो उस हालत में अगर रंग आदि न भी बदला हो तो भी वह पानी प्रदूषित होता है।

उसके बाद वे कूएँ की बात करते हैं। 'हिदायत' में कहा गया है कि अगर किसी कूएँ में कोई बकरी, कोई आदमी या कोई कुत्ता गिर कर मर जाता है तो उसका पूरा पानी निकाल लिया जाना चाहिए। इस नियम का आधार महत्वपूर्ण है। अहल-ए-हदीस बताते हैं कि 'हिदायत' में यह नियम इसलिए निर्धारित किया गया है क्योंकि इब्न अब्बास और इब्न ज़ुबैर ने यह फ़तवा तब दिया था जब एक हब्शी ज़मज़म में गिर कर मर गया था।

लेकिन अहल-ए-हदीस का कहना है कि कई कारणों से यह हुक्म काबिले-तस्लीम (मानने लायक) नहीं है। पहली बात तो यह कि यह इब्न अब्बास और इब्न ज़ुबैर के फ़तवे पर आधारित है और उसमें कई नुक्स हैं। उसके प्रेषण की श्रृंखला कमज़ोर है। हिदायत में यह लिखा है कि प्रेषण की श्रृंखला इसलिए कमज़ोर है क्योंकि यह श्रृंखला टूट जाती है और वह इसलिए क्योंकि इब्न सिरीन का इब्न अब्बास से मिलना ही नहीं हुआ था। अहल-ए-हदीस का कहना है कि इस हदीस में दिए गए कुछ तर्क भी कमज़ोर हैं, क्योंकि यह बात साफ़ नहीं होती कि उनका आशय क्या है। उनका कहना है कि अगर कोई हदीस को स्वीकार भी कर ले, तो उससे हुज्जत (सुबूत) हासिल नहीं हो पाती। अगर कोई रफ़ीक के फ़ैसले को वैध हुज्जत मान भी ले, लेकिन वह पूरी तरह से भरोसेमंद शरीअत का स्थान नहीं ले सकती।

विशेषज्ञों के विचार और प्रतिविचार उद्धृत करने के बाद फ़तवे में यह घोषित किया गया है कि उपर्युक्त कारणों से इब्न अब्बास का फ़तवा काबिले तस्लीम नहीं है। अहल-ए-हदीस का कहना है कि इसी आधार पर हिदायत के फ़ैसले को भी तस्लीम नहीं किया जा सकता।

उनका कहना है कि यह अजीब सी बात है कि यद्यपि हनफ़ी ऐसे कूएँ के पानी को तो नापाक बताते हैं, फिर भी वे उस पानी को, जिसकी मात्रा इसका सौवाँ हिस्सा है और जिसमें गंदगी इससे भी ज़्यादा है (अर्थात् उस गंदगी से ज़्यादा है, जोकि किसी बकरी या किसी आदमी या किसी कुत्ते के कूएँ में गिरकर मर जाने से पैदा हो जाती है) पाक बताते हैं। वे बताते हैं कि, फ़तवा-ए-आलमगीरी में यह कहा गया है कि

यदि बारिशों के दौरान परनाले में गंदगी और मल आदि हो और बारिश का पानी उसे छू कर बह रहा हो, तो उस स्थिति में स्वच्छता की कसौटी यह है कि यदि पानी का आधे से ज़्यादा हिस्सा गंदगी और मल आदि को छू रहा हो तो वह नापाक होता है, लेकिन अगर पानी का आधे से कम हिस्सा गंदगी आदि को छू रहा हो तो पानी पाक होता है। और अगर छत पर मिट्टी बिखरी पड़ी हो और उस पर बारिश का पानी गिर कर बह रहा हो तो पानी पाक होता है। ख़ुदा उन्हें ख़ुश रखे! क्या निर्णय है। इसके लिए (पानी पाक है, ऐसा मानने के लिए) जो कारण दिया गया है वह यह है कि वह बहता हुआ पानी होता है। इसके अलावा अहल-ए-हदीस यह बताते हैं कि हफ़ीज इब्न हज्र ने लिखा है कि बेहक़ी ने इब्न ऐनिया को उद्धृत किया है जिन्होंने यह कहा है कि वे सत्तर वर्ष तक मक्का में रहे और उन्होंने किसी जवान या बूढ़े आदमी से हब्शी वाली हदीस नहीं सुनी और न ही उन्होंने ज़मज़म में से पानी निकाले जाने की बात सुनी है। अहल-ए-हदीस लिखते हैं कि शफ़ी कहते हैं कि चाहे यह घटना कि पानी वास्तव में ज़मज़म में से निकाला गया था—सही भी हो, तो भी यह संभव है कि पानी में कोई अस्वच्छता पैदा हो गई हो (जोकि हब्सी के गिरने से तथाकथित रूप से पैदा होने वाली अस्वच्छता से अलग किस्म की हो) और उसी कारण से कूएँ को साफ़ करने के लिए उसका पूरा पानी निकाल दिया गया हो।[13]

ज़रा याद कीजिए कि सवाल क्या था : उस कूएँ के पानी के बारे में क्या हुक्म है जिसमें कोई बकरी या कोई आदमी या कुत्ता गिर कर मर गया है। न तो यह सवाल किसी खास कूएँ के बारे में है और न ही किसी ख़ास चीज़ के उसमें गिरने के खास मौके पर पूछा गया है और न जवाब तदनुसार दिया गया है। सवाल और जवाब के माध्यम से एक सामान्य सिद्धांत निर्धारित किया गया है। इसी सिद्धांत के आधार पर हर स्थिति विशेष में की जाने वाली कार्रवाई तय की गई है। और वह सामान्य सिद्धांत, विचाराधीन पानी की स्थिति के बारे में जाने गए किसी तथ्य को आधार मान कर निगमित नहीं किया गया है बल्कि जो कुछ 1350 वर्ष पहले किया गया था, उसको आधार मानकर निगमित किया गया है? क्या ऐसी घटना घटी थी (अर्थात् क्या ज़मज़म से पूरा पानी निकाला गया था), और अगर घटी थी, तो इसके पीछे क्या कारण था (अर्थात् क्या कोई हब्शी ज़मज़म में गिरा था) और वह निर्णय—ज़मज़म को ख़ाली करने का—लिया भी गया था तो वह पैग़म्बर साहिब के रफ़ीकों द्वारा लिया गया था, न कि ख़ुद पैग़म्बर साहिब द्वारा। लेकिन विचाराधीन मुद्दा पूरी तरह से उपर्युक्त अटकलबाजी पर निर्भर करता है।

जिस प्रकार विशेषज्ञों के बीच मतभेद का कोई अंत नहीं है उसी प्रकार जो बारीक-बारीक अंतर किए गए हैं, उनका भी कोई अंत नहीं है। ग़ौर कीजिए कि पूर्वोक्त चर्चा का संबंध अन्य बातों के साथ-साथ कूएँ में गिरने वाले कुत्ते से था। और बात पानी की की जाने लगी, जिसे पाक साबित कर दिया गया।

शुद्धतावादी के लिए ऐसा निर्णय सुविधा का निर्णय होगा। जैसा कि हम यह अच्छी तरह से जानते हैं कि जबकि कुत्ते का शरीर नैसर्गिक रूप से पाक है, बशर्ते कि उस पर कोई गंदगी साफ़तौर पर दिखाई न दे रही हो—लेकिन उसकी लार नैसर्गिक रूप से नापाक है। इसी फ़र्क के कारण, उदाहरण के तौर पर मुफ़्ती किफ़ायतुल्लाह का फ़रमान है कि यद्यपि कोई व्यक्ति अनाज और फ़सलों की रखवाली के लिए कुत्ता रख सकता है लेकिन पालतू जानवर के तौर पर कुत्ता रखने की इज़ाज़त नहीं है। इस भेद के कारण को स्पष्ट करने में मुफ़्ती साहब ने काफ़ी मेहनत की है। वे कहते हैं कि कुत्ते का सूखा जिस्म पाक होता है। अगर वह ऐसे पानी से भीगा है, जो अपने आप में पाक है, तो उसका गीला जिस्म भी पाक होता है। लेकिन वे कहते हैं कि उसकी लार नापाक होती है। और अगर उसकी लार किसी आदमी के जिस्म या कपड़ों से छू जाएँ तो यथास्थिति वह आदमी या उसके कपड़े नापाक हो जाते हैं। मुफ़्ती साहब बताते हैं कि यदि कुत्ता फ़र्श, बिस्तर या कुर्सी पर बैठ जाए, तो संभव है कि उसकी लार इन चीजों से छू जाए और अगर कोई आदमी फर्श-बिस्तर या कुर्सी पर बैठ जाए, तो यह संभव है कि इन चीज़ों से कुत्ते की लार छू जाने के बाद, वही लार आदमी से छू जाए तो वह आदमी भी नापाक हो जाएगा। इस हालत में कुरआने पाक को छूना या नमाज़ पढ़ना ग़लत होगा। जो लोग कुत्तों के साथ खेलते हैं वे अपने को और अपने कपड़ों को कुत्ते की लार से मुक्त नहीं रख सकते। इसलिए फ़रमान यह है कि कुत्ते को पालूत जानवर के तौर पर नहीं रखा जाना चाहिए लेकिन उसे फ़सल या अनाज की सुरक्षा या शिकार के लिए रखा जा सकता है।[14] लेकिन जो कुत्ता कुएँ में गिरता है तो उसके साथ-साथ उसकी लार और बाकी सब कुछ भी उसमें गिरता होगा। उसके बावजूद पानी को पाक घोषित किया जाता है। शिकार के लिए इस्तेमाल किए गए कुत्ते के मामले में भी यही बात लागू होती है। उस बतख़ के बारे में क्या माना जाएगा, जो गोली लगने पर तालाब में गिर जाती है और जिसे कुत्ता तालाब से निकाल कर अपने जबड़ों में लिए बाहर उठा लाता है। क्या उससे कुत्ते की लार नहीं छूती?

एक तरफ़ ये महत्वपूर्ण सवाल और दूसरी तरफ उनके मामले में किए जाने वाले बारीक भेद जिनकी बदौलत फ़तवे का झुकाव एक तरफ़ हो सकता है या दूसरी तरफ़। फ़तवों का यही ताना-बाना है। फ़तवों की बदौलत ही उलमा के हाथा इतनी बड़ी सत्ता आ जाती है। क्योंकि जैसा कि हमने तलाक संबंधी फ़तवों के मामले में देखा, यदि नियम साफ़ और स्पष्ट होते तो संबंधित व्यक्ति ख़ुद ही नियम पुस्तकों में से जानकारी हासिल कर लेते। यह एक हकीकत है कि हर मोड़ पर मामले का रुख़ एक तरफ या दूसरी तरफ़ मोड़ा जा सकता है, जिसकी वजह से मजबूर होकर आम आदमी को उलमा के पास जाना ही पड़ता है और जिसके आधार पर उलमा के हाथों में ज़बरदस्त ताकत आ जाती है।

छिपकली और दो किस्म के मेंढ़क

अगर कोई छिपकली कूएँ में गिर जाए तो कितना पानी निकाला जाना होता है और अगर वह फूल कर उसमें फट जाए तो क्या उस स्थिति में कूएँ का पूरा पानी निकाल लिया जाना चाहिए?—यह सवाल एक प्रश्नकर्ता पूछता है। मुफ़्ती साहब कहते हैं : छिपकली दम-ए-सय्याल नहीं होती (उसमें से लार नहीं निकलती) इसलिए उसके फूलने या फट पड़ने से पानी प्रदूषित नहीं होगा। शरीयत की पुस्तकों में इसका कारण भी स्पष्ट रूप से दिया गया है। वे पशु जो दम-ए-सय्याल नहीं होते वे हराम होते हैं लेकिन वे नापाक नहीं होते—उदाहरण के लिए यदि मक्खी या झींगुर पानी या शोरबे में गिर जाए तो पानी और शोरबा नापाक नहीं हो जाते।[15] वही बात उस कूएँ के पानी के मामले में भी लागू होती है जिसमें मेंढक गिर कर मर जाता है। क्योंकि मेंढक दम-ए-सय्याल नहीं होता, इसलिए पानी नापाक नहीं होता।[16]

देवबंद के उलमा फ़तवे में और विस्तृत फ़रमान जारी करते हैं और वे हमें भेद की जड़ तक ले जाते हैं। एक प्रश्नकर्ता पूछता है कि एक मेंढक कूएँ में से निकाला गया है, लेकिन हम यह नहीं जानते हैं कि वह बर्री है (अर्थात् धरती पर रहता है) या बरी (या पानी में)। हमें यह भी नहीं पता कि यह दम-ए-सय्याल है या नहीं। कूएँ के पानी के बारे में क्या हुक्म है? देवबंद के उलमा फ़रमान देते हैं : दरुल-मुख़्तर में यह लिखा मिलता है कि जिस मेंढक की टाँगों के बीच त्वचा नहीं होती, वह धरती का रहने वाला होता है और वह दम-ए-सय्याल होता है। इसलिए उसके पानी में गिरने से पानी नापाक हो जाता है। लेकिन पानी के मेंढक के पानी में मरने से पानी प्रदूषित नहीं होगा। उलमा एक अनुभवसिद्ध नियम बताते हैं। कोई मेंढक दम-ए-सय्याल है या नहीं इस बात का पता यह देखकर लगाया जा सकता है कि (मेंढक) बड़ा है या छोटा।[17]

इससे चार बातें सामने आती हैं; इस प्रकार के सवाल धार्मिक विशेषज्ञों से किए जाते हैं। वे उस मामले को 17वीं शताब्दी की पुस्तक में तलाशते हैं। अगर ठीक वही मामला न मिले तो फिर वे किसी मिलते जुलते मामले का पता लगाते हैं। नियम लागू करने के लिए कभी-कभी अनुभव के द्वारा सत्यापन करने की ज़रूरत पड़ती है। उदाहरण के लिए मेंढक के मामले में, यह देखना चाहिए कि उसकी टाँगों के बीच त्वचा है या नहीं? इसके अलावा कोई अनुभवसिद्ध नियम भी हो सकता है।

और आखिर में कुछ ऐसे सूक्ष्म भेद और बारीकियाँ भी होती हैं जिनके बारे में केवल इस्लामी शरीअत और इस्लामी विज्ञान में प्रशिक्षित आलिम ही यह जानता है कि उन्हें कैसे लागू किया जाना चाहिए। उदाहरण के लिए हर व्यक्ति यह नहीं जानता है कि दरुल मुख़्तर में कोई ऐसा परिच्छेद भी हो सकता है जिसके अंतर्गत

विचार तो किया गया है बीमार बकरी के मामले पर, लेकिन उसमें किसी बिल्ली के मुँह से निकाली गई मुर्गी के बारे में भी समाधान दिया गया है। उसी प्रकार कुरआन और हदीस में शराब और सूअर की जितनी घोर निंदा की गई है उसे ख़याल में रखते हुए, एक आम आदमी यह सोचेगा कि नशीली चीज़ों और अलबत्ता सूअरों का व्यापार निषिद्ध होगा। लेकिन मुफ़्ती साहब फ़रमाते हैं कि ऐसा नहीं है। केवल शराब और सूअरों का व्यापार निषिद्ध है। गांजे, चरस और कोकीन का व्यापार जायज़ है।[18] मामला यहीं पर ही खत्म नहीं हो जाता। जैसा कि हमने देखा है, उदाहरण के लिए, शराब के नशे में घोषित तलाक प्रभावी होगा या नहीं, यह बात उस चीज़ पर निर्भर करती है जिससे वह ख़ास शराब निकाली गई जिसे पीकर पति ने अपनी पत्नी को तलाक दिया था।[19]

एक ख़ास किस्म का विवाद

फ़तवों के एक के बाद दूसरे संकलन में इस सवाल पर विचार किया गया है : "क्या खड़े होकर पेशाब करना अनुमत्य है?" इस मामूली सी बात पर जितना जोश ख़र्च किया गया है उसे देखकर वह आदमी जो नया-नया फ़तवों और शरीअत से परिचित होता है, हैरान रह जाएगा। इस मामले में जो तर्क प्रणाली अपनाई गई है—सैकड़ों वर्ष पहले के मूल ग्रंथों पर, इस मामले में हदीस पर, जितना ज़्यादा निर्भर किया गया है—और यह तरीका अनिवार्य रूप से व्यक्ति को जिस उलझन में डाल देता है, इन दोनों बातों की झलक हमें फतवों में मिल जाती है।

अहले-हदीस का फ़रमान है कि खड़े होकर पेशाब करने की अनुमति है, बशर्ते कि आप यह सुनिश्चित कर लें कि पेशाब की कोई बूँद आप पर न गिरे। हदीसे पाक में यह कहा गया है कि इस बात का लिखित प्रमाण है कि स्वयं पैग़म्बर साहिब ने खड़े होकर पेशाब किया था। हदीस के अधिकतर टिप्पणीकारों के बीच इसके बारे में, अर्थात् इस हदीस के बारे में परस्पर सहमति है जिसमें यह कहा गया है कि पैग़म्बर साहिब ने खड़े होकर पेशाब किया था। उलमा ने उन विशेषज्ञों का भी उल्लेख किया जिनके द्वारा उक्त विषय पर लिखित सामग्री पढ़ने योग्य है।

अगला प्रश्नकर्ता उलटी तरह से वही सवाल पूछता है : वह कहता है कृपया वह हदीस उद्धृत करें जिसमें खड़े होकर पेशाब करने से मना किया गया है। अहले-हदीस जवाब में कहते हैं, पैग़म्बर साहिब ने उमर को खड़े होकर पेशाब करने से रोका था। लेकिन वे साथ में यह भी कहते हैं : यह हदीस कमज़ोर है। हम जल्द ही यह देखेंगे कि दूसरे उलमा इस हदीस को किस रूप में देखते हैं और उसके क्या परिणाम निकलते हैं। अहले हदीस इस फ़तवे में यह स्वीकार करते हैं कि यद्यपि पैग़म्बर साहिब ने एक बार खड़े होकर पेशाब किया था लेकिन यह उनकी आदत नहीं थी। इस

प्रकार उन्होंने इससे पहले के अपने फ़तवे में जो यह कहा था कि खड़े होकर पेशाब करने की अनुमति है क्योंकि ख़ुद पैग़म्बर साहिब ने एक बार ऐसा किया था, उसमें वे अब तरमीम कर लेते हैं। और अपनी इस तरमीम की पुष्टि में वे आयशा के इस कथन को उद्धृत करते हैं : "अगर कोई यह कहता है कि पैग़म्बर साहिब खड़े होकर पेशाब करता है तो उसके इस कहे को मत मानो। वे बैठकर ही पेशाब किया करते थे।" अहले-हदीस दो हदीसों के बारे में—एक, जिसका संबंध उमर से है और दूसरा, जिसका संबंध आयशा से है—विशेषज्ञों को उद्धृत करते हुए बताते हैं कि इनमें से कौन सी हदीस कमज़ोर है। वे अपने फ़रमान में यह निर्धारित करते हैं कि कितना महत्व इस हदीस को दिया जाना चाहिए जो कार्य पर आधारित है और कितना उस हदीस को जो कथन पर आधारित है।[20]

देवबंद के उलमा का फ़रमान अहले-हदीस के फ़रमान से कहीं ज़्यादा सुनिश्चित है। वे घोषित करते हैं कि बिना औचित्य के खड़े होकर पेशाब करना मना है और घृणास्पद है। वे आगे कहते हैं कि पैग़म्बर साहिब ने केवल एक बार ही खड़े होकर पेशाब किया था और उसका औचित्य था और ज़रूरत थी। इसके अलावा, वे कहते हैं, "ख़ुद पैग़म्बर साहिब ने खड़े होकर पेशाब करने से मना किया था।" वे बताते हैं, उमर ने कहा है, "एक बार मुझे खड़े होकर पेशाब करते देखकर पैग़म्बर साहिब ने कहा था, 'ऐ उमर, खड़े होकर पेशाब मत किया करो!' उसके बाद मैंने कभी खड़े होकर पेशाब नहीं किया।"[21]

फ़तवा-ए-रिज़विया की सामग्री पर घनी लिखावट वाले क्वार्टो आकार के चार पृष्ठ ख़र्च हुए हैं। याद कीजिए कि अहले हदीस ने अपने पहले फ़तवे में यह फ़रमान दिया था कि खड़े होकर पेशाब करने की इजाज़त है और एक हदीस के आधार पर उन्होंने कहा था कि ख़ुद पैग़म्बर साहिब ने खड़े होकर पेशाब किया था। मौलाना अहमद रज़ा ख़ान इस प्रकार की दलील पर बुरी तरह से बरस पड़े हैं। अपनी बात कहने के लिए उन्होंने चार हदीसें उद्धृत की हैं, जिन्हें उन्होंने "विश्वसनीय" बताया है। इनमें से एक हदीस वह भी है जिसे अहले-हदीस ने कमज़ोर बताया है। उन्होंने बारी-बारी हर विशेषज्ञ की आपत्ति को लेकर उसका ब्यौरेवार खंडन किया है। इस मुद्दे को इतना महत्वपूर्ण बना दिया गया है और इस पर इतना ज़ोरदार बहस मुबाहसा हुआ है।

इस फ़तवे से उलमा की तर्क प्रणाली का और उस गंभीरता का उदाहरण देखने को मिलता है जोकि ऐसे सवालों पर किए गए बहस-मुबाहसे में बरती गई है। इसका अध्ययन फलदायक होगा।

मौलाना साहब घोषित करते हैं कि खड़े होकर पेशाब करना चार तरह से हानिकारक है।

पहला, पेशाब की बूँदें जिस्म और कपड़ों पर गिर सकती हैं और इस प्रकार

जिस्म और कपड़ों को नापाक बना सकती हैं—और फिर इससे कोई ज़रूरत भी तो पूरी नहीं होती। यह (खड़े होकर पेशाब करना) हराम है। अपने कथन की पुष्टि में मौलाना कई विशेषज्ञों और लिखित प्रमाणों को उद्धृत करते हैं जिनमें दरुल मुख़्तर भी शामिल हैं।

दूसरा, पेशाब की बूँदें जिस्म पर गिरने से कब्र में यातना झेलनी पड़ती है। मौलाना साहब उल्लेख करते हैं कि रसूले अल्लाह ने कहा था, "पेशाब (से गंदा होने) से बचो, क्योंकि उससे प्रायः कब्र में यातना झेलनी पड़ सकती है।" पैग़म्बर साहिब ने दो व्यक्तियों को कब्र में यातना झेलते हुए देखा था। उनका कहना था, "एक ने तो पेशाब करते हुए ख़ुद को (उसकी बूँदों से) बचा कर नहीं रखा था और दूसरी चुग़लख़ोर था।"

तीसरा, खड़े होकर पेशाब करने से आदमी ख़ुद को उघाड़ देता है और पास से गुज़रने वालों और वहाँ मौजूद दूसरे लोगों की उस पर निगाह पड़ेगी। जब आदमी बैठ कर पेशाब करता है तो जँघाएँ पर्दे का काम करती हैं और जब आदमी खड़ा होता है, तो वह नंगा होता है। इससे आदमी लानत का भागी बनता है। 'इलाही हदीस' में कहा गया है, "लानत है उस पर जो पुरुष के गुप्तांग को देखता है और लानत है उस पर जो उसे दिखाता है।"

मौलाना साहब चौथा नुकसान बताते हुए कहते हैं कि यह प्रथा ईसाइयों की है और यह उन्हीं को शोभा देती है। आजकल जो लोग इस आदत में पड़ जाते हैं वे लानत और यातना के भागी बनते हैं। अपनी बात की पुष्टि के लिए मौलाना साहब कुरआन और हदीस का हवाला देते हैं।

मौलाना साहब फ़रमाते हैं कि इस प्रकार की गतिविधि के बारे में, जोकि पैग़म्बर साहिब की सुन्नत के ख़िलाफ़ है और उसकी नाफ़रमानी करती है, कई हदीसें हैं। इसके बाद वे उनमें से कई हदीसों को उद्धृत करते हैं।

हदीस संख्या 1 : इमाम अहमद तिरमिज़ी और इमाम नसाई तथा इब्न हब्न अपनी पुस्तक 'सहीह' में आयशा को उद्धृत करते हैं, जिन्होंने कहा था, "जो यह कहता है कि पैग़म्बर साहिब खड़े होकर पेशाब करते थे, उसकी बात को सच न माना जाए। वे बैठकर ही पेशाब करते थे, कभी खड़े होकर नहीं।" इमाम तिरमिज़ी कहते हैं, "इस विषय पर जितनी हदीसें उपलब्ध हैं, आयशा की हदीस उनमें से सबसे अच्छी और सबसे सही है।" सहीह अबू अवानाह और मुस्तिद्रक-ए-हकीम में यह हदीस इन शब्दों में पाई जाती है, "जबसे रसूले पाक को कुरआन का इलहाम हुआ तबसे उन्होंने खड़े होकर कभी पेशाब नहीं किया।"

हदीस संख्या 2 : बाज़ार ने, 'सहीह बुदीदाह' के आधार पर अपनी पुस्तक 'मुस्नद' में कहा है कि पैग़म्बर साहिब ने कहा था, "तीन बातें जफ़ा (अनीति) और बेअदबी मानी जाती हैं : कि आदमी खड़ा होकर पेशाब करे, नमाज़ पढ़ते हुए वह

अपने माथे से पसीना पोंछे और सजदाह करते हुए (दंडवत अवस्था में) सांस ले (ज़मीन पर)। यहाँ फिर मौलाना अन्य विशेषज्ञों को उद्धृत करते हैं जिन्होंने इन बातों की पुष्टि की है।

हदीस संख्या 3 : तिरमज़ी और इब्न मजाह और बेहकी, उमर फ़ारूक को उद्धृत करते हैं जिन्होंने कहा था, "पैग़म्बर साहिब ने मुझे खड़े हुए पेशाब करते देखा। उन्होंने कहा, 'खड़े होकर पेशाब मत किया करो।' उस दिन के बाद मैंने ऐसा कभी नहीं किया।"

हदीस संख्या 4 : इब्न मजाह और बेहकी जाबिर को उद्धृत करते हैं, जिन्होंने कहा था, "पैग़म्बर साहिब ने खड़े होकर पेशाब करने से मना किया है।" इमाम ख़ातिमल-हाफ़िज़ कहते हैं कि यह हदीस सही है।

मौलाना अहमद रज़ा ख़ान लिखते हैं : बाकी रही वह हदीस जो कि ख़ादिफ़ाह से है जिसमें बताया गया है, "पैग़म्बर साहिब एक गोबर के ढेर के पास गए और उन्होंने खड़े होकर वहाँ पेशाब किया।" मौलाना साहब फ़रमाते हैं कि बहुत से धर्म विज्ञानियों और विद्वानों ने इसका बहुत दृष्टियों से खंडन किया है।

पहली बात तो यह कि आयशा की हदीस के मद्देनज़र इस हदीस का निराकरण हो जाता है, जैसा कि इमाम अबू अवानाह द्वारा अपनी पुस्तक सहीह और इब्न शाही द्वारा किताब-अल-सुन्नत में स्वीकार किया गया है।

दूसरा, मौलाना साहब का कहना है कि उस समय पैग़म्बर साहिब के पहलू में एक घाव था और वे बैठ नहीं सकते थे। इसका वर्णन अबू हुरैरा द्वारा किया गया है और हकीम वादर कातिन और बेहकी द्वारा इस तथ्य को स्वीकार किया गया है।

तीसरा, मौलाना यह भी बताते हैं कि गंदगी की वजह से बैठने की जगह भी नहीं थी। इमाम अब्द-अल अज़ीम ज़की-अल-दीन मंज़री इस तथ्य की पुष्टि करते हैं।

चौथा, वे कहते हैं कि गोबर के ढेर की ढाल ऐसी थी कि पैग़म्बर साहिब (उस पर कहीं भी) बैठ नहीं सकते थे। इस व्याख्या की पुष्टि अबाहरी और अन्य विद्वानों द्वारा की गई है।

पाँचवाँ, पैग़म्बर साहिब की मुतबर्रिक (पवित्र) पीठ में दर्द था और अरबियों का ऐसा मानना है कि इस तरह से पेशाब करने से रोग दूर हो जाता है। यह व्याख्या इमाम शफ़ी और इमाम अहमद द्वारा प्रस्तुत की गई है। चालीस चिकित्सक इस बात से सहमत हैं कि खड़े हुए पेशाब करने से सत्तर बीमारियाँ ठीक हो जाती हैं। और भी कई कारण हैं जो कि नीचे दिए गए हैं।

मौलाना साहब कहते हैं, हो सकता है कि पैग़म्बर साहिब ने केवल एक बार खड़े होकर पेशाब किया हो। लेकिन वे आगे यह घोषित करते हैं कि प्रामाणिक हदीस

से यह पता चलता है कि जब कुरआन का पैग़म्बर साहिब को इलहाम होना शुरू हुआ उसके बाद से उन्होंने अपने जीवन के अंत तक हमेशा बैठकर ही पेशाब किया। प्रामाणिक हदीस से यह भी सिद्ध हो जाता है कि पैग़म्बर साहिब खड़े होकर पेशाब करने को शिष्टता और सभ्याचार के विरुद्ध मानते थे। वे घोषित करते हैं कि ऐसी अनेक हदीसें उपलब्ध हैं जो इस बात की पुष्टि करती हैं कि पैग़म्बर साहिब ने इस प्रकार पेशाब करने से मना किया था। केवल इन्हीं हदीसों को ही जायज़ माना जाना चाहिए। एक सामान्य सिद्धांत के मुकाबले किसी घटना विशेष को महत्व नहीं दिया जाना चाहिए।

इसके अलावा नफ़्स-ए-हदीस में यह स्पष्ट किया गया है कि गोबर का ढेर काफ़ी ऊँचा और ढलानदार था और उसके नीचे गोबर की वजह से ज़मीन इतनी नरम थी कि बूँदों के (उनके शरीर या उनके कपड़ों पर) गिरने की कोई संभावना नहीं थी। उनके सामने एक दीवार थी। गोबर का ढेर एक अलग-थलग जगह पर था, मुख्य मार्ग पर नहीं और उन्होंने ख़ादिफ़ाह को अपने पीछे खड़ा कर दिया था ताकि उनकी यह तरफ़ भी ढकी रहती। इससे यह पता चलता है कि वे यह नहीं चाहते थे कि उनकी मुतबर्रिक पीठ को भी कोई देख पाता। और जो उन्होंने जीवन में केवल एक बार किया उसके लिए ये सब एहतियात बरते गए थे।

क्या ये आधुनिक लोग केवल इसी दृष्टांत का अनुकरण करना चाहते हैं? मौलाना सवाल करते हैं और फिर उत्क्रोशवश कह उठते हैं, "या अल्लाह! हम उनके बारे में और उनकी असभ्य करतूतों के बारे में क्या कहें! और इस पर तुर्रा यह कि वे एक मुतर्रिक हदीस से अपनी करतूतों के लिए हिमायत हासिल करने की कोशिश कर रहे हैं।"[22]

ऐसा सवाल। उस पर ख़र्च की गई इतनी विद्वता और इतना समय। एक घटना को लेकर इस कदर बाल की खाल उतारना। और इस विषय को लेकर दिखाया गया इतना जोश।

केवल एक बात और कहना मैं ज़रूरी समझता हूँ। इस मामले का महत्व सिद्धांतगत नहीं, बल्कि फ़ौरी व्यवहारगत है। लगता है कि संबंधित हदीस और इन फ़तवों की जानकारी न होने के कारण ही हमारे धर्मनिरपेक्षवादियों ने अब तक यह घोषित नहीं किया कि साधारण, सार्वजनिक मूत्रालय एक साज़िश है मोमिनों से सुन्नत के ख़िलाफ़ अमल कराने की।

हदीस का महत्व

लेकिन अब हम तर्कप्रणाली पर विचार करेंगे। ज़रा ग़ौर कीजिए कि ऐसे सवाल को कितना महत्व दिया जाता है। ग़ौर कीजिए कि कितना मुश्किल है, बल्कि अगर कोई

ईमान का सच्चा हो, तो उसके लिए कितना असंभव है किसी भी काम को उस तरीके से हटकर करना, जिस तरीके से उसे पैग़म्बर साहिब किया करते थे, चाहे ईमान से—जिस अर्थ में दूसरे लोग उसे समझते हैं—उसका दूर का भी कोई संबंध न हो। और पैग़म्बर साहिब का तरीका—सुन्नत—हदीस से ही जाना जा सकता है।

इसलिए जब यह सवाल उठता है कि आदमी क्या करे और कैसे करे और उस ममाले से संबंधित कोई हदीस उपलब्ध होती है तो उसे उसी हदीस के मुताबिक ही सुलझाया जाता है। उससे बचकर निकलने का कोई रास्ता नहीं है। लेकिन प्रायः उससे बहुत सी मुश्किलें खड़ी हो जाती हैं। इस संबंध में एक ही उदाहरण काफी होगा।

प्रश्नकर्ता लिखता है, एक ऐसी हदीस है जो सहीह मुस्लिम में पाई जाती है। यही हदीस दूसरी हदीस पुस्तकों में भी अलग-अलग शब्दों में पाई जाती है, लेकिन उसका अर्थ एक ही है। बताया जाता है कि पैग़म्बर साहिब ने कहा था, "इस्लाम हरदम रहेगा और उसके बारह ख़लीफ़े होंगे।" वह प्रश्नकर्ता आगे लिखता है, इस संदर्भ में निम्नलिखित सवाल पैदा होते हैं :

1. इन बारह खलीफ़ों के नाम क्या हैं?

2. क्या ये सभी बारह ख़लीफ़े अच्छे इंसान होंगे या इनमें से कुछ अच्छे इंसान होंगे और बाकी बुरे? अगर यह बाद की कही गई बात उन पर लागू होती है तो क्या पैग़म्बर साहिब या दूसरे उलमा ने यह तफ़्सील दी थी?

3. क्या सभी बारह ख़लीफ़े गद्दी पर बैठ चुके हैं, या उनमें से कुछ का आना बाकी है?

4. इस हदीस ने शियाओं के बीच एक समस्या खड़ी कर दी है। वे कहते हैं कि जब तक बारह ख़लीफ़े पूरे नहीं होते तब तक इस्लाम ख़त्म होने वाला नहीं है और बारह की गिनती पूरी हो चुकी है। अब अगर बारह ख़लीफ़े हो चुके हैं और गिनती पहले पूरी हो चुकी है तो क्या इस हदीस की दृष्टि से विश्व में इस्लाम बाकी कुछ बचा रह गया है?

5. मुल्ला अली कारी की पुस्तक शरीअ-फ़िक्ह-अकबर में पृ. 82 या किन्हीं दूसरे पृष्ठों पर बारह ख़लीफ़ों के नाम दिए गए हैं। वे सही हैं या ग़लत?

आप फ़ौरन इन सवालों का मक्सद भाँप गए होंगे। क्योंकि अगर हम केवल सुन्नी गिनती को ही लें, तो भी सन् 1924 तक लगभग एक सौ ख़लीफ़े हो चुके थे और तब ख़िलाफ़त की प्रथा समाप्त कर दी गई थी। जब पैग़म्बर साहिब ने बारह ख़लीफ़ों की बात कही थी तो फिर सौ ख़लीफ़े कैसे हो गए? जैसा कि हम थोड़ा आगे चलकर देखेंगे कि इस हदीस के कारण मोमिन के लिए सिर्फ यही एक समस्या पैदा नहीं हो जाती। लेकिन यह एक प्रत्यक्ष समस्या है : सौ का बारह के साथ कैसे मेल बैठाया जाए?

कोई भी व्यक्ति इस बारे में शक नहीं कर सकता कि जब पैग़म्बर साहिब ने यह कहा है कि इस्लाम में बारह ख़लीफ़े होंगे तो फिर बारह ही ख़लीफ़े होंगे। दूसरी तरफ इन ख़लीफ़ों की संख्या पहले से ही इस संख्या की बारह गुना से भी अधिक हो चुकी है।

अब देखिए कि किस प्रकार मौलाना अहमद रज़ा ख़ान जैसे शास्त्रार्थ महारथी को भी कलाबाज़ी लगानी पड़ती है और टालमटोल करनी पड़ती है। वे घोषित करते हैं, अल्लाह या पैग़म्बर साहिब ने गुप्त चीज़ों के बारे में जो कुछ कहा है वह तो सच होगा ही। उन्होंने जो कुछ नहीं कहा है, उस पर विश्वास करने का कोई ज़रिया नहीं है, क्योंकि जो कुछ छिपा हुआ है उसे तब तक जाना नहीं जा सकता जब तक अल्लाह या पैग़म्बर उसे प्रकट न करें। इस हदीस पर ताबीन (अनुयायी) के दिनों से चर्चा चल रही है। महालाब ने कहा था, "मुझे ऐसा कोई आदमी नहीं मिला जोकि मुझे इस हदीस का पूरा आशय स्पष्ट कर सके!" सहीह मुस्लिम से इस हदीस के बहुत से निहितार्थों का उल्लेख करते हुए इमाम काज़ी आयज़ मलीकी ने कहा था, "इस हदीस के दूसरे अर्थ हो सकते हैं और सिर्फ़ अल्लाह ही अपने रसूल के आशय को जानता है।" इमाम इब्न अल जोज़ी 'कश्फ़ अल-मुश्कल' में लिखते हैं, "मैंने बरसों तक इस हदीस के अर्थ ढूँढे हैं। मैंने उन सब किताबों को भी देख डाला जिनमें मैं समझता था, मुझे इसके अर्थ मिल जाएँगे। मैंने अपने वक्त के विद्वानों से भी पूछा। लेकिन जहाँ तक इसके अर्थों का संबंध है, मुझे उनके बारे में अभी तसल्ली नहीं हुई। मेरी तसल्ली कैसे हो सकती है? जो तफ़सीलें अल्लाह और पैग़म्बर साहिब ने गुप्त बातों के बारे में नहीं दी हैं उन तफ़्सीलों के बारे में हम निश्चयपूर्वक कैसे कुछ कह सकते हैं? अलबत्ता इसके बारे में लोग अटकलें ज़रूर लगाते हैं। लेकिन निश्चित रूप से किसी भी बात पर विश्वास नहीं किया जा सकता। जो निश्चयपूर्वक कहा जा सकता है वह यह है कि बारह ख़लीफ़ों के बारे में उस हदीस में चिह्न मिले हैं। जिनमें वे चिह्न मौजूद होंगे वे सब व्यावहारिक उद्देश्यों के लिए मुसलमान होंगे, यद्यपि ईमान के उद्देश्य से नहीं, और जिनमें वे चिह्न नहीं होंगे वे झूठे ख़लीफ़ा होंगे। वे चिह्न इस प्रकार हैं : (1) वे सभी कुरेश शेख़ होंगे, (2) हदीस के विभिन्न संकलनों के अनुसार वे सभी बादशाह और ज़मीनों के मालिक होंगे, (3) इस्लाम उनके समय में शक्तिशाली बनेगा, (4) उनके समय के दौरान शांति रहेगी, (5) उम्मत की आम राय उनके हक में होगी, अर्थात् शासक और मोमिन उन्हें मालिक और सच्चे ख़लीफ़ा कबूल करेंगे, (6-7) वे दीन के सिद्धांतों और शिक्षाओं पर अमल करेंगे और उनमें से केवल एक ख़लीफ़ा ही एक समय पर शासन करेगा।"

मौलाना साहब कहते हैं जिन्होंने अटकलबाज़ी से काम लिया है उन्होंने सभी हदीस संकलनों का अध्ययन नहीं किया है और उन्होंने कुछ छिटपुट वाक्यों से ही निष्कर्ष लगा लिए हैं। उदाहरण के लिए अबुल हसन मनवी इस निष्कर्ष पर पहुँचे

हैं कि बारह ख़लीफ़े एक ही वक्त पर होंगे। उन्होंने साहिब-अल-बुख़ारी के केवल एक ही शब्द को आधार मान लिया है। मौलाना साहब कहते हैं, अगर आप दूसरे शब्दों को देखें तो आप हैरान हो जाएँगे कि प्रतिद्वंद्व और आम राय की आपस में पटरी कैसे बैठ सकती है। ऐसी स्थितियों में इस्लाम सशक्त, प्रबल, स्थिर और सुस्थापित कैसे हो सकता है? अली कारी का यह कथन कि बारह की गिनती अबू बकर से लेकर उमय्यदों के अंतिम ख़लीफ़ों तक की जानी चाहिए, निराधार है। एक गंदे ख़लीफ़ा यज़ीद की गिनती भी इनमें की गई है जबकि उस शैतान के शासनकाल का दीन की ताकत या शांति से कोई संबंध नहीं है। अगर सिर्फ़ बारह शासनकालों को ही ख़िलाफ़त के शासन काल माना जाना है तो विभिन्न शरीअतों का अध्ययन करने पर वे ऐसी बात न करते। हकीकत तो यह है कि उस शैतान (यज़ीद) ने ख़ुद पैग़म्बर साहिब के नाती हुसैन की सिर्फ़ इसलिए हत्या कर डाली क्योंकि उन्होंने यज़ीद का सम्मान करने से इंकार कर दिया। यह वह आदमी था जिसने बेटियों और बहनों की इज़्ज़त को ख़ाक में मिला दिया। उसने नमाज़ पढ़ना छोड़ दिया। वह शराब पीता था। इसलिए यह व्याख्या निराधार है। शरीअत में यह कहीं नहीं कहा गया है कि बिना किसी अंतराल के एक के बाद दूसरा खलीफ़ा पदासीन होता चला जाएगा।

इनमें से आठ ख़लीफ़े पहले ही हो चुके हैं—अबू बकर, उमर, उस्मान, अली, हसन, मुआविया, अब्दुल्लाह बिन जुबैर और उमर बिन अब्दुल अज़ीज़। एक और—इमाम मेहदी—का आना निश्चित हो चुका है। बाकी तीन के बारे में अल्लाह और पैग़म्बर साहिब जानते हैं। यह हज़ार-हैरानियों की बात है कि उन ख़लीफ़ों में से एक अब्दुल्लाह बिन जुबैर को जोकि पैग़म्बर साहिब का रफ़ीक भी था और एक रफ़ीक का बेटा भी, एक न्याय पारायण इमाम भी था और ख़ुद पैग़म्बर साहिब का भतीजा था और अबू बकर का पोता था, गिनती में शामिल नहीं किया गया लेकिन उस गंदे शैतान (यज़ीद) को शामिल कर लिया गया है। जबकि हकीकत यह है कि अमीर-अल मोमिनीन उमर बिन अब्दुल अज़ीज़ ने इस आदमी को बीस कोड़े मारे थे। अब्दुल बिन जुबैर की बात तो दूर, यहाँ तक कि अली को भी इस गिनती में शामिल नहीं किया गया है क्योंकि उनकी ख़िलाफ़त की अवधि बहुत कम थी। लेकिन वालिद को इस गिनती में शामिल कर लिया गया है। यह वह आदमी था जिसने कुरआने पाक को दीवार के सहारे खड़ा करके उसे तीरों से छलनी कर दिया था।

मौलाना साहब घोषित करते हैं कि, ऐसे निराधार और निरर्थक कथनों में कोई प्रमाणिकता नहीं होती। वे निष्कर्ष रूप में कहते हैं कि यह (दी गई सूची) केवल एक बेवकूफ़ विद्वान की बेवकूफ़ी है।[23]

पैग़म्बर साहिब ने साफ़ कहा था : बारह ख़लीफ़े होंगे और यह एक साफ़ असलियत है कि लगभग एक सौ ख़लीफ़े हो चुके हैं। लेकिन उलमा द्वारा इस मामले पर बेपनाह विद्वता और मेहनत ख़र्च कर दी गई है।

उसके बावजूद, बारह के क्या अर्थ हैं, इसके बारे में उनके बीच कोई सहमति नहीं हो पाई है। क्या एक ही समय पर बारह ख़लीफ़े होंगे? क्या एक के बाद एक बिना व्यवधान के गद्दी पर बैठते चले जाएँगे या अनिश्चित अवधि के अंतरालों के बाद एक के बाद दूसरा ख़लीफ़ा गद्दीनशीं होता चला जाएगा? क्या वे बारह व्यक्ति होंगे या बारह ख़ानदान?

ये बारह ख़लीफ़े कौन से हैं इसके बारे में कोई सहमति नहीं।

इस बारे में भी कोई सहमति नहीं कि वे सब आकर जा चुके हैं या उनमें से कुछ का आना बाकी है।

उलमा का आख़िरी स्पष्टीकरण क्या है? वह सिर्फ़ अल्लाह या पैग़म्बर साहिब को मालूम है कि पैग़म्बर साहिब का क्या अभिप्राय था।

और याद कीजिए कि सवाल क्या था—सवाल ख़लीफ़ों की संख्या के बारे में था। एक सीधा-सादा सा सवाल। एक बुनियादी सवाल। उसके बावजूद जवाबों की यह हालत है।

समस्या हदीस में नहीं है। वह सीधी-सादी है। समस्या इस ज़िद को लेकर है कि सौ की संख्या किसी न किसी तरह से बारह बन जानी चाहिए। यह एक बुनियादी स्थिति है जिसे फ़तवे के शुरू-शुरू के वाक्यों में व्यक्त किया गया है : ''हकीकत यह है कि गुप्त चीज़ों के बारे में अल्लाह और पैग़म्बर साहिब ने जो कुछ कहा है, वह तो सच होगा ही। उन्होंने जो कुछ नहीं कहा है उस पर विश्वास करने का कोई ज़रिया नहीं है क्योंकि जो कुछ छिपा हुआ है उसे तब तक जाना नहीं जा सकता जब तक अल्लाह या पैग़म्बर उसे प्रकट न कर दें।''

इस हदीस का संबंध किसी गुप्त या छिपी हुई चीज़ से है, यह कहकर बात को घुमाव दे दिया गया है। ख़िलाफ़त एक ऐसी खुली संस्था थी, जिसके बारे में सब जानते थे। लेकिन वह छिपी हुई चीज़ इसलिए बन जाती है क्योंकि 'बारह' की संख्या का स्पष्टीकरण देना पड़ता है।

और 'बारह' की संख्या ही हदीस की समस्या नहीं है। 'सहीह मुस्लिम' में दी गई हदीस में एक और वाक्यांश भी है, जोकि प्रश्नकर्ता ने छोड़ दिया था। उसके कारण भी उलमा को स्पष्टीकरण देने में उसी प्रकार की कलाबाज़ियाँ लेनी पड़ती हैं और टालमटोल करनी पड़ती है।

हदीस में पैग़म्बर साहिब कहते हैं : बारह ख़लीफ़े होने तक मज़हब शक्तिशाली और प्रबल बना रहेगा। और इसके आगे उन्होंने कहा, ''उनमें से सभी कुरैश कबीले से होंगे।''

केवल बाहर ख़लीफ़े होने से संबंधित सवाल के अ़लावा, इस बात का भी स्पष्टीकरण कैसे दिया जा सकता है कि वास्तव में सभी के सभी ख़लीफ़े सिर्फ़ कुरैश कबीले से नहीं हुए हैं? दूसरी बात यह कि इस मामले में पैग़म्बर साहिब अपने कबीले

के व्यक्तियों को दूसरे मोमिनों से ऊँचा दर्जा दे रहे थे, जबकि दावा यह किया जाता है कि इस्लाम एकमात्र ऐसा मज़हब है जिसमें सभी मोमिन एकदम बराबर होते हैं। इन दोनों बातों के बीच मेल कैसे बैठाया जा सकता है?

'सहीह मुस्लिम' के संपादक तथा अनुवादक लिखते हैं, "यह सवाल कि क्या ख़िलाफ़त सिर्फ़ कुरैशों का विशेषाधिकार है, उन विवादास्पद मुद्दों में से एक है, जिनको लेकर विद्वानों के बीच काफी मतभेद रहा है।" वे लिखते हैं—कुछ विद्वान कहते हैं ख़िलाफ़त अनिवार्य रूप से कुरैशों में से किसी व्यक्ति की होनी चाहिए और दूसरे विद्वान यह कहते हैं कि यदि कुरैशों में से किसी व्यक्ति में ख़लीफ़ा होने के लिए अपेक्षित बाकी सब योग्यताएँ हों तो उसे तरजीह दी जानी चाहिए।

विद्वान महोदय पैग़म्बर साहिब की एक और हदीस उद्धृत करते हैं, जिसमें पैग़म्बर साहिब कहते हैं, "खिलाफ़त कुरैशों के पास रहेगी, और जब तक वे दीन को कायम रखेंगे, तब तक वे लोग जो उनका मुकाबला करेंगे, अपने मुँह के बल गिरेंगे।" वे एक और हदीस को उद्धृत करते हैं जिसमें पैग़म्बर साहिब कहते हैं, "जब तक कुरैश न्यायपूर्वक शासन करेंगे, अपने वादों को पूरा करते रहेंगे और (अपने लोगों के साथ) रहम से पेश आते रहेंगे, तब तक ख़िलाफ़त उनके बीच बनी रहेगी।" ये शब्द एक दूरदर्शितापूर्ण सलाह के हैं लेकिन इन शब्दों से काफ़ी अलग हैं, "बारह ख़लीफ़े होने तक मज़हब शक्तिशाली और प्रबल बना रहेगा। उनमें से सभी कुरैशों में से होंगे।"

इसी प्रकार, इस मुद्दे को लेकर कि पैग़म्बर साहिब ने एक तरह से अपने कबीले को इस उच्चतम पद के लिए अभिसिक्त किया है, यह स्पष्टीकरण दिया गया है: उन्होंने उन्हें केवल एक निश्चित स्थान और समय के लिए चुना है, क्योंकि उस समय और उस स्थान पर इस संस्था को आगे बढ़ाने में वे सबसे बेहतर सन्नद्ध थे। इस तर्क की पुष्टि के लिए इब्न ख़ल्दून तथा शाह वलीउल्लाह को उद्धृत किया गया है।[24]

फिर भी सौ की संख्या को तो हर हालत में बारह तक लाया ही जाना चाहिए। 'कुरैशों' में 'ग़ैर-कुरैश' भी किसी तरह शामिल किए जाने चाहिए। वरना कोई मोमिन और कम से कम कोई आलिम पैग़म्बर साहिब की कही हुई बात के बारे में यह कैसे मान सकता है कि वह पूरी तरह से और शब्दशः सही नहीं है?

और न ही यह केवल किसी के व्यक्तिगत ईमान का सवाल है। यह ईमान की शान का सवाल है। क्योंकि पूरा ईमान पैग़म्बर साहिब के कौल पर टिका हुआ है।

इसीलिए मौलाना अहमद रज़ा ख़ान, जैसा कि हमने अध्याय के आरंभ में देखा, जब यह कहते हैं कि इस्लाम की शान इसी में है कि विज्ञान को उसके सामने झुकाया जाए, न कि इसमें कि इस्लाम को विज्ञान के सामने झुकाया जाए, तो वे अपने ईमान

के प्रति ख़ुद को सच्चा साबित करना चाहते हैं। जो बात विज्ञान के संदर्भ में लागू होती है, वह मात्र ऐतिहासिक 'तथ्यों' के संदर्भ में—कि क्या अब तक एक सौ ख़लीफ़े हुए हैं या बारह—और भी ज़ोरदार ढंग से लागू होती है।

संदर्भ

1. सहीह अल-बुखारी, काज़ी पब्लिकेशंस, लाहोर, 1979, खंड 6, पृ. 309 टिप्पणी।
2. फ़तवा-ए-रिज़विया, खंड 12, पृ. 273-89
3. फ़तवा-ए-रहीमियत, खंड 3, पृ. 187-88
4. वही, खंड 2, पृ. 327-28
5. वही, खंड 1, पृ. 88-89
6. फ़तवा-ए-रिज़विया, खंड 2, पृ. 143
7. ख़ुद को साफ़ करने के लिए दीवार का इस्तेमाल करने की मंजूरी अन्यत्र भी दी गई है, उदाहरण के लिए देखें फ़तवा-ए-रिज़विया, खंड 2, पृ. 156-57
8. फ़तवा-ए-रिज़विया, खंड 2, पृ. 145
9. फ़तवा-ए-रहीमियत, खंड 2, पृ. 183-85
10. फ़तवा अहल-ए-हदीस, खंड 1, पृ. 19
11. वही, खंड 1, पृ. 21
12. वही, खंड 1, पृ. 26
13. वही, खंड 3, पृ. 11-14
14. मुफ़्ती किफ़ायतुल्लाह के फ़तवे, खंड 9, पृ. 263-64
15. वही, खंड 2, पृ. 275-76
16. वही, खंड 2, पृ. 280
17. फ़तवा दारुल-उलूम, देवबंद, खंड 1, पृ. 206
18. मुफ़्ती किफ़ायतुल्लाह के फ़तवे, खंड 9, पृ. 115
19. ऊपर अध्याय 7
20. फ़तवा अहले-हदीस, खंड 1, पृ. 42
21. फ़तवा दारुल-उलूम, देवबंद, खंड 1, पृ. 376-77
22. पूर्वोक्त विवरण के बारे में देखें फ़तवा-ए-रिज़विया, खंड 2, पृ. 146-51
23. फ़तवा-ए-रिज़विया, खंड 11, पृ. 57-59
24. हदीस और उसकी सफ़ाई पेश करने के प्रयासों के बारे में देखिए : सहीह मुस्लिम, किताब भवन, नई दिल्ली, 1978, खंड 3, पृ. 1009-12

एकबंद

धरती स्थिर है। सूरज इसके इर्द गिर्द घूमता है। सितारे स्थिर हैं। अल्लाह ने उन्हें चिरागों की तरह लटका रखा है, मुसाफिरों को रास्ता दिखाने के लिए और शैतान का रास्ता रोकने के लिए। इसके विपरीत किसी बात पर विश्वास करना ईमान के साथ दग़ा करना है। पुरुष मालिक होते हैं। प्रत्येक पुरुष एक समय पर चार बीवियाँ और उतनी रखैलें रख सकता है जितनी के "दादा हाथ थाम सके।" बीवियाँ खेत होती हैं जिन्हें पति "सींचे" या न सींचे, यह उसकी मर्ज़ी है। पति उन्हें तलाक का ख़तरा दिखा कर अपनी छोटी से छोटी सनक पूरी करने के लिए बाध्य कर सकता है। उसके बावजूद अगर उसकी तसल्ली न हो तो वह एक शब्द बोलकर उन्हें घर से बाहर निकाल सकता है। घर से बाहर निकाले जाने पर वे गुज़र बसर के लिए न्यूनतम ख़र्चे की हकदार होती हैं और वह भी सिर्फ़ तीन महीने के लिए, उसके बाद बिल्कुल नहीं। इस व्यवस्था में किसी प्रकार का अनौचित्य देखना या महिलाओं के लिए इससे ज़्यादा की कोई माँग करना अल्लाह की बुद्धिमत्ता के प्रति संदेह प्रकट करना है, इस्लाम पर प्रहार करना है। खड़े होकर पेशाब करना, निर्धारित तरीके से इस्तिंजा न करना, कुत्ते की लार नापाक होती है और उसका जिस्म पाक होता है, इस बात को न मानना—ये सब घोर पाप हैं। किसी काफ़िर के कुशल क्षेम के बारे में पूछना, चाहे वह कितना भी संत स्वभाव का क्यों न हो, उसकी मृत्यु हो जाने पर उसकी आत्मा की शांति के लिए दुआ करना, कोई भी मुसलमान चाहे वह हमेशा गुनाह क्यों न करता रहा हो, एक काफ़िर से बेहतर होता है चाहे वह काफ़िर हमेशा पुण्यात्मा भी क्यों न रहा हो, इस बात को न मानना—ये सब बातें कुफ़्र हैं।

उलमा की ऐसी मानसिकता है। उनके द्वारा जीवन के सभी पहलुओं पर दिए गए फ़ैसलों में यही मानसिकता व्याप्त रहती है।

शिक्षा

तरक्की के लिए, चाहे वह देश की हो या व्यक्ति की, शिक्षा बहुत ज़रूरी होती है। लेकिन जिसे आज अधिकतर लोग शिक्षा मानते हैं उसके ख़िलाफ़ उलमा सख़्त और

लंबी लड़ाई लड़ते रहे हैं। उनके अनुसार धार्मिक शिक्षा को आधुनिक तकनीकी शिक्षा की अपेक्षा प्राथमिकता दी जानी चाहिए। केवल उन्ही विषयों का अध्ययन किया जाना चाहिए, केवल वही विद्या प्रदान की जानी चाहिए जो व्यक्ति के ईमान को मज़बूत बनाए अर्थात् व्यवहारतः केवल उन्हीं विषयों का अध्ययन किया जाना चाहिए, और केवल वही ज्ञान अर्जित किया जाना चाहिए जोकि व्यक्ति के इस विश्वास को दृढ़ बनाए कि जो कुछ कुरआन और हदीस में लिखा है और सदियों से उलमा जो कुछ कहते रहे हैं वही सही है। उसी में बुद्धिमत्ता की पराकाष्ठा है। वही ज्ञान संपूर्ण है। महिलाओं की शिक्षा, ख़ासतौर पर नए मूल्यों के प्रति उनका जागरूक होना, नए व्यवसायों के लिए उनका प्रशिक्षित किया जाना, अपने अधिकारों के प्रति उनका जागरूक होना—ये सब बातें अभिशाप हैं। शिक्षा को उनके लिए हानिकर माना जाता है। बल्कि इसे समाज को तोड़ने और इस्लाम को कमज़ोर बनाने की युक्ति घोषित किया गया है।

इसके परिणाम हमारे सामने हैं। ये परिणाम मुसलमानों में विशेषकर मुसलमान औरतों में पाए जाने वाले शिक्षा के निम्न स्तर और उसके परिणामस्वरूप, व्यवसायों में मुसलमानों के पिछड़ेपन के रूप में देखे जा सकते हैं।

अपने आचार के अनुकूल धर्मनिरपेक्षवादी, मुसलमानों के पिछड़ेपन के लिए ग़ैर मुसलमानों को दोषी ठहराते हैं। लेकिन मुस्लिम समुदाय को मक्तबों और मदरसों से बाँध कर रखने वाले यही उलमा ही हैं। उनके दिलों व दिमाग़ों में यह बात बैठाने वाले उलमा ही हैं कि आधुनिक शिक्षा को अपनाने का अर्थ है इस्लाम से दूर चला जाना, इस्लाम के विरुद्ध चलना।

मौलाना वहीदुद्दीन ने इस समस्या को बख़ूबी पेश किया है। अपनी पुस्तक 'इंडियन मुस्लिम्स, नीड फार ए पाज़िटिव आउटलुक' में, जिसका हमने पहले भी ज़िक्र किया है, उन्होंने लिखा है :

अब तक मुसलमानों में यह प्रवृत्ति रही है कि वे अपनी समस्याओं के लिए पूर्वाग्रह और भेदभाव को ज़िम्मेदार ठहराते रहे हैं और अपना अधिकतर समय और ऊर्जा उन अपराधियों की घोर-निंदा करने पर ख़र्च करते रहे हैं जिनका अस्तित्व केवल उनकी कल्पनाओं में है। मुझे सिर्फ़ इतना ही कहना है कि अब समय आ गया है, जबकि उन्हें अपने सोचने के तरीके को बदलना चाहिए और पूरे मन से आत्म-पुनर्निर्माण की प्रक्रिया में जुट जाना चाहिए।

हमें यह मानना पड़ेगा कि हमारी दुनिया एक ऐसी दुनिया है, जिसमें व्यक्तियों और समुदायों के बीच सख़्त मुकाबला और कभी ख़त्म न होने वाली दौड़ चल रही है। मुसलमानों की असली समस्या यह है कि अपने इतिहास के इस पड़ाव पर वे दूसरे समुदायों से पीछे छूट गए हैं ख़ास तौर पर शिक्षा और आर्थिक विकास के क्षेत्र में। इस देश में मुसलमान 'जिन भेदभावों और ज़ुल्मों' का सामना कर रहे हैं,

उनमें से अधिकांश उनके अपने पिछड़ेपन का नतीजा हैं, जिसका दोष वे बहकावे में आकर दूसरों पर धरना चाहते हैं। उनकी समस्या का हल विरोध प्रकट करने में नहीं है। वह केवल ज़्यादा परिश्रम, कर्मठता और लक्ष्य की दृढ़ता में निहित है।

उनके इस अज़ीब मनोविज्ञान का उल्लेखनीय उदाहरण है उनकी वह प्रतिक्रिया जो उन्होंने 1835 में लार्ड विलियम बैंटिक द्वारा कलकत्ता में भारत का पहला मेडिकल कालिज स्थापित किए जाने पर व्यक्त की थी। अंग्रेज 'अपहारकों और षड़यंत्रकारियों' के प्रति अपनी घृणा के कारण मुसलमानों ने इस कालिज के खोले जाने के खिलाफ़ विरोध प्रकट करने के लिए गलियों में से जुलूस निकाले और यह माँग की कि इसे बंद कर दिया जाए। तब वहाँ उस समय एक अज़ीब नज़ारा खड़ा हो गया जब दाखिला लेने के लिए दूसरे समुदाय के लोगों की भीड़ जमा हो गई, जबकि मुसलमान उसे बंद करने की माँग करते रहे। यह नकारात्मक रवैया अपनाकर मुसलमान चिकित्सा विज्ञान में दूसरे समुदायों की अपेक्षा 100 वर्ष से भी अधिक पीछे रह गए।

यह घटना आज की दुनिया में मुसलमानों की कठिनाई के कारणों की एक प्रतीक है। और इस सामान्य नकारवाद में कोई कमी होने के भी कोई आसार दिखाई नहीं देते। यकीनन वे एक दिन यह महसूस करेंगे कि जिस पूर्वाग्रह और भेदभाव की वे इतनी ऊँची आवाज़ में निंदा करते हैं, वह तुरंत गायब हो जाएगी, यदि वे पूरी निष्ठा के साथ शैक्षिक और आर्थिक क्षेत्रों में मेहनत करने लग जाएँ। इस प्रकार वे ख़ुद को पिछड़ेपन की बाधा से भी उबार लेंगे और उन पर जो बौद्धिक और सामाजिक कमतरी का लाँछन लगा है, उसे भी वे गिरा सकेंगे।

एक बार यह सब कुछ हो जाने पर, वे एक आधुनिक और स्व-पुनर्वासित समुदाय की तरह विश्व के अत्यंत उन्नत राष्ट्रों के साथ कंधे से कंधा मिलाकर खड़े हो सकेंगे।[1]

मौलाना ने नकारवाद की जायज़ तौर पर आलोचना की है। लेकिन उसे भड़काने में सबसे ज़्यादा हाथ किस समूह का है, इस बारे में वे चुप रहे हैं। उस पुस्तक में उन्होंने एक और जगह मुसलमानों के राजनीतिक नेताओं और मुस्लिम पत्रकारों की तो आलोचना की है, लेकिन हकीकत यह है कि उनसे भी ज़्यादा इस नकारवाद को भड़काने में उलमा का हाथ रहा है, जैसा कि फ़तवों से थोड़ा सा परिचय प्राप्त करने पर ही मालूम हो जाता है।

फ़तवा-ए-रिज़विया में घोषित किया गया है, कि एक मुसलमान का यह फ़र्ज़ बनता है, कि जो कुछ शरीअत के ख़िलाफ़ हो उससे वह कालिज और शिक्षा में ख़ुद को बचाकर रखे, लेकिन उससे नहीं जो शरीअत के खिलाफ़ नहीं है।[2] यह बाद का परन्तुक कुछ ज़्यादा कारआमद नहीं है, क्योंकि जैसा कि हमने देखा है कि एक बार उन धारणाओं, प्रथाओं और कानूनों के घर कर लेने के बाद जिन्हें उलमा ने शरीअत का नैसर्गिक और अपरिवर्तनीय अंग घोषित किया है, बाकी ऐसा कुछ बचा

नहीं रहता जिसे अपनाने की गुंजायश रहे। और यह परिणाम जल्द ही साफ़ दिखाई देने लगता है।

एक प्रश्नकर्ता पूछता है : आदमी को कौन सा ज्ञान प्राप्त करना चाहिए? फ़तवा-ए-रिज़विया का इसके बारे में यह फ़रमान है कि एक मुसलमान का पहला कर्त्तव्य है उस ज्ञान को प्राप्त करना जो उसे इस काबिल बनाता है कि वह ईमान के प्रति अपनी ज़िम्मेदारियों को निभा सके, उस ज्ञान को प्राप्त करना, जो उसे अपने सुन्नी इस्लाम में सुरक्षित महसूस करा सके। उसके बाद आदमी को नमाज़ पढ़ने, रमज़ान के रोज़े रखने, ज़कात संबंधी अपनी जिम्मेदारियों को निभाने और हराम तथा हलाल के बीच फ़र्क बनाए रखने के सही तरीकों का ज्ञान प्राप्त करना चाहिए। फ़तवे में आगे याद दिलाया गया है कि हदीस में इन्ही विषयों पर बल दिया गया है।

फ़तवे में आगे घोषित किया गया है कि कुछ ऐसी विद्याएँ हैं जो प्राप्त नहीं की जानी चाहिए क्योंकि वे झूठी, नाकारा और भर्त्सनीय होती हैं। उदाहरण के लिए फ़तवे में, ऐसी विद्याओं में से दर्शनशास्त्र और नजूम (फलित ज्योतिष) का नाम लिया गया है। फ़तवे में आगे कहा गया है कि कलाओं और दस्तकारियों को सीखने में कोई नुकसान नहीं है, क्योंकि इनसे ईमान को नुकसान नहीं पहुँचता। लेकिन दर्शनशास्त्र हराम है और इस्लाम के लिए नुकसानदेह है। दर्शनशास्त्र में जिन बातों की शिक्षा दी जाती है वे अज्ञान हैं, बल्कि अज्ञान से भी बदतर हैं—ऐसा फ़तवे में घोषित किया गया है।

फ़तवे में आगे यह सवाल उठाया गया है कि जिस ज्ञान को पैग़म्बर साहिब ने दरकिनार कर दिया क्या वह जायज़ है? या वह ज्ञान जायज़ है जोकि यूनानी काफ़िरों का है?

आगे फ़तवे में घोषित किया गया है कि उसी तरह से जिस ज्ञान में आस्मानों के अस्तित्व को नकारा गया हो, जिस ज्ञान में सितारों आदि की हरकत के खंडन को नकारा गया हो, जिसमें काफ़िरों की उन सब धारणाओं का उल्लेख हो, जो कि शरीअत के विरुद्ध हैं—ऐसा सारा ज्ञान नजूम की तरह है और यह हराम और भर्त्सनीय है—फ़तवा-ए-रिज़विया में ऐसा घोषित किया गया है।

फ़तवे में आगे कहा गया है कि हिसाब और भूगोल का भी जितना ज्ञान ज़रूरी है उससे ज़्यादा ज्ञान नाकारा माना गया है। पैग़म्बर साहिब कहते हैं, ज्ञान तीन प्रकार का होता है, कुरआन का ज्ञान, हदीस का ज्ञान और उन चीज़ों का ज्ञान जो व्यवहार रूप में उनसे जुड़ी हैं। संकलनकर्ता का कहना है, कि मानो वे इजमा (आम राय) और सादृश्य के आधार पर तर्क करने के ज्ञान की ओर इशारा कर रहे हैं।—और इन सब ज्ञानों से जो कुछ हट कर है, वह सब बेकार है।[3]

स्पष्ट है कि यहाँ 'दर्शनशास्त्र' एक सामान्य शब्द के रूप में प्रयोग किया गया

है, जिसके अंतर्गत हर ऐसी विद्या शामिल है, जिसको प्राप्त करने के बाद आदमी उन सब बातों की, जोकि कुरआन या हदीस में या बल्कि उलमा द्वारा कही गई हैं, तर्कसंगत जाँच का हथियार इस्तेमाल कर सकता है। जिन विद्याओं को प्राप्त करने से मना किया गया है उनमें वे सब प्रयोगसिद्ध विज्ञान भी शामिल हैं जिनके जाँच परिणामों को आधार मानकर कोई व्यक्ति कुरआन और हदीस आदि में प्रतिपादित धारणाओं पर आपत्ति कर सकता है। जैसा कि थोड़ा आगे चलकर फ़तवा-ए-रिज़विया में स्पष्ट किया गया है कि विज्ञानों आदि को पढ़ना और ऐसे कलाकौशल सीखना और उनसे संबंधित ऐसी पुस्तकें पढ़ना जिनमें आस्मानों के अस्तित्व, सूरज आदि की गर्दिश (धरती के इर्द गिर्द) को नकारा गया हो, और सामान्य रूप से कुफ़रियात की शिक्षा—ये सब हराम हैं।

इसके अलावा, जो नौकरी अपने आप में हराम हो, या जिससे ऐसा कुछ करने में मदद मिलती हो जोकि हराम है, ऐसी नौकरी हासिल करने के इरादे से पढ़ना हराम है। केवल जायज़ नौकरियाँ हासिल करने के लिए जायज़ विषयों को पढ़ना ही जायज़ है। इन मामलों में भी फ़तवा-ए-रिज़विया में हमें एक भारी शर्त की याद दिलाई गई है। इन विषयों का अध्ययन करते हुए ज़रूरी है कि ऐसे अध्ययन से इस्लाम के प्रति व्यक्ति की ज़िम्मेदारियों पर या उसके मुस्लिम चरित्र और व्यवहार पर कोई असर नहीं पड़ना चाहिए। इन विषयों का ज्ञान प्राप्त करते समय यह ज़रूरी है कि व्यक्ति की इस्लामी ईमान और उसके तौर तरीकों में बाकायदा आस्था बनी रहे। जिस शिक्षा और पेशे से ये विश्वास और तौर तरीके बरकरार रहें, ऐसी शिक्षा और पेशा जायज़ है।[4]

इस बात पर बार-बार ज़ोर दिया गया है। प्रश्नकर्ता पूछता है, क्या अंग्रेजी पढ़ना ठीक है? इसके जवाब में फ़तवा-ए-रिज़विया में घोषित किया गया है कि अंग्रेजी या और कोई ऐसा विषय पढ़ना जो ईमान के प्रति संदेह को जन्म दे, या कोई भी ऐसी चीज़ पढ़ना, जिससे व्यक्ति के दिल में उलमा-ए-दीन के प्रति आदर भाव कम होता हो, हराम है। और अगर इसके जवाब में कोई यह कहे, "उलमा क्या कुछ जानते हैं?" तो ऐसा व्यक्ति उलमा के सम्मान को कम कर रहा होगा, और ऐसा करना हराम है।[5]

क्या अंग्रेजी पढ़ना ठीक है? मौलाना से दोबारा पूछा जाता है। मौलाना साहब चेतावनी देते हैं कि यदि कोई मुसलमान इसे ईसाइयों की तरह पढ़ता है तो उसे तदनुसार उसका फल भुगतना पड़ेगा। लेकिन वे कहते हैं, अगर इसे सिर्फ लौकिक उद्देश्यों के लिए पढ़ा जाता है तो उसमें कोई नुकसान नहीं, ठीक उसी तरह से जैसे कि इस्लाम हिसाब और भूगोल को पढ़ने की भी इजाज़त देता है। किंतु इस छूट को उनकी पहले की चेतावनियों के साथ-साथ पढ़ा जाना चाहिए कि लौकिक उद्देश्य इस्लाम के लिए उपयोगी होने चाहिए और ख़ासतौर पर वही होने चाहिए, जिनकी

इस्लाम इजाज़त देता है। और हिसाब और भूगोल आदि को जितना पढ़ना जरूरी है, उससे ज़्यादा इन विषयों का अध्ययन करना बेकार है। इसके अलावा यदि अंग्रेजी पढ़ने के बाद कोई व्यक्ति उसी प्रकार के ज्ञान में खो जाता है और ईमान के ज्ञान को भूल जाता है तो ऐसा ज्ञान हराम है—ऐसा फ़तवा-ए-रिज़्विया में घोषित किया गया है। उसी प्रकार ऐसी किताबें पढ़ना ठीक नहीं है, जिनमें ईसाइयों के झूठे विश्वासों का ज़िक्र हो, उदाहरण के लिए ऐसी पुस्तकें पढ़ना जिनमें आस्मानों के अस्तित्व को नकारा गया हो।[6]

फ़तवा-ए-रहीमियत में भी इस विषय पर काफ़ी विस्तारपूर्वक फ़रमान जारी किए गए हैं। उसमें कहा गया है कि यद्यपि लौकिक विज्ञानों और कलाओं के लिए स्कूल खोलना अच्छी बात है, लेकिन धार्मिक शिक्षा को 'लौकिक शिक्षा' की अपेक्षा अधिक प्राथमिकता दी जानी चाहिए। और "स्कूलों और कालिजों की शिक्षा, इस्लामी कार्यों, इस्लामी विशेषताओं और इस्लामी संस्कृति के विपरीत और विरुद्ध हैं।" आगे फ़तवे में घोषित किया गया है, "यदि मुसलमान बच्चे इस्लामी शिक्षा से वंचित रह जाएँगे और उसमें कमज़ोर रह जाएँगे तो उन पर निश्चित रूप से स्कूलों और कालिजों की अनिष्टकर शिक्षा और विरोधी वातावरण और समाज का असर पड़ेगा जिसके परिणाम स्वरूप वे इस्लामी विश्वासों और विशेषताओं से विमुख हो जाएँगे और अल्लाह न करे, वे बेदीन भी हो सकते हैं।" फ़तवे में आगे मौलाना गिलानी को उद्धृत किया गया है जिन्होंने कहा है कि आधुनिक शिक्षाओं ने मुस्लिम जन-सामान्य में जिस प्रकार के संदेह और जिस प्रकार का संशयवाद भर दिया है, उसे मद्देनज़र रखते हुए बहतर होता कि यदि उन्हें कायम ही न किया जाता। फ़तवे में आगे मुफ़्ती मौलाना अब्दुल हई कफ़लेटवी सुरती को भी उद्धृत किया गया है जिन्होंने कहा है कि हकीकत यह है कि धर्मनिरपेक्ष शिक्षा के कारण मुसलमान पहले से ही "शरीअत के मुताबिक अमल करने के सम्मानीय गुण को" खोते चले जा रहे हैं। इसमें आगे घोषित किया गया है कि दूसरे बहुत से लोग हैं जो लौकिक शिक्षा के लिए संस्थाओं की स्थापना कर सकते हैं और, "हमें अपनी ओर से अपनी कमज़ोर धार्मिक संस्थाओं को मज़बूत बनाना चाहिए जो इस्लाम की रक्षा के गढ़ हैं और साथ ही हमें ऐसी संस्थाओं की संख्या भी बढ़ानी चाहिए। यह ज़रूरी है कि हर मस्जिद के साथ परंपरानिष्ठ स्कूल जुड़े हों और हर मुहल्ले और हर गली में भी ऐसे स्कूल हों।" यह फ़तवा यद्यपि उन फ़तवों से लंबा है, जो अब तक उद्धृत किए गए हैं, लेकिन फिर भी यह पढ़ने योग्य है। जहाँ तक इन बातों का सवाल है, यह फ़तवा अपेक्षाकृत संयत है लेकिन इसका दृष्टिकोण और अंतर्निहित पूर्वधारणा पूरी तरह से स्पष्ट है। और जितने आधुनिक विशेषज्ञों को उद्धृत किया गया है, उससे पता चलता है कि ऐसा दृष्टिकोण रखने वालों की संख्या कितनी बड़ी है।

प्रश्नकर्ता पूछता है, "लौकिक विज्ञान, गुजराती, अंग्रेजी आदि पढ़ने के लिए

स्कूलों की स्थापना करना और टेक्नोलोजी की शिक्षा देने के लिए कक्षाएँ आरंभ करने की इजाज़त है या नहीं; और ऐसा करना अच्छा काम है या नहीं?"

उलमा इस सवाल का जवाब इस प्रकार देते हैं :

ऐसे स्कूलों की स्थापना करना जहाँ गुजराती, अंग्रेजी और अन्य लौकिक विज्ञानों और कलाओं की शिक्षा दी जाती है और ऐसी प्रौद्योगिकीय शिक्षा के लिए कक्षाएँ आरंभ करना, जोकि हलाल की कमाई करने में मददगार साबित हों, निस्संदेह अनुमत्य है और यह अच्छा और श्रेयस्कर काम है। लेकिन धार्मिक शिक्षा और परंपरानिष्ठ स्कूलों की मदद देने के काम को प्राथमिकता दी जानी चाहिए।

आप भले ही कालिज में प्रेमपूर्वक फलें फूलें या पार्क में उछलें कूदें। यह भी अच्छी बात है कि आप किसी गुब्बारे में सवार होकर उड़ान भरें और आकाश में झूला झूलें, लेकिन इस नाचीज़ सेवक की केवल एक बात याद रखें : "अल्लाह और अपनी असलियत को कभी न भूलें।"

धार्मिक शिक्षा से मुँह मोड़ना, धार्मिक स्कूलों को अनिश्चित स्थिति में छोड़कर लौकिक शिक्षा में संलग्न हो जाना अच्छा काम नहीं है। इसके विपरीत, यह अल्लाह को नाराज़ करना है। कुरआन में कहा गया है :

लेकिन तुम लोग तो सांसारिक जीवन को पसंद करते हो, हालाँकि आख़िरत (का जीवन) कहीं ज़्यादा उत्तम और स्थायी है। (सूरा अल आला 87 : 16, 17)

सबसे पहले बच्चों को कुरआन के बारे में सही और सुव्यवस्थित शिक्षा दी जानी चाहिए और धर्म के शरीआई निर्देशों और अपेक्षाओं से उन्हें भली-भाँति अवगत कराया जाना चाहिए। उनके दिल दिमाग़ पर इस्लाम की तस्वीर इतनी पक्की तरह अंकित कर दी जानी चाहिए कि उनकी इस्लामी भावनाएँ और ईमान की संवदेनाएँ स्थायी और पक्की हो जाएँ ताकि कोई भी ताकत उनके जोश को ठंडा न कर पाए या उनकी व्यावहारिक योग्यता को बदल न पाए। स्कूलों और कालिजों की शिक्षा इस्लामी कामों, इस्लामी विशेषताओं और इस्लामी संस्कृति के विपरीत और विरुद्ध है। यदि मुसलमान बच्चे इस्लामी शिक्षा से वंचित हो जाएँगे और उसमें कमज़ोर रह जाएँगे, तो उन पर निश्चित रूप से स्कूलों और कालिजों की अनिष्टकर शिक्षा और विरोधी वातावरण और समाज का असर पड़ेगा, जिसके परिणामस्वरूप वे इस्लामी विश्वासों और विशेषताओं से विमुख हो जाएँगे और अल्लाह न करे, वे बे-दीन भी हो सकते हैं। इसलिए यदि किसी को मज़हब प्यारा है तो उसे परंपरानिष्ठ होना चाहिए और मज़हब में पक्की आस्था होनी चाहिए, चाहे उससे कुछ सांसारिक नुकसान भी क्यों न हो जाए। किसी भी व्यक्ति के बच्चों और समुदाय का हित इसी में है कि वह उनकी धर्मनिरपेक्ष बहतरी से ज़्यादा उनके धार्मिक विश्वासों को दृढ़ बनाने और आख़िरत में उनकी भलाई की ज़्यादा चिंता करे। मजलिस-उल-अहरार में कहा गया है, "आदमी का सबसे अच्छा दोस्त वह होता है, जो आख़िरत में उसकी ज़िंदगी

की बहतरी के लिए कोशिश करता है, चाहे इससे आदमी की कुछ सांसारिक हानि भी क्यों न हो जाए, और उसका दुश्मन वह होता है, जो उसकी आख़िरत की ज़िंदगी को नुकसान पहुँचाने की कोशिश करता है चाहे ऐसा करने में उसे कुछ सांसारिक लाभ भी क्यों न हो जाए।" (मजलिस 85, पृ. 500)

इसलिए बच्चों के अभिभावकों का यह कर्त्तव्य बनता है कि वे अपने आश्रितों की सांसारिक बहतरी की बजाए उनकी मज़हबी बहतरी के बारे में ज़्यादा सावधान रहें। माता-पिता की ज़िम्मेदारी बहुत बड़ी होती है। कुरआन में कहा गया है, "हे ईमान लाने वालो! अपने आपको और अपने परिवारों को उस आग से बचाओ..." (सूरा अत तहरीम 66 : 6) अगर आप इसमें कोई चूक करते हैं तो आपसे ख़ुदाई अदालत में इसके बारे में जवाबतलबी की जाएगी। रसूले पाक ने कहा है, "तुममें से प्रत्येक व्यक्ति अज़ीमतर और एक गड़रिया है : तुममें से हर एक से उसकी ज़िम्मेदारियों के बारे में जवाबतलबी की जाएगी।" (बुख़ारी एंड मुस्लिम) एक और हदीस में कहा गया है : "हर बच्चा इस्लाम की फ़ितरत लेकर पैदा होता है लेकिन उसके माता पिता उसे यहूदी या ईसाई या एक गब्र (पार्सी) बना देते हैं।"

मौलाना अवारफ़ अली थानवी ने एक अनुकरणीय और नसीहत देने वाली कहानी लिखी है जो उन्होंने ग्वालियर से सुनी थी। एक आदमी ने अपने बेटे को बचपन से ही अंग्रेजी शिक्षा दी थी जिस पर काफ़ी पैसा ख़र्च हो गया था। ऊँची डिग्रियाँ हासिल करने के लिए उसने अपने बेटे को लंदन भी भेजा। वहाँ से लौटने पर लड़का बीमार पड़ गया। जब वह मरने वाला था तो उसका पिता उसके सिरहाने बैठा हुआ, यह कह कर रोने लगा, "ऐ बेटे, मैंने बीस-पच्चीस हज़ार रुपए तुम्हारी शिक्षा पर ख़र्च किए लेकिन मैंने अपनी मेहनत के फल को देखा तक भी नहीं।" लड़के ने आँखें खोलीं और बोला, "अब्बा जान! आप अब क्यों रोते हैं? रोएँगे तो आप तब जब आप मुझे आख़िरत में जहन्नुम जाते हुए देखेंगे, क्योंकि आपने बीस-पच्चीस हज़ार रुपए ख़र्च करके, मुझे जहन्नुम में भिजवाने का इंतज़ाम कर लिया है। आपने इस सारी दौलत से मेरे लिए जहन्नुम ख़रीद लिया है क्योंकि आपने मुझे मज़हबी तालीम से बिल्कुल महरूम रखा। अब मैं यह देख रहा हूँ कि मेरा सारा ज्ञान व्यर्थ है। मौत के फ़रिश्ते आने वाले हैं। आपने मुझ पर इतना पैसा ख़र्च करके एक दोस्त का नहीं बल्कि एक दुश्मन का काम किया है।" (वाजुल हुदा-वल-मगफ़िराह पृ. 33)

लौकिक शिक्षा में लग जाने के कारण मज़हबी तालीम से महरूम रहने का यह नतीजा होता है! इसलिए मौलाना गिलानी कहते हैं, "यद्यपि वित्तीय वृद्धि से, आधुनिक शिक्षा संस्थाओं की हालत बेहतर दिखाई देती हो, लेकिन उनमें से अधिकतर ने इस्लाम के प्रति अपने व्यवहार से यह साबित कर दिया है कि उनका न होना उनके होने से बहतर होता। मुस्लिम जन साधारण के बीच जिस किस्म के संदेहों

और संशयों की जो चिनगारियाँ उन्होंने उड़ाई हैं, इस्लामी विश्वासों और कार्यों का तिरस्कार और निंदा करके उन्होंने जो अकथनीय बातें की हैं और अवांछनीय कार्य किए हैं, उनकी वजह से इन संस्थाओं के बारे में यह कहना बजा है कि इस्लाम के इन पतित बेटों का न होना उनके होने से बहतर था।" (अलफ़ुर्कान, इफ़ादत-ए-गिलानी, पृ. 188)

इस्लामी शिक्षा के प्रति कोताही और लापरवाही दिखाने का यह दयनीय परिणाम होता है।

गुजरात की एक महान शख़्सियत मुफ़्ती मौलाना अब्दुल हई कफ़लेटवी सुरती ने पचास साल पहले खुलेआम अपने समुदाय के सामने यह बयान दिया था, "निस्संदेह इस शिक्षा ने अधिकतर मुसलमानों को कम से कम इस हद तक अवश्य प्रभावित किया है, कि उनमें जो पहले शरीअत के मुताबिक अमल करने का सम्माननीय गुण था, वह उन्होंने अब खो दिया है। न तो इन मुसलमानों के दिलों में ईमान की गर्मी रही और न उनके चेहरों पर इस्लामी निशान (दाढ़ी)। वे दूसरे मुसलमानों को एक हो जाने की हिदायत देते हैं लेकिन ख़ुद दिखाव-बनाव और पोशाक में मुसलमानों का विरोध करते हैं।" (नसीम उस-सबा, पृ. 3)

मरहूम अल्लामा इकबाल ने अपनी एक नज़्म 'फ़िरदौस में एक मुकालिमा' (स्वर्ग में एक वार्तालाप) में अपने विचार इस प्रकार व्यक्त किए हैं, "एक अदृश्य आवाज़ ने मुझे कहा कि शिराज़ के 'सादी' ने स्वर्ग में 'हाली' को इस प्रकार संबोधित किया—भारतीय मुसलमान के बारे में मुझे कुछ बताइए। क्या वह अपनी मंज़िल से अभी भी दूर है या कोशिशों में लगा हुआ है? क्या उसकी रगों में मज़हब की गर्मी है—वह जिसकी आवाज़ की गर्मी से कभी आसमान जल उठा था?"

हाली शेख़ के शब्दों से भावविभोर हो उठे। रोते हुए उन्होंने कहना शुरू किया, "ऐ करामात के उस्ताद! जब बूढ़े आसमान ने वक्त का सफ़ा बदला, तो एक आवाज़ यह कहती हुई सुनी गई, 'तुम्हें इल्म के ज़रिए इज़्ज़त मिलेगी;' लेकिन इस इल्म से अकीदे (विश्वास) में डगमगाहट आ गई है। दुनिया को हासिल कर लिया गया लेकिन मज़हब का परिंदा उड़ गया। अगर मज़हब हो तो मक्सद ऊँचे हो सकते हैं। नौजवानों की फ़ितरत है दुनिया को फ़तह करना, ज़मीन के आर पार जाना। लेकिन बाग़ की बुनियाद हिल गई है। ज़ाहिर है कि यह बाग़ के ख़ात्मे की शुरुआत है। क्योंकि इसे कौम के ज़मज़म (मिल्लत) से नहीं सींचा गया, इसलिए नई पीढ़ी में नास्तिकता की प्रवृत्तियाँ दिखाई देने लगी हैं। लेकिन कृपया इसका उल्लेख यथरिब के बादशाह के सामने न करें। कहीं ऐसा न हो कि भारतीय मुसलमान मुझे चुग़लख़ोर समझ लें।"

"काँटे बोने पर हमें खजूर हासिल नहीं हो सकती। हमने जो ऊन काती थी, उससे हमें कमख़ाब रेशम हासिल नहीं हो सकता।"

इससे यह साबित होता है कि गिरावट का असली कारण धार्मिक शिक्षा से वंचित होने में, या उसमें कमज़ोर होने में निहित है। इसलिए जैसे संक्रमण से बचाव के उपाय के तौर पर हैज़े के टीके की ज़रूरत होती है उसी तरह से आधुनिक लौकिक शिक्षा के साथ-साथ धार्मिक शिक्षा की भी सख़्त ज़रूरत है। इसलिए उसकी व्यवस्था प्राथमिकता के आधार पर की जानी चाहिए। मौलाना अशरफ़ अली थानवी कहते हैं, "मुसलमानों में सलीका बिल्कुल नहीं है। अगर मज़हबी किताबों को पढ़ने के बाद अंग्रेजी शिक्षा प्राप्त की जाती है तो विश्वास के भ्रष्ट होने की आशंका कम हो जाती है। लेकिन जब किसी को अपने धार्मिक विश्वासों के बारे में कोई ज्ञान न हो, तो प्रायः उसके परिणाम स्वरूप गिरावट आ ही जाती है।" (मलफ़ूज़ात, खंड 5, पृ. 436)

इसलिए आजकल के समय में धर्मनिरपेक्ष शिक्षा की अपेक्षा धार्मिक शिक्षा पर ज़्यादा ध्यान दिया जाना चाहिए। लौक़िक शिक्षा के लिए स्कूलों की स्थापना करने और तकनीकी कलाओं और दस्तकारियों की कक्षाएँ चलाने के लिए दूसरे बहुत से लोग हैं। हमें अपनी ओर से अपनी कमज़ोर धार्मिक संस्थाओं को, जो इस्लाम की रक्षा के गढ़ हैं, मजबूत बनाना चाहिए और उनकी संख्या बढ़ानी चाहिए। यह ज़रूरी है कि हर मस्जिद के साथ एक परंपरानिष्ठ स्कूल जुड़ा हो और हर मुहल्ले और गली में भी एक-एक ऐसा स्कूल हो। मौलाना थानवी कहते हैं : "इसमें ज़रा भी शक नहीं है कि इस वक्त मज़हबी स्कूलों का होना एक बहुत बड़ी बरकत है। मुसलमानों के लिए उससे अच्छी किसी चीज़ की कल्पना ही नहीं की जा सकती। अगर आज की दुनिया में इस्लाम को ज़िंदा रखने का कोई ज़रिया है तो यही परंपरानिष्ठ स्कूल हैं।" (हुकूक-उल-इल्म, पृ. 51)

मौलाना गिलानी अपनी बात इस प्रकार कहते हैं : "सच तो यह है कि जहाँ एक तरफ़ बच्चों को उनके माँ-बाप की गोद से छीनकर उन्हें समकालीन स्कूलों और विश्वविद्यालयों में दाखिल किया जा रहा है और संस्कृतिवादी उनके (विद्यार्थियों के) कमसिन दिलों और दिमागों में ज़िद्दीपन और घमंड के, नास्तिकता और धर्मत्याग के विधर्मी बीज बो रहे हैं, दूसरी ओर आधुनिक स्कूलों के मुकाबले हमारे ये रूढ़िवादी (एकदम गुफ़ाओं जैसे) परपंरानिष्ठ स्कूल जो मुसलमानों की भावी पीढ़ियों के एक हिस्से को, चाहे वह छोटा सा ही सही, ईमान और नैतिकता के दूषणों से मुक्त रखने की अपनी कोशिश में कामियाब रहे हैं।" (अल-फ़ुरकान, इफ़ादात-ए-गिलानी, पृ. 188)

इसलिए ऐसी धार्मिक संस्थाओं को कायम रखने, उन्हें मजबूत बनाने और उनकी संख्या बढ़ाने के लिए दूसरों की अपेक्षा पहले ही और उनसे बढ़कर वित्तीय कुर्बानी करना ज़रूरी है। हज़रत मुजद्दिद अल्फ़-ए-थानी कहते हैं : "ऐसे वक्त पर जब कि धार्मिक प्रथाएं मिटती चली जा रही हैं सबसे बड़ा सदगुण यह है कि आदमी

धार्मिक कानून (शरीअत) का प्रचार प्रसार करे और उसके किन्हीं नियमों को पुनरुज्जीवित करे। अल्लाह की राह में लाखों रुपए ख़र्च करना भी एक मसूअलः (धर्मशास्त्र संबंधी हुक्म) के प्रचार के बराबर नहीं होता। जो धनराशि शरीअत के सहायतार्थ और धर्मप्रचार के लिए ख़र्च की जाती है उसका दर्जा बहुत ऊँचा होता है। इस इरादे से अगर एक पैसा भी ख़र्च किया जाए तो वह किसी दूसरे इरादे से एक लाख रुपए ख़र्च करने के समान है।" (मक्तूबात-ए-इमाम-ए-रब्बानी, खंड 1, मक्तूब 48, पृ. 66-67)[7]

× × ×

मुस्लिम औरतों की शिक्षा के संबंध में 'लौकिक' और आधुनिक शिक्षा की तो और अधिक ज़ोरदार ढंग से आलोचना की गई है। फ़तवा-ए-रिज़विया में कहा गया है कि अगर कोई औरत अंग्रेजी में दस्तख़त करना या अपने पति को लिखे गए पत्र का पता लिखना सीख जाए तो कोई हर्ज नहीं है। फ़तवे में आगे कहा गया है, लेकिन, "उच्च शिक्षा प्राप्त करने और शैक्षिक डिग्रियाँ हासिल करने के लिए लड़कियों को स्कूलों और कालिजों में भेजना जायज़ नहीं है, क्योंकि ऐसा करने में फ़ायदे की बनिस्बत नुकसान ज़्यादा है।" और अपनी बात की पुष्टि में वे कुरआन की एक पंक्ति उद्धृत करते हैं, "इनका गुनाह इनके फ़ायदे से कहीं बढ़कर है" (2.219)—एक ऐसी पंक्ति जो कि अल्लाह द्वारा आधुनिक स्कूलों और कालिजों को ध्यान में रखकर हरगिज़ नहीं बोली गई हो सकती। फ़तवे में अकबर इलाहाबादी, मौलाना मुहम्मद हसन, मौलाना अशरफ़ अली थानवी, डब्ल्यू डब्ल्यू हंटर, सर सय्यद इकबाल यहाँ तक कि गाँधी जी और अन्य लोगों को, इस बात की पुष्टि के लिए उद्धृत किया गया है कि आधुनिक शिक्षा प्राप्त करने पर मुसलमान इस्लामी विश्वासों और तौर तरीकों का मज़ाक उड़ाने लगते हैं और अपने सहधर्मियों के साथ निरीश्वरवादी धृष्टताएँ करने लगते हैं। फ़तवे में आगे घोषित किया गया है कि ऐसी शिक्षा प्राप्त करने से तो बेहतर है कि मुसलमान अज्ञानी रह जाएँ। इसमें मौलाना थानवी के निम्नलिखित लेखांश को उक्त कथन की पुष्टि में उद्धृत किया गया है, "अंग्रेजी पढ़ने में मसरूफ़ होने की बजाए अक्षम होना और परंपरानिष्ठ इस्लामी स्कूलों में रहना करोड़ों गुना अच्छा है; क्योंकि वहाँ भले ही कोई योग्यता या उपलब्धि प्राप्त न की जा सके लेकिन कम से कम धार्मिक विश्वास तो भ्रष्ट नहीं होंगे और वहाँ कम से कम धार्मिक ज्ञान रखने वाले लोगों के लिए प्यार तो होगा। भले ही किसी को मस्जिद के झाड़ूबरदार की नौकरी भी मिल जाए लेकिन वह अंग्रेजी में दक्षता प्राप्त करके वकील, बैरिस्टर बनने से बहतर है जिससे व्यक्ति के विश्वास भ्रष्ट हो सकते हैं, ईमान डगमगा सकता है, अल्लाह, पैग़म्बर, रफ़ीकों और दूसरे धार्मिक गुरुजनों के ख़िलाफ़ उनसे गुस्ताख़ी हो सकती है, जोकि आज कल एक आम बात है, बल्कि अंग्रेज़ी शिक्षा का एक अनिवार्य परिणाम है। एक धर्म-प्रेमी की निगाह में उपर्युक्त तरजीह बिल्कुल स्पष्ट है। हाँ, जिसको

अपना धर्म खोने में कोई दुःख नहीं होता, उसको जो अच्छा लगे, सो कहे।" इसमें सराहना के साथ मौलाना थानवी द्वारा एक ऐसे पिता को सुनाई गई डाँट को भी उद्धृत किया गया है, जो इस असमंजस में था कि वह अपने बेटों को अलीगढ़ कालिज में दाख़िल कराए या न कराए। उसे यह भय था कि कहीं उनका मज़हब तबाह न हो जाए? "जो अल्लाह की मर्ज़ी है वह तो पूरी होकर ही रहेगी। लेकिन (मज़हब की) बरबादी के ज़ाहिराना कारणों में से (कालिज में) यह दाख़िला एक ज़बरदस्त कारण है और इसलिए कालिज में उनके इस दाख़िले की बनिस्बत (उनके जिस्मों में) अधरंग का दाख़िला हो जाना बहतर है, क्योंकि कालिज में उनके दाख़िल होने से उनके मज़हब को नुकसान पहुँचेगा, जबकि अधरंग होने पर सिर्फ़ उनके जिस्म को नुकसान पहुँचेगा। इन दो बीमारियों में से असली बीमारी वह है जो कालिज के वातावरण से पैदा होती है।" फ़तवे में आगे मौलाना द्वारा एक ऐसे व्यक्ति के प्रति प्रकट की गई प्रतिक्रिया को भी सराहना के साथ उद्धृत किया गया है, जिसने उन्हें यह सूचित किया था कि कश्मीरी मुसलमान अब झाड़बरदार के तौर पर काम करना छोड़ सकते हैं क्योंकि उनकी शिक्षा की व्यवस्था की जा रही है : "अगर झाड़ूबरदारी का यह काम उन्होंने छोड़ दिया, तो अंग्रेजी शिक्षा में यह काम उससे बुरा होगा। अब तक सिर्फ़ बाहरी ग़लाज़त ही थी। अब उसकी बजाए अंदरूनी ग़लाज़त पैदा हो जाएगी। मैंने अक्सर यह ग़ौर किया है कि यह शिक्षा ईमान को भ्रष्ट कर देती है।"

फ़तवे में यह दलील पेश की गई है, कि जिस किस्म की यह अंग्रेज़ी शिक्षा है, उसके ऐसे परिणाम होना स्वाभाविक ही हैं : "हमने जो काँटे बोए थे, उनसे खजूर तो पैदा नहीं हो सकती और हमने जो ऊन काती थी उससे कमख़ाब रेशम तो तैयार नहीं किया जा सकता।" इन अनिवार्य परिणामों से ख़ुद को न बचाना शरीअत के ख़िलाफ़ जाना होगा। क्योंकि, फ़तवा हमें याद दिलाता है, "शरीअत का यह नियम है कि बरबादी से दूर रहना और ख़ुद को बुराई से बचाए रखना ज़रूरी है।"

लेकिन यह तो हुई आधुनिक शिक्षा के बारे में सामान्य चर्चा। लड़कियों को दी जा रही आधुनिक शिक्षा दो अतिरिक्त कारणों से और भी निंदनीय है। पहला, स्वयं स्कूलों और कालिजों का माहौल ही उन्हें भ्रष्ट कर देगा। औरतों को इन संस्थाओं से उसी तरह से दूर रखा जाना चाहिए जिस तरह से उमर द्वारा उन्हें मस्जिदों में जाने से रोक दिया गया था। दूसरा, औरतों के ख़ासतौर पर जल्दी से भ्रष्ट होने का ख़तरा होता है।

इस फ़तवे और उसके बाद के फ़तवे के पूरे अंश पढ़ने लायक हैं, क्योंकि उनसे हमें आधुनिक शिक्षा के प्रति उलमा का वैरभाव और महिलाओं के प्रति उनके विचार, दोनों ही जानने को मिल जाते हैं। वे फ़तवे इस प्रकार हैं :

वुज़ू और गुसल (स्नान) में ग़रारे करना सुन्नत है, लेकिन एक रोज़ा रखने वाले के लिए ग़रारे करना मना है, इसलिए क्योंकि यह डर रहता है कि पानी गले से नीचे की तरफ़ चला जा सकता है। उसी प्रकार बालों (सिर या दाढ़ी के) में उंगलियाँ फेरना सुन्नत है। लेकिन एहराम (हाजियों के अनसिले वस्त्र) धारण किए हुए ऐसा करना मकरूह (घृणास्पद) है क्योंकि यह डर रहता है कि कहीं कुछ बाल टूट न जाएँ।

रसूले पाक के शुभ समय में औरतों को मस्जिद में नमाज़ पढ़ने की इजाज़त थी, लेकिन उसके फ़ौरन बाद, उनके भ्रष्ट हो जाने के अंदेशे से ख़लीफ़ा 'उमर फ़ारूक' ने उन्हें मस्जिद में आने से रोक दिया और हज़रत आयशा ने इस निर्णय का समर्थन करते हुए टिप्पणी की, "यदि रसूले पाक ने इस हालत को देखा होता जिसे हज़रत उमर ने देखा है तो उन्होंने भी तुम लोगों को मस्जिद में नमाज़ पढ़ने की इजाज़त न दी होती।" (अबू दाउद, खंड 1, पृ. 91)

इस फ़रमान के मुताबिक जब औरतों के लिए मस्जिद में नमाज़ पढ़ना नाजायज़ करार दे दिया गया तो मज़हबी नुकसान के अंदेशे को मद्देनज़र रखते हुए लड़कियों को उच्च शिक्षा के लिए कालिज भेजना कैसे जायज़ हो सकता है? दूसरे शब्दों में ऐसी शिक्षा देना नाजायज़ है जो व्यक्ति के ईमान और मज़हब पर विपरीत प्रभाव डाले और ग़ैरइस्लामी संस्कृति, आचारों और आदतों को अपनाने का ज़रिया बन जाए। ऐसी शिक्षा सबके लिए नाजायज़ है चाहे वे लड़कियाँ हों या लड़के। लेकिन इन दोनों के बीच एक फ़र्क किया जा सकता है। क्योंकि लड़कियों का स्वभाव ऐसा होता है कि उन पर बुरा असर जल्दी पड़ता है और धार्मिक दृष्टि से उन्हें कोई आर्थिक ज़िम्मेदारी भी नहीं उठानी पड़ती। इसलिए उन्हें अंग्रेजी शिक्षा से अलग रखा जाना चाहिए। उन्हें स्कूलों और कालिजों के वातावरण के संपर्क में ही नहीं आना चाहिए। लेकिन लड़कों के लिए निस्संदेह यह गुंज़ायश है कि वे जितनी चाहें, अंग्रेजी डिग्रियाँ हासिल कर सकते हैं, बशर्ते कि उन्हें धर्म के मूलभूत विश्वासों और सिद्धांतों की अच्छी शिक्षा दी गई हो, और वे वादा करें कि वे इस्लामी संस्कृति, आचारों और आदतों के प्रति पूरी तरह से निष्ठावान रहेंगे। अबबर इलाहाबादी साहब ने इस विषय पर क्या ख़ूब कहा है :

आप भले ही कालिज में प्रेमपूर्वक फलें-फूलें या पार्क में उछलें कूदें। यह भी अच्छी बात है कि आप गुब्बारे में सवार होकर उड़ान भरें और आकाश में झूला झूलें। लेकिन इस नाचीज़ सेवक की केवल एक बात याद रखें : अल्लाह और अपनी असलियत को कभी न भूलें।"

लेकिन आज के ज़माने में यह गारंटी बिल्कुल अव्यावहारिक दिखाई देती है कि वे इस्लामी विश्वासों, संस्कृति और आचार के प्रति पूरी तरह से निष्ठावान रहेंगे, और इस बात की भी पूरी तसल्ली नहीं है कि छात्र बुरे असर और अस्वस्थ वातावरण

से सुरक्षित बने रहेंगे। ऐसे में यह ज़रूरी हो जाता है कि बच्चों को उपर्युक्त शिक्षा और संस्कृति से बचा कर रखा जाए, ठीक उसी तरह से जैसे उन्हें घातक बीमारियों और हानिकर जलवायु से बचा कर रखा जाता है।

फ़तवा-ए-रिज़विया में घोषित किया गया है कि "जो माता पिता अपनी बेटियों को कालिज भेजते हैं, वे उनके शत्रु होते हैं, मित्र नहीं।" फ़तवे में विशेषज्ञों के हवाले से कहा गया है कि दोस्त वह होता है जो किसी को आख़िरत के लिए तैयार करता है, भले ही वह ऐसा करके उसे दुनियावी तौर पर नुकसान भी क्यों न पहुँचाए। फ़तवे में आगे घोषित किया गया है, "इसमें कोई संदेह नहीं कि एक कालिज की लड़की अत्यंत मुक्त, बेपर्दा, धृष्ट और निर्लज्ज बन जाती है। यह अंग्रेज़ी शिक्षा और कालिज के वातावरण का सामान्य परिणाम होता है।" और आगे कहा गया है "जो लड़की हया खो देती है, वह सब कुछ खो देती है।" हदीस को उद्धृत करते हुए इसमें कहा गया है, "हया और ईमान ऐसे साथी हैं, जिन्हें एक दूसरे से अलग नहीं किया जा सकता। इनमें से जब एक छिन जाता है, तो दूसरा भी चला जाता है।"

फ़तवे में आगे कहा गया है, "यह फ़ैसला आसानी से किया जा सकता है कि जो माता-पिता अपनी बेटियों को कालिज भेजते हैं वे उनके दोस्त हैं या दुश्मन।" माता-पिता के लिए कुरआन में दी गई हिदायत इस प्रकार है, "अपने आपको और अपने परिवारों को उस आग से बचा कर रखो....." (66.6), "जबकि माँ-बाप अपने बच्चों को जहन्नुम में फैंकते जा रहे हैं और फिर भी यह दावा करते हैं कि वे उनसे प्यार करते हैं!" इसके आगे यह घोषित किया गया है, "बच्चों को बिगाड़ने की एकमात्र ज़िम्मेदारी माँ-बाप की है।"

इसके बाद फ़तवे में, महिलाओं को कालिज से दूर रखने के, एक-दूसरे से जुड़े तीन कारण दिए गए हैं : महिलाएँ ख़ासतौर पर, जल्दी से भ्रष्ट हो सकती हैं। जो पोशाकें वे पहनेंगी, जिस माहौल में वे रहेंगी, वह उन्हें बे-ईमानी और बेहयाई के भँवर में खींच लेगा; और ख़ुद भ्रष्ट होने के बाद, वे दूसरों को, अर्थात् पुरुषों को अपने जाल में फँसा कर भ्रष्ट कर देंगी। इन दलीलों की पुष्टि में, फ़तवे में किसी मामूली विशेषज्ञ को नहीं, बल्कि स्वयं पैग़म्बर साहिब को उद्धृत किया गया है :

बच्चों को बिगाड़ने की एकमात्र जिम्मेदारी स्वयं माता-पिता पर है; बच्चों की ज़िंदगियों को बनाना या बिगाड़ना ख़ुद उनके हाथ में है। बच्चे क्या बनेंगे, यह इस बात पर निर्भर करता है कि उन्हें किस प्रकार का प्रशिक्षण और शिक्षा दी जाती है। हदीस में कहा गया है : "हर बच्चा एक खरा स्वभाव लेकर पैदा होता है (अर्थात् उसमें इस्लाम धर्म को ग्रहण करने की पर्याप्त क्षमता होती है), लेकिन उसके माता-पिता उसे एक यहूदी या ईसाई या गब्र (पार्सी) बना देते हैं। (मिश्कात, पृ. 21) माना कि एक कालिज में पढ़ने वाली लड़की दुनियावी मामलों में तरक्की कर सकती है, लेकिन आख़िरत की दृष्टि से वह यकीनन नुकसान में रहेगी। इसलिए (अल्लाह)

के अनुसार, "इनका गुनाह इनके फ़ायदे से कहीं बढ़कर है।" (सूरा, अल बकरा, 2, 219) जिस काम से नुकसान होता है वह हराम और ममनू (निषिद्ध) होता है। रसूले पाक का यह कहना है : "जो व्यक्ति दुनिया के प्यार में उलझ कर रह जाता है वह आख़िरत के लिहाज़ से नुकसान में रहता है और जो हमेशा आख़िरत के प्यार में लीन रहता है वह दुनियावी तौर पर नुकसान में रहेगा। इसलिए नाशवान् (दुनिया) को छोड़कर चिरस्थायी (आख़िरत) को अपनाओ।" (मिन्हास-उल-आबिदीन)।

अगर कोई लड़की वयस्क न हुई हो और किशोरावस्था में हो, तब भी उसे वयस्क माना जा सकता है। पर्दे के बिना उसका बाहर निकलना जायज़ नहीं है। ऐसा हदीस में कहा गया है। औरत शैतान के रूप में आती है और शैतान के रूप में जाती है। (मिश्कात, पृ. 268) इस हदीस का मतलब यह है कि जिस तरह से शैतान बुरी भावनाएँ पैदा करता है, उसी तरह से औरत को देखने पर भी मन में बुरे विचार और विकार उत्पन्न होते हैं। एक और हदीस में कहा गया है : औरत एक चीज़ होती है (अर्थात् जैसे छिपाने लायक चीज़ों को छिपा कर रखा जाता है उसी तरह से औरत को भी छिपाकर रखा जाना चाहिए और जिस प्रकार छिपाए जाने वाले अंगों का खुले रहना तक बुरी बात होती है, उसी तरह से औरतों का भी बेपर्दा होकर घूमना बुरी बात है); जब वह बाहर निकलती है तो शैतान भी उसकी घात में निकल पड़ता है (और उसे पाप में लिप्त करने की ठान लेता है)। और एक हदीस में कहा गया है, "अल्लाह की उस पर लानतें पड़ें जो (औरत को बुरी निगाह से) देखता है और उस पर भी जिसे इस प्रकार देखा जाता है। (मिश्कात, पृ. 269-70) एक और हदीस में कहा गया है : "आँखें व्यभिचार करती हैं—उनका व्यभिचार है देखना, कान व्यभिचार करते हैं, उनका व्यभिचार है सुनना; जुबान व्यभिचार करती है, उसका व्यभिचार है, बोलना और हाथ भी व्यभिचार करते हैं, उनका व्यभिचार है पकड़ना।" (मुस्लिम, खंड 2, पृ. 336)।

जब कोई लड़की बेपर्दा घूमेगी तो वह इन सब निषेधों का सामना करेगी और इन निषेधों का उल्लंघन करने पर वह हर कदम पर पाप करेगी और उन पापों में वह दूसरों को भी लिप्त कर लेगी। जब पैग़म्बर साहिब की पाक बीवियों और पाक बेटियों के बारे में यह आदेश है : "और अपने घरों के अंदर रहो!" और जब उन्हें किसी भौतिक या कानूनी आवश्यकतावश बाहर जाना हो तो उन्हें आदेश दिया गया है कि "वे (बाहर निकलें तो) अपने ऊपर अपनी चादरों के पल्लू लटका लिया करें।" (सूरा अल अहज़ाब 36 : क्रमश 33 और 59) तो फिर आम औरतों को बिना पर्दा बाहर घूमने की इज़ाज़त कैसे दी जा सकती है? जब किसी वयस्क या किशोरावस्था की औरत को नमाज़ पढ़ने के लिए मस्जिद में जाने की इज़ाज़त नहीं है तो उसे कालिज जाने की इज़ाज़त कैसे दी जा सकती है? और वह भी ऐसी पोशाक में जोकि कुछ न पहनने के समान है? एक, हदीस में कहा गया है, "बहुत सी औरतें ऐसी

होती हैं जोकि प्रकट रूप में तो पोशाक पहने होती हैं लेकिन दर हकीकत वे नंगी होती हैं, वे दूसरों के प्रति झुकाव दिखाने और दूसरों को अपनी ओर आकर्षित करने में निपुण होती हैं।" और इन औरतों को सज़ा की चेतावनी दी गई है कि, "ऐसी औरतें न सिर्फ़ जन्नत से महरूम कर दी जाएंगी, बल्कि उसकी ख़ुशबू से भी।" आजकल कालिज की लड़कियां ऐसे तंग और जिस्म से चिपके हुए कपड़े पहनती हैं कि उनके लिए बैठना-उठना भी दुशवार हो जाता है। उनके अंग बाहर से साफ़ दिखाई दे रहे होते हैं। ऐसे कपड़ों और ऐसी फ़ैशनेबुल पोशाक में अजनबियों के सामने आना जायज़ कैसे हो सकता है? रसूले पाक में कहा है, "जो आदमी किसी औरत की पीठ पर आंखें गाड़ कर उसके कपड़ों को इस तरह से देखता है कि उसकी हड्डियों की मोटाई (अर्थात् उसके डील डौल और उसके जिस्म की गोलाइयों और घुमावों) को देख सके, वह जन्नत की ख़ुशबू को नहीं सूंघ सकेगा।" इस हदीस से यह समझा जा सकता है कि कपड़ों को इस तरह से देखना कि औरत के शरीर के आकार-प्रकार की झलक मिल सके, मना है, भले ही कपड़ा इतना मोटा हो कि उसमें से त्वचा दिखाई न दे रही हो। (शमी, खंड 5, पृ. 321)[8]

हमेशा की तरह मुफ़्ती किफ़ायतुल्लाह बात को नरमी से कहते हैं। हमेशा की तरह वे एक बीच का रास्ता सुझाते हैं। लेकिन उनके सुझाए हुए इलाज से भी उन लोगों को कोई मदद नहीं मिलने वाली है जो मुसलमानों को दूसरों की बराबरी पर रखना चाहते हैं।

वे अपनी बात की शुरुआत इस प्रकार करते हैं कि ज्ञान प्राप्त करना इस्लाम के कर्तव्यों में से एक है। मुफ़्ती साहब बताते हैं कि ख़ुद पैग़म्बर साहिब ने औरतों को शरीअत सिखाई थी। पैग़म्बर साहिब दोबारा ख़ुतबा दिया करते थे, ताकि औरतें भी उन्हें सुन सकें। इसलिए, वे कहते हैं कि जहां तक मज़हबी इल्म का सवाल है मर्द और औरतें बराबर हैं।

लेकिन वे कहते हैं कि दूसरों के साथ औरतों का मिलना जुलना वांछनीय नहीं है। वे बताते हैं कि पैग़म्बर साहिब ने कहा था कि औरतों के लिए यह बहतर है कि वे किसी सार्वजनिक स्थान की बजाए घर पर ही अपनी नमाज़ पढ़ें। और पर्दा तो ज़रूर किया जाना चाहिए। इसके अलावा औरतों को इतनी आज़ादी भी नहीं दी जानी चाहिए कि वे योरुपीय औरतों की आदतें और तौर तरीके अपना लें और इस्लामी मूल्यों को त्याग दें।

मुफ़्ती साहब घोषित करते हैं कि यदि मुस्लिम कौम ने इस्लामी शरीअत और मूल्यों को दरकिनार करके तरक्की की तो वह इस्लाम और मुस्लिम कौम की तरक्की नहीं होगी। अल्लाह कसम जो लोग उम्मत से हटकर पश्चिमी तौर तरीकों को अपना लेते हैं वे कभी तरक्की नहीं कर पाएंगे। वे तब तक तरक्की नहीं कर पाएंगे जब तक वे मुस्लिम सभ्यता के मानदंडों को स्वीकार नहीं करते।

तदनुसार मुफ़्ती साहब एक बीच का रास्ता सुझाते हैं। महिला शिक्षा के लिए संस्थाएँ स्थापित करना और लड़कियों का उन संस्थाओं में जाकर उन कलाओं का ज्ञान प्राप्त करना जो इस्लाम द्वारा निर्धारित की गई हैं, शरीअत के अनुकूल है। इसलिए वे इस बात पर जोर देते हैं कि महिलाओं के लिए मदरसे, लड़कियों के लिए अलग से स्कूल होने चाहिए और उन्हें इन स्थानों पर पहुंचाने और वहां से वापिस लाने के ऐसे तरीके ढूंढे जाने चाहिए कि उनकी पढ़ाई में कोई विघ्न न पड़े। उनके लिए अध्यापकों का सावधानी से चयन किया जाना चाहिए और उनकी देख रेख की जानी चाहिए। औरतों को पर्दा ज़रूर करना चाहिए और हाथों और पांवों को छोड़कर बाकी सभी अंगों को ढक कर रखना चाहिए। उनकी पोशाक ऐसी होनी चाहिए कि जिससे उनकी मुस्लिम हया बनी रहे।

इस परिप्रेक्ष्य को ध्यान में रखते हुए मुफ़्ती साहब यह निर्धारित करते हैं कि इन मदरसों और विशेष स्कूलों में महिलाओं को उनके मज़हब, शरीअत, शिष्टाचार, सामाजिक आचरण, आजीविका, पेशे और हुनर की शिक्षा दी जानी चाहिए। वे कहते हैं कि इन विषयों का ज्ञान शरीअत और महिलाओं के सम्मान के मुताबिक दिया जाना चाहिए।

वे इस बात पर ज़ोर देते हैं कि पिता का यह कर्त्तव्य बनता है कि वह बच्चों को शरीअत के मुताबिक उनके कर्तव्य सीखने के लिए मजबूर करे और अगर ज़रूरी हो तो यह सुनिश्चित करने के लिए उन्हें सज़ा भी दे।

जब वे आजीविका और पेशे की बात करते हैं, उस समय उनके मन में जिस किस्म की बातें थीं, वे कुछ पृष्ठ आगे चलकर स्पष्ट हो जाती हैं। औरतों के, बिना ज़रूरत घर से निकलने या पुरुषों के जुलूसों में भाग लेने या उनसे मिलने जुलने पर और औपचारिकता के प्रतिबंधों के बिना अजनबियों से मिलने जुलने पर न केवल उनका नारीत्व बल्कि इस्लामी सभ्यता भी नष्ट होगी।

क्या महिलाओं को कुरआन के अलावा भी कुछ सिखाया जाना चाहिए? मुफ़्ती साहब से यह सवाल किया जाता है। इसके जवाब में वे फ़रमाते हैं कि उन्हें लिखना, पढ़ना और हिसाब, उर्दू, कौशल, खाना पकाना, सिलाई और कढ़ाई आदि सिखाई जानी चाहिए। मुफ़्ती साहब कहते हैं कि उन्हें ये चीज़ें सिखाने में कोई हर्ज नहीं है, लेकिन अलबत्ता उन्हें पर्दा ज़रूर करना चाहिए और इन चीज़ों को सीखने में उनकी क्षमताओं को भी ध्यान में रखा जाना चाहिए।[9]

मुफ़्ती साहब ने जो कुछ सुझाया है वह कोई ऐसा कार्यक्रम नहीं है जिससे सामान्यतः मुसलमानों या मुस्लिम महिलाओं का उत्थान होने की संभावना हो। लेकिन सभी फ़तवों में से यही फ़तवे प्रगतिशील हैं।

जीवन के दूसरे सभी पहलू भी

इस प्रकार एक तरफ़ तो यह शिकायत की जाती है कि मुसलमान ग़रीब हैं, पिछड़े हुए हैं। इसका निदान भी हमारे पास है कि ऐसी दशा मुख्यतः इसलिए है क्योंकि वे आधुनिक शिक्षा और प्रौद्योगिक कौशल प्राप्त करने में पीछे रह गए हैं। दूसरी तरफ़ हमारे पास फ़तवों का प्रमाण है। उलमा ही पिछले एक सौ पचास सालों से मुसलमानों को लगातार और ज़ोरदार चेतावनियाँ देते रहे हैं कि वे आधुनिक शिक्षा की बुराइयों से "ख़ुद को बचा कर रखें।" वही बार-बार यह घोषित करते रहे हैं कि मुसलमानों के लिए आधुनिक शिक्षा को प्राप्त करके आख़िरत से, जन्नत से, यहां तक कि जन्नत की ख़ुशबू से वंचित होने की बजाए कहीं बहतर है 'नाकारा' बने रहना और लौकिक लाभ से वंचित रह जाना, क्योंकि आधुनिक शिक्षा प्राप्त करने से व्यक्ति को अनिवार्य रूप से इस्लामी मूल्यों और तौर तरीकों का भी त्याग करना पड़ता है। उन्होंने ही मुसलमानों के दिल में कूट-कूट कर यह धारणा भरी है कि ख़ास तौर पर मुस्लिम औरतों को आधुनिक शिक्षा के छल-कपट से ज़रूरी तौर पर बचा कर रखा जाए।

लेकिन मुसलमानों के आधुनिक शिक्षा प्राप्त न कर पाने के लिए भारत के बाकी लोगों को और धर्म निरपेक्षवादियों द्वारा ख़ासतौर पर हिंदुओं को ज़िम्मेदार ठहराया जाता है।

शिक्षा संबंधी फ़तवे तो पूरी मनोवृत्ति का मात्र एक नमूना हैं। परिवर्तन के हर पहलू के प्रति, हर नए विकास के प्रति उलमा का यही रवैया रहा है। वे एक ऐसी वृत्ति के साथ प्रतिक्रिया व्यक्त करते हैं जिसे अमरीकी तात्कालिक अस्वीकार वृत्ति कहते हैं।

अलबत्ता जहां तक सूद का संबंध है, न तो वह लिया जाना चाहिए न दिया जाना चाहिए। इसलिए किसी मुसलमान को बैंकों में काम नहीं करना चाहिए क्योंकि वे सूद वसूल करते हैं। बैंकों में धन जमा करना, गुनाह में मदद करना है। किसी मुसलमान को सहकारी संस्थाओं में न तो काम करना चाहिए और न उनका सदस्य बनना चाहिए। किसी मुसलमान को उन स्टाम्प काग़जों या दस्तावेज़ों का लेखक भी नहीं होना चाहिए जो उन लेन देनों के बारे में हों जिन पर ब्याज लिया या दिया जाता है। किसी मुसलमान को बीमा भी नहीं कराना चाहिए क्योंकि वह एक किस्म का जूआ है। इसी कारण से किसी मुसलमान को किसी बीमा कंपनी में काम भी नहीं करना चाहिए।

किसी मुसलमान को कंपनियों के शेयर न तो ख़रीदने चाहिए और न बेचने चाहिए। किसी मुसलमान को ऐसी इस्लामी संस्थाओं में काम नहीं करना चाहिए जिसने अपना इकट्ठा किया हुआ धन किसी बैंक में जमा करा रखा हो और वह उस पर

कमाए हुए ब्याज से वेतनों का भुगतान करती हो।

किसी मुसलमान को अंग्रेजी दवाइयाँ भी नहीं खानी चाहिए क्योंकि उनमें शराब मिली होती है।

अगर कोई मुसलमान रेडियो सुने तो सिर्फ़ वांछनीय भाषणों को सुनने के लिए, अर्थात् उन भाषणों को सुनने के लिए जिनसे इस्लाम में उसकी आस्था और इस्लामी मूल्यों के प्रति उसकी निष्ठा सुदृढ़ हो।

किसी मुसलमान के घर पर किन्हीं जीवित प्राणियों के कोई चित्र या छाया चित्र नहीं होने चाहिए। किसी मुसलमान को अपना फोटो नहीं खिचवाना चाहिए। किसी मुसलमान को किसी कैमरा दुकान पर काम नहीं करना चाहिए। किसी मुसलमान को काफ़िरों की तरह शादियों पर कोई वाद्य यंत्र नहीं बजाने चाहिए और न ही गाना गाना चाहिए। तदनुसार किसी मुसलमान को बैंडमंडली में भी काम नहीं करना चाहिए।[10]

ऐसे उदाहरणों और उन पर दिए गए फ़तवों का एक अच्छा खासा संकलन तैयार किया जा सकता है। उस मानसिकता को दर्शाने के लिए जो उलमा पर हावी रहती है और उनके माध्यम से जो मुस्लिम समुदाय पर हावी रहती है, केवल दो उदाहरण पर्याप्त रहेंगे। इसी मानसिकता को लेकर वे भविष्य का सामना करना चाहते हैं, लेकिन दृढ़तापूर्वक अतीत-अभिमुख होकर।

संतति नियमन : संतति नियमन की बार-बार भर्त्सना की जाती है इस आधार पर, कि ऐसा करके आदमी अल्लाह की सख़ावत को ठुकराएगा जो उसने सबके हिस्से में तय कर रखी है। ऐसा करना उस बच्चे की हत्या करना होगा जो शुक्राणु में होता है।

प्रश्नकर्ता पूछता है : नलबंदी कराना कैसा रहता है? स्वास्थ्य और बीमारी की अवस्था में इसका क्या नियम है? कुछ लोग ग़रीबी के कारण नलबंदी करा लेते हैं। क्या यह जायज़ है?

उलमा का फ़रमान : अगर ज़रूरत पड़े तो जब तक कानूनी बहाना रहता है, तब तक आदमी गर्भ-निरोधक उपाय अपना सकता है। लेकिन साफ़ बात यह है कि बिना किसी कानूनी बहाने के नलबंदी कराकर ख़ुद को संतान से वंचित करना ख़ुदाई सख़ावत के प्रति कृतघ्नता है। रसूले पाक ने कहा है, "उन औरतों से शादी करो जो ज़्यादा बच्चों से प्यार करती हैं और जिन्हें ज़्यादा बच्चे पैदा करना पसंद हो, ताकि तुम लोगों की बहुसंख्या के कारण कियामत के दिन दूसरी उम्मतों के मुकाबले तुम लोगों की संख्या पर मैं गर्व कर सकूँ।" (मिश्कात) अल्लाह सबको रोज़ी देने वाला है। वह तुम्हें भी देगा और तुम्हारे बच्चों को भी। बच्चे अल्लाह की देन होते हैं, हमारी नहीं। जिसने माँ की कोख में बच्चे को परवरिश दी वह उसे पैदा होने के बाद भी देगा। बच्चे अपनी रोज़ी की फिहरिस्त माँ की कोख से लाते हैं और

उन्हें जितना मिलना होता है उतना मिल जाता है। तब फिर आदमी ऐसे ख़्याल क्यों पालता रहे? ख़ुदाई फ़रमान इस प्रकार है :

"ग़रीबी के कारण अपनी औलाद की हत्या न करो। हम ही तुम्हें रोज़ी देते हैं और उन्हें भी।" (6.152)

एक और जगह कहा गया है :

"दरिद्रता के भय से अपनी औलाद की हत्या न करो। हम उन्हें भी रोज़ी देते हैं और तुम्हें भी।" (17.31)

इसलिए किसी मामूली बहाने से (नलबंदी कराना) जायज़ नहीं है। अलबत्ता अगर औरत कमज़ोर सेहत की वजह से गर्भावस्था की कठिनाइयों को नहीं झेल पाती और उसकी ज़िंदगी के लिए ख़तरा पैदा हो जाए और नलबंदी के अलावा कोई चारा न रह जाए तो नलबंदी कराई जा सकती है, बशर्ते कि किसी योग्य और परंपरानिष्ठ मुस्लिम हकीम या किसी ईमानदार और अनुभवी मुस्लिम डाक्टर द्वारा इसकी सलाह दी जाए।

एक और प्रश्नकर्ता लिखता है, "आजकल हम रेलवे कर्मचारियों को संतति नियमन के लिए मजबूर किया जाता है। हमें बताया गया है कि बच्चे पैदा मत करो। इस बात पर ज़ोर दिया जाता है कि या तो पति या पत्नी अपना आपरेशन करवा ले। ख़ास तौर पर पति को अपनी नसबंदी करवाने के लिए मजबूर किया जाता है। अगर हम इंकार कर दें तो हमें तंग करने के लिए हर हरबा इस्तेमाल किया जाता है। हमें पेशगी धन सहायता और हमारी बीमारी के दौरान रेलवे डाक्टर से चिकित्सा सहायता और दवाइयों से वंचित कर दिया जाता है। हमें सताने और तंग करने के लिए बहुत से ऐसे तरीके इस्तेमाल किए जाते हैं। इसका नतीजा यह होता है कि तंग आकर कुछ लोग अपनी नसबंदी करा लेते हैं। क्योंकि जब हम इंकार करते हैं और प्रतिरोध करते हैं तो नौकरी हमारे लिए एक यातना बन जाती है और जब हमें उपुर्यक्त सुविधाओं से वंचित कर दिया जाता है तो हमारी कठिनाइयाँ बहुत बढ़ जाती हैं। ऐसे हालात में हमें क्या करना चाहिए? इस बारे में उलमा के क्या विचार हैं? हम इन हालात को मजबूरी मान सकते हैं या नहीं; और यह जायज़ होगा कि अगर इसे मजबूरी की हालत मानते हुए हम नसबंदी करा लें? जब उनको यह बताते हैं कि यह हमारे मज़हब के ख़िलाफ़ है तो वे हमें कहते हैं, इस मामले में मज़हब को बीच में मत लाओ। हम क्या करें? कृपया पूरी तरह से स्पष्ट करें।"

उलमा फ़रमाते हैं :

बेशक, बच्चे ख़ुदा की बहुत बड़ी देन होते हैं। रसूले पाक ने कहा है, "उन औरतों से शादी करो जो ज़्यादा बच्चों से प्यार करती हैं और जिन्हें ज़्यादा बच्चे पैदा करना पसंद हो, ताकि तुम लोगों की बहुसंख्या के कारण कियामत के दिन दूसरी उम्मतों के मुकाबले तुम लोगों की संख्या पर मैं गर्व कर सकूँ।"

सिर्फ़ अपनी नौकरी को बचाकर रखने या उसकी सुविधाएँ उठाने के लिए नसबंदी या नलबंदी कराकर संतानोत्पत्ति के उपाय से वंचित हो जाना वाकई ख़ुदाई सख़ावत के प्रति कृतघ्नता है और शरीअत की दृष्टि से नाजायज़ और हराम है। एक हदीस में बताया गया है कि कुछ रफ़ीकों ने ख़ुद को गुनाहों और दुनियावी चिंताओं से बचाने और ख़ुद को इबादत में मसरूफ़ करने के लिए ख़ुद का बधियाकरण कराने की इच्छा प्रकट की। रसूले पाक ने इसकी इजाज़त नहीं दी और कुरआन की इस आयत को उद्धृत कर दिया :

"ऐ ईमान लाने वालो! जो पाक चीज़ अल्लाह ने तुम्हारे लिए हलाल की है उसे हराम न कर लो और हद से आगे मत बढ़ो! निस्संदेह, अल्लाह हद से आगे बढ़ने वालों को पसंद नहीं करता।" (5.87)

इस आयत से अंतिम रूप से यह सिद्ध हो जाता है कि बधियाकरण अर्थात् कृत्रिम रूप से संतानोत्पत्ति को रोकना कुरआन की इस स्पष्ट आयत के अनुसार भी हराम है और इसे अल्लाह द्वारा नियत की गई सीमाओं के उल्लंघन में शामिल किया गया है; इसलिए वह आपरेशन जिससे बच्चे पैदा होना बंद हो जाएँ एकमत से हराम है। (यू. क्यू. खंड 20, पृ. 22) और विधिवेत्ताओं ने कहा है : "पुरुषों का बधियाकरण हराम है।" (डी एम एंड एस, खंड 5, पृ. 342)

एक हदीस में कहा गया है, "अल्लाह से बेफ़रमानी करके प्राणियों के सामने झुक जाना नाजायज़ है। इसलिए "इस मामले में मज़हब को बीच में मत लाओ" के जवाब में सबको एक साथ मिलकर एक आवाज़ में कहना चाहिए, "पहले मज़हब फिर नौकरी।" रोज़ी देने वाला अल्लाह है। अल्लाह ने कुरआन में कहा है :

"धरती पर चलने वाला कोई ऐसा जीवधारी नहीं है जिसकी रोज़ी अल्लाह के ज़िम्मे न हो।" (11.6)

एक और जगह अल्लाह ने कहा है :

"और कितने ही जानवर हैं जो अपनी रोज़ी जुटाने में समर्थ नहीं होते। अल्लाह ही उन्हें रोज़ी देता है और तुम्हें भी।" (29.60)

और

"और जो कोई अल्लाह के प्रति कर्तव्य निर्वाह करता है अल्लाह उसके लिए निकलने की राह पैदा कर देगा और उसे वहाँ से रोज़ी देगा जहाँ का उसे गुमान भी न होगा।" (65 : 2-3)

और

"और ग़रीबी के कारण अपनी औलाद की हत्या मत करो। हम ही तुम्हें भी रोज़ी देते हैं और उन्हें भी।" (6.152)

और

"और दरिद्रता के भय से अपनी औलाद की हत्या मत करो। हम उन्हें भी

रोज़ी देते हैं और तुम्हें भी।" (17.31)

एक हदीस में बताया गया है कि हज़रत उमर कहते हैं कि उन्होंने रसूले पाक को यह कहते सुना : "निस्संदेह अगर तुम अल्लाह पर उतना भरोसा रखो जितना कि उस पर रखा जाना चाहिए तो वह तुम्हें उसी तरह से रोज़ी देगा, जिस तरह से वह पक्षियों को देता है जो सुबह भूखे पेट निकलते हैं और शाम को भरे पेट लौटते हैं।" (मिश्कात, पृ. 452)

मशहूर शायद शेख़ सादी ने कहा है :

"ऐ मेरे फ़ैज़ रसां (दानशील) मौला! तू जोकि अग्निपूजकों (पार्सियों) और ईसाइयों को अपने अदृश्य भंडार से ख़ैरात देता रहता है, और जो अपने दुश्मनों के प्रति इतना स्नेहशील है, तो अपने मित्रों को कहाँ महरूम रखेगा?"

कहा जाता है कि जब किसी कौवे का चूज़ा अंडे से निकलता है, तो उसके पंख मुलायम और पर सफ़ेद होते हैं। उसके माँ-बाप यह समझते हैं कि वह उनका बच्चा नहीं है क्योंकि उसे उनकी तरह काला होना चाहिए था। इसलिए वे उसे तब तक चोग नहीं देते जब तक उसके पंख काले नहीं हो जाते। लेकिन उस बीच अल्लाह उसे आहार देता रहता है। जब वह अपनी चोंच खोलता है, तो हवा में उड़ते हुए छोटे-छोटे कीड़े उसमें दाखिल होकर उसका आहार बन जाते हैं। जब अल्लाह मुलायम रोमों वाले चूज़े को आहार देता है तो क्या वह अपने फ़रमाबरदार ख़ादिमों (सेवकों) को नहीं देगा। क्या वह तुम्हें भूखा मार देगा? कभी नहीं। जैसा कि एक शायर ने कहा है :

"रोज़ी के बारे में फ़िक्र मत करो और किताब के पन्ने बंद मत करो, क्योंकि अल्लाह बच्चे के पैदा होने से पहले ही उसकी माँ की छाती में दूध भर देता है। कितने करामाती ढंग से वह आहार जुटाता है।"

ज़रा ग़ौर कीजिए कि नसबंदी और नलबंदी का विरोध इस आधार पर नहीं किया जाता कि ये अतिवादी या आक्रामक या 'अप्राकृतिक' तरीके हैं, बल्कि इस आधार पर उनका विरोध किया जाता है कि वे संतति नियमन के उपाय हैं। उलमा व्याहत मैथुन को भी इसी वजह से हकारत की निगाह से देखते हैं। वे कहते हैं : जब रफ़ीकों ने रसूले पाक (सल्लाल्लहो अलैहि व सल्लम!) से अज़्ल (व्याहत मैथुन) के बारे में पूछा तो उन्होंने कहा "यह एक ज़िंदा बच्चे को दफ़्न करने के बराबर है" और यही बात कुरआन की आयत में कही गई है : और जब दफ़्न की गई बच्ची से पूछा जाएगा। (81.8) (देखें मुस्लिम शरीफ, खंड 1, पृ. 466, मिश्कात शरीफ़, पृ. 276)

फ़तह-अल-मुलहिम शरह-ए-सहीह मुस्लिम अल्लामा शब्बीर अहम उस्मानी कहते हैं कि काज़ी साहब ने लिखा है कि पैग़म्बर साहिब ने ब्याहत मैथुन को "छिपा हुआ दफ़्न" कहा है। अर्थात् जिस बीज को अल्लाह अकबर ने संतान उत्पत्ति के लिए

बनाया था, उसे ज़ाय करना शिशु हत्या और बच्चे को ज़िंदा दफ़नाने के समान है। दोनों का नतीजा एक होता है। अंतर केवल इतना है कि इसे खुलेआम ज़िंदा नहीं दफ़नाया जाता। इसलिए इसे छिपा हुआ दफ़न कहा गया है। (खंड 3, पृ. 318) बुख़ारी शरीफ़ में इस आशय की एक हदीस है कि जब कुछ रफ़ीकों ने इबादत में व्यस्त होने के जोश में और पापों से बचने और संबंधियों से अलग-थलग रहने के लिए ख़ुद का बधियाकरण कराने की इच्छा व्यक्त की तो रसूले पाक (सल्लल्ल्हो, अलैहि व सल्लम) ने उन्हें ऐसा करने की इज़ाज़त नहीं दी और कुरआन की यह आयत प्रमाण के तौर पर उद्धृत की "ऐ ईमान लाने वालो! जो पाक चीज़ अल्लाह ने तुम्हारे लिए हलाल की है, उसे हराम न कर लो, और हद से आगे न बढ़ो।" (5.87)

जिस तरह से रसूले पाक (सल्लाल्ल्हो अलैहि व सल्लम!) ने इस आयत के ज़रिए बधियाकरण को हराम बताया है, उससे यह ज़ाहिर हो जाता है कि परिवार नियोजन योजना के अंतर्गत प्रजनन समाप्ति को भी इसी आदेश के अंतर्गत शामिल किया जाएगा (उमादात-अल-कारी शरह-ए-सहीह-ए-बुख़ारी, खंड 2, पृ. 72) खत्म शुद।[11]

उसके बावजूद जब यह कहा जाता है कि इस्लाम संतति नियमन के विरुद्ध है, या उसका विरोध करने का आदी है तो धर्मनिरपेक्षवादी उछल पड़ते हैं और यह आरोप लगाते हैं, "यह तो हिंदू कट्टरवादियों का सिर्फ़ संप्रदायवादी प्रचार है।"

गुलाम औरतें

या इससे भी ज़्यादा प्रतिगामी प्रथा—गुलामी को लीजिए। सातवीं सदी के अरब में यह प्रथा आम थी। भारत में भी इस्लामी शासन का यह एक प्रमाणचिह्न थी।[12] गुलामों पर उनके मालिक के अधिकार शरीअत का एक महत्वपूर्ण हिस्सा हैं।

मुसलमानों द्वारा रखैल और लौंडियों के इस्तेमाल के बारे में भी हदीस में ज़िक्र आया है। गुलाम और रखैलें रखने के बारे में, कुरआन में अल्लाह द्वारा बाकायदा मंजूरी दी गई है।

लेकिन यह बात 1350 वर्ष पहले की है। आज के युग में उलमा इसे किस दृष्टि से देखते हैं?

जैसा कि सभी सवालों में देखा गया है, कि अगर कोई ऐसी बात हो जिसका पक्ष लेना आज लज्जाजनक हो सकता है, तो उसके बारे में उलमा यह कहते हैं कि यह 'इस्लाम-पूर्व प्रथा' है और इस्लाम ने इसे मानवीय बनाया और इस पर कुछ ऐसे रोक लगाए जिससे कि इस प्रथा का दुरुपयोग न किया जा सके। जब शरीअत में महिलाओं की प्रतिष्ठा को कम करने और उन्हें न्यायोचित स्थान न देने के बारे

में सवाल पूछे जाते हैं तो उसका जवाब यह होता है कि दरअसल महिलाओं की इस्लाम-पूर्व अरब में जो स्थिति थी, उसमें शरीअत ने सुधार किया है। अगर कोई यह कहे कि शरीअत ने महिलाओं की स्थिति को जड़ीभूत कर दिया है तो फिर इस बात को, लेनिन के शब्दों का इस्तेमाल करते हुए, गुस्से के पर्दे से ढक दिया जाता है। महिलाएँ ग़ैर इस्लामी समाजों में इतनी उत्पीड़ित नहीं थीं, उदाहरण के लिए इस्लामी शासन से पूर्व के भारत को ही ले लीजिए। और जैसा कि श्री रामस्वरूप ने कहा है[13]—यहाँ तक कि इस्लाम पूर्व अरब में भी महिलाएँ इतनी उत्पीड़ित नहीं रही हो सकतीं—जैसे कि आप स्वयं खदीजा का ही उदाहरण लीजिए। वे अपने आप में एक अच्छी खासी व्यापारी थीं, जिनके कर्मचारियों में से स्वयं पैग़म्बर साहिब भी, उनसे शादी करने से पहले, एक थे। लेकिन इन सब बातों को, इस्लाम को बदनाम करने वालों का मात्र प्रचार कहकर रफ़ा-दफ़ा कर दिया जाता है।

गुलामों के बारे में भी यही बात है। उलमा का कहना है कि यह भी इस्लाम पूर्व प्रथा थी। इस्लाम ने इस प्रथा को मानवीय बनाया। इस्लाम ने मोमिनों को यह उपदेश दिया कि वे अपने गुलामों के साथ अच्छा व्यवहार करें। वे इस बात पर ज़ोर देकर कहते हैं कि इस्लाम ने दास्यमुक्ति को एक ऐसे कार्य का रूप दे दिया, जिसकी बदौलत मोमिन को अल्लाह की ओर से श्रेय दिया गया है। फ़तवा-ए-रहीमियत में बताया गया है कि, ''स्वयं पैग़म्बर साहिब ने 63 गुलामों को मुक्त किया था।'' हज़रत अबू बकर ने 63 गुलामों को मुक्त किया, अब्दुर्रहमान इब्न औफ़ ने 30,000 गुलामों को मुक्ति दिलाई, हाकिम इब्न हुज़ाम ने 100 को और हज़रत अब्बास ने 70 गुलामों को मुक्ति दिलाई। हज़रत उस्मान हर शुक्रवार को एक गुलाम को मुक्त करते थे और यह कहते थे, कि वे किसी भी ऐसे गुलाम को मुक्त कर देंगे जो श्रद्धाभाव से और विनम्रतापूर्वक नमाज़ पढ़ेगा। हज़रत आयशा ने 69 गुलामों को मुक्त किया था। अब्दुल्लाह इब्न उमर ने 100 गुलामों को मुक्त किया था। हज़रत ज़ुल किलाह हिमायारी ने तो 8000 गुलामों को एक ही दिन में मुक्ति दे दी थी। मान लीजिए कि ये आँकड़े सही हैं। इस बात के अलावा कि इन गुलामों को मुक्त किए जाने से पहले उन्हें गुलाम बनाया गया होगा और उन्हें गुलामों के तौर पर रखा और इस्तेमाल किया गया होगा, ये छोटे मोटे आँकड़े उन झुंडों के मुकाबले क्या मायने रखते हैं जिन्हें भारत जैसे देशों में गुलाम बनाया गया था? इन गुलामों की बहुत बड़ी संख्या को इस्लामी इतिहासकार इस्लामी ताकत का एक चिह्न और इस बात का प्रमाण बताया करते थे कि इस्लाम अल्लाह का एक वरद् धर्म है। आज उलमा ऐसे सवालों के बारे में कोई बात नहीं उठाते।

गुलामी की प्रथा को शुरू करने की ज़िम्मेदारी इस्लाम पूर्व युग पर डालकर और इस प्रथा को मानवीय बनाने का श्रेय इस्लाम को देने के बाद उलमा बाकी निम्नलिखित सवालों पर अपने विचार प्रकट करते हैं :

1. एक गुलाम औरत बिना निकाह की रस्म के अपने मालिक के लिए हलाल होती है। क्यों? इसमें कौन सी समझदारी है?
2. क्या कोई आदमी आज के युग में किसी गुलाम औरत को अपने पास रख सकता है?
3. अगर कोई मुसलमान अपने पास लौंडी रखना चाहता है, तो क्या यह ज़रूरी है कि वह मुस्लिम ही हो या वह कोई ग़ैर मुस्लिम लौंडी भी रख सकता है?
4. पुराने समय में (एक आदमी) कितनी लौंडियां रखता था और अब वह कितनी रख सकता है?
5. किसी लौंडी के लिए पर्दा ज़रूरी है या नहीं? अगर यह ज़रूरी है, तो उसकी क्या वजह है और अगर ज़रूरी नहीं है, तो उसकी क्या वजह है?
6. किसी लौंडी के बच्चे मुक्त होते हैं या गुलाम?
7. लौंडी और उसके बच्चों को उसके मालिक की जायदाद पर उत्तराधिकार होता है या नहीं?

उलमा सबसे पहले प्रश्नकर्ता पर शरीअत के इस नियम की बुद्धिमत्ता के बारे में सवाल करने के लिए लताड़ लगाते हैं कि कोई मुसलमान किसी लौंडी के साथ शादी किए बिना उसके साथ हमबिस्तरी कर सकता है। वे फ़रमाते हैं :

मुसलमानों के लिए हर मामले के बारे में कानूनी नियम जानना ज़रूरी है, लेकिन ऐसे नियम के विवेक और औचित्य के बारे में जानना ज़रूरी नहीं है क्योंकि उसके विवेक को जानना हर व्यक्ति का काम नहीं है। इसलिए हर मामले में विवेक के बारे में आग्रह करना ग़लत है। किसी बात पर अमल करने के लिए पहले उसके विवेक को जानने का आग्रह करना धृष्टता है और किसी मामले का विवेक जाने बिना उस पर विचार करना बुद्धिमत्ता और औचित्य न होकर (सद्‌गुण से) विचलित होना है। अगर कोई व्यक्ति किसी मामले को नहीं समझ पाता है, तो उसे इस बात में अपनी समझ का दोष मानना चाहिए क्योंकि शरीअत का कोई नियम कभी भी विवेक के विरुद्ध नहीं होता। अगर कसूर है तो व्यक्ति की अपनी समझ का। एक बार जब बारिश हुई तो एक संत स्वभाव व्यक्ति ख़ुश होकर बोला, "या अल्लाह कितने अच्छे वक्त पर बारिश हुई है।" अदृश्य मंडल से एक आवाज़ आई, "यह बताओ कि हमने ग़लत समय पर कब बारिश की?" उस संत स्वभाव के व्यक्ति ने यह आवाज़ सुनी। उसने सोचा कि उसने अल्लाह की शान में कोई गुस्ताख़ी की है और इस एहसास से वह बेहोश हो गया। संक्षेप में शरीअत का कोई भी नियम औचित्यविहीन कभी नहीं होता। एक लौंडी बिना शादी किए हुए भी अपने मालिक के लिए हलाल होती है। इस व्यवस्था के पीछे भी औचित्य और विवेक है। हम

क्या समझ सकते हैं। कुरआन ने हमारे लिए फ़ैसला कर दिया है, "तुम्हें ज्ञान प्रदान किया गया है किंतु थोड़ा सा।" (सूरा 15 : 85)

सामान्य बात कह चुकने के बाद वे मेहरबान हो उठते हैं और नियम के विवेक को स्पष्ट करते हैं। हमें यह जानने को मिलता है कि मालिक को, लौंडियों के साथ शादी किए बिना उनके साथ हमबिस्तरी करने की जो आज़ादी दी गई है, वह वस्तुतः लौंडियों के भले के लिए है। वे अपनी बात को इस प्रकार प्रस्तुत करते हैं :–

यदि विधिकर्ता ने लौंडियों के साथ संभोग को विधि सम्मत बनाने के लिए शादी को ज़रूरी करार दिया होता तो स्वयं लौंडियों को बहुत सी मुश्किलात का समाना करना पड़ता। कुरआन शरीफ में कहा गया है कि अल्लाह तुम्हारे लिए सहूलियत चाहता है, तुम्हें मुश्किल या कष्ट में नहीं डालना चाहता : "अल्लाह तुम्हारे लिए आसानी चाहता है, वह तुम्हारे लिए मुश्किल नहीं चाहता।" (2.185) स्मरणीय है कि शरीअत में जो यह निर्धारित किया गया है कि एक लौंडी अपने मालिक के लिए हलाल होती है, उसके पीछे बुरा उद्देश्य या इरादा नहीं है। इसके विपरीत लौंडी की भलाई और सामाजिक तथा सांस्कृतिक हित को ध्यान में रखते हुए यह व्यवस्था की गई है।

इस दलील को इस्लाम के प्राचीन सिद्धांत कियास (सादृश्य के आधार पर दी गई दलील) द्वारा पुष्ट किया गया है। उलमा एक मिलता जुलता दृष्टांत प्रस्तुत करते हैं, जो पाठक को काफ़ी प्रभावशाली प्रतीत होगा, लेकिन उन कारणों से नहीं, जोकि यह दृष्टांत प्रस्तुत करते हुए उलमा के मन में रहे होंगे–बल्कि अलग कारणों से :

एक लौंडी को इसलिए शादी की ज़रूरत नहीं है क्योंकि शरीअत ने लौंडी को कब्ज़े में लेने को निकाह की रस्म का बदला मान लिया है और उसके साथ संभोग की कानूनी इजाज़त दे दी है। जिस तरह से मात्र कानूनी विश्वास के आधार पर इज़हार और कुबूल के आधार पर शादी का करार हो जाता है और फ़ायदा हासिल करने (पत्नी के साथ मैथुन करने) का अधिकार मिल जाता है, उसी प्रकार मात्र कानूनी विश्वास के आधार पर किसी मुसलमान द्वारा किसी लौंड़ी को कब्ज़े में लिए जाने पर उसका आनंद प्राप्त करने का उसे अधिकार मिल जाता है। इसलिए इस संबंध के जायज़ होने के बारे में कानूनी या तार्किक दृष्टि से किसी संदेह या शंका की कोई गुंजायश नहीं रह जाती। यह स्पष्ट करना बेजा नहीं होगा कि अलग-अलग चीज़ों के संदर्भ में विश्वास के रूप अलग-अलग होते हैं। उदाहरण के लिए बकरियों या दूसरे पशुओं और पक्षियों के मांस को हलाल करने के लिए यह ज़रूरी है कि बिस्मिल्लाह, अल्लाह-ओ-अकबर (अल्लाह के नाम पर, अल्लाह सबसे महान है) कहकर उन्हें ज़िबह किया जाए। इस प्रकार ज़िबह किए बिना उनका मांस हराम होता है। लेकिन मछली को हलाल करने के लिए इस प्रकार (ज़िबह करने) की कोई शर्त नहीं

है। उसे ज़िबह किए बिना ही खाया जा सकता है। मछली का किसी के पास होना और उस मछली का मालिक होने से उसके लिए मछली को ज़िबह करना ज़रूरी नहीं रह जाता। यद्यपि दोनों ही प्रकार के पशु सजीव होते हैं, लेकिन ज़िबह की शर्त एक पर लागू होती है लेकिन दूसरे पर नहीं। तो फिर यदि शादी मुक्त औरत के लिए तो शर्त हो लेकिन लौंडी के लिए न हो—जिसका कब्ज़े में होना ही शादी के बराबर है—तो इसमें कानून के विरुद्ध कौन सी बात है?

अब सवाल उठता है कि अपने पास रखी हुई लौंडी बिना शादी किए क्यों हलाल है और उसके मामले में 'इज़हार और कुबूल' और शादी की शर्त क्यों नहीं है, इसका जवाब यह है कि लौंडी के मामले में यह बिल्कुल ज़रूरी नहीं है। अर्थात् निकाह में 'इज़हार और कुबूल' की व्यवस्था इसलिए की गई है ताकि वह लाभ, जिसे हासिल करने का अधिकार व्यक्ति को नहीं है उसे वह कानूनी तौर पर हासिल कर सके। विचाराधीन प्रश्न के मामले में पूरी गुलाम औरत को ख़रीद कर और उसकी मिलकियत हासिल करके उससे संबंधित सभी अधिकारों का कोई व्यक्ति मालिक बन जाता है, तो वह उस लाभ का भी मालिक बन जाता है जो शादी के ज़रिए हासिल होता है। इस प्रकार तब शादी एक फालतू और गैरज़रूरी औपचारिकता रह जाती है। दूसरी बात यह कि शादी के बारे में ख़ुदाई हुक्म यह है, "तुम अपने माल द्वारा उन्हें प्राप्त करो।" (4.24) अर्थात् औरत की आबरू के बदले में ख़ुदाई किताब ने यह निर्धारित किया है कि उन्हें कुछ माल दिया जाना चाहिए जिसे 'मेहर' कहा जाता है। कोई गुलाम लड़की किसी और आदमी के साथ ब्याही हुई है, तो मेहर गुलाम लड़की के उस मालिक को मिलेगी। लेकिन अगर गुलाम लड़की की अपने मालिक के साथ शादी होती है, तो उस सूरत में यह सवाल पैदा होगा, कि कौन मेहर की रकम देगा और कौन उसे लेगा? एक गुलाम लड़की, जब तक वह गुलाम है, संपत्ति के अधिकार से वंचित रहती है। वह किसी चीज़ की मालिक नहीं हो सकती। उसके पास जो कुछ भी है, वह उसके मालिक का है। ऐसे में क्या वह अपने मालिक से मेहर लेकर उसे लौटा दे और इस प्रकार क्या मालिक भुगतान करने वाला भी बन जाए और भुगतान लेने वाला भी? यह एक किस्म का मज़ाक है, यह कानून और नियम का सिद्धांत नहीं हो सकता।

चाहे मानिए या न मानिए, इसके पीछे कारण है गुलाम औरत की नैतिक आवश्यकताओं का। उलमा सफ़ाई पेश करते हुए कहते हैं कि यदि मालिक को लौंडी से शादी किए बिना उसके साथ हमबिस्तरी करने की इजाज़त न हो, तो लौंडी बहुत घाटे में रहेगी। गुलाम होने के कारण इन औरतों को पति ढूँढने में कठिनाई होगी और पति न होने पर वे कुलटाएँ और व्यभिचारिणी बन जाएँगी। इसी वजह से, उनकी मदद करने के लिए यह नियम बनाया गया है कि उनका मालिक उनसे शादी किए बग़ैर उनके साथ हमबिस्तरी कर सकता है। उलमा का इस बारे में यह कहना है :

इसमें दूसरी भी कठिनाइयाँ थीं जिनकी वजह से शादी की शर्त अनुचित थी। उदाहरण के लिए गुलाम लड़की का दर्जा मुक्त औरत के बराबर का नहीं होता और इस तरह उसे पति मिल पाना मुश्किल हो जाता और उसके परिणाम स्वरूप वह व्यभिचार करने लगती जिससे किताबुल्लाह द्वारा 'करीहत' (घृणित कार्य) और 'बदकारी' कहा गया है, जोकि अल्लाह को बहुत बुरी लगती है और जो सबसे ख़राब आदत है। इसलिए शरीअत ने यह उपाय प्रस्तावित किया जो यद्यपि विवाह जैसा तो नहीं है, लेकिन उसके परिणाम को ध्यान में रखते हुए, उसमें शादी का गुण समाविष्ट हो जाता है, क्योंकि बच्चे को जन्म देने के बाद लौंडी पर उसके मालिक की मिल्कियत दोषपूर्ण हो जाती है, अर्थात् उसके बाद उसे बेचना नाजायज़ होता है। तब वह अपने मालिक के बच्चों की माँ और घर की मालकिन बन जाती है और उसका दर्जा भी लगभग वही हो जाता है जोकि मालिक की बीवी का होता है। वह अपने मालिक की मौत के बाद मुक्त हो जाती है। वह उसके उत्तराधिकारियों को नहीं दी जा सकती और न ही उसे बेचा जा सकता है।

उनकी दृष्टि से महिलाओं को गुलाम बनाने की प्रथा में कोई मुश्किल नहीं है, मुश्किल है तो इस बात में कि आजकल कानूनी तौर पर गुलाम लड़कियों का मिल पाना आसान नहीं है। उलमा का कहना है :

वर्तमान समय में गुलाम लड़कियाँ मिल पाना मुश्किल है क्योंकि अब वैध गुलाम लड़कियों के लिए अपेक्षित हालात नहीं रहे। इसलिए किसी भी व्यक्ति के लिए अब कोई गुलाम लड़की हासिल कर पाना और उसे रख पाना संभव नहीं रहा। अगर कहीं पर गुलाम लड़कियों की प्रथा मौजूद है भी तो भी कानूनी पूछताछ के बिना वह भरोसेमंद नहीं है और उनसे शादी किए बिना उनके साथ संभोग करने की अनुमति नहीं है। अल्लामा शमी लिखते हैं : हमारे समय में लूट में हासिल की गई गुलाम औरतें, वैध गुलाम औरतें नहीं होतीं। और उनके साथ संभोग करने की इजाज़त नहीं है, क्योंकि यह निश्चित है कि लूट के माल का बँटवारा उस तरह से नहीं किया जाता जिस तरह से किया जाना चाहिए। इसलिए जायज़ दावेदारों (1/5 हिस्सा पाने वाले–ख़ुम्सों–और बाकी योद्धा) के अधिकारों को उपेक्षित कर दिया जाता है (और इस प्रकार किसी भी गुलाम औरत पर कानूनन कब्ज़ा साबित नहीं हो पाता)।" (शमी, खंड 11, पृ. 396)

गुलाम औरतें वे होती हैं जिन्हें जंग और जिहाद में कब्ज़े में लेने के बाद लूट के माल में शामिल कर लिया गया हो और अमीर अर्थात मुसलमानों के ख़लीफ़ा या उसके प्रतिनिधि द्वारा जिन्हें दारुल हर्ब (युद्ध क्षेत्र) से दारुल इस्लाम (इस्लाम भूमि) में लाकर शरीअत के कानून के मुताबिक बाँटा गया हो। दारुल इस्लाम में लाए जाने और अमीर द्वारा बँटवारा किए जाने से पहले गुलाम औरत किसी के लिए हलाल नहीं होती। चाहे इमाम या सिपहसालार (सेनापति) द्वारा यह भी घोषित क्यों

न कर दिया गया हो कि गुलाम औरत का बन्दीकर्ता उसका मालिक होगा, फिर भी दारुल इस्लाम में लाए जाने से पहले वह बन्दीकर्ता या विजेता के लिए हलाल नहीं होगी। आज के ज़माने में ये कानून कहां लागू हैं। जिहाद के इस्लामी कानून के मुताबिक नियम यह है कि दुश्मन से लूट के तौर पर कब्ज़े में लिए गए माल का 1/5 भाग यतीमों और विधवाओं जैसे ज़रूरतमंदों और निस्सहायों के लिए अलग रख लिया जाना चाहिए और बाकी चार हिस्सों को विजेता सिपाहियों में बाँट दिया जाना चाहिए। जब तक लूट का माल देश अर्थात् दारुल इस्लाम में नहीं लाया जाता तब तक उसका बँटवारा वैध नहीं होता और जब तक उसका बँटवारा नहीं होता वह संयुक्त संपत्ति बनी रहती है, जिस पर सबका हक होता है। लेकिन अमीर द्वारा बँटवारा कर दिए जाने के बाद जिस-जिस को जितना-जितना हिस्सा मिलता है, वह उसके लिए हलाल होता है, जिस तरह से कोई लड़की किसी आदमी के लिए तभी हलाल बनती है, जब उसका अभिभावक उसकी शादी उस आदमी से कर देता है, और उससे पहले नहीं, उसी तरह से अमीर गुलाम औरत का अभिभावक होता है और जिस किसी को वह उसका मालिक बना देता है, उसके लिए वह कुछ शर्तों पर हलाल हो जाती है। अगर उसके बाद मालिक उसे किसी को बेच देता है या तोहफ़े में दे देता है, तो वह यथास्थिति ख़रीदने वाले या तोहफ़े के तौर पर उसे हासिल करने वाले व्यक्ति के लिए हलाल हो जाती है। उसी प्रकार यदि गुलाम औरत लगातार एक से दूसरे उत्तराधिकारी के हवाले की जाती रहती है तो भी वह कानूनी तौर पर गुलाम औरत बनी रहती है और उसका मालिक उसे अपने पास रख सकता है। लेकिन आज ऐसी गुलाम औरत मिलती कहाँ है? ज़ाहिर है कि कम से कम आज के ज़माने में ऐसी गुलाम औरत मौजूद ही नहीं है।

रोना तो इस बात का है, न कि औरत को गुलाम बनाने की प्रथा का। गुलाम औरत के बारे में उलमा और भी कुछ कानूनी नुक्ते निर्धारित करते हैं :

किसी भी जाति और धर्म की गुलाम लड़की को अपने स्वामित्व में रखा जा सकता है लेकिन संभोग केवल उस लड़की के साथ करने की अनुमति दी गई है जो मुसलमान है या यहूदी या ईसाई है। किसी मुशरिक अर्थात् किसी मूर्तिपूजक गुलाम लड़की के साथ संभोग जायज़ नहीं है।

कोई भी व्यक्ति अपनी शक्ति और रुतबे के मुताबिक जितनी भी चाहे कानूनी लौंडियाँ रख सकता है क्योंकि संख्या के बारे में कोई प्रतिबंध नहीं है। लेकिन लौंडिया रखने के नियम बहुत नाजुक हैं और उन्हें ध्यान में रखा जाना चाहिए। उदाहरण के लिए यदि किसी ने किसी लौंडी के साथ संभोग कर लिया है तो उसके निकट संबंधियों (जैसे बहिन, माँ की बहिन, पिता की बहिन, बहिन की बेटी, भाई भी बेटी) के साथ लैंगिक संबंध रखना जायज़ नहीं है, चाहे ये संबंधी औरतें उसकी संपत्ति भी क्यों न हों। ऐसी औरतों के साथ मैथुन उसी तरह से नाज़ायज़ है जैसे कि शादी

कर लेने के बाद पत्नी के निकट संबंधियों के साथ मैथुन करना।

मुक्त औरतों के मामले में जो पर्दे की सख़्त व्यवस्था है, वह लौंडियों के मामले में निर्धारित नहीं की गई क्योंकि एक लौंडी के लिए ज़रूरी है अपने मालिक की सेवा करना। उसे घर के और बाहर के काम करने पड़ते हैं, इसलिए शरीअत ने उसके लिए पर्दा संबंधी वैसा आदेश नहीं दिया है, जैसा कि मुक्त औरतों के लिए दिया है।

अपने मालिक के बीज से किसी लौंड़ी को पैदा होने वाली औलाद मुक्त समझी जाएगी। (अल जौहरातुननय्यिरात, खंड 2, पृ. 188)

एक गुलाम औरत अपने मालिक की जायदाद की उत्तराधिकारी नहीं बन सकती लेकिन (उससे पैदा हुए) मालिक के बच्चे उसके उत्तराधिकारी होंगे।[14]

और ये सब बातें अस्सी के दशक में प्रकाशित फ़तवा संकलनों में मिलती हैं। और ये वे संकलन हैं जिनमें निहित विद्वता और मार्गदर्शन के लिए जैसा कि हमने देखा, अली मियाँ और दूसरे लोगों ने उनकी भूरि-भूरि प्रशंसा की है।

दोहरी मानसिकता

ज़रा दोहरी मानसिकता पर ग़ौर कीजिए। एक तरफ़ तो हमें हर आए दिन यह बताया जाता है कि इस्लाम ने विद्वता को जितना महत्व दिया है उतना और किसी धर्म ने नहीं। न जाने कितनी बार हमें पैग़म्बर साहिब के इस कथन की याद दिलाई जाती है कि आदमी को ज्ञान प्राप्त करना चाहिए चाहे वह कहीं से भी मिले; और यदि आवश्यक हो तो भले ही उसके लिए चीन भी क्यों न जाना पड़े। दूसरी तरफ़ उलमा हैं कि बुद्धिवाद की हर कली को मसल कर रख देते हैं और आधुनिक शिक्षा को प्राप्त करने के हर रुझान का गला घोंट कर रख देते हैं। हमें हर आए दिन यह बताया जाता है कि अकेला इस्लाम ही ऐसा धर्म है जो विज्ञान के प्रति ख़ुला नज़रिया रखता है और वह टेक्नोलोजी और परिवर्तन को उत्साहपूर्वक अपनाता है। दूसरी तरफ़ तक्लीद (अनुकरण) पर ज़ोर दिया जाता है। नए ख़्यालों और नए तरीकों और अपने बारे में सोचने की घोर निंदा की जाती है। जैसा कि हमने देखा कि उलमा इस किस्म की पूर्वधारणा को लेकर चलते हैं कि इस्लाम की शान इसी में है कि विज्ञान को उसके समक्ष झुकाया जाए। मुस्लिम चिंतकों का यह कर्त्तव्य बनता है कि वे यह सुनिश्चित करें कि जब कभी इस्लाम उन विचारों से विचलित होता है, जोकि इस्लामी चिंतकों, विशेषकर पैग़म्बर साहिब द्वारा 1350 वर्ष पहले प्रस्तुत किए गए थे, तो वह पीछे मुड़कर इस्लामी विचारों को स्वीकार करे। हमें हर आए दिन इब्न सिना और ग़ज़्ज़ाली की उपलब्धियों की बार-बार याद दिलाई जाती है। लेकिन हमें यह नहीं बताया जाता कि इब्न सिना के वक्त से इस्लामी दुनिया में विज्ञान

की प्रगति रुक क्यों गई? और न ही हमें यह बताया जाता है कि अल ग़ज़ाली की एक उपलब्धि, जिसका ज़िक्र आज भी चलता है, यह है कि उन्होंने इस्लाम के भीतर, हर किस्म के स्वतंत्र और तर्कसंगत अन्वेषण, ख़ासकर स्वयं इस्लाम संबंधी अन्वेषण का, दम घोंट कर रख दिया था।

एक तरफ़ यह दावा किया जाता है कि औरतों को जितना ऊँचा दर्जा इस्लाम ने दिया है, उतना किसी और धर्म ने नहीं दिया है, उनकी स्वतंत्रता और उनके कल्याण के लिए जितना कुछ इस्लाम ने किया है, उतना किसी और धर्म ने नहीं किया है। दूसरी तरफ़ हमें यह विवरण दिया जाता है कि किसी मुसलमान पुरुष को जो यह इजाज़त दी गई है कि वह अपनी तौफ़ीक के मुताबिक कितनी भी लौंडियां रख सकता है, या जो उसे यह इजाज़त दी गई है कि वह उनसे शादी किए बिना उनके साथ हमबिस्तरी कर सकता है, वे वस्तुतः ऐसे नियम हैं जो उन महिलाओं की भलाई के लिए बनाए गए हैं।

उलमा को अपनी मानसिकता का दोहरापन दिखाई नहीं देता। आम मुसलमान यह जानता है कि बहतर होगा कि वह इस दोहरी मानसिकता को न देखे। धर्मनिरपेक्षवादी का यह आग्रह रहता है कि, कोई और इस मानसिकता को न देखे।

प्रत्यक्ष कारण

उलमा केवल परिवर्तन विरोधी ही नहीं हैं, वे दकियानूसी भी हैं। उनके सामने आज भी ऐसे-ऐसे सवाल जीवंत मुद्दे बने हुए हैं जो पुरातन युग से जुड़े हुए थे, जैसे : क्या शैतान पैग़म्बर साहिब की शक्ल अख़्तियार कर सकता है; क्या मुर्दे कियामत के दिन नंगे उठ खड़े होंगे या उनके जिस्म पर कफ़न लिपटा होगा; कियामत के दिन में अभी सही-सही कितना समय बाकी है; कियामत के दिन जो सूरज निकलेगा, क्या वह वही होगा जो हर रोज़ निकलता है, क्या फ़रिश्ते आदमियों की रूहों को संभालेंगे और अल्लाह पशुओं की रूहों को; क्या आस्मानों का वजूद है; क्या किसी आत्मा का निर्माण जिस्म से 2000 वर्ष पहले हो जाता है; मुसलमान की कब्र में पूछे जाने वाले सवालों की भाषा अरबी होगी या सीरियाई—और इस प्रकार के और कई सवाल। ये ऐसे मुद्दे हैं जिन पर अत्यधिक मात्रा में विद्वता खर्च की जाती है। ये ऐसे मुद्दे हैं जिनको लेकर गंभीर मतभेद खड़े हो जाते हैं।[15]

इस मानसिकता का क्या कारण है? क्या इसका कोई समाधान है? इसका प्रत्यक्ष कारण है वह दुनिया जिसमें उलमा अपने आप में संतुष्ट रहते हैं और जो बाहर की दुनिया से अलग-थलग सी है—'इस्लामी इल्म के मरकज़ों' की एक बंद और मध्ययुगीन दुनिया। ये केंद्र मुसलमानों को अतीत के लिए तैयार करते हैं। वे उनहें अतीत के अरब के लिए तैयार करते हैं। वे उन्हें भारत में उस परंपरा को

जारी रखने, उसका प्रचार प्रसार करने और उसे लागू करने के लिए तैयार करते हैं, जिसके बारे में उन्हें यह सिखाया जाता है कि यह अतीत के अरब का इस्लाम है।

आज भी इन केंद्रों का पाठ्यक्रम लगभग पूरी तरह से दर्स-ए-निज़ामी पर आधारित है। यह वह पाठ्यक्रम है जो मुल्लाह निज़ामुद्दीन द्वारा अठारहवीं सदी के शुरू के वर्षों में तैयार किया गया था। अरबी भाषा, कुरआन का गा कर पाठ करना, अरबी साहित्य, तफ़सीर (कुरआन, हदीस का महाभाष्य), फ़िक्ह (धर्म दर्शन), अरबी कविता और गद्य आदि—ये हैं वे विषय जिन्हें छात्र छह से दस वर्ष तक पढ़ते हैं।

दिशा निर्देश करने वाली संस्था दारुल-उलूम देवबंद में संस्थापकों ने शुरू से ही दर्स-ए-निज़ामी में दिए गए तर्कशास्त्र और दर्शनशास्त्र के बचे-खुचे पाठ्यक्रम में और भी कमी कर दी थी। मौलाना रशीद अहमद गंगोही इन विषयों को "बेकार" मानते थे, बल्कि इन्हें ऐसे विषय मानते थे जिनका अध्ययन करने पर आदमी विधर्म और तर्कणा के जाल में फँस जाता है। इस संस्था की स्थापना एक तरह से विश्लेषण और परीक्षण के प्रति पैदा होने जा रहे उस झुकाव को प्रभावहीन करने के लिए की गई थी, जिसे उलमा घातक मानते थे। इसकी स्थापना शाह बलीउल्लाह की अंतर्दृष्टि को कार्यरूप देने के लिए की गई और यह अंतर्दृष्टि थी मुख्यतः कुरआन और हदीस पर भरोसा करने की। किंतु यह बात भी केवल सीमित अर्थों में ही सही थी, क्योंकि हर बात के लिए कुरआन और हदीस को धुरी बना दिया जाता था और हर बात का संबंध कुरआन और हदीस के साथ जोड़ा जाता था। न तो पाठ्यक्रम में और न ही संस्था से निकले हुए छात्रों में उस बौद्धिक संतुलन और स्वतंत्रता का कोई चिह्न मिलता है, जोकि शाह वली उल्लाह में देखने को मिलता है, चाहे उनके विचार किसी को कितने भी अरुचिकर क्यों न प्रतीत हों। इससे भी ज़्यादा, देवबंद हमेशा, सामान्य रूप से तर्कनामूलक विद्याओं और विशेषकर अनुभव सिद्ध विज्ञानों अर्थात् हर ऐसी चीज़ का विरोधी रहा है, जो उसके छात्रों को अपने बारे में सोचने के लिए सक्षम बना सकती है।

1873 में मौलाना ननौटवी द्वारा दिया गया वह भाषण, जिसमें यह बताया गया था कि किन कारणों से दारुल उलूम द्वारा आधुनिक विज्ञानों को पाठ्यक्रम में शामिल नहीं किया गया था, अभी तक एक ऐसा भाषण माना जाता है जिसमें इस विषय पर कुछ और जोड़ने की कोई ज़रूरत नहीं समझी जाती। क्योंकि अभूतपूर्व पैमाने पर सरकारी स्कूलों की स्थापना के साथ आधुनिक विज्ञानों की शिक्षा में बढ़ोतरी हो ही रही है; क्योंकि पारंपरिक, धार्मिक विज्ञान ही वे विषय हैं, जिनकी उपेक्षा की जाने लगी है; क्योंकि पारंपरिक और धार्मिक विज्ञान को सीखने में किसी छात्र का जो मानसिक अभ्यास होगा उसके बल पर वह आधुनिक विज्ञानों को, यदि वह उनका अध्ययन करना चाहता है, तेज़ी से सीख पाएगा, इसलिए देवबंद इन सब बातों पर विचार करने के बाद सोच समझकर धार्मिक विज्ञानों पर ही अपना ध्यान केंद्रित

करेगा।[16] ननौटवी साहब ने दो वर्ष बाद इस बात को दोहराया, "यहाँ लौकिक विज्ञानों की शिक्षा देने के लिए कोई व्यवस्था नहीं है। इसका (यहाँ पर इन विषयों का अभाव है, इस बारे में की गई आलोचना का) जवाब एक तो यह है कि इलाज बीमारी का किया जाना चाहिए। जो बीमारी है ही नहीं उसके लिए दवा लेना बेकार है। दीवार में जो दरार है उसे भरा जाना चाहिए। भट्ठे को भरना ज़रूरी है। लेकिन जो ईंट गिरी नहीं है उसके बारे में चिंता करना बेवकूफी नहीं तो और क्या है? सरकारी स्कूल किस सांसारिक काम के लिए हैं? अगर वहाँ लौकिक विज्ञान नहीं पढ़ाए जाते, तो वहाँ और क्या किया जाता है।"[17]

वह बीमारी, दीवार में आई वह दरार और वह ईंट जिसे अनदेखा कर दिया गया है—वह है 'धार्मिक विज्ञानों' की उपेक्षा। मुस्लिम समुदाय का पुनरुत्थान, बल्कि अस्तित्व विद्यार्थियों को इन 'विज्ञानों' में प्रशिक्षित करने पर निर्भर करता है—यह था एक सदी पहले का निदान और नुस्ख़ा जोकि आज भी जैसे का तैसा है। और टिप्पणीकार मुसलमानों में आधुनिक शिक्षा के अभाव का रोना रोते हैं।

ऐसे विषयों पर एकांतिक ध्यान केंद्रित करने का जो प्रभाव पड़ता है, वह इस वजह से और भी गहरा उठता है कि पाठ्यक्रम के विषय उन पुस्तकों से पढ़ाए जाते हैं जोकि सदियों पहले लिखी गई थीं। जब ख़ुदाबख़्श ओरियेंटल पब्लिक लायब्रेरी द्वारा पाठ्यपुस्तकों का सर्वेक्षण किया गया, तो यह जानने में आया कि उनमें से केवल एक पुस्तक ऐसी थी जो बीसवीं सदी में लिखी गई थी। बाकी सभी अस्सी पुस्तकें एक सौ साल से लेकर बारह सौ साल पहले लिखी गई थीं। इसलिए उदाहरण के तौर पर जब हम सुनते हैं कि दारुल उलूम में 'विधिशास्त्र' और 'विधिशास्त्र के सिद्धांत' पढ़ाए जा रहे हैं तो हमें सबसे पहले यह बात याद रख लेनी चाहिए कि यहाँ विधिशास्त्र 'इस्लामी विधिशास्त्र' है। इस शिक्षा प्रणाली का स्नातक इस्लामी विधिशास्त्र से बाहर के कानून में हुए आधुनिक विकासों से निश्चित रूप से अनभिज्ञ होगा। दूसरा, 'इस्लामी विधिशास्त्र' के मामले में भी, इस बात की पूरी संभावना है कि वह इस्लामी देशों में भी इस विधिशास्त्र में हुए विकासों से अनभिज्ञ हो, क्योंकि उसे पढ़ाने के लिए जिन पुस्तकों का इस्तेमाल किया जाता है वे चार सौ से लेकर एक हज़ार साल पुरानी हैं।

तर्कशास्त्र और दर्शनशास्त्र में भी पिछले तीन सौ वर्षों में काफ़ी विकास हुआ है। कई 'इस्लामी इल्म के मरकज़ों' में मंतिक व फ़लसफ़ा (तर्कशास्त्र तथा दर्शनशास्त्र) निश्चित रूप से एक विषय है। लेकिन इस विषय को पढ़ाने के लिए जो पुस्तकें इस्तेमाल की जा रही हैं, उनकी सूची पर एक निगाह डालने से यह पता चल जाता है कि विद्यार्थी पश्चिमी दर्शनशास्त्र में हुए विकासों, इन विधाओं में नए विश्लेषण उपकरणों के प्रयोग, अन्य विद्याओं—गणित तथा बाकी विद्याओं के साथ संपर्क में आने से इन क्षेत्रों में हुए विकासों, और सबसे बढ़कर उन विकासों से निश्चित रूप

से अनभिज्ञ होगा, जोकि इन क्षेत्रों में इसलिए हुए हैं, क्योंकि इन क्षेत्रों का टेक्नोलोजी के साथ आदान प्रदान चलता रहा है, उदाहरण के लिए तर्कशास्त्र और नियंत्रण प्रणालियों के एक-दूसरे पर पड़ने वाले प्रभाव। जैसी स्थिति विधिशास्त्र के मामले में है, वैसी ही स्थिति तर्कशास्त्र और दर्शनशास्त्र के मामले में भी है–'इस्लामी इल्म के इन मरकज़ों' में शिक्षा प्राप्त करने का मतलब है कठिन परिश्रम द्वारा 150 से 750 वर्ष पहले लिखी गई पुस्तकों को और वह भी केवल मुसलमान लेखकों द्वारा लिखी गई पुस्तकों को आत्मसात करके पुनः उद्धृत करना। और इन सबसे बढ़कर जो बात है वह यह कि तकलीद–विद्वानों द्वारा लिखी गई बातों का सही-सही अनुकरण–अल ग़ज़ाली (1058-1111) के समय से प्रचलन में रही है। और उसके अलावा यह बात भी है कि इज्तिहाद (मूलग्रंथों की व्याख्या) के दरवाज़े एक हज़ार साल पहले बंद कर दिए गए थे। इस आधार पर कि सब बातें पहले से ही स्पष्ट हो चुकी थीं और धर्मनिष्ठा का स्तर इतना गिर चुका था कि ऐसे कोई व्यक्ति नहीं रह गए थे, जो इतने योग्य रहे हों कि वे मूल ग्रंथों की व्याख्या करने के अधिकार का प्रयोग कर सकें। और जैसा कि हमने देखा है, बिदअत (नई सोच) का ज़रा सा भी संकेत मिलने पर उलमा किस कदर कठोरता से पेश आते हैं। इस प्रकार मंतिक व फ़लसफ़ा की शिक्षा वह नहीं है जिसकी कल्पना पश्चिमी प्रणाली में प्रशिक्षित कोई पाठक कर सकता है–विद्यार्थी को ख़ुद के लिए सोचने के वास्ते तैयार करने का साधन। इसके विपरीत यह उस लीक को गहराने का एक साधन है, जिस एकमात्र लीक पर मन को अनिवार्यतः चलना चाहिए।

चंद एक संस्थाओं में पाठ्यक्रम में 'आधुनिक' विषयों को शामिल किया गया है। लेकिन उससे आदमी को ग़लतफ़हमी में नहीं पड़ना चाहिए। उदाहरण के लिए 'गणित' पढ़ाया जाता है। लेकिन जो कुछ पढ़ाया जाता है वह गणित नहीं है। इस विषय से संबंधित शिक्षा सरलतम किस्म के ऐसे हिसाब-किताब तक सीमित रखी जाती है जिसकी ज़रूरत, उदाहरण के तौर पर, जायदाद में उत्तराधिकारियों के हिस्से तय करने के लिए पड़ सकती है।

और शिक्षण में एक गहरा पक्षपात बरता जाता है। उदाहरण के लिए देवबंद स्थित दारुल उलूम में 8 वर्षीय पाठ्यक्रम के तीसरे वर्ष में जो विषय पढ़ाए जाते हैं उनमें 'सामयिक विषय' भी शामिल हैं। इनमें तारीख़-ए-हिंद (भारत का इतिहास) शामिल है जोकि 'सुल्तान महमूद ग़जनवी के शासन काल से लेकर 1947 तक' का इतिहास है, जिसमें देवबंद का आधिकारिक विवरण प्रस्तुत किया गया है। दूसरा विषय है तारीख़-ए-इस्लाम (इस्लाम का इतिहास) जिसमें पहले, सही मार्ग पर चलने वाले ख़लीफ़ों, उमय्यद और अब्बासी ख़ानदानों के इतिहास और तुर्की सुलतानों का इतिहास शामिल है। तीसरा विषय है 'नगर पालिकाएँ' (प्राथमिक नागरिक शास्त्र)। उसके बाद आता है भूगोल। यह दो भागों में विभाजित है, 'अरब प्रायद्वीप और

अन्य इस्लामी देश' और 'विश्व भूगोल' (क्षेत्रवार)।

जिस संस्था के इतिहास-पाठ्यक्रम में केवल महमूद ग़ज़नवी के हमलों से लेकर 1947 तक की अवधि का इतिहास शामिल किया गया है और जिसके भूगोल-पाठ्यक्रम में अरब प्रायद्वीप पर ध्यान केंद्रित किया गया है, क्या वह संस्था भारत की है और भारत के लिए है?

शिक्षण के तरीके भी आदिम किस्म के हैं : रटना, उगलना और ज्यों का त्यों पुनः प्रस्तुत कर देना। वस्तुतः सिर्फ़ बीस वर्ष पहले तक शिक्षा विषयानुसार नहीं, पुस्तक अनुसार दी जाती थी। 1971 में आकर देवबंद में शिक्षण का वर्गीकरण पुस्तकों के स्थान पर विषयों के आधार पर किया गया।

एकमात्र प्रयोजन जिसको लेकर ये संस्थाएँ चल रही हैं और उनमें पढ़ाए जा रहे पाठ्यक्रम का पूरा उद्देश्य है इस्लाम को बढ़ावा देना और उसका प्रचार करना। इन संस्थाओं का आज भी तबलीग़ से गहरा संबंध है—जिसका वास्तविक अर्थ है 'मतप्रचार' के लिए चलाया जाने वाला आंदोलन, बल्कि धर्मपरिवर्तन कराने और सभी समन्वयात्मक प्रथाओं का निवारण करने के लिए चलाया जाने वाला आंदोलन। कई एक ऐसे विश्वविद्यालय हैं जिनमें स्नातक को अपनी पढ़ाई पूरी कर लेने के बाद, अपनी डिग्री हासिल करने से पहले कुछ समय-प्रायः दो वर्ष तक-तबलीग़ का काम करना पड़ता है। दूसरे 'झूठे मज़हबों का खंडन' तबलीग़ का एक हिस्सा होता है। उदाहरण के लिए देवबंद में 20वीं शताब्दी के शुरू के दशकों में इस काम के लिए संस्कृत पढ़ाना शुरू किया गया और संस्कृत अध्यापकों की नियुक्ति प्रचार विभाग में की जाती थी।[18]

क्योंकि उलमा को सदियों तक इसी प्रकार की शिक्षा दी जाती रही है, क्योंकि, 'सदियों का इल्म' पाकर ऐसे स्नातक तैयार होते रहे हैं जो 150 वर्ष से इल्म के उन्हीं मरकज़ों में अध्यापक बनकर पढ़ाते रहे हैं, इसलिए अब एक सांस्थानिक जड़त्व पैदा होना शुरू हो गया है। इन संस्थाओं के नियंत्रक और इनमें पढ़ाने वाले अध्यापक पाठ्यक्रम में परिवर्तन किए जाने के किसी भी प्रस्ताव का विरोध करने लगते हैं, क्योंकि अगर सही अर्थों में पाठ्यक्रम में परिवर्तन कर दिया गया तो भले ही उनकी नौकरी न जाए लेकिन उससे उनकी प्रतिष्ठा ज़रूर चली जाएगी।

इन संस्थाओं के विकास का पर्यवेक्षण करने वाले एक के बाद दूसरे पर्यवेक्षक ने टिप्पणी की है कि संस्थाएं कितने हठीलेपन के साथ पाठ्यक्रम में परिवर्तन का विरोध करती रही हैं। प्रो. मुजीब लिखते हैं :

कुछ समय के बाद यह ज़ाहिर हो गया कि धार्मिक और धर्मनिरपेक्ष शिक्षा के बीच किसी प्रकार का समन्वय न होने के कारण भारतीय मुस्लिम समुदाय में गहरी दरार पैदा होती जा रही थी। कुछ उलमा ने ऐसी संस्था की ज़रूरत महसूस की जहाँ दोनों प्रकार की शिक्षाएँ साथ-साथ दी जा सकतीं। इस विचार को कार्यरूप

देने के लिए 1892 में मजलिस-ए-नद्वाह-अल उलमा का गठन किया गया और दो वर्ष बाद दारुल-उलूम की स्थापना की गई। लेकिन जब समय आया तो जिन उलमा ने इस विचार का समर्थन किया था, वे भी नद्वाह में अंग्रेजी और दूसरे धर्मनिरपेक्ष विषयों में शिक्षा देने के लिए सहमत नहीं हुए। वे इस मुद्दे को कई वर्षों तक दबाए रखने में सफल हो गए और जब बात को टालने का कोई चारा न रहा, तो वे संशोधित पाठ्यक्रम लागू करने पर सहमत हो गए, लेकिन बाद में उसे टाल गए। 1905 में भी जब मौलाना शिब्ली नूमानी शिक्षा सचिव बने और उन्होंने अंग्रेजी पढ़ाए जाने का आदेश दिया, तो तीन वर्ष तक कुछ भी नहीं किया गया। दरअसल उलमा को, धार्मिक शिक्षा के लिए एकत्रित धन को धर्मनिरपेक्ष विषयों को पढ़ाने पर ख़र्च करने में नैतिक संकोच अनुभव होता था। 1908 में उत्तर प्रदेश सरकार ने नद्वाह में धर्मनिरपेक्ष शिक्षा देने के लिए सहायता-अनुदान की मंजूरी दी और मैट्रिक स्तर तक अंग्रेजी पढ़ाई जाने लगी। उसी वर्ष हिंदी और संस्कृत विषय भी शुरू किए गए और ये विषय पढ़ाने के लिए एक पंडित की नियुक्ति की गई। लेकिन कुछेक वर्षों के बाद जब मौलाना शिब्ली ने नद्वाह को छोड़ दिया तो इन विषयों की कक्षाएँ बंद कर दी गईं। तब से पाठ्यक्रम में कई बार संशोधन किया गया है और अब यह दर्स-ए-निज़ामी के उतना नज़दीक है जितना कि यह शुरू में था।

पाँचों कालअवधियों के दौरान जो पाठ्यक्रम लागू थे, उन पर निगाह डालने से यह साफ़ ज़ाहिर हो जाता है कि शिक्षा संबंधी दृष्टिकोण में कोई महत्वपूर्ण परिवर्तन नहीं हुआ था, सिवाय आख़िरी दो कालअवधियों के दौरान, जब पाठ्यक्रम में विस्तार करके उसमें, बाद में प्रकाशित पाठ्यपुस्तकों को भी शामिल कर लिया गया और इस प्रकार छात्रों को पुराने विषयों का व्यापक ज्ञान दिया जाने लगा। क्योंकि मदरसों से निकलने वाले छात्रों के लिए सरकारी नौकरी की संभावनाएँ जल्दी ही कम हो गईं, इसलिए ऐसा लगता है कि, पाठ्यक्रम में विस्तार स्वयं शिक्षा को उपयोगी बनाने की इच्छा से किया गया होगा।

पाँचवी कालावधि के दौरान विषयों में मुनाज़रः (धार्मिक शास्त्रार्थ) को जोड़े जाने से यह पता चलता है, कि परंपरानिष्ठता ने रक्षात्मक रुख़ अपना लिया था, लेकिन ऐसा कोई परिवर्तन नहीं हुआ जिससे सामयिक स्थितियों के प्रति जागरूकता पैदा होने का संकेत मिले। परंपरा-निष्ठा ने ख़ुद को बचाने के लिए बाहरी दुनिया से ख़ुद को अलग-थलग कर लिया और उन लोगों को अपने पास बनाए रखने की कोशिश की जो आधुनिक ज्ञान से अलग उसके विशेष अधिकारों को स्वीकार करते थे। उसने अपनी शिक्षा के माध्यम से सत्य की सापेक्षता पर आधारित विचार प्रणाली के प्रति संवाद और तिरस्कारपूर्ण घृणा की भावना पैदा कर दी और वैज्ञानिक खोज़ों और तकनीकी आविष्कारों के आशय पर विचार करने से इंकार कर दिया।[19]

और अब देखिए प्रो. अज़ीज़ अहमद क्या कहते हैं :–

नद्वात-अल-उलमा द्वारा घोषित नीति का उद्देश्य था धर्मवैज्ञानिक अध्ययनों को बढ़ावा देना, धर्मवैज्ञानिक आम राय तैयार करना, धर्म-वैज्ञानिक विचारों में मतभेदों को कम करना और राजनीति को बीच में लाए बिना मुस्लिम समाज में आचार शास्त्र की पुनःस्थापना करना और उसमें सामान्य सुधार लाना। राशिद रिदा को स्कूल का दौरा करने की दावत दी गई और तब से यह मिस्र के अल-मनार समूह के बौद्धिक चिंतन के प्रति संवेदनशील हो गया। इस स्कूल के बारे में मूल कल्पना यह की गई थी कि यह देवबंद के अतिशय रूढ़िवाद और अलीगढ़ की आधुनिकता के बीच का रास्ता अपनाएगा लेकिन जल्द ही इसने अपने इर्द गिर्द रूढ़िवाद की रेखाएं खींच लीं और यहाँ से निकले हुए छात्र धर्मवैज्ञानिक और बौद्धिक दृष्टिकोण में देवबंद के छात्रों से अलग दिखाई नहीं देते थे।[20]

वास्तव में उसी रूढ़िवाद के झटके ने सर सय्यद की मानस संतान अलीगढ़ मुस्लिम विश्वविद्यालय की सारी 'आधुनिकता' को भी डुबो दिया है और उसी झटके ने जामिया मिलिया में भी आधुनिकता को डुबो दिया है। जहाँ तक धर्म का संबंध है, जहाँ तक 'मुसलमानों को प्रभावित करने वाले' मुद्दों का संबंध है, ये संस्थाएँ लगभग उसी लीक पर चलती हैं जिस पर कि दर्सगाह (शिक्षणालय) चलते हैं। वे चंद लोग जो इन मुद्दों को राष्ट्रीय या आधुनिक परिप्रेक्ष्य में देखते रहे हैं, उन पर हमेशा प्रहार किया जाता रहा है। अब तक ऐसे बहुत कम लोग बचे रह गए हैं। वे अपने को बिल्कुल अलग-थलग महसूस करते हैं और एकदम प्रतिरक्षात्मक रुख़ अपना कर चलते हैं।

मस्जिदों, मदरसों, मक्तबों और दर्सगाहों और 'इस्लामी इल्म के मरकज़ों' का एक विशाल और जटिल रूप से अंतःसंबद्ध तंत्र है। उनकी संख्या ही अपने आप में बहुत बड़ी है। मौलाना वहीदुद्दीन द्वारा लगाए गए हिसाब के मुताबिक भारत में 350,000 मस्जिदें हैं। उनमें से काफी मस्जिदों के साथ मदरसे जुड़े हुए हैं। लगभग एक हज़ार दर्सगाह हैं। तबलीग़ के मरकज़ों की संख्या भी हज़ारों में है।

दर्सगाह और इल्म के मरकज़, और आगे अपने जैसे कई मरकज़ों की स्थापना कर लेते हैं। देवबंद के दारुल-उलूम के आधिकारिक इतिहास के अनुमान के अनुसार अपने आप में देवबंद ने देश के अलग-अलग भागों में लगभग 9000 स्कूलों की स्थापना की है। और ये बहुसंख्यक संस्थाएँ एक-दूसरे से जुड़ी हुई हैं। कार्यकर्ताओं को जिस प्रशिक्षण और जिन पुस्तकों, जैसे कानून संबंधी पुस्तकों, फ़तवों के संकलनों की ज़रूरत पड़ती है, वे सब, और सिद्धांत और नीति आदि संबंधी आदेश दर्सगाहों से ही जारी किए जाते हैं।

'इस्लामी इल्म के मरकज़ों' से निकले हुए छात्र, जमाअत-ए-इस्लामी और जामियात-उल-उलमा जैसे संगठनों और तबलीग़ी जमाअत जैसे पुनर्जागरणवादी आंदोलनों के महत्वपूर्ण अंग हैं। ये वे लोग हैं जो सीधे उन व्यक्तियों की नियुक्ति करते हैं

जो मदरसों और मस्जिदों में तैनात किए जाते हैं। ये उनका मार्गदर्शन करते हैं, उन्हें प्रशिक्षित और प्रभावित भी करते हैं। ये उन लोगों की नियुक्तियाँ आदि भी करते हैं, जो साधारण उपदेशकों का काम करते हैं।

इस प्रकार उलमा, उनकी संस्थाओं और उनके आश्रितों का एक बहुत बड़ा दायरा है लेकिन यह दायरा बंद, अंतर्मुखी और अतीतोन्मुखी, है। यह एक ऐसा दायरा है, जिसका ध्यान, उसे मिली सीख के अनुसार, हमेशा मध्यपूर्व के एक ख़ास अतीत कालीन क्षेत्र की ओर लगा रहता है।

लेकिन सिर्फ़ इतनी सी बात नहीं है कि उलमा और उनके आश्रितों ने अपना एक बंद और अंतर्मुखी समूह बना रखा है। यह एक ऐसा समूह है जिसने अपनी निरंतरता को बनाए रखा है, और जो लगातार आत्मवृद्धि करता रहता है। जो पाठ्यक्रम पढ़ाया जाता है, शिक्षा के जो तौर-तरीके अपनाए जाते हैं और इससे भी बढ़कर जिस माहौल में ये संस्थाएँ घिरी हैं, उसका एक परिणाम यह निकला है कि इन संस्थाओं में से निकले हुए छात्र किसी आधुनिक पेशे में नौकरियाँ हासिल करने के बिल्कुल लायक नहीं हैं। वे सिर्फ़ प्रचारक बन सकते हैं और इन्हीं 'इल्म के मरकज़ों' में वापिस जाकर काम कर सकते हैं। वहाँ भी वे सिर्फ़ अपनी किस्म के ही और लोग तैयार कर सकते हैं, और कुछ नहीं। ये परिणाम घातक हैं।

यह समूह अपने जैसे और व्यक्ति तैयार करके आत्मवृद्धि करता चला जाता है। लेकिन इनके अलावा यह समूह हमेशा इस भय से भी ग्रस्त रहता है कि बाकी दुनिया में जो परिवर्तन हो रहे हैं उनके कारण उनका धंधा समाप्त होता जा रहा है। इस प्रकार, मुसलमानों पर उनका जो प्रभाव है उस दृष्टि से एक बहुत ताकतवर समूह होने के बावजूद वह समय और बाकी दुनिया से भयभीत है और ख़ुद को असुरक्षित महसूस करता है। इसी असुरक्षा के बीज वह पूरे मुस्लिम समुदाय में बोता चला जा रहा है, और अपने जैसे ख़ुद असुरक्षित महसूस करने वाले लोगों की तादाद बढ़ाता चला जा रहा है, और इस असुरक्षा के पूरे देश में गंभीर परिणाम देखने को मिलते हैं।

लेकिन इनमें से किसी बात की चर्चा नहीं की जा सकती। मुसलमानों में जो भय पैदा किए जाते हैं, यदि उनके सही कारण बता दिए जाएँ अर्थात् यदि यह कह दिया जाए कि ये भय, रूढ़िवादियों की ताकत और उनकी शिक्षा-दीक्षा बल्कि उससे भी बढ़कर जैसा कि हम देखेंगे, इस्लाम की पूर्वधारणाओं के कारण हैं, तो धर्म निरपेक्षवादी इस व्याख्या पर अपनी मुट्ठियाँ तान लेंगे और कहेंगे कि यह और कुछ नहीं बल्कि संप्रदायवादियों द्वारा पैदा की गई एक और सड़ांध है।

दरअसल स्वयं समाज और राज्य की कमज़ोरी, जिसे धर्मनिरपेक्षवाद का सुहाना नाम दे दिया गया है, परिवर्तन में एक रुकावट बन गई है। उदाहरण के लिए अधिकतर इस्लामी देशों में पुरानी मदरसा प्रणाली का स्थान आधुनिक शिक्षा संस्थाओं ने ले

लिया है। अगर कोई ऐसा सुझाव दिया जाए कि भारत में भी ऐसा किया जाए, तो यह आरोप लगा दिया जाएगा कि यह हिंदुओं का इस्लाम को हड़प जाने का एक और तरीका है। पाकिस्तान में आतंकवादी और सांप्रदायिक हिंसा के बढ़ जाने से पाकिस्तान सरकार ने 1995 के आरंभ में यह घोषित किया था कि वह 'इस्लामी इल्म के मरकज़ों' और मदरसों आदि को मिलने वाली विदेशी धनराशि पर प्रतिबंध और नियंत्रण लगाएगी। अतीत में इस बात के काफी प्रमाण मिलते हैं कि इन संस्थाओं के संरक्षकों के बीच चलने वाली प्रतिद्वंद्विता के कारण—उदाहरण के तौर पर—ईरान और ईराक के विनाशकारी युद्ध के दौरान और एक तरफ कुवैत, सउदी अरब और दूसीर तरफ़ ईराक के बीच के खाड़ी संकट के दौरान इन परस्पर युद्धरत देशों के निवासी संरक्षकों के बीच चलने वाली प्रतिद्वंद्विता के कारण—पाकिस्तान के भीतर रूढ़िवादियों के बीच और सांप्रदायिक समूहों के बीच की शत्रुताओं ने कटु रूप धारण कर लिया था। साफ़ ज़ाहिर है कि आज पाकिस्तान में चल रही शिया-सुन्नी हिंसा को भड़काने में भी इन्हीं प्रतिद्वंद्वी संरक्षकों का काफ़ी कुछ हाथ रहा होगा। इसलिए पाकिस्तान सरकार ने पाकिस्तान के भीतर की इन संस्थाओं के विदेशी संरक्षकों से आने वाली धनराशि को नियंत्रित और प्रतिबंधित करने का निर्णय लेकर सही काम किया। जिस तरह से सउदी अरब की 'राबिता' एजेंसी और पाकिस्तान की आई. एस.आई. और अन्य एजेसियाँ भारत के भीतर इन तथाकथित 'इस्लामी इल्म के मरकज़ों' को जो संरक्षण प्रदान करती रही हैं, उसके अब काफ़ी प्रमाण मिल चुके हैं। ख़ुफ़िया रिपोर्टों से इन एजेंसियों और 'मरकज़ों' के बीच के संबंधों के बारे में और जिन प्रयोजनों के लिए इन संबंधों का प्रयोग किया गया है, उनके बारे में काफ़ी कुछ मालूमात हुई हैं। लेकिन अगर इन संस्थाओं को मिलने वाली विदेशी धनराशि को प्रतिबंधित और नियंत्रित करने के लिए कोई प्रयास किया जाए या कोई कानून बनाया जाए, तो धर्मनिरपेक्षवादी चीख उठेंगे "यह अनुचित है।" और राज्य को अपना लिया हुआ निर्णय वापिस लेना पड़ जाएगा।

इस प्रकार पूरे भारत में हज़ारों संस्थाओं को एक-दूसरे से मज़बूती से जोड़ने वाला एक संजाल (नेटवक) मौजूद है। इस प्रणाली के अंतर्गत शिक्षित छात्र आधुनिक दुनिया का सामना करने के लिए तैयार नहीं किए गए हैं। वस्तुतः उनका प्रशिक्षण उन्हें इस काबिल नहीं बनाता कि वे आधुनिक व्यवसायों में नौकरियाँ हासिल कर सकें। वे केवल एक ही काम करने के लायक रह जाते हैं और वह है उसी संजाल के लिए उनके अपने साँचे में ढले हुए व्यक्ति तैयार करना। दूसरा, सिर्फ इतनी ही बात नहीं है कि यह समूह अपनी नई पीढ़ियाँ तैयार करता चला जाता है, बाकी समाज और राज्य ने भी एक ऐसी पूरी विचारधारा बना ली है जो उन्हें इस समूह को आधुनिकता की राह दिखाने का प्रयास करने से रोक लेती है। आज यह शक्तिशाली समूह पूरे मुस्लिम समुदाय में जो दकियानूसी विचार फैला रहा है, हमारे समाज और

राज्य के उसके प्रति वर्तमान रवैये के मद्देनज़र, इससे अलग परिणाम हमें कैसे देखने को मिल सकते हैं?

लेकिन यह सवाल केवल उस तंत्र या उसके पाठ्यक्रम का नहीं है। यह कोई ऐसा रोग नहीं है जिस पर प्रायः सुझाए जाने वाले इलाज—कि इन संस्थाओं के पाठ्यक्रम को "आधुनिक बनाया जाए"—से उस पर काबू पाया जा सके।

एक बात तो यह कि पाठ्यक्रम को आधुनिक बनाने का प्रस्ताव ऐसा है जिस पर अमल करने की कभी शुरुआत ही नहीं की गई। ऐसे प्रस्तावों का पहले भी कोई नतीजा नहीं निकला और अब भी कोई नतीजा निकलने वाला नहीं है। पाठ्यक्रम और उसकी विषय-सूची के लिए किए गए हर प्रयास का उलमा ने विरोध किया है और वे अपने प्रयास में हमेशा कामियाब रहे हैं। उसी प्रकार सैकड़ों वर्षों के नज़रिए को बदलने के प्रयासों का तो उन्होंने और भी ज़ोर से विरोध किया है। और जो लोग पाठ्यक्रम को आधुनिक बनाने की यह राम बाण दवा बेचते फिर रहे हैं, क्या उन्होंने स्पष्ट रूप से यह बताया है कि वे कौन सा ऐसा वैकल्पिक पाठ्यक्रम प्रस्तावित करने जा रहे हैं जिसे उलमा के इस्लाम की सीमाओं के भीतर न्यायसंगत सिद्ध किया जा सके?

इन बातों पर विचार करने से ही यह महसूस होने लगता है कि इस क्षेत्र में किसी किस्म की कोई आशा नहीं की जा सकती। लेकिन यह समस्या ज़्यादातर बुनियादी है। अगर पाठ्यक्रम को आधुनिक बनाना संभव भी हो, तो भी इस ऊपरी उपचार से रोग का निवारण होने वाला नहीं है।

अब हम इसी मुद्दे को लेकर आगे विचार करेंगे।

संदर्भ

1. मौलाना वहीदुद्दीन ख़ान, इंडियन मुस्लिम, नीड फ़ार ए पोज़िटिव आउटलुक, आर रिसाला बुक्स, नई दिल्ली, 1994, पृ. 43-44
2. फ़तवा-ए-रिज़विया, खंड 6, पृ. 171
3. वही, खंड 9, पुस्तक 1, पृ. 16-17
4. वही, खंड 9, पुस्तक 2, पृ. 190
5. वही, खंड 6, पृ. 24
6. वही, खंड 9, पुस्तक 1, पृ. 99
7. फ़तवा-ए-रहीमियत, खंड 1, पृ., 36-40
8. पूर्वोक्त प्रसंग के बारे में देखें फ़तवा-ए-रहीमियत, खंड 1, पृ. 17-25
9. पूर्वोक्त प्रसंग के बारे में देखें, मुफ़्ती किफ़ायतुल्लाह के फ़तवे, खंड 2, पृ. 29, 44, 47
10. सामान्य स्थिति के बारे में और व्यवहारवाद की विरल आवाज़ के लिए इन्हें देखें :-
    ब्याज पर : फ़तवा-ए-रिज़विया, खंड 6, पृ. 75, 78; फ़तवा-ए-रहीमियत, खंड 3, पृ. 157-58, खंड 2, पृ. 160, 247, 249
    स्टांप काग़ज लिखने पर : मुफ़्ती किफ़ायतुल्लाह के फ़तवे, खंड 7, पृ. 376-77

बैंक में जमा की जाने वाली राशियों पर : फ़तवा-ए-रहीमियत, खंड 2, पृ. 162-63, मुफ़्ती किफ़ायतुल्लाह के फ़तवे, खंड 8, पृ. 50

बीमा पर : मुफ़्ती किफ़ायतुल्लाह के फ़तवे, खंड 8, पृ. 66-79

फ़तवा-ए-रहीमियत, खंड 2, पृ. 159, 165-67

सहकारी संस्थाओं पर : मुफ़्ती किफ़ायतुल्लाह के फ़तवे, खंड 8, पृ. 52

शेयर बेचने और ख़रीदने पर : मुफ़्ती किफ़ायतुल्लाह के फ़तवे, खंड 9, पृ. 233-35, 238-40, 242-45, फ़तवा-ए-रिज़विया, खंड 9, पुस्तक 1, पृ. 71-72

शादियों में वाद्य यंत्र बजाने और गाने पर : मुफ़्ती किफ़ायतुल्लाह के फ़तवे, खंड 9, पृ. 264-66

बैंड टोलियों में काम करने पर : फ़तवा-ए-रिज़विया, खंड 9, पुस्तक 1, पृ. 72

11. संतति नियंत्रण पर पूर्वोक्त तीन फ़तवों के लिए देखें फ़तवा-ए-रहीमियत, खंड 2, पृ. 192-95, खंड 3, पृ. 199-200
12. के. एस. लाल, मुस्लिम स्लेव सिस्टम इन मिडियावल इंडिया, आदित्य प्रकाशन, नई दिल्ली, 1994
13. रामस्वरूप, विमेन इन इस्लाम, वायस आफ़ इंडिया, नई दिल्ली, 1994, पृ. 2-3
14. पूर्वोक्त फ़तवे के बारे में देखें फ़तवा-ए-रहीमियत, खंड 1, पृ. 40-47
15. कब्र में पूछे जाने वाले सवालों की भाषा के बारे में देखें फ़तवा-ए-रहीमियत, खंड 1, पृ. 16, बाकी के बारे में देखें फ़तवा-ए-रिज़विया, खंड 11, पृ. 17, 18, 20, 21, 99, बात को स्पष्ट करने के लिए बीसियों उदाहरण दिए जा सकते हैं
16. भाषण के मूल पाठ के लिए देखें सईद महबूब रिज़वी की पुस्तक हिस्ट्री आफ़ दारुल उलूम, देवबंद, इदारा-ए-एहतमाम, दारुल उलूम देवबंद, 1980, खंड 1, पृ. 130-32 और इसके अलावा खंड 2, पृ. 211-13, एक सौ वर्ष के बाद लिखते हुए दारुल उलूम के आधिकारिक इतिहासकार इसे एक ऐसा भाषण बताते हैं जो, "एक महत्वपूर्ण और निर्णायक भाषण है जिसमें दारुल उलूम की स्थापना की आवश्यकता और इसके महत्व और वहाँ के पाठ्यक्रम की सुस्पष्ट और अंतर्दृष्टिपूर्ण चर्चा की गई है....." देखें हिस्ट्री आफ दारुल उलूम देवबंद, खंड 1, पृ. 130
17. हिस्ट्री आफ़ दारुल उलूम देवबंद, खंड 2, पृ. 213
18. हमेशा की तरह ज़िम्मेदारी दूसरे व्यक्ति पर डाल दी जाती है। देवबंद के आधिकारिक इतिहास में कहा गया है कि ऐसा, आर्यसमाज के हानिकारक कार्यकलापों को प्रभावहीन करने के लिए किया गया। काशी विश्वनाथ मंदिर को इसलिए नष्ट कर देना पड़ा क्योंकि औरंगज़ेब ने यह सुना था कि एक राजपूत राजकुमारी का वहाँ बलात्कार किया गया था। भारत का इसलिए बँटवारा करना पड़ा क्योंकि 1937 में कांग्रेस मंत्रालयों के अंतर्गत मुसलमानों का उत्पीड़न किया गया। धर्मपरिवर्तन कराना इस्लाम का एक हिस्सा है जिसका प्रादुर्भाव आर्यसमाज से 1250 वर्ष पहले हुआ। मंदिरों और मूर्तियों को तोड़कर उन्हें मस्जिदों में बदलने का काम औरंगजेब से भी काफ़ी पहले—बल्कि उस वक्त से जब पैग़म्बर साहिब का काबा पर कब्ज़ा हुआ—शुरू हो चुका था। किसी भी इतिहासकार ने राजपूत राजकुमारी के बलात्कार का कहीं उल्लेख तक नहीं किया। बँटवारे के लिए आंदोलन कांग्रेस मंत्रालयों से पचास वर्ष पहले ही शुरू कर दिया गया था, मुसलमानों पर अत्याचारों के विवरण, जैसे कि पीरपुर रिपोर्ट, पूरी तरह से और जानबूझ कर बुने गए बनावटी किस्से साबित हो चुके हैं। लेकिन इन सब असलियतों से आरोप में कोई फ़र्क नहीं आया। ज़िम्मेदारी हमेशा काफ़िर की ही होती है।
19. एम. मुजीब, दि इंडियन मुस्लिम्स, जार्ज एलन एंड अनविन, लंदन, 1969, पृ. 409-10
20. अजीज़ अहमद, ऐन इंटलेक्चुअल हिस्ट्री आफ़ इस्लाम, इस्लामिक सर्वेज़-7, एडिनबरा यूनिवर्सिटी प्रेस, 1969, पृ. 59

कुरआन और हदीस

एक बुनियादी मुश्किल

1989 में भौगोलिक-राजनीतिक दुनिया में उथल-पुथल हो गई। एक के बाद दूसरे साम्यवादी राज्यों का पतन होता चला गया। सत्तर वर्षों से उन्हें कार्यदक्षता, समदृष्टि और न्याय के आदर्श माना जाता रहा था। कहा जाता था कि वहाँ बेरोजगारी समाप्त कर दी गई है। यह भी कहा जाता था कि उन देशों में कोई तलाक, कोई नशेबाज़ी नहीं होती है। ये बीमारियाँ रुग्ण और पतनोन्मुख पूँजीवादी पश्चिम में पाई जाती हैं। पर्यावरण का अच्छी तरह से ध्यान रखा जाता है; एक नए मानव का निर्माण किया गया है; कोई अपराध नहीं होता—यही बातें हमें दिन-रात बताई जाती थीं।

लेकिन साम्यवादी राज्यों के पतन से सारा पर्दाफ़ाश हो गया। भारत में इन राज्यों के बारे में बड़े ज़ोरों के साथ झूठी बातों का प्रचार किया जाता था। साम्यवादी और उनके समर्थक, विश्वविद्यालयों और प्रेस में हर कहीं थे। जो कोई व्यक्ति इन देशों के अंदरूनी हालात के बारे में कोई संदेह प्रकट करता था तो उसे पूँजीपतियों का गुर्गा और सी.आई.ए. का एजेंट कहकर उसकी भर्त्सना की जाती थी। उसे प्रेस से और बुद्धिजीवी समाज से ब्लैक लिस्ट कर दिया जाता था।

मन में यह बात आती है कि जब साम्यवादी राज्यों का पतन हुआ और सब लोगों को असलियत मालूम हो गई कि उस तंत्र के अंतर्गत लोगों का जीवन कैसा था तो पत्रिकाएँ और विश्वविद्यालयों के विभाग इन राज्यों और वहाँ के जीवन के बारे में जो कुछ कहते रहे थे उसका पूरा पुनः परीक्षण किया जाना चाहिए था। लेकिन समाचार-पत्रों और पत्रिकाओं ने सबसे सरल समाधान अपना लिया, उन्होंने इन सब बातों की उपेक्षा करनी शुरू कर दी। 1989 तक वे जो झूठी बातें छापते रहे थे उन्हें उन्होंने अपनी यादाश्त से पूरी तरह से मिटा दिया। उन्होंने एक बार भी उसका विश्लेषण नहीं किया जिसका वे अब तक प्रचार करते रहे थे।

जहाँ तक तथ्यों का प्रश्न था, वे अब तक अच्छी तरह से प्रकट हो चुके थे। पूरी दुनिया में उन्हें छापा जा रहा था और इन देशों का दौरा करके कोई नौसिखुआ

संवाददाता और फोटोग्राफर भी इन तथ्यों के बारे में पता लगा सकता था। लेकिन समाचार पत्रों और पत्रिकाओं ने उन्हें बस अनदेखा और अनसुना कर दिया। हालाँकि भारत विश्व के उन देशों में से एक है, जिनमें छपने वाले अख़बारों की संख्या बहुत बड़ी है और जहाँ के अख़बारों की गिनती सबसे ज़्यादा मुक्त अख़बारों में की जाती है, लेकिन भारतीय अख़बारों ने भूतपूर्व पूर्वी योरुप और सोवियत संघ के बारे में, जो कुछ जानने को मिला था उसे बिल्कुल नहीं छापा। अगर कुछ छापा भी, तो वह नहीं के बराबर था।

विश्वविद्यालयों, जैसे कि जवाहरलाल नेहरू विश्वविद्यालय (जे.एन.यू.) ने तो और भी हद कर दी। उन्होंने उन तथ्यों को बिल्कुल अनदेखा कर दिया जिन्हें पूरा जग जान चुका था। लेकिन वे जो कुछ पहले से पढ़ाते आए थे, उसे उन्होंने बिल्कुल नहीं भुलाया। उन्होंने उसी तरह से पढ़ाना जारी रखा, मानो कुछ हुआ ही न हो। इतने वर्ष बीत चुके हैं, लेकिन पाठ्यक्रम में कोई परिवर्तन नहीं किया गया। छात्रों के लिए जो पाठ्य सामग्री निर्धारित की गई है उसमें भी कोई परिवर्तन नहीं किया गया।

उसका परिणाम स्पष्ट दिखाई देने लगा है : विश्वविद्यालयों में अध्यापक अब भी अपने जैसे छात्रों को पैदा कर रहे हैं। जो स्नातक इन विश्वविद्यालयों से बाहर आते हैं, वे मीड़िया में, सिविल सेवाओं में और विश्वविद्यालयों में प्रवेश पाते हैं और वे पुराने 'विश्लेषणों' को उगलते रहते हैं।

और इसके कारण भी स्पष्ट हैं। विश्वविद्यालयों के प्रोफ़ेसर ही तय करते हैं कि उनके विभागों में नए अध्यापक कौन-कौन से होंगे। वही प्रश्नपत्र बनाते हैं और वही उत्तर-पुस्तिकाओं को जाँचते हैं। छात्र उनके पूर्वाग्रहों के अनुरूप अमल करते हैं। परीक्षाओं में अच्छे अंक लेने के लिए छात्रों को ज़रूरी तौर पर उन्हीं पुस्तकों को घोटना पड़ता है जिन्हें उनके प्रोफ़ेसर महत्व देते हैं। उन्हें घटनाओं और नीतियों का मूल्यांकन भी वही चश्मे चढ़ाकर करना पड़ता है जो उनके परीक्षकों को पसंद हैं, और अध्यापकों ने भी उसी ख़ास दृष्टिकोण पर असंख्य घंटे ख़र्च किए होते हैं—सिर्फ़ घंटे ही नहीं, उनकी पूरी जीवन-वृत्ति उसी दृष्टिकोण पर निर्मित हुई होती है। उन्होंने जो एक या दो किताबें लिखी हो सकती हैं या जो दर्जन-एक लेख प्रकाशित किए हो सकते हैं उनमें भी उन्होंने इस या उस 'वास्तविक स्थिति' पर उसी दृष्टिकोण को 'लागू' करने के अलावा और कुछ नहीं किया होता। उन पुस्तकों और लेखों या उस दृष्टिकोण पर उन्होंने केवल अपनी बौद्धिक पूँजी ही ख़र्च नहीं की होती, बल्कि उन पर बहुत बड़ी मनोवैज्ञानिक पूँजी भी ख़र्च की होती है। उन्होंने 'वैचारिक मुद्दों' को लेकर कई दोस्तियाँ गांठी होंगी और कई दोस्तियाँ तोड़ी होंगी। जब उन्होंने कई बरसों के दौरान दुनिया और उसकी घटनाओं को उस वैचारिक सिद्धांत पर फिट बैठाने की कोशिश की होगी, तो कई बनी हुई दोस्तियाँ टूटी होंगी।

इस प्रकार वह छोटी सी, तंग और बंद दुनिया ही उनकी एकमात्र दुनिया है। जब पूरे तंत्र–उनके तंत्र–के पतन जैसी भीषण घटनाएँ घटती हैं तब भी वे उसी पुराने मत को दोहराते चले जाते हैं, उन्हीं पुराने विषयों, उन्हीं पुरानी पाठ्यपुस्तकों की चर्चा करते चले जाते हैं। एक ऐसी विचारधारा को लेकर जो केवल सत्तर वर्ष तक प्रबल रही, उसके बारे में यह है स्थिति उन विश्वविद्यालयों की जिनका वजूद केवल कुछेक दशकों से है। यह स्थिति है उन विश्वविद्यालयों में, उन पत्र-पत्रिकाओं में, जो एक खुले समाज में सक्रिय हैं, एक ऐसे समाज में, जिसमें उनको ज़रूरी तौर पर बाकी समाज से काफ़ी कुछ आदान-प्रदान करना पड़ता है।

इस हालिया अनुभव को ध्यान में रखते हुए ज़रा 'इस्लामी इल्म के मरकज़ों' की दुनिया पर विचार कीजिए। यह एक ऐसी विचारधारा है जो केवल सत्तर वर्ष से नहीं बल्कि एक हज़ार वर्ष से प्रबल रही है। एक ऐसी विचारधारा है जिस ने केवल मौखिक आतंकवाद को ही मंजूरी नहीं दी–जैसा कि भारतीय वामपंथ के मामले में हुआ है–बल्कि जिसने शारीरिक आतंकवाद को मंजूरी दी। एक ऐसी विचारधारा जिसने केवल एक समसमूह के दबाव के बल पर ही अनुपालन नहीं कराया–हालाँकि यह भी अपने आप में एक जबरदस्त बात है : याद कीजिए आज़ाद भारत के अनेकों और विविध समाचार पत्रों से किस प्रकार अनुपालन कराया गया था। इस कार्रवाई के पीछे राज्य और परा-राज्य दस्तों द्वारा डाला गया दबाव भी था। ऐसी संस्थाएँ जहाँ उलमा उन लोगों का चयन करते हों जिन्हें उनके साथ-साथ शिक्षा देनी होती है, उन छात्रों का भी चयन करते हों जिन्हें पढ़ाई करनी होती है। ऐसी संस्थाएँ जिनमें केवल उलमा ही तय करते हों कि क्या-क्या पढ़ाया जाएगा और किन-किन पाठ्य पुस्तकों में से पढ़ाया जाएगा। यह एक ऐसा तंत्र है जो वामपंथी बुद्धिजीवियों और पत्रकारों के तंत्र से कहीं अधिक व्यापक और कहीं ज्यादा बहतर अंतर्ग्रथित हैं–एक ऐसा तंत्र जिसके अंतर्गत ऐसी संस्थाएँ हैं जिन्हें बाकी भारतीय समाज के साथ आदान-प्रदान करने की भी कोई ज़रूरत नहीं और जिन्हें, उदाहरण तौर पर, ज़रूरत पड़ने पर भारत की तुलना में कहीं अधिक मात्रा में सउदी अरब और ईरान से धनराशि और 'प्रेरणा' मिल सकती है।

जब जे. एन. यू. के विभागों ने ही पाठ्यक्रम और पाठ्य सामग्री को नहीं बदला है, तो यदि उलमा अपने 18वीं सदी के पाठ्यक्रम को 'आधुनिक बनाने' के हर प्रयास को विफल करने में सफल रहे हैं तो इसमें हैरानी की क्या बात है?

यह तो हुई एक बात। जो यह कहते हैं कि समाधान इसी में है कि मदरसों आदि और देवबंद स्थित दारुल उलूम और लखनऊ स्थित नद्वाह के 'पाठ्यक्रम को आधुनिक' बनाया जाए, वे शुरुआती अड़चन का ही अनुमान नहीं लगा पाते और वह अड़चन है–सांस्थानिक जड़ता।

लेकिन इससे भी काफ़ी बड़ी एक और मुश्किल है–एक ऐसी मुश्किल, जिस

पर 'पाठ्यक्रम को आधुनिक बनाने' मात्र से काबू नहीं पाया जा सकता, बल्कि वह एक ऐसी मुश्किल है, जो उस सीमा को कड़ाई से निर्धारित कर देती है, जिस सीमा तक पाठ्यक्रम और शिक्षण पद्धतियों आदि को 'आधुनिक' बनाया जा सकता है।

हिंदू, ईसाई और बाकी जातियाँ

जिस तरह से उलमा काफ़िरों–ईसाइयों, यहूदियों और ख़ासतौर पर हिंदुओं के लक्षणों का वर्णन करते हैं, उस पर हम रोना रोने बैठ जाते हैं। लेकिन कुरआन में भी उनके लक्षणों का कुछ अलग वर्णन नहीं किया गया है।

कुरआन में कहा गया है, "वे जीवों में दुष्टतम हैं," यह भी कहा गया है, "वे जहन्नुम की आग में होंगे, जहाँ वे सदा रहेंगे।" (98.6) कुरआन में कहा गया है कि काफ़िरों के इरादे सबसे ज़्यादा बुरे होते हैं। कुरआन में यह भी कहा गया है कि काफ़िर "उपद्रव और उत्पीड़न का कारण हैं। वे अल्लाह के रास्ते तक पहुँचने में रुकावट पैदा करते हैं। वे अल्लाह को नहीं मानते।" कुरआन में आगे यह आदेश दिया गया है कि काफ़िरों की हत्या करना उतनी बड़ी बुराई नहीं है जितनी कि "उपद्रव और उत्पीड़न करना।" कुरआन में मोमिनों को चेतावनी दी गई है कि, "अगर उनके बस में हो तो, जब तक वे तुम्हें तुम्हारे दीन से विमुख नहीं कर देते तब तक वे तुमसे लड़ना बंद नहीं करेंगे।" (कुरआन 2.217) कुरआन में यह भी घोषित किया गया है : "वे तो यही चाहते हैं कि जिस तरह से उन्होंने ईमान को अस्वीकार किया है, इस तरह से तुम भी कर दो और फिर उसी स्तर पर आ जाओ, जिस स्तर पर वे हैं।"

लेकिन तुम उन में से
किसी को अपना दोस्त मत बनाना
जब तक कि वे (जो कुछ निषिद्ध है उसे)
त्याग कर अल्लाह की राह पर
नहीं आ जाते।
लेकिन अगर वे अपने मज़हब
को त्याग देते हैं, तो उन्हें
जहाँ कहीं भी पाओ, उन्हें पकड़कर
उनका वध कर डालो।
और (किसी भी हालत में) उनमें से
किसी को मित्र और साथी
मत बनाओ।

(कुरआन 4.89)

लेकिन साथ ही यह लिखा है, "उनको छोड़कर, जो तुमसे संधि और समझौता कर लें और वे अपने रास्ते छोड़ दें।"

कुरआन में चेतावनी दी गई है कि, "काफ़िर, (आदमियों को) अल्लाह की राह पर जाने से रोकने के लिए अपनी धन-दौलत ख़र्च करते रहते हैं और वे इसी तरह से खर्च करते रहेंगे।" कुरआन मोमिनों को यह विश्वास दिलाता है कि, "आख़िरकार उनके हिस्से में (केवल) पछतावा और ठंडी आहें ही आएँगी"। और आख़िरकार उन पर काबू पा लिया जाएगा :

और काफ़िरों को इकट्ठा करके जहन्नुम लाया जाएगा
ताकि अल्लाह नापाक लोगों को

उन्हें (नापाक लोगों को) एक दूसरे पर रख उनका ढेर लगाए
और फिर उन्हें जहन्नुम में झोंक दे........ (कुरआन 8.36-37)

कुरआन चेतावनी देता है, "आदमियों में मोमिनों से दुश्मनी करने वाले, सबसे प्रबल हैं यहूदी और काफ़िर।" (मूर्तिपूजक) (कुरआन 5.85) यह एक ऐसी चेतावनी है जिसकी सफ़ाई न तो धर्ममंडक दे सकते हैं और न धर्मनिरपेक्षवादी। और कुरआन में आगे कहा गया है, "और उनमें से प्यार में मोमिनों के सबसे नज़दीक तुम उन लोगों को पाओगे, जो कहते है 'हम ईसाई हैं' क्योंकि इन्हीं में से ऐसे लोग हैं जो ज्ञान के प्रति समर्पित हैं और जिन्होंने दुनिया को त्याग दिया है और वे घमंडी नहीं हैं।" (कुरआन 5.85)

1857 की हार के बाद सर सय्यद उक्त अंतिम आयत को प्रायः उद्धृत किया करते थे। लेकिन इसका कोई फ़ायदा नहीं। एक बात तो यह है कि इस आयत से न तो हिंदुओं को सांत्वना मिल सकती और न उन लोगों को जो इस्लाम को शांति और सहिष्णुता के धर्म के रूप में और ऐसे ईमान के रूप में प्रस्तुत करना चाहते हैं जो बाकी सभी ईमानों की कद्र करता है, क्योंकि आयत के पहले ही शब्दों में जो कुछ कहा गया है उसके अनुसार हिंदू, काफ़िरों (गैर-ईसाइयों, गैर मुसलमानों) के अंतर्गत आते हैं। लेकिन ईसाइयों के लिए भी नीचे दी गई आयत सांत्वनादायक नहीं है। कुरआन में चेतावनी दी गई है :

ऐ ईमान लाने वालो!
यहूदियों और ईसाइयों को
अपने मित्र और संरक्षक मत समझो!
वे एक दूसरे के मित्र और
रक्षक रहे हैं। और तुम में से जो
(दोस्ती के लिए) उनमें दिलचस्पी लेगा
वह उन्हीं का हमज़ात हो जाएगा।

वास्तव में अल्लाह 'नाजायज़ लोगों का'
मार्गदर्शन नहीं करता। (कुरआन 5.54)

अल्लाह, मुसलमानों को चेतावनी देता है : "यहूदी और ईसाई तुमसे कभी संतुष्ट नहीं होंगे, जब तक कि तुम उनके मज़हब पर नहीं चलोगे.....। और यदि तुम उस ज्ञान के बाद भी, जो तुम्हें प्राप्त हो चुका है, उन लोगों की इच्छा पर चले, तो अल्लाह के सामने न तो तुम्हारा कोई संरक्षक मित्र होगा और न सहायक।" (कुरआन 2.120) कुरआन में यह भी घोषित किया गया है कि वे (यहूदी और ईसाई) अल्लाह की ओर से उन्हें मिली गवाही को छिपा लेते हैं।

कुरआन में आगे यह घोषित किया गया है कि उन्होंने उस संदेश को भ्रष्ट कर दिया है जो अल्लाह ने उनके पास भेजा था और उन्होंने समझौते को भंग किया है। (कुरआन 5.14) कुरआन में यह भी घोषित किया गया है कि उन्हें स्वयं जीसस ने जो कुछ कहा उसके उन्होंने ग़लत अर्थ लगा लिए, क्योंकि जीसस ने उनसे कहा था अल्लाह की इबादत करो न कि ख़ुद उसकी। (कुरआन 5.119) यह भी आगे कहा गया है कि वे हमेशा धोखा देने पर ही तुले रहते हैं। उनका यह दावा झूठा है कि पहले के पैग़म्बर या तो यहूदी थे या ईसाई, जबकि हकीकत यह है कि वे सब मुसलमान थे। (कुरआन में यह बात कई जगह कही गई है, जैसे 2.140 में) वे तुम्हें गुमराह करने की कोशिश करते हैं। (कुरआन, 3.69) वे सच को झूठ से ढक देते हैं और सच को छिपा देते हैं। (कुरआन 3.70, 71) उनके विश्वास अपने आप में अल्लाह की बदनामी हैं, पैग़म्बर की बदनामी हैं। यह कह कर कि ईसामसीह अल्लाह है, वे अल्लाह की बदनामी करते हैं। (कुरआन 3.69, 5.17, 72, 9.30-32) यह कहकर कि जीसस अल्लाह का पुत्र है, वे अल्लाह को बदनाम करते हैं। (कुरआन 5.75, 9.30,19.36) और ऐसा कहने के लिए अल्लाह उन पर लानत भेजता है। (कुरआन 9.31, 10.68-69, 4.171) यह कहकर कि अल्लाह एक नहीं बल्कि त्रियेक है, वे निश्चित रूप से अल्लाह को बदनाम करते हैं।

वे 'विवाद पैदा करने वाले लोग' हैं। (कुरआन 41.58) ईसामसीह केवल पैग़म्बर था। वह अल्लाह के नौकर के सिवाय कुछ नहीं था। (कुरआन 5.78, 41.56)

इस प्रकार इन सब बातों का निष्कर्ष सिर्फ़ एक ही है : अगर वे कुरआन और उसकी शिक्षाओं को कुबूल करते हैं और अपने झूठे ईमान का खंडन करते हैं तो ठीक, वरना उनके ख़िलाफ़ भी तुम उसी तरह से लड़ो, जैसे कि तुम्हें दूसरे काफ़िरों के साथ लड़ना चाहिए। तुम्हें उनके ख़िलाफ़ तब तक लड़ते रहना चाहिए जब तक वे हार नहीं जाते और यह नहीं मान लेते कि वे हार गए हैं। ये बातें किसी आलिम ने नहीं बल्कि ख़ुद अल्लाह ने कही हैं।

अल्लाह घोषित करता है, "जो (कुरआन पर) ईमान लाते हैं चाहे वे यहूदियों (के ग्रंथों) का अनुकरण करते हैं या वे ईसाई और 'साबिई' हैं, जो भी अल्लाह और

कियामत के दिन पर ईमान लाते हैं और सदकर्म करते हैं उन्हें अपना प्रतिदान 'रब' से प्राप्त होगा। उनके लिए न तो कोई भय होगा और न वे दुःखी होंगे।" (कुरआन 2.62 और 5.72) लेकिन अगर वे कुरआन और उसकी शिक्षाओं पर ईमान नहीं लाते, अर्थात् अगर वे ईसाइयत को त्याग कर मुसलमान नहीं बनते तो :

जो न तो अल्लाह पर ईमान लाते हैं
और न कियामत के दिन पर
और न उसे हराम मानते हैं, जिसे
अल्लाह और उसके रसूल ने हराम
ठहराया है और न सच्चे 'दीन' को
अपना दीन बनाते हैं (फिर चाहे वे)
किताब वाले भी क्यों न हों,
उन से लड़ो, तब तक जब तक
कि वे ख़ुद ही हार मान कर
और अपने आपको हारा हुआ महसूस कर,
अपने आप जिज़िया अदा नहीं करते। (कुरआन 9.29)

यह मुफ़्ती किफ़ायतुल्लाह या मौलाना अहमद रज़ा ख़ान का नहीं, बल्कि ख़ुद अल्लाह का हुक्म है।

और क्या ऐसे लोग अल्लाह के कहे पर ध्यान देंगे? इसके विपरीत अल्लाह यह घोषित करता है : इसी बात से, कि इलहाम तुम्हें, रसूल और मोमिनों को भेजा गया है, वे लोग अपने काफ़िराना विश्वासों और तुम लोगों का विरोध करने में और भी जिद्द पकड़ लेंगे। अल्लाह घोषित करता है :

कह दो : ऐ किताब वालो
तुम्हारे पास कोई बुनियाद नहीं है
जिस पर तुम टिक सको,
जब तक तुम (अल्लाह के) कानून को,
इंजील को, और जो कुछ तुम्हारे
रब की तरफ से तुम पर उतारा गया है
उसको नहीं मानते
लेकिन दर असल
(हे नबी) तुम्हारे रब की तरफ़ से
तुम पर जो उतारा गया है
वह अवश्य ही इनमें बहुतों की सरकशी (विद्रोह)
और कुफ़्र को और अधिक बढ़ावा देने वाला है
लेकिन तुम (इन) काफ़िर लोगों के लिए
अफ़सोस मत करना। (कुरआन 5.69)

इस प्रकार ईसाई दूसरे काफ़िरों से बहतर नहीं हैं और मोमिनों के पास कोई और चारा ही नहीं है सिवाय इसके कि वे उनके ख़िलाफ़ लड़ें, उसी तरह से जैसे वे दूसरे काफ़िरों के खिलाफ़ लड़ते हैं। और यह अल्लाह की सोच है, किसी आलिम की नहीं।

कुरआन चेतावनी देता है, "अगर वे तुम पर हावी हो जाएँ तो वे तुमसे दुश्मनों का सा व्यवहार करेंगे और तकलीफ़ देने के लिए अपने हाथ और अपनी जुबान चलाएँगे और वे चाहते हैं कि तुम सत्य को ठुकरा दो। (कुरआन 60.2) इसलिए हे ईमान वालो, तुम मेरे दुश्मनों और अपने दुश्मनों को प्यार देकर उन्हें अपना दोस्त मत बनाओ क्योंकि वे उस सत्य को जो तुम्हारे पास आया है ठुकरा चुके हैं और (उसके विपरीत) वे रसूल को और तुम्हें भी (तुम्हारे घरों से) निकाल चुके हैं, (सिर्फ़) इसलिए क्योंकि तुम अपने अल्लाह पर ईमान लाते हो......" उनके साथ प्यार (और दोस्ती) की गुप्त बातचीत करके "उन्हें अपना दोस्त मत बनाओ : क्योंकि तुम जो कुछ छिपाते हो और जो कुछ प्रकट करते हो उस सब कुछ को मैं जानता हूँ। और तुममें से जो कोई भी ऐसा करता है वह निश्चय ही मार्ग से भटक जाता है।" (कुरआन 60.1) अल्लाह फिर चेतावनी देता हे, "ऐ ईमान लाने वालो, ऐसे लोगों को अपना दोस्त मत बनाओ, जिस पर अल्लाह का प्रकोप हुआ है। वे आखिरत की तरफ़ से निराश हो चुके हैं, जैसे कब्र में (दफनाए गए) काफ़िर निराश हो चुके हैं।" (कुरआन 60.13) मोमिनों को, मोमिनों की बजाए काफ़िरों को दोस्त बनाने से क्या मिलता है। अल्लाह पूछता है, "क्या काफ़िरों के यहाँ वे इज़्ज़त ढूँढते हैं?" अर्थात् काफ़िरों को दोस्त बनाने से उन्हें कोई आध्यात्मिक लाभ होने वाला नहीं है। तो फिर क्या वे काफ़िरों के यहाँ लौकिक लाभ ढूँढते हैं? अल्लाह पूछता है, और जवाब में कहता है : "नहीं, सारी इज़्ज़त तो सिर्फ़ अल्लाह के पास है।" (कुरआन 4.139) इस प्रकार काफ़िरों को अपना बनाकर मोमिनों को आख़िरत में नरकवास और इस दुनिया में अपमान के अलावा और कुछ हासिल होने वाला नहीं है।

उलमा हिंदुओं और अन्य काफ़िरों की अपने फ़तवों में जो तस्वीर पेश करते हैं उसका हम रोना रोते हैं—यह कि वे जन्मजात गलीज़ होते हैं और उनमें कोई सुधार नहीं हो सकता। लेकिन क्या यह बात केवल फ़तवों और दरुल मुख़्तर में ही कही गई है?

कुरआन में कहा गया है,

> ऐ ईमान लाने वालो। सचमुच
> काफ़िर ग़लीज़ होते हैं (कुरआन 9.28)

जिन मुसलमानों ने लोकमान्य तिलक की मृत्यु पर उनकी आत्मा की शांति के लिए प्रार्थना की थी, गाँधीजी द्वारा हिंदू मुस्लिम एकता के लिए अपना उपवास सही-सलामत पूरा कर लेने के बाद जिन मुसलमानों ने उनकी ज़िंदगी को बख़्श देने

के लिए अल्लाह का शुक्रिया अदा किया था और जिन्होंने यह दुआ की थी कि उनकी लंबी उम्र हो, उन मुसलमानों की जो भर्त्सना की गई थी, उसकी चर्चा चलने पर हम बग़लें झाँकने लगते हैं। लेकिन ख़ुद कुरआन में कहा गया है :

नबी के लिए
और ईमान वालों के लिए
यह उचित नहीं कि वे
काफ़िरों के लिए
क्षमा की प्रार्थना करें
चाहे वे उनके नातेदार ही क्यों न हों,
जब उन पर यह बात खुल गई है
कि वे भड़कती आग (जहन्नुम) वाले हैं। (कुरआन 9.113)

कुरआन में ही सच्चे मोमिनों के बारे में यह कहा गया है :

और (हे नबी!)
इनमें से जो कोई मरे
तुम कभी उस पर (जनाजे की) नमाज़
न पढ़ना और न उसकी कब्र पर खड़े होना।
निस्संदेह इन्होंने अल्लाह और
उसके रसूल के साथ
'कुफ्र' किया है और मरे तो ऐसी दशा में
जबकि वे घोर अवज्ञाकारी थे। (कुरआन 9.84)

जब उलमा हिंदुओं और उससे भी ज़्यादा बदतर बात यह कि हिंदुओं के देवी देवताओं के प्रति घृणाभाव व्यक्त करते हैं और उनका तिरस्कार करते हैं, तो हम बग़लें झाँकने लगते हैं। लेकिन यह बात तो ख़ुद कुरआन में कही गई है और बार बार कही गई है कि काफ़िरों और मुशरिकों के देवता झूठे हैं और वे 'जहन्नुम के ईंधन' के सिवाय और कुछ नहीं हैं—अर्थात् वे ऐसे हैं जो यातना में और भी वृद्धि कर देते हैं और इसी यातना को जहन्नुम में मुशरिकों को झेलना पड़ेगा :

वास्तव में तुम (काफ़िर)
और तुम्हारे (झूठे) देवता
जिनकी तुम अल्लाह के अलावा
पूजा करते हो
(केवल) जहन्नुम के ईंधन हो।
तुम (अवश्य ही) उसके घाट उतरोगे!
अगर ये इलाह (ख़ुदा, देवता) होते
तो वहाँ न जाते।

लेकिन वे सब हमेशा वहीं रहेंगे।
वहीं वे सिसकते रहेंगे
और उनको (और कुछ) सुनाई नहीं देगा (कुरआन 21.98-100)

जब मौलाना मुहम्मद अली कहते हैं "चाहे श्री गाँधी का चरित्र कितना भी पवित्र क्यों न हो, लेकिन धर्म की दृष्टि से वे मुझे किसी भी मुसलमान की तुलना में, चाहे वह चरित्रहीन भी क्यों न हो, निकृष्ट दिखाई देंगे," तो हमें विश्वास नहीं होता। लेकिन स्वयं अल्लाह ही अपने मोमिनों से कहते हैं :

लोगों में तुम सर्वश्रेष्ठ समुदाय हो
जिन्हें मानव जाति के लिए बनाया गया है
तुम भलाई का हुक्म देते हो
और बुराई से रोकते हो
और अल्लाह पर ईमान रखते हो
और यदि किताब वाले भी ईमान लाते तो
उनके लिए बहुत अच्छा होता।
उनमें से कुछ लोग ऐसे हैं, जो ईमान वाले हैं
लेकिन उनके अधिकतर लोग
घोर अवज्ञाकारी हैं। (कुरआन 3.110)

और बेचारे गाँधीजी तो किताब वाले लोगों में से भी नहीं थे। जब मौलाना अहमद रज़ा ख़ान यह कहते हैं कि काफ़िर चाहे कितनी भी अच्छाई कर ले वह अल्लाह को कुबूल नहीं होती, तो हमें एतबार नहीं आता। लेकिन जो लोग "देवताओं को अल्लाह के साथ मिला देते हैं" उनके बारे में ख़ुद अल्लाह कहता है कि ऐसे लोग मुशरिक हैं—और हिंदू निश्चित रूप से मुशरिक हैं :

ऐसे लोगों का किया-धरा
सब अकारथ जाता है
वे (सदा) आग (जहन्नुम) में रहेंगे (कुरआन 9.17)

और यह भी :

वे!
उनका किया-धरा
सब अकारथ जाता है
इस दुनिया में भी और आख़िरत में भी,
और वे खो देंगे
(सारी आध्यात्मिक अच्छाई) (कुरआन 9.69)

और आगे यह भी :

तो क्या इन लोगों ने
जिन्होंने कुफ़्र किया है,
यही समझ रखा है कि मेरे सिवा
मेरे बंदों को ये हिमायती बना लेंगे?
हमने काफ़िरों की आवभगत के लिए
जहन्नुम तैयार कर रखा है।
कह दो : क्या हम तुम्हें ऐसे लोगों की खबर दें,
जो किये-धरे में सबसे ज़्यादा
घाटा उठाने वाले हैं?
वे जिनका सांसारिक जीवन में
किया गया प्रयास व्यर्थ होकर रह गया
और वे समझते हैं कि अच्छा कर्म कर रहे हैं?
ये वे लोग हैं, जिन्होंने अपने रब की आयतों
को नकार दिया है और इस बात को भी कि
उन्हें (आख़िरत में) अपने रब से मिलना पड़ेगा?
उनका किया-धरा अकारथ जाएगा
और न ही हम कियामत के दिन
उनको कोई महत्व देंगे।
यह है उनका प्रतिफल, जहन्नुम
इसलिए, क्योंकि उन्होंने
ईमान को ठुकरा दिया और मेरी आयतों
और मेरे रसूलों की हँसी उड़ाई (कुरआन 18.102-6)

और आगे यह भी :

तबाही है झूठ फैलाने वाले
हर गुनहगार की
जो अल्लाह की आयतों को सुनता है
जिसे ये आयतें सुनाई जाती हैं
फिर भी वह पूरे गर्व से (अपने कुफ़्र पर)
अड़ा रहता है, मानो उसने उनको सुना ही नहीं
तो ऐसे व्यक्ति को कष्टदायक दंड की
सूचना दे दो।
और जब वह हमारी आयतों में से
कुछ जान लेता है तो उसकी

हँसी उड़ाने लगता है
ऐसे लोगों के लिए अपमानजनक दंड है।
उनके सामने जहन्नुम है।
जो कुछ उन्होंने कमाया
उसमें से कुछ भी उनके काम न आएगा
और न वे उनके काम आएँगे जिनको उन्होंने
अल्लाह के सिवा वली (संरक्षक मित्र) बना रखा है
वे भीषण यातना के भागी हैं। (कुरआन 45.7-10)

और आगे नौंवी बार—

ऐ ईमान लाने वालो
अगर तुम अल्लाह (के प्रयोजन में)
मदद करोगे, तो वह तुम्हारी
मदद करेगा और तुम्हारे कदमों को जमा देगा
लेकिन जो अल्लाह को नकार देते हैं
उनके लिए बरबादी है
और अल्लाह उनके कार्यों को
लक्ष्य सिद्धि प्रदान नहीं करेगा।
यह इसलिए क्योंकि उन्होंने
अल्लाह के इलहाम से नफ़रत की।
इसलिए अल्लाह ने उनका किया-धरा
बेकार कर दिया।
क्या धरती पर इधर से उधर
आना जाना नहीं हुआ
कि वे देख पाते कि उन लोगों का क्या परिणाम हुआ
जो इनसे पहले थे
(और जिन्होंने बुरे काम किए थे)?
अल्लाह ने उन पर तबाही बरपा कर दी
और अल्लाह को न मानने वालों के लिए
ऐसी ही सज़ा होती है।
यह इसलिए क्योंकि अल्लाह
उन लोगों का करता-धरता है
जो ईमान लाते हैं। और जो
अल्लाह पर ईमान नहीं लाते
उनका कोई करता-धरता नहीं होता। (कुरआन 47.7-11)

स्वयं हज़रत आयशा से संबंधित एक लिखित प्रमाण से हमें यह जानने को मिलता है कि जब उन्होंने पैग़म्बर साहिब से पूछा कि क्या उसके एक रिश्तेदार द्वारा किए गए अच्छे कामों जैसे—ग़रीबों को खाना खिलाना आदि—किसी काम का उसे फ़ायदा पहुँचेगा तो क्या इस पर पैग़म्बर साहिब ने यह नहीं कहा था कि "उसके किसी काम का उसे फ़ायदा नहीं पहुँचेगा क्योंकि उसने ऐसा कभी नहीं कहा, 'ऐ मेरे रब कियामत के दिन मेरे गुनाहों को माफ़ कर देना?' क्या पैग़म्बर साहिब ने यह नहीं कहा है कि केवल मोमिन ही जन्नत में दाख़िल हो सकेंगे।[2]

तो फिर जब उलमा यह कहते हैं कि किसी काफ़िर द्वारा किया गया भलाई का कोई काम, किसी गाँधी या किसी रामकृष्ण परमहंस या किसी रमन महर्षि द्वारा किया गया कोई भी भलाई का काम अल्लाह को कुबूल नहीं है, तो क्या वे अपनी तरफ़ से गढ़कर ऐसा कुछ कहते हैं?

क्या उलमा को दोहरे मानदंड अपनाने के लिए दोषी ठहराया जा सकता है जब ख़ुद अल्लाह ऐसा कहता है :

"जो लोग चाहते हैं कि ईमान लाने वालों के विरुद्ध मिथ्यावाद फैले उनके लिए दुनिया और आख़िरत में कष्टकर यातना है।" (कुरआन 24.19)

यह किसी ऐसे वैसे आलिम ने नहीं बल्कि पैग़म्बर ने घोषित किया है, "जो इस दुनिया में दूसरों के दोषों को ढकता है कियामत के दिन अल्लाह उसके दोषों को ढकेगा।"[3] यह देवबंद के किसी स्नातक ने नहीं बल्कि स्वयं पैग़म्बर साहिब ने कहा है, "जो आदमी किसी ऐसी चीज को देख लेता है, जो छिपा कर रखनी चाहिए, और उसको छिपा लेता है वह ऐसे व्यक्ति की तरह है जो किसी ज़िंदा दफ़न की गई लड़की को जीवन दान दे देता है।"[4]

यह किसी ऐसे-वैसे आलिम ने नहीं बल्कि पैग़म्बर साहिब ने कहा है कि मुसलमान के बरअक्स काफ़िर जन्म से ही धनलोलुप होता है।

"एक मुसलमान खाता है एक अंतड़ी की भूख मिटाने के लिए (थोड़ा सा भोजन करके संतुष्ट हो जाता है) और एक काफ़िर या पाखंडी खाता है सात अंतड़ी की भूख मिटाने के लिए (बहुत ज़्यादा खाता है)।"[5] इस्लाम धर्म का यह एक नियम है कि यदि एक मुसलमान किसी काफ़िर की हत्या करता है तो उसके लिए उस की हत्या नहीं की जाएगी। इस नियम का उद्गम किसी पुरानी पड़ चुकी और आसानी से बदली जा सकने वाली किताब से नहीं, बल्कि स्वयं पैगम्बर साहब से हुआ है।[6]

क्या यह बात ख़ुद पैग़म्बर साहिब ने नहीं कही थी, कि शिर्क घोरतम पाप है, यह आपके अपने बच्चे की हत्या करने से भी बदतर है, यह आपके पड़ोसी की बीवी के साथ आपके द्वारा व्यभिचार करने से भी बदतर है! क्योंकि व्यभिचार करने की सज़ा ही, पत्थर मार कर मार देने की है तो फिर उससे इतने अधिक गंभीरतर पाप की उपयुक्त सज़ा क्या है?

जितनी बेशर्मी से उलमा मोमिनों और काफ़िरों के बीच दोहरे मानदंडों का इस्तेमाल करते हैं और जिस तरह से वे काफ़िरों को ग़लीज़ और मोमिनों को पाक बताते हैं—चाहे वे मरे हुए हों या ज़िंदा, और जिन्हें वे अपनी धार्मिक प्रथाएँ बताते हैं उनमें ज़रा सी भी जब कोई बाधा आती है तो उस पर वे जिस तरह से चीख पुकार करते हैं, लेकिन उसके साथ ही वे जिस तरह से अरब के शासकों द्वारा काफ़िरों को वहाँ से बाहर निकाले जाने को सही बताते हैं—सही ही नहीं, बल्कि इस्लाम इतर धर्मों से जुड़ी प्रथाओं पर निषेध लगाने को वे जिस तरह से इस्लामी राज्यों के शासकों का कर्त्तव्य बताते हैं और जिस निश्चय के साथ वे यह कहते हैं कि गुनहगार मुसलमान का दंड केवल आरज़ी होगा जबकि हर काफ़िर हमेशा-हमेशा के लिए जहन्नुम की आग में भुनता रहेगा, उसे देखते हुए हमें हैरानी होती है।

लेकिन यह बात किसी ऐसे-वैसे आलिम ने नहीं बल्कि अल्लाह ने घोषित की है कि काफ़िर जन्म से ही ग़लीज़ होते हैं और यह बात पैग़म्बर साहिब ने कही है कि मुसलमान कभी नापाक नहीं होता।[8] यह बात भी किसी ऐसे-वैसे आलिम ने नहीं बल्कि स्वयं अल्लाह ने घोषित की है कि इस्लाम का प्रचार हर कहीं किया जाए और पैग़म्बर साहिब ने यह घोषित किया है कि सभी मुशरिकों को अरब से निकाल बाहर किया जाए।[9] और यह पैग़म्बर साहिब ने घोषित किया है कि जिन ईसाइयों और यहूदियों को जन्नत में जगह मिली होगी उन्हें वहाँ से निकाल कर और उन्हें जहन्नुम में भेजकर अल्लाह हर मुसलमान के लिए जन्नत में जगह बनाएगा। और यह भी पैग़म्बर साहिब ने कहा है, "जब मुर्दों को जिंदा करने का दिन आएगा तो अल्लाह हर एक मुसलमान को एक यहूदी या ईसाई सौंपते हुए कहेगा यह तुम्हारा जहन्नुम की आग से बचाव है।" और यह बात भी पैग़म्बर साहिब ने कही है, "कोई मुसलमान मरेगा नहीं, बल्कि अल्लाह उसकी जगह एक यहूदी या एक ईसाई को जहन्नुम की आग के हवाले कर देगा।" यह भी पैग़म्बर साहिब ने कहा है, "मुर्दों को ज़लाने के दिन मुसलमानों में से भी कुछ ऐसे लोग आएँगे जिनके गुनाह पहाड़ जितने भारी होंगे। लेकिन अल्लाह उन्हें माफ़ कर देगा और उनकी बजाए यहूदियों और ईसाइयों को वहाँ भेज देगा।"[10]

हमें उलमा के उन फ़तवों से विरक्ति हो उठी थी जिनमें मुसलमानों को डाँट कर यह कहा गया था, कि वे यह गाँठ बाँध लें कि एक दूसरे से मिलने पर कहे जाने वाले दुआ सलाम जैसे मामूली से मामले में भी, उन्हें काफ़िरों को नीचा दिखाना है। लेकिन यह बात किसी आम आलिम ने नहीं कही है, बल्कि यह ख़ुद पैग़म्बर साहिब का फ़रमान है, "यहूदियों और ईसाइयों द्वारा सलाम किए जाने से पहले तुम उन्हें सलाम मत करो और तुम जब उनमें से किसी से भी रास्ते पर मिलो तो उसे कम से कम जगह पर चलने के लिए मजबूर कर दो।"[11]

और न ही यह बात सांयोगिक है, कि ये काफ़िर सत्य को ठुकरा देते हैं और

वे झूठे देवताओं पर अपना ईमान लाते हैं। अल्लाह कहता है कि उसने ख़ुद ही उन्हें पथभ्रष्ट कर दिया है। कोई भी—कोई मोमिन, कोई पैग़म्बर, यहाँ तक कि रसूल भी उनकी मदद नहीं कर सकता। दरअसल अल्लाह कहता है कि उसने जानबूझ कर उन्हें हठधर्मी, कुफ्र, षड्यंत्र और धोखेबाजी के दुर्गणों से भरपूर करके मोमिनों के रास्तों में बाधा बनाकर खड़ा कर दिया है ताकि मोमिनों को आज़माया जा सके। व्यावहारिक रूप से इसका केवल एक निष्कर्ष हो सकता है : मोमिनों को उनके ख़िलाफ़ लड़ना है और लाज़िमी तौर पर लड़ना होगा—तब तक, जब तक कि काफ़िर पराजय स्वीकार नहीं कर लेते और इस्लाम का शासन स्थापित नहीं हो जाता या उन्हें खदेड़ कर इस्लाम अपना शासन कायम नहीं कर लेता। "जिन्हें अल्लाह ने पथभ्रष्ट कर दिया है क्या तुम उनका मार्गदर्शन करोगे?" अल्लाह पूछता है, "जिसे अल्लाह पथभ्रष्ट कर दे, उसके लिए तुम कभी रास्ता नहीं ढूँढ सकते।" (कुरआन, 4.88) "और जिन्हें अल्लाह पथभ्रष्ट करके छोड़ देता है, उनका मार्गदर्शन कोई नहीं कर सकता," अल्लाह इस बात को दोबारा दोहराता है। (कुरआन 13.33)

और आगे यह भी :

जिसका अल्लाह मार्गदर्शन करता है
वही सही मार्ग पा सकता है
और जिसे वह भटका दे,
ऐसे लोगों के लिए उसके (अल्लाह के)
सिवाय तुझे कोई संरक्षक-मित्र
नहीं मिल सकता। कियामत के दिन
हम उन्हें औंधे मुँह इस दशा में
घसीट लाएँगे, कि वे अँधे और गूँगे
और बहरे होंगे। उनका ठिकाना
जहन्नुम होगा। जब कभी (जहन्नुम की आँच)
धीमी होने लगेगी हम उसे उनके लिए
और अधिक दहका देंगे।
यह उनका बदला है
क्योंकि उन्होंने आयतों के साथ कुफ्र किया है (कुरआन 17.97, 98)

आगे यह भी :

मैं तो केवल इलहाम के अनुसार
तुम्हें चेतावनी देता हूँ
लेकिन बहरे पुकार को
सुनते नहीं, चाहे उन्हें
सचेत भी क्यों न किया जाए (कुरआन 21.45)

और आगे यह भी :

क्या अल्लाह के सिवा कोई और
इनका इलहा (देवता) है?
जो कुछ शिर्क ये करते हैं
वह अल्लाह की महिमा के
प्रतिकूल है!
और यदि ये आकाश का
कोई टुकड़ा गिरता हुआ देखें,
तो कहेंगे : ऊपर नीचे जमा हुआ
घना बादल है!
तो इन्हें छोड़ो, उस दिन तक
जबकि इनका उस दिन से
सामना हो, जिस दिन
वे (मजबूर होकर)
भय से बेहोश हो जाएँगे।
जिस दिन इनका दाँव
इनके काम न आएगा
और न इन्हें सहायता मिलेगी। (कुरआन 52.43-46)

और आगे यह भी :

वे (चेतावनी की) उपेक्षा कर देते हैं
और अपनी इच्छाओं पर चलते हैं
लेकिन हर काम अपने समय पर
होकर रहता है।
इन लोगों के पास ऐसी खबरें
आ चुकी हैं, जिनमें ऐसा
(बहुत कुछ है) जो (उन्हें)
रोक पाए।
भरपूर तत्वदर्शिता है, लेकिन
चेतावनी देने वालों (का उपदेश)
कोई काम नहीं दे रहा है
तो तुम उनसे किनारा खींच लो
जिस दिन बुलाने वाला (उन्हें)
किसी अनिष्ट चीज़ की ओर
बुलाएगा, तो वे आएँगे

और उनकी निगाहें झुकी होंगी
अपनी कब्रों से निकल रहे होंगे (निर्जीव)
जैसे बिखरी हुई टिड्डियाँ हों
और अपनी आँखों को, बुलाने वाले पर
गड़ाए हुए, वे उसकी ओर लपके जा रहे होंगे।
काफ़िर कहेंगे, यह बड़ा कठिन दिन है। (कुरआन 54.3-8)

संक्षेप में काफ़िरों, विधर्मियों और पाखंडियों को अल्लाह द्वारा कुफ़्र के रास्ते पर डाल दिया गया है, जिसकी वजह से उन्हें नरक की यातना झेलनी पड़ेगी। वे सत्य की परवाह करने वाले नहीं हैं। वे हमेशा ग़लती के रास्ते पर चलते रहेंगे। बल्कि जैसा हमने पहले देखा है, अल्लाह द्वारा रसूल के माध्यम से इलहाम दिया गया है और रसूल के माध्यम से वह मोमिनों तक पहुँचा है। इस इलहाम की वजह से काफ़िर विधर्मी और पाखंडी अपने विद्रोह और अपने कुफ़्र में और भी दुराग्रही होते चले जाएँगे।

इसलिए अल्लाह की सलाह का एक यह भी हिस्सा है, उन्हें अपनी नियति पर छोड़ दो, न तो अपने प्रयास और न अपनी आहें उन पर व्यर्थ करो। मैं उन्हें इकट्ठा करके धधकती हुई आग में फैंकने जा रहा हूँ, मैं उन्हें इस आग में भून दूँगा। तब वे चीख-चीख़ कर कहेंगे कि उन्होंने ग़लती की है और वे इलहाम को कुबूल करते हैं—अल्लाह इस बात को बार बार दोहराता है—लेकिन इस बीच काफ़िरों के लिए काफ़ी देर हो चुकी होगी। उन्हें हमेशा के लिए यातना झेलनी पड़ेगी।

लेकिन यह सलाह का केवल एक हिस्सा है। अल्लाह यह घोषित करता है कि उनमें से किसी को अपना मित्र मत बनाओ, जब तक कि वह अल्लाह के रास्ते को नहीं अपनाता। लेकिन अगर वे स्वधर्म त्याग देते हैं, तो वे तुम्हें जहाँ कहीं दिखाई दें उन्हें पकड़ कर उनकी हत्या कर डालो। (कुरआन 4.89) उनमें से कुछ ऐसे भी होंगे जो तुम्हारा और तुम्हारे लोगों का विश्वास जीतना चाहेंगे—अल्लाह चेतावनी देता है। अल्लाह आगे यह हुक्म देता है "अगर वे तुमसे बाज़ न आएँ और अपने हाथ को रोककर तुम्हें शांति का (आश्वासन) न दें, तो वे तुम्हें जहाँ कहीं मिलें, उन्हें पकड़ कर उनका वध कर दो।" (कुरआन 4.91)

इस प्रकार आदेश बहुत सरल सा है : यदि काफ़िर इस्लाम स्वीकार कर लेते हैं तो ठीक, उन्हें उनके पिछले कुफ़्र के लिए सज़ा मत दो, लेकिन अगर वे ऐसा नहीं करते, तो उनका वध करते चले जाओ जब तक कि हर जगह इस्लाम कायम नहीं हो जाता :

काफ़िरों से कह दो
यदि वे (कुफ़्र से) (अब भी) बाज़ आ जाते हैं
तो जो कुछ पहले हो चुका है उसके लिए उन्हें

क्षमा कर दिया जाएगा, लेकिन यदि वे
वही कुछ करना जारी रखते हैं, तो उनसे
पहले के लोगों को जो सज़ा दी गई थी
(वह उनके लिए एक चेतावनी है)।
और तुम तब तक उनसे लड़ते रहो
जब तक कि फितना (उपद्रव) या जुल्म
ख़त्म नहीं हो जाता और पूरी तरह से
हर कहीं न्याय और अल्लाह पर
ईमान कायम नहीं हो जाता।
लेकिन यदि वे अल्लाह पर ईमान
लाना बंद कर देते हैं, तो वास्तव में
अल्लाह उस सब कुछ को देख रहा
होता है, जो कुछ वे करते हैं।
अगर वे (अल्लाह से) मुँह मोड़ लेते हैं,
तो जान लो कि अल्लाह ही तुम्हारा रक्षक है।
वही तुम्हारी सबसे बहतर रक्षा करने वाला है
और सबसे बहतर सहायता करने वाला है। (कुरआन 8.38-40)

जो चार महीने की उन्मुक्ति—एक तरह की मोहलत, काफ़िरों को पैग़म्बर साहिब के पैग़ाम को कुबूल करने के लिए दी गई थी, उसके संदर्भ में अल्लाह कहता है, जो काफ़िर तुम्हारे सामने हार मान लेते हैं, जो अपने समझौतों और संधियों का सम्मान करते हैं, संक्षेप में जिनको बोध हो जाता है और जो तुम्हारे प्रति अपने दायित्वों को पूरी तरह से निभाते हैं, और उन काफ़िरों के बारे में जो उक्त अवधि बीत जाने पर भी अपने कुफ्र पर कायम रहते हैं, उनके साथ किया जाने वाला व्यवहार इस प्रकार होना चाहिए :

फिर जब हराम महीने बीत जाएँ,
तो मुशरिकों को जहाँ कहीं पाओ,
कत्ल कर दो, उन्हें पकड़ो, उन्हें घेरो
और (जंग में), हर घात की जगह
उनकी ताक में बैठो। फिर यदि
वे तौबा कर लें और नमाज़ कायम
करें और ज़कात दें, तो उनका मार्ग छोड़ दो....... (कुरआन 9.5)

यह सलाह दोबारा दी गई है : अगर वे तौबा कर लें, और नमाज़ और ज़कात कायम करें, तो उन्हें माफ़ कर दो, अगर वे ऐसा नहीं करते तो उन्हें पकड़ो, उन्हें घेरो और उन्हें कत्ल कर दो। लेकिन उनका अपनी प्रतिबद्धताओं को पूरा कर पाना

असंभव सा दिखाई देता है :

इन मुशरिकों के लिए अल्लाह
और उसके रसूल के साथ कोई संधि
कैसे हो सकती है, सिवाय उन लोगों के
जिनके साथ तुमने 'मस्जिदे हराम' (काबा)
के पास संधि की थी? तो जब तक वे
तुम्हारे साथ सीधे रहें, तुम भी उनके साथ
सीधे रहो, क्योंकि अल्लाह उन लोगों
से प्रेम करता है जो धर्मपरायण हैं।
कैसे (यह संधि हो सकती है) जब कि यदि
उन्हें तुम पर अधिकार प्राप्त हो जाए, तो न वे
तुम्हारे बारे में किसी नाते रिश्ते की परवा करें
और न किसी प्रतिज्ञा की? वे तुम्हें अपने
मुँह से तो राज़ी करते हैं, परन्तु उनके
दिल इंकार करते हैं। और उनमें अधिकतर लोग
अवज्ञाकारी और दुष्ट हैं।
उन्होंने अल्लाह की आयतों के बदले
थोड़े मूल्य (सांसारिक) का सौदा किया
और (बहुत सों) को उन्होंने अल्लाह के मार्ग
से रोका है। निश्चय ही उन्होंने जो कुछ
किया है, वह बुरा काम किया है (कुरआन 9.7-9)

और आगे यह भी :

ऐ नबी, काफ़िरों और मुनाफ़िकों (पाखंडियों)
से जिहाद करो! और उनके साथ सख़्ती से
पेश आओ। उनका ठिकाना जहन्नुम है और
वह क्या बुरा ठिकाना है! (कुरआन 9.73)

और अल्लाह ने बिना कारण के इन काफ़िरों को मोमिनों के रास्ते में नहीं डाला है :

इसलिए जब कुफ्र करने वालों से
तुम्हारी मुठभेड़ हो तो उनकी
गरदनों पर वार करना और यहाँ
तक कि जब तुम उन्हें कुचल चुको
तो उन्हें बँधनों से जकड़ दो।
उसके बाद (समय होता है) या तो

उदारतापूर्वक एहसास करने का या
फ़िदया (रक्षा शुल्क) लेने का
यहाँ तक कि लड़ाई भी अपने हथियार
डाल दे (तुम्हारे लिए यह आदेश है)।
यह बात अलग है कि यदि अल्लाह चाहता
तो उनसे बदला ले लेता
लेकिन (वह तुम लोगों को लड़ने देता है)
एक दूसरे के द्वारा परीक्षा करने के लिए
लेकिन जो लोग अल्लाह के मार्ग में
मारे गए हैं वह उनके कर्मों को कदापि
अकारथ नहीं जाने देगा।
वह जल्द ही उन्हें मार्ग दिखाएगा
और उनके चित्त को शांत करेगा
और उन्हें जन्नत में दाख़िल करेगा
जो कि उसने उनके लिए
पहले ही घोषित कर दिया है (कुरआन 47.4-6)

इसलिए अल्लाह घोषित करता है :

युद्ध तुम्हारे लिए निर्धारित किया गया है
और तुम उसको नापसंद करते हो
लेकिन ऐसा हो सकता है
कि एक चीज़ तुम्हें बुरी लगे
और वह तुम्हारे लिए अच्छी हो
और हो सकता है कि एक चीज़ तुम्हें प्रिय हो
और वह तुम्हारे लिए बुरी हो।
लेकिन यह बात अल्लाह जानता है
और तुम नहीं जानते हो। (कुरआन 2.216)

और इसलिए

निकल पड़ो, चाहे हल्के हो या बोझल
और अपने मालों और अपनी जानों के साथ
अल्लाह के मार्ग में जिहाद करो
यह तुम्हारे लिए अच्छा है, (लेकिन) यदि तुम जानो तो।
(कुरआन 9.41)

काफ़िरों और पाखंडियों और विधर्मियों को धर पकड़ने, घेरने और उन्हें मार डालने के ये आदेश; उनकी बुरी मंशा संबंधी घोषणाएँ; जो लोग अल्लाह और इस्लाम

के दुश्मनों के खिलाफ़ लड़ते हुए मर जाते हैं उनके लिए जन्नत के वे वादे—ये सब उलमा के फ़रमान, जायज़े और वादे नहीं हैं, उन्हें किन्हीं छोटी-मोटी किताबों से संकलित नहीं किया गया है। ये स्वयं अल्लाह के आदेश, जायज़े और वादे हैं जो कि उसके द्वारा स्वयं कुरआन में निर्धारित किए गए हैं।

इमाम बुख़ारी, इमाम मुस्लिम और हदीस के अन्य संकलनकर्ताओं ने पूरी की पूरी किताबें यह उल्लेख करने में खर्च कर दी हैं कि रसूले-अल्लाह इन आदेशों का पालन कैसे किया करते थे। इस प्रकार आदेशों को दो-दो बार दोहराकर पुष्टि की गई है। इस प्रकार हम पैग़म्बर साहिब को यह घोषित करते हुए सुनते हैं, "अल्लाह की राह में जिहाद! अल्लाह की राह में जिहाद जन्नत में आदमी को सौ दर्जे (ऊँचा) उठा देता है और एक और दूसरे दर्जे के बीच की उन्नति ज़मीन से आसमान तक की ऊँचाई के बराबर है....."[12] वे घोषित करते हैं, "अल्लाह की राह में लड़कर मारा जाना, फिर लड़कर फिर मारा जाना, फिर लड़कर फिर मारा जाना मुझे प्रिय है।"[13] वे यह भी घोषित करते हैं कि यदि उनके पास ज़रिए होते या स्वयं साथी मोमिनों के पास ज़रिए होते तो वे सबको जिहाद के लिए सन्नद्ध कर देते। पैग़म्बर साहिब से पूछा जाता है, "आदमियों में सबसे अच्छा कौन होता है?" इसके जवाब में वे निश्चयपूर्वक कहते हैं, "जो अपनी धन दौलत ख़र्च करके और अपनी ज़िंदगी को दाँव पर लगाकर अल्लाह की राह में लड़ाई करता है।"[14] हदीस में अल्लाह को यह कहते बताया गया है कि काफ़िर को पहुँचाई गई हर चोट मोमिन के खाते में एक सराहनीय कार्य की वृद्धि कर देती है।[15] हदीस में उल्लेख किया गया है, "एक आदमी रसूले अल्लाह के पास आकर बोला, मुझे कोई ऐसा काम सिखाइए जो (प्रतिफल की दृष्टि से) जिहाद के बराबर हो।" इस पर रसूल ने जवाब दिया, "मुझे ऐसा कोई काम दिखाई नहीं देता।"

इस्लाम के विरोधियों के ख़िलाफ़ हमेशा, हमेशा के लिए जिहाद जारी रखने का आदेश दिया गया है। पैग़म्बर साहिब घोषित करते हैं, "मेरी उम्मत का एक तबका अपने हक के लिए लड़कर अपने विरोधियों पर विजय प्राप्त करेगा और यह सिलसिला उम्मत के आख़िरी तबके की ईसामसीह विरोधियों के साथ लड़ाई होने तक चलता रहेगा।"[17] ख़ास तौर पर मुशरिकों के ख़िलाफ़ तब तक लड़ाई जारी रखी जानी है, जब तक कि वे हार मान कर इस्लाम कुबूल नहीं कर लेते। पैग़म्बर साहिब फरमाते हैं, "मुझे तब तक मुशरिकों (वैकल्पिक विवरण में 'आदमियों') के ख़िलाफ़ लड़ते रहने का आदेश है, जब तक कि वे यह गवाही नहीं दे देते कि अल्लाह को छोड़कर कोई देवता नहीं है और मुहम्मद अल्लाह का नौकर और अल्लाह का रसूल है और जब तक वे हमारे किबला की तरफ़ (नमाज़ की दिशा) मुँह नहीं करते और हमारा ज़िबह किया हुआ नहीं खाते और हमारी तरह से नमाज़ नहीं पढ़ते। जब वे ऐसा करने लगेंगे तब उनकी ज़िंदगी और जायदाद हमारे लिए हराम है सिवाय

उसके जो उनकी तरफ़ से देय होगा। उनके भी वही अधिकार होंगे, जोकि मुसलमानों के हैं और उनकी भी वही जिम्मेदारियाँ होंगी जोकि मुसलमानों की होंगी।"[18] जो आदमी काफ़िर का कत्ल करता है, यहाँ तक कि जो घायल काफ़िर का भी कत्ल करता है उसे वे सब चीज़ें अपने पास रखने का हक होगा जो उसे उस आदमी से हासिल हुई हैं जिसका उसने कत्ल किया है। ऐसे लूट के माल पर पाँचवें हिस्से की कटौती नहीं की जाएगी जो कि सामान्यतः रस्मी तौर पर आम लूट के माल में से की जाती है। बल्कि उसके अलावा उसे सामान्य लूट में से भी हिस्सा मिलेगा।[19]

कुरआन और हदीस में, जिहाद से हासिल होने वाले प्रतिफल का प्रभावशाली वर्णन किया गया है। इस दुनिया में लूट का माल (ऐसा लगता है कि उस समय लूट का माल कानूनी तौर पर जायज़ नहीं माना जाता था, अल्लाह और पैग़म्बर साहिब ने उसे जायज़ करार दे दिया) और अगली दुनिया में जन्नत। अल्लाह घोषित करता है, "अल्लाह ने ईमान वालों से उनके प्राणों और उनके मालों को ख़रीद लिया है। उसके बदले में उन्हें जन्नत मिली है। वे अल्लाह की राह में लड़ते हैं, तो वे मारते भी हैं और मारे भी जाते हैं। यह अल्लाह के जिम्मे (जन्नत का) एक पक्का वादा है, तौरात, और इंजील, और कुरआन में। और अल्लाह से बढ़कर अपने वादे को पूरा करने वाला और कौन हो सकता है? तुमने अल्लाह से जो सौदा किया है, उस पर ख़ुशी मनाओ और यही सबसे बड़ी उपलब्धि है।" (कुरआन 19.111)

और फिर

ऐ ईमान वालो!
क्या मैं तुम्हें ऐसा सौदा बताऊँ
जो तुम्हें एक दुःख भरी
यातना से बचा ले?
तुम अल्लाह और उसके रसूल पर
ईमान रखो, और तुम अल्लाह की राह
पर (भरपूर) जिहाद करो, अपने
मालों और अपनी जानों को लगाकर
यदि तुम ज्ञान रखते हो, तो
यही तुम्हारे लिए उत्तम है!
वह तुम्हारे गुनाहों को माफ़ कर देगा
और तुम्हें ऐसे बाग़ों में दाख़िल करेगा
जिनके नीचे नहरें बह रही होंगी
और वह दाख़िल करेगा, तुम्हें
ऐसी शानदार इमारतों में, जो
स्थित होंगी अनंत काल तक रहने

वाले बाग़ों में। यह वास्तव में
सबसे बड़ी उपलब्धि है
और दूसरा (एहसान जो वह
तुम पर करेगा) वह होगा, जिसकी
तुम चाह रखते हो—सहायता
अल्लाह की तरफ़ से, और जल्द
मिलने वाली विजय।
इसलिए ईमान वालों को
शुभ सूचना दे दो। (कुरआन 61.10-13)

पैग़म्बर साहिब ने जिहाद से हासिल होने वाली बरकतों का भी विषद् वर्णन किया है।

पैग़म्बर साहिब फ़रमाते हैं कि जिहाद में एक बार लड़ने पर भी जो प्रतिफल प्राप्त होते हैं वे इस सारी दुनिया और इसमें जो कुछ भी है उस सबसे बढ़कर होते हैं।[20] पैग़म्बर साहिब कहते हैं : जिस किसी को मरने पर आख़िरत में अल्लाह से कुछ भी अच्छा हासिल हो जाता है वह कभी भी इस दुनिया में लौट कर नहीं आना चाहेगा सिवाय बतौर उस आदमी के जो जिहाद में शहीद होता है, चाहे प्रलोभन के तौर पर उसे यह पूरी दुनिया और इसमें मौजूद सब चीजें भी क्यों न दे दी जाएँ। अल्लाह से उसे इतना अधिक सम्मान मिलेगा कि वह दुनिया में लौटना चाहेगा और जिहाद में दस बार कत्ल होना चाहेगा।[21]

वाकई कोई मोमिन जिहाद की दिशा में और उसके हिस्से के तौर पर जो कुछ भी करता है, उसके लिए उसे अल्लाह की तरफ़ से पुण्यफल मिलता है। चुनाचे हम पैग़म्बर साहिब को यह कहते हुए पाते हैं, "अगर कोई व्यक्ति अल्लाह पर अपने ईमान और अल्लाह के वादे पर अपने विश्वास से प्रेरित होकर अल्लाह के नाम पर यदि कोई घोड़ा रखता है, तो घोड़े ने जो कुछ खाया पिया होता है, उसके लिए और यहाँ तक कि घोड़े की लीद और पेशाब तक के लिए, हश्र के दिन उसे प्रतिफल मिलेगा।[22] चाहे किसी मुसलमान ने कितनी भी गलतियाँ की हों, यदि वह किसी काफ़िर की हत्या कर देता है तो वह अपने लिए इस बात का पक्का इंतज़ाम कर लेता है कि उसे जहन्नुम नसीब न हो क्योंकि 'काफ़िर को मारने का शर्फ़ (श्रेष्ठता)' नामक हदीस में पैग़म्बर साहिब कहते हैं, "एक काफ़िर और उस आदमी को जिसने उसका कत्ल किया था कभी एक साथ जहन्नुम में नहीं लाया जाएगा।"[23] जो आदमी जिहाद करते हुए, या जिहाद में लगी चोट के कारण बाद में मृत्यु को प्राप्त होता है वह शहीद होता है और उसे निश्चित रूप से जन्नत नसीब होती है।[24] हर शहीद को अपने सत्तर रिश्तेदारों तक के लिए अल्लाह के सामने मध्यस्थता करने की शक्ति प्राप्त हो जाती है।[25]

पैगंबर साहिब कहते हैं, "हर मरे हुए आदमी के कर्मों पर 'एक' मोहर लग जाती है, सिवाए उस आदमी के, जो कि अल्लाह की राह में मोर्चे पर होता है, क्योंकि उसके कर्मों में हश्र के दिन तक वृद्धि होने दी जाती है और वह कब्र की तकलीफ़ों से सुरक्षित हो जाएगा।"[26] पैग़म्बर साहिब आश्वासन देते हैं कि "जो मुसलमान अल्लाह की राह में लड़ता है उसे एक ऊंटनी के दो बार दूध निकाले जाने के वक़्फे (अर्थात् कम से कम समय) के लिए जन्नत ज़रूर नसीब होती है। जिसे जिहाद में कोई ज़ख़्म या चोट पहुँचती है वह हश्र के दिन तरोताज़ा पेश होगा, उसका रंग केसर जैसा होगा और उसकी खुशबू मुश्क जैसी।"[27] इसलिए पैग़म्बर साहिब एकदम स्पष्ट और सुनिश्चित फ़रमान देते हैं, "अपनी जायदादों, ज़िंदगियों और ज़ुबानों के साथ मुशरिकों से लड़ो।"[28]

क्योंकि यह कर्तव्य बहुत जबरदस्त है इसलिए हर साधन इस्तेमाल करने की अनुमति है। पैग़म्बर साहिब कहते हैं, "युद्ध एक छल-बल होता है, कपट होता है।"[29] चुनाचे आदमी इसमें झूठ बोल सकता है, सोते हुए दुश्मन को मार सकता है या उसे चालाकी से मार सकता है।[30]

फ़तवा-ए-आलमगीरी में जो कि हनफ़ी कानून के विशेषज्ञों की कृतियों से लिए गए सारांशों का एक महान संकलन है और जो कि औरंगज़ेब के आदेशों से संकलित किया गया था—यह कहा गया है कि जिहाद सबसे नेक पेशा है। अलबत्ता भारत में प्रायः जिस संकलन का सबसे अधिक सहारा लिया जाता है, वह है शेख बुरहन्नद्दीन अली (देहांत : 1198) की हिदायात। इसमें अल्लाह के इस फ़रमान को दोहराया गया है, "काफ़िरों का कत्ल कर दो" और पैग़म्बर साहिब के इन शब्दों की याद दिलाई गई है, "कियामत के दिन तक युद्ध स्थायी तौर पर ठन चुका है।"

इसमें जिहाद को रक्षात्मक हथियार बनाने के सारे बहाने को रद्द कर दिया गया है। इसमें कहा गया है, "तलवार को नष्ट करना काफ़िरों का काम है, हालांकि इस संबंध में धार्मिक लेखों के विभिन्न लेखांशों से जैसा कि प्रतीत होता है, हमला करने में वे भले ही पहल न भी करते हों।"

हिदायात में आगे कहा गया है, सामान्यतः काफ़िरों पर हमला करने से पहले उन्हें इस्लाम अपनाने का निमंत्रण दिया जाना चाहिए, "लेकिन यदि (मुसलमान) उन्हें इस प्रकार का निमंत्रण देने से पहले ही उन पर आक्रमण करके उन्हें मार डालते हैं और उनकी जायदाद पर कब्ज़ा कर लेते हैं, तो उसके लिए न तो कोई जुर्माना देना पड़ता है और न ही कोई प्रायश्चित करना पड़ता है और न ही कोई हर्जाना देना पड़ता है क्योंकि वह जो रक्षा करता है (अर्थात् इस्लाम) वह उनमें नहीं होता और न ही उन्हें स्थान (मुसलमान क्षेत्र) के आधार पर संरक्षण प्राप्त होता है।" लेकिन हत्या करने के निषेध मात्र से इस बात की मंजूरी नहीं मिल जाती कि काफ़िरों से ज़बरदस्ती जुर्माना या हर्जाना वसूल कर लिया जाए या संपत्ति हथिया ली जाए ठीक

उसी तरह से जैसे कि काफ़िरों की औरतों या बच्चों का वध करना मना है, लेकिन अगर कोई व्यक्ति उनका वध कर डाले तो उसे कोई जुर्माना अदा नहीं करना पड़ेगा।

यदि वे इस्लाम के सामने हार नहीं मानते या वे प्रतिव्यक्ति कर अदा नहीं करते तो अल्लाह का नाम लेकर :

तब मुसलमानों को अल्लाह की मदद से सभी प्रकार के युद्धोचित यंत्रों के साथ काफ़िरों पर हमला बोल देना चाहिए (जैसा कि पैगम्बर साहिब ने तईफ़ के लोगों के मामले में किया था) और उनके निवास स्थानों को आग लगा देनी चाहिए (उसी तरह से जैसे पैग़म्बर साहिब ने बावीरा को आग लगा दी थी) और जलमग्न कर देना चाहिए और उनके पेड़ पौधे उखाड़ फेंकने चाहिए और उनके अनाज को रौंद डालना चाहिए, क्योंकि ऐसे ज़रिए अपनाने से वे कमज़ोर पड़ जाएँगे और उनका दृढ़ संकल्प जवाब दे जाएगा और उनका बल टूट जाएगा। इसलिए शरीअत के अंतर्गत इन सब ज़रियों को अपनाने की मंजूरी दी गई है।

यह तो कहा गया है कि महिलाओं, बच्चों और विकलांगों का वध न किया जाए, "लेकिन यदि इनमें से किन्हीं व्यक्तियों का युद्ध में वध हो जाए या यदि कोई महिला रानी हो या प्रमुख हो तो ऐसे मामलों में उनकी हत्या करने की अनुमति है क्योंकि वे ऐसी स्थिति में होते हैं कि अल्लाह के नौकरों को तंग कर सकें। उसी तरह से यदि उपर्युक्त प्रकार के व्यक्ति लड़ने का प्रयास करें, तो बुराई को मिटाने के लिए, और इसलिए भी क्योंकि लड़ाई में वध करने की इजाज़त भी होती है, उनका वध कर दिया जाना चाहिए।"

हिदायात में आगे कहा गया है कि जब उचित हो तो सुलह कर ली जाए या जब ज़रूरी हो तो उसे तोड़ भी दिया जाए जिसके लिए काफ़िरों को उचित पूर्वसूचना जानी चाहिए। लेकिन अगर वे विश्वासघात करें, तो बिना किसी चेतावनी के उन पर हमला कर दिया जाए।

काफ़िरों की सारी चल संपत्ति पर कब्ज़ा कर लिया जाना चाहिए। जहाँ तक बाकी संपत्ति का संबंध है उसके बारे में हिदायात में कहा गया है कि, "व्यवस्था इस प्रकार की जानी चाहिए कि निवासी, मुसलमानों की तरफ से भूमि के केवल काश्तकार हों और खेतीबारी की विभिन्न पद्धतियों में मुसलमानों की तरफ से हर प्रकार की मज़दूरी करें और काम करते हुए वे मुसलमानों को कोई तकलीफ़ न पहुँचाएँ और न ही खेतीबारी के संबंध में उनसे कोई ख़र्चा कराएँ।"

जहाँ तक बंदियों का सवाल है, हिदायात में कहा गया है, "बंदियों के मामले में, अगर इमाम चाहे तो उनका वध कर सकता है क्योंकि पैग़म्बर साहिब ने भी अपने बंदियों का वध कर दिया था। दूसरी बात यह भी है कि उनका वध करने से दुष्टता का अंत हो जाता है। या फिर इमाम यदि चाहे तो वह उन्हें अपना गुलाम बना सकता है, क्योंकि उन्हें गुलाम बना लेने से उनकी बुराई का उपचार हो जाता

है और उसके साथ-साथ मुसलमानों का फ़ायदा भी हो जाता है; या अगर इमाम चाहे तो उन्हें छोड़ भी सकता है और इस प्रकार वह उन्हें आज़ाद कर सकता है या फिर उन्हें ज़िम्मी (इस्लामी राज्य में ग़ैर मुस्लिम नागरिक) बना सकता है...'' लेकिन अरब के बुतपरस्तों या स्वधर्म त्यागियों को रिहा नहीं किया जाएगा। उनका वध कर दिया जाना चाहिए। बहरहाल उन्हें अपने देश लौट कर नहीं जाने देना चाहिए, ''क्योंकि ऐसा करने का मतलब होगा काफ़िरों को मुसलमानों के ख़िलाफ़ ज्यादा ताकतवर बनाना।''

जो अपना धर्मपरिवर्तन करके मुसलमान बन जाता है उसकी हत्या नहीं की जानी चाहिए। लेकिन उसे अपने देश नहीं भेजा जाना चाहिए। वह अपनी आज़ादी बनाए रख सकता है और जो जायदाद 'उसके हाथों' में है वह उसे और अपने नन्हें बच्चों को अपने पास रख सकता है। लेकिन शरीअत की इस पुस्तक के अनुसार उसकी ज़मीनें, उसकी बीवी और बीवी के पेट का बच्चा और उसके बालिग़ बच्चे आदि सार्वजनिक संपत्ति बन जाते हैं।[31]

इस प्रकार, क्या समस्या इतनी भर है कि जो पाठ्यपुस्तकें 'इस्लामी इल्म के मरकज़ों' में इस्तेमाल की जाती हैं उनको अद्यतन बनाया जाए?

इसके अलावा, धर्ममंडक जब यह कह कर जिहाद संबंधी आयतों की सफाई पेश करते हैं, कि जिहाद का मतलब है अपने भीतर की बुरी प्रवृत्तियों पर काबू पाने के लिए खुद के अंदर शुरू की गई जंग; तो क्या वे सही कह रहे होते हैं? क्या कुरआन की आयतों का या उन हदीसों का, जिनमें पैग़म्बर साहिब उन हदीसों की व्याख्या करते हैं, अभिप्राय केवल ऐसे आंतरिक जिहाद से है?

आयतें बिल्कुल स्पष्ट हैं। हदीस भी बिल्कुल स्पष्ट है। और जिन्होंने पैग़म्बर साहिब की व्याख्या को सुना था उन्हें भी उनके अभिप्राय के बारे में कोई संदेह नहीं था। मुस्लिम की सहीह में एक ख़ास घटना का वर्णन किया गया है, ''जबीर (अल्लाह का उन पर फ़ज़ल हो) ने बताया कि एक आदमी ने अल्लाह के नबी से पूछा, अगर मैं अल्लाह के मार्ग में अर्थात् जिहाद में मारा जाऊँ, तो मैं कहाँ हूँगा? इस पर नबी ने जवाब दिया, जन्नत में। इस पर उस आदमी के हाथ में जो खजूरें थीं, उन्हें उसने दूर फेंक दिया और वह जंग में कूद पड़ा। वह तब तक लड़ता रहा जब तक वह मारा नहीं गया।''[32] जो कुछ अल्लाह ने इतने स्पष्ट शब्दों में, इतना ज़ोर देकर और इतनी बार कहा है, उसके बावजूद और जिस बात को पैग़म्बर साहिब ने इतने स्पष्ट शब्दों में, इतना ज़ोर देकर और इतनी बार दोहराया है, उसके बावजूद, और इसके बावजूद कि पैग़म्बर साहिब जो कुछ कह रहे थे, उसका अर्थ उनके रफ़ीकों को अच्छी तरह से स्पष्ट हो चुका था, और जिस तरह से पैगंबर साहिब के फ़रमान और उपदेश पर अमल किया गया उसके बावजूद, और इसके बावजूद कि उनकी ओर से किए गए अमल की पैग़म्बर साहिब ने केवल भूरि-भूरि प्रशंसा की थी—इन सब बातों के

बावजूद धर्ममंडक यह दावा करते हैं कि 'अल्लाह की राह में जिहाद' का अभिप्राय हमारी भीतर की बुरी प्रवृत्तियों के ख़िलाफ़ लड़ी जाने वाली अंदरूनी जंग से है! और अगर आप उन पर विश्वास नहीं करते तो आप इस्लाम को तंग करने वाले हैं!!

अल्लाह का एकमात्र सरोकार

उलमा का केवल एक ही सरोकार है—इस्लाम को बढ़ावा देने की धुन, इस्लाम और अल्लाह के सभी प्रतिद्वंद्वियों का सफ़ाया करना, उनका वध करना, उनका जुनून के साथ इस काम में लग पड़ना कि किसी भी मुसलमान के दिल में 'अल्लाह' के सिवाय किसी और के प्रति श्रद्धा तो क्या, जरा-सी इ़ज़्ज़त न रहे; इसी मूलभूत और बुनियादी धारणा के कारण उनमें असहिष्णुता, जुबानी और व्यावहारिक हिंसा, संगठित हिंसा, काफ़िरों को जन्म से कमतर समझने की प्रवृत्ति पाई जाती है।

जैसा कि कुरआन का हर पाठक जानता है, अल्लाह का प्रमुखतम सरोकार यह है कि हम केवल उसी की इबादत करें, उसको छोड़कर और किसी की इबादत न करें, क्योंकि अल्लाह ने कहा है, "दो-दो इलाह (देवता) मत बनाओ। अल्लाह सिर्फ़ एक है। अतः मुझ पर, केवल मुझ पर श्रद्धा रखो।" "जो कुछ आकाश और धरती में है, वह सब उसी का है। उसी का दीन (धर्म) स्थायी है। फिर क्या अल्लाह के सिवा किसी और से डरोगे?" (कुरआन, 16.53-54)

वाकई अल्लाह साफ़ तौर पर यह कहता है कि इससे बढ़कर उसके लिए और कोई सरोकार नहीं कि हर व्यक्ति उसकी और केवल उसकी श्रद्धा करे :

ऐ किताब वालो (वह घोषित करता है), इससे पहले कि हम तुम्हारे नैन नक्शा मिटा दें और तुम्हारा सिर घुमा कर पीछे की तरफ़ कर दें और तुम्हें वैसा शाप दें, जैसा कि हमने सप्त दिवसीय धार्मिक नियम का उल्लंघन करने वालों को दिया था, और अल्लाह के हुक्म को परवान चढ़ाया गया था, तुम उस पर ईमान लाओ जो तुम पर अवतरित किया गया है और उसे उस पुस्तक की पुष्टि स्वरूप स्वीकार करो, जो तुम्हारे हाथों में है।

सचमुच अल्लाह, दूसरे इलाहों (देवताओं) के उसके साथ मेल (भागीदारी) को माफ़ नहीं करेगा। हाँ, वह उसे छोड़ कर, किसी और बात के लिए जिसे चाहे, माफ़ कर सकता है...(कुरआन 4.50-55)

वह अपनी ताकत और शान का एहसास कराने के लिए असाधारण सीमाओं तक चला गया है। उदाहरण के लिए, वह लोगों को नीचा दिखाने के लिए उन पर तकलीफ़ें बरपा करता है, वह उनके पास अपना पैग़म्बर भेजता है ताकि वे उस पर ईमान लाएँ और जब वे पैग़म्बर पर ईमान नहीं लाते (और याद रखिए, वह भी इसी के ही हुक्म से होता है) तो वह उनसे ख़तरनाक बदला लेता है। इस मामले में उसकी

सनक और उस सनक को पूरा करने में वह जिन असाधारण सीमाओं तक जा सकता है, उनकी एक झलक देने के लिए केवल एक ही उद्धरण काफी है :

ऐसा कभी नहीं हुआ कि हमने किसी नगर में 'नबी' भेजा हो और वहाँ के लोगों को तंगी और मुसीबत में न डाला हो, इस मकसद से ताकि वे (हमारे आगे) खुद को दीनहीन अनुभव करें। उसके बाद हमने उनकी दुरावस्था को खुशहाली में बदल दिया, यहाँ तक कि वे खूब फले फूले और कहने लगे कि इस तरह के सुख और दुःख तो हमारे पूर्वजों को भी पहुँच चुके हैं। तो अचानक हमने उन्हें धर पकड़ा जबकि वे बेख़बर थे...

यदि इन नगरों के लोग हम पर ईमान लाते और हमसे डरते तो हम उन पर आकाश और धरती की बरकतें खोल देते। लेकिन उन्होंने हमारी आयतों को झूठ माना और हमने उनसे उनके कर्मों का बदला लिया–

तो क्या इन नगरों के लोग इस बात से निश्चिंत थे कि हमारा प्रकोप रात में उन पर नहीं उतरेगा, जब वे सो रहे होंगे?

तो क्या इन लोगों ने अल्लाह की गहरी चाल से खुद को सुरक्षित मान लिया था? लेकिन उन लोगों को छोड़ कर जिन्हें बरबाद होना होता है बाकी लोग तो खुद को अल्लाह की गहरी चाल से सुरक्षित महसूस नहीं करते। क्या उन लोगों को, जो इस धरती के पूर्व निवासियों के बाद इसके वारिस बनते हैं, यह साबित नहीं हो जाता कि यदि हम चाहें तो उन्हें उनके गुनाहों के लिए दंडित कर सकते हैं और हम उनके दिलों पर ऐसी डाट लगा सकते हैं कि फिर वे कुछ सुन ही न सकें। हम इन नगरों की कहानियाँ तुम्हें सुनाएँगे। इनके रसूल अपने पुण्य उद्देश्य के स्पष्ट प्रमाण लेकर उनके पास आए थे लेकिन जिस चीज़ को वे पहले पाखंड मान चुके थे उस पर वे ईमान कैसे लाते। इसलिए वे उस पर ईमान नहीं लाए। अल्लाह इस प्रकार काफ़िरों के दिल पर डाट लगा देता है। और हमने उनमें से बहुतों में वचन का निर्वाह नहीं पाया। बल्कि उनमें से बहुतों को हमने अवज्ञाकारी पाया। (कुरआन 7.92-100)

लेकिन यह स्पष्ट नहीं हो पाया कि अल्लाह जो कि हर दृष्टि से आत्मनिर्भर है, उसे इस बात की इतनी चिंता क्यों है कि वह तुच्छ-सा आदमी इस तुच्छ-सी धरती पर, इस तुच्छ से सौरमंडल में, ब्रह्मांड के इस तुच्छ खंड में उसकी महानता को स्वीकार करे। और चाहे उसका यह एकमात्र सरोकार ही क्यों न रहा हो तो भी वह सर्वशक्तिमान और सर्वज्ञ होने के नाते आदमी से अपनी महानता को स्वीकार कराने का कोई आसान रास्ता ढूंढ सकता था। वह रात के समय बेचारे आदमी पर गुस्सा उतार कर जब वह सो रहा होता है, या दिनदहाड़े उस पर गुस्सा उतार कर जबकि वह आमोद प्रमोद कर रहा होता है, टेढ़े मेढ़े और कष्टदायक रास्ते अपनाने की बजाए वह सीधे ही आदमी के दिल में अपने प्रति श्रद्धा उत्पन्न क्यों नहीं कर देता? इसका जवाब न तो कुरआन में है और न इंजील में जिसका 'ईर्ष्यालु ख़ुदा'

इस मामले में अल्लाह का सीधा पूर्वाधिकारी है।

अल्लाह के इस अकेले सरोकार को पास रखने के लिए, अल्लाह जो कुछ भी करता है उसका तकरीबन उद्देश्य केवल यह सुनिश्चित करना होता है कि हम उसकी शक्ति को पहचानें और स्वीकार करें। चुनाचे उदाहरण के लिए वह कहता है कि उसने आसमान, धरती, बादल, बिजली, पौधे, पशु और बाकी सब चीजें 'निशानियों' के तौर पर पैदा की हैं ताकि हम, उसके बनाए हुए प्राणी यह देख सकें कि वह सर्वशक्तिमान है। कि अकेला वही एक स्रष्टा है और उसके कोई सहयोगी, कोई उसके समकक्ष और कोई संतति नहीं है, और उसने उपर्युकत सभी चीजें दयाशीलता दिखाने के लिए पैदा की हैं ताकि हम उसकी सृष्टि का उपभोग कर सकें। (कुरआन 2.157; 6.99) उसने इज़राइलियों की डूबने से इसलिए रक्षा की है ताकि उनके बाद में आने वाले लोगों को यह पता चल सके कि वह क्या-क्या कर सकता है। (कुरआन 10.90-92) "मैंने जिन्नों और आदमियों को केवल इसलिए पैदा किया है," वह घोषित करता है, "कि वे मेरी इबादत करें। मुझे इस बात की ज़रूरत नहीं कि वे मुझे अवलम्बन प्रदान करें और न ही उनसे यह अपेक्षा है कि वे मुझे खिलाएँ पिलाएँ। (कुरआन 51.6) अर्थात् अल्लाह आत्मनिर्भर है और उसे हमारी तरफ से न तो किसी आहार की और न ही किसी और प्रकार के अवलंबन की ज़रूरत है। फिर भी वह हमें पैदा करता है। इसके पीछे उसका केवल एक ही उद्देश्य है : कि उसकी पूजा की जाए।

अल्लाह ने पशुओं को भी उसी एकमात्र उद्देश्य के लिए पैदा किया है—कि हम उसके नाम पर उनकी बलि चढ़ाकर उसका गुणगान करने के लिए उनका इस्तेमाल करें और उन्हें खाकर हम उसकी दयाशीलता को याद करें। चुनाचे अल्लाह कहता है :

> प्रत्येक गरोह के लिए हमने
> (कुरबानी के) तरीके तय कर दिए हैं
> ताकि अल्लाह ने पशुओं से (जो भोजन के लिए उपयुक्त हैं)
> उन्हें जो आहार दिया है उसके लिए वे अल्लाह के
> नाम का गुणगान करें...
> और (कुरबानी के) ऊंटों को हमने तुम्हारे लिए
> अल्लाह की निशानियों के तौर पर पैदा किया है।
> तुम्हारे लिए उनमें (बहुत-सी) भलाई है
> तो उन पर अल्लाह का नाम लो, उन्हें एक
> पंक्ति में खड़ा करके (कुरबानी के लिए)
> तो जब (कुरबानी के बाद)
> उनके पहलू (भूमि से) आ लगें,

तो उनमें से स्वयं भी खाओ और
ऐसे आदमियों को भी खिलाओ जो (भीख नहीं मांगते लेकिन)
संतोष से जीवन व्यतीत करते हैं,
और उनको भी खिलाओ
जो उचित विनम्रता के साथ भीख मांगते हैं,
इस तरह हमने जानवरों को तुम्हारे काम पर
लगा दिया है कदाचित् तुम कृतज्ञता दिखाओ।
न उनका मांस अल्लाह को पहुँचता है
और न उनका रक्त, परंतु तुम्हारा तकवा
(धर्मनिष्ठा) उस तक पहुँचता है। इस तरह
उसने उन्हें तुम्हारे काम पर लगा रखा है,
ताकि तुम अल्लाह का गुणगान करो, इस बात के लिए
कि उसने तुम्हें सीधा मार्ग दिखाया है... (कुरआन 22.34-37)

यह एक अजीब सी भावना है : एक ऐसी हस्ती जिस पर यह जोश सवार है कि हर एक व्यक्ति यह माने कि वह सर्वशक्तिमान है और अकेला वही सर्वशक्तिमान है, कि वह सर्वश्रेष्ठ है, कि अकेला वही सर्वश्रेष्ठ है, एक हस्ती जो हमारी राह में अच्छी चीज़ों को इसलिए डाल देती है ताकि हम उसका धन्यवाद करें, जो हमें बुराई के जाल में फंसाती है, और फिर हमें सज़ा देती है ताकि हम उसकी शक्ति और उसके क्रोध को न भूलें। उसने बेचारे ऊंटों को भी इसलिए पैदा किया है ताकि हम उसके नाम पर उन्हें ज़िबह कर सकें और ताकि हम उन्हें खाकर यह याद कर सकें कि वह अल्लाह कितना दयालु है, जिसने हमें खाने के लिए उन ऊंटों का मांस दिया।

उपर्युक्त आयत 22.37 में जरा-सी उदात्तता का हमें परिचय मिलता है, अल्लाह मोमिनों को बताता है, "न उनका मांस अल्लाह को पहुँचता है न उनका रक्त।" तो फिर वह ऐसी व्यवस्था क्यों नहीं कर लेता कि धर्मनिष्ठा भी सीधे उसके पास पहुँच जाए? किसी जीव-हत्या के माध्यम से वह उस तक क्यों पहुँचे?

लेकिन अलबत्ता इसका कोई जवाब नहीं है। अल्लाह की नीति ही ऐसी है।

महिलाएँ

महिलाओं के बारे में उलमा के नज़रिए को देखकर, जिस सख़्ती से वे उनकी मान-मर्यादा और उनके अधिकारों को रौंद कर रख देते हैं, और जिस तरह से उलमा मध्यकालीन नियमों को लागू करते हैं, उसे देखकर हम भौचक्के रह जाते हैं : एक समय पर चार बीवियाँ तक रखने की इजाज़त, तीन तलाक, और बिना कोई कारण बताए

और तीन महीने के बाद किसी भी रखरखाव खर्च के बिना सशर्त तलाक देने और हलाला की व्यवस्था। लेकिन क्या यह समस्या सिर्फ इसलिए है कि उनकी पाठ्य-पुस्तकों को अद्यतन नहीं बनाया गया?

यह किसी ऐसे-वैसे आलिम ने नहीं, बल्कि स्वयं अल्लाह ने कहा है :

तुम्हारी औरतें तुम्हारे लिए
खेती समान हैं, तो अपनी
खेती में जिस तरह से चाहो,
जब चाहो, जाओ...

पत्नी आदमी की सिर्फ़ खेती है।[33]

अल्लाह कहता है, "जो कुछ न्यायसंगत है, उसके अनुसार स्त्रियों के भी वैसे ही अधिकार हैं जैसे कि (आदमियों के) उन पर हैं," लेकिन साथ ही अल्लाह यह भी जोड़ देता है, "लेकिन पुरुषों को उनसे एक दर्जा ऊपर प्राप्त है।" (कुरआन 2.228) यह बुनियादी नज़रिया है। उदाहरण के लिए अल्लाह फिर घोषित करता हैं :

"औरतों से संबंधित मामलों को संभालने वाले, पुरुष ही हैं क्योंकि अल्लाह ने अपनी सख़ावत (उदारता) के लिए एक को दूसरे की बनिस्बत तरजीह दी है और इसलिए भी कि उन्होंने अपने माल खर्च किए हैं। जो नेक औरतें होती हैं वे आज्ञाकारी और रहस्यों की रक्षा करने वाली होती हैं, इसलिए कि अल्लाह ने भी रहस्यों की रक्षा की है। और जो स्त्रियाँ ऐसी हों, जिनके विद्रोह से तुम्हें भय हो, उन्हें डांटो, फटकारो, बिस्तर में उन्हें तन्हा छोड़ दो और उन्हें मारो। फिर यदि वे तुम्हारी बात मानने लगें तो उनके विरुद्ध कोई राह मत ढूंढो। निस्संदेह अल्लाह सबसे उच्च और सबसे महान है।" (कुरआन 4.34)

यही कारण है कि आदमी को एक समय में चार बीवियाँ तक रखने की इजाज़त दी गई है और उसके अलावा उतनी लौंडियाँ भी, 'जितनी तुम्हारे बस में हों।' (कुरआन 4.3) यही कारण है कि यद्यपि बीवी के लिए मेहर तय किया जाता है जो कि उसी का होता है, लेकिन उससे बच निकलने की तरकीब भी है, "और औरतों को (जिनसे शादी करो) मेहर दो एक मुफ़्त तोहफ़े की तरह से, लेकिन यदि वे अपनी इच्छा से उसमें से कुछ तुम्हारी खुशी के लिए छोड़ दें, तो उसमें से कितना भी हिस्सा अपने पास रख लो और उसे लेकर उससे खुशी-खुशी आनंद भोग करो।" (कुरआन 4.4)[34]

आज की प्रचलित प्रथा के अनुसार यद्यपि मेहर दिखावे के लिए तो बहुत ज़्यादा तय कर दिया जाता है, लेकिन यह प्रथा भी आम है कि सुहागरात को ही पत्नी से मेहर छुड़वा लिया जाता है—यह सब जान कर हमें हैरान नहीं होना चाहिए।

पुरुषों और स्त्रियों के सापेक्ष स्थान निर्धारण के कारण—"पुरुष स्त्रियों के

सिर धरे हैं क्योंकि अल्लाह ने उन्हें स्त्रियों से श्रेष्ठतर बनाया है''—यद्यपि लड़की का अपने पिता की जायदाद में हिस्सा होता है लेकिन वह हिस्सा बेटे के हिस्से का आधा होता है। (कुरआन, 2.11; 4.12, 175)

इसी कारण से जब कोई पति अपनी पत्नी को, जिसे वह मान लीजिए गुस्से के आवेश में घर से निकाल चुका है, वापिस लेना चाहता है तो बेचारी औरत को हलाला की घृणास्पद और अपमानजनक प्रक्रिया से गुज़रना पड़ता है, उलमा के आदेशों से नहीं बल्कि स्वयं अल्लाह के फ़रमान से। (कुरआन 2.230)

मोमिनों को बताया जाता है, ''एक मोमिन को किसी मोमिन औरत के खिलाफ़ मन में दुश्मनी नहीं रखनी चाहिए, अगर वह उसकी किसी खास बात को नापसंद करता है, तो वह उसकी किसी दूसरी बात से खुश भी होगा।'' जो लोग ज़ोर देकर यह कहते हैं कि इस्लाम औरतों को दूसरे धर्मों की अपेक्षा अधिक ऊंचा स्थान देता है उनको निम्नलिखित व्यवस्था सुखद तो प्रतीत नहीं होगी लेकिन एक जगह कुरआन में दी गई यह सलाह कम से कम अल्लाह की तरफ से कुछ नरम रुख की सूचक ज़रूर मानी जा सकती है। मोमिनों से कहा गया है, ''महिलाओं से भद्रता से पेश आओ। वे तुम्हारे हाथों में कैदियों की तरह हैं। तुम्हारा उन पर कोई हक नहीं बनता सिवाय इसके कि यदि वे खुलेआम अशिष्टता की दोषी हों तो तुम उन्हें बिस्तर पर तन्हा छोड़ सकते हो और उन्हें थोड़ी-सी सज़ा दे सकते हो। अगर वे तुम्हारा कहना मानती हैं तो फिर उनके ख़िलाफ़ कोई और कदम मत उठाओ। तुम्हारा अपनी बीवियों पर अधिकार है और तुम्हारी बीवियों का तुम पर अधिकार है। तुम्हारा अधिकार यह है कि वे ऐसे किसी आदमी को तुम्हारे घर दाख़िल होने की इजाज़त नहीं देंगी और उनका अधिकार यह है कि रोटी कपड़े के मामले में तुम उनसे अच्छा व्यवहार करो।'' मोमिनों को बताया जाता है, जो मोमिन पूरी तरह से ईमान लाते हैं वे ऐसे लोग होते हैं जिनका व्यवहार उत्तम होता है और तुम में से श्रेष्ठ वे हैं जो अपनी पत्नियों के साथ उत्तम व्यवहार करते हैं।[35] लेकिन उन्हें यह भी कहा जाता है, जिसके हाथों में मेरी रूह है (अर्थात् अल्लाह) उसकी कसम, जिस औरत को उसके पति ने बिस्तर पर बुलाया है, यदि वह इंकार कर देती है तो जन्नत का मालिक (अल्लाह) उससे तब तक नाराज़ रहता है, जब तक पति उससे खुश नहीं हो जाता।

* जब कोई आदमी अपनी बीवी को अपनी इच्छा पूरी करने के लिए बुलाता है, तो उसे ज़रूर जाना चाहिए, चाहे वह चूल्हे में भी व्यस्त क्यों न हो।
* अगर मुझे किसी को किसी के सामने दंडवत होने का आदेश देना हो तो मैं पत्नियों को पतियों के सामने दंडवत होने का आदेश दूंगा, क्योंकि अल्लाह ने पतियों को उन पर विशेष अधिकार दे रखा है।
* औरत को पसली से पैदा किया गया है और वह तुम्हारे साथ सीधी कभी नहीं होगी, इसलिए जब तुम उसका आनंद ले रहे होगे तब उसमें टेढ़ापन

मौजूद होगा, लेकिन अगर तुम उसे सीधा करने की कोशिश करोगे तो वह टूट जाएगी, उसे तोड़ने का मतलब है उसे तलाक देना।

* आदमी से यह नहीं पूछा जाएगा कि उसने अपनी बीवी को क्यों पीटा है।
* अपने रब की इबादत करो और अपने भाई का सम्मान करो। अगर मुझे किसी को किसी के सामने दंडवत् होने का आदेश देना हो तो मैं किसी औरत को अपने पति के सामने दंडवत् होने का आदेश दूंगा, और अगर वह बीवी को यह आदेश दे कि पीले पहाड़ से काले पहाड़ तक, या काले पहाड़ से सफेद पहाड़ तक पत्थर ढोकर ले जाओ, तो बीवी के लिए ऐसा करना लाज़िमी है।

और वह कौन है जो ये बातें कहता है या नीचे दी गई बातें कहता है?

* अगर कोई औरत ऐसी स्थिति में मरती है जबकि उसका पति उससे खुश होता है, तो वह जन्नत चली जाएगी।
* जब कोई औरत अपने पति को नाराज़ करती है तो लंबी-लंबी आंखों वाली (जन्नत की) हूरों में से जो उसकी बीवियाँ होती हैं वे उस औरत को यह कहे बिना नहीं रहतीं, "तुम्हें उसे (अपने पति को) हरगिज़ नाराज़ नहीं करना चाहिए। तुम पर अल्लाह की लानत। वह तो तुम्हारे पास एक आरज़ी मेहमान है, और वह तुम्हें छोड़कर हमारे पास आने वाला है।"
* अगर कोई आदमी अपनी बीवी को अपने साथ सोने को कहता है और वह उसके पास जाने से इंकार कर देती है तो फ़रिश्ते सुबह तक उस पर लानत भेजते रहते हैं।
* जब कोई नौजवान यह कहता है कि मेरी बीवी "रोज़े रखती रहती है और मैं एक नौजवान हूँ और अपने पर काबू नहीं पा सकता" तो वह कौन है जो यह आदेश देता है, "एक औरत सिर्फ़ अपने पति की इज़ाज़त से ही रोज़े रख सकती है?"

कोई ऐसा-वैसा आलिम नहीं, जिसकी पाठ्य पुस्तक के स्थान पर हम किसी हालिया लेखक की पुस्तक पाठ्यक्रम में निर्धारित कर दें। ये घोषणाएँ और आदेश स्वयं पैग़म्बर साहिब के ही हैं।[36]

यह पैग़म्बर साहिब ने ही कहा है, "मेरे बाद मैंने आदमियों के लिए औरतों से ज़्यादा हानिकारक कोई मुसीबत नहीं छोड़ी है।"[37] यह बात भी पैग़म्बर साहिब ने कही है कि जन्नत और जहन्नुम का दौरा करने पर उन्होंने यह देखा कि जहन्नुम में ज्यादातर संख्या औरतों की थी।[38] ऐसा इसलिए कि वे अपने पतियों के प्रति कृतघ्न हैं। पैग़म्बर साहिब कहते हैं, "तब मैंने (जहन्नुम की) आग देखी। मैंने ऐसा भयानक नज़ारा पहले कभी नहीं देखा था। मैंने देखा कि वहाँ की अधिकतर निवासी, महिलाएँ ही थीं।" लोगों ने पूछा, "ऐ अल्लाह के नबी, इसकी वजह क्या है?" उन्होंने जवाब दिया, "इसकी वजह है उनकी कृतघ्नता।" उनसे पूछा गया, "क्या वे अल्लाह पर

ईमान नहीं लातीं (क्या वे अल्लाह के प्रति कृतघ्न हैं)?" उन्होंने जवाब दिया, "वे अपने पतियों के प्रति कृतज्ञ नहीं हैं और उनके पतियों ने जो उन पर एहसान किए हैं, उनको वे नहीं मानती हैं। अगर तुम जिंदगी भर भी उनके साथ अच्छाई करते रहो, लेकिन जब वह तुम्हारी तरफ़ से कोई सख़्ती देखती है (एक दूसरे स्थान पर ये शब्द हैं, "और तब उसे तुममें कुछ दिखाई देता है") (जो उसे नापसंद है) तो वह कहेगी, "मुझे तुम्हारी तरफ से कोई अच्छाई देखने को नहीं मिली है।"[39]

वसीयत में से आदमियों के मुकाबले औरतों को आधा हिस्सा मिलता है। इसके अलावा, दो औरतों की गवाही एक आदमी की गवाही के बराबर मानी जाती है। पैगम्बर साहिब का कहना है कि "ऐसा इसलिए है क्योंकि मर्दों के मुकाबले औरतों की बुद्धि कम होती है।"[40]

यह किसी आम आलिम ने नहीं कहा है कि औरतें उन चीज़ों में से एक है जिसे अल्लाह ने आदमी के आनंद के लिए बनाया है। खुद पैग़म्बर साहिब ने कहा है, "यह पूरी दुनिया आनंद लेने के लिए है लेकिन दुनिया में सबसे अच्छी चीज़ है एक अच्छी औरत।"[41] वे लुभानेवाली भी होती हैं, उनसे खबरदार रहना चाहिए। पैग़म्बर साहिब कहते हैं, "जब कभी कोई आदमी अकेले में किसी औरत के साथ होता है तो वहाँ कोई तीसरा भी होता है, और वह होता है शैतान।" वे कहते हैं, "जिन औरतों के पति बाहर गए होते हैं, उनके पास मत जाओ, क्योंकि शैतान तुम्हारे बदन में तुम्हारे खून की तरह से दौरा कर रहा होता है।"[42] और बीवियों को ऐसी चीज़ माना गया है, जिसके ज़रिए, आदमी को दूसरी औरतों के लिए दिल ललचाने पर अपनी कामवासना की तृप्ति करनी चाहिए। पैग़म्बर साहिब कहते हैं, "एक औरत जब तुम्हारी तरफ़ बढ़ती है तब भी वह शैतान का रूप होती है।" "जब तुममें से कोई किसी औरत पर मुग्ध हो जाए, और वह उसके दिल पर छा जाए, तो उसे चाहिए कि वह अपनी बीवी के पास जा कर उससे संभोग करे, क्योंकि जो कुछ उसे महसूस हो रहा है, उसका निवारण तभी हो पाएगा।" इस बात को एक और हदीस में भी दोहराया गया है जिसमें पैग़म्बर साहिब तक व्यक्तिगत घटना के बाद कहते हैं, "अगर कोई आदमी किसी ऐसी औरत को देखता है जो उसे मुग्ध कर लेती है तो उसे अपनी बीवी के पास चला जाना चाहिए क्योंकि उसके पास भी वही चीज़ है जो कि दूसरी औरत के पास है।"[43]

आदमियों को यह उपदेश किया गया है कि अपनी बीवियों की देखभाल करें। लेकिन खुद हदीसों में औरत का एक रूढ़िगत, मध्यकालीन रूप उभर कर आया है और वह रूप है एक ऐसे पात्र का जिसमें आदमी कामवासना को उड़ेल सकता है। पैग़म्बर साहिब नसीहत देते हैं, "ऐ नौजवानो, तुम में से जो बीवी का पालन पोषण कर सकता है वह शादी कर ले क्योंकि उससे तुम्हारा अजनबी औरतों को ताकना बंद हो जाएगा और तुम अनैतिकता से भी बच जाओगे। लेकिन जो शादी

नहीं कर सकते वे रोज़े रखा करें, क्योंकि इनसे कामभावना का दमन किया जा सकता है।"[44]

औरत को प्रजनन का साधन भी माना गया है और वह भी पैगंबर साहिब की शान और उनकी उम्मत की ताकत बढ़ाने के लिए। एक आदमी पैग़म्बर साहिब के पास आकर कहता है मेरी बीवी अच्छी और सुंदर है और मैं उससे प्यार करता हूँ। लेकिन वह बच्चे पैदा नहीं करती। पैग़म्बर उसे फ़ौरन अपनी बीवी को तलाक देने की सलाह देते हुए कहते हैं, "ऐसी औरतों से शादी करो जो प्यार करने वाली और ज़्यादा बच्चे पैदा करने वाली हों, क्योंकि तुम्हारे ज़रिए ही दूसरे गरोहों की तुलना में मेरी उम्मत की संख्या ज़्यादा होगी।"[45]

कुरआन में औरत की कल्पना आदमी की जोती हुई ज़मीन के रूप में की गई है, एक ऐसे खेत के रूप में जिसमें वह जब जी चाहे और जैसे जी चाहे, जा सकता है। इस कल्पना की प्रतिध्वनि हमें कई हदीसों में सुनाई देती है और वह भी शब्दशः। सवाल किया जाता है, "आबू ने कहा, मेरे पास कुछ लौंडियाँ हैं जो मेरी बीवियों से बहतर हैं। लेकिन मैं यह नहीं चाहता कि वे सभी गर्भवती हो जाएँ। तो क्या मैं उनके साथ अज़्ल (व्याहत मैथुन) कर सकता हूँ?" और इसका जवाब कोई ऐसा वैसा आलिम नहीं बल्कि पैग़म्बर साहिब का रफ़ीक देता है, "वे तुम्हारी जुताई की ज़मीनें हैं, अगर तुम उन्हें सींचना चाहते हो, तो सींचो। अगर तुम उन्हें सींचना नहीं चाहते तो उन्हें सूखा रखो।"[46]

जब किसी आम आलिम से नहीं बल्कि खुद पैग़म्बर साहिब से औरतों के अपने पतियों पर अधिकारों के बारे में पूछा जाता है तो वे उन्हें साधारण मातहत के स्तर पर रखते हैं। अल्लाह के शब्दों को प्रतिध्वनित करते हुए वे कहते हैं अपनी जुताई की ज़मीन में जब जी चाहे, जैसे जी चाहे, जाओ, लेकिन जब तुम खाना खाओ तो उनको भी खाना दो, जब खुद कपड़े पहनो तो उसको भी पहनने के लिए कपड़े दो, उसे गाली मत दो। इसके बाद अलग-अलग हदीसों में किए गए वर्णन में अंतर है। कुछ हदीसों में इससे आगे कुछ भी उल्लेख नहीं है। लेकिन कुछ हदीसों में पैग़म्बर साहिब को इसके बाद यह कहते हुए बताया गया है, "उसे चेहरे पर मत मारो," जबकि कुछ और हदीसों में इसके बाद उन्हें यह कहते हुए बताया गया है, "और उन्हें पीटो मत।"

लेकिन जिन हदीसों में औरतों को न पीटने का उल्लेख मिलता है, उनके बाद एक और हदीस 'औरतों को पीटने के बारे में' भी उपलब्ध है। पैग़म्बर साहिब के जीवन काल में मामला आगे-पीछे होता रहा, लेकिन उसका जो नतीजा निकला उससे उन लोगों को कोई सांत्वना नहीं मिल पाएगी जो चाहते हैं कि हम उनकी इस बात पर विश्वास कर लें कि इस्लाम ने महिलाओं को जितने अधिकार दिए हैं उतने किसी और धर्म ने नहीं दिए हैं। एक हदीस में वर्णन आया है कि एक बार पैग़म्बर साहिब

ने कहा, "अल्लाह की नौकरानियों को मत पीटो।" लेकिन जब हज़रत उमर ने आकर उनसे कहा, "औरतें अपने पतियों के सामने गुस्ताख़ हो गई हैं," तो पैग़म्बर साहिब ने उन्हें पीटने की इजाज़त दे दी। इसके बाद हदीस में यह वर्णन आता है कि बहुत सी औरतों ने पैगंबर साहिब के परिवार के पास आकर अपने पतियों के खिलाफ़ शिकायतें कीं। हदीस के अंत में कहा गया है, इस पर अल्लाह के रसूल (अल्लाह उन्हें सुकून बख्शे) ने कहा, "बहुत-सी औरतों ने मुहम्मद के परिवार के पास जा कर अपने पतियों की शिकायत की है। लेकिन वे तुम में से सबसे अच्छी नहीं हैं," और उसके फ़ौरन बाद वह हदीस आती है, जिसके बारे में हम पहले जान चुके हैं। पैग़म्बर साहिब घोषित करते हैं, "किसी आदमी से यह नहीं पूछा जाएगा कि उसने अपनी बीवी को क्यों पीटा है।"[47] यह पैग़म्बर साहिब ने घोषित किया है, किसी साधारण आलिम ने नहीं।

यह कोई ऐसा-वैसा आलिम नहीं बल्कि खुद अल ग़ज़्ज़ाली हमें बताते हैं कि, "श्रेय के एक हज़ार घटक होते हैं। उनमें से केवल एक घटक औरतों के हिस्से में आता है जबकि बाकी नौ सौ निन्यानवे मर्दों के हिस्से में आते हैं।" यह नज़रिया किसी ऐसे-वैसे आलिम का नहीं, बल्कि इस्लाम के सबसे अधिक प्रभावशाली धर्मतत्त्वज्ञों और दार्शनिकों का है कि "हौवा की बे-फ़रमानी और महिला जाति की नैतिक चरित्रहीनता के कारण अल्लाह ने अठारह अलग-अलग तरीकों से औरतों को सज़ा दी है जिनमें माहवारी, गर्भाधान, प्रसूति पीड़ा, अपने माता-पिता से बिछुड़ कर एक अजनबी से शादी करना, तलाक दिए जाने की मुसीबत और तलाक देने की अक्षमता, और यह हकीकत कि आदमी का तो चार औरतों से शादी करना कानूनी तौर पर जायज़ है जबकि औरत को केवल एक पति से ही संतुष्ट रहना पड़ता है; उसकी गवाही को आदमी की गवाही के मुकाबले आधा माना जाता है और जायदाद में भी उसका हिस्सा आधा होगा और इस प्रकार की अन्य सजाएँ।"[48]

ऐसे में क्या देवबंद की पाठ्य पुस्तकों को बदलने मात्र से इस समस्या पर काबू पाया जा सकेगा?

सितारे और बाकी औपचारिकताएँ

जितने ज़ोरदार ढँग से फ़तवा-ए-रिज़विया में यह कहा गया है कि सूरज धरती के इर्द-गिर्द घूमता है, उसे देखकर हम भौचक्के से रह जाते हैं। लेकिन यह बात हमें सहीह अलबुख़ारी से मालूम होती है कि सूरज और चांद एक हाथ चक्की की तरह गोल-गोल घूमते हैं।[49] सहीह अलबुख़ारी से ही हमें यह भी जानने को मिलता है कि सितारों को तीन उद्देश्यों के लिए बनाया गया है : "आसमान की सजावट के लिए, शैतानों पर प्रहार करने के हथियारों के तौर पर और यात्रियों का मार्ग-दर्शन करने

वाले चिह्नों के तौर पर काम आने के लिए। "इसलिए अगर कोई व्यक्ति इनके कोई अलग अर्थ लगाता है, तो वह ग़लती पर है और जो कुछ उसके ज्ञान से बाहर की चीज है उसको लेकर वह व्यर्थ प्रयास करता रहता है और खुद को कष्ट पहुँचाता रहता है।[50] और ऐसे दावों का आधार खगोल-विज्ञान की कोई साधारण पाठ्य-पुस्तक नहीं बल्कि स्वयं कुरआन है। क्योंकि स्वयं अल्लाह मोमिनों को बताता है कि अल्लाह ने "तुम्हारे लिए सितारे (आकाशदीप) बनाए ताकि तुम उनके द्वारा भूमि और समुद्र के अंधियारे स्थानों में से अपना रास्ता खोज सको।" स्वयं अल्लाह यह कहता है कि "चमकते हुए पुच्छल तारों, 'अग्निशिखा', पुच्छलतारों को जिनकी 'चौंधियाती हुई रौशनी' होती है, इसलिए उछाला गया है, ताकि वे उस शैतान का पीछा कर सकें जो कि 'चोरी से' बातें सुन लेता है।" (कुरआन 15-18, 37.10)

जब फ़तवा-ए-रहीमियत यह कहता है कि, किसी खेत को बचाने का तरीका है कलिमा पढ़ना, तो हमें हंसी आती है। लेकिन हदीसों के प्रामाणिक संकलनों में ही सब प्रकार के मौकों के लिए कलिमा निर्धारित की गई है, 'बिस्तर' पर जाने की, दाईं तरफ सोने की, मध्य रात्रि को जागने पर पढ़ी जाने वाली, पाख़ाने में जाने की, कठिन क्षणों का सामना होने पर, किसी ऊंची जगह पर चढ़ने पर, किसी वादी में उतरने पर, संभोग करने पर, पराजय से बचाव के लिए, मुसीबतों से बचाव के लिए, कर्ज़ से बचाव के लिए, या अपनी संपत्ति को बढ़ाने के लिए, या अपने बच्चों की संख्या बढ़ाने के लिए पढ़ी जाने वाली कलिमा।[51]

हमें अजीब-सा लगता है कि उलमा 13वीं सदी की पुस्तकों से बीमारियों और उनके इलाज से संबंधित सूचना एकत्रित करके मध्यकालीन धारणाओं को दोहराते रहते हैं। लेकिन वास्तव में पैग़म्बर साहिब ने खुद फ़रमाया है कि बुख़ार जहन्नुम की आग का ताप होता है, इसलिए इसे पानी छिड़ककर ठंडा किया जाना चाहिए।[52] और यह बात भी यकीन के साथ पैग़म्बर साहिब ने ही कही है कि बुरी नज़र का वाकई असर पड़ता है और बुरी नज़र के जादू को मंत्र-तंत्र के द्वारा ही तोड़ा जा सकता है।[53] ख़ुदा पैग़म्बर साहिब ने ही कई हदीसों में यह कहा है कि सांपों और बिच्छुओं के ज़हरीले डंकों का इलाज कलिमः पढ़कर ही किया जा सकता है।[54] पैग़म्बर साहिब ही हमें यह बताते हैं कि किसी बरतन में रखे भोजन या तरल पदार्थ में मक्खी के गिर जाने से होने वाली बीमारी को दूर करने का तरीका यह है कि मक्खी को निकाल फेंकने से पहले उसे पूरी तरह से उस भोजन या तरल पदार्थ में डुबो दो क्योंकि "इसके एक पंख में बीमारी होती है और दूसरे पंख में कल्याण। यही बीमारी का इलाज होता है।"[55]

इस्तिंजा, अर्थात् पेशाब या पाख़ाना करने के बाद अपने आप को साफ़ करने के लिए मिट्टी के ढेलों या रोड़ों का इस्तेमाल किए जाने पर उलमा द्वारा जितना जोर दिया जाता है, उसे देख कर आदमी चकरा जाता है। लेकिन खुद को साफ

करने का यह तरीका स्वयं पैग़ंबर साहिब द्वारा निर्धारित किया गया है। उन्होंने ही यह कहा था कि तीन या चार रोड़ों का इस्तेमाल किया जाए और इसके लिए दाएँ हाथ का इस्तेमाल न किया जाए, आदि। फ़तवों में तो केवल इन बातों को दोहराया ही गया है।[56]

यह बात समझ में नहीं आती कि उलमा के इस बारे में सख़्त आदेश क्यों हैं कि लोग खड़े होकर न तो पानी पिएँ और न पेशाब करें। लेकिन कई हदीसों से यही प्रमाण मिले हैं कि इन दोनों मामलों को स्वयं पैग़म्बर साहिब इतना अधिक महत्त्व देते थे।

हलाला हमें एक ऐसी प्रक्रिया नज़र आती है जिससे बेचारी औरत को जिसे उसके पति ने 'तलाक' कह कर तलाक दे दिया है, चाहे उसने 'तलाक' शब्द गुस्से के आवेश में ही क्यों न कहा हो, अपने मूल पति के पास लौटने के लिए एक और आदमी से शादी करनी पड़ती है और उसके साथ सहवास करके शादी को पक्का करना पड़ता है। लेकिन यह प्रक्रिया स्वयं अल्लाह द्वारा कुरआन में निर्धारित की गई है। पैग़म्बर साहिब ने इसी प्रक्रिया को आगे लागू किया।[57]

अब आप शाहबानो के मामले को ही लीजिए। वह सत्तर से ऊपर की उम्र की थीं। दीनहीन थीं। अपने पति से उनकी शादी हुए 45 वर्ष बीत चुके थे और अपने पति से उनके पाँच बच्चे थे। लेकिन जब उलमा इस बात पर अड़ गए कि उसके खुशहाल वकील पति द्वारा एक शब्द 'तलाक' कहकर उसे घर से बाहर निकाल दिए जाने पर वह किसी गुज़ारा ख़र्च की हकदार नहीं रही, तो हम यह समझते हैं कि शाहबानो के साथ बेरहमी हुई है। लेकिन खुद पैग़ंबर साहिब ने एक के बाद दूसरे मामले में यह घोषित किया था कि तलाकशुदा औरत किसी गुज़ारा ख़र्च की हकदार नहीं है।[58]

फतवों के विषयों की व्यापकता

जब हम यह देखते हैं कि किस-किस प्रकार के विषयों पर फ़तवों का अनुरोध किया जाता और वे जारी किए जाते हैं, तो हमें हैरानी भी होती है और कुछ शर्म-सी भी महसूस होने लगती है। लेकिन इस प्रकार के फ़तवे शुरू से ही जारी किए जाते रहे हैं। हदीसों के प्रामाणिक संकलनों में ही एक जैसे विषयों पर कई हदीसें देखने को मिलती हैं। सिर्फ किताब-अल-तहारत के अंतर्गत, जो कि शुद्धिकरण की पुस्तक है, हदीस-संकलनों के शीर्षों को देखने से ही यह सब जानकारी मिल जाएगी। सुनन अबू दाऊद की शुरु आत ही इसी 'पुस्तक' से हुई है। इसमें 145 विषयों पर हदीसें संकलित हैं। ये विषय इस प्रकार हैं :

लघुशंका निवारण के लिए व्यक्ति को एकांत जगह ढूंढ़नी चाहिए। पेशाब करने

के लिए धरती नरम होनी चाहिए। शौच घर में दाखिल होते समय आदमी को किन शब्दों का उच्चारण करना चाहिए, मलत्याग और पेशाब करते समय किबला की तरफ़ मुंह करने का निषेध, मलत्याग और पेशाब करने के समय किबला की तरफ मुंह करने की इजाज़त, शरीर के गुप्त अंगों को कैसे उघाड़ा जाए, शौचघर में वार्तालाप का निषेध, पेशाब करते समय सलाम का जवाब, पाक हुए बिना भी अल्लाह को याद किया जा सकता है, हाथ में एक ऐसी अंगूठी पहने हुए शौचघर में दाखिल होना जिस पर अल्लाह का नाम अंकित है, पेशाब से खुद को बचा कर रखना, खड़े होकर पेशाब करना, आदमी रात के समय किसी बरतन में पेशाब करके उसे अपने पास रख सकता है, जिन जगहों पर पेशाब करना मना है, गुसलखाने में पेशाब करना, किसी बिल में पेशाब करने का निषेध, कोई व्यक्ति शौचघर से बाहर आता है तो उसे किन शब्दों का उच्चारण करना चाहिए, पाक होते समय दाएँ हाथ से लिंग को पकड़ने का निषेध, मलत्याग और पेशाब करते समय किसी ओट में बैठना, मलत्याग के बाद जिन चीज़ों से खुद को साफ करना मना है, पत्थरों से खुद को साफ़ करना, मलमूत्र त्याग के बाद वुज़ू करना, मलमूत्र त्याग के बाद खुद को पानी से साफ़ करना, मलमूत्र त्याग के बाद अपने हाथ को धरती से पोंछना, दांत खुरचनी, दांत खुरचनी का इस्तेमाल कैसे किया जाए, दूसरों की दांत खुरचनी का इस्तेमाल करना, दांत खुरचनी को धोना, दांत खुरचनी का इस्तेमाल करना फ़ितरत (प्रकृति) की एक विशेषता है, रात में उठकर दांत खुरचनी का इस्तेमाल करना, नमाज़ पढ़ने के लिए वुज़ू लाज़िमी है, आदमी नापाक हुए बिना भी दोबारा वुज़ू कर सकता है, नहाने के बाद बचा हुआ पानी दूषित नहीं होता, खड़े हुए पानी में पेशाब करना, कुत्ते द्वारा पानी पीने के बाद बचे पानी से वुज़ू करना, बिल्ली की बची हुई जूठन, किसी औरत द्वारा बचाकर छोड़े गए पानी से वुज़ू करने की इजाज़त, पुरुष या स्त्री द्वारा बचाकर छोड़े गए पानी से नहाने का निषेध, समुद्र के पानी से वुज़ू करना, निबिढ़ से वुज़ू करना, क्या लघु अथवा दीर्घशंका अनुभव करते हुए नमाज पढ़ी जा सकती है? वुज़ू के शुरू में बिस्मिल्लाह शब्द का उच्चारण करना, जो व्यक्ति किसी बरतन को धोने से पहले उसमें अपना हाथ डाल देता है, पैग़म्बर साहिब (ख़ुदा उन्हें सुकून बख़्शे) के वुज़ू का वर्णन; वुज़ू करते समय अंगों को तीन बार धोना, वुज़ू करते समय अंगों को दो बार धोना, वुज़ू करते समय अंगों को एक बार धोना, मुंह को खंगालने और पानी सुड़कने के बीच अंतर, पानी सुड़कने के बाद बलग़म निकालना, दाढ़ी में से उंगलियाँ फिरा कर पानी गुजारना, पगड़ी पर से धूल झाड़ना, पांव धोना, जूतों पर से धूल साफ़ करना, जूतों पर से धूल साफ़ करने के लिए उन्हें रगड़ने की सीमा, मोज़ों पर से धूल साफ़ करना, जुराबों पर से धूल कैसे साफ़ की जाए, वुज़ू के बाद शरीर के गुप्त अंगों पर पानी छिड़कना, वुज़ू करने के बाद आदमी को किन शब्दों का उच्चारण करना चाहिए, एक ही वुज़ू के बाद कई नमाज़ें पढ़ना, वुज़ू से किसी

अंग को सूखा छोड़ देना, वह आदमी जो शुद्धिकरण के बारे में निश्चित है, लेकिन उसे शक है कि किसी चीज़ से वह अशुद्ध हो गया है, किसी औरत का चुंबन लेने पर वुज़ू भंग नहीं हो जाता, लिंग को छूने पर वुज़ू भंग हो जाता है, लिंग को छूने के बाद वुज़ू करना जरूरी नहीं, ऊंट का मांस खाने के बाद वुज़ू करना, किसी पशु के मांस को छूने के बाद वुज़ू करना या मांस को धोना ज़रूरी नहीं, किसी लाश को छूने के बाद वुज़ू करना जरूरी नहीं है, आग से पकी हुई कोई चीज़ खा लेने के बाद वुज़ू करना जरूरी नहीं है, आग से पकी हुई कोई चीज़ खा लेने के बाद वुज़ू करने में बरती जाने वाली कड़ाई, दूध पीने के बाद मुंह को साफ़ करना, दूध पीने के बाद मुंह को साफ़ करना जरूरी नहीं, खून निकलने पर वुज़ू करना जरूरी है, नींद से जागने के बाद वुज़ू करना, वह आदमी जिसके कदम गंदी जगह पर पड़ जाते हैं, नमाज़ के दौरान वुज़ू भंग हो जाने के बारे में, मढ़ी (वीर्य से निकलने वाला तरल पदार्थ) के बारे में, माहवारी के दौरान किसी औरत के शरीर को छूना या उसके साथ भोजन करना, ऐसे संभोग के बाद जिसमें वीर्य स्खलन हुआ हो, नहाना अनिवार्य है, संभोग करने के बाद नापाक होने पर आदमी नहाए बिना दोबारा संभोग कर सकता है, एक बार संभोग के बाद यदि कोई व्यक्ति दोबारा संभोग करना चाहता है, तो इस हालत में पहली बार संभोग के बाद वुज़ू करने की वांछनीयता, जो आदमी संभोग करने के बाद नापाक हो चुका है, उसे नहाने से पहले सोने की इजाजत, जो आदमी संभोग करने से नापाक हो चुका है उसे नहाने से पहले कोई भी चीज़ खाने की अनुमति है, जो आदमी संभोग करने से नापाक हो चुका है उसके लिए, खाने या सोने से पहले वुज़ू करने की वांछनीयता, जो आदमी संभोग करने से नापाक हो चुका है, वह अपने नहाने को स्थगित भी कर सकता है, जो व्यक्ति नापाक है, उसके द्वारा कुरआन का पाठ किए जाने के बारे में, जो आदमी संभोग करने से नापाक हो चुका है उसके साथ हाथ मिलाने की इजाज़त, जो आदमी संभोग करने से नापाक हो चुका है उसका मस्जिद में दाख़िल होना मना है, उस व्यक्ति के बारे में जो संभोग करने से नापाक हो चुका है, लेकिन जो भूल से लोगों को नमाज़ पढ़वा देता है, जो व्यक्ति नींद से जागने के बाद संभोग के स्वप्न के कारण (अपने कपड़ों पर) गीलापन देखता है उसके लिए नहाना ज़रूरी, उस औरत के बारे में जो वही कुछ देखती है जो आदमी (अपने संभोग के स्वप्न में) देखता है, नहाने के लिए पानी की कितनी मात्रा पर्याप्त होती है, संभोग करने से नापाक होने पर नहाना, नहाने के बाद वुज़ू करना ज़रूरी नहीं है, क्या औरत को नहाने से पहले गुंथे हुए बालों को खोल लेना चाहिए, जो आदमी संभोग करने से नापाक हो चुका है वह मार्शमैलो पौधे से सिर धो सकता है, आदमी और औरत के बीच द्रव का प्रवाह; माहवारी के दौरान किसी औरत के साथ भोजन या सहवास करना, माहवारी के दौरान किसी भी महिला को मस्जिद से कोई भी चीज़ मंगाने की अनुमति है, मासिक धर्म के

दौरान किसी महिला द्वारा बीच में छोड़ी गई नमाज़ को उसके शुद्ध होने के बाद पूरा नहीं किया जाना चाहिए, रजस्वला औरत के साथ संभोग करने के बारे में, किसी आदमी को अपनी रजस्वला पत्नी के साथ कुछ भी करने की इजाज़त है, सिवाय संभोग करने के, उस औरत के बारे में जिसकी माहवारी लंबे समय तक चलती रहती है, उस औरत के बारे में जिसके बारे में यह कहा गया था कि जितने दिन तक वह रजस्वला रहती है, उसे नमाज़ पढ़ना छोड़ देना चाहिए, जिस औरत का रजोस्राव लंबे समय तक चलता रहता है, उसे अपनी माहवारी अवधि पूरी होने पर नमाज़ पढ़ना नहीं छोड़ना चाहिए, जिस औरत को लंबे समय तक रजोस्राव होता है उसे माहवारी शुरू होते ही नमाज़ पढ़ना छोड़ देना चाहिए, जिस औरत को लंबे समय तक रजोस्राव होता है, उसके बारे में यह विवरण है कि उसे हर नमाज़ के लिए नहाना चाहिए, यह नज़रिया कि जिस औरत को लंबे समय तक रजोस्राव होता है उसे दो नमाज़ें एक साथ पढ़नी चाहिए और उनके लिए एक बार नहाना चाहिए, यह नज़रिया कि रजस्वला औरत को माहवारी से शुद्ध होने पर केवल एक बार नहाना चाहिए, यह नज़रिया की रजस्वला औरत को दोपहर की नमाज़ के समय नहाना चाहिए, यह नज़रिया कि रजस्वला औरत को हर रोज़ केवल एक बार नहाना चाहिए न कि दोपहर की नमाज़ के समय यह नज़रिया कि जिस औरत को लंबे समय तक रजोस्राव होता रहता है, उसे माहवारी की अवधि के दौरान नहाते रहना चाहिए, यह नज़रिया कि रजस्वला औरत को हर नमाज़ के लिए वुज़ू करना चाहिए, यह नज़रिया कि जिस औरत का लंबे समय तक रजोस्राव होता रहता है उसे तभी वुज़ू करना चाहिए, जब वह भंग होता है, न कि हर नमाज़ के लिए, जिस औरत को माहवारी से शुद्ध होने के बाद पीलापन दिखाई देता है उसके बारे में शरीअत का कानून, जिस औरत का रजोस्राव लंबे समय तक होता रहता है उसके पति को रजोस्राव के दौरान संभोग करने की इजाज़त है, जिस औरत को प्रसूता होने के बाद खून आ जाता है उसके संबंध में शरीअत का कानून, माहवारी का खून धोने और उसके बाद नहाने के बारे में, तयम्मुन (शुभ-मय), घर में रहते हुए तयम्मुन करना, जो आदमी संभोग से नापाक हो गया है, वह भी तयम्मुन कर सकता है, यदि कोई संभोग करने से नापाक हो गया आदमी ठंड से डरता है तो क्या उसे तयम्मुन करना चाहिए, जिस आदमी को माता निकल आई हो, वह तयम्मुन कर सकता है, यदि कोई व्यक्ति तयम्मुन करने के बाद सही समय पर नमाज़ पढ़ता है और नमाज़ का समय रहते यदि उसे पानी मिल जाता है। (तो वह क्या करे?) जुम्मे के दिन नहाने के बारे में, जुम्मे के दिन नहाना छोड़ने की छूट, जो काफ़िर इस्लाम को अपनाता है उसे नहाना चाहिए, क्या रजस्वला औरत को वे कपड़े धोने चाहिए जो उसने माहवारी के दौरान पहन रखे थे? उन कपड़ों में, जिन्हें पहने हुए किसी आदमी ने अपनी बीवी के साथ संभोग किया है, नमाज़ पढ़ना, औरत का रैपर पहने नमाज़ पढ़ना, औरतों

के कपड़े पहने नमाज़ पढ़ने की छूट, जो कपड़े वीर्य से सने हैं उनके बारे में शरीअत का कानून कि बच्चे के पेशाब से सने कपड़ों को कैसे साफ किया जाए, पेशाब से गंदी हुई ज़मीन, जब धरती सूख जाती है, तो वह पवित्र होती है, कपड़ों के किनारों का गंदा होकर नापाक हो जाना, जूतों का गंदा होकर नापाक हो जाना, नापाक कपड़ा पहने पढ़ी गई नमाज़ को दोबारा पढ़ना, कपड़ों पर लार का टपकना।

× × ×

ये सब विषय हैं हदीसों के संकलन 'सुनन अबू दाऊद' की प्रारंभिक 'पुस्तक' के। उस संकलन में जो दूसरी 'पुस्तकें' हैं, उनमें संकलित हदीसें अन्य बातों के अलावा, निम्नलिखित विषयों के बारे में हैं :

× × ×

मस्जिद में बजरी बिछाना, मस्जिद में झाड़ू लगाना, मस्जिद में पढ़ी जाने वाली नमाज़ में औरतों के शामिल होने पर कड़ा निषेध, नमाज़ के लिए दौड़ना...जो इमाम बैठ कर नमाज़ पढ़ता है, यदि दो व्यक्तियों में से एक, दूसरे के लिए इमाम बन जाता है—तो दोनों को कहाँ खड़ा होना चाहिए, अगर नमाज़ में तीन व्यक्ति हों—तो उन्हें कैसे खड़ा होना चाहिए,...नमाज़ की वैधता के लिए कितने कपड़े पर्याप्त होते हैं, उस आदमी के बारे में जो गुद्दी पर कपड़ा बांध कर नमाज़ पढ़ता है, उस आदमी के बारे में जो एक ऐसा कपड़ा पहन कर नमाज पढ़ता है जिसका एक हिस्सा दूसरे व्यक्ति पर पड़ा होता है, उस आदमी के बारे में जो एक कमीज़ में ही नमाज़ पढ़ता है, यदि कपड़ा तंग हो तो उसे रैपर के तौर पर इस्तेमाल किया जाना चाहिए, नमाज़ के दौरान कपड़े का घिसटना, कितने कपड़ों में औरत को नमाज़ पढ़नी चाहिए, उस औरत के बारे में जो पर्दा ओढ़े बग़ैर नमाज़ पढ़ती है, औरतों की चद्दरों पर बैठ कर नमाज़ पढ़ना, उस आदमी के बारे में जो अपने बालों के पीछे गांठ बांध कर नमाज़ पढ़ता है, चप्पलें पहने हुए नमाज़ पढ़ना, जो व्यक्ति नमाज़ पढ़ने जा रहा है और उस समय वह अपनी चप्पलें उतारता है, तो उसे उनको कहाँ रखना चाहिए, एक छोटी चटाई पर नमाज़ पढ़ने के बारे में, चटाई पर नमाज़ पढ़ना, जो आदमी अपने कपड़े पर दंडवत हो जाता है, कतारों को सीधा करने के बारे में...इस नज़रिए के बारे में, कि यदि कोई औरत नमाज़ पढ़ने वाले के सामने से गुज़र जाती है तो उससे नमाज़ भंग नहीं होती, इस नज़रिए के बारे में कि यदि किसी नमाज़ पढ़ने वाले के सामने से गधा गुज़र जाए, तो नमाज़ भंग नहीं होती, इस नज़रिए के बारे में कि यदि किसी नमाज़ पढ़ने वाले के सामने से कोई कुत्ता गुज़र जाए तो नमाज़ भंग नहीं होती, इस नज़रिए के बारे में कि नमाज़ पढ़ने वाले के सामने से कुछ भी गुज़र जाए तो नमाज़ भंग नहीं होती, ...नमाज़ पढ़ने के दौरान कोई इशारा करना, नमाज़ पढ़ने के दौरान रोड़े हटाने के बारे में, नमाज़ पढ़ने के दौरान कमर पर हाथ रखना, नमाज़ पढ़ने के दौरान किसी डंडे का सहारा लेना, ...नमाज़ पूरी करने के

बाद आदमी को किस तरफ़ मुड़ना चाहिए...जुम्मे के दिन किस समय अल्लाह द्वारा नमाज़ कुबूल की जाती है, जुम्मे की विशिष्टता के बारे में...किसी पेड़ पर फलों का अंदाज़ा लगाने के बारे में, ...पवित्र स्थल पर किसी हाजी द्वारा कौन से पशुओं का वध किया जा सकता है, उस हाजी द्वारा जो ऐहराम (हाजी के वस्त्र) पहने हुए है, पवित्र स्थल पर ज़िबह किए गए पशुओं का मांस खाने के बारे में, ऐहराम पहने हुए व्यक्तियों का टिड्डियों को मारना, दाईं बग़ल के नीचे लबादा पहनना जिसका पल्लू बाएँ कंधे पर हो...कुंआरी कन्याओं से शादी करने के बारे में, जो औरतें बच्चों को जन्म नहीं देतीं उनसे शादी करने का निषेध, ...उस आदमी के बारे में जिसने अपनी पत्नी को कुछ दिए बगैर उससे संभोग किया है, शादी के बाद दूल्हा से क्या कहा जाए, उस आदमी के बारे में जो एक ऐसी औरत से शादी कर लेता है जो गर्भवती है, बीवियों के बीच समय कैसे बांटा जाना चाहिए, ...युद्ध में बंदी बनाई गई औरतों से संभोग करने के बारे में। रजस्वला औरत के साथ संभोग करने का पश्चाताप, अपनी बीवी के साथ संभोग करते हुए अपने लिंग को बाहर निकालने के बारे में, संभोग की गोपनीय बातें दूसरों को बताने की मनाही...उस आदमी के बारे में जो उस समय नमाज़ की अज़ा सुनता है जब उसके हाथ में कोई बर्तन होता है...रोज़ा रख रहे व्यक्ति द्वारा दांत खुरचनी के इस्तेमाल के बारे में, जो व्यक्ति रोज़े पर है क्या वह प्यास लगने पर अपने सिर पर पानी फेंक सकता है या नासिकाओं से काफ़ी पानी सुड़क सकता है,...उस आदमी के बारे में, जिसने रमज़ान के दिनों रोज़े रखे हैं, लेकिन जिसे रात को स्वप्नदोष हो जाता है, उस आदमी के बारे में जो रोज़ों पर है, लेकिन वह चुंबन ले लेता है, या उस आदमी के बारे में जो रोज़ों पर है और सोते समय काजल लगा लेता है, उस आदमी के बारे में जो रोज़ों पर है और जानबूझ कर उल्टी कर देता है, उस आदमी के बारे में जो रोजों के दौरान थूक निगल लेता है, उस आदमी के बारे में जो रमज़ान के दौरान रोज़ों पर है और सुबह, संभोग करने के बाद नापाक हालत में उठता है, उस आदमी द्वारा पश्चाताप के बारे में जो रमज़ान के दौरान पत्नी से संभोग कर लेता है...माथे के बालों और घोड़ों की पूंछ को काटने की मनाही, घोड़े के अच्छे रंगों के बारे में, क्या घोड़ी को घोड़ा कहा जा सकता है—इस शंका के बारे में...घोड़ों और ऊंटों के गले में घंटियाँ लटकाने के बारे में...खच्चर पैदा कराने के लिए गधों और घोड़ियों की जोड़ी मिलाने का सख़्त निषेध, शिकार और कुछ और कामों के लिए कुत्ता रखना, जिंदा जानवर का कोई हिस्सा काट कर खाने के बारे में...गुलाम लड़कियों की कमाई के बारे में ...जोड़ी मिलाने के लिए सांड किराए पर लेना...बिल्ली बचेने के बारे में, कुत्तों की कीमत अदा करने के बारे में, शराब और मरे हुए जानवर के मांस की कीमत अदा करने के बारे में...शराब के निषेध के बारे में ...अलग अलग किस्म की खजूरों या खजूरों और किशमिश को मिला कर तैयार किए गए पेय के बारे में, अनपकी खजूरों

से पेय तैयार करने के बारे में, शहद से तैयार किए गए पेय के बारे में, खड़े होकर कोई चीज़ पीने के बारे में, किसी मश्क के मोहड़े से पानी पीने के बारे में, मश्कों के अग्रभाग को उलट कर पानी पीने के बारे में, किसी कप के टूटे हुए हिस्से से कोई पेय पीने के बारे में, मुंह से पानी सुड़कने के बारे में...दूध पीते समय क्या शब्द कहे जाने चाहिए, लेटे हुए खाने के बारे में, थाली के ऊपर से खाने के बारे में, दाएँ हाथ से खाने के बारे में, गोश्त खाने के बारे में, कद्दू खाने के बारे में...घोड़े का मांस खाने के बारे में, ख़रगोश खाने के बारे में, छिपकली खाने के बारे में, सोहन चिड़िया खाने के बारे में, कीड़े-मकोड़े और धरती के छोटे-छोटे जीवों को खाने के बारे में...लकड़बग्घा खाने के बारे में, ...घरेलू गधों का मांस खाने के बारे में, टिड्डियों के खाने के बारे में, साफ़ किए गए मक्खन में चूहे का गिरना, किसी के खाने में मक्खी का गिर जाना, रूमाल से हाथ पोंछना...,उन तारीखों के बारे में जब खुद का खून निकलवाना अच्छा होता है...भूतबाधा से ग्रस्त व्यक्ति के लिए जादू टोने के बारे में...काजल के इस्तेमाल संबंधी फरमान के बारे में,...तावीज़ लटकाने के बारे में, जादुओं के बारे में, जादू का इस्तेमाल करने के तरीकों के बारे में, औरतों को मोटा बनाने की दवाओं के बारे में, ...रेशमी कपड़े पहनने के बारे में, ...पीले रंग में रंगे कपड़ों के बारे में, ...हरे रंग...लाल रंग में रंगे कपड़ों के बारे में, लाल कपड़े पहनने की छूट,...कालर के बटन खोलने के बारे में, नीचे का कपड़ा कब तक पहनना चाहिए, चप्पलें पहनने के बारे में, ...इत्र इस्तेमाल करने के बारे में, बालों को ठीक करने के बारे में, महिलाओं द्वारा बाल रंगने के बारे में, ऊपरी बाल लगाने के बारे में,...उस महिला के बारे में जो बाहर जाते समय इत्र लगाती है, मांग निकालने के बारे में, बाल कितने लटके होने चाहिए, लंबे बाल उगाने के बारे में, ...मूंछें कुतरने के बारे में, सफेद बाल चुनने के बारे में, बालों को रंगने के बारे में..., काला रंग ...पीला रंग...जीवन के अंतिम क्षण की निशानियाँ...दज्जाल (वह व्यक्ति जो कियामत से कुछ पहले पैदा होगा और ख़ुदा होने का दावा करेगा) के आने के बारे में, अल-जस्सासहर के बारे में जो दज्जल का जासूस है, एक ऐसा जानवर जो दज्जाल के पास खुफिया ख़बरें पहुँचाता है, ...कुछ छाया में और कुछ धूप में बैठने के बारे में, दायरे में बैठने के बारे में, दायरे के बीचोंबीच बैठने के बारे में, आदमी को किस तरह बैठना चाहिए, चौकड़ी मार कर बैठने वाले आदमी के बारे में, ...पीठ के बल लेटे हुए एक टांग को दूसरी टांग पर रख कर गुड़ियों से खेलने के बारे में, ...चौसर का खेल खेलने के निषेध के बारे में, ...कबूतरों के साथ खेलने के बारे में, ...उबासी लेने के बारे में, ...छींकने के बारे में, जो छींकता है उसे जवाब देने के बारे में, जो छींकता है उसे कितनी बार जवाब में कुछ कहा जाए, जब कोई धिम्मी (एक संरक्षित ग़ैर मुस्लिम) छींकता है तो उसे दुआ किस तरह से दी जाए, उस आदमी के बारे में जो छींककर अल्लाह की तारीफ़ नहीं करता, उस आदमी के बारे में जो अपने

पेट के बल लेटता है, उस आदमी के बारे जो ऐसे मकान की छत पर सोता है जिस पर पत्थरों का घेरा नहीं है, पाक होकर सोने के बारे में, सोते हुए आदमी का मुंह किस तरफ होना चाहिए, सोते समय आदमी को कौन से शब्द कहने चाहिए, जब कोई आदमी रात को सोते समय डर जाता है तब उसे क्या कहना चाहिए, सोते समय अल्लाह का गुणगान करना, आदमी को सुबह उठकर क्या कहना चाहिए, जब कोई आदमी नया चांद देखता है, तब उसे क्या कहना चाहिए, जब कोई आदमी घर से बाहर जाता है तो उसे क्या बोलना चाहिए, जब कोई आदमी अपने घर के अंदर जाता है तो उसे क्या बोलना चाहिए, जब आंधी चलती है तो आदमी को क्या बोलना चाहिए, बारिश के बारे में, मुर्गों और पशुओं के बारे में, गधों के रेंकने और कुत्तों के भौंकने के बारे में...सांपों को मारने के बारे में...छिपकलियों,...कीड़ियों ...मेंढकों को मारने के बारे में, रोड़े फेंकने के बारे में, लड़कियों को सुन्नत बैठाने के बारे में, सड़क पर औरतों के आदमियों के साथ चलने के बारे में...

× × ×

उपर्युक्त विषय खुद ही अपने बारे में सब कुछ कह देते हैं, हमें केवल यह बात ध्यान में रख लेने की ज़रूरत है कि ऐसे विषयों पर भी पैग़म्बर साहिब का मार्गदर्शन ज़रूरी समझा गया है। जिस शरीअत पर इतना गर्व किया जाता है उसका आधार कुरआन के अलावा ये हदीस भी हैं। दूसरा, यह मानने का कोई कारण नहीं है कि कुछ मामलों—जैसे तलाक से संबंधित हदीस, कुछ दूसरे मामलों—जैसे छींकने या उबासी लेने या जन्नत के 'भूगोल' या जहन्नुम के मौसम विज्ञान—से संबंधित हदीसों से ज़्यादा महत्त्वपूर्ण है या उनका ज़्यादा कड़ाई से पालन किया जाना चाहिए या वे ज़्यादा भरोसे लायक हैं? क्योंकि इन सभी हदीसों के प्रवर्तक स्वयं पैग़म्बर साहिब हैं, इसलिए किसी एक मामले से संबंधित हदीसों पर शक करने का मतलब है दूसरे मामलों से संबंधित हदीसों पर भी शक करना। और तीसरी बात यह कि जैसा कि ज़ाहिर है, जिन विषयों को देख कर हमें पहले हैरानी होती है, उनके बारे में फ़ैसला देते समय उलमा केवल पैग़म्बर साहिब और उनके रफ़ीकों के पूर्वोदाहरणों का ही अनुकरण करते हैं, बल्कि जब एक के बाद दूसरे मामले में कोई सवाल पूछा जाता है तो फ़तवे में पूरी निष्ठा के साथ संबंधित विषय पर पैग़म्बर साहिब के शब्दों को हूबहू दोहरा दिया जाता है।

सहीह अलबुख़ारी, हदीस के संकलनों में से बाकियों की तुलना में अधिक बृहदाकार है। इसलिए उसमें एक ही जैसी गंभीरता वाले मामलों पर हदीसों की अपेक्षाकृत अधिक संख्या पाई जाती है। ये विषय इस प्रकार हैं :

× × ×

शौचघर में दाखिल होते समय क्या बोला जाना चाहिए, शौचघरों में पानी की व्यवस्था, मलत्याग या पेशाब करते समय मुंह किस तरफ होना चाहिए, महिलाओं के शौचादि

से निवृत्त होने के बारे में, घरों में मलत्याग, मलमूत्र त्यागने के बाद गुप्तांगों को धोना, गुप्तांगों को साफ करने के लिए कौन से हाथ का इस्तेमाल किया जाना चाहिए, गुप्तांगों को पकड़ने के लिए दाएँ हाथ का इस्तेमाल नहीं किया जाना चाहिए, पेशाब करते समय गुप्तांग को दाएँ हाथ से नहीं पकड़ना चाहिए, पत्थरों से गुप्तांगों को साफ करना, गोबर से गुप्तांगों को साफ़ करना, गुप्तांगों को साफ़ करने के लिए कैसे विषम संख्या में पत्थरों को इस्तेमाल किया जाना चाहिए, शरीर की किस तरफ से नहाना शुरू करना चाहिए,...बैठे हुए या खड़े होकर पेशाब करना, वीर्य को पानी से धोना, जो धब्बे पूरी तरह से नहीं मिट पाते...नहाए बिना दोबारा संभोग करना, भावावेश के कारण मूत्रमार्ग से होने वाले स्राव को धोना...मस्जिद में इस बात को याद रखना कि आदमी जुनुब (अपवित्र व्यक्ति) है,...महिलाओं को होने वाला स्वप्नदोष, एक मुसलमान नापाक नहीं होता, किसी व्यक्ति का उस हालत में जबकि वह अभी जुनुब है, बाहर जाना, केवल वुज़ू करके ही किसी जुनुब का घर पर रहना, सोने से पहले जुनुब का केवल वुज़ू करना, यदि पुरुष और स्त्री के अंग निकट संपर्क में आ जाएं, किसी महिला के स्राव को धोना, माहवारी पर एक पूरी किताब, रजस्वला नारी का अपने पति के सिर को धोना और उसके बालों में कंघी करना, कुरआन का पाठ करते हुए पति का रजस्वला पत्नी पर झुकना, रजस्वला पत्नी को सहलाना और अन्य कामक्रीड़ाएँ करना,...सौदेबाज़ी पर पूरी श्रृंखला—वह सामान जिसका भुगतान तो कर दिया गया है लेकिन जिसकी सुपुर्दगी बाद में होगी, किराए पर चढ़ाना, ऋण का अंतरण, कृषि के बारे में, पानी के बंटवारे,...199 अध्याय जिहाद के बारे में, 41 अध्याय, युद्ध में लूटे गए माल के बंटवारे के बारे में...जन्नत के द्वारों, जहन्नुम के द्वारों का वर्णन, हूरों की आंखों की पुतलियों का 'घना कालापन' और उनकी आंखों और आंखों के श्वेत पटल की 'झक्क सफ़ेदी'...कई औरतों से शादी करना, कुंआरी लड़कियों से शादी करना, विवाहिता औरतों से शादी करना...एक समय पर चार से अधिक शादियाँ न करना...निकाह के दौरान डफली बजाना, ...किसी अभियान पर जाने से पहले सहवास द्वारा शादी को पक्का करना, नौ वर्ष की लड़की के साथ सहवास करके शादी को पक्का करना, यात्रा के दौरान सहवास द्वारा शादी को पक्का करना, दिन में सहवास द्वारा शादी को पक्का करना, औरतों के लिए डिज़ाइन किए गए पर्दे, बिस्तर आदि...संभोग करने के समय आदमी को क्या कहना चाहिए, विवाह भोज पर कई लोगों की उपस्थिति...खुरौड़ों का भोजन...अपने पति की सहमति के बिना औरत को रोज़े नहीं रखने चाहिए, औरत का अपने पति के बिस्तर को छोड़कर जाना...जहन्नुम में औरतों की बहुतायत क्योंकि वे अपने पतियों के प्रति कृतघ्न होती हैं...'उन्हें पीटो' (हल्के से), व्याहत मैथुन; बीवियों के बीच लाटरी डालना, एक बीवी का दूसरी बीवी को अपनी बारी देना, औरतों के साथ न्यायपूर्ण व्यवहार में पेश आने वाली कठिनाई, विवाहित औरत के साथ रहने के बाद कुंआरी लड़की से शादी करना,

सभी बीवियों के साथ संभोग करने के बाद केवल एक बार नहाना, एक ही दिन में सभी बीवियों के साथ संभोग, सभी बीवियों की इजाज़त लेना, कुछ बीवियों को दूसरी बीवियों की बनिस्बत ज़्यादा प्यार करना, ...औरतों का अपनी ज़रूरतों के लिए बाहर जाना, ...''आज की रात मैं सभी बीवियों के साथ संभोग करूंगा''...वही खाना जो तुम्हारे नज़दीक है, दाएँ हाथ से खाना और दूसरी चीज़ों की शुरुआत दायीं तरफ़ से करना, ...भुना हुआ मांस, सूखी दही, ...अगली टांग को खाना...खाने की मेज पर कोई चीज़ किसी दूसरे को पकड़ाना, ककड़ी और ताज़ा खजूर...दो खजूरें एक साथ खाना...धोने से पहले उंगलियों को चाटना और चूसना...पालतू कुत्ता...मकड़ियों को खाना,...मुर्ग़े का मांस..., घोड़े का गोश्त,...गधे का गोश्त...खरगोश, अगर चूहा मक्खन में गिर जाए, अल्लाह के लिए पशु की कुर्बानी देने पर 16 अध्याय, 31 'अध्याय' पेयों पर, 22 अध्याय मरीज़ों पर, 58 अध्याय दवाओं पर, 103 अध्याय पोशाक पर...बिना अहंकार के अपना कपड़ा घसीट कर चलना, अपने कपड़ों को खोसना या लपेटना, टख़नों से नीचे लटकता हुआ कपड़ा, अहंकारवश अपने कपड़े को घसीट कर चलना...कमीज़ों का पहनना, कमीज़ की जेब...पायजामे, पगड़ियाँ...हरे कपड़े, सफ़ेद कपड़े...जूते पहनते समय शुरुआत दाएँ पांव से करनी चाहिए, जूते उतारते समय बायाँ जूता पहले उतारा जाना चाहिए, दो पट्टियों वाली चप्पलें;...मूछों को काट कर छोटा करना, नाखून काटना, दाढ़ी को बिन काटे छोड़ना, सफ़ेद बाल, बालों को रंगना, घुंघराले बाल...बालों की मांग निकालना...अपने बालों में कंघी करना, रजस्वला बीवी का अपनी पति के बालों में कंघी करना, दाईं तरफ से कंघी करना शुरू करो...बिस्तर पर जाते समय क्या कहना चाहिए, ...दाएँ हाथ को दाईं गाल के नीचे रखना, दाईं तरफ सोना, ...शौचघर में जाना...सुबह उठने पर...महामारियों और बीमारियों के लिए कलिमा...संभोग करते समय कलिमा पढ़ना...काफ़िरों के विरुद्ध कलिमा पढ़ना व काफ़िरों के हक में कलिमा पढ़ना, मनोभावों पर 53 अध्याय, 15 अध्याय दैवी पूर्व-विधान के बारे में, 33 अध्याय हल्फ़ों और कस्मों पर, 32 अध्याय खून की रकम पर ...अदले का बदला...किसी काफ़िर की हत्या करने के लिए किसी मुसलमान की हत्या न करना...48 अध्याय स्वप्नों के अर्थ नियत करने पर, 29 अध्याय आने वाली मुसीबतों पर...अद-दज्जाल, गान और मेगान (दो देश जिन्हें शैतान के नेतृत्व में अल्लाह से युद्ध करना होता है)...

× × ×

हदीसों में जिन विषयों को लिया गया है, जो संदेश वे देती हैं, जो विचार वे पैदा करती हैं वे बुद्ध द्वारा दिए गए भाषणों के कितने बरअक्स हैं।

दूसरा, यदि शरीअत एक जोड़ रहित जाल है, जैसाकि उलमा कहते हैं, और उसमें से एक धागा भी पूरे जाल को बिखेरे बिना नहीं निकाला जा सकता, तो पैग़म्बर साहिब द्वारा दिया गया ज्ञान और भी अधिक जोड़ रहित है, शरीअत में कम से

कम अल्लाह के कहे के अलावा भी कुछ जोड़ा गया है (जो कि कुरआन में निर्दिष्ट है) और पैगम्बर के कहे के अलावा भी (जो कि हदीस में निहित है) और वह, जो कुछ अलावा जोड़ा गया है वे हैं साधारण मनुष्यों की व्याख्याएँ आदि। लेकिन जो कुछ हदीस में दिया गया है वह है स्वयं पैग़म्बर साहिब द्वारा प्रमाणित ज्ञान और सामग्री। इसलिए हर शब्द सही है और पूर्ण रूप से सही है। ऐसी कोई कसौटी नहीं है, जिसके आधार पर कोई यह कह सके, "हम क, ख और ग के बारे में तो उन पर विश्वास करते हैं, लेकिन च, छ, ज के बारे में उन्होंने जो कुछ कहा, उसका स्थान तब से प्राप्त किए गए ज्ञान ने ले लिया है।"

हदीसों के संकलनों और फ़तवों के संकलनों को साथ-साथ रखने से दो बातें 'उभर' कर सामने आती हैं।

हदीस के संकलनों की विषय-सूची पर निगाह डालने मात्र से ही यह ज़ाहिर हो जाता है कि फ़तवे जारी करते समय उलमा अत्यंत निष्ठापूर्ण हदीस का अनुकरण करते हैं। अपनी ऊर्जा और विद्वता का ज़्यादातर अंश वे एक ही प्रकार के सवालों पर खर्च कर देते हैं। सिक्के का दूसरा पहलू समुदाय के रवैये से देखा जाना चाहिए, समुदाय के लोग इस प्रकार के सवालों को तय करने के लिए भी उलमा के पास जाते हैं।

सरोकार

बात सिर्फ़ उन विषयों के किस्मों की नहीं है जिन पर उलमा द्वारा विचार किया जाता है। स्वयं विषयों के बारे में सरोकारों का स्वरूप भी एक जैसा है। उदाहरण के लिए जिस हद तक, नमाज़, रोज़ों और हज से संबंधित फ़तवों में बाह्याचार पर ज़ोर दिया गया है उसे देख कर हमें हैरानी होती है। लेकिन जो हदीस इन विषयों से संबंधित है, उनका सरोकार इन बाह्याचारों के अलावा और किसी चीज़ से नहीं है। हमें यह जानकर हैरानी हुई कि, उलमा ने मलमूत्र त्याग के बाद खुद को साफ़ करने के लिए मिट्टी के ढेलों और रोड़ों का इस्तेमाल करने पर इतना अधिक ज़ोर दिया है। लेकिन वे केवल पैग़म्बर के फ़रमान को ही दोहरा रहे होते हैं। हमें यह जानकर हैरानी भी होती है और हंसी भी आती है कि मौलाना अहमद रज़ा खान ने टायलट काग़ज़ का इस्तेमाल न करने के जो कारण बताए हैं उनमें से एक कारण यह भी है कि इसको ईसाई भी इस्तेमाल करते हैं। लेकिन पैग़म्बर साहिब द्वारा दिए गए तर्कों का तरीका भी यही था। एक के बाद दूसरे मामले में पैग़म्बर साहिब की आदत यह थी कि जो कुछ काफ़िर करते थे पैग़म्बर साहिब उससे उलट करते थे। तदनुसार पैग़म्बर साहिब ने कहा, "जो कुछ बुतपरस्त करते हैं, तुम उसका उलटा करो। मूंछें साफ़ कर दो और दाढ़ी बढ़ा लो।"[59] उन्होंने यह निर्धारित किया कि

मोमिनों को अपनी टोपियों पर पगड़ी बांधनी चाहिए, यह कहकर कि "यह है फ़र्क हम में और बुतपरस्तों में।"[60] उन्होंने मोमिनों को अपने कपड़ों में सिल्क का अंदरश लगाने और अपने कंधों पर सिल्क ओढ़ने से मना कर दिया यह कह कर कि ऐसा अजामी लोग किया करते हैं। (अजामी ग़ैर अरबी लोग होते हैं ख़ासतौर पर ईराक के पूर्व की ओर के लोग)[61] उन्होंने मुसलमानों को आदेश दिया, "बुढ़ापे के (सफ़ेद) बालों का ख़ात्मा कर दो," और कहा, "यहूदियों की तरह मत बनो।"[62] उनको संयोगवश एक बच्चा अनस बिन मलिक मिल गया। बच्चे की दो वेणियाँ थीं। पैग़म्बर साहिब ने बच्चे के सिर पर हाथ रख कर उसे आशीर्वाद दिया और बच्चे के अभिभावकों से कहा, "या तो इसके बालों को साफ़ कर दो या इसकी वेणियों को काट दो।" कारण? "यह तरीका यहूदियों का है।"[63] जिस वजह से उन्होंने मुसलमानों को भगवे कपड़े पहनने से मना किया वह भी वही था : "ये वे कपड़े हैं (जिन्हें आमतौर पर) काफ़िर पहनते हैं।" इसलिए "ऐसे कपड़े मत पहनो।" यह बात उन्होंने एक रफ़ीक से तब कही जब उन्होंने उसे भगवे रंग में रंगे कपड़े पहने हुए देखा। हदीस के एक और पाठांतर में यह कहा गया है कि पैग़म्बर साहिब ने जब अपने एक रफ़ीक को भगवे कपड़े पहने हुए देखा, तो पहले तो उन्होंने यह कहकर उसका मज़ाक उड़ाया, "क्या तुम्हारी माँ ने तुम्हें ऐसा करने का आदेश दिया है?" इस पर रफ़ीक ने फौरन वादा किया कि वह उन्हें धो डालेगा। लेकिन पैग़म्बर साहिब ने कहा, "इन्हें जला डालो।"[64]

पैग़म्बर साहिब से ईसाइयों द्वारा खाए जाने वाले भोजन के बारे में जब पूछा गया, तो उन्होंने जवाब दिया, "ऐसी कोई बात अपने मन में मत लाओ जो ईसाइयों की आदतों से मिलती-जुलती हो।"[65] उन्होंने आदेश दिया, "मांस को चाकू से मत काटो, क्योंकि यह तरीका अजामियों का है। उसकी बजाए उसे अपने दांतों से काटो—ऐसा करना बहुत अच्छा लगता है।"[66]

पैग़म्बर साहिब के समय यहूदी और ईसाई अपने बालों को रंगते नहीं थे। पैग़म्बर साहिब ने हुक्म दिया, "यहूदी और ईसाई बालों को नहीं रंगते। तुम उसका उलटा करो।"[67] हदीस के संकलन के संपादक अनुवादक ने कोष्ठक में निम्नलिखित शब्द जोड़े हैं, "इसका सीधा-सादा-सा कारण यह है कि चीज़ों को बहतर ढंग से करने के लिए काफ़िरों का विरोध करना ज़रूरी है।" और आगे ये शब्द जोड़ कर नियम को कुछ नरम बना दिया है, "एक मुसलमान को हमेशा इस नियम के अनुसार अमल करना चाहिए। उसे बहतर और ज़्यादा समझदार तरीका अपनाना चाहिए। अगर वह काफ़िरों के तरीके के विरुद्ध है, तो वह और भी अच्छा।"[68] मैं समझता हूँ कि अगर इतना थोड़ा-सा भी रहम नसीब हो जाए तो भी ग़नीमत है!

दूसरी कसौटी के आधार पर दूसरे मामले भी तय किए गए। इनमें—रजस्वला औरतों से किए जाने वाले व्यवहार से लेकर किसी व्यक्ति की मौत पर क्या कुछ

किया जाना चाहिए, इस सवाल से संबंधित मामले शामिल हैं। हमें सुनन नसाई शरीफ़ से पता चलता है कि जब औरतें माहवारी में होती थीं, तो यहूदी लोग उन्हें अपने साथ बैठकर खाने-पीने नहीं देते थे, और न ही वे उस मकान में ठहरते थे जिसमें वे ठहरतीं थीं। पैग़म्बर साहिब के एक रफ़ीक ने उनसे पूछा, उनके बारे में क्या किया जाए? तब अल्लाह ने सुपरिचित आयत उतारी, ''वे तुमसे माहवारी के बारे में पूछते हैं...'' (कुरआल 2.222) इस मामले में भी पैग़म्बर साहिब ने हमेशा की तरह काफ़िरों के तरीके से उलट तरीका अपनाने का आदेश दिया। उन्होंने रफ़ीक को आदेश दिया कि औरतों को मर्दों के साथ खाने-पीने और उनके साथ एक ही मकान में रहने की इजाज़त दी जाए। उन्होंने आदेश दिया कि संभोग को छोड़ कर मर्द उनके साथ कुछ भी कर सकते हैं।[69]

जो कुछ भोजन, भोजन करने के तरीके, पोशाक, रजस्वला औरतों के मामले में लागू होता था, वही कुछ आदमी के आचरण के संबंध में भी लागू होता था। एक रफ़ीक बयान करता है : पैग़म्बर साहिब एक लाठी पर झुके हुए आए। वहाँ जितने लोग मौजूद थे, वे सब उनके सम्मान में उठ खड़े हुए। पैग़म्बर साहिब बोले, ''खड़े मत होओ। ऐसा तो अजामी किन्हीं ख़ास व्यक्तियों का सम्मान करने के लिए करते हैं।''[70]

एक यहूदी मर गया। उसके परिजन रो रहे थे। पैग़म्बर साहिब ने उन्हें देखा। उन्होंने कहा कि यदि मरे हुए व्यक्ति के परिजन उसकी मौत पर रोएँ तो उसे कब्र में यातना झेलनी पड़ती है। इसलिए उन्होंने मोमिनों को अपने मरे हुए व्यक्ति पर ऐसा रोना रोने से मना कर दिया जो सुनाई दे जाए।[71] इसी प्रकार जब कभी पैग़म्बर साहिब किसी जनाज़े के साथ जाते थे, वे तब तक बैठते नहीं थे, जब तक जनाज़े को कब्र में नहीं उतारा जाता था। एक बार कोई विद्वान यहूदी पास से गुज़रा। पैग़म्बर साहिब को वह संबोधित करते हुए बोला, ''ऐ मुहम्मद, हम भी ऐसा करते हैं।'' तब क्या था, पैग़म्बर साहिब फ़ौरन बैठ गए और रफ़ीकों से बोले, ''जो कुछ वे करते हैं, उसका उलट करो।''[72]

उसी प्रकार हमें एक और रफ़ीक सुलेमान से जानने को मिलता है कि उन्होंने तौरात में पढ़ा था कि नाश्ता करने से पहले नहाना शुभ होता है। वे बताते हैं, मैंने इसका उल्लेख पैग़म्बर साहिब से किया। इस पर पैग़म्बर साहिब बोले नहाने से पहले खाना और खाने के बाद नहाना शुभ होता है। हदीस में आगे लिखा है : एक दिन पैग़म्बर साहिब शौच घर से बाहर आए, लोगों ने उनसे पूछा कि क्या उनके नहाने के लिए पानी लाया जाए, उन्होंने कहा कि उन्हें सिर्फ़ नमाज़ के लिए खड़ा होने से पहले नहाने का आदेश है।[73] एक और हदीस में उल्लेख मिलता है कि सुलेमान ने पैग़म्बर साहिब को बताया था कि उन्होंने तो रात में खाना खाने के बाद वुज़ू करने के बारे में पढ़ा है, और सुलेमान ने इस बारे में उनसे फ़रमान का अनुरोध

किया। तब पैग़म्बर साहिब ने भोजन से पहले और भोजन के बाद दो बार वुज़ू करने का आदेश दिया।[74]

जिन्हें शुद्ध रूप से धार्मिक अनुष्ठान समझा जाता है उन सब व्यवहारों के बारे में भी बिल्कुल यही कसौटी निर्धारित की गई है। जैसा कि यह सब जानते हैं, जब पैग़म्बर साहिब और उनके रफ़ीक मदीना आए तो उन्होंने आदेश दिया कि वे अपनी नमाज़ में जेरूसलेम की ओर मुंह करके झुकें। अर्थात् जेरूसलेम को किबला निर्धारित किया गया था। मोमिनों के लिए भी वही छुट्टियाँ और त्यौहार निर्धारित किए गए, जो कि यहूदियों के यहाँ होते थे। एक बार जब पैग़म्बर साहिब की ताकत मजबूत हो गई तो मोमिनों को आदेश दिया गया कि वे जेरूसलेम की तरफ़ सिर झुकाना बंद करके उसकी बजाए मक्का में काबा की तरफ झुकाएँ। बाकी परिवर्तनों में भी यही नमूना अपनाया गया।

पैग़म्बर साहिब की बीवी आयशा ने उल्लेख किया है कि कुरैश अशूरे (मुहर्रम के दसवें दिन) के दिन रोज़ा रखा करते थे। पैग़म्बर साहिब भी रोज़ा रखते थे। उन्होंने मदीना जाने के बाद भी इस प्रथा को बनाए रखा और उन्होंने मोमिनों से भी ऐसा करने को कहा। लेकिन उसके फ़ौरन बाद उन्होंने परिवर्तन करके अनिवार्य रोज़े रमज़ान के दौरान निर्धारित कर दिए। तब अशूरे के दिन रोज़ा रखना अनिवार्य नहीं रहा।[75]

लगता है कि पैग़म्बर साहिब के इंतकाल के बाद ही तबदीलियाँ बंद हो गईं। सुनन अबू में हमें यह जानने को मिलता है कि पैग़म्बर साहिब अशूरे अर्थात् मुहर्रम के दसवें दिन रोज़ा रखा करते थे और उन्होंने अपने रफ़ीकों से भी ऐसा करने को कहा था। रफ़ीकों ने पैग़म्बर साहिब को बताया कि यहूदी और ईसाई भी इसी दिन रोज़ा रखते हैं। इस पर पैग़म्बर साहिब ने कहा कि यदि वे उस वर्ष ज़िंदा रहे तो वे नौवें दिन रोज़ा रखेंगे। लेकिन हदीस में उल्लेख आया है कि वर्ष बीतने से पहले ही पैग़म्बर साहिब का इंतकाल हो गया।[76]

सुबह का खाना खाने और रोज़ा तोड़ने, दोनों का विधान इस प्रकार किया गया कि मुसलमानों का यहूदियों और ईसाइयों से फ़र्क बना रहे। और पैग़म्बर साहिब ने इस बात का पक्का इंतज़ाम कर लिया कि उनके अनुयायी रोज़ों को इसी रूप में लें। सहरी, अर्थात् सुबह के भोजन के बारे में उन्होंने कहा, "हमारे रोज़े के तरीके और किताब वालों के तरीके के बीच यही फ़र्क है—सहरी खाना, खाना।"[77]

रोज़ों को खत्म करने—इफ़्तार—के बारे में उनकी डांट डपट भी इसी अंदाज़ में थी, और उसका वैसा ही असर हुआ। उन्होंने घोषित किया, "जब तक लोग रोज़ा ख़त्म करने में जल्दी करते रहेंगे, तब तक दीन कायम रहेगा, क्योंकि यहूदी और ईसाई इफ़्तार में देर कर देते हैं।"[78]

जो रोज़ों के बारे में लागू था, वही नमाज़ की तफ़सीलों के बारे में भी लागू था। जब मुसलमान मदीना आए, तो वे समय का अंदाज़ा लगा कर नमाज़ के लिए

इकट्ठे हुआ करते थे। उन्हें कोई नमाज़ के लिए बुलाता नहीं था। यह प्रस्ताव रखा गया कि एक झंडा दिखाकर उन्हें नमाज़ के लिए बुलाया जाए। तब किसी ने सुझाव दिया, "यहूदियों की तरह तुरही क्यों न बजाई जाए?" हमें हदीस की पुस्तकों से पता चलता है कि पैग़म्बर साहिब को यह सुझाव पसंद नहीं आया, क्योंकि इसका अर्थ होता यहूदियों की तरह अमल करना और पैग़म्बर साहिब को दीन के मामले में किताब वालों के साथ समानता पसंद नहीं थी। इस पर किसी ने घंटी बजाने का सुझाव दिया। पैग़म्बर साहिब ने इस प्रस्ताव को भी यह कहकर अस्वीकार कर दिया कि, "यही तो ईसाई लोग भी करते हैं।" तब उन्होंने बिलाल को अज़ान देने के लिए कहा।[79]

नमाज़ का समय निर्धारित करते समय भी उनके मन में काफ़िर ही छाए हुए थे। उन्होंने कहा, "सुबह की नमाज़ सूरज निकलने से पहले पढ़ लो, क्योंकि यह शैतान के दो सींगों के बीच निकलता है जब काफ़िर इसके सामने दंडवत प्रणाम करते हैं...सूरज के ढलने तक शाम की नमाज़ का इंतज़ार करो, जब यह शैतान के दो सींगों के बीच ढलता है जब काफ़िर इसे दंडवत प्रणाम करते हैं।"[80] जब उन्होंने नमाज़ के लिए पोशाक निर्धारित की तो उस समय भी उनके दिमाग़ पर काफ़िर ही छाए हुए थे। उन्होंने घोषित किया, "तुम में से जिनके पास दो अदद कपड़े हैं, उन दोनों ही कपड़ों को नमाज़ करने के लिए पहनना चाहिए। अगर किसी के पास केवल एक कपड़ा है तो उसे उस कपड़े को तहबंद की तरह इस्तेमाल करना चाहिए और उसे लटकने नहीं देना चाहिए, जैसा कि यहूदी करते हैं।" साथ ही उन्होंने कहा, "जो कुछ यहूदी करते हैं, उसका उलटा करो। वे जूते और मोज़े पहन कर इबादत नहीं करते।"[81]

उन्होंने जुम्मे का दिन ख़ास नमाज़ के लिए क्यों रखा? उन्होंने समझाया, "दुनिया में हम सबसे आख़िर में आए हैं, लेकिन कियामत के दिन हम सबसे पहले होंगे। यह मामूली-सी बात है कि उनके पास किताब पहले आ गई और हमारे पास बाद में। यह (जुम्मा) वह दिन है जब उस (अल्लाह) ने उनके लिए इबादत को अनिवार्य घोषित किया था, लेकिन उन्होंने नाफ़रमानी की और अल्लाह ने इस दिन के बारे में हमें शिक्षा दी। इसलिए उन लोगों का दिन बाद में आता है" (अर्थात वे शनि और इतवार को तब इबादत करते हैं, जबकि उससे पहले हम जुम्मे के दिन नमाज़ कर चुके होते हैं।) पैग़म्बर साहिब ने कहा, "अल्लाह पहले के लोगों को जुम्मे से दूर ले गए। यहूदियों ने शनिवार को चुन लिया और ईसाइयों ने इतवार को। तब अल्लाह ने हमें पैदा किया और हमें जुम्मे के दिन नमाज़ पढ़ने को कहा। अब जुम्मे का दिन सबसे पहले आता है, शनि का उसके बाद और सबके बाद इतवार। इसलिए कियामत के दिन यहूदियों और ईसाइयों की बारी हमारे बाद आएगी..."[82]

हज के बारे में भी यही बात है। एक हदीस में हमें बताया गया है, "उर्वा

बयान करते हैं मैंने आयशा को आयत (कुरआन 2, 158) पढ़ कर सुनाई और कहा : सफ़ा और मरवाह (मक्के की पहाड़ियाँ) के बीच दौड़े या नहीं इससे कोई फ़र्क नहीं पड़ता, आयशा ने कहा : "तुम बेहूदा बात कर रहे हो। लोगों के सफ़ा और मरवाह के बीच न दौड़ने का कारण यह नहीं था कि वह अज्ञान का समय था, बल्कि वे इसे पाप समझते थे। जब इस्लाम का प्रादुर्भाव हुआ और कुरआन उतारा गया तो इस आयत का इलहाम हुआ और पैग़म्बर साहिब सफ़ा और मरवाह के बीच दौड़े और हम भी उनके साथ दौड़े और यह दौड़ना सुन्नत बन गया।"[83] हज में मधदाल्फ़ा को छोड़ने का क्या कारण था? हदीस में हमें यह जानने को मिलता है कि "उमर बिनख़त्ताब ने कहा : हम मधदाल्फ़ा में खड़े हुए थे। सूरज निकलने से पहले बुतपरस्त वहाँ से रवाना नहीं हुए। वे तभी रवाना होते थे जब सूरज की धूप सबीर पहाड़ी पर खूब चमकने लगती थी..."[84]

एक के बाद दूसरे मामले में आचरण की कसौटी होती थी : काफ़िर क्या करते हैं? तुम उसका उलट करो। वे इस ख़ास काम को कैसे करते हैं? तुम उसके ठीक उलट करो। तो जब उलमा भी उसी प्रकार का तर्क अपनाते हुए तदनुसार फ़तवे जारी करते हैं तो क्या वे ग़लती करते हैं?

कालांकित धारणाएँ

बहुत से फ़तवों के पीछे जो धारणाएँ दिखाई दीं, उनकी विचित्रता हमें हैरान कर जाती रही है। लेकिन हदीस में भी—जो कि कुरआन के बाद मुस्लिम कानून, जनश्रुति और ज्ञान का सबसे बड़ा स्रोत मानी जाती है—हमें ऐसी धारणाएँ देखने को मिलती हैं, जो कि उतनी ही विचित्र हैं।

पैग़म्बर साहिब कहते हैं, "तुममें से जब कोई कुछ खाता है तो उसे अपने दाएँ हाथ से खाना चाहिए और जब वह पीता है तो उसे दाएँ हाथ से पीना चाहिए क्योंकि शैतान अपने बाएँ हाथ से खाता है और पीता भी बाएँ हाथ से है"[85] जो कि शैतान के बारे में ख़ास सूचना है।

हमें यह जानकर हैरानी होती है कि उलमा यह तय करने में अपनी काफ़ी ऊर्जा खर्च कर देते हैं कि आदमी की कब्र में जिस भाषा में उससे सवाल किए जाएँगे वह अरबी होगी या सीरियाई। लेकिन कब्र में की जाने वाली पूछताछ का प्रश्न हदीस में काफ़ी जीवंत प्रश्न है। पैग़म्बर साहिब समझाते हैं कि किस प्रकार जब मरे हुए व्यक्ति के परिजन उसको छोड़कर चले जाएँगे तो उनकी चप्पलों की चाप उसे सुनाई देगी, किस प्रकार दो फ़रिश्ते आकर उससे सवाल करेंगे, तुम्हारा रब कौन है? तुम्हारा मज़हब क्या है? पैग़म्बर साहिब आगे समझाते हैं कि आदमी द्वारा अल्लाह, पैग़म्बर और इस्लाम के प्रति निष्ठा व्यक्त करने पर जन्नत से उसके लिए बिस्तर और कपड़े

भेज दिए जाएँगे जबकि दूसरी तरफ काफ़िर के लिए इसकी (जहन्नुम की) कुछ गर्मी और रोगजनक हवा उसकी ओर प्रवाहित होने लग जाएगी। उसकी कब्र संकुचित हो जाएगी और उसकी हड्डियाँ 'आपस में दब जाएँगी' उसके बाद एक प्राणी जो कि अंधा और गूंगा होगा काफ़िर की निगरानी पर रख दिया जाएगा। उसके हाथ में एक बहुत बड़ा हथोड़ा होगा, इतना बड़ा कि वह अगर पहाड़ पर भी गिर जाए, तो पहाड़ धूल बन जाएगा, वह प्राणी काफ़िर पर "एक ऐसी चोट करेगा कि वह आदमियों और जिन्नों को छोड़कर पूर्व से पश्चिम तक बाकी सभी प्राणियों द्वारा सुनी जाएगी और काफ़िर धूल बन जाएगा..."[86]

जो व्यक्ति फ़तवों पर हैरान होता है, उसे यह जानकर भी हैरानी होगी कि—अपनी सब व्यवस्तताओं के बीच—"अल्लाह को छींक पसंद है लेकिन उबासी नहीं।" पाठक को यदि यह कहा जाए कि उबासी लेते समय वह अपने मुंह पर हाथ रख ले, तो उसको कोई हैरानी नहीं होगी, लेकिन जिस वजह से उसे ऐसा करना चाहिए, यदि वह उसे बता दी जाए, तो उसे हैरानी ज़रूर होगी। पैग़म्बर साहिब कहते हैं कि "आदमी को उबासी लेते समय अपने मुंह के सामने हाथ रख लेना चाहिए क्योंकि जब वह उबासी लेता है तो शैतान उसके मुंह के रास्ते उसके अंदर दाख़िल हो जाता है।"[87] "उसे यह जानकर भी हैरानी होगी कि मुर्ग़े के बांग देने और गधे के रेंकने में कितना बड़ा फ़र्क है? पैग़म्बर साहिब कहते हैं, "जब तुम मुर्गों को बांग देते हुए सुनते हो तो अल्लाह से उसका कुछ करम मांगो क्योंकि उन्होंने किसी फ़रिश्ते को देखा होता है, लेकिन जब तुम किसी गधे को रेंकते हुए सुनते हो तो शैतान से बचने के लिए अल्लाह की पनाह मांगो क्योंकि उसने शैतान को देखा होता है।"[89]

पैग़म्बर साहिब कहते हैं, "जब तुम में से कोई नींद से उठ कर वुज़ू करता है तो उसे तीन बार अपनी नाक को साफ़ करना चाहिए"—सफ़ाई के इस नियम के बारे में कोई मुश्किल नहीं है। लेकिन तीन बार नाक धोने का कारण जानने पर हैरानी होती है : पैग़म्बर साहिब फ़रमाते हैं, "शैतान रात भर उसकी नाक के भीतर घुसा रहता है।"[90]

पैग़म्बर साहिब फ़रमाते हैं कि अच्छे ख़्वाब अल्लाह से आते हैं और बुरे ख़्वाब शैतान से। इसका जो इलाज वे बताते हैं वह उतना ही ख़ास है, जितना कि वह आश्चर्यजनक है : "जब तुम में से किसी को बुरा ख्वाब दिखाई दे, जो उसे पसंद न हो तो उसे अपने बाईं तरफ़ थूक कर, ख़्वाब के बुरे असर से बचने के लिए अल्लाह की पनाह मांगनी चाहिए। तब उस ख़्वाब से उसका कोई नुक्सान नहीं होगा।"[91]

जन्नत में एक ऐसे पेड़ का वर्णन मिलता है, "जिसके नीचे एक तेज़ घोड़े का सवार एक सिरे से दूसरे सिरे तक की दूरी एक सौ साल में भी पूरी नहीं कर पाएगा।" जन्नत की एक गली, एक दरिया, 'एक खोखले मोती के खेमे' का वर्णन

मिलता है जिसकी चौड़ाई या लंबाई साठ मील होगी। जननत में ऐसी कोठरियों की तहों का भी ज़िक्र मिलता है जो एक दूसरे से इतनी दूर हैं जितने कि ग्रह धरती से दूर हैं। हदीस में जन्नत की हूरों की आँख की पुतलियों के घने कालेपन और श्वेत पटल की 'झक्क सफेदी' उनके 'साठ हाथ लंबे' होने और उनकी त्वचा के इतने पारदर्शी होने का ज़िक्र मिलता है कि, "उनकी हड्डियों की मज्जा उनकी त्वचा के नीचे से चमकती हुई दिखाई देती है।" हर आदमी को ऐसी दो हूरें पत्नियों के रूप में दी जाएँगी।

पैग़म्बर साहिब यकीन के साथ कहते हैं कि "जन्नत में मोमिनों को कोई मेहनत नहीं करनी पड़ेगी और न ही उन्हें वहाँ से कभी निकाला जाएगा, वहाँ उन्हें सोने की थालियों और प्यालियों में भोजन परोसा जाएगा, वहाँ उन्हें वह सब कुछ मिलेगा जो आत्मा चाहती है और जिसे देखने को तरसती है," "वहाँ तुम्हें बहुतायत में फल मिलेंगे, जो तुम्हारे खाने के लिए काफ़ी होगा," "सदाचारियों को बागों और झरनों के बीच शांत स्थलों पर रहने को मिलेगा। उन्हें उम्दा रेशम और भारी ज़रीदार कपड़ा पहनने को मिलेगा और वे एक दूसरे की तरफ़ चेहरा किए हुए बैठा करेंगे ...और हम उनकी शादी लंबी और चमकदार आंखों वाली कन्याओं से करा देंगे..." उनको न तो मौत आएगी, न उन्हें कोई बीमारी सताएगी और न उन पर बुढ़ापा आएगा, उन पर बुढ़ापा इसलिए नहीं आएगा क्योंकि, "जन्नत में एक बाज़ार हैं जहाँ लोग हर हफ्ते ('जुम्मे के दिन') आया करेंगे। उत्तरी वायु चला करेगी और वह उनके चेहरों और कपड़ों पर खुशबू बिखेरा करेगी। इस प्रकार वह वायु उनके सौंदर्य और रमणीयता को बढ़ा देगी..."

"जन्नत के निवासी खाएँगे पिएँगे तो सही लेकिन न उन्हें मलत्याग करना पड़ेगा, न नाक साफ़ करनी पड़ेगी और न पेशाब करना पड़ेगा"—ऐसा पैग़म्बर साहिब यकीन दिलाते हैं। "वहाँ का खाना हज़म होने के बाद डकार आएगी, जिसमें से मुश्क की सी खुशबू..." "...उनकी कंघियाँ सोने की होंगी और उनके पसीने में से मुश्क की खुशबू आएगी।" "उनकी अंगीठियों में से अगरू की खुशबू आएगी... वे गद्दों पर लेटे हुए आनंदपूर्वक जीवन व्यतीत करेंगे," "उन्हें शुद्ध पेय पीने को दिया जाएगा और वह मुश्क से अच्छी तरह से सीलबंद होगा और उसमें तस्मीन नामक झरने का पानी मिला होगा। यह एक ऐसा झरना है, जिसमें से केवल चुने हुए व्यक्ति ही पानी पी सकेंगे..." और उन्हें अल्लाह का चेहरा देखने का आनंद भी प्राप्त होगा, "ठीक उसी तरह से, जैसे तुम चांद को देख रहे हो।"

तदनुरूप जहन्नुम में आग की प्रचंडता और वहाँ के निवासियों का वर्णन किया गया है। इसके अलावा अद-दज्जाल का भी वर्णन किया गया है कि "वह एक आँखवाला है, जबकि अल्लाह एक आँखवाला नहीं है," उसका लंबा चौड़ा जिस्म है, उसकी त्वचा लाल है। वह एक आँख से अंधा है और दूसरी आँख अंगूर की तरह बाहर

की तरफ उभरी हुई है। उसके पास आग होगी जो पानी दिखाई देगी और पानी होगा जो आग दिखाई देगा। उसकी आँखों के बीच लिखा होगा 'काफ़िर', वह मदीना के नज़दीक आकर डेरा डालेगा। तब मदीना तीन बार हिल उठेगा जिस पर हर काफ़िर और हर पाखंडी मदीना से निकल कर उसकी तरफ चला जाएगा, लेकिन अद-दज्जाल मदीना में दाखिल नहीं हो सकेगा क्योंकि उसके सातों द्वारों पर दो-दो फ़रिश्ते रखवाली के लिए तैनात होंगे...[92]

अगर ये धारणाएँ किसी मध्यकालीन पुस्तक में निहित होतीं तो उस पुस्तक के स्थान पर कोई सामयिक पुस्तक पाठ्यक्रम में निर्धारित करके उन धारणाओं पर काबू पाया जा सकता था। लेकिन जब वह स्वयं पैग़म्बर साहिब द्वारा दिया गया ज्ञान हो, और इस ज्ञान संबंधी तथ्यों को पैग़म्बर साहिब द्वारा प्रमाणित किया गया हो, तो क्या पाठ्य पुस्तकों को अद्यतन बना देने से इन तथ्यों को भुलाया जा सकता है? खास तौर पर तब जबकि ऐसा कोई नियम नहीं है जिसके आधार पर कोई अधिकार पूर्वक कह सके कि पैग़म्बर साहिब द्वारा एक प्रकार के विषयों—उत्तराधिकार, तलाक आदि—पर दिए गए ज्ञान या व्यक्त की गई राय का आधार दूसरे प्रकार के विषयों—अद-दज्जाल, अंतिम क्षण, कियामत का दिन, कब्र में की जाने वाली पूछताछ, जिहाद, हूरों की शक्लों, जहन्नुम की आग, और क्या जन्नत में आदमी केवल खाएगा पीएगा, लेकिन उसे मल अथवा मूत्रत्याग नहीं करना पड़ेगा—के बारे में दिए गए ज्ञान और व्यक्त की गई राय के आधार से भिन्न है। इन सब का एक अखंड आधार है। जैसा कि हमने देखा कि दूसरे प्रकार के विषयों का वर्णन भी उतना ही सुनिश्चित है जितना कि पहले प्रकार के विषयों का। अगर कोई एक प्रकार के विषयों के बारे में पैग़म्बर साहिब द्वारा कही गई बातों पर शक करने लगे, तो फिर ऐसा कोई नियम नहीं जो उसे दूसरी प्रकार के विषयों पर उनके द्वारा कही गई बातों पर शक करने से रोक सके।

संवाद, चर्चा

जब उलमा किसी तर्कपूर्ण संवाद पर रोक लगा देते हैं, तो हम उन्हें टेढ़ी निगाह से देखने लगते हैं। लेकिन यह किसी ऐसे-वैसे आलिम ने नहीं बल्कि स्वयं अल्लाह ने कहा है कि :

> और जब ऐसे लोगों को देखो,
> जो हमारी आयतों पर
> फ़ज़ूल चर्चा में लगे हों,
> तो जब तक वे किसी
> दूसरे विषय पर चर्चा न करने लगें,

तब तक तुम उनसे अलग रहो। (कुरआन, 6.68)

स्वयं अल्लाह ही अपनी भर्त्सना को दोहराता है :

और वह, किताब में तुम पर यह फ़रमान
पहले ही उतार चुका है, कि जब तुम सुनो
कि अल्लाह की आयतों के साथ
कुफ़्र किया जा रहा है और उनकी
हँसी उड़ाई जा रही है, तो जब तक
वे किसी दूसरी बात में न लग जाएँ
उनके साथ न बैठो। अगर तुम उनके
साथ बैठे तो तुम भी उन्हीं जैसे
हो जाओगे। निश्चय ही अल्लाह
सब पाखंडियों और काफ़िरों को जहन्नुम में
इकट्ठा करने वाला है। (कुरआन, 4.140)

जिन्होंने भी यह देखा है कि ईसाई धर्म किस प्रकार रूढ़ि मुक्त हो गया है उन सबको उन फ़तवों पर खीझ हो उठेगी, जिनके जरिए उलमा पूछताछ या सवालों को कुचल डालते हैं। लेकिन बेचारे उलमा क्या करेंगे जब अल्लाह ने ख़ुद ही यह घोषित किया है कि :

ऐ ईमान लाने वालो!
उन बातों के बारे में
सवाल मत पूछो,
कि जिन्हें यदि मैंने स्पष्ट कर दिया
तो वे तुम्हारे लिए दुःख का कारण
बन जाएंगी।
लेकिन यदि उन बातों के बारे में
उस समय पूछोगे
जबकि कुरआन उतारा
जा रहा हो, तो वे
तुम्हें स्पष्ट कर दी जाएँगी। (कुरआन, 5.104)

और क्योंकि कुरआन का उतारा जाना, 1350 वर्ष पहले पूरा हो चुका था, इसलिए स्पष्ट है कि सवाल पूछने का समय समाप्त हो चुका है। जब स्वयं पैग़म्बर ने "बार बार सवाल करने" से मना किया है, तो फिर बेचारे उलमा क्या करेंगे?[93] जब कोई साधारण आलिम नहीं बल्कि स्वयं पैग़म्बर साहिब मोमिनों से कहें कि वे वैसा ही करें जैसा उन्हें बताया गया, और पैग़म्बर साहिब ही उन्हें चेतावनी दें, "सचमुच तुमसे पहले के लोगों ने अपना इसलिए सत्यानाश कर लिया क्योंकि उन्होंने अपने

पैग़म्बरों से बहुत से सवाल किए थे और उसके बाद उनकी शिक्षाओं को भी उन्होंने स्वीकार नहीं किया।"[94]

स्वयं पैग़म्बर साहिब ने लोगों को यह चेतावनी दी थी कि वे कुरआन की 'लाक्षणिक आयतों' के पीछे के अर्थ ढूंढ़ने की कोशिश न करें। इस नियम के कारण कितनी कुछ जानकारी अवरुद्ध होकर रह गई है क्योंकि जैसा कि 'सहीह मुस्लिम' के संपादक ने लिखा है, "विद्वानों के बीच इस बात को लेकर काफी मतभेद है कि कुरआन की कौन-सी आयतें लाक्षणिक हैं।" हमने पहले भी देखा है कि जब यह साबित करने का प्रश्न सामने आया, कि जबकि पैग़म्बर साहिब ने कहा था कि कुल बारह ख़लीफ़े होंगे और वास्तव में एक सौ ख़लीफ़े पहले ही हो चुके हैं, तो इन दो बातों के बीच तालमेल कैसे बैठाया जाए, तो फ़तवा-ए-रिज़विया में यह कहा गया कि ख़लीफ़ों की संख्या से संबंधित घोषणा भी एक गुप्त मामले से जुड़ी हुई है।

जब दो आदमी एक आयत को लेकर आपस में बहस कर रहे थे तो यह पैग़म्बर साहिब ही थे जो गुस्से में आकर बोले थे, "सचमुच तुमसे पहले के (लोगों) का इसलिए सर्वनाश हुआ क्योंकि वे किताब को लेकर आपस में विवाद किया करते थे।" जो लोग अल्लाह शब्द के अर्थों को लेकर आपस में विवाद करने लगते हैं उनके बारे में स्वयं पैग़म्बर साहिब ने ही कहा था कि "अल्लाह की निगाह में वे सबसे ज़्यादा घृणायोग्य व्यक्ति हैं।" पैग़म्बर साहिब ने ही यह चेतावनी दी थी, "जो लोग बाल की खाल उतारा करते थे, उनका सत्यानाश हो गया।" और उन्होंने इस चेतावनी को तीन बार दोहराया है।[95]

पैग़म्बर साहिब ने ही मोमिनों को फटकार लगाई थी, "मैं तुम्हें हुक्म देता हूँ कि अल्लाह से डरो और वह (शासक) चाहे कोई हब्शी गुलाम भी क्यों न हो, उसकी आज्ञा का पालन करो। क्योंकि तुममें से मेरे बाद जो भी जिंदा रहेगा, उसे जल्द ही मतभेद देखने को मिलेगा। तब तुम मेरे उदाहरण और मेरे बाद आनेवाले सही मार्ग पर चलने वाले ख़लीफ़ों के उदाहरण के प्रति दृढ़ निष्ठावान रहोगे। इस बात को पक्की तरह से गांठ बांध लो। नई बातों से ख़बरदार रहो क्योंकि हर नई बात नया विचार लेकर आती है और हर नया विचार भ्रामक होता है।"[96]

यह उलमा ने नहीं बल्कि अल्लाह ने घोषित किया है :

"हमने (अपने फ़रमानों की) किताब में कोई चीज़ छोड़ी नहीं है।"

(कुरआन, 6.38)

इस पूर्वधारणा के अनुसार, यह बात किसी आलिम ने नहीं, बल्कि स्वयं पैग़म्बर साहिब ने कही है, "यदि कोई व्यक्ति अपने मज़हब में कोई ऐसी चीज़ शुरू करता है, जो मज़हब से ताल्लुक नहीं रखती, तो वह व्यक्ति पापी होता है।" नए ख़यालों के बारे में चेतावनी देते हुए एक रफ़ीक पैग़म्बर साहिब की ही बात कहता है, "जब अल्लाह के नबी उपदेश दे रहे थे, तो उनकी आँखें लाल हो गईं, उनका स्वर ऊंचा

हो गया और वे आवेश में आ गए मानो वे हमें दुश्मन की फ़ौज के विरुद्ध ख़बरदार कर रहे थे। उन्होंने कहा—सुबह दुश्मन तुम पर हमला करने को तैयार होता है और शाम को वह तुम्हारी तरफ़ बढ़ रहा होता है।—इसके बाद उन्होंने कहा, (पैग़म्बर के तौर पर) मेरी घोषणा और कियामत के दिन का आगमन मेरी दो उंगलियों के समान एक दूसरे के पास पास हैं—और यह कह कर उन्होंने अपनी तर्जनी और बीच की उंगली को मिला कर सामने कर दिया, उन्होंने बताया : श्रेष्ठतम प्रवचन है अल्लाह की किताब और श्रेष्ठतम उदाहरण है मुहम्मद का उदाहरण, सबसे ख़राब काम है मज़हब में नए तत्त्वों की खोज और हर नया ख़याल भ्रामक होता है..."[97]

तो जब उलमा ऐसे लोगों की घोर-निंदा करते हैं जो अंतर-सांप्रदायिक सभाओं में भाग लेने की बात सोचते हैं, जहाँ धार्मिक विषयों पर चर्चा की जाती है, तो क्या वे अपनी तरफ से गढ़ कर कोई बात कह रहे होते हैं? जब किसी के मन में कुरान की आयतों, हदीस और उससे आगे बढ़ कर उलमा के फ़रमानों की पड़ताल करने की जरा-सी भी प्रेरणा जागती है और उलमा उसकी घोर निंदा करते हैं, तो उस समय क्या वे अपनी तरफ़ से गढ़ कर कोई बात कह रहे होते हैं?

संक्षेप में हम यह कह सकते हैं कि समस्या ऐसी नहीं है, कि जिसे 'इस्लामी तालीम के मरकज़ों' में इस्तेमाल हो रही पाठ्य पुस्तकों को अद्यतन बना देने मात्र से सुलझाया जा सके। एक या दो पाठ्य पुस्तकों को हटा कर उनकी जगह दूसरी पुस्तकें निर्धारित की जा सकती हैं, लेकिन कुरआन और हदीस का समाधान कैसे ढूंढा जाए?

तो फिर क्या इसका कोई हल नहीं है?

संदर्भ

1. साहिब अल बुख़ारी, खंड 7, पृ. 232-33
2. वही, खंड 7, पृ. 37, 65
3. इमाम मुस्लिम, रियाद अस सालिहीन के 'मुसलमानों के दोष छिपाना' नामक अध्याय में, खंड 1, 1988 संस्करण, काज़ी पब्लिकेशन्स, लाहोर, पृ. 174-75
4. सुनन अबू दाऊद, किताब भवन, नई दिल्ली 1993, खंड 3, पृ. 1362-63। 'किसी मुसलमान के दोषों को छिपाना' शीर्षक के अंतर्गत हदीस को पुनः उद्धृत करते हुए संपादक/अनुवादक कहता है, "इसका यह अर्थ है कि यदि कोई मुसलमान किसी मुसलमान के दोष देखता है, तो उसे उन दोषों को छिपा लेना चाहिए। इसके लिए अल्लाह उसे फल देगा।" वही, खंड 3, पृ. 1362-63
5. सहीह मुस्लिम, खंड 1, पृ. 139-40
6. उदाहरण के लिए सहीह अल-बुख़ारी, खंड 9, पृ. 38
7. सही मुस्लिम, खंड 1, पृ. 50, 53 और सहीह अल बुख़ारी, खंड 6, पृ. 269-70
8. उदाहरण के लिए सहीह मुस्लिम, खंड 1, पृ. 203-4

9. उदाहरण के लिए सुनन अबू दाऊद, खंड 2, पृ. 860-61
10. उदाहरण के लिए सहीह मुस्लिम, खंड 4, पृ. 1444
11. रियाद अस सालिहीन, खंड 1, पृ. 531
12. सहीह मुस्लिम, खंड 3, पृ. 1046
13. वही, खंड 3, पृ. 1043-44
14. वही, खंड 3, पृ. 1048-49
15. सहीह अल बुख़ारी, खंड 4, पृ. 50-51
16. वही, खंड 4, पृ. 36
17. सुनन अबू दाऊद, खंड 2, पृ. 686-87। संपादक/अनुवादक द्वारा यह स्पष्ट किया गया है, "हदीस में मुस्लिम समुदाय के किसी ख़ास हिस्से की बात नहीं की गई है। इसमें वे सभी लोग शामिल हैं जो इस्लाम के जिहाद को आगे बढ़ाने के लिए बहादुरी से जूझते रहते हैं। वे योद्धा, विद्वान, प्रचारक, अध्यापक, शरीअत के और हदीस के विद्वान हो सकते हैं।" वही, पृ. 687
18. सुनन अबू, खंड 2, पृ. 729-30
19. वही, खंड 2, पृ. 756-58, सहीह-अल-बुख़ारी, खंड 4, पृ. 41
20. सहीह मुस्लिम, खंड 3, पृ. 1045
21. सहीह-अल-बुख़ारी, खंड 4, पृ. 72
22. सहीह-अल-बुख़ारी खंड 4 पृ. 72
23. सुनन अबू दाऊद, खंड 2 पृ. 690। संपादक/अनुवाद स्पष्टीकरण प्रस्तुत करते हुए कहता है, "इसका मतलब है कि जो व्यक्ति अल्लाह की राह (अर्थात् जिहाद) में लड़ते हुए किसी काफ़िर का कत्ल कर देता है, उसके पापों को क्षमा कर दिया जाएगा और इसलिए वह जन्नत जाएगा। काफ़िर तो अनिवार्य रूप से नरक में ही जाएगा। इसलिए जिस आदमी ने किसी काफ़िर का कत्ल किया था उसे काफ़िर के साथ जन्नुम में नहीं लाया जाएगा।" वही पृ. 690
24. सुनन अबू दाऊद, खंड 2 पृ. 691 और वही पृ. 698-99
25. वही, खंड 2, पृ. 699
26. अबू दाऊद और तिरमिज़ी रियाद अस सालिहीन, खंड 2 पृ. 197
27. अबू दाऊद और तिरमिज़ी रियाद अस सालिहीन, खंड 2 पृ. 199
28. अबू दाऊद और रियाद अस सालिहीन 2 पृ. 217-18
29. सहीह मुस्लिम, खंड 3, पृ. 945, 990-91, सहीह अल बुख़ारी, खंड 4 पृ. 166-67, सुनन अबू दाऊद, खंड 2 पृ. 728
30. उदाहरण के लिए सहीह अल बुख़ारी, खंड 4 पृ. 164-65, 167-68
31. शेख़ बुरहनुद्दीन अली, दि हिदायात, चार्ल्स हेमिल्टन (अनु.), किताब भवन, दिल्ली, 1985, पुनःमुद्रण, खंड-2 पृ. 140-256
32. इस, और इस प्रकार के और जवाबों के लिए देखें सहीह मुस्लिम, खंड 3, पृ. 1052-54
33. इस आयत में आगे कहा गया है :
लेकिन पहले अपनी आत्माओं के लिए कुछ अच्छा काम करो। लेकिन जो अच्छा काम है, उसको करने से औरतों को कुछ ज़्यादा राहत नहीं मिलेगी। जैसा कि मैंने इंडियन कंट्रावर्सीज़ में उल्लेख किया है, इस आयत को स्पष्ट करने के लिए हदीस में वर्णन आया है : "यहूदी कहा करते थे, 'यदि कोई व्यक्ति अपनी पत्नी के साथ पीछे से संभोग करता है, तो उसको भेंगी आंख वाला बच्चा पैदा होगा।' इसी कारण इस आयत का इलहाम हुआ था..." (सहीह अलबुखारी, खंड 6 पृ. 39)। अपनी आत्मा के कल्याण के लिए किया जाने वाला कार्य कुरआन में निर्दिष्ट

नहीं किया गया है। हदीस द्वारा एक संभावना बताई गई है। पैग़म्बर साहिब कहते हैं, "यदि अपनी पत्नी के साथ संभोग करते समय कोई कहता है (और उसे संभोग शुरू करने से पहले ज़रूर ऐसा कहना चाहिए), 'बिस्मिल्लाह अल्लाहुम्मा जन्तिबनी-श-शैतान व जन्तिबनी-श-शैतान मा रज़ाक्ताना" (अर्थात् अल्लाह के नाम पर, मुझे शैतान से बचाना, और तुम जो हमें प्रदान करने जा रहे हो (अर्थात संतान) उसे भी शैतान से बचाना') और यदि किस्मत में लिखा है कि उन्हें संतान हो, तो उस संतान को शैतान कोई नुकसान नहीं पहुँचा पाएगा।" (सहीह अल-बुखारी खंड 1 पृ. 105 और खंड 7 पृ. 70) आयत में "अपनी खेती में जाने" से पहले जिस अभिप्रेत अच्छे काम की सलाह दी गई है, वह यही हो सकता है। इसकी पुष्टि एक और हदीस में भी की गई है। हमें बताया जाता है कि डेविड के पुत्र पैग़म्बर सालोमन ने कहा था : "आज मैं एक सौ औरतों (अपनी पत्नियों) के पास जाऊंगा (उनसे संभोग करूंगा) और उनमें से प्रत्येक एक-एक लड़के को जन्म देगी और वे अल्लाह की राह में जिहाद करेंगे।" लेकिन सोलोमन ने ये शब्द नहीं कहे। वह ये शब्द कहना भूल गया। तब उसने उनके साथ संभोग किया लेकिन एक को छोड़कर किसी को भी बच्चा नहीं हुआ। उस एक औरत ने जो बच्चा दिया वह भी आधा पुरुष था। पैग़म्बर साहिब ने कहा, अगर सोलोमन ने कहा होता : 'बिस्मिल्लाह' तो अल्लाह ने पूर्वोक्त इच्छा को पूरा कर दिया होता, और ऐसा कहने से वह अधिक आशावान् भी हो उठता।" (सहीह अल-बुख़ारी, खंड 7 पृ. 122-23)

34. देखें कुरआन की आयत 4.24 भी, जहाँ अल्लाह ने इस बात को दोहराया है कि मेहर तय हो जाने के बाद 'तुम आपस में' (उसे कमोबेश करने के लिए) सहमत हो जाओ, तो तुम पर कोई दोष नहीं।
35. क्रमशः मुस्लिम और तिरमिज़ी, देखें रियाद-अस-सालिहीन, खंड 1, काज़ी पब्लिकेशन, लाहोर, 1998, पुनःमुद्रण पृ. 199
36. मिश्कात अल मसाबिह, पुस्तक 13, अध्याय 11, उसी प्रकार सुनन अबू दाऊद, खंड 2 पृ. 574, सहीह अल बुखारी, खंड 7 पृ. 93, रियाद अस सालिहीन, खंड 1 पृ. 197-205, वही, खंड 2 पृ. 449-50
37. सहीह अल बुखारी, खंड 7 पृ. 22, सहीह मुस्लिम, खंड 4 पृ. 1431-32
38. सहीह अल बुखारी, खंड 1 पृ. 29, खंड 7 पृ. 94-96, सहीह मुस्लिम, खंड 4 पृ. 1431-32
39. सहीह अल बुखारी, खंड 7 पृ. 95-96
40. वही, खंड 3 पृ. 502
41. मिश्कात अल मसाबिह, खंड 1 पृ. 658
42. वही, खंड 1 पृ. 663
43. वही, खंड 1 पृ. 658
44. वही, खंड 1 पृ. 662
45. वही, खंड 1 पृ. 658
46. इमाम मलिक, मुवत्ता, मुहम्मद अशरफ़, लाहोर 1980, पृ. 269, हदीस 1221
47. पूर्वोक्त के बारे में देखिए सुनन अबू दाऊद, खंड 2 पृ. 574-75
48. रामस्वरूप की पुस्तक विमेन इन इस्लाम में उद्धृत, वायस आफ़ इंडिया, दिल्ली, 1994, पृ. 4-5
49. सहीह अल बुखारी, खंड 4 पृ. 282
50. इस्लामी विश्वविद्यालय अलमदीना अल मुनव्वरा के विद्वानों का कहना है "उदाहरण के लिए सितारों और चांद पर आदमी को भेजना धन और ऊर्जा का अपव्यय है," सहीह अल बुखारी, खंड 4 पृ. 282

51. उदाहरण के लिए देखें पुस्तक 75, सहीह अल बुखारी, खंड 4 पृ. 211-18 पर।
52. सहीह अल बुखारी, खंड 4 पृ. 416-17
53. वही, खंड 7 पृ. 426-27
54. वही, खंड 7 पृ. 427
55. वही, खंड 7 पृ. 452-53, और खंड 4 पृ. 338। इस्लामी विश्वविद्यालय अलमदीना अल मुनव्वरा के विद्वानों का कहना है कि सूक्ष्मजीव विज्ञानियों के जांच परिणामों से इस नुस्खे की पुष्टि हुई है।
56. सहीह अल बुखारी, खंड 1 पृ. 111, 114, सहीह मुस्लिम, खंड 1 पृ. 160-161, सुनन अबू दाऊद, खंड 1 पृ. 8-10
57. कुरआन 2.230, सहीह अल बुखारी, खंड 7 पृ. 181-82, सुनन अबू दाऊद, खंड 2 पृ. 629
58. उदाहरण के लिए सहीह मुस्लिम, खंड 2 पृ. 769-73
59. सहीह मुस्लिम, खंड 1, पृ. 389
60. मिश्कात शरीफ़, खंड 2 रब्बानी बुक डिपो, दिल्ली, कोई तारीख नहीं, हदीस 4144/32 पृ. 150
61. वही, हदीस 4158/46, पृ. 153
62. वही, हदीस 4256/37, पृ. 169
63. वही, हदीस 4683/64, पृ. 175-76
64. सहीह मुस्लिम, खंड 3 हदीस 5173-78, पृ. 1146,
65. मिश्कात शरीफ़, खंड 2, हदीस 3908/24 पृ. 105
66. वही, हदीस 4029/52 पृ. 126
67. सुनन नसाई शरीफ़, अल्लिमा वहीद अल ज़मान (अनु.) एतकाद पब्लिशिंग हाउस, दिल्ली 1986, खंड 3 हदीस 433, देखें हदीस 15246 भी पृ. 477
68. सहीह अल बुख़ारी शरीफ़, खंड 3, हदीस 520 पृ. 319
69. सुनन नसाई शरीफ़, खंड 1 हदीस 291, पृ. 97
70. मिश्कात शरीफ़, खंड 2 हदीस 4493/6 पृ. 219
71. जामा तिरमिज़ी, अल्लामा बदी अलज़्मां (अनु.) एतकाद पब्लिशिंग हाउस, दिल्ली 1983, खंड 1 पृ. 371
72. वही, खंड 1 पृ. 376
73. वही, खंड 1 पृ. 667-68
74. मिश्कात शरीफ, खंड 2 हदीस 4023/46, पृ. 125
75. जामा तिरमिज़ी, खंड 1 पृ. 291
76. सुनन अबू दाऊद शरीफ, खंड 2 हदीस 673, पृ. 668
77. सुनन नसाई शरीफ़, खंड 2 हदीस 2170, पृ. 51
78. सुनन अबू दाऊद शरीफ, खंड 2 हदीस 581, पृ. 237
79. वही, खंड 1 हदीस 495 पृ. 212-13; अनुवादक ने टिप्पणी की है "कुछ लोगों ने इस हदीस का यह अर्थ लगाया है कि यहूदियों और ईसाइयों से कोई भी समानताएँ बनाए रखने के लिए मना किया गया है।" इसी उद्देश्य से देखिए जामा तिरमिज़ी, खंड 1, पृ. 113-14, सहीह अल बुख़ारी शरीफ़, मौलाना अख़्तर शाहजहानपुरी (अनु.), दिल्ली, 1984, खंड 1, हदीस 573-74, पृ. 290
80. सुनन मुस्लिम शरीफ, खंड 2 पृ. 229
81. सुनन अबू दाऊद शरीफ, खंड 1 हदीस 633, पृ. 264 और वही, हदीस 647, पृ. 269

82. सुनन नसाई शरीफ, खंड 1 हदीस 1370 और 1371 पृ. 544, सहीह मुस्लिम शरीफ, खंड 2 पृ. 318, सुनन इब्न माजा, खंड 1 हदीस 1131 पृ. 313, सहीह अल बुखारी शरीफ़, खंड 1 हदीस 829, पृ. 371
83. सुनन नसाई शरीफ, खंड 2 हदीस 2972, पृ. 296, सहीह मुस्लिम शरीफ़, खंड 3, पृ. 314-15
84. जामा तिरमिज़ी, खंड 1 पृ. 535, सुनन इब्न माजा, खंड 2 हदीस 239, पृ. 233, सहीह अल बुखारी शरीफ़, खंड 1 हदीस 1571, पृ. 620
85. सुनन अबू दाऊद, खंड 3 पृ. 1065, और रियाद अस सालिहीन, खंड 2 पृ. 384, 392; देखें रियाद अस सालिहीन, खंड 1 पृ. 458-60, कुछ ऐसी हदीसों के लिए जिनमें पैग़म्बर साहिब द्वारा दाहिने हाथ को इस्तेमाल करने पर बल दिया गया है, और साथ ही हर काम का—बालों में कंघी करने, उन्हें काटने, जूते पहनने, नहाने, वुज़ू करने, कपड़े पहनने की शुरुआत दाईं तरफ से की जानी चाहिए।
86. सुनन अबू दाऊद, खंड 3 पृ. 1329-31
87. सुनन अबू दाऊद, खंड 3 पृ. 1937, इसके अलावा देखें सहीह मुस्लिम, खंड 9 पृ. 1539-40
88. सहीह मुस्लिम, खंड 4 पृ. 1540
89. सुनन अबू दाऊद, खंड 3 पृ. 1414-15
90. सहीह मुस्लिम, खंड 1 पृ. 153
91. सहीह मुस्लिम, खंड 4 पृ. 1222-23, इसके अलावा सहीह अल बुख़ारी, खंड 9 पृ. 105, 111
92. उदाहरण के लिए सहीह अल बुख़ारी, खंड 9, पृ. 182-86, सहीह मुस्लिम, खंड 4, पृ. 1476-92, रियाद अस सालिहीन, खंड 2 पृ. 542-50
93. सहीह मुस्लिम, खंड 3 पृ. 929-30, इसके अलावा रियाद अस सालिहीन, खंड 1 पृ. 117-23
94. सहीह मुस्लिम, खंड 4 पृ. 1256-58
95. पूर्वोक्त उद्धरण के लिए देखें सहीह मुस्लिम, खंड 4 पृ. 1402-3
96. अबू दाऊद और तिरमिज़ी, रियाद अस-साहिलीन में, खंड 1 पृ. 119
97. मुस्लिम, रियाद अस-सालिहीन, खंड 1 पृ. 127-28

हमारी दुनिया

सर्वसत्तात्मक विचारधारा का सारभूत तत्व यह होता है कि वह जीवन के सब पहलुओं को नियंत्रित करना अपना अधिकार समझती है और उस अधिकार को वह जबरदस्ती लागू करती है। कुरआन, हदीस और फ़तवों का भी इस दृष्टि से निरंतर यही प्रयास रहा है : इनका उद्देश्य है जीवन के हर पहलू को नियंत्रित करना।

जैसा कि हमने देखा है, यह व्यापक नियंत्रण उलमा की ताकत का एक मुख्य स्तंभ है। लेकिन नियंत्रण की यही व्यापकता आख़िरकार ऐसी प्रणालियों की गिरावट का एक कारण बन जाती है। पहले पहल तो यह नियंत्रण विचारधारा और प्रणाली का मात्र चिह्न ही नहीं होता बल्कि उसकी वह वास्तविक ताकत भी होता है, क्योंकि ऐसी प्रणाली के अंतर्गत अपने अत्यंत निजी कार्यों को करते समय भी अनुयायी को विचारधारा और प्रणाली द्वारा निर्धारित नियमों केअनुसार चलना पड़ता है। अनुयायी की ख़ुद की आदत ऐसी बन जाती है कि उस निजी कार्य को करते समय वह—कभी-कभी 'आस्था' के कारण और अन्य समयों पर समझदारी के तकाज़े के तौर पर—पहले यह पता लगाना जरूरी समझता है कि जो काम वह कर रहा है उसे करने के तरीके के संबंध में आधिकारिक आदेश क्या है। लेकिन हर काम पर दख़ल होने के कारण विचारधारा का कदम-कदम पर उल्लंघन होने की संभावना पैदा हो जाती है। इस प्रकार अंततः जब कोई व्यक्ति खड़े होकर पेशाब भी करता है तो गहरे अर्थों में वह स्वयं विचारधारा से विमुख हो रहा होता है।

ऐसे ख़ास मामले में वह व्यक्ति पैग़म्बर साहिब की सुन्नत से विचलित हो रहा होता है। लेकिन वस्तुतः वह उससे भी काफी कुछ अधिक कर रहा होता है। हालांकि मानदंड यह है कि उसके मन में पैग़म्बर साहिब की जिस सुन्नत को इतनी मेहनत से बैठाया गया है, उसका वह पालन करे, लेकिन जब वह खड़े होकर पेशाब कर रहा होता है, तो उसके मन को जो बात बेधती है वह सिर्फ इतनी-सी नहीं है कि वह एक अवस्थिति में पेशाब न करके दूसरी अवस्थिति में कर रहा है, बल्कि यह कि वह सुन्नत से विचलित हो रहा है। स्वाभाविक रूप से उसके मन में अपराध और भय की भावना फूट पड़ती है—अपराध भावना, पैग़म्बर साहिब के स्पष्ट निर्देश से विचलित होने के कारण, और भय की भावना इस कारण कि किसी को दिखाई

दे सकता है कि वह ऐसा कर रहा है, और उसके लिए उसे परिणाम भुगतने पड़ सकते हैं। जब अपराध और भय की भावना के बावजूद वह उस निजी कार्य को उसी तरीके से करना जारी रखता है तो वह सामान्यतः सुन्नत की अवज्ञा करने की पद्धति अपना लेता है और इसका आदी हो जाता है। प्रत्येक कर्मकांड धार्मिक सत्ता के विरुद्ध विद्रोह का हथियार बन जाता है और प्रत्येक पेशाबख़ाना हदीस और शरीअत में प्रभुत्व पर आघात करने वाला कुठार।

नियंत्रण की इस व्यापकता का एक और तरह से भी विपरीत प्रभाव पड़ता है। जीवन का हर पहलू शरीअत द्वारा नियंत्रित है। इसलिए शरीअत अलमा की ताकत का मूल स्रोत है। लेकिन उसका यह अर्थ भी है कि छोटे से छोटे मामले को लेकर भी मतभेद पैदा हो सकता है। इसके अलावा, क्योंकि हर मामला एक मज़हबी मामला होता है और क्योंकि उलमा के दुनियावी नज़रिए में धर्म, स्वयं जीवन से भी अधिक महत्त्वपूर्ण है इसलिए हर मतभेद मज़हबी मतभेद बन जाता है। इस प्रकार हर मतभेद एक मज़हबी विवाद का रूप धारण कर लेता है। यदि एक आलिम को खड़े होकर पेशाब करते हुए देख लिया जाता है, अगर उस पर यह इलज़ाम लगाया जाता है कि उसने इस्तिंजा करने के लिए तय संख्या में पत्थरों का इस्तेमाल नहीं किया है, यदि कोई चीज़ खाने के लिए या पगड़ी बांधने के लिए उसे बायाँ हाथ इस्तेमाल करते हुए देख लिया जाता है या उसे एक ऐसा पायजामा पहने हुए देख लिया जाता है, जो उसके टखनों से नीचे तक चला गया है तो उलमा की निगाह में उसे जान-बूझकर पैग़म्बर साहिब की बिल्कुल साफ़ हिदायतों की अवज्ञा करने का दोषी माना जाएगा। वह केवल एक छोटे से और सतही मामले में त्रुटिपूर्ण आचरण का ही नहीं बल्कि दीन के ख़िलाफ़ अवज्ञापूर्ण आचरण और विद्रोह का भी दोषी माना जाएगा। इस पर स्वाभाविक है कि उलमा यह कहेंगे, "यदि उसे इन मामलों पर टोका नहीं जाता तो क्या वह दूसरे मामलों पर भी शरीअत का निरादर करना शुरू नहीं कर देगा?" और तब वे ये भी कहेंगे, "यदि उसे नहीं टोका जाता तो क्या दूसरे लोग भी वैसा आचरण करना शुरू नहीं कर देंगे?" और अंततः यह कहा जाएगा, "तब मज़हब का क्या कुछ बचा रहेगा?" और एक दृष्टि से यह मज़हबी मामला है भी। जब पैग़म्बर साहिब की सत्ता और उनके उदाहरण को सबसे ऊंचा मान लिया गया है और जब उनकी सत्ता और उदाहरण को मज़हब की अन्य सब बातों से बढ़ कर मान लिया गया है, तब आदमी धार्मिक कारण के सिवाय और किस कारण से पैग़म्बर साहिब की साफ़ हिदायत की अवज्ञा कर सकता है? उसका विचलन जान-बूझकर किया गया और पहले से सोचा-समझा, विद्रोह या बल्कि धर्म का खंडन नहीं तो और क्या है?

लेकिन जब हर त्रुटि को एक धार्मिक विचलन मान लिया जाता है तो मतभेद, विवाद का रूप लेगा ही और विवाद के कारण अंततः फूट पड़ेगी ही।

चुनाचे हमारे पास आशावान होने के दो कारण हैं। क्योंकि शरीअत की सर्वसत्तात्मक विचारधारा का कदम-कदम पर उल्लंघन संभाव्य हो जाता है, और क्योंकि शरीअत के अंतर्गत पैग़म्बर साहिब के आचरण और उनके कथनों को अंतिम सत्य मान लिया गया है इसलिए अत्यंत सतही क्षेत्रों में भी जीवन के सामान्य विकास के परिणाम स्वरूप लोगों द्वारा व्यवहार में शरीअत का अनादर किया जाना अवश्यंभावी है और उससे लोगों में सामान्य रूप से इसका निरादर करने की आदत पैदा होना अवश्यंभावी है। आज मुसलमान ब्याज देते भी हैं और लेते भी हैं। वे ऐसे कपड़े पहनते हैं जिनसे उलमा द्वारा निर्धारित मानदंडों का उल्लंघन होता है। वे फ़ोटो खींचते भी हैं और अपना फोटो खिंचवाते भी हैं। वे फिल्मों में अभिनय भी करते हैं और फिल्में देखते भी हैं। उनके घरों में टी.वी. भी हैं। उनके युवा लड़के लड़कियाँ आधुनिक कालिजों में जाते हैं। वे गर्भ-निरोधक वस्तुओं का इस्तेमाल भी करते हैं। उनमें से सभी जिहाद छेड़ने में व्यस्त नहीं हैं...संक्षेप में जीवन अपने आप में क्षयकारी है और वह इस सर्वसत्तात्मक विचारधारा को भी भीतर ही भीतर खोखला बनाता जा रहा है, जैसा कि उसने अन्य ऐसी विचारधाराओं को बनाया है। दूसरा, उलमा में फूट पड़ती चली जाती है और वे विरोधी दलों में बंटते चले जाते हैं। इसका एक कारण तो स्वयं इस विचारधारा में ही निहित है। अत्यंत सतही और तुच्छ मामलों को लेकर पैदा हुआ छोटा-सा मतभेद भी बुनियादी मामलों का मतभेद बन जाता है। दूसरा कारण उलमा से जुड़ा है। वे पूरी तरह से सत्ता के पीछे पड़े रहते हैं। उनके लिए, साम्यवादी पार्टियों की तरह, विचारधारा सत्ता हथियाने और उसमें बढ़ोत्तरी करने का एक साधन है। उलमा के एक गुट के लिए प्रतिद्वंद्वी केवल वह नहीं है जिसका काफ़िरों पर असर चलता है। उसका उससे भी ज्यादा फ़ौरी प्रतिद्वंद्वी उलमा का दूसरा गुट होता है, और इसलिए उस दूसरे गुट की तरफ़ उसे ज़्यादा जल्दी ध्यान देना पड़ता है। इस प्रकार धर्म सिद्धांत को लेकर पैदा हुए मतभेद विवाद बन जाते हैं और विवाद कटु और तीखे हो उठते हैं क्योंकि वे प्रभुत्व के हथियार होते हैं।

प्रभुत्व का संघर्ष दोतरफ़ा विनाशकारी होता है। एक तो वह उलमा को विभाजित कर डालता है, और गुटों के बीच लड़ाई करवा देता है; और इसके अलावा जैसा कि हम देखेंगे, लड़ाइयों के दौरान एक गुट दूसरे गुटों के बारे में ऐसी बातें कहता है और उनसे संबंधित ऐसे तथ्यों का पर्दाफाश करता है, कि पूरा उलमा वर्ग बदनाम हो उठता है। दूसरा, हर गुट आयतों और धर्मग्रंथों—कुरआन और हदीस को उद्धृत करके अपने पक्ष में दलीलें पेश करता है। जिस सहूलियत के साथ हर गुट अपनी दलीलों को पुख़्ता बनाने के लिए आयतों और धर्मग्रंथों को उद्धृत करता है उसे देखते हुए एक मोमिन भी इस बात से कायल हो उठता है कि आयतें और धर्मग्रंथ एक दूसरे से इतने अलग हैं या इतने लचीले हैं कि वे किसी भी स्थिति को उचित सिद्ध कर सकते हैं। धर्मग्रंथों के प्रति इसकी श्रद्धा छिन्न-भिन्न हो उठती है। इसके अलावा

जैसे-जैसे जाहिराना तौर पर प्रभुत्व के संघर्ष के लिए अलग-अलग गुट आयतों और धर्मग्रंथों की सामग्री में तोड़-मरोड़ करते हैं और उनमें से कुछ को उद्धत करते हैं, और कइयों को उनके अनुकूल न होने के कारण, छिपा कर रखते हैं, वैसे-वैसे मोमिन को भी यह मालूम होता चला जाता है कि आयतें और ग्रंथ केवल हथियार हैं—दुनियावी और ऐहिक सत्ता को हासिल करने की विचारधारा आरंभ होती है ऊंचाई से किए गए इलहाम से। उलमा उसका इस्तेमाल करते हैं ख़ुद को बड़ा बनाने के हथियार के तौर पर। लेकिन मोमिन को यह जानने को मिल जाता है कि यह मात्र एक हथियार है।

एक-दूसरे के संबंध में उलमा द्वारा प्रकट किए गए मत

बिल्ली की लार पाक होती है या नापाक? यह सवाल कितना महत्त्वपूर्ण हो सकता है, आप इसके बारे में सोच नहीं सकते। लेकिन इस सवाल ने दो महान विधिवेत्ताओं—काज़ी शहाबुद्दीन दौलताबादी और शेख अब्दुल फ़तह जौनपुरी के बीच इतना गंभीर विवाद खड़ा कर दिया, कि प्रो. मुजीब लिखते हैं कि, "दोनों एक-दूसरे के साथ गाली-गलौच और लानत-मलामत पर उतर आए।"[1]

नमाज़ के दौरान क्या सुराह-अल-फ़ातिह के बाद ऊंचे स्वर में आमीन कहा जा सकता है? सलाता (नमाज़) के दौरान कुछ रुकुओं (नमाज़ में झुकने की प्रक्रिया) के शुरू हो जाने पर क्या कानों तक हाथों को उठाया जा सकता है? भीतरी तलाश के लिए ये प्रश्न कितने महत्त्वपूर्ण हो सकते हैं? लेकिन इस उपमहाद्वीप में पिछले दो सौ सालों में इन्हीं सवालों के कारण उलमा के बीच ज़बरदस्त मनमुटाव पैदा होते रहे हैं। कुरेशी के विस्तृत तथा प्रशंसनीय अध्ययन 'उलमा इन पॉलिटिक्स' से ऐसे तीखे मतभेदों के उदाहरण दिए गए हैं, जो इस प्रकार के मुद्दों पर पैदा होते रहे हैं। इन मुद्दों को ले कर पैदा हुए मतभेदों के परिणामस्वरूप उलमा और उम्मत का जिस प्रकार विभाजन होता रहा है उसका दुखद वर्णन भी उपर्युक्त पुस्तक में किया गया है। केवल एक ही उदाहरण से यह ज़ाहिर हो जाएगा कि कितनी उग्रता के साथ इन मुद्दों को उछाला जाता है और किस प्रकार वे प्रभुत्व के संघर्ष के साथ जुड़ जाते हैं और किस प्रकार, किसी अनुष्ठान से संबंधित विवादों के रूप में शुरू होकर वे प्रभुत्व के संघर्ष का हथियार बन जाते हैं। 19वीं सदी के रूढ़िवादी प्रचारक सईद अहमद शाहिद और उनके सहयोगी शाह इस्माइल के बारे में कुरेशी साहब लिखते हैं :

लोग कट्टर थे और मज़हबी रस्मों से संबंधित छोटी बातें भी उनके लिए बुनियादी अहमियत रखती थीं। शाह इस्माइल शाहिद ने नमाज़ में शफ़ियाई फ़िक्ह की कुछ बातें अपना ली थीं, जैसे रूफ़ददाएँ। इस प्रक्रिया के अंतर्गत नमाज़ के दौरान कुछ

कायिक चेष्टाओं में परिवर्तन के समय हाथों को कानों तक उठाया जाना होता था। इसके कारण इतनी गड़बड़ी पैदा हो गई कि सईद साहब को सार्वजनिक रूप से यह कहना पड़ा कि मुजाहिदीन कट्टर हनफ़ी हैं। यह बात सही थी क्योंकि शाह इस्माइल भी ख़ुद को हनफ़ी कहा करते थे। लेकिन वे व्यक्तिगत अन्वेषण द्वारा निकाले गए निष्कर्षों पर अमल करने की गुंजाइश रख लेते थे। लेकिन यह परिवर्तन इतना ग़ैर तकलीद (स्थापित विश्वास के अनुसरण के विरुद्ध) था कि आम आदमी उसे नहीं समझ सका। बल्कि इस परिवर्तन को और आगे तक बढ़ाया गया, तो उसके कारण ग़ैर मुकालिद या अहल-ए-हदीस सम्प्रदाय अलग से बन गया। ख़ुद सईद साहब ऐसे मामलों में नरमपंथी थे और वे शाह इस्माइल को मौजूदा नियमों का अनुसरण करने के लिए रज़ामंद करने में सफल हो गए। इन परिवर्तनों ने भारत में अधिक सुसंस्कृत (दायरों में भी) विरोध खड़ा कर दिया। पठानों में इनके कारण और भी अधिक विस्फोटक स्थिति पैदा हो गई। यद्यपि सईद साहब के हस्तक्षेप से शाह इस्माइल और उनके अनुयाइयों का छोटा-सा समूह तो उनकी बात मान गया, लेकिन उनकी रस्म का अनुसरण करने से इंकार करने वाले कुछ अतिवादियों ने अपने दस्तूर को नहीं छोड़ा। इनमें से एक को तो निकाल देना पड़ा। लेकिन धार्मिक विश्वास के मामले में सईद इससे ज्यादा और कुछ नहीं कर पाए। स्थानीय प्रमुखों को माहदर (अभिवेदन) प्राप्त हुआ जिस पर बहुत से उलमा की मोहर थी और उसमें यह आरोप लगाया गया था कि सईद साहब ब्रिटिश एजेंट थे और उन्हें उस क्षेत्र की सूचना एकत्रित करने के लिए भेजा गया है। दिखावे के तौर पर वे जिहाद का नेतृत्व कर रहे हैं लेकिन उनका उद्देश्य है लोगों के ईमान को भ्रष्ट करना। उन्होंने एक नया मज़हब ईजाद किया है जो किसी औलिया या आध्यात्मिक महानता रखने वाले व्यक्ति में विश्वास नहीं करता। जिन प्रमुखों को महादर भेजा गया था उनसे यह अपील की गई कि इससे पहले कि सईद और उनका अनुयायी कुछ और शरारत कर पाएँ प्रमुखों को मिलकर उन्हें विफल कर देना चाहिए।

पहला आरोप तो साफ़ तौर पर झूठा था लेकिन दूसरे आरोप में सच का अंश जरूर था, क्योंकि सईद का यह निश्चित मत था और वे इस बात का प्रचार भी करते थे कि औलियाओं के प्रति श्रद्धा इतनी ज़्यादा नहीं होनी चाहिए कि तौहीद (एकेश्वरवाद) में मोमिन का विश्वास खतरे में पड़ जाए। इसलिए वे बहुत-सी ऐसी प्रथाओं को जिनमें औलियाओं की पूजा का समावेश था, ग़ैर इस्लामी मानते थे। इस संदर्भ में सीधे सादे लोग मुजाहिदीन की उन क्रियाओं को जो सामान्य हनफ़ी प्रथाओं से हट कर थीं, विधर्म मानते थे। लोगों के मन में इन आरोपों ने और भी अधिक अतिरंजित रूप ले लिया, जिसकी वजह से सईद को पेशावर के कुछ अग्रणी उलमा को भेजे गए अपने पत्र में विधर्म के आरोप का खंडन करना पड़ा। ऐसा लगता है कि आरोप अत्यंत गंभीर रूप धारण करते चले गए और शाह इस्माइल

को अग्रणी स्थानीय उलमा को भी दो बार पत्र भेजना पड़ा जिसमें उन्होंने विधर्म संबंधी आरोप का खंडन किया। लोगों में फैली अफ़वाहों के ज़रिए सईद को इतना बड़ा विधर्मी होने का मुलज़िम ठहराया गया कि जो किसी आचार संहिता का पालन नहीं करता था और जो ऐसे भोग विलासों को उचित ठहरा रहा था, जो कि मोमिनों के लिए हराम होते हैं। यह बिल्कुल झूठ था क्योंकि सईद और उनके अनुयायी अपने जीवन की पाकीज़गी और सादगी के लिए मशहूर थे। वे ऐसे आदमी थे, जिन्होंने धार्मिक उद्देश्य के लिए घर-बार छोड़ दिया था। वे सईद की ओर इसलिए आकृष्ट हुए थे क्योंकि वे इस्लाम की संहिता का पालन करने और उसके लिए ज़्यादा से ज़्यादा कुर्बानी करने का उपदेश देते थे। उनमें से कुछ लोग साधन संपन्न थे और अब अत्यंत मिताहारपूर्ण जीवन बिताकर संतुष्ट थे। कभी कभी तो उन्हें भूखा भी रहना पड़ता था और शिविर को अच्छी हालत में रखने के लिए उन्हें नौकरों के से काम भी करने पड़ते थे। यह ज़ाहिर है कि मिथ्यारोप का अभियान सिक्खों द्वारा शुरू किया गया होगा लेकिन रस्म को लेकर पैदा हुए थोड़े बहुत मतभेदों के कारण इन आरोपों को सही माना जाने लगा। आदिम जातियों के लोगों में असंतोष का दूसरा कारण यह था कि सईद को अधिकतर ऐसे आदमियों में से अधिकारी नियुक्त करने पड़ते थे जो कि भारत से आए थे। लेकिन ऐसे लोगों की नियुक्ति किसी भेदभाव के कारण नहीं बल्कि स्थानीय लोगों में ऐसे व्यक्तियों की कमी के कारण की जाती थी।[2] नमाज़ के दौरान कानों तक हाथ उठाए जाने चाहिए या नहीं? यह सवाल कितना अहम बन गया और किस प्रकार सभी उलमा और लोग इससे जुड़ गए और यह किस प्रकार सत्ता और प्रभुत्व को प्राप्त करने की दौड़ का अनिवार्य अंग बन गया, यह ग़ौर करने की बात है।

बरेलवियों का कहना है कि जब कोई नमाज़ के अज़ान में पैग़ंबर साहिब का नाम सुनता है तो उसे अपने अंगूठों को चूमकर उन्हें अपनी आंखों से लगा लेना चाहिए। उनका कहना है कि ऐसा करने से पैग़ंबर साहिब की झलक दिखाई पड़ने लगती है। दूसरे लोग इसे विधर्मी दस्तूर करार देते हैं।

बरलेवी औलियाओं, शेखों और पीरों को बहुत महत्त्व देते हैं। उनका कहना है कि इन विभूतियों का अस्तित्व केवल आध्यात्म पुरुषों के रूप में ही नहीं है, बल्कि मृत्यु के बाद भी शारीरिक अर्थों में उनका अस्तित्व बना रहता है और इसलिए उनके पास विभिन्न प्रकार की सहायता—विशेषकर जुम्मे की रातों को—प्रदान करने की शक्ति बनी रहती है। इन विभूतियों की शक्तियाँ विशेष रूप से प्रबल होती हैं। (उनका कहना है जुम्मे की रातों को साधारण मृत व्यक्ति भी हमसे बात कर सकते हैं) इसलिए बरेलवी पीरों की दरगाहों पर जाने, उनसे या उनके माध्यम से मदद लेने, उनसे जुड़े दिनों अथवा बरसियों—खासतौर पर शाह अब्दुल कादिर और शाह बरकतुल्लाह की ग्याहरवीं और उनके उर्स को मनाने, किसी विशेष लक्ष्य अथवा इच्छा की पूर्ति के

लिए चढ़ावा चढ़ाने को बहुत महत्त्व देते हैं। वे कुछ विशिष्ट प्रक्रियाएँ भी निर्धारित करते हैं : एक सफेद मुर्गा अपने पास रखना, शनिवारों को अपना खून निकालना और जिन्न-भूतों को अपने घर से बाहर रखने के लिए एक कोने में चार कील गाड़ना...[3]

दूसरे लोग इन प्रक्रियाओं को काफ़िराना, ख़ासतौर पर हिन्दू प्रक्रियाएँ कह कर इनकी निंदा करते हैं। वे इन्हें घोरतम पाप—शिर्क के रूप मान कर इनकी निंदा करते हैं। वे इन्हें बिदअत, शिर्क, बुतपरस्ती और कुफ़्र कहकर इनकी भर्त्सना करते हैं। वे इन प्रक्रियाओं को इस्लाम के दायरे से बाहर निकाले जाने का आधार मानते हैं।

मुफ़्ती किफ़ायतुल्लाह फ़रमाते हैं, बेशक कोई भी व्यक्ति अल्लाह से इतर सत्ता से भी सहायता मांग सकता है—लेकिन वैसे जैसे कि कोई कंगाल किसी अमीर से भोजन मांगता है, या जैसे कोई मरीज़ किसी डाक्टर से दवा मांगता है, या कोई प्रजा अपने शासक से रक्षा मांगती है। लेकिन किसी भी दिवंगत व्यक्ति से सहायता नहीं मांगनी चाहिए—ऐसा उनका कहना है। आदमी को केवल अल्लाह से ही सहायता मांगनी चाहिए। मृतकों के मामले में आदमी केवल इतना कर सकता है कि वह उनसे अपने बारे में अल्लाह से सिफारिश करने को कह सकता है, ताकि उसे जन्नत में जगह मिल सके, आदि। इसलिए ऐसे मामलों में दो प्रतिबंध हैं : आदमी को सिर्फ़ अल्लाह से ही मदद मांगनी चाहिए; दूसरा, आदमी को केवल अपनी 'आध्यात्मिक भलाई' के लिए मदद मांगनी चाहिए—और जन्नत में जगह हासिल करने आदि को 'आध्यात्मिक भलाई' के अंतर्गत माना गया है। ऐसी मदद किसी दुनियावी फ़ायदे, जैसे स्वास्थ्य या औलाद आदि के लिए नहीं मांगी जानी चाहिए। मुफ़्ती साहब फ़रमाते हैं कि यदि किसी दायरे या समुदाय से ताल्लुक रखने वाला आदमी उस दायरे या समुदाय के प्रमुख से भी सहायता मांगे तो वह इस्लाम से बाहर हो जाएगा। मुफ़्ती साहब ने कई पृष्ठों तक इस स्थिति को बार-बार दोहराया है और 'विशेषज्ञों' को उद्धृत करते हुए अपनी बात की पुष्टि की है।[4]

जहाँ तक बरेलवियों का संबंध है, वे स्थानीय रिवाजों को जारी रखने की इजाज़त देते हैं, बशर्ते कि कुरआन आदि में उनके बारे में साफ़ तौर पर निषेध न किया गया हो। लेकिन मुफ़्ती किफ़ायतुल्लाह इस बात पर ज़ोर देते हैं कि ऐसे सभी रिवाजों और प्रथाओं पर, जिनमें से हिंदू धर्म की गंध आती है, लाज़िमी तौर पर रोक लगा दी जानी चाहिए।[5]

एक विस्तृत फ़तवे में, जिसमें ऐसी अनेक प्रथाओं का उल्लेख किया गया है जिन्हें बरेलवी प्रोत्साहित करते हैं, या जिन्हें करने की इजाज़त देते हैं, मुफ़्ती किफ़ायतुल्लाह यह घोषित करते हैं कि यद्यपि बुजुर्गों के मज़ारों पर जाने की इजाज़त है, लेकिन उन पर चढ़ावे चढ़ाना नाजायज़ और बिदअत है। सिर्फ़ अल्लाह को भेंट चढ़ाना जायज़ है। वे कहते हैं कि अल्लाह को छोड़कर किसी और को भेंट चढ़ाना

हराम है। मुफ़्ती साहब आगे उल्लेख करते हैं कि आमतौर पर लोग अपनी कोई मुराद पूरी कराने के लिए औलियाओं के मज़ारों पर अलग-अलग किस्म की भेंट ले जाते हैं जैसे : नकदी, मोमबत्तियाँ, जैतून का सत्व, मिठाइयाँ, चद्दरें, बकरियाँ, मुर्गे आदि। मुफ़्ती साहब फ़रमाते हैं कि यह बात सबको जान लेनी चाहिए कि ये सब बातें झूठी और हराम होती हैं। वे इस दावे को नहीं मानते कि ये भेंटें दरअसल जनता के लिए होती हैं क्योंकि उन्हें जनता में बांट दिया जाता है। वे घोषित करते हैं कि भेंटें इबादत होती हैं और इबादत जनता की नहीं की जाती।

मुफ़्ती साहब फ़रमाते हैं कि मज़ारों पर सजदा नहीं किया जाना चाहिए। किसी दिवंगत व्यक्ति के प्रति मात्र श्रद्धावश सजदा करने और इबादत के लिए सजदा करने में कोई फ़र्क नहीं होता। पहले किस्म का सजदा दूसरे किस्म के सजदे से अलग नहीं है। इसलिए लोगों को सिखाया जाना चाहिए कि वे अल्लाह को छोड़कर और किसी को सजदा न करें, ताकि वे इस आचरण से गुरेज़ करें।

अगर भेंट चढ़ाने का इरादा किसी रस्म में हिस्सा लेना न होकर केवल आशीर्वाद प्राप्त करने का हो, तो उस सूरत में भेंट चढ़ाना जायज़ है—ऐसा वे कहते हैं। लेकिन वे आगे कहते हैं कि इसकी एक शर्त है : ये भेंटें मज़ारों पर नहीं, बल्कि अपने-अपने घरों में या किसी और स्थान पर चढ़ाई जानी चाहिए और वह भी उचित श्रद्धा के साथ। वे भेंटें बेसहारा और ग़रीब लोगों को दी जानी चाहिए, और उनके परिणामस्वरूप जो रहमतें प्राप्त हों उन्हें भी बांट दिया जाना चाहिए।

मुफ़्ती साहब कहते हैं : बेशक, किसी बुज़ुर्ग का सम्मान करना, उससे प्रेम करना और उसका अनुकरण करना जायज़ है, बल्कि सराहनीय बात है, इस विचार से कि वह एक धर्मनिष्ठ व्यक्ति और अल्लाह का आज्ञाकारी सेवक है। लेकिन इस विश्वास से किसी बुज़ुर्ग का सम्मान करना कि वह सक्षम मध्यस्थ है और उसके ऐसे चमत्कारों का वर्णन करना जो प्रामाणिक नहीं हैं और जो विवेक सम्मत नहीं हैं और शरीअत के विरुद्ध हैं और बुजुर्ग से अपने मन की मुराद पूरी करने के लिए कहना, और यह संकल्प करना, "यदि अमुक काम हो जाता है तो मैं यह कुछ दान करूंगा," बुज़ुर्ग की दरगाह पर भेंट चढ़ाना, उसमें दिव्य शक्तियों को आरोपित करना और उन्हें सिद्ध करने का प्रयास करना—ये सब कार्य हराम हैं और सिर्फ पीर परस्ती हैं और इनकी गिनती शिर्क के विश्वासों और कार्यों में की जाती है।

अगर कोई अल्लाह के अलावा किसी और के सामने अपनी मुरादों को पूरा करने की याचना करता है, तो वह शिर्क है। लेकिन अगर कोई किसी व्यक्ति से ऐसी चीज़ मांगता है जो कि उसके पास है—जैसे, रात और दिन, या कोई पुत्र अपने पिता से मांगता है या पत्नी अपने पति से और कोई कंगाल किसी समृद्ध व्यक्ति से कुछ मांगता है—तो वह शिर्क नहीं है क्योंकि उनके माध्यम से वह चीज़ प्राप्त की जा सकती है...जब कभी तुम्हें कुछ मांगना हो, तो अल्लाह से मांगो, तुम्हें जो

कुछ चाहिए, उसकी चाहना अल्लाह से करो—ऐसा मुफ़्ती साहब फ़रमाते हैं।

मांगा हुआ वरदान देने वाले व्यक्तियों के रूप में इन बुजुर्गों तक पहुंचने और उनसे निकटता प्राप्त करने के इरादे से उनके मज़ारों पर फूल चढ़ाना या दीये जलाना नाजायज़ है।

मुफ़्ती साहब घोषित करते हैं कि मज़ारों पर भेंट चढ़ाना हराम है और जो कुछ मज़ार पर भेंट चढ़ाया गया है उसे खाना भी हराम है। मज़ारों पर फूल या चद्दरें चढ़ाना या अगरबत्तियाँ आदि जलाना नज़र पेश करना है और अल्लाह को छोड़कर किन्हीं अन्य सत्ताओं को नज़र पेश करना पूरी तरह से नाजायज़ है—मुफ़्ती साहब फ़रमाते हैं। अगर ये चीज़ें नज़र नहीं हैं, तो कम से कम व्यर्थ जरूर हैं, और उस कारण हराम है।

सोम (तीसरा), दहम (दसवां), चेहलम (चालीसवां) मनाना और यह सोचना कि वे शरीअत के अनुकूल हैं, नाजायज़ और बिदअत है।

यही हुक्म 11वां, चालीसवां और उर्स मनाने के बारे में भी लागू होता है—किसी के नाम का स्मरण करना और स्मरण के लिए कोई तारीख़ निश्चित करना बिदअत है—मुफ़्ती साहब फ़रमाते हैं। याद कीजिए कि मौलाना अहमद रज़ा ख़ान ने शाह कादिर ख़ान की याद में 11वां मनाने पर कितना शोर किया था।

एक प्रश्नकर्ता पूछता है, क्या मज़ारों पर उर्स मनाना, मज़ारों पर कुरआन का पाठ करना, मज़ार पर कव्वालियाँ गाकर किसी व्यक्ति की याद मनाना जायज़ है? इसके जवाब में मुफ़्ती साहब घोषित करते हैं, उर्स मनाने की प्रथा, जो कि इस समय प्रचलित है, मकरूह (घृणास्पद) और बिदअत है। और वे आगे कहते हैं, जिन अन्य प्रथाओं का उल्लेख किया गया है, वे नाजायज़ हैं।

मुफ़्ती साहब दोबारा यह हुक्म देते हैं कि शरीअत के विशेषज्ञों ने रहमतें हासिल करने के लिए कोई दिन या तारीख निश्चित नहीं की है और न ही ऐसा करना आवश्यक समझा है।[6] याद कीजिए कि अहमद रज़ा ख़ान ने कहा था कि विशेष रूप से जुम्मे की रातें फलदायक होती हैं, क्योंकि औलियाओं आदि की मुरादें पूरी करने की शक्तियाँ उस समय विशेष रूप से प्रबल होती हैं।

मुफ़्ती साहब से पूछा जाता है, हिंदू मुशरिक हैं या नहीं? वे जवाब में कहते हैं, हाँ। लेकिन इस मौके का लाभ उठाते हुए वे उन लोगों के अलावा, जो औपचारिक रूप से हिंदू हैं, बहुत से और लोगों को भी इस वर्ग में शामिल कर लेते हैं। वे घोषित करते हैं—हाँ, जो लोग अल्लाह के अलावा अन्य सत्ताओं की भी इबादत करते हैं, या जो बहुत-सी अन्य सत्ताओं को भी ख़ुदा मान लेते हैं, या जो औलियाओं में दिव्य शक्तियों को आरोपित कर लेते हैं, वे सब मुशरिक होते हैं।

दारुल उलूम, देवबंद के उलमा का भी इन मामलों में मत उतना ही दृढ़ है। वे यह घोषित करते हैं कि मज़ारों पर दीए जलाना या चद्दरें चढ़ाना मना है और

घृणास्पद है। वे बार-बार इस बात पर ज़ोर देते हैं कि न तो कोई फ़ायदा हासिल करने के लिए और न मुराद पूरी कराने के लिए और न कृतज्ञता ज्ञापन के लिए पीरों या अन्य लोगों के मज़ारों पर भेंट या गिलाफ़ और चद्दरें चढ़ाना सही बात है, बल्कि ऐसा करना हराम और महापाप है। वे घोषित करते हैं कि कोई मुराद पूरी कराने के लिए किसी पीर से दुआ करना, या उसके प्रति धन्यवाद ज्ञापन के लिए उसके मज़ार पर भेंट चढ़ाना या मज़ार के इर्द गिर्द चक्कर लगाना या उनके सामने दंडवत होना, वहाँ पर दीए या अगरबत्तियाँ जलाना या मज़ारों पर झंडियाँ लगाना—ये सब क्रियाएँ ग़ैर-अल्लाह की इबादत हैं। उलमा घोषित करते हैं कि ये क्रियाएँ शिरकिया और कुफ़्रिया हैं। आदमी को सिर्फ़ अल्लाह की इबादत करनी चाहिए और उसी के सामने दंडवत होना चाहिए, चाहे किसी ने यह भी कहा हो, "अगर मेरा काम पूरा हो जाए तो मैं पीर 'ख' को 'ग' भेंट चढ़ाऊंगा" तो भी उसे वह राशि या चीज़ ज़रूरतमंद लोगों में बांट देनी चाहिए और ऐसा करने से उसे जो लाभ हो, वह उसे पीर को लौटा देना चाहिए। पीर का उर्स मनाना, इमाम हुसैन के लिए मजलिस आयोजित करना, पीर की ग्यारहवीं या कोई और तारीख मनाना, स्वयं पैगम्बर साहिब का जन्मदिन मनाना, हसन और हुसैन के शहीदी दिवस पर मातम मनाना—इन सब बातों की निंदा की गई है। मुफ़्ती किफ़ायतुल्लाह की तरह देवबंद के उलमा भी यह घोषित करते हैं कि पीरों का सम्मान करने के लिए उनके मज़ारों पर सजदा करने या पीर की इबादत करने या उससे दुआ करने के लिए सजदा करने के बीच कोई अंतर नहीं है। उनका कहना है कि दोनों के बीच कोई फ़र्क नहीं है। इसलिए इस प्रथा से पूरी तरह से गुरेज़ करना चाहिए।[8]

प्रसंगवश, जरा ग़ौर कीजिए कि हमारे धर्म निरपेक्षवादियों का भोलापन उन्हें कहाँ ले जाता है। निज़ामुद्दीन औलिया या मुईनुद्दीन चिश्ती का हर उर्स, फ़ख़रुद्दीन अली अहमद या मौलाना आज़ाद की हर पुण्यतिथि उनके लिए फोटो खिंचवाने का मौका होती है। वे इन महानुभावों के मज़ारों पर खूब दिखावे के साथ इकट्ठे होते हैं और जब फ़ातिहा पढ़ा जाता है तो वे सब निर्धारित क्रियाएँ करते हैं और मज़ारों पर चद्दरें आदि चढ़ाते हैं। लेकिन यह सब कुछ बुतपरस्ती है। ये क्रियाएँ कड़े-से-कड़े निषेध, केवल फ़तवों के ही नहीं, बल्कि स्वयं पैग़म्बर साहिब के निषेध के विपरीत हैं!! जब पैग़म्बर साहिब मरणासन्न थे तो उन्होंने यहूदियों और ईसाइयों की प्रथा के विरुद्ध—उनके पैग़म्बरों के मज़ारों की उपासना करने के विरुद्ध मुसलमानों को चेतावनी दी थी। उन्होंने उन पर और उनकी प्रथा पर अल्लाह की लानत भेजी और कहा, "यहूदियों और ईसाइयों पर अल्लाह की लानत कि उन्होंने अपने पैग़म्बरों के मज़ारों पर इबादतगाहें (पूजा स्थल) खड़े कर लिए।" उन्होंने मुसलमानों को मज़ार पर कोई ढांचा खड़ा करने या यहाँ तक कि उस पर पलस्तर करवाने तक से मना किया था।[9] लेकिन हमारे दोस्त अपनी फोटो खिंचवाने के मौके को कैसे खो सकते हैं?

लेकिन हम अपने मुख्य मुद्दे पर आते हैं : ज़रा ग़ौर कीजिए कि मुफ़्ती किफ़ायतुल्लाह और दारुल उलूम देवबंद आदि के फ़तवों में उन्हीं प्रथाओं की भर्त्सना की गई है, जो कि बरेलवी निर्धारित करते हैं। ज़रा इस बात पर भी ग़ौर कीजिए कि ये प्रथाएँ अपने आप में अहानिकार हैं। न तो उन्हें आंतरिक खोज की दृष्टि से ज़्यादा महत्त्वपूर्ण माना जा सकता है और न ही अंतरव्यक्तिक सांसारिक उद्देश्यों की दृष्टि से। लेकिन रस्म संबंधी ऐसे मामूली से मामलों पर उलमा के बीच असहमति होने के परिणामस्वरूप क्या कुछ हो जाता है, यह हमें जल्दी ही मालूम हो जाएगा।

एक प्रश्नकर्ता पूछता है यदि कोई व्यक्ति कलिमा तौबा पढ़ते हुए पैग़म्बर साहिब के नाम के साथ हज़रत रफ़ीकों के नाम भी जोड़ देता है, उदाहरण के तौर पर वह पढ़ता है, "ला इलाह इल इल्लाह, अबूबकर, उमर, उस्मान, अली और मुहम्मद रसूल अल्लाह," तो क्या वह काफ़िर या पापी कहलाएगा?

देवबंद के उलमा अपना फ़ैसला देते हैं : शरीअत की किताबों में कहा गया है कि अगर किसी बयान में निन्यान्वे आधार कुफ़्र के हक में हों और एक आधार इस्लाम के हक में और चाहे उन निन्यानवे आधारों के कारण कुफ़्र का पलड़ा भारी हो जाए तो भी मुफ़्ती को मुसलमान के साथ रियायत बरतनी चाहिए और उसे कुफ़्र का फ़तवा नहीं देना चाहिए और भविष्य के लिए आदमी को ख़बरदार रहना चाहिए।[10]

फ़तवा-ए-रिज़विया में तो इस प्रकार की छूट देने के मामलों की घोर निंदा की गई है। उसमें कुरआन और हदीस से उद्धरण दिए गए हैं जिनमें कहा गया है, जो आदमी एक हज़ार इस्लामी कार्य करता है और एक काम कुफ़्र का करता है, वह काफ़िर है। इसमें, इसके विपरीत मत—जो मत देवबंद के उलमा द्वारा प्रकट किया गया है, जिसका जिक्र अभी-अभी हुआ है—की, एक दृष्टांत देते हुए भर्त्सना की गई है; अगर कोई आदमी गुलाबजल की निन्यान्वे बूंदों में एक बूंद पेशाब की डाल देता है, तो वह सब पेशाब बन जाता है। लेकिन इन ख़बीसों का धर्म ऐसा है कि यदि निन्यान्वे तोले पेशाब के हों और एक तोला गुलाबजल का हो, तो वह सारा गुलाबजल बन जाता है और वह पाक होता है; उसे पी जाओ।[11]

असली गूढ़ मामलों को लेकर भी—अर्थात् ऐसे मामलों में भी, जो हमारे अस्तित्व और कार्य व्यापार से और भी परे के हैं और जो दरअसल ऐसे मामले हैं जिन्हें दलील या सबूत या सोच-विचार द्वारा नहीं सुलझाया जा सकता—उलमा के बीच मतभेद हैं।

क्या अल्लाह झूठ बोल सकता है? निश्चित रूप से इस प्रश्न का कोई व्यावहारिक महत्त्व नहीं है : झूठ बोलना उसकी क्षमताओं में से एक है या नहीं उससे हमारे अस्तित्व या कामकाज पर कोई असर पड़ने वाला नहीं है। लेकिन जैसा कि हम देखेंगे, यह एक ऐसा सवाल है कि जिसको लेकर काफ़ी उग्र और गाली-गलौच भरे विवाद पैदा हो चुके हैं। अहले हदीस और अन्य लोग यह तर्क देते हैं कि अल्लाह

सर्वशक्तिमान है और ऐसा कुछ नहीं है जिसे करना उसकी शक्ति के बाहर हो। इसलिए वह झूठ बोल सकता है, यह बात अलग है कि वह बोलता नहीं। लेकिन वह झूठ बोल ज़रूर सकता है, इस बारे में कोई शक नहीं है। इसके लिए मौलाना अहमद रज़ा ख़ान न केवल अहले हदीस को अपने व्यंग्यबाणों का शिकार बनाते हैं, बल्कि उनके 'ख़ुदा' को भी। और यह सवाल उठाने के लिए भी वे उनकी भर्त्सना करते हैं, यह कहकर कि उन्होंने केवल मुस्लिम उम्मत में फूट डालने के लिए ऐसा किया है। एक ख़ास लेखांश में देवबंदियों पर व्यंग्य कसते हुए और उनके ख़ुदा की खिल्ली उड़ाते हुए और उन असंगतियों को सामने लाते हुए जिनमें उन्होंने ख़ुद को बांध रखा है, फ़तवा-ए-रिज़विया में घोषित किया गया है, इसने (देवबंदी ख़ुदा) अपने रफ़ीक (शैतान) को ज्ञान दिया। यह ज्ञान देकर उसने रफ़ीक पर बहुत बड़ा अनुग्रह किया। यह ज्ञान देते हुए देवबंदी ख़ुदा ने अपने रफ़ीक को बहुत बड़ा आशीर्वाद भी दिया लेकिन इस ज्ञान की वास्तविकता यह है कि यह हर पागल और हर पशु के पास है। हाँ, देवबंदी ख़ुदा ऐसा है कि हर दृष्टि से, उसे सर्वशक्तिमान कहना गलत है और यह मानना कि सब चीज़ें उसकी शक्ति के अधीन हैं, हर लिहाज़ से ग़लत है, क्योंकि अगर उसके पास सारी शक्ति होती, तो वह ख़ुदा न रहता। और अगर जो कुछ उसके पास है वह कुछ ही शक्ति है, तो उसमें उसका अनोखापन क्या है, क्योंकि हर पागल और हर पशु के पास भी कुछ शक्ति होती है। देवबंदी ख़ुदा वह है जिसने अपना पहला पैग़म्बर उसको चुना, जिसमें इतनी भी समझ नहीं थी कि वह उसके (ख़ुदा के) कौल को समझ पाता। उसकी समझ आम लोगों की सी थी और उसकी इस सीमा को सभी बुद्धिमान लोग पहचान गए। तब भी देवबंदी ख़ुदा उसे (पैग़म्बर को) अपनी इस बहुत बड़ी चूक से बचा नहीं पाया। संभवतः वह (देवबंदी ख़ुदा) ख़ुद भी अपने कौल को नहीं समझा था, क्योंकि वह भी तो अज्ञानी हो सकता है। देवबंदी ख़ुदा ऐसा है, कि जैसे छह और पैग़म्बरों में से हर एक को अंतिम पैग़म्बर मानना, अंतिम पैग़म्बर की महिमा को बढ़ाना है, उसी तरह से उसे एकमात्र अल्लाह कहना उसे उसकी महिमा से वंचित करना है। उसकी महिमा इस बात में है कि वह बहुत से ख़ुदाओं का ख़ुदा है। क्या ऐसा ख़ुदा, वाहिद (एकमात्र) ख़ुदा होता है?...[12]

क्या 'नूर-ए-मुहम्मद' पैग़म्बर, मुहम्मद से अलग है? क्या वह सृष्टि के आरंभ से मौजूद रहा है? त्रिरूपेश्वरवादियों की तरह बरेलवी भी आग्रहपूर्वक कहते हैं, हाँ, हाँ, हाँ। अहले हदीस और अन्य लोगों का कहना है, कि यह मानना कि नूर-ए-मुहम्मद सृष्टि के आरंभ से मौजूद था इस्लाम के मूलभूत सिद्धांत—अल्लाह की वहदत (एकत्व), अविभाज्यता और अखंडता—पर प्रहार करना है।

क्या पैग़म्बर साहिब को अज्ञात का अद्वितीय ज्ञान प्राप्त था, क्या वे सब अनजानी बातों के बारे में सब कुछ जानते थे? बरेलवी, जो ख़ासतौर पर इस बात

पर ज़ोर देते हैं कि पैग़म्बर साहिब अपने आप में अद्वितीय थे, यह कहते हैं कि पैग़म्बर साहिब को वाकई अज्ञात का ज्ञान प्राप्त था। उनका यह मानना है कि विश्व की रचना पैग़म्बर साहिब की महिमा सिद्ध करने के लिए की गई थी। लेकिन अहले हदीस और अन्य लोगों का यह कहना है कि नहीं, सामान्यतः उन्हें अज्ञात के बारे में ज्ञान नहीं था। अज्ञात के बारे में उनका ज्ञान, अज्ञात के केवल विशिष्ट पहलुओं तक ही सीमित था जिसकी झलक उन्हें अल्लाह समय-समय पर देता रहता था। और इस प्रकार की अन्य बातें भी।

जैसा कि लेनिन ने कहा होता : ये विवाद शैतान के रंग को लेकर पैदा हुए हैं, कि क्या वह हरा है या पीला।

वास्तव में ये विवाद ऐसे ही हैं।

और ये विवाद बहुत बुरे विवाद रहे हैं, जैसा कि फ़तवों के एक छोटे से नमूने से ज़ाहिर हो जाएगा।

जहन्नुम के कुत्ते

फ़तवा-ए-रिज़विया में 'नफ़रत के अहकाम' (घृणा के आदेश) शीर्षक के अंतर्गत यह घोषित किया गया है कि इन काफ़िरों के भी कई दर्जे होते हैं। "बुनियादी कुफ़्र की एक ठोस किस्म है ईसाईयत : उससे बदतर है मजूसियत (अग्निपूजा, जो कि पार्सी किया करते थे), उससे बदतर है बुतपरस्ती, उससे बदतर है वहाबियत और इन सबसे बदतरीन और भ्रष्ट है देवबंदियत।"

जब देवबंदियों ने यह कहा कि मुसलमानों को हिंदुओं के साथ मिलकर काम करना चाहिए, और हालांकि उन्होंने मुस्लिम उद्देश्यों की पूर्ति के लिए ऐसा कहा था, तो उनके इस नज़रिए की भर्त्सना करते हुए मौलाना अहमद ने उन्हें बदतर-अज़बदतर से बदतर कह डाला। अगर तुम्हारी नफ़रत वैसी होती जैसी कि अल्लाह के निर्देश के अनुसार होनी चाहिए थी, और तुमने बुरे कामों से एक अंश भी नफ़रत की होती, तो तुम लाख अंश बुतपरस्तों से नफ़रत करते। वे आगे कहते हैं, कि अगर तुमने बुतपरस्तों से लाख[13] अंश नफ़रत की होती, तो देवबंदियों से तुम करोड़ अंश नफ़रत करते।

मौलाना साहब आगे कहते हैं—वे धर्मत्यागी हैं जो असली काफ़िरों से भी बदतर होते हैं, जो कि इस्लाम से इनकार करते हैं और जो शुरू से ही काफ़िर हैं, जिनमें नास्तिक, मुशरिक, अग्निपूजक, यहूदी और ईसाई शामिल हैं। और इन धर्मत्यागियों में भी देवबंदी और वहाबी बदतरीन हैं। क्योंकि वे मुसलमानों की तरह पोशाक पहनते हैं और उनको धोखा देते हैं।[14]

फ़तवा-ए-रिज़विया में देवबंदियों और अहले हदीस के बारे में कहा गया है

कि वे "झूठ भौंकते हैं" वे झूठी कस्में उठाते हैं, वे काफ़िर, स्वधर्मत्यागी, बिदअती, जहन्नुमी और जहन्नुम के कुत्ते हैं। फ़तवे में आगे कहा गया है कि देवबंदियों और वहाबियों को ख़रीजी और शिया कहना, ख़रीजियों और शियाओं के साथ बेरहमी करना है।[15]

फ़तवा-ए-रिज़विया में अहले हदीस, वहाबियों और अलबत्ता शियाओं को भी कई कारणों से कुफ़्र का अपराधी घोषित किया गया है : वे चार इमामों के कहे अनुसार नहीं चलते, जिनके बारे में एक आम राय तैयार हो चुकी है, वे तक्लीद (अनुसरण) को शिर्क कह कर उसकी भर्त्सना करते हैं। फ़तवे में आगे कहा गया है कि इस प्रकार के विश्वास कुरआन, हदीस, इजमा (उम्मत की आम राय) को नहीं मानते और इनको न मानना कुफ़्र है। तदनुसार, अहले हदीस, इस्लाम के दायरे से बाहर हैं—ऐसा फ़तवा-ए-रिज़विया में कहा गया है। इन मामलों पर जो आम राय को नहीं मानता वह अल्लाह और रसूल को दुःख पहुँचाता है, और ऐसा व्यक्ति लानती होता है। और आगे ऐसे व्यक्ति पर लानत भेजते हुए कहा गया है कि ऐसे पापी को (जहन्नुम की) आग नसीब हो। फ़तवे में आगे कहा गया है—अहले हदीस को ख़ुदसिर (ज़िद्दी) कहना सही होगा और जहन्नुम के ये कुत्ते, और वह भी बदतरीन किस्म के, ख़ुदसिर हैं। वे कुत्तों से भी बदतर हैं, सूअरों से भी बदतर हैं, ये उनके कुत्ते हैं, जो ख़ुद सूअरों से बदतर हैं...[16]

तुर्कों को ईसाइयों से बहतर न मानने वाले वहाबियों पर इलज़ाम लगाते हुए फ़तवा ए रिज़विया में घोषित किया गया है कि किसी के बारे में यह जानकर भी, कि वह वहाबी है, उसके बावजूद उसे काफ़िर न मानना, अपने आप में कुफ़्र है। ऐसे व्यक्ति को सुन्नी कहना तो दूर, उन्हें मुसलमान भी नहीं कहा जा सकता। फ़तवे में आगे फ़रमान दिया गया है कि जिस व्यक्ति को वहाबियों के कुफ़्र पर संदेह है उसके पीछे ठहर कर नमाज़ भी नहीं पढ़ी जानी चाहिए।[17] उन पर आगे लानत भेजते हुए कहा गया है—वहाबियों की धोखेबाज़ी के लिए उन्हें (जहन्नुम की) आग की गर्मी नसीब हो।[18] फ़तवे में आगे कहा गया है—वे मुसलमानों को मुशरिक कहते हैं—पैग़म्बर साहिब के रफ़ीकों से लेकर शाह वली उल्लाह तक, सबको। फ़तवा-ए-रिज़विया में घोषित किया गया है कि वह जो, मुसलमान को काफ़िर कहता है, वह ख़ुद काफ़िर होता है। इसलिए वे (वहाबी) काफ़िर हैं। लेकिन विडंबना तो यह है कि स्वयं फ़तवा-ए-रिज़विया में मुसलमानों के कई समूहों को काफ़िर कहा गया है।[19]

उसी प्रकार फ़तवा-ए-रिज़विया में देवबंदियों को भी काफ़िर करार दिया गया है और यह कहा गया है कि जो उनके काफ़िर होने पर शक करते हैं, वे भी काफ़िर हैं।[20]

फ़तवे में आगे यह घोषित किया गया है कि देवबंदियों की किताबें और विश्वास

हिंदुओं की किताबों और विश्वासों से भी बदतर हैं।[21] लेकिन फ़तवे में उनके पक्ष में एक रियायत ज़रूर बरती गई है। एक सच्चे मोमिन को देवबंदियों के लेखों के साथ क्या कुछ करना चाहिए उसके बारे में फ़तवे में एक सीमा निर्धारित की गई है। फ़तवे में जो सीमा निर्धारित की गई है और उसके लिए जो कारण बताया गया है वह स्वतः स्पष्ट है।

एक प्रश्नकर्ता पूछता है, "अशरफ़ अली देवबंदी द्वारा लिखे गए पर्चे वैध हैं या नहीं, इस बारे में आलिम उलमा की क्या राय है? क्या व्यक्ति को उनके रिसालों पर अमल करना चाहिए या उन्हें इस्तिंजा के लिए इस्तेमाल करके फेंक दिया जाना चाहिए?" और इसके बाद प्रश्नकर्ता कहता है : ये रिसाले कुतर्क से भी बदतर हैं। इस पर फ़तवा-ए-रिज़्विया घोषित करता है, "अशरफ अली के साथ बैत (सवाल-जवाब) करना कतई हराम है, चाहे हम सीधे करें या लिख कर। इतना ही नहीं, आलियों का यह मानना है कि वे (देवबंदी) जो कुछ कहते हैं, उसे जानने के बाद, जो उनके कुफ़्र के बारे में शक करता है, वह ख़ुद काफ़िर है। अशरफ़ अली और सब देवबंदी विश्वास रखने वालों की सभी किताबें जिनमें तर्कशास्त्र की पुस्तकें और यहाँ तक कि दर्शनशास्त्र की पुस्तक भी शामिल है, हिंदुओं के धार्मिक ग्रंथों से भी बदतर हैं।" इसका कारण बताते हुए फ़तवे में आगे कहा गया है, "क्योंकि हिंदुओं के ग्रंथों को देखकर मुसलमानों के भ्रष्ट होने का उतना ख़तरा नहीं है जितना कि इन किताबों को देखकर उनके भ्रष्ट होने का ख़तरा है। उन्हें पढ़ना निश्चित रूप से हराम है।"

'लेकिन' फ़तवे में आगे कहा गया है, "इन किताबों के पन्नों से इस्तिंजा करना ज़्यादती है।" और फ़तवे में यह रियायत बरतने का कारण स्पष्ट किया गया है : "वैसे धार्मिक कौलों का आदर करना लाज़िमी है, लेकिन उनकी किताबों का आदर करना नहीं। इन किताबों में अल्लाह और पैग़म्बर साहिब का भी उल्लेख है, जिसके ज़रिए वे लोगों को धोखा देते हैं। एक इमाम कुछ नौजवानों के पास से हो कर गुज़रा जिन्होंने अबू जहल का नाम एक निशाने पर लिख रखा था और वे उस पर तीरंदाज़ी का अभ्यास कर रहे थे। इमाम ने उन्हें ऐसा करने से रोका। जब वह इमाम दोबारा उस रास्ते से होकर गुज़रा तो उसने देखा कि वे निशाने पर से अबू जहल का नाम हटा कर उस पर (बाकी काग़ज़ पर) तीर चला रहे थे। इमाम ने कहा, "मैंने तुम्हें अबू जहल के नाम की इज़्ज़त करने को नहीं बल्कि अक्षरों की इज़्ज़त करने को कहा था"[22] दूसरे शब्दों में, जो कुछ देवबंदियों द्वारा लिखा गया है वह बेकार से भी बदतर है, लेकिन जिस काग़ज़ पर वह छपा है, उसे हमें इंस्तिंजा के लिए इस्तेमाल नहीं करना चाहिए।

फ़तवे में आगे घोषित किया गया है कि देवबंदियों, अहले हदीस और दूसरों के पीछे ठहर कर नमाज़ करना ग़लत है। यहाँ तक कि जो व्यक्ति देवबंदियों द्वारा

चलाए जा रहे मदरसे में से पढ़ कर आया है उसके पीछे ठहर कर भी नमाज़ करना बातिल (ग़लत) है। एक प्रश्नकर्ता उन फ़तवों का उल्लेख करता है, जिनमें यह कहा गया है कि आदमी को किसी व्यक्ति के आचरण को ध्यान में रखकर व्यवहार करना चाहिए न कि उसके भीतरी विश्वासों के बारे में लगाए गए अंदाजों को ध्यान में रख कर। इस फ़तवे के संदर्भ में प्रश्नकर्ता उस व्यक्ति के पीछे ठहर कर नमाज़ पढ़ने को उचित ठहराने की कोशिश करता है जो देवबंदियों के मरदसों से पढ़कर आया हो सकता है। प्रश्नकर्ता की इन बातों पर फ़तवा-ए-रिज़विया में जो प्रतिक्रिया व्यक्त की गई है वह प्रश्नकर्ता पर पहाड़ टूटने के समान है। फ़तवे में घोषित किया गया है कि यह फ़तवा (जिसका ज़िक्र प्रश्नकर्ता ने किया है) बिल्कुल ग़लत है। इस फ़तवे में उन्होंने असली मुद्दे को टालने की कोशिश की है और उन्होंने केवल अप्रासंगिक हदीसों का उल्लेख मात्र कर दिया है। जिन्होंने इस फ़तवे पर हस्ताक्षर किए हैं, वे देवबंदी विश्वास रखने वाले लोग हैं, या वे लोग हैं जो देवबंदियों को काफ़िर नहीं मानते। वे निश्चय ही ऐसा कहना चाहेंगे, हालांकि उलमा ने एकमत से यह फ़तवा दिया है कि गंगोही, ननौटवी और थानवी, सभी स्वधर्म त्यागी हैं। फ़तवे में आगे उल्लेख किया गया कि दर-उल-मुख़्तर में यह कहा गया है कि जो उनके (देवबंदियों के) कुफ़्र के बारे में शक करता है, वह ख़ुद काफ़िर है।

जो सुन्नत का पालन करते हैं उन पर विश्वास करना, ख़ुद को हनफी कहना या ख़ुद को तौहीद (अल्लाह के एकत्व), पैग़म्बरियत और दीन की बरतरी और चमत्कारों में विश्वास रखने वाला कहना, कोई मायने नहीं रखता—इनमें से किस बात को वहाबी और देवबंदी नहीं मानते? लेकिन फिर भी वे काफ़िर हैं। और फ़तवा-ए-रिज़विया में घोषित किया गया है कि वे ऐसे काफ़िर हैं कि जो कोई उनके कुफ़्र के बारे में शक करता है, वह ख़ुद काफ़िर है। फ़तवे में आगे कहा गया है कि दरअसल कादियानी भी इन चार बातों में विश्वास रखते हैं और उसके अलावा वे ख़ुद को अब हनीफ़ा के अनुयायी भी कहते हैं। क्या उनके ऐसा कहने से उनका कुफ़्र खत्म हो जाएगा?

फ़तवे में आगे कहा गया है : निस्संदेह शरीअत में उन बातों पर बल दिया गया है जो अपने आप में स्पष्ट हैं, और स्पष्ट बात यह भी है कि कोई भी व्यक्ति किसी ऐसे व्यक्तियों से धार्मिक शिक्षा नहीं लेगा जिनके बारे में वह जानता है कि ये काफ़िर और स्वधर्मत्यागी हैं। फ़तवे में आगे घोषित किया गया है कि स्कूलों और पाठशालाओं की शिक्षा से धार्मिक शिक्षा की तुलना करना अज्ञानता है। क्या कोई व्यक्ति कुरआन, हदीस और फ़िक्ह की शिक्षा लेने के लिए पंडितों और पादरियों के पास जाएगा? और चाहे यह भी मान लीजिए—हालांकि वह ग़लत है—कि ऐसा व्यक्ति जो वहाबियों से शिक्षा प्राप्त करता है, उसका झुकाव उनके विश्वासों की तरफ़ नहीं है और वह यह भी जानता है कि वे काफ़िर और स्वधर्म त्यागी हैं, तब भी उन्हें अपना उस्ताद बनाने का यह मतलब है कि वह कम-से-कम उनका आदर

तो करता है। और उलमा ने यह घोषित किया है कि जो व्यक्ति मजूसियों का आदर करता है या उन्हें अपना उस्ताद कहता है, वह काफ़िर बन जाता है। दरुल-मुख़्तार में यह कहा गया है...जब ऐसे व्यक्ति के प्रति आदर दिखाने या सिर्फ़ उसे अपना उस्ताद कहने की यह स्थिति है तो ऐसे व्यक्ति का वस्तुतः रुझान करना या उसे वस्तुतः अपना उस्ताद मानना कैसा होगा?

निस्संदेह ऐसा व्यक्ति इमाम बनने लायक नहीं होता। जो व्यक्ति दीन के प्रति आदर भाव रखता है वह ऐसे आदमी को कभी इमाम नहीं बनाएगा और न ही ऐसे आदमी के पीछे खड़े होकर नमाज़ पढ़ेगा। फ़तवे के अंत में कहा गया है हाँ, जो व्यक्ति दीन को केवल खिलौना मानता है, वह कुछ भी चाहे कर सकता है। अल्लाह मुसलमानों को सही रास्ता दिखाए ताकि वे अपनी नमाज़ को ज़ाय न करें।[23]

मौलाना अहमद रज़ा ख़ान की निगाह में शिया मुसलमान हैं ही नहीं।[24] उनकी मस्जिदें, मस्जिदें नहीं हैं।[25] और याद रहे कि मस्जिद के मुतवल्ली (देखरेख करने वाले), मीर बकी और उनके वंशज क्योंकि शिया थे, इसलिए बाबरी मस्जिद शिया मस्जिद थी। उनके द्वारा बलि चढ़ाए गए पशु और उनके यहां का मांस हराम था।[26] फ़तवा-ए-रिज़विया में घोषित किया गया है कि उनके साथ किसी को कोई संबंध, यहाँ तक कि कोई संपर्क भी नहीं रखना चाहिए। रफ़ाज़ियों में से वे लोग, और अन्य ऐसे अपधर्मी, जिनकी बिदअत कुफ़्र की हद तक पहुंच चुकी है, स्वधर्म त्यागी हैं। मोमिनों को उनके साथ कोई संबंध नहीं रखना चाहिए, उस किसम का भी नहीं जैसा कि ज़िम्मी काफ़िरों के साथ उनका संबंध हो सकता है। मुसलमानों के लिए यह लाज़िमी है कि सभी मामलों—खाने, पीने, बैठने आदि में उन्हें ऐसे लोगों को सूअर के समान मानना चाहिए—ऐसा फ़रमान फ़तवा-ए-रिज़विया द्वारा दिया गया है। इसमें आगे घोषित किया गया है कि इनमें से जिनकी बिदअत उस सीमा तक नहीं पहुंची है, उनके साथ भी मोमिनों को दोस्ती या स्नेह का संबंध रखने से पूरी तरह गुरेज़ करना चाहिए...; अज़हद ज़रूरत या मजबूरी की स्थिति को छोड़कर उनके साथ मेलजोल भी मत रखो। अपधर्मियों का स्नेह आग होता है। उनके साथ मेलजोल नाग है और ये दोनों मिलकर दीन को बरबाद कर डालेंगे।[27] आदमी को उनके साथ मेलजोल रखने, उनके उत्सवों पर जाने और ऐसा कुछ करने से गुरेज़ करना चाहिए जिससे उनकी तारीफ़ हो। फ़तवे में इसके बाद कुरआन को उद्धृत किया गया है : ज़ालिम के साथ मेलजोल मत रखो, कि कहीं जहन्नुम की आग तुम्हें लील न जाए। मौलाना साहब पूछते हैं, इसके लिए किन दलीलों की ज़रूरत है। उनका आचरण ही ख़ुद बोलता है।[28]

लेकिन मामला शियाओं पर ही ख़त्म नहीं होता। जैसे देवबंदियों और अहले हदीस आदि के पीछे ठहर कर नमाज़ पढ़ना ग़लत और निष्फल होता है, उसी तरह से उनके द्वारा बलि चढ़ाए गए पशु नापाक और मुरदार (प्रदूषित) होते हैं और देवबंदी

द्वारा भेजा गया मांस चाहे उसे कोई मुसलमान भी क्यों न लाया हो, नापाक होता है। वहाबियों, शियाओं, बोहराओं और इस्माइलियों के यहाँ का मांस भी हराम है।[29]

वास्तव में व्यक्ति को उनके साथ कोई संबंध या संपर्क नहीं रखना चाहिए। देवबंदियों, वहाबियों और अहले हदीस के साथ सब संबंध और संपर्क हराम है। उनके पास बैठना हराम है; उनका अभिवादन करना हराम है, उनकी बात सुनना, उनसे बात करना हराम है। अगर वे बीमार हों तो उनके पास जाना हराम है। अगर वे मर जाएं तो उनके जिस्म को नहलाना हराम है। उनकी मृत्यु हो जाने पर नमाज़ पढ़ना हराम है, उनकी आत्मा की शांति के लिए दुआ करना हराम है।

अपनी बात की पुष्टि करने के लिए फ़तवे में कुरआन को उद्धृत किया गया है : अगर शैतान तुम्हें भूल जाता है, तो तुम उसको याद रखते हो। इन ज़ालिमों के नज़दीक मत बैठो। इन पापियों के साथ मेलजोल मत रखो, नहीं तो जहन्नुम की आग तुम्हें लील जाएगी। पैग़म्बर साहिब ने कहा था, ''उनसे दूर भागो।'' मौलाना साहब सवाल करते हैं : तब उन्हें आलिमे दीन मानना कितना बड़ा कुफ्र होगा? और दुआ करते हैं : ''अल्लाह हमें इन ख़बीसों से बचाए...ख़ुदा करे वे (मोमिन) इन दुश्मनों की परछाई से भी दूर भागें, और उन्हें देखकर उस (मोमिन) की आंखों में खून उतर आए...जो ऐसे मिथ्यावादियों के साथ संबंध रखता है क्या उस पर कयामत बरपा नहीं हो जाएगी?''...[30]

अपने आरोप का फिर से ज़िक्र करते हुए फ़तवा-ए-रिज़विया घोषित करता है कि देवबंदियों, ख़ास तौर पर उनके नेताओं—मौलवी कासिम ननौटवी, राशिद अहमद गंगोही और उनके 'पेशवा' अशरफ अली थानवी के साथ उसी तरह से व्यवहार किया जाना चाहिए, जिस तरह का व्यवहार बिदअतियों और बदमज़हबों और अपधर्मियों के साथ करने के लिए हदीस में कहा गया है। और यह बताने के लिए, कि उनके साथ किस तरह का व्यवहार किया जाना चाहिए, फ़तवे में कई हदीसें उद्धृत की गई हैं :

* उनसे दूर रहो, उन्हें अपने से दूर रखो। कहीं ऐसा न हो कि वे तुम्हें भटका दें, तुम में खलबली पैदा कर दें;
* अगर वे बीमार पड़ जाएँ तो उनका हालचाल पूछने के लिए उनके पास मत जाओ; अगर वे मर जाएँ तो उनकी शव यात्रा में शामिल मत होओ; जब तुम उनसे मिलो तो उनका अभिवादन मत करो; उनके नज़दीक मत बैठो; उनके साथ पानी मत पीओ; उनके साथ भोजन मत करो; उनके साथ परस्पर वैवाहिक संबंध स्थापित मत करो;
* उनके मरने पर नमाज़ मत पढ़ो;
* उनके साथ नमाज़ मत पढ़ो;
* मुझे उनसे विरक्ति हो चुकी है; मुझे उनसे कुछ लेना देना नहीं है। उनके ख़िलाफ़

भी उसी तरह से जिहाद किया जाए जिस तरह से काफ़िरों के ख़िलाफ़;

* तुम जब कभी किसी बदमज़हब को देखो, तो उसके साथ कटु और कठोर व्यवहार करो। अल्लाह हर बदमज़हब को अपना दुश्मन समझता है। उनमें से कोई भी सिरात (मार्ग) की पुल को पार नहीं कर पाएगा, बल्कि वे टुकड़े-टुकड़े होकर मक्खियों और मकड़ियों की तरह (जहन्नुम) की आग में गिर जाएँगे।
* जो बदमज़हब का सम्मान करता है, वह इस्लाम का विध्वंस कर रहा है।

फ़तवे में घोषित किया गया है कि इस आशय की कुछ और हदीसें भी हैं। उसके बाद, फ़तवे में दिए गए फ़रमान की पुष्टि में गौण विशेषज्ञों को उद्धृत किया गया है।

फ़तवे में आगे यह सवाल किया गया है कि जब शरीअत में उनके लिए ऐसी घृणा करने को कहा गया है, तो क्या मुसलमानों का यह मज़हबी फ़र्ज़ नहीं बनता कि वे उन्हें मस्जिदों में दाख़िल न होने दें? और उनके साथ सभी संबंध तोड़ दें, ख़ास तौर पर उनमें से ऐसे लोगों से, जिनके हाथों में मुसलमानों का काम है, जिन पर मुसलमानों का विश्वास है और जिन्हें वे इज़्ज़त की निगाह से देखते हैं?

फ़तवे में आगे यह बताया गया है कि उलमा ने तीन व्यक्तियों—थानवी, गंगोही, ननौटवी के ख़िलाफ़ कुफ़्र का फ़तवा जारी किया है। जैसा कि पाठकों को याद होगा ये तीनों महानुभाव दारुल उलूम, देवबंद के प्रवर्तक और स्तंभ थे।[31]

लेकिन फ़तवा-ए-रिज़विया में बार-बार यह कहा गया है कि ऐसे काफ़िरों और धर्मत्यागियों से सभी संबंध तोड़ लेना भी काफ़ी नहीं है। हर सच्चे मोमिन का यह मज़हबी फर्ज़ बनता है कि वह देवबंदियों, वहाबियों आदि का पर्दाफ़ाश करे और उनकी बुराइयाँ बताए।

फ़तवा-ए-रिज़विया के एक ख़ास फ़तवे में कहा गया है कि देवबंद के उलमा काफ़िर हैं। जो उनके काफ़िर होने के बारे में कोई शक पालते हैं, वे स्वयं काफ़िर हैं। देवबंद के उलमा के विश्वास ज़ाहिराना तौर पर कुफ़्र हैं। (सच के) मुनकिरों में ऐसा देखा गया है कि वे अपनी जिंदगियाँ बचाने के लिए, आरोप से बचना चाहते हैं। लेकिन अल्लाह और पैग़म्बर साहिब के दुश्मनों के साथ दुश्मनी रखना एक फ़र्ज है...। फ़तवे में आगे घोषित किया गया है कि जो देवबंदियों को 'काफ़िर' कहता है वह किसी ग़लती का दोषी नहीं है, क्योंकि अल्लाह का यह फ़रमान है कि काफ़िर को 'काफ़िर' कहा जाए...। अगर किसी उपयुक्त कारण से कोई व्यक्ति काफ़िर को 'काफ़िर' कहने से कतराता है—और वह कारण दीन की आवश्यकता से जुड़ा है, और केवल उन आवश्यकताओं की हद तक कतराता है—तो वह अगर काफ़िर नहीं, तो पापी ज़रूर है। लेकिन अगर वह यह सोचता है कि किसी काफ़िर को 'काफ़िर' कहना ग़लत और सभ्य शिष्टाचार के विरुद्ध है, तो वह कुराने पाक को कलंकित करता है और कुराने पाक को कलंकित करना कुफ़्र है—फ़तवे में यह घोषित किया

गया है।[32]

इसके अलावा फ़तवे में बार-बार इस बात को भी दोहराया गया है कि वहाबियों की बुराइयों का बयान करना भी फ़र्ज़ है। पैगम्बर साहिब को उद्धृत करते हुए, फ़तवा-ए-रिज़्विया में यह सवाल किया गया है : क्या तुम किसी फ़ाजिर (कदाचारी) को बुरा कहने से शरमाते हो? (अगर तुम चुप रहोगे तो) लोग उसे कब और कैसे पहचानेंगे? उसकी बुराई को सिद्ध करो ताकि लोग ख़ुद को उससे बचा कर रख सकें...[33]

दूसरी तरफ एक प्रश्नकर्ता मुफ़्ती किफ़ायतुल्लाह से पूछता है : जो पीर देवबंद के उलमा को काफ़िर कहता है उसे कैसा समझा जाए? क्या उसका अनुयायी बनना जायज़ है? वह फ़ासिक (पापी) है। मुफ़्ती साहब जवाब में घोषित करते हैं—उसका अनुयायी बनना जायज़ नहीं है।[34]

अपरिहार्य

ऐसे अनेकों उदाहरण दिए जा सकते हैं। अकेले बरेलवियों द्वारा की गई देवबंद के उलमा और अहले हदीस की भर्त्सनाओं से ही एक मोटी किताब भर जाएगी। कादियानियों, इस्माइलियों और शियाओं की सबके द्वारा की गई भर्त्सनाओं से भी उतनी ही मोटी-मोटी किताबें भर जाएँगी। लेकिन इस संबंध में निकाले गए निष्कर्ष अब तक स्पष्ट हो चुके होंगे :

* इस्लामी उम्मत की निरंतर बात की जाती है, लेकिन इस उम्मत के मार्गदर्शकों और मार्गदर्शकों की यह हालत है।
* प्रत्येक समूह दूसरे समूह पर एक ही किस्म के अपराधों के आरोप लगाता रहता है : प्रत्येक समूह की निगाह में दूसरे समूहों की पद्धतियाँ और विश्वास काफ़िराना बिदअतें हैं और उनमें से कई तो कुफ़्र हैं;

जैसा कि हमने देखा ये विवाद अपरिहार्य हैं और इनसे बचा नहीं जा सकता। निम्नलिखित के मद्देनज़र इन विवादों का होना अपरिहार्य है :

* जिंदगी के हर पहलू को नियंत्रित करने का इस्लाम का दावा।
* इस दावे का परिणाम, अर्थात् इस प्रकार हर मामला एक मज़हबी मामला बन जाता है।
* क्योंकि समूह पर स्वामित्व प्राप्त करने की होड़ लगी रहती है, इसलिए सत्ता के संघर्ष में सभी मुद्दे हथियार बन जाते हैं।

यहाँ तक कि फ़तवों में हम जो ज़हर और विद्वेष भावना देखते हैं वह भी एक ज़रूरी, एक अनिवार्य लक्षण है। क्योंकि मज़हब ही सब कुछ होता है इसलिए किसी दूसरे समूह द्वारा ज़रा-सा विचलन भी अल्लाह के फ़रमान की अवज्ञा बन जाता

है और स्वयं अल्लाह और पैग़म्बर साहिब ने निर्धारित कर दिया है कि जो व्यक्ति अल्लाह या पैग़म्बर के फ़रमान की अवज्ञा करता है, उसके साथ कैसा व्यवहार किया जाना चाहिए।

इसलिए इस्लामी क्रांतियाँ, उन क्रांतियों के प्रस्तावकों को उतनी ही जल्दी निगल गईं जितनी कि अन्य सर्वसत्तात्मक विचारधाराओं की क्रांतियाँ उनके प्रस्तावकों को। इस्लामी समुदायों में भी उतनी ही जल्दी फूट पड़ जाती है जितनी जल्दी कि दूसरे सर्वसत्तात्मक समुदायों में।

संक्षेप में, जिस तरह से विचारधारा की व्यापक दखलअंदाजी पलट कर नुकसान पहुंचाती है, उस तरह से इस विचारधारा का जोश जो कि उसका प्रमाणचिह्न है, पलटकर इस विचारधारा को नुकसान पहुँचाता है।

आज की दुनिया

आशा का तीसरा कारण है आज की दुनिया—या सही-सही कहा जाए, तो यह तथ्य कि उलमा की विचारधारा की विषय-वस्तु आज की दुनिया में पूर्णतः अनुपयुक्त है।

धरती और सूरज, ब्रह्मांड, बीमारी और चिकित्सा शास्त्र के बारे में उनकी धारणाएँ आधुनिक ज्ञान के विकास के सामने किस प्रकार ताब ला सकती हैं? इससे भी ज़्यादा ज़रूरी बात यह कि उनकी बुनियादी पूर्व धारणा—कि इस्लाम का गौरव आधुनिक विज्ञान के सामने झुकने में नहीं, बल्कि हर सवाल पर 'इस्लामी प्रतिष्ठा' के सामने विज्ञान को झुकाने में है—कैसे टिकी रह सकती है? ऐसे समय में जबकि मोमिनों के बारे में भी उपग्रह टेलीविजन के ज़रिए बाकी पूरे विश्व की सूचना घर में ही उपलब्ध हो जाती है तो वे महिलाओं के लिए इतनी ज़ाहिराना तौर पर असमतापूर्ण कानूनी और सामाजिक व्यवस्था को कब तक लागू किए रह सकते हैं?

ऐसे राज्यों में भी जो इस्लामी हैं, काफ़िरों के लिए वे इतनी ज़ाहिराना तौर पर असमानतापूर्ण कानूनी और सामाजिक व्यवस्था को कब तक लागू किए रख सकते हैं। यह एक ऐसी व्यवस्था है जिसकी मूलभूत पूर्वधारणा मोमिनों और काफ़िरों के बीच दोहरा मानदंड निर्धारित कर देती है। एक ऐसे विश्व में जिसमें किसी देश के अल्पसंख्यकों के साथ जो कुछ किया जाता है उसे पूरा विश्व कुछ ही घंटों में जान जाता है, एक ऐसे विश्व में जहाँ एक-एक साल में मानव अधिकारों के प्रति लोगों का सरोकार बढ़ जाता है, वे कब तक ऐसा करते रह सकते हैं?

अंततः विश्व और उलमा की विचारधारा के बीच इससे भी ज़्यादा महत्त्वपूर्ण असंगति मौजूद है। यह विचारधारा केवल इस पूर्वधारणा पर ही आधारित नहीं है कि मोमिन शाश्वत रूप से काफ़िरों से अलग और शाश्वतरूप से उनसे अज़ीमतर हैं। यह विचारधारा दोनों के बीच शाश्वत शत्रुता पर आधारित है। कट्टरपन और

आतंकवाद तथा आक्रामकता, विश्व संबंधी इस नज़रिए का अपरिहार्य परिणाम हैं। तदनुसार, मुसलमानों की विचारधारा उनके लिए ऐसे समाजों में शांतिपूर्वक रहना मुश्किल कर देती है, जिनमें मुसलमान कई समुदायों में से केवल एक समुदाय होते हैं। वास्तव में एक ऐसे विश्व में जहाँ ग़ैर इस्लामी राज्य भी मौजूद हैं, यह विचारधारा एक इस्लामी राज्य के लिए भी शांतिपूर्वक रहना मुश्किल कर देती है। लेकिन उलमा हैं कि आज भी वे उसी विचारधारा पर अटल हैं। लेकिन उनके इस प्रकार अटल रहने के गहरे परिणाम उन बहुधार्मिक समाजों में, जिनमें मुसलमान रहते हैं और दूसरे देशों में भी देखने को मिलते हैं। उदाहरण के लिए उनकी आक्रामकता भारत में हिंदुओं के बीच गहरी प्रतिक्रिया को जन्म देती रहती है। और उनकी 'आज़ादी की लड़ाइयों' और उनके आतंकवाद के कारण योरुप और अमरीका भी उस ख़तरे से सजग हो उठे हैं, जो ख़तरा इस विचारधारा का अभिन्न अंग है।

इसलिए कुछ समय बाद यकीनी तौर पर यह विचारधारा भी उसी तरह अपनी जड़ें ख़ुद काट लेगी, जिस तरह से मार्क्सवाद और लेनिनवाद ने काट ली है। लेकिन जब तक हम ऐसी स्थिति पैदा होने का इंतज़ार करेंगे तब तक देश और स्वयं मुसलमानों को अपरिमेय हानि पहुंचा चुकी होगी। लेनिन के शब्दों का इस्तेमाल करते हुए, हमें इतिहास का हाथ बंटाना चाहिए।

हमें और ख़ास तौर पर उदारवादी मुसलमानों को धर्म व धार्मिक ग्रंथों का मानकीकरण करना चाहिए और हमें इज्तिहाद (कुरआन और हदीस का रास्ता साफ़ न होने पर अपना रास्ता ढूँढ़ना) के दरवाज़े खोले जाने की वकालत नहीं करते रहना चाहिए। हमें ख़ुद ही व्याख्याएँ प्रतिपादित करनी चाहिए।

इसके अलावा हमें दलीलों को प्रसारित करना चाहिए और उन लिखित प्रमाणों को पुनः उद्धृत करना चाहिए जिनका प्रणयन ऐसे व्यक्तियों द्वारा किया गया है जिनकी कट्टरपंथी भी अवहेलना नहीं कर सकते।

हमें उन परिणामों को सामने लाना चाहिए जो कि कट्टरपंथियों के रवैये और राजनीति के कारण देश को भुगतने पड़ते हैं। मुसलमान इन परिणामों को पहले ही भुगत चुके हैं; वे अशिक्षित और इसलिए ग़रीब रह गए हैं और अलग-थलग भी पड़ गए हैं। कट्टरपंथियों के इसी रवैये और राजनीति के कारण हिंदुओं में भी घोर प्रतिक्रिया हुई है।

हमें और ख़ासतौर पर उदार मुसलमानों को मुस्लिम समाज के बारे में—उदाहरण के लिए इस समाज के भीतर महिलाओं की दुर्दशा के बारे में—पूरा सच बोलना चाहिए और इस दुर्दशा की जड़—मूल ग्रंथों, शरीअत और सोच के तरीकों—तक पहुंचने से हिचकना नहीं चाहिए।

हमें उलमा और कट्टरवादी राजनीतिज्ञों की सामाजिक आदतों को लिखित रूप में सामने लाना चाहिए। उदाहरण के लिए उन्होंने वक्फ़ों की क्या हालत कर डाली

है और उस धनराशि का जो विदेश से आती है कैसा इस्तेमाल किया जा रहा है, वह धनराशि किसके पास जाती है और वे किस काम लाते हैं—इन सब बातों को सामने लाया जाना चाहिए।

धार्मिक मुद्दों को लेकर उलमा आदि जो कुछ कहते रहे हैं और जो फ़रमान देते रहे हैं हमें उनको भी लिखित रूप में सामने लाना चाहिए। उदाहरण के लिए जो फ़तवे उन्होंने जारी किए हैं उन्हें देख कर हमारे मन में शक पैदा होता है कि क्या वे इस अधिकार के हकदार हैं जो हमने उन्हें दे रखा है? और उन्हें जो इतना ऊँचा स्थान दिया जाता है उसका हमें विरोध करना चाहिए।

कट्टरपंथियों का प्रचार कितना झूठा होता है, हमें यह बात भी सामने लानी चाहिए। शाहबानो के मामले में उन्होंने कहा था, "यह फ़ैसला अनुच्छेद 25 के ख़िलाफ़ जाता है जो धार्मिक स्वतंत्रता का आश्वासन देता है," और अब वे वही बात न्यायमूर्ति तिलहरी के बारे में कहते हैं। अनुच्छेद 25 के अंतर्गत धार्मिक स्वतंत्रता प्रदान की गई है लेकिन सार्वजनिक व्यवस्था, नैतिकता और स्वास्थ्य और मूल अधिकारों संबंधी अन्य संविधानिक व्यवस्थाओं—जैसे समानता संबंधी अधिकार आदि—के अधीन, जिनका तलाक संबंधी अधिकार से उल्लंघन होता है। उसी अनुच्छेद में विशिष्ट रूप से यह व्यवस्था की गई है कि धार्मिक स्वतंत्रता संबंधी कोई भी व्यवस्था अन्य बातों के साथ-साथ किसी धार्मिक समूह की धर्मनिरपेक्ष गतिविधि को नियंत्रित और प्रतिबंधित करने और समाज कल्याण तथा सुधार संबंधी कोई व्यवस्था करने के लिए कोई कानून बनाने के बारे में राज्य के अधिकार को प्रभावित नहीं करेगी। इस बारे में उनका कहना है, "लेकिन शरीअत अधिनियम 1937 के कारण ऐसा कोई कानून पास नहीं किया जा सकता।" अगर वह अधिनियम ऐसे ढंग से राज्य के अधिकार को प्रतिबंधित करता है जिसकी संविधान इजाज़त नहीं देता, तो अधिनियम की वह व्यवस्था अधिकारातीत और अमान्य हो जाती है। लेकिन असली बात यह नहीं है। असली बात यह है कि शरीअत अधिनियम के अंतर्गत इस किस्म का कोई प्रतिबंध लागू किया ही नहीं गया। जैसा कि मैंने 'एक धर्मनिरपेक्ष कार्यक्रम' के अंतर्गत बताया है कि मूल विधेयक में यह व्यवस्था थी, कि जहाँ पक्ष मुसलमान हो, वहाँ शादी और तलाक के मामले में 'कोई विपरीत रिवाज या दस्तूर या कानून होने के बावजूद' शरीअत लागू होगी। लेकिन 'या कानून' शब्द ख़ास तौर पर निकाल दिए गए थे और इसलिए 1937 के कानून में केवल इतना कहा गया है, "कोई विपरीत रिवाज या दस्तूर होने के बावजूद...शरीअत लागू होगी।" जहाँ कहीं कोई विपरीत कानून है, वहाँ वही कानून लागू होगा। तो इस प्रकार स्थिति एकदम स्पष्ट है। उसके बावजूद प्रत्याख्यान फिर भी जारी है, "इससे अनुच्छेद 25 का उल्लंघन होता है, यह शरीअत अधिनियम के विरुद्ध है।" उदारवादियों को इस प्रकार के मिथ्या निरूपणों को समाप्त करने के लिए कदम उठाने चाहिए ताकि ग़रीब और अनजान जनता गुमराह होकर

भड़कावे में न आए।

हमें, ख़ासतौर पर उदार मुसलमानों को, हर मामले पर निरंतर धर्मनिरपेक्ष रवैया अपनाना चाहिए—कट्टरवादियों का मुकाबला करने का यही एक तरीका है। मुस्लिम समुदाय में वैकल्पिक नज़रिया पैदा करने का सबसे निश्चित तरीका यही है। स्पष्ट उदाहरण के तौर पर, हुक्मनामे, फ़तवे आदि, जो कि किसी व्यक्ति के नागरिक अधिकारों का अतिक्रमण करते हैं, निश्चित रूप से कानून का आपराधिक उल्लंघन करते हैं, हमें फ़तवों आदि को इसी रूप में पेश करना चाहिए और यह मांग करने में दूसरों का साथ देना चाहिए कि जो कोई भी हुक्मनामे या फ़तवे जारी करके दूसरों के अधिकारों का हनन करते हैं, उनके ख़िलाफ़ कानूनी कार्रवाई की जानी चाहिए। उसी तरह से हमें अपने अवसरवादी राजनीतिज्ञों का भी पर्दाफ़ाश करना चाहिए और उनके द्वारा दी जानेवाली ऐसी रियायतों को निष्फल कर देना चाहिए जो इन प्रतिक्रियावादी तत्वों को संतुष्ट करने के लिए दी जाती हैं, और जिनके कारण उनकी पकड़ और भी मज़बूत होती चली जाती है। फिलहाल इस अधिनियम में किए गए संशोधन एक फ़ौरी मामले के तौर पर कार्रवाई करने के लिए हमारे सामने हैं।

हमें मुस्लिम समुदाय के आधुनिकीकरण—उदाहरण के लिए महिलाओं को शिक्षित करने और पारंपरिक उद्योगों में कामगारों को आधुनिक साज-सामान देने की योजनाएँ तैयार करनी चाहिए और ऐसी योजनाओं का समर्थन भी करना चाहिए, जिससे ऐसे कामगार आगे चलकर नए और विकासशील उद्योगों में जा कर काम कर सकें। उदार मुसलमानों को ख़ासतौर पर अपने समुदाय को यह सिखाना चाहिए कि वे नेताओं का मूल्याँकन इस दृष्टि से करें कि वे इस प्रक्रिया में मदद करने के लिए क्या कर रहे हैं, न कि यह देख कर वे उनका मूल्यांकन करें कि उनमें से कौन सबसे ज़्यादा चिल्ला कर यह कहता है कि "इस्लाम ख़तरे में है।"

एक और बात है जो कि खासतौर पर मुसलमान उदारवादियों के संदर्भ में प्रासंगिक है। उसे अपने धर्म का विचार न करते हुए उन संस्थाओं को मज़बूत बनाने में हाथ बंटाना चाहिए, जिनके सही तरह से काम करने पर हमारे लोगों के सभी तबकों की सुरक्षा और समृद्धि निर्भर करती है।

उदारवादी मुसलमानों द्वारा अकेले कोई काम नहीं किया जा सकता। हर काम के लिए उन्हें भारत के सभी समुदायों के उदारवादियों का सहयोग प्राप्त करना चाहिए। उलमा और कट्टरवादी केवल ग़रीब और अनजान लोगों को भारत की बाकी जनता से अलग-थलग रख कर ही अपना दबदबा कायम नहीं रखे हुए हैं, बल्कि इसके लिए उन्होंने मौखिक आतंकवाद का भी सहारा लिया है। इसके अलावा उन्होंने अपनी पकड़ को मज़बूत रखने के लिए एक तरफ़ उदारवादी मुसलमानों को साधारण मुसलमानों से अलग-थलग रखा है और दूसरी तरफ़ उन्होंने उन्हें अन्य समुदायों के उदारवादियों से भी अलग-थलग रखा है। उलमा की पकड़ को ढीला करने और उनके

संगठनात्मक वसीलों का मुकाबला करने का एकमात्र रास्ता यह है कि उदारवादी मुसलमान सब समुदायों के उदारवादियों को अपने साथ ले कर चलें। और उलमा को कायल करने का प्रयास करने की बजाए, और उन्हें संवाद में भाग लेने के लिए अपील करने की बजाए उनको चाहिए कि वे उनकी तरफ़ से पीठ मोड़ लें।

याद कीजिए उस प्रस्ताव को जो कि मुस्लिम बुद्धिजीवी सम्मेलन द्वारा मुस्लिम स्वीय कानून बोर्ड को तीन तलाकों के खिलाफ 1993 में भेजा गया था, और उसके साथ हुई दुर्दशा को, जिसका वर्णन अध्याय 1 में किया गया है।

इसलिए इस काम को करने के लिए ज़रूरी है ऐसी परियोजनाएँ तैयार करना जिनका निरंतर उद्देश्य हो कट्टवादियों को ठिकाने लगाना, फिर चाहे ऐसी परियोजनाएँ विशिष्ट सुधारों के बारे में भी क्यों न हों और ऐसी परियोजनाएँ खुले आम और सभी परंपराओं के उदारवादियों के उत्साहपूर्ण सहयोग से पूरी की जानी चाहिए। यही इस काम के लिए कार्यक्रम होना चाहिए और यही इसकी कार्यप्रणाली।

जिस किस्म की कार्रवाइयाँ ऊपर गिनाई गई हैं वे आवश्यक हैं और मुझे ज़रा-सा भी संदेह नहीं कि केवल यही कार्रवाइयाँ ही मुसलमानों को प्रतिक्रियावादी तत्वों की दुष्टता से मुक्त कराने में काफ़ी कारगर सिद्ध होंगी। लेकिन उलमा और उनके तंत्र का मुकाबला करने और उनके द्वारा निर्धारित पाठ्यक्रम का भंडाफोड़ करने के लिए इतना कुछ काफी नहीं है। जैसा कि हमने देखा है, जिस चीज का वे दावा करते हैं, और जो कुछ वे उगलते रहते हैं और जिन व्यवस्थाओं को वे ज़बरदस्ती लागू करते हैं वे सब कुरआन और हदीसों द्वारा निर्धारित की गई हैं। इसलिए दुराचार को वस्तुतः समाप्त करने के लिए उदारवादियों और विशेषकर मुसलमान उदारवादियों को इस्लाम के सहस्राब्दि पुराने दावों की पड़ताल करके उन्हें अनावृत्त करना चाहिए : ये दावे कि सत्य केवल एक होता है, कि वह अंततः केवल एक ही व्यक्ति पर उद्घाटित किया जा चुका है, कि वह केवल एक ही किताब में सुरक्षित है, और उस किताब को समझना बहुत मुश्किल है, कि केवल चुनिंदा व्यक्ति ही उसके भीतरी अर्थ को जानते हैं और इसलिए हर व्यक्ति का यह कर्तव्य बनता है कि वह उनकी बात को माने, ठीक उसी तरह से, जैसे उन कुछेक चुनिंदा लोगों का कर्तव्य है कि वे यह सुनिश्चित करें कि सभी लोग उनकी बात को मानें। संक्षेप में स्वयं मूलभूत ग्रंथों की पड़ताल की जानी चाहिए।

ईसाई तभी पादरी वर्ग की दासता से मुक्त हो पाए थे जब उदारवादियों ने ईसाई धर्म के दावों और ग्रंथों का भंडाफोड़ किया था। मार्क्सवाद और लेनिनवाद के मामले में क्योंकि साम्यवादी दल और उनके समर्थक इन दावों को पड़ताल की प्रक्रिया से बचाने में सफल रहे थे इसलिए सोवियत संघ और पूर्वी योरुप के लोगों को मुक्त नहीं किया जा सका। नतीजा यह हुआ कि उनका पूरा ढांचा चरमरा कर नीचे गिर गया।

लेकिन वर्तमान मामले में उतनी देर तक इंतज़ार करने का मतलब होगा भारतीय मुसलमानों की बहुत बड़ी संख्या को उनकी वर्तमान दशा में बने रहने की सज़ा देना। और उसका मतलब होगा देश को टुकड़ों में बंट जाने के लिए खुला छोड़ देना।

सन्दर्भ

1. एम. मुजीब, दि इंडियन मुस्लिम्स, जार्ज एलन और अनविन, लंदन 1969, पृ. 76-77
2. आई. एच. कुरेशी, 'उलमा इन पॉलिटिक्स', कराची 1972, रेनेसां पब्लिशिंग हाउस नई दिल्ली, पुनःमुद्रण 1985, पृ. 150-52, जिन गूढ़ मामलों पर उलमा के बीच फूट और लड़ाई पैदा हुई, और मुसलमानों पर पड़ने वाले जिनके प्रभाव से कुरेशी को वेदना हुई थी, ऐसे गूढ़ मामलों के अन्य मिलते-जुलते उदाहरणों के लिए देखें पृ. 116, 171-72, 174, 218, 222-24.
3. उत्कृष्ट और सारगर्भित वर्णन के लिए देखें बारबरा डाली मेट्काफ़ की पुस्तक, इस्लामिक रिवाइवल इन ब्रिटिश इंडिया, देवबंद : 1860-1900, प्रिंस्टन यूनिवर्सिटी प्रेस, प्रिंस्टन 1982, पृ. 296-314
4. पूर्वोक्त उद्धरण के लिए देखें मुफ़्ती किफ़ायतुल्लाह के फ़तवे, खंड 9 पृ. 20-23, 106, 265-66, 269, 503
5. उदाहरण के लिए मुफ़्ती किफ़ायतुल्लाह के फ़तवे, खंड 9 अध्याय-3
6. मुफ़्ती किफ़ायतुल्लाह के फ़तवे, खंड 9 पृ. 49-51, इसके अलावा देखें पृ. 106, जहाँ मुफ़्ती साहब ने यह फ़रमान दिया है कि मज़ारों पर भेंटें चढ़ाना और मज़ारों पर 11वां, उर्स या चालीसवां मनाना और सामान्यतः धूमधाम करना—ये सब बातें बिदअत् हैं।
7. मुफ़्ती किफ़ायतुल्लाह के फ़तवे, खंड 9 पृ. 423
8. फ़तवा दारुल-उलूम, देवबंद, खंड 3 पृ. 106, खंड 12, पृ. 102, 124, 126, 135-43, 153-54, 160-62, 359-60, 382, 385
9. सहीह अल बुख़ारी, खंड 1 पृ. 255, सुनन अबू दाऊद, खंड 2 पृ. 916-17
10. फतवा दारुल उलूम देवबंद, खंड 12, पृ. 381-82
11. फ़तवा-ए-रिज़विया, खंड 6 पृ. 95
12. वही, खंड 1 पृ. 746-47
13. वही, खंड 6 पृ. 3-4
14. वही, खंड 6 पृ. 55
15. वही, खंड 6 पृ. 88-91
16. वही, खंड 6 पृ. 35, 70
17. वही, खंड 6 पृ. 5, 80, 81
18. वही, खंड 11 पृ. 200
19. वही, खंड 12 पृ. 110-12
20. वही, खंड 6 पृ. 81-82, खंड 9 पुस्तक 2 पृ. 313-14
21. वही, खंड 1 पृ. 152
22. वही, खंड 2, पृ. 152
23. वही, खंड 3 पृ. 246, इसके अतिरिक्त देखें खंड 3, पृ. 265 जहाँ इन्हीं बातों को दोहराया गया है और यह बताया गया है कि पूरी तरह से जंगली व्यक्ति को छोड़कर हर कोई देवबंदियों

और वहाबियों के स्वभाव को जानता है और यह भी जानता है कि वे काफ़िर हैं, खंड 11, पृ. 73 पर भी देखें।

24. फिर, उदाहरण के लिए देखें, फ़तवा-ए-रिज़विया खंड 6 पृ. 81, वही, खंड 9, पुस्तक 2 पृ. 119
25. वही, खंड 6, पृ. 428-29; वही, खंड 9 पुस्तक 2 पृ. 125
26. फिर, उदाहरण के लिए देखें, वही, खंड 8 पृ. 329
27. वही, खंड 9 पुस्तक 1 पृ. 79
28. वही, खंड 9 पुस्तक 1 पृ. 176
29. वही, खंड 8 पृ. 332
30. वही, खंड 6 पृ. 88-89
31. वही, खंड 6 पृ. 103-4
32. वही, खंड 9 पुस्तक 2 पृ. 313-14
33. वही, खंड 3 पृ. 25
34. मुफ़्ती किफ़ायतुल्लाह के फ़तवे, खंड 9 पृ. 269

‘‘लेकिन फ़तवों को पढ़ता कौन है?’’

"मुझे विश्वास नहीं होता कि उनमें ऐसा कुछ कहा गया हो।" जब कभी किसी चर्चा में मैंने अपने दोस्तों को यह बताया कि, अमुक मामले पर फ़तवों में क्या फ़ैसला दिया गया है तो शुरू-शुरू में उनकी यही प्रतिक्रिया हुई।

और जब मैंने फ़तवे उनके सामने रखे तो वे झट कहते, "लेकिन फ़तवों को पढ़ता कौन है?"

इस पर जवाब में कोई यह सवाल कर सकता है, "लेकिन उच्चतम न्यायालय की रिपोर्टों या श्रम कानून पत्रिका को भी कौन पढ़ता है?" इसका स्पष्ट जवाब यह है कि उन्हें न्यायाधीश पढ़ते हैं, वकील पढ़ते हैं, मुकदमेबाज़ पढ़ते हैं। उसी प्रकार शरीअत को लागू करने वाले उलमा, फ़तवों को पढ़ते हैं, मुस्लिम समुदाय जो शरीअत पर चलता है, वह उन्हें पढ़ता है, और फ़तवों की विषय वस्तु के अनुसार समुदाय का जीवन शरीअत द्वारा नियंत्रित होता है।

"लेकिन ये तो पुराने फ़तवे हैं।"

इसके विपरीत जिन फ़तवों पर यह अध्ययन आधारित है, वे सामयिक फ़तवे हैं। और जैसा कि अध्याय 10 में दिखाया गया है, जिन धारणाओं को ये फ़तवे व्यक्त करते हैं और जिन फ़रमानों को ये लागू करते हैं वे स्वयं कुरआन और हदीसों में निर्धारित किए गए हैं। इतनी बड़ी मात्रा में इन लिखित प्रमाणों के बारे में ऐसा चाहने की बजाए कि ये नज़रों से दूर हो जाएँ, एक छोटा रास्ता क्यों न आज़माया जाए : किसी एक मान्यता प्राप्त मज़हबी हाकिम, मान लीजिए देवबंद के दारुल उलूम से जो यहाँ उद्धृत फ़तवों का खंडन करता है या उनके विपरीत फैसले देता है, आज़मायश के तौर पर एक फ़तवा क्यों न जारी करा लिया जाए?

"लेकिन इन फ़तवों पर अमल कौन करता है?"

एक बात तो यह कि मुसलमानों में से बड़े से बड़े आदमियों—इकबाल मौलाना आजाद, डॉ. ज़ाकिर हुसैन—को भी फ़तवों की परवाह करनी पड़ती थी। बल्कि इस अंदेशे से कि उनके ख़िलाफ़ कहीं फ़तवे न जारी कर दिए जाएँ, ऐसी महान शख़्सियतों को अपने लिखे या किए के बारे में स्पष्टीकरण देना पड़ा था, बल्कि यों कहें, कि दरअसल उन्हें उससे मुकर जाना पड़ा था।

"बस यही बात है : जब ये बड़े आदमी कोई बात कहते या लिखते हैं, तो वह उलमा के ध्यान में आ जाती है और वे तूफ़ान खड़ा कर देते हैं। लेकिन एक आम मुसलमान इन मुल्लाओं से पूरी तरह बेगाना हो कर अपनी ज़िंदगी बिताता रहता है।"—यह बात एक अग्रणी मुस्लिम विद्वान ने दिल्ली में हुए एक सेमिनार में कही।

कोई आदमी कितना आत्मोपकारी हो सकता है ! उलमा के लिए यह ज़रूरी नहीं है कि वे किसी आम मुसलमानों की झोंपड़ियों में जा-जा कर उन्हें अपना शिकार बनाते रहें। उनके लिए इतना काफ़ी है कि जो कुछ वे कहते हैं उसकी ओर कोई मौलाना आज़ाद या कोई डॉ. ज़ाकिर हुसैन उचित ध्यान दे। जब कोई आम आदमी यह देखता है कि ऐसी बड़ी-बड़ी हस्तियों की भी उलमा के सामने कुछ नहीं चलती तो वह किसी भी संबंधित मामले पर उलमा के फ़रमान की परवाह किए बग़ैर कदम नहीं उठाएगा। फ़तवों के संकलनों से ही बात स्पष्ट हो जाती है। उनसे पता चलता है कि हर आए दिन एक साधारण मुसलमान उलमा की शरण में जा कर फ़रमान हासिल करता है कि उसे अपनी ज़िंदगी कैसे चलानी चाहिए। केवल इतना ही नहीं प्रायः ऐसा देखा जाता है कि फ़तवों का अनुरोध इस रूप में किया जाता है कि एक मुसलमान जा कर बताता है कि किसी दूसरे व्यक्ति ने क्या कुछ कहा या किया और फिर उलमा से इस मामले में उनके फ़रमान की गुज़ारिश करता है। दूसरे शब्दों में, इतना ही नहीं है कि साधारण मुसलमान यह मानते हैं कि उन्हें फ़तवे के लिए उलमा के पास लाज़िमी तौर पर जाना चाहिए, बल्कि साधारण मुसलमान एक दूसरे की गतिविधियों पर निगाह रखने वाली सतर्क और कभी-कभी शैतानी पुलिस का काम भी करते रहते हैं। वे उलमा को एक-दूसरे के बारे में बताते रहते हैं। ऐसा करके वे पूरे समुदाय पर उलमा की पकड़ को मज़बूत करते रहते हैं।

चाहे कुछ भी हो, अगर कोई भी व्यक्ति फ़तवों पर अमल नहीं करता तो फिर यह हंगामा क्यों खड़ा किया जाता है कि शरीअत में कोई दस्तअंदाजी नहीं कर सकता और यह शोर 'क्यों' मचाया जाता है कि मुस्लिम स्वीय कानून को हरगिज़ नहीं छेड़ा जाना चाहिए? आख़िर फ़तवे शरीअत का सक्रिय रूप ही तो हैं।

चलिए बहस के लिए ही सही, फ़तवों की परवाह मत कीजिए। लेकिन जिन पूर्व धारणाओं पर वे आधारित होते हैं, उनमें निहित जो समस्याएँ हैं वे फिर भी बनी रहती हैं। इनका क्या होगा? जैसा कि हमने देखा कि इनका मूल स्रोत कुरआन और पैग़म्बर साहिब की सुन्नत है। तो क्या फिर यह मान लिया जाए कि कोई भी मुसलमान कुरआन और हदीस को नहीं पढ़ता? और न ही कोई मुसलमान उनके अनुसार जीवन-यापन करता है?

यह कितनी बड़ी विडंबना है। कुरआन और हदीस के संकलनों के बारे में यह रट सुनने में आती है कि "ये परम पावन ग्रंथ हैं।" लेकिन तब तक जब तक

आप उन्हें उद्धृत नहीं करते। तब धर्ममंडक पुकार उठते हैं, "लेकिन उन्हें पढ़ता कौन है?" बिल्कुल सही बात है। रामस्वरूप के मार्गदर्शी अध्ययन 'अंडरस्टैंडिंग इस्लाम थ्रू हदीस' के साथ ऐसा ही हुआ। तब वह मांग की जाती है, कि जिस पुस्तक में इन ग्रंथों के उद्धरण दिए जाएँ, उस पर रोक लगा दी जाए!

"लेकिन उलमा पूरी मुस्लिम उम्मत नहीं है।" यह सही है कि वे पूरी मुस्लिम उम्मत नहीं हैं। लेकिन वे उम्मत के अग्रणी तो हैं। उनका अपना एक तंत्र है, उनके वित्तीय और अन्य साधन हैं। उन्हें ऐसी वैधता प्राप्त है जो कि मुस्लिम समुदाय के किसी और वर्ग को प्राप्त नहीं है। जब कभी कोई मुद्दा खड़ा होता है, तो मामला ऐसी शक्ल अख़्तियार कर लेता है कि उसे केवल ग्रंथों की मदद से ही सुलझाया जा सकता है। और जैसा कि हमने देखा है, ग्रंथ उलमा का ही साथ देते हैं। इन सब कारणों से यद्यपि वे पूरी मुस्लिम उम्मत नहीं हैं, लेकिन घटनाएँ जो भी मोड़ लेती हैं, उन पर उलमा का असाधारण प्रभाव रहता है। आख़िर हमें यह मानना ही पड़ेगा कि जो मुसलमान बंटवारे के बाद भारत में रह गए थे, वे बंटवारे के हक में नहीं थे। लेकिन क्या वे बंटवारे को रोक पाए? उसी प्रकार यह सही है कि मग़रिब (पश्चिम) और मध्यपूर्व में आम लोग आधुनिक रीति रिवाजों और आधुनिक उपकरणों को अपना रहे हैं। फिर घटनाओं की दिशा इस विशाल किंतु आकारहीन जनसमूह द्वारा निर्धारित नहीं की जा रही। यह दिशा एक अल्पसंख्या द्वारा उन व्यक्तियों द्वारा निर्धारित की जा रही है जो कुरआन और हदीस की विश्व-दृष्टि से अनुप्रेरित हैं। यही कारण है कि उलमा की मानसिकता का ऐसा महत्त्व है जो कि उनकी संख्या की दृष्टि से कहीं अधिक है। और फ़तवों में वही मानसिकता प्रकट होती है।

"अरे भाई लेकिन तुम हिंदू फ़तवों पर क्यों नहीं लिखते हो?" यह बात एक स्वनामधन्य बुद्धिजीवी से सुनने को मिली।

लेकिन हिंदुओं में फ़तवों जैसी कोई चीज़ ही नहीं है—और इस बात को हमारे बुद्धिजीवी भी जानते हैं। लेकिन ऐसी फटकार के पीछे मुद्दा कुछ और है। इन महाशय की दृष्टि से एक हिंदू को इस्लाम पर लिखने से गुरेज़ करना चाहिए। बल्कि अगर वह इस्लामी या मुस्लिम विषयों पर लिखता भी है तो उसे सिर्फ़ अच्छी अच्छी बातें लिखनी चाहिए—'सहिष्णुता और समानता का धर्म' उसे केवल 'अनुकूल और उदार' पुस्तकें लिखनी चाहिए, अर्थात् उसे मुस्लिम मनोभाव को समझाने की कोशिश करनी चाहिए। और अगर उसे इस धर्म में किसी अप्रिय कमी का उल्लेख करना भी है तो वह उसे किसी ख़ास समय और स्थान से जोड़ दे और इस्लाम को उससे दोषमुक्त कर दे! इससे भी ज़्यादा ज़रूरी बात यह है कि उसे निश्चित रूप से इस्लाम में पाई गई उस कमी के बारे में की गई अपनी टिप्पणी को, हिंदू धर्म की किसी बात, किसी भी बात—वर्ण व्यवस्था, दहेज के कारण होने वाली मौतों और विदेशियों को म्लेच्छ समझने की प्रवृत्ति और यदि कोई और कमी संदर्भानुकूल नहीं सूझ रही है, तो सति—का

ही उल्लेख करके अपनी उस टिप्पणी को 'संतुलित' कर लेना चाहिए।

"लेकिन देखो, इस विषय पर क्योंकि तुमने लिखा है इसलिए वे इसे देखते ही ख़ारिज कर देंगे, यह कह कर—अरे वह आदमी! वह तो इस्लाम के विरुद्ध पूर्वाग्रह ग्रस्त है।"—यह बात एक और बुद्धिजीवी, बल्कि दिल्ली के बुद्धिजीवियों के एक प्रसिद्ध संचालक से सुनने को मिली।

लेकिन, अल्लाह के नाम पर, आप और आपके सहयोगी ख़ुद ऐसे विषयों पर क्यों नहीं लिखते? मुसलमानों में से उदारवादी ऐसे विषयों पर क्यों नहीं लिखते? आपकी अपनी मान्यता के अनुसार, ऐसे लोगों द्वारा पता लगाई गई बातों का मुसलमानों के बीच अधिक महत्त्व होगा।

उन्होंने पहले सवाल का जवाब नहीं दिया। दूसरे सवाल पर वे काफ़ी जोश में आ गए : "लेकिन तुम जानते हो कि जो कोई मुसलमान ऐसे विषय पर लिखता है, उसे कितना कष्ट झेलना पड़ता है! तुम 'क' को ही देख लो।"—यह कह कर उन्होंने एक मुस्लिम विद्वान का नाम लिया—"याद है उसे कितना कुछ झेलना पड़ा था?"

ऐसा व्यक्ति रुक कर अपनी इस रोषपूर्ण टिप्पणी के बारे में कि, "...तुम जानते हो कि जो कोई मुसलमान ऐसे विषय पर लिखता है उसे कितना कष्ट झेलना पड़ता है?"—यह विचार नहीं करता कि उसमें वह एक महत्त्वपूर्ण संकेत दे गया है। आज एक ईसाई जब ईसाईयत के बारे में लिखता है, या कोई भी व्यक्ति जब हिंदू धर्म पर लिखता है, तो उसे इस किस्म का कष्ट क्यों नहीं झेलना पड़ता? क्या उससे हमें इस्लाम के बारे में और उन लोगों के बारे में, जिनके हाथ में इस्लाम की सत्ता है कुछ संकेत नहीं मिल जाता? हमारे बुद्धिजीवी साफ़-साफ़ बात कहने के लिए ख़ुद को तैयार क्यों नहीं कर पाते कि इस्लाम में वह कौन-सी ख़ास बात है, जिसकी वजह से उसके बारे में कुछ लिखने पर आदमी को कष्ट झेलना ही पड़ता है?

जहाँ तक दूसरी बात—कि जब 'क' पर हमला किया जा रहा था, तो उसे कितना कम समर्थन मिला था—का संबंध है, हकीकत यह है कि केवल एक ऐसा तबका है जिसने उस व्यक्ति को अपना समर्थन प्रदान नहीं किया था, और वे हैं मार्क्सवादी, लेनिनवादी बुद्धिजीवी! और उसका कारण स्पष्ट था! उस आदमी पर, कट्टरवादियों द्वारा भड़काई गई भीड़ द्वारा हमला किया गया था, उसे इस्लाम के नाम पर दंडित किया जा रहा था और धमकाया जा रहा था। उसके पक्ष में खड़ा होने से इन बुद्धिजीवियों की धर्मनिरपेक्ष छवि कलंकित हो जाती!

बहरहाल ऐसी टिप्पणियों की व्यावहारिक उलझन पर ध्यान दीजिए : उदारवादी मुसलमान इस विषय पर नहीं लिखना चाहेंगे क्योंकि अगर वे ऐसा करेंगे तो उन्हें बहुत बड़ा कष्ट झेलना पड़ेगा। ग़ैर मुस्लिम 'उदारवादी' भी इस विषय पर कलम नहीं उठाना चाहेगा क्योंकि वह संघवाद के बारे में, विकेंद्रीकरण के बारे में और

भूमंडलीय निरस्त्रीकरण के बारे में लिखने में ही बहुत व्यस्त है। इसलिए किसी और को भी इन विषयों पर नहीं लिखना चाहिए!

"लेकिन जितने मुसलमानों को मैं जानता हूँ, उनमें से कोई भी उस किस्म की ज़िंदगी बसर नहीं करता, जिस किस्म की ज़िंदगी का आदेश तुम्हारे द्वारा उद्धृत फ़तवों में दिया गया है। उनमें से एक का भी रवैया ऐसा नहीं होता। वे सब तुम्हारे और मेरे जैसे लोग हैं।"—कई दोस्तों की प्रतिक्रिया इस प्रकार की रही।

इस दृष्टि से, यह बात उन मुसलमानों के मामले में भी सही है जिन्हें मैं जानता हूँ। सामान्यतः हम जिन लोगों को जानते हैं वे हमारे सामाजिक दायरे के होते हैं। इसलिए वे कमोबेश 'तुम्हारी और मेरी तरह' के होते हैं, क्योंकि सामाजिक दायरे में वही व्यक्ति होते हैं जो कमोबेश हमारे जैसे होते हैं। लेकिन हमारा सामाजिक दायरा तो पूरा समुदाय नहीं होता। ख़ासतौर पर जो लोग हमारे दायरे में होते हैं के मुसलमानों के अगुए नहीं होते। वे ऐसे लोग नहीं होते, तो उस दिशा को निर्धारित करते हैं। इसके विपरीत जो मुसलमान 'तुम्हारी और मेरी' तरह होते हैं वे मुसलमानों में ऐसे लोग होते हैं जिनको यह भुगतना पड़ता है और जिन्हें हमेशा शिकार बनाया जाता है। इसके अलावा, समुदाय के भीतर उनको रक्षात्मक रुख़ अपना कर चलना पड़ता है। उनका रुख़ किन्हीं विशिष्ट मुद्दों पर ही नहीं, बल्कि सामान्यतः भी, या कहा जा सकता है कि मनोवैज्ञानिक तौर पर भी रक्षात्मक होता है। समुदाय के सामने उनका रुख़ रक्षात्मक ही होता है। वे सबसे ज़्यादा रक्षात्मक इस्लामी मामलों में होते हैं। उलमा के सामने तो वे ख़ुद को क्षमायाचक-सा महसूस करते हैं, क्योंकि वे समझते हैं कि वे पूरी तरह से इस्लामी नहीं हैं। जिन मुसलमानों को 'तुम और मैं' जानते हैं, वे न तो समुदाय कहला सकते हैं, और न वे ऐसे लोग होते हैं, जो उस दिशा को निर्धारित करते हैं जिसको समुदाय आगे चल कर अपनाता है, उन लोगों को बल्कि हिकारत की निगाह से देखा जाता है और वे ख़ुद को समुदाय का गुलाम महसूस करते हैं।

लेकिन एक फ़र्क और भी ज़्यादा महत्त्वपूर्ण है : हमें मुसलमानों को, ख़ास तौर पर उन मुसलमानों को जिन्हें 'तुम और मैं' जानते हैं, इस्लाम नहीं मान लेना चाहिए। उलमा को भारत जैसे देश में, इस बात को ध्यान में रखते हुए कि उन्हें एक ग़ैर इस्लामी परिवेश में काम करना पड़ता है, अपने आचरण को नरम रखना पड़ता है। उन साम्यवादियों को जिन्हें 'तुम और मैं' जानते थे, बड़े पैमाने पर साम्यवाद मान लेना कितना ग़लत होता था बल्कि ऐसा मान लेना पूरी तरह से ग़लत था। जिन साम्यवादियों को हम जानते थे या ख़ासतौर पर जिन समर्थकों को हम जानते थे वे 'ठीक तुम्हारे और मेरे जैसे' ही थे। उनका साम्यवादी पार्टियों का अगुआ होना तो बहुत दूर की बात थी। बल्कि साम्यवाद वस्तुतः जो कुछ था, स्वयं ये पार्टियाँ उसका सही सूचक नहीं थीं। उदाहरण के लिए जिस तरह से स्टालिन और माओ

और अन्य साम्यवादी नेता अपनी सेना में उद्दंड व्यक्तियों का जिस तरह से निपटारा करते थे, ये पार्टियाँ वैसा नहीं कर पाईं। क्योंकि वे एक खुली मुक्त राजनीतिक प्रणाली में कार्य कर रही थीं, उसके कारण उन्हें मजबूरन अधिक सहृदय होना पड़ा। इसलिए यह देखने के लिए कि साम्यवाद वस्तुतः क्या कुछ था, व्यक्ति को मार्क्सवाद, लेनिनवाद तथा माओवाद के प्रामाणिक ग्रंथों में उसके आदर्श स्वरूप को देखना पड़ता था, उसे उस मानसिकता को देखना पड़ता था जो कि मार्क्सवाद, लेनिनवाद तथा माओवाद पैदा किया करते थे या उस आचरण को देखना पड़ता था जिसे वे युक्तिसंगत ठहराते थे। यह देखने के लिए कि साम्यवाद व्यवहार में कैसा था, व्यक्ति को यह देखना पड़ता था कि जब साम्यवादियों को उन बंधनों से मुक्त किया गया जो कि एक ग़ैर साम्यवादी समाज ने उनके इर्द-गिर्द बांधे थे तो उन्होंने क्या किया, या उसे यह देखना पड़ता था कि जब साम्यवादी सत्ता में थे तो उन्होंने क्या कुछ किया।

इस्लाम के साथ भी ठीक ऐसा ही हुआ है। हमें अपने निष्कर्ष उन मुसलमानों पर आधारित नहीं करने जिन्हें 'तुम और मैं' जानते हैं बल्कि धर्म वैधानिक ग्रंथों, उलमा के फ़रमानों और सत्ता में रहते हुए उलमा और इस्लामी शासक जो कुछ प्राप्त करते हैं, उस पर आधारित करना चाहिए।

"लेकिन तुम इन फ़तवों को प्रकाशित करके समुदायों और समूहों के बीच दुश्मनी को हवा दे रहे हो।"

लेकिन फ़तवे तो पहले से ही प्रचलन में हैं। वे मस्जिदों के इर्द गिर्द भी दुकानों में उपलब्ध हैं। बल्कि उन्हें तो मुस्लिम समुदाय में उच्च साहित्य के रूप में देखा जाता है। जिन संकलनों का मैंने प्रयोग किया उन्हें बहुत से लोग खरीद कर पढ़ते हैं। वे उनके दिलदिमाग एक सांचे में ढाल देते हैं। इस पुस्तक में केवल उनका विश्लेषण ही प्रस्तुत किया गया है। और यह पुस्तक अंग्रेज़ी में है (अलबत्ता इसका हिंदी अनुवाद भी अब पाठकों के सामने है)। मूल संकलन उर्दू में हैं—जो कि ऐसी भाषा है जो उस आम जनता के ज़्यादा निकट है जिनके दिल दिमाग़ को ढालना उद्देश्य होता है।

"मुझे यह सब आपत्तिजनक लगता है—यह अपमानजनक है।" यह टिप्पणी हमारे एक अग्रणी विश्वविद्यालय के एक उदीयमान मार्क्सवादी सितारे की थी जो कि उन्होंने दिल्ली में आयोजित एक सेमिनार में मेरे द्वारा एक फ़तवे का उल्लेख किए जाने पर की थी।

जैसा कि लेनिन ने पूछा होता : यह किसको आपत्तिजनक लगता है? किस को अपमानजनक लगता है?

केवल धर्मनिरपेक्षवादियों को। उन लोगों को जो इस प्राथमिक जानकारी को भी छिपा कर रखना चाहते हैं।

और उन्हें जिस कारण से यह अपमानजनक लगता है उसका मुसलमानों की

संवेदनशीलता की रक्षा से कोई संबंध नहीं है। मुसलमान पहले से जानते हैं कि फ़तवों में क्या कुछ दिया गया है। उलमा मुस्लिम समुदाय पर जो जुल्म ढाते हैं, उस पर मुसलमान झुंझला उठते हैं। उलमा और उनकी राजनीति का मुस्लिम-समुदाय पर जो प्रभाव है उसके परिणामों को भी वे जानते हैं। वह कौन है जो अपनी पुस्तक में यह उल्लेख करता है कि इमाम गज़्ज़ाली ने घोषित किया था, "उलमा चिकित्सक हैं, लेकिन आजकल वे ख़ुद ही रोगग्रस्त हैं और दूसरों का इलाज करने में असमर्थ हैं!" यह बात किसी हिंदू ने नहीं बल्कि एक मुसलमान टिप्पणीकार ने कही थी। वह कौन है जिसने यह उल्लेख किया है कि वलीउल्लाह ने आज के उलमा का जो चरित्र चित्रण किया है वह एकदम उपयुक्त है :

मैं आध्यात्म गुरुओं के वंशजों से पूछता हूँ जिन्होंने पात्रता के बिना ही उनकी गद्दी पर कब्ज़ा जमा लिया है। आपने मज़हब को अपने पूर्वाग्रहों और अपनी सनक का खिलौना क्यों बना लिया है? और आप सबने उस जीवन पथ को क्यों त्याग दिया है जिसका फ़रमान और शिक्षा अल्लाह ने अपने रसूल-मुहम्मद (ख़ुदा उन्हें सुकून बख़्शे) के माध्यम से दी थी? आप में से हर एक आत्मकेंद्रित नेता बन गया है और लोगों को अपनी तरफ़ बुला रहा है। आप में से हर एक ख़ुद को सही मार्ग पर चलने वाला और महदी (धर्मनेता) मानता है, जबकि उसने अपना सही रास्ता खो दिया है और वह दूसरों को भी गुमराह कर रहा है। जो लोग दुनियावी लाभों और हितों के लिए लोगों की निष्ठा हासिल करना चाहते हैं और जो इसलिए ज्ञान प्राप्त करते हैं ताकि वे अपनी सांसारिक इच्छाओं को पूरा या तृप्त कर सकें, जो लोगों को अपने पास बुलाकर उनसे अपनी लालसाओं और स्वार्थों को पूरा करने की मांग करते हैं हम उनके व्यवहार और रवैये का समर्थन नहीं कर सकते। वे सब वस्तुतः डाकू, धोखेबाज और झूठे हैं। उन्होंने अपने को धोखा दिया है और वे दूसरों को भी धोखा दे रहे हैं।

यह बात किसी हिंदू ने नहीं बल्कि एक मुस्लिम लेखक ने कही थी। यह किसने लिखा है, "ये ज़हर मिले उलमा जो सचमुच मुस्लिम समुदाय के लिए तबाही का सबल कारण हैं मुसलमानों को अतीत से बाहर आकर वर्तमान में जीने और भविष्य का मुकाबला करने में मदद नहीं दे सकते।" यह किसी हिंदू ने नहीं बल्कि एक मुसलमान टिप्पणीकार ने कहा था। एक खोजपूर्ण विश्लेषण के बाद किसने यह निष्कर्ष रूप में कहा था, "ऐसा लगता है पहले के समय में मुल्ला-ए-हक (नेक) का अनुपात मुल्ला-ए-सू (दुष्ट) की तुलना में काफ़ी अधिक था, जबकि हाल के समय में यह अनुपात एकदम उलट गया है। मुस्लिम समाज में मुल्ला-ए-सू की संख्या बहुत अधिक बढ़ गई है जबकि मुल्ला-ए-हक की संख्या बहुत कम रह गई और वे विरले ही देखने में आते हैं।" किसी हिंदू ने नहीं, बल्कि एक सरोकार रखने वाले और वेदनाग्रस्त मुसलमान टिप्पणीकार ने। यह किसने लिखा है, बढ़ते हुए मूल्यों और उनके समकक्ष

धर्म निरपेक्ष शिक्षा प्राप्त लोगों की अधिक आय के दरपेश उलमा ने "अपनी ईमानदारी और नैतिकता का स्तर गिरा लिया है और वे मुस्लिम समाज को नैतिक और धार्मिक मार्गदर्शन प्रदान करने में अक्षम हैं।" किसी हिन्दू ने नहीं, बल्कि एक मुस्लिम टिप्पणीकार ने। यह किसने लिखा है कि रस्मों और मज़हब के मामलों में बाल की खाल उतार कर वे माओं के अलग-अलग संप्रदायों और समूहों के बीच 'द्वंद्व' को बढ़ा देते हैं? किसी हिंदू ने नहीं बल्कि एक मुसलमान टिप्पणीकार ने। यह किसने लिखा था कि :

भारत में अधिकतर उलमा और शरीअत के कुछ अमीरों (नेताओं, हाकिमों) निजी जीवन, विवाह और तलाक के मामलों में निंदा और बदनामी का विषय बना हुआ है। बहुत से उलमा को गुप्त धनराशि, बिना हिसाब किताब के अनुदान और वित्तीय सहायताएँ प्राप्त हो रही हैं। बहुत से उलमा का सामुदायिक दंगों में हाथ रहा है और उनका दोष सिद्ध होने के बाद उन्हें जेल भी हुई है। जबकि मुस्लिम समुदाय अनेक राजनीतिक, आर्थिक और शैक्षिक बाधाओं के कारण कष्ट झेल रहा था, उलमा, समुदाय की शिकायतों की परवाह किए बिना ख़ुद को उससे कहीं कम महत्त्वपूर्ण मामले में उलझाए हुए थे, और वह था शाहबानो मामले में उच्चतम न्यायालय के फ़ैसले का विरोध। यह नासमझी का काम उन्होंने राजनीतिक लाभों के लिए अपने ज़िम्मे ले लिया था हालांकि झूठे दिखावे के तौर पर उन्होंने उसे धार्मिक मुद्दे का रूप दे दिया था। संबंधित उलमा का आचरण ईमानदारी और समझदारी से कोसों दूर था। यह बात किसी हिंदू कट्टरवादी ने नहीं बल्कि एक वेदनाग्रस्त मुसलमान पर्यवेक्षक ने कही थी। ख़ुद को शासकों का कृपापात्र बना कर उनकी अंतरंग मंडली में प्रवेश पा लेते और उसके बाद "जब कभी उन्हें मौका मिला वे प्रशासक के सनकीपन और मनमौजीपन का नाजायज़ फ़ायदा उठाते। तब बहुत से महान सेवकों का अपमान करवाते"—इन सब बातों का उल्लेख किसने किया है? किसने वर्णन किया है, "कभी-कभी फ़ासिक (भ्रष्ट) उलमा शासकों को भड़का कर उनसे आध्यात्मिक नेताओं के ख़िलाफ सुनी-सुनाई बात पर सख़्त सजा, यातना या कैद के आदेश जारी करवा देते।" अपने आरोप को सोदाहरण स्पष्ट करने के लिए उलमा के षड्यंत्रों को किसने खोज निकाला है, किसने ज़िक्र किया है इमाम अबू हनीफ़ा को कोड़े लगाए जाने और उन्हें कैद किए जाने का, इमाम मलिक को कोड़े लगाए जाने का, इमाम हनबल को यातना पहुँचाए जाने और उन्हें कैद किए जाने का, इमाम नसाई को यंत्रणा पहुँचाए जाने और उन पर लगभग घातक हमला किए जाने का, हफ़ीज़ इब्न तमीयाह की उमर कैद का? और कौन कहता है कि ऐसे रवैये और तरीके अब भी जारी हैं। ये सब बातें किसी हिंदू कट्टरवादी ने नहीं बल्कि एक सरोकार रखनेवाले मुस्लिम विद्वान ने कही हैं। यह दिखाने के लिए कि उलमा क्या कुछ कर रहे हैं, कौन पैग़म्बर साहिब की इस चेतावनी की याद दिलाता है :

उनके उलमा इस आसमान के नीचे सबसे बदतरीन होंगे और उन्हीं से दुष्टता की शुरुआत होगी, और वही दुष्टता उन्हीं के पास लौट आएगी।

उलमा की बदौलत मुसलमानों को जो परिणाम भुगतने पड़ रहे हैं, उनसे वेदनाग्रस्त होकर कौन पैग़म्बर साहिब की भविष्यवाणी की याद दिलाता है कि, बाद की उम्मत में पैदा होने वाले उलमा पहले ऐसे व्यक्ति होंगे जो जहन्नुम में जाएँगे। यह भी एक मुस्लिम पर्यवेक्षक की वेदनाभिव्यक्ति है।[1]

तो फिर उद्धृत और विश्लेषण किए जा रहे इन फ़तवों से किसको बुरा लगता और कौन अपमानित होता है?

उनसे अपमानित होता है धर्मनिरपेक्षवादी। और उसका कारण स्पष्ट है। इस प्रमाण के मद्देनज़र, कुरआन और पैग़म्बर साहिब के स्पष्ट और ज़ोरदार फ़रमानों के मद्देनज़र, फ़तवों में बार-बार की गई स्पष्ट घोषणाओं के मद्देनज़र, उसके पास कोई जवाब नहीं रह जाता। इनका प्रतिवाद करने के लिए उसके पास कोई प्रमाण नहीं। लेकिन जो कुछ वह कहता है, उसे पटल पर लाया जाता है तो वह अपने अधोमुखी 'धर्म निरपेक्षवाद' को कायम नहीं रख पाता। जब तक ये चीज़ें उर्दू भाषा तक ही सीमित रहेंगी, तब तक उसे इनसे अपने दायरे में कोई असुविधा नहीं होगी। लेकिन जैसे ही अंग्रेज़ी में ये बातें सामने आएँगी तो वह फंस जाएगा।

इसलिए वह बुरा लगने का बहाना करता है! तो इसका जवाब क्या है? तथ्यों को सामने लाना जारी रखा जाए। उनका विश्लेषण करना जारी रखा जाए। इस विश्वास के साथ कि गाली, प्रमाण को दबा नहीं पाएगी। इस विश्वास के साथ कि विचार बीज की तरह होते हैं। वे जड़ पकड़ कर ही रहेंगे।

संदर्भ

1. पूर्वोक्त प्रसंग के लिए देखें अलहज मुइनुद्दीन अहमद, उलमा, दि बून एंड बेन आफ इस्लामिक सोसाइटी, किताब भवन, नई दिल्ली, 1990। उद्धृत लेखांश पृ. 4,79-88, 91, 104-5 से लिए गए हैं। ऐसा उपशीर्षक होने के बावजूद, किताब में उन बरकतों का कोई ज़िक्र नहीं है, जो कि उलमा ने मुस्लिम समाज पर बरसाई हो, जिनका उल्लेख मैंने किया है।

आधारभूत ग्रंथ

जिनका हवाला बार-बार दिया गया है

कुरआन

अब्दुल्लाह यूसुफ अली, दि मीनिंग आफ दि ग्लोरियस कुरआन, टेक्स्ट, ट्रांसलेशन एंड कमेंटरी खंड 1 और 2 दर अल किताब अल मसरी, कायरो, दर अल किताब अलुब्नानी, बेरूत।

मौलाना अबुल कलाम आज़ाद, दि तरजुमान अल-कुरआन, खंड 1 से 3, संपादन तथा अंग्रेज़ी रूपांतर सय्यद अब्दुल लतीफ, डॉ. सय्यद अब्दुल लतीफ़ ट्रस्ट फ़ार कुरआनिक एंड अदर स्टडीज़, हैदराबाद, 1967

हदीस

साहिब अल बुखारी, खंड 1 से 9, मुहम्मद मुहसिन ख़ान (अनु.), इस्लामी विश्वविद्यालय, अल मदीना, अलमुनव्वरा, काज़ी पब्लिकेशंस, लाहोर 1976 से 1979

सहीह मुस्लिम, खंड 1 से 4, अब्दुल हमीद सिद्दीकी (अनु.) किताब भवन, नई दिल्ली, 1978

सुनन अबू दाऊद, खंड 1 से 3, अहमद हसन (अनु.), किताब भवन, नई दिल्ली, 1993

सुनन नसाई शरीफ़, खंड 1 से 3, अल्लामा वहीद अल ज़मान (अनु.), ऐतकाद पब्लिशिंग हाउस, सुईवालान, दिल्ली, 1986

सुनन इब्न मजाह, खंड 1 और 2, अब्दुल हकीम ख़ान अख़्तर शाहजहानपुरी (अनु.), ऐतकाद पब्लिशिंग हाउस, सुईवालान, दिल्ली, 1986

इमाम मलिक, मुवत्ता, मुहम्मद रहीमुद्दीन (अनु.), मुहम्मद अशरफ़, लाहोर, 1980

मिश्कात अल मसाहिह, खंड 1 और 2, जेम्स राबसन (अनु.) मुहम्मद अशरफ, लाहौर, 1975

इमाम याह्या बिन शराफ-उद्दीन अन ननवावी, रियाद अल सालिहीन, खंड 1 और 2, अब्दुर रहमान शाद (अनु.), काज़ी पब्लिकेशन्स, लाहोर, 1988

फ़तवे

इमाम फ़फ़रुद्दीन हसन बिन मनसूर अल-उज़जंदी अल फ़रग़नी, फ़तवा-ए-काज़ी ख़ान, खंड 1 और 2, मौलवी यूसुफ़ ख़ान बहादुर और मौलवी विलायत हुसैन (अनु. तथा संपा.), किताब भवन, नई दिल्ली, 1994

अला हज़रत इमाम अहमद रज़ा कादरी बरेलवी, फ़तवा-ए-रिज़विया, खंड 1 से 12, रज़ा अकादमी, बंबई 1994

किफ़ायत-उल-मुफ्ती, मुफ्ती-ए-आज़म, किफ़ायतुल्लाह के फ़तवे, खंड 1 से 9, हफ़ीज़ अल-रहमान वासफ़ (संकलनकर्ता), जदीद बरकी प्रेस, दिल्ली 1982 से 1987

फ़तवा दारुल उलूम देवबंद, खंड 1 से 12, मुफ़्ती-ए-आज़म आरिफ़ बर-अल्लाह हज़रत मौलाना, मुफ़्ती अज़ीज़ अल-रहमान साहिब उस्मानी, मुफ़्ती अव्वल दारुल उलूम, के मार्गनिर्देश में मौलाना मुहम्मद ज़ाफ़िरुद्दीन साहिब द्वारा संपादित, दारुल उलूम, देवबंद, 1981 से 1985

फ़तवा उलमा-ए-हदीस, खंड 1 से 4, अबुल हसनत अली मुहम्मद सईदी, मक्तबा मौलाना सनाउल्लाह, अमृतसरी अकादमी, नई सड़क, दिल्ली, 1981 से 1989

मुफ़्ती सईद अब्दुर रहीम, लाजपुरी रंदेड़ी, फ़तवा-ए-रहीमियत, खंड 1 से 3, एम. एच. एफ. एच. कुरैशी (अनु.), मक्तबा, रहीमियत, रंदेड़, गुजरात, 1975 से 1982

अनुक्रमणिका

फ़तवों के संकलनों और उन्हें जारी करने वाले हाकिमों का उल्लेख पूरी किताब में साथ-साथ किया जाता रहा है। उनके नाम अनुक्रमणिका में नहीं दिए गए हैं। इन संकलनों के विषयवार फ़तवे उपयुक्त विषय-शीर्ष के अंतर्गत दिए गए हैं।